스포츠 현장의
숨겨진 힘,

스포츠
심리상담

스포츠 현장의 숨겨진 힘,

장덕선 지음

스포츠 심리상담

서문

'스포츠현장의 숨겨진 힘, 스포츠심리상담'이라는 제목 아래, 이 책을 세상에 내놓게 되어 깊은 감사를 느낍니다. 이 책은 단순한 이론서가 아니라, 스포츠심리상담이 선수들의 삶과 경기력에 미치는 긍정적인 영향을 탐구하는 여정입니다. 저자는 이 책이 미래의 스포츠심리상담사들과 현장의 전문가들에게 실질적인 길잡이가 되기를 바랍니다.

스포츠심리상담은 선수들의 경기력 향상은 물론 그들의 삶의 질을 높이는 데에도 기여하는 매우 가치 있는 분야입니다. 선수들은 승리의 압박, 부상에 대한 두려움, 슬럼프, 그리고 팀 내 갈등 등 다양한 심리적 도전에 직면합니다. 이러한 문제들은 눈에 보이지 않지만, 선수 개인과 팀 전체의 잠재력을 가로막는 결정적인 원인이 되곤 합니다. 이 책은 바로 그 '숨겨진 힘'을 발견하고 활용하는 방법을 제시합니다. 선수들이 스스로의 강점을 인식하고, 심리적 어려움을 극복하며, 궁극적으로 자신의 목표를 달성하도록 돕는 구체적인 기술과 전략들을 체계적으로 다루고 있습니다.

스포츠는 단순히 몸을 움직이는 활동이 아닙니다. 그것은 열정, 도전, 그리고 내면의 성장을 담은 여정입니다. 경기장에서 최고의 경기력을 발휘하기 위해 선수들은 신체는 물론 마음의 힘도 키워야 합니다. 스포츠심리상담의 세계로 여러분을 초대합니다. 구체적으로 이 책은 현재와 미래의 스포츠심리상담사와 스포츠심리학에 호기심을 갖고 계시는 분의 필독서이며, 전문선수와 장애인 선수, 코치와 감독 등 지도자, 프로선수는 물론 학부모와 관리자, 생활체육 참여자 그리고 부상선수를 치료하는 물리치료사를 비롯한 스포츠 의료진에게 새로운 가능성을 열어주는 길잡이가 될 것입니다. 덧붙여 극한 상황을 극복해야 하는 군인, 소방관, 경찰관, 비행기 조종사와 승무원, 관중과 함께하는 무용수, 가수, 배우, 성악가 등 예술인, 그리고 정신적 잠재력을 발휘하여 신체적 능력을 끌어올리고 싶은 모든 이들에게 실용적인 통찰을 제공합니다.

이 책은 총 2부로 구성되어 있으며, 스포츠심리상담의 이론과 실제를 통합적으로 이해할 수 있도록 설계되었습니다.

제1부는 스포츠심리상담사로서 갖춰야 할 필수적인 지식과 역량을 쌓는 데 초점을 맞춥니다. 1장은 스포츠심리상담의 역사와 개념을 소개하고, 목표설정 등 기본적인 심리기술들을 개괄합니다. 더불어 마음챙김, 뉴로피드백 등 최근의 심리기술훈련 동향과 상담사의 미래 과제 및 윤리적 책임에 대해서도 다룹니다. 2장은 상담의 기본 원리와 핵심 기법을 심층적으로 다룹니다. 정신역동, 인간중심, 인지행동치료와 같은 주요 상담 이론을 소개하고, 공감, 자기개방, 직면 등의 실전 기법과 상담윤리 지침을 제시합니다. 3장은 상담사의 발달과 전문성을 다룹니다. 상담사로서의 정체성을 확립하고, 단계별로 역량을 키우는 방법을 설명하며, 독자적인 이론 개발을 위한 실용적인 조언을 제공합니다. 4장은 상담의 핵심인 사례개념화에 집중합니다. 이론적 관점에서 내담자의 문제를 체계적으로 분석하고, 실제 사례를 통해 심리기술훈련을 구성하는 방법을 구체적으로 제시합니다. 5장은 스포츠 슈퍼비전의 중요성을 강조합니다. 다양한 슈퍼비전 모델

을 탐구하고, 초심 상담자를 위한 구조화된 개입 방안 및 한국형 스포츠심리상담 슈퍼비전 모형을 소개합니다. 6장은 심리평가의 응용을 다룹니다. 심리평가의 목적과 효력을 설명하고, 타당도, 신뢰도와 같은 과학적 개념을 바탕으로 심리측정 도구 개발 절차를 안내합니다. 7장은 상담 프로그램 개발의 전 과정을 단계별로 제시합니다. 프로그램의 명료화부터 설계, 실행, 평가까지의 네 가지 국면을 상세히 설명하며, 효과적인 프로그램 개발을 위한 실질적인 지침을 제공합니다.

제2부는 제1부에서 배운 이론을 실제 스포츠 현장에서 적용하는 실용적인 기술에 초점을 맞춥니다.

8장부터 12장까지는 목표설정, 심상, 혼잣말, 수용전념, 명상과 같은 다양한 심리기술들을 실제 훈련 및 경기상황에 적용하는 구체적인 방법들을 다룹니다. 13장과 14장에서는 최근 중요성이 커진 e스포츠 심리기술과 함께, 코치-선수-상담사 간의 효과적인 의사소통의 중요성을 강조합니다. 경기상황별 의사소통 전략과 윤리적 고려사항을 다루어 독자들이 현장의 복잡한 관계 속에서 효과적으로 역할을 수행하도록 돕습니다. 각 장의 현장실습은 다양한 상황에서 스포츠심리상담사의 역량을 개발하고 적용할 수 있는 내용으로 구성되어 있습니다. 부록을 본문의 이해와 현장실습에 응용한다면 증거에 기반한 스포츠심리상담이 될 것입니다.

이 책은 사격, 양궁, 체조, 수영 등 다양한 종목의 사례를 통해, 독자들은 상담 기법이 현장에서 어떻게 살아 숨 쉬는지 느낄 수 있습니다. 또한 현장실습을 통하여 실제 스포츠심리상담을 어떻게 진행해야 되는지 경험할 수 있습니다.

이 책이 단순한 학술서가 아닌 스포츠심리상담의 깊이와 넓이를 탐험하는 나침반이 되기를 진심으로 바랍니다. 스포츠심리상담의 힘을 통해 개인의 한계를 넘어서는 법을 배우고, 자신과 타인의 삶에 긍정적인 변화를 만드는 데 기여하고자 합니다. 경기장에서든 삶의 무대에서든, 여러분이 최고의 자신을 발견하는 여정에 이 책이 동반자가 되기를 바랍니다.

저자의 삶(약력)은 이 책을 완성하기 위해 살아왔다는 것을 말해줍니다. 그 여정에 동참하여 기꺼이 도와주신 제자들과 저자의 존재 가치를 부여해 주신 한국스포츠심리학회에 깊이 감사 드립니다. 그리고 삶의 터전을 마련해주시고, 무언의 지지와 신뢰를 주신 가족에게 무한의 감사와 사랑를 전합니다.

지금 책을 펼쳐, 마음의 힘을 키우는 첫걸음을 내딛어 보세요! 이 책을 통해 독자들이 스포츠심리상담의 본질적인 가치를 이해하고, 스포츠현장의 숨겨진 힘을 발견하여 우리 모두가 함께 성장하는 소중한 경험을 하시기를 진심으로 바랍니다.

2025년 8월 저자 장덕선 올림

목 차

제1부

스포츠심리상담의 이론

1장.

스포츠심리상담사 되기

1. 스포츠 및 운동심리학

1.1 스포츠심리학 역사의 개관

스포츠 및 운동심리학은 스포츠와 운동 환경에서 인간행동을 과학적으로 연구하고 적용하는 학문이다(Gill & Williams, 2008). 이 학문은 두 가지 주요 목표에 초점을 둔다. 첫째, 인간의 심리가 스포츠 및 운동 수행에 미치는 영향을 이해하는 것이다. 둘째, 스포츠와 운동 참여가 개인의 심리 발달과 건강에 어떤 영향을 미치는지 이해하는 것이다(Weinberg & Gould, 2015). 이 두 가지 틀 안에서 인간심리와 운동 및 건강의 관계, 그리고 다양한 심리적 요인과 경기력의 관계에 대한 이론 검증과 현장 연구가 활발하게 진행되고, 새로운 이론적 모델들이 발전하고 있다.

스포츠 및 운동심리학의 관심과 발전은 다양한 관련 직업들을 탄생시키고 있다. 그중 가장 큰 관심을 받는 직업은 아마도 스포츠심리상담사일 것이다. 전 세계적으로 운동선수와 팀에게 직접적인 심리지원을 하는 전문가들이 존재한다. 이들의 역할은 단순히 경기력 향상을 넘어, 웰빙, 재활, 기업, 군대 등 다양한 분야로 확장되며 그 지평을 넓혀가고 있다.

스포츠 및 운동심리학은 일반심리학의 다른 연구분야에 비해 상대적으로 젊은 학문 분야이다. 19세기 후반에 Norman Triplett(1898)이 사이클 경기에서 선수 혼자 탈 때보다 둘이 탈 때, 혹은 관중이 없을 때보다 있을 때 기록이 더 좋은 것으로 밝혀냈다(Davis, Huss, & Becker, 1995). 이것을 관중효과 혹은 사회적 촉진효과로 설명하는 이 연구를 스포츠 및 운동심리학의 효시로 보고 있다(Weinberg & Gould, 2015).

스포츠심리학은 눈부신 성장을 거듭하며 전 세계적으로 중요한 학문 분야로 자리 잡고 있다. 현재 우리나라를 포함한 캐나다, 미국, 유럽, 아시아 등 전 세계에 스포츠심리학 대학원 과정이 개설되어 있으며, 한국스포츠심리학회, 북미스포츠심리학회, 응용스포츠심리학회, 유럽스포츠심리학회, 국제스포츠심리학회, 캐나다정신운동학습 및 스포츠심리학회 등 다양한 국내외 학회 및 단체들이 활동하고 있다.

이들 학회에서 발간하는 다양한 학술지를 통해 스포츠심리학 연구는 올림픽과 같은 전문 스포츠 현장뿐만 아니라, 스포츠 및 운동심리학의 전문 지식과 서비스가 필요한 모든 분야에서 응용 학문으로서 그 가치를 입증하고 있다. 이는 곧 스포츠심리학이 단순한 이론을 넘어, 현장에서 실질적으로 활용되는 전문 분야로 인정받고 있음을 보여주는 것이다.

특히 스포츠 수행의 맥락에서 스포츠심리학이 수행향상의 필수 도구로 인식되고 수용됨에 따라 미디어의 관심을 받으면서 전문지식과 서비스를 위해 스포츠심리상담사를 찾는 운동선수, 코치 및 스포츠 기관의 수가 증가하고 있다. 예를 들어, 스포츠심리상담사는 국가대표선수의 심리지원을 넘어 골프와 최근 각광을 받고 있는 e스포츠까지 활약하고 있는 것을 볼 수 있다. 최근에는 스포츠심리학자들이 각종 프로스포츠는 물론 개인 및 팀 선수들과 팀의 일원이 되어 경기력 향상에 기여하고 있다. 9개의 프로팀을 지원해주고 있는 한국프로스포츠협회는 스포츠심리상담사를 공개 채용해서 프로선수들의 심리적 측면에 도움을 주고 있다.

스포츠심리학은 선수와 코치, 심판, 학부모 교육뿐 아니라 스포츠 관련 각종 교육과정에 포함됨으로써 전문성과 현장의 인식 변화를 실감하고 있다. 예를 들어, 국민체육진흥공단(2024)의 지원을 받아 한국스포츠심리학회에서 시행했던 멘탈코칭 연수는 많은 코치와 심판, 지도자들에게 스포츠심리상담과 심리기술훈련을 익히고 그것을 코칭과정에 응용할 수 있는 기회를 제공하였다. 또한 캐나다의 NCCP(National Coaching Certification Program)에는 스포츠 및 수행 심리학에 대한 모듈이 포함되어 트레이너, 스포츠의학 전공의, 영양사, 물리치료사 및 스포츠 척추지압사를 포함한 스포츠 의료전문가도 훈련 중에 스포츠심리학 과정을 선택과목으로 들을 수 있다.

메모 **스포츠심리학자 관련 명칭 이해하기**

한국어	영어	의미
스포츠심리컨설턴트		
스포츠심리상담사		
임상스포츠심리학자		
교육스포츠심리학자		

1.2 선수의 행복

2020 도쿄 하계올림픽은 엘리트 선수의 정신건강과 관련된 중요한 인식의 전환이 있었다. 대한체육회 공식 블로그(https://blog.naver.com/sports_7330/222514384745)에는 이런 글이 올라와 있다. "결과만큼이나 감동을 줬던 이번 올림픽을 바라보는 풍경이 과거와는 달라졌다. 올림픽에 'MZ세대'를 겨냥한 신설종목들이 등장하는 것처럼, 대회에 임하는 선수들과 경기를 지켜보는 팬들의 시선에도 많은 변화가 생겼다. 선수들은 패했다고 자책하거나 고개 숙이지 않고 상대를 인정하며 결과에 승복했고 국민 역시 그들의 품격 있는 모습에 격려와 박수를 아끼지 않았다는 것이다." 대표적인 예가 [참고 1]의 기사이다.

참고 1 **"우리는 사람이다"…올림픽 중압감에 주저앉은 체조요정**

도쿄 올림픽에서 최고의 활약을 펼칠 것으로 주목받았던 미국의 체조요정 시몬 바일스(24)가 경기 도중 기권한 것은 '충격' 그 자체였습니다. 금메달 경쟁이 불러온 고도의 중압감에 그만 주저앉고 만 것입니다. 압도적인 기량에 적수가 없었던 바일스는 이번 대회에서 6관왕 후보로 기대를 모았습니다. 바일스는 그러나 27일 도쿄올림픽 여자 기계체조 단체전에 출전했다가 4개 종목 중 도마 한 종목만 뛰고 기권했습니다. '에이스'가 빠진 미국 대표팀은 러시아올림픽위원회(ROC)에 금메달을 내주고 은메달에 머물렀습니다. 바일스의 가장 무서운 적은 바로 바일스 자신이었습니다. 경기가 끝난 뒤 기자회견에서 그는 "고도의 스트레스를 받는 상황에 부닥치면 정신이 좀 나가게 된다."며 "나는 내 정신건강에 집중하고 나의 건강과 안녕을 위험에 처하게 하지 말아야 한다."고 설명했습니다. 바일스는 이틀 전인 25일에도 자신의 인스타그램에 올린 글에서 자신의 어깨에 "전 세계의 무게"가 얹어진 것 같다며 중압감을 솔직히 털어놨습니다. 하지만 경기장을 떠난 바일스에게 각계의 격려와 찬사가 쏟아졌습니다. 미국 언론 역시 기권에도 불구하고 바일스를 'G.O.A.T'(Greatest of All Time, 역사상 최고의 선수를 뜻하는 말)로 치켜세웠습니다. 바일스는 2016년 리우데자네이루올림픽에서 여자 기계체조 6개 종목 중 4개 종목(단체전, 개인종합, 도마, 마루운동)에서 금메달을 휩쓸었던 선수입니다. 영상으로 보시죠.

제작: 김건태·민가경 영상: 로이터, https://www.youtube.com/watch?v=hFkTjm-WEh8(서울=연합뉴스)

정신건강과 운동선수를 둘러싼 일련의 사건들을 바라보면서 스포츠 수행 이상으로 스포츠 및 운동심리학 분야에 대한 인식이 높아진 계기가 되었다. IOC는 2021년 올림픽 선수 등 전문운동선수를 위한 정신건강 툴킷(2021)을 만들어 경기력뿐 아니라 선수들의 정신건강에 대한 관심과 대처방안을 강조하고 있다. 이 툴킷의 자료에 따르면 2019년 메타분석에서 엘리트 운동선수의 33.6%와 전직 운동선수의 26.4%가 불안/우울증 증상을 보였다. 2020년 연구는 남성 선수(10.2%)에 비해 여성 선수(26.0%)의 불안 및 우울증 유병률이 더 높은 것으로 나타났다. 수면관련 문제는 49%의 올림픽 선수가 "불면증 환자poor sleepers"(다중 수면문제 포함)로 분류되었다. 물질남용 및 오용은 국가, 스포츠 및 성별에 상관없이 엘리트 운동선수들이 가장 일반적으로 사용하는 물질은 알코올, 카페인, 니코틴, 대마초/카나비노이드, 각성제 및 아나볼릭 남성호르몬 스테로이드 등으로 나타났다.

2019년 연구는 양극성 및 정신장애의 전형적인 발병 연령과 엘리트 선수의 평균 최고수행과 일치한다는 증거도 있지만 엘리트 선수의 유병률과 수행에 미치는 영향은 제한적이라고 지적하였다. 섭식장애/또는 섭식장애 추정 유병률은 남성은 0~19%, 여성은 6~45%이며, 이 수치는 비운동선수보다 높았다.

미국 대학 엘리트 선수의 자살에 관한 대규모 연구에서 전체 운동선수 사망의 7.3%가 자살로 인한 것으로 밝혀졌다. 그러나 대학 선수는 일반 미국 인구의 같은 연령대의 개인보다 여전히 낮은 자살률을 보인다고 하였다. 2020년 연구에 따르면 국제육상선수 6명 중 1명이 자살 충동을 경험했다고 보고했다. 외상후 스트레스 장애 및 기타 외상관련 장애는 선수들이 스포츠 내부 또는 외부에서 충격적인 경험을 접하고, 이러한 경험은 스포츠 부상은 물론 부상과 무관한 생활 사건에 이르기까지 다양하게 나타났으나 엘리트 선수의 외상 관련 장애 유병률에 대한 연구는 제한적이라고 하였다. 주의력 결핍과 과잉행동 장애에서 운동선수의 ADHD 유병률에 관한 데이터는 거의 없지만 333명의 스웨덴 엘리트 운동선수를 대상으로 한 2020년 연구에서 5.4%가 ADHD 증상이 있는 것으로 나타났다.

도박장애 및 기타 행동중독에 대한 2016년 연구에 따르면 유럽 프로 선수들(현재 또는 과거) 사이에서 도박은 지난 1년 동안 56.6%가 어떤 형태로든 도박에 참여했으며 8.2%는 도박 문제가 있었다. 알코올 남용은 2020년 연구에서는 운동선수의 25.8%에서 위험한 음주가 발견되었다. 2018년의 메타분석에 따르면 현역 선수의 19%와 과거 운동선수의 21.1%가 알코올 남용 증상을 보고했다.

이러한 정신건강 증상 및 장애의 영향으로 선수들은 수행저하, 부상위험 증가, 부상회복 지연 및 삶의 질 저하가 심각해질 수 있다. 그러나 시의적절한 지원과 개입을 통해 그러한 영향을 줄일 수 있다. 그 개입의 핵심 역할을 아마 스포츠심리상담사가 할 수 있을 것이다.

이미 많은 연구에서 스포츠 참여와 정신건강의 관계, 신체활동이 정신건강 문제 및 예방, 치료에 미치는 영향을 조사해 왔다(Schinke, Stambulova, Si, & Moore, 2017 참조). *미국의 체조요정 시몬 바일스(24)*의 예와 같이 선수들의 스트레스는 정신건강과 관련된 중요한 이슈이다. 우울증이나 강박증과 같이 임상적 전문성이 요구되어 스포츠심리학의 범위를 벗어나기도 하지만 개인 혹은 학회 차원의 준비는 스포츠심리상담의 범위를 더욱 확대시키는 계기가 될 것이다. 이러한 이슈들은 미래의 연구, 스포츠심리상담사의 자격 및 현장 실습 과정에서 중요하게 다루어야 할 주제이다. 캐나다에서 경쟁력 있고 우수한 선수와 코치의 정신건강을 지원하고 운동심리학, 스포츠와 정신건강의 중요성을 다루기 위해 비영리 단체인 Canadian Centre for Mental Health and Sport의 개원은 매우 의미 있는 출발이다(https:// www.ccmhs-ccsms.ca/).

1.3 일반인의 정신건강

스포츠심리학이 여전히 엘리트 선수에 대한 연구와 응용 분야에는 광범위한 영향을 미치고 있는 것은 사실이나 일반 생활체육 참여자들의 수행이나 정신건강 관련 연구는 성인의 스포츠 및 신체활동 참여가 긍정적 심리 혜택을 주며, 일부 형태의 정신건강 문제 및 질병을 예방하고 치료한다고 입증하고 있다. 예를 들어, 장애가 있는 퇴역 군인이 양질의 신체활동에 참여할 때 보다 더 독립적이고, 의지력이 높아지는 것으로 나타났다(Shirazipour et al., 2017). Mammen & Faulkner(2013)가 수행한 체계적 문헌 검토에서는 30개의 종단연구 중 25개에서 추적 관찰을 통해 신체활동과 우울증 사이에 유의미한 역관계가 있음을 발견했다. 또한 모든 수준의 신체활동이 우울증 예방에 도움이 될 수 있음을 시사하고 있다. 20년 동안의 종단연구에서도 신체활동 부족과 우울증 발병률 사이에 관계가 있다(Camacho, Roberts, Lazarus, Kaplan, & Cohen, 1991)는 결과를 볼 때 일반인의 운동 참여가 정신건강에 매우 중요한 역할을 한다는 것을 알 수 있다.

최근에는 스포츠 참여를 포함한 신체활동이 우울증 및 불안과 같은 정신건강 문제의 치료에 더 많은 관심이 집중되고 있다. Rebar et al.(2015)은 비임상 우울증과 불안에 대한 신체활동의 영향을 조사하는 메타분석결과 8개의 메타분석연구에서 신체활동이 우울증 치료에 중간 정도의 효과 크기로 영향을 미치고, 불안 치료에는 작은 영향을 미치는 것을 발견했다. 임상연구에서는 신체활동 중재연구에 대한 체계적 문헌 검토를 수행한 결과 신체활동이 정신질환이 있는 사람들의 우울증 증상을 감소시켰고, 또한 정신분열증 진단을 받은 사람들의 정신분열증과 관련된 증상의 감소 및 기타 신체건강 지표의 개선이 입증되었다(Rosenbaum, Tiedemann, Sherrington, Curtis, & Ward, 2014). 결과적으로, 스포츠 및 운동은 경쟁적인 경기장을 넘어 인간의 모든 삶의 현장에서 긍정적인 효과가 입증되면서 그 중요성이 확인되고 있다.

2. 스포츠심리상담과 심리기술

심리기술훈련의 궁극적인 목표는 자기조절이다. 즉 생각, 감정 및 행동을 관찰하고 관리함으로써 목표를 향해 노력하는 능력을 키우는 것이다. 또한 심리기술훈련은 수행향상, 스포츠 참여의 즐거움 및 만족도 증가를 목적으로 하는 정신기술의 체계적이고 일관된 연습이다(Weinberg & Gould, 2015, p.248). 이를 통해 자기조절 능력을 향상시킬 수 있다. 스포츠심리학 분야는 경기력 향상시키기 위해 다양한 기본 심리기술을 제시하고 있다. 다음은 기본 심리기술과 그 기술의 구현 결과에 대한 간략한 설명이다.

2.1 목표설정

목표설정(goal setting)은 행동과학 전반에서 가장 일반적으로 사용되는 전략 중 하나이다(Bar-Eli, Tenenbaum, Pie, Btesh, & Almog, 2007). 목표설정은 동기부여, 집중력 및 경기력을 향상시키는 데 사용된다. 스포츠에서 목표설정은 운동선수가 수립한 결과목표, 수행 및 과정목표를 구별하거나 수행과 관련된 다양한 상황(예: 연습 및 경기 목표)에 따라 적절한 목표를 설정하고 기대하도록 지원한다. 효과적인 목표설정에는 장기(예: 올해) 및 단기(예: 오늘 또는 이번 주) 목표설정이 포함되며 목표설정 평가(예: 목표를 달성했습니까?)도 포함된다. 전반적으로 목표설정은 목표달성 가능성을 높이는 효과적인 기술로 나타났다(Kyllo & Landers, 1995). 다양한 상황에서 다양한 유형의 목표와 수행 간의 관계를 조사한 연구는 일반적으로 중간 수준의 목표보다 약간 높은 수준의 목표가 수행에 더 도움이 되는 것으로 나타났다(Weinberg, 2000; 2004). 목표설정은 또한 매우 복잡한 과제보다 단순한 과제에서 가장 효과적으로 나타났다(Burton, 1989).

2.2 스트레스/불안관리

1) 욕구이론과 역U이론

최초의 불안이론 중 하나는 욕구이론(Drive Theory)이다(Spence & Spence, 1966). 이 이론은 각성수준이 높을수록 수행 수준이 높아지는 정적 선형 방식으로 각성과 수행 간의 관계를 설명한다. 욕구이론이 파워 리프팅과 같이 단순한 운동에는 적합할 수 있지만 대부분의 스포츠심리학 연구자는 일관된 결과를 얻지는 못하였다. 따라서 불안은 저각성과 고각성이 경기력 저하를 유발하고 중간 수준의 각성이 최적의 수행 수준을 달성하게 한다는 역U자가설로 바뀌었다(Landers & Arent, 2010). 역U자가설(Inverted U Hypothesis)이 더 포괄적인 모델이지만 개인차와 종목 전반의 차이를 설명하지 못하는 아쉬움이 있다. 즉, 적당한 수준의 각성이 하키 종목에는 최적일 수 있지만 양궁이나 전력 질주하는 100M 육상에는 적합하지 않을 수 있다. 이 가설에 따르면, 불안이 증가함에 따라 운동수행도 꾸준히 증가하다가 불안이 중간을 넘어 더 높아지면 수행능력도 감소하기 시작한다는 것이다〈그림 1〉.

다차원적 불안이론은 역U자가설을 스포츠심리학적 관점으로 설명한다. 다차원적 불안이론은 불안을 인지불안(cognitive anxiety)과 신체불안(somatic anxiety)에 자신감(self-confidence)을 포함시켜 세 개의 차원으로 설명한다(Martens, Sharman, Weinberg, & Brown, 1990). 인지불안은 경기에 대한 부정적 생각과 두려움과 관련된 불안이고, 신체불안은 심박수와 호흡 등의 생리적 각성과 관련된 불안을 말한다. 인지불안은 수행에 부정적 영향을 미칠 수 있는데, 시합에 대한 부정적인 생각과 두려움으로 인해 선수의 집중력, 판단력, 자신감을 떨어뜨리기 때문이다. 반면에 신체불안은 수행에 긍정적인 영향을 미칠 수 있다. 즉, 생리적 각성으로 인해 선수의 동기부여, 집중력, 집중도를 높일 수 있기 때문이다. 따라서 역U자가설은 인지불안이 낮고 신체불안은 중간 정도가 수행에 가장 적합한 상태라고 할 수 있다. 선수들은 인지불안과 신체불안의 수준을 측정하고, 이를 조절하기 위한 방법을 훈련함으로써 자신의 최적의 불안수준을 찾을 수 있다.

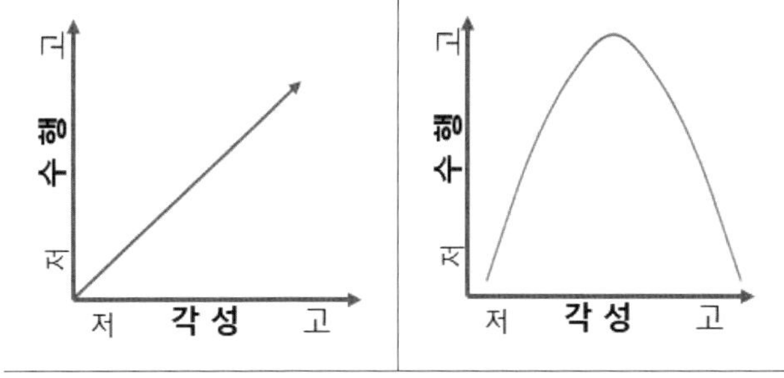

욕구이론과 역U자가설은 각성이 증가하면 수행도 증가한다고 가정한다. 그러나 역U자가설은 각성이 일정 한계, 즉 중간을 넘어서면 수행도 저하될 것으로 예상한다. 매우 높거나 매우 낮은 수준의 각성은 낮은 경기력을 초래하고 반면 중간 수준의 각성은 최적의 수행을 이끌어낸다.

그림 1. 욕구이론과 역U자가설

2) 최적기능지대 모델

개인 및 상황적 변화를 설명하기 위한 도전은 개별화된 최적기능지대(Individual Zone of Optimal Functioning; IZOF)에 대한 Hanin(1997)의 모델로 이어진다. 간단히 말해서, 이 모델은 개인마다 최적의 불안상태가 다르며, 개인의 최적정서상태(기능지대)에서 수행이 가장 잘 이루어진다는 가정에 기반하고 있다. 이 지대를 벗어나면 선수의 경기력이 좋지 않다. Hanin의 IZOF 모델은 선수의 'zone'이 최적의 수행을 발휘하기 위해 중간 수준의 각성일 필요가 없다는 점에서 독특하다. Hanin은 또한 최적의 각성수준이 단순한 지점이 아니라 일정 지대 또는 대역폭에 가깝다고 제안했다. 예를 들어, 〈그림 2〉는 종목에 다른 최적의 불안상태를 보여주는 것이다. 사격, 마라톤, 사이클 선수의 최적지대는 낮은 수준의 각성일 수 있고, 등반, 팀 스포츠 선수는 중간 수준의 각성, 단거리 주자나 복서는 고각성수준이 최적수행지역일 수 있다. 이 모델은 수행과의 관계를 설명하는 연구에서 지지되었다. 그러나 IZOF 모델을 지지할 수 있는 이론적 뒷받침이 부족하다는 지적이 있다(Gould & Tuffey, 1996).

각성이 수행에 미치는 영향을 이해함으로써 스포츠심리상담사는 선수들이 다양한 상황에서 최적의 결과를 달성할 수 있도록 각성과 스트레스 수준을 관리하거나 교육을 통해서 개선할 수 있다는 신념을 가질 수 있다[참고 2, 3].

<table>
<tr><td>낮은 ZOF
(사격, 마라톤, 사이클)</td><td>적정 수행</td><td colspan="2">차선 수행</td></tr>
<tr><td>중간 ZOF
(클라이머, 팀스포츠)</td><td>차선 수행</td><td>적정 수행</td><td>차선 수행</td></tr>
<tr><td>높은 ZOF
(단거리 & 투기 종목)</td><td colspan="2">차선 수행</td><td>적정 수행</td></tr>
<tr><td></td><td colspan="3">낮거나 높은 각성수준</td></tr>
</table>

그림 2. 스포츠 특성적 정서-수행 관계론(IZOF); Syrjä & Hanin(1997)

참고 2 IZOF 모델의 세 가지 영역

최적기능지대: 개인이 가장 잘 수행할 수 있는 정서상태이다. 이 지역에서 개인은 집중력, 자신감, 동기가 높고, 스트레스가 적으며, 경기력도 최상이다.

- 비기능지대(dysfunctional zone): 개인의 수행이 저하되는 정서상태이다. 이 지대에서 개인은 집중력, 자신감, 동기부여가 낮고, 스트레스가 높으며, 경기력도 저하된다.
- 비기능 지대 밖(outside the dysfunctional zone): 최적기능지대와 비기능지대 밖의 영역이다. 이 지역에서는 개인의 수행은 최적기능지대와 비기능지대의 중간 수준이다.
- IZOF 모델은 선수의 심리적 준비와 훈련에 유용하게 활용될 수 있다. 선수들은 자신의 최적기능지대를 파악하고, 이를 유지하기 위한 방법을 훈련함으로써 경기력을 향상시킬 수 있다. IZOF 모델의 한계점으로는 개인의 정서상태를 객관적으로 측정하기가 어렵다는 것과 개인의 최적기능지대는 경기유형, 선수의 성격, 경험, 환경적 요인 등 다양한 원인에 의해 영향을 받을 수 있다는 것이다.

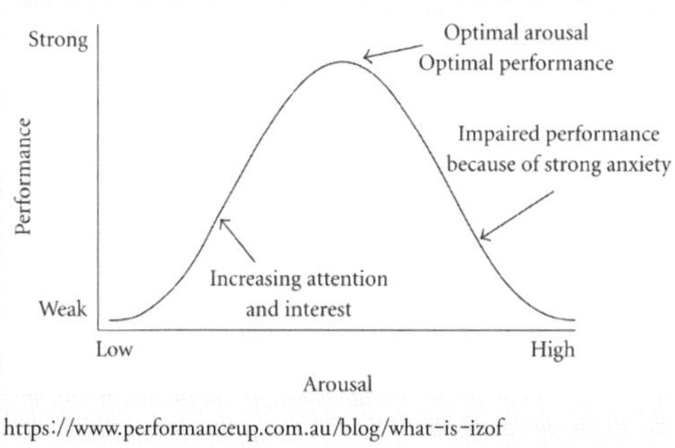

https://www.performanceup.com.au/blog/what-is-izof

참고 3 ZOF 모델의 탄생비화: IZOF 모델: 질적분석 틀의 활용

•"존zone 안팎의 개념" 또는 시합 전 높은 불안의 유용성

√ 1975년, Hanin은 올림픽 국가대표 선발 직전 주요 대회를 준비 중인 러시아 최고의 다이빙선수들과 함께 일하게 되었다. 합숙 기간에, 특히 시합 2~3일을 앞두고 최고 선수들(15~17세)의 상태불안 고조가 선수들의 행동, 의사소통, 수행의 자기평가 상황에서 관찰되었다. 시합이 가까워질수록, 더 많은 불안을 느꼈지만 사실 놀라운 일은 아니었다.

√ 전통적으로 최적이라고 생각되는 중간 정도의 불안수준을 벗어난 게 분명한 상황에서, 이 높은 불안이 그들의 기록에 어떤 영향을 미칠지 궁금해졌다. 그들에게 휴식과 불안감소가 필요했을까? 물론 세계/유럽 선수권 대회 또는 올림픽 경기와 같은 수준 높은 대회에서 이 선수들의 기록과 정서상태를 관찰할 수 있었다면 더 도움이 되었을 것이다. 그러나 이번이 이 선수들과 처음 진행하는 합숙이었기 때문에 그는 특히 성공적이었던 과거 시합기록에 의존해야 했다. 회상에 집중하여 최고 시합 이전의 감정과 행동을 재구성하였다.

•핵심 결과: 높은 불안 속의 성공

√ 결론적으로 선수들은 상대적으로 높은 불안수준에도 불구하고 수행의 방해 없이 전 경기에서 집중을 유지하고 오히려 자원을 동원하여 매우 성공적인 결과를 얻었다. 선수 및 코치는 시합 전 특정패턴의 감정, 즉 상태불안이 다이빙의 성공이냐 실패냐에 따라 확연히 달랐다는 것이다.

•역설: 높은 불안과 자신감의 동시 존재

√ 더욱이, 이 선수들은 높은 불안과 동시에 자신감과 느긋함을 느꼈다! 그들에게 높은 불안은 위험 신호가 아니라 다가오는 준비상태의 완성을 의미하는 메시지였던 것이다. 반면에 높은 불안이 필요하지 않고 차분하고 자신감 넘치는 느긋한 다이버들도 있었다. 동일한 역설은 성적이 좋지 않은 상황에서도 관찰되었다. 일부 선수들은 시합 전 느긋하고 자신감이 있었음에도 자신의 잠재력을 발휘하지 못하였다.

•IZOF 모델의 탄생

√ 이러한 경험적 사실은 모든 선수에게 보편적으로 중간의 불안이 최적 수행과 관계가 있다는 전통적 고정관념과 첨예하게 상반된다. 이것이 수백 명 선수들의 시합 전 불안이 기록이나 성패에 미치는 영향을 체계적으로 조사하고 연구해서 현장에 응용하게 된 시발점이 되었다. 이 작업을 통해 각 선수는 항상 개별적이고 낮거나 중간 또는 심지어 매우 높은 고유한 최적 불안수준과 강도 영역을 예측하는 "존 안팎 개념"이 개발되었다.

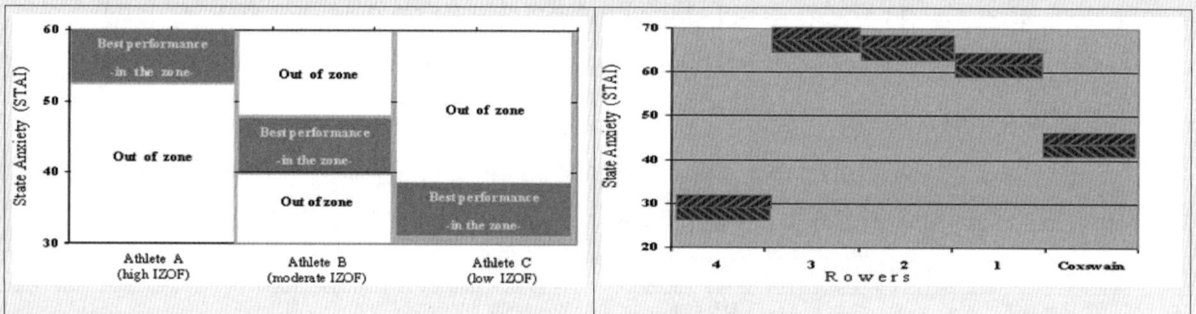

Figure 1a: Individually zones of optimal functioning in three athletes(Panel 1a); adapted from HANIN(1978).

Figure 1b: Zones of optimal anxiety in five top female rowers(Panel 1b); adapted from HANIN(1978).

•결론

√ IZOF 모델은 다양한 스포츠 종목의 수많은 선수들에게 적용되어 광범위하게 정서, 인지 및 동기 변수와 관련된 유용성이 입증되었다. 특히 질적분석 연구의 가치가 돋보인다. 질적연구는 개인 경험의 풍부함을 탐색하고 집단 간 차이점과 유사점을 식별하는 데 도움이 된다. IZOF 모델은 연구자가 선수들의 개인 경험을 이해하고, 자신의 최적상태를 탐색하고, 수행향상을 위한 개인화된 전략을 개발하는 데 도움이 될 수 있다(Hanin, 2003).

한국스포츠심리학회에서 운영하는 스포츠심리상담사 연수과정에는 선수들의 훈련과 시합을 위해 각성 및 활성화 수준에 따른 교육내용이 포함되어 있다. 각성은 신체적 각성과 인지적 각성조절로 나누어진다. 각성 및 스트레스관리를 위한 신체적 기술에는 호흡 조절, 점진적 근육이완 및 바이오피드백이 포함되며, 인지적 기술에는 이완반응 및 둔감화 훈련 등이 있다(Weinberg & Gould, 2015). 그러나 신체적 각성을 관리하기 위해 실시하는 호흡조절도 인지적 각성에 긍정적인 영향을 줄 수 있다.

각성과 스트레스관리는 수행에도 많은 도움을 준다. 특히 목표설정과 스트레스 및 수행관계를 연구한 64개의 중재연구 중 81%는 스트레스를 개선시키고, 77%는 수행을 향상시키는 것으로 나타났다. 또한 하나의 불안감소 전략보다는 두 개 이상의 전략이 각성조절에 더 효과적이었다(Rumbold, Fletcher, & Daniels, 2012).

2.3 심상훈련

스포츠심리상담사뿐만 아니라 선수와 지도자들이 심리훈련을 특징짓는 가장 대표적인 말은 이미지트레이닝(imagery training)이다. 이미지트레이닝, 즉 심상훈련은 오랫동안 심리훈련, 심리기술훈련, 정신훈련을 대신하는 용어로 사용되었다. 훈련이나 시합에서 자연스럽게 수행할 동작을 떠올리거나 스스로 개발한 이미지 훈련을 통해 경기력 향상을 도모한 경험이 있는 선수들을 많이 볼 수 있다.

심상의 전제는 실제 사건을 회상하거나 우리가 희망하거나 피하고 싶은 사건에 대해 자신의 이미지를 구성함으로써 마음속에 상을 창조하는 것이다. 이미지라는 용어는 단순히 시각적으로 떠올리는 감각으로 제한되지 않기 때문에 시각화보다는 넓은 의미를 갖는다. 이미지에는 시각 외에 청각(군중의 소리), 후각(수영장의 염소 냄새), 미각(장거리를 달리는 동안 땀의 짠맛), 촉각(손에 공이 닿는 느낌) 그리고 운동학적 감각(플랫폼에서 다이빙을 할 때의 팔다리의 감각)까지 포함되어 있다. 이미지는 또한 새로운 루틴을 익히거나(체조 마루운동의 새로운 루틴을 배우는 것) 정신적으로 다가오는 시합의 리허설에 사용할 수 있는 도구이다. 이미지 효과와 관련된 연구는 이미지의 사용이 수행능력과 자신감 및 불안 대처능력과 같은 심리적 요인들을 향상시키는 것으로 나타났다(Evans, Jones, & Mullen, 2004; Post, Muncie, & Simpson, 2012). 심상훈련이 효과적이기 위해서는 이미지의 장면이 선명하고, 동작의 조절능력이 요구된다. 또한 상황과 종목에 따라 내부적 혹은 외부적 시각으로 이미지를 떠올릴 수 있어야 한다.

2.4 자신감

자신감(confidence)은 매우 성공적인 선수와 그다지 덜 성공한 선수를 구별하는 가장 일관된 요소이다(Jones & Hardy, 1990). 스포츠심리학에서 자신감은 행동을 성공적으로 수행할 수 있다는 믿음으로 정의된다(Weinberg & Gould, 2015). 스포츠자신감은 사회인지적 요인으로 설명하기도 한다(Vealey & Chase, 2008). 사회인지적 접근법에 따르면, 자신감은 자신의 능력과 사회적 평가에 대해 긍정적인 인지적 평가를 가질 때 형성된다. 예를 들어, 능력에 대해 자신감이 있을 때, 그는 자신이 어려운 과제를 성공적으로 수행할 수 있다는 믿음을 갖게 된다. 또한, 자신이 사회적으로 수용되고 존중받는다고 느낄 때, 자신감이 높아진다. 자신감은 상태자신감(예: 특정 경기 전 오늘 얼마나 자신감을 느끼는지)과 특성자신감(예: 일상생활에서 일반적으로 어떻게 느끼는지)으로 구별된다. 스포츠자신감과 밀접한 관련이 있는 것이 자기효능감 개념이다. Bandura(1997)는 자기효능감은 과제를 성공적으로 수행할 수 있는 개인의 능력으로 정의하였다. 따라서 자기효능감은 상태자신감이라고 할 수 있다.

자신감은 스포츠 관련 다른 심리요인에 영향을 미치는 것으로 나타났다. 예를 들어 자신감은 선수가 불안 수준을 해석하는 데 영향을 줄 수 있다. 특히, 자신감이 낮을 때보다 자신감이 높을 때, 불안을 시합을 도와주는 촉진제로 해석할 가능성이 더 높다(Jones & Swain, 1995). 자신감은 노력에 대한 인식에도 영향을 미친다. 자신감이 높은 선수는 자신감이 낮은 선수와 비교할 때 특정 과제에 더 적은 노력을 하는 경향이 있다(Hutchinson, Sherman, Martinovic, & Tenenbaum, 2008). 가장 중요한 것은 자신감이 수행에 영향을 미치는 것이다. 자신감이 높은 선수는 자신감이 낮은 선수보다 더 나은 수행을 하는 경향이 있다(Feltz, 1984; Moritz, Feltz, Fahrbach, & Mack, 2000). 자신감은 상황에 따라 변화할 수 있기 때문에 스포츠심리상담사들은 자신감을 향상시키기 위해 다양한 심리훈련을 적용할 수 있어야 한다.

2.5 집중력

주의(attention)를 산만하게 하는 것을 무시하고 적절한 시간에 적절한 신호(단서)에 주의를 기울이는 집중력(concentration)은 선수로서 갖추어야 할 가장 중요한 기술 중 하나이다. 핸드폰, 주변 환경, 자신의 생각에 주의가 산만해져서 당면 과제의 집중에 어려움을 겪는다. 스포츠심리학에서는 초점, 집중, 주의집중, 주의력이라는 용어를 구분 없이 사용한다. 이들 용어는 모두 적절한 시간에 적절한 신호에 주의를 집중시키기 위해 동일한 기술을 요구한다.

우리는 종종 주의를 기울이거나 집중하는 데 문제가 있다고 말한다. 하지만 인간은 무언가에 항상 주의를 기울인다. 다만 주의가 산만해지거나 초점을 맞추는 데 어려움을 겪는 것은 대체로 적절한 신호에 주의를 기울이지 않기 때문이다. 〈그림 3〉에서 보듯이 주의집중은 폭(즉, 넓거나 좁음)과 방향(즉, 외적 또는 내적)이라는 두 가지 차원으로 설명한다(Nideffer & Singer, 1976; Nideffer & Segal, 2001). 핸드볼선수가 코트의 변화하는 많은 신호를 인식하고 이에 대응해야 한다면 폭넓은(광의) 주의집중이 도움이 된다. 좁은(협의) 주의초점은 사격의 표적과 격발과 같이 하나 또는 두 개의 단서에만 집중해야 할 때 도움이 된다. 외적 주의집중은 주변의 물체와 같은 외적 신호에 주의가 집중되는 것을 말한다. 마지막으로 내적 주의집중은 자신의 생각이나 느낌 등 내면에 초점을 두는 주의집중을 의미한다.

방향: 내적	방향: 외적	폭
주변을 평가	상황을 분석	광의
표적에 초점	자신의 숨소리에 초점	협의

그림 3. 4가지 유형의 주의집중 및 관련 예

개인의 주의력 스타일, 즉 사람의 전형적인 주의력 성향을 평가하기 위해 Nideffer(1976)는 주의력 및 대인관계 유형 검사(The Test of Attention and Interpersonal Style; TAIS)를 개발했다. 일부 연구에서는 내적보다 외부에 주의를 집중할 때 가장 유익한 것으로 나타났다. 실제로 Wulf(2013)의 고찰에 따르면 외적 주의집중은 내적 주의집중보다 속도, 지구력 및 정확성 유형의 과제를 포함한 여러 운동에 더 유리하다. 집중력 기술을 훈련하고 향상시키는 방법에는 시뮬레이션(모의훈련), 정해진 단서에 집중하기, 좋은 습관 기르기, 루틴 및 경쟁 계획 수립, 과학습 등이 있다(Weinberg & Gould, 2015).

2.6 팀 역동

대부분의 스포츠는 혼자 하는 것이 아니다. 선수들은 종종 팀의 일원으로 경쟁을 한다. 육상의 경우 개인 경기도 있지만 팀 경기도 있다. 집단 또는 팀에 대한 연구는 조직심리학 및 사회심리학 분야에서와 마찬가지로 스포츠심리학에서도 인기 있는 연구분야이다. 이들 분야는 실제로 집단수행 연구에서 많은 이론과 모델을 공유하고 있다.

스포츠에서 집단역동(Group Dynamic) 연구에 대한 접근방식은 다양하지만 연구와 실제 모두에서 많은 관심을 받은 영역은 응집력(cohesion)과 집단효능감이다. 스포츠에서 응집력은 팀이 목표를 추구하거나 구성원의 만족을 위해 단결하는 역동적인 과정으로 정의된다(Carron & Eys, 2012). Carron, Widmeyer, & Brawley(1985)은 스포츠에서 응집력을 측정하기 위해 집단환경질문지(Group Environment Questionnaire; GEQ)를 개발하였다. 집단응집력은 사회와 과제의 두 가지 주요 범주로 개념화된다. 집단이나 팀에 대한 개인매력 차원: 사회와 과제, 집단통합 차원: 사회와 과제의 4요인 모델로 나누어진다. 〈그림 4〉는 4요인 모델의 문항과 합계 및 평균점수를 표시하는 채점지 양식이다. 스포츠에서 집단응집력과 수행 간의 관계를 조사한 46개 연구에 대한 메타분석 고찰에서 집단응집력이 증가하면 수행이 증가하는 큰 효과 크기를 발견했다(Carron, Colman, Wheeler, & Stevens, 2002). 집단효능감은 주어진 목표를 달성하는 데 필요한 행동과정을 조직하고 실행하는 공동의 능력에 대한 집단공통의 믿음이다(Bandura, 1997, p.477). 기본적으로 집단효능감은 팀의 자신감 수준이 반영된다. 연구에 따르면 집단효능감이 팀 수행에 긍정적인 영향을 미치고 과거의 팀 수행도 집단효능감에 영향을 미칠 수 있다(Feltz & Lirgg, 1998; Myers, Feltz, & Short, 2004; Myers, Payment, & Feltz, 2004).

Individual Attractions to the Group-Social (ATGS)		Individual Attractions to the Group-Task (ATGT)	
Item#	Score	Item#	Score
1*		2*	
3*		4*	
5		6*	
7*		8*	
9			
Sum		**Sum**	
Mean		**Mean**	
Group Integration-Social (GIS)		**Group Integration-Task (GIT)**	
Item#	Score	Item#	Score
11*		10	
13*		12	
15		14*	
17*		16	
		18*	
Sum		**Sum**	
Mean		**Mean**	

(*) Items are reverse scored.

그림 4. GEQ 채점지

3. 최근의 심리기술훈련 주제

3.1 마음챙김과 스포츠

선수들은 훈련을 하는 동안 주의가 산만해지는 것에 화, 죄책감 또는 좌절감을 느낄 수 있다. 이런 경험은 흔한 일이다. 현재 하고 있는 공부, 대화, 기술 수행이 주의를 산만하게 할 수 있지만 생각과 사건에 대한 평가나 판단에 의한 주의 산만은 훨씬 더 마음을 흐트러지게 할 수 있다. 연구자들은 이러한 평가와 판단이 과제와는 무관한 생각에 초점을 맞추기 때문에 스포츠에서 수행을 저하시킬 수 있다고 하였다(Gardner & Moore, 2004; Kaufman, Glass, & Arnkoff, 2009). 그들은 관심의 초점을 지금 가장 중요한 것, 즉 바로 지금(here & now)의 과제로 되돌리는 것의 중요성을 강조하였다.

마음챙김(mindfulness)의 연습은 주의가 산만해지는 순간에 도움이 될 수 있으며, 일상업무와 운동경기에서 수행능력을 향상시킬 수 있다. 어떤 사람들은 마음챙김을 스트레스가 많은 상황에서 단순히 침착한 태도를 취하는 것으로 생각할 수 있지만, 이는 그 이상의 것이다. 마음챙김은 자신을 현재에 의도적으로 그리고 판단 없이 존재시키는 것이다(Kabat-Zinn, 1994). 마음챙김 개념의 단순성에도 불구하고 그 실천은 매우 어렵다. 마음챙김을 더 깊이 있게 배운 사람들은 수면과 집중력 향상(MacDonald, Oprescu, & Kean, 2018), 스트레스 감소(Lundqvist, Ståhl, Kenttä, & Thulin, 2018; Vidic, Martin, & Oxhandler, 2018) 및 수행향상(Zhang et al., 2016)을 경험한 것으로 나타났다.

원래 Jon Kabat-Zinn(1994)이 북미에서 대중화한 마음챙김의 정의는 "의도적으로, 현재 순간에, 판단 없이 특정한 방식으로 주의를 기울이는 것"(p.4)이다. 마음챙김의 기반은 원래 불교 수행에 뿌리를 두고 있지만 종교적인 신념은 필요로 하지는 않는다(Kabat-Zinn, 2017). 마음챙김을 촉진하기 위한 접근방식으로 개발된 마음챙김 기반 스트레스 감소(Mindfulness Based Stress Reduction; MBSR) 프로그램은 전통적인 의학적 치료에 완전히 반응하지 않는 환자의 고통과 스트레스 완화에 도움을 주기 위한 것이다. MBSR의 범위는 이제 의학을 넘어 교육, 비즈니스, 군사 및 스포츠 분야에서 다양한 형태로 사용되고 있다(Kabat-Zinn, 2017). MBSR은 환자의 내부 및 외부 세계를 알아차림 할 수 있는 8주 중재 프로그램으로(Kabat-Zinn, 2003; Santorelli, 1999) 알아차림을 통해 자신의 더 큰 능력을 개발할 수 있다는 것이다.

스포츠 수행향상을 위한 접근방식으로서의 마음챙김은 전통적인 심리기술훈련에 비하여 스포츠심리학 분야에서는 최근에 각광을 받고 있다. Kabat-Zinn, Beall, & Rippe는 1985년 처음으로 운동선수에게도 마음챙김의 사용 가능성을 언급했지만 1990년대까지도 스포츠에서 마음챙김의 사용은 거의 이루어지지 않았다. 그러나 2000년대 초반을 지나 스포츠에서 마음챙김 기반 개입의 연구와 적용이 상당히 증가하였다. 마음챙김 기술을 사용하는 선수들의 스포츠 수행능력이 상당히 향상된다는 연구결과와 더불어 특히 정밀성을 요구하는 스포츠 종목에서는 더욱 이를 뒷받침하고 있다(Bühlmayer, Birrer, Röthlin, Faude, & Donath, 2017).

수행능력과 웰빙을 추구하기 위한 마음챙김은 두 가지 주요 개입을 통해 선수들에게 시도되었다. Gardner & Moore(2012)의 마음챙김-수용-전념(Mindfulness-Acceptance-Commitment; MAC)과 Kaufman, Glass, & Arnkoff(2009)의 마음챙김 스포츠 수행강화(Mindful Sport Performance Enhancement; MSPE) 접근법이 대표적인 예이다. 현재 MAC의 수행향상 능력에 대해서는 상당한 연구가 입증하고 있으나 MSPE에 대한 연구는 초기단계에 머물러 있다.

1) 수용전념치료(ACT)와 마음챙김 수용-전념(MAC)

MAC 중재전략은 Gardner & Moore(2004)에 의해 개발되었다. MAC은 Kabat-Zinn의 마음챙김(1994)과 상담 심리학의 수용전념치료 접근법(Hayes, Strosahl, & Wilson, 1999)의 영향을 받았다. MAC에서 마음챙김 인식은 현재 경험을 있는 그대로 수용하고 가치 또는 목표 중심 행동(감정 중심 행동 대비)에 전념하는 것이다. MAC 접근에서 전념은 선수의 가치와 목표, 그리고 선수의 경기력에 도움이 되는 행동에 대한 사전 지식과 이해를 필요로 한다. 따라서 이러한 접근방식을 수행향상에 최대한 활용하려면 자신의 스포츠에 대한 자기인식과 지식이 필요하다.

MAC이 스포츠 수행 개선을 위해 마음챙김을 사용하는 근거는 심리기술(예: 심상, 긍정적인 혼잣말)이 수행향상에 기여하는 것도 사실이지만, 대부분의 심리기술은 선수들의 수행향상과 일관되지 않은 결과를 보여준다는 것이다(Gardner & Moore, 2004). 그 이유는 전통적인 심리기술훈련은 생각, 이미지 및 감정을 관리하여 내적 상태를 제어하는 데 중점을 두기 때문이다(Gardner & Moore, 2004; Moore, 2009). Moore는 이러한 조절 혹은 통제기반 기술은 우수한 수행결과로 이어지는 "이상적인 상태"가 있으며 선수가 최선을 다하기 위해서는 이상적인 심리상태여야 한다는 가정에 기반을 두고 있다는 것이다. 경험적으로 대부분의 선수들은 부정적인 감정과 감각을 경험하면서도 수행을 잘했던 경험이 있기 때문에 반드시 이상적인 상태에서만이 최고수행으로 이어진다는 가정은 잘못되었다는 것이다. Gardner & Moore(2012)는 스포츠 수행에 대한 주의 깊은 접근을 통하여 당면 과제에 적용할 수 있는 생각이나 바로 지금 이 순간에 대한 관찰을 증가시키는 것이 수행유지와 향상에 보다 효율적이라고 주장하였다.

MAC 개입은 순서대로 완료되는 7개의 모듈이 있으며 코치나 지도자는 진행과정에서 각 모듈에 대해 선수가 잘 이해하고 있는지를 확인해야 한다(Gardner & Moore, 2007). 각 단계의 내용은 숙달시키는 것이 중요하기 때문에 MAC 개입은 최소 7주의 지속기간이 요구된다.

2) 마음챙김 스포츠 수행강화

MAC과 달리 MSPE 접근법은 가치와 가치중심 행동에 초점을 맞추기보다는 비반응적 주의 조절의 점진적인 실천에 보다 중점을 둔다(Kaufman, Glass, & Pineau, 2018). MSPE 접근법의 초점은 집중, 놓아주기, 이완, 조화와 리듬, 핵심 심상형성(자신을 그 순간으로 되돌릴 수 있는 개인적 단서 찾기)이라는 용어들을 사용한다. 진행은 조용한 환경에서 호흡을 관찰하거나 몸을 스캔하는 것으로 시작된다. 개입과정에서 선수들은 집에서 기본기술을 연습하고 기록한 후에 토론을 통해 경험을 나눈다. 마음챙김을 스포츠 및 훈련 세션 이외의 생활에 통합하기 위해 사용되는 약어는 STOP(중지)이다. 중지하고, 몇 번 호흡하고, 관찰하고, 그리고 현재에 마음챙김 하는 것으로 진행한다(Kaufman et al., 2018).

수행향상을 위한 마음챙김과 전통적인 심리기술훈련은 접근방법이 다르다. 앞서 심리기술훈련의 효과가 비일관적이라는 비판은 전통적인 심리기술기법들이 통제와 조절을 통하여 이상적 심리상태를 만들고 이를 통해 수행이 향상될 수 있다는 주장과 다르게 부정적인 감정상태에서도 최고수행을 경험한 선수들이 있다는 것이다. MSPE 접근법은 마음을 챙긴 후에 전통적인 심리기술을 적용함으로써 선수가 지향하는 가치에 더 다가갈 수 있다고 주장한다.

긍정적인 혼잣말, 심상, 목표설정, 이완 또는 활성화의 적용을 통해 경기력, 정신건강 및 웰빙이 향상되었다는 증거가 있다. 중요한 핵심은 정신적, 신체적 또는 사회적 기술과 마찬가지로 심리기술도 적절하고 일관된 연습을 통해야만 개선할 수 있다는 것이다.

3.2 뉴로피드백 및 바이오피드백 훈련

심리생리학(Psychophysiology)은 "생리 및 인지과정의 상호 관계에 대한 과학적 연구"로 정의된다(Schwartz & Andrasik, 2017, p.5). 즉, 심리적 상태나 과정이 신체기능에 어떻게 영향을 미치는지, 그리고 그 반대의 상황에서 신체의 변화가 심리적 경험에 어떤 영향을 주는지를 연구한다. 뇌파, 심박수, 호흡, 근육긴장도 등과 같은 다양한 생리학적 지표를 측정하고 분석함으로써, 스트레스, 감정, 인지, 행동 등의 인지과정을 이해하는 데 중요한 기여를 한다.

스포츠에서 사용되는 두 가지 유형의 심리생리적 개입에는 뉴로피드백 훈련(Neurofeedback Training; NFT)과 바이오피드백 훈련(Biofeedback Training; BFT)이 있다. 훈련과정은 생리학적 또는 신경학적 활동을 측정하며, 이는 운동선수가 생리적 및 신경학적 과정을 자발적으로 조절할 수 있는 능력과 더 큰 자기인식을 개발할 수 있도록 오디오 또는 시각적 신호의 형태로 선수들에게 실시간으로 피드백 된다(Blumenstein & Hung, 2016; Schwartz & Andrasik, 2017).

1) 바이오피드백 훈련(BFT)

BFT의 목적은 사용자가 자신의 신체반응을 더 잘 인식하고 조절함으로써 스트레스관리, 이완, 통증 관리, 심리적 안정감 증진 등을 도모하는 것이다. BFT 장비는 스트레스 반응과 관련된 생리학적 정보(예: 심박수, 호흡수, 심박 변이도, 말초체온, 전기 피부 활동)를 측정하고 피드백 하는 가장 강력한 각성조절 학습기술 중 하나이다(Bar-Eli, Dreshman, Blumenstein, & Weinstein, 2002, p.568). 기본적으로 교감신경계가 활성화되면 신체는 생리적으로 호흡수, 심박수, 피부전극 활동, 근육긴장을 증가시키고 말초체온을 감소시켜 스트레스와 '싸우거나 도망칠' 준비를 한다(예: Filaire, Alix, Ferrand, & Verger, 2009). BFT 동안 선수들은 컴퓨터 화면에서 자신의 생리학적 데이터를 관찰하고 다양한 반응을 능동적으로 변화시키는 훈련을 통해 각성조절 능력을 키운다. 예를 들어, 스트레스를 받고 있는 운동선수가 근육이 긴장되었다면, 긴장수준을 관찰하고 그것을 낮추려는 시도를 할 수 있다.

2) 뉴로피드백 훈련(NFT)

NFT의 목적은 사용자가 특정 뇌파패턴을 인식하고 조절함으로써 주의력, 집중력, 정서 조절, 그리고 다양한 신경학적 조건을 개선하는 것이다. 뇌파검사(Electroencephalography; EEG) 혹은 바이오피드백으로도 알려진 NFT(Neurofeedback Training)는 전극을 두피 표면의 특정 위치에 놓고 델타, 세타, 알파, 베타 및 감마의 5가지 주요 주파수에서 나타나는 미세한 전기신호를 측정한다(Cacioppo, Tassinary, & Berntson, 2016). NFT 동안 선수의 EEG 관련 구성요소가 추출되어 미리 결정된 임계값에 도달했음을 나타내는 오디오 및 시각적 신호의 형태로 피드백 된다(Vernon, 2005). 이 피드백 루프(일반적으로 조작적 조건화로 간주됨)를 통해 선수는 시각적으로 뇌파를 볼 수 있으며 보상 조건 피드백을 기반해서 뇌파를 점진적으로 변화시킬 수 있다(Hammond, 2011; Schwartz & Andrasik, 2017). 감각운동 리듬(Sensorimotor Rhythm; MR) 활동은 숙련된 행동의 자동화 수행과 관련이 있다. SMR 뉴로피드백 훈련(SMR NFT)이 행동 준비 단계에서 SMR을 증가시켜 골프 퍼팅 실력을 향상시키고, 더 높은 SMR 활동은 주의력 처리의 향상을 나타내는 뇌파 신호로서, 이것이 뛰어난 퍼팅 실력으로 이어진다(Cheng et al., 2015).

요약하면, BFT/NFT는 운동선수가 생리적 각성을 효과적으로 스스로 조절해서 경쟁 환경에 집중하는 방법을 배우는 데 도움이 된다. BFT와 NFT는 불안감소(Gevirtz, 2007), 주의력 향상(Gruzelier, Egner, & Vernon, 2006), 자기효능감 개선(Davis & Sime, 2005) 등을 통하여 궁극적으로 수행향상(예: Blumenstein & Hung, 2016; Mirifar, Beckmann, & Ehrlenspiel, 2017; Jimenez Morgan & Molina Mora, 2017; Xiang, Hou, Liao, Liao, & Hu, 2018)에 기여한다는 것이다.

4. 스포츠심리상담의 미래과제

앞서 스포츠심리상담을 위해 알아야 할 기본 내용을 기술하였다. 스포츠심리상담의 현재, 그리고 미래를 위해 지금 우리가 처해 있는 스포츠심리학의 교육, 연구, 윤리에 관한 문제와 미래과제를 정확히 인지하기 위해서는 스포츠심리학의 교육과 연구, 윤리에 대해 함의할 필요가 있다.

4.1 교육적 측면

국내 스포츠심리상담사 자격교육은 한국스포츠심리학회(Korean Society of Sport Psychology; KSSP)가 유일하다. 한국고용노동부에 등록된 기본정보와 자격정보를 살펴보면 알 수 있다. KSSP에서 실시하는 교육의 내용과 질은 이론과 스포츠 현장을 위한 내용이 상당히 체계적으로 구성되어 있다. 그러나 다양한 대상과 현장을 위해서는 상담사의 개별적인 노력이 절대적으로 필요하다. 즉, 상담의 질을 높이기 위해 필요한 상담이론 및 적절한 처치를 위한 미세기술(micro skills) 훈련이 충분한가 하는 점이다[참고 5].

참고 5 미시적(마이크로, Micro) 연구와 거시적(매크로, Macro) 연구: 스포츠심리학적 관점

공통점	• 세부적인 분석: 두 연구분야 모두 대상을 극도로 세부적으로 분석하고 미세한 변화까지 파악하는 데 초점을 맞춘다. 이는 스포츠심리학에서 선수의 미묘한 정서 변화, 행동패턴, 인지과정을 이해하는 데 중요한 역할을 한다. • 정밀한 도구 활용: 두 연구분야 모두 첨단과학 기기를 활용하여 대상을 연구한다. 스포츠심리학에서는 생체신호 측정장치, 뇌 영상분석기술, 가상현실 시뮬레이션 등을 활용하여 선수의 심리적 상태를 정밀하게 파악하고 연구한다. • 객관적인 증거 확보: 두 연구분야 모두 객관적인 증거를 바탕으로 연구를 진행한다. 스포츠심리학에서는 실험, 설문조사, 사례분석 등을 통해 선수의 심리적 특성과 스포츠 수행 간의 관계를 객관적으로 규명한다.
차이점	• 연구 대상: 미시적 연구는 나노미터 수준의 매우 작은 대상을 다루는 반면, 거시적 연구는 마이크로미터 수준의 다소 큰 대상을 다룬다. 스포츠심리학에서 미시적 연구는 뇌세포 수준의 신경활동, 거시적 연구는 선수 개인 또는 팀 수준의 행동과 상호작용 분석에 활용된다. • 연구 목표: 미시적 연구는 기본적인 자연 현상을 이해하는 데 초점을 맞추는 반면, 거시적 연구는 실제 문제해결에 활용 가능한 결과를 도출하는 데 초점을 맞춘다. 스포츠심리학에서 미시적 연구는 선수의 심리적 메커니즘(구조)을 이해하는 데 활용되고, 거시적 연구는 선수의 경기력 향상을 위한 실질적인 전략 개발에 활용된다. • 연구 방법: 미시적 연구는 실험실 환경에서 진행되는 경우가 많고, 마이크로 연구는 현장연구를 포함하는 경우가 많다. 스포츠심리학에서 미시적 연구는 실험실 환경에서 인지과정을 연구하는 데 활용되고, 마이크로 연구는 경기 현장에서 선수의 행동을 관찰하는 데 활용된다.
스포츠 심리학적 활용	• 미시적 연구 √ 뇌신경 과학: 선수의 뇌 활동을 분석하여 특정 스포츠 기술습득과 관련된 신경 메커니즘을 규명한다. √ 인지 심리학: 선수의 인지과정을 연구하여 스포츠 수행에 영향을 미치는 주의, 기억, 의사결정 등의 요소를 분석한다. √ 감정 심리학: 선수의 스트레스, 불안, 동기부여 등의 감정을 연구하고 이를 관리하는 전략을 개발한다. • 거시적 연구 √ 팀워크: 선수 간의 상호작용과 협력을 분석하여 팀 성적 향상을 위한 전략을 개발한다. √ 리더십: 코치의 리더십 스타일과 선수의 수행 간의 관계를 연구하고 효과적인 리더십 전략을 개발한다. √ 훈련 프로그램: 선수의 개인 특성과 목표에 맞는 효과적인 훈련 프로그램을 개발한다.
결론	• 미시적 연구와 거시적 연구는 스포츠심리학 분야에서 상호 보완적인 관계를 형성하고 있다. 미시적 연구는 거시적 연구에서 얻은 결과를 더욱 깊이 있게 이해하고 해석하는 데 도움을 제공하며, 거시적 연구는 미시적 연구에서 발견된 지식을 실제 경기상황에 적용하는 데 활용될 수 있다.

이러한 고민은 이미 과거로부터 있었지만(Andersen, Williams, Aldridge, & Taylor, 1997) 여전히 지속될 것이다(Murphy & Murphy, 2013). 일례로, 대학과 대학원에서 제공하는 상담교육 수준에 대한 우려이다. 대학의 스포츠심리상담 관련 교과목의 부족은 물론 대학원에도 입학해도 대부분의 대학원 상담훈련 프로그램이 기본 상담기술의 개발을 위해 2년 이상의 훈련시간이 소요된다는 것이다. 특히 전 세계적으로 점점 더 다양해지는 선수층으로 볼 때 다문화 역량개발은 필수적이다. 그러나 스포츠심리상담 실습을 위한 인턴십과 교육생을 위한 교육 및 관리, 현장 확보가 쉽지 않다. 따라서 연수기간에 습득한 이론과 실제에 대한 응용환경과 미시적 기술의 사용 및 효과에 대한 경험이 부족하다. 또한 상담에 대한 미시적 기술 연구방법에 취약하다(Ridley, Kelly, & Mollen, 2011).

스포츠심리학에서 미시적 기술의 사용을 탐구하는 새로운 연구가 시작됨에 따라 상담사가 이론적 지향성, 컨설팅 세션의 목표 또는 특정 운동선수와 협력하는 맥락에 비추어 특정 상담기술을 선택하는 상위인지(metacognition) 프로세스가 필요해진 것이다(Martindale & Collins, 2010). 이를 위해 현장지향 응용연구와 상담효과의 연구에 대한 적절한 실험설계, 프로그램

구성의 타당성, 통계적 방법의 적용 등 연구방법론에 대한 대안적 교육이 요구된다. 대안적 교육이 요구된다〈표 1〉.

표 1. 스포츠심리상담 실습 현장 부족 문제: 어려움과 해결 방안

<table>
<tr><td colspan="2">문제점</td><td>• 현장 연계 부족: 실습 기회 부족
• 실무경험 부족: 이론과 실제 환경 간 괴리
• 연구 방법론 결함: 상담 연구방법론에 대한 우려
• 메타인지 부족: 이론, 목표, 맥락에 맞는 마이크로 스킬 선택 부족
• 연구방법론 교육 부족: 현장 지향 연구, 상담 효과 연구, 통계 방법 교육 부족</td></tr>
<tr><td rowspan="4">해결 방안</td><td>현장 연계 강화</td><td>• 현장 기관과의 협력: 실습 기회 확대, 현장 경험 축적 지원
• 현장 전문가 초빙 강의: 현장 노하우 전달, 실제 상황 분석 기회 제공
• 멘토링 프로그램 운영: 신규 상담사의 실무 적응 지원</td></tr>
<tr><td>교육 프로그램 개선</td><td>• 실무 중심 교육: 케이스 스터디, 역할극, 시뮬레이션 등 실무경험 강화
• 마이크로 스킬 교육 강화: 다양한 마이크로 스킬 교육 제공, 실제 적용 기회 제공
• 연구방법론 교육 강화: 현장 지향 응용연구, 상담 효과연구, 통계적 방법 교육 강화</td></tr>
<tr><td>연구
활성화</td><td>• 현장 지향 연구 지원: 실무 현장 문제해결 연구 지원
• 상담 효과 연구: 다양한 상담 프로그램 효과 검증 연구 지원
• 연구방법론 개발: 현장 지향 연구에 적합한 연구방법론 개발 지원</td></tr>
<tr><td>기타</td><td>• 온라인 교육 활용: 교육 접근성 향상
• 동료 상담 및 피드백: 상호 학습 및 발전 촉진
• 전문가 네트워크 구축: 정보 공유 및 협력 강화</td></tr>
<tr><td colspan="2">기대 효과</td><td>• 현장 기반 스포츠심리상담 역량강화
• 효과적인 마이크로 스킬 활용 및 상담 효과 증대
• 스포츠심리상담 분야 발전 및 전문가 양성 촉진
• 정부 및 스포츠 단체의 지원 확대: 실습 프로그램 운영 및 연구 활성화 지원
• 사회적 인식 개선: 스포츠심리상담 중요성 홍보, 지원 확대
• 국제 교류 활성화: 해외 기관과의 협력 강화, 교육 및 연구 협력 증진</td></tr>
</table>

4.2 역량의 경계

심리학 분야에서 윤리강령이란 개인이 훈련받은 영역 내에서만 전문적 임무를 수행하는 것을 말한다. 역량 판단은 일반적으로 실무경험을 기반으로 이루어지지만, 미국심리학회(American Psychological Association: APA) 윤리강령 제 2.01a에 따르면, "교육, 훈련, 지도 경험, 컨설팅 또는 연구"를 기반으로 이루어져야 한다. 즉, 전문가는 자신이 전문성을 갖추지 못한 영역에서는 서비스 제공이나 연구를 수행하기 전에 관련 교육 및 경험을 쌓아야 한다.

특히 스포츠심리상담의 특수성을 고려해야 한다. 스포츠는 일반심리학 및 상담 교육 프로그램에서 다루지 않는 독특한 환경을 제공한다. 따라서 일반 상담사들은 스포츠 환경에 대한 충분한 지식과 이해를 갖출 필요가 있다. APA Sport Psychology Proficiency(2003)가 스포츠심리상담사에게 요구하는 스포츠심리학 분야의 전문지식 영역은 다음과 같다. APA Sport Psychology Proficiency(2003)에 따르면, 스포츠심리상담사는 스포츠심리학 분야의 전문지식을 갖추어야 한다. 일반적으로 요구되는 지식 영역은 다음과 같다.

- 스포츠심리학에 관한 이론지식과 평가방법의 습득
- 스포츠 환경에 대한 이론과 실습
- 스포츠심리학 관련 임상, 상담, 조직 및 체계 문제
- 스포츠 관련 발달 및 사회 문제
- 스포츠 수행 관련 생리학적 문제

따라서 스포츠심리상담 분야에 종사하고자 하는 상담사들은 자신의 윤리강령을 인식하고, 전문적인 기술과 지식을 충분히 갖추기 전에는 상담을 제공하지 않는 것이 중요하다. 스포츠 상담경험이 부족하거나 관련 교육을 받지 않은 상담사는 스포츠 선수들에게 적절한 서비스를 제공하지 못할 수 있으며, 오히려 해를 끼칠 수도 있다. 즉, 스포츠심리상담 분야에 종사하고 싶은 상담사들은 관련 교육 및 훈련을 통해 자신의 역량을 강화해야 한다. 각국의 스포츠심리학회는 물론 APA도 스포츠심리상담 분야의 전문가 양성을 위한 다양한 교육 프로그램과 자격증 시험을 제공하고 있다.

상담사의 역량은 윤리적 책임과도 연결된다. 스포츠심리상담사들은 APA 윤리강령을 준수해야 한다. 윤리강령 제 2.01a에 따르면, 상담사들은 자신이 제공하는 서비스에 대한 적절한 역량을 갖추어야 하며, 윤리강령을 인식하고 이를 명시해야 한다. 또한, 상담사들은 자신의 역량을 향상시키기 위해 지속적으로 교육 및 훈련을 받아야 한다.

결론적으로 스포츠심리상담 분야는 일반심리학 및 상담 분야와는 다른 전문성을 요구한다. 스포츠심리상담사들은 자신의 윤리강령을 인식하고, 이를 극복하기 위한 노력을 통해 스포츠 선수들에게 적절하고 효과적인 서비스를 제공해야 한다. 스포츠심리학 전공자들의 지식 확장도 요구되지만 기타 일반심리학 전공자들과 같이 스포츠심리학 훈련을 받지 않은 대부분의 상담사들의 영역 확장 시에도 해당된다. 이들이 추가적 훈련 없이 스포츠수행심리 영역에서 일할 수 있는 역량을 갖추기 위해서 필요한 훈련에 공식적으로 노출되어야 하지만 스스로 자신의 윤리강령을 인식하고, 이러한 기술과 지식을 적절하게 습득할 때까지 상담을 피하는 것이 중요하다.

4.3 윤리적 측면의 비밀보장

효과적인 상담 및 소통을 위해서 윤리적 문제는 필수적으로 고려할 사항이다. 특히 앞서의 미세 상담기술과 관련하여 상담사의 일반적인 직업윤리 지침을 따르는 것은 당연하지만 덧붙여 상담사의 역량의 경계와 한계, 그리고 비밀보장(confidentiality)에 대한 윤리가 강조되어야 한다. 비밀 보장은 상담관계의 가장 높은 윤리적 기준(gold standard)이자 신뢰 형성의 기본 원칙이다. 상담사는 내담자의 기밀성 권리를 존중해야 하며, 정보 공개 시 항상 적절성을 신중하게 고려해야 한다. 때로는 상담과 발전을 위해 고객은 개인정보를 공유할 때 기밀성이라는 윤리기준이 없으면 이는 불가능하다. 기밀성은 주로 고객이나 관련 인물을 더 큰 피해로부터 보호하기 위해 존재한다.

스포츠심리상담의 서비스 제공은 일반심리상담과는 달리 스포츠 환경에서 노출되기도 한다. 상담실이 아닌 경기장, 수영장, 심지어 팀과 함께 여행할 때는 호텔 로비 등 공개된 공간에서 만나기도 한다. 특히 대학 선수들은 자신의 시간관리 권한이 적고, 하루 종일 빡빡한 훈련 일정에 학업 일정과 맞추어야 한다. 따라서 상담사들은 저녁 시간이나 경기장에 동행하거나, 원격으로 상담하며, 선수들의 요구를 효과적으로 충족하기 위해 개방된 환경에서 일할 수도 있다.

스포츠 환경이라는 독특한 장면에서 진행되는 상담은 다양한 고객들과의 긍정적인 작업동맹 형성능력, 대인관계기술, 그리고 경청, 질문, 의역, 감정이나 의미 반영, 공감 전달, 대결, 자기개방 등 다양한 미세기술 활용이 요구된다. 불행하게도, 이러한 중요한 기술들을 가르치는 프로그램이 부족하다. 스포츠심리학 분야가 광범위한 심리학 영역에서 성장하고 더 많은 인정을 받으려면 교육 및 증거 기반 실습의 발전이 필수적이다. 또한 이들의 효과를 검증하기 위한 연구도 수행해야 한다. 〈부록 1-2〉 공감적 이해 척도를 이용하여 상담사로서 요구되는 공감능력이 어느 정도인지 점검해 보자.

5. 스포츠심리상담사 되기

5.1 한국의 스포츠심리상담사

스포츠심리학은 비교적 새롭고 빠르게 확장되는 분야이다. 그 결과 이 분야에서 일하고자 하는 사람들이 다양한 대학원 교육 프로그램과 직업 선택의 기회를 갖게 되었다. 스포츠심리학 분야는 전통적으로 연구와 현장 실무라는 두 가지 흐름이 있었다. 각각은 서로 다른 교육 프로그램과 관련되어 있지만(Fitzpatrick, Monda, & Wooding, 2016), 연구와 전문적 실무 사이에는 상당한 교집합이 있다. 스포츠심리상담사로 활동하기 위해서는 특히 연구에 기반한, 즉 증거에 기반한 개입을 해야 되기 때문이다. 이것은 또한 심리학과 사회학, 생리학 등 더 많은 학제간교육의 필요성으로 이어져 왔다(Wylleman, Harwood, Elbe, Reints, & De Caluwé, 2009). 코비드-19(COVID-19)는 한편으로는 위기였고 다른 한편으로는 기회와 도전의 장을 열어주었다. 최근 온라인 커뮤니티의 발달과 메타버스(metaverse) 플랫폼을 활용한 상담과 교육이 이루어지고 있으며 미래 새로운 기법의 상담이 이루어질 것으로 기대된다[참고 6]. 스포츠심리상담사는 어떠한 경로와 훈련을 거쳐 탄생하는지를 한국과 캐나다의 사례를 통해 알아본다.

참고 6 **메타버스(metaverse)의 활용**

- 메타버스는 가상 세계와 현실 세계가 융합된 공간으로, 사용자들은 아바타를 통해 상호작용을 하고 다양한 활동을 즐길 수 있다. 아직 초기 단계이지만, 게임, 소셜 네트워킹, 교육, 쇼핑, 업무 등 다양한 분야에서 활용될 가능성이 높다.
- 메타버스의 주요 특징
  - √ 가상 세계와 현실 세계의 융합: 메타버스는 단순히 가상 세계가 아닌, 현실 세계와 연결되어 상호작용이 가능한 공간이다.
  - √ 아바타를 통한 상호작용: 사용자들은 아바타를 통해 상호작용을 하고 다양한 활동을 즐길 수 있다.
  - √ 높은 수준의 몰입감: 가상현실(VR) 및 증강현실(AR) 기술을 활용하여 높은 수준의 몰입감을 제공한다.
  - √ 다양한 활동 가능: 게임, 소셜 네트워킹, 교육, 쇼핑, 업무 등 다양한 분야에서 활용될 수 있다.
- 메타버스는 아직 초기 단계이지만, 앞으로 더욱 빠르게 발전할 것으로 예상된다. 메타버스가 발전하면 우리의 삶은 더욱 풍요롭고 편리해질 것이다. 하지만, 메타버스의 윤리적 문제, 개인정보 보호 문제 등 해결해야 할 과제도 있다.

1998년 한국스포츠심리학회 주최 동계 워크숍에서 스포츠카운슬링이라는 주제가 발표(장덕선, 1998)되기 이전부터 스포츠 현장에서 스포츠심리상담은 이미 그 필요성을 인지하고 있었다. 그러나 2001년 5월 19일, 한국스포츠심리학회 차원에서 '21세기 한국스포츠심리학의 전망 및 과제'라는 주제하에 심도 있는 토론이 진행되면서 스포츠심리상담은 한국스포츠심리학회 차원에서 본격적인 준비가 시작되었다. 특히 김병준(2001)은 상담 영역의 발전전략으로 자격제도의 도입과 선수심리상담지원을 위한 방안을 제시하였다. 자격제도의 도입은 한 분야의 전문성을 판단하는 척도로서 침체된 스포츠심리학에 활력을 불러일으킬 것이며, 스포츠심리학이 응용학문이자 실천학문의 속성이 강하기 때문에 상담과 심리훈련 과정에서의 공신력과 법적 문제 제기를 고려하여 스포츠심리학 전문가의 자격에 관한 규정 제정을 촉구하였다. 다행히 2004년 한국스포츠심리학회는 최초의 연수를 통해 1급 20명, 2급 27명에게 자격증을 수여한 이래 2022년 1월 제31차 스포츠심리상담사 자격연수를 진행하고 있다. 최근의 스포츠 현장에서 선수들을 위한 심리기술훈련은 이미 일상화되고 있다. 한국스포츠심리학회에서 정의하는 스포츠심리상담사의 역할은 〈표 2〉와 같다.

표 2. 한국스포츠심리학회에서 정의하는 스포츠심리상담사의 역할

수준	역할
1급 스포츠심리상담사	스포츠심리상담을 할 수 있는 전문지식을 충분히 갖추고, 스포츠 및 운동과 관련된 현장에서 스포츠심리 프로그램을 개발·감독하고, 2급 및 3급 스포츠심리상담사를 훈련·양성하며, 스포츠 심리측정 및 분석 서비스 등을 수행한다.
2급 스포츠심리상담사	스포츠심리학에 관련된 전문지식을 갖추고, 스포츠와 운동 참가자를 대상으로 심리상태를 평가하고 심리기법을 적용하며 그와 관련된 적절한 상담과 심리기술훈련 등을 수행한다.
3급 스포츠심리상담사	스포츠심리학 관련된 기본 지식을 갖추고, 스포츠와 운동 현장에서 참가자의 참여와 수행을 촉진하는 역할 등을 수행한다.

또한 한국스포츠심리학회에서 시행하는 각급의 스포츠심리상담 자격을 살펴보면 1급 스포츠심리상담사 스포츠심리학 분야의 박사학위를 취득한 자로서 ① 자격관리위원회가 인정하는 연수과정을 이수하고 시험에 합격, ② 자격관리위원회가 인정하는 전문가의 감독하에 200시간 이상의 현장수련(슈퍼비전 10회 이상 포함) 및 자격관리위원회가 인정하는 학술행사에서 2회 이상(5회기 이상의 사례) 사례발표, ③ 한국스포츠심리학회가 인정하는 학술행사 50시간 이상 참가, ④ 자격관리위원회의 자격심사 통과를 해야 한다.

2급 스포츠심리상담사는 적정 자격을 취득한 자로서 ① 자격관리위원회가 인정하는 연수과정을 이수하고 시험에 합격, ② 자격관리위원회가 인정하는 전문가의 감독하에 130시간 이상의 현장수련(2급 현장수련 140시간의 50%인 70시간 인정)과 슈퍼비전 7회 이상 및 자격관리위원회가 인정하는 학술행사에서 2회 이상(5회기 이상의 사례) 사례발표, ③ 한국스포츠심리학회가 인정하는 학술행사 50시간 이상 참가, ④ 자격관리위원회의 자격심사를 통과해야 한다.

2급 스포츠심리상담사는 스포츠심리 관련 분야의 석사학위 이상 소지자로서 ① 자격관리위원회가 인정하는 연수과정을 이수하고 시험에 합격, ② 자격관리위원회가 인정하는 전문가의 감독하에 140시간 이상의 현장수련(슈퍼비전 7회 이상 포함) 및 자격관리위원회가 인정하는 학술행사에서 1회 이상(5회기 이상의 사례) 사례발표, ③ 한국스포츠심리학회가 인정하는 학술행사 30시간 이상 참가, ④ 자격관리위원회의 자격심사를 통과해야 한다. 또한 3급 스포츠심리상담사 자격을 취득한 자로서 ① 자격관리위원회가 인정하는 연수과정을 이수하고 시험에 합격, ② 자격관리위원회가 인정하는 전문가의 감독하에 140시간 이상의 현장수련(슈퍼비전 7회 이상 포함) 및 자격관리위원회가 인정하는 학술행사에서 1회 이상(5회기 이상의 사례) 사례발표, ③ 한국스포츠심리학회가 인정하는 학술행사 30시간 이상 이수, ④ 자격관리위원회의 자격심사를 통과해야 한다.

마지막으로, 자격관리위원회가 별도로 정한 학력과 경력을 소지하고 특별과정을 이수한 자로 ① 국내외 프로, 국가대표, 실업소속 선수 또는 지도자 경력 3년 이상으로 체육관련 학사학위 이상인 자, ② 전문스포츠지도사(1, 2급) 자격을 보유하고 한국스포츠심리학회가 주관한 멘탈코치 연수를 수료한 자이다.

3급 스포츠심리상담사는 학력 제한은 없으며 스포츠와 운동 관련 현장에서 2년 이상 전일제 근무를 했거나, 체육 및 건강관련 자격증 소지자 또는 체육관련 학과 재학생(복수전공, 부전공 등의 연계전공 포함) 이상, 자격관리위원회가 인정하는 연수과정을 이수하고 시험에 합격해야 한다. 기타 시험 및 자격심사를 위한 시험 및 자격심사 시행세칙, 스포츠심리상담사 현장수련활동 시행세칙 등 KSSP 홈페이지의 스포츠심리상담사(https://kssp21.or.kr/board/societyNotice)의 규정은 〈부록 1-1〉 한국스포츠심리학회 스포츠심리상담사 규정에 제시되어 있다.

5.2 캐나다의 스포츠심리학자

스포츠심리학, 좀 더 구체적으로 말하면 정신수행 컨설팅은 캐나다 스포츠심리학회(The Canadian Sport Psychology Association; CSPA)에서 감독을 한다. CSPA는 Drs.에 의해 2006년 Natalie Durand-Bush, Penny Werthner, & Tom Patrick은 Dr. Terry Orlick이 설립한 초기 Canadian Mental Training Registry(CMTR)를 기반으로 시작되었다. CSPA는 캐나다에서 정신수행 컨설팅 서비스를 제공하기 위한 교육 및 훈련 요구사항을 지정하고 이 분야에서 일할 수 있는 최소한의 역량을 갖춘 전문가로 인정한다. 특히, (a) 스포츠심리학 또는 관련 분야의 석사학위, (b) 인간행동 역학/운동학, 심리학 및 상담과 같은 기초 분야에 대한 이해를 입증해야 한다. (c) 스포츠 분야의 폭넓은 컨설팅 경험 및 실무경험, (d) 슈퍼비전 및 고객 평가도 요구된다(CSPA, 2018).

CSPA는 전문회원이 되고자 하는 학생 및 전문직 종사자에게 멘토링 및 슈퍼비전 기회를 제공한다. CSPA는 전문회원을 정신수행 컨설턴트와 등록된 심리학자로 분류한다. CSPA(2018, p.2)에 따르면 정신수행 컨설턴트(Mental Performance Consulting; MPC)는 스포츠과학 분야에서 광범위하게 훈련을 받고 대학 학부 및 대학원 과정을 통해 심리학 및 상담에 대한 기본 지식을 습득한 사람이다. MPC는 스포츠 수행 및 웰빙 관련 문제를 개선하기 위한 개인 또는 집단상담을 제공할 수 있어야 한다. 그들은 정신건강 문제를 진단하거나 치료하지 않는다. 또한 CSPA는 멘토링 및 슈퍼비전 훈련 기회를 제공한다. 다음 〈표 3〉은 캐나다의 스포츠심리학자의 직업 및 훈련 경로를 정리한 것이다.

표 3. 캐나다의 스포츠심리학자 직업 및 훈련 경로

연구 중심 스포츠심리학자: 대학 학문적 직위(조교수 등)	현장 중심 스포츠심리학자: 정신수행 컨설턴트(MPC)
• 교육(강의, 학생 감독) • 연구(보조금 확보, 동료검토 간행물 준비) • 서비스(위원회 활동, 행정 업무)	• 스포츠 선수 및 코치 개인상담 및 집단 워크숍 제공 • 최적의 수행, 일상생활 및 웰빙 향상을 위한 심리사회적 기술훈련 • 다양한 맥락에서 다양한 수행자에게 서비스 제공 • CSPA 내 MPC 지정 신청 가능(등록 심리학자 자격 필요)
• 연구 중심 직업(예: 캐나다코칭협회, 캐나다올림픽위원회)	• 공인 심리학자 √ 스포츠 수행 문제 상담 √ 임상증상, 중독, 섭식장애, 우울증 등 정신장애 진단 및 치료

MPC와 등록 심리학자의 협력을 통해 운동선수 요구사항을 포괄적으로 수용하고, 학제간 정신건강 관리팀을 구성한다. 여기에는 MPC, 등록 심리학자, 심리치료사, 상담사, 정신과 의사 등이 포함된다. 이들은 스포츠심리학과 관련된 다양한 직업을 선택할 수 있다. 예를 들어 스포츠 관련 조직 내 고문 역할을 하거나 의료, 교육, 직장 분야 정신수행 컨설팅을 하기도

한다. 또한 학생 상담, 군인 정신적 수행 서비스 제공, 암 환자 회복력을 위한 훈련을 제공하기도 한다.

이러한 활약으로 볼 때 스포츠심리학자의 미래 전망을 보면 스포츠 산업 성장과 더불어 전문가 수요 증가로 보다 다양한 분야에서 활용 가능성이 높아질 것이다. 따라서 더욱 지속적인 학습 및 발전이 요구된다. 마지막으로 캐나다에서 스포츠심리상담사의 경력 특징과 필요한 역량을 살펴보면 다음 〈표 4〉와 같다.

표 4. 캐나다의 스포츠심리학 관련자 경력 특징과 필요 역량(출처: https://www.cspa-acps.com/about)

경력 특징	필요 역량
• 역동적이고 다면적	• 심리학 및 스포츠과학 관련 지식
• 다양한 계약 형태(풀타임, 파트타임)	• 상담 및 치료 기술
• 행정 업무와 정신수행 컨설팅 결합	• 의사소통 및 협업 능력
• 개인 진료 개발 및 유지	• 문제해결 능력
• 비즈니스관리, 재무, 마케팅관련노하우 필요	• 윤리적 책임감

참고 7 **영국의 스포츠심리학자**

영국 심리학회(British Psychological Society; BPS)는 스포츠 및 운동심리학 분과(Division of Sport & Exercise Psychology; DSEP)를 두고 있다. BPS에서 '스포츠 및 운동의 맥락 내에서 심리학적 지식, 기술 및 전문지식을 적용하고자 하는 실천 심리학자'를 위한 것이다. DSEP 웹 페이지에는 스포츠심리학자가 되는 데 관심이 있는 사람들을 위한 많은 자원과 직업 정보가 포함되어 있다. 다음은 DSEP 의장인 Dr. Robert Morris에게 스포츠 및 운동심리학자의 장점에 대한 인터뷰 내용이다.

'스포츠 및 운동심리학자로 일할 때는 매일매일이 다릅니다. 언젠가 세계선수권대회, 올림픽게임 또는 기타 주요 토너먼트에 참가하는 엘리트 운동선수 및 코치와 함께 일할 수 있습니다. 또 다른 날에는 운동에 관심은 있지만 실패에 대한 두려움이 있고 성공적인 수행에 대한 자신감이 부족한 사람과 함께 일하게 될 수도 있습니다. 두 상황(및 귀하가 처한 모든 상황)은 다르며 가능한 최고의 지원을 제공하기 위해 고객 선수와 함께 일해야 합니다. 이것이 저를 매료시킵니다.

스포츠 및 운동심리학은 격변과 도전의 시기에 특히 중요합니다. Covid-19 위기 동안 우리는 스포츠와 운동심리학자들이 하는 작업이 얼마나 중요한지 보았습니다. 운동을 한 번도 해본 적이 없는 사람들을 돕는 것부터 경기 일정이 지연되거나 취소되는 상황에 처한 운동선수와 코치들과 함께 일하는 것까지; 이들 스포츠심리학자들은 많은 사람들의 웰빙과 건강을 보장하고 운동선수가 운동장으로 돌아올 때 수행할 준비가 되도록 도움을 주었습니다.

코비드-19 위기는 또한 스포츠 및 운동심리학 지원을 제공하기 위한 온라인 상담을 촉진시켰습니다. 스포츠 및 운동심리학자들이 최근만큼 온라인으로 고객에게 지원을 제공해야 했던 적이 없었습니다. 앞으로 온라인 기술에 기반한 이러한 변화는 해당 분야에서 일하는 사람들에게 많은 기회를 제공합니다. 예를 들어, 외국의 선수 및 코치들과 함께 일하는 것을 막을 수는 없습니다!

스포츠 및 운동심리학자가 되는 것은 환상적인 직업이며 스포츠, 운동에 관심이 있거나 사람들이 최고의 모습으로 발전할 수 있도록 돕는 사람이라면 누구든지 참여하는 것이 좋습니다. 우리가 처한 현재 상황은 스포츠와 운동심리학이 사회에 미치는 중요한 역할을 더욱 강조하고 있을 뿐입니다!'

평 가 문 항

1. 스포츠 및 운동심리학의 주요 목표는 무엇인가?
   ㉠ 운동선수의 신체 능력 향상
   ㉡ 스포츠참여를 통한 사회 통합
   ㉢ 인간의 심리가 스포츠 수행에 미치는 영향 이해
   ㉣ 스포츠참여의 심리적 건강 영향 이해

2. 스포츠심리학의 주요 연구 주제 중 하나는 무엇인가?
   ㉠ 스포츠 부상예방 및 치료
   ㉡ 운동선수의 신체적 훈련 방법
   ㉢ 스포츠 경기 규칙 개발
   ㉣ 스포츠참여의 심리적 영향

3. 운동참여가 정신건강에 미치는 영향은 무엇인가?
   ㉠ 우울증 및 불안 증상 악화
   ㉡ 인지 능력 저하
   ㉢ 긍정적인 정서적 웰빙 증진
   ㉣ 약물 남용 위험 증가

4. 스포츠심리학의 주요 개념 중 하나는 무엇인가?
   ㉠ 각성
   ㉡ 자기조절
   ㉢ 동기부여
   ㉣ 운동 능력

5. 스포츠심리학자들이 선수들의 정신건강을 관리하는 방법은 무엇인가?
   ㉠ 약물 치료
   ㉡ 인지행동치료
   ㉢ 수술
   ㉣ 물리 치료

6. 스포츠참여의 부정적인 영향에는 어떤 것들이 있는가?
   ㉠ 지나친 스트레스 및 부상위험
   ㉡ 부정적인 사회적 비교 및 자존감 저하
   ㉢ 중독 및 강박 행동
   ㉣ 모든 경우에 부정적인 영향을 미치는 것은 아님

7. 스포츠심리학 분야 전문가의 역할이 아닌 것은 무엇인가?
   ㉠ 선수 개인 및 팀 상담
   ㉡ 코치 및 스포츠 지도자 교육
   ㉢ 스포츠 관련 프로그램 개발
   ㉣ 스포츠 부상 치료

8. 스포츠 및 운동참여의 정신건강에 대한 긍정적 영향은 무엇인가?
   ㉠ 우울증 및 불안 증상 완화
   ㉡ 자존감 및 스트레스관리 향상
   ㉢ 인지 기능 및 수면 품질 개선
   ㉣ 모든 답변이 정답

9. 스포츠 및 운동심리학은 비교적 새로운 학문 분야이지만 최근 빠르게 성장하고 있다. (O / X)

10. 스포츠심리학 전문가들은 운동선수뿐만 아니라 일반 대중에게도 상담 서비스를 제공한다. (O / X)

11. 스포츠 및 운동참여는 모든 사람에게 긍정적인 정신건강 영향을 미친다. (O / X)

12. 스포츠심리학의 주요 연구 주제 중 하나는 스포츠 부상예방 및 치료이다. (O / X)

13. (　　) 참여가 개인의 정신건강에 미치는 영향은 다양하며 긍정적인 측면이 많다.

14. (　　)들은 선수들의 (　　) 능력 향상을 위해 다양한 심리기술훈련 프로그램을 적용하거나 상담을 제공한다.

15. 스포츠심리학 연구는 개인적 정보, 연구결과 활용 등 다양한 (　　) 문제에 대한 고려가 중요하다.

모범답안 및 해설

1. ⓒ 스포츠 및 운동심리학은 인간의 심리적 요인이 스포츠 및 운동참여에 어떤 영향을 미치는지 연구하는 학문이다. 선수들의 수행향상, 운동참여동기 증진, 정신건강 관리 등 다양한 목적으로 활용된다.

2. ⓓ 스포츠심리학자들은 스포츠참여가 개인의 정신건강, 자존감, 스트레스관리, 인지 기능 등에 미치는 영향을 연구한다. 이러한 연구결과를 바탕으로 심리기술훈련 프로그램 개발, 선수 상담, 운동참여 촉진 등의 활동을 수행한다.

3. ⓒ 연구결과에 따르면, 규칙적인 운동참여는 우울증 및 불안 증상 감소, 자존감 향상, 스트레스관리 능력 향상, 삶의 질 향상 등 다양한 긍정적인 정신건강에 영향을 준다.

4. ⓛ 자기조절은 선수들이 자신의 감정, 생각, 행동을 효과적으로 조절하는 능력을 의미한다. 스포츠심리학자들은 선수들이 목표달성을 위해 필요한 자기조절 능력을 키울 수 있도록 심리기술훈련 프로그램을 개발하고 상담을 제공한다.

5. ⓛ 인지행동치료는 부정적인 사고방식과 행동패턴을 변화시켜 정신건강을 개선하는 치료법이다. 스포츠심리학자들은 스포츠참여로 인한 스트레스, 불안, 우울증 등의 문제를 해결하기 위해 인지행동치료기법을 활용한다.

6. ⓓ 스포츠참여는 일반적으로 긍정적인 영향을 미치지만, 지나친 스트레스와 사회적 비교, 부상 등 부정적인 영향도 존재한다. 따라서 자신의 건강 상태와 목표에 맞는 적절한 운동 프로그램을 선택하는 것이 중요하다.

7. ⓓ 스포츠 부상 치료는 의학 분야의 전문성이 요구되는 분야이다. 스포츠심리학자들은 부상예방 교육, 부상회복 과정에서의 정신적 지원 등을 제공하지만, 직접적인 치료는 수행하지 않는다.

8. ⓓ 규칙적인 운동참여는 우울증 및 불안 증상 완화, 자존감 및 스트레스관리 향상, 인지 기능 및 수면의 질 개선 등 다양한 긍정적인 정신건강을 가져올 수 있다.

9. (O) 스포츠심리학은 비교적 새로운 학문 분야이지만, 최근 선수들의 정신건강 관리, 스포츠참여 촉진 등의 중요성이 높아짐에 따라 빠르게 성장하고 있다. 20세기 후반부터 발전하기 시작했지만, 현재는 학문적 연구, 실무적 활용, 전문가 양성 등 다양한 분야에서 활발한 활동을 하고 있다.

10. (O) 스포츠심리학 전문가들은 운동선수뿐만 아니라 일반 대중에게도 상담 서비스를 제공한다. 스트레스관리, 자긍심 향상, 목표달성, 불안관리, 인간관계 개선 등 다양한 정신적 어려움을 겪는 사람들에게 전문적인 도움을 제공한다. 또한, 스포츠참여를 통한 건강 증진 및 삶의 질 향상을 목표로 하는 프로그램 개발 및 상담도 제공한다.

11. (X) 규칙적인 스포츠 및 운동참여는 일반적으로 긍정적으로 정신건강에 영향을 미칠 수 있지만, 모든 사람에게 항상 긍정적인 영향을 미치는 것은 아니다. 스트레스와 부상 등 부정적 영향도 존재한다. 따라서 자신의 건강 상태, 목표, 개인적 특성 등을 고려하여 적절한 운동 프로그램을 선택하고 꾸준히 실천하는 것이 중요하다.

12. (X) 스포츠 부상예방 및 치료는 의학 분야의 전문성이 요구되는 분야이다. 스포츠심리학자들은 부상예방과 회복 과정에서 정신적 지원 등을 제공하지만, 직접적인 치료는 수행하지 않는다. 스포츠 부상예방 및 치료는 운동 생리학, 운동 의학, 물리 치료 등 다양한 분야의 전문가들이 협력하여 이루어진다.

13. (스포츠 및 운동) 규칙적인 스포츠 및 운동참여는 우울증 및 불안 증상 감소, 자존감 향상, 스트레스관리 능력 향상, 인지 기능 및 수면의 질 개선 등 긍정적으로 다양한 정신건강에 영향을 미칠 수 있다.

14. (스포츠심리학자) (자기조절) 스포츠심리학자들은 선수들이 경기 중에 감정을 조절하고, 주의력을 유지하며, 목표를 달성하기 위해 노력하는 자기조절 능력을 향상하도록 돕는다.

15. (윤리적) 스포츠심리학 연구는 연구 참여자의 동의, 개인정보 보호, 연구결과 활용 등 다양한 윤리적 문제를 고려해야 한다. 연구윤리위원회의 승인을 받고, 연구 참여자의 권리를 존중하며, 연구결과를 투명하게 공개해야 한다.

현장실습

1. 선수 인터뷰를 통해 스포츠심리학의 중요성을 체험하기 위한 실습이다. 내용을 잘 읽고 개인 혹은 팀별로 실행해 봅니다.

선수 인터뷰를 통해 스포츠심리학의 중요성 인식하기	
실습목표	• 선수 인터뷰를 통해 스포츠 현장에서 심리적 요인이 경기력에 미치는 영향을 직접적으로 이해한다. • 스포츠심리학의 필요성과 중요성에 대한 인식을 높인다. • 스포츠심리상담사로서 필요한 인터뷰 기술 및 자료 분석 능력을 향상시킨다.
인터뷰 대상 선정	• 다양한 종목, 경력, 연령대의 선수를 인터뷰 대상으로 선정한다. • 가능하다면, 경기력 향상이나 심리적 어려움을 극복한 경험이 있는 선수를 포함한다. • 선수 인터뷰가 가능한 환경을 조성하고, 인터뷰에 대한 동의를 구한다.

1) 기초배경 알아보기

종　목:	연　령:
운동 경력:	최고수행:

2) 어떤 심리적 요소가 자신의 수행(경기력)에 가장 큰 영향을 미친다고 생각하나요?
긍정적 요소:
부정적 요소:

3) 경기 전, 경기 중, 경기 후 어떤 심리적 변화를 경험하나요?
경기 전:
경기 중:
경기 후:

4) 스포츠 및 운동참여를 통해 어떤 심리적 혜택을 얻었나요?
긍정적 혜택:
부정적 혜택:

5) 스포츠심리상담이나 훈련을 받아본 경험이 있습니까? 있다면 어떤 도움이 되었습니까?

6) 스포츠심리상담사가 있다면 어떤 점이 도움이 될 것 같나요?

7) 결과 분석 및 공유	• 인터뷰 후 내용을 정리하고 분석하여 스포츠심리학의 중요성을 도출한다. • 인터뷰 결과를 바탕으로 보고서를 작성하거나 발표 자료를 만든다. • 팀원들과 결과를 공유하고 토론하며, 스포츠심리학의 중요성에 대한 인식을 넓힌다. • 인터뷰 결과 분석 시 선수들의 답변을 공통점과 차이점별로 정리한다. • 인터뷰 내용을 바탕으로 스포츠심리학에 대한 자신의 생각을 정리해 본다.

2. 스포츠심리상담사에 대한 미래 기대가 무엇인지 집단을 구성해서 토론해 봅니다. 이 토론을 통하여 스포츠심리학 분야의 발전 방향을 모색하고, 스포츠심리상담사의 전문성 향상을 위한 방안을 제시해 봅니다.

스포츠심리상담사에 대한 미래 기대	
토론목표	• 스포츠심리상담사의 미래 역할과 기대에 대해 다양한 관점을 공유하고 토론합니다. • 스포츠심리학의 발전 방향을 모색하고, 스포츠심리상담사의 전문성 향상을 위한 방안을 논의합니다. • 스포츠 현장에서 스포츠심리상담사의 필요성과 중요성에 대한 공감대를 형성합니다.
진행방법 및 역할 분담	• 3-5명의 집단 구성원: • 팀원들과 함께 만든 창의적 집단명: • 팀장(토론 진행 및 시간관리): • 기록자(토론 내용 메모 및 보고서 작성): • 발표자(토론 결과 발표):

3) 토론 주제: 각 그룹은 다음 질문들을 토론하고 답변을 워크시트에 기록합니다.

스포츠심리상담사의 역할	• 스포츠심리상담이란 무엇입니까?	
	• 스포츠심리상담이 누구에게 도움이 될 수 있습니까?	
	• 스포츠심리상담의 필수 역량은 무엇이라고 생각합니까?	
	• 스포츠심리상담 분야에서 일하고 싶은지, 그 이유를 설명하십시오.	
미래 스포츠 환경과 스포츠심리상담사의 역할	• 4차 산업혁명 시대의 스포츠 환경 변화(AI, 빅데이터, 가상현실 등)에 대해 어떻게 대처해야 하나요?	
	• e스포츠, 익스트림 스포츠 등 새로운 스포츠 분야에서의 역할은 무엇일까요?	
	• 스포츠 윤리 및 인권 보장과 문제를 어떻게 준비할 수 있습니까?	

4) 토론 과정

팀장은 토론 주제를 소개하고, 팀원들이 토론에 참여할 수 있도록 환경을 조성합니다.
기록자는 토론 과정에서 핵심 내용을 기록합니다.
팀원들은 자유롭게 의견을 나누고, 서로의 의견에 귀 기울입니다.
발표자는 토론 결과를 정리하여 발표합니다.

5) 토론 후

토론 결과를 워크시트에 정리합니다.
토론을 통해 얻은 것을 발표하거나, 보고서를 작성하여 제출합니다.
토론 결과 정리 및 발표: 토론 내용을 정리하고, 발표자를 통해 발표합니다.
질의응답 및 피드백: 토론 내용에 대한 질의응답 및 피드백을 진행합니다.

6) 주의 사항

인터뷰 시에는 상대방의 동의를 얻고 개인정보 보호를 준수해야 합니다.
그룹 활동에서는 서로 존중하고 협력하는 태도를 유지해야 합니다.
발표에서는 명확하고 간결하게 자신의 생각을 전달해야 합니다.

7) 추가 활동	• 스포츠심리학 관련 전문가를 초청하여 특강이나 간담회를 개최합니다. • 스포츠심리학 관련 학회나 세미나에 참여하여 최신 연구 동향을 파악합니다. • 스포츠심리학 관련 서적, 논문, 영상 자료 등을 활용하여 추가 학습을 진행합니다. • 스포츠심리상담 관련 정책 및 제도에 대한 정보를 수집하고 분석합니다.

2장.

스포츠심리상담의 이해

1. 스포츠심리상담의 개요

1966년 Ogilvie & Tutko는 동기부여 원리를 적용하여 수행을 향상시킬 수 있다고 하였다. 이들은 "문제선수와 그들을 다루는 법(Problem Athletes and How to Handle Them)"을 출간하면서 선수들을 위한 카운슬링과 컨설팅 모델을 제안하였다. 이후 스포츠심리학의 응용에 보다 역점을 둔 응용스포츠심리학회(당시 AAASP)는 1986년 응용스포츠심리학에 대한 특별한 관심을 표명하였다. 즉, 응용스포츠심리학자가 선수들을 위한 훈련, 경쟁, 수행(즉, 경기력)과 더불어 사회적 측면으로서 운동과 건강 등 신체활동 참여자들도 포함시켜 광범위하고 특별한 서비스를 제공할 것을 제안하였다. 이후 1991년에는 응용스포츠심리학자와 스포츠심리컨설턴트(CC-AAASP)라는 자격부여 프로그램을 개발하여 공포하였다. AASP(2007)는 CMPC(Certified Mental Performance Consultants®) 인증을 시행하고 있다[참고 1]. 이것을 시발점으로 하여 우리나라를 비롯하여 세계 각국은 스포츠심리학의 현장 적용이라는 새로운 국면에 접어들게 된다.

응용스포츠심리학 분야에서 선수들의 능력 발휘에 가장 많은 영향을 준 교육이나 경험은 무엇인가? 1994년 Vealey는 1987-1992년에 발표된 *The Sport Psychologist*에 게재된 내용분석 논문을 통하여 그 방향성을 제시하였다. *TSP*는 스포츠심리학 관련 저널 중 응용스포츠심리학 저널에 속한다〈부록 2-1〉. 분석결과 심리기술훈련이 29%로 가장 많았고, 심리기술 · 전략 19%, 스포츠심리컨설팅 11%의 순서로 나타났다. 이러한 용어들은 이제 혼용되면서 현재는 스포츠심리상담이라는 큰 틀 안에서 스포츠심리상담사의 역할과 범위가 확대되고 그 중요성이 입증되고 있다.

참고 1 **미국응용스포츠 스포츠심리학자 자격증** https://appliedsportpsych.org/certification/

- CC-AAASP(Certified Consultant)는 1992년에 시작되었다. 당시 AAASP(American Association for the Advancement of Applied Sport Psychology)는 스포츠심리학 분야에서 전문적인 지식을 갖춘 사람들을 위한 자격증의 필요성으로 CC-AAASP 인증 프로그램을 개발하고, 첫 번째 인증시험을 1992년에 시행하게 되었다.
- CMPC는 2000년에 시작되었다. CMPC는 CC-AAASP보다 더 높은 전문성을 갖춘 사람들을 위한 자격증으로, CC-AAASP 인증을 받은 사람들을 대상으로 시행되었다. CMPC 인증시험은 CC-AAASP 인증시험보다 난이도가 높고, 경험 요건도 더 까다로워졌다.
- Certified Mental Performance Consultant®(CMPC) 인증에 대한 설명은 포괄적이지만 명확한 지침을 제공한다.

√ CMPC 인증 요건	학력 요건: 스포츠과학, 심리학 또는 관련 분야에서 석사 또는 박사학위 취득 경험 요건: 감독하에 또는 독립적인 스포츠심리학 분야의 장에서 특정 시간의 경험 이수 시험 합격: CMPC 인증시험 성공적으로 통과 윤리강령 준수: 스포츠심리학 분야의 윤리강령 준수 및 동의 지속적인 전문성 개발: 최신 지식과 기술을 업데이트하기 위한 지속적 전문성 개발 활동 참여
√ CMPC 인증의 혜택	전문성 인정: 고객, 고용주, 동료들에게 전문성을 인정받을 수 있다. 경쟁우위 확보: 시장에서 경쟁우위를 확보할 수 있다. 신뢰성 확보: 고객과 동료들에게 신뢰성을 확보할 수 있다. 전문성 발전: 지속적인 전문성 개발을 통해 전문성을 발전시킬 수 있다.

- CMPC 인증은 스포츠심리학 분야에서 경력을 쌓고 싶은 사람들에게 중요한 자격증이다. CMPC 인증을 받으면 최고수준의 전문성을 갖추고 있다는 것을 보여주고, 다양한 직업 기회를 얻을 수 있다.

1.1 선수-인간의 이해

스포츠심리상담사가 최우선적으로 명심해야 할 부분은 선수로서의 인간일 것이다. 즉 그들이 훈련과 시합에 어떻게 임하는지를 체크하는 것이다. 구체적으로 선수의 생각, 경험하는 감정, 특히 경쟁의 열기 속에서의 행동방식 등의 광범위한 심리상태를 말한다. 선수의 심리적 특성의 구성요소는 성공, 성취, 기대 및 경쟁에 대한 태도와 관련된 동기부여, 자신감, 에너지, 흥분, 불안, 집중 및 기분이 포함된다. 선수의 심리적 상태를 끌어올리기 위해서는 목표설정, 심상, 이완, 자화 및 호흡과 같은 정신 도구가 필요하다. 여기에 팀원, 코치, 라이벌, 관리자, 특히 어린 선수와 부모의 관계 등 사회적 배경이 영향을 미칠 수 있다.

상담사는 선수의 심리에 초점을 두지만 선수에 대한 진정한 이해는 생리적 조절, 스포츠 기술 및 전술, 장비 및 팀 역학과 같이 경기력에 영향을 미치는 모든 영역이 포함되어야 한다. 또한 상담사는 선수의 강점과 약점, 훈련 및 경쟁, 수행에 대해서도 알아야 한다.

그러면 스포츠심리학의 주요 고객인 선수의 지원 범위는 어디까지로 할 것인가? 예를 들어 경쟁 세계의 선수로만 볼 경우, 그들의 본성은 중요하지 않다. 다만 성공이라는 목표를 추구하는 현장만이 존재할 뿐이다. 의심, 걱정 또는 두려움과 같은 약점이 있으면 곧바로 수행으로 이어지지만 인간으로서 가진 결단력, 자신감 또는 탄력성이라는 긍정적 강점은 현실과 경쟁 모두에서 나타난다. 이것은 상담사로서 고객 선수의 내적 생활의 깊이와 폭을 탐색할 필요가 있다는 것을 암시하는 것이다. 그것은 매우 어려운 일이다. 그러나 선수 이전에 사람이 우선일 것이다. 따라서 사람 선수는 선수로서의 인간의 모든 측면을 포함시켜야 한다.

- 선천적 성향, 기질 및 경향(예: 내향 혹은 외향적, 추상적 또는 현실적)
- 목표를 향해 열정적으로 나아가는 사람 선수의 가치와 우선순위 고려
- 내적 대화, 상황에 대한 정서적 반응 및 세계에 대한 행동, 타인과의 상호작용 및 스포츠 수행 방식에 대한 신념(예: 자기평가, 자기 정체성, 자존감)
- 사람 선수의 사고방식과 방법. 운동장 안과 밖에서 모두 영향(예: 낙관 대 비관, 비판 또는 수용, 분석 또는 직관은 스포츠심리상담에서 중요)
- 감수성, 표현성, 불안정성 및 좌절과 실패에 대한 감정적 반응을 포함한 정서적 삶
- 스포츠 및 비스포츠 환경에서의 행동
- 관계의 질과 타인과의 상호작용 방식(예: 공감, 지원, 분열 또는 공격성)

2. 심리기술훈련과 심리상담

심리기술훈련(Psychological Skills Training; PST)은 스포츠 상황에서 일어나는 마음의 작용과 의식(심리, 心理, psychology)을 잘 다룰 수 있는 방법이나 능력, 행동들(기술, 技術, skills)을 획득하기 위해 되풀이하는 실천적 교육활동(훈련, 訓練, training)을 말한다〈그림 1〉. 스포츠심리상담(Sport Psychology Counselling; SPC)은 스포츠심리학자들의 주요 역할 중 하나로 전문선수들과 일반 운동참여자들을 대상으로 스포츠와 운동 상황에서 발생하는 문제해결을 위해 개인 또는 팀원에게 심리적 측면의 도움을 제공하여 인간적 성장(growth)을 도모하고, 더불어 정신건강(mental)과 수행향상(performance)에 도움을 주고자 하는 것이다〈그림 2〉.

그림 1. 심리기술훈련

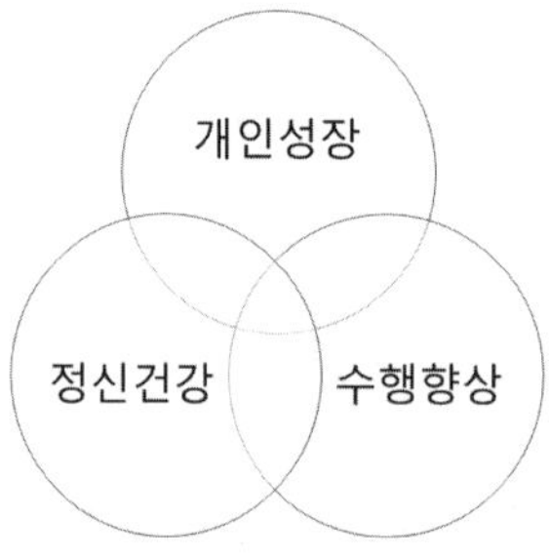

그림 2. 스포츠심리상담

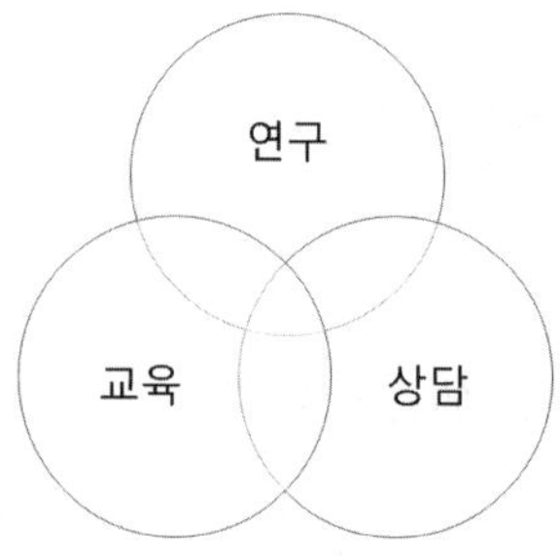

그림 3. 스포츠심리학자의 3가지 유형

2.1 스포츠심리상담

1) 스포츠심리상담의 정의

스포츠와 운동심리학에서, 상담이란 운동에 참여하는 사람들을 대상으로 참여자들이 도움을 필요로 할 때 도움을 줄 수 있는 사람(스포츠심리상담사)과의 개별적인 관계를 통하여 참여자들의 내부에서 새로운 학습이 이루어지도록 하는 활동이다(장덕선, 이에리사, 정구인, 2005). 전문성을 더 강조한 이장호(1995)에 따르면 상담은 도움을 필요로 하는 사람(내담자)이 전문적 훈련을 받은 사람(상담자)과의 대면관계에서, 생활과제의 해결과 사고 · 행동 및 감정 측면의 인간적 성장을 위해 노력하는 학습과정을 말한다. 전문성은 한국스포츠심리학회에서도 강조하고 있다. 즉, 한국스포츠심리학회에서 정의하는 스포츠심리상담사는 한국스포츠심리학회의 회원으로서 한국스포츠심리학회가 인정하는 스포츠심리 및 스포츠과학 관련 교육과정을 이수하고 소정의 시험에 합격하고, 현장수련활동을 거친 후 자격관리위원회에서 그 자격을 인정한 자를 말한다.

2) 스포츠심리상담사의 역할

스포츠심리상담은 스포츠심리학자의 3가지 활동 영역 중의 하나이다. 미국 및 유럽에서는 일반적으로 스포츠심리학자들의 역할을 〈그림 3〉과 같이 연구, 교육, 상담으로 분류하고 있다(Weinberg & Gould, 1995). 많은 스포츠심리학자들은 이 세 가지 역할 중 하나, 혹은 둘, 때로는 세 가지 모두 중복 수행하기도 한다.

연구 스포츠심리학자는 각자의 심리적 관심 주제, 대상, 장면에 따른 이론을 바탕으로 운동장이나 훈련장 혹은 실험실에서 과학적으로 이를 검증하는 역할을 한다. 대부분의 스포츠심리학자들은 연구 수행에 참여하고 있다. 스포츠심리학자들의 검증된 연구결과들이 현장에서 응용되기 위해서는 건전한 비판이 요구된다. 따라서 스포츠심리학 관련 각종 학술회의 참가와 전문 학술지의 발간은 매우 중요하다〈부록 2-1〉.

교육 스포츠심리학자는 대학이나 대학원에서 스포츠심리학을 가르치는 역할을 한다. 또한 연구 스포츠심리학자들에 의하여 개발되고 검증된 이론과 원리를 코치나 운동선수에게 가르치고, 최적수행을 유도할 수 있는 심리기술 및 대처전략들을 제공한다. 예를 들면, 대학에서의 스포츠심리학자는 스포츠심리학과 더불어 운동학습, 운동제어, 운동발달, 건강운동심리학, 응용스포츠심리학 등을 강의한다. 또한 선수들을 대상으로 심리기술에 대하여 교육을 한다. 또한 운동선수들뿐만 아니라 일반 대중에게 스포츠 활동 참여와 동기를 유발시킬 수 있는 정보를 제공하여 정신건강과 운동지속의 중요성을 제공한다.

상담 스포츠심리학자는 스포츠심리학자들에게 가장 많은 관심을 받는 분야이다. 이들은 선수들의 잠재적 재능을 개발하고 향상시키기 위하여 심리기술훈련을 위한 프로그램을 개발하고 적용한다. 또한 효과적 코칭을 위한 실제적 방법들을 워크숍이나 강연회를 통하여 교육시키는 역할도 한다. 또한 건강과 체력을 증진시키는 운동 프로그램의 진행에 직접 개입하여 참여자들의 운동 지속력을 높이고, 정신과 신체건강을 위하여 도움을 주는 역할을 하기도 한다. 그 외에도 생활체육 참여자는 물론 다문화가정, 사회적 약자와 소외계층에 있는 사람들과의 상담을 통하여 문제해결에 도움을 주기도 한다.

상담을 진행하기 위해서는 상담자의 주요 이론과 기법에 대한 구성요소를 갖추는 것이 중요하다. 상담의 형식, 내용, 개입이 구조화되어 있을수록 안정적으로 접근할 수 있다. 스포츠심리상담 역시 상담 진행에 기본이 되는 상담사와 내담자로서의 선수 혹은 스포츠 및 운동과 관련된 사람, 그리고 이 둘과의 상호작용이 있어야 한다. 그러나 스포츠심리학이 엘리트 선수들의 승리를 돕기 위해서만 존재한다는 것은 오해이다. 실제로 스포츠심리상담사들은 모든 연령층의 다양한 상황에 있는 사람들을 지원한다. AASP의 정신수행상담사들은 다음의 사람들을 지원한다[참고 2].

참고 2 응용스포츠심리학회 CMPC(AASP Certified Mental Performance Consultant®)의 지원대상

√ 스포츠(선수 및 코치): 청소년에서 엘리트 운동선수까지, 그들의 경기력이 향상되면, 그것은 일생에 걸쳐 영향을 받는다. 최상수행을 달성하는 것은 최고에 도달하는 것 이상이기 때문이다.
√ 운동(모든 연령 및 활동 수준): 모든 연령대의 사람들이 규칙적인 운동에 참여하는 것은 건강과 전반적인 복지의 핵심 요소이다. 활동적인 생활 방식을 채택하는 것은 자신감을 높이고, 건강목표를 달성할 수 있는 기회를 만들고, 신체활동을 통해 재미와 즐거움을 증진시키는 데 도움을 줄 수 있다.
√ 군사(군, 소방관, 경찰): 군대에서 복무하든, 소방관으로 복무하든, 경찰관으로 복무하든, 이 사람들은 상당히 위기에 직면한 삶을 산다. 정신적 회복력을 기르는 것은 스트레스를 많이 받는 상황에서 수행과 발전능력을 강화한다.
√ 비즈니스(경영진): 비즈니스 전문가들에게 미팅 장소는 그들의 무대이다. 모든 중요한 상담, 회의, 발표는 신뢰, 집중, 동기부여와 같은 잘 훈련된 인지기술을 요구한다.
√ 예술(무용수 및 음악가): 공연하는 아티스트가 최고의 잠재력에 도달하기 위해서는 신체적 훈련과 리허설 이상의 것이 필요하다. 한계를 극복하고 불안감을 관리할 정신력이 필요하다.

3) 스포츠심리상담의 요소

- 스포츠심리상담사: 상담이 진행되기 위해서는 상담관련 교육과 훈련을 받은 상담자가 있어야 한다. 스포츠심리상담사는 선수 등 스포츠와 운동 관련자들을 이해하기 위해서는 스포츠심리학은 물론 체육학 전반에 대한 전문지식을 가지고 있어야 한다. 〈부록 2-2〉 스포츠심리학: 지식과 기술 체크리스트를 통하여 전문성을 체크해 볼 수 있다(Lesyk, 2005). 또한 상담자로서의 인간적인 자질과 끊임없는 자기성찰을 통해 성숙한 인격을 기르도록 노력해야 한다.

참고 3 만일 여러분이 다음과 같은 생각을 갖고 있다면 스포츠심리상담사의 도움이 필요할 것이다.

게임/경기에서 연습 때만큼 성적이 좋지 않다.
"빅" 게임 경기력이 일반 게임/경기 대비 떨어진다.
집중력이 저하되거나 자주 집중력을 잃는다.
좌절로부터 회복하는 데 어려움을 겪고 있다.
부상에서 회복하는 중인데 자신이 없다.
내 수행이 좀 더 일관적이었으면 좋겠다.
압박감하에서 혹은 위험한 기술 수행에 어려움을 겪고 있다.

- 내담자로서의 선수: 스포츠 상황의 내담자는 다양하다. 전문 운동선수, 부모, 지도자, 심판, 동료, 팀의 관계자, 심지어 관중 등도 스포츠심리상담의 대상이 된다. 또한 생활체육현장의 동호인과 그에 관련된 모든 사람이 상담의 대상이다[참고 3].
- 전문적 관계: 스포츠심리상담이 원활하게 이루어지기 위해서는 상담자와 선수 간의 전문적인 상담관계를 형성해야 한다. 전문적인 상담관계란 아동이 자신의 내면의 문제를 표현하고 해결할 수 있도록 하는 수용적이고 안전한 관계를 말하며 전문적인 관계를 형성하기 위해 아동상담자는 전문성과 성숙한 인격을 갖추어야 한다.
- 상담환경: 상담은 상담자와 내담자의 관계가 형성되어야 한다. 관계라는 기본구조에서 상호작용의 내용에 따라 변화한다. 상담의 관계는 다양한 대면관계의 형태, 즉 면대면, 화상상담, 이메일 상담이나 게시판 상담들의 사이버상담, 전화상담, 집단상담 등으로 이루어진다.

2.2 스포츠심리기술

스포츠심리기술훈련(PST)과 심리상담은 신체활동이 일어나는 곳 어디서나 적용 가능하며, 과정을 중요시한다. 스포츠심리학의 발전 초기에는 심리훈련이라는 용어가 보편적이었지만 Vealey(1988)의 심리기술모델 제시 후 심리기술훈련이라는 용어가 보편화되었다. 그러나 이후 응용스포츠심리학회(AASP, 1989)에서 스포츠심리학자가 제공할 수 있는 서비스 제시와 2004년 한국스포츠심리학회의 스포츠심리상담사 연수과정이 시작되면서 스포츠심리컨설턴트 혹은 스포츠심리상담이라는 용어가 보편화되었다.

최근의 스포츠심리학은 최고 기록의 도전이 신체적 기능에 국한된 것으로 보지 않는다. 최고 수행의 달성은 신체적 기능 이상의 인간의 잠재력을 요구한다. 스포츠심리학은 모든 참여자에게 성공을 위한 능력뿐만 아니라 수행능력을 강화하기 위한 내적 힘을 기를 수 있는 심리적 자원의 제공에 초점을 맞추고 있다. 예를 들어 선수의 정신적 요구를 종합적으로 연구하고 훈련시킴으로써 그들이 가장 큰 잠재력을 실현할 수 있도록 한다. 스포츠심리학 분야에서 효과적인 상

담은 증거 기반의 접근법, 즉 이론 근거, 타당한 방법론 및 개입에 기반해야 한다. 여기에는 개인의 경험과 문화적 특성이 수반되어야 한다. 심리훈련은 스포츠심리상담사의 개입 스타일과 고객인 선수의 요구에 따라 개인 및 집단상담을 시행할 수 있다. 그동안 선수들의 수행에 영향을 미치는 많은 심리적 요인들, 예를 들어 목표설정, 집중력, 동기유발, 휴식, 이미지트레이닝, 자화 등이 있지만, 가장 일반적 목표는 일관된 수행을 위해 필요한 심리기술을 가르치는 것이다.

Vealey(1988)가 제시한 심리기술모델(Psychology Skill Model; PSM)은 최상의 수행을 준비하기 위해 반드시 필요한 것으로 경쟁에서 수행을 촉진시키고, 정신기술을 강화하고, 또한 가르치기 위해 개발된 기법과 전략들이 포함되어 있다. 이 모델은 그동안 많은 선행연구에서 공통적으로 제시하고 있는 심리 요인들을 〈그림 4〉로 제안하였다. 즉, 심리기술훈련은 심리기법의 기본 훈련인 신체 연습과 교육을 바탕으로 선수 개개인은 물론 팀을 위한 기본기술, 수행기술, 촉진기술을 개발하고 향상시킴으로써 개인의 인간적 성장과 삶의 질을 높이는 데 목적을 두고 있다.

이 모델의 특징은 스포츠심리학에서 수행 혹은 경기력 향상에 도움을 주는 다양한 심리적 요인을 기술과 기법으로 구분하는 것이다. 즉, 기존의 단순한 심리 요인의 나열이 아니라 심리적 요인을 기술과 기법으로 차별화함으로써 체계적인 심리기술훈련의 계기를 마련한 것이다. 또한 이 모델은 선수들의 개인적인 요구나 성장 정도에 따라 심리훈련을 적용할 것을 권장하고 있다.

1) 심리기술

- 기본기술: 기본기술의 시작은 의지력이다. 의지력은 성공에 대한 모든 성취욕구 또는 내적동기로 정의된다. 만일 의지력 기술의 발달과 교육이 되지 않았다면, 선수들은 훈련이나 시합에 기꺼이 헌신하지 못한다. 자각, 즉 자기지각은 훈련과 시합에 임하는 자신의 행동을 얼마나 이해하고 있는가를 바탕으로 한다. 선수들이 이상적인 수행상태를 보다 더 자각할수록 그 자각상태를 촉진시킬 수 있는 조절력이 증가되어 보다 일관적인 수행을 하게 된다. 선수의 자긍심과 능력의 지각(자신감)은 스포츠 행동에 결정적인 영향을 준다. 선수들은 이러한 기본기술들이 적절한 수준에 도달해야만 비로소 두 번째의 수행기술을 효과적으로 배울 수 있다.
- 수행기술: 수행기술은 대부분의 스포츠심리학자들이 강조하는 전통적인 심리기술훈련(Psychological Skill Training; PST)이 포함되어 있다. 훈련의 전제는 신체각성, 정신각성, 최적의 주의력을 기본으로 여긴다. 이 중 주의력은 정신각성의 일부분일 수도 있으나 이 모델에서는 선수들의 이해를 돕기 위해 적정 수행의 독립적 요인으로 분류하였다. 수행기술에 포함되는 심리 요인은 이 책의 프로그램에서 보다 자세히 다룰 것이다.
- 촉진기술: 촉진기술은 수행과 스포츠 행동에 직접 영향을 주지 않지만 경기력을 촉진시키는 부차적 역할을 한다. 대인간의 기술은 선수들이 보다 효과적으로 의사소통할 수 있는 중요한 촉진기술이다. 선수들은 물론 코치들 역시 의사소통 역량이 중요하며, 선수들을 돕기 위해서는 보다 효과적인 대중매체 전략의 필요성도 제시되었다(Orlick, 1980).

촉진기술로서 생활관리는 개인적 발달이나 발견을 강조하는 심리기술 접근법이다. 생활관리기술은 선수들이 자아를 신뢰하고, 효과적으로 시간을 관리하며 또한 자신의 선수로서의 목표와 경제적 측면에도 관심을 갖게 하여 그들의 삶을 보다 효과적으로 계획하고 관리할 수 있게 한다. 효과적인 시간관리는 생활관리의 일환이며(Bennett & Pravitz, 1987), 은퇴 이후의 삶까지도 선수의 생활관리에 포함시켜야 한다(Orlick, 1980, 1986; Ogilvie & Howe, 1986).

2) 심리기법

- 기본방법: 기본방법은 스포츠 수행의 근간이 되는 신체적 연습과 각종 교육이 포함되어 있다. 심리기술은 수행에 영향을 주는 신체와 정신과정을 신체 연습이나 교육으로 촉진시킬 수 있으며, 그 내용을 보다 잘 이해할 수 있다는 것을 강조하는 것이다. 교육과 신체적 연습 후에 선수들은 다양한 심리기술훈련을 실시할 수 있다.
- 심리기술기법: 목표설정, 심상, 신체이완, 사고조절 등의 요인은 선행연구에서 나타난 우수선수의 특성과 일치하는

전통적인 수행향상 기법들이다. 이 기법들은 올림픽 선수들이 가장 빈번히 사용하는 심상, 이완, 사고조절, 정서적 조절, 행동적 준비기술, 루틴 등의 정신기술과 매우 일치하며(Gould, Ecklund, & Jackson, 1992), 문헌 고찰을 통하여 제시한 우수선수의 특성인 활성화와 불안조절, 독백, 주의력 조절, 목표설정과도 대체로 일치한다(Hardy & Nelson, 1988; Seiler, 1992).

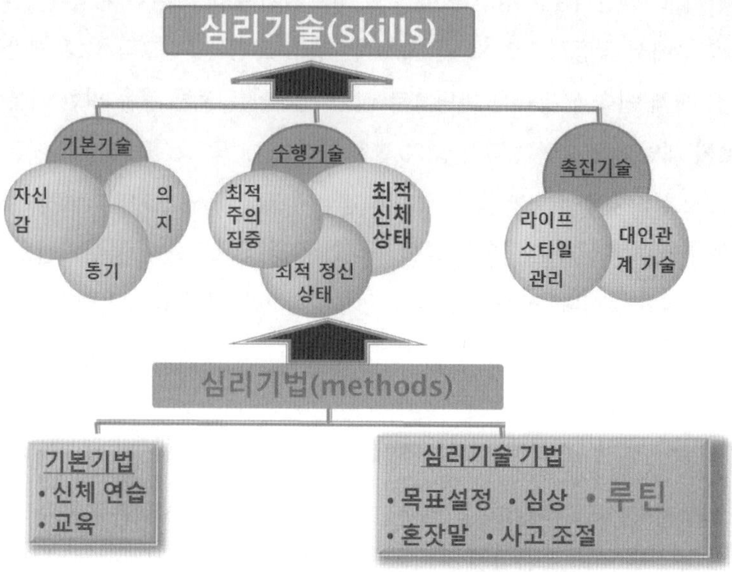

그림 4. 심리기술과 방법의 재구성(Vealey, 1988, p.326)

3. 상담의 원리와 윤리

프로이트에 의해 연구된 정신분석은 인간에 대한 성격이론이자 치료이론으로 19세기 말 실험심리학의 발달과 함께 상담이 전문적인 분야로 발전하는 기본 토대가 되었다. 이후 행동주의, 인지치료, 인본주의 심리학, 인지행동치료, 게슈탈트이론 등 100여 개 이상의 상담이론을 통하여 인간의 성격과 정신적 문제를 해결하기 위한 다양한 치료 모델들이 제시되었다. 각각의 이론은 그 특성을 반영하여 원리와 기법들을 제안하고 있다.

효과적인 스포츠심리상담을 위한 출발점은 이론 중심 또는 증거 기반의 실천이다. 무수히 많은 상담이론 중 대표적으로 인간중심, 인지행동 및 심리 역동 이론은 상담학의 기초를 제공한다. 미국 상담학계 역사의 의미 있는 사건 중 하나는 29개 주요 상담 단체들이 모여 상담전문직의 미래에 대한 비전으로 20/20 원칙(20/20: A Vision for the Future of Counseling)에 합의한 것이다(Kaplan & Gladding, 2011). 이후 29개 주요 상담기관에서 이 정의를 채택했다[참고 4].

참고 4 상담의 정의

Counseling is a professional relationship that empowers diverse individuals, families, and groups to accomplish mental health, wellness, education, and career goals.
"상담은 다양한 개인, 가족 및 집단이 정신건강, 건강, 교육 및 경력 목표를 달성할 수 있도록 권한을 부여하는 전문적인 관계이다."
(출처: https://www.counseling.org/about-us/about-aca/20-20-a-vision-for-the-future-of-counseling)

스포츠심리학 분야는 스포츠심리상담의 확산과 맞물려 상담 자체에 대한 이론적 갈증과 현장 실습을 요구하고 있다. 이론 기반과 이에 대한 충분한 훈련은 상담의 효과에 영향을 미칠 가능성이 높다. 따라서 인간중심, 인지행동, 정신역동 이론의 원리에 기반한 상담과 의사소통의 이해를 돕고자 한다.

3.1 정신역동이론

정신역동이론(Psychodynamic Theory)은 프로이트(Sigmund Freud)의 정신분석에서 발전하여 심리치료의 중요한 이론으로 발전하였다[참고 5]. 이 이론은 인간의 정신과 감정의 장애에 대한 치료의 방법과 이론 중 하나이며, 인생 초기 생후 약 5년간의 내적 심리역동을 분석하는 범주에서 차츰 변화하여 상호작용의 관점인 관계의 질, 특히 정서적 관계에 역점을 두는 것으로 확대되었다.

정신분석치료법은 개인의 내면적인 갈등과 무의식적인 동기를 이해하고 해결하는 데 중점을 둔다. 정신분석치료는 깊은 심리적 통찰을 제공하고, 장기적인 변화를 촉진할 수 있지만, 시간과 자원이 많이 필요한 치료방법이다. 이 치료법은 개인의 깊은 심리적 문제를 탐구하고자 하는 경우에 특히 유용하다.

스포츠심리학에서 정신역동접근법은 선수들의 수행과 웰빙에 영향을 미치는 무의식적 동기와 갈등 해결에 응용된다(Smith, 2016). 이 치료법을 통해 선수들은 수행에 영향을 미치는 내면적 갈등과 무의식적 장애물을 식별하고 해결할 수 있다(Johnson, 2018). 그러나 정신역동이론의 오랜 전통과 역사에 비하여 스포츠심리학에서는 그다지 활용되지 않고 있지만 응용적인 측면이 강한 스포츠 환경에서 정신역동이론의 핵심 원칙인 무의식은 선수들의 수행과 동기적 측면에 대한 이해를 높일 수 있다.

선수들의 무의식적인 동기와 욕구가 때로는 행동과 결과에 부정적인 영향을 미칠 수 있기 때문이다(Andersen, 2013). 무의식의 영향에 대한 통찰을 촉진함으로써 선수들은 장애물에 더 적응적인 방식으로 대응할 수 있다. 정신역동적 전통 내에서 이러한 통찰력은 종종 자유 연상과 방어기제 및 저항을 통해 생성된다. 백혈구가 이물질에 저항함으로써 신체를 보호하듯이 방어기제는 위협이나 다른 불쾌한 내부상태를 막는 의식적 또는 잠재적인 과정으로 설명할 수 있다.

참고 5 정신분석치료를 '정신역동치료'라고 부르는 이유

√ 이 치료법이 개인의 내면에서 일어나는 다양한 정신적 과정과 역동을 중점적으로 다루기 때문이다. '정신역동(Psychodynamics)'이라는 용어는 개인의 심리적 에너지와 이 에너지가 어떻게 감정, 생각, 행동에 미치는 영향을 개념화한다는 의미가 포함되어 있다.

√ 정신역동치료라는 용어는 프로이트의 원래 정신분석 이론뿐만 아니라, 이후에 발전된 다양한 이론과 방법들을 포괄하는 더 넓은 개념으로 사용되고 있다. 이는 정신분석적 접근의 기본원리들을 유지하면서도 다양한 이론적 배경과 치료 기법을 포함하는 개념이다. 따라서 정신역동치료는 프로이트의 원래 이론뿐만 아니라, 인간의 심리적 과정과 역동을 탐구하는 다양한 현대적 접근법을 포함하는 더 광범위한 용어로 사용된다.

√ 프로이트(Sigmund Freud)의 정신분석이론(1923/1961)은 제자인 융(C.G.Jung)의 분석심리학, 위니컷(D.Winnicott)과 설리번(H.S.Sullivan)의 대상관계 이론, 나아가 20세기 라캉(J.Lacan)을 중심으로 구조주의와 정신분석까지 포함한다.

그러나 너무 많은 백혈구가 문제가 될 수 있는 것처럼(예: 백혈병), 과도한 방어 체제의 사용은 부적응이 될 수 있다. 예를 들어, 현실에 대한 부정은 운동선수가 상대를 완전히 과소평가하거나 위험한 상황에서 무모한 행동을 할 수 있다(Apitzch, 1995). 이 외에도 다른 방어 체제에는 억압, 투영 및 승화가 포함된다. 경쟁적 카약선수들 사이에서 성숙한 방어 체제는 고도의 경기력과 관련이 있다는 것을 발견한 후, 상담사들은 대처전략뿐만 아니라 경기력 증진을 위해 방어 체제도 고려할 수 있다. 정신분석치료의 주요 기법은 다음과 같다.

- 자유연상(free association): 내담자가 자신의 마음에 떠오르는 생각이나 감정을 자유롭게 말하는 기법이다. 이를 통해 무의식적인 내용을 드러내고 분석한다.
- 꿈 분석(dream analysis): 꿈의 내용을 해석하여 무의식적인 욕망과 갈등을 이해한다. 프로이트는 꿈을 "무의식의 왕도"라고 불렀다.
- 저항분석(resistance analysis): 치료과정에서 나타나는 저항을 탐구하여 무의식적인 갈등을 이해하는 기법이다. 저항은 치료의 진전을 방해하는 어떤 형태의 행동이나 생각으로 나타난다.
- 전이(transference): 내담자가 상담자에게 과거 중요한 인물에 대한 감정이나 태도를 전이하는 현상이다. 이를 통해 과거 관계와 현재 문제 사이의 연결을 탐색한다.

• 역전이(countertransference): 상담자가 내담자에 대해 느끼는 감정이나 반응을 말한다. 상담자는 자신의 역전이를 인식하고 관리하여 치료과정에 영향을 주지 않도록 해야 한다.

'과거의 그림자'는 현재의 문제가 된다. 내담자는 무의식적 요소를 알아차림으로써 불안을 견딜 만한 것으로 간주하게 된다. 무의식은 꿈 해석, 자유연상 이용, 전이 학습, 저항의 의미 이해 그리고 해석과정을 통해서 의식화될 수 있다.

• 해석(interpretation)은 자유연상, 꿈, 저항, 전이감정을 분석할 때 쓰이는 치료기법으로 상당한 기술을 요구한다. 해석이 시의적절하고 정확하게 이루어지면 다양한 정보를 통합하여 새로운 통찰을 얻는 데 도움이 된다. 관찰과 나눔을 통해 상담자는 내담자의 숨겨진 동기를 보게 하고 더 깊은 수준의 교류를 하도록 도울 수 있다.

• 훈습(working through)은 반복해서 해석하고 저항을 극복하여 아동기 때부터 가지고 있는 역기능적인 패턴을 변화시키고 새로운 통찰을 기반으로 한 선택을 하도록 하는 것을 말한다. 훈습은 가장 복잡한 측면 중의 하나이며, 치열한 노력이 필요하다. 훈습과정에는 전이의 맥락에서 미해결 과제를 재경험하는 것이 포함된다. 내담자는 그들의 방어를 수용하는 것을 배우고, 과거에는 방어가 어떻게 적절하게 기능했는지를 이해하며, 현재에는 너무 부담이 된다는 것을 깨닫는다. 초기 생의 경험에서 생긴 갈등이 완전히 해결되는 경우는 드물기 때문에, 훈습이 개인의 오래된 패턴의 흔적을 완전히 없애 주는 기법이라고 생각하는 것은 잘못된 것이다(Corey, 2015).

스포츠심리상담사에게 특히 중요한 것은 전이와 역전이이다. 특히 선수 경험이 있는 스포츠심리상담사는 선수를 자신과 동일시하게 됨으로써 과도하게 애착을 느끼는 경우가 있다. 따라서 스포츠심리상담사는 전이를 평가하기 위해 선수의 과거와 현재 관계의 역학적 정보를 수집하고, 정확히 인식하는지를 동시에 통찰해야 한다. 선수가 상담사의 진정성에 반응하는지 또는 과거 대인관계 패턴의 투영을 통해 반응하는지 확인하기 위해 상담사는 강력한 자기 인식이 필요하다. 역전이를 탐색을 위해 상담사가 선수를 좋아하는지, 선수가 상담사에게 누군가를 상기시키는지, 또는 상담사가 선수의 말에 어떤 반응을 경험했는지를 질문할 수 있다(Andersen, 2013). 이러한 역동성을 관찰하고 전달하기 위해서는 높은 주의력과 간략한 정리, 그리고 동정적 대립각이 요구되는 미시적 상담기술이 필요하다. 상담사는 공식적인 어조를 사용하여야 한다. 즉,

• 객관적인 시점을 유지한다.
• 감정적인 표현을 자제한다.
• 명확하고 간결한 언어를 사용한다.
• 정확한 정보를 제공한다.

다음 〈표 1〉은 정신역동 집단상담의 발달단계(Early, 2004)에 따라 스포츠상담사들이 스포츠상황에서 팀선수들에게 정신역동 상담을 실시할 수 있는 6단계의 예이다. 〈사례 1〉은 개인선수의 상담에 적용한 정신역동기법의 예이다.

표 1. 정신역동 상담의 6단계

단계	특징	스포츠 상황	치료자의 역할
도입 단계	집단원들이 서로를 만나고, 집단의 규칙과 기대에 대해 배우는 시간	팀원들이 처음 만나서 서로를 소개하고, 팀의 규칙과 목표에 대해 배우는 시간	집단의 목적과 규칙을 설명하고, 집단원들이 안전하고 편안하게 느낄 수 있도록 지지한다.
갈등 단계	서로에 대한 신뢰와 친밀감 형성을 시작하면서 서로의 차이와 갈등을 경험하는 단계	팀원들이 서로를 더 잘 알게 되면서 의견 차이로 갈등을 겪는 시간	집단원들이 갈등을 건강하게 해결할 수 있도록 돕는다.
응집력 형성 단계	집단원들이 서로에 대한 이해와 공감을 통해 유대감을 형성하는 단계	팀원들이 함께 경기하면서 서로의 강점과 약점을 이해하고, 서로를 지원하고 격려하는 관계를 형성하는 시간	집단의 응집력을 강화하기 위해 다양한 활동과 기법을 활용한다.
작업 단계	집단원들이 자신의 문제를 해결하고, 성장하기 위해 집중하는 단계	팀원들이 경기에서 승리하기 위해 전략을 세우고, 실행하는 시간	집단원들이 자신의 문제를 직면하고, 해결할 수 있도록 돕는다.
친밀감 단계	집단원들이 서로에 대한 이해와 공감을 통해 유대감을 형성하고, 서로를 신뢰하고 지지할 수 있는 관계를 형성하는 단계	팀원들이 함께 경기하면서 서로의 강점과 약점을 이해하고, 서로를 지원하고 격려하는 관계를 형성하는 시간	집단원들이 서로에게 더 많은 것을 공유하고, 자신을 드러낼 수 있도록 돕는다.
종결 단계	집단원들이 집단을 떠나기 전에 자신의 경험을 되돌아보고, 의미 부여 시간을 갖는 단계	팀원들이 시즌을 마치고, 지난 시간을 회고하고, 앞으로의 목표를 논의하는 시간	집단원들이 집단에서 얻은 것을 유지하고, 활용할 수 있도록 돕는다.

사례 1 개인상담에 정신역동 치료기법을 응용한 예

- 내담자: B 선수 성별: 남 나이: 27세 종목: 복싱선수
- 상담 목적: 특정 선수에 대한 두려움 극복
- 상담과정: 상담 초기, B 선수는 특정 선수를 "괴물"이라고 표현하며 두려움을 표현하였다. 치료자는 B 선수의 전이를 이해하고, 이를 치료과정에 활용하였다. 치료자는 B 선수에게 특정 선수와의 경기에서 느낀 감정을 탐색하도록 도왔다. 이를 통해 B 선수는 특정 선수에 대한 두려움의 근원을 이해할 수 있었다. 선수는 특정 선수와 경기를 하게 된다면 패배할 것이라는 두려움을 가지고 있었다. 치료자는 B 선수의 두려움을 인식하고, 이를 극복하도록 돕는 것이 중요함을 강조했다.
  치료자는 B 선수의 두려움을 해석하였다. 치료자는 B 선수에게 "당신은 특정 선수를 괴물로 느끼고 있습니다. 이는 괴물과 같은 강력한 존재에 대한 두려움을 특정 선수에게 투사한 것입니다. 괴물을 이길 수 없을 것이라는 두려움, 괴물에게 짓밟힐 것이라는 두려움 등이 특정 선수에 대한 두려움으로 나타난 것으로 보입니다."라고 해석하였다.
  해석을 통해 B 선수는 자신의 두려움의 근원을 이해하고, 이를 극복하기 위한 노력을 할 수 있었다.
- 훈습: B 선수는 특정 선수와 경기를 하는 상황에서 자신의 두려움을 느끼는 감각을 관찰하도록 하였다. 이를 통해 B 선수는 자신의 두려움에 대한 인식을 높일 수 있었다. 또한, B 선수는 특정 선수와 경기를 하는 상황에서 자신의 두려움을 극복하기 위한 전략을 생각하도록 하였다. 이를 통해 B 선수는 자신의 두려움을 극복하기 위한 자신감을 얻을 수 있었다. 훈련과정에서 B 선수는 다음과 같은 전략을 세웠다.
  √ 경기 전에 특정 선수에 대한 두려움을 인지하고, 이를 극복하기 위해 노력한다.
  √ 경기 중에는 특정 선수에만 집중하지 않고, 경기 전체에 집중한다.
  √ 경기 중 실수를 하더라도 이를 두려워하지 않고, 다음 기회를 노린다.
- 결과: B 선수는 상담과 훈련을 통해 특정 선수에 대한 두려움을 극복할 수 있었다. B 선수는 특정 선수와 경기를 해도 더 이상 두려움을 느끼지 않고, 자신의 기량을 발휘할 수 있게 되었다.
- 결론: 전이, 역전이, 저항, 해석, 통찰, 훈련의 과정을 통해 B 선수는 특정 선수에 대한 두려움을 극복하고, 경기에서 더 나은 기량을 발휘할 수 있게 되었다.
  √ 전이: 내담자가 치료자를 타인으로 대하여 느끼는 감정이나 태도를 의미한다.
  √ 역전이: 치료자가 내담자를 대하여 느끼는 감정이나 태도를 의미한다.
  √ 저항: 내담자가 자신의 무의식적인 내용을 의식화하는 것을 방해하는 것을 의미한다.
  √ 해석: 치료자가 내담자의 무의식적인 내용을 의식화시키기 위해 사용하는 방법을 의미한다.
  √ 통찰: 내담자가 자신의 무의식적인 내용을 의식화하는 것을 의미한다.

3.2 인간중심치료

인간중심치료(Person-Centered Therapy)는 미국의 심리학자 칼 로저스(Carl Ransom Rogers)가 창시한 심리치료의 한 이론으로 인본주의 철학에 기반하고 있다. 이 치료법의 기본은 사람이 자기 자신을 이해하고 자기 개념, 기본 태도, 자기주도적 행동을 변화시킬 수 있는 자원은 자신 안에 있다고 본다. 때문에 성장을 촉진하는 토양, 즉 촉진적인 태도가 제공되기만 한다면 그 자원을 일깨울 수 있다고 믿는다(Rogers, 1977). 따라서 치료자는 내담자가 자신의 내면을 탐색하고, 자신의 잠재력을 발견하도록 돕는 역할을 한다. 인간중심치료는 1950년대 칼 로저스의 연구에서 비롯된 것으로 치료적 변화를 일으키는 세 가지 조건이 의사소통 능력의 개념과 밀접하게 일치하는 것으로 이를 촉진하기 위해서는 다음의 태도가 필요하다.

1) 진실성, 진정성, 일치성이다.

Rogers는 치료적 관계에서 진실성(realness)이 가장 중요한 요소라고 믿었다. 상담자는 내담자와의 관계에서 자신의 가면을 벗고 자기 자신이 될수록 내담자는 건설적인 모습으로 변화하고 성장한다. 솔직하게 자기 자신이 될 수 있는 사람이 가장 효과적인 치료자라는 것이다. 따라서 상담자는 내담자와의 관계에서 진정성(genuineness)이 있어야 하며, 상담자의 내적경험과 내담자에게 외적으로 표현하는 것이 일치(congruence)해야 한다. 상담자가 일치성이 있다고 해서 매 순간 느껴지는 것을 그대로 표현하라는 뜻은 아니다. '일치성이 있다'는 것은 상담자가 느끼는 반응 중 내담자와 관계를 맺고 있고 비교적 지속적이거나 두드러진 것을 표현하는 것을 말한다. 내담자의 경험을 정확히 따라가면서 공감, 무조건적 존중이 결합된 일치성은 강력한 인간애를 함께 전한다(Means & Thorne, 2007).

- 스포츠 상황에서 진실성은 상담사가 선수에게 자신의 진심을 보여주고, 신뢰할 수 있는 관계를 형성하는 것이다. 상담사는 선수와의 관계에서 진실되게 행동함으로써 선수의 신뢰를 얻을 수 있다. 또한 선수의 입장을 이해하고 문제해결을 위해 진실되게 소통하고 협력하는 것이다.

2) 무조건적 긍정적 존중이다.

무조건적 긍정적 존중(unconditional positive regard)은 내담자의 행동과는 상관없이 상담자는 내담자 자체를 한 인간으로 존중하는 것이다. 내담자는 그가 중요한 타인의 기대에 부합된 행동을 할 때만 자신을 가치 있는 사람이라고 배워 왔다. 내담자를 향한 상담자의 무조건적 긍정적 존중은 가치의 조건화를 직접 파괴하므로 중요하다. 많은 내담자의 경우 그들에 대한 상담자의 존중을 감지하고 그러한 태도가 가능하다는 것을 수용하게 됨으로써 자신을 가치 있고 성장할 능력이 있는 사람으로 믿게 된다.

- 스포츠 상황에서 무조건적 긍정적 존중은 선수가 경기에서 실수했다고 해서 상담사는 선수를 비난하거나 무시하지 않고, 선수가 실수로부터 배우고 성장할 수 있도록 격려하는 것이다. 또한 선수의 강점과 약점을 있는 그대로 받아들이고, 긍정적으로 평가한다.

3) 공감적 이해이다.

이것은 내담자가 경험하고 있는 감정과 개인적으로 중요한 의미들을 상담자가 정확히 감지하고, 그렇게 이해한 것을 내담자에게 전달해주는 것이다(Rogers, 1977). 공감은 내담자에 대한 반응의 '기술'이 아니라 내담자와 함께 있는 과정을 말한다. 공감적 이해(empathic understanding)를 통해 내담자에 대한 상담자의 이해를 전달하며 내담자의 자기존중감을 높일 수 있다. 또한 감정에 대한 내담자의 자각을 증가시켜 자신을 한층 더 깊게 탐색하게 한다.

- 스포츠 상황에서 공감은 선수의 감정을 이해하고, 공감함으로써 선수가 자신의 감정을 이해하고, 자유롭게 표현할 수 있도록 돕는다. 공감을 통하여 선수의 동기부여와 목표달성을 위해 노력할 수 있도록 격려한다.

상담자의 진솔하고 공감적 이해와 무조건적 존중을 내담자가 더 많이 지각할수록 내담자에게 일어나는 변화는 더욱 클 것이다. 스포츠심리상담의 관계에도 선수들과의 공감적 경청은 중요하다. 공감은 치료적 성공의 중간 정도 크기의 강력한 예측 변수이기 때문이다(Elliott, Bohart, Watson, & Greenberg, 2011). 따라서 경쟁 스포츠에서 경기력과 수행향상을 위한 변화를 일으키기 위해서는 상담사는 의사소통 능력의 개념과 밀접하게 일치하는 진실성, 존중, 공감의 능력을 기반으로 상담을 진행할 필요가 있다.

3.3 인지행동치료

1) 인지행동치료의 주요 개념과 치료법

인지행동치료(Cognitive-Behavioral Therapy; CBT)는 인간의 행동과 감정은 인지(생각, 신념, 기대 등)에 의해 영향을 받는다는 이론을 바탕으로 한 심리치료의 한 방법이다. 인지행동치료는 인지와 행동이 서로 상호작용 하며, 인지의 변화는 행동의 변화로 이어진다고 가정한다. 인지란 인간의 사고, 신념, 기대, 기억, 감정 등을 포함하는 개념으로 인간의 행동과 감정은 인지에 의해 영향을 받는다고 가정한다. 행동이란 인간의 신체적, 언어적, 정서적 반응을 포함하는 개념으로 인지의 변화는 행동의 변화로 이어진다고 가정한다. 인지와 행동은 상호작용 하며, 인지의 변화는 행동의 변화로 이어진다고 가정한다. 인지행동치료의 대표적인 치료법은 다음과 같다.

- 합리적 정서 치료(Rational Emotive Therapy; RET): RET는 알버트 엘리스(Albert Ellis)가 창시한 인지행동치료의 한 이론이다. RET는 인간의 정서는 그 사람의 생각에 의해 결정된다고 가정하는데, 즉 부정적 생각을 바꾸어, 부정적인 정서를 해결하는 데 초점을 맞춘다.
- 인지행동치료(Cognitive Behavioral Therapy; CBT): CBT는 인지치료와 행동치료를 모두 포함하는 치료이다. CBT는 내담자의 인지적 왜곡, 부정적인 자동적 사고, 신념 등을 바꾸고, 행동을 변화시키는 데 초점을 맞춘다.
- 스트레스관리훈련(Stress Management Training; SMT): SMT는 스트레스를 효과적으로 관리하는 방법을 습득하는 데 초점을 맞춘 치료법이다. SMT는 다양한 스트레스관리 기법을 교육하고, 내담자가 이러한 기법을 습득하고 실천할 수

있도록 돕는다.

- 행동치료(Behavior Therapy): 행동치료는 내담자의 행동을 변화시키는 데 초점을 맞춘다. 행동치료는 다양한 행동치료 기법을 사용하여, 내담자가 새로운 행동을 습득하고, 기존의 행동을 변화시키도록 돕는다.

이러한 대표적인 치료법 외에도 다양한 인지행동치료 기법이 개발되고 있다. 인지행동치료는 다양한 심리적 문제를 효과적으로 치료할 수 있는 효과적인 치료 모델이지만, 내담자의 특성과 상황에 따라 적합한 치료법을 선택하는 것이 중요하다.

2) 인지행동치료의 기본전제

변화를 일으키기 위해서는 핵심 신념과 자동적 사고의 식별이 인정되고 도전되어야 하며, 대안적 신념이 채택되어야 한다. 인지행동치료는 다양하게 수정되었으나 합의된 세 가지의 기본 전제를 포함하고 있다(원호택 등, 2003). 합의된 세 가지 기본 전제는 다음과 같다.

- 첫째, 인지가 행동 및 정서를 중재한다는 것이다. 환경적 자극은 인지적으로 처리되며, 이러한 인지는 주관적 감정과 생리적 각성을 일으키고, 이들은 행동하는 충동의 원천이 된다. 또한 삶의 방향성을 갖게 하거나 동기를 충족시켜 환경에 잘 적응할 수 있도록 한다.
- 둘째, 사고나 신념은 관찰할 수 있으며, 변화될 수 있다. Beck(1985)은 우울과 불안을 유발하고 지속시키는 부정적인 자동적 사고와 역기능적 태도를 찾아내어 변화시키는 것을 치료의 주요 목표로 두었다. 또한, 인지 재구성도 정서와 행동에 대한 인지의 중재를 받아들이고, 문제 상황에서 생기는 인지를 관찰하면서 변화를 시도하는 것이라고 하였다.
- 셋째, 인지가 변화되면 정서와 행동도 이어서 변화된다는 것이다. RET의 기본전제를 〈사례 2〉에 제시하였다.

사례 2 결선사격에서 결정적인 실수를 한 사격선수에게 합리적 정서요법(RET) 적용하기

구분	인지 평가	인지 재구성		행동변화	
상담사	"결선에서 결정적 실수 후, 어떤 생각을 했나요?"	"그 생각의 근거는 무엇인가요?"	인지 재구성	행동변화를 위한 다양한 방법	행동변화
사격 선수	"나는 실패자다."	("결선사격에서 결정적 실수를 했으니, 내가 실패자라는 것이 사실이다.")	"나는 실수를 할 수 있는 사람이다. 하지만 그것이 나를 실패자로 만드는 것은 아니다."	"실수를 두려워하지 않고, 자신감 있게 경기에 임한다."	부정적인 생각을 더 합리적인 생각으로 변화
	"나는 절대 우승할 수 없다."	("우승은 목표였는데, 그 목표를 이루지 못했으니, 나는 실패한 것이다.")	"우승은 목표일 뿐이다. 우승하지 못한다고 해서 내가 실패하는 것은 아니다."	"실수를 하더라도 좌절하지 않고, 다음을 준비한다."	부정적인 생각을 바탕으로 한 행동을 변화
	"이 실수로 인해 모든 사람들이 나를 비웃을 것이다."	("실수를 하면 사람들은 나를 비웃을 것이다.")	"실수를 하더라도 그 실수를 통해 배울 수 있다."	"실수로부터 배우고, 성장한다."	변화를 통해 결선사격에서 더 좋은 기록

인지행동치료는 스포츠심리학 분야에서도 가장 일반적으로 사용되는 이론이다. 응용스포츠심리학회(AASP)의 조사에 따르면, 가장 많은 상담사(35%)가 인지행동치료를 자신의 주요 이론으로 적용하고 있었다(Rosen & Lipkins, 2016). 인지행동치료의 세 가지 기본전제를 바탕으로 역도경기에서 어떤 선수가 자신이 생각하는 라이벌에 대한 비합리적 사고를 인지평가, 인지재구성, 행동치료의 과정을 살펴보자〈사례 3〉.

사례 3 역도선수의 라이벌에 대한 비합리적 사고에 인지행동치료 적용하기

역도선수의 비합리적 사고	*"라이벌은 나보다 항상 잘해."* *"라이벌은 나를 무시하고 있어."* *"라이벌은 나를 이기기 위해 나쁜 짓을 할 거야."*	〈-- 왼쪽의 왜곡된 생각은 오른쪽의 부정적 감정과 행동으로 --〉 이어질 수 있다.	*불안감, 초조함, 분노* *경기 집중력 저하* *실수 증가*

(1) 인지평가: 역도선수의 이러한 왜곡된 역기능적 사고는 인지평가, 인지적 재구성, 행동치료과정으로 상담할 수 있다. 인지평가는 역도선수의 라이벌에 대한 왜곡된 생각을 파악하기 위한 과정이다. 상담사는 역도선수에게 다음과 같은 질문을 통해 인지평가를 실시할 수 있다.

- 라이벌에 대해 어떤 생각을 가지고 있나요?
- 라이벌에 대해 어떤 감정을 느끼나요?
- 라이벌에 대한 생각과 감정이 당신의 행동에 어떤 영향을 미치나요?

(2) 인지재구성: 인지평가를 통해 역도선수의 왜곡된 생각이 파악되면, 치료자는 인지재구성 과정을 통해 왜곡된 생각을 더 현실적이고 기능적인 생각으로 바꾸도록 돕는다. 이를 위해 다음 단계를 적용한다.

- 왜곡된 생각을 확인하고, 그 근거를 검토한다.
- 보다 현실적이고 기능적인 생각을 대안으로 제시한다.
- 새로운 생각을 실천해 보고, 그 효과를 평가한다.

예를 들어, 역도선수 A가 "*라이벌은 나보다 항상 잘해.*"라는 왜곡된 생각을 가지고 있다고 가정해 보자. 상담사는 A에게 다음과 같은 질문을 통해 왜곡된 생각의 근거를 검토한다.

- 라이벌과 당신의 경기력을 비교해 보면 어떤가요?
- 라이벌의 장점과 단점은 무엇이라고 생각하나요?

A는 이러한 질문에 대한 답을 통해 "*라이벌은 나보다 잘하는 부분이 있지만, 나도 잘하는 부분이 있다.*"라는 새로운 생각을 떠올릴 수 있다.

(3) 행동치료: 상담사는 A가 새로운 생각을 실천해 볼 수 있도록 다음 활동을 제안할 수 있다.

- 라이벌과 함께 연습하고, 경기를 하면서 라이벌의 장점과 단점을 직접 확인해 본다.
- 라이벌의 장점을 배우고, 자신도 장점을 키워 나간다.

A가 새로운 생각을 실천함으로써 라이벌에 대한 부정적인 감정을 줄이고, 경기 집중력을 높이고, 실수를 줄이는 데 도움이 될 수 있다. 행동치료는 역도선수의 왜곡된 생각과 부정적인 감정을 변화시키기 위한 행동적 접근법으로 다음과 같은 방법을 통해 이루어질 수 있다.

- 자기감정 관찰과 기록: 역도선수는 자신의 감정을 주기적으로 관찰하고, 기록함으로써 자신의 감정을 더 잘 이해할 수 있다.
- 자기진술: 역도선수는 자신의 생각과 감정을 긍정적이고 현실적인 자기진술로 바꾸어 말함으로써 자신의 감정을 조절할 수 있다.
- 대처전략 훈련: 역도선수는 스트레스나 불안을 극복하기 위한 대처전략을 훈련함으로써 경기에서 보다 안정적으로 경기를 할 수 있다.

예를 들어, 역도선수 B가 라이벌에 대한 불안감으로 인해 경기 집중력이 저하된다고 가정해 보자. 상담사는 B에게 다음과 같은 행동치료 활동을 제안할 수 있다.

- 경기 전후에 자신의 감정을 관찰하고, 기록합니다.
- "나는 라이벌을 이길 수 있다." 같은 긍정적 자기진술을 반복합니다.
- 깊은 호흡, 명상, 요가 등의 대처전략을 훈련합니다.

B가 이러한 행동치료 활동을 통해 라이벌에 대한 불안감을 줄이고, 경기 집중력을 높이고, 실수를 줄이는 데 도움이 될 수 있다. 결과적으로 인지평가, 인지재구성, 행동치료는 역도선수의 라이벌에 대한 왜곡된 생각을 변화시키고, 부정적인 감정과 행동을 줄이는 데 효과적으로 작용할 것이다.

4. 상담의 기본원리

4.1 기본원리

상담의 기본원리들은 상담자가 고객과의 신뢰를 구축하고, 내담자의 성장과 발전을 지원하는 데 중요한 역할을 한다. 상담자는 이 원리들을 상담과정 전반에 걸쳐 적용하여 효과적이고 안전한 상담경험을 제공해야 한다.

상담자는 객관적이고 전문적인 태도를 유지해야 한다. 상담자는 내담자의 감정에 동화되거나, 내담자의 편을 들어서는 안 된다. 상담자는 내담자의 문제에 대한 객관적인 관점을 유지하고, 내담자가 스스로 문제를 해결할 수 있도록 도움을 주어야 한다. 상담과정은 지속적으로 평가하고 필요에 따라 수정하여 내담자의 개선과 성장을 촉진해야 한다.

상담자는 상담의 한계를 인정해야 한다. 모든 문제를 상담을 통해 해결할 수 있는 것은 아니며, 상담을 통해 해결되지 않는 문제도 있다. 따라서 상담자는 상담의 한계를 인정하고, 내담자가 상담을 통해 해결할 수 있는 문제와 해결하기 어려운 문제를 구분할 수 있도록 도와야 한다. 다음은 보편적으로 통용되는 효과적 상담의 기본원리이다(Welfel & Patterson, 2005).

- 사회 · 문화적 맥락에서 인간행동을 이해하기: 상담자가 내담자의 문제를 사회 · 문화적 맥락에서 이해하기 위해 내담자가 속한 사회 · 문화 지식을 갖고 있어야 한다.
- 내담자가 원하는 성숙: 상담은 내담자가 원하는 목표달성이어야 한다. 내담자가 원하지 않는 성숙은 필요 없다.
- 상담자와 내담자의 긍정적 관계: 조력관계의 질이 효과적 상담의 가장 의미 있는 단일 요인이다.
- 강렬한 경험으로서의 상담: 상담은 내담자뿐만 아니라 상담자에게도 강렬한 영향을 준다.
- 상담과정에서 적극적 파트너로서 내담자: 내담자가 자기노출, 자기직면, 모험에 적극적으로 참여하겠다는 내담자의 다짐이 효과적인 상담의 여부를 결정한다.
- 전문적 책임감으로 윤리적 행위: 상담자는 내담자의 이익을 가장 최우선 순위에 두어야 하고 전문적 책임감을 가지고 모든 절차를 따를 것을 요구한다.

4.2 유능한 상담자

유능한 상담자는 내담자의 문제를 효과적으로 해결하고, 내담자의 성장과 발전을 돕는 데 기여할 수 있다. 또한 상담에서 상담자와 내담자 사이의 작업동맹(working alliance, 作業同盟)이 요구된다. 작업동맹은 상담과정에서 상담자와 내담자가 내담자 문제의 해결이나 증상의 개선이라는 공통의 목적을 위해 현실적으로 협력하고 함께 작업하는 일이다(김춘경 등, 2016). 유능한 상담자는 정직하고, 신뢰할 수 있고, 존경스럽고, 접근하기 쉽고, 호감이 가는 사람이라는 특성과 더불어 상담과정의 참여행동인 마이크로 스킬(듣기, 질문하기 등)이 요구된다. 다음은 유능한 상담자의 특징과 기술이다[참고 6].

- 전문적 지식과 기술: 유능한 상담자는 상담의 이론과 실제에 대한 전문지식과 기술을 갖추고 있어야 한다. 상담의 다양한 이론과 방법을 이해하고, 이를 내담자의 상황에 맞게 적용할 수 있어야 한다. 또한, 상담의 윤리적 원칙 준수와 내담자의 안전과 권익을 도모할 수 있어야 한다.
- 감정 공감과 이해: 유능한 상담자는 내담자의 감정에 공감하고 이해할 수 있어야 한다. 내담자의 감정을 있는 그대로 받아들이고, 내담자의 입장에서 생각할 수 있어야 한다. 또한, 내담자의 감정과 생각을 명확하게 이해하고, 이를 바탕으로 상담을 진행할 수 있어야 한다.
- 비판적 사고와 문제해결 능력: 유능한 상담자는 비판적 사고와 문제해결 능력을 가지고 있어야 한다. 내담자의 문제를 정확하게 진단하고, 효과적인 해결책을 제시할 수 있어야 한다. 또한, 내담자가 스스로 문제를 해결할 수 있도록 돕는 데에도 능숙해야 한다.
- 윤리적 책임감: 유능한 상담자는 윤리적 책임감을 가지고 있어야 한다. 내담자의 비밀을 지키고, 내담자의 권익을 보호할 수 있어야 한다. 또한, 상담자의 전문성을 유지하기 위해 지속적으로 자기개발에 노력해야 한다.

- 자기성찰과 자기개발: 유능한 상담자는 자기성찰과 자기개발에 노력해야 한다. 자신의 강점과 약점을 이해하고, 이를 바탕으로 상담의 역량을 강화할 수 있어야 한다. 또한, 상담의 최신 지식과 기술을 습득하기 위해 지속적으로 학습해야 한다.

참고 6 유능한 상담자

- 커뮤니케이션 기술: 효과적인 의사소통 능력을 통해 클라이언트와 명확하고 개방적인 대화를 나눌 수 있다.
- 자기인식: 자신의 감정, 가치, 편견 및 한계를 인식하고 이것이 상담과정에 미치는 영향을 이해한다.
- 인내와 참을성: 상담과정은 때때로 느리고 복잡할 수 있으며, 상담자는 이러한 과정에 인내심을 가지고 임한다.
- 경청 능력: 고객의 말을 경청하고, 그들의 요구와 우려 사항을 정확히 파악한다.
- 탄력성과 스트레스관리: 상담자 자신의 정서적 웰빙을 유지하고, 직업적 스트레스를 효과적으로 관리할 수 있다.
- 문화적 감수성: 다양한 배경을 가진 클라이언트에 대한 이해와 존중을 바탕으로 상담을 진행한다.

4.3 상담의 마이크로 스킬

상담에서 사용되는 마이크로 스킬(micro skills)은 상담과정에서 효과적인 소통과 상담관계 구축을 위해 필수적인 기술들이다. 이러한 기술들은 고객과의 신뢰와 이해를 구축하는 데 중요한 역할을 한다.

- 경청(active listening): 고객의 말을 주의 깊게 듣고 이해하며, 그들의 감정과 생각을 인식하는 능력
- 공감 표현(empathy): 고객의 경험과 감정을 이해하고 공감을 표현하는 능력
- 개방형 질문(open-ended questions): 고객이 자신의 생각과 감정을 자유롭게 표현할 수 있도록 격려하는 질문
- 반영(reflection): 고객이 말한 내용을 요약하거나 재진술하여 그들이 말한 바를 정확히 이해했음을 보여주는 기술
- 요약(summarization): 대화의 주요 포인트를 짧게 정리하여 상담과정을 명확하게 하는 기술
- 격려 및 지지(encouragement & support): 고객이 자신의 감정과 생각을 탐색하고 표현할 수 있도록 격려하고 지지하는 태도
- 정서적 반응 인식(identifying emotional responses): 고객의 감정을 파악하고 적절히 반응하는 능력
- 재구조화(paraphrasing): 고객의 말을 자신의 언어로 재구성하여 고객이 말한 바를 이해했음을 보여주는 기술
- 진정성과 진실성(genuineness & authenticity): 상담과정에서 진실되고 진정성 있는 태도를 유지하는 능력
- 비언어적 커뮤니케이션(non-verbal communication): 몸짓, 표정, 시선, 자세 등을 통해 관심과 공감을 표현하는 기술

4.4 대립과 자기노출

상담의 대표적인 키워드가 공감능력, 경청이라면 대립과 자기노출은 중요한 미시적 기술임에도 상담사에게는 위압적이거나 역효과를 낼 수 있는 기술이다. 대립은 고객의 강점을 차단하고 잠재력을 발휘하지 못하도록 하는 것을 멈추도록 도전하는 방식으로 사용될 수 있다. 자기노출은 고객으로부터의 상호공개를 촉진하고, 신뢰를 구축하며, 공감을 전달하며, 정신적 기술이 어떻게 적용될 수 있는지에 대한 예시를 제공할 수 있다. 스포츠심리상담사들이 대립과 자기노출을 윤리적이고 효과적으로 사용하려면 교육과 훈련을 받는 것이 중요하다. 대립과 자기노출을 효과적으로 사용하기 위해서는 사용하기 전에 신중하게 고려하고, 질문을 스스로에게 던져보는 것이 도움이 될 수 있다〈표 2〉.

표 2. 대립과 자기노출의 효과적 사용

대립	자기노출
• 협력적인 행동으로 재구성한다. • 작업 동맹이 강력한지 확인한다. • 고객의 반응을 예상한다. • 대립 후 탐구를 위한 기회를 제공한다. • 고객의 강점과 잠재력을 이해하고 있습니까? • 고객이 대립을 수용할 준비가 되어 있습니까? • 대립을 통해 어떤 목표를 달성하려고 합니까?	• 진정하고 고객의 우려와 관련이 있는지 확인한다. • 고객의 반응을 예상한다. • 사회문화적 배경을 고려한다. • 고객에게 어떤 정보를 제공하려고 합니까? • 고객이 자기노출을 어떻게 받아들일지 예상하십니까?

5. 상담기법의 기본

5.1 핵심 기법

상담자의 역할을 효과적으로 수행하려면 단계별 핵심 기법들을 활용하여야 한다. 각 단계별 핵심 기법에 대한 명확한 구분은 없으나 이형득(2001)의 핵심 기법을 참고하여 적용해 볼 수 있을 것이다.

- 시작단계: 관심 기울이기와 공감
- 준비 단계: 표면적 공감과 자기노출
- 작업단계: 심층적 공감, 자기개방, 직면, 역할연습과 과제 부과
- 종결단계: 요약과 긍정적 피드백

Carkhuff(2000a)은 상담과정의 여덟 가지 중핵적 조건을 촉진적 차원과 주도적 차원으로 구분하였다. 중핵적 조건은 상담자가 효과적인 상담을 수행하기 위해 반드시 갖추어야 할 기본적인 태도와 능력을 말한다. 상담자는 이러한 조건을 바탕으로 내담자의 문제를 이해하고, 내담자가 스스로 변화하고 성장할 수 있도록 돕는다. 촉진적 차원에 해당하는 상담 기술에는 공감, 존중, 수용, 진실성, 열정 등이 있다.

- 공감(empathy): 상담자가 내담자의 감정, 생각, 행동을 정확하게 이해하고 공감하는 능력
- 존중(respect): 상담자가 내담자를 존중하고 가치 있게 여기는 태도
- 수용(acceptance): 상담자가 내담자를 있는 그대로 받아들이고 편견 없이 대하는 태도
- 진실성(genuineness): 상담자가 내담자 앞에서 있는 그대로의 모습을 드러내는 태도
- 열정(enthusiasm): 상담자가 내담자에 대한 관심과 흥미를 보여주는 태도
- 적극성(initiative): 상담자가 상담과정을 주도하고 내담자를 돕기 위해 적극 노력하는 태도
- 통찰력(insight): 상담자가 내담자의 문제에 대한 통찰력을 제공하는 능력
- 전문성(expertise): 상담자가 상담 분야에 대한 전문지식과 기술을 가지고 있는 능력

촉진적 차원과 주도적 차원은 상담과정에서 상담자가 수행하는 역할과 책임을 나타내는 두 가지 차원이다. 주도적 차원은 상담자가 상담과정을 주도하고, 내담자를 변화시키기 위해 적극적으로 노력하는 차원이다. 상담자는 내담자의 문제를 파악하고, 해결책을 제시하기 위해 다양한 방법을 사용한다. 주도적 차원에서 상담자는 내담자의 주도권을 침해하지 않는 범위 내에서, 내담자가 변화하기 위한 기회를 제공하고, 목표를 달성할 수 있도록 돕는 역할을 한다.

이 두 차원은 상호 보완적인 관계에 있다. 〈표 3〉과 같이 상담자는 내담자의 특성과 상황에 따라 촉진적 차원과 주도적 차원을 적절히 조화롭게 사용하여, 내담자의 변화와 성장을 돕는 것이 중요하다. 예를 들어, 내담자가 자발적이고 적극적인 경우, 상담자는 주도적 차원을 보다 적극적으로 활용할 수 있다. 반면, 내담자가 소극적이거나 수동적인 경우, 상담자는 촉진적 차원을 보다 적극적으로 활용할 수 있다.

표 3. 촉진적 차원과 주도적 차원의 예

촉진적 차원의 예	주도적 차원의 예
• 내담자의 감정과 생각을 공감하는 말을 해주는 것	• 내담자에게 질문을 던져 생각을 깊이 있게 탐색하도록 하는 것
• 내담자가 자신의 이야기를 자유롭게 할 수 있도록 격려하는 것	• 내담자에게 새로운 관점을 제시하는 것
• 내담자가 자신의 문제를 스스로 발견하도록 돕는 것	• 내담자에게 행동을 실천하도록 돕는 것

5.2 공감

공감은 상담자가 마치 상대방의 눈으로 보는 것처럼 보고, 귀로 듣는 것처럼 듣고, 코로 냄새 맡는 것처럼 냄새 맡고, 혀로 맛보는 것처럼 맛보고, 피부로 감각하는 것처럼 감각하는 것이다(박성희, 1994). 상담자가 공감해 줄 때 내담자는 상담자가 자신의 말을 매우 관심 있게 경청하고 있으며, 자신을 이해해 주기를 갈망하는 마음을 충분히 납득하고 있다는

사실을 깨닫게 된다〈부록 1-2 질문지 참조〉.

Egan(1976)은 상담과정에서 상담자가 사용하는 공감의 수준을 기분 수준(feeling level)과 심화 수준(depth level)으로 구분하였다〈표 4〉. 기분 수준은 내담자의 현재 감정에 초점을 맞춘 공감으로 상담자는 내담자의 말과 행동에서 나타나는 감정을 파악하고, 그 감정을 정확하게 이해하고 공감하는 것을 목표로 한다. 심화 수준은 내담자의 내면 생각과 감정에 초점을 맞춘 공감이다. 상담자는 내담자의 현재 감정의 근원을 이해하고, 내담자가 자신의 감정을 이해하고 받아들이도록 돕는 것을 목표로 한다.

표 4. 두 가지 공감 수준

기분 수준의 예	심화 수준의 예
현재 감정에 대한 공감	내담자의 내면의 생각과 감정에 대한 공감
내담자가 슬픔을 느끼고 있다면, 상담자는 "지금 슬프신가요?"와 같이 내담자의 감정을 확인하는 말을 한다.	내담자가 슬픔을 느끼고 있다면, 상담자는 "왜 슬프신가요?"와 같이 내담자의 감정의 근원을 이해하기 위한 질문을 한다.
"지금 화가 나신가요?" "지금 불안하시나요?" "지금 행복하시나요?"	"왜 화가 나셨나요?" "왜 불안하시나요?" "왜 행복하시나요?"

5.3 자기개방

자기개방 혹은 자기노출이란 내담자가 진술하는 어떤 경험이나 감정을 상담자가 언어적으로 자신의 감정, 생각, 신념, 태도를 개방하는 과정이다. 상담자가 자기개방 할 때 내담자에게 유사성과 친근감을 전달할 수 있고, 보다 깊은 이해를 발달시킬 수 있으며, 내담자에게 보다 철저하고 깊이 있는 자기탐색의 모범을 보여주게 된다. 또한 내담자의 흥미와 관심에 사적인 생각 및 경험과 느낌을 솔직하게 노출함으로써 개성을 가진 하나의 인간 존재로 나타날 수 있다. 자기노출은 상대방의 느낌이나 경험과 유사한 내용을 구체적 용어로 사용하는 것이 효과적이다(Gazda, Asbury, Balzer, Childers, & Phelps, 1998).

스포츠 상황의 선수들은 승패에 대한 중압감, 부상이나 실패에 대한 불안감, 경기력 저하에 대한 스트레스 등 다양한 정서적 어려움에 직면한다. 이때 이를 극복하고 더 나은 경기력을 발휘하기 위해서는 자기개방과 자기노출 기법을 활용하는 것이 도움이 될 수 있다. 자기개방과 자기노출 기법을 활용하여 선수들의 정서적 어려움을 극복하는 방법을 구체적으로 살펴보자.

1) 상담사가 자신의 경험을 이야기하는 경우

선수의 멘토나 코치가 자신의 경험을 이야기하는 것은 선수가 자신의 생각과 감정을 이해하고, 통찰력을 얻을 수 있도록 돕는 데 도움이 된다. 예를 들어, 선수 출신 상담사가 선수에게 "저는 선수 시절에 부상 때문에 힘든 시기를 보냈습니다. 하지만 포기하지 않고 노력한 결과, 다시 정상에 오를 수 있었습니다."라고 이야기하면, 선수는 자신의 부상에 대한 두려움을 극복하고, 다시 경기에 집중할 수 있는 용기를 얻을 수 있다.

2) 상담사가 선수의 질문에 솔직하게 답하는 경우

상담사가 선수의 질문에 솔직하게 답하는 것은 선수가 자신의 생각과 감정을 표현할 수 있도록 돕는 데 도움이 된다. 예를 들어, 선수가 상담사에게 "저는 경기에 집중을 못 하고 있습니다. 어떻게 해야 할까요?"라고 질문하면, 상담사는 "당신이 경기에 집중하지 못하는 이유를 먼저 생각해 보세요. 그 이유를 알게 되면, 해결책을 찾을 수 있을 것입니다."라고 솔직하게 답할 수 있다. 이러한 상담사의 답변은 선수가 자신의 문제를 스스로 해결할 수 있는 능력을 키우는 데 도움이 될 것이다.

3) 상담사가 선수의 자기개방에 공감하고 이해하는 경우

상담사가 선수의 자기개방에 공감하고 이해하는 것은 선수가 자신의 생각과 감정을 수용하고, 이해할 수 있도록 돕는 데 도움이 된다. 예를 들어, 선수가 상담사에게 "저는 요즘 경기가 잘 안 풀려서 너무 힘들어요."라고 이야기하면, 멘토나 코치는 "당신이 힘든 것은 잘 이해합니다. 지금은 당신이 휴식을 취하고, 마음을 다스리는 것이 가장 중요합니다."라고 공감하고 이해하는 태도를 보여줄 수 있다. 이러한 상담사의 태도는 선수가 자신의 감정을 수용하고, 경기에 집중할 수 있도록 돕는다.

4) 자기개방과 자기노출 기법에서 고려할 점

- 선수의 준비 여부 파악: 선수가 자기개방과 자기노출에 충분히 준비되어 있는지 파악해야 한다. 만약 선수가 준비되어 있지 않다면, 무리하게 자기개방과 자기노출을 유도해서는 안 된다.
- 자기개방의 대상 선택: 자기개방의 대상을 신중하게 선택해야 한다. 선수가 신뢰하고, 편안하게 느낄 수 있는 대상을 선택하는 것이 중요하다.
- 자기개방의 범위 조절: 자기개방의 범위를 조절해야 한다. 너무 많은 정보를 공개하거나, 민감한 정보를 공개하는 것은 오히려 역효과를 낼 수 있다.

5.4 직면

직면은 내담자가 스스로 깨닫지 못하고 있는 불일치를 상담자가 내담자에게 지적해 줌으로써 내담자의 잠재적 가능성을 명확히 인식시켜 내담자를 내면적으로 성장 발달시키는 효과적인 촉진 기술이다(Carkhuff, 2000b). Gazda(1998)는 직면을 경험적 직면과 교훈적 직면으로 나누었다〈표 5〉.

경험적 직면은 내담자가 앞에 한 말과 지금 한 말 사이의 불일치, 내담자의 행동과 말 사이의 불일치, 또는 내담자가 경험한 내용과 상담자가 내담자를 경험한 내용과 불일치를 지적하는 것이다. 교훈적 직면은 내담자의 장래에 해로운 행동이나 사회적으로 바람직하지 못한 행동, 또는 사회적 실제에 관해 내담자가 갖고 있는 잘못된 정보를 지적하는 것이다. 이러한 내담자의 불일치를 지적해 줌으로써 내담자로 하여금 새로운 통찰과 행동의 변화를 촉진시킬 수 있다고 본다. 경험적 직면과 교훈적 직면의 차이점은 다음과 같다.

표 5. 두 가지 직면

기준	경험적 직면	교훈적 직면
목표	내담자가 자신의 감정, 생각, 행동 등을 직면하고 경험함으로써 변화와 성장을 촉진	내담자에게 현실을 직시하고, 변화를 위한 동기를 부여
방법	내담자가 자신의 감정, 생각, 행동 등을 탐색하고, 표현하도록 돕는 것	내담자에게 현실을 직시시키는 것

효과적인 직면의 방법은 먼저 내담자의 구체적 행동패턴을 지적한 다음, 예측되는 부정적 결과를 언급하고, 상담자의 느낌을 전하면서 비강요적으로 권유하여야 한다. 직면은 시의적절하게 사용하지 못하면 내담자의 저항을 초래하게 되고, 저항을 제대로 다루지 못할 경우에는 상담관계가 파괴된다. 따라서 내담자의 저항을 완화시킬 수 있는 전략을 사용한 후에 직면을 사용하는 것이 효과적이다(이형득, 2001).

- 스포츠 상황의 경험적 직면의 예

A 선수는 경기에서 실수한 후, 자책감과 우울감을 느끼고 있다. 상담자는 A 선수에게 실수를 통해 무엇을 느끼고, 생각하고 있는지 탐색하도록 돕는다. 또한, A 선수가 자신의 감정과 생각을 표현할 수 있도록 격려한다. 이를 통해 A 선수는 실수를 통해 자신의 약점을 발견하고, 이를 극복하기 위한 노력을 할 수 있다.

• 스포츠 상황의 교훈적 직면

B 선수는 경기에서 부상당한 후, 경기에 대한 두려움을 느끼고 있다. 상담자는 B 선수에게 부상이 자신에게 어떤 영향을 미쳤는지 직시하도록 돕는다. 또한, B 선수에게 경기에 대한 두려움을 극복하기 위한 방법을 알려준다. 이를 통해 B 선수는 경기에 대한 두려움을 극복하고, 경기에 집중할 수 있게 된다.

경험적 직면과 교훈적 직면은 스포츠 상황의 선수들에게도 효과적인 상담기법이다. 상담자는 선수의 상황에 따라 적절한 방법을 선택하여 사용해야 한다. 직면의 효과는 상담자가 내담자에게 스스로를 평가할 수 있는 또 다른 견해를 제공한다는 데에 있다. 내담자가 상담을 통해서 자기이해만 하고 행동변화가 수반되지 않는다면 그 상담의 효과는 매우 낮을 수밖에 없다. 상담자가 공감, 존중, 온정의 촉진적 기술들을 효과적으로 사용함으로써 내담자와 강력한 관계가 형성되었을 때, 그를 판단, 평가할 수 있다. 내담자가 자신의 문제를 실질적으로 해결할 수 있기 위해서는 자기가 직접 행동으로 실행해야 한다. 직면기법은 이러한 실행을 위한 기술이기 때문에 실행 차원이라고 불린다.

상담자가 제대로 직면할 때에 내담자는 상담자의 관점을 인정하게 되고, 솔직하게 말해준 데 대해 감사할 수 있고, 깊이 생각해 볼 수 있다. 단기상담은 장기상담보다 더 적극적이고 지시적인 상담자 역할이 필요하므로 직면은 문제해결적인 단기상담에서 매우 중요한 기법이다(김계현, 1992). 따라서 스포츠심리상담사는 선수들의 현재 문제에 초점을 두고 그의 반응에 대해 적극적으로 직면하게 해서 내담자의 강한 각성을 유발해야 한다. 직면은 단순하게 내담자의 모순, 불일치, 왜곡된 감정, 경험 등을 지적하는 것에만 그치는 것이 아니라, 내담자가 처해 있는 문제 상황에서 벗어나는 데에 도움이 되는 다양한 자극을 가한다는 점에서 문제해결적이다(김영석, 1993).

6. 스포츠심리상담의 윤리

6.1 상담학회의 윤리규정

스포츠심리상담은 다양한 고객의 욕구뿐 아니라 상담사 자신의 직업적 목표달성도 포함되어 있다. 상담사가 전문직으로 발전하려면 책무성(accountability)이 강조된다. 책무성이란 전문직 구성원의 책임 있는 행동을 의미하는데, 유능한 상담사가 되기 위한 전문적 행동의 핵심은 바로 윤리적 행동이다.

윤리적 행위에 대한 지침을 정해 주는 것은 윤리강령이다. 미국상담학회(American Counseling Association; ACA)는 윤리위원회가 초안을 만들어 1995년에 처음 윤리강령 및 실천 표준(ACA, 1995)을 발표하였다. 이후 2014년 개정한 윤리강령(ACA, 2014)은 다중관계(dual relationship)에 대한 금지를 더욱 세분화하였다. 예를 들어 내담자와의 성적인 관계를 상담이 끝난 이후 2년의 제한규정을 현재는 5년으로 제한하였다.

한국의 상담관련 윤리도 미국상담학회의 윤리강령과 매우 유사하다. 특히 ACA는 원거리 상담, 기술, 소셜 네트워크 서비스에 대한 내용도 포함되어 있다. 한국상담학회는 2002년 8월 처음 윤리 규정을 제시한 이후 3번의 개정으로 2016년 최신판을 제공했으며, 한국상담심리학회는 2003년 5월 윤리 규정 시행 이후 2번의 개정을 거쳐 2018년 개정판을 사용하고 있다. 미국응용스포츠심리학회(AASP)의 윤리강령은 미국심리학회(APA)의 심리학자 행동강령(2002)의 윤리 원칙을 기반으로 한다.

한국스포츠심리학회의 스포츠심리상담사를 위한 윤리강령은 AASP의 강령을 기반으로 크게 일반원칙과 일반윤리로 나누고 16개의 하위영역을 포함하고 있다〈부록 1-1 참조〉. 스포츠심리상담사의 윤리적 원칙은 운동선수와 코치 및 팀, 그리고 모든 고객과의 상담에서 매우 중요하다. 〈표 6〉은 일반 상담학회와 스포츠심리상담의 윤리강령을 비교한 것이다.

표 6. 미국상담학회와 한국의 대표적 상담학회의 윤리강령 비교

미국상담학회(ACA)	한국상담학회	한국상담심리학회	응용스포츠학회	한국스포츠심리학회
A. 상담관계	1장. 전문적 태도	1장. 전문가로서의 태도	원칙 A. 역량(능력)	제1장 일반원칙
B. 비밀보장	2장. 정보의 보호	2장. 사회적 책임	원칙 B. 완전성	제1조 전문성
C. 전문적 책임	3장. 내담자의 복지	3장. 내담자의 복지와 권리에 대한 존중	원칙 C. 전문성과 과학적 의무	제2조 정직성
D. 타 전문직과의 관계			원칙 D. 대중의 권리와 자긍심에 대한 존중	제3조 책무성
E. 평가, 진단과 해석	4장. 상담관계	4장. 상담관계		제4조 인권존중
F. 교수, 훈련과 슈퍼비전	5장. 사회적 책임	5장. 정보의 보호 및 관리	원칙 E. 타인의 복지에 대한 관심	제5조 사회적 책임
G. 연구와 출판	6장. 상담연구	6장. 심리평가	원칙 F. 사회적 책임	제2장 일반 윤리
H. 원거리 상담, 기술, 소셜네트워크서비스	7장. 심리검사	7장. 수련감독 및 상담사 교육		제6조 권력남용과 위협
	8장. 윤리문제해결	8장. 윤리문제해결		제7조 의뢰와 위임
I. 윤리적 문제의 해결	9장. 회원의 의무	9장. 회원의 의무		제8조 상담 비용
				제9조 물품
				제10조 부적절한 관계
				제11조 비밀보장
				제12조 심리검사 및 기법의 활용과 적용
				제13조 상담기록
				제14조 상담 동의서
				제15조 상담연구 수행
				제16조 포상과 징계

6.2 상담윤리 지침

윤리적 행동은 평가 및 중재를 포함하여 상담사로서 수행하는 모든 일의 기초이며, 윤리적 실천은 모든 상담업무의 출발점이다. 특히, 상담 자체뿐 아니라 상담과정에 포함된 심리평가에도 해당된다. 즉, 전문가는 평가도구의 개발 및 사용과 관련된 많은 윤리적 및 법적 문제(질문지, 측정도구, 인터뷰)를 심각하게 인식해야 한다(Etzel, Yura, Perna, & Vosloo, 2014, p.190). 평가는 모든 서비스의 기초이므로 평가와 관련된 윤리적 강령은 상담사가 자신의 업무를 능숙하고 윤리적으로 내담자에게 최선의 이익이 갈 수 있도록 교육, 훈련 및 감독을 받아야 한다.

다음은 APA(2002)에서 만든 5가지 지침은 최고의 윤리적 이상을 향한 안내 및 영감을 주기 위한 것으로 AASP의 윤리지침도 이를 기반으로 구성되어 있다.

- 원칙 A: 혜택과 무해성이다. 이 원칙은 상담사가 함께 일하는 사람들에게 혜택을 주고 해를 끼치지 않도록 주의를 기울여야 한다는 것이다. 즉, 상담사의 과학적이고 전문적인 판단과 행동이 다른 사람들의 삶에 영향을 줄 수 있기 때문에 개인, 재정, 사회, 조직 또는 정치적 요인에 대해 남용하는 것을 경고하고 경계하고 있다.
- 원칙 B: 충실성 및 책임이다. 이 원칙은 상담사가 일하는 사람과의 신뢰관계를 확립해야 한다. 전문적인 행동 규준을 유지하고, 전문적인 역할과 의무를 명확히 하고, 행동에 대한 적절한 책임을 받아들이고, 불법 사용이나 손해를 초래할 수 있는 이해 상충을 관리해야 한다(APA, 2002, p.3).
- 원칙 C: 무결성이다. 이 원칙은 상담사가 심리학의 과학, 교육 및 실습에서 정확성, 정직성 및 진실성을 증진시키기 위해 추구해야 하는 것이다. 상담사는 사기, 속임수 또는 의도적으로 속이거나 사실을 허위 진술하면 안 된다.
- 원칙 D: 정의이다. 이 원칙은 상담사가 합리적인 판단과 잠재적인 편견, 역량의 경계 및 전문 지식의 한계가 부당 관행을 초래하거나 묵인되지 않도록 예방 조치를 취해야 한다라고 명시되어 있다.
- 원칙 E: 인간의 권리와 존엄에 대한 존중이다. 이 원칙은 상담사가 모든 사람의 존엄성과 가치를 존중해야 하며 개인의 프라이버시, 기밀 유지 및 자기 결정권에 대한 권리를 존중해야 하며, 나이, 성별, 성정체성, 인종, 민족, 문화, 출신국, 종교, 성적 취향, 장애, 언어 및 사회 경제적 지위를 파악하고 그 집단의 구성원과 협력할 때 이러한 요소를 고려해야 한다.

이러한 윤리기준은 심리학자로서의 행동에 대해 실행 가능한 규칙을 규정한다. 윤리기준의 적용은 상황에 따라 다를 수 있지만 다양한 역할을 하는 심리학자에게 적용하기 위해 포괄적 범위로 작성되었다.

상담사의 윤리적 책임의 기본은 고객의 복지이다. 전통적인 심리치료 환경에서는 고객이 누구인지(가족치료 제외)를 쉽게 정의할 수 있다. 반면에, 스포츠 환경은 운동선수와의 상담과정에 부모, 팀 관계자 및 코치 등과 같이 다른 이해관계자가 종종 감정적 혹은 재정적으로 관여하기 때문에 주 고객이 누구인지 구분하기가 모호해진다. 이로 인하여 다른 이해관계자의 다양한 요구와 관련된 윤리적 딜레마에 직면할 수 있다(Knauss, 2001). 선수의 상담신청 이유가 상담을 요청하는 코치나 비용을 지불하는 조직의 목표와 다를 수 있다. 따라서 스포츠심리상담사는 이러한 이해관계를 명확히 구분할 필요가 있다.

6.3 윤리적 딜레마가 발생할 때

상담에서는 여러 이유로 윤리적 딜레마가 발생할 수 있다. 첫째, APA, AASP 및 기타 전문 기관에서 자세히 설명한 윤리적 원칙, 표준, 코드 및 지침은 스포츠 환경에서 상담을 진행할 때 의사결정 구조 및 행동 지침을 제공한다. 예를 들어 고객의 요구보다 경제적 이득을 우선시하려는 유혹이 발생할 때 적절한 윤리적 지침을 검토하여 가장 윤리적인 결정을 내릴 수 있도록 감시하고, 항상 고객 선수의 이익이 최우선이 되도록 한다. 또한 매스컴의 관심을 끄는 유명 스포츠팀의 상담사는 유명 선수의 비밀유지 및 개인정보 보호에 대한 유혹을 받을 수 있다. 발생하는 윤리적 딜레마에 관계없이, 상담사가 그것을 인식한다는 사실은 상담사로서의 진실성과 고객 복지에 관심이 있다는 것을 말해 준다.

윤리적으로 어려운 상황에 처했을 때 윤리 원칙과 지침을 준수하기 위해 취할 수 있는 단계는 다음과 같다. 첫째, 윤리적 위험을 제기한 상황을 보다 잘 이해하기 위해 관련 전문 평가 지침뿐만 아니라 관련 APA 및 AASP, 한국스포츠심리학회 윤리강령을 검토한다. 둘째, 상당한 슈퍼비전 경험과 윤리 지침에 대한 전문지식을 갖춘 멘토 또는 동료와 상담한다. 신뢰할 수 있고, 지식이 풍부하고 경험이 풍부한 동료는 문제의 윤리적 상황을 냉담하고 합리적인 관점으로 바라볼 수 있다. 이 상담을 통해 상황에 대한 감정적 상황을 벗어날 수 있고 당면한 윤리 문제를 보다 공정한 시각으로 바라볼 수 있다.

신뢰할 수 있는 동료와의 상담은 윤리적 딜레마를 해결하고 고객 선수의 이익을 위해 행동한다는 목표로 합리적인 문제해결과 의사결정에 관여하여 도움을 줄 수 있다. 동료와의 상담을 통해,

- 상황과 관련된 생각과 느낌을 정리한다.
- 욕구와 목표가 명확해진다.
- 윤리적 문제 및 원인을 구체적으로 파악한다.
- 현실-분쟁을 야기한 상황을 정확히 인식한다.
- 개인의 편견과 왜곡을 조명하고 완화한다.
- 당면한 윤리적 기준을 세부적으로 인지한다.
- 윤리적 딜레마를 해소하기 위한 건전한 의사결정을 할 수 있다.

평가문항

1. 스포츠심리상담이 처음 등장한 연도는 언제인가?
   ㉠ 1960년 ㉡ 1970년 ㉢ 1980년 ㉣ 1990년

2. 스포츠심리학 분야에서 선수들의 능력 발휘에 가장 많은 영향을 준 교육이나 경험은 무엇인가?
   ㉠ 심리기술훈련 ㉡ 심리기술·전략 ㉢ 스포츠심리컨설팅

3. CMPC 인증을 받으려면 충족 요건은 무엇인가?
   ㉠ 스포츠과학, 심리학 또는 관련 분야에서 석사 또는 박사 학위 취득
   ㉡ 감독하에 또는 독립적인 스포츠심리학 분야의 장에서 특정 시간의 경험 이수
   ㉢ CMPC 인증시험 통과
   ㉣ 모두

4. 스포츠심리학의 주요 고객인 선수의 지원 범위는 어디까지인가?
   ㉠ 경쟁 세계의 선수 ㉡ 선수의 모든 면
   ㉢ 성공을 추구하는 모든 분야 ㉣ 스포츠 기술 및 전술

5. 스포츠심리상담의 정의는 무엇인가?
   ㉠ 운동에 참여하는 사람들에게 도움을 줄 수 있는 사람과의 개별적인 관계를 통한 학습
   ㉡ 스포츠심리학자의 연구, 교육, 상담 활동 중 하나
   ㉢ 선수들의 잠재적 재능을 개발하고 향상시키는 프로그램
   ㉣ 스포츠심리학자들이 실제 경기상황에서 선수들을 돕는 활동

6. 스포츠심리학 분야에서 효과적인 상담을 하기 위한 특징은 무엇인가?
   ㉠ 이론 근거, 타당한 방법론 및 개입에 기반
   ㉡ 개인의 경험과 문화적 특성을 고려
   ㉢ 단순히 심리적 요인을 나열
   ㉣ 스포츠 기술 및 전술에 초점

7. 다음 중 인간중심치료의 핵심적인 요소는 무엇인가?
   ㉠ 치료자의 권위적인 태도
   ㉡ 내담자의 자기주도적 변화
   ㉢ 행동변화 중심의 접근방식
   ㉣ 과거 경험 탐구에 대한 강조

8. 인간중심치료에서 진실성의 의미는 무엇인가?
   ㉠ 상담사가 내담자에게 모든 것을 솔직하게 밝히는 것
   ㉡ 상담사가 내담자의 의견을 존중하고 받아들이는 것
   ㉢ 상담사가 자신의 진솔한 감정을 표현하는 것
   ㉣ 상담사가 내담자의 가치관에 동의하는 것

9. 인지행동치료 기본 전제 바탕은 무엇인가?
   ㉠ 인간행동은 환경적 요인에 의해 결정된다.
   ㉡ 인간행동은 인지적 요인에 의해 결정된다.
   ㉢ 인간행동은 무의식적 요인에 의해 결정된다.
   ㉣ 인간행동은 유전적 요인에 의해 결정된다.

10. 인지행동치료의 주요 목표는 무엇인가?
   ㉠ 내담자의 정서적 문제해결
   ㉡ 내담자의 인지적 왜곡 교정
   ㉢ 내담자의 행동변화 유도
   ㉣ 내담자의 과거 경험 탐구

11. 인지행동치료의 대표적인 치료법 중 하나는 무엇인가?
   ㉠ 정신분석치료 ㉡ 인간중심치료 ㉢ 합리적 정서치료 ㉣ 꿈 분석

12. 스포츠 상담윤리 지침의 핵심 원칙 중 정의는 무엇인가?
   ㉠ 상담과정에서 정확하고 객관적인 정보를 제공해야 한다.
   ㉡ 모든 고객을 존중하고 공정하게 대우해야 한다.
   ㉢ 상담과정에서 개인적인 이익이나 편견을 개입시키지 않도록 주의해야 한다.
   ㉣ 모든 고객의 사생활을 보호하고 비밀을 유지해야 한다.

13. 스포츠 상담환경에서 발생할 수 있는 윤리적 딜레마는 무엇인가?
   ㉠ 선수의 상담목표가 코치나 팀의 목표와 상충되는 경우
   ㉡ 유명 선수의 경우 개인정보 보호에 대한 압박
   ㉢ 선수가 코치로부터 성적 학대를 당하고 있다는 것을 알게 된 경우
   ㉣ 모든 위의 경우

14. 인간중심치료는 내담자의 자기주도적 변화를 촉진하는 치료법이다. (O / X)

15. 인지행동치료는 인간의 행동과 감정이 인지에 의해 영향을 받는다는 이론을 바탕으로 한다. (O / X)

16. 스포츠 상담에서 인간중심치료와 인지행동치료는 상호 보완적으로 활용될 수 있다. (O / X)

17. 스포츠심리상담은 선수들의 정신적 건강 개선에만 도움을 주는가? (O / X)

18. 스포츠심리학 분야에서 심리기술훈련은 선수들의 자기관리 능력 향상에 효과적이다. (O / X)

19. CMPC 인증은 스포츠심리상담 분야에서 전문성을 인정받는 유일한 방법이다. (O / X)

20. 스포츠 상담윤리 지침은 상담과정에서 발생하는 모든 윤리적 딜레마를 해결할 수 있다. (O / X)

21. 스포츠 상담사는 상담과정에서 고객의 동의 없이 개인정보를 공개하거나 다른 사람에게 제공할 수 있다. (O / X)

22. 스포츠심리상담은 선수들의 (   ) 향상에 도움을 줄 수 있다.

23. 인간중심치료에서 상담사는 내담자에게 (   )한 태도를 보여주어야 한다.

24. 인지행동치료는 내담자의 (   )을 바꾸고, 행동변화를 유도하는 데 초점을 맞춘다.

25. 스포츠 상담환경에서 상담사는 다양한 이해관계자들의 요구를 조율하고, 동시에 고객 선수의 이익을 최우선으로 고려해야 하다. 이는 상담과정에서 (   )(   )(   )을 유지하는 것이 중요하다.

모범답안 및 해설

1. ⓒ 1980년대에 스포츠심리학 분야가 학문으로서 체계적으로 발전하기 시작했으며, 이와 함께 스포츠심리상담도 활발하게 이루어지기 시작했다.

2. ⓔ 심리기술훈련, 심리기술·전략, 스포츠심리컨설팅 등 다양한 교육과 경험이 선수들의 능력 발휘에 영향을 미친다. 각각의 교육과 경험은 서로 상호 보완적으로 작용하며 선수들의 정신적, 정서적, 행동적 측면에 긍정적인 영향을 미친다.

3. ⓔ 스포츠과학, 심리학 또는 관련 분야에서 석사 또는 박사학위 취득, 감독하에 또는 독립적인 스포츠심리학 분야의 장에서 특정 시간의 경험 이수, CMPC 인증시험을 성공적으로 통과해야 한다.

4. ⓛ 스포츠심리학은 경쟁세계의 선수뿐만 아니라, 선수의 모든 면을 지원한다. 여기에는 정신적, 정서적, 행동적, 사회적 측면뿐만 아니라, 선수의 삶의 질 향상, 부상예방, 경력 관리 등을 포함한다.

5. ⓛ 스포츠심리학자의 연구, 교육, 상담 활동 중 하나: 운동에 참여하는 사람들에게 도움을 줄 수 있는 사람과의 개별적인 관계를 통해 학습을 촉진하는 과정이다.

6. ㉠ 효과적인 스포츠심리상담은 단순히 경험이나 직관에 기반하지 않고, 과학적 이론과 연구결과를 바탕으로 이루어진다. 또한, 고객의 개별적인 특성과 상황을 고려한 맞춤형 방법론과 개입을 통해 이루어져야 한다.

7. ⓛ 인간중심치료는 치료자의 권위적인 태도보다는 내담자의 자기주도적 변화를 강조한다. 치료자는 내담자의 내면에 존재하는 잠재력과 성장 능력을 믿고, 내담자가 스스로 문제를 해결하고 변화를 이끌어낼 수 있도록 돕는다.

8. ⓛ 진실성은 상담사가 내담자에게 모든 것을 솔직하게 밝히는 것이 아니라, 내담자의 의견을 존중하고 받아들이는 것을 의미한다. 상담사는 내담자의 말에 귀 기울이고, 내담자의 경험과 감정을 이해하려고 노력하며, 내담자의 관점에서 세상을 바라보려고 노력한다.

9. ⓛ 인지행동치료는 인간의 행동은 생각, 감정, 신념과 같은 인지적 요인에 의해 결정된다는 기본 전제를 바탕으로 한다. 즉, 우리가 어떤 생각을 하고 세상을 어떻게 인식하는지에 따라 우리의 행동이 결정된다는 것이다.

10. ⓒ 인지행동치료의 주요 목표는 내담자의 정서적 문제해결보다 부정적이거나 비합리적인 인지적 요인을 변화시키고 바람직한 행동변화를 유도하는 것이다. 이를 통해 내담자가 스스로 문제를 해결하고 삶의 질을 향상시킬 수 있도록 돕는 것을 목표로 한다.

11. ⓒ 인지행동치료에는 다양한 치료법들이 있지만, 대표적인 것으로는 합리적 정서 치료, 노출 반응 예방, 인지 재구성, 행동 활성화 등이 있다. 합리적 정서 치료는 내담자의 부정적 사고를 식별하고 평가하며, 이를 논리적이고 현실적인 사고로 바꾸는 데 초점을 맞춘다.

12. ⓛ 정의는 스포츠 상담과정에서 모든 고객을 존중하고 공정하게 대우해야 한다는 것을 의미한다. 인종, 성별, 나이, 성적 지향, 종교, 사회 경제적 지위 등에 관계없이 모든 고객에게 동등한 서비스를 제공하고, 고객의 자율성과 결정권을 존중하며, 부당한 영향력을 행사하지 않도록 주의해야 한다.

13. ⓔ 스포츠 상담환경에서는 다양한 이해관계자들이 개입되는 경우가 많다. 선수, 코치, 팀 관계자, 부모 등의 요구를 조율해야 하는 어려움이 발생할 수 있다. 또한, 선수의 개인정보보호, 성적 학대, 약물남용 등과 관련된 윤리적 딜레마도 발생할 수 있다.

14. (O) 인간중심치료는 상담사가 내담자를 존중하고 진솔한 태도로 진정한 이해를 추구하며, 내담자가 스스로 자신의 문제를 밝히고 해결할 수 있도록 돕는 치료법이다.

15. (O) 인지행동치료는 내담자의 부정적이고 비합리적인 인지적 왜곡을 바꾸고, 이를 통해 바람직한 행동변화를 유도하는 데 초점을 맞춘다.

16. (O) 인간중심치료는 내담자의 자기인식과 성장을 촉진하고, 인지행동치료는 구체적인 문제해결 방안을 제시하는 등 서로 보완적인 강점을 가지고 있다.

17. (X) 스포츠심리상담은 선수들의 정신적 건강 개선뿐만 아니라, 경기력 향상, 스트레스 관리, 부상예방, 퇴출 후 삶 적응 등 다양한 측면에서 도움을 줄 수 있다.

18. (O) 심리기술훈련은 선수들이 스트레스, 불안, 집중력 저하 등을 효과적으로 관리하는 방법을 배우는 데 도움이 되는 것으로 나타났다.

19. (X) CMPC 인증은 스포츠심리상담 분야에서 전문성을 인정받는 유일한 방법이 아니다. 한국스포츠심리학회 자격증, 미국스포츠심리학회 자격증 등 다른 전문 자격증도 있으며, 학문적 배경, 연구 경험, 실무경험 등을 종합적으로 고려하여 전문성을 평가할 수 있다.

20. (X) 스포츠 상담윤리 지침은 상담과정에서 발생하는 윤리적 딜레마를 해결하는 데 중요한 기준을 제시하지만, 모든 딜레마를 명확하게 해결할 수 있는 것은 아니다. 상담사는 윤리 지침을 바탕으로 상황에 맞는 판단을 내리고, 전문가와의 상담, 윤리위원회의 도움 등을 통해 해결 방안을 모색해야 한다.

21. (X) 스포츠 상담과정에서 고객의 개인정보는 비밀에 부쳐야 하며, 고객의 동의 없이 공개하거나 다른 사람에게 제공하는 것은 윤리적 violation이다. 다만, 법적 절차에 따라 필요한 경우에는 예외가 될 수 있다.

22. (정신적 건강) 스포츠심리상담은 선수들의 스트레스관리, 불안 감소, 우울증 예방, 자존감 향상, 정신적 회복능력 향상 등에 도움을 줄 수 있다.

23. (진실) 인간중심치료에서 상담사는 내담자를 존중하고 진실한 태도로 진정한 이해를 추구해야 한다.

24. (인지적 왜곡) 인지행동치료는 부정적인 사고방식, 비합리적 사고, 왜곡된 사고 등을 바꾸고, 이를 통해 바람직한 행동변화를 유도하는 데 초점을 맞춘다.

25. (공정성, 투명성, 객관성) 스포츠 상담환경에서는 상담사가 다양한 이해관계자들의 요구를 조율하면서도 고객 선수의 이익을 최우선으로 고려해야 한다. 이를 위해 상담과정에서 공정성, 투명성, 객관성을 유지하는 것이 중요하다.

현 장 실 습

1. 대표적 상담이론인 정신역동치료, 인간중심상담, 인지행동치료 이론의 차이점를 토론하고 나의 상담 지향 이론과 비교해 보시오.

토론의 필요성: 상담이론 토론은 상담 분야의 다양한 접근 방식을 이해하고, 자신에게 맞는 상담이론을 정립하는 데 필수적인 과정이다. 이들 대표적인 상담이론 각각의 독특한 관점과 기법을 심층적으로 비교하고 자신의 상담 지향 이론을 정립해 보자.

상담이론의 토론 워크시트				
이론	정신역동	인간중심	인지행동	나의 상담 지향
핵심개념				
발전 과정				
치료 기법				
장점				
단점				
적용사례				

상담이론 토론의 준비과정(예시)	
가. 상담 이론에 대한 심층 이해	• 각 이론의 핵심 개념 및 원리: 정신역동치료의 무의식과 과거 경험의 중요성, 인간중심상담의 자기실현 경향과 공감적 이해, 인지행동치료의 인지적 왜곡과 행동변화 등 각 이론의 핵심 개념을 명확히 이해해야 한다. • 이론의 역사적 발전 과정: 각 이론이 어떤 배경에서 발전해 왔는지, 어떤 학자들에 의해 발전되었는지 등을 파악한다. • 이론의 강점과 한계점: 각 이론이 어떤 문제에 효과적인지, 어떤 한계점을 가지고 있는지 등을 객관적으로 평가한다. • 다양한 상담 사례 연구: 각 이론이 실제 상담에서 어떻게 적용되는지 다양한 사례를 통해 학습한다.
나. 토론 과정	• 이론별 비교 분석: 각 이론의 인간관, 문제의 원인, 상담목표, 상담 기법 등을 비교 분석한다. • 자신의 가치관 및 신념 탐색: 상담자로서 자신의 가치관, 신념, 성격 등을 탐색하고, 어떤 이론이 자신에게 가장 적합한지 고민한다. • 상담 대상 및 문제 유형 고려: 자신이 주로 상담하게 될 대상이나 문제 유형을 고려하여 어떤 이론이 가장 효과적일지 판단한다. • 통합적 접근 가능성 탐색: 필요에 따라 여러 이론을 통합적으로 활용하는 방안을 모색한다. • 실제 상담경험과의 비교: 실제 상담경험이 있다면, 어떤 이론이 가장 효과적이었는지, 어떤 한계점을 느꼈는지 등을 토론한다.
다. 토론을 위한 준비	• 관련 서적 및 논문: 상담 이론 관련 서적 및 논문을 읽고 각 이론에 대한 이해를 높인다. • 상담 사례 영상: 실제 상담 사례 영상을 시청하고 각 이론이 어떻게 적용되는지 분석한다. • 전문가 인터뷰: 상담 이론 전문가와의 인터뷰를 통해 심층적인 정보를 얻는다. • 토론 참여자 선정: 다양한 관점을 가진 사람들이 참여할 수 있도록 토론 참여자를 선정한다. • 토론 주제 및 질문 준비: 토론을 원활하게 진행하기 위해 토론 주제 및 질문을 미리 준비한다.
라. 토론 후 활동	• 토론 내용 정리: 토론 내용을 정리하고 각 이론의 장단점 및 자신의 상담 지향 이론을 명확히 한다. • 자기성찰: 토론을 통해 얻은 지식을 바탕으로 자신의 상담 지향 이론을 지속적으로 발전시켜 나간다. • 상담경험 공유: 실제 상담경험을 통해 자신의 상담 지향 이론을 검증하고 수정한다.
이 과정을 통해 자신에게 맞는 상담 이론을 정립하고, 효과적인 상담을 수행할 수 있다.	

2. 상담의 핵심 기법 중 공감능력 향상을 위한 실습을 해봅니다.

공감능력 향상 실습 지침		
목표	상담자의 공감능력 향상: 〈부록 1-2〉의 공감적 이해 척도 응용 내담자의 감정을 이해하고 공감하는 능력 향상 상담관계 형성 및 유지 능력 향상	
대상	상담경험이 있는 상담자 또는 상담을 배우는 사람	
실습 과정	1단계: 준비	**실습 주제 선정**: 상담 대상자의 어려움이나 문제 상황을 중심으로 주제를 선정한다. **역할 분담**: 상담자와 상담 대상자 역할을 분담한다. **실습 환경 조성**: 방해받지 않고 집중할 수 있는 조용한 환경을 조성한다.
	2단계: 상담 진행	**내담자의 이야기 경청**: 상담자는 상담 대상자의 이야기를 주의 깊게 경청하고, 핵심 내용을 요약하여 반복한다. **감정 표현 확인**: 상담자는 선수의 감정을 정확하게 인지하고, 적절한 언어로 표현한다. **공감 표현**: 상담자는 선수의 감정에 공감하고, 자신의 경험과 연결하여 이해를 표현한다. **질문하기**: 상담자는 선수의 이야기를 더 잘 이해하기 위해 적절한 질문을 한다. **요약 및 반영**: 상담자는 상담 내용을 요약하고, 상담 대상자의 감정 변화를 반영한다.
	3단계: 피드백	상담자와 상담 대상자는 서로에게 피드백을 제공한다. 피드백 내용은 구체적인 사례를 바탕으로 하고, 긍정적인 면과 개선점을 모두 포함한다. 피드백을 통해 상담 능력을 향상시키고, 공감능력을 발전시킨다.

실습 워크시트			
주제: 시험 불안으로 어려움을 겪는 학생 선수			참조
역할 분담:	• 상담자: • 내담자:		〈부록 2-2〉 활용, 스포츠심리학 지식과 기술 체크; 자기인식
상담 진행:	내담자의 이야기 경청	• •	
	감정 표현 확인:	• •	
	공감 표현:	• •	
요약 및 반영:	• •		

실습 시나리오(예시)		
주제: 시험 불안으로 어려움을 겪는 학생		
역할 분담:	• 상담자: 상담경험이 있는 상담자 또는 상담을 배우는 사람 • 내담자: 시험 불안으로 어려움을 겪는 고3 학생	
상담 진행:	내담자의 이야기 경청	• 상담자는 학생의 시험 불안에 대한 이야기를 주의 깊게 경청하고, 핵심 내용을 요약하여 반복한다. • 예: "다가오는 시험 때문에 너무 걱정되고 불안하시군요. 시험을 생각하면 어떤 마음이 드시나요?"
	감정 표현 확인	• 상담자는 학생의 감정을 정확하게 인지하고, 적절한 언어로 표현한다. • 예: "시험 때문에 걱정되고 불안한 마음뿐만 아니라, 화가 나고 답답하기도 하시군요."
	공감 표현	• 상담자는 학생의 감정에 공감하고, 자신의 경험과 연결하여 이해를 표현한다. • 예: "저도 학생 시절 시험 때문에 걱정되고 불안했던 기억이 있습니다. 시험을 잘 봐야겠다는 부담감 때문에 집중하기 어려웠던 적도 있었죠."
질문하기:	• 상담자는 학생의 이야기를 더 잘 이해하기 위해 적절한 질문을 한다. • 예: "시험 불안 때문에 어떤 어려움을 겪고 계신가요? 시험공부를 할 때 어떤 부분이 가장 힘들까요?"	
요약 및 반영:	• 상담자는 상담 내용을 요약하고, 학생의 감정 변화를 반영한다. • 예: "오늘 상담을 통해 시험 불안으로 인한 걱정과 불안감, 그리고 화가 나는 마음을 이야기해 주셨네요. 상담을 마치면서 조금 마음이 편안해졌을까요?"	

3. 상담에서의 윤리적, 법적 이슈에 대한 자기효능감 질문지를 이용하여 자신의 상담윤리에 대한 인식을 평가해 보시오.

아래 항목들은 상담사들이 정기적으로 직면하는 다양한 윤리적, 법적 문제에 대해 설명한다. 제시되어 있는 윤리적, 법적 문제를 해결할 수 있는 능력이 어느 정도인지 평가해 주십시오. 0에서 100 사이의 숫자로 평가한다. ( )에 해당 숫자를 써주세요.

전혀 할 수 없다 어느 정도 할 수 있다 확실히 할 수 있다

해당하는 정도: 0-----10-----20-----30-----40-----50-----60-----70-----80-----90-----100

1. 학대 사례에 대하여 언제 보고하는 것이 적절한지 구별한다. ( )
2. 상담을 지속적으로 잘 할 수 있도록 신체, 심리적 건강(Wellness)을 유지한다. ( )
3. 내담자와의 경계가 잘 세워졌는지 확인한다. ( )
4. 방임 사례를 언제 보고하는 것이 적절한지 인지한다. ( )
5. 내담자/학생의 호소 문제를 진단한다. ( )
6. 윤리적, 법적 개념을 정의한다(소환장, 의무절차, 비밀보장). ( )
7. 학대/방임의 신호를 알아차린다. ( )
8. 자살 가능성이 있는 내담자에게 반응한다. ( )
9. 자살 가능성이 있는 내담자에게 적절한 조치를 취한다. ( )
10. 내담자에게 내려진 정신/정서장애의 공식적 진단에 대하여 해석한다. ( )
11. 부정적인 이중관계를 피한다. ( )
12. 윤리적 딜레마를 맞닥뜨렸을 때 취해야 하는 절차를 기술한다. ( )
13. 내담자/학생에 관한 인권법적 지식을 가지고 있다. ( )
14. 상담사의 전문적인 역할에 대하여 설명한다. ( )
15. 상담사의 신체·심리적 건강(Wellness)을 위한 적절한 행동을 발달시킨다. ( )
16. 내담자/학생에게 적용할 수 있는 차별법과 윤리를 이해한다. ( )
17. 내담자/학생의 호소 문제나 상황을 법적인 상황을 고려하여 해석한다. ( )
18. 윤리적 딜레마를 해결한다. ( )
19. 학대/방임의 징후를 포착한다. ( )
20. 자신의 소진과 관련하여 있을 수 있는 느낌들을 인식한다. ( )
21. 적절한 다중관계를 인식한다. ( )
22. 내담자에 대하여 평가를 효과적으로 실행하고 보고한다. ( )
23. 기록에 관해 법적인 소환에 응한다. ( )

* 출처: https://dcollection.snu.ac.kr/public_resource/pdf/000000167294_20240808071703.pdf 이 질문지는 Mullen 등(2014)의 상담의 윤리, 법적 이슈에 대한 자기효능감 척도(Ethical and Legal Issues in Counseling Self-Efficacy Scale: ELICSES)를 한국어판으로 타당화한 박찬훈(2021)의 논문에서 발췌한 것임.

요인 1 = 윤리문제해결의 자기효능감(17 16 18 13 6 12 23)/7 = ( )
요인 2 = 전문적 능력에 대한 자기효능감(5 11 8 10 21 14 22 3 9)/9 = ( )
요인 3 = 학대 방임 관련 자기효능감(4 1 19 7)/4 = ( )
요인 4 = 상담사 자기돌봄에 대한 자기효능감(15 2 20)/3 = ( )

* 자신의 상담윤리 인식에 대한 소감을 써보시오.

3장.

상담사 발달과 전문성

1. 스포츠심리상담사의 정체성

1.1 선수 정체성과 스포츠심리상담사

객관적인 정체성이란 없지만, 우리는 정체성이 우리의 행동에 대한 지침과 우리 삶의 의미를 제공하기 때문에 정체성이 존재한다고 믿는다. 전문성 발달을 위해서는 개인 및 사회적 정체성 확립이 우선되어야 한다. Erikson(1956)은 정체성 개념을 심리사회적 정체성과 개인적 정체성으로 구분하여 설명하였다. 개인적 정체성은: 개인이 자신에 대해 가지고 있는 주관적인 경험으로, 가치관, 신념, 역할, 경험, 목표 등을 포함한다. 사회적 정체성은: 개인이 속한 집단이나 문화에 대한 일치성, 소속감, 주체의식을 통해 형성된다. 그동안 스포츠심리학은 선수 정체성에 관심을 가져왔다. 선수 정체성은 개인이 운동선수 역할과 동일시하고 그 역할에 대한 인정을 받기 위해 다른 사람을 찾는 정도를 말한다. 선수 정체성이 강한 선수는 스포츠에서 높은 성과를 거두는 경향이 있으며, 동기부여가 높고 긍정적인 스포츠 경험을 하는 경향이 있다. 그러나 지나치게 강한 선수 정체성은 부정적인 신체 및 심리적 결과를 초래할 수 있다. 선수 정체성 정의를 살펴보면 다음과 같다.

- 선수 역할에 대한 개인의 동일시의 배타성(Good, Rutenberg, Duda, & Felker, 1993, p.2)
- 선수 역할에 대한 개인의 동일시 정도(Brewer, Van Raalte, & Linder, 1993, p.237)
- 선수가 선수 역할과 동일시하는 정도(Hurst, Hale, & Smith 2000, p.432)

선수 정체성이 경기력 수준과 심리적 웰빙에 미치는 영향을 연구한 결과 강력하고 배타적인 선수 정체성은 수행에 긍정적인 영향을 주었다(Horton & Mack, 2000; Werthner & Orlick, 1986). 선수로서의 정체성이 강하지만 선수 역할에만 국한되지 않은 선수는 동기부여 증가, 긍정적 스포츠 경험, 더 높은 수준의 사회적 상호작용이 나타난 반면 자신의 선수 역할과 지나치게 동일시하는 선수는 부정적 신체 및 심리적 결과를 경험하고 있었다(Brewer, Van Raalte, & Linder, 1993). 그렇다면 상담사의 정체성도 선수들과 유사할 것인가?

우리를 둘러싼 문화는 각자에게 영향을 미친다. 문화는 자기이해와 경험에 대한 해석을 제공하며, 이를 통해 정체성이 구성된다(Brunner, 2004). 상담사는 자신의 정체성을 구축할 수 있는 자유가 있지만 무제한적이지는 않다. 그러나 선수의 건강, 웰빙 및 행복 등 장기적 발전에 전념하고자 하는 정체성에 기반을 둔 상담사는 즉시적인 수행목표달성을 추구하는 조직의 가치와 시도에 불편함을 경험할 수 있다. 그리고 상황에 부딪히면 내부 분쟁을 줄이기 위해 자신의 가치관을 재정립하거나 아니면 최고수행만을 추구하는 장에서 철회하거나 반대로 자신이 처한 문화를 바꾸려고 시도할 수 있다. 따라서 선수와 유사하지는 않지만 영향을 받지 않을 수는 없을 것이다. 상담사가 지닌 개인적 혹은 사회적 정체성 개념은 자신을 인식하는 방식에 큰 영향을 미치기 때문이다.

Tod, Hutter, & Eubank (2020)은 스포츠심리상담사로서의 정체성을 중력의 법칙과 연계하여 설명하였다. 중력은 질량을 갖고 있는 두 물체 사이에 작용하는 힘을 말하는데, 여기서 두 물체란 상담사의 개인적 특성(진실성, 자각, 유연성, 용기)과 고객과의 상호작용을 의미한다. 상담사의 전문성 성장을 위해서는 두 물체 사이의 균형을 유지하는 것이 중요하다. 상담사의 개인적 특성이 부족하면 고객과의 상호작용을 통해 성장할 수 있는 기회를 놓칠 수 있고, 고객과의 상호작용에만 치중하면 자신의 개인적 특성을 발전시킬 수 없게 된다. 〈부록 3-1〉 스포츠심리상담사 상담역량 검사지(장덕선, 2014)를 통하여 자신의 상담역량을 알아보자.

스포츠심리상담 분야에서 상담사의 개인적 발달 및 전문성 개발은 선수의 수행향상을 위한 중재전략에 비해 상대적으로 관심이 적다. 따라서 스포츠심리상담사는 다음과 같은 노력이 필요하다.

- 선수 정체성에 대한 이해: 상담사는 선수 정체성의 개념과 유형, 선수 정체성이 운동수행과 심리적 웰빙에 미치는 영향을 이해해야 한다.
- 자기 정체성의 이해: 상담사는 자신의 정체성을 이해하고, 선수 정체성과의 관계를 고려해야 한다.
- 선수와의 공감: 상담사는 선수의 정체성을 공감하고, 선수의 입장에서 생각할 수 있어야 한다.

스포츠심리상담사의 정체성은 전문성과 밀접한 관계가 있다. 명확한 개인 및 직업 정체성을 가진 상담사만이 내담자들과 신뢰와 이해, 공감을 바탕으로 라포를 형성하고, 스포츠와 심리학 이론을 상담에 적용하고 습득한 기술을 적용할 수 있는 전문성을 발휘할 수 있다. 전문성 확보를 위해서는 명료한 정체성을 형성해야 한다. 명료한 정체성은 스포츠심리학자가 특정 상황에서 행동방식을 결정하는 데 도움이 된다. 상담사가 전문 정체성을 확립하고, 자신만의 접근방식과 기술을 개발하고 자신의 개인적 특성과 가치, 신념, 경험을 상담과정에 통합하기 위해서는 개인화(individuation) 과정이 요구된다(Tod, Eubank, & Hutter, 2017). 개인화 요소는 다음과 같다.

- 자기인식: 상담사가 자신의 강점, 약점, 가치관, 신념, 경험을 깊이 이해하고, 이를 상담과정에 반영하는 것.
- 자기개발: 지속적인 학습과 경험을 통해 상담기술을 향상시키고, 전문적 지식을 확장하는 것.
- 개인적 접근방식: 내담자 각각의 독특한 요구와 상황에 맞추어 맞춤형 상담을 제공하는 것.
- 전문적 정체성: 상담사가 자신의 역할과 책임을 명확히 이해하고, 자신만의 상담 스타일을 개발하는 것.

자신의 가치(개인적 특성)를 알고 있고, 전문조직(그룹 멤버십)의 윤리강령을 준수하며, 직무(역할)의 법적 경계가 명확한 상담사는 윤리적 딜레마에 대응할 준비가 잘 된 것이다. 명확한 정체성이 주는 이점은 다음의 〈표 1〉과 같다.

표 1. 명확한 정체성의 혜택

정체성	정체성의 혜택
가치와 개인적 특성의 명료화	상담사 자신의 가치와 개인적 특성을 명확히 이해함으로써, 상담과정에서의 역할과 태도를 더 잘 파악
전문 단체의 윤리강령에 대한 인식	자신이 속한 전문 단체의 윤리강령 이해와 이를 준수함으로써, 상담사는 윤리적 딜레마에 효과적으로 대응
법적 및 기타 경계의 명확한 인식	상담사 역할과 한계를 명확히 인식함으로써, 윤리 문제에 대응하고 이해관계가 상충하는 상황에서 균형유지
상담이론과 기법에 대한 유연성	특정 이론이나·기법에 지나치게 집착하지 않고, 고객의 요구에 적합하고 유연한 상담 스타일로 조절 가능

다음의 〈표 1〉과 같다. 스포츠심리학자로서 갖추어야 할 정체성 구성요소를 충족시킬 수 있는 구체적인 방법은 다음과 같다(Tod et al., 2017).

- 일반심리학 및 맥락 지식: 유능한 스포츠심리학자는 일반심리학의 기본원리뿐만 아니라 스포츠와 관련된 맥락적 지식을 갖추고 있어야 한다. 이는 상담과 중재 과정에서 효과적인 개입을 가능하게 하는 기반이 된다.
- 조력자로서의 역할: 상담사는 내담자를 돕기 위해 실현 가능하고 효과적인 중재를 수행한다. 이는 내담자의 필요와 목표에 초점을 맞춘 접근방식을 포함하고 있다.
- 진실성 및 용기: 유능한 상담사는 진실성과 용기와 같은 속성을 보여준다. 이는 상담과정에서의 신뢰성과 진정성을 높이고, 어려운 상황에 대처하는 데 중요하다.
- 개인적 및 직업적 정체성의 일치: 개업상담사는 개인적 정체성과 직업적 정체성이 일치되어야 한다. 이는 전문적인 역할수행과 개인적 가치 사이의 균형을 의미한다.
- 자기인식과 적절한 의뢰: 상담사가 자신의 한계를 인식하고, 필요한 경우 선수를 적절한 전문가에게 의뢰하는 것은 윤리적 책임을 다하는 것이다. 예를 들어, 임상적으로 이상심리가 있는 선수를 감당할 수 없는 경우, 적절한 지원을 위해 그 선수를 다른 전문가에게 의뢰하는 것이 중요하다.

메모 **나는 언제 나를 스포츠심리학자로 인식하는가?**

수행향상 또는 정신건강을 위한 역할을 지원할 때?
스포츠심리학 전문조직(예: KSSP, ISSP, AASP 등)의 회원으로 가입할 때?
상담사로서 실천적 윤리강령의 준수를 선언할 때?

1.2 스포츠심리상담사의 정체성 획득 전략

스포츠심리상담사가 내담자의 정체성을 이해하고 공감할 수 있다면, 내담자는 상담사에 대한 신뢰와 지지로 인하여 라포가 형성되어 상담에 더 적극적으로 참여할 수 있다. 또한 상담사는 자신의 정체성을 기반으로 스포츠와 심리학 이론을 유연하게 적용하고, 습득한 기술을 효과적으로 활용할 수 있다. 이렇듯 상담사의 명확한 정체성은 의사결정에 중요한 역할을 가지기 때문에 다음의 〈표 2〉와 같은 구성요소를 바탕으로 정체성이 형성되어야 한다.

표 2. 스포츠심리상담사의 정체성 구성요소

구성요소	역할
가치관	스포츠심리상담사가 중요하게 생각하는 가치관은 그의 상담 스타일과 접근방식에 영향을 미친다. 예를 들어, 선수의 건강과 웰빙을 최우선으로 생각하는 상담사는 선수의 수행향상뿐만 아니라 선수의 전반적인 성장과 발전을 위해 노력할 것이다.
역할	스포츠심리상담사는 선수의 멘토, 코치, 치료사 등 다양한 역할을 수행한다. 자신의 역할에 대한 이해를 바탕으로 선수에게 적합한 지원을 제공할 수 있다.
경험	스포츠심리상담사는 다양한 선수와 상담하면서 다양한 경험을 쌓게 된다. 이러한 경험은 그의 정체성을 형성하고, 상담역량을 발전시키는 데 도움이 된다.

Tod et al.(2020)이 제시한 스포츠심리상담사로서의 정체성 획득(authoring)을 위한 3R 전략은 좋은 예가 될 것이다. 첫째, 읽기(reading)이다. 스포츠심리학 관련 문헌을 읽고, 동료 스포츠심리상담사의 경험을 공유하는 것은 상담사의 개인적 특성과 전문성을 발전시키는 데 도움이 된다. 둘째, 쓰기(writing)로서 자신의 생각과 경험을 글로 표현하는 것은 자신의 정체성을 명확히 하고, 타인들과 공유할 수 있는 기회를 제공한다. 셋째, 관계맺기(relationships)이다. 다양한 선수, 코치, 스포츠심리상담사 등과의 관계맺기는 자신의 정체성 형성과 전문성 발전에 도움이 된다.

1) 관계의 가치

스포츠심리상담사의 전문성 성장과 정체성 형성에 있어 관계의 가치는 매우 중요하다. 상담사는 다양한 선수, 코치, 스포츠심리상담사 등과 관계를 맺으며 다음과 같은 혜택을 얻을 수 있다.

- 전문적 지식과 기술의 개발: 다른 상담사로부터 경험과 노하우를 배우고, 다양한 접근방식과 기법을 익힐 수 있다.
- 윤리적 의사결정 능력의 향상: 다른 상담사와의 토론을 통해 윤리적 딜레마에 대한 이해를 높이고, 적절한 대처방법을 개발할 수 있다.
- 심리적 지원과 격려: 다른 상담사로부터 동료애와 지지, 격려를 받을 수 있다.

TIP **관계의 형성과 유지**

√ 열린 마음으로 대하고, 적극적으로 소통한다.
√ 타인의 입장을 이해하고, 공감한다.
√ 신뢰를 바탕으로 한 관계를 구축한다.
√ 관계의 중요성을 인식하고, 지속적으로 노력한다.

상담사가 관계의 중요성을 인식하고 지속적으로 노력하는 것은 관계형성 및 유지에 있어 가장 기본적이면서도 중요한 요소이다. 상담사는 관계의 중요성을 인식하고, 관계를 위해 시간과 노력을 투자해야 한다. 또한, 관계에 대한 책임감을 갖고, 관계를 발전시키기 위해 노력해야 한다. 다음은 관계의 중요성 인식과 지속적인 노력을 위해 필요한 사항이다.

- 선수, 코치, 스포츠심리상담사 등과 지속적으로 교류하고, 서로의 경험과 노하우를 공유한다.
- 학회, 세미나, 워크숍 등에 참석하여 다양한 사람들과 관계를 맺는다.
- 상담 현장에서 얻은 경험을 정리하고, 다른 사람들과 공유한다.

또한 관계의 유형을 다양화하는 것은 상담사의 전문성 성장에 도움이 된다. 다양한 유형의 관계를 통해 상담사는 다양한 관점과 시각을 얻을 수 있다. 다양한 분야의 사람들과 관계를 맺는 것은 상담사의 전문적 역량을 강화하는 데 도움이 된다. 다음은 관계의 유형 다양화에 관한 것이다.

- 선수, 코치, 스포츠심리상담사뿐만 아니라, 스포츠과학자, 스포츠 의학 전문가, 심리학자, 사회복지사 등 다양한 분야의 사람들과 관계를 맺는다.
- 온라인과 오프라인을 포함한 다양한 방법으로 관계를 형성한다.
- 다양한 문화권의 사람들과 관계를 맺어, 다른 문화에 대한 이해를 넓힌다.

2) 슈퍼바이저의 역할

슈퍼바이저와의 성찰은 상담사의 전문성 성장과 정체성 형성을 검토하는 이상적인 방법이다. 슈퍼바이저는 상담사의 상담과정을 관찰하고, 상담사의 생각과 감정을 공유하며, 상담사의 성장을 촉진하는 역할을 한다. 슈퍼비전의 이해는 [참고 1]에 간략히 설명하였다. 상담사 정체성은 슈퍼바이저와의 성찰을 통해 다음과 같은 혜택을 얻을 수 있다.

- 전문적 역량의 강화: 상담사는 슈퍼바이저의 피드백을 통해 자신의 강점과 약점을 파악하고, 전문적 역량을 강화할 수 있다. 이를 통해 상담사는 보다 효과적인 상담을 수행할 수 있게 된다.
- 윤리적 판단력의 함양: 슈퍼바이저는 상담사가 윤리적 딜레마에 직면했을 때 적절한 대처방법을 개발하도록 돕는다. 이를 통해 상담사는 윤리적 책임을 다하는 상담사로 성장할 수 있다.
- 정서적 지원과 격려: 슈퍼바이저는 상담사가 상담과정에서 경험하는 어려움을 극복하고 성장하도록 지지한다. 이를 통해 상담사는 상담사로서의 자아 정체성을 확립할 수 있다.

슈퍼바이저와의 성찰은 다양한 방법으로 이루어질 수 있다. 일반적으로 다음과 같은 방법이 사용된다.

- 상담기록 검토: 상담사는 상담기록을 슈퍼바이저와 함께 검토하면서 상담과정을 분석하고, 개선점을 파악한다. 이를 통해 상담사는 상담의 전반적인 흐름을 이해하고, 부족한 부분을 보완할 수 있다.
- 롤플레잉: 상담사는 슈퍼바이저와 함께 롤플레잉을 통해 실제 상담 상황에서의 대처 방법을 연습한다. 이를 통해 상담사는 다양한 상황에 대처하는 능력을 향상시킬 수 있다.
- 개방형 질문: 슈퍼바이저는 상담사의 생각과 감정에 대한 개방형 질문을 통해 상담사의 내면을 탐색한다. 이를 통해 상담사는 자신의 생각과 감정을 명확히 이해하고, 성장을 위한 방향을 모색할 수 있다.

참고 1 슈퍼비전의 간략한 설명

√ 슈퍼비전은 상담자의 성장과 발전에 필수적인 과정으로, 이를 통해 상담자는 전문적인 상담자가 되기 위한 역량을 키울 수 있다.
√ 슈퍼비전은 슈퍼바이저(감독자)와 슈퍼바이지(수련생) 사이에 이루어지는 상담관계를 의미한다. 슈퍼비전은 상담자의 상담기술과 전문성을 향상시키기 위한 목적을 갖는다.
√ 슈퍼바이저는 상담을 수행하거나 수행할 자격이 있는 사람이며, 다른 상담자에게 상담기술과 전문성을 향상시키도록 돕는 역할을 한다. 슈퍼바이저는 상담자의 상담과정을 관찰하고, 피드백을 제공함으로써 상담자의 역량을 강화할 수 있다.
√ 슈퍼비전의 목적

- 상담자의 상담기술 향상시키기
- 상담자의 상담윤리 강화하기
- 상담자의 상담자로서의 정체성 확립하기
- 상담자의 상담경험을 반성하고 통찰 얻기

3) 독서의 장점

빈 물통이 식물에 물을 줄 수 없는 것처럼 빈 머리를 가진 상담사는 고객을 도울 수 없다. 독서는 상담사의 전문적 성장과 선수를 돕기 위한 정보로 머리를 채워준다[참고 2]. 독서는 스포츠심리상담사의 전문성 성장과 정체성 형성에 있어 매우 중요한 역할을 한다. 관련 도서는 픽션과 논픽션으로 나눌 수 있으며, 수련생들이 읽을 수 있는 것은 문자만이 아니라 시청각 매체를 통해 도움을 받을 수 있다(Lafferty, 2013; 2017). 각 장점은 다음과 같다. 논픽션 도서는 스포츠심리학의 이론, 연구, 사례연구 등을 다루는 도서를 말한다.

- 이론적 저술: 전문철학을 표현하도록 도와준다.
- 연구: 고객을 위한 개입 선택에 도움이 된다.
- 사례연구: 선수와의 상호작용에 대한 통찰력을 제공한다.
- 창의적인 논픽션: 상담사에게 안전한 공간과 미지의 렌즈를 제공한다.

참고 2 독서 방법

√ 목표설정: 독서의 목표를 명확히 설정하고, 그에 맞는 도서를 선택한다.
√ 꾸준한 독서: 독서를 습관화하여 지속적으로 정보를 습득한다.
√ 비판적 사고: 도서 내용을 비판적으로 사고하고, 자신의 생각과 경험을 연결한다.
√ 네트워킹: 다른 상담사들과 독서에 대한 의견을 나누고, 학습을 공유한다.

픽션 도서는 허구적 이야기를 다루는 도서로 상담사의 전문적 성장과 정체성에 기여한다. 상담연구에서는 픽션이 상담자의 성장에 도움이 되지만(Graham & Pehrsson, 2008), 연구자들은 아직 스포츠심리학에서는 확인하지 못하였다. 픽션 도서는 다양한 사람들의 삶과 감정을 다루기 때문에, 상담사는 다양한 사람들의 정서적 어려움을 이해하고 도울 수 있다. 정신건강을 다룬 소설은 정신적 어려움을 겪는 사람들의 삶을 보여준다. 심리학자와 환자의 관계를 묘사한 소설은 윤리, 사회적 권력 및 서비스 제공에서의 인간 반응을 주제로 한다. 이러한 관점에서 상담사는 상담자의 내면을 성찰하고 성장하는 데 도움이 된다. 픽션 도서의 장점은 다음과 같다.

- 전문적 지식과 기술의 개발: 스포츠심리학 관련 논픽션 도서를 통해 상담사는 스포츠심리학의 이론과 연구, 사례연구 등을 접할 수 있다. 이를 통해 상담사는 스포츠심리학에 대한 전문적 지식과 기술을 개발할 수 있다.
- 윤리적 판단력의 함양: 스포츠심리학 관련 논픽션 도서를 통해 상담사는 스포츠심리학의 윤리적 이슈에 대해 배울 수 있다. 이를 통해 상담사는 윤리적 판단력을 함양할 수 있다.
- 정서적 이해의 증진: 스포츠심리학 관련 픽션 도서를 통해 상담사는 다양한 사람들의 삶과 감정을 이해할 수 있다. 이를 통해 상담사는 선수들의 정서적 어려움을 이해하고 도울 수 있다.

시청각 매체는 영화, 드라마, 다큐멘터리 등을 말한다. 시청각 매체는 다음과 같은 장점을 가진다.

√ 접근성: 시청각 매체는 책에 비해 접근성이 높기 때문에, 상담사가 보다 쉽게 전문적 지식과 기술을 습득할 수 있다.
√ 다양성: 시청각 매체는 다양한 방식으로 정보를 제공하기 때문에, 상담사의 다양한 학습 스타일에 적합하다.

4) 글쓰기

글쓰기는 스포츠심리상담사의 전문성 성장과 정체성 형성에 기여하는 또 다른 중요한 요소이다. 이를 위해 지속적으로 글쓰기를 연습할 필요가 있으며, 상담사 양성 프로그램에 글쓰기 교육을 포함할 필요가 있다. 글쓰기를 통해 상담사는 다음의 혜택을 얻을 수 있다.

- 인지 및 메타 인지적 자기조절: 글쓰기는 인지 및 메타 인지적 자기조절을 향상시키는 데 도움이 된다. 인지적 자기조절은 자신의 생각과 감정을 조절하는 능력을 말하며, 메타 인지적 자기조절은 자신의 인지과정을 이해하고 조절하는 능력을 말한다. 글쓰기를 통해 상담사는 자신의 생각과 감정을 정리하고, 새로운 관점을 발견할 수 있다. 예를 들어, 상담사는 자신의 상담경험에 대한 일기를 작성함으로써 자신의 생각과 감정을 정리하고, 서비스 제공에 대한 새로운 아이디어를 얻을 수 있다. 또한, 상담사는 스포츠심리학 관련 논문을 읽고 요약함으로써 새로운 지식을 습득하고, 자신의 생각을 정리할 수 있다.
- 성찰: 글쓰기는 상담사가 자신의 경험과 아이디어를 성찰하고, 실천철학을 구축하는 데 도움이 된다. 성찰은 자신의 경험과 생각을 되돌아보고, 의미를 부여하는 과정을 말한다. 글쓰기를 통해 상담사는 자신의 상담경험을 성찰하고, 서비스 제공의 강점과 약점을 파악할 수 있다. 또한, 상담사는 자신의 실천철학을 정립하고, 스포츠심리상담사로서의 정체성을 확립할 수 있다.
- 비판적 사고: 글쓰기는 상담사가 논점을 발전시키고, 비판적 사고력을 강화하는 데 도움이 된다. 비판적 사고는 합리적이고 논리적인 판단을 내리는 능력을 말한다. 글쓰기를 통해 상담사는 논점을 발전시키고, 논리적 연결을 구축하는 연습을 할 수 있다. 또한, 상담사는 다른 사람들의 글을 읽고, 비판적으로 분석하는 연습을 할 수 있다.

글을 잘 쓰거나 논리적으로 쓰는 것은 어려운 일이다. 가장 중요한 것은 많이 읽고 많이 쓰는 것이다. 의도적인 연습과 더 많이 작성하고 약점을 개선하는 데 집중할수록 더 좋아진다. 상담자들의 관계맺기, 읽기, 쓰기는 직접 경험이지만 관찰학습도 전문성 진화와 정체성 개발에 기여한다. 예를 들어 역할극이나 실제 서비스 제공을 하는 다른 상담사나 수련생을 관찰한 다음 관찰한 내용을 반영하여 원하는 상담유형을 배울 수 있다.

2. 상담사 발달단계와 전문성

2.1 상담사 발달단계

1) 상담사 발달모형

스포츠심리상담사의 상담사 발달은 크게 이론적 발달과 경험적 발달로 구분할 수 있다. 이론적 발달은 상담이론과 기법에 대한 전문적인 지식과 기술을 습득하는 과정을 말한다. 스포츠심리상담사는 스포츠심리학, 상담학, 정신역동, 행동주의, 인지행동치료 등 다양한 분야의 기본 개념과 원리, 상담기법의 목적과 방법을 이해하고, 실습경험을 통해 숙달해야 한다. 이를 스포츠심리학적 지식과 접목하여 적용할 수 있어야 한다.

경험적 발달은 상담사로서의 정체성을 확립하고, 전문성을 향상시키는 과정을 말한다. 스포츠심리상담사는 다양한 스포츠 현장에서 이루어지는 다양한 상담경험을 통해 자신의 강점과 약점을 파악하고, 상담자로서의 역할과 책임을 이해하고, 상담자로서의 자신감을 갖게 된다. 또한, 지속적으로 자기주도적 학습을 통해 전문성을 향상시켜야 한다. 경험적 발달은 상담 실무경험을 통해 얻는 성장을 의미한다〈부록. 상담사 발달단계 질문지〉.

스포츠심리상담의 현장은 선수들과 스포츠 환경의 상호작용을 강조한다. 따라서 실제 경험을 통해 선수의 특성과 상황에 맞는 개별화된 상담을 제공하는 것이 중요하기 때문에 경험적 발달모형이 스포츠심리상담의 발달과 부합할 것이다. 스포츠심리상담사의 상담사 발달을 위해서는 다음과 같은 지원이 필요하다.

- 체계적인 교육과 훈련: 스포츠심리상담사 양성 과정에는 체계적인 교육과 훈련이 포함되어야 한다. 이러한 교육과 훈련을 통해 상담자는 상담이론과 기법을 습득하고, 상담자로서의 정체성을 형성할 수 있다.
- 슈퍼비전: 슈퍼비전은 상담사의 실무경험을 지도하고, 상담사의 전문성을 향상시키는 데 중요한 역할을 한다. 스포츠심리상담사에게는 스포츠심리학에 대한 전문적인 지식을 갖춘 슈퍼바이저의 슈퍼비전이 필요하다.
- 자기주도적 학습: 상담사 발달은 일시적 교육이나 훈련으로 이루어지는 것이 아니라, 지속적인 자기주도적 학습을 통해 이루어진다. 스포츠심리상담사는 자신의 전문성을 유지하고 발전시키기 위해 지속적으로 자기주도적 학습을 해야 한다.

〈표 3〉은 여러 학자들의 상담사 발달모형을 정리한 것이다. 상담자 발달단계나 수준(level)이라는 개념은 Hogan(1964)의 발달단계 모형에서 처음 사용되었다. 즉, 상담사는 슈퍼바이저와의 의존 수준, 의존-자율성의 갈등 수준, 조건적 의존 수준, 전문가 수준의 위계적인 4단계를 거쳐 성장하는데 그 발달의 준거는 상담사의 동기, 의존성-자율성, 자신감이며, 상담사는 수련생에서 동료로, 슈퍼바이저는 전문가(expert)에서 자문가(consultant)로 전환된다고 하였다.

Loganbill, Hardy, & Delworth(1982)은 상담자가 세상을 대하는 태도, 슈퍼바이저를 대하는 태도, 상담자 자신을 대하는 태도에 따라 정체기, 혼란기, 통합기의 단계를 거치는 것으로 보았다. 상담자들은 초기 단계인 정체기(stagnation)에 이분법적이고 단편적인 사고를 하지만, 불안정, 혼란, 동요, 갈등을 경험하는 혼란기(confusion)를 거쳐, 재구조화와 통합, 새로운 인지적 이해, 융통성을 갖게 되는 통합기(integration)에 이르게 된다고 주장한다. 이 3개의 단계는 각 단계마다 해당 주제의 해결과정을 통해 더 깊은 차원으로 나아가고, 순환적 양상을 가지며, 전 생애에 걸쳐 일어난다.

김계현(1992)은 교육이론을 접목시켜 상담자 교육단계 모형을 제시하였다. 상담자 발달은 실습준비기, 실습수련기, 자기수련기 3단계로 구분하고 실습수련기는 초급기, 중급기, 고급기로 세분하였다. 그리고 슈퍼비전 내용은 상담기술, 사례이해, 전문성, 정서적 알아차림, 평가로 구분하였다.

표 3. 상담자 발달모형

연구자	발달단계	준거개념	비고
Fleming (1953)	1. 모방학습 2. 교정학습 3. 창의적 학습	-상담자 경험	* 단계/수준의 개념 없음
Hogan (1964)	1. 의존적 수준 2. 의존-자율성의 갈등 3. 조건적 의존 수준 4. 전문가 수준	-동기 -의존성-자율성 -자신감	* 연속적이고 위계적 단계 * 단계별 상담자 특성과 슈퍼비전 전략 명료화
Loganbill, Hard, & Delworth(1982)	1. 정체기 2. 혼란기 3. 통합기	-자신을 보는 태도 -슈퍼바이저를 보는 태도 -세상을 보는 태도	* 전 생애에 걸친 순환적 발달
김계현 (1992)	1. 실습 준비기 2. 실습 수련기 3. 자기 수련기	-상담기술 -알아차림 -진단 및 처치 -전문성 -평가(교육내용)	*수준 구별(발달수준에 따른 교육 내용)

2) 상담단계별 상담자 역할

장기상담과 단기상담은 상담기간에 따라 구분되는 상담의 두 가지 유형이다. 장기상담은 내담자의 심리적 문제의 원인을 파악하고, 내담자의 성격과 가치관, 삶의 방식 등을 변화시키는 데 중점을 둔다. 단기상담은 당면 문제를 해결하기 위해, 상담자가 내담자에게 구체적인 대안을 제시하고, 실천을 돕는 것을 목표로 한다. 단기상담은 내담자의 문제의 원인보다는 문제의 해결에 초점을 맞춘다. 중요한 것은 상담을 받기 전에 자신의 문제의 특성과 상황에 대해 충분히 고려하고, 상담 전문가와 상담을 통해 적절한 상담 유형을 선택하는 것이다. 두 상담 유형의 주요 차이점은 〈표 4〉와 같다.

표 4. 장기상담과 단기상담의 차이

특징	장기상담	단기상담
기간	6개월 이상	6개월 미만
목표	내면의 변화	문제해결
초점	원인	해결
기법	심리치료 기법	문제해결 기법
적합한 문제	심리적 문제의 근본적 해결이 필요한 문제 스스로 문제해결 능력과 자원이 부족한 경우 상담에 지속적으로 참여할 수 있는 경우	당면한 문제의 해결이 필요한 문제 문제해결 능력과 자원이 어느 정도 있는 경우 상담에 지속적으로 참여하기 어려운 경우

상담기간은 여러 특성을 갖고 있다. 특히 스포츠 상황은 극히 정상적인 사람-선수를 대상으로 하는 경우가 많기 때문에 단기상담의 경향이 많다. 그러나 1장에서 엘리트 선수를 위한 IOC 정신건강 툴에서 보았듯이 사회환경과 과다한 경쟁으로 인하여 이상심리에 노출되는 경우도 증가하고 있다. 따라서 상담사는 장기와 단기상담의 장단점을 바탕으로 상담기간을 설정할 필요가 있다. 〈표 5〉는 이형득(2001, p.2)의 단기상담 발달단계별 특징을 정리한 것이다.

표 5. 단기상담 발달단계별 특징과 상담자 역할

발달단계	단계별 특징	내담자의 주관적 경험의 예	핵심 기법
시작단계 1(2)회	상담자 소개/상담 구조화/행동목표설정	"상담과정과 목표를 구체적으로 이해하게 되었다. 계속 도움을 받고 싶다."	관심 기울이기, 공감
준비 단계 2(3)~5(6)회	의존성·저항·갈등의 처리/신뢰관계형성	"상담자를 신뢰할 수 있다. 마음 놓고 문제를 노출해도 되겠다."	공감, 자기개방
작업단계 6(7)~10(11)회	자기개방과 감정의 정화, 비효과적 행동패턴의 이해·수용·개방/대안행동의 선택과 학습	"흐뭇하다, 이해받았다, 속이 후련하다. 나를 알게 되었다. 바람직하지 못한 행동패턴을 구체적으로 알게 되었을 뿐 아니라 인정한다. 고치고 싶다." "대안행동을 찾았다. 역할연습을 통해 어느 정도 할 자신이 생겼다. 실생활에 적응할 수 있을 것 같다."	공감, 자기개방, 직면, 역할연습, 과제부여
종결단계 11(12)회	상담경험의 개관과 요약/내담자의 성장과 변화에 대한 평가/이별 감정과 미진한 사항의 취급과 작별의식	"구체적 도움을 받았다." "실생활에 적용하고 싶다."	요약하기, 의사 확인, 긍정적 피드백

(1) 시작단계

상담의 시작단계에서는 오리엔테이션을 통해 상담의 목적을 설명하고, 내담자가 상담경험을 자신의 성장에 활용할 수 있도록 도와주는 과정이 중요하다. 이 단계에서 다루어야 할 주요 내용은 다음과 같다(이형득, 2001).

- 상담자 소개 및 예상되는 문제 다루기: 상담의 첫 장면에서 내담자에게 좋은 인상과 신뢰감을 주는 것이 중요하다. 내담자는 상담에 대한 기대와 불안을 가지고 있을 수 있으며, 상담자도 비슷한 불안을 느낄 수 있다. 따라서 상담자는 신뢰롭고 안정된 분위기를 조성하는 데 집중해야 한다. 상담자는 먼저 자신의 전문가로서의 자격과 경험을 소개한다. 또한, 내담자가 상담을 통해 해결하고자 하는 문제의 특성과 상담의 방향을 설명한다. 이를 통해 내담자는 상담자의 전문성을 신뢰하고, 상담의 목적과 방향을 이해할 수 있다.
- 상담의 구조화: 상담 초기에 내담자가 무엇을 할지 궁금해하고 불안을 느낄 수 있기 때문에, 상담의 구조화는 필수적이다. 상담자는 상담의 성격, 목적, 자신의 역할을 설명하고, 상담진행 절차와 기본 행동 규준을 명확히 설명한다. 이 구조화는 상담과정 전반에 걸쳐 반복될 수 있다. 또한, 상담의 비밀보장과 상담종료 시점에 대해서도 설명한다.
- 구체적인 행동목표설정: 내담자가 모호한 생각과 기대로 상담에 참여할 수 있기 때문에, 구체적인 행동 목표를 설정하는 것이 중요하다. 명확한 목표는 상담의 동기를 유발하고 계획된 변화를 촉진시킨다. 목표설정에는 변화해야 할 구체적인 행동, 변화가 일어날 상황, 필요한 예상 기간 등을 포함시켜야 하며, 상담자와 내담자가 함께 목표달성 여부를 평가할 수 있는 기준을 마련한다. 또한 목표는 내담자의 자발적인 참여와 노력을 유도할 수 있어야 한다.

(2) 준비 단계

준비 단계는 상담의 시작단계에서 다음의 작업단계를 준비하는 과정으로 상담의 성공을 위한 중요한 단계이다. 상담자가 이 단계에서 신뢰관계를 구축하고, 작업단계의 준비를 효과적으로 수행한다면, 작업단계에서 내담자의 변화를 보다 효과적으로 이끌어낼 수 있다.

- 신뢰관계 구축: 신뢰관계는 상담의 성공을 위한 필수적인 요소이다. 상담자가 내담자를 존중하고 수용하며 공감하는 태도를 보이면, 내담자는 상담자에게 마음을 열고 자신의 문제를 더 깊이 있게 드러낼 수 있다. 준비 단계에서 상담자는 다음과 같은 방법으로 신뢰관계를 구축할 수 있다.
  - √ 내담자의 존엄성을 존중한다. 상담자는 내담자의 말과 행동을 있는 그대로 받아들이고, 내담자의 가치를 존중한다.
  - √ 내담자의 감정을 공감한다. 상담자는 내담자의 감정을 이해하고, 공감하는 태도를 보인다.
  - √ 내담자의 말을 적극적으로 경청한다. 상담자는 내담자의 말을 중단하지 않고, 집중하여 경청한다.
- 작업단계의 준비: 준비 단계에서 상담자는 내담자의 문제를 이해하고, 내담자의 목표를 설정한다. 이를 통해 상담자는 작업단계에서 내담자를 보다 효과적으로 돕기 위한 준비를 할 수 있다. 준비 단계에서 상담자는 다음과 같은 방법으로 작업단계의 준비를 할 수 있다.
  - √ 내담자의 문제의 본질을 파악한다. 상담자는 내담자의 문제를 구체적으로 파악하고, 내담자의 문제와 관련된 다양한 정보를 수집한다.
  - √ 내담자의 목표를 설정한다. 상담자는 내담자와 함께 상담의 목표를 설정하고, 목표달성을 위한 구체적인 계획을 수립한다.
- 의존성, 저항, 갈등의 처리: 준비 단계에서 내담자는 상담자에게 의존하거나, 상담에 대한 저항을 보이거나, 갈등을 경험할 수 있다(이형득, 2001). 상담자는 이러한 내담자의 반응을 이해하고, 효과적으로 처리함으로써 신뢰관계를 구축하고, 내담자가 상담에 적극적으로 참여하도록 돕는다.
  - √ 의존성 처리: 의존성은 내담자가 상담자에게 의존하는 경향으로 상담과정을 주도, 지시, 충고, 평가해 주기를 기대하며, 상담 중에는 인정과 수용을 바란다. 내담자가 상담자에게 의존하는 경우, 상담자는 내담자가 자신의 문제해결 능력을 인식하도록 돕는다. 상담자는 내담자의 질문에 답하기보다는, 내담자가 스스로 답을 찾도록 돕는 질

문을 던진다.

√ 저항 처리: 저항은 상담의 책임을 내담자에게 이양할 때 내담자가 경험하는 부담감과 불안감을 피상적이고 제한적으로 노출하는 것이다. 내담자가 상담에 대한 저항을 보이는 경우, 상담자는 저항을 상담의 자연스러운 과정으로 인정하고, 내담자가 저항을 처리할 수 있도록 돕는다. 상담자는 내담자의 저항을 비난하거나, 무시하지 않고, 내담자의 저항의 의미를 이해하고, 내담자가 저항을 극복할 수 있도록 돕는다.

√ 갈등 처리: 내담자와 상담자 사이에 갈등이 발생하는 경우, 상담자는 갈등의 원인을 파악하고, 갈등을 해결하기 위한 협의를 시도한다. 상담자는 갈등을 내담자에 대한 공격으로 받아들이지 않고, 갈등을 해결하기 위한 중재자의 역할을 수행한다. 저항과 갈등이 효과적으로 처리되면 상담에 대한 매력, 소속감, 일치감을 표하며, 상담자에게 친근감을 느끼고 자기개방을 더 많이 한다.

(3) 작업단계

작업단계는 상담의 핵심 단계로서, 내담자의 문제해결과 변화를 위한 체계적이고 정교한 학습이 이루어지는 단계이다. 작업단계는 내담자의 노력과 실천이 가장 중요한 단계이다. 이 단계에서는 내담자가 자신의 문제를 이해하고 통찰하며, 문제해결에 도움이 되는 새로운 행동을 익히고 실천함으로써 변화를 가져오는 것을 목표로 한다. 또한, 상담자는 내담자의 문제와 특성에 적합한 기법을 사용하여 작업단계를 효과적으로 진행해야 한다. 작업단계의 주요 내용은 다음과 같다.

• 감정 정화: 내담자가 자신의 문제와 관련된 감정을 이해하고 받아들이도록 돕는다. 상담자는 내담자의 감정에 공감하고 이해하며, 털어놓을 수 있도록 격려한다. 이를 통해 내담자는 문제와 관련된 감정에 얽매이지 않고, 새로운 행동을 시도할 수 있는 마음의 여유를 얻게 된다.

  예) 상담자는 내담자가 불안이나 우울, 분노 등과 같은 감정을 느끼고 있는 경우, 이러한 감정을 인지하고 수용할 수 있도록 도와준다. 상담자는 내담자의 감정을 있는 그대로 인정하고, 공감하는 태도를 보이며, 감정 표현을 촉진한다.

• 비효율적 행동패턴의 탐색: 내담자가 현재의 문제를 유지하는 비효율적 행동을 파악하고, 이를 이해하고 받아들이도록 돕는다. 상담자는 내담자의 행동을 관찰하고, 문제해결에 방해가 되는 행동을 찾아낸다. 이를 통해 내담자는 자신의 행동을 점검하고, 변화의 필요성을 인식하게 된다.

  예) 상담자는 내담자가 갈등 상황을 회피하거나, 과도한 스트레스를 받는 경우, 이러한 행동이 문제해결에 도움이 되지 않는다는 점을 지적하고, 이러한 행동이 내담자 자신에게 어떤 영향을 미치는지 함께 생각해 본다.

• 대안 행동의 탐색 및 학습: 문제해결에 도움이 되는 새로운 행동을 함께 탐색하고, 익히도록 돕는다. 상담자는 내담자의 문제를 해결하기 위한 다양한 대안 행동을 제시하고, 내담자가 스스로 선택할 수 있도록 한다. 또한, 새로운 행동을 실천하기 위한 구체적인 계획을 세우도록 돕는다.

  예) 상담자는 내담자가 갈등 상황을 해결하기 위해 능동적으로 대처하는 방법을 익히도록 돕는다. 이를 위해, 역할극이나 시뮬레이션 등을 활용하여 실전 연습을 한다.

• 실천과 연습: 익힌 대안 행동을 일상생활에서 실천하고 연습하도록 돕는다. 상담자는 내담자가 새로운 행동을 실천하는 데 어려움을 겪지 않도록 격려하고, 피드백을 제공한다. 또한, 내담자가 새로운 행동을 일상화할 수 있도록 지속적인 지원을 제공한다.

  예) 상담자는 내담자가 갈등 상황을 능동적으로 대처하는 방법을 실천하기 위해, 일상생활에서 발생하는 작은 갈등부터 시작하도록 격려한다. 또한, 내담자가 새로운 행동을 실천하는 과정에서 어려움을 겪는 경우, 적절한 조언을 제공한다.

(4) 종결단계

종결단계는 상담과정의 마지막 단계로, 전체 상담이 마무리되며 내담자가 스스로 문제를 해결할 수 있는 자신감을 갖고 상담을 떠나도록 지원하는 중요한 단계이다. 상담자는 이 단계를 통해 내담자가 상담을 긍정적으로 마무리하고, 필요한 경우 적절한 추가 지원을 받을 수 있도록 도와야 한다. 이 단계에서 상담자의 역할은 다음과 같다:

- 상담경험의 개관 및 요약: 상담과정을 통틀어 얻은 중요한 통찰과 배움을 요약하고 정리한다.
- 내담자의 성장과 변화 평가: 상담을 통해 내담자가 어떠한 성장과 변화를 이루었는지 평가한다.
- 이별 감정과 미진한 사항 처리: 상담종료와 관련된 감정적 반응을 다루고, 미처 해결되지 않은 사항들을 확인한다.
- 최종 마무리: 상담의 종결을 명확하게 하며, 내담자가 상담의 종료를 인지하고 수용할 수 있도록 돕는다.
- 후속 조치 및 의뢰: 계속해서 취급할 필요가 있는 과제가 있을 경우, 상담이 끝난 후 다른 전문가에게 의뢰되도록 지원한다.

2.2 스포츠심리상담사의 전문성

1) 스포츠심리상담사의 전문성 발달

(1) 태도적 측면

선수들이 특정 종목에 입문하면 기본체력과 기술을 익히면서 그 종목의 단계적 기술을 획득하고 훈련과 시합의 반복을 통해 점점 더 숙련되고 능숙해지면서 우수선수가 되어간다. 상담사도 상담 교육과 경험, 훈련에 따라 점차 유능한 상담사로 성장해 간다. 초기 스포츠심리학은 상담에 대한 이해가 부족하여 상담사의 심리학적 지식과 상담의 기술에만 초점을 맞추었다. 이후 전문 학술지(JSEP, JST) 발간과 학회(AASP, ISSP)가 조직되고 상담에 대한 이해가 확산되면서, 스포츠심리상담사의 전문성 개발에 대한 논의가 시작되었다.

스포츠심리상담사로서 적절한 발달을 요구하는 궁극적 목표는 스포츠나 운동현장에서 선수들이 처해 있는 상황에 따라 최적의 판단과 결정을 내릴 수 있는 전문가로서의 능력을 함양하기 위한 것이다. 또한 전문상담자로서 개인의 특성과 인지구조에 잘 부합되는 전문성을 바탕으로 직업적 정체성을 확립할 필요가 있기 때문이다. Hall(1968)은 전문직의 속성을 구조적 측면, 태도적 측면, 조직적 측면으로 나누어 분석하였다. 특히 태도적 속성은 전문가가 자신의 일을 바라보는 태도로서, 전문직의 필요조건에 가장 중요한 역할을 한다. 전문직 모델에의 태도적 측면은 다음과 같다.

- 준거집단으로서 전문조직의 활용: 전문가는 공식 · 비공식 동료집단 모두를 활용하면서 업무수행을 함으로써 전문직의 공동체 의식을 고양한다.
- 공공서비스에 대한 신념: 전문가의 관련 서비스가 공공의 이익을 가져다준다는 신념을 갖는다. 전문직의 사회적 기여에 대한 영향은 사회가 전문직에게 독점적 지위를 허용하기 때문이다. 행동강령 또는 윤리규정은 고객을 보호하고, 자격 미달의 부도덕한 전문가들을 통제하는 수단으로 활용한다.
- 자기규제에 대한 신념: 전문성 판단은 동료 전문가가 한다. 동료 간 통제나 평가를 통해 자기규제를 한다. 그러나 동료 전문가만의 평가는 자칫 배타주의로 인한 독점권을 갖기 때문에 전문가는 해당 분야 내에서 본인 스스로의 한계를 알고, 다른 분야의 주장 또한 존중한다.
- 자율성에 대한 신념: 전문가는 고객 또는 비전문가, 조직으로부터의 외적 압력 없이 본인 스스로 중요한 결정을 내릴 수 있어야 한다.
- 직업에 대한 소명의식: 소명의식은 적절한 기준과 규범의 수용, 그리고 동료와 전문직에 대한 공감대와 관련 있다. Hall(1968)은 직업관련 소명의식은 일에 대한 전문가의 헌신으로 반영되기 때문에, 헌신을 외적인 보상보다 의미 있다고 하였다.

(2) 내담자의 선호도

내담자들은 실용적이고 체계적으로 개입하는 고객중심의 접근방식을 선호하며, 단일방식의 강요보다는 유연하게 선수고객을 대할 수 있는 다양한 접근방식을 구사하는 상담사를 선호한다. 그러나 경험이 부족한 초심상담사는 일반적으로 전문적인 문제해결 관점에서 자신이 다룰 줄 아는 개입 전략만 고객의 문제를 해결하려고 한다.

이러한 관행적 방식은 종종 자신과 타인에게 유능성을 보여주고 고객의 변화가 성과라는 것을 증명하려는 욕구에서 비롯된다. 또한 자신만의 생각에 빠져 고객에게 주의를 기울이지 못하고 산만해지고, 불안을 초래한다. 그러나 상담 지식과 기술이 제한되어 있다는 것을 인식하고, 성공적 선수상담경험이 반복되면서 불안은 자연스럽게 감소한다. 초심상담사의 이러한 어려움을 해결하기 위해서는 다음과 같은 노력이 필요하다.

- 전문가의 슈퍼비전: 전문가의 슈퍼비전을 통해, 자신의 지식과 기술을 점검하고, 고객의 요구에 맞는 개입전략을 개발하는 데 도움을 받을 수 있다.
- 실습경험의 축적: 다양한 유형의 선수를 대상으로 실습경험을 쌓으면서, 자신의 강점과 약점을 파악하고, 고객과의 관계형성 및 상담진행 능력을 향상시킬 수 있다.

반면에 경험이 풍부한 개업상담사는 선수와 협력관계로 문제해결사보다는 조력자 역할을 하며, 고객의 특정 요구에 따라 개입을 조정한다. 상담사는 대인관계 기술을 개발하고 고객과 관계를 잘 조절하면서 심리서비스 제공 능력을 균형 있게 발달시켜야 한다. 또한 자신의 욕구와 문제가 서비스 전달을 향상시키거나 방해할 수 있다는 것도 인식해야 한다.

2) 전문성 성장 요인

연구자들은 초보상담자가 경험에 따라 변화하는 전형적인 방식을 제시하였다(예: McEwan, Murray, Carr, & Jago, 2019). 예를 들어 수련생은 처음에는 전문적인 문제해결 유형을 채택하고, 고객의 문제를 자신들이 사용하는 개입에 맞추기 위해 엄격한 방식으로 행동한다. 경험을 통해 상담사는 고객이 자신의 삶에서 전문가이며 종종 문제 상황을 관리하는 데 교육이 필요하지 않거나 원하지 않는다는 것을 깨닫는다. 상담사는 선수와 협력하기 시작하고, 문제해결사보다는 촉진자 역할을 시작하며, 고객이 특정 요구에 맞게 새로운 전략과 기존 전략을 채택하도록 돕기 시작한다(Tod & Holloway, 2011). 내담자에 대한 행동에서 내담자와 함께 행동하는 것으로 전환하는 데 기여하는 요인에는 불안 감소, 자신감 증가, 자기인식 향상, 개별화 과정 및 진정성 향상이 포함된다.

(1) 불안감 감소와 자신감 증가

수련생들은 자주 불안을 경험하고 자신을 의심하며 고객을 처음 도울 때 자신의 생각과 감정으로 주의가 산만해지고(McEwan et al., 2019), 능력을 입증할 지식과 증거가 부족하다는 것을 깨닫는다. 수련생 자신, 고객 및 슈퍼바이저에게 도움을 줄 수 있다는 것을 입증하려는 열망이 불안을 부채질한다. 초보상담자의 문제해결의 정면돌파 채택은 결과에 대하여 고객에게 책임을 져야 된다고 생각하기 때문에 불안을 야기한다(Tod & Holloway, 2011). 수련생은 슈퍼바이저의 실망을 두려워하기 때문에 긴장할 수 있다. 수련생은 능력을 입증하고 슈퍼바이저에게 인정받기를 열망한다. 슈퍼바이저는 수련생의 자격부여 권한을 가진 문지기일 수 있다. 상담사로서 선수를 성공적으로 돕고, 고객과 슈퍼바이저부터 긍정적인 피드백을 받고, 상담자 역할에 대한 이해가 확장되면서 자신의 유능성을 인식하고 높은 자기효능감을 갖기 시작한다. 그렇지 못하면 낮은 자기효능감과 높은 불안으로 신인 상담사로서의 경력을 포기할 수 있다(Tod & Holloway, 2011).

(2) 자기인식

자기효능감 증가와 함께 자기인식(self-awareness)도 깊어진다. 수련생은 자신과 서비스 제공에 미치는 영향을 배우게 된다(McEwan et al., 2019). 보다 큰 자기인식은 상담사의 문제가 고객의 발전을 방해하지 않도록 스스로를 관리할 수 있는 기회를 제공한다. 성찰적 실천은 자기 이해를 구축하기 위한 핵심 메커니즘이다(Rønnestad & Skovholt, 2013). 기타를 조율하는 것과 같이 자기성찰은 상담자가 고객 및 상황과 조화를 이룰 수 있도록 스스로 조율하는 데 도움이 된다. 기타리스트처럼 수련생은 리듬의 박자와 하모니를 제공하는 방법을 배워 선수 스스로 선명하고 힘차게 노래하게 하면서 자신은 음악의 일부임을 배우게 된다.

(3) 개인화와 진정성

향상된 자기효능감 및 자기이해와 함께 상담사는 개인화(individuation)를 경험한다(Tod & Holloway, 2011). 개인화는 상담사들의 서비스 제공 행동, 이론적 지향, 성격, 철학, 작업 환경, 그리고 고객들과 호환 가능한 조력 스타일을 선택할 때 발생한다(McEwan et al., 2019). 개인화 경로를 따라 이동하려면 상담사 자신과 문화와 맥락 간에 잘 어우러지는지 확인해야 한다(Rønnestad & Skovholt, 2013). 상담사는 특정 고객이나 상황에 집중할 수도 있다. 또한 현재 또는 요구에 맞게 지식, 기술 및 특성을 구성할 수 있다. 사람들과 환경이 변화하고, 개업의가 전문적인 만족과 의미를 추구함에 따라 개인화는 역동적으로 지속된다. 상담사들이 선호하는 작업을 실천하고 환경을 선택하고, 특정 영역에 적합한 기술과 지식으로 무장함에 따라, 그들은 자신의 실천철학과 일치하는 진실성(authenticity)을 갖고 활동할 수 있다(Chandler, Sexton, & McCullough, 2016; McEwan et al., 2019).

진정한 서비스 제공이 컨설턴트와 직무환경 간의 역동적 적합성을 반영한다면 전문성 개발이라는 용어는 컨설턴트의 성장을 정확히 설명 못 할 수도 있다. 전문성 개발은 이상적인 보편적 목표, 즉 특별한 방식으로 작동하는 숙련된 상담을 향한 여정일 수 있다. 개발이라는 용어는 모든 길이 로마로 통한다는 의미를 내포할 수 있다. 어떤 사람들은 로마를 방문하지만 다른 사람들은 파리, 런던, 뉴욕, 심지어 작은 마을을 보고 싶어 한다. 단일 유형의 뛰어난 상담사는 존재하지 않는다. 효과적인 서비스 제공은 상담사가 그들의 직업에 필요한 틈새 지식과 기술과 특성을 가지고 있을 때 발생한다. 오히려 전문성 진화가 보다 적합한 명칭일 수 있다.

진화는 단일경로나 종점을 의미하지 않는다. 대신 진화는 상담사와 현재 틈새시장에 맞춤 전문성으로 공략할 수 있다. 현재의 환경요구와 일치하는 행동과 관행을 습득함으로써 지속 가능한 경력이 보장된다. 기업적 상담사는 자신의 기술과 맞아떨어지는 틈새시장을 개척할 수 있다. 예를 들어, 공연 예술 분야에서 일하고 싶은 상담사는 음악가, 무용수, 배우 등과 관련된 언어 및 문화를 배워둔다. 인간과 환경은 지속적으로 변화하기 때문에 진화는 역동적이고 지속적이다. 적합했던 기존의 상담환경은 비효율적이 되고 경력은 유지할 수 없게 된다.

3. 전문성 수행이론 개발

3.1 스포츠심리상담의 이론적 패러다임

선수들은 인생에서 어느 한 순간 최고수행 경험을 한다. 이러한 경험은 시간이 지남에 따라 일관되게 나타나면서 탁월한 수행을 즐기는 최우수선수가 된다. 스포츠심리학 분야는 이러한 과정의 정신적, 정서적 요인의 중요성뿐만 아니라 선수들이 자신의 능력을 발휘하는 데 기여하는 심리적 요인에 관심을 기울여 왔다. 전문가들은 선수들의 능력을 밝혀내고 발휘하는 과정에 대한 이론을 개발하고 개념화하고자 노력하였다. 이를 통하여 상담사들은 선수 고객들이 최고의 능력을 발휘할 수 있는 심리기술훈련 프로그램과 중재전략에 대한 근거를 제공하고 있다.

스포츠심리상담은 선수의 심리적 특성과 요구를 이해하고, 효과적인 상담을 제공하기 위한 것이다. 이를 위해서는 스포츠심리상담의 이론적 기반을 설정하는 것이 중요하다. 스포츠심리상담의 이론적 기반은 크게 다음과 같은 두 가지 측면으로 구분할 수 있다.

- 스포츠심리학 이론: 스포츠심리학은 스포츠 분야에서 선수의 심리적 특성과 요구를 이해하고, 이를 지원하기 위한 이론을 개발하고 연구하는 학문이다. 스포츠심리학 이론은 스포츠심리상담의 근거를 제공하고, 상담의 방향을 설정하는 데 도움을 준다.
- 상담이론: 상담이론은 상담의 목적, 과정, 방법 등에 대한 이론적 체계를 제공한다. 스포츠심리상담은 상담의 한 분야이기 때문에, 상담이론은 스포츠심리상담의 효과적인 수행을 위한 지침을 제공한다.

따라서 이 장은 Aoyagi(2014)가 제안한 TOPE(Theoretical Orientation to Performance Excellence; 최적수행을 위한 이론지향)를 소개하고 이를 통하여 효과적인 스포츠심리상담을 위한 자신만의 독특한 이론적 지향성의 개발과 중요성을 제시하고자 한다. 또한 수련생과 상담사들이 자신의 이론적 지향점을 개발하는 과정을 통해 탁월한 수행을 달성시키기 위한 모델을 제안하고자 한다.

근래 외국에서 스포츠수행심리학(Sport & Performance Psychology; 스포츠심리학)이라는 용어가 자주 등장한다. 스포츠심리학의 현장을 좀 더 강조하기 위한 용어로 이해된다. 스포츠심리학은 선수의 수행을 설명하고 향상시키기 위한 심리적 원리를 연구하고 적용하는 학문이지만, 아직까지 스포츠심리학에 특화된 이론적 패러다임은 확립되어 있지 않다. 본 장에서는 스포츠심리학과 상호교환적으로 사용할 것이다. 스포츠심리학 문헌에서는 이론, 모델, 철학, 틀과 같은 용어를 상호교환적으로 사용하고 있다. 그러나 이러한 용어는 각각 특별한 의미를 가지고 있다[참고 3].

참고 3 패러다임의 의미

√ 이론(theory): 특정한 현상을 설명하고 이해하기 위한 체계적 설명
√ 모델(model): 이론을 기반으로 실제 세계를 설명하기 위한 도구
√ 철학(philosophy): 세계관과 가치관을 바탕으로 한 인식론과 방법론 제시
√ 틀(framework): 특정한 목적을 달성하기 위한 지침과 기준 제시

스포츠심리학 문헌에서 사용되는 이론, 모델, 철학, 틀은 모두 선수의 수행을 이해하고 향상시키기 위한 것이다. 이론은 가장 추상적인 수준에서 선수의 수행을 설명하는 반면, 모델은 이론을 기반으로 실제 세계를 설명하기 위한 도구이며, 철학은 세계관과 가치관을 바탕으로 이론과 모델 개발의 기초를 제공하며, 틀은 특정한 목적을 달성하기 위한 지침과 기준을 제시한다. 패러다임은 스포츠심리학에서 선수의 수행을 이해하고 설명하기 위해 사용되는 개념적 프레임워크를 말한다.

이론적 패러다임이 필요한 이유는 첫째, 선수의 수행을 이해하기 위한 근거를 제공한다. 따라서 상담사는 선수의 수행에 영향을 미치는 다양한 요인들을 이해하고, 이를 바탕으로 효과적인 상담을 제공할 수 있다. 둘째, 상담의 효과성을 향상시킬 수 있다. 상담사가 선수의 특성과 요구를 이해하고, 이에 맞는 상담 접근방식과 중재 전략을 개발할 수 있기 때문이다. 셋째, 스포츠심리상담 분야의 발전에 기여할 수 있다. 이론적 패러다임은 상담 분야의 연구와 실천을 통합하고, 스포츠심리상담 분야의 발전을 위한 방향을 제시할 수 있기 때문이다. 패러다임의 필요성에도 불구하고 여전히 한계가 존재하고 있다. 한계를 바탕으로 발전 방향은 다음 〈표 6〉과 같다.

표 6. 스포츠심리상담의 이론적 패러다임의 한계와 발전 방향

이론적 패러다임 한계	이론적 패러다임의 발전 방향
• 과학적 검증 부족: 스포츠심리상담의 이론적 패러다임은 아직 과학적으로 충분히 검증되지 않았다. 따라서 이론적 패러다임의 타당성과 효과성은 아직 확실하지 않다. • 개인차의 고려 부족: 스포츠심리상담의 이론적 패러다임은 선수의 개인차를 충분히 고려하지 못할 수 있다. 따라서 모든 선수에게 동일한 상담 접근방식과 중재 전략을 적용하는 것은 효과적이지 않을 수 있다.	• 과학적 검증 강화: 스포츠심리상담의 이론적 패러다임의 타당성과 효과성을 검증하기 위한 연구가 활발히 진행되어야 한다. • 개인차의 고려: 이론적 패러다임이 선수의 개인차를 충분히 고려할 수 있도록 연구가 진행되어야 한다. • 스포츠심리상담 분야의 통합: 이론적 패러다임이 상담 분야의 다양한 연구와 실천을 통합할 수 있도록 연구가 진행되어야 한다.

3.2 스포츠심리학 이론의 패러다임 제안

1) 패러다임의 제안

스포츠심리상담에서 경기력 향상에 대한 이론적 패러다임을 개발하는 것은 선수의 수행을 이해하고, 효과적인 상담을 제공하기 위한 틀을 제공하기 때문이다. 여기에 최상수행을 위한 자신만의 이론지향(TOPE)을 통하여 각 상담사는 자신에게 적합한 스포츠심리학 이론의 패러다임을 발전시키고, 선수의 수행향상을 위한 효과적인 상담을 제공하는 데 기여할 수 있을 것이다. 이론지향은 인지행동이론, 자기조절이론, 인지적 기술이론 등의 다양한 이론이 포함된다. 이를 통해 선수의 수행에 영향을 미치는 다양한 요인들을 종합적으로 이해할 수 있다.

또한 선수가 자신의 잠재력을 최대한 발휘하게 하는 요인들을 이해하도록 도와주어 선수의 수행 우수성을 증진시키는 데 도움이 되는 상담전략을 개발할 수 있다. 이론지향을 하는 구체적인 특징은 다음 〈표 7〉과 같다. 특히 초보 상담사는 현장 경험이 부족하기 때문에 자신의 이론지향 개발이 더욱 중요하다. 이론지향 개발을 통해 초보 상담사는 다음과 같은 이점을 얻을 수 있다.

- 전문성 향상: 이론지향은 선수의 수행에 영향을 미치는 다양한 요인을 통합적으로 이해할 수 있도록 도와준다. 이를 통해 초보 상담사는 고객의 문제를 보다 깊이 있게 이해하고, 효과적인 개입방법을 선택할 수 있다.
- 전문적 자신감 향상: 이론지향 개발을 통해 초보 상담사는 자신의 전문성을 확신할 수 있다. 이는 고객과의 관계 형성과 상담 효과에 긍정적인 영향을 미친다.
- 서비스 제공의 의미 증진: 이론지향 개발을 통해 초보 상담사는 서비스 제공의 의미를 더 잘 이해할 수 있다. 이는 서비스 제공에 대한 동기부여와 만족도를 높인다.

표 7. 이론지향의 특징

이론지향	내용
이론지향의 구성요소	인지적 요인: 선수의 생각, 신념, 기대 정서적 요인: 선수의 감정, 감정 반응 동기적 요인: 선수의 동기, 목표, 가치 행동적 요인: 선수의 행동, 기술, 습관 환경적 요인: 선수의 환경적 요인, 즉 팀, 코치, 경기장, 관중
이론지향의 활용	선수의 수행에 영향을 미치는 다양한 요인을 이해할 수 있다. 선수의 개인차를 고려한 맞춤형 상담과 중재를 제공할 수 있다. 상담과 중재의 효과성을 높일 수 있다.
이론지향의 한계	과학적 검증 부족: 이론지향의 타당성과 효과성은 아직까지 충분히 검증되지 않았다. 개인차의 고려 부족: 이론지향은 선수의 다양한 개인차를 충분히 고려하지 못할 수 있다.

2) 패러다임 개발의 어려움

이론지향 개발은 매우 어려운 일일 수 있다. 이론지향은 스포츠심리학의 다양한 이론과 개념을 통합하고 있기 때문에, 이를 모두 이해하고 습득하는 데 많은 시간과 노력이 필요하다. 또한, 이론지향의 개발은 개인적인 성찰과 자기성찰을 필요로 하기 때문에, 초보 상담사에게는 부담으로 느껴질 수도 있다. 그럼에도 이론지향은 개발을 위해서 다음과 같은 노력을 해야 한다.

- 스포츠심리학의 이론과 개념에 대한 학습: 이론지향의 개발의 기초는 스포츠심리학 이론과 개념에 대한 학습이다. 스포츠심리학 관련 서적과 논문을 읽고, 강의를 수강하고, 멘토링을 받는 등의 방법으로 스포츠심리학 이론과 개념을 학습할 수 있다.
- 자기성찰: 이론지향 개발은 개인적인 성찰과 자기성찰을 필요로 하다. 자신의 경험과 생각을 돌아보고, 이를 이론지향의 관점에서 이해하는 과정이 필요하다.
- 실제 경험: 이론지향 개발은 실제 경험을 통해서 더욱 효과적으로 이루어질 수 있다. 스포츠심리상담 현장에서의 실습을 통해 이론지향을 적용하고, 피드백을 받는 등의 방법으로 실제 경험을 쌓을 수 있다.

이론지향을 개발하는 것은 선수들의 상담 서비스 제공에 대한 자신만의 정교한 접근방식을 마련하는 것이다. 이를 통해 고객의 문제에 사후 대응하지 않고 사전에 보다 능동적인 경기력 향상 방법을 개념화할 수 있다. 초보 상담사는 한발 물러서서 고객의 문제를 더 넓은 시각으로 바라보기보다는 코치의 욕구나 '당장의' 문제를 해결하려고 노력하거나, 문제 이면의 진짜 문제보다는 현재의 문제를 완화할 개입 방법을 선택할 수 있다. 뚜렷한 계획이 없던 초보 상담사 시절, 심각한 문제를 안고 있는 고등학교 하키팀과의 상담경험을 〈예시 1〉을 바탕으로 두 가지 문제점을 고려해 보자.

예시 1 초보 상담사 시절의 회고

- 사례 1: 연습과 경기 관찰 후 다음 주에 관련 주제로 세션 진행
  ☞ 상대 팀에게 매우 화를 내고 좌절한 경기 1주일 후에 평정심을 주제로 세션 진행
- 사례 2: 당시 선수들의 정서상태에 영향을 준 사회적, 문화적 요인 고려하지 못함.
  ☞ 코치와 상담사가 선수들이 연습할 때 하는 무의식적 동작 발견
- 다음 주 헌신과 의도적 연습의 장점에 대한 세션 진행
- 상담 스타일의 두 가지 문제점
  ☞ 큰 그림에 대한 계획 부족 ☞ 자신의 상담에 대한 자신감 부족
- 장기적 접근방식보다 즉각적 문제대응과 코치가 원하는 주제를 다루는 것으로 안도감

(1) 큰 그림에 대한 계획 부족

상담사는 경기 관찰 후 다음 주에 관련 주제로 선정하

여 세션을 진행하는 방식을 사용하고 있다. 이는 단기적인 문제해결에 효과적일 수 있지만, 장기적인 관점으로 선수의 수행을 향상시키기 위한 큰 그림에 대한 계획이 요구된다. 예를 들어, 첫 번째 사례에서 상담사는 선수들이 상대 팀에게 화를 낸 이유를 충분히 파악하지 못하고 평정심에 대한 세션을 진행했다. 선수들이 화를 낸 이유에는 경기결과에 대한 불만, 상대 팀 선수의 도발, 사회적, 문화적 요인 등이 있을 수 있다. 이러한 요인을 고려하지 않고 평정심에 대한 세션을 진행하는 것은 선수들의 문제를 해결하는 데 도움이 되지 않을 수 있다.

두 번째 사례에서도 마찬가지이다. 코치나 상담사가 선수들이 연습할 때 하는 무의식적 동작을 발견했다고 하더라도, 이러한 동작이 선수의 수행에 미치는 영향은 무엇인지, 이를 개선하기 위해서는 어떤 노력이 필요한지 등을 고려하지 않고 헌신이나 의도적 연습의 장점에 대한 세션을 진행하는 것은 효과적이지 않을 수 있다.

(2) 자신의 상담에 대한 자신감 부족

위의 상담사는 자신의 상담에 대한 자신감이 부족한 것으로 보인다. 이는 즉각적인 문제해결과 코치가 원하는 주제를 다루는 것에 대한 안도감으로 추측할 수 있다. 상담사는 선수의 문제해결을 위해 자신의 전문지식과 기술을 활용해야 한다. 자신의 상담에 대한 자신감이 부족하면 선수의 문제를 정확하게 파악하고, 효과적인 개입 방법을 선택하는 데 어려움을 겪을 수 있다. 이러한 문제점을 해결하기 위해서는 다음과 같은 노력이 필요하다.

- 큰 그림에 대한 계획 수립: 상담사는 선수의 수행을 향상시키기 위한 장기적 계획을 수립해야 한다. 이를 위해서는 선수의 개인적, 팀적 특성을 파악하고, 선수가 직면한 문제를 이해하는 것이 필요하다. 상담사는 다음의 방법으로 큰 그림에 대한 계획을 수립할 수 있다.
  √ 선수와 코치와의 면담을 통해 선수의 수행에 대한 이해를 높이고, 선수의 목표를 파악한다.
  √ 스포츠심리학 이론과 개입 방법에 대한 지식을 바탕으로 선수의 문제를 해결하기 위한 방안을 모색한다.
  √ 선수의 수행을 평가하기 위한 지표를 설정한다.
- 자신의 상담에 대한 자신감 향상: 상담사는 자신의 상담에 대한 자신감을 향상시키기 위해 다음과 같은 노력을 할 수 있다. 상담사는 이러한 노력과 개선을 통해 선수의 수행을 향상시키고, 전문적인 상담사로 성장할 수 있을 것이다.
  √ 스포츠심리학 이론과 개입 방법에 대한 지식을 쌓는다.
  √ 다양한 경험을 통해 자신의 역량을 강화한다.
  √ 멘토나 상담 전문가의 도움을 받는다.

TIP 상담 스타일 개선을 위한 노력

- 연습 관찰: 상담사는 선수의 연습을 관찰하여 수행에 영향을 미치는 다양한 요인을 파악한다. 이를 통해 상담사는 선수의 문제를 보다 깊이 있게 이해하고, 이에 맞는 개입 방법을 선택할 수 있다.
- 이론지향 기반의 계획 수립: 상담사는 자신의 이론지향을 기반으로 선수의 수행에 대한 일반적인 계획을 수립한다. 이를 통해 상담사는 선수의 수행목표를 설정하고, 이를 달성하기 위한 방향을 제시할 수 있다.
- 융통성 있는 접근: 상담사는 계획을 시즌 내에서 융통성 있게 적용한다. 이를 통해 상담사는 선수의 변화에 유연하게 대응하고, 선수의 요구를 충족시킬 수 있다.
- 선수와 코치의 협력: 상담사는 선수와 코치가 함께 협력하여 선수의 수행을 향상시킬 수 있도록 돕는다. 이를 통해 상담사는 선수의 수행에 대한 효과적인 개입을 수행할 수 있다.

다음은 개인 폐쇄종목 선수와 팀과의 작업종료(end)를 염두에 두고 시작하는 경험이 많은 숙련된 상담사의 예이다. 상담사는 연습 관찰로 시작하여 궁극적으로 각 상황마다 집중력, 강도성, 신뢰를 부여함으로써 각 개별 기술 실행의 '달성(승리)'을 수행 우수성의 최종 목표로 설정하였다. a) 먼저 이론지향 기반으로 목표달성을 위해 어떤 스포츠심리학 개념과 적용이 필요한지에 대한 일반적 계획을 수립하고, b) 수립된 계획은 업무의 가이드 역할을 하여 시즌 내에서 융통성을 발휘할 수 있게 하였다. 이러한 상담 스타일은 다음과 같은 장점을 가지고 있다.

- 한발 물러서서 개념화하는 능력을 연습할 수 있다. 즉, 상담사는 이론지향을 기반으로 선수의 수행을 이해하고, 이에 맞는 개입 방법을 선택한다. 이를 통해 상담사는 선수의 수행에 영향을 미치는 다양한 요인을 통합적으로 이해

하는 능력을 연습할 수 있다.

- 또한 능동적인 문제해결을 할 수 있다. 상담사는 선수의 문제를 단순히 해결하는 데 그치지 않고, 선수가 스스로 문제를 해결할 수 있도록 도울 수 있다. 이를 통해 상담사는 선수의 자율성과 성장을 촉진할 수 있다.
- 마지막으로 비판적 사고 능력을 지속적으로 개발할 수 있다. 이론지향은 스포츠심리학의 다양한 이론과 개념을 통합하는 패러다임이다. 따라서 이론지향을 기반으로 상담을 진행하면 상담사는 비판적 사고 능력을 지속적으로 개발할 수 있다.

3.3 자체적 이론지향 개발의 장점

고객의 우려를 더 넓은 관점으로 보는 것은 전략적 심리 프로그램 개발에 도움이 된다. 이론지향을 개발하면 특정 개입의 선택 이유를 이해하고 문제 발생 전에 문제해결 가능성 프로그램을 공론화할 수 있다. 그러나 많은 계획에도 불구하고 예기치 못한 상황은 프로그램의 완벽한 진행을 방해한다. 이론지향은 도전에 직면했을 때 나아가야 할 방향과 의지할 수 있는 무언가를 제공해 준다(Poczwardowski, Sherman, & Ravizza, 2004). 결과보다는 과정에 집중하면서 유연한 사고방식을 유지하는 것이 매우 중요한 이유는 예상치 못한 상황이 발생했을 때 향후 상담에 도움이 될 개입을 능동적으로 선택할 수 있기 때문이다. 다시 앞서의 초보 상담사로서 첫 임기를 시작할 때의 〈예시 2〉로 돌아가 보자.

예시 2 초보 상담사 시절의 회고

- 1회기와 2회기: 연습과 게임의 관찰을 통해 선수들과 팀 알아가기
  √ 문제진단: 선수들의 태도와 팀 응집의 많은 문제 발견
  √ 상담사 인식: 예측할 수 없는 환경에 처해 있다는 것을 인식
- 3회기 계획: 팀 비전 만들기 활동
  √ 문제점 도출: 동료들과 코치들이 팀 문제를 논쟁하는 시간으로 바꾸면서 비생산적이고 분노로 가득 찬 대화의 장으로 순식간에 역전
  √ 상담사 인식: 자신의 TOPE가 이미 사전에 문제를 알림. 즉, 앞서 2주간의 관찰이 쉽게 문제를 공개적으로 논의할 여지를 만들어준 것임. 그러나 상담사의 TOPE는 그 순간 가장 유익한 개입이 자신의 주제(팀 비전 만들기)를 따르는 것이 아님을 인식시켜 줌.
- 3회기 운영: 팀의 요구에 따라 팀 문제 논의 시간으로 전환
- 결론: 팀 비전은 개발되었고 팀 응집력은 크게 향상됨
  √ 상담사가 배운 것: 유연한 사고방식을 갖고 적극적으로 중재를 선택하는 것이 팀을 돕고 자신의 미래 상담을 위해 중요한 정보임을 배움
  √ 논의: 상담사의 이론적 기반이 없었다면 이 팀과의 관계는 상담사에게는 편하지만 기적이고 고객 선수에게는 덜 유익했을 것임

훈련생이나 수련생은 스포츠심리학의 다양한 이론과 개념을 배우는 데 어려움을 겪을 수 있으며, 더욱이 전공이론과 이론적 통합을 배우는 것은 쉽지 않다. 이는 스포츠심리학이 다양한 분야의 지식과 경험을 필요로 하는 학문이기 때문이다. 수련생은 중재전략이나 프로그램 개발을 서둘러 배워서 선수고객에게 발생하는 모든 문제를 해결하고 싶은 강한 충동을 느낄 수도 있다. 즉, 선수의 수행을 개선해서 즉시 결과를 내고 싶은 마음에 중재 전략이나 프로그램 개발에 집중하여 선수의 문제를 해결하려고 할 수 있다. 그러나 훌륭한 선수들이 알고 있듯이 최고수행의 핵심은 기본을 중요시하고 기본에 충실함이다.

훌륭한 선수들은 기본을 탄탄하게 다져야만 최고수준의 수행을 달성할 수 있다는 것을 알고 있다. 마찬가지로, 훈련생이나 수련생은 먼저 스포츠심리학의 기본 이론과 개념을 이해하는 것이 우선이며, 중요하다. 따라서 상담 초기에 인간의 심리행동에 대한 기존 이론과 모델에 대한 이해와 교육에 총력을 기울인다면 우수한 수행의 의미를 숙고하면서 개념화하는 강력한 능력을 개발할 수 있다. 스포츠심리학의 기본 이론과 개념을 이해하면 선수의 수행에 영향을 미치는 다양한 요인을 이해할 수 있다. 이를 통해 선수의 문제를 보다 깊이 있게 이해하고, 효과적인 개입 방법을 선택할 수 있다.

자신만의 이론지향을 통한 개념화의 기본 능력은 창의성을 키워주고 선수들의 이해와 상황에 맞는 적절한 개입을 제공할 수 있게 해준다. 이론지향은 선수의 수행을 이해하고, 효과적인 상담을 제공하기 위한 이론적 토대를 제공해 준다.

자신만의 이론지향을 개발하면 선수의 특성과 상황에 맞는 개입 방법을 선택할 수 있다. "최고의 상담사는 고객과 어떤 일을 하며, 어떻게 최고의 상담사가 될 수 있습니까?"라는 질문 대신 수행스포츠심리학 분야가 어떻게 해야 더 발전할 수 있으며 더 효과적인 서비스 제공을 위한 새로운 방식은 무엇입니까? 라는 의문을 가져야 한다.

훈련생이나 수련생은 최고의 상담사가 되는 것에만 초점을 맞추지 말고, 스포츠심리상담 분야가 어떻게 발전할 수 있는지에 대해 생각해 볼 필요가 있다. 이를 통해 스포츠심리학에 기여할 수 있는 새로운 방법을 찾을 수 있다. 그것은 모호하고 때로는 혼란스러운 상담의 세계에 안정감과 방향성을 제공한다. 스포츠심리학은 다양한 이론과 개념이 복잡하게 얽혀 있는 학문이다. 따라서 훈련생이나 수련생은 혼란스러움은 자신만의 이론지향을 통해 혼란을 극복하고, 스포츠심리학에 대한 이해를 넓힐 수 있다.

자체적인 이론지향을 개발하는 초보상담자에게 미래 서비스에 대한 도움뿐만 아니라 이론적, 과학적 기반을 갖춘 수련생들에게 창의적인 방법을 통하여 스포츠심리학 발전에 기여함으로써 성취감을 갖게 할 것이다. 자신만의 이론지향을 개발하는 것은 초보상담자에게 다음과 같은 이점을 제공한다.

- 미래 서비스에 대한 도움: 자체적인 이론지향을 개발하면 선수의 문제를 보다 효과적으로 이해하고, 개입 방법을 선택할 수 있다.
- 성취감: 자체적인 이론지향을 개발하면 스포츠심리학 분야에 기여하고 있다는 성취감을 느낄 수 있다.

4. 이론지향 개발 모델

자체 이론지향을 개발하는 과정은 어렵고 막연할 수 있다. 〈그림 1〉을 바탕으로 학생과 초보 상담사가 자신의 이론지향을 공식화하는 데 도움이 되는 이론지향 모델의 개발과정을 살펴보자. 각 단계에서 성공하는 과정과 그 과정을 직접 겪고 각 주제를 실천해 보면서 학생들에게 도움을 주기 위한 것이다. 체계화된 숙련성과 실행을 위한 이론지향은 〈그림 1〉과 같이 상담사의 전문성을 설명하는 4가지 요소로 구성되어 있다.

- 개인적 경험과 신념: 상담사의 개인적 경험과 신념은 이론지향의 기초를 형성한다. 이는 상담사의 스포츠와 수행에 대한 이해와 가치관을 반영한다.
- 이론적 지식: 상담사는 스포츠심리학의 이론과 연구에 대한 폭넓은 지식을 갖추어야 한다. 이는 상담사가 선수들의 행동과 경험을 이해하고 개입을 개발하는 데 도움이 된다.
- 스포츠심리학 지식: 상담사는 스포츠심리학이나 수행스포츠심리학 등의 다양한 모델, 방법, 개입에 대한 지식을 갖추어야 한다. 이는 상담사가 선수들의 특정 요구에 맞는 개입을 개발하는 데 도움이 된다.
- 학제 간 지식: 상담사는 스포츠심리상담의 효과를 높이기 위해 다른 학제적 지식을 통합해야 한다. 이는 상담사가 선수의 신체적, 심리적, 환경적 요인을 이해하는 데 도움이 된다.

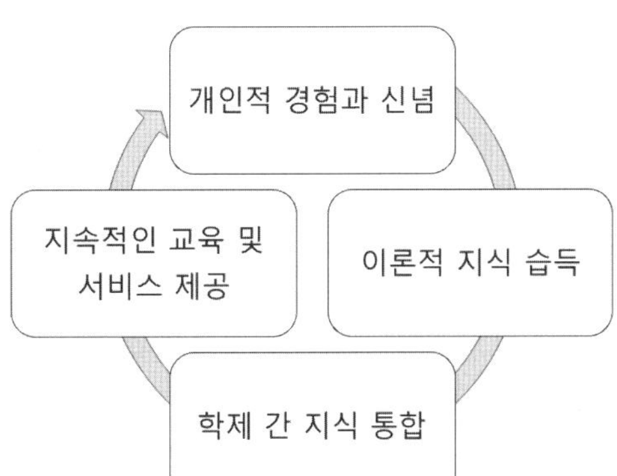

그림 1. 탁월한 수행을 위한 이론지향 개발 모델

4.1 개인적 경험과 신념

이론지향은 상담사의 개인적 경험과 신념을 바탕으로 형성되어야 한다. 따라서 상담사는 자신의 개인적 경험과 신념을 탐구하고, 이를 이론지향에 어떻게 통합할 것인지 생각해 보는 것이 중요하다.

- 개인적 경험: 상담사의 개인적 경험은 이론지향에 중요한 영향을 미친다. 상담사가 과거에 스포츠를 경험한 적이 있다면, 이러한 경험은 선수들의 행동과 경험을 이해하는 데 도움이 될 수 있다. 또한, 상담사가 스포츠심리학을 공부하거나 연구한 경험이 있다면, 이러한 경험은 최상수행을 위한 이론적 지식을 형성하는 데 도움이 될 수 있다.
- 신념: 상담사의 신념은 이론지향의 방향성을 결정하는 데 중요한 역할을 한다. 상담사가 탁월한 수행에 대한 어떤 생각을 가지고 있는지, 어떤 가치를 중요하게 여기는지에 따라 이론지향은 달라질 수 있다.

상담사의 개인적 경험과 신념은 시간이 지남에 따라 발전한다. 상담사가 실무현장에서 더 많은 경험을 쌓으면서, 자신의 신념과 가치관도 변화할 수 있다. 따라서 상담사는 자신의 이론지향을 지속적으로 발전시키기 위해 노력해야 한다. 이를 위한 한 가지 방법이 자기성찰이다. 상담사는 자신의 개인적 경험과 신념을 탐구하고, 이를 이론지향에 어떻게 통합할 것인지 생각해 볼 수 있는 기회를 가져야 한다. 자기성찰을 돕기 위한 질문은 다음과 같다.

√ 나는 왜 스포츠심리학을 공부하고 싶은가?

√ 나는 어떤 종류의 스포츠심리학자가 되고 싶은가?

√ 나는 탁월한 수행을 어떻게 정의하는가?

√ 나는 선수들의 수행을 어떻게 향상시키고 싶은가?

최고 수행을 위한 이론적 지향은 스포츠심리상담사의 전문성을 결정하는 중요한 요소이다. 따라서 자기성찰을 통해 자신의 개인적 경험과 신념을 탐구하고, 이를 자신의 이론지향에 통합하는 것을 권장한다. 상담사는 다음과 같은 방법을 통해 자신의 개인적 경험과 신념을 탐구할 수 있다.

- 자신의 스포츠 경험을 회상하고, 이러한 경험이 자신의 신념과 가치관에 어떤 영향을 미쳤는지 생각해 본다.
- 스포츠심리학에 대한 자신의 생각을 자유롭게 서술한다.
- 다른 스포츠심리학자들과 자신의 신념과 가치관에 대해 토론한다.

4.2 이론적 지식습득

개인적 경험과 신념이 수행 우수성에 주는 영향을 이해했다면 다음 단계는 인간행동과 수행 우수성에 대한 이론적 지식 습득이다. 이 지식 습득은 개인의 신념과 가치관 내에서 강조되는 부분에 대한 용어(terminology) 제공에 도움이 된다. 중요한 것은 스포츠심리상담 문헌에 근거를 두는 것이 스포츠심리상담의 강력한 실무 지식을 얻게 해준다는 것이다.

이론적 지향의 발전은 인간행동을 어떻게 바라보는지에 관한 토론과 글쓰기 과정을 통해 개발될 수 있다. 그 과정에서 인간행동의 이론지향 채택이 최고 수행을 위한 이론지향에 큰 영향을 미치며, 상담사로서 변화를 촉진하는 방법도 생각해야 한다. 이것은 상담사가 사용할 상담개입에도 큰 영향을 미친다. 또한 상담 스타일 개발에는 심리학 이론과 인간 문제의 발달 방식에 대한 정보가 도움이 된다. 인간행동에 대한 이론적 방향을 자신의 이론지향과 연결할 때, 선수들이 일상생활과 동떨어져 스포츠를 수행하지 않는다는 점도 명심해야 한다. 대인관계, 학업 생활, 그리고 궁극적으로 선수의 수행능력에 영향을 줄 수 있는 기타 삶의 과제와 도전이 선수에게 작용한다는 점도 기억해야 한다. 선수를 전인격체로 인식할 때 인간행동에 대한 이론적 방향을 개발하는 가치는 더욱 분명해진다〈표 8〉.

표 8. 이론지향과 스포츠심리상담

스포츠심리학 지식이 이론지향에 중요한 이유	스포츠심리상담 지식을 개발하기 위한 노력
• 선수들의 행동과 경험을 이해하는 데 도움이 된다.	• 인간행동에 대한 자신의 신념과 가치를 탐색한다.
• 개입의 방향을 결정하는 데 도움이 된다.	• 다양한 심리학 패러다임에 대해 배우고, 각각의 장점과 단점을 이해한다.
• 상담 스타일을 개발하는 데 도움이 된다.	• 스포츠심리학의 역사, 조직, 연구에 대한 이해를 쌓는다.
• 선수들의 수행을 향상시키기 위한 다양한 방법에 대한 이해를 제공한다.	• 다양한 스포츠심리상담 모델, 기법, 개입에 대한 지식을 쌓는다.
• 개입의 효과를 평가하기 위한 기준을 제시한다.	• 자신의 신념과 가치에 가장 잘 맞는 심리학 패러다임을 선택한다.
• 상담의 윤리적 원칙을 이해하는 데 도움이 된다.	

최적수행을 위한 이론지향의 개발에서 스포츠심리학적 지식은 고객에게 서비스 제공의 이유와 방법을 알리는 필수 영역이다. 잘 다져진 이론적 방향은 일관성 있는 상담 서비스 제공으로 이어진다. 인간행동에 대한 이론적 지향은 다음과 같은 측면에서 최적수행 이론지향에 영향을 미친다.

- 전문성의 증진: 스포츠심리학적 지식을 갖추면 상담 상담사로서의 전문성을 증진할 수 있다. 상담 상담사는 선수들의 수행을 지원하기 위해 스포츠심리학의 다양한 이론, 모델, 방법, 기법을 이해하고 활용할 수 있어야 한다.
- 문제의 정의 및 진단: 인간행동에 대한 이론적 지향에 따라 문제의 원인을 정의하고 진단하는 방식이 달라진다. 예를 들어, 인지행동치료(CBT)의 관점에서는 문제의 원인을 비합리적인 사고 패턴으로 보는 반면, 정신역동적 관점에서는 문제의 원인을 무의식적 갈등으로 보는 등 서로 다른 관점을 가지고 있다.
- 목표설정: 인간행동에 대한 이론적 지향에 따라 목표의 설정이 달라진다. 예를 들어, 행동주의적 관점에서는 문제행동을 감소시키거나 소거하는 것을 목표로 하는 반면, 인본주의적 관점에서는 개인의 성장과 발전을 목표로 하는 등 서로 다른 목표를 가지고 있다.
- 개입의 선택: 인간행동에 대한 이론적 지향과 스포츠심리학의 지식을 갖추면 선수들의 문제를 보다 잘 이해하고 해결을 위한 개입의 선택이 달라진다. 예를 들어, CBT의 관점에서는 비합리적인 사고 패턴을 교정하기 위한 개입을 선택하는 반면, 정신역동적 관점에서는 무의식적 갈등을 해소하기 위한 개입을 선택하는 등 서로 다른 개입을 사용한다.
- 상담의 효과성 증진: 스포츠심리학의 지식을 갖추면 상담의 효과성을 증진할 수 있다. 상담 상담사는 선수들의 수행을 방해하는 다양한 요인을 이해하고, 이를 해결하기 위한 적절한 개입을 제공할 수 있어야 한다. 즉 선수들의 요구에 맞는 효과적인 상담을 제공하기 위해 스포츠심리학적 지식을 활용할 수 있어야 한다.

4.3 학제 간 지식의 통합

응용스포츠심리학은 본질적으로 학제 간 학문이며 스포츠심리학자는 광범위한 교육 및 응용 경험을 모두 갖추어야 한다. 이러한 복잡한 이론, 원리, 메커니즘, 개념을 상담에 적용하고 고객에게 쉽게 전달할 수 있는 정보로 변환하는 능력은 스포츠심리학 서비스의 효과적 제공에 필수적이다(Poczwardowski & Sherman, 2011).

스포츠심리학은 선수의 탁월한 수행을 지원하는 데 중점을 둔 학문 분야이다. 그러나 선수의 수행은 단순히 심리적 요인에 의해 영향을 받는 것이 아니라 생물학적, 신경학적, 생리적, 환경적 요인 등 다양한 요인에 의해 영향을 받는다. 따라서 상담 상담사는 이러한 다양한 요인을 이해하고, 이를 통합하여 선수의 수행을 지원하기 위한 개입을 개발해야 한다.

학제 간 지식을 자신의 이론지향에 성공적으로 통합하기 위해서는 먼저 동적 시스템 이론(Dynamic Systems Theory; DST)의 이해가 필요하다. DST는 환경의 모든 사건이 상호 연관되어 있으며, 어떤 행동이 특별한 하나에만 영향을 미치는 것이 아니라 전체 환경을 변화시킨다는 가정이다. 이러한 시스템은 환경의 외부 사건뿐만 아니라 인간 기능에 영향을 미치는 내부 운영도 포함한다. DST는 상담 상담사에게 다음과 같은 이점을 제공한다.

- 수행자의 복잡성과 수행이 제공하는 복잡한 시스템 환경에 심리기술이 어떻게 부합되는지 이해할 수 있다.
- 신체 상태, 정신수행 및 기술 학습 사이의 관계를 이해할 수 있다.
- 특정 상담개입이 유용한 이유와 이러한 개입을 수행자의 일상 습관에 효과적으로 통합하는 방법을 이해할 수 있다.

상담 상담사는 선수의 탁월한 수행을 지원하기 위해 다양한 분야의 지식을 통합할 수 있어야 한다. 이러한 학제 간 지식의 통합은 스포츠심리학 상담사가 선수의 복잡한 요구를 이해하고, 선수의 수행을 효과적으로 지원하는 개입을 개발하는 데 도움이 된다.

- 운동학습 원칙: 운동학습 원칙은 신체적 기술을 습득하는 과정을 이해하는 데 도움이 된다. 이러한 지식을 바탕으로 상담사는 특정 상담개입이 유용한 이유와 이러한 개입을 수행자의 일상 습관에 효과적으로 통합하는 방법을 이해할 수 있다.
- 컨설팅 실무 지식: 컨설팅 실무 지식은 고객과 효과적으로 의사소통하고 협력할 수 있는 대인관계 스타일 개발에 도움이 된다. 이러한 지식은 상담 상담사가 선수와 효과적인 관계를 구축하고, 선수의 니즈를 이해하고, 선수의 수행을 지원하는 개입을 개발하는 데 도움이 된다.
- 사업 실행 개발: 사업 실행 개발은 조직에 진입하고, 고객을 구축하며, 스포츠심리 서비스의 제공을 효율적으로 전달하는 데 도움이 된다. 이러한 지식은 상담 상담사가 자신의 전문성을 개발하고, 스포츠심리 분야에서 성공적인 경력을 쌓는 데 도움이 된다.
- 전문가 간 협업: 전문가 간 협업은 상담 상담사가 다른 분야의 전문가 시스템 내에서 팀으로 일할 수 있도록 훈련시킨다. 이러한 지식은 상담사가 트레이너, 의사, 학업 지원, 코치, 그리고 기타 스태프와 협력하여 선수의 수행을 지원하는 데 도움이 된다.

4.4 지속적 교육 및 서비스 제공

최적의 이론지향을 개발해도 실제 구현하지 않으면 아무 소용이 없다. 초보 상담사는 이론지향에 따라 행동하는 것이 불편할 수 있다. 따라서 이론적 렌즈를 통해 개입을 개념화하고 전달하는 기술을 개발하기 위해 학생과 슈퍼바이저의 공동 노력이 필요하다.

초보 스포츠상담사는 탁월한 수행심리 행동에 대한 복잡하고 정교한 이해와 이러한 아이디어를 고객에게 간단하고 일관된 방식으로 제시하는 방법 사이에서 상당한 긴장감을 느낀다. 이 긴장을 해결하기 위해서는 깊은 지식과 실제 개입 사이의 균형을 찾는 것이 중요하다. 균형 잡힌 이론지향은 두 가지 목적을 가지고 있다. 첫째, 컨설턴트가 선수의 잠재력에 미치지 못하거나 그 이하의 기록을 내는 이유를 매우 효과적으로 관찰하고 이해할 수 있도록 한다. 둘째, 최적의 이론지향은 컨설턴트가 개입 계획의 중요도 계층을 개발하고 특정 고객에게 가장 도움이 될 개입을 결정하는 데 도움이 된다.

자신의 이론지향을 개발하고 개입을 개념화하고 전달하는 기술을 습득하는 것은 스포츠심리상담사로서 성장하는 데 중요한 단계이다. 그러나 이 과정은 시간이 걸리고 노력이 필요하다. 상담 전문가의 슈퍼비전과 지원을 받는 것은 이 과정을 성공적으로 완료하는 데 도움이 될 수 있다. 초보 상담사는 자신의 이론지향을 실제 서비스 제공에 적용하는 것이 불편할 수 있다. 또한, 탁월한 수행심리 행동에 대한 복잡하고 정교한 이해와 이러한 아이디어를 고객에게 간단하고 일관된 방식으로 제시하는 방법 사이에서 긴장감을 느낄 수 있다. 이러한 어려움을 극복하는 방법을 다음과 같이 고려해 볼 수 있다.

- 이론적 지향에 따라 개념화하고 개입하는 연습을 충분히 한다.
- 슈퍼바이저나 동료와의 피드백을 통해 자신의 개념화와 개입을 점검한다.
- 선수의 니즈와 이해 수준에 맞는 간단하고 일관된 방식으로 개념화하고 개입한다.

자신의 이론지향을 실제 상담에 적용할 때는 반드시 선수의 행동을 이해하고 개입을 계획하는 데 도움이 되는 도구일 뿐이라는 것과 그 이론지향이 선수 마음에서 일어나는 일을 적절히 설명하지 못하거나 선수가 제공하는 정보의 이해에 도움을 주지 않을 수도 있다는 것을 고려해야 한다. 이러한 경우, 사례개념화 연습이나 이론지향의 개선이 필요하다.

5. 이론지향 모델의 개선

5.1 자기성찰 연습

자기성찰 혹은 자기반성 연습은 스포츠심리상담의 이론적 지향 성장 모델인 최적수행을 위한 이론지향을 효과적으로 개발하고 적용하기 위한 필수적인 요소이다. 자기반성은 자신의 생각, 감정, 행동을 주의 깊게 살펴보고, 이를 이론지향의 핵심 요소와 통합하는 과정을 말한다. 자기반성 연습은 다음과 같은 이유로 중요하다.

- 이론지향의 개발을 촉진한다. 자기반성은 자신의 경험과 생각을 통해 최적의 이론지향의 핵심 요소를 식별하고, 이를 자신의 이론적 지식과 개인적 경험과 통합하는 데 도움이 된다. 이는 이론지향의 체계적이고 통합적인 이해를 촉진하고, 이를 보다 효과적으로 적용할 수 있도록 한다.
- 개입의 효과성을 높이는 데 도움이 된다. 자기반성은 개입의 목표와 목적을 명확히 하고, 개입이 고객의 요구에 적합한지 평가하는 데 도움이 된다. 또한, 개입의 진행상황을 모니터링하고, 필요한 경우 개입을 조정하는 데 도움이 된다. 이는 개입의 효과성을 높이고, 고객의 성과 향상을 촉진하는 데 기여한다.
- 상담사의 전문성을 향상시킨다. 자기반성은 상담사가 자신의 생각과 행동을 이해하고, 이를 자신의 이론지향과 관련시키는 능력을 향상시킨다. 이는 상담사의 전문성 개발에 필수적인 요소이다.

TIP 자기반성 연습의 팁

√ 비판적이고 객관적으로 생각하라. 자신의 생각과 행동을 비판적이고 객관적으로 바라보는 것이 중요하다. 자신의 생각과 행동에 대한 편견이나 선입견을 경계해야 한다.
√ 열려 있고 수용적이 되라. 새로운 관점이나 아이디어를 받아들일 수 있는 열린 마음으로 자기반성 연습을 수행해야 한다.
√ 꾸준히 연습하라. 자기반성은 꾸준한 연습이 필요하다. 일주일에 한 번 정도 시간을 정해서 자기반성 연습을 하는 것이 좋다.

- 자기성찰을 위한 방법

  √ 일기 쓰기: 일기는 생각, 감정, 행동을 기록하는 좋은 방법이다. 일기를 쓰면서 경험을 되돌아보고, TOPE와 관련된 통찰력을 얻을 수 있다.

  √ 상담사와의 상담: 상담사와의 상담은 자신의 생각과 행동을 객관적으로 바라볼 수 있는 기회를 제공한다. 상담사는 나의 생각과 행동에 대한 피드백을 제공하고, 최적의 이론지향과 관련된 통찰력을 도울 수 있다.

  √ 동료들과의 토론: 동료들과의 토론은 자신의 생각과 행동을 다른 관점에서 바라볼 수 있는 기회를 제공한다. 동료들은 나의 생각과 행동에 대한 피드백을 제공하고, 자신의 이론지향과 관련된 통찰력을 얻는 데 도움을 준다.

최적수행을 위한 이론지향에 따라 고객을 완전히 이해하고 개입 선택의 세부적 이유를 공식화하기 전에 개입에 뛰어드는 것은 흔히 범하는 함정이다. 그러나 경험이 쌓일수록 자기성찰 과정은 더욱 자율적이 되기 때문에 슈퍼바이저는 개입부터 개념화까지 가이드 해주며 도움을 줄 수 있다. 이 과정이 어렵고 두렵게 느껴질 수 있지만, 상담사나 수련생의 접근방식과 방법에 대해 적절하게 질문하고 지지하는 슈퍼바이저와 함께라면 이론지향에 근거한 가설 없이 서둘러 개입하지 않고도 성장할 수 있다(Tudor & Worrall, 2004; Waumsley, Hemmings, & Payne, 2010). 예를 들어, 슈퍼바이저는 아래 〈예시 3〉의 질문을 시작으로 답을 찾게 해준다.

예시 3 **자기성찰 연습의 예: Holt & Strean(2001)의 초보 상담사를 위한 4단계 자기성찰 모델**

<table>
<tr><td colspan="2">• 주제: 선수의 경기력 저하: 선수의 경기력 저하는 다양한 요인에 의해 발생할 수 있다. 선수의 경기력 저하를 이해하기 위해서는 선수와의 개별상담을 통해 다음 요인들을 종합적으로 고려해야 한다.</td></tr>
<tr><td rowspan="3">질문 1. 선수의 경기력 저하를 어떻게 이해합니까?</td><td>☞ 신체적 요인: 부상, 질병, 훈련 부족 등이 선수의 경기력 저하에 영향을 미칠 수 있다.</td></tr>
<tr><td>☞ 심리적 요인: 불안, 스트레스, 자신감 부족 등이 선수의 경기력 저하에 영향을 미칠 수 있다.</td></tr>
<tr><td>☞ 환경적 요인: 경기장 환경, 팀 분위기, 관중의 영향 등이 선수의 경기력 저하에 영향을 미칠 수 있다.</td></tr>
<tr><td colspan="2">다음 질문에 답하면서, 상담사는 선수의 경기력 저하의 원인을 정확하게 파악하고, 최적수행이론지향의 틀을 사용하여 효과적인 개입을 개발할 수 있다. 또한 선택한 개입이 선수의 요구에 적합한지 평가하고, 개입의 효과성을 높이기 위한 방법을 모색할 수 있다.</td></tr>
<tr><td>질문 2. 선택한 개입이 자신의 이론지향과 어떻게 연결되었습니까?</td><td>• 이론지향은 스포츠심리상담의 이론적 지향 성장 모델이다. 이론지향을 통해 선수의 행동을 이해하고, 개입을 개발하고, 개입을 전달하는 데 도움이 되는 프레임워크이다.
• 선수의 경기력 저하의 원인을 파악한 후, 상담사는 자신의 이론지향의 틀을 사용하여 개입을 개발한다.
• 개입은 선수의 요구와 목표를 충족하고, 선수의 경기력 저하의 원인을 해결하도록 설계된다.
☞ 예를 들어, 선수의 경기력 저하의 원인이 불안이라고 판단되면, 상담사는 불안관리 기술을 훈련하는 개입을 개발할 수 있다.</td></tr>
<tr><td>질문 3. 이 구체적 행동 방침이 선수에게 바람직한 변화를 가져올 것이라는 믿음의 근간이 되는 과학적 근거는 무엇입니까?</td><td>• 개입의 효과성을 높이기 위해서는 과학적 근거를 바탕으로 개입을 개발하는 것이 중요하다.
• 상담사는 개입의 효과성을 뒷받침하는 연구결과를 검토해야 한다.
☞ 예를 들어, 불안관리 기술훈련의 효과를 검증한 연구결과를 바탕으로, 상담사는 불안관리 기술훈련을 선수의 개입에 포함할 수 있다.</td></tr>
</table>

5.2 동료지원

스포츠심리상담에서 동료지원은 상담사의 성장과 발전에 필수적인 요소이다. 동료지원은 상담사들이 서로의 경험을 공유하고, 피드백을 주고받으며, 학습할 수 있는 기회를 제공한다.

• 동료지원의 장점은 다음과 같다.

☞ 학습 기회의 확대: 동료지원은 상담사들이 서로의 경험을 공유함으로써 새로운 지식과 정보를 습득할 수 있는 기회를 확대한다. 또한, 동료들의 피드백을 통해 자신의 생각과 행동을 반성하고 개선할 수 있다.

☞ 전문적 네트워크의 구축: 동료지원은 상담사들이 서로 연결되어 협력할 수 있는 기회를 제공한다. 이를 통해 상담사들은 서로의 전문지식과 기술을 공유하고, 공동 프로젝트를 수행할 수 있다.

☞ 지지와 동기부여의 제공: 동료지원은 상담사들이 서로를 지지하고 동기부여를 받을 수 있는 기회를 제공한다. 이는 상담사들이 어려운 상황에 직면했을 때 회복력을 높이는 데 도움이 된다.

TIP 동료지원의 활용 팁

동료지원: 스포츠심리상담의 모든 단계에서 활용

☞ 초기 단계: 동료지원을 통해 상담에 대한 기본 지식을 습득하고, 실무경험을 쌓을 수 있다.

☞ 경력 후반: 동료지원을 통해 새로운 지식과 기술을 습득하고, 전문성을 향상시킬 수 있다.

• 동료지원의 형태는 다양한 형태로 이루어질 수 있다. 다음은 몇 가지 예이다.

☞ 전문가 그룹: 스포츠심리상담 전문가들이 모여 정기적으로 모임을 갖고 학습하고 토론하는 그룹이다.

☞ 멘토링 프로그램: 경험이 풍부한 상담사가 신입 상담사를 멘토링하는 프로그램이다.

☞ 협업 프로젝트: 상담사들이 공동으로 연구 프로젝트나 서비스를 수행하는 것이다.

5.3 멘토 안내

1) 멘토의 역할

스포츠심리상담에서 멘토링은 상담사의 성장과 발전에 필수적인 요소이다. 멘토는 경험이 풍부한 상담사로서, 신입 상담사에게 지식, 기술, 지원을 제공한다.

• 지침 및 지원 제공: 멘토는 상담사에게 스포츠심리학에 대한 지식과 경험을 바탕으로 지침과 지원을 제공할 수 있다. 이는 상담사가 올바른 방향으로 나아가고, 어려운 상황에 직면했을 때 도움을 받을 수 있도록 한다.

• 관점 제공: 멘토는 상담사에게 새로운 관점을 제공할 수 있다. 이는 상담사가 자신의 생각과 행동을 반성하고, 새로운 가능성을 발견하는 데 도움이 된다.
• 정서적 지원 제공: 멘토는 상담사에게 정서적 지원을 제공할 수 있다. 이는 상담사가 스트레스와 어려움을 극복하고, 자신감을 회복하는 데 도움이 된다.
• 경험의 공유: 멘토는 신입 상담사에게 자신의 경험을 공유함으로써, 신입 상담사가 스포츠심리상담의 실제를 이해하고, 직면할 수 있는 어려움을 극복할 수 있도록 돕는다.
• 지지와 동기부여: 멘토는 신입 상담사에게 지지와 동기부여를 제공함으로써, 신입 상담사가 상담에 대한 열정을 유지하고, 성공을 향해 나아갈 수 있도록 돕는다.

2) 멘토의 역할과 중요성의 한계

• 사회적 비교의 위험: 멘토는 상담사에게 좋은 본보기가 될 수 있지만, 멘토의 성공과 업적에 집착하면 사회적 비교의 위험이 있다. 이는 상담사의 자존감과 자신감을 저하시키고, 성장을 저해할 수 있다.
• 멘토의 경험과 신념에 대한 비판적 평가의 필요성: 멘토는 풍부한 경험과 지식을 가지고 있지만, 멘토의 경험과 신념이 상담사의 경험과 신념과 일치하지 않을 수도 있다. 따라서 멘토의 경험과 신념을 비판적으로 평가하고, 자신의 경험과 신념에 맞게 수정하는 것이 필요하다.

3) 멘토와의 관계형성

멘토와의 관계형성은 멘토의 역할을 효과적으로 활용하기 위해 중요한 요소이다. 멘토와의 관계를 형성하기 위해서는 다음과 같은 사항을 고려해야 한다.

• 신뢰관계형성: 멘토와의 관계에서 가장 중요한 것은 신뢰관계이다. 신뢰관계가 구축되면 상담사는 멘토에게 자신의 생각과 감정을 솔직하게 이야기할 수 있고, 멘토는 상담사의 성장과 발전을 위해 최선을 다할 수 있다.
• 의사소통의 중요성: 멘토와의 관계에서 의사소통은 매우 중요하다. 상담사는 멘토에게 자신이 무엇을 배우고 싶은지, 어떤 도움을 받고 싶은지 명확하게 의사소통해야 한다. 멘토는 상담사의 요구를 이해하고, 이에 맞는 도움을 제공할 수 있다.

건설적인 피드백을 제공할 수 있는 멘토와 신뢰관계를 갖는 것은 사고과정과 연습의 미세 조정에 도움이 된다. 이론지향에 대한 솔직한 피드백은 보다 나은 개선의 발판이 된다. 초보 선수들은 멘토들이 '완벽한 이론지향'을 기대하지 않는다는 점을 명심해야 한다. 멘토는 완벽함보다는 학생들이 경험과 훈련을 바탕으로 자신의 이론지향을 개발하는 데 필요한 시간, 생각, 에너지를 제공하길 기대한다.

> TIP **멘토 지원의 활용 팁**
>
> ☞ 개인의 강점과 약점을 이해한다.
> ☞ 자신의 관심 분야와 전문성을 결정한다.
> ☞ 스포츠심리학 및 상담 분야의 최신 연구와 이론을 습득한다.
> ☞ 실무경험을 쌓는다.

5.4 성장 마인드

이론지향은 선수의 개인적 특성, 환경적 요인, 상담개입의 효과 등을 고려하여 선수의 경기력을 향상시키기 위한 전략을 제시한다. 그런 최적의 이론지향 개발은 쉽지 않은 과정이다. 특히 교육 초기에 이론지향을 개발하는 경우에는 낙담하거나, 준비가 되지 않았거나, 압도당하거나, 취약하다는 느낌을 받을 수 있다.

• 자신의 역량에 대한 의구심: 자기만의 최적수행을 위한 이론지향 개발은 스포츠심리상담에 대한 깊은 이해와 폭넓은 지식을 요구한다. 따라서 교육 초기에는 자신의 역량에 대한 의구심을 느낄 수 있다.
• 타인과의 비교: 이론지향 개발과정에 참여하는 다른 학생들의 이론지향을 보면서 자신의 이론지향이 부족하다고 느낄 수 있다.

- 변화의 두려움: 이론지향 개발과정에서 새로운 정보를 접하고 자신의 생각을 수정해야 할 때 변화에 대한 두려움을 느낄 수 있다.

1) 성장 마인드셋의 장점

어려움을 극복하기 위해서는 성장 마인드셋을 갖는 것이 중요하다. 성장 마인드셋은 사람마다 타고난 적성이나 재능은 다르지만 학습과 경험을 통해 누구나 변화하고 성장할 수 있다는 믿음이다. 그러나 성장 마인드셋을 가진 이론지향 개발자는 다음과 같은 장점을 가질 수 있다.

- 자기연민(self-compassion)을 유지할 수 있다. 성장 마인드셋을 가진 사람은 실수를 하더라도 그것을 자신의 능력의 한계로 인식하지 않는다. 오히려 실수를 통해 배우고, 성장할 수 있는 기회로 삼는다.
- 성장 마인드셋을 가진 사람은 실수를 하더라도 그것을 자신의 능력의 한계로 인식하지 않는다. 오히려 실수를 통해 배우고 성장할 수 있는 기회로 삼는다. 따라서 자기효능감이 높아지고, 이론지향 개발에 대한 자신감을 가질 수 있다.
- 변화에 대한 개방성(openness to change)을 가질 수 있다. 성장 마인드셋을 가진 사람은 자신의 생각이나 관점이 바뀔 수 있다는 가능성을 열어둔다. 새로운 정보나 경험을 통해 자신의 이론지향을 수정하고 발전시킬 수 있다.
- 열정(passion)을 가지고 이론지향 개발에 임할 수 있다. 성장 마인드셋을 가진 사람은 자신의 능력을 발전시키고 더 나은 스포츠심리상담 상담사가 되기 위해 노력한다.

2) 성장 마인드셋의 방법

최적의 이론지향 개발은 시간이 걸리는 과정이다. 완벽한 이론지향을 개발하려는 기대는 오히려 자신을 좌절하게 만들 수 있다. 이론지향 개발과정에 성장 마인드셋을 적용하기 위해서는 성장 마인드셋을 갖고, 자신의 능력을 발전시키기 위한 노력이 필요하다. 다음은 더 나은 스포츠심리상담사가 되기 위한 성장 마인드셋 방법이다.

- 객관적 자기성찰(objective self-reflection)을 수행한다. 자신의 생각과 관점을 객관적으로 바라보기 위해 노력한다. 다른 사람의 의견을 존중하고, 자신의 생각을 객관적으로 바라볼 수 있는 노력을 기울인다.
- 실수를 학습의 기회로 삼는다. 실수를 두려워하지 않고, 실수를 통해 배우고 성장할 수 있는 기회로 삼는다. 실수를 했다고 해서 자신의 능력이 부족하다는 의미가 아님을 기억한다.
- 새로운 정보와 경험을 수용한다. 열린 마음으로 새로운 정보를 받아들이고, 새로운 경험을 통해 자신의 이론지향을 수정하고 발전시킬 수 있는 기회로 삼는다.

초보 상담사로서 완벽과 매우 효과적인 이론지향의 기대는 비현실적이다. 상담사는 수년간의 작업 후에도 여전히 이론지향을 수정해야 한다는 것을 인식해야 한다. Dr. Ken Ravizza 박사는 평생 전문성 개발의 완벽한 예이다. 그는 25년 이상 컨설팅에서 몰입(flow)에 이르는 방법에 집중하다가 그것이 과대평가되었다고 판단했다. 그 대신 그는 선수들에게 보상하고 적응하는 방법, 불편함을 편안하게 받아들이는 방법, 나쁜 상황에서 최선을 다하는 방법을 가르치는 데 초점을 맞추기로 결정했다(Ravizza, 2012). 따라서 원하는 답을 확실하게 얻을 수 있다고 믿는 것은 이상주의적일 수 있다. 지금까지 축적해 온 풍부한 지식과 함께 자신의 수련 단계를 염두에 두는 것은 자기-연민 유지에 중요하다.

6. 전문가적 관점에서의 실용적 조언

6.1 조언 및 진화를 위한 노력

탁월한 수행을 위한 이론지향의 개발은 스포츠심리상담사로서 성공하기 위한 필수 과정이다. 이론지향은 선수의 개인적 특성, 환경적 요인, 상담의 개입 효과 등을 고려하여 선수의 경기력 향상 전략을 제시한다. 다음은 이론지향 개발을 위한 몇 가지 실용적인 조언이다.

- 이론지향은 새로운 이론의 창출이기보다는 기존의 지식 기반을 활용하여 자신에게 맞는 이론으로 공식화하는 것이다.
- 이론지향의 정교화와 포괄성의 균형을 맞춘다. 내적 타당도와 외적 타당도 사이의 균형을 찾는 것이 중요하다.
- 이론지향에 최대 5개의 핵심 구성요소를 포함한다. 이는 클라이언트로부터 얻은 정보를 걸러내어 클라이언트를 더 잘 이해하고 개입을 계획하기 위한 것이다.
- 이론지향의 개발은 반복 과정이다. 정기적으로 일관되게 이론지향을 재검토하고, 강의실의 교수, 감독자, 적용경험이 있는 동료, 그리고 가장 중요하게는 이론지향을 구현한 경험을 바탕으로 이를 수정한다.
- 이론지향의 역작동을 통해 자신의 이론지향을 보다 정교화한다. 즉, 이론을 배운 다음 고객에게 바로 적용하기보다는 자신의 작업을 녹음하여 고객과의 작업에서 특징적으로 나타나는 패턴과 주제를 찾는다. 그런 다음 과학적 연구 내에 자신이 수행한 작업을 맥락화한다.
- 취약성을 수용한다. 효과적인 이론지향의 개발을 위해서는 자신의 핵심 가치와 신념에 대한 자기성찰과 정직한 평가가 필요하다.

6.2 추가적 제안

이 장에서 지금까지 동료 학생들이 공유한 개인적 경험, 지지, 조언에 더하여, 이론지향 개발의 추가적 사항을 제안한다. 슈퍼바이저가 학생들에게 끊임없이 진화하는 이론지향의 개방성을 강조하였듯이 좀 더 진화한 몇 가지 접근방식을 소개하고자 한다. 가장 큰 변화는 학생들에게 인간행동에 대한 이론지향을 선수들의 수행 탁월성을 위한 이론지향으로 재구성하는 것이다.

첫 번째 변화는 선수(및 일반 수행자)는 우선 사람이므로 사람을 이해하고 수행 탁월성에 영향을 미치려면 인간행동에 대한 이론적 이해가 있어야 한다는 것이다. 한때 스포츠심리학자들은 일반심리학으로는 경기력 우수성을 이해하는 데 부적절하다는 비판을 했지만 인간행동을 보다 잘 이해하기 위해서는 일반심리학의 이론적 패러다임이 전적으로 필요하다. 이러한 변화는 학생들이 새로운 이론의 생성이 아니라 기존의 지식 기반을 활용하여 자신만의 독특한 이론지향을 공식화한다는 점을 강조한다.

두 번째 변화는 학생들이 가장 많이 궁금해하는 것 중 하나는 이론지향이 얼마나 정교하고 포괄적이어야 하는가에 관한 것이다. 상담사는 이것을 내적 타당도(즉, 수행탁월성에 대한 최상의 가장 완벽한 설명을 하고자 노력하는 것)와 외적 타당도(즉, 실제 세계에서 클라이언트와 함께 이론지향의 유용성) 사이의 균형으로 해결할 수 있다. 수행 우수성의 다차원적이며 개별적인 특성을 감안할 때 완전한 설명이 있을 수는 없지만 수행 우수성과 관련된 많은 또는 모든 변수를 포함하고 싶은 유혹이 있다. 이것은 무엇이 가장 중요하고 어디에서 시작해야 하는지에 대한 지침을 제공하기에는 너무 복잡하고 난해하기 때문에 비현실적 예측 이론이 될 수 있다. 한 번에 여러 기술 문제를 수정하려는 코치의 시도는 선수들의 학습을 방해하거나 심지어 퇴보를 초래하는 것과 같은 이치이다.

따라서 학생들이 이론지향에 최대 5개의 핵심 구성요소를 포함하는 것이 바람직하다. 물론 적을수록 좋겠지만, 처음에는 어떤 구성요소가 자신에게 가장 효과적인지에 대한 경험이 없기 때문에 더 줄이는 것이 어려울 수 있다. 물론 5가지(또는 그 이하) 구성요소로 우수성의 모든 차원을 설명할 수는 없지만, 이 핵심 구성요소를 통해 클라이언트로부터 얻은 정보를 걸러내어 클라이언트를 더 잘 이해하고 개입을 계획할 수 있다. 이론지향의 개발에 대한 이러한 실용적 접근방식에는 명시할 가치가 있는 두 가지 개념이 내포되어 있다.

셋째, 이론지향의 개발은 반복적인 과정으로, 정기적으로 일관되게 그 이론지향을 재검토하고 강의실의 교수, 감독자 및 적용경험이 있는 동료, 그리고 가장 중요하게는 자신의 이론지향 구현의 경험을 바탕으로 이를 수정하는 것이다. 클라이언트 및 학생이 얻은 피드백(클라이언트, 감독자 및 자기성찰)으로 이론지향을 정교화하라.

이론지향은 클라이언트에 대한 가설을 세우고 개념화하는 데 도움이 되지만(즉, 클라이언트에게 무슨 일이 일어나고 있는지, 무엇이 도움이 되는지 예측), 이론지향을 역작동(리버스 엔지니어링)하는 것도 좋은 방법이다. 즉, 이론을 배운 다음 고객에게 바로 적용하기보다는 자신의 작업을 녹음(오디오, 동영상)하여 고객과의 작업에서 특징적으로 나타나는 패턴과 주제를 찾거나, 찾아야만 한다. 그런 다음 과학적 연구 내에 자신이 수행한 작업을 맥락화할 수 있어야 한다. 예를 들어, 강의실에서는 인간행동에 대한 인지행동이론에 끌렸지만 실제로는 인본주의적 접근방식이 더 편하다는 것을 알게 될 수도 있다.

마지막으로, 이론지향 개발과정을 성공적으로 탐색한 학생들의 취약한 의지에 관한 것이다. 효과적인 이론지향을 위해 평가자 위치의 동료와 교수 앞에서 자신의 핵심 가치와 신념에 대하여 자기성찰하고 (재)검토할 수 있는 용기가 필요하다. 고객과의 계산된 위험을 감수하고(감독자와 협력하여) 정직하게 자기를 평가하고 감독자 및 다른 사람의 평가를 받을 수 있는 개방성으로 많은 것을 배울 수 있다. 이론지향의 정교화는 슈퍼바이저와 좋거나 나쁘거나, 험악한 경험을 이야기함으로써 모든 고객에게 효과적일 수 없다는 것을 자비롭게 받아들이게 한다. 이러한 취약성을 받아들이는 학생은 필연적으로 더 강력하고 효과적인 이론지향을 갖게 되며, 고객에게 더 큰 자신감과 편안함을 줄 수 있다.

6.3 결론 및 한계

스포츠심리상담사로서 성공하기 위해서는 수행 탁월성에 대한 이론지향을 개발하는 것이 필수적이다. TOPE는 선수의 개인적 특성, 환경적 요인, 상담개입의 효과 등을 고려하여 선수의 경기력을 향상시키기 위한 전략을 제시한다.

- 이론지향 개발과정은 순환적이고 지속적인 과정이다. 이론지향의 진정한 결승점은 없으며, 스포츠심리상담 분야의 발전에 따라 이론지향 또한 지속적으로 발전하고 개선될 수 있다. 따라서 이론지향 개발자는 해당 분야의 최신 이론 및 연구 동향을 파악하고, 관련 문헌을 지속적으로 탐색하는 노력을 기울여야 한다. 또한, 실제 상담경험을 통해 자신의 이론지향을 검증하고, 슈퍼바이저의 피드백을 통해 이론지향을 수정 및 발전시켜야 한다.
- 이론지향 개발의 한계 중 하나는 경험적 검증의 부족이다. 수행 맥락에 특화된 이론적 패러다임은 소수에 불과하며, 이러한 패러다임 중 상당수는 문헌에서 찾아볼 수 없다. 따라서 연구자들은 다양한 상담사들의 이론적 패러다임의 타당도를 경험적으로 평가할 수 없었다.
- 이러한 한계를 극복하기 위해서는 다음과 같은 노력이 필요하다.
  √ 수행 우수성에 대한 이론을 생산하고 이를 스포츠심리학 관련 학회지 등에 게재하는 것이다.
  √ 스포츠심리학의 이론적 패러다임을 경험적으로 검증하는 것이다.
  √ 양질의 교육과 유능한 슈퍼비전에 대한 접근을 확대하는 것이다.
  √ 스포츠심리상담사로서 성공하기 위해서는 이론지향 개발과정을 성공적으로 수행하는 것이 중요하다.
- 이론지향 개발과정에서 초보 상담사가 주의해야 할 점은 다음과 같다.
  √ 이론지향 개발과정이 쉽고 단순한 작업이 아니라는 점을 인식하라.
  √ 숙달은 목적지가 아니라 여정이라는 사실을 깨닫고 배움의 과정을 계속 즐기라.
  √ 교육 및 직업 여정 전반에 걸쳐 교수와 동료 지원을 받고, 외부의 도움을 구하고, 가능한 많은 고유한 지식 영역에서 배우려고 노력하라.
- 이론지향 개발과정은 다음의 노력을 통해 어려움을 극복할 수 있다.
  √ 성장 마인드셋을 갖고, 실수를 통해 배우는 자세를 가지는 것이 중요하다.
  √ 경험이 풍부한 슈퍼바이저의 도움을 받아 자신의 이론지향을 개발하고 검증하는 과정을 거치는 것이 좋다.
  √ 다양한 분야의 전문가들과 교류하고, 다양한 관점을 접하는 것이 도움이 된다.
  √ 이론지향 개발과정은 선수의 발달 궤적과 매우 유사하다. 선수가 단계별로 성장하고 발전하듯이, 이론지향도 지속적으로 발전하고 개선될 수 있다. 따라서 이론지향 개발과정에서는 좌절과 정체기를 경험하더라도 포기하지 않

고, 꾸준히 노력하는 자세가 중요함을 강조한다.

- 개인의 이론적 지향의 발전을 둘러싼 한계가 존재한다.
  - √ 첫 번째는 지식의 융합에 따른 부담이다. 스포츠심리학은 다양한 분야의 지식을 바탕으로 하는 학문이다. 따라서 이론지향을 개발하기 위해서는 스포츠심리학, 심리학, 인지과학, 행동과학 등 다양한 분야의 지식을 습득하고 융합해야 한다. 이는 초보 상담사에게 상당한 부담으로 작용할 수 있다.
  - √ 두 번째는 양질의 교육과 유능한 슈퍼비전에 대한 접근의 어려움이다. 이론지향 개발을 위해서는 양질의 교육과 유능한 슈퍼비전이 필요하다. 그러나 모든 상담사가 이러한 기회를 가질 수 있는 것은 아니다. 특히, 저개발 국가나 소외된 지역의 상담사들은 이러한 기회를 얻기가 더욱 어렵다.

6.4 향후 방향

개인의 이론적 지향의 발전은 스포츠심리학 상담의 성공에 필수적인 요소이다. 그러나 이러한 발전을 위해서는 지식의 융합에 따른 부담과 양질의 교육 및 유능한 슈퍼비전에 대한 접근의 어려움이라는 한계를 극복해야 한다. 이러한 한계를 극복하기 위한 노력을 통해 스포츠심리학 상담의 전문성을 더욱 향상시킬 수 있을 것이다.

개인의 이론적 지향의 발전을 위한 노력은 스포츠심리학 상담의 전문성을 향상시키는 데 그치지 않고, 스포츠 선수들의 경기력 향상에도 기여할 수 있다. 선수들은 자신의 멘토나 코치와 함께 자신의 강점과 약점을 이해하고, 이를 바탕으로 경기력을 향상시키기 위한 전략을 수립할 수 있다. 이러한 과정을 통해 선수들은 자신의 잠재력을 최대한 발휘할 수 있을 것이다. 상담사의 전문성 향상과 선수들이 최고수행을 위해 향후 다음의 지속적 노력이 필요하다.

- 스포츠심리학 교육의 강화: 스포츠심리학 교육에서 다양한 분야의 지식을 융합하는 과정을 강조할 필요가 있다. 또한, 이론지향 개발에 대한 교육을 강화하여 초보 상담사들이 이론지향을 개발하는 데 필요한 지식과 기술을 습득할 수 있도록 지원해야 한다.
- 양질의 슈퍼비전 기회의 확대: 한국스포츠심리학회나 CC-AASP 등의 자격을 가진 상담사가 이론지향 개발을 지원하는 슈퍼비전을 제공할 수 있도록 지원해야 한다. 또한, 온라인 슈퍼비전이나 원격 슈퍼비전 등 다양한 슈퍼비전 방식을 개발하여 접근성을 확대해야 한다.
- 국제 협력: 저개발 국가나 소외된 지역의 상담사들을 위한 양질의 교육과 슈퍼비전 기회를 확대하기 위해 국제 협력을 강화해야 한다.

평가문항

1. 스포츠심리상담사의 명확한 정체성이 중요한 이유는 무엇인가?
   ㉠ 서비스 요금을 더 많이 청구할 수 있어서
   ㉡ 개인적 삶에만 영향을 미치고 전문능력에는 영향을 주지 않아서
   ㉢ 내담자와 신뢰와 공감을 바탕으로 라포를 형성할 수 있어서
   ㉣ 스포츠 지식이 충분하면 필요하지 않아서

2. 스포츠심리상담사의 '개인화' 과정에서 포함되지 않는 것은 무엇인가?
   ㉠ 엄격한 스포츠 규정을 상담 세션 동안 따르는 것
   ㉡ 독특한 전문성을 개발하고 개인적 특성을 상담에 통합하는 것
   ㉢ 모든 상담에 동일한 접근방식을 사용하는 것
   ㉣ 개인의 신념과 가치를 상담과정에 반영하는 것

3. 스포츠심리상담사가 선수 정체성을 이해하는 것이 상담관계에 어떤 영향을 주지 않는가?
   ㉠ 상담사와 선수 사이의 신뢰를 구축하는 데 도움을 준다.
   ㉡ 선수의 개인적 요구에 맞춘 상담 방식을 개발할 수 있다.
   ㉢ 모든 선수에게 획일적인 상담 접근방식을 적용한다.
   ㉣ 선수의 정체성을 공감하고 이해하는 데 필수적이다.

4. 선수 정체성이 강한 선수의 경향은 무엇인가?
   ㉠ 수행이 일관성 없게 나타난다.
   ㉡ 심리적, 신체적 결과가 부정적으로 나타날 수 있다.
   ㉢ 동기부여가 높고 긍정적인 스포츠 경험을 한다.
   ㉣ 수행에 별다른 영향을 주지 않는다.

5. 스포츠심리상담사의 전문 정체성 개발과 관련이 없는 요소는 무엇인가?
   ㉠ 이론과 기술의 유연한 적용
   ㉡ 고객과의 의존적 관계형성
   ㉢ 지속적인 학습과 기술 개발
   ㉣ 개인적 접근방식 맞춤화

6. 자기인식이 스포츠심리상담사의 개인화 과정에서 어떤 역할을 하나?
   ㉠ 상담과정과 무관하다.
   ㉡ 상담사가 자신의 강점, 약점, 가치관을 이해하고 반영할 수 있게 한다.
   ㉢ 상담사의 운동 능력을 증진시킨다.
   ㉣ 상담기술의 효과를 감소시킨다.

7. 스포츠심리상담에서 선수 정체성의 이해가 상담사의 접근방식에 어떻게 영향을 미치나?
   ㉠ 모든 선수에게 동일한 상담 방식을 적용한다.
   ㉡ 선수의 정체성의 견고함에 따라 상담 방식을 조정한다.
   ㉢ 전문 경계를 유지하기 위해 정체성 논의를 피한다.
   ㉣ 효과적인 상담을 제공하기 위해 선수의 정체성을 채택해야 한다.

8. 스포츠심리상담사의 자신의 전문 정체성 이해가 다음 중 어떤 것을 제한하지 않나?
   ㉠ 이론과 기법을 유연하게 적용하는 능력
   ㉡ 윤리적 딜레마에 대한 기여
   ㉢ 고객 중재에 대한 의사결정 능력
   ㉣ 필요한 경우 선수를 다른 전문가에게 의뢰하는 능력

9. 자신의 이론지향 개발에 있어 핵심이 되는 것은 무엇인가?
   ㉠ 상담사의 이론적 지식만
   ㉡ 상담사의 개인적 경험과 신념만
   ㉢ 상담사의 개인적 경험과 신념 그리고 이론적 지식
   ㉣ 상담사의 이론적 지식과 학제 간 지식

10. 스포츠심리상담사가 다양한 이론, 모델, 방법을 통합하는 데 도움이 되는 것은 무엇인가?
   ㉠ 개인적 경험 ㉡ 신념 ㉢ 학제 간 지식 ㉣ 이론적 지식

11. 다음 중 이론지향 개발에서 고려해야 할 인간행동의 이론적 지향은 무엇인가?
   ㉠ 문제의 정의 및 진단 ㉡ 목표설정 ㉢ 개입의 선택 ㉣ 모든 위의 사항들

12. 이론지향 개발하기 위해 상담사는 무엇을 고려해야 하는가?
   ㉠ 인간행동에 대한 이해 ㉡ 이론과 실무의 통합
   ㉢ 연구와 교육 ㉣ 개인적 신념의 변화

13. 스포츠심리상담사의 명확한 개인 및 전문 정체성은 이론과 기술을 효과적으로 적용하는 데 중요하다. (O / X)

14. 개인화 과정에서 스포츠심리상담사는 모든 고객에게 획일적인 전략을 적용해야 한다. (O / X)

15. 강한 선수 정체성은 항상 긍정적인 심리적 및 신체적 결과를 초래한다. (O / X)

16. 선수의 정체성을 이해하는 것은 신뢰를 형성하는 상담관계에 중요하지 않다. (O / X)

17. 자기인식은 스포츠심리상담사가 자신의 특성을 효과적으로 상담과정에 통합하는 데 필수적이다. (O / X)

18. 이론지향 개발과정에서 상담사는 오직 자신의 이론적 지식만을 고려한다. (O / X)

19. 개인적 경험과 신념은 TOPE에서 중요하지 않다. (O / X)

20. 학제 간 지식은 스포츠심리상담사가 선수의 다양한 요구에 대응하기 위해 필수적이다. (O / X)

21. 스포츠심리상담사의 전문 정체성은 내담자와의 라포 형성, 이론적 지식의 적용, 기술 활용에 있어 중요한 역할을 한다. 스포츠심리상담사는 (   )을 기반으로 상담전략을 수립한다.

22. 스포츠심리상담에서 선수의 정체성을 이해하는 것은 상담사가 (   ) 상담을 제공하는 데 중요하다.

23. 자기인식은 스포츠심리상담사가 상담과정에서 자신의 강점과 약점을 (   )하는 데 도움을 준다.

24. 스포츠심리상담사의 개인화 과정은 고객의 (   )에 따라 상담 방식을 조정한다.

25. 이론지향 개발에 있어 상담사는 (   ) 지식을 활용하여 선수들의 심리적, 신체적, 환경적 요인을 통합해야 한다.

26. 수행탁월성을 위한 이론지향을 개발하기 위해 상담사는 자신의 (   )을 반영하여 인간행동에 대한 깊은 이해를 구축해야 한다.

모범답안 및 해설

1. ⓒ 스포츠심리상담사의 명확한 정체성은 내담자와 신뢰, 이해, 공감을 바탕으로 한 라포를 형성하는 데 중요하다. 이는 상담의 효과를 높이는 데 필수적인 요소다.

2. ⓛ '개인화'는 스포츠심리상담사가 자신의 독특한 전문성을 개발하고, 개인적 특성을 상담과정에 통합하는 것을 의미한다.

3. ⓒ 스포츠심리상담사는 선수의 정체성을 이해하여 개인화된 상담을 제공하며, 모든 선수에게 획일적인 상담 방식을 적용하지 않는다.

4. ⓒ 강한 선수 정체성을 가진 선수는 일반적으로 높은 동기부여와 긍정적인 스포츠 경험을 하는 경향이 있다.

5. ⓛ 스포츠심리상담사의 전문 정체성은 고객과의 의존적 관계를 형성하는 것을 포함하지 않는다. 오히려 자율성과 전문성을 강조한다.

6. ⓛ 자기인식은 상담사가 자신의 강점, 약점, 가치관을 깊이 이해하고, 이를 상담과정에 반영할 수 있게 한다.

7. ⓛ 선수의 정체성을 이해함으로써 상담사는 선수의 개별 요구에 맞춘 상담 접근방식을 조정할 수 있다.

8. ⓛ 전문 정체성의 이해는 상담사가 윤리적 딜레마에 대응하는 데 기여한다. 그러나 이것이 윤리적 딜레마에 대한 기여를 제한하지는 않는다.

9. ⓒ 최상수행을 위한 이론지향 개발은 상담사의 개인적 경험과 신념 그리고 이론적 지식을 모두 포함해야 한다. 이를 통해 상담사는 자신의 경험을 이론에 통합하고, 실제 상황에서 이를 적용할 수 있는 근거를 마련한다.

10. ⓒ 학제 간 지식은 상담사가 스포츠심리학뿐만 아니라 다른 분야의 지식도 통합하여 선수의 심리적, 신체적, 환경적 요인을 종합적으로 이해하고 대응하는 데 필수적이다.

11. ⓔ 인간행동의 이론적 지향 개발은 문제의 정의와 진단, 목표설정, 그리고 개입의 선택 등 모든 측면에서 중요하다. 이를 통해 상담사는 보다 효과적으로 선수의 문제를 이해하고 적절한 개입 방안을 마련할 수 있다.

12. ⓣ 최상수행의 이론지향을 개발하기 위해서는 인간행동에 대한 깊은 이해가 필요하다. 이는 상담사가 선수의 행동을 정확하게 파악하고, 그에 맞는 개입을 설계하는 데 도움을 준다.

13. (O) 명확한 개인 및 전문 정체성은 스포츠심리상담사가 이론과 기술을 상황에 맞게 유연하게 적용하고, 이를 통해 내담자와의 신뢰를 구축하며 효과적인 상담을 수행할 수 있는 기반을 마련한다.

14. (X) 개인화 과정에서 스포츠심리상담사는 각 고객의 개별적인 특성과 필요를 고려하여 맞춤형 전략을 적용한다. 이는 모든 고객에게 동일한 접근을 사용하는 것과 반대된다.

15. (X) 강한 선수 정체성은 높은 동기부여와 긍정적인 스포츠 경험을 가져올 수 있지만, 지나치게 강한 정체성은 부정적인 신체적 및 심리적 결과를 초래할 수 있다. 이는 스트레스 증가와 적응 문제를 일으킬 수 있다.

16. (X) 선수의 정체성을 이해하는 것은 상담사와 선수 사이의 신뢰를 형성하고, 내담자의 요구와 상황에 대한 공감을 증진하는 데 매우 중요하다. 이는 상담과정에서의 효과적인 라포 구축을 돕는다.

17. (O) 자기인식은 스포츠심리상담사가 자신의 강점, 약점, 가치관을 깊이 이해하고, 이를 상담과정에 반영하여 효과적인 상담을 수행할 수 있도록 돕는 필수적인 요소다. 이는 상담과정을 개인화하고 맞춤화하는 데 기여한다.

18. (X) 이론지향 개발과정에서 상담사는 자신의 이론적 지식뿐만 아니라 개인적 경험과 신념, 학제 간 지식을 모두 고려해야 한다. 따라서 이 문제의 주장은 틀렸다.

19. (O) 개인적 경험과 신념은 이론지향에서 매우 중요하다. 이는 상담사가 개인적인 관점과 전문적 지식을 통합하는 기반을 제공한다.

20. (O) 학제 간 지식은 다양한 요인이 선수의 수행에 미치는 영향을 이해하고, 효과적인 개입을 설계하는 데 필수적이다. 이 지식은 심리적, 신체적, 환경적 요인을 통합하는 데 중요한 역할을 한다.

21. (자신의 전문 정체성) 스포츠심리상담사가 자신의 전문 정체성을 명확히 이해하는 것은 내담자와의 관계 구축, 상담과정에서 이론과 기술의 적절한 적용에 있어 필수적이다. 이는 상담의 효과성을 높이는 데 도움을 준다.

22. (맞춤형) 선수 각각의 독특한 정체성과 요구를 이해하는 것은 상담사가 선수의 개별적인 상황에 적합한 맞춤형 상담을 설계하고 제공하는 데 기초가 된다.

23. (이해하고 반영) 상담사의 자기인식은 자신의 개인적 특성과 전문적 역량을 깊이 파악하고, 이를 상담과정에 적절히 반영하여 보다 효과적인 상담을 수행할 수 있도록 한다.

24. (개별적 요구와 상황) 개인화는 상담사가 각 고객의 독특한 심리적, 정서적, 신체적 요구와 상황을 파악하고, 이에 맞는 상담 접근방식을 취하는 것을 말한다. 이를 통해 상담사는 고객에게 더욱 효과적으로 도움을 제공할 수 있다.

25. (학제 간) 학제 간 지식은 상담사가 선수의 다양한 요구에 대응하고 효과적인 지원을 제공하기 위해 필요하다. 이 지식은 다양한 학문적 배경에서 얻은 지식을 통합하고, 선수의 복잡한 요구를 이해하는 데 도움을 준다.

26. (개인적 경험과 신념) 개인적 경험과 신념은 상담사가 자신의 이론적 지식을 형성하고 이를 실제 상황에 적용하는 데 중요한 기반이 된다. 이를 통해 상담사는 인간행동에 대한 자신만의 이해를 발전시킬 수 있다.

현장실습

1. 아래는 스포츠심리학과 스포츠심리상담에서 사용되는 이론, 모델, 철학, 틀(프레임워크)의 용어에 대한 정의와 이를 어떻게 이해해야 하는지를 토론하기 위한 실습 워크시트이다. 워크시트를 활용하여 용어를 이해하고, 자신의 입장으로 간략히 정의하고 이를 스포츠심리상담에서 어떻게 활용할 수 있는지 토론해 보시오.

용어의 기본 정의	• 이론(theory): 특정한 현상을 설명하고 이해하기 위한 체계적인 설명이다. • 모델(model): 이론을 기반으로 실제 세계를 설명하기 위한 도구이다. • 철학(philosophy): 세계관과 가치관을 바탕으로 한 인식론과 방법론을 제시한다. • 틀(framework): 특정한 목적을 달성하기 위한 지침과 기준을 제시한다.

실습 워크시트: 스포츠심리학의 이론, 모델, 철학, 틀(프레임워크)

목적: 스포츠심리학과 스포츠심리상담에서 사용되는 기본 용어들을 이해하고, 이러한 용어들이 실제 상담에서 어떻게 응용될 수 있는지를 토론한다.

개인의 토론 준비	• 각 용어(이론, 모델, 철학, 틀)의 정의를 자신의 말로 간략하게 서술하시오.	이론	
		모델	
		철학	
		틀	
	• 각 용어가 실제 상담에서 어떤 역할을 하는지 예를 들어 설명하시오.	이론	
		모델	
		철학	
		틀	
집단 토론	• 준비한 내용을 바탕으로 클래스 내에서 토론을 진행하시오. • 다른 학생들의 의견을 듣고, 자신의 생각을 비교하며 토론하시오. • 토론과정 방식은 앞의 장 참고	이론	
		모델	
		철학	
		틀	
결론 작성	• 토론을 통해 얻은 내적 통찰을 바탕으로, 스포츠심리상담에서 이론, 모델, 철학, 틀에 대한 자신의 최종 의견을 작성하시오.		

스포츠심리학의 이론, 모델, 철학, 틀(예시)

이론	• 자기 결정 이론: 선수의 동기 부족 문제를 상담할 때, 선수의 자율성, 유능감, 관계성 욕구를 파악하고 이를 충족시키는 상담전략을 수립하는 데 활용할 수 있다. • 상태-특성 불안 이론: 선수의 경쟁 불안 문제를 상담할 때, 불안의 원인을 상태 불안과 특성 불안으로 구분하고, 각 유형에 맞는 상담 기법을 적용하는 데 활용할 수 있다.
모델	• 다차원 불안 모델: 선수의 불안을 인지적, 신체적 측면으로 나누어 평가하고, 각 측면에 맞는 불안 감소 기법을 적용하는 데 활용할 수 있다. • 팀 응집력 모델: 팀의 응집력 수준을 평가하고, 팀워크 향상을 위한 상담 프로그램을 설계하는 데 활용할 수 있다.
철학	• 인본주의적 철학: 선수의 존엄성과 자율성을 존중하는 상담환경을 조성하고, 선수의 성장과 발달을 지원하는 상담을 진행할 수 있다. • 현상학적 접근: 선수의 주관적인 경험을 이해하고 공감하는 데 초점을 맞추어, 선수의 내면세계를 탐구하는 상담을 진행할 수 있다.
틀	• 인지행동치료 틀: 선수의 부정적인 사고와 행동패턴을 변화시키기 위한 상담과정을 설계하고, 인지 재구성, 행동 실험 등의 기법을 적용할 수 있다. • 심리기술훈련 틀: 선수의 심리기술훈련 계획을 수립하고, 목표설정, 심상훈련, 혼잣말 등의 기법을 훈련하는 데 사용할 수 있다.

2. 스포츠심리학 이론의 패러다임 모형으로서 수행 탁월성을 위한 이론지향(Theoretical Orientation to Performance Excellence; TOPE) 그림을 바탕으로 자신의 계획을 기술하고 함께 토론해 보시오.

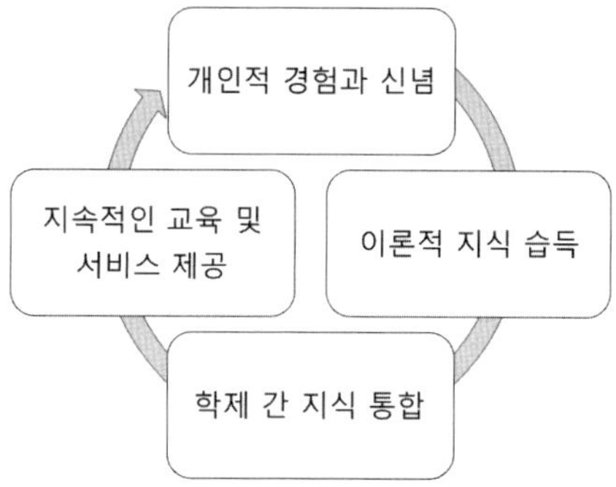

실습 워크시트: 수행탁월성 모델을 이용한 개인의 스포츠심리상담 계획 개발

목적: 수행탁월성을 위한 이론지향 모델을 이해하고, 이를 자신의 스포츠심리상담 계획에 적용하여 효과적인 상담전략을 개발하는 것입니다.

가이드라인:

<table>
<tr><td>모델 이해</td><td colspan="2">• 이 모델의 주요 구성요소를 검토하고 각 요소가 스포츠심리상담에서 어떻게 적용될 수 있는지 서술하시오.</td><td colspan="2"></td></tr>
<tr><td>개인 계획 개발</td><td colspan="2">• 자신의 스포츠심리상담 주제(예: 선수의 스트레스관리, 동기부여 증진 등)를 선택하고, 이 모델을 적용하여 구체적인 상담 계획을 기술하시오.</td><td colspan="2"></td></tr>
<tr><td rowspan="2">클래스 토론</td><td colspan="4">• 준비한 계획을 바탕으로 클래스 내에서 토론을 진행하시오.</td></tr>
<tr><td colspan="4">• 동료의 계획을 검토하고, 강점과 개선점에 대해 피드백을 제공하시오.</td></tr>
<tr><td rowspan="5">토론 준비</td><td rowspan="4" colspan="2">• 개발한 계획의 이론적 근거, 학제 간 지식통합, 지속적 교육 및 서비스 제공, 개인적 경험과 신념에 대해 토론하고, 이 계획이 선수의 수행향상에 어떻게 기여할 수 있는지를 논의하시오.</td><td>이론적 근거</td><td></td></tr>
<tr><td>학제 간 지식통합</td><td></td></tr>
<tr><td>지속적 교육 및 서비스</td><td></td></tr>
<tr><td>개인적 경험과 신념</td><td></td></tr>
<tr><td colspan="2">• 계획의 잠재적 한계와 해결 방안을 제시하시오.</td><td colspan="2"></td></tr>
<tr><td>결론</td><td colspan="2">• 토론을 통해 얻은 내적 통찰을 바탕으로, 계획의 최종 버전을 수정하고, 이론적 지향의 중요성을 강조하는 결론을 작성하시오.</td><td colspan="2">아래의 부록을 체크하여 자신의 현재 상황 평가
〈부록 2-2〉 스포츠심리학: 지식과 기술 체크리스트
〈부록 3-1〉: 스포츠심리상담사 상담역량 검사지</td></tr>
</table>

4장.

사례개념화와 상담

1. 상담과 사례개념화
   1.1 사례개념화의 개념
2. 사례개념화의 이론적 배경
   2.1 정신역동적 사례개념화
   2.2 인지행동치료
3. 사례개념화의 실제
   3.1 사례개념화 구성요소
   3.2 인지행동 관점의 사례개념화 요소
4. 사례개념화 교육 프로그램
   4.1 사례개념화 교육
   4.2 스포츠심리상담 사례개념화
5. 양궁선수 사례개념화의 실제

평가문항/모범답안 및 해설/현장실습

1. 상담과 사례개념화

1.1 사례개념화의 개념

스포츠심리상담사(SPC)는 선수와 팀, 혹은 운동참여자의 문제와 문제의 촉진 요인에 관한 정보를 정확하게 파악해야 한다. 문제를 해결하고 효율적으로 상담과정을 이끌기 위한 전략이 사례개념화이다. 사례개념화는 상담자 교육 방법 중 하나인 슈퍼비전의 구성요소에 포함된다.

사례개념화는 내담자의 현재 문제, 역사적 및 현재적 맥락, 강점 및 자원을 포괄적으로 이해하는 과정입니다. 이러한 이해는 치료 개입의 선택을 안내하고 치료 진행상황을 모니터링하는 데 사용된다.

학교상담 슈퍼비전을 다룬 연구들은 슈퍼비전 영역의 한 부분으로서 사례개념화 능력의 중요성을 강조하고 있다. 학교상담자의 슈퍼비전 영역에서는 내담학생의 상황을 정확하게 파악하고, 내담학생에 대한 다양한 정보를 바탕으로 이를 이론적으로 설명하고 상담계획을 세우기 위한 사례개념화 능력이 필요하다. 사례개념화에 포함되어야 할 내용은 내담학생의 현재 호소 문제 및 상태, 문제와 관련된 역사적 배경, 내담학생의 내적 요인, 현재 생활 여건과 지속 요인, 대인관계 특성, 자원(강점과 지지원)과 약점, 문제와 관련된 요인들에 대한 통합적인 이론 설명, 장 · 단기 목표설정, 설정된 목표를 내담학생과 합의, 목표달성을 위한 적합하고 다양한 전략과 계획들이다(손현동, 2007).

TIP 스포츠심리학적 관점의 사례개념화

- √ 스포츠심리상담사는 일반 상담이론의 관점을 택할 수도 있고, 스포츠심리학 이론의 관점을 택할 수 있다. 물론 두 관점을 혼합하여 고객을 대할 수 있다. 어떠한 관점이든 신념과 자신감을 갖고 있어야 한다.
- √ 상담자의 명확한 이론적 가정과 폭넓은 현장경험을 토대로 하여 선수 개인의 문제, 팀 역동의 문제, 지도자 및 동료와의 관계, 사회적 관계와의 문제에 대한 이해를 높일 수 있다.
- √ 고객의 문제를 효과적으로 처리하기 위해서는 심리, 대인관계, 행동 문제의 원인, 촉발 요인, 유지 요인에 대한 적절한 가설을 세우고, 이러한 종합적 이해를 근거로 고객의 변화를 위한 개입계획을 수립할 수 있다.

사례개념화(Case Conceptualization, Case Formulation)는 상담 초기에 이루어진다. 사례개념화란 간결하고 분명한 설명 또는 도해로 다양한 사례 정보를 요약하는 방법과 과정이며 고객의 기본적인 행동패턴을 명확히 밝히는 것이다(Carlson, Sperry, & Lewis, 2005). Sperry(2010)는 사례개념화를 내담자에 대한 정보를 모아서 조직화하고, 내담자의 상황과 부적응적 패턴을 이해하고 설명하며, 상담을 안내하고 초점을 맞추고, 도전과 장애 예상 및 성공적 종결 준비 방법 또는 전략이라고 정의하였다.

상담자는 사례개념화 과정에서 자신의 이론적 배경과 임상 경험을 기초로 가설을 세우고 상담과정을 통하여 지속적으로 수정 보완해 갈 수 있다. 이 과정에서 내담자의 문제와 관련된 원인과 호소 문제, 환경적인 영향 등을 정확하게 인식하고 상담의 목표와 방향, 도움이 되는 상담전략 및 개입이 가능하도록 유도한다. 또한 상담자는 내담자의 심리내적인 역동, 인지적, 행동적, 정서적, 대인관계 문제와 관련된 원인 및 촉발, 유지 요인들을 파악하고 이에 기초하여 상담의 방향과 전략을 계획한다. 따라서 사례개념화는 상담자의 발달단계를 평가할 수 있는 기준이 될 수 있으므로 상담자들은 효과적인 상담목표달성을 위해 사례개념화 기술을 향상시켜야 한다.

사례개념화의 목표는 고객을 올바로 이해하기 위해 이론적 설명과 문제에 대한 이론적 가정을 제공하는 데 있으며, 이를 근거로 상담자는 고객의 변화를 위해 상담의 계획을 발전시켜 더 효과적으로 치료하는 것이다.

스포츠 장면에서의 사례개념화는 우선 고객인 선수나 팀, 지도자와 부모, 소속기관이니 종목 연맹 등 승패가 분명하지만 무한한 경쟁상황의 이해를 바탕으로 이들 관계자의 문제를 이해할 수 있어야 한다. 이를 위하여 상담사는 자신의 상담이론과 기법, 혹은 심리기술의 기법과 방법을 숙지하고 선수중심의 관점으로 관련 문제의 원인, 호소 문제, 고객의 상황을 정확하게 인식해서 상담의 목표와 방향, 도움이 되는 심리훈련이 되도록 유도해야 한다.

TIP 사례개념화의 다섯 가지 기능(Sperry & Sperry, 2012)

첫째, 내담자 정보를 모아서 조직화하는 기능
둘째, 내담자에 대해 설명하는 기능
셋째, 상담을 안내하고 초점을 맞추어 나가는 기능
넷째, 상담과정에서의 도전과 장애를 예상하는 기능
다섯째, 종결 준비 및 예측에 대한 기능

사례개념화는 상담자의 이론적 경향에 따라 달라질 수 있다. 이론적 관점들 중에서 사례개념화는 정신역동적 접근에서 처음으로 사용한 용어이며 점차 행동수정과 인지행동적 접근에서도 사용되어 왔다(이윤주, 2007). 상담자들이 적용할 수 있는 현재의 이론적 관점들은 정신역동, 인지행동, 개인심리학, 생물학, 사회학, 가족체계, 정신사회학, 통합적 관점들이 있다.

각각의 이론들은 내담자분석과 상담전략에 있어 분명한 차이점이 있다. 다시 말하면, 상담자가 사례를 개념화할 때 어떠한 부분에 의식적으로 집중하고 상담계획을 위해 노력을 기울여야 할지가 상담자가 선택한 이론에 따라 조금씩 달라진다는 점이다.

2. 사례개념화의 이론적 배경

2.1 정신역동적 사례개념화

1) 정신역동적 관점

정신역동치료의 사례개념화는 고객의 무의식적 동기와 갈등이 현재의 행동과 정서상태에 미치는 영향을 이해하는 데 초점을 맞춘다. 이 접근법은 Freud(1923)의 이론에 기반을 두고 있으며, 내면적 갈등과 무의식적 동기의 탐구를 통해 개인의 심리적 문제를 해결하는 데 목적이 있다. 또한 내담자의 정신병리는 정신 내적 갈등의 결과로 이해하며 그 갈등과 관련된 성장 배경과 과거 경험을 통해 사례를 이해하고자 한다(Murdock, 1991). 정신역동적 접근에서의 사례개념화는 상담 초기에 고객의 중심 문제를 파악하고 치료계획을 수립하는 것이다(Perry, Cooper, & Michel, 1987). 정신역동적 관점에서 사례개념화를 효과적으로 수행하기 위해서 다음의 기본사항이 요구된다.

TIP 정신역동치료의 사례개념화의 장단점

- 장점: 내담자의 문제를 종합적으로 이해할 수 있다. 치료목표를 구체적이고 측정가능하게 설정할 수 있다. 효과적인 치료계획을 수립할 수 있다.
- 단점: 시간과 노력이 많이 소요된다. 치료자의 전문성과 경험이 요구된다. 정신역동치료의 이론과 개념을 적용한다.

- 내담자와의 신뢰관계를 형성한다.
- 내담자의 이야기를 경청하고, 공감한다.
- 내담자의 문제를 다양한 관점에서 바라본다.
- 정신역동치료의 이론과 개념을 적용한다.

2) 정신역동치료의 사례개념화 단계

(1) 사례 정보 수집

- 기본 정보: 내담자의 이름, 나이, 성별, 직업, 가족 구성원, 학력, 종교, 경제 상황, 주거지 등
- 현재 문제: 내담자가 겪고 있는 문제의 구체적인 내용, 문제의 시작, 문제의 원인, 문제로 인해 발생하는 어려움 등

• 발달적 역사: 내담자의 출생, 유아기, 아동기, 청소년기, 성인기의 주요 경험, 내담자의 부모, 형제자매, 중요한 타인과의 관계 등
• 심리적 구조: 내담자의 자아, 초자아, 이드의 구조와 기능, 내담자의 방어기제, 내담자의 내적 갈등 등

(2) 현재 문제의 이해
• 내담자의 현재 문제를 구체적으로 이해하고, 그 원인을 파악한다.
• 내담자의 현재 문제를 일으키는 요인들을 분석한다.
• 내담자의 현재 문제로 인해 발생하는 어려움들을 파악한다.

(3) 발달적 역사의 이해
• 내담자의 발달적 역사를 이해하고, 그 과정에서 형성된 심리적 구조를 파악한다.
• 내담자의 발달적 역사에서 중요한 사건들을 분석한다.
• 내담자의 발달적 역사에서 형성된 내적 갈등을 파악한다.

(4) 심리적 구조의 이해
• 내담자의 심리적 구조를 이해하고, 그 구조가 현재 문제에 어떤 영향을 미치는지 파악한다.
• 내담자의 자아, 초자아, 이드의 구조와 기능을 파악한다.
• 내담자의 방어기제를 파악한다.
• 내담자의 내적 갈등을 파악한다.

(5) 치료목표의 설정
• 내담자의 현재 문제와 심리적 구조를 고려하여, 치료목표를 설정한다.
• 치료목표는 구체적이고 현실적이며 달성 가능한 것이어야 한다.
• 치료목표는 내담자와 상담사가 함께 합의해야 한다.

(6) 치료계획의 수립
• 치료계획은 내담자의 특성과 상황에 맞게 이루어져야 한다.
• 치료계획은 내담자와 상담사가 함께 수립해야 한다.
• 내담자의 문제해결을 위해 필요한 상담방법과 절차를 포함한다.
• 위와 같은 사례개념화 단계를 쇼트트랙 선수에게 적용해 보면 다음의 〈예시 1〉과 같다.

2.2 인지행동치료

행동치료는 인간의 행동은 환경에 의해 영향을 받는다는 관점에 기반을 둔 심리치료 접근법이다. 행동치료는 행동의 변화를 통해 내담자의 문제를 해결하는 데 초점을 맞춘다. 행동치료의 주요 기법으로는 체계적 둔감화, 노출요법, 행동강화요법 등이 있다.

인지치료는 인간의 행동은 인지적 요인, 즉 사고, 신념, 가치, 기대 등에 의해 영향을 받는다는 관점에 기반을 둔 심리치료 접근법이다. 인지치료는 부정적인 사고를 긍정적인 사고로 바꾸는 것을 통해 내담자의 문제를 해결하는 데 초점을 맞춘다. 인지치료의 주요 기법으로는 사고의 재구성, 인지적 왜곡 식별, 인지적 대처기술훈련 등이 있다.

인지행동치료는 행동치료와 인지치료의 요소를 결합한 심리치료 접근법이다. 인지행동치료는 행동의 변화와 인지적 변화를 통해 내담자의 문제를 해결하는 데 초점을 맞춘다. 인지행동치료의 주요 기법으로는 체계적 둔감화, 노출요법, 인지재구성, 인지적 대처기술훈련 등이 있다. 〈표 1〉은

표 1. 세 가지 접근방식의 차이점

접근방식	주요 초점	주요 기법
행동치료	행동의 변화	체계적 둔감화, 노출요법, 행동강화요법
인지치료	인지적 변화	사고의 재구성, 인지적 왜곡 식별, 인지적 대처기술훈련
인지행동치료	행동과 인지 변화	체계적 둔감화, 노출요법, 사고의 재구성, 인지적 대처기술훈련

세 가지 접근방식의 차이점이다.

예를 들어, 불안장애를 가진 내담자의 경우, 행동치료는 불안을 유발하는 상황을 회피하는 행동을 교정하는 데 초점을 맞출 수 있다. 인지치료는 불안을 유발하는 부정적인 사고를 긍정적인 사고로 바꾸는 데 초점을 맞출 수 있다〈부록 4-1〉. 스포츠 인지행동 사례개념화 워크시트는 각 이론에 대한 실제적인 이해를 도울 것이다. 인지행동치료는 불안을 유발하는 상황을 회피하는 행동을 교정하고, 불안을 유발하는 부정적인 사고를 긍정적인 사고로 바꾸는 데 모두 초점을 맞출 수 있다.

예시 1 **정신역동접근의 사례개념화-쇼트트랙 선수**

- 사례 정보: 내담자의 이름, 나이, 성별, 직업, 교육 수준, 가족 구성 등
- 현재 문제: 내담자가 호소하는 현재의 문제
- 발달적 역사: 내담자의 유년기, 청소년기, 성인기의 주요 사건과 경험
- 내담자의 심리적 구조: 내담자의 성격, 방어기제, 자아 구조 등
- 치료목표: 치료를 통해 달성하고자 하는 목표
- 치료계획: 치료를 통해 내담자가 어떻게 변화할 것인지에 대한 계획

사례 정보	• 내담자 이름: 김철수 • 21세, 남자 • 직업: 쇼트트랙 선수 • 교육 수준: 대학교 3학년 • 가족 구성: 부모님, 형	현재 문제	• 경기 중 실수를 자주 함 • 경기 결과에 대한 불안감이 심함 • 경기에 대한 흥미 감소
발달적 역사	• 어렸을 때부터 운동을 좋아함 • 유치원에서 쇼트트랙을 시작함 • 고등학교 때 전국대회에서 우승함 • 대학교에 진학 후 실업팀에 입단함	내담자의 심리적 구조	• 완벽주의 성향 • 경쟁심이 강함 • 실패에 대한 두려움이 있음
치료목표	• 경기 중 실수를 줄임 • 경기 결과에 대한 불안감 감소시킴 • 경기에 대한 흥미를 회복함	치료계획	• 내담자의 완벽주의 성향과 경쟁심에 대해 이해하고, 이를 조절하는 방법을 익히도록 함 • 실패에 대한 두려움을 극복하는 방법을 익히도록 함 • 경기에 대한 긍정적인 태도를 형성하도록 함

1) 행동주의적 관점

행동주의적 관점의 사례개념화는 개인의 문제행동이 환경적 요인과 학습된 반응의 결과로서 발생한다고 보는 접근법이다. 이 관점은 Watson(1913)과 Skinner(1953)에 의해 발전되었으며, 행동의 원인을 외부적 자극과 내부적 조건반사에 초점을 맞춘다. 이 접근법은 행동을 강화하거나 약화시키는 환경적 요인들을 식별하고, 이를 수정하여 문제행동을 개선하는 데 중점을 둔다.

즉, 내담자의 문제는 유해한 사건인 선행요인의 결과로써 학습된 것이며 그 행동을 강화시킨 사건들에 의해 유지된 것으로 보고 특수한 행동과 행동의 역사 그리고 그 행동을 둘러싼 선행 요인과 후속 자극을 포함한 고객의 생활환경에 관심을 두고 이를 근거로 고객의 문제를 이해하고자 한다(이윤주, 2007). 이를 근거로 하는 행동주의적 사례개념화는 고객의 호소를 수정 대상이 되는 문제와 치료목표로 변환하는 과정이다(Nezu, Nezu, Friedman, & Haynes, 1997). 행동주의적 사례개념화의 4가지 주요 요소를 바탕으로 쇼트트랙 선수의 사례개념화를 〈예시 2〉에 제시하였다.

- 학습된 행동(Learned Behavior): 문제행동은 학습을 통해 발달한 것으로 간주된다. 이는 고전적 조건화나 조작적 조건화로 형성될 수 있다.
- 자극과 반응(Stimulus-Response): 특정 자극에 대한 반응으로 행동이 나타나는데 이 반응은 강화나 처벌에 의해 조정될 수 있다.
- 강화와 처벌(Reinforcement and Punishment): 강화는 원하는 행동을 증가시키는 반면, 처벌은 원치 않는 행동을 감소시킨다.

• 환경적 요인(Environmental Factors): 개인의 행동은 그들이 처한 환경적 요인과 밀접한 관련이 있으며, 이러한 요인들이 행동을 형성하거나 변화시킬 수 있다.

예시 2 행동주의적 접근의 사례개념화: 쇼트트랙 선수

클라이언트 배경	• 쇼트트랙 선수, 경기 중 자주 넘어짐. • 경기 전 심한 불안과 스트레스를 경험함.
현재 문제	• 선수는 경기 중 넘어지는 것과 관련하여 높은 수준의 불안을 경험함. • 경기 전 불안이 성능 저하로 이어짐.
행동주의적 개념	• 학습된 행동: 선수는 과거의 넘어짐 경험을 통해 경기에 대한 부정적 반응을 학습했을 수 있다.
	• 자극과 반응: 경기상황이 불안을 자극하는 요인으로 작용하며, 이에 대한 반응으로 선수는 긴장하고 실수를 반복할 수 있다.
	• 강화와 처벌: 선수의 불안 반응은 경기 중의 실수나 넘어짐을 통해 부정적으로 강화될 수 있다. 성공적인 경기를 통한 긍정적 강화가 부족한 경우, 불안과 긴장은 더욱 강화될 수 있다.
	• 환경적 요인: 경기 환경, 코치와 팀원의 반응, 경쟁적인 압박 등이 선수의 불안과 행동에 영향을 미치는 중요한 요인이다.

행동주의적 관점에서 이 사례를 개념화하면, 선수의 불안은 경기와 관련된 부정적인 학습 경험과 환경적 요인의 결과로 이해될 수 있다. 치료목표는 선수의 불안 반응을 감소시키고, 경기상황에 대한 긍정적인 반응을 강화하는 것이 될 것이다. 이를 위해, 선수에게 긍정적인 경험을 제공하고, 불안을 관리하는 기술을 가르치며, 경기 환경을 조절하여 선수가 더 나은 성과를 낼 수 있도록 도울 수 있다. 따라서 김철수 선수의 문제를 해결하기 위해서는 다음 〈예시 3〉과 같은 치료계획을 수립할 수 있다.

예시 3 행동주의적 관점의 치료계획 수립 사례–김철수 선수의 예

• 강화와 처벌을 사용하여 경기 중 실수를 줄인다.	
경기 중 실수를 하지 않았을 때는 다음과 같은 강화를 제공한다. • 코치의 칭찬 • 부모님의 격려 • 경기 후 휴식 시간 추가	경기 중 실수를 했을 때는 다음과 같은 처벌을 부과한다. • 코치의 질책 • 부모님의 실망 • 경기 후 벌칙 수행
• 노출 치료를 사용하여 경기결과에 대한 불안감을 감소시킨다.	
경기결과에 대한 불안감을 유발하는 자극에 점진적으로 노출시키는 과정을 통해, 경기결과에 대한 불안감을 감소시킨다. 예를 들어, 경기결과에 대한 불안감을 유발하는 자극은 다음과 같다. • 경기결과 화면 • 경기결과에 대한 기사 • 경기결과에 대한 평가	
• 단계적으로 이러한 자극에 노출시키는 방법은 다음과 같다.	
1단계: 경기결과 화면을 잠시 보기 2단계: 경기결과 화면을 10초 동안 보기 3단계: 경기결과 화면을 30초 동안 보기 4단계: 경기결과 화면을 1분 동안 보기	
• 인지행동치료를 사용하여 완벽주의 성향과 실패에 대한 두려움을 변화시킨다.	
부정적인 사고를 긍정적인 사고로 바꾸는 방법을 익히도록 함으로써, 완벽주의 성향과 실패에 대한 두려움을 변화시킨다. 예를 들어, 다음과 같은 부정적인 사고를 긍정적인 사고로 바꿀 수 있다. • 부정적인 사고: 나는 실수를 하면 안 된다. • 긍정적인 사고: 실수를 하더라도 다시 일어설 수 있다. 이 치료계획을 통해 김철수 선수는 경기 중 실수를 줄이고, 경기결과에 대한 불안감을 감소시켜, 경기에 대한 흥미를 회복할 것으로 기대된다.	
• 추가 사항	
• 강화와 처벌의 종류와 강도를 조절하여 효과를 극대화한다. • 노출 치료를 진행할 때, 환자의 심리상태를 주의 깊게 살펴야 한다. • 인지행동치료를 진행할 때, 환자의 이해 수준에 맞는 설명과 연습을 제공한다. 이러한 추가 사항을 통해 치료계획을 보다 구체적이고 효과적으로 만들 수 있다.	

2) 인지치료적 관점

행동치료는 인간의 행동은 환경에 의해 영향을 받는다는 관점에 기반을 둔 심리치료 접근법이다. 행동치료는 행동의 변화를 통해 내담자의 문제를 해결하는 데 초점을 맞춘다. 행동치료의 주요 기법으로는 체계적 둔감화, 노출요법, 행동강화요법 등이 있다.

인지치료는 인간의 행동은 인지적 요인, 즉 사고, 신념, 가치, 기대 등에 의해 영향을 받는다는 관점에 기반을 둔 심리치료 접근법이다. 인지치료는 부정적인 사고를 긍정적인 사고로 바꾸는 것을 통해 내담자의 문제를 해결하는 데 초점을 맞춘다. 인지치료의 주요 기법으로는 사고의 재구성, 인지적 왜곡 식별, 인지적 대처기술훈련 등이 있다.

인지치료의 기본 가정은 개인의 정서적 고통과 문제행동은 부정적인 생각과 신념에서 기인하는 것으로 본다(Beck, 1979). 이러한 부정적인 생각과 신념이 개인의 감정과 행동을 형성하고 유지시키는 것이다. 특히 Ellis(1962)와 Beck(1979)은 부정적인 자동적 사고와 인지적 왜곡은 비현실적이며, 문제를 악화시켜, 개인의 감정과 행동에 부정적인 영향을 미친다. 자신과 세계에 대한 근본적인 믿음을 형성시키는 핵심 신념은 자동적 사고와 감정에 큰 영향을 미친다(Beck, 2011).

인지적 재구성은 부정적인 생각을 식별하고, 이를 더 현실적이고 적응적인 생각으로 바꾸는 과정으로 개인이 보다 긍정적인 감정과 행동패턴을 개발하는 데 도움을 준다(Greenberger & Padesky, 1995).

이러한 배경을 근거로 하는 사례개념화는 내담자와 그들의 문제에 대한 이해를 발전시키는 과정이며, 이는 효과적이고 효율적인 치료로 안내하는 것이다(Sacco & Beck, 1995). 인지치료적 접근의 사례개념화는 내담자의 현재 문제와 그 문제의 원인을 내담자의 인지적 요인, 즉 사고, 신념, 가치, 기대 등을 중심으로 이해하는 과정이다. 인지치료적 접근의 사례개념화는 내담자의 현재 문제를 해결하고, 내담자의 삶의 질을 향상시키기 위한 중요한 과정으로 다음 〈표 2〉와 같은 단계로 이루어진다.

표 2. 인지치료적 접근의 사례개념화

단계	내용
사례 정보 수집	내담자와의 면담, 설문지, 관찰 등을 통해 이루어진다. • 내담자의 이름, 나이, 성별, 직업, 교육 수준, 가족 구성 등 • 내담자가 호소하는 현재의 문제 • 내담자의 현재 행동과 감정 • 내담자의 과거 경험과 학습
현재 문제의 이해	정보 수집을 통해 내담자가 호소하는 현재의 문제를 이해한다. • 인지적 문제에는 부정적 사고, 자기 비하, 자기혐오 등이 포함된다. • 행동적 문제에는 공포증, 강박증, 불안, 우울, 섭식 장애 등이 포함된다.
문제의 원인 분석	내담자의 현재 행동과 감정, 과거 경험과 학습 등을 종합적으로 고려한다. • 부정적 사고 : 부정적인 사고는 내담자가 자신에 대한 부정적인 평가, 세상에 대한 부정적인 기대 등을 가지고 있는 것을 말한다. 부정적 사고는 내담자의 감정과 행동에 부정적인 영향을 미칠 수 있다. • 비현실적인 신념 : 비현실적인 신념은 현실과 맞지 않는 신념을 말한다. 비현실적인 신념은 내담자가 불안, 우울, 분노 등의 부정적인 감정을 경험하게 할 수 있다. • 가치와 기대 : 가치와 기대는 내담자가 중요하게 생각하는 것들과 내담자가 기대하는 것을 말한다. 가치와 기대는 내담자의 행동과 감정에 영향을 미칠 수 있다.
치료목표의 설정	문제의 원인을 분석한 후에 치료목표는 내담자의 문제해결을 위한 구체적이고 측정 가능한 목표로 설정해야 한다.
치료계획의 수립	치료목표를 설정한 후 치료계획을 수립한다. 치료계획은 내담자의 문제해결을 위해 필요한 인지치료적 기법을 포함한다. • 사고의 기록과 분석 : 내담자가 가진 부정적 사고를 기록하고 분석하는 기법이다. • 사고의 재구성 : 부정적인 사고를 긍정적인 사고로 바꾸는 기법이다. • 가치와 기대의 탐색 : 내담자의 가치와 기대를 탐색하고, 이를 현실과 조화롭게 만드는 기법이다.
인지치료적 접근의 장점	• 내담자의 현재 문제의 근본적인 원인을 이해할 수 있다. • 효과적인 치료목표를 설정할 수 있다. • 내담자의 인지적 요인을 변화시켜 문제를 해결할 수 있다.
인지치료적 접근의 단점	• 치료자의 전문성과 경험이 요구된다. • 시간과 노력이 많이 소요된다.

3. 사례개념화의 실제

3.1 사례개념화 구성요소

사례개념화 요소는 고객의 핵심 문제, 고객이 원하는 것, 상담과정에서 수집된 정보를 바탕으로 고객에 대한 종합적인 이해, 고객의 증상과 문제 형성 및 유지 요인을 파악하기 위해 필요한 내용들을 유목화한 것이다. 사례개념화 수행 면에서 효율성과 타당성을 갖추기 위해서는 사례개념화 요소를 확인하고 인지할 필요가 있다. 상담이론에 따라 사례개념화는 다르게 이루어질 수 있지만, 각 이론의 사례개념화 요소 중 공통적으로 강조하는 요소들이 존재한다. 상담현장에서 일반적으로 사용되는 사례개념화 요소는 내담자의 현재문제, 그 문제와 관련된 배경, 가족관계를 포함한 대인관계, 내담자의 강점 및 취약점, 상담계획과 예상되는 장애요소 등 여러 가지가 있다.

Holloway & Wolleat(1980)의 연구에서는 사례개념화 요소들로 고객의 주요 문제 파악, 클라이언트 문제의 주요한 내외적 요인 파악, 클라이언트 문제의 인지적, 정서적, 행동적 요인 파악, 핵심 요인들 간의 상호 관계성, 상담자 가설 형성의 전체적인 질적 수준을 제시하였다. Loganbill & Stoltenberg(1983)는 상담 실제에서 사례를 이해하기 위해 인구학적 정보, 호소 문제, 관련 역사, 대인관계 양식, 환경적 요인, 성격 역동을 상담자 훈련을 목적으로 구성하였다.

〈표 3〉은 이윤주(2001)가 선행연구에서 강조되고 있는 사례개념화 요소들을 수집하여 사례개념화에 포함되어야 할 내용과 요소, 그리고 Sperry & Sperry(2012; 2016)는 사례개념화 요소를 17가지로 정리하여 제시한 내용이다. 이들은 내담자가 처한 문화, 즉 그들이 속해 있는 문화와 주변 환경에 대한 이해를 사례개념화 요소에 포함시킴으로써 고객과 관련된 다양한 측면의 파악을 중요하게 강조하고 있다. 상담자는 이들 요소를 바탕으로 고객의 정보를 체계적으로 이해하고 사례에 적합한 효율적이고 정확한 상담계획을 수립할 수 있어야 한다.

표 3. 사례개념화 요소 목록

이윤주(2001)의 요소 목록	
현재 문제 및 관련 증상	지금 상담에 오게 된 계기 구체적 호소들과 증상 핵심 문제 및 정서, 객관적 정보
문제와 관련된 역사적 배경	발달적 역사, 문제의 기원 과거의 문제력 및 당시 환경 상황
문제와 관련된 내담자의 개인적 요인	자아개념 통찰 내용과 수준 인지적 스타일 및 특징 정서적 스타일 및 특징 신체 생리 행동의 특징 원함(wants)
문제 관련 내담자의 외적(상황) 요인	문제와 관련된 현재 상황 여건 문제를 지속시키는 상황적 요인
내담자의 대인관계 특성	대인관계 양상 대인관계 문제 영역
내담자의 자원 및 취약성	긍정적 상황과 강점 내담자의 대처전략 부정적, 상황적 약점
문제와 내담자에 대한 종합적 이해	핵심 문제에 대한 이론적 설명 내담자 관련 요인들에 대한 종합적 이해 및 평가
상담목표 및 계획	최종목표(장기목표)과 과정목표(단기목표) 상담전략 상담목표달성의 장애로 예상되는 요소들

출처: 이윤주(2001). 상담사례개념화 요소목록 개발 및 타당성 검증 연구, p.58.

Sperry & Sperry(2016)의 요소 목록
• 호소 문제: 호소하는 문제 그리고 촉발요인에 대한 특정 반응
• 촉발요인: 패턴을 활성화하여 호소 문제를 일으키는 자극
• 부적응적 패턴: 지각, 사고, 행동의 경직되고 효과가 없는 방식
• 유발요인: 적응 또는 부적응적 기능을 촉진하는 요인
• 유지요인: 내담자의 패턴을 지속적으로 활성화하여 호소 문제를 경험하게 하는 자극
• 문화적 정체성: 특정 민족집단에 대한 소속감
• 문화: 적응과 적응 스트레스: 주류 문화에 대한 적응 수준(심리사회적 어려움 등을 포함한 문화적응 관련 스트레스)
• 문화적 설명: 고통, 질환, 장애의 원인에 대한 신념
• 문화 대 성격: 문화와 성격 역동 간의 상호작용 정도
• 적응적 패턴: 지각, 사고, 행동의 유연하고 효과적인 방식
• 상담목표: 단기-장기 상담의 성과
• 상담의 초점: 적응적 패턴의 핵심이 되는 상담의 방향성을 제공하는 중요한 치료적 강조점
• 상담전략: 보다 적응적 패턴을 달성하기 위한 실행 계획 및 방법 상담개입
• 상담목표와 패턴: 변화를 달성하기 위해 상담전략과 관련된 세부변화 기법 및 책략
• 상담의 장애물: 부적응적 패턴으로 상담과정에서 예상되는 도전
• 문화적 상담개입: 해당 사항이 있을 경우 문화적 개입, 문화적으로 민감한 상담, 개입의 구체화
• 상담의 예후: 상담을 하거나 하지 않을 경우, 정신건강 문제의 경과, 기간, 결과에 대한 예측

출처: Sperry & Sperry(2016). 상담 실무자를 위한 사례개념화: 이해와 실제. (이명우 역). 학지사 (원전은 2012년에 출판), p.288.

3.2 인지행동 관점의 사례개념화 요소

1) 내용요소와 방법

사례개념화 방법 중 가장 보편적으로 활용되고 있는 인지행동적 사례개념화(이명우, 2004)에 대한 내용요소와 그 방법을 알아보자. 인지행동치료는 인지와 행동치료 접근법을 혼합하여 사용한다. 인지행동 사례개념화 방법의 초점은 문제에 대한 내담자의 핵심 신념을 인지하고 재구성하여 대안적 행동으로 수정케 하는 것으로 Persons(1992)는 〈예시 4〉와 같은 7단계의 순차적 사례개념화 방법을 제안하였다.

- 문제 목록 단계: 상담자는 내담자의 심리, 대인관계, 직업, 금전, 주거, 법적, 여가 영역 등에서 느끼는 불편함에 대하여 질문한다. 내담자가 느끼는 어려움 전부에 대한 포괄적 리스트를 얻을 수 있다면 핵심 신념에 대한 아이디어를 만들고 작업가설을 세우는 데 도움이 된다. 한 영역에서 시작된 주된 불편함이 또 다른 불편으로 이어지는지 확인해야 한다. 내담자들이 모든 불편을 의식적으로 알고 있는 것은 아니다. 때로는 문제를 인정하거나 받아들이지 못하고, 수치스럽거나 두려워서 인식하지 못할 수도 있다.
- 핵심 신념 단계: 문제에 대한 핵심 신념을 발견하기 위해 보다 탐색적 질문이 필요하다. 내담자가 불편을 느끼기 시작하기 바로 직전에 마음에 무엇을 느끼는지, 그것이 내담자에 대해 무엇을 말하는지, 이러한 상황에 대한 감각적 이미지나 기억을 가지고 있는지 등의 질문이 유용하다. 또한 상담자는 내담자의 핵심 신념이 꼭 한 개인의 것이 아니라 자신, 타인, 외부 등의 서로 다른 상황에 대하여 다수의 핵심 신념이 동시에 작용 가능하다는 것을 알아야 한다.
- 촉발 요인과 촉발 상황 단계: 내담자를 지금의 문제나 상황으로 이끈 주변 환경이나 사건을 구체적으로 파악해야 한다.
- 작업가설 단계: 앞에서 작업한 문제 목록, 핵심 신념, 촉발 요인과 상황을 함께 묶어 논리적 이야기를 만든다. 이 부분이 인지행동 사례개념화의 핵심이며 작업가설은 기능적 가설이며 설명적 가설이다. 여기에는 내담자의 생물학적 요인도 포함된다.
- 근원 단계: 앞서 세운 작업가설을 설명하는 내담자의 부모 및 주요 타자와의 관계, 핵심 신념의 형성과 관련한 어린 시절의 발달사, 모델링 경험이나 중요기술, 행동학습의 실패 등을 탐색한다. 이 단계에서 지속적인 작업가설의 수정 보완이 가능하다.
- 상담계획 단계: 장단기 상담목표와 이에 따른 상담자 개입의 구체적 전략을 세운다.
- 상담진행에 반하는 예상 장애단계: 상담자가 문제 목록이나 핵심 신념 등을 참고하였을 때 앞에서 세운 상담계획에 따른 목표달성에 반하는 잠재적 장애들에 대해 미리 생각해 두고 이에 대한 대처방안을 모색한다.

이러한 7단계 형식에 따른 사례개념화 보고서를 작성하고 특히 상담 3-4회기까지는 매 회기에서 7단계에 걸친 사례개념화 작업을 권장하였다. 가능하면 내담자와의 첫 상호작용에 바탕을 두고 작업가설을 발달시키면서 상담자가 즉시 사례개념화에 착수하기를 권한 것이다. 이 과정에서 미리 준비된 구조화된 질문의 인터뷰는 사용하지 않아야 한다. 이러한 사례개념화는 상담의 모든 회기에 활용하는 것도 바람직하다(김수현, 2006에서 재인용).

예시 4 불안과 공황발작 증상이 있는 남자 내담자의 순차적 사례개념화(Persons & Tompkins, 1997)

요소목록	사례개념화
① 문제 목록	공황발작, 술 먹고 통제 불능, 만성적 불안, 여자친구와 어려움, 어머니와 관계 어려움
② 핵심 신념	나는 좋은 결정은 못 내린다. 나는 완전해야 한다, 나는 실패자다. 나는 나를 완전히 통제할 수 있어야 한다.
③ 촉발요인과 촉발상황	대학을 가기 위해 집을 떠났을 때 불안이 증가했다.(내담자는 변화가 힘들다)
④ 작업가설	나는 결정을 못 내린다, 완전해야 한다는 내담자의 믿음이 내담자가 사회적 상황에 있거나 개인적으로 변화가 있을 때 내담자를 불안하게 만든다.
⑤ 근원	내담자의 부모는 그들 스스로 불안해서 일생 동안 내담자에 대한 걱정과 염려를 하고, 아들 대신 결정을 했다.
⑥ 상담계획	공황발작과 이에 대한 불안 제거하기(상담 장면과 집에서 이완훈련, 핵심 신념에 대한 인지적 재구성), 음주를 모니터하고 제한하기(음주를 위한 목표설정)
⑦ 예상 장애들	내담자가 상담계획에 동의하지 않으면 과제를 마치려는 동기가 약해지고, 개선 정도가 덜하면 실패감을 느낄 것이다.

다음 〈예시 5〉는 스포츠 상황에서의 사례개념화의 예이다. 현재 대학 2학년인 근대5종 선수는 자신은 물론 부모와 지도자의 기대에 미치지 못하는 자신이 불만스럽다. 먼저 근대5종은 펜싱, 수영, 복합 경기(사격과 육상), 승마(장애물경기로 대체) 종목이 포함되어 있다. 따라서 다양한 기술과 전략, 적응이 요구되고 경기 중 집중력과 위기 대처능력이 매우 중요하다. 특히, 불안은 집중력 저하와 위기 대처능력의 저하로 이어져 경기력 저하를 초래할 수 있다. 근대5종 선수의 불안은 부모와 지도자의 기대에 부응해야 한다는 부담감, 어린 시절의 실패 경험, 경기에서의 부진 경험 등이 복합적으로 작용했을 것이다. 이러한 1회기 상담과정에서 나타난 내용으로 이 선수에 대한 사례개념화를 위의 7단계로 정리해 보자.

예시 5 근대5종 선수의 인지행동적 관점의 사례개념화

① 문제 목록	• 경기 중 불안감, 경기 중 집중력 저하, 경기결과에 대한 부정적인 기대감
② 핵심 신념	• 나는 경기에서 실패할 것이다. 나는 다른 선수들에 비해 실력이 부족하다. 나는 경기에서 좋은 성적을 내야만 한다.
③ 촉발요인과 촉발상황	• 경기 시작 전 긴장감, 경기 중 예상치 못한 상황, 경기결과에 대한 부담감
④ 작업가설	근대5종 선수의 불안은 경기 중 집중력 저하와 경기결과에 대한 부정적 기대감으로 이어져 경기력 저하를 초래한다. 이러한 불안은 선수의 핵심 신념인 *"나는 경기에서 실패할 것이다. 나는 다른 선수들에 비해 실력이 부족하다. 나는 경기에서 좋은 성적을 내야만 한다."*와 관련이 있다.
⑤ 근원	선수의 불안은 부모와 지도자의 기대에 부응해야 한다는 부담감, 어린 시절의 실패 경험, 경기에서의 부진 경험 등이 복합적으로 작용한 것으로 보인다.
⑥ 상담계획	• 핵심 신념 재구성: 선수의 부정적인 사고를 긍정적인 사고로 바꾸어주기 위한 인지적 재구성 기법을 사용한다. • 불안관리 기법 훈련: 경기 중 불안을 효과적으로 관리할 수 있도록 이완기법, 자기 최면 기법 등을 훈련한다. • 경기상황 대처 기법 훈련: 경기 중 예상치 못한 상황을 효과적으로 대처할 수 있도록 대처전략을 훈련한다.
⑦ 상담진행에 반하는 예상 장애들	• 선수의 동기 부족: 선수가 상담에 대한 동기를 느끼지 못할 경우, 상담의 효과가 떨어질 수 있다. • 개선정도에 대한 실패감: 선수의 기대만큼 개선이 이루어지지 않을 경우, 실패감을 느끼고 상담을 중단할 수 있다.
상담	상담을 통해 선수의 핵심 신념을 재구성하고, 불안관리 기법과 경기상황 대처 기법을 훈련함으로써 선수의 불안을 완화하고, 경기력을 향상시킬 수 있을 것이다.

2) 인지행동적 사례개념화 기술과 상담

인지행동치료(CBT)에서 사례개념화의 역할을 더 잘 이해하기 위해 구체적인 사례개념화 기술의 개발과정을 살펴본다. 먼저 고객의 관심사와 어려움을 어떻게 파악하는지 알아보고, 이에 따른 상담목표를 설정해서 계획을 수립하고, 상담과정에서 나타날 수 있는 장애물을 식별할 수 있는 방법들을 살펴보고자 한다. CBT의 사례개념화 및 상담계획은 고객의 현재 문제를 이해하고, 상담 및 심리기술훈련이 무엇인지 알리고, 고객의 변화와 진행과정을 평가하기 위한 기본 틀을 만드는 작업이다.

사례개념화는 또한 고객에 대한 친밀감을 형성하고 희망을 주는 데 도움이 된다. 사례개념화는 상담의 효과를 위해 필수적이며 숙련된 상담사의 특성을 정의할 수 있는 요인이다. 사례개념화는 상담의 개입 기술과 치료계획을 수립하게 하여 변화를 위한 최상의 기회를 제공할 수 있다. 이 집중적이고 정보에 입각한 접근방식은 고객과 상담사 모두에게 로드맵을 제공하고, 고객의 변화와 상담의 진행상황을 평가할 수 있는 기반이 된다.

사례개념화는 스포츠심리상담과 같이 8-12회기로 상담이 마무리되는 단기상담에서 특히 중요하다. 선수와 상담사 모두 중요한 문제에 집중함으로써 핵심 목표에 방해가 되는 부수적인 문제를 피할 수 있기 때문이다. 사례개념화는 다음의 내용으로 진행한다.

- 개념화는 첫 회기에서 시작되어야 하며 치료가 진행됨에 따라 점점 더 정교해져야 한다.
- 현재의 어려움을 평가하고 문제 목록을 작성하는 것은 첫 회기에서 이루어져야 한다.
- 상담계획(목표 포함)은 상담 초기에 다루어야 한다(1, 2회기). 초기 개념화 및 상담계획은 추가 정보 발생에 따라 수정이 필요할 수 있다.
- 고객이 개선되고 있고 상담의 흐름을 잘 따라오는지 확인하기 위해 정기적으로 치료계획과 목표를 재검토해야 한다.

3) 사례개념화 1단계: 고객의 관심사/어려움 평가하기

표 4. 고객의 상황 평가방법

평가	내용
면담	• 고객의 이름, 나이, 직업, 가족 구성원, 관심사 등 기본 정보를 파악한다. • 고객이 현재 겪고 있는 문제를 구체적으로 파악한다. • 고객이 상담을 통해 이루고 싶은 목표를 파악한다.
설문지	• 고객의 문제를 파악하기에 적합한 설문지를 선택한다. • 고객에게 설문지를 실시한다. • 고객의 설문지 답변을 분석한다.
관찰	• 고객의 행동, 말, 표정, 태도 등을 관찰한다. • 고객이 행동을 왜 그렇게 하는지, 고객 말에는 어떤 의미가 있는지 등을 생각해 본다. • 고객의 관찰 결과를 분석한다.

고객의 현재 관심사와 어려움을 다양한 방법으로 평가한다. 현재 문제나 관심사 식별에 활용 가능한 개략적 평가방법을 사용한다. 다음 〈표 4〉는 이 세 가지 평가방법과 내용이다.

(1) 타당성이 확보된 자기보고식 질문지를 사용하여 심리검사를 진행한다.

예를 들어 CBT에서 기본기능과 치료과정을 평가하기 위해 일반적으로 사용하는 검사지는 Beck Depression Inventory－Second Edition, Patient Health Questionnaire(depression), Geriatric Depression Scale, Beck Anxiety Inventory 및 State－Trait Anxiety Inventory 등이 있다. 스포츠심리상담을 위해서는 스포츠 특성적인 질문지를 사용한다. 예를 들어 성격적 측면의 측정을 위해서 자기효능감을 사용하거나 심리기술 역량을 위해서 심리기술 질문지를 사용할 수 있다. 심리측정에 대해서는 다른 장을 참고하라.

자기보고식 측정은 첫 회기에 선수들이 기다리는 동안 완성해서 회기 중에 상담사가 평가하거나 해석할 수 있다. 평가결과는 회기가 진행되는 일상적인 상담주제의 역할을 할 수 있으며 중요한 개선사항을 강조하거나 여전히 지속되고 있는 증상을 설명할 수 있다. 질문지 측정결과에서 얻은 정보는 선수들의 생각과 행동 방식, 중요한 영역의 필수요소에 대한 통찰력을 제공한다. 심리검사는 고객의 내면을 보다 객관적으로 파악할 수 있는 방법으로 적절한 심리검사를 선택하여, 고객의 관심사/어려움을 파악하는 데 활용할 수 있다.

- 적용: 선수에게 "스트레스 대처능력 평가 검사"를 실시한다.
  √ 검사 결과: 선수는 스트레스에 대한 대처능력이 낮은 것으로 나타난다.

(2) 문제의 리스트를 작성한다.

고객이 직면한 심리적, 사회적, 직업적, 재정적 어려움을 파악하기 위한 일반적이고 유용한 전략이다. 상담사는 문제항목을 작성하여 1회기 초기에 고객이 처한 어려움을 끌어낼 수 있다. 고객으로부터 5-10개의 어려움 목록을 이끌어낸 과정을 〈예시 6〉을 바탕으로 이해해 본다.

√ 문제는 개방형 질문을 사용할 때 가장 잘 드러난다. 예를 들어 "이 상담실에 무슨 일로 오셨어요?" "함께 작업할 때 어떤 문제에 집중하고 싶으세요?"
√ 문제는 증상의 빈도 예를 들어 "증상이 얼마나 자주 발생합니까?"
√ 증상의 강도 예를 들어 "증상이 얼마나 경미하거나 심각합니까?"
√ 증상의 기능적 영향 예를 들어 "증상이 일상적인 기능 또는 일반적인 고통에 어떤 영향을 미칩니까?"

이와 같은 질문을 통하여 목록을 가장 잘 작성하게 준다. 일부 고객들은 자신의 어려움이나 목표를 '삶을 개선하고 싶다, 다시 행복해지고 싶다'는 식으로 모호하거나 추상적으로 표현할 수도 있다. 문제와 후속 목표는 세부적인 단어로 기술하는 것이 상담의 초점을 유지하는 데 가장 좋다.

- 적용: 선수에게 상담사는 다음과 같은 질문을 한다.
  상) 현재 가장 큰 어려움은 무엇인가요?
  내) 경기 중 집중력 저하, 경기 결과에 대한 불안감, 경기 실수에 대한 두려움이 가장 큰 어려움입니다.
  상) 그 문제가 어려움을 주고 있나요?
  내) 경기 중 집중력이 저하되면 경기결과에 대한 불안감이 커지고, 경기 실수를 할까 봐 두려워집니다.
  상) 문제를 해결하기 위해 어떤 노력을 해왔나요?

내) 집중력 향상, 불안감 감소, 두려움 극복을 위해 스트레스관리에 대한 책을 읽고, 친구들과 이야기도 나눠 보았지만 효과가 없었습니다.

예시 6 고객의 관심과 어려움에 따른 문제의 리스트

문제	빈도	심각도	영향
사회적 고립	6-7일 동안 집에만 있음.	제한된 사회적 접촉, 중간-심각 정도 고립	매우 고통스럽다: 사회적으로 쇠약; 소원해진 가족/친구들
고통	매시간 통증 경험	통증 강도가 10분의 7로 높다.	통증으로 인해 활동량 감소, 일에 대해 무기력
무가치한 감정	7일 중 3일 발생	존재할 때 매우 강렬함, 때때로 자살 충동 수반	매우 고통스럽다. 일, 사회, 친밀한 관계에 영향
피로	거의 끊임없이 발생	피로는 심하지 않지만 귀찮다.	활동 수준 감소, 잦은 낮잠, 일상 업무를 완료할 수 없음.

Module 4: Case Conceptualization and Treatment Planning

(3) 자신과 타인, 미래에 대한 인식을 평가한다.

CBT 모델 내에서, 특히 고객이 인식하는 고객의 생각을 검사하는 것은 종종 도움이 된다. 일반적으로 사용되는 구조화된 방법은 고객이 자신과 타인, 미래를 어떻게 인식하는지와 관련된 질문을 통하여 평가한다.

예를 들어, 환자는 자신을 능력이 없거나 쓸모가 없거나 부담스러운 존재로 묘사할 수 있다. 일반적으로 다른 사람들이 비판적이며 만족스럽지 못하다고 인식할 수 있다. 그리고 미래에 대한 견해는 대체로 비관적일 수 있으며 미래에는 더 많은 실패와 실망만이 있을 것이라는 믿음을 갖고 있다.

- 적용: 선수에게 상담사는 다음과 같은 질문을 한다.

  상) 자신에 대해 어떻게 생각하세요?

  내) 자신은 근대5종 선수로서 잘하고 싶은 열정이 있지만, 경기 중 집중력 저하로 인해 실망을 주는 경우가 많습니다.

  상) 타인에 대해 어떻게 생각하세요?

  내) 타인은 자신을 잘한다고 생각하지만, 자신은 부족하다고 생각합니다.

  상) 미래에 대해 어떻게 생각하세요?

  내) 미래에 대해서는 잘 모르겠지만, 근대5종 선수로서 성공하고 싶습니다.

(4) 행동 및 촉발 상황을 평가한다.

촉발 상황은 환자의 사건, 행동, 생각 또는 감정을 활성화, 유발 또는 복합화해서 환자를 어렵게 한다. 선행사건, 행동, 결과(ABC) 모델은 더 큰 맥락에서 행동(증상)을 조사하기 위한 공식화된 모델이다. 선행사건(Antecedent)은 문제 행동이 발생하기 전의 상황을 말한다. 행동(Behavior)은 문제 행동 그 자체이다. 결과(Consequence)는 문제 행동으로 인해 발생하는 결과이다. 이 모델은 행동이 대체로 선행사건(행동/생각/기분에 선행하는 사건)과 결과(행동/생각/기분을 뒤따르는 사건)에 의해 결정된다고 가정한다.

TIP ABC모델과 스포츠 상황

- 선행사건: 경기의 중요도가 높거나, 경기에 대한 부담감이 높은 경우
- 행동: 경기 중 집중력 저하, 경기결과에 대한 불안감, 경기 실수에 대한 두려움
- 결과: 경기결과가 좋지 않게 됨
- 해석: 선수는 경기의 중요도가 높거나, 경기에 대한 부담감이 높은 경우 경기 중 집중력이 저하된다. 이는 경기에 대한 불안감과 경기 실수를 할까 봐 두려워하는 마음 때문이다. 이러한 불안감과 두려움은 경기결과가 좋지 않게 되는 결과를 초래한다.

상담 방향: 선수의 경우, 경기 중 집중력 저하의 원인이 경기에 대한 불안감과 두려움에 있음을 알 수 있다. 따라서 상담에서는 선수의 불안감과 두려움을 해소하는 데 초점을 맞출 수 있다. 구체적인 방법으로는 다음과 같다.

- 인지재구조화: 선수의 잘못된 인식과 신념을 바꾸어 불안감과 두려움을 감소시키는 방법

• 이완기법: 근육이완, 심호흡 등의 방법을 통해 불안감을 감소시키는 방법

• 위험노출: 점진적으로 불안감을 유발하는 상황에 노출시켜 적응력을 높이는 방법

이와 같이 선수의 특성에 맞는 적절한 상담방법을 선택하여, 선수가 경기 중 집중력을 향상시키고, 경기결과에 대한 불안감과 두려움을 극복할 수 있도록 도울 수 있다. 이러한 과정의 진행에는 전문성이 요구된다. ABC 모델은 기능을 평가하기 위해 워크시트를 사용할 수 있다. 이 모델은 행동(B)이 선행사건(A)과 결과(C)에 의해 형성된다는 전제를 따른다. 선행사건은 행동 이전에 발생하며 특정 반응에 대한 방아쇠가 될 수 있다. 행동은 선행사건에 대한 반응으로 고객이 나타내는 모든 활동(심지어 생각이나 감정)이다. 결과는 행동 후에 발생하는 사건이며 고객에게 행동을 계속하거나 중단하도록 지시한다. 기능적 평가에서는 단기 및 장기 결과라는 두 가지 유형의 결과를 조사한다. 〈예시 7〉과 같은 양식을 이용할 수 있다.

예시 7 워크시트: 기능 평가: ABC's

선행 조건 (이전에 무슨 일이 있었나요?)	행동 (무엇을 했나요?)	단기적 결과 (1초 그리고 1시간 후의 행동 결과는 무엇입니까?)	장기적 결과 (지속되고 있는 결과는 무엇입니까?)

A. 선행사건: 선행 또는 행동 이전에 발생하는 사건은 일반적으로 정서 및 생리적 반응을 이끌어낸다. 선행사건은 감정적(정서), 신체적(생리적 반응), 행동적(행위) 또는 인지적(생각)일 수 있다. 또한 맥락적(상황적) 요인과 관계적(대인관계적) 요인의 영향을 받는다. 예를 들어, 우울증(행동)을 보고하는 환자는 밤늦게 집에 혼자 있을 때 기분이 좋지 않거나(상황적 선행사) 가족과 함께 있을 때 기분이 좋아질 수 있다(관계적 선행사). 또는 "나는 항상 혼자일 거야."(인지 선행사)라는 생각으로 우울감을 느낄 수도 있다. 선행사건이 특정 행동을 증가 혹은 감소시킬 수 있다는 점을 기억하는 것이 중요하다.

고객이 선행사건 확인에 도움이 되도록 고객의 행동에 영향을 미치는 상황을 정확히 파악하도록 한다. 상담사는 다음의 질문을 사용할 수 있다.

B. 행동: 행동은 선행사건 직후에 고객이 행하거나, 느끼거나, 생각하는 모든 것이다. 고객이 드러내는 각 행동에는 정서적 요소(감정 또는 기분), 신체적 요소(빠른 심장 박동 또는 복통과 같은 신체 감각), 행동적 요소(고객이 하거나 하지 않은 것) 및 인지적 요소(생각 또는 신념)가 포함될 수 있다.

C. 결과: 결과는 긍정적 또는 부정적으로 분류된다. 긍정적인 결과는 즐거운 경험을 하거나 부정적인 것을 제거함으로써 행동이 반복될 가능성을 높인다(예: 집안일을 할 필요가 없음). 부정적인 결과는 유해한 것이 존재하거나(예: 고함을 치는 것) 원하는 것이 없는 것(예: 아이가 TV를 보지 못하게 하는 것)으로 인해 행동의 발생을 감소시킨다. 고객은 긍정적인 결과를 가져오거나 부정적인 것을 제거하는 행동을 반복하는 경향이 있다.

D. 결과 확인하기: 선행사건을 식별하는 것과 마찬가지로, 상담자와 고객이 특정 행동의 결과를 식별하려고 할 때 각 결과의 모든 요소를 탐색해야 한다. 상담사는 다음 〈예시 8~10〉과 같은 질문을 사용할 수 있다.

기능평가를 완료할 때는 단기 및 장기 결과를 모두 검토한다. 단기적 결과는 행동을 강화시키는 경향이 있는 반면 장기적 결과는 부정적 결과를 야기하는 경향이 있다. 중독의 경우, 약물 사용의 단기적 결과는 중독 또는 부정적인 기분으로부터의 도피이다; 장기적인 결과는 법적 문제, 가족 문제 또는 숙취로 이어질 수 있다.

고객에 대한 행동의 긍정적 결과와 부정적 결과를 이해하는 것은 개입의 시기와 특성을 설계하는 데 도움이 된다. 예를 들어, 약물사용의 경우, 개입은 약물이 야기하는 부정적인 기분 상쇄를 위해 유해한 선행사건을 추적할 필요가 있다.

부정적인 기분을 치료하는 것은 약물 사용에 의한 도피의 필요성을 줄일 것이다. 단기적 결과를 설명하기 위해 상담사는 다양한 질문을 사용할 수 있다.

(5) 사례개념화 2단계: 임상가설 및 처치 계획하기

사례개념화 1단계에서 얻은 정보를 기반으로 집중적인 임상가설을 수립하는 것은 직접적인 개입옵션과 가능한 처치기법에 도움이 된다. 이 가설은 처치 중에 새로운 정보를 이용하게 된다면 적응 시간이 필요할 수 있다. 임상적 가설은 상담사 단독으로 사용하거나 고객과 공유할 수 있다. 일반적으로 이 정보를 공유하면 고객과 상담사 간의 신뢰와 의사소통만을 개선할 수 있다〈예시 11〉. 우울증 환자에 대한 집중적인 임상가설은 다음과 같다.

"은퇴 후, 당신은 많은 삶의 전환과 수많은 손실(예: 재정적, 사회적, 기능적)을 경험했습니다. 대체로 긍정적이고 야심적이었던 생각은 이제 부정적이고 비관적입니다; 그리고 미래를 두려워하는 것처럼 보입니다. 자신의 기분과 부정적 생각에 대한 반응으로 활동 횟수를 줄였고, 심지어 가족과 멀어지기 시작했습니다."

예시 8 선행사건 탐색을 위한 질문

"그 일을 하기 전에 어떤 기분이었습니까?"(정서)
"이 일이 일어나기 전에 신체적으로 어떤 일이 발생합니까? 어디가 아픈가요?"(신체)
"이런 일이 일어나기 직전에는 평소에 어떻게 행동합니까?"(행동)
"이 일이 일어나기 전에 어떤 생각이 떠오르나요?"(인지)
"보통 언제 어디서 이런 일이 발생합니까?"(상황)
"누구든 상관없이 일어나나요, 아니면 특정 사람들 주위에 있을 때만 그런가요?"(관계)

예시 9 결과 확인을 위한 질문

"이런 일이 발생한 직후의 기분은 어떻습니까?"(정서)
"이런 일이 있고 나서 몸이 떨리는 것 같은 느낌이 있나요?"(신체)
"이런 행동이 일어난 후에는 어떻게 반응하나요?(행동)
"이런 일이 있고 나면 어떤 생각이 드나요?"(인지)
"이 행동이 끝나면 당신은 다른 곳에 있나요?"(상황)
"이런 행동을 더 나쁘게 만드는 사람이 있나요? 더 좋게 만들거나?"(관계)

예시 10 단기결과 설명을 위한 질문

"이런 행동이 어떤 식으로든 당신의 관심을 끌까요?"
"이런 행동으로 인해 어떤 좋은 일이 생기나요?"
"이것이 당신에게 어떤 도움이 되나요?"
"당신은 이것을 하면 어떤 것에서 '도망치는' 기분이 드나요?"
"이런 행동이 하기 싫은 일을 피하는 데 도움이 되나요?"

사례개념화의 최종 결과는 치료과정에 대한 방향을 제시하는 고객과 상담사 간의 합의된 전략인 처치계획의 형성이다. 처치계획에는 고객의 현재 어려움(예: 증상이나 어려움을 일으키는 인지 및 행동 요인)의 원인 제시와 특정 계획이 포함되어야 한다. 계획을 제시할 때 고객을 적극적으로 참여시켜 그들의 피드백을 처치에 통합시킨다.

예를 들어: "우리가 함께 보낸 짧은 시간 동안, 우리는 당신의 현재 어려움에 기여할 수 있는 몇 가지 생각과 행동을 확인한 것으로 보입니다. 특히, 당신 자신과 미래에 대한 관점은 상당히 부정적이고, 자신에게 즐거움을 가져다주던 많은 일들을 멈추었습니다. 제가 추천하는 것은 여러분의 생각을 더 탐색해서 현재의 어려움에 대하여 보다 균형 잡힌 관점을 발견할 수 있는지 알아보는 것입니다. 저는 또한 당신이 즐거워했던 활동에 다시 관심을 기울이도록 더 많은 이야기를 하고 싶습니다. 이러한 치료목표에 대해 어떻게 생각하세요?"

예시 11 집중적 임상가설의 사례

임상가설	• 문제행동: 경기 중 집중력 저하, 경기결과에 대한 불안감, 경기 실수에 대한 두려움 • 선행사건: 경기의 중요도가 높거나, 경기에 대한 부담감이 높은 경우 • 결과: 경기결과가 좋지 않게 됨
가설	근대5종 선수는 경기 중 집중력 저하의 원인이 경기에 대한 불안감과 두려움에 있다고 생각한다. 이러한 불안감과 두려움은 경기의 중요도가 높거나, 경기에 대한 부담감이 높은 경우 더욱 심해질 수 있다.
처치계획	• 인지재구조화: 선수의 잘못된 인식과 신념을 바꾸어 불안감과 두려움을 감소시키는 방법 • 이완기법: 근육이완, 심호흡 등의 방법을 통해 불안감을 감소시키는 방법 • 위험노출: 점진적으로 불안감을 유발하는 상황에 노출시켜 적응력을 높이는 방법
구체적인 처치 목표	• 선수의 경기에 대한 불안감과 두려움을 감소시킨다. • 선수의 경기 중 집중력을 향상시킨다. • 선수가 경기에서 더 나은 결과를 얻을 수 있도록 돕는다.
처치계획의 타당성	처치계획은 선수의 임상가설에 기반을 두어야 한다. 또한, 인지재구조화, 이완기법, 위험노출은 불안장애의 치료에 효과적인 것으로 알려진 방법이다. 따라서 이 처치계획은 선수의 문제를 해결하는 데 효과적일 것으로 기대된다.

(6) 사례개념화 3단계: 가능한 처치 장애물 확인하기

고객들이 편안하게 상담사의 권고에 동의하는 것은 흔치 않다. 그러나 좌절이나 처치의 실패를 피하기 위해서는 처치의 잠재적인 장애물을 조기에 파악하는 것이 중요하다. 고객들의 의견을 자주 요청하는 것은 과다한 불만을 줄이는 데 도움이 되며 협력적이고 능동적인 처치 접근법에 고객이 관여하는 역할을 한다. 이 협력적 모험의 일환으로, 고객에게 처치에 대한 잠재적인 장애물이 무엇인지 물어보는 것이 중요하다. 장애물에는 로지스틱 문제(재정적, 여행), 개인적 신념(오명에 대한 우려, 치료의 효과), 또는 대인관계 문제(치료를 지지하지 않는 가족)가 포함될 수 있다. 또한 치료의 한 과정으로 고객들에게 과제를 요구할 수 있다. 예를 들어 "합의된 치료계획에서 수정할 필요가 있다면 무엇입니까? 또는 상담과정에서 발생할 수 있는 장애물의 목록을 작성해주세요." 등을 요구할 수 있다. 〈예시 12〉는 근대5종 선수의 잠재적 장애물의 내용이다. 이러한 장애물을 예방하기 위해 상담사는 선수의 불안감을 해소하고, 선수의 참여를 유도하며, 선수가 상담을 지속하도록 격려하는 노력을 기울여야 한다.

예시 12 근대5종 선수의 처치의 잠재적 장애물

로지스틱 문제	• 재정적 문제: 선수는 상담 비용을 지불할 충분한 재정 여력이 없는 경우 처치에 참여하기 어려울 수 있다. • 장소와 시간문제: 선수가 상담실까지 이동하는 데 시간과 비용이 많이 소요되는 경우 처치에 참여하기 어려울 수 있다.
개인적 신념	• 오명에 대한 우려: 선수가 상담에 대해 부정적 인식을 가지고 있는 경우 처치에 참여하기 어려울 수 있다. • 치료의 효과에 대한 회의: 선수가 치료가 효과가 없을 것이라고 생각하는 경우 처치에 참여하기 어려울 수 있다. • 상담에 대한 회의: 상담이 효과가 있을지 확신하지 못함
대인관계 문제	• 가족의 반대: 선수의 가족이 상담을 반대하는 경우 처치에 참여하기 어려울 수 있다. • 다른 압박요인: 선수가 다른 압박요인(예: 학업, 직장, 관계)으로 인해 처치에 집중하기 어려운 경우 처치에 참여하기 어려울 수 있다.
잠재적 장애물의 해결 대안	• 조기해결을 위한 대안 ☞ 선수의 다른 압박 요인을 줄이기 위해 시간관리 기술을 습득하도록 도울 수 있다. ☞ 선수의 재정적 어려움을 해결하기 위해 무료 또는 저렴한 상담 서비스를 제공할 수 있다. ☞ 선수의 여행 문제를 해결하기 위해 온라인 상담이나 원격 상담을 제공할 수 있다. ☞ 선수의 개인 신념을 바꾸기 위해 상담을 통해 생각과 감정에 공감하고, 치료의 효과에 대한 정보를 제공할 수 있다. ☞ 선수 가족의 반대를 해결하기 위해 가족 상담 제공, 선수가 가족에게 상담에 참여하는 이유를 설명하도록 도울 수 있다.
	• 잠재적 장애물 파악을 위한 선수와의 면담 ☞ 처치에 대한 기대와 목표는 무엇입니까? ☞ 처치에 대한 부담이나 우려는 없는가요? ☞ 가족이나 친구들은 처치를 어떻게 생각합니까?
상담과정에서 발생할 수 있는 장애물	• 상담사의 역량 부족: 선수의 문제를 제대로 파악하지 못하거나, 적절한 처치방법을 선택하지 못할 수 있다. • 불안감: 선수가 상담을 받는 것과 상담에서 자신의 약점을 드러내는 것에 대해 불안감을 느낄 수 있다. • 저항: 선수가 상담사의 권고를 따르지 않으려고 할 수 있고, 상담과정에 참여하는 것을 거부할 수 있다. • 탈락: 선수의 경기 일정이나 부상 등으로 인해 상담을 중단해야 할 수 있다.

TIP 스포츠심리상담에서 CBT 사례개념화를 위한 팁

• 일반상담에 비해 스포츠심리상담은 여러 측면에서 단순 간략하며, 짧다. CBT 사례개념화는 다음을 제외하고 다른 형태의 치료와 거의 동일하다.
- √ 짧은 상담은 사례개념화가 지연될 여지를 거의 남기지 않는다.
- √ 모든 처치나 목표설정을 시도할 때 시간 제약을 고려해야 한다.
- √ 치료목표는 합리적이고 측정 가능하며, 가능한 한 단순해야 한다.
- √ 제한된 시간 때문에, 간단하고 짧은 CBT 치료의 초점은 또한 일반적으로 인지적 개입의 깊이를 제한한다. 예를 들어, 치료의 초점으로서 자동적 사고와 중간 신념은 매우 자주 다루지만, 핵심 신념을 다루기는 다소 어렵다. 핵심 신념은 일반적으로 표면-수준의 개입기법을 통해 간접적으로 다루거나 환자가 특별히 그 작업을 받아들일 준비가 되어 있을 때 개입할 수 있다.

4. 사례개념화 교육 프로그램

4.1 사례개념화 교육

수련기 초기와 중기에 있는 상담자가 상담 실무에서 내담자 문제와 관련된 단서나 정보를 바탕으로 내담자의 문제를 개념화해야 된다. 〈표 5〉는 상담사례개념화 교육 프로그램의 한 예이다(이명우, 2004). 이 프로그램은 정확하고 빈틈없는 사례개념화보다는, 수련기 초기와 중기의 상담자들이 상담실무 과정에서 자신의 이론적 관점에 따라 보다 간편하게 명시된 단계를 쉽게 사례개념화를 하는 데 도움이 된다.

선행연구의 사례개념화 교육내용에서 공통 구성요소를 통합하여 주 호소 문제, 촉발요인, 유지요인, 상담자 관점, 상담목표, 상담계획 등의 6단계를 구성하고 전문상담자의 면접을 통해 각 단계별 구체화 촉진전략을 도출하였다. 한편 교육의 목적에 부합한 내용을 조직적으로 구성하는 데에 그친 전통적인 교육 프로그램의 틀에서 벗어나 교육대상자의 수준과 특성, 다양한 욕구를 반영할 수 있는 절차를 포함시켰다.

표 5. 상담사례개념화 교육 프로그램(이명우, 2004)

회기	주제	내용	
1	오리엔테이션 & 이론적 관점 정리	오리엔테이션	사례개념화 개념적 정의와 기능이해 및 사례개념화 양식 소개
		이론적 관점 소개	제시한 퀴즈사례에 반영하여 자신의 이론적 관점 탐색
2	사례개념화 기본 구성요소 구체화	주 호소 문제 구체화(12요소)	호소 문제의 우선순위, 관심 정도, 시급성, 호소 정도, 내담자의 반복패턴, 행동, 진술내용 등
		촉발요인 구체화(8요소)	원인, 선행사건, 상담계기, 관련 상황 등
		유지요인 구체화(6요소)	유지됨으로써 얻는 이득, 내담자 관련정보나 진술내용, 주변 환경, 심리검사, 반복패턴
3	내담자 문제 상담과 관점에서 재진술	상담자 관점 구체화(9요소)	적합한 이론적 관점, 필요시 다양한 관점, DSM 분류체계 등
4	상담목표와 계획수립	상담목표 구체화(6요소)	내담자의 Want 반영, 내담자 실천 가능 & 상담자 감당 가능한 목표, 긍정적 측면 강조 등
		상담계획 구체화(8요소)	상담자 개입전략, 내담자 준비 정도 반영, 단기효과 가능한 계획 등
5	상담사례개념화 양식 보완	양식보완(6요소)	주 호소 문제, 촉발요인, 유지요인, 상담자 관점, 목표, 계획
6	사례개념화 진술문 작성	사례개념화 진술문 작성	
7	자신의 상담사례에 적용	실제 자신의 상담사례에 적용	
8	마무리	학습 내용 총정리, 상담사례개념화 능력 변화, 사례개념화 능력 유지 및 정진 방향	

4.2 스포츠심리상담 사례개념화

1) 스포츠심리상담의 사례개념화 교육

스포츠심리상담의 사례개념화 교육은 스포츠심리상담사의 전문성을 향상시키고, 내담자의 치료효과를 높이는 데 중요한 역할을 한다.

첫째, 스포츠심리학의 개념과 원리를 이해해야 한다. 스포츠심리학은 스포츠 분야에서 발생하는 심리적 현상을 연구하고, 그에 대한 개입을 통해 선수의 성과 향상과 심리적 건강을 증진시키는 학문이다. 스포츠심리상담은 스포츠심리학의 원리를 바탕으로 선수의 심리적 문제를 해결하고, 긍정적인 심리상태를 조성하는 것을 목표로 한다. 따라서 스포츠심리상담의 사례개념화 교육에서는 스포츠심리학의 개념과 원리를 이해하는 것이 중요하다.

둘째, 스포츠심리상담의 특수성을 이해하는 것이다. 스포츠심리상담은 일반 상담과는 달리, 스포츠라는 특수한 영역에서 이루어진다. 따라서 스포츠심리상담의 특수성을 이해하는 것이 중요하다. 특수성을 다음과 같이 정리할 수 있다.

- 스포츠는 신체적, 심리적, 사회적 요인이 복합적으로 작용하는 영역이다.
- 스포츠는 경쟁과 승패가 중요한 영역이다.
- 스포츠는 대중의 관심과 평가를 받는 영역이다.
- 스포츠는 팀워크와 협력이 중요한 요소다.
- 스포츠선수의 역량과 특성
- 스포츠팀의 문화와 분위기

셋째, 스포츠심리적 문제의 이해이다. 스포츠심리상담에서 다루는 심리적 문제는 다음과 같이 분류할 수 있다.

- 경기력 관련: 성적 부진, 경쟁 불안, 수행 압박, 부상 후유증 등
- 심리적 요인: 자신감 부족, 동기저하, 대인관계 갈등 등

넷째, 스포츠심리상담사의 사례개념화 지식이 요구된다.

- 스포츠심리학의 개념과 원리를 이해하고, 스포츠심리적 문제를 이해할 수 있다.
- 스포츠심리적 평가방법과 해석에 대한 지식을 습득하고, 이를 활용하여 선수의 스포츠심리적 특성을 파악할 수 있다.
- 스포츠심리적 개입방법과 효과에 대한 지식을 습득하고, 이를 활용하여 선수의 스포츠심리적 문제해결을 위한 적절한 개입을 제공할 수 있다.

다섯째, 스포츠심리상담의 사례개념화 도구를 이용할 수 있어야 한다. 스포츠심리상담의 사례개념화에는 다양한 도구를 사용할 수 있다. 이러한 도구들은 스포츠심리상담의 특수성을 고려하여 개발된 것이어야 한다. 사례개념화 도구로는 다음과 같다.

- 스포츠심리 관련 질문지와 검사
- 일반심리 질문지 사용방법
- 스포츠심리상담자의 경험과 직관

여섯째, 스포츠심리상담의 목표는 수행능력 향상, 정신력 강화, 부상예방 및 관리, 스포츠 스트레스관리 등이다. 이들 목표달성을 위한 사례개념화의 최종 목표는 선수의 스포츠심리적 문제해결과 긍정적인 심리상태 조성을 위한 적절한 개입을 제공하는 것이다. 스포츠심리적 개입에는 다양한 방법이 사용될 수 있다. 스포츠심리상담의 사례개념화 교육에서는 스포츠심리적 개입의 방법과 효과에 대한 지식을 습득하는 것이 중요하다.

2) 스포츠심리상담의 사례개념화 사례의 활용

스포츠심리상담의 사례개념화는 실제 사례를 통해 이해하는 것이 좋다. 따라서 교육과정에서는 실제 사례를 바탕으로 사례개념화 과정을 학습할 수 있는 기회를 제공해야 한다. 사례개념화 교육을 효과적으로 진행하기 위한 몇 가지 사항을 제시한다.

- 스포츠심리상담의 전문가를 강사로 초빙하여, 최신 지식을 제공한다.
- 실제 스포츠심리상담사례를 바탕으로, 사례개념화 과정을 학습할 수 있는 기회를 제공한다.
- 실습과 피드백을 통해, 사례개념화 능력을 향상시킬 수 있도록 한다.

5. 양궁선수 사례개념화의 실제

스포츠심리상담 분야에서 사례개념화에 대한 교육은 상담사 연수를 통해 시행되어 왔다. 일반상담의 사례개념화와 같이 이론에 기초하거나 혹은 절차적이고 체계적 과정에 대한 연구와 실제는 부족하지만 스포츠심리상담 혹은 심리기술훈련의 초기단계에서 다양한 방식으로 사례를 개념화하고 있다. 가장 많이 쓰는 방법은 상담 초기의 면담과 심리측정을 통한 사전 검사 후 심리적 개입을 하고 있다. 이 과정에서 선수들의 주 호소 문제와 관련된 다양한 정보를 통해 심리적 문제가 현재까지 지속적으로 유지되는 원인을 검토한 후 상담전략과 심리기술훈련 프로그램을 계획해서 적용한다. 〈부록 4-2〉 심리기술 평가를 위한 사례개념화 워크시트는 심리기술 관련 사례개념화 양식의 한 예이다.

김기찬과 강형철(2014)은 양궁선수의 수행력 향상을 위한 심리지원 방법과 심리적 효과 규명을 위해서 주 호소 내용과 문제점을 인지이론과 행동주의이론을 통합한 인지행동 관점의 사례개념화를 적용하였다. 사례개념화 후 상담과 심리기술훈련을 적용하여 효과를 규명하였다. 대상은 초등학교 1학년에 선수생활을 시작하여 중 · 고 · 대학까지 체육 특기생으로 선발된 경력 8년 차의 양궁선수이다. 이 연구는 스포츠 특성적인 심리적 변인들로 자기관리, 수행전략, 심리기술을

측정하고, 또한 5년간의 경기결과 수집과 영상분석 프로그램(Dartfish Software Live 5.5)으로 양궁수행 자세를 촬영 후 양궁 준비동작, 시간, 반복적 행동 그리고 환경에 따른 행동변화를 분석하였다.

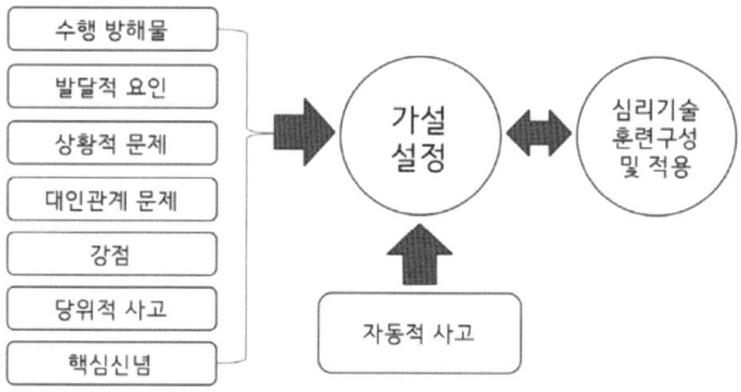

그림 1. 사례개념화 도표

사례개념화 워크시트는 Academy of Cognitive Therapy(ACT)에서 제공하는 양식을 사용하였다. 이 양식은 주요 촉발 요인들과 상황들이 자동적 사고, 감정, 행동에 어떤 영향을 미치는지에 대한 횡단적 관점과 핵심 신념의 형성과 관련이 있는 발달적 사건을 고려하는 종단적 관점으로 대상을 이해하기 위한 것이다(Wright, Basco, & Thase, 2009). 〈그림 1〉은 선수에게 맞게 수정하여 사용한 김기찬, 강형철(2014, p.76)의 모델이다

1) 주 호소 문제에 대한 사례개념화

참여자에게 필요한 심리지원을 위해서 주 호소 문제에 대한 사례개념화를 실시하였다. *"(연습기록에 비해) 시합기록도 많이 떨어지는 편은 아닌데 결정적인 순간에 긴장을 많이 해서 실수를 해요. 그래서 항상 중상위권에는(순위에) 드는데 최상위권에는 못 들어가요."* 참여자의 호소 문제를 보다 심도 있게 논의하여 〈표 6〉과 같은 사례개념화를 매 회기 작성 및 수정하고 연구 참여자에게 확인하였다.

2) 주 호소 문제의 사례개념화를 통한 가설

참여자는 자신의 양궁 수행력 부진을 '결정적인 수행장면에서 실수'라는 것을 호소하였고, 이 부분을 탐색하기 위해 상담을 통한 사례개념화를 실시하였다. 참여자의 주 호소 문제에 대한 다각적인 사례개념화로 과거의 최고수행 장면에서 외적인 요소에 과도하게 집중하는 행동패턴을 확인할 수 있었고, 이로 인해 수행과 직접적으로 연결되는 과제에 집중하지 못하고 있었다. 즉, 참여자가 원하는 양궁수행 환경조건(주장 역할, 수동적인 훈련환경, 지도자와 개방적 관계)에서 자신이 조절하거나 통제하지 못하는 상황적 문제와 대인관계 문제로 인해 촉진된 많은 잡념이 결국 수행과제에 집중하지 못하는 훈련패턴을 만들었고, 이 부분이 시합 시 긴장과 좋은 수행을 어렵게 하는 것이라는 가설을 〈표 6〉과 같이 분석하였다.

표 6. 사례개념화 평가지(김기찬, 강형철, 2014, p.79)

평가요소	평가내용
수행 방해물	• 낮은 자신감 • 양궁에 대한 흥미와 에너지 하락 • 양궁 수행 시 과도한 잡념 • 양궁수행과제 집중력 저하 • 양궁기록 정체
발달적 요인	• 초등학교 시절부터 점수에 대한 의식으로 결정적인 상황에서 실수로 입상 실패 • 고등학교 시절, 주장으로서 지도자에게 인정받고 동료 및 후배들과의 원만한 대인관계 속에서 자신의 최고기록을 달성(강한 성공 경험)
상황적 문제	• 시합 시 결정적인 순간에서 반복된 실수 경험 • 진로를 결정짓는 4학년 시기라는 것의 부담감 • 자율적 팀 훈련 프로그램에 대한 부적응
대인관계 문제	• 팀 안에서 주장 역할로 인한 사회적 고립감
강점	• 책임감이 강하고, 포용력이 강함, 인지적 발달이 우수하여 이해력과 상황 대처능력이 좋음
당위적 사고	"나는 책임감 있는 주장이어야 한다", "나는 주장으로서, 양궁선수로서 완벽해야 한다", "나는 후배들에게 모범이 돼야 한다", "지도자 선생님의 기대에 부응해야 한다"
핵심 신념	"나는 혼자다", "나는 평범하다", "나는 사랑스럽지 못하다", "나는 무능력하다"

사건 1	사건 2	사건 3
시합 상황	시합 중 만족스러운 상황	가장 경기결과가 좋았던 시합 상황
자동적 사고	**자동적 사고**	**자동적 사고**
"잘 쏠 수 있을까?" "이걸 쏘면 10점 들어갈까?" "안 될 거 같아!"	"왜 이렇게 잘되지?" "실수하면 어떻게 해?" "내 실력은 이렇게 안 되는데?"	"내가 아닌 거 같다."
감정	**감정**	**감정**
불안, 혼란, 답답	짜증, 화, 당황, 불안	당당, 확신
행동	**행동**	**행동**
활을 들었다가 내림을 반복 제한 시간에 쫓김 자신감 없는 슈팅	자신감 없는 슈팅 실수 반복	연습 때도 달성 못 한 좋은 양궁행위 수행 자신도 모르게 양궁수행 최고기록 달성

분석결과	• 참여자의 '수행 장애물'들과 주 호소 문제(결정적인 순간에 실수)는 밀접한 관계가 있다. • 발달적 요인에서 나타난 것같이 지금 겪는 주 호소 문제는 오랜 시간 유지됨. • 그러던 중고교 시절 이를 극복한 최고수행 경험을 하면서 현재도 비슷한 상황을 만들기 위해 같은 행동패턴 고수 • 따라서 과거의 상황을 재현하기 위해 무의식적인 행동으로 고교 시절과 같이 주장이 되었지만 자기 스스로 통제할 수 없는 대학교 4학년의 시기적 상황과 고등학교와 상반되는 팀 분위기의 상황적 문제의 불일치로 힘들어함. • 과거(최고수행)와 주장 역할은 동일하나 훈련 분위기 이질감과 결정적 수행 장면의 실수 강화가 수행 장애물로 나타남
분석결과	• 결국, 양궁수행 외적인 것들에 과도하게 의식하고 있는 것으로 보인다.
심리지원 방향 및 목표	• 참여자의 시기적인 상황(대학 4학년)을 최대한 반영하여 구체적인 세부목표와 수행목표(목표설정)를 설정 • 외적 요인들을 의식해서 생기는 과도한 잡념의 최소화 위해서 양궁준비자세 분석 후 연속적 준비동작 위한 루틴훈련 • 수정한 양궁준비자세 적응과 10점 슈팅의 수행력을 최대한 끌어올리기 위한 심상훈련 • 양궁수행과제에 집중하는 능력을 향상시키기 위한 주의집중 심리기술훈련 프로그램 구성하여 주 호소 문제 개선

3) 심리기술훈련 구성과 적용

참여자에 대한 사례개념화를 참고하여 양궁수행 장면에서 온전하게 수행과제에 집중할 수 있도록 〈표 7〉과 같이 목표설정, 연구 루틴, 심상 그리고 주의집중 훈련을 구성 및 적용하였다.

인지행동 관점의 사례개념화에 따른 심리기술훈련 결과 양궁선수는 심리적 변인 양궁 수행, 선수와 지도자의 평가 측면에서 긍정적인 변화가 나타났다. 특히 양궁 수행과 관련된 행동적인 측면에서 참여자는 지도자가 양궁장을 비웠을 때 주장의 역할로서 양궁 수행을 하는 도중에도 양궁 수행보다는 팀 동료들을 더 많이 신경 쓰는 것을 확인할 수 있었다. 두 번째는 슈팅 후 다음 발을 준비하기 전까지 시간 간격이 짧게는 10초 길게는 20초 이상 시간 간격을 가지고 많은 잡념을 떠올리는 것을 확인하였다. 그러나 사후 촬영 기록을 분석한 결과 동일한 상황에서도 수행과제에 집중하는 태도가 향상되었고, 수행 간 간격도 1-2초 내외로 줄어들어 결과적으로 경기력도 향상되었다.

Gardner & Moore(2006)는 스포츠 현장에서 운동선수의 경기력 향상을 위해 지난 30년 동안 활발히 연구되고 적용된 심리기술훈련의 실증적인 효과에 의문을 가지고 관련 논문에 대해서 질적 개관을 실시하였다. 그 결과, 심리기술훈련에 대한 효과에 대해서 신중한 논의가 필요하다는 제안을 했다. 그 이유 중 하나는 운동선수와 사례에 대한 불충분한 개념화와 부적절한 측정이 심리지원의 효과 경기력의 긍정적인 관련성을 저해하는 요인으로 꼽았다(Gardne & Moore, 2010). 즉, 선수의 정확한 문제점 파악과 적절한 심리지원이 있어야 적용효과를 보다 정확하게 제시할 수 있다는 것을 시사한다.

표 7. 양궁선수를 위한 심리기술훈련 프로그램(김기찬, 강형철, 2014, p.81)

<table>
<tr><th>구분</th><th>회기</th><th>훈련기법</th><th colspan="2">적용내용</th><th>참고문헌</th></tr>
<tr><td>사전단계</td><td>1</td><td>심리기술훈련 사전 교육</td><td colspan="2">주 호소 문제와 수행 장애물 탐색
2차 질문지 검사 3회 / 양궁수행촬영 3회 – 기초선 측정
3차 사례개념화</td><td>기초선 측정</td></tr>
<tr><td rowspan="4">처치단계</td><td>2</td><td>목표설정</td><td>목표설정의 개념과 이론</td><td>목표설정(수행목표, 결과목표), 직선적인 주장</td><td>강형철, 장덕선(2013), Cox(2012)</td></tr>
<tr><td>3~4</td><td>루틴</td><td>루틴의 개념과 이론</td><td>수행루틴 개발</td><td>장덕선, 김병준, 구해모, 신동성(2004)</td></tr>
<tr><td>5~6</td><td>심상</td><td>심상의 개념과 이론</td><td>내적심상과 외적심상</td><td>김병현, 신정택, 최진철(2008)
김병준, 장덕선(2004)</td></tr>
<tr><td>7~8</td><td>주의집중</td><td>주의집중의 개념과 이론</td><td>루틴을 활용한 주의집중훈련</td><td>강형철, 장덕선(2013), Suinn(1983)</td></tr>
<tr><td rowspan="2">사후단계</td><td>9~10</td><td>통합</td><td>목표설정, 루틴, 심상, 주의집중의 적용과 응용</td><td>각 심리기술훈련 적용 확인 및 강화</td><td>Cox(2012)</td></tr>
<tr><td>종료</td><td>추후 심리기술훈련 지속 계획 확인</td><td colspan="2">질문지 검사 1회
/ 양궁수행촬영 1회</td><td>사후 측정</td></tr>
<tr><td>추후단계</td><td>6개월 이후</td><td>추후 점검
follow up</td><td colspan="2">면담 및 심리훈련 종료 평가</td><td>Orlick(1986)</td></tr>
</table>

평가문항

1. 상담에서 내담자의 문제를 이해하기 위해 가장 먼저 해야 할 일은?
㉠ 내담자의 가족 조사 ㉡ 사례개념화
㉢ 약물치료 ㉣ 직업 검사

2. 정신역동적 접근에서 사용하는 주요 기법은?
㉠ 노출 치료 ㉡ 자유 연상
㉢ 체계적 둔감화 ㉣ 사고 기록지 작성

3. 행동주의적 접근에서 중요한 개념은 무엇인가?
㉠ 자아와 초자아 ㉡ 강화와 처벌
㉢ 방어기제 ㉣ 자아실현

4. 인지행동치료에서 다루는 주요 대상은?
㉠ 내담자의 과거 경험
㉡ 내담자의 무의식적 갈등
㉢ 내담자의 현재 사고 패턴
㉣ 내담자의 가족 관계

5. 정신역동적 접근에서 '전이'는 무엇을 의미하는가?
㉠ 내담자가 치료사에게 옮기는 과거의 감정
㉡ 내담자가 가족에게 느끼는 정서적 반응
㉢ 내담자의 행동변화 과정
㉣ 상담자와 내담자 간의 역할 교환

6. 행동주의적 접근에서 사용하는 기법이 아닌 것은?
㉠ 체계적 둔감화 ㉡ 노출 치료
㉢ 자유 연상 ㉣ 행동 수정

7. 인지행동치료에서 내담자의 사고 왜곡을 교정하는 방법은?
㉠ 강화 제공
㉡ 자동적 사고를 논박하기
㉢ 무의식적 동기 탐색
㉣ 약물 치료

8. 정신역동적 접근에서 치료자의 역할은?
㉠ 강화와 처벌을 제공하는 역할
㉡ 내담자의 억압된 감정을 분석하는 역할
㉢ 내담자의 사고를 기록하는 역할
㉣ 약물 처방을 하는 역할

9. 행동주의적 접근에서 공포증 치료에 사용되는 기법은?
㉠ 자아 탐색 ㉡ 전이 분석
㉢ 체계적 둔감화 ㉣ 인지 재구조화

10. 인지행동치료에서 사용하는 도구로 옳은 것은?
㉠ 꿈 분석 ㉡ 행동 기록지
㉢ 자유 연상 ㉣ 노출 치료

11. 정신역동적 접근에서 자주 나타나는 내담자의 방어기제는?
㉠ 억제 ㉡ 자유 연상
㉢ 합리화 ㉣ 체계적 둔감화

12. 행동주의적 접근에서 '소거'란 무엇을 의미하는가?
㉠ 특정 행동을 완전히 제거하는 과정
㉡ 새로운 행동을 학습하는 과정
㉢ 내담자의 과거 경험을 분석하는 과정
㉣ 내담자의 감정을 표현하는 과정

13. 인지행동치료에서 '인지 재구조화'란 무엇을 의미하는가?
㉠ 내담자의 감정적 표현을 촉진하는 과정
㉡ 내담자의 행동을 관찰하는 과정
㉢ 내담자의 비합리적 사고를 수정하는 과정
㉣ 내담자의 무의식적 갈등을 분석하는 과정

14. 정신역동적 접근에서 '저항'이란 무엇을 의미하는가?
㉠ 내담자가 상담에 협조하지 않는 행동
㉡ 내담자가 자신의 감정을 억압하는 행동
㉢ 내담자가 상담자의 질문에 답변을 회피하는 행동
㉣ 내담자가 상담종료를 요청하는 행동

15. 행동주의적 접근에서 긍정적 강화의 예로 적절한 것은?
㉠ 내담자가 상담 중 감정을 표현하지 않음
㉡ 상담자가 내담자에게 칭찬을 제공함
㉢ 내담자가 과거 경험을 이야기함
㉣ 상담자가 내담자의 부정적 사고를 논박함

16. 정신역동적 접근에서 전이는 상담자와 내담자 사이의 역할 교환을 의미한다. (O / X)

17. 행동주의적 접근에서 소거는 강화되지 않은 행동이 점차 사라지는 과정을 의미한다. (O / X)

18. 인지행동치료에서는 내담자의 무의식적 갈등을 분석하는 것을 중시한다. (O / X)

19. 정신역동적 접근에서 저항은 내담자가 상담 중 자신의 감정을 억압하려는 행동을 의미한다. (O / X)

20. 행동주의적 접근에서는 과거의 경험보다 현재의 행동에 중점을 둔다. (O / X)

21. 정신역동적 접근에서 ( )는 내담자가 과거의 감정을 상담자에게 투사하는 현상이다.

22. 행동주의적 접근에서 ( )는 특정 행동이 반복되도록 유도하는 기법이다.

23. 인지행동치료에서 ( )는 내담자의 비합리적 사고를 현실적이고 긍정적인 사고로 바꾸는 과정이다.

24. 정신역동적 접근에서 ( )은 내담자가 무의식적 갈등을 드러내는 것을 두려워하여 감정을 억압하는 행동이다.

25. 행동주의적 접근에서 ( )는 공포증 치료에 자주 사용되는 기법이다.

모범답안 및 해설

1. ㉡ 사례개념화는 상담 초기단계에서 내담자의 문제를 이해하고 상담 계획을 세우기 위해 필수적인 과정이다. 이를 통해 내담자의 상황과 문제를 체계적으로 파악할 수 있다.

2. ㉡ 정신역동적 접근에서는 자유 연상을 통해 내담자의 무의식적 생각과 감정을 탐구한다. 내담자가 자유롭게 떠오르는 생각을 말함으로써 내면의 갈등과 억압된 감정을 드러낼 수 있다.

3. ㉡ 행동주의적 접근은 강화와 처벌을 통해 행동의 학습과 변화를 설명한다. 강화는 행동의 빈도를 증가시키고, 처벌은 행동의 빈도를 감소시키는 역할을 한다.

4. ㉢ 인지행동치료는 내담자의 비합리적인 사고 패턴을 수정하여 문제를 해결하는 데 초점을 맞춘다. 이는 내담자의 행동과 정서에 영향을 미치는 사고를 중점적으로 다룬다.

5. ㉠ 전이는 내담자가 과거의 중요한 인물에게 느꼈던 감정을 상담자에게 옮기는 현상이다. 이를 통해 내담자의 무의식적 갈등이 상담과정에서 드러날 수 있다.

6. ㉢ 자유 연상은 정신역동적 접근에서 사용하는 기법이다. 행동주의적 접근에서는 체계적 둔감화, 노출 치료, 행동 수정과 같은 기법을 주로 사용한다.

7. ㉡ 인지행동치료에서는 내담자의 자동적 사고를 논박하여 왜곡된 사고를 교정한다. 이를 통해 내담자가 자신의 사고 패턴을 인식하고 수정할 수 있다.

8. ㉡ 정신역동적 접근에서 치료자는 내담자의 억압된 감정과 무의식적 갈등을 분석하는 역할을 한다. 이는 내담자가 자신의 무의식적 갈등을 이해하고 해결하도록 돕는 과정이다.

9. ㉢ 체계적 둔감화는 공포증 치료에 효과적인 행동주의적 기법으로, 내담자가 공포를 느끼는 자극에 점차적으로 노출되어 두려움을 극복할 수 있도록 돕는다.

10. ㉡ 인지행동치료에서는 행동 기록지를 사용하여 내담자의 일상 행동과 사고를 관찰하고 분석한다. 이를 통해 문제 행동의 원인을 파악하고, 개선방안을 모색할 수 있다.

11. ㉠ 억제는 내담자가 불편한 감정이나 생각을 무의식적으로 억누르는 방어기제이다. 이는 내담자가 무의식적 갈등을 다루기 위한 심리적 방어의 일환으로 나타난다.

12. ㉠ 소거는 특정 행동이 더 이상 강화되지 않을 때, 그 행동이 점차 사라지는 과정을 의미한다. 이는 행동주의적 접근에서 학습된 행동을 변화시키는 중요한 개념이다.

13. ㉢ 인지재구성은 내담자의 비합리적이고 왜곡된 사고를 현실적이고 긍정적인 사고로 수정하는 과정이다. 이는 인지행동치료의 핵심 기법 중 하나이다.

14. ㉡ 저항은 내담자가 무의식적 갈등을 드러내는 것을 두려워하여 자신의 감정을 억압하려는 행동이다. 이는 내담자가 상담과정에서 방어적이거나 협조하지 않는 태도로 나타날 수 있다.

15. ㉡ 긍정적 강화는 내담자가 바람직한 행동을 보일 때, 그 행동을 강화하기 위해 칭찬이나 보상을 제공하는 것을 의미한다. 이는 행동주의적 접근에서 행동변화를 유도하는 중요한 방법이다.

16. (X) 전이는 상담자와 내담자 사이의 역할 교환이 아니라, 내담자가 과거의 감정을 상담자에게 투사하는 현상이다.

17. (O) 소거는 특정 행동이 강화되지 않을 때 그 행동이 점차 사라지는 과정을 의미하며, 행동주의적 접근에서 학습된 행동을 소멸시키는 방법으로 사용된다.

18. (X) 인지행동치료는 내담자의 현재 사고 패턴과 행동에 중점을 두며, 무의식적 갈등보다는 비합리적 사고와 그로 인한 행동 문제를 다룬다.

19. (O) 저항은 내담자가 무의식적 갈등을 드러내는 것을 두려워하여 상담 중 자신의 감정을 억압하려는 행동이다.

20. (O) 행동주의적 접근은 현재의 학습된 행동과 환경적 자극에 중점을 두며, 과거보다는 현재의 행동을 변화시키는 데 주력한다.

21. (전이) 전이는 내담자가 과거의 중요한 인물에게 느꼈던 감정을 상담자에게 옮기는 현상이다. 이를 통해 내담자의 무의식적 갈등이 상담과정에서 드러날 수 있다.

22. (강화) 강화는 내담자의 특정 행동에 보상이나 칭찬을 제공하여 그 행동이 반복되도록 하는 기법이다. 이는 행동주의적 접근에서 중요한 개념이다.

23. (인지재구성) 인지재구성은 내담자의 왜곡된 사고 패턴을 수정하여 긍정적이고 현실적인 사고로 전환하는 과정이다. 이는 인지행동치료의 핵심 기법이다.

24. (저항) 저항은 내담자가 무의식적 갈등을 드러내지 않으려고 할 때 발생하는 현상이다. 이는 내담자가 상담과정에서 방어적이거나 협조하지 않는 태도로 나타날 수 있다.

25. (체계적 둔감화) 체계적 둔감화는 공포증 치료에 효과적인 기법으로, 내담자가 공포를 느끼는 자극에 점진적으로 노출되며 두려움을 극복하게 한다.

현장실습

1. 과도한 불안으로 어려움을 겪는 수영선수를 위해 인지행동치료에 기반한 사례개념화 실습을 아래의 내용에 따라 진행하시오.

상황(A)	생각(B)	감정(C)	행동(C)
시합 직전	"실패하면 어떡해?" "다들 내 실수를 볼 거야"	긴장감, 불안감, 두려움	심호흡 시도, 음악 감상, 경기 전에 일찍 잠자리에 들기
중요한 경기 시작 전	"나는 부족하다." "나는 운이 없다."	좌절감, 무력감	경기 전에 카페인 섭취
라이벌 선수와 대결 예정	"나는 다른 사람들보다 못하다."	수치심, 자존감 저하	경기 중에 잘못된 생각을 억누르려고 노력
특정 기술 수행 시	"실수하지 않도록 주의해야 해."	지나친 집중, 압박감	실수하지 않도록 지나치게 주의

2. 위의 사례를 바탕으로 인지행동치료(CBT) 기반 사례개념화를 해보시오.

기초배경	-나 이: -성 별: -경 력:		-경기력: -운동시작동기: -가족배경:
1) 문제 정의	핵심 문제		
	부가적인 문제		
2) ABC 분석	A(선행사건)		
	B(생각 및 감정) B(생각 및 감정)	자동적 사고	
		감 정	
	C(행동)	회피행동	
		안전 행동	
		문제해결 능력 부족	
3) 치료목표(SMART 기준)		인지적 목표	
		행동적 목표	
		정서적 목표	
4) 주요 치료전략			

2. 〈부록 4-2〉 심리기술 평가를 위한 사례개념화 워크시트를 이용한 사례개념화를 시행할 수도 있다.

모범답안의 예

1. 기초 배경 설정

1.1 내담자 정보

이름: 이지은(가명) / 성별: 여성 / 나이: 18세 / 직업: 고등학생이자 수영선수

경력: 8년간 수영 훈련, 전국대회 출전 경험 다수, 대학 진학을 위해 성과가 중요한 시기

주요 문제: 중요한 경기에서 과도한 불안으로 인해 성과가 저하되고, 실수 후 좌절감이 심함

가족 배경: 부모님은 경기력에 대한 높은 기대를 가지고 있으며, 이지은의 운동 경력을 매우 중시함

정신건강: 불안과 자기 비판적인 사고로 인해 수면 문제와 대인관계에서 어려움을 겪고 있음

1.2 주요 문제 기술

이지은은 중요한 경기를 앞두고 과도한 불안을 경험하며, 이로 인해 경기 중 실력을 발휘하지 못하고 실수를 반복하게 된다. 이로 인해 자신에 대한 부정적인 생각이 강화되고, 특히 자신이 다른 선수들보다 부족하다는 인식이 깊어지고 있다. 이러한 문제는 일상생활에서도 나타나며, 집중력 저하와 피로, 수면 문제를 겪고 있다. 대인관계에서도 불안과 자기 비판적인 태도로 인해 타인과의 소통이 어려워지고, 사회적 활동을 회피하는 경향을 보인다.

2. 인지행동치료(CBT) 기반 사례개념화

2.1 초기 평가

문제 상황: 중요한 경기에서 과도한 불안으로 인해 실력을 제대로 발휘하지 못하며, 그로 인해 심한 좌절감을 느끼고 있다. 일상생활에서도 이로 인한 피로와 수면 문제가 발생하고 있다.

주요 증상: 불안, 자기 비판적 사고, 집중력 저하, 피로, 수면 문제, 사회적 활동 회피

내담자의 인지적 패턴: 자신이 부족하다는 인식, 압박감을 견딜 수 없다는 믿음, 실패에 대한 두려움, 부정적 결과를 과장하고 일반화함

2.2 사례개념화

(1) 선행사건(Antecedents):

중요한 경기나 시험과 같은 압박감이 큰 상황에서 불안이 증폭됨

과거 중요한 경기에서의 실패 경험과 그로 인한 부모님의 실망

(2) 신념 및 인지적 왜곡(Beliefs & Cognitive Distortions):

"나는 다른 사람들보다 부족하다.""압박감을 견딜 수 없고, 실패할 것이다.""내 실수로 인해 모든 노력이 물거품이 될 것이다."

인지적 왜곡: 흑백 논리(모든 것을 잘해야 한다는 생각), 과대일반화(한 번의 실수가 모든 실패를 의미한다고 생각), 독심술(다른 사람들이 자신을 부정적으로 평가할 것이라고 믿음)

(3) 결과적 행동 및 감정(Consequences - Emotional & Behavioral):

감정적 결과: 심한 불안감, 좌절감, 무력감, 두려움

행동적 결과: 경기 중 실력 저하, 훈련에서의 의욕 저하, 피로, 수면 문제, 사회적 활동 회피, 대인관계에서의 소통 어려움

2.3 개입 전략

(1) 인지재구성(Cognitive Restructuring):

비합리적인 사고를 현실적이고 긍정적인 사고로 대체

예: "내가 부족하지 않으며, 실수는 발전의 한 과정이다." "압박감을 느끼는 것은 정상적이며, 이겨낼 수 있다."

(2) 노출 및 반응 예방(Exposure and Response Prevention):

불안을 유발하는 상황에 점진적으로 노출시키고, 그에 대한 반응을 조절하는 방법을 훈련

예: 중요한 경기를 가상으로 재연하여 불안을 경험하고 관리하는 연습을 반복

(3) 이완기법 및 마음챙김(Relaxation Techniques & Mindfulness):

불안감을 줄이기 위한 심리적, 신체적 이완기법 적용(예: 깊은 호흡, 명상, 점진적 근육이완)

마음챙김을 통해 현재 순간에 집중하며 불안감과 부정적 사고를 관리

(4) 자기효능감 강화(Self-Efficacy Enhancement):

작은 성공 경험을 통해 자기효능감을 높이고, 이를 통해 중요한 경기에서도 자신감을 가지도록 도움

단계별 목표설정 및 성취를 통한 자신감 회복

(5) 사회적 기술훈련(Social Skills Training):

사회적 상호작용에서의 불안과 자기 비판적 태도를 개선하기 위한 훈련

예: 긍정적 자기표현 연습, 감정 표현의 개선, 대인관계에서의 긍정적 경험 확대

3. 목표설정 및 평가계획

(1) 목표설정:

단기 목표: 경기 전 불안감을 50% 줄이고, 실수에 대한 자기 비판을 줄이는 것

중기 목표: 중요한 경기에서도 자신감을 가지고 실력을 발휘할 수 있도록 지원

장기 목표: 대학 진학을 위한 주요 대회에서 성과를 내고, 대인관계에서 긍정적인 상호작용을 회복하는 것

(2) 평가계획:

경기 전후의 불안수준, 경기 성과, 그리고 일상생활에서의 피로와 수면의 질을 기록하여 개선 여부를 평가.

주기적으로 자기효능감과 대인관계 만족도를 평가하여 개입의 효과를 확인

5장.

스포츠심리상담과 슈퍼비전

1. 슈퍼비전의 이해

1.1 슈퍼비전의 개념

슈퍼비전은 라틴어 'supervidere'에서 유래했으며, super는 위에서를, videre는 보다를 뜻하는 것으로 '위에서 내려다보다', '관찰하다', '감독하다' 등의 의미를 내포하고 있다. 이러한 맥락에서 슈퍼비전은 심리학, 상담학, 사회복지학 등 사람을 돕는 전문직과 운동 및 스포츠과학 분야에서 직무 수행능력 향상, 윤리적 기준 준수, 직업의 문지기 역할 등 다양한 목적을 위해 요구된다. 초보상담자는 슈퍼비전을 통해 전문지식과 기술을 습득하고, 숙련된 상담자는 자신의 역량을 점검하고 새로운 기술을 개발한다. 유사한 용어들을 정리해 보면 〈표 1〉과 같다.

표 1. 슈퍼비전과 유사 용어의 차이

용어	내용
슈퍼비전	상담사가 상황을 평가하고 개인이나 조직이 특정 환경 내에서 더 잘 기능하도록 돕기 위한 제안을 제공한다.
자문	상담자의 기능에 대한 지속적 평가를 하나 자문인의 제안은 컨설턴트가 주의를 기울이지 않아도 된다. 이 이유로 컨설턴트는 일반적으로 수퍼바이저보다 피컨설턴트의 행동에 법적 책임에 덜하기 때문이다.
슈퍼비전과 교육의 유사점	교사가 학생의 이익을 위해 특정 주제에 대한 전문지식을 공유한다는 점에서 교육과 유사하다. 교사는 자신의 장점에 따라 평가를 받을 수 있으며 학생의 학습 또는 참여에 대한 평가를 등급의 형태로 제공할 수 있다.
교육과 감독의 주요 차이점	감독자가 전문성의 문지기 역할을 기대하고 피감독자의 행동에 대해 법적 책임을 지는 정도이다.

상담 분야에서 슈퍼비전은 경험이 많고 숙련된 상담자가 초보상담자에게 상담을 잘 수행할 수 있도록 도움을 주는 과정이다. 이 과정은 숙련된 전문가와의 피드백 및 의사소통을 통해 상담 서비스 및 처치 과정에 대한 자기 지식 및 이해를 개발하는 것을 목표로 하며, 장기적인 관계 속에서 진행된다. 결과적으로, 슈퍼비전은 경험이 적은 상담사의 직업적 직무 수행능력 향상과 내담자에게 제공되는 서비스 수준을 감독하는 활동이다.

효율적 슈퍼바이저는 공감, 진실성, 존경, 유연성, 연민, 개방성 등 높은 수준의 인간적 자질을 보여야 한다. 또한, 슈퍼비전에 대한 경험과 지식, 구체적이고 적절한 교수전략과 목표설정 기술, 효과적인 피드백 전략을 사용해야 한다. 유능한 슈퍼바이저는 슈퍼바이지를 존중하고, 지지하며, 무비판적인 태도를 유지하고, 적절한 경계를 설정하며, 슈퍼비전에서 심리치료적 개입을 하지 않는다.

이상적인 슈퍼비전의 기본 목표는 고객의 복지를 보장하는 것이다. 스포츠심리상담 슈퍼비전은 초보 수련생뿐만 아니라 숙련된 상담사도 윤리적이고 효과적인 상담방법을 배우고, 새로운 기술을 개발하고, 자신감을 얻고, 자기인식을 향상시키는 데 도움을 준다. 숙련된 상담사에게 슈퍼비전은 지속적인 피드백을 제공하고, 서비스 제공자로서의 성장을 도모하는 기회를 제공한다. 슈퍼바이저는 높은 수준의 법적, 윤리적 책임을 지며, 무능하거나 위험하거나 착취적인 상담사로부터 고객을 보호하는 중요한 역할을 한다. 이러한 역할을 통해 상담의 질을 관리하며, 스포츠심리상담에서 슈퍼비전은 지속적인 훈련과 실습을 필요로 한다.

슈퍼비전 과정에서 수련생은 감독자의 피드백과 조언에 기반하여 자신의 기술과 지식을 개발하고, 전문성을 향상시키는 기회를 갖는다. 또한, 슈퍼바이저는 수련생의 기능을 공식적으로 평가하고, 필요한 경우 내담자와 관련된 수련생의 의사결정과 행동에 대한 법적 책임을 지기도 한다.

1.2 스포츠 슈퍼비전과 연구

1) 스포츠 슈퍼비전의 목적

한국스포츠심리학회에서 인증하는 스포츠심리상담사 자격제도에는 자격증 취득과정 중의 연수생은 필수적으로 슈퍼비전을 받는다. 그러나 자격취득 후 스포츠심리상담사로서 활동하는 기간에는 슈퍼비전을 요구하지 않고 있다. 이는 스포츠 관련 고객에게 양질의 스포츠심리학 서비스를 제공하기 위해서는 개선되어야 할 사항이다.

스포츠심리상담에서 슈퍼비전의 목적은
선수고객에게 신뢰롭고 효과적인 상담 서비스를 제공하는 것이다.
상담자의 자질 향상과 전문 직업인으로서의 발달을 도모하는 것이다.

슈퍼비전을 받거나 제공하는 것은 상담사로서 평생 받아야 하는 학습과정이다. 슈퍼비전을 통해 다른 상담사의 경험과 지식을 바탕으로 스스로의 상담능력을 점검하고, 선수들에게 양질의 심리상담과 교육, 훈련의 기회를 제공해 줄 수 있다. 스포츠심리상담사의 전문성과 서비스의 질을 지속적으로 유지하고 향상시키기 위해서는, 자격 취득 후에도 슈퍼비전을 지속적으로 받는 것이 필요하다. 이러한 슈퍼비전의 중요성을 인식하고, 대학이나 대학원의 교과과정, 혹은 해당 학회 및 관련 분야 면허 기관에서 제공하는 슈퍼비전 프로그램을 이용하여 필요한 요구사항을 충족시키는 것이 중요하다.

미국의 공인 심리학자와 전문 상담사는 2,000-4,000시간의 슈퍼비전 교육을 이수해야 하며, 대부분이 슈퍼비전 과정을 이수한다. 심리학과 마찬가지로 슈퍼비전은 교육 및 발달을 위해 필수적 요소이다. 한국스포츠심리학회(KSSP) 외에도 미국상담학회, 미국심리학회(APA), 응용스포츠심리학회(AASP), 영국 스포츠 및 운동과학회(BASES), 그리고 캐나다 및 독일의 스포츠심리학 관련 학회들이 이러한 슈퍼비전 프로그램을 제공하고 있다.

따라서 한국스포츠심리학회도 자격취득 후에도 스포츠심리상담사에게 슈퍼비전 요구를 보다 엄격히 적용할 필요가 있다. 예를 들어, 자격취득 후 5년 이내의 스포츠심리상담사는 월 1회 이상의 개인 슈퍼비전을 받도록 요구할 수 있다. 5년 이상 경력의 스포츠심리상담사는 3개월에 1회 이상의 집단 슈퍼비전을 받는 자격규정을 두는 것이다. 이처럼 지속적인 슈퍼비전은 스포츠심리상담사로서의 역량을 강화하고, 전문성을 유지하는 데 필수적인 요소임에도 스포츠심리학 연구와 스포츠심리상담사 면허와 등록 등의 자격 요건 측면에서 슈퍼비전에 대한 관심은 최근에야 그 중요성이 인식되고 있다. 다음의 내용은 현재 스포츠 슈퍼비전의 발전방향을 모색해 보고자 관련 연구 동향을 살펴본 것이다.

2) 스포츠심리상담에서 슈퍼비전에 대한 연구

스포츠 및 운동심리학, 스포츠심리상담에서 슈퍼비전에 대한 연구는 1994년에 최초로 발표되었다. 슈퍼비전의 윤리적 문제(Andersen, 1994), 슈퍼비전 기술(Andersen, Antonucci, Bird, & Sharpe, 1994), AASP의 슈퍼비전의 현재(Petitpas, Cole, & Watson, 1994), 슈퍼비전 모델(Barney, Rink, & Stoll, 1996; Andersen & Williams-Rice, 1996) 등이 있다.

2000년대 초에는 스포츠심리학에서 슈퍼비전에 대한 논의가 심화되었다. Van Raalte & Andersen(2000)은 슈퍼비전 모델과 관련 문제를 다루었으며, Andersen, Van Raalte, & Harris(2000)는 슈퍼비전 모델 사용, 슈퍼비전 관계 및 자기인식과 같은 슈퍼비전의 중요한 영역에 대한 연구가 이루어졌다. 또한 watson, Petitpas, & Van Raalte(2004)은 AASP 회원을 대상으로 슈퍼비전 현황을 분석하였다.

이후 슈퍼비전에 대한 문헌이 감소하는 대신 SPC 상담사 전문성 개발에 관한 연구가 시작되면서 전문성 개발 안에 슈퍼비전의 중요성을 강조하였다(예: Knowles, Duncan, & Cahill, 2007; Silva, Magyar, & Kozub, 2011; Tod, Magyar, & Kozub, 2007; Tod & Mahoney, 2009; Tod & Bond, 2010). 이들 연구는 성찰 및 슈퍼비전 동맹과 같은 슈퍼비전의 중요한 내용을 기술하였다.

영국 스포츠심리학회(British Association of Sport & Exercise Sciences; BASES)는 2018년 스포츠심리상담사들을 대상으로 슈퍼비전 경험 조사를 실시하였다. 조사 결과에 따르면, 조사 대상의 31%가 지난 1년 동안 슈퍼비전을 전혀 받지 않았으며 50%는 5회 미만을 참여하였다. 또한 면허, 등록, 인가 취득 후 슈퍼비전의 필요성은 71%가 슈퍼비전이 필요한 순간에만 그 중요성을 인식하였다. 슈퍼비전의 중요성을 인식하고 매월 또는 격주로 받아야 한다고 응답한 29%만이 정기적으로 슈퍼비전을 받았으나, 지난 1년 동안 11회 이상 감독을 받은 스포츠심리학자는 5%에 불과했다. 이러한 조사 결과는 스포츠심리상담에서 슈퍼비전의 중요성에 대한 인식이 부족하다는 것을 시사한다.

이후 Bases는 2020년 BASES 인증을 수여하게 된다. 이는 협회가 스포츠 및 운동 과학자로서 안전하고 효과적이며 독립적으로 활동하는 데 필요한 지식, 기술 및 전문성을 갖추고 있다고 판단하는 상담사에게 수여한다. BASES 인증을 받으려면 지원자는 필요한 수준의 과학적 지식을 갖추고, 교육 과정을 완전히 이해하며, 자신의 지식과 기술을 적용하여 업무 환경에서 긍정적인 성과를 창출할 수 있음을 명시적으로 입증해야 한다. 지원자는 현직 스포츠 및 운동 과학자여야 하며, BASES 감독 경험(Supervised Experience)을 성공적으로 이수했거나, 선택한 분야에서 상당한 경험을 입증해야 한다.

결론적으로 향후 스포츠심리상담에서 슈퍼비전의 효과성 검증이 요구되며, 이를 위해 연구가 필요하다. 스포츠심리상담에서 슈퍼비전은 전문성 개발과 상담의 효과성 증진을 위한 필수요소이다. 향후 연구를 통해 슈퍼비전의 효과성을 검증하고, 효과적인 슈퍼비전 방법론을 개발함으로써 스포츠심리상담의 발전에 기여할 수 있을 것이다. 〈표 2〉는 향후 요구되는 연구 방향을 제안한 것이다.

표 2. 향후 스포츠심리상담 슈퍼비전 연구 방향

주제	연구 방향
슈퍼비전의 종류와 효과성	어떤 종류의 슈퍼비전이 전문성 개발에 더 효과적인가? 어떤 종류의 훈련이 수련생을 더 효과적으로 성장시킬 수 있는가? 등
슈퍼비전 효과에 영향을 미치는 요인	슈퍼바이저의 특성, 슈퍼비전 관계 등 슈퍼비전의 효과에 영향을 미치는 요인 등
슈퍼비전의 효과적인 방법론	슈퍼비전의 효과를 높이기 위한 방법론을 개발하기 위한 연구 등

1.3 상담 슈퍼바이저 역량과 자기개방

1) 상담 슈퍼바이저 역량

상담 슈퍼바이저가 되기 위해서는 전문적인 훈련과 자질이 필요하다. 유능한 상담자가 반드시 훌륭한 슈퍼바이저가 되는 것은 아니다. 이는 마치 경기력이 뛰어난 선수가 자동으로 좋은 코치가 되지 않는 것과 같다. 슈퍼바이저는 직접적인 개입기술, 프로그램 관리 능력, 그리고 슈퍼비전 기술 및 지식을 갖춰야 한다. 또한, 헌신, 격려, 개방성, 슈퍼바이지의 욕구와 개인차에 대한 민감성과 같은 개인적 특성과 관계적 요인들도 슈퍼바이저의 역량을 결정하는 중요한 부분이다.

슈퍼바이저 역량은 슈퍼바이저가 효과적인 슈퍼비전을 수행하기 위해 필요한 지식, 기술, 태도의 총체를 말한다.
슈퍼비전 역량은 슈퍼바이지의 전문성 개발을 돕기 위한 슈퍼바이저의 능력을 의미한다.

슈퍼바이저 역량은 슈퍼바이지의 전문성 개발을 돕기 위한 중요한 요소이다. 효과적인 슈퍼바이저는 슈퍼바이지의 강점과 약점을 파악하고, 이를 바탕으로 슈퍼바이지의 성장을 돕는다. 따라서 슈퍼바이저가 되기 위해서는 슈퍼비전 역량을 개발하기 위한 노력이 필요하다. 〈표 3〉은 여러 학자들이 제안한 상담 슈퍼바이저를 위한 역량훈련 요인들이다.

> TIP **APPIC의 상담 슈퍼바이저 역량 발달 체계**
>
> 초급 단계: 슈퍼비전의 기본 원칙과 기술을 습득하는 단계
> 중급 단계: 슈퍼비전의 다양한 방법과 기술을 적용하는 단계
> 고급 단계: 슈퍼비전의 전문성을 향상시키는 단계

2002년 APPIC(Association of Psychology Postdoctoral and Internship Centers)는 상담 슈퍼바이저로서 갖추어야 할 요소를 제시하였다. 즉, 슈퍼바이저 역량은 교육 및 훈련을 통해 발전될 수 있으며, 슈퍼바이저 양성 프로그램은 슈퍼바이저 역량의 핵심 요소를 개발하기 위한 교육과 훈련을 제공한다. 또한, 슈퍼바이저는 경험을 통해서도 슈퍼비전 역량을 발전시킬 수 있다. 슈퍼바이저는 다양한 슈퍼바이지와 함께 슈퍼비전 경험을 쌓으면서, 자신의 역량을 발전시킬 수 있다. 상담 슈퍼바이저의 자격 검증, 훈련, 역량 평가는 국가나 전문 단체마다 다르며, 다양한 방법이 필요하다. 슈퍼바이저 역량 평가는 슈퍼바이저가 자신의 역량을 파악하고, 이를 발전시키기 위해 노력하게 해준다.

- 슈퍼비전 역량의 핵심 요소 역량
  - √ 전문지식: 상담, 심리학, 스포츠심리학 등 관련 분야의 전문지식
  - √ 슈퍼비전 기술: 슈퍼비전의 목적, 과정, 방법에 대한 지식과 기술
  - √ 개인적 특성: 헌신, 격려, 개방, 슈퍼바이지의 욕구와 개인차에 대한 민감성 등
  - √ 윤리적 책임감: 슈퍼비전 관계에서의 윤리적 책임을 인식하고 실천하는 능력

√ 다양성 인식: 슈퍼바이지의 다양한 배경과 경험을 이해하고 존중하는 능력

√ 자기인식: 자신의 강점과 약점을 이해하고, 이를 슈퍼비전 관계에 효과적으로 활용하는 능력

• 슈퍼바이저 역량 개발을 위한 방안

√ 슈퍼바이저에 대한 교육 및 훈련의 강화

√ 슈퍼바이저의 전문적 네트워크 구축

√ 슈퍼바이저의 지속적인 자기성찰 및 학습

• 다양한 슈퍼비전 역량 측정 및 관련 전문 심리 프로그램 평가

√ 슈퍼바이저 자신, 슈퍼바이지, 동료 슈퍼바이저, 외부 평가자 등이 슈퍼바이저 역량 평가

√ 서면 평가, 구술 평가, 실습 평가, 롤플레잉 등에 의한 역량 평가

• 슈퍼비전 자격 검증, 훈련, 역량 평가에 필요한 작업 항목 확인

√ 자격 요건: 상담 슈퍼바이저 자격을 취득하기 위한 자격 요건을 충족해야 한다.

√ 훈련 프로그램: 상담 슈퍼바이저 자격을 취득하기 위한 훈련 프로그램을 이수해야 한다.

√ 역량 평가: 상담 슈퍼바이저 자격을 취득하기 위한 역량 평가를 통과해야 한다.

표 3. 상담 슈퍼바이저를 위한 역량훈련 요인

학자	주제	내용
Borders & Leddick(1987)	상담 슈퍼바이저 훈련을 위한 커리큘럼 가이드: 슈퍼비전 훈련의 7가지 핵심 분야	(1) 슈퍼비전 모델 (2) 상담자 발달 (3) 슈퍼비전 관계 (4) 슈퍼비전 방법 및 기술 (5) 평가 (6) 실무 기술 (7) 윤리적, 법적, 전문적 규제 문제
Falender & Shafranske(2004)	전문성 발달, 학생들이 받는 교육 및 훈련의 모든 측면을 아우르는 필수 5가지 상위 요인: 슈퍼비전 실무를 위한 핵심 요인	(1) 슈퍼비전 역량은 응용된 역량으로 일생 동안 누적되는 발달과정이라는 인식 (2) 슈퍼비전 과정의 모든 부분에서 모든 형태(나이, 장애, 민족성, 성, 성정체성, 인종, 종교, 성적 성향, 사회경제적 지위)의 다양성에 대한 관심을 가지며, 이에 대한 구체적 역량의 필요성 인식 (3) 법률 및 윤리적 문제에 대한 관심이 필요하다는 인식 (4) 전문적 요인과 개인적 요인 모두 훈련에 영향을 미친다는 인식 (5) 슈퍼비전 발달의 모든 단계에서 자기평가, 동료평가 모두 정기적으로 이루어져야 한다는 필요성의 인식
Russell & Petrie(1994)	슈퍼바이저가 훈련받아야 하는 기본 영역	(1) 슈퍼비전의 이론적 모델 (2) 슈퍼비전 과정과 결과에 대한 경험적 문헌 (3) 윤리적, 법적 문제 영역

2) 슈퍼비전과 자기개방

자기개방(self-disclosure)은 자신에 대한 개인적인 이야기를 다른 사람이 알게 하는 과정이며, 자신의 개인적인 불편감을 타인에게 적극적으로 드러내는 경향성을 뜻한다(Kahn & Hessling, 2001). 슈퍼비전에서의 자기개방은 슈퍼바이지와 슈퍼바이저가 상호 존중과 진실성을 바탕으로 자기 자신, 내담자, 상담과 슈퍼비전 과정, 상담관계 및 슈퍼비전관계 등에 대한 정보와 자신의 반응, 경험 등을 나누는 것을 의미한다(손승희, 2005; Knox, 2015). 즉, 여기에는 자신의 성공 혹은 갈등을 겪은 사례 경험, 과거 훈련경험 등에 대해서 이야기하거나 내담자나 슈퍼바이지와 관련된 자신의 생각 등이 포함된다(금선미, 손자영, 2017).

자기개방의 내용은 크게 개인적인 것과 관계적인 것으로 구분할 수 있다. 개인적인 자기개방은 자신의 학력, 경력 등의 개인정보, 감정, 과거의 개인적인 경험, 지금 여기의 경험 등을 개방하는 것을 말한다. 관계적인 자기개방은 내담자와의 상호작용, 슈퍼바이저와의 상호작용 등에 대한 개방을 말한다. 슈퍼비전의 중요한 역할과 방해요인, 자기개방을 위해 노력할 내용을 〈표 4〉를 통하여 살펴보자.

표 4. 상담 슈퍼바이저를 위한 자기개방 요인

요인	내용
중요성	• 상담자의 자기성찰과 성장을 촉진한다. 슈퍼바이지가 자신의 내면을 들여다보고, 자신의 생각과 감정, 행동을 탐색하는 것은 상담자로서의 성장과 발전에 필수적이다. 자기개방은 슈퍼바이지가 자신의 내면을 탐색하고 이해하는 데 도움이 된다. • 상담자의 전문성을 향상시킨다. 슈퍼바이지가 자신의 상담경험에 대한 피드백을 받고, 이를 바탕으로 자신의 상담기술을 개선하는 것은 전문성 향상에 도움이 된다. 자기개방은 슈퍼바이지가 자신의 상담경험을 공유하고, 슈퍼바이저로부터 피드백을 받을 수 있는 기회를 제공한다.
중요성	• 상담자의 윤리적 실천을 돕는다. 슈퍼바이지가 자신의 윤리적 가치와 판단에 대해 탐색하고, 이를 바탕으로 윤리적으로 올바른 상담을 수행하는 것은 윤리적 실천을 돕는다. 자기개방은 슈퍼바이지가 자신의 윤리적 가치와 판단을 탐색하고, 슈퍼바이저로부터 윤리적 지침을 받을 수 있는 기회를 제공한다.
방해요인	• 슈퍼바이저에 대한 상하관계 의식이나 갈등 예상: 슈퍼바이지는 슈퍼바이저를 상사로 인식하고, 자신을 부정적으로 평가할 수 있다고 생각하여 자기개방을 주저할 수 있다. • 슈퍼바이저에게 자신이 부정적으로 보일 수 있음에 대한 불안감: 슈퍼바이지는 자신의 부족한 점을 드러내면 슈퍼바이저에게 부정적으로 평가받을 수 있다고 생각하여 자기개방을 주저할 수 있다. • 슈퍼바이저에게 인정 욕구를 가질 때: 슈퍼바이지는 슈퍼바이저로부터 인정받고 싶은 욕구로 인해 자신의 진짜 모습을 감추고, 원하는 대로 보이는 자기개방을 할 수 있다. • 슈퍼바이저에 대한 부정적 인식: 슈퍼바이지는 슈퍼바이저를 부정적으로 인식하여 자기개방을 주저할 수 있다. • 슈퍼바이저와의 관계가 신뢰롭고 친밀하지 못하다고 여겨질 때: 슈퍼바이지는 슈퍼바이저와의 관계가 신뢰롭고 친밀하지 않다고 생각하여 자기개방을 주저할 수 있다. • 상담자가 슈퍼비전에 대한 인식 부족: 상담자가 슈퍼비전의 중요성과 필요성을 인식하지 못하면 자기개방에 소극적일 수 있다.
노력	• 슈퍼바이저와의 관계를 신뢰롭게 형성한다. 슈퍼바이저와의 관계가 신뢰롭고 친밀해지면, 슈퍼바이지는 슈퍼바이저에게 자신의 생각, 감정, 경험 등을 개방하기가 더 쉬워진다. • 슈퍼비전의 목적과 필요성에 대한 이해를 높인다. 자기개방을 통해 무엇을 얻고자 하는지 명확히 한다. 즉, 자신의 강점과 약점을 인지하고, 슈퍼비전에서 도움을 받고자 하는 부분을 명확히 한다. 예를 들어, 내담자와의 관계에서 어려움을 해결하기 위해 슈퍼비전 도움을 받고자 한다면, 슈퍼바이지는 내담자와의 관계에서 어려움을 겪고 있는 부분에 대해 구체적으로 슈퍼바이저에게 개방할 수 있다. • 자기개방의 정도를 조절한다. 처음에는 자신의 생각, 감정, 경험 중에서도 슈퍼바이저에게 개방하기 쉬운 부분부터 시작하여, 점차적으로 자기개방의 범위를 확대해 가는 것이 좋다.

2. 상담 슈퍼비전의 모델

상담 슈퍼비전 모델은 슈퍼바이지의 학습과 전문성 발달을 촉진하기 위한 체계적인 접근 방법을 제공하는 이론적 틀이다. 효과적인 슈퍼바이저가 되기 위해서는 슈퍼비전 모델을 이해하고, 모델에 따라 슈퍼비전의 목적과 방향성을 달성하기 위한 구체적인 전략을 알고 있어야 한다(최한나 등, 2013). 상담 슈퍼비전 모델은 크게 심리치료 이론에 기반한 모델과 교육적 접근을 강조하는 모델로 분류할 수 있다.

상담 슈퍼비전 모델은 슈퍼비전의 진행 과정을 구조화하고, 슈퍼바이지의 학습과 성장을 촉진하는 데 도움이 된다. 슈퍼바이저는 슈퍼비전 모델을 바탕으로 슈퍼비전의 목표와 방향성을 설정하고, 슈퍼바이지의 상담과정을 분석하고, 피드백을 제공하고, 훈련을 통해 슈퍼바이지의 역량을 개발할 수 있다. 각 심리치료 접근법의 슈퍼비전은 고유한 장단점을 가지고 있으며, 이러한 장단점을 이해하는 것은 치료자와 슈퍼바이저가 보다 효과적인 슈퍼비전을 진행하는 데 도움이 된다. 치료자는 자신의 치료 스타일과 내담자의 필요에 맞는 슈퍼비전 접근을 선택함으로써, 지속적인 성장을 도모할 수 있다. 상담 슈퍼비전 모델을 선택할 때는 다음과 같은 요소를 고려하는 것이 좋다.

- 슈퍼바이지의 상담경험과 역량 수준
- 슈퍼바이지의 개인적 특성
- 슈퍼비전의 목표와 목적
- 슈퍼바이저의 전문 분야와 경험

슈퍼바이지의 상담경험과 역량 수준이 낮다면, 슈퍼바이지의 기초적인 상담 지식과 기술을 향상시키는 데 초점을 맞춘 모델이 적합하다. 반면, 슈퍼바이지의 상담경험과 역량 수준이 높다면, 슈퍼바이지의 전문성을 더욱 강화하는 데 초점을 맞춘 모델이 적합하다. 또한, 슈퍼바이지의 개인적 특성을 고려하여 슈퍼바이지가 수용하고 편안하게 느낄 수 있는 모델을 선택하는 것이 중요하다.

2.1 심리치료적 관점

심리치료적 관점에서의 슈퍼비전은 심리치료과정과 유사한 방식으로 이루어지며, 각 심리치료 이론의 가정, 방식, 기법을 슈퍼비전에 적용한다. 이러한 접근은 치료자가 치료적 기법을 더 깊이 이해하고 효과적으로 사용할 수 있도록 돕는 데 중점을 둔다.

심리치료적 관점에서의 슈퍼비전은 각 심리치료 이론의 핵심 가정과 기법을 적용하여, 치료자가 이론을 실제 치료에 효과적으로 적용하고, 내담자와의 상호작용에서 발생하는 도전 과제를 해결할 수 있도록 돕는 중요한 과정이다. 각 이론의 특성에 따라 슈퍼비전의 초점과 방식이 다르며, 치료자는 이를 통해 자신의 전문성을 지속적으로 발전시킬 수 있다. 또한 심리치료의 다양한 이론적 접근에 따라 슈퍼비전 과정도 다르게 구성된다. 각 접근법은 치료자가 치료과정에서 직면하는 어려움을 해결할 수 있도록 돕는 것을 목표로 한다. 다음은 정신분석, 인지행동, 인간중심, 수용전념치료의 슈퍼비전 관점과 과정 그리고 그 접근법의 특성에 따른 장단점에 관한 것이다. 〈부록 5-1〉에서 〈부록 5-4〉는 각각의 접근법에 바탕을 둔 슈퍼비전 양식이다.

1) 정신분석치료의 슈퍼비전

정신역동 슈퍼비전은 정신분석적 접근을 기반으로 하는 상담 슈퍼비전 모델이다. 정신역동 슈퍼바이저는 슈퍼바이지에게 무의식적 정신 과정, 심리적 갈등, 전이/역전이 반응, 대상관계, 저항, 자기방어, 자유연상, 꿈 분석, 해석 등의 정신역동치료의 이론과 기술을 가르침으로써 슈퍼바이지의 전문적 성장과 발달을 촉진한다(Hayman, 2008). 초기의 정신역동 슈퍼비전은 슈퍼바이저가 지식을 전달하고 슈퍼바이지가 이를 수용하는 일방적인 과정이었다(Binder & Strupp, 1997). 그러나 〈표 5〉의 장단점에서 보듯이 현대에 와서는 슈퍼바이지와 슈퍼바이저가 협력적인 관계를 형성하고 상호 학습하는 과정으로 변화하였다(Bernard & Goodyear, 2009; Bordin, 1983).

(1) 슈퍼비전의 관점

- 무의식적 과정 탐색: 정신분석적 슈퍼비전은 치료자와 내담자 간의 상호작용에서 무의식적 과정을 탐구한다. 이는 치료자가 내담자와의 전이와 역전이를 이해하고 관리할 수 있도록 돕는다.
- 자기성찰 강조: 슈퍼비전 과정에서 치료자는 자신의 무의식적 반응, 정서적 반응을 성찰하고, 이를 치료과정에 어떻게 다룰 것인지 논의한다.
- 사례의 깊이 있는 분석: 슈퍼바이저는 치료자가 내담자의 심리적 역동성을 더 깊이 이해하도록 도와준다. 이는 세션에서 발생한 꿈, 자유연상, 방어기제 등을 분석하는 과정에서 이루어진다.
- 장기적 치료계획: 정신분석적 슈퍼비전은 치료의 장기적 목표와 전략을 설정하는 데 중점을 둔다. 이를 통해 치료자는 내담자의 전반적인 심리적 변화를 이끌어내는 데 필요한 깊이 있는 전략을 개발할 수 있다.

(2) 슈퍼비전의 과정

- 사례개념화: 치료자가 내담자의 심리적 역동성을 분석하고, 무의식적 갈등을 파악하도록 돕는다.
- 전이와 역전이 탐색: 치료자와 내담자 간의 전이와 역전이 현상을 분석하며, 치료자가 이 과정에서 느끼는 감정과 반응을 탐색한다.
- 꿈 분석과 자유연상: 내담자의 꿈과 자유연상을 통한 무의식적 내용을 해석하는 방법을 슈퍼비전에서 다룬다.
- 자기성찰: 치료자는 자신의 무의식적 반응을 성찰하고, 이를 치료과정에서 어떻게 다룰지 논의한다.
- 장기적 치료계획 수립: 내담자의 심리적 변화를 위한 장기적 목표와 전략을 설정한다.

표 5. 정신분석치료의 슈퍼비전 장단점

장점	깊이 있는 분석	내담자와 치료자의 무의식적 과정을 깊이 탐구함으로써, 복잡한 심리적 역동성의 이해와 처리 능력을 키울 수 있다.
	전이와 역전이 관리	슈퍼비전에서 전이와 역전이를 다룸으로써, 치료자가 이러한 현상을 효과적으로 다루고 치료 관계를 개선할 수 있다.
	치료자 자기성찰 강화	치료자는 자신의 무의식적 반응과 감정을 성찰하여, 치료과정에서의 자아 인식을 높일 수 있다.
	장기적 치료계획 수립	장기적인 치료목표설정을 통해 내담자의 심리적 변화를 추구할 수 있다.
단점	시간 소모	깊이 있는 분석과 장기적 치료계획은 시간이 많이 소요되며, 슈퍼비전 과정이 매우 길어질 수 있다.
	이론의 복잡성	정신분석 이론이 복잡하고 추상적이기 때문에, 슈퍼비전의 이해와 적용에 시간이 걸릴 수 있다.
	주관적 해석의 가능성	무의식적 과정과 상징적 해석이 주관적으로 이루어질 수 있어, 슈퍼바이저와 치료자 간의 해석 차이가 생길 수 있다.

2) 인지행동치료의 슈퍼비전

인지행동 슈퍼비전은 인지행동치료의 이론과 기술을 기반으로 하는 슈퍼비전 모델이다. 인지행동치료는 인간의 행동과 정서는 그들의 생각과 신념에 의해 영향을 받는다는 관점에 기반을 두고 있다(Bradley & Gould, 2001). 인지행동 슈퍼바이저는 슈퍼바이지에게 인지행동치료의 기본원리와 개념을 가르치고, 이를 상담에 적용할 수 있도록 돕는다〈표 6〉.

(1) 슈퍼비전의 관점

- 체계적 기술습득: CBT 슈퍼비전은 치료자가 구체적인 기법(예: 인지적 재구조화, 행동 활성화, 노출 기법 et al.)을 효과적으로 사용할 수 있도록 돕는다.
- 목표지향적 접근: 슈퍼바이저는 치료자가 명확한 목표를 설정하고, 치료의 효과성을 평가할 수 있도록 돕는다. 각 세션의 목표와 이를 달성하기 위한 구체적인 전략을 수립하는 데 중점을 둔다.
- 과학적 기반 강조: 슈퍼비전 과정에서 치료자는 근거 기반의 기법을 사용하고, 이를 통해 내담자의 변화를 객관적으로 평가하는 방법을 배운다. 이는 치료효과를 강화하고, 치료과정의 투명성을 높이는 데 기여한다.
- 문제해결 중심: 슈퍼비전은 내담자의 특정 문제를 해결하기 위해 어떤 기법을 사용할지 논의하는 데 중점을 둔다. 이를 통해 치료자는 효과적인 문제해결 전략을 개발할 수 있다.

(2) 슈퍼비전 과정

- 초기 평가: 내담자의 문제와 목표를 구체적으로 평가하고, 이를 기반으로 치료계획을 세운다.
- 세션 리뷰: 각 세션에서 사용된 CBT 기법을 검토하고, 내담자의 반응과 진행상황을 분석한다.
- 기법 실습: 치료자가 특정 CBT 기법을 실습하고, 슈퍼바이저로부터 피드백을 받는다.
- 목표설정과 평가: 내담자와의 세션 목표를 설정하고, 목표달성 여부와 치료의 효과성을 평가한다.
- 문제해결 전략 개발: 내담자가 직면한 문제를 해결하기 위한 구체적인 전략을 논의하고 개발한다.

표 6. 인지행동치료 슈퍼비전의 장단점

장점	구체적/구조화된 접근	명확한 목표와 구체적인 기법 중심으로 진행되어, 치료자에게 실질적인 기술습득을 제공한다.
	효과성 측정 용이	치료효과를 객관적으로 측정할 수 있는 도구와 방법 제공, 치료자 발전을 체계적으로 평가할 수 있다.
	문제해결 중심	내담자의 구체적인 문제를 해결하는 데 중점을 두어, 실질적인 변화를 이끌어낼 수 있다.
	시간 효율성	비교적 단기적인 슈퍼비전으로도 명확한 목표를 달성할 수 있다.
단점	심층적 감정탐색의 한계	주로 현재의 문제해결에 집중하여 내담자의 깊은 정서 문제나 과거 트라우마를 다루는 데 한계가 있을 수 있다.
	기계적 적용의 위험	CBT 기법이 구조화되어 있어, 치료자가 기법을 기계적 적용하면 내담자와의 관계를 충분히 고려하지 않을 위험이 있다.
	융통성 부족	엄격한 구조와 기법 중심의 접근이 창의적이고 유연한 대응을 제한할 수 있다.

3) 인간중심치료의 슈퍼비전

인간중심 슈퍼비전에서 슈퍼바이저는 슈퍼바이지의 성장과 발달을 돕는 촉진자(facilitator)의 역할을 수행한다. 인간중심 상담의 핵심 개념인 진정성(genuineness), 공감적 이해(empathic understanding), 무조건적인 긍정적 존중(unconditional positive regard)을 바탕으로 하는 슈퍼비전 모델이다. 이러한 촉진적 조건을 제공함으로써 슈퍼바이지가 자기실현을 위한 성장과 발달을 이루도록 돕는다(Rogers, 1957).

인간중심 슈퍼비전은 상담 초기부터 중급, 고급 단계에 이르기까지 다양한 단계의 슈퍼바이지에 적용할 수 있다. 또한, 다양한 상담이론과 접근법을 사용하는 슈퍼바이지에게도 적용할 수 있다. 슈퍼바이지의 자기실현을 위한 성장과 발달을 돕는 효과적인 슈퍼비전 모델로서 슈퍼바이저의 역량과 슈퍼바이지와 슈퍼바이저 사이의 관계 형성이 중요하며, 슈퍼바이지의 성장과 발달을 촉진하는 데 큰 도움을 줄 수 있다〈표 7〉.

(1) 슈퍼비전 관점

- 치료자-내담자 관계 강조: 인간중심 상담의 슈퍼비전은 치료자가 내담자와의 관계에서 진정성, 무조건적인 긍정적 존중, 공감을 어떻게 발휘하고 있는지를 평가하고 강화한다.
- 자기성장 촉진: 슈퍼바이저는 치료자가 자신의 감정, 가치, 경험을 깊이 성찰하도록 돕고, 이를 통해 더 나은 치료자로 성장할 수 있도록 지원한다.
- 비지시적 접근: 슈퍼비전 과정에서 치료자는 슈퍼바이저로부터 지시를 받기보다는 스스로 자신의 경험을 탐색하고, 자율적으로 해결책을 찾아가는 방식으로 진행된다.
- 경험중심의 학습: 슈퍼비전은 치료자가 자신의 내적경험과 내담자와의 상호작용을 바탕으로 학습하는 과정을 중시한다. 이는 치료자가 더 깊이 있는 공감적 이해와 진정성을 발휘할 수 있도록 돕는다.

(2) 슈퍼비전 과정

- 치료자-내담자 관계 분석: 내담자와의 관계에서 치료자가 진정성을 발휘하고 있는지, 무조건적인 긍정적 존중과 공감을 적절히 표현하고 있는지를 평가한다.
- 자기성찰: 치료자는 자신의 감정과 경험을 깊이 성찰하고, 이를 통해 내담자와의 상호작용을 개선한다.
- 비지시적 접근: 슈퍼바이저는 치료자가 자율적으로 자신의 경험을 탐색하고, 내담자의 자율성을 존중하는 방법을 지원한다.
- 경험적 학습: 치료자는 자신의 경험과 내담자와의 상호작용을 바탕으로 학습하며, 더 깊이 있는 공감적 이해와 진정성을 발휘할 수 있도록 돕는다.
- 내담자 중심의 피드백: 치료자는 슈퍼바이저로부터 내담자 중심의 태도와 접근에 대한 피드백을 받고, 이를 통해 자신의 접근을 조정한다.

표 7. 인간중심치료 슈퍼비전의 장단점

장점	자기성찰과 성장 촉진	치료자의 자기성찰과 개인적 성장을 중요시하여, 치료자의 감정적 성숙을 도모할 수 있다.
	치료자-내담자 관계 강화	치료자와 내담자 간의 진정성, 공감, 무조건적인 긍정적 존중을 강화하여, 강한 치료적 동맹을 형성할 수 있다.
	비지시적 접근의 유연성	치료자가 자율적으로 자신의 경험을 탐색하고, 자신만의 치료 방식을 개발할 수 있다.
	내담자 중심의 접근	치료자가 내담자의 자율성과 자기 탐색을 존중하면서 치료를 진행할 수 있다.
단점	구조화 부족	비지시적 특성 때문에, 슈퍼비전이 명확한 지침 없이 진행될 수 있으며, 치료자가 명확한 전략을 수립하는 데 어려움을 겪을 수 있다.
	구체적 기법 제공의 한계	구체적인 치료 기법에 대한 지침이 부족할 수 있어, 실용적 기법 습득이 어려울 수 있다.
	객관적 평가의 어려움	내담자와의 관계와 경험에 중점을 두기 때문에, 치료효과의 객관적 평가에 한계가 있을 수 있다.

TIP **Rogers(1942): 관계의 문제는 인간중심적 접근이 효과적이다.**

- 인간중심적 접근의 촉진적 조건이라 할 수 있는 진실성, 공감, 온정성은 치료사와 슈퍼바이저 모두에게 반드시 필요한 요소이다. 내담자와 치료사 모두 촉진적 조건과 함께 서로에 대한 믿음을 갖추고 있어야 한다. 믿음은 자기실현의 성장동기를 기본적으로 갖고 있다고 믿는 신뢰를 의미한다.
- 반면에 무의식에 대한 믿음, 통제하고 지시적이 되어야 한다는 믿음은 정신역동 모델과는 상반되는 개념으로 내담자에 대한 인간중심 모델의 성공적 사용에 방해되는 요소이다.
- 마지막으로 슈퍼바이저와 치료사의 자기 자신에 대한 수용과 내담자에 대한 존중이다(Patterson, 1983). 존중이라는 인간 본성에 초점을 맞춘 Rogers는 내담자중심(Rogers, 1951)이라는 용어를 인간중심이라는 용어로 발전시켜 나갔으며(Rogers, 1961), 상호 존중이라는 개념으로 슈퍼비전이 진행되었다.

4) 수용전념치료의 슈퍼비전

ACT(수용전념치료, Acceptance and Commitment Therapy)는 개인이 자신의 경험(생각, 감정, 신체 감각 et al.)을 있는 그대로 수용하고, 중요한 가치를 기반으로 행동하는 것을 목표로 하는 치료 접근법이다. ACT에 기반한 슈퍼비전은 이 원리를 상담사의 슈퍼비전 과정에 적용하여 상담사가 자신의 심리적 유연성을 높이고, 효과적인 상담을 제공할 수 있도록 돕는다.

(1) 슈퍼비전 관점

- ACT의 철학적 원칙 적용: ACT 슈퍼비전은 치료자가 ACT의 핵심 원칙(수용, 인지적 탈융합, 현재 순간에 집중, 자아 맥락, 가치, 전념행동)을 치료과정에 어떻게 적용하는지에 중점을 둔다.
- 심리적 유연성 개발: 슈퍼바이저는 치료자가 내담자의 심리적 유연성을 강화하도록 돕는 방법을 배울 수 있도록 지원한다. 이는 치료자 자신의 심리적 유연성도 함께 개발할 수 있는 기회를 제공한다.
- 경험적 학습: 슈퍼비전은 치료자가 ACT 기법을 실습하고, 그 과정을 통해 직접적인 경험을 쌓을 수 있도록 돕는다. 이는 기법의 효과를 실질적으로 이해하는 데 중요하다.
- 자기성찰과 가치 중심의 행동: 슈퍼비전 과정에서 치료자는 자신의 가치와 행동을 성찰하고, 이를 바탕으로 내담자와의 상호작용을 조정하는 방법을 배우게 된다. 이는 치료자가 ACT 기법을 일관되게 적용할 수 있도록 돕는다.

(2) 슈퍼비전 과정

- ACT 전략 적용 분석: 각 세션에서 ACT의 핵심 전략(수용, 인지적 탈융합, 현재 순간에 집중, 맥락적 자기, 가치, 전념행동)이 어떻게 적용되었는지, 내담자의 반응은 어떠했는지를 분석한다.
- 심리적 유연성 개발: 치료자가 내담자의 심리적 유연성을 강화할 수 있는 방법을 배우고, 자신의 심리적 유연성도 함께 개발한다.
- 경험적 실습: 치료자는 ACT 기법을 실습하고, 그 과정을 통해 직접적인 경험을 쌓는다.
- 자기성찰: 치료자는 자신의 가치와 행동을 성찰하고, 이를 바탕으로 내담자와의 상호작용을 조정한다.
- 피드백과 적용: 슈퍼바이저는 치료자에게 피드백을 제공하고, 치료자가 ACT 원칙을 일관되게 적용할 수 있도록 돕는다.

표 8. 수용전념치료 슈퍼비전의 장단점

장점	심리적 유연성 강화	치료자와 내담자의 심리적 유연성 강화에 중점을 두어, 다양한 상황에서 유연하게 대응할 수 있다.
	경험적 실습 강소	슈퍼비선에서 지료자가 ACT 기법을 직접 실습하고 경험함으로써, 기법의 실제적 이해를 도울 수 있다.
	가치중심의 접근	치료자가 자신의 가치와 행동을 성찰하고, 이를 바탕으로 내담자와의 상호작용을 조정할 수 있다.
	다양한 문제해결 가능	내담자의 다양한 문제에 대해 유연한 접근이 가능하며, 일상생활에서 적용하기 쉬운 기법을 제공한다.
단점	개념적 난이도	ACT의 철학적 개념(예: 인지적 탈융합, 수용)이 추상적일 수 있어, 치료자가 이를 충분히 이해하고 내담자에게 전달하는 데 어려움을 겪을 수 있다.
	측정의 어려움	내담자의 주관적인 경험과 가치에 중점을 두기 때문에, 치료효과의 객관적 평가가 어려울 수 있다.
	실습의 중요성	ACT 기법의 효과적 적용을 위해서는 치료자가 직접적 경험과 실습이 필요하므로, 초심자에게는 적용이 어려울 수 있다.
	문화적 적응 필요	ACT의 개념과 기법이 문화적으로 민감하게 적용되지 않으면, 내담자에게 효과적이지 않을 수 있다.

2.2 슈퍼비전 고유의 모델

1) 발달모델

발달 슈퍼비전은 수련상담자가 슈퍼비전과 훈련을 경험하면서 어떻게 변화하는가에 집중한다. 주요한 발달 슈퍼비전 모델은 Fleming(1953)으로부터 시작하였고, 발달 슈퍼비전 모델을 분류하는 방법은 학자마다 다르다. Borders & Leddick(1987)은 발달모델을 슈퍼바이저의 역할, 상담수련생 역동, 슈퍼비전의 학습 환경의 세 가지로 분류한다.

Borders & Leddick(1987)의 발달 슈퍼비전 모델은 수련상담자의 발달단계에 따라 슈퍼바이저의 역할, 상담수련생 역동[참고 1], 슈퍼비전의 학습 환경을 조절하여 수련상담자의 성장과 발달을 돕는 데 초점을 맞추고 있다. 이 모델은 수련상담자의 발달단계를 이해하고, 이에 맞는 슈퍼비전을 제공함으로써, 수련상담자가 전문적인 상담가가 되기 위한 발판을 마련하는 데 도움을 줄 수 있다〈표 9〉.

(1) 슈퍼바이저의 역할

• 초기 단계: 멘토

√ 수련상담자에게 상담의 기본 개념과 기술습득을 돕고, 안전한 환경에서 경험을 쌓을 수 있도록 지원한다.

√ 멘토링(mentoring)은 슈퍼바이저가 수련상담자에게 경험과 지식을 제공하고, 지지와 안내를 제공하는 역할을 하는 것이다.

• 중간 단계: 코치

√ 수련상담자가 자신의 상담 스타일을 개발하고, 내담자의 개별적인 needs에 맞는 상담을 할 수 있도록 돕는다.

√ 코칭(coaching)은 슈퍼바이저가 수련상담자의 역량을 개발하고, 독립성을 증진시키는 역할을 하는 것이다.

• 마지막 단계: 컨설턴트

√ 수련상담자가 전문 상담가가 되기 위한 역량을 갖추도록 돕고, 상담사로서의 정체성을 확립할 수 있도록 지원한다.

√ 컨설팅(consulting)은 슈퍼바이저가 수련상담자의 전문성을 향상시키고, 문제해결을 돕는 역할을 하는 것이다.

참고 1 상담 수련생의 역동

초기 단계	불안	수련생은 상담의 기본 개념과 기술을 익히는 데 어려움을 겪고, 내담자에게 도움이 될 수 있을지 불안해한다.
	과도한 의존	수련생은 슈퍼바이저에게 의존하고, 슈퍼바이저의 지시에 따라 상담을 진행하려고 한다.
중간 단계	자신감	수련생은 상담의 기본 개념과 기술을 익히면서 자신감을 얻는다.
	독립성	수련생은 슈퍼바이저의 지시에 덜 의존하고, 자신의 판단과 결정을 내리기 시작한다.
마지막 단계	정체성	수련생은 상담사로서의 정체성을 확립하고, 전문적인 상담가가 되기 위해 노력한다.

(2) 슈퍼비전의 학습 환경

• 초기 단계

√ 보호: 수련상담자는 안전한 환경에서 경험을 쌓을 수 있도록 지원해야 한다.

√ 피드백: 수련상담자가 자신의 상담과정을 되돌아보고, 개선할 수 있도록 피드백을 제공해야 한다.

• 중간 단계

√ 도전: 수련상담자가 자신의 상담역량을 개발할 수 있도록 도전해야 한다.

√ 자율성: 수련상담자가 자신의 판단과 결정을 내릴 수 있도록 자율성을 부여해야 한다.

• 마지막 단계

√ 협력: 수련상담자가 다른 상담사들과 협력하여 전문적인 상담가가 될 수 있도록 지원해야 한다.

표 9. 발달 슈퍼비전의 장점과 한계

장점	수련생의 발달단계를 고려한 맞춤형 슈퍼비전 제공	수련생은 자신의 발달 수준에 맞는 슈퍼비전을 통해 효과적으로 성장과 발달을 돕는다.
	슈퍼바이저의 역할 명확히 제시	슈퍼바이저는 수련생의 발달단계에 따라 멘토, 코치, 컨설턴트의 역할을 수행함으로써 수련생의 성장과 발달을 돕는다.
단점	수련생의 발달단계 파악의 어려움	수련생의 발달단계를 정확하게 파악하는 것이 중요하다는 한계가 있어서, 만일 슈퍼바이저가 수련생의 발달단계를 정확하게 파악하지 못하면, 슈퍼비전의 효과가 떨어질 수 있다.
	슈퍼바이저의 적용이론 한계	슈퍼바이저가 다양한 이론적 접근을 이해하고, 적용할 수 있어야 한다는 한계가 있다.

2) 변별 모델

Bernard(1979)의 변별 모델은 슈퍼비전의 초점을 명확하게 제시하고, 슈퍼바이저의 역할을 명확하게 제시한다는 점에서 초보 슈퍼바이저의 교육에 유용하게 활용될 수 있다. 또한, 슈퍼비전의 다양한 영역을 포괄한다는 점에서 다양한 상황에서 활용될 수 있다. 변별 모델은 슈퍼바이저가 슈퍼비전에서 무엇에 초점을 맞춰야 하는지 돕고 슈퍼바이저의 기능적 역할이 무엇인지 제시한다〈표 10〉. 이 모델의 기본 전제는 첫째, 슈퍼바이저의 개인적 경험으로 습득된 역할은 슈퍼비전에 영향을 준다는 것이고, 둘째, 슈퍼바이저는 이미 배운 역할과 함께 전문가의 역할이 필요하다는 점이다. 변별 모델은 이론적이기보다는 기술적 절충주의에 기초를 둔다.

Bernard의 변별 모델은 슈퍼바이지의 발달단계와 필요에 따라 개입, 개념화, 개인화의 세 가지 영역으로 구분하고, 이에 따라 슈퍼바이저의 역할을 교사, 상담자, 자문가의 세 가지로 제시하였다. Bernard는 슈퍼바이지의 발달단계에 따라 슈퍼비전의 초점과 슈퍼바이저의 역할을 조정할 것을 제안하였다. 초기 단계의 슈퍼바이지는 개입기술에 중점을 두고, 중간 단계의 슈퍼바이지는 개념과 기술에 중점을 두며, 마지막 단계의 슈퍼바이지는 개인화 기술에 중점을 두는 경향이 있다.

(1) 슈퍼비전의 초점

- 개입기술 영역: 슈퍼바이지의 상담 실무를 향상시키는 데 초점을 둔다. 슈퍼바이저는 슈퍼바이지의 상담기술을 평가하고, 개선할 수 있는 방안을 제시한다.
- 개념과 기술 영역: 슈퍼바이지가 상담이론과 개념을 이해하고, 이를 상담에 적용할 수 있도록 돕는 데 초점을 둔다. 슈퍼바이저는 슈퍼바이지가 상담의 다양한 이론과 개념을 이해하고, 이를 자신의 상담에 적용할 수 있도록 돕는다.
- 개인화 기술 영역: 슈퍼바이지의 내담자와의 관계, 자신의 정체성, 전문적 성장과 발전과 같은 개인적인 측면에 초점을 둔다. 슈퍼바이저는 슈퍼바이지의 내담자와의 관계, 자신의 정체성, 전문적 성장과 발전에 대해 생각하도록 돕고, 이를 위한 방안을 제시한다.

(2) 슈퍼바이저의 역할

- 교사 역할: 슈퍼바이지의 상담 실무를 향상시키기 위해 필요한 지식과 기술을 제공하는 역할을 한다. 슈퍼바이저는 상담이론과 개념, 상담기술, 상담윤리 등에 대한 지식을 제공하고, 실습 기회를 제공하여 슈퍼바이지의 상담 실무를 향상시킨다.
- 상담자 역할: 슈퍼바이지의 내담자와의 관계, 자신의 정체성, 전문적 성장과 발전과 같은 개인적인 문제를 다루는 역할을 한다. 슈퍼바이저는 슈퍼바이지의 내담자와의 관계에서 발생하는 어려움, 자신의 정체성에 대한 혼란, 전문적 성장과 발전에 대한 고민 등을 함께 탐색하고, 해결책을 모색하도록 돕는다.
- 자문가 역할: 슈퍼바이지가 자신의 상담을 스스로 평가하고, 발전 방향을 설정하도록 돕는 역할을 한다. 슈퍼바이저는 슈퍼바이지가 자신의 상담을 돌아보고, 강점과 약점을 파악할 수 있도록 돕고, 발전 방향을 설정하도록 돕는다.

표 10. Bernard의 변별 모델

활용	초보 슈퍼바이저의 교육에 활용할 수 있다. 슈퍼비전의 목표와 목적을 설정하는 데 활용할 수 있다. 슈퍼비전의 진행 과정을 평가하는 데 활용할 수 있다.
장점	슈퍼비전의 초점과 슈퍼바이저의 역할을 명확하게 제시하고 있다는 점에서 초보 슈퍼바이저의 교육에 유용하게 활용될 수 있다. 슈퍼바이지의 다양한 요구를 충족시킬 수 있다는 점에서 슈퍼비전의 효과를 높이는 데 도움이 된다.
단점	슈퍼바이지의 발달단계를 정확하게 파악하기 어려울 수 있다. 슈퍼바이지의 개인적 특성을 고려하기 어려울 수 있다. 슈퍼비전의 이론적 기반이 약하다.

3) 체계적 접근 모델

이 접근법은 Holloway(1995)에 의해 슈퍼비전 현장의 경험적, 개념적, 실제적인 지식에 바탕을 두고 개발되었다. 이 모델은 슈퍼바이지의 발달단계와 요구에 따라 슈퍼비전을 적절히 제공할 수 있도록 돕는다. 슈퍼바이저, 슈퍼바이지, 내담자, 기관 차원의 맥락적 요인과 슈퍼비전 과업, 기능, 관계를 고려한 7가지 차원으로 구성되어 있다〈표 11〉.

표 11. Holloway(1995)의 체계적 접근 모델

슈퍼바이저의 차원	• 슈퍼바이저의 개인적 특성: 슈퍼바이저의 성격, 가치관, 경험, 학습 스타일 등이 슈퍼비전에 영향을 미친다. • 슈퍼바이저의 전문적 경험: 슈퍼바이저의 상담경험, 슈퍼비전 경험 등이 슈퍼비전에 영향을 미친다. • 슈퍼바이저의 슈퍼비전 철학: 슈퍼바이저의 슈퍼비전에 대한 가치관과 신념 등이 슈퍼비전에 영향을 미친다. • 슈퍼바이저의 슈퍼비전 기술: 슈퍼바이저의 슈퍼비전 기술과 능력 등이 슈퍼비전에 영향을 미친다.
슈퍼바이지의 차원	• 슈퍼바이지의 학습 스타일: 슈퍼바이지의 학습 방식과 선호도가 슈퍼비전에 영향을 미친다. • 슈퍼바이지의 성격: 슈퍼바이지의 성격과 태도가 슈퍼비전에 영향을 미친다. • 슈퍼바이지의 경험: 슈퍼바이지의 상담경험과 직업 경험 등이 슈퍼비전에 영향을 미친다. • 슈퍼바이지의 목표: 슈퍼바이지의 슈퍼비전 목표와 기대치가 슈퍼비전에 영향을 미친다.
내담자의 차원	• 내담자의 문제: 내담자의 문제의 심각성, 복잡성 등이 슈퍼비전에 영향을 미친다. • 내담자의 특성: 내담자의 성격, 문화, 가치관 등이 슈퍼비전에 영향을 미친다.
기관의 차원	• 기관의 정책: 기관의 슈퍼비전 정책과 절차 등이 슈퍼비전에 영향을 미친다. • 기관의 문화: 기관의 슈퍼비전 문화와 분위기 등이 슈퍼비전에 영향을 미친다. • 기관의 목표: 기관의 슈퍼비전 목표와 기대치 등이 슈퍼비전에 영향을 미친다.
슈퍼비전의 과업	• 개입기술의 개발: 슈퍼바이지가 상담기술을 개발하고 향상시키는 데 필요한 지원을 제공한다. • 개념의 습득: 슈퍼바이지가 상담의 이론과 개념을 이해하고 적용하는 데 필요한 지원을 제공한다. • 개인적 성장과 발전: 슈퍼바이지가 내담자와의 관계, 자신의 정체성, 전문적 성장과 발전에 필요한 지원을 제공한다.
슈퍼비전의 기능	• 교육: 슈퍼바이지에게 지식과 기술을 제공한다. • 코칭: 슈퍼바이지가 자신의 능력을 개발하고 향상하도록 돕는다. • 상담: 슈퍼바이지가 내면의 문제를 해결하도록 돕는다. • 자문: 슈퍼바이지가 자신의 결정을 내리고 문제를 해결하도록 돕는다.
슈퍼비전 관계	• 신뢰와 존중: 슈퍼바이저와 슈퍼바이지가 신뢰와 존중의 관계를 형성한다. • 협력: 슈퍼바이저와 슈퍼바이지가 협력하여 슈퍼비전 과정을 진행한다. • 개방성과 피드백: 슈퍼바이저와 슈퍼바이지가 개방성과 피드백을 통해 서로를 이해하고 발전한다.

4) 통합적 발달모델

TIP Stoltenberg(1981)의 수련상담자가 발달해야 하는 전문기능

(a) 치료적 개입을 수행할 수 있는 상담자의 자신감과 개입기술 능력
(b) 심리적 평가를 수행할 수 있는 능력과 관련된 평가기법
(c) 공식적 평가를 넘어서 내담자 문제를 개념화하는 데 상담자 자신을 이용하는 대인관계 평가
(d) 내담자의 환경, 역사, 성격이 어떻게 내담자에게 영향을 미치는지 상담자의 이해와 진단 관련 사례개념화
(e) 개인의 사회적, 민족적, 인종적, 문화적 영향과 관련된 개인차에 대한 이해
(f) 상담자가 상담이론을 이해하는 능력과 관련된 이론적 배경
(g) 상담자의 상담목표 및 상담진행과 관련된 치료계획과 목표
(h) 윤리적으로 개인적 윤리와 관련하여 전문가의 윤리를 적용하는 능력

Stoltenberg의 통합적 발달모델(Intergrated Development Model; IDM)은 현재 가장 많이 알려지고 사용되는 모델이다. 통합적 발달모델(IDM)은 수련생의 발달과정을 설명하면서 슈퍼바이저의 개입과 지침을 제공한다(Bernard & Goodyear, 2008). Stoltenberg(1981)는 상담자의 발달을 인지적 발달에 따라 자신과 타인에 대한 자각, 동기, 자율성의 세 가지 측면에서 초기 단계(Level 1), 중기 단계(Level 2), 고도화된 단계(Level 3), 통합된 단계(Level 3i)의 네 단계로 구분하여 제시하였다.

수련상담자의 각 단계의 발달에서 나타나는 세 가지 구조적인 특성은 첫째, 자신과 타인에 대한 자각이다. 이것은 자기 몰두, 내담자의 세계에 대한 자각, 그리고 계몽된 자기 자각이며, 수련상담자가 어디에 있는가를 반영하게 한다. 둘째, 동기이다. 수련상담자의 임상적 훈련과 실제에 투여하는 관심, 투자, 그리고 노력을 반영한다. 셋째, 자율성이다. 이것은 수련상담자가 슈퍼바이저로부터 독립의 정도를 반영하고 있다(Stoltenberg, 1981).

- 단계별 슈퍼바이저의 역할
  - √ 초기 단계(Level 1)의 수련상담자: 자기중심적이고, 내담자의 감정과 경험에 대한 이해가 부족하며, 슈퍼바이저에 대한 의존도가 높다. 이러한 수련상담자를 위해 슈퍼바이저는 상담의 기본원리와 기술을 습득하도록 돕고, 내담자의 감정과 경험을 이해하도록 돕는 데 초점을 맞추어야 한다.
  - √ 중기 단계(Level 2)의 수련상담자: 자기중심성에서 벗어나 내담자의 감정과 경험을 이해하는 데 어느 정도 능숙해지지만, 여전히 슈퍼바이저에 대한 의존도가 높다. 이러한 수련상담자를 위해 슈퍼바이저는 상담의 다양한 이론

과 기법을 익히도록 돕고, 내담자의 감정과 경험을 이해하는 데 더욱 깊이 있게 접근하도록 돕는 데 초점을 맞추어야 한다.

√ 고도화된 단계(Level 3)의 수련상담자: 자신과 타인에 대한 자각이 높고, 내담자의 감정과 경험을 깊이 이해하며, 슈퍼바이저에 대한 의존도가 낮다. 이러한 수련상담자를 위해 슈퍼바이저는 상담의 전문성을 향상시키도록 돕고, 다양한 상담이론과 기법을 유연하게 사용하여 효과적인 상담을 진행하도록 돕는 데 초점을 맞추어야 한다.

√ 통합된 단계(Level 3i)의 수련상담자: 상담자의 발달을 종합적으로 이해하고, 다양한 상담이론과 기법을 유연하게 사용하여 효과적인 상담을 진행할 수 있는 높은 수준의 전문성을 갖추고 있다. 이러한 수련상담자를 위해 슈퍼바이저는 수련상담자의 전문적 성장을 촉진하고, 수련상담자가 다른 수련상담자를 돕는 데 기여하도록 돕고, 수련상담자의 전문성을 사회에 환원하도록 돕는 데 초점을 맞추어야 한다.

슈퍼비전에서 슈퍼바이저는 상담자의 발달을 고려하여 슈퍼비전을 진행해야 하며, 상담자의 발달수준에 따라 슈퍼바이저는 적절한 행동을 해야 한다. 이때, 상담자는 슈퍼비전을 통해서 꾸준히 발달할 수 있다. 각 수준은 〈표 12〉와 같이 동기, 자율성, 자각의 측면으로 나누어지며, 전반적인 장단점은 〈표 12-1〉과 같다.

표 12. 통합적 발달모델(IDM)의 상담자 발달수준(Bernard & Goodyear, 2008)

발달수준	동기	자율성	자각	특징
Level 1	동기와 불안이 높음. 기술습득에 관심 높음.	슈퍼바이저에게 의존함. 긍정적인 피드백을 원함. 직면을 두려워함.	자신에게 에너지를 많이 사용하지만, 자각 수준은 낮음. 슈퍼바이저의 평가를 염려함.	구체적인 영역과 관련하여 제한된 훈련과 경험을 가짐.
Level 2	자신감을 얻고 잃기를 반복하는 불안정한 자신감 경험	자율성과 의존성 사이의 갈등 경험 슈퍼바이저에게 저항을 느끼기도 함.	내담자에 대한 감정이입 능력 향상됨. 내담자의 혼란에 같이 빠질 수 있음.	구조화되고 지지적이며 도구적인 슈퍼비전에 의존함.
Level 3	개인의 효율성에 의심이 일어나지만 고정화되지 않음.	독립적 전문가로 발전함. 슈퍼바이저와 전문지식을 나눌 수 있음.	내담자에 대한 자신의 반응을 살펴볼 수 있음. 내담자에게 초점을 맞추면서 개인적인 반응을 사용할 수 있음.	개인화된 접근이 가능하고 자신이 사용하는 기술의 이해가 성장함.
Level 3i (통합된)	수준 3에 도달했을 때 발생할 수 있음. 상담자의 임무가 통합되고, 개인화된 접근이 가능함. 자신의 강점과 약점을 잘 알고 있음.			

표 12-1. 통합적 발달모델의 장점과 한계

장점	• 상담자의 발달을 단계적으로 제시하여 슈퍼바이저가 슈퍼비전을 효과적으로 진행할 수 있도록 도움을 준다. • 상담자의 자기중심성, 내담자 이해, 슈퍼바이저에 대한 의존도의 세 가지 측면을 고려하여 슈퍼바이저가 슈퍼비전의 초점을 보다 명확하게 설정할 수 있도록 도움을 준다. • 상담자의 발달단계에 따라 슈퍼바이저의 개입과 역할을 구체적으로 제시하여 슈퍼바이저가 슈퍼비전을 보다 효과적으로 진행하도록 도움을 준다.
한계	• 상담자의 발달을 지나치게 단순화하여 설명한다는 비판이 있다. • 모든 상담자가 동일한 발달 과정을 거친다고 가정한다는 비판이 있다. • 슈퍼비전의 다양한 이론과 접근방식을 충분히 고려하지 못한다는 비판이 있다.

3. 슈퍼비전의 형태

3.1 초심 상담자를 위한 슈퍼비전

상담사는 전문적인 직업으로서, 효과적인 상담을 수행하기 위해서는 다양한 역량을 갖추어야 한다. 특히, 초심 상담자는 상담에 대한 경험이 부족하기 때문에, 슈퍼비전을 통해 역량을 강화하고 전문성을 향상시킬 필요가 있다. 초심 상담자의 슈퍼비전은 크게 구조화된 슈퍼비전과 과제지향적 슈퍼비전으로 나눌 수 있다.

1) 구조화된 슈퍼비전

슈퍼바이저가 수련생의 상담과정을 단계별로 나누어 상담기술 및 기법을 체계적으로 지도하는 방법이다. 구조화된 슈퍼비전은 초심 상담자가 상담과정을 이해하고, 상담기술을 효과적으로 적용하는 데 도움이 된다. 구조화된 슈퍼비전의 구체적인 방법은 다음과 같다.

- 상담의 기본원리와 기술에 대한 교육: 슈퍼바이저는 수련생에게 상담의 기본원리와 기술에 대한 교육을 제공한다. 이를 통해 수련생은 상담의 기본적인 개념과 용어, 상담기술의 종류와 활용 방법 등을 이해할 수 있다.
- 상담과정의 단계별 지도: 슈퍼바이저는 수련생이 진행한 상담과정을 단계별로 분석하고, 각 단계에서 필요한 상담기술 및 기법을 지도한다. 이를 통해 수련생은 상담과정을 이해하고, 각 단계에서 효과적인 상담을 진행하는 방법을 배울 수 있다.
- 역할 연습과 피드백: 슈퍼바이저는 수련생에게 역할 연습 기회를 제공하고, 역할 연습 후 피드백을 제공한다. 이를 통해 수련생은 실질적인 경험을 통해 상담기술을 습득하고, 자신의 상담역량을 평가할 수 있다.

2) 과제지향적 슈퍼비전

슈퍼바이저가 수련생에게 상담기술 연습을 위한 과제를 부여하고, 과제수행 후 피드백을 제공하는 방법이다. 과제지향적 슈퍼비전은 초심 상담자가 실제 경험을 통해 상담기술을 습득하는 데 도움이 된다. 과제지향적 슈퍼비전의 구체적인 방법은 다음과 같다.

- 상담기술 연습 과제 부여
  √ 특정 상담기술을 적용한 상담 시나리오 작성
  √ 특정 상담기술을 적용한 상담 녹화
  √ 특정 상담기술을 적용한 상담회기 진행
- 과제 수행 후 피드백
  √ 상담기술의 적절성
  √ 상담과정의 효과성
  √ 상담자의 태도와 기술

3) 슈퍼바이저의 역할

초심 상담자의 슈퍼비전은 초심 상담자의 역량을 강화하고, 전문성을 향상시키는 데 중요한 역할을 한다. 슈퍼바이저는 초심 상담자의 발달단계와 특성을 고려하여 적절한 슈퍼비전 방법과 역할을 수행함으로써 초심 상담자의 성장을 돕는 데 기여해야 한다. 슈퍼바이저의 역할과 상담자 발달모델에서 정의하는 상담자의 발달단계적 특성과 초심 상담자의 슈퍼비전 방법을 살펴보면 〈표 13〉과 같다.

- 지지와 격려: 초심 상담자는 상담에 대한 경험이 부족하기 때문에, 슈퍼바이저의 지지와 격려가 필요하다. 슈퍼바이저는 초심 상담자가 상담에 대한 자신감을 가지고, 상담역량을 개발할 수 있도록 지지와 격려를 아끼지 말아야 한다.
- 교육과 훈련: 초심 상담자는 상담기술과 지식에 대한 교육과 훈련이 필요하다. 슈퍼바이저는 초심 상담자에게 상담의 기본원리와 기술을 교육하고, 상담 실습 기회를 제공하여 상담역량을 강화하도록 도와야 한다.
- 코칭과 지도: 초심 상담자는 슈퍼바이저의 코칭과 지도가 필요하다. 슈퍼바이저는 초심 상담자의 상담과정을 면밀히 관찰하고, 상담과정에 대한 피드백을 제공하여 초심 상담자가 보다 효과적인 상담을 할 수 있도록 지도해야 한다.

표 13. 상담자 발달단계와 슈퍼바이저 행동

단계	자각 수준	동기	슈퍼바이저와의 관계	슈퍼바이저의 역할
의존단계	자신과 타인에 대한 자각 부족	상담동기가 높음	의존적이고 모방적임	지시, 해석, 지지, 구조 제공
의존-자율성 갈등단계	자신과 타인에 대한 자각 증가	상담동기가 높음	슈퍼바이저와의 갈등 증가	지지, 개방적 슈퍼비전, 자율성 증진
조건적 의존단계	자신과 타인에 대한 자각 더욱 증가	상담동기가 지속적 유지	슈퍼바이저와의 관계에서 자율성 증진	지지, 개방적 슈퍼비전, 자율성 존중
대가 상담자단계	자신과 타인에 대한 자각 완성	상담동기가 지속적 유지	슈퍼바이저와의 관계에서 협력적	지지, 개방적 슈퍼비전, 자율성 존중

4) 초심 상담자의 슈퍼비전 개입

Loganbill, Hardy, & Delwort(1982)는 상담자가 세상과 자기 자신, 슈퍼바이저를 보는 관점을 준거로 상담자의 발달단계를 정체기, 혼란기, 통합기로 나누고 초심 상담자 단계인 정체기에는 슈퍼바이저가 촉진 처방, 개념적 개입을 해야 한다고 하였다[참고 2]. 이러한 개입은 초심 상담자의 발달단계에 따라 적절하게 활용될 수 있다.

- 정체기: 촉진적 개입과 처방적 개입이 효과적이다. 슈퍼바이저는 상담자의 자신감을 높이고, 상담기술을 습득할 수 있도록 지원해야 한다.
- 혼란기: 촉진적 개입과 개념적 개입이 효과적이다. 슈퍼바이저는 상담자의 혼란을 해소하고, 상담의 이론과 실제를 통합할 수 있도록 지원한다.
- 통합기: 촉진적 개입과 개념적 개입이 효과적이다. 슈퍼바이저는 상담자의 자율성을 존중하고, 상담의 이론과 실제를 활용하여 내담자의 문제를 해결할 수 있도록 지원해야 한다.

참고 2 발달단계에 따른 개입

- 촉진적 개입: 상담과정이나 기술 등에서 비교적 적절히 해낸 것에 대한 칭찬과 격려를 해줌으로써 상담자의 자신감을 높이고, 상담역량을 강화하는 데 도움을 준다.
- 처방적 개입: 의사가 처방을 해주듯이 슈퍼바이저가 상담자에게 상담에 대한 처방, 즉, 사례개념화, 상담목표와 계획, 상담개입기술을 알려줌으로써 상담자의 상담역량을 신속하게 향상시키는 데 도움을 준다.
- 개념적 개입: 상담의 이론과 실제에 대한 통합을 도와줌으로써 상담자가 내담자의 문제를 보다 깊이 이해하고, 효과적인 상담을 진행할 수 있도록 도와준다.

3.2 개인 슈퍼비전

개인 슈퍼비전은 슈퍼바이저와 슈퍼바이지가 일대일로 정기적으로 만나(예, 주 1회, 월 1회) 수개월 또는 수년의 슈퍼비전을 지속하는 것이다. 개인 슈퍼비전은 상담사의 전문성 발달과 개별사례에 대한 개별분석을 통해 상담사의 역량을 강화하고, 스포츠심리상담 전문가로서의 정체성을 확립하는 데 도움이 된다〈표 14〉. 일반 상담사들의 슈퍼비전 비용은 슈퍼바이저의 경력에 따라 다르지만 1시간을 1회기로 보통 20만 원에서 40만 원이 통상적이다.

1) 개인 슈퍼비전의 효과적 진행을 위해 우선할 요소

- 슈퍼바이저와 슈퍼바이지 간의 신뢰관계 형성
- 슈퍼바이저의 숙련도와 전문성
- 슈퍼바이지의 적극적인 참여

2) 개인 슈퍼비전의 과정

- 슈퍼바이저 선정: 슈퍼바이지는 자신의 훈련목표, 흥미 주제나 문제, 종목, 또는 특정 이론적 접근 등을 고려하여 적절한 배경의 슈퍼바이저를 선택한다. 한국스포츠심리학회의 경우 자격관리위원회에서 1급 상담사 명단을 제공한다.

• 슈퍼비전 목표설정: 슈퍼비전 초기에 슈퍼바이지는 슈퍼비전을 통해 달성하고자 하는 목표를 탐색하고 함께 합의를 통해 목표를 설정한다. 슈퍼비전 목표는 슈퍼바이지의 전문성 발달과 개별사례에 동시에 초점을 두기도 한다.

예 1) 기관의 요구를 충족하기 위한 슈퍼비전: 그 요구사항을 따라 진행

예 2) 초보 상담사: 상담사 연수를 마치고 처음 상담사로서 한 발을 내딛으려는 초보상담자는 상담에 대한 기대와 더불어 걱정과 불안감, 사례개념화와 상담구조화의 개념, 심리기술 프로그램 개발의 기초 등 기본 상담기술의 발달이 목표가 될 수 있다.

예 3) 중급 상담사: 기초기술보다 사례개념화 역량, 심리기술 프로그램 개발, 개인상담에서 직면할 수 있는 선수들의 심리적 위기문제(대인관계, 식이, 주의력 결핍 문제 등)에 대한 개입 및 선택, 기술 함양 등을 목표로 할 수 있다.

• 개별사례 분석: 슈퍼바이지가 현재 진행 중인 상담사례에 대한 개별분석을 할 경우 구체적으로 상담장면의 녹화나 녹음을 함께 보면서 내담자의 호소 문제를 이해하기 위해 사례개념화를 진행한다. 또한 상담자의 질문과 반응이 적절했는지를 탐색한다. 또한 현재 상황에서 단기 · 장기 목표설정을 논의한다.

• 슈퍼비전 종료: 슈퍼비전의 목표가 달성되거나, 더 이상 슈퍼비전이 필요하지 않다고 판단되면 슈퍼비전을 종료한다.

표 14. 개인 슈퍼비전의 장단점

장점	• 전문적 상담기술을 수련할 수 있다. • 스포츠심리상담 전문가로서의 정체성을 확립할 수 있다. • 초보 상담자에게 비교적 안전한 심리적 환경에서 상담에 대한 기초 훈련을 제공해 줄 수 있다.
단점	• 많은 시간과 비용을 감수해야 한다. • 개인상담사의 경험과 역량에 따라 슈퍼비전의 질이 달라질 수 있다.

3.3 집단 슈퍼비전

1) 집단 슈퍼비전 구성요소

집단 슈퍼비전은 슈퍼바이저 1명 이상이 슈퍼바이지 2명 이상을 지도하는 형태의 슈퍼비전이다. 개인 슈퍼비전과 비교하여 시간 및 비용적인 측면에서 효율적이며, 다양한 관점의 피드백 제공, 사회적 지지 제공, 모델링 및 대리 학습 등의 장점이 있다. 집단 슈퍼비전은 슈퍼바이저와 슈퍼바이지들이 모여 상담사례를 중심으로 상호 학습하고 성장하는 과정이다〈표 15〉. 집단 슈퍼비전은 다음과 같은 구성요소를 가지고 있다(Gladding, 2008).

• 집단의 크기: 5-12명 정도가 적당하다. 집단이 너무 크면 슈퍼바이저가 모든 슈퍼바이지에 적절한 피드백을 제공하기 어렵고, 집단이 너무 작으면 슈퍼바이지들이 다양한 관점의 피드백을 받기 어렵다(Corey, Corey, & Corey, 2019).

• 슈퍼바이저의 인원수: 슈퍼바이저는 1-2명 정도가 적당하다. 슈퍼바이저가 1명인 경우 슈퍼바이저가 모든 슈퍼바이지에 적절한 피드백을 제공하기 어렵고, 슈퍼바이저가 3명 이상인 경우 집단의 역동성이 복잡해질 수 있다.

• 회기의 빈도와 시간: 회기의 빈도는 1주일에 한 번 정도가 적당하다. 회기의 시간은 1-2시간 정도가 적당하다.

• 개방과 동질성의 유무: 집단은 개방형 또는 폐쇄형으로 운영될 수 있다. 개방형 집단은 누구나 참여할 수 있는 집단이고, 폐쇄형 집단은 사전 신청을 통해 선정된 슈퍼바이지만 참여할 수 있는 집단이다. 동질성은 슈퍼바이지들의 직업, 경력, 경험, 관심사 등의 측면에서 유사한 집단을 의미한다.

• 집단 전체 기간: 집단 전체 기간은 6개월-1년 정도가 적당하다.

• 집단 모임 장소와 구조: 집단역동에 영향을 줄 수 있으므로 비밀이 보장되는 안전하고 편안한 곳으로 정하고, 원형 배치를 하는 것이 좋다.

• 집단규범: 비밀보장, 피드백 주의, 과독점 방지, 출석과 참여 등의 규칙이 있다.

• 사례발표 방식과 양식: 사례발표 방식은 슈퍼바이지가 직접 사례를 발표하는 방식과 비디오를 통해 사례를 보는 방식으로 나눌 수 있다. 사례발표 양식은 슈퍼바이지가 사례를 요약하는 방식과 상세하게 기술하는 방식으로 나눌 수

있다. 보고서는 슈퍼비전을 주관하는 기관에서 제시하는 양식을 따르기도 한다.

2) 집단 슈퍼비전의 역동성

- 집단원의 목표와 집단 목표 사이의 조화: 집단원의 목표가 집단 목표와 조화를 이루지 못하면 집단역동에 부정적인 영향을 미칠 수 있다. 집단의 목표와 목적을 명확히 정의하고, 이를 바탕으로 집단을 운영해야 한다. 집단의 목표와 목적은 슈퍼바이지들의 요구와 슈퍼바이저의 전문적 지식과 경험을 바탕으로 결정된다.
- 집단원의 전념 수준: 집단원의 참여가 자발적 또는 외압에 의한 것인지의 여부에 따라 집단역동이 달라질 수 있다.
- 집단원의 자신과 타인에 대한 개방성: 집단원들이 서로에게 개방적이지 못하면 집단역동이 원활히 이루어지기 어렵다.
- 집단원의 책임감: 집단원들이 집단의 목표를 달성하기 위해 책임감을 느끼지 못하면 집단역동이 부정적인 방향으로 나아갈 수 있다. 집단원들은 적극적으로 참여하고 피드백을 제공해야 한다. 집단원들의 참여는 집단의 역동에 중요한 영향을 미치므로, 모든 집단원들이 적극적으로 참여할 수 있도록 노력해야 한다.
- 집단원의 특성과 특성에 대한 슈퍼바이저의 태도: 슈퍼바이저가 집단원의 특성과 특성에 대한 이해와 존중을 바탕으로 접근하지 못하면 집단역동이 부정적인 방향으로 나아갈 수 있다. 슈퍼바이저는 집단역동에 대한 이해를 바탕으로 슈퍼바이지들의 성장을 촉진하는 역할을 수행한다.

표 15. 집단 슈퍼비전 과정의 예

회기	목적	주요 활동
1회기	오리엔테이션	▸ 슈퍼바이저-슈퍼바이지 소개 ▸ 슈퍼비전 구조화 ▸ 윤리적 고려사항 논의 ▸ 슈퍼바이지 목표 탐색
2회기	사례 발표 및 논의	▸ 슈퍼바이지 A 사례 발표: 고학년 학생 집단 간 갈등 사례에 대한 탐색 및 논의 ▸ 슈퍼비전 회기 요약·정리 및 소감 나누기
3회기		▸ 슈퍼바이지 B 사례 발표 위축·고립으로 인한 부적응 문제 사례에 대한 탐색 및 논의 ▸ 슈퍼비전 회기 요약·정리 및 소감 나누기
4회기		▸ 슈퍼바이지 C 사례 발표정서 조절에 어려움을 보이는 저학년 학생 사례에 대한 탐색 및 논의 ▸ 슈퍼비전 회기 요약·정리 및 소감 나누기
5회기	마무리	▸ 슈퍼비전을 통해 성장한 부분 돌아보기 ▸ 슈퍼비전 이후의 계획 논의하기 ▸ 슈퍼바이저-슈퍼바이지 강점 나누기(강점 형용사 선물하기)

3) 집단 슈퍼비전의 장점과 단점

(1) 집단 슈퍼비전의 장점

- 경제성: 집단 슈퍼비전은 개인 슈퍼비전보다 시간과 비용, 슈퍼바이저의 시간 사용 측면에서 경제적이다. 슈퍼바이저는 슈퍼비전 집단을 통해서 더 많은 슈퍼바이지를 만날 수 있으며, 이러한 경제성은 집단 슈퍼비전의 가장 눈에 띄는 강점이기도 하다(Bernard & Goodyear, 2009; Haynes, Corey, & Moulton, 2006).
- 지지적 분위기: 집단 슈퍼비전은 슈퍼바이지의 불안감을 나눌 수 있고, 다른 사람들도 비슷한 문제를 겪고 있음을 인지하는 동료들의 지지적인 분위기를 제공할 수 있다. Reed(1990)에 의하면 많은 학생이 실습 중의 집단 슈퍼비전을 일종의 '상담자를 위한 신병 훈련소'로 생각할 만큼 이 과정이 쉽지 않다는 것을 의미하지만, 대부분의 슈퍼바이지들은 실질적으로 집단 슈퍼비전을 통해서 개인 슈퍼비전보다 더 많은 지지를 받는 것으로 나타난다. 이러한 지지적 분위기는 슈퍼바이지의 성장과 발전을 촉진하는 데 도움이 된다.
- 다양한 관점의 피드백: 집단 슈퍼비전은 슈퍼바이저뿐만 아니라 다른 집단원으로부터 피드백을 받을 수 있고, 나눔과 정보를 얻을 수 있다. 이렇게 함으로써 슈퍼바이저를 향한 지나친 의존과 강력한 영향력이 덜 드러날 수 있도록

만들어 준다. Getzel & Salmon(1985)은 집단 슈퍼비전은 집단 슈퍼바이저에 대한 의존을 피하거나 최소화시킨다고 주장하였으며, 유영권(2007)은 집단 슈퍼비전에서는 집단 구성원들의 역할도 중요하기 때문에 상대적으로 슈퍼바이저에 대한 의존도가 약해지는데, 개인 슈퍼비전에만 의존하게 되면 문제가 있을 때마다 슈퍼바이저를 의존(Kess & Leech, 2002)하게 만듦으로써 자율적인 상담자로서 종결에 이르지 못하게 된다고 보았다. 그리고 개인 슈퍼비전에서는 슈퍼바이저에게 저항이 있을 경우 슈퍼비전의 침체가 올 수 있는데, 집단 슈퍼비전에서는 슈퍼바이저가 주는 피드백에 저항을 보일 때 집단 구성원을 활용하여 저항을 해석하고 해결해 줌으로써 정체 현상을 예방할 수 있다.

- 넓은 인식의 폭: 집단 슈퍼비전은 다양한 배경과 경험을 가진 집단 구성원들이 모여서 이루어지기 때문에, 슈퍼바이지는 다양한 문화적 관점과 이해를 넓힐 수 있다. 이러한 넓은 인식의 폭은 슈퍼바이지의 상담역량을 향상시키고, 내담자와의 관계형성에 도움이 된다.
- 집단역동의 이해: 집단 슈퍼비전은 집단역동의 패턴에 관한 좀 더 풍부한 이해를 얻을 수 있는 기회를 제공한다. 이러한 이해는 슈퍼바이지가 자신의 내담자와의 상담관계에서 발생하는 집단역동을 효과적으로 관리하는 데 도움이 된다. Rowell(2013)은 집단 슈퍼비전을 통한 대리학습의 이점을 강조하였다.

TIP 집단 슈퍼비전을 통한 대리학습의 이점과 슈퍼바이저의 역할

이점	다양한 시각의 피드백을 받을 수 있다. 집단 슈퍼비전에서는 다양한 배경과 경험을 가진 슈퍼바이지들이 참여하기 때문에, 슈퍼바이지는 균형 잡힌 시각의 피드백을 받을 수 있다. 이는 슈퍼바이지의 상담역량을 보다 효과적으로 발전시키는 데 도움이 된다.
	상담의 다양한 방식을 관찰할 수 있다. 집단 슈퍼비전에서는 다른 슈퍼바이지들의 상담과정을 관찰할 수 있다. 이는 슈퍼바이지가 자신의 상담 방식을 보다 효과적으로 발전시키는 데 도움이 된다.
	자신의 대인관계 방식을 이해할 수 있다. 집단 슈퍼비전에서는 슈퍼바이지가 집단 내에서 다른 사람들과 관계를 맺는 방식을 관찰할 수 있다. 이는 슈퍼바이지가 자신의 대인관계 방식이 상담관계에 어떤 영향을 미치는지 이해하는 데 도움이 된다.
역할	명확하고 구체적인 질문과 피드백을 제공한다. 슈퍼바이저는 집단 슈퍼비전 회기에서 슈퍼바이지들이 자신의 상담과정을 탐색하고, 다양한 시각의 피드백을 받을 수 있도록 명확하고 구체적인 질문과 피드백을 제공해야 한다.
	집단과정을 효과적으로 관리한다. 슈퍼바이저는 집단과정이 효과적으로 진행될 수 있도록 적절하게 개입해야 한다. 이는 슈퍼바이지들이 자신의 상담과정에 집중할 수 있도록 돕는 데 도움이 된다.
	대리학습의 중요성을 강조한다. 슈퍼바이저는 집단 슈퍼비전에서 대리학습의 중요성을 강조해야 한다. 이는 슈퍼바이지들이 적극적으로 대리학습에 참여하도록 돕는 데 도움이 된다.

(2) 집단 슈퍼비전의 단점

- 집단과정의 영향

√ 집단과정은 집단 구성원들 간의 상호작용으로 인해 발생하는 복잡한 현상으로, 집단 슈퍼비전에서도 이러한 집단과정이 발생할 수 있다. 집단과정의 영향으로 인해 슈퍼바이지는 슈퍼바이저로부터 적절한 피드백을 받지 못하거나, 집단 구성원들로부터 부정적인 피드백을 받을 위험이 있다. 예를 들어, 집단 구성원들 간에 경쟁이 심하거나, 집단 구성원들 간에 갈등이 있을 경우, 슈퍼바이지는 자신의 상담역량에 대한 피드백을 제대로 받지 못하거나, 부정적인 피드백을 받을 수 있다(Bernard & Goodyear, 2009; Haynes, Corey, & Moulton, 2006).

- 슈퍼바이저의 역량 부족

√ 집단 슈퍼비전은 슈퍼바이저의 역량이 매우 중요한 요소가 된다. 슈퍼바이저는 집단과정을 효과적으로 관리하고, 슈퍼바이지들에게 적절한 피드백을 제공할 수 있는 역량을 갖추어야 한다. 슈퍼바이저의 역량이 부족할 경우, 집단 슈퍼비전의 효과가 저하될 수 있다(Getzel & Salmon, 1985).

- 슈퍼바이지들의 참여 부족

√ 집단 슈퍼비전은 슈퍼바이지들의 능동적인 참여가 요구된다. 슈퍼바이지들이 능동적으로 참여하지 않을 경우, 집단 슈퍼비전의 효과가 저하될 수 있다. 슈퍼바이지들은 자신의 사례를 공유하고, 다른 슈퍼바이지들로부터 피드백을 받기 위해 노력해야 한다(유영권, 2007).

집단 슈퍼비전의 이러한 약점들에도 불구하고 숙련된 집단원이나 경험이 많은 슈퍼바이저에 의한 적절한 개입을 통해 최소화하거나 개선해 나갈 수 있다. 집단 슈퍼비전을 통한 대리학습은 슈퍼바이지의 상담역량을 발전시키는 데 효과적인 방법 중 하나이다. 슈퍼바이저는 명확하고 구체적인 질문과 피드백을 제공하고, 집단과정을 효과적으로 관리하며, 대리학습의 중요성을 강조함으로써 슈퍼바이지가 대리학습의 이점을 최대한 누릴 수 있도록 도울 수 있다. 덧붙여, 집단역동은 불가피하게 일어나지만, 상담자로서 개인적이고 전문적인 성장을 위한 기회로 탈바꿈될 수도 있기 때문에 능동적이고 적극적인 자세로 집단 슈퍼비전에 임할 필요가 있다.

TIP 집단 슈퍼비전의 단점들을 완화하기 위한 방안

- 숙련된 집단원이나 경험이 많은 슈퍼바이저에 의한 적절한 개입:
  √ 집단과정은 불가피하게 일어나지만, 적절한 개입을 통해 완화하거나 개선해 나갈 수 있다. 숙련된 집단원이나 경험이 많은 슈퍼바이저는 집단과정을 효과적으로 관리하고, 슈퍼바이지들에게 적절한 피드백을 제공할 수 있다.
- 집단 슈퍼비전의 목표와 규칙에 대한 명확한 설명:
  √ 명확한 설명을 통해 슈퍼바이지들의 기대치를 조절하고, 효과적인 집단 슈퍼비전을 위한 분위기를 조성할 수 있다.
- 슈퍼바이지들의 참여를 유도하기 위한 노력:
  √ 슈퍼바이지들이 자신의 사례를 공유하고, 다른 슈퍼바이지들로부터 피드백을 받을 수 있도록 격려해야 한다(Rowell, 2013).

4. 스포츠심리상담 슈퍼비전

4.1 심리기술훈련 모델

1) 스포츠심리상담 슈퍼비전의 심리기술훈련 모델

스포츠심리상담 슈퍼비전은 스포츠심리상담가의 전문성을 향상시키고, 효과적인 스포츠심리상담을 제공할 수 있도록 돕는 과정이다. 스포츠심리상담 슈퍼비전은 다양한 모델을 통해 이루어질 수 있으며, 심리기술훈련(PST)은 스포츠심리학에서 가장 널리 사용되는 상담 모델 중 하나이다. PST는 선수들이 경기력 향상을 위해 필요한 심리적 기술을 개발하고 습득하도록 돕는 데 중점을 둔다.

(1) PST 모델을 기반으로 한 스포츠심리상담 슈퍼비전은 다음과 같은 특징을 가지고 있다.

- 기술 중심: 슈퍼바이저는 슈퍼바이지가 PST 개입을 선수에게 효과적으로 가르치는 데 필요한 기술을 습득하도록 돕는다.
- 전문적 관심 분야: 슈퍼바이저는 슈퍼바이지의 전문적 관심 분야(예: 불안, 비합리적 사고)를 고려하여 슈퍼비전을 진행한다.
- 실습: 슈퍼바이저는 슈퍼바이지가 PST 개입을 개발하고 실습할 수 있도록 기회를 제공한다.

(2) PST 모델을 기반으로 하는 스포츠심리상담 슈퍼비전은 다음과 같은 과정을 통해 이루어진다.

- 슈퍼바이저와 슈퍼바이지의 사전 상담: 슈퍼바이저와 슈퍼바이지는 상담의 목표와 기대, 슈퍼바이지의 강점과 약점, 슈퍼바이지가 관심을 갖는 전문 분야 등을 논의한다.
- 사례 탐색 및 분석: 슈퍼바이지는 실제 상담사례를 가지고 슈퍼바이저와 함께 탐색하고 분석한다. 슈퍼바이저는 슈퍼바이지의 상담과정을 객관적으로 관찰하고, 피드백을 제공한다.
- 기술습득 및 연습: 슈퍼바이지는 PST 개입기술을 습득하고, 슈퍼바이저와 함께 연습한다.
- 평가 및 종결: 슈퍼바이저와 슈퍼바이지는 상담의 목표달성 여부를 평가하고, 슈퍼비전을 종결한다.

예) PST 모델을 기반으로 한 스포츠심리상담 슈퍼비전에서 슈퍼바이지는 다음과 같은 활동을 할 수 있다.

√ PST 개입의 이론적 배경과 효과에 대한 학습
√ PST 개입을 선수에게 가르치는 데 필요한 기술 연습
√ 특정 선수의 경우 PST 개입을 개발 및 실행
√ PST 개입의 효과를 평가하는 연습

2) 심리역동모델

심리역동모델은 스포츠심리학에서 PST 모델 다음으로 널리 사용되는 상담 모델이다. 이 모델은 선수들 내면의 심리적 갈등과 무의식을 이해하고 해결하는 데 중점을 둔다. 심리역동모델을 기반으로 한 스포츠심리상담 슈퍼비전은 다음과 같은 특징을 가지고 있다.

- 내담자-슈퍼바이저 관계: 슈퍼바이저는 슈퍼바이지와의 관계를 통해 슈퍼바이지 내면의 심리적 갈등과 무의식을 이해하고 탐색한다.
- 전이 및 역전이: 슈퍼바이저는 슈퍼바이지와의 관계에서 발생하는 전이 및 역전이를 이해하고 활용한다.
- 자기성찰: 슈퍼바이저는 슈퍼바이지가 자신의 내면의 심리적 갈등과 무의식을 이해하고 해결할 수 있도록 돕는다.

  예) 심리역동모델을 기반으로 한 스포츠심리상담 슈퍼비전에서 슈퍼바이지는 다음과 같은 활동을 할 수 있다.

  √ 슈퍼바이저와의 관계에서 일어나는 자신의 감정과 반응 탐색

  √ 내담자의 전이와 역전이의 역동성 이해와 활용

  √ 자신의 내면의 심리적 갈등과 무의식의 이해와 해결을 위한 노력

3) 스포츠심리상담 슈퍼비전의 공통 요소

스포츠심리상담 슈퍼비전은 스포츠심리상담사의 전문성을 향상시키고, 선수들의 경기력 향상을 돕는 데 중요한 역할을 한다. 스포츠심리상담 슈퍼비전의 모델에 관계없이 다음과 같은 공통 요소들이 있다.

- 슈퍼바이지의 기대, 욕구, 이론적 배경, 강점, 약점, 기술, 지식 및 불안 등에 대한 이해
- 슈퍼비전의 목표설정 및 평가
- 슈퍼바이저와 슈퍼바이지 간의 효과적인 의사소통

4.2 자기성찰 실천의 보조 형태로서의 슈퍼비전

1) Gibbs(1988)의 6단계 성찰 회로

Gibbs(1988)는 성찰을 돕기 위한 6단계의 회로를 제시하였다. 〈그림 1〉의 이 회로는 기술, 지식, 태도의 측면에서 성찰을 돕는 데 도움이 된다.

- 사실(facts): 1단계는 사실을 수집하는 단계이다. 이 단계에서는 무엇이 일어났는지, 누가 참여했는지, 어떤 사건이 있었는지 등을 구체적으로 기술한다.
- 감정(feelings): 2단계는 감정을 확인하는 단계이다. 이 단계에서는 어떤 감정을 느꼈는지, 그 감정이 왜 일어났는지 등을 탐색한다.
- 평가(evaluation): 3단계는 평가하는 단계이다. 이 단계에서는 상황을 어떤 관점에서 바라보는지, 어떤 의미를 부여하는지 등을 생각해 본다.
- 의미(meaning): 4단계는 의미를 찾는 단계이다. 이 단계에서는 상황이 자신에게 어떤 의미를 가지는지, 앞으로 어떻게 행동해야 할지 등을 생각해 본다.
- 행동(action): 5단계는 행동을 계획하는 단계이다. 이 단계에서는 앞으로 무엇을 해야 할지, 어떻게 해야 할지 등을 구체적으로 계획한다.
- 계획(plan): 6단계는 계획을 실행하는 단계이다. 이 단계에서는 계획을 실천하고, 그 결과를 평가한다.

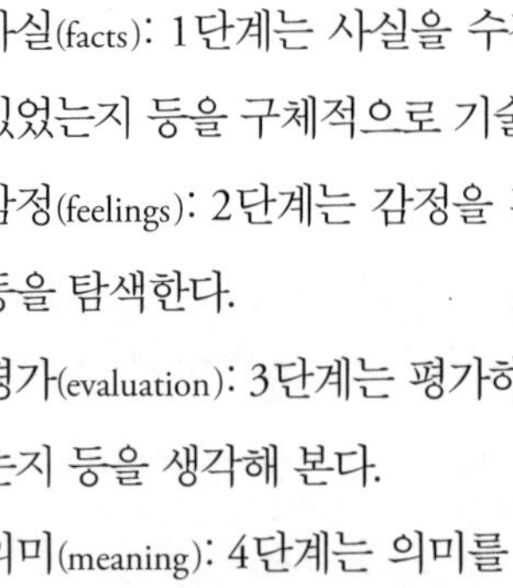

그림 1. Gibbs(1988)의 6단계 성찰 회로

(1) 6단계 성찰 회로의 장점

- 체계적인 성찰을 돕는다. 6단계의 회로를 따라 성찰을 진행하면, 성찰의 과정을 보다 체계적으로 진행할 수 있다.
- 다양한 관점에서 성찰을 돕는다. 6단계의 회로는 사실, 감정, 평가, 의미, 행동, 계획의 6가지 측면에서 성찰을 돕는다. 이를 통해 보다 다양한 관점에서 성찰을 할 수 있다.
- 실천으로 이어지는 성찰을 돕는다. 6단계 회로는 마지막 단계에서 행동계획을 수립하도록 한다. 이를 통해 성찰을 실천으로 이어갈 수 있다.

(2) 6단계 성찰 회로의 활용

- 6단계 성찰 회로는 개인, 팀, 조직 등 다양한 수준에서 활용될 수 있다.
- 개인은 자신의 행동이나 경험을 성찰하기 위해 활용할 수 있다.
- 팀은 팀의 의사결정이나 문제해결 과정을 성찰하기 위해 활용할 수 있다.
- 조직은 조직의 문화나 정책을 성찰하기 위해 활용할 수 있다.

2) Gibbs(1988)의 6단계 성찰 회로의 스포츠상담 슈퍼비전 적용

6단계 성찰회로는 스포츠 상황에서도 효과적으로 활용하여 자신의 상담경험을 회고하고, 이를 통해 자신의 기술, 지식, 태도를 발전시킬 수 있다.

(1) 사실(facts)

슈퍼바이지는 자신의 상담경험을 구체적으로 기술한다. 여기에는 상담의 주제, 상담의 목적, 상담의 과정, 상담의 결과 등이 포함된다. 예를 들어, 슈퍼바이지가 선수의 경기력 향상을 위한 상담을 진행한 경우 다음과 같이 기술할 수 있다.

- 상담의 주제: 경기력 향상
- 상담의 목적: 선수의 경기력에 영향을 미치는 심리적 요인을 파악하고, 이를 개선하기 위한 전략을 개발
- 상담의 과정: 선수의 경기력에 대한 평가, 선수의 심리적 요인에 대한 탐색, 선수의 경기력 향상을 위한 전략 개발
- 상담의 결과: 선수가 경기력 향상을 위한 구체적인 목표설정, 선수가 경기력 향상을 위한 전략을 실천하기로 결정

(2) 감정(feelings)

슈퍼바이지는 상담경험에서 느낀 감정을 확인한다. 여기에는 긍정적인 감정과 부정적인 감정 모두 포함된다. 예를 들어, 슈퍼바이지가 선수의 경기력 향상을 위한 상담을 진행한 경우 다음과 같이 기술할 수 있다.

- 긍정적 감정: 선수의 변화 가능성에 대한 기대, 상담의 효과에 대한 만족감
- 부정적 감정: 선수의 변화에 대한 부담감, 상담의 한계에 대한 좌절감

(3) 평가(evaluation)

슈퍼바이지는 상담경험을 평가한다. 여기에는 상담의 긍정적인 측면과 상담의 부정적인 측면 모두를 포함한다. 예를 들어, 슈퍼바이지가 선수의 경기력 향상을 위한 상담을 진행한 경우 다음과 같이 기술할 수 있다.

- 긍정적인 측면: 선수가 자신의 경기력에 대한 문제를 인식하고, 변화에 대한 의지를 보였다. 상담을 통해 선수가 자신의 심리적 요인에 대한 이해를 높였다.
- 부정적인 측면: 선수의 변화에 대한 부담감으로 인해 상담의 진행이 원활하지 못했다. 상담의 한계로 인해 선수의 경기력 향상을 위한 모든 문제를 해결할 수 없었다.

(4) 의미(meaning)

슈퍼바이지는 상담경험이 자신에게 어떤 의미를 가지는지 생각해 본다. 여기에는 상담경험을 통해 배운 점과 상담경험을 통해 얻은 통찰력 등이 포함된다. 예를 들어, 슈퍼바이지가 선수의 경기력 향상을 위한 상담을 진행한 경우 다음과 같이 기술할 수 있다.

- 배운 점: 선수의 경기력 향상을 위해서는 선수의 심리적 요인에 대한 이해가 필요하다. 상담자의 역할은 선수의 변화를 촉진하는 것이다.
- 통찰력: 내담자의 변화에는 시간이 필요하다. 상담자는 내담자의 변화를 믿고 지지해야 한다.

(5) 행동(action)

슈퍼바이지는 앞으로 어떻게 행동해야 할지 계획한다. 여기에는 상담의 한계를 극복하기 위한 전략과 앞으로 진행할 상담의 방향 등이 포함된다. 예를 들어, 슈퍼바이지가 선수의 경기력 향상을 위한 상담을 진행한 경우 다음과 같이 기술할 수 있다.

- 상담의 한계를 극복하기 위한 전략: 선수의 변화에 대한 부담감을 줄이기 위해 상담자의 역할에 대한 명확한 이해를 도모한다. 상담의 한계를 인식하고, 다른 전문가와의 협업을 고려한다.
- 앞으로 진행할 상담의 방향: 선수의 심리적 요인에 대한 이해를 심화하기 위해 지속적인 관찰과 평가를 실시한다. 선수의 변화를 촉진하기 위한 구체적인 전략을 개발한다.

(6) 상담의 한계를 극복하기 위한 전략

6단계 성찰 회로의 마지막 단계인 계획은 앞으로 어떻게 행동해야 할지를 생각하는 단계이다. 여기에는 상담의 한계를 극복하기 위한 전략과 앞으로 진행할 상담의 방향 등이 포함된다. 상담은 내담자의 변화를 촉진하는 과정이지만, 상담만으로 모든 문제를 해결할 수 있는 것은 아니다. 따라서 슈퍼바이지는 상담의 한계를 인식하고, 이를 극복하기 위한 전략을 세워야 한다. 예를 들어, 선수의 경기력 향상을 위한 상담을 진행한 경우, 다음과 같은 전략을 세울 수 있다.

- 선수의 변화에 대한 부담감을 줄이기 위해 상담자의 역할에 대한 명확한 이해를 도모한다.
- 상담의 한계를 인식하고, 다른 전문가와의 협업을 고려한다.

3) 앞으로 진행할 상담의 방향

(1) 상담 방향 설정

슈퍼바이지는 상담경험을 통해 배운 점과 얻은 통찰력을 바탕으로, 앞으로 진행할 상담의 방향을 설정해야 한다. 예를 들어, 선수의 경기력 향상을 위한 상담을 진행한 경우, 다음과 같은 방향을 설정할 수 있다.

- 선수의 심리적 요인에 대한 이해를 심화하기 위해 지속적인 관찰과 평가를 실시한다.
- 선수의 변화를 촉진하기 위한 구체적인 전략을 개발한다.

(2) 계획의 구체적인 내용

계획의 구체적인 내용은 슈퍼바이지의 상담경험과 슈퍼바이지의 목표에 따라 달라질 수 있다. 다음은 계획의 구체적인 내용을 작성할 때 고려할 수 있는 사항이다.

- 목표: 계획의 목표는 무엇인지 구체적으로 명시한다.
- 시간표: 계획을 언제까지 완료할 것인지 일정을 계획한다.
- 책임자: 계획의 책임자는 누구인지 명시한다.
- 자원: 계획을 수행하기 위해 필요한 자원은 무엇인지 파악한다.
- 평가방법: 계획의 효과를 평가하기 위한 방법을 계획한다.

(3) 상담경험 성찰

계획은 슈퍼바이지의 상담역량을 발전시키는 데 중요한 역할을 한다. 슈퍼바이지는 자신의 상담경험을 성찰하고, 이를 바탕으로 구체적인 계획을 수립함으로써, 효과적인 스포츠심리상담을 제공할 수 있다. 구체적으로, 수련생이 다음과 같은 사항을 준수한다면 슈퍼비전으로부터 최대한의 혜택을 취할 수 있다.

- 슈퍼비전 회기를 체계적으로 준비한다. 슈퍼비전 회기의 목적과 목표를 명확히 하고, 슈퍼비전 시간의 효율성을 높

이기 위해 슈퍼비전 회기를 체계적으로 준비한다.

- 상담과정을 일관되게 기록한다. 자신의 상담경험을 체계적으로 성찰하고, 슈퍼바이저의 피드백을 보다 효과적으로 활용하기 위해 상담과정을 일관되게 기록한다.
- 윤리적 자질을 함양한다. 스포츠심리상담사로서 갖추어야 할 윤리적 자질을 함양하기 위해 윤리적 지침을 준수하고, 스포츠심리상담에 대한 전문지식을 습득한다.
- 자기성찰을 적극적으로 수행한다. 자신의 상담과정을 객관적으로 바라보고, 이를 통해 자신의 강점과 약점을 파악하기 위해 자기성찰을 적극적으로 수행한다.
- 비밀유지 원칙을 준수한다. 선수의 개인정보 보호와 권리를 침해하지 않기 위해 비밀유지 원칙을 준수한다.
- 슈퍼바이지에 대한 피드백을 제공한다. 슈퍼바이저의 역량을 강화하고, 슈퍼비전을 보다 효과적으로 운영하기 위해 슈퍼바이지에 대한 피드백을 제공한다.

4) 응용스포츠심리학의 성찰적 슈퍼비전 모델

Knowles et al.(2007)은 응용스포츠심리학의 성찰적 슈퍼비전을 실행한 연구를 통해 3년간의 슈퍼비전 모델을 〈표 16〉과 같이 제시하였다. 〈표 16〉은 인증기관을 위한 적용경험, 성찰활동, 증거를 통합한 3년 감독모델을 보여준다. 이 모델은 적용경험, 성찰활동, 그리고 증거기반으로 전문가 개발을 지원한다.

- 1년 차: 24시간 관찰기반 배치를 통한 적용경험이 포함되며, 개인 또는 감독 역할에 대한 성찰이 이루어진다. 성찰활동으로는 스킬의 교육, 실천, 평가가 이루어지며 성찰일기를 유지해야 한다.
- 2년 차: 공동(감독자/슈퍼바이지) 적용 프로젝트가 이루어지며, 감독자가 주재하는 18회의 감독 회의가 있다. 또한 대학 기반의 지원 그룹(SSG)을 통해 동료 감독자들과의 성찰이 포함된 6회의 감독 회의가 있다.
- 3년 차: 개별 프로젝트 작업, 단편 스토리 보고서, 또는 프로그램 개발이 포함되며, 필요시 요청에 의해 이루어지는 감독 주도 회의 2회가 포함된다. 또한 지역 네트워크 회의 참석 및 기여와 적용된 실천 출판/회의 발표를 통한 성찰활동이 포함된다.

인증 기관을 위한 증거로는 평가를 포함한 사례 연구 제시물과 성찰 요약, 증거 기록이 포함된 로그북, 공식 실습 인증서, 출석 기록, 그리고 다른 활동들이 있다. 이 모델은 전문가가 자신의 강점과 약점을 평가하고 학습 우선순위를 설정하는 데 도움을 주기 위해 고안되었다.

표 16. 3년간 감독 모델: 적용경험, 성찰 활동 및 인증 기관을 위한 증거 통합 〈참고: Supervisory Support Group; SSG〉

연차	적용경험	성찰활동			인증기관을 위한 증거
		레벨 1: 개인 또는 감독 역할	레벨 2: 감독 지원 그룹(SSG)	레벨 3: 네트워크 확장	
1	24시간 단기 관찰 기반 배치	반성, 컨설팅 및 감독 관계 기술 교육, 연습 및 평가; 반성 일기 유지	그룹 반성 기술교육 및 연습; 4회 SSG 회의, 동료공유 기반의 의제 개인반성 경험	컨설팅에 대한 다양한 이론적 접근법 탐구 교과 과정을 통해 탐구	모듈/프로그램 평가를 포함하여 실습 사례연구 발표 및 반성 요약
2	감독자/감독대상 공동 적용 컨설팅 프로젝트	감독자 주관 18회 감독 회의; 6회 감독 대상/감독 공식 관찰; 서면 반성 유지	대학기반 SSG; 6회 동료관찰; 10회 SSG 회의; 2회 관찰 및 관련 반성 다른 감독자와 함께	컨설팅에 대한 다양한 이론적 접근법 탐구 교과 과정을 통해 탐구	감독자의 증거가 있는 로그북, 공식 실습 평가표, 행사 참석 증명서, 공동 사례연구 반성 입장을 보여주는 서면 개인 반성 및 기타 활동
3	개인 프로젝트 작업, 스포츠심리학 지원 프로그램 개발	감독 대상 주도 감독 회의(요청 시); 2회 감독 대상/감독 공식관찰; 서면 반성 유지	3회 동료관찰 및 관련 반성; 10회 SSG 회의; 4회 관찰 및 관련 반성 다른 감독자와 함께	지역 네트워크 회의에 참석하여 기여하고, 적용된 실습 간행물이나 학술회의 발표를 제출	감독자의 증거가 있는 로그북, 공식 실습 평가표, 참석 증명서, 간행물/회의 참석, 지원 프로그램 평가, 개인 사례연구 반성 입장을 보여주는 서면 개인 반성 및 기타 활동

4.3 한국형 스포츠심리상담 슈퍼비전 모형

경쟁과 승부를 강조하는 스포츠 환경에서 스포츠심리상담사는 선수들의 경기력에 중대한 영향을 미친다. 선수들이 훈련과 시합 과정에서 겪는 심리적 어려움을 극복하고 최상의 기량을 발휘하기 위해서는 상담사의 전문성이 더욱 필요하다. 장덕선(2014)은 외국의 슈퍼비전 이론, 연구, 실천모형을 검토하고 또한 우리 한국스포츠심리상담사들을 대상으로 현장의 여건을 반영하여 〈그림 2〉의 스포츠심리상담 슈퍼비전 모형을 제시하였다. 우선, 스포츠심리상담 슈퍼비전 실행을 위한 목적을 수립한 후 운영, 실행, 역량, 기술지원의 4개 체제 아래 전문성 제도지원, 현장적용성, 상담사 자질, 선수조력 경기력 향상을 위한 세부지원과 실행항목을 제시하였다. 이 모델의 주요 특징은 다음과 같다.

(1) 슈퍼비전의 목적을 명확히 제시하였다.

- 슈퍼비전의 목적은 슈퍼바이지의 전문적 성장, 효율성 증진, 서비스 질 향상, 선수고객의 목표달성, 선수고객의 문제해결을 위한 것이다. 이러한 목적을 바탕으로 슈퍼비전의 내용과 과정이 설계되었다.

(2) 슈퍼바이저와 슈퍼바이지의 역량을 강조하였다.

- 슈퍼바이저는 스포츠심리상담의 전문지식과 기술, 슈퍼비전의 이론과 실제에 대한 이해, 스포츠심리상담사의 성장과 발전을 돕는 능력을 갖추어야 한다. 슈퍼바이지는 스포츠심리상담의 기본 지식과 기술을 갖추고, 자기성찰과 학습에 대한 의지가 있어야 한다.

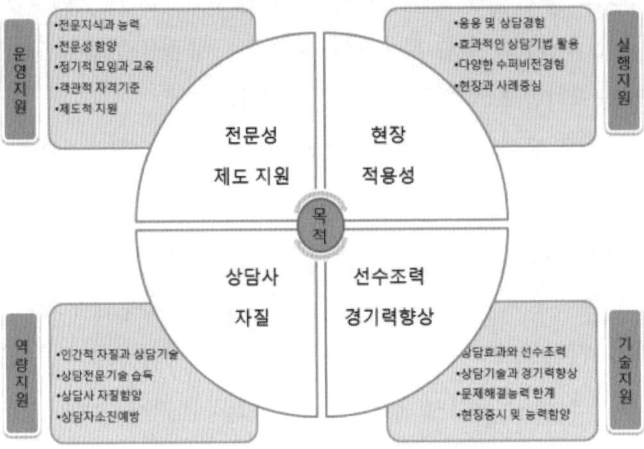

그림 2. 스포츠심리상담 슈퍼비전 실행모형

(3) 슈퍼비전의 운영구조와 정책을 제시하였다.

- 슈퍼비전은 개별 또는 집단으로 진행될 수 있으며, 기록 검토, 외부자문, 슈퍼비전 계획 수립 및 실행, 평가과정 실시 등의 다양한 방법을 활용할 수 있다. 또한, 슈퍼비전 자격, 책임, 구조, 내용, 교육이수 등의 규정을 마련하고, 슈퍼바이저 교육 체계, 슈퍼비전 평가 체계, 슈퍼비전 지침, 슈퍼비전 기록 및 기록 유지, 슈퍼바이저 직무기술서 등을 개발하여 슈퍼비전을 체계적으로 운영하기 위한 정책을 제시하였다. 특히, 연구에 응답한 상담사들이 제시한 상담사 자질을 위해 요구하는 슈퍼비전은 역량의 지식, 기술, 가치 및 태도 영역으로 분석되었다. 다음 〈표 17〉에 구체적인 요인들이 제시되어 있다.

표 17. 지식영역

영역	세부내용
지식	선수 및 종목 특성에 대한 이해
	프로그램 계획, 실행 및 효과성 평가 제반 지식
	스포츠심리상담윤리, 가치에 대한 이해
	슈퍼비전에 대한 지식
	슈퍼바이저 자신의 강점, 편견 등에 대한 인식과 과학적 지식
기술영역	경청, 의사표현, 의사전달 등 의사소통 기술
	평가정보 수집, 수행피드백 제공
	객관적 평가시행 등 평가기술
	긍정적 지지 및 격려 기술, 관계형성 기술
	슈퍼바이지 교육적 진단 및 학습계획 수립
가치 및 태도영역	직무에 대한 책임감, 진실성, 일관성
	전문가로서의 지속적 성장 및 전문적 자아의 확립
	스포츠심리상담윤리 및 규정 준수 등 윤리적 태도

상담 슈퍼바이저의 핵심 역량의 발전 및 개발은 다양한 연구를 통해 더욱 체계화된다. 예를 들어 슈퍼바이저 역량의 핵심 요소에 대해 보다 구체적인 내용을 밝히는 연구가 필요하다. 한국형 모델은 한국의 스포츠 환경에서 스포츠심리상담사의 전문성 향상과 선수들의 경기력 향상을 위한 중요한 토대가 될

것으로 기대된다. 그러나 슈퍼비전에 대한 연구는 아직 초기단계에 있으며, 앞으로 지속적인 발전이 필요하다.

〈예시 1〉은 이현우, 허정훈, 고경훈(2015)의 스포츠심리상담사 수련과정과 슈퍼비전, 대학야구팀 심리지원 사례연구 과정을 기술한 것이다. 이러한 다양한 슈퍼비전 연구의 진행은 슈퍼비전과 상담사, 선수들을 위한 좋은 예이다. 앞으로의 국내 슈퍼비전 발달을 위해 다음의 주제에 대한 연구도 활발히 진행될 필요가 있다.

- 슈퍼비전의 효과성 검증 연구: 이 모델의 효과성을 검증하기 위한 연구가 필요하다. 슈퍼비전 참여 전후의 슈퍼바이지의 전문성, 서비스 질, 선수고객의 만족도 등을 비교하여 슈퍼비전의 효과를 검증할 수 있다.
- 슈퍼바이저 역량강화 프로그램 개발: 스포츠심리상담 슈퍼바이저의 역량강화를 위한 프로그램 개발이 필요하다. 이 모델에서 제시한 슈퍼바이저의 역량을 함양할 수 있는 교육과 훈련 프로그램을 개발하여 슈퍼바이저의 역량을 강화할 수 있다.
- 슈퍼비전 정책의 개선: 이 모델에서 제시한 슈퍼비전 정책을 개선하기 위한 연구를 통하여 슈퍼비전의 운영구조와 정책을 실효성 있게 적용하기 위한 방안을 모색할 수 있다.

예시 1 스포츠심리상담사 수련과정과 슈퍼비전: 대학야구팀 심리지원 사례연구과정(이현우, 허정훈, 고경훈, 2015)

- 스포츠심리상담사 수련과정 참여자는 자격연수 후 현장수련을 계획하고 한국스포츠심리학회에 신청서를 제출, 승인 후 수련을 시작하였다.
- 프로그램 개발과 교육, 슈퍼비전, 현장관찰, 선수면담, 다양한 자료의 수집 및 분석 등이 수련과정 내내 정기적, 비정기적으로 이루어졌다. 이러한 과정은 스포츠심리상담사의 경험과 노하우, 전문성과 자신감 증진에 도움이 되었다.
- 슈퍼비전은 야구에 응용 가능한 CAU10프로그램의 개발, 사전 모의강의, 집단상담, 팀응집력교육, 개인상담 진행 등으로 이루어졌으며 1인의 수련생과 2인의 슈퍼바이저가 함께 하였다. 집단 슈퍼비전의 경우 의견교류의 다양성, 아이디어 토론, 모델학습 등에서 긍정적인 효과가 있었다.
- 심리지원프로그램은 교육 15분, 실습 40분, 소감 5분 등 약 60분 내외로 구성하였다. 참여자는 S대학 야구팀 1, 2학년 총 14명이었고, 선수들은 부상에 대한 두려움, 시합 상황에서의 과도한 긴장, 운동중단으로 인한 진로고민 등을 주로 호소하였다.
- 선수들의 주 호소 문제를 바탕으로 10가지 심리훈련을 선정하여 정기적으로 교육 및 실습, 측정 및 상담을 진행하였다.
- 이 과정에서 양적, 질적 자료들을 수집하고 분석한 결과 선수들은 자신감, 집중력, 목표설정, 팀조화, 심상, 불안조절 등에서 긍정적 변화를 보였으며 대부분의 선수들이 심리지원프로그램에 대해 긍정적으로 평가하였다.

평 가 문 항

1. 슈퍼비전의 목적은 무엇인가?
   ㉠ 상담자의 능력을 평가하고 감독하는 것
   ㉡ 상담자의 전문성 개발, 윤리적 기준 준수, 직업의 문지기 역할
   ㉢ 상담자의 개인적인 문제를 해결하는 것
   ㉣ 상담자의 연구를 지원하는 것
   ㉤ 상담자의 사례비 수수를 관리하는 것

2. 효과적인 슈퍼바이저가 갖추어야 할 자질은 무엇인가?
   ㉠ 공감, 진실성, 존중, 유연성, 연민, 개방성
   ㉡ 전문지식과 기술
   ㉢ 윤리적 책임감
   ㉣ 다양성 인식
   ㉤ 모든 보기 ㉠~㉣

3. 스포츠심리상담에서 슈퍼비전의 중요성은 무엇인가?
   ㉠ 선수고객에게 신뢰롭고 효과적인 상담 서비스 제공
   ㉡ 신뢰롭고 효과적인 상담 서비스 제공 + 상담자의 전문성 향상
   ㉢ 상담자의 연구를 지원하는 것
   ㉣ 상담자의 개인적인 문제를 해결하는 것
   ㉤ 상담자의 능력을 평가하고 감독하는 것

4. 스포츠심리상담윤리강령에서 강조하는 중요 가치가 아닌 것은?
   ㉠ 책임성 ㉡ 전문성
   ㉢ 공정성 및 평등성 ㉣ 명예심

5. 발달 슈퍼비전 모델의 주요 특징으로 다음 중 적절하지 않은 것은 무엇일까요?
   ㉠ 수련상담자의 발달 단계에 따라 슈퍼비전을 조절한다.
   ㉡ 수련상담자의 개인적 특성을 고려한다.
   ㉢ 슈퍼바이저의 이론적 지식과 경험을 강조한다.
   ㉣ 발달단계를 정확하게 파악하는 것이 중요하다.

6. 변별 모델의 주요 활용 방식으로 다음 중 적절하지 않은 것은 무엇일까요?
   ㉠ 슈퍼바이저의 교육에 활용
   ㉡ 슈퍼비전 목표설정
   ㉢ 진행 과정 평가
   ㉣ 수련상담자의 개인적 특성 고려

7. 체계적 접근 모델의 주요 구성요소로 다음 중 포함되지 않는 것은 무엇일까요?
   ㉠ 슈퍼바이저의 차원 ㉡ 슈퍼바이지의 차원
   ㉢ 내담자의 차원 ㉣ 슈퍼비전의 과정

8. 통합적 발달모델의 주요 발달단계로 다음 중 포함되지 않는 것은 무엇일까요?
   ㉠ 초기 단계 ㉡ 중기 단계
   ㉢ 고도화된 단계 ㉣ 전문화된 단계

9. 수련상담자는 다음 중 어떤 측면에서 발달해야 합니까?
   ㉠ 동기, 자율성, 자각 ㉡ 지식, 기술, 경험
   ㉢ 윤리, 책임, 전문성 ㉣ 자신감, 인내심, 협력

10. 다음 중 적절하지 않은 슈퍼비전 요소는 무엇일까요?
   ㉠ 신뢰관계 형성 ㉡ 수련상담자의 익명성 보장
   ㉢ 명확한 목표설정 ㉣ 다양한 방법 활용

11. 다음 중 개인 슈퍼비전의 장점은 무엇일까요?
   ㉠ 슈퍼바이저와의 친밀한 관계형성
   ㉡ 상담경험 및 역량 축적
   ㉢ 비용 절감
   ㉣ 다양한 관점의 공유

12. 개인 슈퍼비전에서 슈퍼바이저는 어떤 역할을 수행해야 할까요?
   ㉠ 상담과정 관찰 및 피드백
   ㉡ 이론 강화 및 기술 지도
   ㉢ 윤리 및 가치관 탐색
   ㉣ 위의 모든 역할수행

13. 개인 슈퍼비전의 효과적인 진행을 위한 가장 중요한 요소는 무엇일까요?
   ㉠ 슈퍼바이저의 풍부한 경험
   ㉡ 슈퍼바이지의 적극적 참여
   ㉢ 신뢰와 존중의 상호관계
   ㉣ 위의 모든 요소

14. 초심 상담자에게 가장 적합한 슈퍼비전 유형은 무엇일까요?
   ㉠ 구조화된 슈퍼비전
   ㉡ 과제 지향적 슈퍼비전
   ㉢ 촉진적 개입
   ㉣ 위의 모든 유형

15. 다음 중 집단 슈퍼비전의 장점은 무엇일까요?
   ㉠ 친밀한 관계형성
   ㉡ 상담경험 및 역량 축적
   ㉢ 비용 절감
   ㉣ 다양한 관점의 공유

16. 집단 슈퍼비전에서 참여자들은 어떤 태도를 가져야 할까요?
   ㉠ 열린 마음과 경청
   ㉡ 적극적 참여와 경험 공유
   ㉢ 비판적 사고와 다양한 관점
   ㉣ 위의 모든 태도

17. 집단 슈퍼비전의 효과적인 진행을 위한 가장 중요한 요소는 무엇일까요?
   ㉠ 슈퍼바이저의 리더십
   ㉡ 참여자들의 적극적 참여
   ㉢ 안전하고 긍정적인 분위기
   ㉣ 위의 모든 요소

18. 집단 슈퍼비전에서 다루어지는 주제로 적절하지 않은 것은 무엇일까요?
   ㉠ 상담경험 및 어려움
   ㉡ 상담윤리 및 전문성 논의
   ㉢ 상담기술 및 전략 공유
   ㉣ 개인 문제나 사생활 공개

모범답안 및 해설

1. ㉡ 슈퍼비전은 상담자의 전문성을 키우고, 윤리적 기준을 지키며, 직업의 책임을 다하도록 돕는 역할을 한다. 초보상담자는 슈퍼비전을 통해 전문지식과 기술을 습득하고, 숙련된 상담자는 자신의 역량을 점검하고 새로운 기술을 개발한다. 또한, 슈퍼바이저는 상담자의 윤리적 책임을 감독하고, 비윤리적 행위를 방지하며, 내담자의 안전을 보호하는 역할을 한다.

2. ㉤ 모든 보기 (1)~(5) 효과적인 슈퍼바이저는 다음과 같은 자질을 갖추어야 한다.
   - 공감, 진실성, 존중, 유연성, 연민, 개방성: 상담자의 이야기에 공감하고 이해하며, 진솔하고 존중하는 태도로 대화해야 한다. 또한, 상황에 따라 유연하게 대처하고, 연민을 가지고 상담자를 지원해야 한다. 그리고 개방적인 마음으로 상담자의 의견을 경청하고, 다양한 관점을 수용해야 한다.
   - 전문지식과 기술: 상담 및 심리학, 스포츠심리학 등 관련 분야의 전문지식과 슈퍼비전 기술을 갖추어야 한다.
   - 윤리적 책임감: 슈퍼바이저는 슈퍼비전 관계에서의 윤리적 책임을 인식하고 실천하는 능력을 갖추어야 한다.
   - 다양성 인식: 상담자의 다양한 배경과 경험을 이해하고 존중하는 능력을 갖추어야 한다.
   - 자기인식: 슈퍼바이저는 자신의 강점과 약점을 이해하고, 이를 슈퍼비전 관계에 효과적으로 활용하는 능력을 갖추어야 한다.

3. ㉡ 스포츠심리상담에서 슈퍼비전은 선수에게 양질의 심리상담 서비스를 제공하고, 상담자의 전문성을 발전시키는 데 중요한 역할을 한다. 슈퍼비전을 통해 상담자는 자신의 상담기술을 점검하고 개선하며, 다양한 상담사례를 공유하고 토론하며, 윤리적 문제에 대한 지침을 받을 수 있다. 또한, 상담과정에서 겪는 어려움이나 갈등을 극복하고, 스트레스를 관리하는 데 도움을 받을 수 있다. 이러한 경험을 통해 상담자는 더욱 전문적이고 효과적인 상담 서비스를 제공할 수 있게 된다.

4. ㉣ 스포츠심리상담윤리강령은 책임성, 전문성, 공정성, 비밀유지와 같은 핵심 가치를 강조한다. 명예심은 개인적 가치관에 속하며, 윤리강령의 핵심 가치로서 명확히 제시되어 있지 않다. 책임성, 전문성, 공정성 등의 가치를 실천하는 과정에서 자연스럽게 명예심도 드러나야 한다. 따라서 명예심은 스포츠심리상담윤리강령의 주요 가치로 볼 수 없다.

5. ㉡ 발달 슈퍼비전 모델은 수련상담자의 발달단계에 따라 슈퍼바이저의 역할, 상담수련생 역동, 슈퍼비전의 학습 환경을 조절하는 데 초점을 맞추고 있다. 하지만 수련상담자의 개인적 특성을 고려하는 것은 발달 슈퍼비전 모델의 주요 특징이 아니다. 수련상담자의 개인적 특성은 슈퍼비전의 효과에 영향을 미칠 수 있지만, 발달 슈퍼비전 모델은 이러한 특성을 고려하는 데 명시적인 지침을 제공하지 않는다.

6. ㉣ 변별 모델은 슈퍼비전의 초점을 개입기술, 개념과 기술, 개인화 기술의 세 가지 영역으로 구분하고, 이에 따라 슈퍼바이저의 역할을 교사, 상담자, 자문가의 세 가지로 제시한다. 하지만 수련상담자의 개인적 특성을 고려하는 데 명시적인 지침을 제공하지 않는다. 수련상담자의 개인적 특성은 슈퍼비전의 효과에 영향을 미칠 수 있지만, 변별 모델은 이러한 특성을 고려하는 데 명확한 방안을 제시하고 있지 않다.

7. ㉣ 체계적 접근 모델은 슈퍼바이저, 슈퍼바이지, 내담자, 기관 차원의 맥락적 요인과 슈퍼비전 과업, 기능, 관계를 고려한 7가지 차원으로 구성되어 있다. 슈퍼비전의 과정은 체계적 접근 모델에 포함되지 않는 요소이다. 슈퍼비전의 과정은 슈퍼비전이 진행되는 방식과 순서를 의미하며, 체계적 접근 모델은 이러한 과정에 대한 명확한 지침을 제공하지 않는다.

8. ㉣ 통합적 발달모델은 수련상담자의 발달을 초기 단계, 중기 단계, 고도화된 단계, 통합된 단계의 네 단계로 구분한다. 전문화된 단계는 통합적 발달모델에 포함되지 않는 단계이다. 통합된 단계는 수련상담자가 상담자의 발달을 종합적으로 이해하고, 다양한 상담이론과 기법을 유연하게 사용하여 효과적인 상담을 진행할 수 있는 높은 수준의 전문성을 갖춘 것을 의미한다. 전문화된 단계는 통합된 단계를 넘어서는 개념이며, 통합적 발달모델에서는 명시되지 않았다.

9. ㉠ 슈퍼비전에서 수련상담자는 다음과 같은 측면에서 발달해야 한다.
   - 동기: 상담에 대한 관심과 열정을 유지하고, 전문적인 성장을 위해 노력하는 동기
   - 자율성: 슈퍼바이저에 대한 의존도를 줄이고, 스스로 판단하고 결정을 내릴 수 있는 자율성
   - 자각: 자신과 내담자에 대한 깊은 이해, 자신의 강점과 약점을 인지하는 역량

   이러한 측면의 발달은 수련상담자가 효과적인 상담자로 성장하는 데 필수적이다. 지식, 기술, 경험, 윤리, 책임, 전문성, 자신감, 인내심, 협력 등은 또한 중요한 요소이지만, 슈퍼비전의 핵심적인 발달 측면은 동기, 자율성, 자각이다.

10. ㉡ 슈퍼비전의 효과를 높이는 데 도움이 되는 요소들은 다음과 같다.
    - 슈퍼바이저와 수련상담자 간의 신뢰관계형성: 상호 존중과 개방적인 의사소통을 바탕으로 한 신뢰관계는 슈퍼비전의 효과적인 진행을 위한 필수적인 요소이다.
    - 명확한 슈퍼비전 목표설정: 슈퍼비전을 통해 달성하고자 하는 구체적인 목표를 설정하는 것은 수련상담자의 성장 방향을 명확하게 제시하고, 슈퍼비전 과정을 효과적으로 진행하는 데 도움이 되다.
    - 다양한 슈퍼비전 방법 활용: 개인 슈퍼비전, 그룹 슈퍼비전, 페어 슈퍼비전 등 다양한 슈퍼비전 방법을 활용하는 것은 수련상담자의 다양한 요구에 맞춰 효과적인 슈퍼비전을 제공하는 데 도움이 된다.

    수련상담자의 익명성 보장은 슈퍼비전의 효과를 높이는 데 도움이 되는 요소가 아니다. 오히려, 수련상담자가 자신의 실수나 어려움을 솔직하게 공유하고, 슈퍼바이저로부터 피드백을 받는 데 방해가 될 수 있다. 슈퍼비전은 수련상담자의 성장을 위한 중요한 과정이며, 익명성보다는 개방적이고 솔직한 의사소통이 중요하다.

11. ㉡ 개인 슈퍼비전은 슈퍼바이저와의 일대일 상담과정을 통해 직접적인 상담경험을 쌓고, 전문 상담기술, 상담윤리 및 전문성, 스포츠 상황 이해 및 상담전략 등을 습득하여 상담경험 및 역량을 축적할 수 있다. 실제 상담과정에서 발생하는 문제들을 직접 경험하고 해결해 나가는 과정을 통해 실무 능력을 향상시킬 수 있으며, 슈퍼바이저로부터의 지침과 조언을 통해 전문성을 더욱 발전시킬 수 있다.

12. ㉣ 슈퍼바이저는 개인의 상담과정을 관찰하고 분석하여 피드백을 제공하고, 개인의 상담이론적 지식을 강화하고 상담기술을 지도하며, 개인의 전문성 발달을 위해 상담윤리 및 가치관 탐색 지원 등의 역할을 수행한다. 슈퍼바이저는 개인의 성장과 발전을 위해 다양한 역할을 수행해야 하며, 이러한 역할들을 효과적으로 수행하기 위해서는 풍부한 경험과 전문성을 갖추고 있어야 한다.

13. ㉢ 개인 슈퍼비전은 슈퍼바이저와 슈퍼바이지 간의 신뢰와 존중을 바탕으로 한 상호 관계를 통해 효과적으로 진행된다. 슈퍼바이지가 슈퍼바이저에게 자신의 상담경험과 어려움을 솔직하게 공유하고, 슈퍼바이저가 슈퍼바이지의 성장과 발전을 진심으로 돕는 분위기가 조성되어야 한다. 신뢰와 존중을 바탕으로 한 상호 관계는 개인이 안전하고 편안하게 배우고 성장할 수 있도록 돕는다.

14. ㉠ 초심 상담자에게는 구조화된 슈퍼비전이 가장 적합하다. 구조화된 슈퍼비전은 단계별 상담과정을 안내하고, 상담기술 및 기법을 체계적으로 지도하는 방식으로 진행된다. 초심 상담자는 상담경험이 부족하고, 상담기술 및 기법에 대한 이해가 부족하기 때문에, 구조화된 슈퍼비전을 통해 상담에 대한 자신감을 높이고, 효과적인 상담을 진행할 수 있도록 도울 수 있다.

15. ㉣ 집단 슈퍼비전의 장점은 다양한 참여자들의 경험과 관점을 공유하고 서로로부터 배우고 성장할 수 있다는 것이다. 각 참여자는 서로 다른 상담경험과 전문성을 가지고 있으며, 이러한 다양한 관점을 공유함으로써 새로운 시각을 얻고 자신의 상담 실무에 적용할 수 있는 새로운 아이디어를 얻을 수 있다.

16. ㉣ 집단 슈퍼비전에서 참여자들은 열린 마음으로 서로의 의견을 존중하고 경청하고, 적극적으로 참여하고 자신의 경험을 공유하며, 비판적 사고를 유지하고 다양한 관점을 고려하는 태도를 가져야 한다. 이러한 태도들은 집단 슈퍼비전을 효과적으로 진행하고 참여자들의 학습과 성장을 촉진하는 데 중요하다.

17. ㉣ 집단 슈퍼비전의 효과적인 진행을 위해서는 슈퍼바이저의 리더십, 참여자들의 적극적인 참여, 안전하고 긍정적인 분위기 조성 등 모든 요소가 중요하다. 슈퍼바이저는 집단을 효과적으로 이끌고 참여자들이 적극적으로 참여할 수 있도록 환경을 조성해야 하며, 참여자들은 열린 마음으로 서로의 의견을 존중하고 경청하며 자신의 경험을 공유해야 한다. 또한, 안전하고 긍정적인 분위기가 조성되어야 참여자들이 편안하게 배우고 성장할 수 있다.

18. ㉣ 집단 슈퍼비전은 상담 전문가로서의 성장과 발전을 위한 공간이며, 개인적인 문제나 사생활을 공개하는 공간은 아니다. 집단 슈퍼비전에서 다루어지는 주제는 상담경험, 상담윤리 및 전문성, 상담기술 및 전략 등과 관련된 내용이어야 한다. 개인적인 문제나 사생활을 공개하는 것은 다른 참여자들에게 불편을 줄 수 있으며, 집단 슈퍼비전의 목적 달성을 방해할 수 있다.

현 장 실 습

1. 다음 내용을 바탕으로 스포츠 슈퍼비전을 간접적으로 경험해 보세요.

〈참고〉 자신이 선호하는 상담이론을 바탕으로 〈부록 5-1, 2, 3, 4, 5〉의 워크시트를 활용할 수 있다.

슈퍼바이지의 상황(예시)

내담자 김도약: 김 선수는 국가대표 육상선수로, 올해 열리는 아시안게임에서 메달 획득을 목표로 하고 있습니다. 하지만 최근 들어 중요한 대회에서 연속으로 실망스러운 결과를 거두고 있어 심리적으로 큰 어려움을 겪고 있습니다. 김 선수는 심리상담을 통해 자신의 불안감을 극복하고 싶어 합니다.
상담사 박친절: 김 선수를 담당하는 박 상담사는 아직 경력이 짧고, 스포츠심리상담경험이 부족합니다. 박 상담사는 김 선수의 상담을 효과적으로 진행하기 위해 장 슈퍼바이저에게 슈퍼비전을 요청했습니다.
사례의 이해 • 김 선수의 상황: 국가대표 육상선수로, 아시안게임에서 메달을 목표로 하고 있으나, 최근 연속으로 실망스러운 경기결과로 인해 심리적 어려움을 겪고 있음. • 김 선수의 목표: 심리상담을 통해 불안감을 극복하고 경기력을 회복하려고 함. • 박 상담사의 상황: 경력이 짧고 스포츠심리상담경험이 부족하여, 상담의 효과적 진행을 위해 슈퍼비전이 필요함. • 장 슈퍼바이저의 역할: 박 상담사가 김 선수의 심리적 어려움을 이해하고, 효과적인 상담전략을 개발할 수 있도록 돕는 것. • 주요 과제: 상담과정에서 발생할 수 있는 문제를 예방하고, 김 선수의 목표달성을 위해 필요한 심리적 지원을 제공할 수 있는 방법 제시.

가. 슈퍼비전 과정에서 다룰 수 있는 탐색질문

다음은 장 슈퍼바이저와 박 상담사 간의 슈퍼비전 과정에서 다룰 수 있는 질문입니다. 각 질문들을 잘 읽고, 스포츠심리상담 슈퍼비전이 효과적으로 이루어지기 위해 필요한 질문과 조건이 무엇인지 생각해 보세요.

(1) 사실(facts)

☞ 김 선수의 심리적 어려움을 파악하기 위해 어떤 평가방법을 사용했습니까?

☞ 김 선수가 경기 중 경험하는 특정 상황이나 트리거는 무엇입니까?

☞ 김 선수가 지금까지 상담에서 어떤 진전을 이루었으며, 아직 해결되지 않은 문제는 무엇입니까?

(2) 감정(feelings)

☞ 김 선수의 불안감을 들었을 때 박 상담사는 어떤 감정을 느꼈습니까?

☞ 박 상담사는 상담과정에서 자신의 감정이 어떻게 작용한다고 생각합니까?

☞ 장 슈퍼바이저는 박 상담사의 감정을 어떻게 다루고, 어떤 지원이 필요하다고 생각합니까?

(3) 평가(evaluation)

☞ 김 선수의 심리적 상태가 경기력에 미치는 영향을 어떻게 평가합니까?

☞ 박 상담사의 상담 접근법이 김 선수의 문제해결에 얼마나 효과적이었다고 생각합니까?

☞ 김 선수와의 상담에서 가장 도전적이었던 부분은 무엇이며, 이를 어떻게 극복할 수 있습니까?

(4) 의미(meaning)

☞ 김 선수의 상담사례에서 배울 수 있는 가장 중요한 교훈은 무엇이라고 생각합니까?

☞ 이번 경험이 박 상담사의 상담기술 발전에 어떤 기여를 할 수 있습니까?

☞ 김 선수와의 상담이 박 상담사의 장기적인 커리어 목표에 어떻게 영향을 미칠 것 같습니까?

(5) 행동(actions)

☞ 김 선수의 불안을 감소시키기 위해 어떤 추가적인 심리 기법을 사용할 수 있습니까?

☞ 박 상담사는 김 선수와의 다음 상담 세션에서 어떤 구체적인 목표를 설정할 계획입니까?

☞ 김 선수가 상담에서 긍정적인 변화를 경험하도록 하기 위해 박 상담사는 어떤 행동을 취할 수 있습니까?

(6) 계획(plans)

☞ 김 선수의 심리적 문제를 장기적으로 해결하기 위해 어떤 단계별 계획을 수립할 수 있습니까?

☞ 다음 상담 세션에서 달성하고자 하는 구체적인 목표는 무엇입니까?

☞ 박 상담사의 역량강화를 위해 장 슈퍼바이저는 앞으로 어떤 지원을 제공할 계획입니까?

나. 질문에 대한 의미 이해

제시된 질문들의 의미를 잘 이해하면 슈퍼바이저와 수퍼바이지 간의 슈퍼비전 과정을 통해 상담의 효과성을 높이고, 더불어 상담사의 전문성을 향상시키는 데 도움을 줄 수 있다.

(1) 사실(facts)

☞ 김 선수의 심리적 어려움을 이해하기 위해 어떤 평가방법을 사용했습니까?

※ 이 질문은 박 상담사가 김 선수의 심리상태를 평가하기 위해 사용한 방법이나 도구에 대한 정보를 확인하려는 것입니다. 예를 들어, 심리검사를 사용했는지, 인터뷰를 통해 정보를 얻었는지에 대해 논의할 수 있습니다.

☞ 김 선수가 경기 중 경험하는 특정 상황이나 트리거는 무엇입니까?

※ 김 선수가 경기 중에 불안을 느끼거나 집중력이 떨어지는 상황을 파악하는 것이 중요합니다. 이러한 트리거를 이해함으로써 상담에서 구체적인 개입 전략을 세울 수 있습니다.

☞ 김 선수가 지금까지 상담에서 어떤 진전을 이루었으며, 아직 해결되지 않은 문제는 무엇입니까?

※ 김 선수가 상담을 통해 얼마나 진전했는지, 아직 남아 있는 문제는 무엇인지를 파악하는 질문입니다. 이를 통해 상담의 진행상황을 평가하고, 앞으로의 방향을 정할 수 있습니다.

(2) 감정(feelings)

☞ 김 선수의 불안감을 들었을 때 박 상담사는 어떤 감정을 느꼈습니까?

※ 이 질문은 박 상담사가 김 선수의 문제를 듣고 어떤 감정을 느꼈는지 탐색하는 것입니다. 상담사의 감정은 상담의 질에 영향을 미칠 수 있으므로, 이를 자각하고 다루는 것이 중요합니다.

☞ 박 상담사는 상담과정에서 자신의 감정이 어떻게 작용한다고 생각합니까?

※ 상담사의 감정이 상담과정에 어떤 영향을 미치는지에 대한 자기인식을 촉진하는 질문입니다. 이를 통해 상담사가 자신의 감정을 잘 관리할 수 있도록 돕습니다.

☞ 장 슈퍼바이저는 박 상담사의 감정을 어떻게 다루고, 어떤 지원이 필요하다고 생각합니까?

※ 슈퍼바이저가 상담사의 감정을 어떻게 다루는지, 그리고 상담사가 어떤 지원이 필요한지를 논의하는 질문입니다. 이는 박 상담사가 효과적으로 감정을 관리할 수 있도록 장 슈퍼바이저가 지원하는 방법을 찾기 위함입니다.

(3) 평가(evaluation)

☞ 김 선수의 심리적 상태가 경기력에 미치는 영향을 어떻게 평가합니까?

※ 김 선수의 심리적 어려움이 그의 경기력에 미친 영향을 평가하는 질문입니다. 이는 상담의 목표설정과 개입 전략을 조정하는 데 중요합니다.

☞ 박 상담사의 상담 접근법이 김 선수의 문제해결에 얼마나 효과적이었다고 생각합니까?

※ 현재 사용 중인 상담기법의 효과를 평가하고, 필요시 새로운 접근법을 고려할 수 있도록 돕는 질문입니다. 이는 상담의 방향성을 재검토하는 데 유용합니다.

☞ 김 선수와의 상담에서 가장 도전적이었던 부분은 무엇이며, 이를 어떻게 극복할 수 있습니까?

※ 상담과정에서의 어려움과 이를 해결하기 위한 전략을 논의하는 질문입니다. 이는 상담사의 문제해결 능력을 향상

시키는 데 도움이 됩니다.

(4) 의미(meaning)

☞ 김 선수의 상담사례에서 배울 수 있는 가장 중요한 교훈은 무엇이라고 생각합니까?

※ 이번 상담사례를 통해 얻은 중요한 교훈을 탐색하는 질문입니다. 이는 상담사의 전문성 향상과 장기적 성장에 기여할 수 있습니다.

☞ 이번 경험이 박 상담사의 상담기술 발전에 어떤 기여를 할 수 있습니까?

※ 박 상담사의 상담기술이 이번 경험을 통해 어떻게 발전할 수 있는지를 논의하는 질문입니다. 이를 통해 상담사의 기술 향상 계획을 수립할 수 있습니다.

☞ 김 선수와의 상담이 박 상담사의 장기적인 커리어 목표에 어떻게 영향을 미칠 것 같습니까?

※ 이번 사례가 박 상담사의 커리어에 어떤 의미가 있을지, 그리고 앞으로의 경력 발전에 어떤 영향을 미칠지 생각해 보는 질문입니다.

(5) 행동(actions)

☞ 김 선수의 불안을 감소시키기 위해 어떤 추가적인 심리 기법을 사용할 수 있습니까?

※ 불안감소를 위한 추가적인 심리 기법을 논의하는 질문입니다. 이는 박 상담사가 새로운 기술을 시도하고, 김 선수의 필요에 맞게 상담을 조정할 수 있도록 돕습니다.

☞ 박 상담사는 김 선수와의 다음 상담 세션에서 어떤 구체적인 목표를 설정할 계획입니까?

※ 다음 상담 세션에서 달성하고자 하는 구체적인 목표를 설정하는 질문입니다. 이를 통해 상담의 방향을 명확히 하고, 목표달성을 위한 계획을 세울 수 있습니다.

☞ 김 선수가 상담에서 긍정적인 변화를 경험하도록 하기 위해 박 상담사는 어떤 행동을 취할 수 있습니까?

※ 상담사가 김 선수가 변화를 경험할 수 있도록 도울 수 있는 구체적인 행동을 논의하는 질문입니다. 이는 상담의 효과성을 높이는 데 도움을 줄 수 있습니다.

(6) 계획(plans)

☞ 김 선수의 심리적 문제를 장기적으로 해결하기 위해 어떤 단계별 계획을 수립할 수 있습니까?

※ 김 선수의 심리적 문제를 해결하기 위한 장기적 계획을 수립하는 질문입니다. 이는 김 선수의 지속적인 성장을 지원하는 데 도움이 됩니다.

☞ 다음 상담 세션에서 달성하고자 하는 구체적인 목표는 무엇입니까?

※ 단기적으로 달성하고자 하는 목표를 설정하고, 이를 바탕으로 상담 계획을 세우는 질문입니다. 이를 통해 상담의 방향을 구체화할 수 있습니다.

☞ 박 상담사의 역량강화를 위해 장 슈퍼바이저는 앞으로 어떤 지원을 제공할 계획입니까?

※ 장 슈퍼바이저가 박 상담사의 역량강화를 위해 어떤 지원을 제공할 계획인지 논의하는 질문입니다. 이는 박 상담사의 지속적인 성장을 지원하는 데 중요합니다.

다. 슈퍼비전 과정의 예

장 슈퍼바이저와 박 상담사 간의 슈퍼비전 과정을 구체적으로 기술해 보겠습니다. 이 과정은 김 선수의 심리적 어려움을 효과적으로 해결하고, 박 상담사의 상담역량을 향상시키는 데 중점을 둡니다.

(1) 소개 및 문제 정의(introduction and problem definition)

☞ 목적: 슈퍼비전의 목표를 명확히 하고, 김 선수의 현재 심리적 상태와 상담의 핵심 문제를 정의합니다.

장 슈퍼바이저: "오늘 슈퍼비전의 목표는 김 선수의 심리적 어려움을 명확히 이해하고, 효과적인 상담전략을 논의하는 것입니다. 먼저, 김 선수의 현재 심리상태와 상담과정에서 드러난 주요 문제들을 설명해 주시겠습니까?"

박 상담사: "김 선수는 최근 중요한 대회에서 연속적인 패배로 인해 자신감이 크게 떨어졌습니다. 불안감이 심해지고 있으며, 경기 중 집중력이 현저히 저하되고 있습니다. 지금까지 심리상담을 통해 일부 불안을 줄이는 데 성공했지만, 여전히 경기 중 트리거가 작용할 때 불안을 잘 관리하지 못하고 있습니다."

장 슈퍼바이저: "좋습니다. 김 선수가 경기 중 어떤 상황에서 불안을 느끼는지, 그리고 지금까지 상담에서 어떤 접근법을 사용했는지 더 구체적으로 이야기해 봅시다."

박 상담사: "주로 경기 초반에 출발 신호를 기다릴 때 불안을 느낀다고 보고했습니다. 저는 그동안 이완훈련과 호흡법을 가르쳤는데, 연습할 때는 효과적이었으나 실제 경기상황에서는 충분하지 않았던 것 같습니다."

☞ 결과: 김 선수의 주요 심리적 트리거와 박 상담사의 현재 접근법에 대한 이해가 깊어졌습니다. 이 정보를 바탕으로 다음 단계로 넘어갑니다.

(2) 감정 탐색 및 관리(exploration and management of emotions)

☞ 목적: 박 상담사의 감정을 탐색하고, 상담과정에서의 감정 관리 방법을 논의합니다.

장 슈퍼바이저: "김 선수의 이야기를 들으면서, 박 상담사님은 어떤 감정을 느꼈습니까?"

박 상담사: "솔직히 처음엔 무력감을 느꼈습니다. 제가 가르친 기법들이 충분히 효과를 발휘하지 못해 김 선수에게 더 큰 부담을 준 건 아닌지 걱정이 되었습니다."

장 슈퍼바이저: "그 감정은 자연스러운 반응입니다. 중요한 건 그 감정을 인식하고, 상담과정에 부정적인 영향을 미치지 않도록 관리하는 것입니다. 상담과정에서 자신의 감정이 어떻게 작용했다고 생각하십니까?"

박 상담사: "제 무력감이 상담에 나타난 것 같습니다. 김 선수에게 너무 조심스럽게 접근했는데, 그게 오히려 그에게 확신을 주지 못한 것 같아요."

장 슈퍼바이저: "그 점을 인식하신 건 큰 발전입니다. 앞으로는 이 감정을 어떻게 다루고, 상담에 긍정적인 영향을 미칠 수 있을지 함께 논의해 봅시다."

☞ 결과: 박 상담사는 자신의 감정을 자각하고, 이를 관리하는 방법에 대해 생각해 볼 수 있었습니다. 이는 상담 효과를 높이는 데 중요한 단계입니다.

(3) 상담 접근법 및 평가(evaluation of counseling approaches)

☞ 목적: 현재 사용 중인 상담기법의 효과를 평가하고, 필요한 경우 새로운 접근법을 제안합니다.

장 슈퍼바이저: "김 선수의 불안이 경기력에 어떻게 영향을 미친다고 평가하십니까?"

박 상담사: "불안이 집중력 저하로 이어지고, 결국 경기결과에 부정적인 영향을 미치고 있습니다. 특히, 경기 초반에 불안이 극도로 높아져 전체 경기에 영향을 미치고 있습니다."

장 슈퍼바이저: "그렇다면, 현재 사용 중인 이완훈련과 호흡법 외에 다른 접근법이 필요할 수 있습니다. 무엇을 고려하고 계십니까?"

박 상담사: "인지행동치료(CBT)를 추가적으로 시도해 볼까 생각 중입니다. 김 선수에게 자신의 부정적인 생각 패턴을 인식하고, 그것을 긍정적으로 전환하는 방법을 가르치는 것이 필요할 것 같습니다."

장 슈퍼바이저: "좋은 접근입니다. CBT는 불안관리에 효과적일 수 있습니다. 또한, 경기 시뮬레이션을 활용해 실제 상황에서 이러한 기술을 연습할 수 있도록 지원하는 것도 고려해 보세요."

☞ 결과: 상담 접근법의 효과를 평가하고, 새로운 전략을 고려하는 계기가 마련되었습니다. 박 상담사는 기존 기법 외에 인지행동치료와 경기 시뮬레이션을 추가적으로 활용할 계획을 세웠습니다.

(4) 학습 및 전문성 개발(learning and professional development)

☞ 목적: 박 상담사가 이번 상담경험을 통해 얻은 교훈과 전문성 개발을 위한 방법을 논의합니다.

장 슈퍼바이저: "이번 상담사례에서 가장 중요한 교훈은 무엇이라고 생각합니까?"

박 상담사: "제가 생각했던 것보다 김 선수의 심리적 트리거가 더 강하게 작용하고 있다는 것을 깨달았습니다. 더 다양한 접근법을 시도해야 한다는 것도 배웠습니다."

장 슈퍼바이저: "이 경험이 앞으로의 상담기술 발전에 어떤 기여를 할 수 있을까요?"

박 상담사: "다양한 심리 기법을 실험하고, 각각의 효과를 더 체계적으로 평가할 필요성을 느꼈습니다. 또, 제 감정을 관리하면서도 김 선수에게 확신을 줄 수 있는 태도를 유지하는 것이 중요하다는 것을 깨달았습니다."

장 슈퍼바이저: "좋습니다. 이 교훈을 바탕으로 앞으로의 상담에서 더 강력한 자신감을 갖고 임할 수 있을 겁니다. 이번 경험이 장기적인 커리어 목표에도 긍정적인 영향을 미칠 것 같습니까?"

박 상담사: "네, 스포츠심리상담에서 좀 더 깊이 있는 전문성을 쌓아야겠다는 결심이 생겼습니다."

☞ 결과: 박 상담사는 이번 경험을 통해 자신의 전문성을 더욱 발전시킬 수 있는 방향을 구체화했습니다. 이 과정에서 장기적인 커리어 목표에 대한 재검토도 이루어졌습니다.

(5) 구체적 행동 계획 수립(action plan development)

☞ 목적: 김 선수의 불안을 감소시키고, 상담의 효과성을 높이기 위한 구체적인 행동 계획을 수립합니다.

장 슈퍼바이저: "김 선수의 불안을 줄이기 위해 추가적으로 사용할 심리 기법은 무엇입니까?"

박 상담사: "앞서 말씀드린 것처럼, 인지행동치료(CBT)를 적용하고, 실제 경기상황을 시뮬레이션하는 훈련을 도입할 계획입니다. 이를 통해 김 선수가 실제 경기에서 불안을 더 잘 관리할 수 있도록 하겠습니다."

장 슈퍼바이저: "훌륭한 계획입니다. 그럼 다음 상담 세션에서 달성하고자 하는 구체적인 목표는 무엇입니까?"

박 상담사: "김 선수가 부정적인 생각 패턴을 인식하고, 이를 긍정적으로 전환하는 훈련을 집중적으로 할 계획입니다. 또한, 시뮬레이션을 통해 실전 연습을 할 수 있는 기회를 제공하려고 합니다."

장 슈퍼바이저: "좋습니다. 김 선수가 상담에서 긍정적인 변화를 경험하도록 하기 위해 구체적으로 어떤 행동을 취할 생각입니까?"

박 상담사: "김 선수의 성취를 강화할 수 있는 피드백을 제공하고, 작은 성공 경험을 통해 자신감을 키워줄 계획입니다. 또한, 세션 후에도 지속적으로 연습할 수 있도록 지침을 제공할 것입니다."

☞ 결과: 박 상담사는 김 선수의 불안관리와 긍정적인 변화 유도를 위한 구체적인 행동 계획을 수립했습니다. 인지행동치료와 경기 시뮬레이션 훈련을 통해 상담의 효과를 높일 것입니다.

(6) 장기적 계획 및 지원(long-term planning and support)

☞ 목적: 김 선수의 장기적인 심리적 안정을 위한 계획을 수립하고, 박 상담사의 지속적인 역량강화를 위한 지원을 논의합니다.

장 슈퍼바이저: "김 선수의 심리적 문제를 장기적으로 해결하기 위해 어떤 단계별 계획을 수립할 수 있습니까?"

박 상담사: "우선은 불안관리에 집중하고, 이후에는 스트레스관리와 경기 후 회복 전략을 추가로 다루겠습니다. 또한, 김 선수가 경기 외적인 생활에서도 심리적 안정을 유지할 수 있도록 생활습관 개선 및 자기관리 기법도 점진적으로 도입할 계획입니다."

장 슈퍼바이저: "좋은 접근입니다. 박 상담사 본인의 지속적인 역량강화를 위해 어떤 지원이 필요하다고 생각합니까?"

박 상담사: "저는 계속해서 최신 심리치료 기법을 학습하고, 다른 전문가들과의 네트워킹을 통해 전문성을 향상시키고자 합니다. 또한, 정기적인 슈퍼비전을 통해 제 상담기법을 점검받고 피드백을 받고 싶습니다."

장 슈퍼바이저: "알겠습니다. 향후 교육 기회를 제공하고, 정기적인 슈퍼비전 세션을 마련하겠습니다. 이를 통해 김 선수뿐만 아니라 다른 내담자들에 대해서도 보다 효과적인 상담을 진행할 수 있을 것입니다."

☞ 결과: 박 상담사는 김 선수의 심리적 안정과 성과 향상을 위한 장기적 계획을 수립했습니다. 이 계획은 단계별로 불안 관리, 스트레스관리, 경기 후 회복 전략을 포함하며, 상담사의 역량강화를 위한 지속적인 지원 방안도 논의되었습니다.

라. 사례 이해(case discussion and understanding) 및 요약

지금까지 탐색 질문과 질문의 의미, 슈퍼비전 과정의 예를 살펴보고, 그에 따른 사례 요약을 정리한 것입니다. 한번 더 읽어보고 사례에 대한 이해를 심도 있게 해보시고 자신의 생각과 어떠한 차이가 있는지도 비교해 보세요.

과정	사례	사례의 이해	나의 이해
사실 탐색 (exploration of Facts)	김 선수의 최근 경기결과	• 김 선수는 최근 몇 번의 중요한 대회에서 기대에 못 미치는 결과를 기록했으며, 이는 그의 자신감과 불안수준에 영향을 미침	
	김 선수의 심리적 상태	• 연속된 경기 실패로 인해 불안감이 증가하고, 자신감이 저하됨 • 경기 중 과도한 압박감과 집중력 부족을 경험할 가능성이 있음	
	박 상담사의 상담목표	• 김 선수의 불안감을 감소시키고, 경기 중 집중력을 높이며, 궁극적으로 아시안게임에서 최상의 경기력을 발휘하도록 돕는 것	
감정 이해 및 수용 (understanding and acceptance of emotions)	김 선수의 감정	• 실망: 자신의 기대에 부응하지 못한 결과에 대한 실망감 • 불안: 향후 경기에서도 같은 문제가 반복될 것이라는 불안감 • 자신감 저하: 경기력 하락으로 인한 자신감 상실	
	박 상담사의 감정	• 불안: 경험 부족으로 인한 불안감 • 책임감: 김 선수를 도와야 한다는 책임감 • 자신감 부족: 스포츠심리상담경험 부족으로 인한 자신감 결여	
	장 슈퍼바이저의 접근	• 박 상담사의 불안감을 수용하고, 그가 효과적인 상담을 제공할 수 있도록 자신감을 심어줌 • 김 선수의 감정을 존중하고, 이를 상담과정에서 효과적으로 다루는 방법을 제시	
문제 평가 및 상담 계획 수립 (problem evaluation and counseling planning)	김 선수의 심리적 어려움 평가	• 불안감과 자신감 부족이 김 선수의 경기력에 직접적으로 영향을 미치고 있음 • 이러한 문제가 아시안게임에서의 성과에 부정적인 영향을 줄 수 있음	
	박 상담사의 역량 평가	• 초기 경험이 부족하지만, 장 슈퍼바이저의 지도를 통해 효과적인 상담을 제공할 수 있는 잠재력이 있음	
	상담전략 개발	• 심리기술훈련: 김 선수의 불안감 관리와 자신감 회복을 위해 심리적 기술훈련(예: 마음챙김, 인지재구성, 심상훈련 등)을 사용 • 경기 중 심리적 준비: 경기를 앞두고 김 선수가 긴장을 완화하고 긍정적인 혼잣말를 강화하도록 돕는 전략 개발	
실행 및 행동 전략 (implementation and action strategies)	김 선수와의 상담전략	• 초기 상담 세션: 김 선수의 감정 상태와 불안을 이해하는 데 중점을 두고, 신뢰관계를 형성 • 심리적 개입: 구체적인 심리 훈련 기법을 도입하여 김 선수가 경기 중 불안을 관리하고, 자신감을 회복할 수 있도록 함	
	박 상담사의 역할 강화	• 지속적 피드백: 장 슈퍼바이저가 박 상담사에게 상담과정 중 발생하는 문제에 대한 피드백 제공 • 교육 기회: 스포츠심리상담에 대한 추가 교육이나 워크숍 참여 권장	
	장 슈퍼바이저의 지원	• 박 상담사의 상담과정을 정기적으로 검토하고, 필요한 경우 즉각적인 조언 제공 • 상담진행상황에 따른 추가 지원과 자료 제공	
평가 및 피드백 (evaluation and feedback)	상담과정 평가	• 상담목표달성 여부를 주기적으로 평가하고, 필요시 상담전략 수정 • 김 선수의 심리상태와 경기력 변화를 지속적으로 모니터링	
	박 상담사에 대한 피드백	• 상담과정에서의 성공 사례와 개선이 필요한 부분에 대한 피드백 제공 • 장 슈퍼바이저의 지도 아래, 박 상담사의 상담역량강화 및 자신감 증대 도모	
	장기 계획	• 아시안게임 이후에도 김 선수의 심리적 지원이 지속될 수 있도록 계획 수립 • 박 상담사의 스포츠심리상담 전문성을 계속 발전시킬 수 있는 장기적 교육 계획 마련	

6장.

심리평가의 응용

1. 심리상담과 평가

1.1 스포츠심리상담에서 평가의 효력

1) 심리평가의 목적

스포츠심리평가는 선수의 심리적 특성을 파악하기 위한 일련의 과정이며, 그 결과에 따라 적절한 개입을 제공하기 위해 실시되는 것이다. 심리평가를 실시하기 위해서는 평가의 목적, 절차, 한계 등을 고려하여 적절한 평가유형을 선택해야 한다. 선수들을 이해하려면 선수의 모든 측면에 대한 종합적 지식이 필요하다. 여기에는 선수로서는 물론 인간으로서의 중요성이 포함된다. 평가는 또한 선수에게 자신이 누구인지, 어떻게 훈련하고 시합하는지, 그리고 그가 처한 영역에 대해 더 광범위하게 알려준다. 심리평가의 구체적 목적은 다음과 같다.

- 선수의 심리적 특성 파악: 심리평가를 통해 선수의 인지, 감정, 행동, 대인관계 등을 파악할 수 있다.
- 선수의 문제점 파악: 심리평가를 통해 선수의 문제점을 파악하고, 이에 대한 개입 방향을 결정할 수 있다.
- 개입 효과 평가: 심리평가를 통해 개입의 효과를 평가하고, 필요한 경우 개입을 조정할 수 있다.

심리학에서 평가, 측정 및 계측이라는 용어를 상호교환적으로 사용하지만 의미의 차이가 있다. 평가는 현재의 스포츠 심리적 속성의 위치를 확인하는 것이다. 반면에 측정은 시간이 지남에 따라 변화하는 심리적 요인을 차트로 보여주는 것이다. 미묘하지만 그 차이는 현재 상태(평가)와 치료과정(측정)에 따라 선수의 심리가 어떻게 변화하는가에 있다. 평가는 평가 또는 측정에서 수집된 자료를 분석, 통합 및 해석하는 것이다. 수집된 데이터를 사용하여 그 의미와 가치를 부여한다. 수행문제, 요구 및 목표에 대한 이해를 돕는다. 각 평가의 차이점을 이해하면 〈표 1〉의 심리평가와 관련된 용어를 보다 정확하게 이해하고 사용할 수 있다.

표 1. 심리평가의 개념 정리 [네이버 지식백과] 심리평가 [psychological assessment](심리학용어사전, 2014. 4.)

개념	목적	방법
심리검사 test	심리적 특성, 능력, 성격, 태도, 가치관 등을 측정	질문지, 객관식 검사, 수행 검사, 투사 검사 등
심리측정 measurement	일정한 법칙에 의거하여 어떤 사물이나 속성에 대해 수치를 부여하는 것으로 심리검사의 하위 개념	심리검사의 결과를 수치화하는 과정
검진 examination	정신질환, 정서 장애, 행동 장애 등을 진단	질문지, 객관식 검사, 수행 검사, 투사 검사 등
평가 evaluation	사물 또는 그 속성에 대한 가치 판단을 포함한 개념. 결과에 대해 준거(criteria), 또는 표준(standard)에 입각해 정신장애의 유/무나 정도를 판단하는 것	심리검사, 면담, 관찰, 기록 검토 등
평가/사정 assessment	신체적, 심리적, 사회적 특성을 추론하고 예언하기 위해 사용되는 일련의 과정	심리검사, 면담, 관찰, 기록 검토 등

2) 심리평가의 이해

평가자료는 상담사가 고객의 요구사항이 충족되고 있는지, 그리고 향후 서비스를 계속하고자 하는 욕구가 있는지를 알 수 있는 중요한 자료가 된다. 행동 및 수행자료는 사후 및 정기적 평가가 보다 유용하고 효과적이다. 그럼으로써 차후 상담에서 선수들은 객관적 목표를 설정하는 데 도움을 주며, 상담자는 자신만의 상담시스템을 마련할 수 있는 계기가 된다.

만약 상담사가 상담과정과 결과에 대한 내용을 학술회의나 출판을 통해 자료를 공개하는 경우 데이터 수집 전에 연구에 대한 동의를 얻어야 한다. 더불어 내담자는 평가의 일부 측면에 대해서 비밀유지를 요청할 수 있다. 상담사의 포괄적인 평가 시스템의 부재는 견제와 균형을 상실케 하고, 상담의 시행착오를 일으키고 고객에게는 비효율적일 수 있다. 반면에 평가의 종합적 접근방식은 스포츠심리개입의 효과를 실험적으로 지지하며, 상담을 강화시키는 잠재력을 갖게 된다. 다음의 내용은 심리평가에 대한 포괄적 이해를 돕기 위한 것이다.

(1) 심리평가의 종류

• 정성적 평가: 심리적 특성을 경험과 생각을 바탕으로 이루어지는 평가로서, 숫자나 점수로 나타내지 않고, 문자나 언어로 나타내는 평가이다. 자기보고 양식, 인터뷰 등이 정성적 평가의 대표적인 방법이다.
• 정량적 평가: 심리적 특성을 숫자나 점수로 나타내는 평가이다. 심리검사, 인지검사, 운동능력 검사 등이 정량적 평가의 대표적 방법이다.

(2) 심리평가의 유형

• 일반 심리평가: 선수의 일반적인 심리적 특성을 평가하는 평가이다. 인지, 감정, 행동, 대인관계 등을 평가하는 심리검사 등이 일반 심리평가의 대표적인 방법이다.
• 스포츠 특성 심리평가: 선수의 스포츠 수행과 관련된 심리적 특성을 평가하는 평가이다. 스포츠심리기술, 운동참여동기, 집중력, 운동 스트레스 대처, 스포츠 리더십 등을 평가하는 심리검사 등이 스포츠 특화 심리평가의 대표적인 방법이다.

(3) 심리평가 전제조건

• 윤리적 고려: 심리평가는 선수의 사전 동의하에 이루어져야 한다. 또한, 평가결과는 선수의 개인정보에 해당하므로, 비밀을 유지해야 한다.
• 적절한 평가도구: 평가도구는 선수의 특성과 목표에 적합해야 한다. 또한, 도구의 타당도와 신뢰도가 검증되어야 한다.
• 전문 평가능력: 심리평가를 실시하는 상담사는 관련 분야의 전문적인 지식과 기술을 갖추어야 한다.

(4) 심리평가의 절차

• 평가의 목적과 목표설정: 심리평가를 실시하기 전에 평가의 목적과 목표를 설정한다.
• 평가도구 선택: 평가의 목적과 목표에 적합한 평가도구를 선택한다.
• 평가 실시: 선택한 평가도구를 사용하여 평가를 실시한다.
• 평가결과 분석: 평가결과를 분석하여 선수의 심리적 특성, 문제점 등을 파악한다.
• 평가결과 활용: 평가결과를 활용하여 개입 방향을 결정하거나, 개입의 효과를 평가한다.

(5) 심리평가의 단계

• 초기 평가: 선수의 전반적인 심리적 특성을 파악하기 위한 평가이다.
• 심화 평가: 선수의 경기력 문제와 관련된 심리적 특성을 파악하기 위한 평가이다.
• 종합 평가: 선수의 경기력 문제를 해결하기 위한 방향을 제시하기 위한 평가이다.

(6) 스포츠심리평가의 한계

• 평가도구의 한계: 평가도구는 개발 당시의 기준에 따라 만들어지기 때문에, 선수의 특성에 따라 평가결과가 달라질 수 있다.
• 선수의 동기와 태도의 한계: 선수의 동기와 태도에 따라 평가결과가 달라질 수 있다.
• 평가자의 한계: 평가자의 전문성과 경험에 따라 평가결과의 신뢰성이 달라질 수 있다.

3) 심리평가의 효력

상담사는 심리기술에 대한 깊은 지식과 그것을 선수 또는 팀에게 어떻게 사용할지 알아야 한다. 또한 상담사는 선수들의 경기력과 즐거움을 향상시킬 수 있는 정신적 도구를 제공할 수 있는 실천적 지식이 있어야 한다. 이러한 심리상담 측면만큼이나 가치 있는 것은 선수와 팀을 위한 효과적인 평가이다. 평가 혹은 측정의 결과는 그들을 이해하고 효율적인 상담을 할 수 있는 토대가 된다. 스포츠심리평가는 다음과 같은 효력을 가짐으로써 선수의 경기력 향상에 기여한다.

(1) 자기인식 향상

• 선수의 심리적 강점과 약점을 이해할 수 있도록 도와줌으로써 선수 스스로 경기력 향상을 위한 목표를 설정하고, 이를 달성하기 위한 전략을 수립하는 데 도움이 된다. 예를 들어, 선수가 자신감이 부족하다는 것을 알게 되면, 자신감을 향상시키기 위한 훈련을 할 수 있다. 또한, 선수가 경기 전 긴장감에 잘 대처하지 못한다는 것을 알게 되면, 긴장감을 관리하는 방법을 훈련할 수 있다.

(2) 상담관계형성

• 선수와 상담사의 관계를 형성하고 신뢰를 구축함으로써 선수가 상담사의 도움을 받아 경기력 향상을 위한 노력을 기울일 수 있도록 한다. 상담사가 선수의 심리적 특성을 이해하고, 선수의 어려움을 공감할 수 있다면, 선수는 상담사에게 더 쉽게 다가갈 수 있다. 평가과정에서 선수와 상담사는 서로에 대해 더 잘 이해할 수 있고, 이를 통해 공감과 신뢰를 형성할 수 있다.

(3) 문제해결

• 선수의 심리적 문제를 해결함으로써 경기력 향상을 도모한다. 예를 들어, 선수가 경기 전 긴장감으로 인해 실수를 하는 경우, 긴장감 관리방법을 훈련함으로써 경기력을 향상시킬 수 있다. 또한, 선수가 실패에 대한 두려움으로 인해 경기에 임하지 못하는 경우, 실패에 대한 두려움을 극복하는 방법을 훈련함으로써 경기력을 향상시킬 수 있다.

(4) 스포츠심리평가의 효과를 높이기 위한 방안

• 객관적인 평가도구의 사용: 스포츠심리평가에 객관적인 평가도구를 사용하면 객관성을 높이는 데 도움이 된다.

• 전문적인 평가자의 활용: 스포츠심리평가는 전문적인 평가자의 도움을 받아 실시하는 것이 바람직하다. 전문적인 평가자는 선수의 심리적 특성을 정확하게 파악하고, 이를 바탕으로 효과적인 평가를 실시할 수 있다.

• 선수의 동의하에 실시: 스포츠심리평가는 선수의 동의하에 실시하는 것이 중요하다. 선수의 동의를 얻지 않고 실시한 평가는 선수의 불쾌감을 초래할 수 있다.

2. 심리평가를 위한 필수요소

2.1 평가 시스템

평가는 질문지 선택 이전에 절차적 기술이 요구된다. 〈그림 1〉은 평가를 위해 평가 이전에 고려해야 할 프로세스이다.

스포츠심리평가는 선수의 심리적 특성과 경기력에 영향을 미치는 요인을 이해하기 위한 일련의 과정을 말한다. 스포츠심리평가는 선수의 경기력 향상을 위한 중요한 도구로, 다음과 같은 필수요소를 포함한다.

그림 1. 평가 기술 준비

(1) 데이터 수집: 스포츠 평가는 평가의 구성요소와 문항이 스포츠의 고유한 특성에 기반을 둔다. 따라서 상담사는 선수의 종목, 연령, 학교 수준, 경력 등을 고려하여 평가도구를 선택해야 한다. 데이터 수집에는 다음과 같은 방법이 포함될 수 있다.

• 심리측정 질문지: 선수의 심리적 특성을 측정하기 위한 표준화된 도구를 사용하여 정보를 수집한다.

• 신경 및 생체 피드백: 선수의 신경 및 생리적 반응을 측정하여 정보를 수집한다.

• 정신건강 질문: 선수의 정신건강 상태를 평가하기 위한 질문을 사용하여 정보를 수집한다.

• 스포츠 관련 및 성격 도구: 선수의 스포츠 관련 특성 및 성격을 평가하기 위한 도구를 사용하여 정보를 수집한다.

• 해당 분야의 선수 관찰: 선수의 경기력, 행동, 태도 등을 관찰하여 정보를 수집한다.

(2) 분석: 수집된 정보는 원자료로서, 그 자체로는 의미가 거의 없는 이질적인 데이터 조각일 뿐이다. 따라서 상담사는

수집된 정보를 분석하여 다음과 같은 정보를 도출해야 한다.

- 선수의 심리적 강점과 약점
- 선수의 경기력 문제
- 선수의 스포츠 관련 특성 및 성격
- 선수의 정신건강 상태

(3) 통찰: 정보와 지식만으로는 평가 데이터를 일관된 결론과 중재요구 문항으로 바꿀 수 없다. 상담사는 선수 이해의 맥락에서 다양한 정보를 새로운 방식으로 볼 수 있는 능력, 즉 통찰력을 갖추어야 한다. 통찰력은 다음과 같은 요소에 의해 뒷받침된다.

- 선수에 대한 심층적인 이해
- 스포츠심리학에 대한 전문적인 지식
- 상담경험

(4) 의사결정: 수집한 평가 데이터를 제대로 파악한 후에는 정보를 최대한 활용하는 방법을 결정해야 한다. 이 의사결정 과정은 때로는 간단하고 때로는 복잡하다. 상담사는 다음과 같은 요소를 고려하여 의사결정을 해야 한다.

- 선수의 경기력 문제
- 선수의 성숙도 및 동기부여
- 상담사의 경험 및 전문성

(5) 계획: 평가에서 수집한 정보의 의미와 가치에 대한 결정을 내린 후에는 해당 정보를 가져와서 강력하고 실행 가능한 중재 계획으로 공식화할 수 있다. 계획은 다음과 같은 요소를 포함해야 한다.

- 목표: 선수가 달성하고자 하는 목표를 명확하게 제시한다.
- 전략: 목표를 달성하기 위한 전략을 구체적으로 제시한다.
- 실행 계획: 전략을 실행하기 위한 구체적인 계획을 제시한다.

(6) 행동: 지금까지의 모든 단계는 선수가 수행문제를 극복하기 위해 단계적으로 실행함으로써 선수들의 목표를 달성해야 한다. 그러기 위해서는 심리상담 프로세스의 단계에서 가장 중요한 것은 작업 계획이 원하는 결과를 낳을 것이라는 확신을 갖는 것이다. 심리상담 스타일은 접근방식에 따라 다르다. 예를 들어, 다음 질문을 할 수 있다.

- 목표설정, 자화, 이완 및 심상과 같은 심리기술에 중점을 두는가?
- 바이오 피드백 훈련을 사용하는가?
- 전통적인 상담전략에 더 의존하는가?

2.2 평가도구의 선택

(1) 타당도와 신뢰도: 평가도구의 타당도와 신뢰도는 그 도구의 효용성을 결정하는 중요한 요소이다.

- 타당도가 낮은 도구는 선수의 실제 심리적 특성을 정확하게 반영하지 못하기 때문에, 평가결과를 신뢰할 수 없다.
- 신뢰도가 낮은 도구는 동일한 사람을 반복해서 평가했을 때 결과가 달라지기 때문에, 평가결과를 비교하거나 추적하는 데 어려움이 있다.

(2) 적절성: 스포츠심리평가도구는 선수의 문화적 배경, 종교적 신념, 성적 지향성 등을 고려하여 적절히 평가해야 한다.

- 특정 문화적 배경이나 종교적 신념을 가진 선수에게 적합하지 않은 평가도구를 사용하면, 선수의 심리적 특성을 정확하게 파악할 수 없을 뿐만 아니라, 선수에게 불쾌감을 주거나 심지어 해를 입힐 수도 있다.

(3) 유해성: 스포츠심리평가도구는 선수에게 해를 입힐 수 있는 잠재적 위험이 있는지 평가해야 한다.

- 예를 들어, 선수의 과거의 트라우마를 자극할 수 있는 평가도구는 사용하지 않는 것이 바람직하다.

• 또한, 선수에게 부정적인 자아 이미지를 심어줄 수 있는 평가도구도 사용에 신중해야 한다.

TIP **스포츠심리평가도구의 타당도와 신뢰도 평가방법**

• 표준화된 평가도구의 사용: 표준화된 평가도구는 타당도와 신뢰도가 검증된 도구이다. 따라서 이러한 도구를 사용하면 평가결과의 타당도와 신뢰도를 어느 정도 보장할 수 있다.
• 전문가의 검토: 평가도구를 사용하는 전문가가 도구의 타당도와 신뢰도를 검토하는 것도 중요하다. 전문가는 도구의 문항, 평가방법, 평가결과의 해석 등을 검토하여 평가도구의 타당도와 신뢰도를 평가할 수 있다.

3. 측정의 과학적 관점

3.1 스포츠심리평가의 고려 사항

스포츠심리평가는 선수의 심리적 상태를 측정하고, 이를 바탕으로 선수의 경기력 향상을 도모하기 위한 목적으로 이루어진다. 따라서 스포츠심리평가도구를 선택할 때는 다음과 같은 네 가지를 고려해야 한다.

• 평가의 목적: 평가를 통해 무엇을 측정하고자 하는지 명확히 해야 한다. 예를 들어, 선수의 동기, 집중력, 자기효능감, 위기 대처능력 등을 측정하고자 하는지 결정해야 한다.
• 평가할 선수: 선수의 스포츠 종목, 기술 수준, 나이, 성숙도 등을 고려해야 한다. 예를 들어, 개인 종목 선수와 팀 선수의 경우, 평가의 목적과 내용이 달라질 수 있다.
• 평가가 진행될 환경: 스포츠 환경, 팀 문화 등을 고려해야 한다. 예를 들어, 스포츠 환경이 경쟁적이거나 압박이 심한 경우, 선수의 심리적 상태를 정확하게 측정하기 위해 특별한 고려가 필요하다.
• 평가사용의 위험: 평가결과로 인해 선수에게 발생할 수 있는 부정적인 영향을 고려해야 한다. 예를 들어, 평가결과가 선수의 자존감에 부정적인 영향을 미칠 수 있는 경우, 평가도구를 사용하지 않는 것이 바람직할 수 있다.

3.2 스포츠 종목별 고려 사항

스포츠심리상담사는 개인종목 선수와 팀을 대상으로 평가를 수행할 수 있다〈표 2〉. 개인종목 선수의 경우, 일반적으로 자신의 경기력 향상에 관심이 많으며, 따라서 평가의 목적은 선수의 심리적 상태를 파악하고 이를 개선하기 위한 훈련 및 상담 프로그램을 개발하는 것이다. 팀의 경우, 일반적으로 팀의 효율적인 상호작용으로 팀 경기력 향상에 중점을 두며, 따라서 평가의 목적은 팀의 심리적 상태를 파악하고 이를 개선하기 위한 팀 훈련 및 상담 프로그램을 개발하는 것이다.

그룹평가와 개인평가는 각각의 장단점이 있다. 그룹평가는 팀의 전체적인 심리상태를 파악하는 데 효과적이지만, 선수 개개인의 특성을 파악하는 데는 제한적이다. 반면에 개인평가는 선수 개개인의 심리상태를 파악하는 데 효과적이지만, 팀의 전체적인 심리상태를 파악하는 데는 제한적이다. 따라서 스포츠심리상담사는 그룹과 개인평가를 적절히 활용하여 선수의 심리상태를 보다 정확하게 파악해야 한다.

표 2. 개인과 팀 종목 선수 평가 시 고려할 사항

	개인에 대한 평가	팀에 대한 평가
평가 시 고려할 사항	• 경기력 관련 심리적 상태 : 집중력, 자신감, 동기, 스트레스관리, 대처능력 등 • 심리적 건강 : 우울, 불안, 외상 후 스트레스 장애 등 • 성격 : 성향, 태도, 가치관 등	• 팀 역동성 : 팀 구성원의 상호작용, 의사소통, 협업 능력 등 • 팀 응집력 : 팀 구성원의 결속력, 유대감 등 • 팀 목표설정 및 달성 : 팀의 목표설정, 목표달성을 위한 노력 등
평가 방법	• 설문지 : 선수의 심리적 상태를 직접적으로 측정할 수 있는 설문지를 사용하여 수행 • 면담 : 선수의 심리적 상태를 면밀히 파악하기 위해 면담을 사용하여 수행 • 심리검사 : 선수의 심리적 상태를 정량적으로 측정하기 위해 심리검사를 사용하여 수행	• 설문지 : 팀 구성원의 심리적 상태를 직접적으로 측정할 수 있는 설문지를 사용하여 수행 • 면담 : 팀의 심리적 상태를 면밀히 파악하기 위해 면담을 사용하여 수행 • 팀워크 검사 : 팀의 역동성, 응집력 등을 정량적으로 측정하기 위해 팀워크 검사를 사용하여 수행

3.3 평가의 핵심 요소: 타당도와 신뢰도

평가의 타당도와 신뢰도는 심리상담 작업의 핵심 요소이다. 상담사는 통계 교육과 효과적인 평가도구의 기초를 바탕으로 타당도와 신뢰도에 대한 연구 경험을 갖추어야 한다. 평가의 타당도는 평가도구가 측정하고자 하는 것을 정확하게 측정하는 정도를 의미한다. 평가의 신뢰도는 평가도구가 반복적으로 사용되었을 때 동일한 결과를 도출하는 정도를 의미한다. 부정확하거나 왜곡된 평가는 고객을 효과적으로 이해하고 문제를 해결하거나 목표를 달성하도록 돕지 못한다. 타당하고 신뢰할 수 있는 평가도구에서 수집한 정보를 이해하지 못하면 고객은 서비스를 중단하고 비윤리적인 행동을 할 수 있다. 타당하고 신뢰로운 평가도구를 사용하면 선수의 심리적 상태를 정확하게 파악하고, 이를 바탕으로 효과적인 훈련 및 상담을 제공할 수 있다. 평가의 타당도와 신뢰도를 높이기 위한 방법은 다음 네 가지를 고려해야 한다. 측정척도의 타당도는 〈표 3〉과 같이 방법과 내용 타당도로 다시 재분류된다.

- 이론적 근거: 평가도구는 타당한 이론적 근거를 바탕으로 개발되어야 한다. 예를 들어, 선수의 동기를 측정하기 위한 평가도구는 동기 동시화 이론과 같은 타당한 이론적 근거를 바탕으로 개발되어야 한다.
- 표준화: 평가도구는 표준화된 절차에 따라 개발 및 사용되어야 한다. 예를 들어, 평가도구의 문항은 모든 사람이 동일한 방식으로 이해하고 응답할 수 있도록 표준화되어야 한다.
- 타당도 검증: 평가도구는 타당도 검증을 통해 측정하고자 하는 것을 정확하게 측정하는지 확인해야 한다. 예를 들어, 평가도구의 문항은 측정하고자 하는 심리적 요소와 관련성이 있는지 확인해야 한다.
- 신뢰도 검증: 평가도구는 신뢰도 검증을 통해 반복적으로 사용되었을 때 동일한 결과를 도출하는지 확인해야 한다. 예를 들어, 평가도구는 동일한 선수에게 여러 번 시행하여 동일한 결과가 나오는지 확인해야 한다.

표 3. 측정척도의 타당도 유형

타당도 (validity)	선정된 특정 변수를 측정하는 것 (체중기 & 체중)	측정방법의 타당도	측정도구(체중기)가 실제로 측정하고자 하는 것 또는 대상(체중)을 제대로 측정하고 있는가?	개념 타당도 내용 타당도 기준 타당도
		측정내용의 타당도	측정의 대상(체중)이 정확하게 측정되었는가?	내적 타당도 외적 타당도

1) 측정방법의 타당도

(1) 구성(개념) 타당도(construct validity)

개념 타당도는 측정도구가 측정하고자 하는 추상적 개념을 얼마나 정확하게 측정하는지를 평가하는 것이다. 예를 들어, 실패의 두려움을 측정하기 위한 도구의 경우, 실패의 두려움에 대한 이론적 개념과 도구의 문항 간 일치 정도를 평가한다. 개념 타당도를 평가하는 방법은 다음 〈표 4〉와 같다.

표 4. 개념 타당도의 종류와 평가방법

수렴(집중) 타당도(convergent validity)	판별(변별) 타당도(discriminant validity)	이해 타당도(nomological validity)
동일한 개념을 다른 방법으로 측정했을 때 그 측정값 사이의 상관관계가 높은 정도를 평가하는 방법	서로 다른 개념을 하나의 동일한 측정방법을 사용하더라도 그 측정치들 간의 상관관계가 낮은 정도를 평가하는 방법	관심 있는 개념과 관련된 다른 개념들 사이의 관계를 이론적으로 모형화하여 자료를 비교 검증하는 방법
예) 실패의 두려움을 지필식과 스마트폰을 이용해 조사했을 때 둘 사이의 상관관계가 높은 경우, 수렴 타당도가 높다고 할 수 있다.	예) 자신감과 불안을 같은 질문지 형식으로 조사했을 때 둘 사이의 상관관계가 낮은 경우, 판별 타당도가 높다고 할 수 있다.	예) 선수들의 상담 만족도가 높으면, 집중력이 높아지고 불안은 감소하여 경기력이 좋아진다는 가설을 이론 관계로 모형화한 후 통계적 검증을 이용하여 확인하였다면 이는 이해 타당도가 있다고 볼 수 있다.

(2) 내용 타당도(content validity)

내용 타당도는 측정도구의 내용이 측정하고자 하는 속성이나 개념을 잘 측정할 수 있는지를 평가하는 것이다. 예를 들어, 심리기술이라는 개념은 집중력, 자신감, 동기, 심상능력 등 여러 요인의 의미로 조사되는데 이들 요인이 심리기술이라는 일반화된 개념의 하위내용이고, 이 각각의 하위내용을 측정하기 위해 여러 문항을 만들 수 있다. 이 경우 문항들은 총체적으로 심리기술을 잘 반영해 주는 것들이어야 한다. 내용 타당도에는 요인별 내용과 특정 문항의 문구가 평가할 주제와 관련되는지를 평가 영역의 명확성, 내용 관련성 및 내용 대표성의 세 가지 구성요소로 평가한다〈표 5〉.

표 5. 내용 타당도의 3가지 구성요소

영역의 명확성	내용 관련성	내용 대표성
평가도구의 내용이 평가되는 속성이나 요인을 명확하게 정의하고, 평가할 것을 평가하는가?	평가내용이 구성요인과 부합하며 의미가 있으며, 평가대상과 관련이 있는가?	평가도구 각 요인의 문항은 적절하며 그 개념을 대표하고 있는가?
전문가에게 평가도구의 정의 및 문장검토 의뢰	평가대상이 평가내용을 이해하는지 예비조사 실시	전문가와 평가대상에게 각 문항의 요인적절성 검토

(3) 준거(기준) 타당도(criterion validity)

어떤 측정도구와 측정결과인 점수 간의 관계를 비교하여 타당도를 파악하는 측정방법이다. 어떤 심리검사가 특정 준거와 어느 정도 상관이 있는가를 알아보는 것으로 기준 타당도는 측정도구의 점수와 외적 기준과의 관계를 평가하는 것이다. 외적 기준은 측정하고자 하는 개념을 직접 측정할 수 없는 경우, 대신 사용할 수 있는 객관적인 지표를 말한다. 예를 들어, 경기력을 측정하기 위한 도구의 경우, 경기결과나 전문가의 평가 등이 외적 기준이 될 수 있다. 두 검사 간의 상관계수가 정적이고 높을 경우 동일한 특성을 측정한다고 판단한다. 다음 〈표 6〉의 두 가지가 있다.

표 6. 준거 타당도의 측정방법

동시 타당도(공인타당도)(concurrent validity)	예측 타당도(예언 타당도)(predictive validity)
• 측정결과와 외적 기준 간의 상관관계가 높은 정도를 평가	• 측정결과가 미래의 행동을 예측할 수 있는 정도를 평가
예) 이미 타당화된 불안 질문지의 기준을 새로운 불안 질문지와 비교하여 높은 상관관계가 있는 경우 동시 타당도가 높다.	예) 선수의 집중력 평가가 향후 경기력을 예측해 내는 정도로 집중력이 높으면 경기력도 좋다는 예측이 가능하다.

2) 측정내용의 타당도

(1) 내적 타당도(internal validity)

내적 타당도는 독립변수가 종속변수에 미치는 영향이 다른 요인에 의해 왜곡되지 않았는지를 평가하는 기준이다. 즉, 독립변수가 종속변수에 미치는 인과관계를 얼마나 정확하게 추론할 수 있는지를 평가하는 것이다〈표 7〉. 예를 들어, 제3의 변수 개입 여부 등이 그 좋은 예로 들 수 있다. 비교평가를 위해 검사지를 사용할 때 동일 종목선수 여부, 기간, 시기, 지시 및 관리 절차가 일관되어야 한다.

표 7. 내적 타당도 저해요인(Campbell & Stanley, 1963)

항목	영향요인	예시
역사효과 (history)	사전검사와 사후검사 사이에 발생한 여러 가지 특수한 사건, 특히 종속변인에 유의하게 영향을 주는 것	• 독립변인으로 투입한 실험처치 외에 실험기간 중 발생한 어떤 사건이 결과에 영향을 준다면 그 결과는 타당도를 잃는다. • 처치기간이 길거나, 처치와 사후검사 간 시간간격이 벌어질수록 역사요인에 의한 오염이 발생하기 쉽다.
성숙효과 (maturation)	실험처치 외에 시간흐름으로 나타나는 피험자의 자연적 성숙에 의한 내적 변화가 영향을 주는 것	• 연령 증가, 검사 중 피곤, 흥미 변화 등 신체·심리 변화가 결과에 영향을 준다. 실험기간이 길어질수록 성숙요인에 의한 오염이 발생하기 쉽다.
검사효과 (testing)	검사경험이 연습과 기억의 효과로 작용하여 사후검사에 영향을 주는 것	• 피험자의 사전검사 경험으로 검사방식에 익숙해지거나, 검사내용의 일부를 기억하거나, 평소보다 더 관심이 높아져서 사후검사 결과에 영향을 준다. • 학력이나 지능 같은 인지적 특성에 더 많이 나타난다. • 특히 단일집단 실험과 반복측정 설계에서 사전검사가 실험처치 효과에 오염을 줄 가능성이 크다.
측정도구의 변동 (instrument variation)	서로 다른 도구나 특히 사람이 측정도구의 수단으로 이용되거나(관찰자, 채점자, 평정자 등), 사람이 바뀌었을 때 발생	• 관찰기준과 채점기준이 실험조건별로 달라져 오염이 일어난다. • 동일인물이어도 피로, 권태, 학습에 따라 사전과 사후검사의 일관성 유지가 어렵고, 다른 사람이라면 개인특성이 채점이나 평정기준에 영향을 준다.
통계적 회귀현상 (statistical regression)	피험자 선정을 매우 극단적 점수를 토대로 결정할 때 일어나는 통계적 현상	• 피험자 선발 시 한 번 실시한 검사에서 극단적으로 점수가 높거나 낮은 사람을 선발하여 실험을 하면, 처치효과가 없어도 그 집단의 피험자들은 다음 검사에서 모집단의 평균에 좀 더 가까운 점수를 받을 가능성이 높다.
편향된 표본선정 (selection bias)	둘 이상의 집단을 이용하는 실험연구에서 피험자들 간 동질성 결여로 결과의 편파성이 나타나는 현상	• 피험자를 각 실험조건에 무선적으로 배정하지 않을 때 발생한다.
피험자의 탈락 (mortality)	실험진행 과정에서 피험자의 중도탈락으로 집단 동질성 유지가 어려워 일어나는 오염현상	• 실험과 통제집단이 동질상태로 출발했으나 실험과정에서 어느 한쪽 피험자들이 중도탈락하여 결과에 영향을 미친다. • 실험과제가 어렵거나 실험기간이 길수록 체계적 탈락에 의한 오염발생이 커진다.
확산(diffusion) or 모방효과 (imitation)	실험과 통제집단의 상호작용과 모방으로 의도한 집단 간 차이가 나타나지 않는 현상	• 집단분리가 적절히 통제되지 못해서 실험과 통제집단이 물리적으로 가깝게 있거나 심리적으로 경쟁관계에 있을 때 발생하기 쉽다.

(2) 외적 타당도(external validity)

외적 타당도는 연구결과로 나타난 인과관계가 현재의 실험조건을 떠나서 다른 상황이나 대상에게도 적용 가능한 정도, 즉 일반화시킬 수 있는가를 말한다〈표 8〉. 예를 들어 사격선수들의 집중력 향상을 높여준 심리기술훈련 프로그램이 수영선수들에게도 동일한 결과가 나타난 경우, 외적 타당도가 높은 것으로 볼 수 있다. 왜냐하면, 사격선수와 수영선수는 종목이 다르지만, 집중력이라는 측면에서는 동일한 개념을 공유하기 때문이다. 따라서 이러한 결과는 다른 종목의 선수들에게도 적용될 가능성이 높다고 볼 수 있다.

표 8. 외적 타당도 저해요인(김춘경 등, 2016)

항목	영향요인	예시
사전검사와 실험처치 간의 상호작용 효과	사전검사 때문에 실험처치에 대한 피험자의 관심이 증가하거나 혹은 감소됨으로써 실험결과에 영향을 미치는 현상	• 피험자 사전검사 후 처치로서 인종편견 영화를 보여주고 영화관람이 인종편견 감소에 미친 효과를 평가한다면, 처치효과와 사전검사 효과도 평가결과에 반영될 가능성이 높다.
피험자 선발과 실험처치 간의 상호작용 효과	피험자의 특성이나 유형에 따라 실험처치의 영향이 서로 다르게 나타나는 현상	• 같은 실험이어도 피험자가 달라지거나 실험 상황이 바뀌면 실험결과도 달라질 수 있다.
실험에 대한 반동효과	실험 상황과 일상적인 실제 생활장면 사이의 이질성 때문에 실험의 결과를 그대로 일반화하기가 어려워지는 현상	• 자신이 실험대상임을 크게 의식하면, 실험 상황에서 피험자의 행동은 일상의 자연스러운 행동과는 크게 달라질 수 있다.
중다처치에 의한 간섭효과	동일 피험자에게 여러 가지 실험처치를 계속해서 실시할 경우 처치들의 효과가 상호 간섭을 일으켜 처치효과가 축소 혹은 확대되는 현상	• 실험집단이나 통제집단의 피험자들이 처치변인의 투입과 상관없이 스스로 의미를 부여하여 종속변인 변화를 발생시킨다.
호손효과 (Hawthorne)	실험집단의 피험자가 연구목적을 알고 있거나 알게 될 때 평상시와 다르게 행동하여 결과에 영향을 미치는 현상	• 존헨리 효과(John Henry)는 호손효과와 반대로 통제집단이 실험집단보다 더 나은 결과가 나타나도록 노력하는 현상 • 연구자 효과는 연구자가 연구결과에 영향을 미치는 말이나 행동으로 피험자가 평상시와 다르게 행동하는 것

3) 신뢰도

신뢰도(reliability)는 측정의 전반적 안정성과 일관성을 의미하는 것으로 검사지를 사용할 때마다 유사한 점수가 나오면 신뢰도가 높은 것이다. 양적 심리측정의 신뢰도는 크론바흐의 알파(Cronbach's alpha) 계수 0과 1 사이의 값을 갖는다. 신뢰도 0은 측정치가 순전히 무작위적인 오차로만 구성되어 있는 상태이며, 1은 측정치에서 오차가 전혀 없는 상태이다. 알파 계수가 0.7 이상이면 신뢰도가 높은 것으로 간주하나 측정의 목적과 상황에 따라 적절한 기준이 달라질 수 있다.

TIP Cronbach's α 값의 일반적 해석기준

0.5 미만: 허용되지 않음
0.50~0.59 사이: 불량
0.60~0.69 사이: 의심
0.70~0.79 사이: 허용 가능
0.80~0.89 사이: 양호
0.90 이상: 우수

신뢰도는 검사 문항의 구성, 검사 실시 방법, 검사 대상의 특성 등 다양한 요인에 영향을 받는다. 신뢰도가 높은 측정도구는 검사 결과의 변동이 측정대상의 실제 상태의 변화를 반영한 것이 아니라, 측정도구 자체의 오차에 의한 것임을 의미한다.

신뢰도는 측정결과의 일관성과 안정성을 평가하는 기준이고, 타당도는 측정결과의 적절성과 유용성을 평가하는 기준이다. 신뢰도가 높다고 타당도가 높은 것은 아니다. 즉, 어떤 검사지를 일관되게 측정했다고 해서 그것이 원래 측정하고자 한 것을 측정한 것은 아니다. 예를 들어, 항상 1kg이 더 높은 체중계는 신뢰도의 일관성은 높지만 원래 측정하고자 하는 체중은 제대로 측정하지 못한 것이다. 신뢰도와 타당도는 측정의 질을 평가하는 중요한 기준이다. 따라서 양질의 측정도구는 신뢰도와 타당도가 모두 높은 것이 바람직하다. 그러나 신뢰도가 낮으면 타당도도 낮을 수밖에 없다. 다음 〈표 9〉는 신뢰도의 종류이다.

표 9. 신뢰도의 종류 및 정의, 신뢰도를 높이는 방법

신뢰도	정의와 방법
평가자 간 신뢰도	둘 이상의 평가자들이 내린 평가가 일관된 정도이다. 예) 입사지원자에 대한 면접관들의 평가가 일치한다면 평가자 간 신뢰도가 높다.
검사-재검사 신뢰도	어느 정도의 시간을 두고 두 번의 검사를 했을 때, 두 검사의 점수가 일치하는 정도이다. 두 번의 검사는 동일한 조건 및 동일한 방법을 사용해야 한다.
방법 간 신뢰도	서로 다른 검사 방법이나 측정도구가 사용되었을 때 검사 결과가 일치하는 정도이다.
항목 간 신뢰도	검사를 구성하는 여러 항목 점수들 간의 일관성이다.(내적 일관성 신뢰도, 반분 신뢰도 등 단일검사 신뢰도)
신뢰도를 높이기 위한 방법	• 문항의 타당도를 확보한다. 문항이 측정하고자 하는 대상을 정확하게 측정할 수 있어야 한다. • 문항의 수가 충분하다. 문항의 수가 충분해야 문항들 간의 상관관계를 바탕으로 신뢰도를 정확하게 측정할 수 있다. • 문항의 난이도가 적절하다. 문항의 난이도가 너무 높거나 너무 낮으면 문항들 간의 상관관계가 낮아져 신뢰도가 낮아질 수 있다.

4. 양적 평가와 질적 평가

양적 평가와 질적 평가는 연구나 교육 등 다양한 분야에서 사용되는 평가방법이다. 양적 평가는 주로 객관적인 정보를 수집하는 데 적합하며, 질적 평가는 주로 주관적인 정보를 수집하는 데 적합하다. 양적 평가는 일반적으로 질문지, 설문조사로 사용자의 응답 숫자에 대해 코딩 및 분석하는 것이다. 양적 평가의 장점은 검증이 수월하고 선수 간이나 종목 간 비교를 할 수 있는 것이다. 단점은 질적 평가와 달리 선수에 대한 사고와 정서 등 미묘하고 깊이 있는 정보를 수집하기 어렵다는 것이다. 다음 〈표 10〉은 두 평가방법의 장단점이다.

표 10. 양적 평가와 질적 평가의 장점과 단점

장단점	양적 평가		질적 평가	
장점	객관성	주관적인 판단이나 해석에 의존하지 않고, 수치화된 결과를 통해 측정결과를 확인할 수 있다. 이를 통해 측정결과에 대한 신뢰도를 확보할 수 있다.	주관성	주관적인 판단이나 해석을 통해 측정결과를 도출한다. 이를 통해 대상의 사고나 정서 등 미묘한 정보를 수집하는 데 유리하다. 예) 운동선수의 동기나 태도를 질적 평가로 측정할 경우, 선수와의 면접이나 관찰을 통해 선수의 사고나 정서를 보다 깊이 있게 파악할 수 있다.
	비교 가능성	결과가 수치화되기 때문에, 대상 간의 비교가 가능하다. 이를 통해 특정 대상의 특성이나 우수성을 비교하거나, 변화 추이를 파악할 수 있다.	깊이 있는 정보의 수집	주관적인 해석을 통해 깊이 있는 정보를 수집할 수 있다. 예) 선수의 훈련과정을 질적 평가로 연구할 경우, 단순히 훈련결과를 분석하는 것보다는, 선수의 훈련에 대한 생각이나 느낌을 이해함으로써, 훈련의 효과를 보다 깊이 있게 이해할 수 있다.
	통계적 분석	양적 평가의 결과는 통계적 분석을 통해 의미를 도출할 수 있다. 이를 통해 복잡한 현상을 이해하고, 새로운 인사이트를 얻을 수 있다.	새로운 정보의 발견	기존의 관념과 다른 새로운 정보를 발견할 수 있다. 예) 운동선수의 동기나 태도를 질적 평가로 연구할 경우, 선수의 동기에 대한 새로운 관점을 발견할 수 있다.
단점	미묘한 정보 수집의 어려움	주로 객관적인 정보를 수집하는 데 적합하기 때문에, 대상의 사고나 정서 등 미묘한 정보를 수집하기에는 어려움이 있다. 예) 운동선수의 동기나 태도를 양적 평가로 측정하기 위해서는 선수의 응답을 단순한 숫자로 표현해야 하기 때문에, 선수의 사고나 정서를 정확하게 파악하기 어렵다.	객관성의 어려움	주관적인 판단이나 해석에 의존하기 때문에, 객관성을 확보하기가 어렵다. 예) 운동선수의 동기를 질적 평가로 측정할 경우, 평가자의 주관적인 해석에 따라 측정결과가 달라질 수 있다.
	주관적 해석의 가능성	양적 평가 결과는 주관적인 해석에 따라 달라질 수 있다. 예) 운동선수의 체력 테스트 결과를 단순히 숫자로 표현하기보다는, 선수의 체력 수준을 평가하기 위한 가이드라인을 함께 제시하면, 보다 객관적인 평가가 가능할 것이다.	비교 가능성의 어려움	질적 평가 결과는 숫자로 표현되지 않기 때문에, 대상 간의 비교가 어렵다. 예) 운동선수의 훈련과정을 질적 평가로 연구할 경우, 다른 대상의 훈련과정과 비교하기 어렵다.

4.1 양적 평가의 응답

1) 양적 평가의 응답 옵션

(1) 리커트 척도

리커트 척도(Likert, 1932)는 가장 널리 사용되는 측정척도이다. 리커트 척도는 진술문을 제시하고, 응답자가 해당 진술문에 동의하는 정도를 숫자로 표현하는 방식으로 이루어진다. 리커트 척도의 숫자는 일반적으로 5점, 7점, 9점으로 구성되며, 가장 일반적인 리커트 척도는 5점 척도이다. 리커트 척도는 응답자의 주관적 해석을 최소화하여 객관적인 측정이 가능하다는 장점이 있다. 또한, 통계적 분석이 용이하여 다양한 연구에 활용될 수 있다. 그러나, 중립적인 응답을 유도하기 어렵다는 단점이 있다.

(2) 대칭 차등 척도

대칭 차등 척도는 리커트 척도와 유사하지만, 양단이 반대의 의미를 나타내는 단어나 그림을 사용하여 응답자의 주관적 해석을 최소화한 측정척도이다. 대칭 차등 척도는 일반적으로 11점 척도로 구성되며, 양단의 단어나 그림은 극단적인 의미를 나타낸다. 대칭 차등 척도는 리커트 척도보다 응답자의 주관적 해석을 더 최소화할 수 있다는 장점이 있다. 또한, 중립적인 응답을 유도하기 쉽다는 장점이 있다. 그러나, 리커트 척도보다 이해하기 어렵고 응답하기 어려울 수 있다.

(3) 이분 척도

이분 척도는 응답자가 두 가지 선택지 중 하나를 선택하는 방식으로 이루어지는 측정척도이다(Osgood, 1952; 1960; 1964; Osgood, Saporta, & Nunnally, 1956). 이분 척도는 일반적으로 '예 또는 아니요', '동의 또는 동의하지 않음'과 같은 문항으로 구성된다. 이분 척도는 응답자의 주관적 해석을 최소화하고 응답을 쉽게 이해할 수 있다는 장점이 있다. 또한, 리커트 척도보다 다양한 문항을 구성하기 쉽다는 장점이 있다. 그러나 응답자의 의견을 세분화하기 어렵다는 단점이 있다. 다음 〈표 11〉은 이들 양적 평가의 응답 옵션의 예이다.

표 11. 양적 평가의 응답 옵션

리커트 척도	"나는 운동을 좋아한다"는 진술문에 대한 5점 리커트 척도의 응답 옵션	매우 찬성 – 찬성 – 보통 – 반대 – 매우 반대
대칭 차등 척도	"나는 아침에 운동하는 것을 좋아한다"는 진술문에 대한 대칭 차등 척도 응답 옵션	매우 좋음 – 좋음 – 보통 – 나쁨 – 매우 나쁨 
이분 척도	"당신은 운동을 합니까?"라는 문항에 대한 이분 척도의 응답 옵션	예 아니요

2) 자기보고식 스포츠 심리측정

스포츠심리학자들은 대부분 선수들의 경기력 향상을 돕기 위해 노력하며, 이 과정에서 선수의 심리상태와 수행력 간 상관관계를 평가하는 것이 중요한 방법 중 하나다. 만약 이 두 요소 사이에 강한 상관관계가 나타난다면, 심리적 요인이 선수의 수행력에 영향을 미친다는 것을 입증할 수 있다. 이렇게 되면 심리학자는 증거에 기반한 심리적 개입을 수행할 충분한 근거를 갖게 된다. 하지만 이러한 개입이 효과적이려면, 심리상태와 수행력 측정 모두 타당하고 신뢰할 수 있어야 한다.

자기보고는 스포츠심리학에서 자주 사용되는 측정방법이다. 이 방법은 선수에게 그들의 생각과 감정을 물은 후, 이를 숫자 척도로 나타내게 한다. 이 방식은 여러 이유로 유용하다. 사람들은 일반적으로 자신의 기분과 그 강도를 잘 표현할 수 있고, 자기보고는 펜과 종이만으로 쉽게 실행할 수 있다는 장점이 있다. 그러나 자기보고의 한계는 그 주관성에 있다. 예를 들어, 수영에서 100미터를 측정하는 것은 정밀하지만, 심리적 특성 측정은 주관적이다. 현재의 과학으로는 사람의 마음속에서 일어나는 기분과 같은 심리적 변수를 정확히 측정할 수 없다. 이로 인해 사람들은 자신의 진짜 기분을 정확히 알 수 없고, 추정치만 제공할 수 있다. 자기보고식 스포츠 심리측정의 이러한 주관성을 극복하기 위해, 검사 개발자들은 대규모 샘플과 이론 기반 방법을 사용한 엄격한 검증 연구를 통해 측정 오류를 줄여야 한다. 또한, 검사 해석자는 자기보고 측정에 내재된 주관성을 인식해야 한다.

자기보고의 정확성은 선수가 얼마나 정확한 점수를 제공하는지에 달려 있다. 예를 들어, 〈표 12〉의 경쟁전 정서 질문지 측정에서 보듯이 선수가 불안을 느낄 때, 그들은 자신의 생각과 기분을 스캔하고 0에서 4점 사이의 척도로 반응한다. 극단적인 불안 또는 전혀 불안하지 않은 경우, 선수는 가장 높거나 낮은 점수를 선택하기 쉽다. 하지만 약간의 불안을 느낀다면, '약간', '보통', '상당히'와 같은 단어로 자신의 불안감을 평가하는 것이 더 어려울 수 있다. 결국, 선수는 최선의 추정치를 제공하게 된다.

표 12. 자기보고식 심리측정의 정확한 점수 제공을 위한 반응의 예

〈경쟁전 정서 질문지 측정〉 Items from a validated measure of pre-competition emotion

※ 다음은 사람들이 느끼는 감정을 설명하는 단어 목록입니다. 각 단어를 꼼꼼히 읽어주세요. 그런 다음 지금 당신의 기분을 가장 잘 설명하는 답을 선택하십시오. 모든 단어에 응답했는지 확인하십시오.

문항		Not at all 전혀	A little 약간	Moderately 보통	Quite a bit 상당히	Extrem 극히
1	불안한(Anxious): 긴장되거나 불안정한 상태	0	1	2	3	4
2	활동적인(Active): 에너지가 넘치고 적극적인 상태	0	1	2	3	4
3.	경계하는(Alert): 주의 깊고 집중하는 상태	0	1	2	3	4
4	화가 난(Angry): 분노하거나 격앙된 상태	0	1	2	3	4
5	짜증 나는(Annoyed): 불쾌하거나 짜증이 난 상태	0	1	2	3	4
6.	성질 급한(Bad tempered): 쉽게 화를 내거나 성미가 급한 상태	0	1	2	3	4

자기보고에 대한 대안으로 생리적 측정법이 제안되기도 하지만, 이 역시 완벽한 해결책은 아니다. 연구자들은 불안으로 인한 불쾌한 생각과 증가된 생리적 각성 지수를 측정하려고 하지만, 흥분과 같은 즐거운 감정도 유사한 생리적 및 행동적 특성을 보인다. 따라서 생리적 상태와 관련된 사고 패턴을 구별하기 위해서는 자기보고가 필요하며, 이는 측정 과정에서 중요한 역할을 한다. 〈표 13〉의 내용을 참고하여 신뢰도 향상을 도모할 수 있다.

표 13. 자기보고식 척도의 단점과 신뢰도 향상방법

단점	• 주관적일 수 있다. • 선수의 자기인식 능력에 따라 결과가 달라질 수 있다. • 사회적 바람직성에 영향을 받을 수 있다. • 선수가 자신의 생각이나 느낌을 과장하거나 축소 보고할 수 있다. • 측정오류가 발생할 수 있다. • 질문지의 내용이나 형식이 잘못 설계되어 있으면 정확한 결과를 얻을 수 없다.
신뢰도 향상	• 측정대상의 특성을 고려하여 질문지 개발. 예) 어린 선수의 경우, 질문지 내용이나 난이도를 어린이 수준에 맞게 수정한다. • 측정대상에게 질문지의 목적과 사용 방법 충분히 설명. 측정대상이 질문지의 목적을 이해하고, 정확하게 응답할 수 있도록 돕는다. • 측정대상이 질문지에 정확하게 응답할 수 있도록 유도. 예) 질문지에 대한 설명을 제공하거나, 질문의 의미를 확인하는 등의 방법을 사용할 수 있다.

3) 최선의 척도 선택 방법

자기보고식 척도는 포괄적인 타당도 검증을 거치는 것이 일반적이지만 검증이 완전하다고 가정하지 않는다. 연구자들은 어떤 질문지를 사용할 때마다 사용한 척도의 타당도를 뒷받침하기 위해 다양한 통계를 보고할 수 있다. 이것이 자기보고 척도를 사용하는 건전한 접근방식이다. 질문지가 어떤 표본에서 검증되었기 때문에 다른 표본에서도 유효할 것이라고 가정할 수 없음을 시사한다. 포괄적 검증 프로그램을 거친 척도의 예는 브루넬 기분 척도(BRUMS; The Brunel Mood Scale; Terry, Lane, Lane, & Keohane, 1999; Lane & Terry, 2003)이다. 이 사이트는 24문항의 문항을 측정할 수 있다(https://www.moodprofiling.com/sportscale.php). BRUMS는 기분 상태 프로파일(POMS) 척도를 기반으로 선수들의 기분 상태를 평가하는 데 사용하기 시작했다. 후속 연구에서 POMS의 점수가 다음과 같다는 것을 입증했다. a) 수행 예측, b) 과도한 훈련의 유용한 지표 및 c) 고도, 더위 및 추위와 같은 환경 요인의 변화와 관련. 더우기, 스포츠에서의 비교 가능한 규준자료를 개발하였다.

원본 POMS(McNair, Lorr, & Droppleman, 1971)는 65개 항목으로 구성되어 완성에 상당 시간이 소요된다. 또한 문화적으로 이해되지 않는 'grovely' 및 'blue'와 같은 문항도 포함되어 있다. 따라서 원래의 POMS는 경쟁 전과 같이 간결함과 용어의 이해 가능성이 결여되어 있었다. 이 요구사항을 해결하기 위해 Terry et al.(1999)은 연구의 첫 단계에서 문항의 이해도를 조사했다. 이것은 참여자들에게 문항의 의미를 상대적으로 이해하는지 평가하도록 하였다. 이것은 비교적 간단한 방법이다. 참여자는 '초초한 nervous' 및 '불안한 anxious'과 같은 항목이 '긴장tension'과 같이 훨씬 더 넓은 개념을 평가하는지 여부를 질문한 후 대답이 긍정적이면 항목을 유지시킨다. 이 과정을 거쳐 각기 다른 기분상태를 평가하는 6요인의 4문항으로 구성된 24개 문항의 질문지 개발로 이어졌다: 분노; 혼란; 우울, 피로; 긴장, 그리고 활력(anger; confusion; depression; fatigue; tension, and, vigour). 예를 들어, '긴장'요인에는 공황, 불안, 걱정, 초조 문항이 포함되어 있다. Panicky, anxious, worried, nervous 등의 각 문항은 서로 일관성이 있어야 하며, 각 문항이 그 자체의 기초 구조를 평가하는 정도를 확인하는 역할을 한다.

심리학자들은 각 요인에 대한 총점수를 규준자료와 비교할 수 있다. 예를 들어, 성인 운동선수의 긴장에 대한 백분위 점수 50은 5인 반면 우울에 대한 백분위 점수 50은 1이다. 원자료를 규준점수로 변환하면 심리학자가 개인 프로파일을 해석하는 데 도움이 된다. 0-16점의 긴장과 우울 원점수 3은 낮지만 규준과 비교해 보면 긴장 점수는 평균 이하이고 우울 점수는 평균 이상이라고 해석할 수 있다. 그러면 심리학자는 우울감의 기저가 될 수 있는 요인을 탐색할 것이다. 문항의 요인구조를 확인하는 과정의 프로세스는 광범위하다. BRUMS 검증을 위해 600명 이상의 표본이 참여한 4개의 대규모 연구를 진행하였다. Terry 등은 문항이 가정된 요인을 설명하는 정도를 검증하기 위해 확인적 요인분석을 사용하였다. 이전의 주된 방식은 탐색적 요인분석을 실시하였다.

탐색적 요인분석은 자료 기반(탐색적) 방법이고 다른 하나는 이론 기반(확증적)이라는 차이가 있다. 확인분석은 측정을 위한 기본 이론을 미리 설정하고 이론을 검증하는 방법인 반면 탐색적 요인분석은 자료를 수집한 다음 탐색적 요인분석을 사용하여 기본 이론을 설정한다. 심리적 측정을 검증하는 주요 특징은 다양한 기준에 대해 수행하는 정도를 평가하는 것이다. BRUMS는 예측 타당도, 즉 이론적인 예측에 따라 행동과 상관관계가 있다는 것을 입증했으며, 경기 전 감정 상태를 수집하여 표시하고 이 수치가 수행에 어느 정도 관련이 있는지 조사했다. BRUMS는 선수 선발에 적용하기도 하였다. 이 질문지는 호주스포츠연구소(Australian Institute of Sport)에서 훈련에 적응하지 못하는 선수를 식별하는 데 사용되었다.

측정을 검증하기 위해 연구자들은 많은 노력을 기울여 왔다. 그럼에도 불구하고 과정의 추상적 특성은 결국 자기보고식 질문지가 추정치를 제공할 수 있다고 본다. 엘리트 스포츠에서 승자와 패자는 미세한 차이로 결정된다. 심리적 구성요소의 본질은 다른 과학자들과 평가의 동등성에서 정확성에 대한 주장을 배제한다. 시작 부분에서 스포츠심리학자는 선수의 심리상태를 추정한다고 하였다. 이 숫자가 상담개입의 기초로 사용하기에 충분히 정확한지는 심리자료의 주관적 특성으로 인하여 의문의 여지가 있다. 그 점수가 매우 정확할 수도 있지만 자기보고 자료의 타당도를 더욱 탐색할 필요가 있다. 따라서 상담사는 심리측정을 개인의 사고방식에 대한 지침 또는 추정치로 사용하고 관찰 및 고객과의 대화를 통해 이 추정치를 확인하거나 반박할 정보를 찾는 것이 바람직하다. 이것은 본질적인 도전을 제공하지만 상담사들은 이 피할 수 없는 주관성을 상쇄하기 위해 측정의 신뢰도와 타당도를 확립하기 위한 엄격한 절차를 사용해야 한다.

5. 측정도구 개발

5.1 측정척도의 타당도 문제

측정척도의 타당도는 측정척도가 측정하고자 하는 대상을 얼마나 잘 측정하고 있는지를 평가하는 것이다. 측정척도의 타당도는 측정방법의 타당도와 측정내용의 타당도로 나눌 수 있다. 측정방법의 타당도는 측정척도의 측정방법이 얼마나 객관적이고 대표적인지를 평가하는 것이다. 측정방법의 타당도는 다음 〈표 14〉와 같이 측정유형에 따른 측정목적으로 구분할 수 있다. 측정내용의 타당도는 측정척도가 측정하고자 하는 대상의 특성을 얼마나 잘 반영하는지를 평가하는 것이다. 측정내용의 타당도는 다음 〈표 15〉와 같은 유형으로 구분할 수 있다.

표 14. 측정방법의 타당화를 위한 목적과 평가

유형/목적	내용 타당도 대표성	기준 타당도 효과성	개념 타당도 논리성
평가방법	측정척도의 문항이 측정하고자 하는 대상을 얼마나 잘 대표하는지를 평가하는 것. • 평가: 전문가 회의, 문항분석, 반응자 반응 분석 등	측정척도의 점수가 다른 타당한 기준과의 관계를 통해 평가하는 것. • 평가: 예측 타당도, 동시 타당도, 준거 타당도 등	측정척도의 점수가 측정하고자 하는 개념을 얼마나 잘 반영하는지를 평가하는 것. • 평가: 요인분석, 타당도 검증 등

표 15. 측정내용의 타당화를 위한 목적과 평가

유형/목적	내적 타당도 모형화: 연구결과의 정확성	외적 타당도 일반화: 연구결과의 적용성
평가방법	측정척도의 문항들이 서로 얼마나 일관되게 측정하고 있는지를 평가하는 것. • 평가: 신뢰도 분석, 요인분석 등	측정척도가 측정하고자 하는 대상의 실제 행동과 얼마나 일관되게 측정하고 있는지를 평가하는 것. • 평가: 예측 타당도, 준거 타당도 등

측정척도의 타당도는 측정척도의 질을 평가하는 중요한 기준이다. 그러나 측정척도의 타당도는 측정방법과 측정내용의 두 가지 요인이 복합적으로 작용하는 것으로, 어느 한 측면만을 강조하기는 어렵다. 특히, 내적 타당도와 외적 타당도는 서로 상충되는 개념이다. 내적 타당도를 높이기 위해서는 측정문항들이 서로 밀접하게 관련되어야 하는데, 이는 측정대상의 다양한 특성을 반영하기 어렵게 만든다. 반면, 외적 타당도를 높이기 위해서는 측정문항들이 측정대상의 다양한 특성을 반영해야 하는데, 이는 측정문항들 간의 일관성이 떨어지게 만든다.

따라서 측정척도의 타당도를 평가할 때에는 내적 타당도와 외적 타당도의 균형을 고려하는 것이 중요하다. 즉, 측정대상의 다양한 특성을 반영하면서도 측정문항들 간의 일관성을 유지할 수 있는 측정척도를 개발하는 것이 필요하다. 또한 측정척도 개발에서는 다양한 방법을 사용하여 타당도를 검증하는 것이 중요하다. 〈예시 1〉은 내용 타당도 검증의 예이다.

예시 1 내용 타당도 검증의 예

• 학업 성취도를 측정하기 위한 척도를 개발한다고 가정해 보자.
√ 교육 3전문가의 의견을 수렴하여 학업 성취도를 측정할 수 있는 문항을 선정할 수 있다.
√ 기준 타당도를 검증하기 위해서는 기존의 학업 성취도 검사와의 상관관계를 분석할 수 있다.
√ 개념 타당도를 검증하기 위해서는 학업 성취도와 관련된 이론적 개념을 바탕으로 문항의 요인구조를 분석할 수 있다.
√ 내적 타당도를 검증하기 위해서는 신뢰도 분석을 수행할 수 있다.
√ 외적 타당도를 검증하기 위해서는 새로운 학년이나 학교의 학생들을 대상으로 측정척도를 적용하여 결과를 비교할 수 있다.

5.2 측정척도 개발의 10단계

1) 측정척도 개발 절차

측정척도의 표준화 과정은 신뢰도(reliability)와 타당도(validity)의 측정 및 평가를 포함한다. 이 과정은 10단계로 구성되며, 측정문항 개발(1~4단계)과 타당도 검토(5~10단계)를 포함하여 다음과 같은 주요 특징을 가지고 있다.

- 과학적 추론과정의 강조: 과학적 추론과정을 강조하여 측정척도의 타당도와 신뢰도를 확보하고자 한다. 즉, 측정척도를 개발하기 전에 측정할 개념을 명확히 정의하고, 그 개념을 반영하는 문항을 개발한 후, 전문가의 검증과 타당도 검증을 거쳐 표준화하는 과정을 거친다.
- 다양한 타당도 검증 방법의 활용: 내용 타당도, 기준 타당도, 판별 타당도, 수렴 타당도, 외적 타당도, 내적 타당도 등 다양한 타당도 검증 방법을 활용하여 측정척도의 타당도를 확보하고자 한다.
- 표준화된 절차를 제시: 측정척도를 개발하는 데 필요한 표준화된 절차를 제시함으로써 측정척도의 개발과 활용을 보다 체계적이고 효율적으로 할 수 있도록 돕는다.

이러한 단계는 과학적 추론과정을 통해 척도 또는 검사지 개발 시 다양한 방법을 사용하되, 과학적 단계를 거쳐야 한다는 원칙에 따른다. 측정문항은 개념의 정의와 특성이 올바르게 반영되어야 하며, 이렇게 산출된 측정문항은 측정과 관련하여 사람, 시간, 내용, 방법, 그리고 척도(scale) 등의 다양한 상황에서도 개념의 정의와 특성(또는 속성)이 동일하게 유지되어야 한다. 이것이 측정문항에 대한 타당도 검토의 과정이다. 〈그림 2〉의 척도개발 10단계는 위에서 상술한 것처럼 연구·조사방법론적 관점에서 안정성과 유연성을 고려하여 균형 있게 확장한 연구모형이다.(박관희 2016에서 재인용)

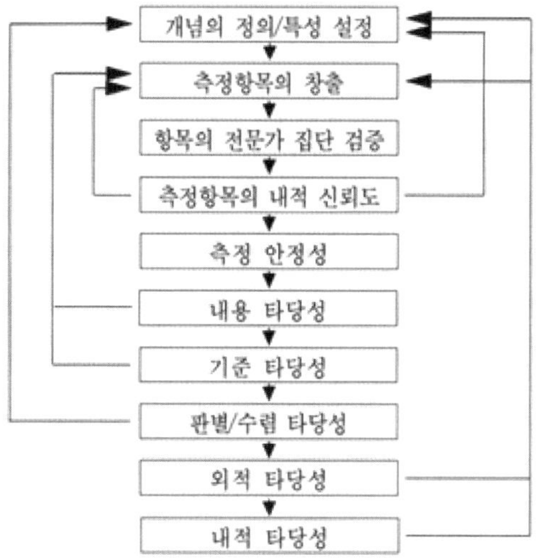

그림 2. 측정척도 개발의 10단계(박관희, 2016, p.304)

2) 측정문항 개발(1~4단계)

(1) 1단계: 측정할 개념의 정의와 특성 설정하기

측정척도 개발의 첫 단계는 특정 구성개념(construct)을 정의하고 그 특성을 설정하는 것이다. 이 단계는 심리적 구성개념이 다차원적 성격임을 인지하고, 따라서 단일차원으로의 정의가 어려움을 고려하여 진행된다. 이 단계는 구성개념의 정확한 이해와 측정문항 개발의 기초를 마련하는 데 핵심적인 역할을 한다. 정의가 명확하고 타당하면, 이후 단계에서 개발되는 측정문항이 구성개념을 효과적으로 반영할 수 있게 된다. 구성개념을 정의하는 과정은 다음 〈예시 2〉와 같다:

예시 2 구성개념 정의 과정

다차원적 접근		일반적으로 심리적 구성개념은 여러 차원을 포함한다. 예) 심상유형을 내적심상과 외적심상으로 나누는 것과 같이 구체적이고 체계적인 방식으로 접근해야 한다.
전문가 집단 활용		구성개념의 정의에 대한 합의를 이끌어내기 위해 전문가 집단의 의견을 반영한다. 이 과정은 개념의 다차원성을 고려하여 균형 잡힌 정의를 도출하기 위함이다.
정의의 세 가지 조건	**차원의 명확성**	정의는 너무 광범위하거나 제한적이어서는 안 된다. 적절한 범위 내에서 명확하게 구성개념을 정의해야 한다.
	내용의 관련성	정의는 명확하고 구체적이어야 한다. 그 내용이 명확하지 않거나(vague), 모호하거나(ambiguous), 애매하거나(obscure), 비유적인 언어(figurative properties) 사용을 피해야 한다.
	내용의 대표성	정의는 구성개념이 지니는 본질적 특성을 반영해야 한다. 이는 구성개념이 실제 의미하는 바를 정확히 나타내는 데 중요하다.

(2) 2단계: 측정문항 산출하기

2단계의 목적은 구성개념(차원 혹은 요인)의 특성을 반영하는 문항을 개발하는 것이다. 이 단계는 측정도구의 질을 결정하는 중요한 과정이다. 구성개념(차원 혹은 요인)의 특성을 담고 있는 문항산출을 위해 구성개념 관련 문헌과 구성개념에 매우 전문적으로 활동하고 있는 전문가들과 심층면접 등을 통해 구성개념을 나타내는 문항을 산출한다.

이 단계에서 생성된 문항들은 측정도구의 기본 구성요소로서, 이후의 타당도 및 신뢰도 검증단계의 기초가 된다. 문항들이 정확하게 구성개념을 반영하지 못하면, 측정도구 전체의 타당도와 신뢰도에 영향을 미칠 수 있다. 2단계의 결과로서 구성개념을 반영하는 초기 문항 세트가 산출된다. 이 문항들은 후속 단계에서 추가 검증 및 조정을 거쳐 최종 측정도구에 포함될 핵심 요소가 된다. 방법론은 다음 〈예시 3〉과 같다.

예시 3 구성개념 문항 산출 과정

문헌 조사	• 구성개념에 관한 광범위한 문헌 조사를 실시한다. • 기존 연구들, 학술 논문, 이론적 글들을 통해 해당 개념에 대한 깊은 이해를 구축한다. • 문헌 조사를 통해 개념의 다양한 해석과 적용을 파악한다.
전문가 심층면접	• 해당 분야의 전문가들과 심층면접을 진행한다. • 전문가들의 경험, 지식, 인사이트를 통해 구성개념에 대한 더 깊은 이해를 얻는다. • 전문가들의 견해를 통해 구성개념의 실질적인 적용과 문항 개발에 필요한 지침을 얻는다.
문항 개발	• 문헌 조사와 전문가 면접을 바탕으로 구성개념을 나타내는 구체적인 문항을 개발한다. • 구성개념의 핵심 특성과 차원을 정확하게 반영하는 문항을 생성한다. • 문항은 명확하고, 이해하기 쉽고, 측정 목적에 부합해야 한다.

(3) 3단계: 고안된 문항의 전문가 집단 검증하기

3단계는 개발된 문항들의 내용 타당도를 평가하는 단계로, 이는 측정도구의 정확성과 관련성을 보장하는 핵심 과정이다. 이 단계는 측정도구 개발에서 매우 중요한 역할을 한다. 전문가들의 평가를 통해 문항들이 구성개념을 정확하게 반영하고, 연구목적에 적합하게 구성되었는지 확인한다.

이 과정을 통해 측정도구의 신뢰도와 타당도가 크게 향상될 수 있다. 3단계의 검증 과정을 통해 각 요인의 구성개념을 더욱 정확하고 효과적으로 측정할 수 있는 문항 세트를 확립한다. 이 단계를 통해 측정도구는 그 타당도를 강화하고, 연구의 목적에 부합하는 더욱 정교한 도구로 발전한다. 방법론은 다음 〈예시 4〉와 같다.

예시 4 전문가 집단 검증하기

전문가 그룹 구성	• 스포츠심리상담 전공자나 현장 전문가 등, 해당 분야의 숙련된 전문가(expert judges) 4명 이상을 선정한다. • 이 전문가들은 문항의 내용적 적합성을 평가하는 데 필요한 지식과 경험을 갖추고 있어야 한다.
검증 기준 설정	• 심상유형과 같은 구성개념에 대한 명확한 체크 사항을 설정한다. √ 적합성: 질문이 내적심상이라는 개념을 적절하게 묻고 있는가? √ Wording: 질문의 표현, 문법, 뉘앙스에 문제가 없는가? √ 명확성: 질문이 모호하지 않고, 응답하기에 곤란하지 않은가? √ 내용 적합성: 질문이 내적심상의 특성에 적합한 내용을 포함하고 있는가? √ 필요성: 불필요한 문항은 없는가? √ 완전성: 중요한 문항이 누락되지 않았는가? √ 역채점 효율성: 역채점이 필요한 문항이 있는가?
검증 과정	• 각 전문가에게 제시된 체크 사항에 따라 개별 문항들을 평가하도록 한다. • 전문가들의 평가를 바탕으로 문항들을 수정, 개선하거나 필요에 따라 삭제한다.

심상유형 문항 내용타당도 평가의 예시

개발된 문항에 대한 내용타당도를 평가하기 위해 스포츠심리상담 전공자나 이에 준하는 현장전문가 등 4명 이상의 숙련된 전문가(expert judges)들에게 다음과 같은 내용으로 검증을 받는다. 심상유형의 구성개념을 명확히 한 후 다음의 체크 사항을 제시한다.

1. 질문이 내적심상이라는 개념을 묻는 데 적절한가?
2. 질문의 wording(표현, 문법, 뉘앙스 등)에는 문제가 없는가?
3. 질문이 너무 모호하거나 응답자가 응답하기 곤란하지 않은가?
4. 질문이 앞에서 제시한 몇 가지 내적심상의 특성에 적합한 내용인가?
5. 필요 없는(쓸데없는) 문항은 없는가?
6. 중요한데 빠진 문항은 없는가?
7. 역채점(reverse coding)화 시키는 것이 효과적인 문항은 없는가?

• 검증과정 결과 내적심상 요인은 ○○개의 측정문항으로 압축할 수 있다.

(4) 4단계: 측정문항의 내적 신뢰도 평가하기

4단계는 측정도구의 신뢰도를 확립하는 과정으로, 개발된 문항들이 일관되고 신뢰할 수 있는 결과를 제공하는지를 평가한다. 내적 신뢰도 평가는 측정도구의 신뢰도를 보장하는 중요한 단계이다. 높은 신뢰도를 가진 측정도구는 일관된 결과를 제공하며, 연구의 신뢰도를 향상시킨다. 이 단계를 통해 연구자는 문항들이 정확하고 신뢰할 수 있는 측정결과를 제공할 수 있다는 확신을 얻게 된다. 또한 측정도구의 내적 신뢰도가 확립된다. 즉, Cronbach Alpha 계수를 사용하여 문항들의 일관성을 수치적으로 평가하며, 이를 통해 문항 세트의 신뢰도를 보장한다. 탐색적 요인분석을 통해 문항들이 적절한 구성개념을 반영하고 있는지를 추가로 확인한다. 〈예시 5〉는 신뢰도 평가와 내적 일관성을 높이는 방법이다.

예시 5 내적 신뢰도 평가

내적 일관성 평가	• 다문항으로 구성된 이론변수들의 신뢰도는 내적 일관성을 사용하여 평가한다. • 이를 위해 Cronbach's a 계수를 사용한다. 이 계수는 문항들이 얼마나 일관되게 동일 개념을 측정하는지를 나타낸다.
설문조사의 실시	• 여러 번의 설문조사를 통해 문항들이 구성개념과 그 특성을 잘 반영하는지를 확인한다. • 설문조사는 문항 간의 상관관계와 이들이 통계적으로 유의미한 결과를 제공하는지를 평가한다.
탐색적 요인분석	• 탐색적 요인분석을 사용하여 문항들이 적절한 요인(구성개념)에 속하는지를 확인한다. • 이 분석을 통해 문항들이 해당 구성개념을 올바르게 측정하는지를 검증한다.

• 측정문항의 내적 일관성을 높이기 위해서는 다음과 같은 방법을 고려할 수 있다.
√ 측정문항의 개수를 늘리기: 측정문항의 개수가 많을수록 내적 일관성이 높아질 수 있다.
√ 측정문항의 내용을 보완하기: 측정문항의 내용이 구성개념을 잘 반영하고 있다면 내적 일관성이 높아질 수 있다.
√ 측정문항의 응답 척도를 적절하게 선택하기: 측정문항의 응답 척도가 구성개념을 잘 반영하고 있다면 내적 일관성이 높아질 수 있다.

3) 타당도 검토(5~0단계)

(1) 5단계: 측정도구의 안정성 평가하기

5단계의 주된 목적은 측정도구의 시간적 안정성, 즉 Test-Retest 신뢰도를 평가하는 것이다. 이 단계는 측정도구가 일정 시간 간격을 두고 동일한 대상자들에게 적용되었을 때 일관된 결과를 제공하는지를 확인한다. 측정 안정성 평가는 측정도구의 신뢰도를 확립하는 데 중요한 역할을 한다. 시간적 안정성이 확보된 측정도구는 연구결과의 일관성과 신뢰도를 보장하는 데 기여한다. 이 단계를 통해 연구자는 시간이 지나도 변하지 않는 안정적 측정결과를 기대할 수 있다. 5단계의 결과 검사-재검사 절차를 통해 측정도구의 시간적 안정성을 평가할 수 있다. 또한 상관관계 분석을 통해 측정도구가 시간에 따라 일관된 결과를 제공하는지의 여부를 알 수 있다. 높은 Test-Retest 신뢰도는 측정도구가 시간에 따라 안정적 결과를 제공함을 의미한다. 방법론은 다음 〈예시 6〉과 같다.

예시 6 측정도구의 안정성 평가

재검사 절차	• 정해진 수의 대상자들에게 동일한 측정도구를 두 번에 걸쳐 적용한다. • 일반적으로 두 검사 사이의 간격은 2주 정도로 설정한다. • 이 간격은 측정대상의 특성과 연구목적에 따라 조정될 수 있다.
상관관계 분석	• 첫 번째 검사와 두 번째 검사에서 얻은 측정치들 간의 상관관계를 분석한다. • 높은 상관관계는 측정도구가 시간에 따라 안정적인 결과를 제공함을 나타낸다.
하위 척도별 평가	• 심상유형 질문지와 같은 경우 각 하위 척도에 대해 독립적으로 평가를 실시한다. • 각 하위 척도가 시간에 따라 일관된 측정결과를 보이는지 확인한다.

(2) 6단계: 내용 타당도 평가하기

내용 타당도는 측정문항이 측정하고자 하는 개념을 얼마나 잘 반영하고 있는지를 평가하는 기준이다. 내용 타당도를 평가하는 방법은 다음 〈예시 7〉과 같다.

예시 7 내용 타당도 평가

전문가 검증	• 전문가의 의견을 수렴하여 측정문항의 내용 타당도를 평가한다.
개방형 질문	• 대상자에게 개방형 질문을 통해 측정하고자 하는 개념에 대한 이해도를 평가한다.
내용 분석	• 대상자의 응답을 내용 분석하여 측정하고자 하는 개념을 얼마나 잘 반영하고 있는지를 평가한다.

심상유형 문항 내용 타당도 평가를 위한 개방형 질문 예시

• 〈예시 1〉에 제시된 심상유형 질문지의 경우, 내용 타당도를 평가하기 위해 다음과 같은 절차를 거칠 수 있다. 우선 앞서 개발된 심상유형의 ○○개 항목을 응답하게 한 후에 조사대상자들에게 다음과 같은 개방형 질문을 한다.

첫째, 귀하는 ○○을 경험한 적이 있습니까?	
둘째, 귀하의 ○○경험을 자세히 적어주세요.	
셋째, 귀하는 ○○가 중요하다고 생각하십니까?	
넷째, 그렇게 생각하는 이유는 무엇입니까?	

√ 100명의 대상자를 대상으로 심상유형 질문지에 대한 응답을 수집한다.
√ 각 구성개념마다 2명의 평가자가 개방형 질문에 대한 응답을 내용 분석하여 구성개념을 고(high), 중(middle), 저(low)로 평가한다.
√ 평가자 간 일치도를 척도점수 평균값으로 확인한다.
√ 평가자들이 나눈 3그룹(구성개념 정도의 고, 중, 저)별로 응답자들의 척도점수 평균값을 분산분석을 통해 비교한다.

• 분산분석의 결과, 각 평가자가 나눈 응답자 집단의 구성개념 평균점수에는 통계적으로 유의미한 차이가 나타나야 한다. 이를 통해 심상유형 질문지의 내용 타당도가 확보되었다고 판단할 수 있다.

(3) 7단계: 기준 타당도 평가하기

기준 타당도는 측정문항이 다른 측정도구와 일관되게 측정하고 있는지를 평가하는 기준이다. 이 단계는 측정도구가 실제로 의도된 구성개념을 반영하는지, 그리고 구성개념의 다양한 수준을 구별할 수 있는지를 평가하는 데 중요하다. 이러한 타당도 평가는 측정도구가 연구목적에 부합하는 정확하고 유의미한 결과를 제공하는지를 보장한다.

7단계를 통하여 개발된 척도가 실제로 대상자들이 경험하는 구성개념을 반영하는지의 내용 타당도가 검증되며, 기준 타당도 평가를 통해 척도가 실제로 구성개념의 다양한 수준을 측정할 수 있는지가 확인된다. 기준 타당도를 평가하는 방법에는 다음 〈예시 8〉이 있다.

예시 8 기준 타당도 평가

동일시 검사	• 동일한 개념을 측정하는 다른 측정도구와의 상관관계를 통해 기준 타당도를 평가한다.
예측 타당도	• 대상자의 특성을 예측하는 데 측정도구가 얼마나 유용한지를 평가한다.

심상유형 문항 내용 타당도 평가를 위한 개방형 질문 예시

〈예시 1〉에 제시된 심상유형 질문지의 경우, 기준 타당도를 평가하기 위해 다음과 같은 절차를 거칠 수 있다.
100명의 대상자를 대상으로 심상유형 질문지와 다른 측정도구를 사용하여 동일한 개념을 측정한다.
두 측정도구 간의 상관관계를 계산한다.
상관관계의 값이 0.70 이상이면 기준 타당도가 있다고 판단한다.

• 상관관계의 값이 0.70 이상으로 나타나야 심상유형 질문지의 기준 타당도가 확보되었다고 판단할 수 있다.

(4) 8단계: 판별 및 수렴 타당도 평가하기

8단계의 주요 목적은 구성개념 척도의 판별 타당도와 수렴 타당도를 평가하는 것이다. 이 단계는 측정도구가 실제로 의도된 구성개념을 정확하고 구별 가능하게 측정하는지 확인하는 데 중요하다. 8단계의 결과를 바탕으로 측정도구의 개선이나 수정이 필요한 부분을 식별하고, 필요한 경우 조정을 진행할 수 있다. 또한 판별 및 수렴 타당도 평가는 측정도구의 전반적인 품질을 높이는 데 기여하며, 연구의 신뢰도와 타당도를 강화한다. 활용 가능한 방법은 다음 〈예시 9〉와 같다.

예시 9 판별 및 수렴 타당도 평가

<table>
<tr><td>다속성-다측정방법(Multitrait-Multimethod) 매트릭스 사용</td><td colspan="4">• 이 매트릭스는 여러 특성(traits)과 여러 측정방법(methods)을 사용하여 데이터를 수집/분석하는 방법이다.
• 이를 통해 같은 구성개념에 대한 다양한 측정방법 간의 상관관계를 평가한다.</td></tr>
<tr><td>수렴 타당도 평가</td><td colspan="4">• MTMTMM 매트릭스의 수렴 타당도 평가를 위해서는 동일한 구성개념을 측정하는 서로 다른 측정방법의 측정치 간의 상관관계를 확인한다.
• MT상관관계가 높게 나타난다면, 동일한 구성개념을 측정하는 서로 다른 측정방법이 측정치의 일관성을 갖고 있다는 것을 의미한다.</td></tr>
<tr><td>판별 타당도 평가</td><td colspan="4">• MTMM 매트릭스의 판별 타당도를 평가하기 위해서는 서로 다른 구성개념을 측정하는 서로 다른 측정방법의 측정치 간의 상관관계를 확인한다.
• 상관관계가 낮게 나타난다면, 서로 다른 구성개념을 측정하는 서로 다른 측정방법이 측정치의 독립성을 갖고 있다는 것을 의미한다.</td></tr>
<tr><td colspan="5">제시된 심상유형 질문지의 경우, MTMM 매트릭스를 통해 다음과 같은 결과를 얻을 수 있다.</td></tr>
<tr><td>구성개념</td><td>측정방법1</td><td>측정방법2</td><td colspan="2" rowspan="4">• 이 결과에서, 내적심상은 동일한 측정방법(측정방법1, 측정방법2) 간에 높은 상관관계를 보이고 있다. 또한, 내적심상과 자기조절, 자기효능감은 서로 다른 측정방법 간에 낮은 상관관계를 보이고 있다.
• 이러한 결과는 심상유형 질문지가 내적심상을 측정하는 데 있어 수렴 타당도와 판별 타당도를 모두 갖추고 있음을 시사한다.</td></tr>
<tr><td>내적심상</td><td>0.8</td><td>0.7</td></tr>
<tr><td>자기조절</td><td>0.2</td><td>0.3</td></tr>
<tr><td>자기효능감</td><td>0.4</td><td>0.5</td></tr>
<tr><td colspan="5">• MTMM 매트릭스는 측정척도의 타당도를 평가하는 데 있어 유용한 도구이지만, 다음과 같은 한계점을 고려하여 신중하게 해석해야 한다.
√ 측정방법의 개수가 많을수록 매트릭스의 크기가 커지고, 분석이 복잡해진다.
√ 측정방법의 수가 적을 경우, 타당도 평가의 신뢰도가 떨어진다.
√ 측정방법의 질이 낮을 경우, 타당도 평가의 결과가 왜곡될 수 있다.</td></tr>
</table>

(5) 9단계: 외적 타당도 평가하기

예시 10 외적 타당도 평가

일반화 및 표준화	• 구성개념 측정척도의 일반화를 위해 다양한 표본과 상황에 적용한다. 예) 심상유형 질문지가 처음은 사격선수에 국한되어 사용되었다면, 하키선수 등 다른 개방종목에 확장/적용해 볼 수 있다.
후속 연구의 적용	• 후속연구에서는 측정척도의 범용성을 확인하기 위해 다양한 조건 및 상황에서의 적용 가능성을 평가한다. • 이 과정은 측정척도가 다양한 환경 및 조건에서도 일관된 결과를 제공하는지 확인하는 데 중요하다.

(6) 10단계: 내적 타당도 평가하기

9단계와 10단계가 중요한 이유는 외적 타당도 평가를 통해 측정척도가 다양한 표본과 환경에서 일관된 결과를 제공하는지 확인함으로써, 측정도구의 범용성과 적용 범위를 평가하기 때문이다. 또한 내적 타당도 평가를 통해 측정척도 내의 변수들 간의 이론적 관계를 분석하고, 이를 통해 측정도구의 개념적 정합성을 확인할 수 있기 때문이다.

예시 11 내적 타당도 평가

<table>
<tr><td>모형화 과정</td><td>• 측정척도의 내용 타당도(대표성), 기준 타당도(효과성), 개념 타당도(논리성)에 대해 이론적 틀을 검토하고 모형화한다.
• 예를 들어, 확인적 요인분석을 통해 심상유형의 문항이 내적심상과 외적심상으로 어떻게 구분되는지 분석한다.</td></tr>
<tr><td>매개효과의 분석</td><td>• 심상환경과 심상능력 간의 관계를 분석하여 내적 타당도를 입증한다.
• 심상환경이 심상능력에 미치는 직접적인 영향과 심상유형에 미치는 간접적인 영향을 모두 고려한다.</td></tr>
<tr><td colspan="2">심상유형 질문지의 모형화: 심상유형 질문지가 측정하고자 하는 개념구조와 관계를 명확히 하기 위한 과정으로 다음의 단계를 거친다.</td></tr>
<tr><td colspan="2">a. 요인분석을 통한 심상유형의 구조 파악</td></tr>
<tr><td colspan="2">• 요인분석은 측정문항이 측정하고자 하는 개념의 구성요소들을 얼마나 잘 반영하고 있는지를 평가하는 방법이다. 요인분석을 통해 심상유형 질문지의 측정문항들이 몇 개의 요인으로 묶이는지를 확인할 수 있다.
예) 심상유형 질문지가 내적심상과 외적심상의 구성개념을 측정하고자 한다면, 요인분석 결과는 내적심상과 외적심상 각각 10문항씩 2요인으로 묶이는 것으로 나타나야 한다. 이러한 결과는 심상유형 질문지가 내적심상과 외적심상의 구조를 잘 반영하고 있음을 의미한다.</td></tr>
<tr><td colspan="2">b. 매개효과 분석을 통한 심상유형과 관련된 요인들 간의 관계 파악</td></tr>
<tr><td colspan="2">• 매개효과 분석은 한 변인이 다른 변인에 미치는 영향을 다른 변인을 통해 간접적으로 전달하는지를 평가하는 방법이다. 매개효과 분석을 통해 심상유형과 관련된 요인들 간의 관계를 보다 구체적으로 파악할 수 있다.
예) 심상환경이 심상능력을 통해 심상유형에 영향을 미친다면, 매개효과 분석결과는 심상환경과 심상능력 간의 관계가 유의미하고, 심상환경과 심상유형 간의 관계는 심상능력을 통해 부분적으로 매개되는 것으로 나타나야 한다. 이러한 결과는 심상환경이 심상능력을 통해 심상유형에 영향을 미치는 간접효과를 갖는다는 것을 의미한다.</td></tr>
</table>

9단계와 10단계를 통해 얻어진 결과는 측정도구가 실제 연구목적에 부합하는 정확하고 신뢰할 수 있는 결과를 제공할 수 있는지를 종합적으로 평가하는 데 기여한다. 외적 타당도와 내적 타당도 평가는 측정도구의 전반적인 품질을 강화하고, 연구의 타당도와 신뢰도를 높이는 데 중요한 역할을 한다. 〈예시 11〉은 구체적인 예이다. 이러한 과정을 거쳐 최종 완성된 질문지는 적절한 연구절차에 따라 측정도구로서 활용된다면 좋은 논문으로서 학술지에 게재할 수 있다. 〈부록 6-1〉 학술지 논문 투고 및 심사 과정과 〈부록 6-2〉 학술지와 영향력 지수를 참조하여 논문심사과정을 확인해보자.

평 가 문 항

1. 스포츠심리평가의 주요 목적은 무엇일까요?
   ㉠ 선수의 신체적 능력을 평가하는 것
   ㉡ 선수의 심리적 특성을 파악하고 문제점을 해결하는 것
   ㉢ 선수의 경기 전략을 수립하는 것
   ㉣ 선수의 개인적인 가치관을 형성하는 것

2. 스포츠심리평가는 어떤 이점을 가져다줄 수 있습니까?
   ㉠ 선수의 자존감을 높여준다.
   ㉡ 선수와 상담사 간의 신뢰를 구축한다.
   ㉢ 선수의 경기력 향상에 도움이 안 된다.
   ㉣ 선수의 개인적인 삶에 긍정적인 영향을 미친다.

3. 스포츠심리평가를 실시할 때 주의해야 할 점은 무엇일까요?
   ㉠ 선수의 동의를 얻지 않고 평가를 진행한다.
   ㉡ 신뢰도와 타당도가 낮은 평가도구를 사용한다.
   ㉢ 선수의 개인정보를 비밀에 부친다.
   ㉣ 평가결과를 선수에게 피드백 하지 않는다.

4. 스포츠심리평가는 언제 실시하는 것이 효과적일까요?
   ㉠ 선수가 경기력 저하를 겪을 때
   ㉡ 선수가 경기에 대한 스트레스를 느낄 때
   ㉢ 선수가 새로운 기술을 익힐 때
   ㉣ 위의 보기 모두

5. 측정척도의 타당도는 다음 중 무엇을 평가하는 것인가?
   ㉠ 측정결과의 정확성
   ㉡ 측정방법의 객관성
   ㉢ 측정내용의 대표성
   ㉣ 모두 맞다

6. 내용 타당도를 평가하는 방법으로는 다음 중 어떤 것이 포함되지 않는가?
   ㉠ 전문가 회의 ㉡ 문항분석
   ㉢ 요인분석 ㉣ 반응자 반응 분석

7. 개념 타당도를 평가하는 방법으로는 다음 중 어떤 것이 포함되지 않는가?
   ㉠ 예측 타당도 ㉡ 준거 타당도
   ㉢ 요인분석 ㉣ 타당도 검증

8. 외적 타당도를 평가하는 방법으로는 다음 중 어떤 것이 포함되지 않는가?
   ㉠ 예측 타당도 ㉡ 동시 타당도
   ㉢ 준거 타당도 ㉣ 신뢰도 분석

9. 측정척도의 타당도는 측정척도의 질을 평가하는 중요한 기준이다. (O / X)

10. 내적 타당도와 외적 타당도는 서로 모순되는 개념이다. (O / X)

11. 측정문항들이 서로 밀접하게 관련되어 있으면 내적 타당도가 높아진다. (O / X)

12. 측정문항들이 측정대상의 다양한 특성을 반영하면 외적 타당도가 높아진다. (O / X)

13. 모든 선수는 반드시 스포츠심리평가를 받아야 한다. (O / X)

14. 스포츠심리평가는 선수의 심리적 특성을 파악하여 경기력 향상을 도모하는 (　)이다.

15. 평가도구는 다양한 종류가 있으며, 각 도구마다 (　)(　)가 다르다.

16. 평가결과는 선수와 상담사가 함께 (　)하여 효과적인 훈련 및 상담 프로그램을 개발한다.

17. 평가는 선수의 (　)를 존중하고 윤리적으로 이루어져야 한다.

18. 측정척도의 타당도는 측정척도가 측정하고자 하는 대상을 얼마나 잘 (　)하는지를 평가하는 것이다.

19. 내용 타당도는 측정척도의 문항이 측정하고자 하는 대상을 얼마나 잘 (　)하는지를 평가하는 것이다.

20. 기준 타당도는 측정척도의 점수가 다른 타당한 (　)과의 관계를 통해 평가하는 것이다.

21. 개념 타당도는 측정척도의 점수가 측정하고자 하는 (　)을 얼마나 잘 반영하는지를 평가하는 것이다.

22. 내적 타당도는 측정척도의 문항들이 서로 얼마나 일관되게 (　)하는지를 평가하는 것이다.

모범답안 및 해설

1. ㉡ 스포츠심리평가는 선수의 심리적 특성을 파악하고, 이를 바탕으로 선수의 경기력 향상을 위한 개인 맞춤형 프로그램을 개발하는 데 목적이 있다. 선수의 자존감, 스트레스관리 능력, 집중력, 동기부여 수준 등을 평가하여 선수가 경기 중 어려움을 겪는 이유를 파악하고, 이를 해결하기 위한 전략을 수립하는 데 도움을 준다.

2. ㉣ 스포츠심리평가는 선수의 경기력 향상뿐만 아니라 선수의 개인적인 삶에도 긍정적인 영향을 미칠 수 있다. 평가를 통해 선수는 자신의 강점과 약점을 이해하고, 스트레스 관리 및 감정 조절 능력을 향상시키며, 목표달성을 위한 효과적인 전략을 개발할 수 있다. 이러한 변화는 선수의 자존감 향상, 대인관계 개선, 삶의 만족도 증진 등으로 이어질 수 있다.

3. ㉢ 스포츠심리평가는 선수의 민감한 심리적 정보를 다루기 때문에 윤리적 책임이 중요하다. 평가를 실시할 때는 다음과 같은 점에 주의해야 한다.

4. ㉣ 스포츠심리평가는 선수의 상황에 따라 다양한 시점에서 효과적으로 활용될 수 있다.

5. ㉣ 측정척도의 타당도는 측정척도가 측정하고자 하는 대상을 얼마나 잘 측정하고 있는지를 평가하는 중요한 개념이다. 측정척도가 타당하다고 판단되기 위해서는 측정결과의 정확성, 측정방법의 객관성, 측정내용의 대표성을 포함하고 있어야 한다.

6. ㉢ 내용 타당도는 측정문항들이 측정하고자 하는 대상을 얼마나 잘 대표하는지를 평가하는 것이다. 내용 타당도를 평가하는 방법으로는 전문가 회의, 문항분석, 응답자 반응 분석이 있다.

7. ㉢ 개념 타당도는 측정척도의 점수가 측정하고자 하는 개념을 얼마나 잘 반영하는지를 평가하는 것이다. 요인분석은 측정문항들 간의 관계를 분석하는 방법으로, 측정문항들이 공통적으로 측정하고 있는 요인을 파악하는 데 사용된다. 하지만 요인분석 자체는 측정척도의 점수가 측정하고자 하는 개념을 얼마나 잘 반영하는지를 직접 평가하는 방법은 아니다.

8. ㉣ 외적 타당도는 측정척도가 측정하고자 하는 대상의 실제 행동과 얼마나 일관되게 측정하고 있는지를 평가하는 것이다. 외적 타당도를 평가하는 방법으로는 예측 타당도 : 동시 타당도 : 준거 타당도 등이 있다.

9. (O) 측정척도의 타당도는 측정결과의 해석과 활용에 있어 중요한 역할을 하기 때문에 측정척도의 질을 평가하는 중요한 기준이다.

10. (O) 내적 타당도와 외적 타당도는 서로 상충되는 개념이다. 즉, 측정문항들이 서로 밀접하게 관련되어 있으면 내적 타당도가 높아지지만, 측정대상의 다양한 특성을 반영하기 어려워 외적 타당도가 떨어질 수 있다. 반대로, 측정문항들이 측정대상의 다양한 특성을 반영하면 외적 타당도가 높아지지만, 측정문항들 간의 일관성이 떨어져 내적 타당도가 낮아질 수 있다.

11. (O) 측정문항들이 서로 밀접하게 관련되어 있으면 서로 유사한 점수를 나타낼 가능성이 높아 내적 타당도가 높아진다. 하지만, 이는 측정대상의 다양한 특성을 충분히 반영하지 못할 수 있어 외적 타당도가 떨어질 수 있다.

12. (O) 측정문항들이 측정대상의 다양한 특성을 반영하면 실제 행동이나 다른 측정 기준과 일관성 있는 점수를 나타낼 가능성이 높아 외적 타당도가 높아진다. 하지만, 이는 측정문항들 간의 일관성이 떨어져 내적 타당도가 낮아질 수 있다.

13. (X) 모든 선수가 반드시 스포츠심리평가를 받아야 하는 것은 아니다. 스포츠심리평가는 선수의 심리적 특성을 파악하고, 이를 바탕으로 경기력 향상을 위한 방향을 설정하는 데 도움이 되는 유용한 도구이지만, 모든 선수에게 필수적인 것은 아니다.

14. (방법) 스포츠심리평가는 선수의 인지, 감정, 행동, 대인관계 등 다양한 심리적 특성을 파악하는 과정이다. 평가결과를 통해 선수의 강점과 약점을 파악하고, 경기력 저하의 원인을 규명하며, 정신건강 상태를 파악할 수 있다. 이러한 정보를 바탕으로 선수에게 맞춤화된 훈련 및 상담 프로그램을 개발하여 경기력 향상을 도모할 수 있다.

15. (신뢰도)(타당도) 스포츠심리평가에 사용되는 평가도구는 다양한 종류가 있으며, 각 도구마다 신뢰도와 타당도가 다르다. 신뢰도란 동일한 사람을 반복해서 평가했을 때 동일한 결과를 얻을 수 있는 정도를 말하며, 타당도란 평가도구가 측정하고자 하는 것을 실제로 측정하고 있는지를 말한다. 평가도구를 선택할 때는 신뢰도와 타당도가 높은 도구를 사용하는 것이 중요하다.

16. (분석하고 논의) 스포츠심리평가결과는 선수와 상담사가 함께 분석하고 논의하여 효과적인 훈련 및 상담 프로그램을 개발한다. 선수는 평가결과에 대한 자신의 생각과 감정을 표현하고, 상담사는 선수의 이야기를 경청하고 평가결과를 해석하며, 함께 최적의 개입 방향을 모색한다.

17. (개인정보) 스포츠심리평가는 선수의 개인정보를 존중하고 윤리적으로 이루어져야 한다. 평가과정에서 얻은 모든 정보는 비밀에 부치고, 평가결과는 선수에게 명확하고 이해하기 쉽게 피드백 해야 한다. 또한, 평가과정에서 선수의 인권을 침해하거나 윤리적으로 문제가 있는 행위를 해서는 안 된다.

18. (측정) 측정척도의 타당도는 측정척도가 측정하고자 하는 대상을 얼마나 잘 측정하는지를 평가하는 것이다.

19. (대표) 내용 타당도는 측정척도의 문항이 측정하고자 하는 대상을 얼마나 잘 대표하는지를 평가하는 것이다.

20. (기준) 기준 타당도는 측정척도의 점수가 다른 타당한 기준과의 관계를 통해 평가하는 것이다.

21. (개념) 개념 타당도는 측정척도의 점수가 측정하고자 하는 개념을 얼마나 잘 반영하는지를 평가하는 것이다.

22. (측정) 내적 타당도는 측정척도의 문항들이 서로 얼마나 일관되게 측정하는지를 평가하는 개념이다. 즉, 측정척도의 문항들이 모두 동일한 대상을 측정하고 있으며, 서로 다른 결과를 나타내지 않는지를 평가하는 것이다.

현장실습

1. 양적 평가의 응답방식 조사 및 평가 실습 계획

〈부록 6-1〉의 저널과 학회지의 논문심사 지침을 활용하여 평가할 수도 있다.

√ 목표:

- 학술지 논문 및 석/박사 학위논문을 분석하여 양적 평가의 응답방식 사용의 적절성을 평가하고, 응답방식 선택 및 활용에 대한 이해를 돕는 것입니다.
- 대상: 양적 평가에 관심 있는 학생, 연구자, 전문가

√ 필요한 준비물:

- 학술지 논문(5편 이상)
- 석사논문(5편 이상)
- 양적 평가 응답방식 분석 워크시트(아래 참고)

√ 실습 과정:

- 논문 선정: 양적 평가의 응답방식 사용에 대한 학술지 논문 5편 이상과 석사논문 5편 이상을 선정합니다. 논문 선정 시에는 다음과 같은 기준을 고려할 수 있습니다.
  ☞ 연구분야: 자신의 관심 분야 또는 전문 분야와 관련된 논문을 선정합니다.
  ☞ 사용된 응답방식: 다양한 종류의 응답방식(예: 리커트 척도, 범주 척도, 시각적 척도)가 사용된 논문을 선정합니다.
  ☞ 응답방식 사용 목적: 응답방식이 어떤 목적으로 사용되었는지(예: 변수 측정, 집단 비교, 변화 분석) 고려합니다.
- 논문 분석: 선정된 논문을 양적 평가 응답방식 분석 워크시트를 사용하여 분석합니다.
- 응답방식 평가: 워크시트에 기록된 정보를 바탕으로 응답방식 사용의 적절성을 평가합니다.
- 실습 결과 요약: 응답방식 분석결과를 요약하여 보고서 또는 프레젠테이션 형태로 작성합니다.
- 토론: 응답방식 분석결과를 토론하고, 응답방식 선택 및 활용의 중요성 및 적절한 방법에 대한 이해를 돕습니다.

√ 작성 팁:

- 워크시트를 사용하여 응답방식에 대한 비판적 사고를 돕는 가이드로 활용하십시오.
- 연구를 분석하면서 메모를 작성하고 생각을 적어 두십시오.
- 궁금한 점이 있으면 다른 연구원이나 전문가와 상담하십시오.
- 이 지침과 팁을 따르면 워크시트를 사용하여 양적 평가 연구에서 응답방식 사용을 효과적으로 평가할 수 있습니다.

√ 추가 고려 사항:

- 분석의 특정 요구사항에 맞게 워크시트를 조정하십시오.
- 필요에 따라 추가 섹션 또는 프롬프트를 포함하십시오.
- 워크시트를 사용하여 비판적 사고 및 평가 프로세스를 안내하십시오.
- 결과를 다른 사람들과 공유하여 토론과 협업을 촉진하십시오.

양적 평가 응답방식 분석 워크시트(예시)		
연구 정보	• 연구 제목:	
	• 저자:	
	• 출판 연도:	
	• 저널 또는 논문 제목:	
	• 연구 DOI:	
연구 맥락	• 연구분야:	
	• 연구 질문 또는 목표:	
	• 대상 집단:	
	• 데이터 수집 방법:	
응답방식 세부 정보	• 사용된 구체적인 응답방식: (예: 리커트 척도, 범주 척도, 시각적 상사 척도)	
	• 응답방식 선택 이유:	
	• 응답방식 부연 설명: (예: 질문 문구, 응답 옵션, 프레젠테이션 형식)	
응답방식 평가	• 응답방식의 장점:	
	• 응답방식의 단점:	
	• 연구에 대한 응답방식의 적합성:	
	• 잠재적인 편견 또는 한계:	
	• 고려된 대체 응답방식:	
데이터 분석 및 해석	• 사용된 기술 통계:	
	• 사용된 추론 통계:	
	• 분석결과 해석의 적절성	
전반적인 평가	• 연구 목표달성에 대한 응답방식의 효과성:	
	• 응답방식 사용 개선 권장 사항:	
	• 미래 연구에 대한 영향:	
토론	• 각자 분석한 워크시트 발표	
	• 응답방식 선택 및 활용의 중요성 발표	
	• 양적 평가의 전반에 대한 논의	

2. 측정척도의 표준화 과정은 신뢰도(reliability)과 타당도(validity)에는 측정 및 평가가 포함되어 있다. 질문지 척도개발 논문을 찾아 측정척도개발 단계가 어떻게 실행되었는지 분석한다.(분석시트 예시 및 평가 가이드라인 1, 2 참조)

가. 측정척도 개발 10단계 분석 워크시트

측정척도 개발 논문 정보	논문 제목:	
	저자:	
	출판 연도:	
	저널 또는 학회지명:	
	DOI:	
개념 정의	측정하려는 개념:	
	개념 정의:	
문항 영역 설정	개념의 주요 특성을 반영하는 문항 영역 설정:	
	각 문항 영역의 정의:	
	문항 영역별 문항 수:	
문항 초안 작성	각 문항 영역별 문항 초안 작성:	
	문항 유형:	
	문항 내용:	
	문항 언어:	
전문가 집단 검증, 내용 타당도 분석	전문가 집단 구성:	
	전문가 집단에게 문항 초안 검토 요청:	
	전문가 집단의 검토 의견 요약:	
	사용된 내용 타당도 분석 방법:	
	내용 타당도 분석결과:	
	내용 타당도 분석결과 해석:	
예비 조사 및 본 조사	예비 조사 대상:	
	예비 조사 방법:	
	예비 조사 결과 요약:	
	예비 조사 결과를 바탕으로 문항 수정 내용:	
	본 조사 대상:	
	본 조사 방법:	
	본 조사 결과 요약:	
신뢰도 분석	사용된 신뢰도 분석 방법:	
	신뢰도 분석결과:	
	신뢰도 분석결과 해석:	
수렴 타당도 분석	사용된 기준 타당도 분석 방법:	
	기준 타당도 분석결과:	
	기준 타당도 분석결과 해석:	
판별 타당도 분석	사용된 판별 타당도 분석 방법:	
	판별 타당도 분석결과:	
	판별 타당도 분석결과 해석:	
외적 타당도(표준화) 분석	사용된 외적 타당도 분석 방법:	
	외적 타당도 분석결과:	
	외적 타당도 분석결과 해석:	
내적 타당도(모형 및 매개효과) 분석	사용된 내적 타당도 분석 방법:	
	내적 타당도 분석결과:	
	내적 타당도 분석결과 해석:	
측정척도의 사용 지침 개발	측정척도를 사용하는 방법에 대한 지침이 제시되어 있는가?.	
	측정척도의 해석 방법에 대한 지침을 포함하고 있는가?	
	측정척도의 한계에 대한 지침을 제시하였는가?	
추가 고려 사항	측정척도 개발과정에서 발생한 문제나 과제는 무엇인가?	
	척도의 잠재적인 편견은 무엇인가?	

나. 문제해결을 위한 가이드라인

측정척도 개발 10단계 분석 및 평가: 심층 분석 및 평가 가이드(1유형)

■ 측정척도 개발 프로세스를 심층적으로 분석하고 평가하기 위해 다음 단계를 수행할 수 있습니다.

√ 각 단계의 목표 및 기대 결과 명확히 정의:
- 각 단계에서 달성하고자 하는 구체적인 목표를 명확하게 정의합니다.
- 예상되는 결과를 명시하여 분석 및 평가의 방향성을 설정합니다.
- 목표와 기대 결과는 연구 질문 및 측정척도 개발의 목적에 부합해야 합니다.

√ 사용된 방법론 및 분석 기법 평가:
- 각 단계에서 사용된 방법론 및 분석 기법을 면밀히 검토합니다.
- 방법론 및 분석 기법의 적절성과 타당도를 평가합니다.
- 최신 연구방법론 및 통계 분석 기법을 반영했는지 확인합니다.
- 방법론 및 분석 기법의 한계점을 인지하고 이를 고려한 해석을 수행합니다.

√ 결과 해석 및 결론 도출의 타당도 평가:
- 각 단계에서 얻어진 결과를 면밀하게 해석하고 결론을 도출합니다.
- 결과 해석의 논리적 일관성을 평가합니다.
- 결론이 연구 질문에 대한 명확한 답변을 제공하는지 확인합니다.
- 결론의 일반화 가능성 및 실무적 영향을 고려합니다.

√ 측정척도의 장점 및 단점 분석:
- 개발된 측정척도의 장점과 단점을 명확하게 분석합니다.
- 장점으로는 측정척도의 타당도, 신뢰도, 실용성, 민감도 등이 포함될 수 있습니다.
- 단점으로는 측정척도의 한계점, 편향, 오류 가능성 등이 포함될 수 있습니다.
- 장점과 단점을 비교 분석하여 측정척도의 전반적인 질을 평가합니다.

√ 측정척도의 개선 및 발전 방향 제시:
- 측정척도의 개선 및 발전을 위한 구체적인 방향을 제시합니다.
- 제시된 방향은 분석 및 평가과정에서 발견된 문제점을 해결하고 측정척도의 질을 향상시키는 데 초점을 맞춰야 합니다.
- 향후 연구를 위한 제안 및 측정척도 활용 방안을 제시합니다.

√ 연구윤리 및 사회적 책임 고려:
- 측정척도 개발과정에서 연구윤리 및 사회적 책임을 고려했는지 평가합니다.
- 측정척도가 연구 참여자에게 피해를 주거나 차별을 조장하지 않는지 확인합니다.
- 측정척도의 사회적 영향 및 潛在적인 편향을 고려합니다.

√ 보고서 작성 및 논문 출판:
- 측정척도 개발 10단계 분석 및 평가결과를 명확하고 간결하게 보고서에 작성합니다.
- 보고서는 사용된 방법론, 분석결과, 결론, 제안 등을 포함해야 합니다.
- 연구결과를 학술지에 게재하여 다른 연구자들과 공유하고 토론을 유도합니다.

▶ 이러한 심층 분석 및 평가과정을 통해 측정척도 개발의 타당도, 신뢰도, 효용성을 명확하게 평가하고 개선 방향을 제시할 수 있습니다. 또한, 연구윤리 및 사회적 책임을 고려하여 측정척도가 책임감 있게 개발되고 활용될 수 있도록 촉진할 수 있습니다.

※ 참고:

측정척도 개발은 복잡하고 다양한 단계로 구성된 과정입니다.

각 단계에서 사용되는 방법론 및 분석 기법은 연구의 특성에 따라 다를 수 있습니다.

측정척도 개발과정에서 발생할 수 있는 문제점 및 해결 방안을 이해하는 것이 중요합니다.

측정척도 개발 10단계 분석 및 평가: 심층 가이드(2유형)

■ 측정척도 개발은 연구에서 중요한 개념을 측정하고 평가하기 위한 필수적인 과정입니다. 10단계의 체계적인 프로세스는 측정척도의 타당도와 신뢰도를 확보하는 데 중요한 역할을 합니다. 이 가이드에서는 위의 워크시트를 기반으로 각 단계를 심층적으로 분석하고 평가하는 방법을 제공합니다.

√ 개념 정의 및 특성 설정:

- 연구 질문: 측정척도는 어떤 연구 질문에 답변하기 위한 것인가?
- 핵심 개념: 측정하려는 개념은 무엇이며, 그 중요성은 무엇인가?
- 특성 파악: 개념을 구성하는 주요 특성 또는 차원은 무엇인가?
- 측정 가능성: 각 특성을 측정할 수 있는 적절한 방법은 무엇인가?
- 연구 맥락: 측정척도는 어떤 연구 맥락에서 사용될 것인가?
- 문헌 조사: 관련 이론과 기존 연구를 통해 개념에 대한 이해를 넓히고, 측정척도 개발에 대한 지침을 얻는다.

√ 측정문항의 창출:

- 잠재적 항목: 각 특성을 측정할 수 있는 다양한 잠재적인 측정문항을 식별합니다.
- 항목 유형: Likert 척도, 의미 차별 척도, 행동 관찰 등 다양한 측정문항 유형을 고려합니다.
- 명확성: 측정문항이 명확하고 간결하며 이해하기 쉬운지 확인합니다.
- 구체성: 측정문항이 구체적이고 모호하지 않은지 확인합니다.
- 객관성: 측정문항이 객관적이며 개인의 주관에 따라 해석이 달라지지 않는지 확인합니다.
- 중립성: 측정문항이 중립적이며 특정 응답 방향에 편향되지 않는지 확인합니다.
- 사회적 민감성: 측정문항이 사회적 민감성을 고려하고 응답자에게 불편함을 주지 않는지 확인합니다.

√ 항목의 전문가 집단 검증:

- 전문가 선정: 연구분야에 대한 전문지식과 경험을 가진 전문가 그룹을 선정합니다.
- 피드백 요청: 전문가 그룹에게 측정문항을 검토하고 피드백을 제공하도록 요청합니다.
- 피드백 활용: 전문가 그룹의 피드백을 바탕으로 측정문항을 개선합니다.
- 문제점 해결: 측정문항의 명확성, 관련성, 적절성 등에 대한 문제점을 해결합니다.
- 필요한 경우: 측정문항을 제거하거나 수정하거나 새로운 항목을 추가합니다.
- 피드백 문서화: 전문가 그룹의 피드백 내용과 측정문항 개선 과정을 문서화합니다.

√ 측정문항의 내적 신뢰도 검증:

- 데이터 수집: 연구 대상 집단으로부터 측정척도를 사용하여 데이터를 수집합니다.
- 대표성 확보: 대상 집단이 연구 문제와 관련성이 높고 연구결과를 일반화할 수 있도록 대표성을 확보합니다.
- 신뢰도 분석: Cronbach's alpha, Kuder-Richardson Formula, McDonald's Omega 등의 통계적 방법을 사용하여 측정문항의 내적 신뢰도를 분석합니다.
- 신뢰도 지수 해석: 일반적으로 0.7 이상의 신뢰도 지수를 높은 신뢰도로 간주합니다.
- 신뢰도 개선: 신뢰도 지수가 낮은 경우, 측정문항을 제거하거나 수정하거나 추가 분석을 수행하여 신뢰도를 개선합니다.

√ 측정문항의 내용 타당도 검증:

- 전문가 판단: 전문가 그룹에게 측정문항이 개념의 내용을 정확하게 반영하는지 평가하도록 요청합니다.
- 평가기준: 측정문항의 명확성, 관련성, 적절성, 포괄성 등을 평가기준으로 사용합니다.
- 피드백 활용: 전문가 그룹의 피드백을 바탕으로 측정문항을 개선합니다.
- 문제점 해결: 측정문항의 내용과 개념의 핵심적인 특성 사이의 불일치를 해결합니다.
- 필요한 경우: 측정문항을 제거하거나 수정하거나 새로운 항목을 추가합니다.
- 피드백 문서화: 전문가 그룹의 피드백 내용과 측정문항 개선 과정을 문서화합니다.

√ 측정문항의 기준 타당도 검증:

- 기준(수렴) 측정척도: 다른 유사한 측정척도를 기준으로 측정척도의 타당도를 검증합니다.
- 상관 분석: 기준 측정척도와 본 측정척도의 점수 간 상관관계를 분석합니다.
- 상관관계 해석: 상관관계가 통계적으로 유의미하고 예상 방향으로 나타나는지 확인합니다.
- 상관관계 강도: 상관관계의 강도가 연구 목표와 일치하는지 평가합니다.
- 문제해결: 상관관계가 낮거나 예상과 다른 방향으로 나타나는 경우, 측정문항이나 기준 측정척도에 문제가 있을 수 있으므로 추가 분석을 수행합니다.

√ 측정문항의 판별 타당도 검증:

- 무관한 측정척도: 다른 개념을 측정하는 유효한 측정척도를 사용하여 판별 타당도를 검증합니다.
- 상관 분석: 본 측정척도와 무관한 측정척도의 점수 간 상관관계를 분석합니다.
- 상관관계 해석: 상관관계가 통계적으로 유의미하지 않거나 낮은 수준인지 확인합니다.
- 낮은 상관관계 유지: 낮은 상관관계는 본 측정척도가 다른 개념과 구분되는 능력을 가지고 있다는 것을 나타냅니다.
- 문제해결: 상관관계가 높게 나타나는 경우, 측정문항이 다른 개념과 혼동될 수 있으므로 측정문항을 수정하거나 추가 분석을 수행합니다.

√ 측정척도의 외적 타당도 검증:

- 예상 결과: 연구 가설이나 기존 연구결과와의 일관성을 통해 외적 타당도를 검증합니다.
- t 검증 또는 ANOVA: 집단 간 또는 조건 간 차이를 검증하기 위해 통계적 분석을 수행합니다.
- 통계적 유의성: 차이가 통계적으로 유의미한지 확인합니다.
- 결과 해석: 통계적 결과가 연구 가설이나 기존 연구결과와 일치하는지 평가합니다.
- 문제해결: 결과가 예상과 다르거나 일관되지 않은 경우, 측정척도, 연구 설계, 분석 방법 등에 문제가 있을 수 있으므로 추가 분석을 수행합니다.

√ 측정척도의 표준화:

- 표준화 방법: z 점수, T 점수 등의 표준화 방법을 사용하여 측정척도의 점수를 표준 점수로 변환합니다.
- 표준화 목적: 비교 가능성을 높이고 의미 있는 해석을 가능하게 합니다.
- 표준화 기준: 표준화 방법의 선택은 연구 목표와 측정척도의 특성에 따라 결정됩니다.
- 표준화 결과: 표준화된 점수가 연구 맥락에 적합하고 의미 있는 해석을 가능하게 하는지 확인합니다.
- 문제 해석: 표준화된 점수의 분포나 해석 범위에 대한 문제점을 해결합니다.

√ 측정척도의 사용 지침 개발:

- 사용 지침: 측정척도를 사용하는 방법, 점수 계산 방법, 결과 해석 방법에 대한 명확하고 간결한 지침을 개발합니다.
- 목적: 사용자가 측정척도를 정확하고 효과적으로 사용할 수 있도록 돕는 것이 목적입니다.
- 내용: 지침에는 다음과 같은 내용이 포함되어야 합니다.

☞ 측정척도의 개요 및 목적

☞ 측정척도의 사용 방법

☞ 점수 계산 방법

☞ 결과 해석 방법

☞ 측정척도의 한계 및 주의 사항

• 문제해결: 사용자의 이해도를 높이고 측정척도의 오남용을 방지하기 위해 지침을 명확하고 간결하게 작성해야 합니다.

√ 추가 고려 사항:

• 문헌 조사: 측정척도 개발과정에서 관련 문헌을 지속적으로 조사하고 최신 연구결과를 반영해야 합니다.

• 윤리적 고려: 측정척도 개발과정에서 연구윤리 원칙을 준수해야 합니다.

• 협업: 측정척도 개발과정에서 다른 연구자들과 협업하는 것은 측정척도의 타당도와 신뢰도를 높이는 데 도움이 될 수 있습니다.

• 지속적인 개선: 측정척도는 연구목적과 대상 집단에 따라 지속적으로 개선될 수 있어야 합니다.

▶ 이 가이드는 측정척도 개발 10단계를 체계적으로 분석하고 평가하는 데 도움이 되도록 설계되었습니다. 각 단계에서 사용되는 구체적인 방법과 분석결과를 기록하고, 측정척도 개발과정에서 발생한 문제나 과제를 기록하며, 측정척도 개발의 결과와 결론을 요약하는 것이 중요합니다.

※ 참고:

측정척도 개발은 복잡한 과정이며 연구목적, 대상 집단, 연구방법 등에 따라 다양한 접근방식이 사용될 수 있습니다.
본 가이드는 일반적인 지침을 제공하며, 특정 연구 상황에 맞게 조정될 수 있습니다.
측정척도 개발에 대한 전문적인 조언을 얻는 것이 좋습니다.

☞ 이 심층 가이드를 통해 연구자들은 측정척도 개발 프로세스를 효과적으로 수행하고 타당하고 신뢰할 수 있는 측정척도를 개발할 수 있다.

7장.

상담 프로그램 개발

1. 상담 프로그램의 개념

스포츠심리상담 및 교육 프로그램은 선수들의 정신적인 건강과 수행향상에 초점을 두고 있다(Murphy, 2017). 프로그램의 주요 영역은 목표설정, 스트레스관리, 집중력 강화 등을 강조하고 있다. 이러한 주요 영역은 선수들이 효과적으로 자신의 심리상태를 관리하고 향상시키는 데 도움이 된다(Weinberg & Gould, 2015). 심리 프로그램의 개발원리는 선수들의 개인 성장과 최고의 경기력을 지원하기 위해 스포츠심리학의 최신 이론과 연구를 통해 핵심 개념을 이해하고 적용 가능한 프로그램 모형에 기반해야 한다(Williams & Krane, 2015). 예를 들어 Cox(2011)는 심리 프로그램의 효과적인 구성을 위해서는 프로그램 개발의 기본원리가 포함되어야 하며, 단계적이고 통합된 접근방식이 권장되고 있다. 개발단계는 목표설정, 내용개발, 평가기준 수립 등으로 구성할 수 있다. 따라서 본 장에서는 최신 연구 및 적용 가능한 모델을 기반으로 효과적인 프로그램 구성 방식을 소개하고자 한다.

1.1 심리 프로그램의 기본요소

1) 프로그램 운영의 기본요소

프로그램은 선수들의 정신건강과 경기력 향상을 위해 설계된 구조화된 계획으로, 선수들의 심리요인을 평가하고 관리하며, 정신적 장벽을 극복하고 긍정적인 심리적 성장에 목적이 있다. 이러한 프로그램은 전문적으로 훈련된 자격이 있는 스포츠심리상담사에 의해 진행되며, 선수의 개인적 욕구와 팀 내 상호작용을 고려한 개별화된 접근법이 바람직하다.

- 심리 프로그램은 달성하고자 하는 목표를 명확하게 정의하고, 이를 효과적으로 이해하고 그 내용을 구성함으로써 목표에 원활하게 도달할 수 있다(Maher, 2019).
- 적절한 훈련과 경험이 있는 상담사 및 코치의 적극적 지지는 프로그램의 효율성을 높여준다(Gould & Carson, 2008).
- 프로그램 운영에 필요한 이론 및 선행연구, 필요한 자원을 확보하여 조직적 구성을 강화한다(Hoye, Smith, & Nicholson, 2009).
- 프로그램 내의 다양한 관련자 간에 효과적인 커뮤니케이션과 협력을 위한 구조를 조성한다(Jowett & Cockerill, 2003).

2) 프로그램 내용의 기본요소

심리 프로그램은 멘탈과 정서개발을 통해 수행향상과 선수의 전반적인 웰빙을 촉진하는 데 도움이 되어야 한다. 즉, 선수들의 심리적 강점을 발견하고 키우는 데 중점을 두며, 동시에 목표설정, 스트레스관리, 집중력 향상, 자신감 고양, 동기유발, 긍정적인 정서 유지 등에 대한 다양한 심리기술과 전략을 제공할 수 있다. 다음의 예를 살펴보자.

- 자기효능감 강화: 선수들에게 자신의 능력에 대한 자신감을 심어주고, 어려운 상황에서도 도전에 대처할 수 있는 능력을 키워주는 것이다(Bandura, 1997).
- 집중과 몰입: 선수들에게 경기 중 집중력을 높이고, 현재 순간에 몰입할 수 있는 능력을 향상시킨다(Csikszentmihalyi, 1990).
- 정서발달: 긍정 정서는 선수들에게 긍정적 마음과 자세를 강조하여 스트레스관리와 경쟁의 긍정적 경험을 촉진시켜 준다(Fredrickson, 2001).
- 스트레스와 자기관리: 선수들이 경기압박, 실패, 또는 부상과 같은 스트레스 상황에 효과적으로 대처할 수 있는 방법을 배울 수 있고(Lazarus & Folkman, 1984), 일상생활과 대인관계를 원활하게 도와준다(허정훈, 2003).
- 전반적인 수행향상과 웰빙: 멘탈과 정서발달은 선수들의 경기력 향상뿐만 아니라, 훈련 및 시합 환경의 적응력과 유연성을 키워 경기 전반에 걸쳐 일관성을 유지시켜 준다. 심리적 웰빙은 정서적 안녕과 심리적 안정성을 의미하는 것으로 이는 선수의 삶의 질, 자기만족도, 그리고 스포츠 경험 전반에 긍정적인 영향을 미친다.

3) 프로그램 개발의 기본요소

심리 프로그램을 설계할 때는 적절한 이론과 선행연구, 그리고 상담사의 경험을 기반으로 종목, 경기력 수준, 대상, 부상 여부, 스포츠 수준 등 〈표 1〉, 〈표 2〉, 〈표 3〉의 내용을 고려하여 설계한다.

표 1. 프로그램 개발 시 고려할 사항

항목	세부 사항	세부 내용
종목	무산소 운동 vs. 유산소 운동	• 근력 종목은 주로 힘과 근지구력을 강화하고자 하므로 목표설정과 집중력 향상이 중요하다. • 유산소 운동을 하는 선수들은 지속적인 수행을 위해 정서적 안정성이 중요하다.
	개인 종목 vs. 팀 종목	• 개인 종목은 경기에서 홀로 대처해야 하므로 스트레스관리와 자기효능감 향상이 중요하다. • 팀 종목은 의사소통, 팀 단합, 집단 동질성 등이 강조되므로 이에 관련된 심리지원이 필요하다.
경기력 수준	초보자 vs. 중급자 vs. 엘리트 선수	• 초보자들은 스포츠에 대한 이해가 낮을 수 있으므로 목표설정과 자기효능감 향상에 중점을 둔다. • 중급자는 특정 기술에 대한 향상을 요구한다. • 엘리트 선수들은 수행향상과 부상회복에 대한 심리적 지원이 필요할 수 있다.
	전문선수 vs. 생활체육인	• 경쟁적 시합은 대회 압박과 이길 수 있다는 자신감이 중요하다. • 생활체육 참여자는 건강과 즐거움을 중시하므로 심리적인 웰빙을 강조해야 한다.
부상 여부	부상 선수	• 부상 선수는 부상회복과 함께 성공적 복귀가 중요하다. • 슬럼프에 빠질 수 있으므로 부상예방과 스트레스관리에 중점, 긍정적 정서상태를 유지해야 한다.
스포츠 수준	어린이 vs. 청소년 vs. 성인	• 어린이들은 재미와 동기부여가 중요하며, 경험을 통해 자신을 발견하도록 돕는다. • 청소년들은 정체성과 동료들과의 관계 등 심리적인 안정성이 요구된다. • 성인들은 다양한 역할과 일상생활에서의 스트레스에 대처하는 전략이 요구된다.
	클럽 vs. 국가 대표	• 스포츠 클럽에서는 즐거움과 팀워크, 의사소통이 강조되어야 한다. • 국가 대표팀은 대표로서의 압박과 기대가 크므로 스트레스관리와 자기효능감 강화가 필요하다.
	학교 vs. 프로스포츠	• 학교 스포츠는 학업과 스포츠를 병행하는 선수들이 많으므로 시간 관리와 스트레스관리가 필요하다. • 프로스포츠에서는 수행 성적에 대한 압박과 부상에 대한 대처방법이 중요하다.

표 2. 프로그램 개발 시 성별 고려 사항

요인	여성	남성
커뮤니케이션 스타일	보통 상호작용과 대화를 통한 의사소통에 가치를 두고, 감정적 측면을 강조하는 경우가 많다.	보통 간결하고 직접적인 의사소통을 선호하고, 문제해결에 중점을 두는 경향이 있다.
학습 스타일	협력, 토론, 감정적인 연결을 통한 학습이 효과적이다.	문제해결, 경쟁, 목표 지향적인 학습에 적합한 환경을 선호한다.
목표설정 및 동기부여	협동목표, 팀 성공과 개인성장에 중점을 둔 동기부여가 효과적이다.	명확한 목표와 도전에 대한 동기부여가 효과적이다.
피드백과 강화	관계중심의 피드백과 인정이 동기부여에 긍정적 영향을 미칠 수 있다.	성과중심의 피드백과 보상이 동기를 높일 수 있다.
심리지원과 이해	정서적 지지와 이해가 필요하다.	문제해결과 실용적 도움에 대한 지원이 중요하다.
환경 및 문화적 고려	남성과 여성 간에는 문화적, 사회적 차이가 있을 수 있으므로 환경 및 사회문화적 차이를 고려하여 프로그램을 설계한다.	
참여동기와 관심사	남성과 여성은 종종 다른 동기와 관심사를 가질 수 있으므로 프로그램의 목적과 내용이 이를 반영하도록 설계한다.	

표 3. 프로그램 개발 시 장애유형별 고려 사항

장애유형	고려 사항	내용
시각 장애	통합적 커뮤니케이션	비언어적 수단을 사용하거나 다양한 감각을 활용하여 통합적인 커뮤니케이션을 강조한다.
	목표설정과 경쟁	소리, 터치, 감각 피드백 등을 활용하여 목표설정과 경쟁을 강조한다.
청각 장애	시각적 피드백 활용	시각적 피드백을 강화하여 명료한 정보 전달을 지원한다.
	명료한 의사소통	수화나 필기 등 명료한 의사소통 방식을 적극적으로 활용한다.
지체 장애	적응된 운동 활동	개별능력과 요구에 따라 적응된 운동활동을 도입하여 참여를 높인다.
	자기효능감 강화	제한된 능력을 극복하고 자기효능감을 향상시키는 방법을 강조한다.
지적 장애	단계적 지시	단계별로 명확한 지시를 제공하여 이해를 돕는다.
	긍정적 강화	성공적인 행동에 대한 긍정적 강화를 강조하여 자신감을 증진시킨다.
다발성 장애	프로그램의 다양성	다양한 활동과 접근방식을 도입하여 선수들의 다양성을 수용한다.
	팀 작업 강화	팀 내에서의 협력과 상호작용을 강조하여 포용적 분위기를 조성한다.
자폐 스펙트럼 장애	구조화된 환경	예측 가능하고 구조화된 환경 제공으로 안정감을 주고 적응을 돕는다.
	개별화된 접근	각 개인의 선호와 요구에 맞춘 개별화된 접근을 적용한다.

1.2 프로그램 개발을 위한 단계 설정

Maher(2020)은 스포츠심리 프로그램 개발과정을 명료화 국면(clarification phase), 설계 국면(design phase), 실행 국면(implementation phase), 평가 국면(evaluation phase)으로 제안하였다. 각 단계는 프로그램의 목적을 명확히 하고, 체계적으로 설계하고, 실행하면서 피드백을 받고, 최종적으로 효과를 평가하는 데 필수적인 역할을 한다.

1) 명료화 국면(clarification phase)

프로그램 개발의 첫 단계로, 이 단계에서는 프로그램의 목적과 목표를 명확히 설정한다. 이 과정에서 주요 이해관계자들과의 논의를 통해 프로그램이 무엇을 달성해야 하는지, 목표 대상자는 누구인지, 필요한 자원은 무엇인지 등을 구체화한다. 또한, 프로그램의 이론적 배경과 가정들을 검토하여 목표와의 일관성을 유지할 수 있도록 한다. 이 단계는 프로그램의 방향을 설정하고, 이후 단계의 기반을 마련하는 중요한 역할을 한다.

2) 설계 국면(design phase)

명료화 단계에서 정의된 목적과 목표를 달성하기 위한 구체적인 계획을 수립한다. 이 단계에서는 프로그램의 구조와 내용을 세부적으로 계획하고, 어떤 방법과 도구를 사용할지 결정한다. 예를 들어, 특정 심리기술(예: 목표설정, 시각화, 집중력 훈련 등)을 강조하는 훈련 세션을 구성하거나, 피드백 및 평가도구를 개발하는 작업이 포함된다. 또한, 프로그램 실행을 위한 스케줄, 자원 할당, 그리고 참여자의 참여 방식 등을 설계한다. 이 과정은 프로그램의 성공 여부를 좌우할 수 있는 중요한 단계로, 철저한 준비와 계획이 필요하다.

3) 실행 국면(implementation phase)

설계된 프로그램을 실제로 운영하고, 참가자들이 프로그램에 참여하는 과정을 관리한다. 이 단계에서는 프로그램이 계획대로 진행되는지 모니터링하고, 필요에 따라 즉각적인 조정을 해야 한다. 또한, 참가자들의 피드백을 수집하고, 그들의 반응을 바탕으로 프로그램을 실시간으로 개선할 수 있는 기회를 제공할 수 있다. 실행 과정에서의 관찰과 기록은 프로그램의 최종 평가 및 향후 개선에 중요한 데이터를 제공하기 때문에 체계적인 접근이 필요하다.

4) 평가 국면(evaluation phase)

프로그램이 완료된 후 그 효과성과 효율성을 분석하는 단계이다. 이 단계에서는 명확하게 설정된 목표가 얼마나 달성되었는지, 참가자들이 프로그램을 통해 어떤 변화를 경험했는지 등을 평가한다. 평가방법으로는 설문조사, 인터뷰, 수행 및 경기력 분석 등 다양한 도구를 사용할 수 있으며, 이 데이터를 통해 프로그램의 장단점을 분석하게 된다. 이러한 평가결과는 향후 프로그램의 수정 및 개선에 중요한 역할을 하며, 프로그램의 지속 가능성을 평가하는 데 중요한 기준이 된다.

이러한 심리 프로그램 개발과정의 네 가지 국면은 각각 명확한 목적과 목표를 설정하고, 체계적으로 프로그램을 설계하며, 실행 중 피드백을 받고, 최종적으로 효과를 평가하는 중요한 단계를 포함하고 있다. 이 과정을 통해 프로그램의 질과 효과를 높이고, 참가자들에게 실질적인 변화를 제공할 수 있다. 보다 자세한 내용은 본문에 제시하였다.

1.3 프로그램의 효율성 평가지표

스포츠심리 프로그램은 선수든 여가 참여자이든 그들의 요구사항에 만족감과 신뢰를 주어야 한다. 따라서 프로그램에 대한 평가 체제를 마련할 필요가 있다. Maher(2020, p.13)가 제시한 〈그림 1〉의 심리 프로그램의 가치와 지속성을 효율적으로 평가할 필요가 있다〈표 4〉. 이러한 지표들은 프로그램이 참여자들에게 가치를 제공하고, 지속적으로 효과를 유지하며 성공적인 운영에 도움을 준다.

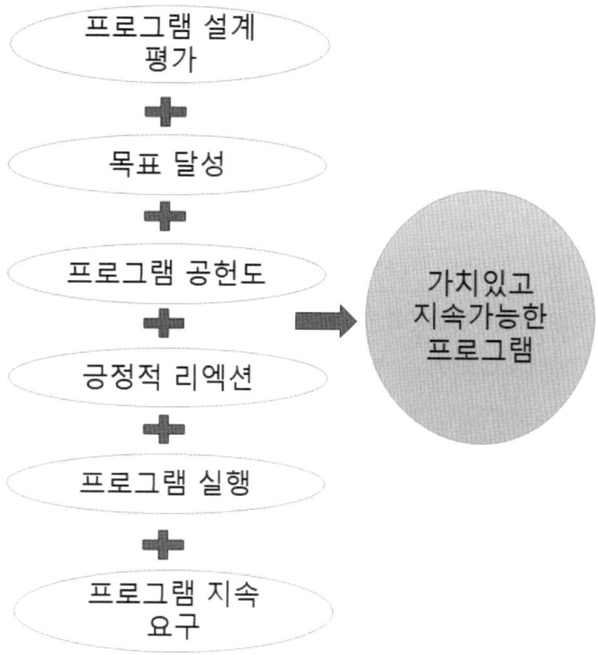

그림 1. 프로그램의 가치와 지속성 평가지표

표 4. 프로그램 효율성 평가

항목	내용	평가
평가 가능한 프로그램 설계	프로그램의 목적과 목표, 세부활동, 결과, 성과를 명확히 정의, 이를 체계적이고 구조화된 방법으로 측정	참여자 및 상담사로부터 질문지나 인터뷰를 통해 프로그램의 구조, 내용, 목표 및 방법에 대한 피드백을 수집, 필요시 수정 사항 반영
목표달성도	설정한 목표를 얼마나 달성했는지 측정	개별 목표 수립하고, 주기적 목표평가를 통해 성취 정도 확인
프로그램 공헌도	프로그램에 얼마나 적극 참여하고 있는지 평가	참여자들의 참여 정도 기록, 프로그램 기여도 측정 지표 활용하여 평가
긍정적 반응	참여자들의 긍정적 감정과 태도 변화를 측정하여 프로그램의 효과 평가	질문지, 인터뷰, 혹은 감정 조사 도구를 사용하여 참여자들의 반응을 평가하고, 긍정적인 변화 여부를 확인한다.
프로그램 설명	프로그램에 대한 명확하고 이해하기 쉬운 설명이 참여자들에게 어떠한 영향을 미치는지 평가	프로그램 이해도 측정, 설문이나 인터뷰 통해 프로그램 설명 효과 확인
프로그램 지속 요구	참여자들이 프로그램 지속을 위해 어떤 요구를 제시하는지 측정	의견을 듣고, 프로그램 지속 요구사항 수집, 프로그램 지속 가능성 발전

2. 심리 프로그램 개발 단계

2.1 명료화 국면

- 목표: 프로그램의 목적과 범위를 명확히 이해하고 정의하는 단계이다. 가장 먼저 할 일은 참여자를 세분화하는 것이다. 세분화는 일반적으로 효율성과 효과성을 높이기 위한 중요한 전략이다. 세분화는 참여자의 다양성을 고려하여 맞춤형으로 디자인된 프로그램을 제공할 수 있게 한다.
- 활동: 관계자들과의 회의를 통해 프로그램의 목표를 명확히 설정한다. 필요한 자원, 지원 및 참여자 프로필 등을 분석하고, 명확한 프로그램 목표와 관련 현안들을 정의한다. 〈부록 7-1〉 스포츠심리상담 프로그램 개발 및 실행을 위한 부록 샘플은 개발 단계의 내용을 이해하는데 도움이 될 것이다.

1) 참여자 세분화하기

가장 먼저 할 일은 개인차의 고려이다: 선수들 간에는 성별, 연령, 가족 등 사회적 배경, 성격유형, 동기, 팀의 포지션, 부상 여부, 경기력 수준 등 다양한 차이가 있다. 세분화를 통해 참여자의 개별적 요구와 특성에 적합한 프로그램을 구상할 수 있다. 〈표 5〉는 이를 위한 가이드라인의 예이다.

- 프로그램 효과 향상: 세분화를 통해 특정 그룹에게 더 효과적인 프로그램을 설계할 수 있다. 예를 들어, 초보선수와

전문선수에게 필요한 심리훈련과 지원내용은 다를 수 있다.

- 동기부여 강화: 참여자가 자신에게 가장 적합한 프로그램에 참여하게 되면 동기부여가 높아진다. 개인적 목표와 욕구를 고려한 프로그램은 참여자들이 더 긍정적으로 참여할 수 있게 도와준다.
- 개별 효율적 리더십 및 지도: 세분화된 정보는 감독이나 코치에게 참여집단에 대한 더 나은 이해를 제공하며, 이를 통해 효율적인 리더십 및 지도가 가능해진다.
- 효과 측정 및 평가: 세분화를 통해 참여자 집단별로 프로그램의 성과를 측정하고 평가할 수 있다. 이는 프로그램의 효과를 측정하고 필요한 수정을 가할 수 있도록 도와준다.
- 자원 효율성: 제한된 자원을 효과적으로 활용하기 위해서는 세분화된 방식으로 참여자를 선택하고 프로그램을 제공하는 것이 중요하다. 집단의 특성을 반영함으로써 자원을 효율적으로 할당할 수 있다.

표 5. 참여자 세분화를 위한 가이드라인

특성	설명	예시
참여자 세분화를 위한 정보수집 방법	참여자들의 다양한 측면을 이해하고, 이를 기반으로 프로그램에 적합한 참여자 선택과 참여자 이해를 높임	개인정보에 포함되는 이름, 나이, 성별, 연락처 등의 기본 정보 수집으로 시작
스포츠 경험과 수준	지금까지 참여한 스포츠 종목과 수준	어떤 종목(포지션 등)과 포지션을 맡고 있나요? 자신의 경기력 수준을 어떻게 평가하시나요?
목표와 동기부여:	프로그램에 참여하고자 하는 목표와 동기	이 프로그램에 참여하고자 하는 가장 큰 동기는 무엇인가요? 어떤 목표를 이루고 싶어서 이 프로그램을 선택하셨나요?
스트레스관리와 동기부여	스포츠에서 스트레스를 어떻게 관리하는지, 어떤 것이 동기부여를 높이는지에 대한 질문	스트레스 상황에서 어떻게 대처하나요? 최근에 성공적으로 동기부여를 유지한 경험이 있나요?
성격 및 팀 활동	성격과 팀 활동에 대한 질문을 통해 참여자의 사회적 특성 이해	자신의 성격을 세 개의 단어로 표현해 보세요. 팀의 단합을 위해 자신이 할 수 있는 것은 무엇인가요?
스포츠심리에 대한 이해와 경험	스포츠심리에 대한 기본적인 이해와 관련 경험 질문	스포츠심리에 대해 얼마나 알고 있나요? 과거에 스포츠심리지원이나 상담을 받은 적이 있나요?

2) 참여자의 요구(needs) 평가하기

프로그램에 대한 요구 평가를 강조하는 것은 참여자 중심의 프로그램 개발을 위한 핵심 요소이기 때문이다. 예를 들어, Johnson, Smith & Hanton(2017)는 참여자들의 욕구를 정확히 이해하고 반영하는 것이 프로그램의 성공과 지속적인 참여에 결정적인 영향을 미친다고 보고하였다. 또한, Garcia-Martinez & Fernandez-Feito(2017)는 요구를 충족시키지 못한 참여자들이 프로그램의 참여 의욕을 잃고 중도 하차하는 경향이 있었다. 경쟁 스포츠 상황에서의 요구평가는 현재의 선수 능력, 팀의 성과, 훈련 및 경기 환경 등을 평가하고, 향후에 개선하고자 하는 목표와 기대를 설정하는 것이다. 이와 같이 경쟁 스포츠 상황에서의 심리 프로그램 참여를 위한 요구평가는 참여자들의 심리적 상태를 개선하여 최고의 성과를 이끌어내기 위한 중요한 단계이다. 〈표 6〉은 가이드라인의 예를 바탕으로 경쟁 스포츠 상황에서의 현재 상황과 바라는 상황에 대한 요구평가 방법과 〈예시 1〉의 요구평가 프로토콜을 통하여 참여자의 니즈를 평가한다.

- 현재 상황 평가
  - √ 선수들의 개별 심리상태: 팀 선수들의 자신감, 집중력, 스트레스관리 능력 등을 평가한다. 선수들 각각의 성격 특성과 정서상태도 파악한다.
  - √ 팀 내 부정적인 심리상태: 경기에서의 압박, 승부에 따른 감정 변화, 팀 내 커뮤니케이션 및 팀워크 등을 분석하여 팀에 부정적 영향을 미치는 심리상태를 파악한다.
  - √ 과거 경기의 심리상태: 선수들이 지난 경기에서 어떻게 심리적으로 대처하고 성과를 내었는지를 분석한다.
- 향후 원하는 상황 설정
  - √ 목표설정: 개별 선수 및 팀 전체가 달성하고자 하는 심리 목표를 설정한다. 여기에는 개인에 따라 다양한 심리기술 요인들이 제기될 수 있다.

√ 또한 팀 내 긍정적 심리환경을 조성하여 팀원들 간에 긍정적인 심리상태를 유지하고, 각 선수가 최고의 심리상태에서 경기에 참여하는 것이 목표가 될 수 있다.

- 차이 분석 및 계획 수립

√ 현재와 향후의 차이 분석: 현재 심리상태와 미래에 달성하고자 하는 상태 간의 차이를 식별한다. 어떤 부분에서 개선이 필요한지를 파악한다.

√ 개별 선수에 대한 대응 계획: 각 선수의 심리적 요구사항과 강화가 필요한 부분을 고려하여 개별 대응 계획을 수립한다. 예를 들어, 자신감 부족 선수에게는 자신감 강화 훈련, 스트레스관리가 필요한 선수에게는 스트레스 대처 프로그램 등을 고려할 수 있다.

√ 팀 전체를 위한 강화 계획: 팀 전체의 긍정적 심리상태를 강화하기 위한 전략을 수립한다. 팀원 간의 소통 강화, 긍정적인 팀 문화 조성 등이 이에 해당할 수 있다.

표 6. 요구평가를 위한 가이드라인

특성	설명
전문성(professional competence)	요구평가를 수행하는 전문가는 해당 분야의 지식과 기술을 갖추어야 하며, 목적, 과정, 도구에 대한 이해가 필요함.
실용성(practicality)	요구평가 방법과 절차는 현장에서 실용적이어야 하며, 비용, 시간, 노력 측면에서 현실적이고 실제 적용 가능해야 함.
유용성(utility)	요구평가 결과는 조직이나 프로그램의 의사결정과 정책 개발에 활용되고, 실질적 개선을 위한 행동으로 이어질 것.
적절성(propriety)	요구평가는 윤리적이어야 하며, 참여자의 권리와 프라이버시를 보호하고 관련 법규와 규정을 준수해야 함.
기술적 타당도 (technical defensibility)	요구평가의 기술적 타당도는 측정도구나 절차가 측정하려는 개념이나 특성을 정확하게 반영하고 일관성 있고 신뢰도 있는 결과를 도출할 수 있어야 함.

예시 1 요구평가 프로토콜

프로토콜 요인	내용	실제 적용의 예
프로그램 참여자	참여자 프로파일링	20명 중 12명, 대학 필드하키선수
	관계자의 참여 및 의견 수렴	감독, 코치, 기술코치, 체력코치, 부모
요구평가 질문지	목표에 맞게 구성된 질문지	개인, 팀이 다루고 싶은 것, 직면한 문제 등의 요구조사
	심리 및 수행관련 질문지	심리기술 질문지, 하키수행 프로파일링〈부록〉
자료수집 방법과 절차	설문조사, 인터뷰, 피드백 세션 등 다양한 방법 적용	IZOF 질문지로 현재와 요구수준 조사〈부록〉, 포지션별 포커스집단 인터뷰
	데이터 수집 및 분석 절차 상세화	양적, 질적 자료분석 및 분석결과 제공
역할과 책무성	평가에 참여하는 구성원의 역할 정의	스포츠심리상담사의 역할과 참여자 역할
	각 역할의 책무성과 기대 사항 명시	개인과 팀의 책무와 윤리 소개
시간 및 장소	평가일정 수립	코치와의 접촉을 통한 평가일 확인
	평가 활동의 위치와 환경 명시	독립적이고 조용한 개인 및 집단상담 공간
평가정보 활용	평가결과의 활용 방안 정의	심리기술 강화 및 팀의 수행향상을 위한 프로그램 개발
	심리 프로그램 개발 계획 수립	참여자의 요구가 반영된 프로그램의 구체화

2.2 설계 단계

- 목표: 프로그램의 구조와 내용을 세부적으로 계획하고 설계한다.
- 활동: 프로그램의 핵심 구성요소와 세부 사항을 설계한다. 참가자들의 요구와 목표에 기반하여 프로그램을 맞춤화한다. 관계자들과의 협력을 통해 설계된 프로그램이 기대에 부응하도록 한다.

1) 프로그램 목적과 목표수립

(1) 목적의 진술

프로그램의 목적 진술을 통해 선수들에게 정신력 강화 심리 프로그램이 어떻게 그들의 경기력과 팀에 도움이 될 수 있는지 명확하게 전달된다. 목적의 구조화를 통해 목적 진술은 명확하고 구체적으로 표현되어, 프로그램의 참여자들과 관계자들의 이해를 돕는다〈표 7〉.

표 7. 스포츠심리 프로그램을 위해 진술한 목적의 구조화(construct)

육하원칙	목표와 기대되는 결과: 필드하키선수의 예
누구에게 Who	어떤 스포츠팀, 선수, 또는 그룹을 위한 것인지 명시
	프로그램 대상 선수들의 특성을 간략히 설명: 필드하키팀의 선수들을 대상으로 심리적 강점 향상과 수행을 증진시키기 위해
어떻게 How	프로그램이 어떻게 실시되고 효과적으로 운영될 것인지에 대한 설명
	어떤 종류의 심리지원 도구, 기술, 세션 등을 활용할 것인지 구체적 기술: 필드하키용 경쟁불안 척도 사용
무엇을 위해 What	프로그램이 달성하고자 하는 것이 무엇인지 명시, 선수들이 얻게 될 혜택을 구체적으로 설명
	프로그램을 통해 예상되는 성과 및 선수들의 변화에 대해 기술: 자신감 증진을 통해 필드하키 기술 발휘 향상
왜 Why	왜 이 프로그램이 필요한지, 어떻게 선수들에게 도움이 될 것인지 강조
	프로그램을 통해 이루어질 변화에 대해 관계자들이 기대하는 바를 반영: 매 경기에 최선을 다하는 모습으로 변화
언제 When	프로그램이 언제 시작되고 종료되며, 얼마 동안 지속될 것인지 정보제공: 훈련 전 10분 정도 10주
어디서 Where	프로그램이 어디에서 진행되며, 어떤 환경에서 이루어질 것인지 구체화: 하키 훈련장과 숙소

(2) 목표의 진술

명확하게 설정된 목표와 그에 따른 동기부여는 참여자들의 수행에 긍정적인 영향을 미친다(Locke & Latham, 1984). 예를 들어 프로그램에 참여한 선수들이 경기 중 압박 상황에 더 효과적으로 대응할 수 있는 능력이 향상되고(Johnson et al., 2017), 게임 도중에 높은 수준의 집중력을 유지하는 데에 성공했으며(Brown & Smith, 2020), 팀 간 상호작용을 개선하고 소통과 협동을 촉진하여 팀의 성과를 높일 수 있었던 것은(Garcia & Martinez, 2019) 각각의 프로그램이 명확한 목표를 설정하고 그에 따른 적절한 내용으로 구성했기 때문이다.

- 프로그램 목표의 형태: 심리 프로그램의 목표는 개인, 집단, 조직으로 구분할 수 있다. 다음은 그에 따른 정의와 필드하키선수를 대상으로 한 예이다.
  - √ 개인 수준 목표: 프로그램의 목표가 자아 인식 및 자신감 향상이라면 필드하키선수는 프로그램을 통해 자신의 경기 내 능력과 강점을 더 잘 이해하고, 이로 인해 자아 인식을 높이며 자신감을 향상시킬 것이다. 예를 들어, 선수는 자체 분석과 피드백을 통해 어떤 상황에서 자신이 가장 강한지를 파악하고, 이를 자신감 향상에 활용할 것이다.
  - √ 집단 수준 목표: 프로그램의 목표가 문제해결 및 판단력 향상에 있다면 팀은 어려운 상황에서 빠른 판단과 효과적인 문제해결 능력을 개선함으로써 팀원들은 게임 중 발생하는 다양한 상황별 전략을 고민하고, 빠른 의사결정을 통해 상황에 적절히 대응할 것이다.
  - √ 조직 수준 목표: 조직에서 요구하는 프로그램의 목표가 지속적인 발전을 위한 기반 마련에 있다면 필드하키 조직은 스포츠심리학의 최신 이론과 연구를 효과적으로 통합하여 필드하키에 적합한 심리훈련 프로그램을 개발하고 다양한 계층의 선수들에게 보급함으로써 지속적인 성장을 지원할 것이다.
- SMART 프로그램 목표의 형태: SMART 목표의 원칙은 목표를 설정하고 달성하는 데 있어서 명확한 방향성을 제공하여 효과적인 프로그램 관리와 개인 또는 조직의 성공을 도모한다.
  - √ Specific(구체적): 목표는 구체적이고 명확해야 한다. 누가, 무엇을, 언제, 어떻게를 포함해 명확히 정의되어야 한다.
  - √ Measurable(측정 가능): 목표는 양적이거나 질적으로 측정 가능해야 하며, 성취 정도를 정량적으로 평가할 수 있어야 한다.
  - √ Achievable(달성 가능): 목표는 현실적이고 달성 가능해야 하며, 설정된 목표를 달성하는 데 필요한 자원과 능력이 충분해야 한다.
  - √ Realistic(현실적): 목표는 조직이나 개인의 현실적인 상황과 부합해야 하며, 현실성을 기반으로 설정돼야 한다.
  - √ Timely(기한 내에 달성 가능): 목표에는 마감 기한이 있어야 하며, 일정한 시간 내에 달성할 수 있는 목표여야 한다.

이러한 SMART 목표의 원칙은 목표를 설정하고 달성하는 데 있어서 명확한 방향성을 제공하여 효과적인 프로그램 관리와 개인 또는 조직의 성공을 도모한다. 다음 〈예시 2〉는 필드하키 선수들을 대상으로 목표가 구체적이고, 측정 가능하며, 달성 가능하고, 현실적이며, 〈예시 3〉은 시한 내에 달성 가능하도록 설정되어 있는지 확인해 보기 위한 심리 프로그램의 SMART 목표의 예시이다.

예시 2 필드하키 선수들의 SMART 목표

SMART 원칙	심리 프로그램 목표 예시
S 구체적	3개월 내에 필드하키팀 선수들의 스트레스관리능력 향상을 위해 매주 한 번의 그룹 세션을 통해 각 선수의 스트레스 원인을 파악하고 효과적인 대처전략을 개발한다.
M 측정 가능	세션 전후 각 선수의 스트레스 수준을 측정하여, 3개월 동안 선수들의 평균 스트레스 수준 20% 이상 감소를 목표로 한다.
A 달성 가능	선수들의 시간 일정을 고려하여 매주 한 번 팀훈련과 조화를 이루도록 계획하며, 모든 선수가 시간을 할애할 수 있도록 지원한다.
R 현실적	선수들의 현재 상태와 요구사항을 고려하여, 세션은 단순하면서도 효과적인 스트레스관리 기술을 전달하고, 선수들의 일상생활에도 적용할 수 있는 현실적인 내용으로 구성한다.
T 기한 내 달성 가능	3개월 동안 매주 선수들의 개별적인 진전을 추적하여 프로그램이 목표를 달성할 수 있도록 적시에 조치한다.

예시 3 심리 프로그램의 SMART 목표 체크리스트

SMART 목표 체크리스트	예	아니요	불확실	수정 사항 기술
Specific(구체적):				
Measurable(측정 가능):				
Achievable(달성 가능):				
Realistic(현실적):				
Timely(기한 내에 달성 가능):				

2) 프로그램 설계 조직

(1) 심리 프로그램 구성방법, 도구, 활동의 선택

- 문헌고찰 및 선행연구 확인: 비슷한 목표나 대상 그룹을 가진 선행연구나 문헌들을 확인하여 해당 분야에서 효과적인 방법과 활동을 파악한다.
- 전문가의 의견 수렴: 심리학, 스포츠심리학, 교육, 또는 관련 분야의 이론, 전문가들이나 연구 동료들과 협의를 바탕으로 이론과 경험기반 지식을 활용하여 문제해결을 위한 프로그램을 구성한다.
- 유의미한 활동 및 도구 선택: 참여자들이 흥미를 갖고 학습할 수 있는 활동과 도구를 선택한다. 심리 프로그램의 목표에 부합하며 참여자들이 활발하게 참여할 수 있는 방법을 찾는다.
- 프로그램의 일관성 및 유지: 선택한 내용과 도구가 일관적이고 장기적으로 유지보수가 가능하며 프로그램의 목표를 계속 달성할 수 있는지 확인한다.

TIP 심리훈련 프로그램에 다양한 감각 유형을 활용한 필드하키 참가자들의 학습: 일명 'VAK에 도전하라'

시각(Visual)	• 그림, 차트, 그래픽 등 시각적 자료를 통해 정보 제공: 접근은 그림, 다이어그램, 색상, 차트, 비디오 등 시각적 자료를 활용하여 내용 전달 - 시각적 전략 강화: 필드하키 전술을 시각적으로 설명하는 그림, 다이어그램, 비디오 자료 활용 - 전략 시연: 선수들에게 필드하키 전술을 시연하여 시각적으로 전략을 이해할 수 있도록 함.
청각(Auditory)	• 말이나 소리를 통해 정보를 전달:. 강연, 토론, 오디오 자료, 음성 메모 등 - 전략 설명과 토론: 필드하키 전략을 선수들에게 말로 설명하고 토론하는 시간을 마련하여 청각적 학습 촉진 - 전략 강연: 전문 심리코치나 성공적인 선수들의 이야기를 들려주어 청각적 학습 유도
촉각(Kinesthetic)	• 움직임이나 실제 체험 제공: 실습, 역할극, 손으로 만지는 활동 등 활용 - 실전 훈련 및 역할극: 필드하키 전략을 실전 훈련 중에 적용하고 선수들에게 직접 체험시키며 촉각적으로 익히도록 함. - 실제 경험: 경기상황을 역할극으로 구성하여 선수들이 직접 참여하며 경험을 쌓도록 함.

(2) 프로그램 실행을 위한 준비

- 오리엔테이션(orientation)

√ 프로그램 소개 및 목표 설명: 참여자들에게 프로그램의 목적과 기대되는 결과를 설명하고, 프로그램이 어떻게 진

행될 것인지 개략적 소개한다.

√ 참여자들 간의 소개 및 팀 빌딩: 참여자들끼리 서로 소개하고 팀 빌딩 활동을 통해 각자의 경험과 기대를 나누도록 유도한다.

√ 일정과 규칙 안내: 프로그램 일정, 각 세션의 내용, 참여자들에 대한 기본 규칙 등을 명확히 안내하여 참여자들이 프로그램을 예측할 수 있도록 돕는다.

√ 프로그램 실행 준비에 활용할 수 있는 3R 전략

☞ Roles(역할): 참여자, 상담사, 지원 스태프의 역할을 명확히 정의하고, 각자가 기대되는 역할을 이해하도록 한다.

☞ Rules(규칙): 참여자들 간의 상호작용을 지원하기 위한 규칙을 수립하고 설명한다. 이는 효율적인 소통과 팀 협동을 강조한다.

☞ Responsibilities(책임): 각자의 프로그램 참여에 대한 책임을 강조하고, 팀 빌딩의 성공을 위한 적극적인 참여와 협력을 장려한다.

• 타이밍(timing)

√ 일정 조율 및 예상 시간 안내: 프로그램 일정을 참여자들과 함께 조율하고, 각 활동의 예상 소요 시간을 미리 안내하여 참여자들이 시간을 효과적으로 관리할 수 있도록 한다.

√ 필요한 자원 및 장비의 사용 시기 확인: 프로그램에 필요한 자원과 장비가 정해진 시점에 준비되도록 확인하고, 프로그램 진행 중 언제 어떤 자원이 필요한지 사전에 계획한다.

√ 비상 대비 일정 수립: 불가피한 상황에 대비하여 비상 대비 일정을 수립하고, 참여자들에게도 이를 알림으로써 문제가 발생했을 때 당황하지 않고 대처할 수 있도록 한다.

(3) 프로그램 평가계획과 평가 형태

√ 프로그램의 설계와 목표에 대한 질문에 답하고, 프로그램의 효과를 측정하는 방법과 절차를 구체화하는 것으로 프로그램 설계의 목적, 구성요소, 참여자들에게 제공될 서비스, 활동 계획 등을 평가한다〈예시 4〉. 평가과정의 체계적 설계는 목표한 답을 찾기 위한 전략수립 과정이다. 이를 통해 프로그램의 성과를 정량화하고, 참여자들의 요구에 부응하는 효과적인 프로그램을 유지하거나 개선할 수 있다.

예시 4 프로그램 평가계획

• 평가 목적 명시	목표 평가, 효과 측정, 개선점 도출 등 목적을 구체적 명시
• 평가 대상 및 참여자 결정	어떤 부분, 어떤 특정집단이 프로그램 주요 대상인지 명시, 누가 평가에 참여할 것인지 결정
• 평가기준과 지표 설정	목표달성을 위한 기준과 그에 따른 측정지표 설정. 명확하고 객관적 평가를 위해 성과측정 지표 정의
• 데이터 수집 방법 및 도구 선정	어떤 데이터를 어떤 방법과 도구를 사용하여 수집할지 결정. 설문조사, 인터뷰, 관찰 등
• 평가일정 및 계획 수립	언제, 어떤 주기로 평가를 실시할지 결정하고, 각 평가 활동의 일정을 세부적으로 계획
• 평가결과를 위한 분석 방법 결정	수집한 데이터를 어떻게 분석할지 결정하고, 결과를 해석하고 활용할 방법 명시
• 평가보고서 작성 계획 수립	평가결과를 어떻게 정리하고 보고할지 계획, 이를 팀과 이해관계자에게 전달할 보고서 작성계획 수립
• 평가과정의 피드백 및 수정 계획 수립	평가과정 중 발생한 이슈에 대해 피드백 받고, 필요한 경우 평가계획을 수정하고 개선 계획 수립
• 의사소통을 위한 평가정보 형태	평가결과를 관계자들과 공유하는 방식 정의. 보고서 작성, 프레젠테이션, 시각적 자료 활용 등 다양한 의사소통 방식을 고려하여 평가결과를 효과적으로 전달하는 방법 수립

• 프로그램 설계의 평가 형태 구성

√ 심리 프로그램 내용을 구조화할 때는 명확하고 체계적으로 정보를 전달하는 것이 중요하다. 아래 〈예시 5〉는 일반적인 프로그램의 구조화를 위한 가이드라인이다. 각 단계는 각각 세부 항목을 포함하며, 단계 간의 연결성을 유지하여 구조화한다. 논리적이고 일관적이어야 하는 것이다.

예시 5 일반적인 프로그램의 구조화를 위한 가이드라인

• 제목 페이지(title page)	프로그램 명칭, 작성자, 작성일 등의 기본 정보 제공
• 목차(table of contents)	문서의 구조를 보여주는 목차
• 서론(introduction)	프로그램의 개요와 목적을 소개하는 부분
• 목표 및 목적(objectives and purposes)	주요 목표와 세부 목적을 구체적으로 명시
• 대상 참여자(target participants)	참여자 집단의 특성과 요구사항을 기술
• 프로그램 구성요소(program components)	핵심 주제, 구성요소, 활동 등을 나열하고 각각의 목표와 내용을 설명
• 학습목표와 평가방법(learning objectives & assessment methods)	각 학습 목표와 해당 목표 평가방법을 설명하는 섹션
• 회기 일정(class schedule)	각 회기 또는 세션의 일정을 나열하고 내용, 시간, 활동 등을 포함
• 교육 자료 및 도구(educational materials and tools)	사용될 교재, 참고 자료, 도구(질문지 및 워크시트)를 소개하는 섹션
• 참여자 피드백 및 평가(participant feedback and evaluation)	참여자 피드백 수집 방법과 평가결과를 활용하는 방법을 설명
• 프로그램 실행 및 지원(program implementation and support)	프로그램 실행에 필요한 지원, 자원, 장비, 인력 등을 설명
• 프로그램 종료 및 평가(program closure and evaluation)	프로그램 종료 후의 평가 및 후속 조치 계획을 설명
• 참고 문헌(references)	프로그램 설계에 참고한 자료나 연구 논문 등을 나열
• 부록(appendix)	보조 자료, 추가 자료, 질문지, 인터뷰 양식 등을 첨부하는 부분

2.3 시행 단계

1) 실행 효과의 촉진 과정

프로그램의 실행은 일련의 단계를 따르는 것이 프로그램의 효과를 촉진시킨다. 이를 위해 심리 프로그램은 참여자의 심리적인 요구를 충족시키기 위한 설계와 체계적 접근이 필요하다. 윤리적 측면을 고려한 단계들은 참여자들과의 적절하고 투명한 상호작용을 보장하며, 뿐만 아니라 상담사의 전문성과 참여자의 성취도를 동시에 충족시켜 줄 수 있다. 이들 단계는 다음과 같다.

- 윤리적 스탠스 준수: 전문가 윤리 원칙 및 규범을 숙지하고 준수한다(스포츠심리상담사 윤리규정 참고). 또한 참여자의 개인정보 보호 및 기타 윤리적 규정을 고려하여 프로그램을 개발한다.
- 내담자 인식: 프로그램 참여자 집단의 특성을 인식하고 그에 따른 요구를 분석한다. 즉, 내담자의 다양성을 고려하여 프로그램을 설계한다〈예시 6〉.
- 내담자와 상담사의 역할 명료화: 내담자와의 상호작용에서 자신의 역할을 명확히 설명하고, 프로그램에 대한 예상 결과와 한계를 공유한다. 내담자의 의견을 수렴하고, 공동의 목표를 도출한다.
- 내담자의 동기 파악: 내담자들의 참여동기를 조사하고 이해한다. 내담자의 개별적인 요구와 목표를 파악하여 프로그램에 반영한다. 내담자의 동기를 파악하는 것은 프로그램의 효율적 설계와 진행을 위해 중요하다〈예시 7〉.
- 프로그램 개발과제 설명: 내담자들에게 프로그램의 목적, 구조, 기대되는 효과 등을 명확히 설명한다. 즉, 프로그램의 활동과 과제에 대한 설명을 투명하게 제공하여 내담자의 참여를 유도한다.
- 프로그램 개발과정 기술: 프로그램의 개발과정을 세세하게 기술하고, 참여자들에게 전체적인 시각을 제공한다. 즉, 프로그램의 일정, 세부 내용, 평가방법 등을 명확히 전달한다.
- 내담자의 동의서 양식: 내담자들에게 프로그램 참여에 동의하는 서면 동의서를 제공한다. 동의서에는 프로그램 목적, 활동 내용, 개인정보 처리 등에 관한 정보가 포함되어야 한다.
- 서면 동의서의 내용 준수: 서면 동의서에 명시된 내용을 준수하고, 내담자의 프라이버시를 존중한다. 프로그램 실행 중 발생하는 이슈에 대해 내담자와의 소통을 강조하고 필요시 동의서를 수정한다.

예시 6 다양한 내담자 인식 방법

• 상담자: 상담 프로그램 대상의 다양성을 인정한다. 예) 선수, 코칭 스태프, 부모, 혹은 팀 내 갈등이나 스트레스를 경험하고 있는 구성원 등	
특성 및 요구분석	상담 대상자 각각의 특성과 요구를 파악한다. 선수들은 경기력 저하, 부상에 대한 심리적 영향, 감독이나 코치의 리더십에 대한 고민 등의 요구 파악
프로그램 설계	상담의 목적에 따라 집단 또는 개별상담, 특정 주제에 중점을 둔 상담 회기 등을 고려하여 상담 프로그램 설계
• 팀의 코치: 어떤 팀의 코치는 소속 팀 선수들과 함께 참여한다. 코치 자체도 내담자가 될 수 있으며, 감독이나 다른 구성원도 상담 대상	
특성 및 요구분석	팀 코치에게 선수들의 기술분만 아니라 그들의 정신 상태, 팀 내 역동성, 리더십 요소 등을 고려하여 요구 파악
프로그램 설계	팀의 목표를 고려하여 리더십 강화, 팀 빌딩, 정서적 지원 등을 중심으로 한 프로그램 설계
• 감독이나 관리자: 감독이나 관리자는 전체 팀이나 조직성과를 높이기 위해 각 구성원들과 상호작용 한다. 이들 또한 내담자로서 프로그램의 일환임	
특성 및 요구분석	감독이나 관리자는 팀의 수행향상을 위해 리더십, 의사소통, 갈등관리 등
프로그램 설계	팀의 목표와 조직의 요구사항을 반영하여 리더십 강화, 팀 빌딩, 의사소통 향상 등을 중심으로 한 프로그램 설계
• 스포츠 의료 분야 감독자: 의료 감독자는 팀 내 부상 관리와 선수들의 신체 건강을 담당한다. 선수들과의 상호작용을 위한 요구 인식	
특성 및 요구분석	선수들의 부상, 회복, 건강 등에 대한 요구를 파악하고, 감독자 자체의 스트레스나 업무 관리에 대한 요구 고려
프로그램 설계	선수들의 부상 심리 및 복귀를 중심으로 한 프로그램, 감독자의 스트레스관리를 위한 프로그램 등 설계
• 기타 관계자: 기타 관계자로는 팀의 운영에 영향을 미치는 모든 이해관계자들이 포함된다. 후원자, 부모님, 팬, 협력 업체 등	
특성 및 요구분석	이해관계자들의 요구는 다양하게 나타날 수 있다. 후원자는 팀 성적을 위한 투자에 믿음을 얻고자 할 수 있고, 부모님은 자녀의 안전과 성장에 관심
프로그램 설계	후원자를 위한 후원 감사 이벤트, 부모님을 위한 선수 발전 보고회 등 다양한 이해관계자를 고려한 프로그램 설계

예시 7 내담자의 동기를 파악할 수 있는 몇 가지 시나리오

인터뷰 & 설문조사	프로그램 참가자들에게 인터뷰 또는 질문지를 실시하여 왜 이 프로그램에 참가하고 싶어 하는지에 대한 동기를 파악한다. ☞ 개별적인 답변을 통해 다양한 동기를 이해할 수 있다.
집단 토론 및 브레인스토밍 세션	참가자들을 소집단으로 나누어 특정 주제에 대한 토론이나 브레인스토밍을 진행한다. ☞ 그들이 어떤 목표를 가지고 있는지, 어떤 도전에 직면하고 있는지를 듣고 동기를 파악할 수 있다.
목표설정 세션	참가자들과 함께 개인과 팀 기반의 목표를 설정하는 세션을 개최한다. ☞ 각 참가자가 어떤 목표를 달성하고 싶은지에 대한 동기를 파악할 수 있다.
경험 공유	이전 비슷한 프로그램에 참가한 참가자들로부터 경험을 나누고 공유하도록 유도한다. ☞ 그들이 이전에 어떤 동기로 참가했고 어떤 이득을 얻었는지에 대해 알 수 있다.
개별상담 세션	참가자들과 개별상담을 통해 그들의 개인적인 동기와 목표를 더 자세히 이해한다. ☞ 이를 통해 각 참가자에게 맞춤형 지원을 제공할 수 있다.
피드백 상자	참가자들에게 프로그램과 관련된 의견이나 동기를 자유롭게 작성하여 넣을 수 있는 피드백 상자를 마련한다. ☞ 익명성을 보장하여 솔직한 의견을 수집할 수 있다.
미니 워크숍	프로그램 전에 참가자들에게 프로그램과 관련된 짧은 워크숍을 개최한다. ☞ 이 워크숍에서 참가자들의 관심사와 동기를 파악하고 반응을 관찰할 수 있다.

2) 프로그램 실행 촉진하기

설계한 프로그램을 현장에 적용하고 시행하는 단계로서 이 과정에서는 참가자들을 대상으로 프로그램을 시작하고 프로그램 실행 중에 발생하는 문제에 신속 대응하거나 조정한다. 특히 상담사는 효과적인 리더십을 발휘하면서 참여자 간의 상호작용을 강조한다. 프로그램 시행은 참여자들에 대한 개별적 관심과 이해를 전제로 진행된다. 즉, 상담사는 각 선수의 개인적인 상황, 강점, 약점에 대한 이해를 기반으로 개별상담을 진행해야 한다. 또한 선수들이 개인적인 성과와 팀의 목표를 동시에 달성하도록 프로그램에서 배운 심리기술훈련 내용을 실제 경기나 훈련 상황에서 적용할 수 있도록 훈련과 실습의 기회를 제공한다.

3) 실행 과정의 모니터링

선수들의 발전을 추적하고, 정기적인 평가와 피드백을 통해 어떠한 부분을 강화하고 어떤 부분을 보완해야 하는지를 확인해서 어려운 상황에서 심리적인 지원을 받을 수 있도록, 상담사는 꾸준한 지원 및 상담 서비스를 제공해야 한다. 이러한 과정에서 요구되는 것이 프로그램 실행 과정의 모니터링 〈표 8〉과 체크이다〈예시 8〉.

표 8. 프로그램 실행 과정의 모니터링

모니터링 단계	수행 방법 및 활동
참여자 피드백 수집	정기적인 피드백 조사 실시 - 개별 또는 집단 인터뷰
진행상황 기록	각 회기 및 활동의 진행상황 기록 - 참여자의 반응 관찰
프로그램 목표 평가	프로그램이 설정한 목표와 학습 목표에 대한 평가 실시
참여자의 행동 및 성과 관찰	참여자들의 행동과 성과를 실제로 관찰
자기평가 및 피드백 시스템 활용	참여자들에게 자기평가를 유도 - 자체 피드백 시스템 도입
집단 토의 및 회의	참여자들 간의 집단 토의 및 회의 개최
중간 평가 및 수정	프로그램 중간 평가 실시 및 필요시 수정 및 보완
진행상황 보고서 작성	정기적으로 프로그램 진행상황을 요약한 보고서 작성

예시 8 프로그램 평가를 위한 체크리스트

항목	설명	설계대로 되고 있음	설계를 따르지 못함	따르거나 따르지 않음	코멘트
참여자 출석	회기별 참가자 출석률 기록으로 프로그램 참여 정도 파악				
방법과 활동에 따른 세부 목적과 목표달성	프로그램의 주요 목표와 세부 목적의 효과적 달성 정도				
수립된 정책과 절차 유지	수립된 정책과 절차가 지켜지고 있는지 정도				
방법, 도구, 장비 및 시설 사용의 유용성	사용된 방법, 도구, 장비 및 시설의 목표달성 효과 정도				
계획된 내용과 국면 발생	계획된 내용과 예상치 못한 상황 또는 국면 발생 여부				
적절한 예산집행	예산 계획의 적절한 사용 및 자원관리				
프로그램의 개인적 수행과 책임	참여자들의 개인적 수행과 책임감				
계획된 프로그램 평가 활동 진행	계획된 활동들의 실제 수행 정도				

2.4 평가 국면

1) 프로그램 평가계획 및 실행 평가

이 국면에서는 프로그램이 진행되는 동안 참가자들의 피드백을 수집하고 프로그램의 효과를 측정하고, 관계자들과 평가결과를 공유하고 논의한다. 〈예시 9〉와 〈예시 10〉을 사용하여 필요에 따라 프로그램을 수정하거나 새로운 요소를 도입하여 지속적인 향상을 도모한다. 평가계획을 수립할 때 몇 가지 기준들을 고려하면 효과적이고 윤리적인 평가를 수행할 수 있다.

- 실용성: 평가계획이 현실적이고 실행 가능한가? 평가도구나 방법이 실제로 적용 가능하며, 수행하는 데 필요한 시간과 비용이 적절한지 확인한다. 참여자에게 부담을 주지 않으면서 효과적인 데이터 수집 방법을 선택한다.
- 유용성: 평가결과가 의사결정에 유용한 정보를 제공하는가? 평가를 통해 얻은 정보가 프로그램 개선이나 의사결정에 도움이 되는지 확인하는 것이다. 평가결과를 분석하여 특정 부분에서의 개선이 필요하다면 해당 부분에 집중하는 등 의사결정에 활용한다.
- 적절성: 평가과정과 결과가 윤리적이며, 사회적으로 적절한가? 평가를 실시할 때 참가자들의 권리와 개인정보를 적절히 보호하며, 편견 없이 평가를 수행하는지 확인한다. 따라서 참가자들에게 동의를 얻고, 데이터를 익명으로 처리하여 개인정보 보호에 신경을 쓴다.
- 기술적 방어력: 평가가 과학적 타당도와 신뢰도를 갖고 있는가? 평가도구나 방법이 신뢰성 있는 결과를 도출할 수 있는지, 그리고 이러한 결과가 타당한지 확인한다. 측정도구의 신뢰도와 타당도를 확인하고, 적절한 통계 분석을 통해 결과의 신뢰도를 높일 수 있다.

예시 9 **프로그램 평가를 위한 워크시트 – 〈부록 b 참고〉**

평가요소	평가내용
프로그램명	
참여자	
프로그램에 대한 간략한 설명	
프로그램 목적과 목표	
구성요소와 국면	
방법, 도구, 활동	
진행자(상담사, 보조원 등)	
기타	

예시 10 **프로그램 실행 평가를 위한 체크리스트**

리스트	설명	기대만큼 발생	기대에 못 미침	코멘트
참여자 참여	등록한 참여자 수와 참여율이 목표와 부합하는가?			
다루어진 내용	각 세션에서 다뤄야 할 내용이 모두 다루어졌는가?			
사용된 방법 및 자료	다양한 교수법이 적용되고, 교육 자료와 도구가 목적에 부합하는가?			
역할과 책무 이행	참여자, 상담사, 조교 등이 역할을 잘 수행하고, 역할 분담이 효과적이었는가?			
순서대로 활동 진행	일정에 맞추어 활동이 순서대로 진행되고, 예기치 않은 상황은 없었는가?			

2) 목표달성 평가

프로그램 목표의 형태는 여러 가지로 나누어질 수 있다. 스포츠심리 프로그램은 교육, 정신기술, 생활기술, 자기관리, 팀 빌딩 프로그램 등 다양한 요인의 발달을 목표로 한다. 이러한 프로그램은 다양한 평가방법을 통해 사전에 설정한 프로그램의 목표달성 여부를 평가할 수 있다. 즉, 참여자들의 학습 효과가 어떠한지 정량적 및 정성적으로 프로그램의 효과성을 평가하고, 필요한 수정 및 개선 사항을 도출할 수 있다.

스포츠심리 프로그램의 목표는 참여자들에게 심리적인 지식과 기술을 전달하고, 이를 향상시키는 것을 목표로 한다. 심리 프로그램의 목표달성 평가는 주로 프로그램 시작 전과 프로그램 종료 후에 실시하여 참여자들의 학습 효과를 평가한다〈표 9〉. 또 다른 목표 획득평가는 경쟁 전, 경쟁 중, 경쟁 후로 나누어 실시할 수 있다〈표 10〉. 프로그램의 목표획득 평가는 참가자들의 성과를 지속적으로 관찰하고 개선점을 찾아내는 과정이다.

표 9. 프로그램 목표달성 평가 시기

구분	사전 프로그램 평가(pre-program evaluation)	사후 프로그램 평가(post-program evaluation)
목적	프로그램 시작 전에 참여자들의 현재 상태를 파악하고, 프로그램 시작 시점에서의 지식, 기술, 태도, 행동 등을 측정	프로그램 종료 후에 참여자들의 학습 효과를 평가하고, 프로그램 성과와 만족도 측정
방법	참여자들에게 관련 주제에 대한 사전 지식 및 경험, 기대, 우려 등을 포함한 질문을 제공하여 정보 수집	참여자들에게 프로그램 경험, 학습 효과, 만족도 등에 관한 정보를 수집하는 설문지 제공

표 10. 경쟁 국면에 따른 목표달성 평가

국면	평가요소	평가내용
경쟁 전	목표설정 및 평가 준비	참가자들과의 상담을 통해 각 참가자의 개별 목표를 설정한다. 목표는 개인의 강점과 약점을 고려하여 개별화되어야 한다. 평가기준 및 방법을 설명하고 참가자들에게 목표달성을 위한 계획 수립을 도와준다.
경쟁 중	실시간 피드백 및 지도	경쟁 중에는 참가자들에게 실시간으로 피드백을 제공하고, 필요한 경우에는 수정된 전략이나 기술을 제안한다. 참가자들 간의 경쟁상황을 감지하고, 이를 이용하여 목표달성을 위한 조언을 제공한다.
경쟁 후	결과 평가 및 개선 계획 수립	경쟁이 종료된 후에는 각 참가자의 성과를 정량적 및 정성적으로 평가. 목표달성 여부를 확인하고, 성과가 낮은 참가자에게는 개선 계획을 수립하여 향후 참가자의 성과 향상을 지원한다.
	참가자 피드백 및 리뷰	경쟁 후 참가자들과의 인터뷰 또는 그룹 토론을 통해 경험을 공유하고 피드백 수렴. 참가자들이 경험한 어려움이나 성공을 기반으로 프로그램을 개선하는 방안을 모색한다.
	프로그램 효과 검증	경쟁 후에는 전체 프로그램의 효과를 평가하고, 이를 통해 프로그램의 성과 및 개선점을 식별하고 향후 프로그램에 반영한다.
	보고서 작성 및 향후 전략수립	경쟁 전, 중, 후의 평가결과를 종합하여 최종 평가 보고서를 작성한다. 향후의 프로그램 전략을 수립하고, 유사한 대회나 시합에서의 적용 가능성을 고려한다.

3) 프로그램에 대한 반응평가

심리 프로그램에 대한 반응을 평가하기 위해서는 다양한 방법을 사용할 수 있다. 조사의 목적, 참여자 특성, 자원 등에 따라 적절한 방법을 선택하면 된다. 또한 종합적으로 다양한 방법을 조합하여 심리 프로그램의 강점과 단점을 평가하는 것도 효과적일 수 있다. 아래 〈표 11〉은 각각의 방법에 대한 설명이다.

표 11. 심리 프로그램 반응평가 유형의 장단점

유형	방법	장점	단점
개방형 질문지 open-ended questionnaire	자유롭게 의견을 낼 수 있는 형태의 질문지. 참여자는 각 질문에 대해 주관적으로 자유롭게 서술	자유로운 의견 수렴 가능 참여자의 개별적인 경험 파악	분석이 주관적일 수 있음 대량의 자료처리 시간 소요
일대일 면접 one-on-one interview	면접자와 참여자 간에 1:1 대화를 통해 의견 수집. 면접자가 참여자에게 질문하며 기록이나 녹취	심층적 정보 수집 가능 참여자와의 신뢰관계 형성 가능	면접자의 주관성이 영향을 줄 수 있음 대규모 조사에는 부적합
FGI(Focus Group Interview)	여러 참여자가 모여 특정 주제에 대해 의견교환. 집단 내 상호작용을 통해 다양한 의견 도출	집단역동적 상호작용을 통한 아이디어 발굴 서로 다른 의견과 경험수집 가능	일부 참여자가 지배적일 수 있음 참여자 간 의견 충돌 가능
구조화된 질문지 structured questionnaire	미리 정의된 문항들로 이루어진 구조화된 형태의 설문지. 응답자는 주어진 선택지 중 하나를 선택하거나 척도에 응답	일관된 데이터 수집 가능 대규모 조사에 효과적	개별 의견을 자세히 파악하기 어려움 유연성이 상대적으로 낮음

4) 프로그램의 강점 및 한계 평가

프로그램의 강점은 성공 요인이자 긍정적 영향을 미치는 부분이다. 이는 프로그램의 효과를 높이고 참여자들의 만족도를 증진시키는 요소들이다. 프로그램의 한계는 개선이 필요한 부분이자 부정적 영향을 미치는 요소이다. 이는 프로그램의 효과를 저해하거나 참여자들의 불만을 야기할 수 있는 부분들이다. 〈예시 11〉과 같이 강점과 한계요소를 작성할 수 있다.

예시 11 프로그램의 강점과 한계 평가 체크리스트

평가요소	장점	제한점
참여자		
프로그램 목적과 목표		
프로그램 활동 순서 및 시간		
방법과 도구의 응용		
프로그램 장소와 시설		
프로그램 날짜와 시간		
상담사의 질		
기타 설계요소		

5) 프로그램 평가정보 전달 및 활용

심리 프로그램 평가를 성공적으로 마쳤다면, 이제 그 결과가 빛을 발할 시간이다. 평가의 진정한 목적은 단순히 프로그램의 잘잘못을 가리는 것을 넘어, 더 나은 프로그램을 만들고, 투명성을 높이며, 궁극적으로 서비스의 질을 향상시키는 데 있다. 이를 위해서는 평가정보를 효과적으로 전달하고 활용하는 과정이 필수적이다. 스포츠 현장에서 선수, 지도자, 그리고 조직 전체의 성장을 위해 평가 결과를 효과적으로 전달하고 활용하는 것은 단순한 보고를 넘어, 실제 훈련 방식 개선, 선수 멘탈 관리 강화, 그리고 팀 문화 조성에 결정적인 영향을 미친다. 〈표 12〉는 대상에 따른 평가정보 전달 내용이다.

표 12. 평가정보 전달과 활용 방안

대상	전달 내용(무엇을?)	전달 방식(어떻게?)	활용 방안(어떻게 활용할 것인가?)
선수	- 개인 심리기술 향상 정도(집중력, 자신감, 스트레스관리 등)로 프로그램 참여를 통한 개인적 성장 경험 - 긍정적 변화 사례 및 개선 가능성	- 1:1 개별 상담, 소그룹 미팅 - 직관적 시각 자료(그래프, 그림) 활용 - 성장 가능성에 초점 맞춘 피드백(비판적 어조 지양) - 편안하고 솔직한 대화 분위기 조성	- 개인 맞춤형 훈련 계획 수정: 강점 발전, 부족한 심리기술 보완(예: 특정 심상훈련 강화) - 자기 인식 증진: 스스로 멘탈 관리의 필요성 인지 및 자기 주도적 성장 촉진
지도자	- 프로그램이 경기력(멘탈 측면), 팀워크, 훈련 참여도에 미친 영향 - 특정 심리기술훈련의 효과성 - 선수들의 스트레스 요인 변화 및 지도 방식 개선 시사점	- 정기 미팅, 심층 보고서(필요시 상세 자료) - 요약된 핵심 내용 위주 전달 - 지도 방식 변화 요구 시 협력적 관계 속에서 '함께 개선' 방안 모색 - 구체적인 데이터와 함께 전략수립에 도움 되는 정보 제공	- 훈련 방식 및 선수 관리 전략 개선: 훈련 강도/휴식 주기 조정, 소통 방식 변화 - 심리 전문가와 협업 강화: 특정 선수 문제(불안, 갈등)에 대한 전문적 개입 요청 - 코칭 리더십 개발: 자신의 코칭 스타일이 선수에게 미치는 영향 인지 및 개선
조직	- 프로그램의 투자 대비 효과, 선수단 전반의 정신건강 증진 - 팀 분위기 개선 및 장기적 선수 이탈 방지 - 경기력 향상 기여 가능성, 선수관리 및 브랜드 가치 기여도	- 공식 보고서, 프레젠테이션, 간담회 - 심리 프로그램이 '투자'임을 강조하는 객관적인 지표 제시 - 조직의 전략적 목표와 연관된 거시적 데이터 전달 - 성공 사례 및 구체적 이점을 명확히 제시	- 프로그램 지속/확대/축소/폐지 결정: 효과성 입증 시 투자 확대, 비효율성 개선 - 선수관리 시스템 개선: 선수단 정신건강 관리, 유망주 육성 등 전반적 선수관리 전략에 반영 - 대외 홍보 및 이미지 제고: 선수 복지 중시, 구단 이미지 구축, 스폰서 유치 기여

6) 마무리 멘트

심리 프로그램의 마무리를 위한 클로징 멘트는 프로그램 종료 후 참여자들에게 마지막 인상을 형성하는 중요한 부분으로 마무리의 의미와 감사 표현을 전달하는 국면이다. 클로징 코멘트에는 프로그램 목표를 강조하면서 참여자들의 노력과 기여에 감사의 마음을 포함시킨다. 개별 참여자들에 대한 성과를 인정하고, 그들이 프로그램에 기여한 부분에 칭찬을 표한다. 또한 프로그램의 완료는 심리적 성장과 개발의 시작일 뿐이며, 참여자들이 미래에도 계속해서 발전해 나갈 수 있도록 동기부여를 제공한다. 마지막으로 참여자들에게 추가적인 자원, 행사, 또는 지속적인 참여와 상담을 받을 수 있는 다음 단계의 정보를 제공해 준다. 다음 〈예시 12〉는 상담 프로그램의 기준을 바탕으로 대학선수들에게 실용성, 유용성, 지속성, 기술적 적절성으로 구분하여 전달할 수 있는 마무리 멘트의 예이다.

예시 12 대학선수를 위한 마무리 멘트의 예

구분	내용
실용성 practicality	참여자들에게 프로그램의 경험이 실제로 적용 가능하고 유용하다는 느낌 전달 *"우리는 여러 주제를 다뤘고 다양한 심리적 도구와 기술을 익혔습니다. 이것은 일상생활과 스포츠 경험에 유용하게 적용될 수 있는 실용적인 도구들입니다. 앞으로도 이를 적극적으로 활용하여 훈련과 경기에서 개선을 이끌어내길 바랍니다."*
유용성 utility	참여자들이 프로그램에서 얻은 경험을 통해 개인 또는 직업 측면에서 어떠한 이점을 얻을 수 있는지 강조 *"이 프로그램을 통해 새로운 심리적 전략들을 배우고 습득했습니다. 이러한 도구들은 경기 중에 자신을 다스리고 스트레스에 대처하는 데 도움이 될 것입니다. 자기계발과 성장의 기회로 적극 활용하시기 바랍니다."*
적절성 propriety	선수들이 처한 상황과 적절하며, 특정 환경이나 대상에 부합해야 하고 목표달성에 대한 참여자들의 노력을 인정 *"이번 프로그램을 통해 우리는 목표를 달성하는 과정에서 함께 성장할 수 있었습니다. 여러분의 헌신과 노력에 감사드립니다. 또한 경기에서 보여준 여러분의 열정과 기술은 정말 인상적이었습니다. 팀이 함께 노력한 결과로 큰 성과를 이뤄냈습니다."*
기술적 적절성 technical appropriateness	프로그램이 전문적이며 기술적으로 적절하다는 느낌 전달, 전문 용어나 개념을 명확하게 사용하고, 프로그램의 목표와 관련된 기술적인 부분의 설명 적절하게 표현 *"프로그램 동안 우리는 심리기술에 대해 자세히 배웠습니다. 이러한 지식은 전문적이고 기술적으로 훈련에 도움이 될 것입니다. 미래의 경기에서도 이를 적절히 활용하여 최상의 수행성과를 얻을 수 있기를 기대합니다."*

평 가 문 항

1. 효과적인 스포츠심리상담 및 교육 프로그램에서 흔히 다루지 않는 주제는 무엇인가?
   ㉠ 목표설정 및 달성 전략
   ㉡ 스트레스관리 및 정서 조절
   ㉢ 집중력 향상 및 몰입 훈련
   ㉣ 영양 섭취 및 수면 관리

2. 스포츠심리상담 및 교육 프로그램의 효과를 측정하는 방법으로 적절하지 않은 것은 무엇인가?
   ㉠ 선수들의 만족도 조사
   ㉡ 선수들의 경기력 분석
   ㉢ 심리적 평가도구 활용
   ㉣ 프로그램 참여 후 인터뷰

3. 스포츠심리상담 및 교육 프로그램 운영에 필수적 자원이 아닌 것은 무엇인가?
   ㉠ 전문적인 상담 시설 및 장비
   ㉡ 충분한 예산 확보
   ㉢ 프로그램 참여 선수들의 적극적인 참여
   ㉣ 프로그램 홍보 및 마케팅 활동

4. 스포츠심리 프로그램 개발과정은 몇 단계로 구성되어야 하는가?
   ㉠ 3단계　　㉡ 4단계
   ㉢ 5단계　　㉣ 6단계

5. 스포츠심리 프로그램 참여자를 세분화하는 이유는 무엇인가?
   ㉠ 프로그램 운영비용을 절감하기 위해
   ㉡ 프로그램 효과를 측정하기 위해
   ㉢ 참여자의 동기부여를 높이기 위해
   ㉣ 참여자의 개별적인 요구에 맞춘 프로그램을 제공하기 위해

6. 스포츠심리 프로그램 요구 평가에서 중요한 요소는 무엇인가?
   ㉠ 프로그램 운영 예산
   ㉡ 참여자들의 성별과 연령
   ㉢ 프로그램 참여 시간
   ㉣ 참여자들의 심리적 요구

7. 스포츠심리 프로그램 평가에서 사용되는 방법은 무엇인가?
   ㉠ 설문조사　　㉡ 인터뷰
   ㉢ 관찰　　㉣ 위 모든 방법

8. 설계 단계에서 프로그램 목적을 설정할 때 SMART 원칙을 사용하는 이유는 무엇인가?
   ㉠ 프로그램의 효과를 측정하기 쉽도록 하기 위해서
   ㉡ 참여자들의 참여를 유도하기 위해서
   ㉢ 프로그램의 목표가 명확하고 구체적이도록 하기 위해서
   ㉣ 프로그램을 운영하는 데 필요한 자원을 확보하기 위해서

9. 설계 단계에서 프로그램 구성요소를 선택할 때 VAK 모델을 활용하는 이유는 무엇인가?
   ㉠ 프로그램의 효과를 측정하기 쉽도록 하기 위해서
   ㉡ 참여자들의 참여를 유도하기 위해서
   ㉢ 프로그램의 내용을 다양하고 풍부하게 하기 위해서
   ㉣ 프로그램을 운영하는 데 필요한 자원을 절약하기 위해서

10. 설계 단계에서 평가계획을 수립하는 목적은 무엇인가?
   ㉠ 프로그램의 효과를 측정하기 위해서
   ㉡ 참여자들의 참여를 유도하기 위해서
   ㉢ 프로그램의 내용을 다양하고 풍부하게 하기 위해서
   ㉣ 프로그램을 운영하는 데 필요한 자원을 확보하기 위해서

11. 시행 단계에서 윤리적 스탠스를 준수하는 이유는 무엇인가?
   ㉠ 프로그램의 효과를 측정하기 위해서
   ㉡ 참여자들의 참여를 유도하기 위해서
   ㉢ 프로그램의 내용을 다양하고 풍부하게 하기 위해서
   ㉣ 참여자들의 권익을 보호하고 프로그램의 신뢰도를 유지하기 위해서

12. 시행 단계에서 내담자의 동기를 파악하는 이유는 무엇인가?
   ㉠ 프로그램의 효과를 측정하기 위해서
   ㉡ 참여자들의 참여를 유도하기 위해서
   ㉢ 프로그램의 내용을 다양하고 풍부하게 하기 위해서
   ㉣ 프로그램에 대한 참여도를 높이고 프로그램의 효과를 극대화하기 위해서

13. 시행 단계에서 프로그램 실행을 촉진하는 방법은 무엇인가?
   ㉠ 프로그램의 효과를 측정하는 방법을 개발한다.
   ㉡ 참여자들의 참여를 유도하는 방안을 마련한다.
   ㉢ 프로그램의 내용을 다양하고 풍부하게 구성한다.
   ㉣ 참여자들의 개별적인 상황과 요구를 고려하여 프로그램을 운영한다.

14. 시행 단계에서 프로그램 실행 과정을 모니터링하는 이유는 무엇인가?
   ㉠ 프로그램의 효과를 측정하기 위해서
   ㉡ 참여자들의 참여를 유도하기 위해서
   ㉢ 프로그램의 내용을 다양하고 풍부하게 하기 위해서
   ㉣ 프로그램의 개선점을 찾고 효과를 극대화하기 위해서

15. 프로그램 평가를 위한 워크시트에 포함되어야 할 필수요소는 다음 중 무엇인가?
   ㉠ 프로그램명, 참여자, 날짜, 시간
   ㉡ 프로그램 목표, 구성요소, 평가방법, 평가기준
   ㉢ 프로그램 목표, 구성요소, 평가방법, 평가기준, 참여자 피드백
   ㉣ 프로그램명, 참여자, 날짜, 시간, 평가결과

16. 프로그램 목표달성 평가를 위한 다양한 방법 중 가장 효과적인 방법은 무엇인가?
   ㉠ 사전-사후 설문조사　　㉡ 집단 토론
   ㉢ 개인 면접　　㉣ 다양한 평가방법 조합사용

17. 프로그램 평가정보를 효과적으로 전달하고 활용하기 위한 방법으로 가장 적절한 것은 무엇인가?
   ㉠ 서면 보고서
   ㉡ 구두 발표
   ㉢ 웹사이트 게시
   ㉣ 서면 보고서, 구두 발표, 웹사이트 게시 등 다양한 방법

모범답안 및 해설

1. ㉣ 스포츠심리상담 및 교육 프로그램은 선수들의 정신건강과 경기력 향상을 목표로 하며, 주요 내용으로는 목표설정, 스트레스관리, 집중력 향상 등이 있다. 영양 섭취 및 수면 관리 또한 선수들의 신체적 컨디션과 회복에 중요한 영향을 미치지만, 심리상담 및 교육 프로그램에서 다루는 핵심 주제는 아니다. 선수들에게 영양 섭취 및 수면 관리에 대한 정보를 제공하거나, 관련 전문가와의 연계를 지원하는 것은 프로그램의 범위를 넓힐 수 있는 방법이지만, 필수적인 내용은 아니다.

2. ㉣ 선수들의 만족도 조사, 경기력 분석, 심리적 평가도구 활용은 모두 스포츠심리상담 및 교육 프로그램의 효과를 측정하는 데 유용한 방법이다. 프로그램 참여 후 인터뷰 또한 선수들의 경험과 의견을 직접적으로 파악하는 데 도움이 될 수 있지만, 객관성과 신뢰도를 확보하기 어렵다는 단점이 있다. 인터뷰 결과는 다른 측정방법과 함께 종합적으로 고려되어야 한다.

3. ㉣ 전문적인 상담 시설 및 장비, 충분한 예산 확보, 프로그램 참여 선수들의 적극적인 참여는 모두 스포츠심리상담 및 교육 프로그램을 효과적으로 운영하는 데 필수적인 요소이다. 프로그램 홍보 및 마케팅 활동은 프로그램 참여를 유도하는 데 도움이 될 수 있지만, 프로그램 자체의 질과 효과를 높이는 데 직접적인 영향을 미치는 것은 아니다.

4. ㉡ 스포츠심리 프로그램 개발과정은 일반적으로 4단계로 구성된다.
   - 명료화 국면: 프로그램의 목적과 범위를 명확히 이해하고 정의하는 단계이다.
   - 설계 국면: 프로그램의 목표를 달성하기 위한 구체적인 계획을 수립하는 단계이다.
   - 실행 국면: 프로그램을 실제로 운영하고 참여자들에게 제공하는 단계이다.
   - 평가 국면: 프로그램의 효과를 측정하고 개선점을 찾는 단계이다.

5. ㉣ 스포츠심리 프로그램 참여자를 세분화하면 참여자들의 개별적인 요구와 특성에 적합한 프로그램을 구상할 수 있다. 이는 프로그램의 효과를 높이고 참여자들의 만족도를 향상시키는 데 도움이 된다.

6. ㉣ 스포츠심리 프로그램 요구 평가는 참여자들의 심리적 요구를 파악하고 이를 프로그램에 반영하는 데 중요한 역할을 한다. 참여자들의 심리적 요구를 정확하게 파악함으로써 프로그램의 효과를 높일 수 있다.

7. ㉣ 스포츠심리 프로그램 평가에서는 다양한 방법을 사용하여 프로그램의 효과를 측정한다. 설문조사, 인터뷰, 관찰 등 다양한 방법을 활용하여 프로그램의 장점과 단점을 파악하고 필요한 개선점을 찾아낼 수 있다.

8. ㉢ 프로그램의 목표를 명확하고 구체적이도록 하기 위해 SMART 원칙을 사용한다. SMART 원칙은 Specific(구체적), Measurable(측정 가능), Achievable(달성 가능), Relevant(관련성), Time-bound(시간제한)의 약자이다

9. ㉢ 프로그램 구성요소를 선택할 때 VAK 모델을 활용하면 참여자들의 다양한 학습 유형을 고려하여 프로그램 내용을 보다 풍부하게 만들 수 있다. VAK 모델은 Visual(시각), Auditory(청각), Kinesthetic(운동)의 세 가지 학습 유형을 기반으로 한다.

10. ㉠ 설계 단계에서 평가계획을 수립하는 목적은 프로그램의 효과를 측정하고 개선점을 찾는 것이다. 평가계획에는 평가방법, 평가기준, 평가일정 등이 포함되어야 한다.

11. ㉣ 시행 단계에서 윤리적 스탠스를 준수하는 이유는 참여자들의 권익을 보호하고 프로그램의 신뢰도를 유지하기 위해서이다. 윤리적 스탠스에는 자율성, 비밀 보호, 공정성, 갈등 해결 등이 포함된다.

12. ㉣ 시행 단계에서 내담자의 동기를 파악하는 이유는 프로그램에 대한 참여도를 높이고 프로그램의 효과를 극대화하기 위해서이다. 내담자의 동기를 파악하면 맞춤형 프로그램 제공, 참여 유도, 진행상황 확인 등을 통해 참여도를 높일 수 있다.

13. ㉣ 프로그램 실행 과정에서 참여자들의 개별적인 상황과 요구를 고려하면 프로그램에 대한 참여도를 높이고 만족도를 향상시킬 수 있다. 참여자들의 연령, 성별, 문화적 배경, 경험, 개별 목표 및 요구를 고려해야 한다.

14. ㉣ 프로그램 실행 과정을 모니터링하면 프로그램의 진행상황을 파악하고 문제점을 발견할 수 있다. 또한, 프로그램의 효과를 평가하고 개선점을 찾을 수 있으며, 참여자들의 만족도를 조사하고 프로그램을 개선하는 데 활용할 수 있다.

15. ㉣ 프로그램 평가 워크시트는 프로그램의 효과를 정확하게 평가하고 개선하는 데 필요한 정보를 모두 포함해야 한다. 따라서 프로그램 목표, 구성요소, 평가방법, 평가기준, 참여자 피드백 등이 필수요소이다.
    - 프로그램 목표: 프로그램을 통해 달성하고자 하는 구체적인 목표를 명시한다.
    - 구성요소: 프로그램의 주요 내용, 활동, 자료 등을 구체적으로 제시한다.
    - 평가방법: 프로그램의 효과를 측정하기 위한 방법을 명시한다.(예: 설문조사, 면접, 관찰 등)
    - 평가기준: 평가결과를 판단하는 기준을 명확하게 제시한다.
    - 참여자 피드백: 참여자들의 의견과 평가를 수렴하여 프로그램 개선에 활용한다.

16. ㉣ 단일한 평가방법만 사용하면 프로그램의 특정 측면만을 평가할 수 있을 뿐이다. 따라서 다양한 평가방법을 조합하여 사용하여 프로그램의 다양한 측면을 종합적으로 평가하는 것이 중요하다.
    - 사전-사후 설문조사: 참여자들의 지식, 태도, 행동변화를 측정하는 데 효과적이다.
    - 집단 토론: 참여자들의 경험과 의견을 공유하고 상호작용을 통해 새로운 통찰력을 얻을 수 있다.
    - 개인 면접: 참여자들의 개별적인 경험과 의견을 심층적으로 파악하는 데 효과적이다.

17. ㉣ 프로그램 평가정보는 다양한 이해관계자들에게 전달하고 활용되어야 한다. 따라서 서면 보고서, 구두 발표, 웹사이트 게시 등 다양한 방법을 활용하여 효과적으로 전달하는 것이 중요하다.
    - 서면 보고서: 자세한 정보를 제공하고 기록을 남기는 데 효과적이다.
    - 구두 발표: 시청자들의 참여를 유도하고 질의응답을 통해 소통하는 데 효과적이다.
    - 웹사이트 게시: 많은 사람들에게 정보를 쉽게 공유하고 접근할 수 있도록 하는 데 효과적이다.

현장실습

1. 스포츠심리상담 프로그램을 개발하여 시행한 논문을 찾아 상담 프로그램을 평가해 보시오.

논문 제목:

논문 출처:

1) 선정한 논문의 스포츠심리 프로그램이 진술한 목적을 구조화해 보시오.

육하원칙	목표와 기대되는 결과
누구에게 who	
어떻게 how	
무엇을 위해 what	
왜 why	
언제 when	
어디서 where	

2) 다음 워크시트를 이용하여 선정한 논문에서 무엇을 평가할 것인지 기술하시오.

평가요소	평가내용
프로그램명	
참여자	
프로그램에 대한 간략한 설명	
프로그램 목적과 목표	
구성요소와 국면	
방법, 도구, 활동	
진행자(상담사, 보조원 등)	
기타	

상담 프로그램 실행에 대한 평가를 위해서는 〈부록 7-1〉 스포츠심리상담 프로그램 개발 및 실행에 대한 내용을 참고할 수 있다.

3) 선정한 논문의 프로그램을 바탕으로 프로그램 실행 평가를 체크하시오.

리스트	설명	기대만큼 발생	기대에 못 미침	코멘트
참여자 참여	등록한 참여자 수와 참여율이 목표와 부합하는가?			
다루어진 내용	각 세션에서 다뤄야 할 내용이 모두 다루어졌는가?			
사용된 방법 및 자료	다양한 교수법이 적용되고, 교육 자료와 도구가 목적에 부합하는가?			
역할과 책무 이행	참여자, 상담사, 조교 등이 역할을 잘 수행하고, 역할 분담이 효과적이었는가?			
순서대로 활동 진행	프로그램 일정에 맞추어 활동이 순서대로 진행되고, 예기치 않은 상황은 없었는가?			

4) 선정한 논문을 바탕으로 프로그램의 강점 및 한계를 평가하시오.

평가요소	장점	제한점
참여자		
프로그램 목적과 목표		
프로그램 활동 순서 및 시간		
방법과 도구의 응용		
프로그램 장소와 시설		
프로그램 날짜와 시간		
상담사의 질		
기타 설계요소		

제2부

스포츠심리상담의 현장적용

8장.

목표설정과 상담

1. 목표설정의 의미

1.1 목표설정의 중요성과 정의

목표설정은 최선을 다할 수 있도록 동기를 부여하는 중요한 심리기술이다. 이 기술은 개인에게 동기를 부여하고 불안, 스트레스 및 자신감과 같은 심리적 요인에 긍정적인 변화를 가져온다. 대부분 선수들은 수행향상을 위해 목표를 세우는 것이 필수적이라 생각하지만, 때로는 부적절하고 부적합한 목표를 수립하거나 목표설정 방법을 잘 모르는 경우가 많다. 또한 목표설정이 효과적이려면 필요한 프로그램을 계획하고 실행해야 한다. 적절한 목표를 설정하고 달성하기 위해 필요한 만큼의 심리 및 상담 프로그램이 필요하다. 따라서 본 장에서는 적절한 목표설정 절차와 프로그램 설계 및 실행에 대한 내용을 제시한다.

사람들은 대부분 목표의 중요성을 인식하고 목표를 세우지만 체계적인 목표설정을 추구하지는 못한다. 선수들에게 목표설정은 역시 성공적인 선수 생활을 위한 필수적인 요소이다. 목표는 선수들에게 무엇을 해야 하고 어디로 가야 하는지 명확하게 알려준다. 선수들이 자신의 잠재력을 최대한 발휘하고 성공적인 선수 생활을 하기 위해서는 명확한 방향성이 필요하다. 목표설정 프로그램은 개인의 특성과 상황에 맞춰 설계되어야 하며, 지속적인 평가와 개선을 통해 효과를 극대화해야 한다. Marten(1976)은 다음과 같이 목표설정의 중요성을 강조하였다.

- 수행향상: 목표는 성과를 측정하고 향상시키는 기준을 제공한다.
- 연습의 질 향상: 목표는 연습 방향을 명확하게 제시하고 집중력을 높여 연습의 품질을 향상시킨다.
- 기대치 명확화: 목표는 개인과 코치 모두에게 명확한 기대치를 제시하여 훈련과정을 효과적으로 진행하게 한다.
- 동기부여 및 참여 증진: 목표는 훈련과정을 더 도전적이고 흥미롭게 만들어 지루함을 방지하고 내재적인 동기를 높여 참여를 증진시킨다.
- 자신감 향상: 목표달성은 자부심, 만족감, 자신감을 향상시키고 긍정적인 자기 이미지를 형성하는 데 기여한다.

Locke & Latham(1984)의 목표의 정의에 따르면, '목표는 어떤 과제에서 특정 기준의 숙련성을 정해진 시간 내에 획득하는 것'이다. 스포츠 현장에서 목표는 육상 경기의 800m 기록을 단축하거나 야구의 타율을 올리는 등 어떤 기준을 달성하기 위해 설정된다. 이러한 수행향상은 특정 시간 내에 달성하려는 노력이다. 목표는 '어떤 행동이나 수행 수준의 목적, 기준 및 목표'를 의미한다. 여기서 목표는 최대화되거나 지속적으로 향상되어야 하는 대상이며, 목적은 이벤트나 작업에서 특정 기준에 도달하는 것이다.

Locke & Latham(1990)에 따르면, '목표설정은 개인들을 더 생산적이고 효과적으로 동기부여 하는 이론이다.' 사람들이 설정하는 목표는 내재적 또는 외재적 동기로 나타나며, 그 목표가 내재화되고 개인화되었는지에 따라 달라진다. 목표는 두 가지 중요한 특성을 가진다. 첫째, 목표는 긍정적 또는 부정적인 방향을 가지며, 개인들은 목표를 향해 노력을 기울인다. 둘째, 목표는 개인들이 그들의 삶에서 가장 중요한 것이 될 수 있기 때문에 특정 강도의 노력을 동반한다.

목표를 인식하고 확인하는 것뿐만 아니라 명확하고 실현 가능한 목표설정은 올바른 방향을 제시하고 동기를 증진시켜 강도 높은 노력을 수반한다. 목표는 이전 성취, 수행 성과, 헌신 및 발전을 바탕으로 현실적으로 설정되어야 하며, 그런 다음 목표를 달성하기 위한 구체적인 전략을 적용해야 한다. 특히 선수들은 목표설정의 중요성을 깨닫고, 효과적으로 목표를 설정하고 이를 달성하기 위해 잘 설계된 실현 가능한 목표설정에 관심을 기울일 필요가 있다. 실현 가능한 목표설정은 동기부여의 중요한 부분이며, 수행향상과 심리기술 향상에 필수적이다. 체계적이고 조직적인 목표설정 프로그램은 심리훈련의 초기 단계에서 요구되며, 프로그램의 적절성과 효과성을 지속적으로 평가해야 한다.

1.2 목표설정의 원칙

목표설정의 원칙은 주로 Locke & Latham에 의해 개발된 목표설정 이론에서 유래하였다. 이 이론은 개인이나 조직의 성과 향상을 위해 효과적인 목표를 설정하는 방법에 대해 설명한다. 목표설정 이론에 따르면, 이러한 원칙들을 효과적으로 적용하면 개인과 조직은 더 높은 성과를 달성할 수 있다. 목표설정은 동기부여, 계획 수립, 그리고 수행향상의 중요한 도구로 사용된다. 목표설정의 핵심 원칙에는 다음과 같은 내용이 포함된다.

- 구체성(specificity): 목표는 구체적이어야 한다. 모호한 목표보다는 정확하고 명확한 목표가 더 효과적이다. 구체적인 목표는 사람들이 무엇을, 어떻게 해야 하는지 명확히 이해할 수 있게 해준다.
- 도전성(challenge): 목표는 충분히 도전적이어야 한다. 너무 쉬운 목표는 동기를 부여하지 못하고, 너무 어려운 목표는 좌절감을 줄 수 있다. 적절한 수준의 도전성을 갖는 목표가 최상의 성과를 이끌어낼 수 있다.
- 목표의 헌신(commitment): 목표에 대한 헌신이 중요하다. 사람들이 목표를 수용하고, 그 목표에 대해 진정으로 헌신할 때 목표달성 가능성이 높아진다. 목표설정 과정에서 이해관계자들의 동의와 헌신을 확보하는 것이 중요하다.
- 피드백(feedback): 목표달성 과정에서 정기적인 피드백이 필수적이다. 피드백은 진행상황을 모니터링하고, 필요한 조정을 할 수 있게 해준다. 피드백은 개인이나 팀이 목표를 향해 나아가는 동안 동기를 유지하고, 향상을 도모하는 데 도움을 준다.
- 목표달성 가능성(attainability): 설정된 목표는 실현 가능해야 한다. 이는 개인의 능력, 자원, 시간 등을 고려하여 설정해야 한다는 것을 의미한다. 실현 가능한 목표는 사람들에게 성취감과 자신감을 제공한다.
- 목표 중요성(importance): 목표는 개인이나 조직에게 중요해야 한다. 중요한 목표는 더 많은 주의와 노력을 받게 되며, 따라서 달성될 확률이 높아진다.

1.3 목표설정과 스포츠 수행

스포츠심리학자들은 목표설정의 중요성을 강조하며, 불안, 자신감 부족, 만족감 부족 및 낮은 동기와 같은 외적변수가 경기력에 미치는 영향을 인식한다. 목표를 설정하면 훈련과 시합 중 중요한 부분에 주의를 집중하고, 노력을 활성화하며, 일관성과 지속성을 높이고 새로운 기술 개발에 다양한 영향을 준다. 따라서 목표설정은 수행에 많은 중요한 영향을 미친다. 목표설정은 수행을 향상시키는 강력한 기술이다.

스포츠심리학자들은 선수의 경기력 향상을 위한 핵심 요소로서 목표설정의 중요성을 강조한다. 단순한 결과목표를 넘어, 효과적인 목표설정은 훈련 및 경기 과정에 다각적인 영향을 미치며, 긍정적인 결과를 이끌어낸다. Locke & Latham(1984)이 제기한 목표설정이 수행에 미치는 다섯 가지 기본 방식이 있다. 수영선수의 예를 들어 5가지 효과를 〈표 1〉에 제시하였다.

표 1. 목표설정과 수행의 중요성

수행 효과	설명	예시(수영 종목)
집중된 주의	명확한 목표는 훈련과 경기 중 중요한 부분에 집중하도록 도와준다. 선수는 목표달성에 필요한 요소에 집중하고, 주의 산만을 방지하며, 최선의 노력을 기울인다.	헤드 스트로크를 개선하기 위해 효율적인 팔 움직임에 주의를 집중한다.
노력 동원	목표는 선수에게 훈련과 경기에서 최선을 다하도록 동기를 부여한다. 명확한 목표가 있는 선수는 더 열심히 훈련하고, 더 높은 수준의 성취를 위해 노력한다. 또한 포기하지 않고 끈기 있게 목표를 향해 나아갈 가능성이 높다.	목표로 정한 기록 달성을 위해 매일 추가적인 수영 훈련 시간을 투자한다.
일관성과 지속성	목표는 훈련과 경기 과정에서 일관성을 유지하는 데 도움이 된다. 선수는 목표달성을 위해 계획을 세우고, 실행하며, 지속적으로 노력을 기울일 수 있다. 목표는 방향을 제시하고, 훈련과정에서 발생하는 어려움을 극복할 수 있는 힘을 부여한다.	시합에서 자주 헤드 스트로크를 사용하여 지속적으로 개선된 효과를 확인한다.
새로운 학습 전략 개발	목표는 선수에게 동기를 부여한다. 목표달성을 위해 필요한 새로운 기술을 배우고, 훈련하며, 자신의 실력을 향상시킬 수 있다. 목표는 선수에게 끊임없이 발전하고 성장할 수 있는 기회를 제공한다.	더 효과적인 수영 기술을 학습하기 위해 코치의 지도하에 새로운 기술을 시도한다.
간접적 사고 과정	목표설정은 선수의 사고방식, 감정, 행동에 영향을 미친다. 이는 훈련 및 경기력에 간접적으로 영향을 미친다.	목표로 설정한 기록 달성은 자신감 향상과 불안 감소에 간접적 영향을 준다.

- 스포츠 상황에서 목표가 수행에 미치는 영향
  √ 자기조절 능력 향상: 목표를 달성하기 위해 선수는 자신의 노력과 행동을 조절해야 한다. 목표설정은 선수의 자기조절 능력을 향상시키고, 훈련과정에서 효과적으로 노력하도록 도와준다.
  √ 내적변수의 영향 감소: 불안, 자신감 부족, 만족감 부족 및 낮은 동기와 같은 내적변수는 선수의 경기력에 부정적인 영향을 미칠 수 있다. 하지만, 명확하고 구체적인 목표를 설정하면 이러한 내적변수의 영향을 최소화하고, 선수가 자신의 능력에 집중할 수 있도록 도와준다.
  √ 심리적 안정감 증진: 목표를 달성하면 선수에게 성취감과 자신감을 심어준다. 이는 선수의 심리적 안정감을 증진시키고, 긍정적인 사고방식을 유지하는 데 도움이 된다. 또한, 목표달성은 선수의 자기효능감을 높여, 더 높은 목표를 설정하고 도전하도록 동기를 부여한다.
  √ 훈련 및 경기 전략수립: 목표는 훈련 및 경기 전략을 수립하는 데 중요한 역할을 한다. 선수는 목표달성을 위해 필요한 훈련 계획을 세우고, 경기상황에 맞는 전략을 수립할 수 있다. 목표는 선수에게 전략적인 사고방식을 갖추도록 도와준다.
  √ 팀워크 향상: 팀스포츠의 경우, 팀 전체의 목표설정은 팀워크를 향상시키는 데 도움이 된다. 팀원들은 공동의 목표를 달성하기 위해 협력하고 서로를 지원하며, 긍정적인 팀 분위기를 조성할 수 있다.

2. 목표설정의 유형

2.1 Doran(1981)의 스마트 목표설정의 원칙

SMART 목표설정 개념은 1981년 조지 T. 도란(George T. Doran)의 "There's a S.M.A.R.T. way to write management's goals and objectives; 경영진의 목표와 목적을 작성하는 SMART 방법"이라는 제목의 논문에서 처음 소개되었다. Doran은 목표를 설정할 때 구체성, 측정 가능성, 달성 가능성, 관련성, 시간 제약의 중요성을 강조했다. 이후, 이 개념은 비즈니스 관리, 개인 개발, 교육, 프로젝트 관리 등 다양한 분야에서 널리 채택되고 확장되었다. 이 접근법은 목표를 명확하고 실현 가능한 범위 내에서 설정하여, 노력에 집중하고 목표달성 가능성을 높인다. SMART 목표설정 방법은 목표를 보다 명확하고 실현 가능하게 만들어 개인이나 조직이 성과를 향상시키는 데 도움을 준다. 즉, 이 방법은 목표를 체계적으로 계획하고, 실행하며, 평가하는 과정에서 중요한 역할을 하기 때문이다.

- 구체적인(Specific): 목표는 명확하고 구체적이어야 한다. 무엇을 달성하고자 하는지, 어떤 방식으로 달성할 것인지 명확하게 정의해야 한다. 이는 목표달성 방향을 명확히 하고, 집중을 가능하게 한다.
- 측정 가능한(Measurable): 진행상황을 추적하고 목표달성 여부를 판단할 수 있도록 목표는 측정 가능해야 한다. 이는 성공을 정의하고, 도달했는지 여부를 확인할 수 있는 구체적인 기준을 설정하는 것을 의미한다.
- 달성 가능한(Achievable): 목표는 현실적이고 달성 가능해야 한다. 자원, 시간, 기술 등을 고려하여 설정된 목표는 도전적이면서도 실현 가능해야 한다.
- 관련성 있는(Relevant): 목표는 개인이나 조직의 궁극적인 목표와 관련이 있어야 한다. 이는 목표가 현재 상황, 필요, 그리고 전략과 일치하는지 확인하는 것이다. 스포츠 상황에서는 현실적인(Realistic) 요인으로 사용하기도 한다. 즉, 목표는 선수의 능력과 상황에 부합해야 한다.
- 시간제한된(Time-bound): 목표는 명확한 시간 제약 내에 달성될 수 있어야 한다. 이는 목표달성을 위한 마감일을 설정함으로써 우선순위를 정하고, 시간 관리를 가능하게 한다.

〈표 2〉는 SMART 목표설정 기준에 따른 구체적인 요소, 각 요소의 설명, 그리고 해당 설명에 부합하는 실제 예시를 제공한다. 이를 통해 선수나 개인이 자신의 목표를 명확히 설정하고, 그 목표를 달성하기 위한 실질적인 계획을 수립할 수 있도록 돕는다.

표 2. SMART 목표설정의 예

요소		예시
Specific	구체적인	"테니스 경기 중에 경기상황에 집중하기."
Measurable	측정 가능한	"매 경기에서 전체 점수에 대한 선수의 집중력을 1-10점으로 평가하고 기록하기."
Achievable	달성 가능한	"5경기 동안 매치 포인트에서의 실수를 최소화하고, 높은 집중력을 유지하기."
Realistic	현실적인	"매치 도중 흩어진 생각에 대처하고 집중을 유지하는 데 필요한 기술을 개발하기."
Time-bound	시간 제약	"다음 시즌 시작 전까지 집중력 향상을 위한 기술을 개발하고, 매치에서 적용할 수 있는 수준으로 향상시키기."

2.2 Frese & Zapf(1994)의 장기적인 변화 실현을 위한 과정목표

목표달성에 필요한 시간과 노력은 목표마다 다르다. 일반적으로 목표는 단일 결과목표와 지속적인 성장 목표로 구분할 수 있다(Frese & Zapf, 1994). 지속적 성장 목표설정을 통한 장기적인 변화 실현은 개인의 성장과 발전에 중요한 역할을 한다. 이 방법을 활용하여 원하는 변화를 이루고 목표를 달성할 수 있다〈표 3〉.

표 3. 지속적 성장을 위한 목표설정

개념	목표요인	지속 성장 목표설정
개념 정의	단일 결과목표	일단 달성되면 추가 조치가 필요하지 않은 목표(예: 기사 게시, 논문 출판): 이 목표를 달성하면 더 이상 이 목표에 시간을 할애할 필요 없이 다른 목표를 추구할 수 있다. 따라서 최종 상태 목표는 일회성 또는 순간적인 변화를 나타낸다.
	지속적 성장 목표	지속적인 조치가 필요한 목표(예: 건강 유지, 체중 감량, 친절하게 대하는 것): 이 목표를 달성하기 위해서는 매일 건강하게 먹고 운동하거나, 긍정적인 습관을 유지해야 한다. 따라서 프로세스 목표는 장기적인 변화와 관련된다.
지속적 성장 목표 설정의 이점	장기적인 변화 유도	과정목표는 지속적인 노력을 강조하여 장기적인 변화를 유지하는 데 도움이 된다.
	습관 형성	과정목표는 목표달성을 위한 습관 형성에 집중하여 목표달성 가능성을 높여준다.
	동기부여 유지	과정목표는 작은 성과를 통해 지속적인 동기를 유지하는 데 도움이 된다.
지속적 성장 목표 설정 방법	목표 명확화	원하는 변화를 명확하게 정의하고 측정 가능한 목표로 설정한다.
	계획 수립	목표달성을 위한 구체적인 계획을 세우고 실행 단계를 설정한다.
	진행상황 추적	목표달성 과정을 지속적으로 추적하고 기록한다.
	피드백 반영	목표달성 과정에서 얻는 피드백을 바탕으로 계획을 수정하고 개선한다.
사례	체중 감량 목표	"15파운드 감량"(최종 상태 목표) vs. "건강한 체중 유지"(프로세스 목표)
	건강한 체중 유지 목표	"매일 아침 10분 운동"(구체적인 프로세스 목표)

2.3 Locke & Latham(1990)의 목표설정 유형의 이해

목표설정 프로세스는 리더십, 팀워크, 개인의 자기관리 등 다양한 분야에서 유용하게 적용될 수 있다. Locke & Latham(1990)은 목표설정 이론의 개발자로서 목표가 개인의 성과에 어떻게 영향을 미치는지에 대한 광범위한 연구를 진행한 결과목표가 구체적이고 도전적일수록, 즉 목표의 난이도가 높고 명확할수록 개인의 성과가 향상된다는 것을 발견했다. 목표는 다양한 유형으로 분류될 수 있으며, 각 유형은 장점과 단점을 가지고 있다. 다음의 〈표 4〉는 이들이 제시한 5가지 차원의 목표설정 유형이다.

표 4. 5가지 차원의 목표설정 유형의 장단점

유형	설정목표	장점과 단점
구체성	모호한 목표	달성기준이 명확하지 않아 동기부여가 어려울 수 있지만, 유연성을 제공하여 변화에 적응하기 용이하다.
	구체적인 목표	달성 기준이 명확하여 동기부여와 진행상황 추적이 용이하지만, 변화에 대한 적응력이 떨어질 수 있다.
근접성	단기목표	빠른 성과를 통해 동기부여 효과를 얻을 수 있지만, 장기적인 관점에서의 계획 수립이 부족할 수 있다.
	장기목표	장기적 비전을 제시하여 지속적인 노력을 유도하지만, 달성까지 시간이 오래 걸려 동기부여가 어려울 수 있다.
행동 지향	회피목표	바람직하지 않은 결과를 피하는 데 초점을 맞추어 불안감을 줄일 수 있지만, 긍정적인 성과를 달성하는 데 집중하지 않아 효과가 제한적일 수 있다.
	접근목표	긍정적인 결과를 얻는 데 초점을 맞추어 동기부여를 높이고 긍정적인 사고방식을 형성하지만, 어려움에 직면했을 때 포기할 가능성이 높아질 수 있다.
목표 목적	학습목표	새로운 지식이나 기술습득에 초점을 맞추어 개인의 성장을 촉진하지만, 즉각적인 성과를 얻기 어려울 수 있다.
	수행목표	능력을 증명하고 다른 사람들에게 인정받는 데 초점을 맞추어 경쟁심을 자극하고 성과를 향상시키지만, 과도한 스트레스를 유발할 수 있다.
참여 기간	지속적 성장목표	지속적 노력과 개선에 초점을 맞추어 장기적인 성장을 촉진하지만, 단기적인 성과를 확인하기 어려울 수 있다.
	단일성과 목표	단일한 결과 달성에 초점을 맞추어 명확한 목표설정을 가능케 하지만, 목표달성 이후의 방향 설정이 필요하다.

TIP Locke & Latham(2002)의 목표설정 이론의 실증연구 요약

- 구체적이고 도전적인 목표: 연구에 따르면, 구체적이고 높은 수준의 도전을 포함하는 목표가 개인의 성과를 크게 향상시킨다. 이는 목표달성을 위한 명확한 지침을 제공하고, 동기를 부여하여 더 높은 성취를 이끌어낸다.
- 목표의 수용성: 목표가 성공적으로 수행되기 위해서는 개인이나 팀이 그 목표를 수용하고, 목표달성을 위한 책임감을 느껴야 한다.
- 피드백의 중요성: 정기적인 피드백은 개인이 자신의 진행상황을 평가하고 필요한 조정을 할 수 있게 해준다. 피드백은 목표달성 과정에서의 동기부여와 행동 조정에 필수적인 역할을 한다.
- 목표설정의 복잡성: 개인의 능력과 상황에 따라 목표설정의 복잡성이 조정되어야 한다. 너무 쉬운 목표는 동기부여를 줄이고, 너무 어려운 목표는 좌절감을 줄 수 있다.

2.4 Weinberg & Gould(2015)의 스포츠 목표설정의 유형

Weinberg & Gould(2015)는 목표를 설정하는 세 가지 주요 유형을 수행목표, 과정목표, 결과목표로 설명하며, 각각의 목표 유형이 선수의 수행과 동기에 어떻게 영향을 미치는지 제시하였다. 다음은 그 세 가지 유형이다:

- 결과목표(outcome goals): 두 선수 간의 경쟁 결과에 초점을 맞춘다. 결과목표는 대회에서 승리를 달성하는 데 중점을 두며, 일반적으로 경기 승리, 메달 획득 또는 상대보다 더 많은 점수를 획득하는 것으로 결과에 중점을 둔다. 따라서 원하는 목표달성에는 자신의 노력뿐만 아니라 다른 경쟁자의 강점과 약점에 따라 달라진다. 결과목표는 집단의 성취에 사용되기도 한다. 회사가 연간 목표를 설정하거나, 열심히 일하도록 직원에게 목표를 제시하고 그에 따라 인센티브를 부여한다.

  예) 어린 체조선수가 특정 체조 대회에서 1등을 차지하는 것이 목표이다. 그러나 다른 선수들의 연기나 심사위원들의 판정에 의해 결과에 영향을 받는다.
- 수행목표(performance goals): 수행목표는 선수들이 설정할 수 있다. 수행목표는 특정한 기술이나 행동에 제한된다. 선수들은 자신의 과거 수행과 기술에 대한 발전에 중점을 둔다. 예를 들어 육상 경기의 기록을 단축시키거나 작년 시험에 비해 올해 시험에서 더 많은 점수를 획득하는 것과 같다. 즉, 개인의 수행은 선수 자신의 이전 수행과 비교된다. 수행목표달성에 다른 선수들의 기록이나 기술에 의존하지 않고 개인의 행동에만 의존한다. 따라서 수행목표는 수정 가능하며 개인이 직접 통제할 수 있다. 이를 결과목표와 비교하면, 수행목표는 자신의 이전 수행을 기준으로 하기 때문에 주로 개인적인 개선과 발전에 중점을 둔다.

  예) 어린 체조선수가 이전 대회보다 더 높은 점수를 목표로 설정할 수 있다. 이 목표는 다른 선수들의 수행과 무관하게 자신과의 경쟁에 중점을 둔다.
- 과정목표(process goals): 결과 및 수행목표보다 더 중요하다. Hardy, Jones, & Gould(1996)에 의해 소개된 과정목표는 수행 동안 선수들이 따라야 할 구체적 절차를 기술한다. 이는 시합 중 구체적인 기술이나 동작에 중점을 둔 행동과 수행의 변화에 유용하다. 과정목표의 달성은 수행향상과 좋은 결과로 이어질 수 있다. 또한, 과제에 대한 특정 지식과 전략을 습득하기 위해, 운동기술뿐만 아니라 심리기술 향상을 위한 목표로도 설정할 수 있다. 이러한 목표는 일상생활에서의 습관이나 심리적 루틴 형성에도 활용될 수 있다.

  예) 어린 체조선수가 다음 경기에서 높은 점수를 받기 위해, 구체적인 행동에 초점을 맞춘 목표이다. 이 목표는 다른 선수의 연기나 심사위원 판정에 영향을 받지 않고, 선수 본인이 완벽하게 통제할 수 있다.

다음 〈예시 1〉은 설정할 수 있는 구체적인 과정목표와 각 목표달성을 위한 예시 활동을 보여준다. 이러한 목표와 활동은 선수가 자신의 능력을 인식하고, 지속적으로 발전하는 과정에서 자신감을 강화하는 데 도움을 준다. Duda(1989)는 Nicholls(1984)의 성취목표이론을 기반으로 스포츠 환경에 적용하여 스포츠 선수들의 목표 지향성을 측정하고, 이를 훈련 및 코칭에 활용할 수 있도록 과제-자아 지향 질문지(TEOSQ: Task and Ego Orientation in Sport Questionnaire)를 개발하였다〈부록 8-2〉.

3. 목표설정 프로그램 구성원리

목표설정 프로그램은 참여자의 유형을 이해하고 개인 특성과 상황에 맞는 맞춤형 프로그램을 제공해야 한다. 목표설정 프로그램은 선수들의 성장과 성공에 핵심적인 요소이며, 효과적인 실행을 통해 다음과 같은 긍정적인 효과를 기대할

수 있다. 따라서 목표설정 프로그램은 선수들의 수행향상과 동기유발을 위한 필수적인 요소이며, 올바른 설계와 실행을 통해 그 효과를 극대화할 수 있다. 또한 다양한 양식을 통하여 목표를 설정할 수 있다〈부록 8-1〉.

예시 1 **과정목표의 예: 배드민턴선수의 자신감 향상**

매주 자신의 경기를 돌아보기	매주 경기를 돌아보고, 성공적인 순간이나 개선이 필요한 부분을 파악하여 연습하고 향후 훈련이나 시합에 적용한다.	한 주 동안의 경기에서 좋았던 서브와 랠리를 분석하고 다음 주 연습에 적용하기.
심리 강화 기술훈련	명확한 목표를 세우고, 긍정적인 자기 이미지 훈련을 통해 자신감을 강화한다.	매일 아침 긍정적인 혼잣말를 통해 경기에 임하는 자세를 강화하기.
자기 수행 기록하기	매일의 훈련과 경기에서 얻은 수행결과를 일지에 기록하여, 향상 과정의 작은 성공들을 자주 맛보며 자신의 성장을 확인한다.	연습 및 경기에서의 스매시 성공률을 기록하고, 주별로 성공률의 변화를 관찰하기.
전문가 상담 및 피드백 수렴	감독이나 상담사와 정기적으로 상담하고 피드백을 수렴하여 개선할 부분을 파악하고, 지속적으로 발전하도록 노력한다.	매월 코치와의 1:1 회의를 통해 기술적, 심리적 측면에서의 피드백 받기 및 개선 방향 설정하기.

- 수행향상: 명확하고 구체적인 목표설정은 선수들에게 방향감을 제시하고, 최선의 노력을 기울여 잠재력을 최대한 발휘하도록 돕는다.
- 동기부여 증진: 달성 가능한 목표는 선수들에게 성취감을 선사하고, 더 높은 목표를 향한 도전 의식을 불러일으켜 지속적인 동기를 부여한다.
- 불안 및 스트레스 감소: 목표는 불확실성을 줄이고 자신감을 높여 불안과 스트레스를 감소시키는 데 도움이 된다.
- 주의력 집중: 목표는 훈련과 경기에서 가장 중요한 부분에 집중하도록 돕는다.
- 객관적인 평가기준 제공: 목표는 선수의 성장과 발전을 객관적으로 평가하는 기준을 제공한다.

3.1 목표설정 프로그램 구성 단계

1) 계획 단계

- 목적: 철저한 분석을 통해 개인 및 그룹 요구를 정확하게 파악하고, 이를 바탕으로 효과적인 목표설정 프로그램을 설계하는 것이다. 〈예시 2〉는 목표설정 프로그램 구성단계에 따른 구체적인 과정이다.
- 주요 활동
  √ 개인 및 그룹 목표 정의: 선수 개개인의 특성과 능력, 그리고 팀의 목표를 고려하여 명확하고 구체적인 목표를 설정한다.
  √ 목표설정 헌신 및 노력 인식: 목표달성을 위해 필요한 노력과 헌신의 중요성을 선수들에게 명확하게 인지시킨다.
  √ 프로그램 계획 수립: 프로그램의 목표, 내용, 실행 방식, 평가방법 등을 구체적으로 계획한다.

2) 준비 단계

- 목적: 계획 단계에서 설정된 목표를 실제로 실행하기 위한 준비 단계이다.
- 주요 활동
  √ 목표설정 미팅: 선수들과의 공식 및 비공식적인 미팅을 통해 목표설정의 필요성, 중요성, 목표 유형, 경기력 향상 목표의 중요성 등을 강조하고, 참여자들이 개인 및 팀 목표에 대해 생각하도록 유도한다.
  √ 그룹 목표 논의: 팀 목표를 논의하고 중요성과 현실성을 평가하며, 목표달성을 위한 전략을 함께 탐구한다.
  √ 목표 현실성 검토: 설정된 목표가 현실적이고 달성 가능한지 확인한다.

3) 후속 단계

- 목적: 프로그램 실행 후 지속적인 평가와 조정을 통해 목표달성을 위한 효과적인 방안을 모색하는 단계이다.
- 주요 활동

√ 정기적인 목표 평가: 세션 동안 목표 평가를 위한 정기 미팅을 개최하고, 인쇄된 평가 카드 또는 설문조사 등을 활용하여 체계적인 피드백을 수집한다.

√ 피드백 제공: 선수들의 경기력에 대한 피드백을 제공하고, 목표달성을 위한 개선점을 제시한다.

√ 기록 유지: 효과적인 평가 절차를 식별하고 목표달성 과정을 기록하여 프로그램 개선에 활용한다.

√ 지속적인 지원: 선수들에게 목표에 대한 열정을 유지하도록 격려하고, 동기부여를 유지하며, 목표달성을 위해 지속적인 지원을 제공한다.

√ 목표 재평가 및 조정: 일정 기간마다 목표를 재평가하고, 필요에 따라 목표를 수정하거나 조정한다.

예시 2 수영선수의 목표설정 프로그램

계획 단계	개별 수영선수의 욕구 확인(예: 헤더 개선, 속도) 그룹 목표설정(예: 팀 수행, 계주 기록) 시즌 계획 수립(대회 및 훈련 중점)	정신력 향상 및 속도 향상을 위한 개별 목표설정 전체 팀 팀 수행 및 계주 기록을 목표로 하는 그룹 목표설정 대회 및 훈련 일정 중점 계획
준비 단계	공식 및 비공식적인 목표설정 미팅 진행 개인 개선과 팀 성공의 중요성 강조 수영선수들에게 개인 목표에 대한 생각 유도 기술 개선 및 시간 목표에 대한 전략 논의	수영선수들과의 목표설정 미팅 개최 개인의 성장과 팀의 성공 중요성 강조 수영선수들에게 개인 목표 고려 유도 기술 향상과 현실적인 시간 목표에 대한 전략 논의
후속 단계	정기적인 경기력 평가일정 수립, 고려한 경기력 평가일정 수입 평가 카드를 활용한 피드백 수집 업적인정 및 도전에 대응하는 지속적 지원과 동기부여 제공 주기적인 목표 재평가 및 조정	경기 시간, 기술 효율성, 팀워크 등을 고려한 성과 평가일정 수립 수영선수의 진행에 대한 피드백 수집을 위한 평가 카드 활용 성취 인정 및 도전에 대응하며 계속되는 지원과 동기부여 제공 개인 및 팀 진행을 고려한 주기적인 목표 재평가 및 필요시 조정

3.2 목표설정 프로그램 구성

1) 목표설정 프로그램의 3단계

목표설정은 경기력 향상과 동기부여를 증진시키는 강력한 기술이다. 하지만 올바르게 실행되어야 효과를 볼 수 있다. 목표설정 프로그램을 효과적으로 시행하기 위해서는 적절하고 효과적으로 설계해야 한다. 목표설정 프로그램을 성공적으로 구현하기 위해 다음 세 가지 단계를 권장한다.

- 1단계: 효과적인 평가 절차 확인
  - √ 목표설정의 평가 및 후속 프로그램을 모니터링하기 위한 가장 효과적인 절차를 식별해야 한다.
  - √ 선수들은 자신의 목표와 관련된 기록을 유지해야 한다.
  - √ 선수들은 목표설정에 대한 피드백을 받는 동안 기술 테스트를 실시하는 미팅에 참여해야 한다.
- 2단계: 지속적인 지원과 격려 제공
  - √ 시즌 내내 선수들에게 목표에 대해 물어보고 목표달성 과정에 대해 격려해야 한다.
  - √ 목표설정 프로세스에 열정을 보이고 선수들을 지원하며 목표를 달성하도록 동기부여 해야 한다.
  - √ 이 프로세스에서 동기부여는 매우 중요하다.
- 3단계: 목표 재평가를 위한 계획 수립
  - √ 목표는 도전적이어야 하므로 필요에 따라 수정해야 한다. √ 주기적으로 목표를 재평가해야 한다.
  - √ 목표를 수정하고 재설정하는 것은 프로세스의 정상적인 부분이다.

2) 목표달성을 위한 목표설정의 실제

심리 프로그램에서 목표설정은 단순히 달성해야 할 지점을 정하는 것을 넘어, 참여자가 자신을 이해하고, 변화를 위한 내적 자원을 발굴하며, 지속적으로 성장할 수 있도록 돕는 심리적 과정이라는 점을 이해하는 것이 중요하다. 다음의 〈표 5-1〉에서 〈표 5-6〉까지는 목표설정을 할 때 실제로 요구되는 6가지 내용들이다. 실제적인 내용들을 숙지한 후 다음 단계에서 어떻게 실행될 수 있는지 목표설정의 실행 사례를 살펴본다.

표 5-1. 다양한 목표설정 기법을 활용하라

기법	특징	장점	단점	활용 팁
SMART 목표설정	SMART 원칙을 엄격하게 따르는 체계적 방식	목표의 명확성, 측정 가능성, 달성 가능성을 높여 성공 가능성 향상	지나친 규칙주의로 유연성이 부족하고, 창의적 목표설정에 어려움을 겪음	목표설정 초기에 SMART 원칙을 활용하여 명확하고 달성 가능한 목표를 설정하고, 상황에 따라 유연하게 조정
시각화	이미지, 그림, 비디오 등 시각적 요소를 활용한 목표 구체화 방식	목표에 대한 직관적 이해를 높이고, 동기부여 효과 극대화	추상적 목표의 시각화하기 어려울 수 있고, 개인의 상상력에 따라 효과가 다를 수 있음	비전 보드, 드림맵, 마인드맵 등을 활용하여 목표를 시각적으로 표현하고, 정기적으로 확인하며 동기를 유지
긍정적 확언	긍정적 문장의 반복적 사용으로 목표달성의 자신감을 높이는 방식	긍정적 사고방식을 형성하고, 잠재의식에 영향을 미쳐 목표달성 촉진	긍정적 확언만으로는 목표달성을 보장하지 못하고, 현실적 노력이 필요	매일 아침 긍정적 확언을 반복하거나, 긍정적 문구를 눈에 잘 띄는 곳에 붙여놓음
역할 모델링	자신이 존경하는 사람을 역할 모델로 삼아 목표를 설정하고, 그 사람의 행동을 따라 하는 방식	명확한 방향성을 제시하고, 동기부여 효과 제공	역할 모델의 모든 특성을 따라 하는 것이 어려울 수 있고, 자신만의 개성을 찾는 데 어려움을 겪을 수 있음	역할 모델의 성공 비결을 배우고, 자신의 목표에 맞게 적용
습관 형성	목표달성을 위한 핵심 습관 설정 후 꾸준히 실천하여 달성하는 방식	장기적 목표달성에 효과적이고, 꾸준함을 기를 수 있음	습관 형성에 시간이 걸리고, 꾸준한 노력이 필요	작고 달성 가능한 습관부터 시작하고, 점차 난이도를 높여 나가며, 습관 추적 앱 등을 활용

표 5-2. 목표설정 유형의 원칙을 고려한다

행동적 용어를 통한 구체적인 목표설정	어려운 경험을 통한 현실적 목표설정	단기 및 장기 목표설정	결과목표 대신 수행목표설정
• 일반적 목표: 영어 실력 향상 • 구체적인 목표: √ 3개월 안에 TOEIC 점수 100점 향상 √ 매일 30분 동안 영어 듣기 연습 √ 매주 2회 영어 회화 수업 참여	• 비현실적인 목표: 1개월 안에 10kg 감량 • 현실적인 목표: √ 3개월 안에 5kg 감량 √ 매주 2회 운동과 건강한 식단 유지 √ 매일 칼로리 섭취량을 1,500kcal 제한	• 장기목표: 5년 안에 전문가 자격증 취득 • 단기목표: √ 매년 관련 분야 교육과정을 2회 이상 수강 √ 매주 20시간 이상 관련 분야 업무에 집중 √ 관련 분야 전문가들과 네트워킹 구축	• 결과목표: 대회에서 우승 • 수행목표: √ 매일 2시간 이상 훈련 √ 자신의 기록을 꾸준히 갱신 √ 대회 전략을 세우고 계획적으로 준비
목표는 행동적이고 측정 가능한 용어로 명확하게 설정해야 한다. 단순히 "최선을 다하라." 또는 "최대한을 보여라." 와 같은 일반적인 목표설정은 효과적이지 않다. 구체적인 목표설정은 행동을 명확하게 지시하고 기대치를 명확하게 제시하며, 일반적인 목표설정보다 행동변화에 더 효과적이다.	목표는 도전적이면서도 현실적인 수준으로 설정해야 한다. 지나치게 어려운 목표는 실패와 좌절로 이어질 수 있으며, 반대로 지나치게 쉬운 목표는 동기부여를 저하시킬 수 있다. 따라서 개인의 능력과 상황을 고려하여 달성 가능성이 높으면서도 도전적인 목표설정이 중요하다.	단기목표와 장기목표를 모두 설정하여 상호 보완적인 효과를 얻을 수 있다. 장기목표는 최종적인 목표를 제시하며 방향성을 설정하는 역할. 단기목표는 장기목표를 달성 과정에서 꾸준한 성과를 확인하고 동기 유지에 도움을 준다.	결과목표보다는 수행목표에 집중하는 것이 효과적이다. 결과목표는 예측 불가능한 요인에 영향을 받기 쉬우며 불안감을 유발할 수 있다. 반면에 수행목표는 개인의 노력과 헌신에 집중하여 통제감을 높이고 동기 유지에 도움이 된다.

표 5-3. 목표설정 프로그램의 효율을 높인다

목표설정 프로그램의 효율성 전략		
목표달성 기록 작성	• 목표: 매일 30분 동안 영어 공부하기 • 달성 기록: √ 2024년 2월 10일: 30분 영어 공부 완료 √ 2024년 2월 11일: 30분 영어 공부 완료 √ 2024년 2월 12일: 30분 영어 공부 완료	설정한 목표의 달성 과정을 기록하는 것이 좋다. 그렇지 않으면 시간이 지남에 따라 이전에 달성했던 것을 잊기 쉽다. 또한 새로운 기록과 비교하여 진척 여부를 확인하고 다양한 성과 기준을 달성하는 데 도움이 된다. 목표가 설정된 후에는 기록을 적어두어 쉽게 추적할 수 있도록 해야 한다. 이는 일일 또는 주간 기준으로 수행될 수 있다.
긍정적인 목표설정	• 부정적인 목표: 실수하지 않는다. • 긍정적인 목표: 매일 30분 동안 영어 듣기 연습을 한다.	가능하면 긍정적인 목표를 설정하고 부정적인 목표는 피해야 한다. 긍정적인 목표설정 절차는 실패 대신 성공에 집중하도록 도와준다. 긍정적으로 표현된 행동을 식별하는 것이 부정적으로 나타내거나 표현하지 말아야 할 행동을 식별하는 것보다 더 쉽고 효과적이다.
목표일자 설정	• 목표: 3개월 안에 TOEIC 점수를 100점 향상시킨다.	목표달성의 긴급성을 고려하여 목표를 정해진 시간 내에 달성하도록 동기부여가 될 수 있다. 목표일자는 현실적이면서도 도전적인 수준으로 설정해야 한다.
전략 개발	• 목표: 매주 2회씩 운동한다. • 전략: √ 월요일과 금요일 오후 7시에 30분 동안 달린다. √ 운동 전후 스트레칭 10분 √ 운동 기록 앱을 사용하여 진척 상황 추적	전략은 매우 구체적이어야 하며 얼마나 자주 얼마나 많이 실행할지를 나타내야 한다. 사람들은 목표달성에 대한 전략을 적용하는 데 매우 유연해야 한다. 목표달성을 위한 전략 개발은 효과적인 목표설정 프로그램을 위해 매우 중요하다.
피드백 제공	• 목표: 매일 30분 동안 영어 공부하기 • 피드백: √ 2024년 2월 10일: 30분 영어 공부 완료 - 목표달성! 꾸준히 노력하고 있어요. √ 2024년 2월 11일: 30분 영어 공부 완료 - 목표달성! 어휘력 향상이 느껴져요. √ 2024년 2월 12일: 30분 영어 공부 완료 - 목표달성! 영어	목표가 우수한 성과를 달성하려면 목표와 관련된 수행 평가 및 긍정적인 피드백이 제공되어야 한다. 수행 진척 상황에 대한 결과 지식 피드백은 목표달성에 있어 필수적이다. 목표 평가 전략은 목표설정 프로그램의 끝에 시행되어야 하며 지속적으로 적용되어야 한다.

표 5-4. 사회적 및 개인적 특성을 고려하라

사회적 및 개인적 특성의 고려		
목표에 대한 사회적 지원 제공	• 목표설정 프로그램은 사회적 및 도덕적 지원 없이는 성공적이지 않을 수 있다. 따라서 개인들에게 사회적 지원이 목표달성에 얼마나 중요한 역할을 하는지 알려야 한다. • 지인들은 목표달성에 대한 사회적 및 도덕적 지원을 제공함으로써 도움을 줄 수 있다.	달리기 동호회나 스터디 그룹에 참여하여 다른 사람들과 함께 운동하고 서로 격려한다. 가족이나 친구들에게 목표를 알리고 응원을 요청한다. 온라인 커뮤니티에서 정보를 공유하고 질문에 답변한다. 멘토나 코치를 찾아 전문적인 조언과 피드백을 받는다. 스포츠 관련 행사나 대회에 참여하여 동기부여를 높인다.
목표설정에 대한 개인 헌신 유도	• 개인은 헌신과 도전 없이는 목표를 달성할 수 없다. 따라서 진척 상황을 파악하고 일관된 피드백을 받기 위해 꾸준히 노력해야 한다. • 목표달성을 위해 직접적 또는 간접적인 노력을 기울여야 한다.	매일 운동 계획을 세우고 실행한다. 운동 목표달성 여부를 정기적으로 평가하고 기록한다. 어려움이 있을 때 포기하지 않고 긍정적인 태도를 유지한다. 운동 목표를 달성하기 위한 전략을 개발하고 개선한다. 자신의 운동 과정을 SNS 등을 통해 공유하고 동기부여를 유지한다.
참가자의 성격 특성 고려	• 사람들이 목표를 설정할 때 개인의 성격 특성을 고려하는 것이 중요하다. • 개인의 동기부여 및 목표 지향성과 함께 목표설정 프로세스의 기능에 대한 고려가 목표설정에 영향을 미친다. • 성취도가 높은 사람들은 성공을 달성하기 위해 높은 동기부여를 가지고 있으며 도전적이지만 현실적인 목표를 채택하기 쉬움.	내향적인 사람은 혼자 운동하는 것을 선호할 수 있다. 1:1 멘토링 프로그램을 제공한다. 외향적인 사람은 다른 사람들과 함께 운동하는 것을 선호할 수 있다. 그룹이나 온라인 커뮤니티 참여를 권장한다. 경쟁추구자는 목표달성을 위해 경쟁을 즐기는 경향이 있다. 목표달성 경쟁을 개최한다. 협력적인 사람은 다른 사람들과 함께 훈련 계획을 세우고 목표를 달성하려는 경향이 있다. 팀 운동 참여를 권장한다.

표 5-5. 5가지 차원의 목표설정 유형을 활용하여 목표를 공식화하라

목표설정 유형에 따른 목표 공식화		
구체성	특정 목표는 명확하게 정의된 최종 상태를 가진다.	비특정 목표는 달성에 필요한 정확한 수행수준이 모호하거나 분산되어 있다.
근접성	단기 목표는 비교적 짧은 시간 안에 달성 가능한 목표	장기 목표는 장기적인 투자와 헌신을 필요로 하는 목표이다.
행동 지향	접근 목표는 긍정적인 결과를 얻는 데 초점을 맞춘다.	회피 목표는 바람직하지 않은 상태를 피하는 데 초점을 맞춘다.
목표 목적	학습 목표는 특정 작업 기술이나 지식개발에 초점	수행 목표는 개인의 능력을 검증하고 다른 사람들에게 인정받는 데 초점
참여 기간	단일성과 목표는 일단 달성되면 추가적 작업 불필요	지속적 성장 목표는 지속적인 노력과 유지가 필요하다.

표 5-6. 설정한 목표를 분석하라

적용 범위	이미 목표를 설정한 클라이언트	목표설정에 어려움을 겪는 클라이언트
목표설정 어려움 겪는 클라이언트	〈양식 D〉의 목표 공식 조언을 시작 가이드로 활용	〈양식 D〉 p.??
5가지 차원 분류	모든 목표가 항상 5가지 차원으로 분류되는 것은 아니다.	예시: "다음 여름휴가 예약"은 학습 목표나 수행 목표가 아니다. 목적: 임의 범주화 강요가 아닌 목표설정 분석 및 개선인식 도모
치료 및 코칭 활용	심리치료 또는 코칭 중에 실제 활용 가능한 가이드	상담사의 활용: 클라이언트 목표설정 및 달성 돕기
핵심 내용	5가지 차원으로 목표 공식 분석 및 개선 목표설정의 어려움 겪는 클라이언트에게도 활용 가능	5가지 차원 분류의 한계 인식 필요 심리 치료 및 코칭 가이드로 활용 가능

4. 목표설정 실행을 위한 접근

4.1 목표달성을 위한 체계적인 접근

접근방식 가이드를 통해 목표를 명확하게 설정하고, 분석하고, 개선하여 성공적인 삶을 위한 첫걸음을 내딛는 초석이 될 수 있다. 이 가이드는 앞의 내용을 활용하여 목표를 공식화하고 분석하는 것이다. 5가지 차원을 사용하여 목표를 분석하고 개선하는 것이다〈예시 3〉. 이 접근방식은 목표설정에 어려움을 겪는 고객도 유용하며, 심리 치료 또는 코칭 중에 실제 활용 가능한 가이드 역할을 할 수 있다. 목표설정은 성공적인 삶의 핵심 요소이다. 명확하고 측정 가능한 목표는 동기를 부여하고, 방향을 제시하며, 진행상황을 추적하는 데 도움을 준다. 제시된 양식지를 잘 활용한다.

- 명확하고 측정 가능한 목표설정
- 5가지 주요 차원을 기반으로 목표 분석
- 목표 유형의 장단점 이해
- 개선이 필요한 목표에 대한 전략수립

√ 활용 팁

- 이 가이드는 이미 목표를 설정한 경우에도 유용하다.
- 목표설정에 어려움을 겪는 경우 〈양식 D〉의 목표 공식 조언을 참고하라.
- 모든 목표가 5가지 차원으로 분류될 수 있는 것은 아니다.
- 이 가이드는 심리 치료 또는 코칭 중에 실제로 활용될 수 있는 가이드 역할을 할 수 있다.

예시 3 **5단계 분석 가이드**

구체성	• 명확하고 측정 가능한 목표는 동기부여와 진행상황 추적에 도움이 된다.	"10kg 감량하기"는 구체적인 목표이며, "체중 감량하기"는 모호한 목표이다.
근접성	• 달성 가능한 시간 범위 내에 목표를 설정하면 동기를 유지하고 포기하지 않도록 도와준다.	"다음 달까지 5kg 감량하기"는 근접성이 있는 목표이며, "1년 안에 100kg 감량하기"는 달성하기 어려울 수 있는 목표이다.
행동 지향	• 구체적인 행동을 명시하면 목표달성을 위한 계획을 세우고 실행하는 데 도움이 된다.	"매일 30분 운동하고, 건강한 식단을 유지하기"는 행동 지향적인 목표이다.
목표 목적	• 목표 목적을 명확히 하면 동기부여와 목표달성 방향 설정에 도움이 된다.	"건강을 위해 5kg 감량하기"는 목표 목적이 명확한 목표이다.
참여 기간	• 목표 유형에 따라 지속적 노력이 필요한 지속적 성장목표와 단기결과 달성을 위한 단일성과 목표를 구분할 수 있다.	"건강한 식습관을 유지하기"는 지속적 성장 목표(프로세스 목표)이며, "10km 달리기 대회 완주하기"는 단일성과 목표이다.

1단계: 목표 나열

- 현재 추구하고 있는 최대 7개의 목표를 나열한다.
- 크거나 작은 목표 모두 포함시킨다.
- 양식 A를 사용할 수 있다.
- 완성된 예시는 양식 F를 참고한다.

〈양식 A〉 개인적 목표	
목표 & 1	
목표 & 2	
목표 & 3	
목표 & 4	
목표 & 5	
목표 & 6	
목표 & 7	

〈양식 F〉 개인적 목표의 예	
목표 & 1	회사에서 전략적 협업에 대한 보고서를 마무리하는 중
목표 & 2	스페인어 말하기 배우기
목표 & 3	내년 여름휴가 예약하기
목표 & 4	직장에서 다음 프레젠테이션을 하는 동안 부정적인 피드백을 받지 않음
목표 & 5	건강하게 지내기
목표 & 6	연말에 10,000USD 보너스 받기
목표 & 7	큰아들이 수업을 반복하지 못하게 하는 것

2단계: 다양한 유형의 목표 이해

목표는 구체성, 근접성, 행동 지향, 목표 목적, 참여 기간 등 다양한 차원으로 분류될 수 있다.

- B의 양식은 목표 유형 분류에 대한 개요를 제공한다.
- 주의 깊게 읽고 이해한다.

〈양식 B〉 5가지 차원의 목표 유형 분류에 대한 개요

차원	종류	설명	예시	평가질문	예시
구체성	명확	명확히 정의된 최종 상태의 목표	나는 1장을 쓸 것이다.	목표가 달성 가능한 시간 범위 내에 설정되어 있는가?	"다음 달까지 5kg 감량하기"
	모호	달성에 필요한 정확한 성능 수준이 모호하거나 분산된 목표	나는 글쓰기를 할 것이다.		
근접성	단기	가까운 미래에 달성 가능한 목표	내일, 나는 챕터 X를 쓸 것이다.	목표가 명확하고 측정 가능한 수준으로 구체적인가?	"10kg 감량하기"
	장기	장기 투자와 헌신이 필요한 목표	연말까지 두 권의 책을 출판할 것이다.		
행동 지향	접근	긍정적 결과를 향해 나아가는 데 초점을 맞춘 목표	나는 챕터 4를 쓰기 시작할 것이다.	목표달성을 위한 구체적인 행동을 명시했는가?	"매일 30분 운동하고, 건강한 식단을 유지하기"
	회피	바람직하지 않은 상태로부터 벗어나는 데 초점을 맞춘 목표	나는 챕터 4를 끝내지 않도록 노력할 것이다.		
목표 목적	학습	특정 작업 기술 또는 지식 개발이나 습득하는 데 초점을 맞춘 목표	나는 이 과정을 완료하여 글쓰기 기술을 향상시킬 것이다.	목표는 능력 향상 또는 성과 달성 등의 목적을 명확하게 설정했는가?	"건강을 위해 5kg 감량하기"
	수행	개인의 능력 검증과 다른 사람들에게 그 능력에 대한 긍정적 평가를 추구하는 데 초점을 맞춘 목표	나는 이 과정을 우수하게 완료하여 다른 사람에게 인정받는 글쓰기 실력을 보여줄 것이다.		
참여 기간	지속적 성장	지속적인 행동이 필요한 목표	매일 3페이지를 쓸 것이다.	목표는 지속적인 노력이 필요한 프로세스 목표인지, 단일한 결과 달성을 위한 단일성과 목표인가?	"건강한 식습관을 유지하기"(지속적 성장 목표), "10km 달리기 대회 완주하기"(단일성과 목표)
	단일성과	일단 달성되면 추가적인 행동이 필요하지 않은 목표	나는 이 기사를 발표할 것이다.		

3단계: 목표 분석

- 단계 2에서 학습한 목표 유형 지식을 사용하여 단계 1에서 작성한 목표 목록을 분석한다.
- 5가지 목표 차원을 고려하여 각 목표에 가장 적합한 유형을 파악한다.
- 양식 C의 평가 양식을 사용한다.
- 각 목표에 대해 해당 유형 열에 X를 표시한다.
- 분류가 어려운 경우 해당 차원 열은 비워둔다.
- 완성된 예시는 양식 G 참고

〈양식 C〉 5가지 차원의 목표유형 평가

차원	종류	설명	목표 1	목표 2	목표 3	목표 4	목표 5	목표 6	목표 7
구체성	명확	명확하게 정의된 최종 상태를 가진 목표							
	모호	달성에 필요한 정확한 수행 수준이 모호하거나 분산된 목표							
근접성	단기	비교적 짧은 시간 안에 달성 가능한 목표							
	장기	장기적인 투자와 헌신이 필요한 목표							
행동 지향	접근	긍정적인 결과를 향해 나아가는 데 초점을 맞춘 목표							
	회피	바람직하지 않은 상태를 피하는 데 초점을 맞추는 목표							
목표 목적	학습	특정 기술 또는 지식을 개발하거나 습득하는 데 초점을 맞춘 목표							
	수행	개인의 능력을 검증하고 다른 사람들에게 인정받는 데 초점을 맞춘 목표							
참여 기간	프로세스	지속적인 노력과 유지가 필요한 목표							
	최종 상태	일단 달성되면 추가적인 행동이 필요하지 않은 목표							

〈양식 G〉 완성된 목표 분석 양식 사례

차원	종류	목표 1	목표 2	목표 3	목표 4	목표 5	목표 6	목표 7
근접성	단기	X						
	장기		X					
특이성	명확							
	모호							X
행동 지향	접근							
	회피			X				
목표 목적	학습					X		
	수행							
참여 기간	지속성장							
	단일결과						X	

4단계: 목표 평가

- 각 목표 유형에는 장점과 단점이 있다.
- 목표 분석결과를 바탕으로 각 목표의 효과성과 도움을 평가한다.
- 양식 D는 각 목표 유형의 장단점을 요약한 것이다.
- 표를 사용하여 각 목표를 평가한다.
- 개선이 필요한 목표가 있다면 양식 E에 개선방안을 간략하게 설명한다.

〈양식 D〉 5가지 목표 유형의 장점과 단점

차원	유형	장점	단점	조언의 예
구체성	명확한 목표	* 더 큰 의지 * 성과를 정확하게 평가하기 쉬움	* 더 어렵다고 인식 * 덜 달성 가능하다고 인식	* 목표를 최대한 명확하고 구체적으로 설정하여 진행상황을 객관적으로 측정하고 평가하세요. 목표달성을 위한 구체적인 계획과 실행 단계를 수립하고, 목표달성 여부를 판단할 명확한 기준을 설정하는 것이 중요합니다.
	모호한 목표	* 덜 어렵고 달성 가능하다고 인식 * 성과 변동성이 더 높음	* 의지가 덜 생김 * 실패감을 느낄 가능성이 적음	* 모호한 목표는 초기에는 부담감을 줄여줄 수 있지만, 장기적으로는 동기부여 저하와 성과 평가의 어려움을 야기할 수 있습니다. 목표를 설정할 때에는 최대한 구체적으로 표현하고, 목표달성을 위한 구체적인 계획과 실행 단계를 수립하는 것이 중요합니다.
근접성	단기목표	* 상세 계획 가능 * 끈기 및 자기효능감 향상 * 관리 가능 * 모니터링 용이	* 장기목표보다 동기부여 효과 낮음 * 성취 시 조기 자만감과 휴식을 유발하여 지속적 노력 저해 가능	* 단기목표는 구체적인 계획 수립과 실행을 통해 빠른 성취감을 얻을 수 있도록 설정하세요. 단기목표를 달성했을 때에는 적절한 보상을 통해 동기를 유지하고, 다음 단계의 목표를 설정하여 지속적인 성장을 추구하는 것이 중요합니다.
	장기목표	* 계획의 유연성 확보 * 단기목표보다 동기부여 효과 높음	* 진행상황 모니터링 어려움 * 장기목표는 "작은 성공" 경험 부족	* 장기목표는 큰 그림을 그리고 장기적인 비전을 설정하는 데 도움이 됩니다. 장기목표달성을 위해서는 구체적 실행 계획을 수립하고, 중간목표를 설정하여 꾸준한 진행상황 점검이 중요합니다. 또한, 장기목표를 달성 시 얻을 수 있는 긍정적 결과에 집중하여 동기부여 하는 것이 중요합니다.
행동 방향	접근목표	* 더 동기부여 효과가 높음	* 실패나 거절을 두려워하는 사람들에게는 부자연스럽게 느껴질 수 있음	* 긍정적인 결과를 얻기 위해 접근 목표를 설정하되, 실패에 대한 두려움을 관리하고 구체적인 계획과 측정 가능한 지표를 통해 진행상황을 꾸준히 점검하세요.
		* 높은 수준의 성과를 이끌어낼 수 있음	* 모니터링하기 어려움	* 긍정적인 마음가짐을 유지하고 성취를 통해 얻을 수 있는 보상을 시각화하는 것이 동기부여에 도움이 됩니다.
	회피목표	* 원하는 결과를 얻을 수 있음	* 부정적인 결과를 초래할 수 있음	* 부정적인 결과를 피하기 위한 회피목표는 단기적인 안정감을 줄 수 있지만, 장기적으로는 긍정적인 성장을 저해할 수 있습니다.
		* 평온함과 안도감을 제공함	* 더 많은 부정적인 생각을 유발할 수 있음	* 회피목표를 설정할 때도 긍정적 측면에 집중하고, 회피할 상황을 구체적으로 정의하여 명확한 목표를 설정하세요. 또한, 회피목표를 달성했을 때 얻을 수 있는 긍정적인 결과에 집중하여 동기를 부여하는 것이 중요합니다.

〈양식 E〉 목표의 개선방안

목표 1	간략히 기술	
	개선할 점	
목표 2	간략히 기술	
	개선할 점	
목표 3	간략히 기술	
	개선할 점	
목표 4	간략히 기술	
	개선할 점	
목표 5	간략히 기술	
	개선할 점	
목표 6	간략히 기술	
	개선할 점	
목표 7	간략히 기술	
	개선할 점	

4.2 목표 시각화 훈련

목표 시각화(goal visualization) 훈련은 미래 사건에 대한 정신적 심상(정신적 시뮬레이션, 목표 시각화, 상상된 미래라고도 함)으로 사람들이 "가능성을 상상하고 그러한 가능성을 실현하기 위한 계획을 개발"하는 데 도움이 되는 기술을 말한다(Taylor, Bandura, & Jourdain, 1998, p.429).

참고 목표 시각화의 효과

효과	• 성공에 대한 기대치를 높임, 동기부여와 정서적 참여를 강화함. • 계획 및 문제해결 조치를 시작함으로써 목표 지향적인 행동을 촉진함.
유형	• 결과 중심 이미지: 원하는 결과를 구상하고 구체적이고 구체적인 계획을 식별하는 데 도움이 됨. • 프로세스 중심 이미지: 목표달성 프로세스를 시각화하고 목표 추구를 위한 실행 계획을 세우도록 안내함.
연구결과	• 가능한 자아에 대한 정신적 이미지는 목표설정 및 목표 지향적 행동 촉진에 도움이 됨(Oyserman, Bybee, & Terry, 2006). • 미래의 성공을 상상하면 수행능력이 향상됨(Ruvolo & Markus, 1992). • 미래 사건에 대한 심상은 그러한 사건이 발생할 가능성을 증가시킴(Johnson & Sherman, 1990). • 정신적 심상은 운동 능력 향상, 충동성 개선, 알코올 중독자 재발률 감소, 치료 조기 종료 감소 등의 효과가 있음(Johnson & Sherman, 1990).

1) 주의할 점

• 사람들은 매일의 작은 개선의 가치를 과소평가하는 경향이 있다.

• 그들은 목표를 달성하기 위해 극단적인 조치를 취해야 한다고 잘못 믿는다.

• 따라서 그들은 종종 실패의 두려움을 경험하거나 이러한 극단적인 행동을 계속 수행하기가 단순히 불가능하다고 인식한다.

• 전문가는 고객이 시간이 지남에 따라 이러한 변화가 어떤 영향을 미칠 수 있는지에 대한 영향을 알리는 방식으로, 변화에 중점을 둘 수 있도록 도와야 한다.

예) 전문가는 고객의 목표에 대한 진전 상황을 추적하고 지금까지 이룬 총진전량에 대해 충분한 시간을 할애함으로써 고객의 자기효능감을 강화하고 계속 진행할 동기를 부여할 수 있다.

• 하나의 습관이 작은 증가 단계로 실현되면 해당 프로세스 목표를 지원하는 기존 습관 위에 다른 습관을 개발할 수 있다.

• 연구결과에 따르면 습관을 형성하는 데 걸리는 시간은 18일에서 254일까지 다양할 수 있다(Lally, van Jaarsveld, Potts, & Wardle, 2010).

2) 시행 방법

• 긍정적인 정신적 상상에 집중하도록 유도: 클라이언트에게 원하는 결과에 도달하는 방법을 포함하는 긍정적인 정신적 상상에 집중하도록 권장, 결과 자체에만 국한되지 않도록 한다.

• 긍정적인 기대에 기반한 정신적 상상 육성 장려: 클라이언트에게 실현 가능한 미래 사건에 기반한 긍정적인 기대를 갖도록 권장, 긍정적인 기대가 동기부여에 더 효과적이다. 〈표 6〉은 시행 방법을 단계별로 구분한 내용이다.

√ 1단계의 목표 시각화 연습 스크립트를 읽으면서 상상해 본 후 숙달되면 원고 없이 상상해 본다.

√ 2단계의 연습평가지에 심상 경험을 기술한다.

표 6. 단계별 목표 시각화 연습 스크립트

1단계 목표 시각화 연습 스크립트	
안내(1분)	"시작하려면 자리에 편안히 앉아 부드럽게 눈을 감으세요.(30초) 몇 번 깊고 천천히 숨을 쉬며 긴장을 풀어보세요. 제가 잠시 동안 여러분에게 말씀드릴 테니, 여러분은 듣고 상상하는 것에 집중하시면 됩니다. 잠들지 않도록 최선을 다하고 긴장을 풀고 상상에 몰입하세요."
목표설정(2분)	"이제 인생의 내년에 성취하고 싶은 목표에 대해 생각해 보세요.(1분) 이는 관계, 교육, 개인 또는 업무 관련 목표일 수 있습니다. 잠시 시간을 내어 이 목표를 머릿속에 그려보세요."
미래 시각화(5분)	"이제 이 개인적인 목표를 염두에 두고 시간을 거슬러 미래로 가는 자신의 모습을 상상해 보세요.(1분) 한 주 앞으로… 두 주… 세 주… 그리고 4주가 지났습니다. 이제 앞으로 한 달이 남았고, 목표달성을 위해 노력하기 시작했습니다. 성공으로 가는 길에 서 있는 당신은 어떤 모습일까요? 어떤 결정을 내리고 어떤 조치를 취했으며, 이 길에 서 있는 기분은 어떠한가요?(2분)"
6개월 후(2분)	"상상력을 발휘하여 앞으로 6개월 후의 미래로 이동해 보세요.(1분) 목표달성에 한층 더 가까워졌고, 모든 노력의 보상을 느끼기 시작했습니다. 지금 기분은 어떠한가요? 목표에 가까워진 기분을 표현해 보세요. 이 순간과 관련된 감정이나 감정을 알아차리는 것도 중요합니다.(1분)"
1년 후(1분)	"지금으로부터 1년 후, 목표를 완전히 달성한 당신의 모습을 상상해 보세요.(30초) 마음속으로 자신을 시각화하고, 어디에 있고 무엇을 하고 있는지, 누구와 함께 있는지 생각해 보세요. 사람들이 당신에게 뭐라고 말하고 있고, 당신은 그들에게 무엇을 말하고 있을까요?"
감정(1분)	"목표에 도달한 기분은 어떠한가요?(30초) 이 성과에는 어떤 감정이 관련되어 있을까요? 자부심, 기쁨, 만족감, 성취감 등 다양한 감정을 느낄 수 있습니다."
여정 되돌아보기(2분)	"이제 목표달성 과정을 되돌아보세요.(30초) 당신의 모든 수고와 노력을 되돌아보고, 단계별로 목표를 달성해 나간 방법을 생각해 보세요. 성공을 위해 매일 했던 작은 일들은 무엇이었으며, 직장, 관계 등 다양한 측면에서 어떤 노력을 했는지 기억해 보세요.(1분)"
성공 전략(2분)	"성공을 위해 내부적으로 어떤 노력을 했는지 생각해 보세요.(30초) 어려운 생각과 감정적 장애물을 어떻게 관리했으며, 어떤 대처전략을 사용했는지 기억해 보세요. 도중에 나타난 개인적인 문제를 관리하는 데 도움이 된 모든 것을 떠올려 보세요.(1분)"
마무리(1분)	"이제 운동이 끝났습니다. 깊고 천천히 숨을 쉬며 편안하게 느껴보세요. 준비가 되면 부드럽게 눈을 뜨세요."

2 단계 목표 시각화 연습 평가지

- 이 시각화를 직접 해보니 어떠했나요?

- 이 연습을 통해 무엇을 배웠나요?

- 이 연습을 통해 어떤 통찰력을 얻었습니까?

- 목표달성을 위해 어떤 계획을 세우셨습니까?

- 목표에 더 가까이 다가갈 수 있는 통찰력이 있습니까? 있다면 아래에 나열하십시오.

4.3 습관 형성을 위한 접근

습관 형성은 삶의 질 향상과 목표달성에 필수적인 요소이다. 하지만, 새로운 습관을 형성하고 유지하는 것은 쉽지 않은 일이다. 다행히도, 습관 형성을 돕는 다양한 접근방식들이 존재한다. 3가지 주요 접근방식인 급격한 변화, 점진적 변화, 청킹을 이용할 수 있다.

1) 급격한 변화

- 처음부터 원하는 행동을 과감하게 시작하는 방식이다. 극적인 변화를 통해 빠른 결과를 얻을 수 있다는 장점이 있지만, 급격한 변화는 압도감을 줄 수 있으며, 유지가 어려울 수 있다는 단점이 있다.

예) 농구 선수 마이클 조던: 젊은 시절 훈련 부족으로 비판받았던 마이클 조던은 극적인 변화를 통해 성공적인 선수로 거듭났다. 그는 훈련 시간을 대폭 늘리고, 엄격한 영양 관리를 시작하며, 자신감과 집중력을 향상시키기 위한 노력을 기울였다. 이러한 급격한 변화는 그의 실력을 급격히 향상시키고 NBA 최고의 선수가 되는 데 큰 역할을 했다.

2) 점진적 변화

- 원하는 행동을 작은 단계로 나누어 점차적으로 늘려나가는 방식이다. 급격한 변화에 비해 부담감이 적고, 장기적인 유지 가능성이 높다는 장점이 있지만, 결과 도출에 시간이 걸릴 수 있다는 단점이 있다.

예) 테니스선수 로저 페더러: 테니스 역사상 최고의 선수 중 한 명으로 평가받는 로저 페더러는 젊은 시절부터 꾸준한 노력을 통해 자신의 실력을 향상시켰다. 그는 처음부터 뛰어난 재능을 보여준 것이 아니라, 꾸준한 훈련과 경험을 통해 점차적으로 실력을 키워나갔다. 이러한 점진적 변화는 그를 테니스 역사상 최고의 기록으로 이끌었다.

3) 청킹

- 더 오랜 기간 동안 더 작은 단위로 원하는 행동을 수행하는 방식이다. 급격한 변화와 점진적 변화의 장점을 결합하여 빠르고 지속 가능한 습관 형성을 돕는다.

예) 골프선수 타이거 우즈: 골프 역사상 최고의 선수 중 한 명으로 평가받는 타이거 우즈는 샷을 청킹 전략으로 나누어 연습했다. 그는 드라이브, 어프로치, 퍼팅 등 각 샷을 여러 개의 단계로 나누고, 각 단계에 집중하며, 정확성과 일관성을 향상시켰다. 이러한 청킹 전략은 그의 샷 능력을 크게 향상시키고, 수많은 우승을 거머쥐는 데 큰 역할을 했다.

TIP 습관 형성을 위한 다양한 접근방식의 예

급격한 변화	처음부터 행동을 과감하게 바꾸십시오.	매일 1시간 운동 시작
점진적 변화	원하는 행동의 적은 양으로 시작하여 점진적으로 늘리십시오.	하루 2분 명상으로 시작하여 매주 2분씩 늘려 목표 40분 달성
청킹	더 오랜 기간 동안 더 작은 단위로 원하는 행동을 수행하십시오.	매일 20분씩 글을 써서 책 쓰기 목표달성

4.4 목표설정의 문제점 인식과 수정

목표설정은 성과 향상과 동기부여를 높여주는 강력한 기술이지만, 제대로 하려면 까다로운 것이다. 목표설정 프로그램을 설계하고 실행하는 과정에서 다음 〈표 6〉과 같은 문제에 직면할 수 있다.

표 7. 목표설정의 문제점과 해결 방법

문제	내용	해결 방법
너무 많은 목표설정	여러 목표를 동시에 설정하면 관리하기 어렵고 흥미를 잃을 수 있다.	중요도에 따라 목표에 우선순위를 정하고 순차적으로 달성해야 한다.
개인 차이 인식 실패	목표설정에 관심이 없는 사람도 있다는 사실을 인정해야 한다.	타인에게 강제로 목표를 설정하지 말고, 동기부여하고 관심 있는 사람들과 협력 • 추가 팁: 성공적인 개인의 목표설정 사례를 공유하여 목표설정을 시작하도록 유도한다.
목표의 불명확성	행동적 용어로 명확한 목표설정이 중요하다.	경기력 향상 기술의 구체적인 특성을 목표설정 프로그램에 적용해야 한다. • 추가 팁: 목표설정 시 목표를 측정 가능하고 구체적으로 만들 수 있는지 항상 확인한다.
비현실적 목표설정	현실적이지 않은 목표를 변경하는 것이 어려운 사람들이 있다.	목표를 변경하는 것이 어려움을 인정하고 필요한 경우 목표를 변경하는 적절성 강조한다. • 추가 팁: 비현실적인 목표를 현실적인 목표로 변경하려 노력해야 한다.
결과목표에 과도한 집중	보상 압박 때문에 결과목표에 과도하게 집중하는 경향이 있다.	교육 과정 전반에 걸쳐 과정목표를 강조해야 한다. • 추가 팁: 훌륭한 과정이 일반적으로 최상의 결과로 이어진다고 지속적으로 강조한다.
평가적 피드백 부족	후속 조치와 평가적 피드백은 목표설정에서 중요한 역할을 한다.	후속 및 피드백 계획을 필수적으로 수립하고 비판적으로 검토해야 한다. • 추가 팁: 후속 조치 및 평가 피드백 없이 목표설정을 하는 것은 시간과 노력 낭비이다.
시간 계획 부족	목표설정에는 시간 투자가 필요하다.	목표설정에 투자할 수 있는 시간을 고려해야 한다. • 추가 팁: 교육 세션 동안 주당 반 시간을 목표설정에 투자하는 것이 효과적이다.
기술 관련 목표에 과도한 집중	종종 기술 관련 목표에만 초점을 맞추는 경향이 있다.	목표설정에는 기술 이외의 다양한 기법들이 고려되어야 한다. • 추가 팁: 목표설정을 위한 기술 이외의 다양한 측면에 주목해야 한다.
지원적 환경 부족	목표설정 프로그램에는 헌신적이고 지원적인 환경이 필요하다.	긍정적인 태도를 가지고 지원적인 분위기를 조성해야 한다. • 추가 팁: 목표설정 환경으로 좋은 청취 기술, 진실된 태도, 긍정적 생활 접근방식을 개발한다.

목표설정과 실행에 문제가 있다면 수정할 수 있다. 목표를 수정하는 것은 쉽지 않지만 불가능하지는 않다. 먼저 목표를 상향 또는 하향 조정해야 하는 이유를 논의하고, 목표 변경이 필요하다면 조정을 목표와 관련된 일부로 만들어야 한다. 목표를 수정할 때는 수정할 목표가 달성 가능한지를 판단해야 한다. 목표달성 과정에서 발생하는 어려움을 극복하지 못하면 도전을 포기할 수 있기 때문이다. 다음은 목표수정 과정의 몇 가지 문제점이다.

- 명확한 근거 부족: 목표를 수정해야 하는 명확한 이유나 근거가 부족한 경우, 무작정 목표를 변경하는 것은 오히려 혼란을 야기할 수 있다.
- 현실적인 조정 부족: 목표를 너무 쉽게 만들거나 어렵게 만들어서 동기부여가 떨어지거나, 목표달성이 불가능해지는 경우가 발생할 수 있다.
- 원래 목표와 일관성 부족: 수정된 목표가 원래 목표의 핵심 내용과 동떨어져 있는 경우, 목표설정의 본래 목적을 달성하지 못할 가능성이 높다.
- 계획 및 전략 부족: 목표를 수정한 이후 구체적인 실행 계획이나 전략을 세우지 않으면, 목표달성에 어려움을 겪을 수 있다.

평 가 문 항

1. SMART 목표의 특징에 해당하는 것은 무엇인가?
㉠ 쉽고 간단해야 한다.
㉡ 구체적이고 측정 가능해야 한다.
㉢ 달성 가능성이 낮아야 한다.
㉣ 시간제한이 없어도 된다.

2. 목표설정 단계 중 목표를 구체적으로 정의하고 계획하는 단계는 무엇인가?
㉠ 목표설정
㉡ 계획 수립
㉢ 실행
㉣ 평가

3. 목표달성을 위해 노력하는 과정에서 어려움을 겪을 때 사용할 수 있는 효과적인 전략은 무엇인가?
㉠ 목표를 포기하고 새로운 목표를 설정한다.
㉡ 목표를 더 작은 단계로 나누고, 각 단계별 달성 기간을 설정한다.
㉢ 목표달성을 위해 도움을 청하지 않는다.
㉣ 목표달성 여부를 자주 확인하고, 스스로에게 보상을 준다.

4. 목표설정이 개인에게 미치는 긍정적인 영향 중 다음에 해당하는 것은 무엇인가?
㉠ 불안과 스트레스를 증가시킨다.
㉡ 우울감과 무기력감을 유발한다.
㉢ 자기효능감을 향상시킨다.
㉣ 동기부여와 참여를 감소시킨다.

5. 과정목표는 선수의 노력 정도를 평가하는 데 사용된다. (O / X)

6. SMART 목표는 항상 장기적인 목표여야 한다. (O / X)

7. 목표설정은 개인의 (　　)를 명확하게 하여 목표달성에 도움을 준다.

8. 목표를 달성하기 위해서는 구체적인 계획을 수립하고, 지속적인 (　　)가 필요하다.

9. SMART 목표설정 원칙 중, 목표가 달성 가능해야 한다는 것을 의미하는 것은 무엇인가?
㉠ 구체적(Specific)
㉡ 측정 가능한(Measurable)
㉢ 현실적(Realistic)
㉣ 시간제한(Time-bound)

10. 목표설정 프로그램의 후속 단계에서 가장 중요한 활동은 무엇인가?
㉠ 개인 및 그룹 목표설정
㉡ 목표설정 미팅 개최
㉢ 정기적인 목표 평가
㉣ 목표설정 프로그램 구성

11. 목표설정 문제점 중, 목표를 너무 많이 설정하는 것을 해결하기 위한 방법은 무엇인가?
㉠ 목표설정 프로그램에 참여하는 사람들에게 강제로 목표를 설정하도록 한다.
㉡ 개인의 관심과 능력을 고려하여 목표를 설정하도록 한다.
㉢ 목표설정 프로그램에 대한 교육을 실시한다.
㉣ 목표설정 프로그램을 자주 개선한다.

12. 목표 수정 과정에서 발생하는 문제점 중, 현실적인 조정이 부족한 경우 발생할 수 있는 문제는 무엇인가?
㉠ 목표를 너무 쉽게 만들거나 어렵게 만들어 동기부여가 떨어진다.
㉡ 목표를 달성하기 위한 구체적인 계획을 세우지 않아 실행력이 부족하다.
㉢ 목표달성 과정에서 발생하는 어려움을 극복하지 못하여 포기한다.
㉣ 목표설정 프로그램에 대한 불만이 증가한다.

13. 목표설정 프로그램을 진행하기 전에 프로그램의 목적과 목표를 명확하게 설정하는 것이 중요하지만, 이 단계는 생략해도 무방하다. (O / X)

14. SMART 목표설정 원칙을 활용하여 개인의 목표를 설정하는 것은 목표설정 프로그램의 중요한 단계이지만, 참여자들이 설정한 목표를 달성하기 위한 구체적인 계획을 수립하도록 지원하는 것은 필수적인 단계는 아니다. (O / X)

15. 목표설정 프로그램에서 정기적인 목표 평가 및 피드백을 제공하는 것은 중요하지만, 후속 관리를 통해 참여자들의 목표달성 여부를 지속적으로 확인하는 것은 필수적인 단계는 아니다. (O / X)

16. 목표설정 시 행동적 용어를 사용하면 목표달성 여부를 객관적으로 측정할 수 없기 때문에 사용을 피하는 것이 좋다. (O / X)

17. 목표설정 시 행동적 용어를 사용하면 참여자들이 목표를 실천 가능한 수준으로 구체화할 수 있도록 돕지만, 동기부여에는 큰 영향을 미치지 않는다. (O / X)

18. 목표설정 시 행동적 용어를 사용하면 목표를 단순화하고 단조롭게 만들 수 있어 참여자들의 참여 의지를 저하시킬 수 있다. (O / X)

모범답안 및 해설

1. ㉡ SMART 목표는 Specific(구체적), Measurable(측정 가능), Achievable(달성 가능), Relevant(관련성 있는), Time-bound(시간제한 있는)의 특징을 가져야 한다. 쉽고 간단해야 한다는 조건은 SMART 목표의 특징이 아니다.

2. ㉡ 목표설정 단계는 크게 목표설정, 계획 수립, 실행, 평가의 4단계로 나눌 수 있다. 목표를 구체적으로 정의하고 계획하는 단계는 계획 수립 단계에 해당된다.

3. ㉡ 목표달성을 위해 노력하는 과정에서 어려움을 겪을 때 목표를 포기하는 것은 해결책이 아니다. 오히려 목표를 더 작은 단계로 나누고, 각 단계별 달성 기간을 설정하는 것이 효과적이다. 또한, 목표달성을 위해 주변 사람들에게 도움을 청하고, 목표달성 여부를 자주 확인하고, 스스로에게 보상을 주는 것도 도움이 된다.

4. ㉢ 목표설정은 개인에게 다음과 같은 긍정적인 영향을 미친다.
   - 동기부여와 참여 증진: 명확한 목표를 가지고 있는 개인은 목표달성을 위해 더 열심히 노력하고, 더 높은 수준의 성취를 위해 노력하며, 포기하지 않고 끈기 있게 목표를 향해 나아갈 가능성이 높아진다.
   - 불안과 스트레스 감소: 목표설정은 개인에게 방향감을 제시하고, 훈련과정에서 발생하는 어려움을 극복할 수 있는 힘을 부여한다. 이는 불안과 스트레스를 감소시키고, 긍정적인 사고방식을 유지하는 데 도움이 된다.
   - 자기효능감 향상: 목표달성은 개인에게 성취감과 자신감을 심어준다. 이는 개인의 자기효능감을 높여, 더 높은 목표를 설정하고 도전하도록 동기를 부여한다.

5. (O) 과정목표는 선수의 노력 정도를 평가하는 데 사용될 수 있다. 선수가 경기 중에 얼마나 열심히 노력했는지, 얼마나 집중했는지 등을 평가하는 데 활용될 수 있다.

6. (X) SMART 목표는 장기적인 목표뿐만 아니라 단기적인 목표도 될 수 있다. 중요한 것은 목표가 구체적이고 측정 가능하며, 달성 가능하고, 관련성이 있으며, 시간제한 있는지 여부이다.

7. (방향) 목표설정은 개인의 방향을 명확하게 하여 목표달성에 도움을 준다. 명확한 목표를 가지고 있는 개인은 무엇을 해야 하고 어디로 가야 하는지 알 수 있기 때문에, 더 효율적으로 노력하고 목표를 달성할 가능성이 높아진다.

8. (노력) 목표를 달성하기 위해서는 구체적인 계획을 수립하고, 지속적인 노력이 필요하다. 계획만 세우고 노력하지 않는다면 목표를 달성하기 어렵다. 또한, 목표달성 과정에서 발생하는 어려움을 극복하기 위해 지속적인 노력이 필요하다.

9. ㉢ SMART 목표설정 원칙 중, 목표가 달성 가능해야 한다는 것을 의미하는 것은 현실적(Realistic) 요소이다. 목표가 너무 쉽거나 어려울 경우, 목표달성에 대한 동기부여가 떨어지거나 목표달성이 불가능해질 수 있다. 따라서 현실적인 목표를 설정하는 것이 중요하다.

10. ㉢ 목표설정 프로그램의 후속 단계에서 가장 중요한 활동은 정기적인 목표 평가이다. 정기적인 목표 평가를 통해 목표달성 여부를 확인하고, 목표달성에 어려움을 겪는 부분을 파악하여 개선할 수 있다. 또한, 정기적인 목표 평가는 참여자들에게 동기부여를 제공하고, 목표달성에 대한 책임감을 높이는 데 도움이 된다.

11. ㉡ 목표를 너무 많이 설정하는 것을 해결하기 위한 방법은 개인의 관심과 능력을 고려하여 목표를 설정하도록 하는 것이다. 개인이 관심 있는 목표를 설정하고, 자신의 능력에 맞는 목표를 설정할 때, 목표달성에 대한 동기부여가 높아지고, 목표달성 가능성이 높아진다.

12. ㉠ 목표 수정 과정에서 발생하는 문제점 중 현실적인 조정이 부족한 경우 목표를 너무 쉽게 만들거나 어렵게 만들어 동기부여가 떨어지는 문제가 발생할 수 있다. 목표가 너무 쉬우면 목표달성에 대한 도전 의식이 부족하고 목표달성 후의 성취감이 낮아진다. 반면에 목표가 너무 어려우면 목표달성이 불가능하다고 판단하여 포기하게 될 수 있다. 따라서 목표 수정 과정에서 현실적인 조정을 통해 적절한 수준의 목표를 설정해야 한다.

13. (X) 목표설정 프로그램을 효과적으로 실행하기 위해서는 프로그램의 목적과 목표를 명확하게 설정하는 것이 필수적인 첫 단계이다. 프로그램의 목적과 목표를 명확하게 설정하지 않으면, 프로그램 진행 방향이 불분명해지고 참여자들의 참여도가 떨어질 수 있다.

14. (X) SMART 목표설정 원칙을 활용하여 개인의 목표를 설정하는 것은 참여자들이 현실적이고 달성 가능한 목표를 설정하는 데 도움이 되는 중요한 단계이다. 또한, 참여자들이 설정한 목표를 달성하기 위한 구체적인 계획을 수립하도록 지원하는 것은 참여자들의 목표달성 가능성을 높이는 데 중요한 역할을 한다.

15. (X) 목표설정 프로그램에서 정기적인 목표 평가 및 피드백을 제공하는 것은 참여자들이 자신의 목표달성 진행상황을 파악하고 개선할 수 있도록 돕는 중요한 단계이다. 또한, 후속 관리를 통해 참여자들의 목표달성 여부를 지속적으로 확인하고 필요한 지원을 제공하는 것은 프로그램의 효과를 지속적으로 유지하는 데 중요한 역할을 한다.

16. (X) 목표설정 시 행동적 용어를 사용하면 목표달성 여부를 명확하고 객관적으로 측정할 수 있어 목표달성 수준을 파악하는 데 도움이 된다. 예를 들어, "매달 10kg 체중 감량"보다는 "매주 2kg씩 체중 감량"이라는 행동적 용어를 사용하면 목표달성 여부를 명확하게 확인할 수 있다.

17. (X) 목표설정 시 행동적 용어를 사용하면 참여자들이 목표달성을 위한 구체적인 방법을 모색하고 실천하는 데 도움이 되어 동기부여를 높일 수 있다. 또한, 목표달성 과정에서 작은 성취감을 경험할 수 있도록 하여 지속적인 동기를 유지하는 데 도움이 된다.

18. (X) 목표설정 시 행동적 용어를 사용하면 목표를 구체적이고 명확하게 제시하여 참여자들의 참여 의지를 높일 수 있다. 또한, 목표달성 과정에서 다양한 방법을 시도하고 창의적인 해결책을 모색하도록 하여 참여 과정을 풍부하고 재미있게 만들 수 있다.

현장실습

1. 다음은 줄다리기 전국 생활체육 대회(3개월 후)를 위한 목표설정 실습과제이다.

가. 과제의 목적: 팀 목표설정의 중요성을 이해하고, SMART 목표설정 원칙을 실제 전국 생활체육 줄다리기 대회에 적용하는 능력을 향상시키는 데 목적이 있다. 팀원들과 협력하여 현실적이고 달성 가능한 목표를 설정하고, 이를 달성하기 위한 구체적인 계획을 수립하는 실습을 통해 팀워크와 소통 능력을 향상시킬 수 있다.

나. 팀을 구성하고 다가오는 대회를 선정하여 생활체육현장에 목표설정 기법을 적용한다.

☞ 대회 선정: 2024년 10월 전국 생활체육 대회 줄다리기 대회(남자 일반 8인)

다. 다음 내용을 바탕으로 양식을 참고하여 과제를 수행한다.

☞ 팀원들의 체력 수준과 줄다리기 경험을 고려하여 현실적이고 달성 가능한 SMART 목표를 설정하시오.

☞ 목표달성을 위해 필요한 구체적인 계획을 수립하고, 각 단계별 책임자, 필요한 자원, 예상 기간, 평가지표를 명시하시오.

☞ 수립된 계획을 실행하고, 정기적으로 진행상황을 평가하여 필요에 따라 계획을 조정하고 개선하시오.

☞ 훈련 및 경기결과를 분석하여 성과와 개선점을 도출하고, 향후 계획을 수립하시오.

SMART 목표설정	
☞ Specific(구체적)	•2024년 10월 전국 생활체육 줄다리기 대회에서 2위 입상
☞ Measurable(측정 가능)	
☞ Achievable(달성 가능)	
☞ Relevant(관련성)	
☞ Time-bound(시간제한)	
1) 목표달성 계획 수립	
☞ 주요 단계 및 활동	• 훈련 계획 수립 • •
☞ 필요한 자원	• 훈련 장소 • •
☞ 예상 기간	• 각 단계별 예상 소요 시간 • •
☞ 평가지표	• 계획 진행상황 및 목표달성 여부 평가지표 • •
2) 계획 실행 및 평가	• 수립된 계획 실행 • •
3) 결과 보고서 작성	☞ 팀 경기결과 및 목표달성 여부 요약 보고서 작성
☞ 보고서 내용	• 팀 경기 개요 • 설정된 SMART 목표 • 목표달성 계획 • 계획 실행 결과 • 경기결과 및 목표달성 여부 • 성과 및 개선점 • 향후 계획

2. 습관 형성을 위한 4단계 시행 계획을 다음의 단계에 따라 연습해 본다.

1단계: 목표설정

- 영원히 바꾸고 싶은 것을 생각해 보세요.
- 구체적인 목표를 설정하고 이를 글로 적어 두세요.
- 목표를 달성했을 때 어떤 이점이 있을지 생각해 보세요.

2단계: 작업 선택

- 목표를 달성하기 위해 필요한 사항을 파악합니다.
- 작고 관리하기 쉬운 작업으로 시작하십시오.
- 작업을 수행할 시간과 장소를 결정합니다.

3단계: 접근방식 선택

- 급격한 변화, 점진적 변화, 청킹 중 하나를 선택합니다.
- 자신에게 가장 적합한 접근방식을 선택하십시오.
- 필요하면 접근방식을 조정하십시오.

4단계: 행동 시작

- 계획을 실행하는 것부터 시작하십시오.
- 꾸준히 노력하고 포기하지 마십시오.
- 작은 성공에도 스스로에게 칭찬을 해주세요.

나의 습관 형성을 위한 계획 만들기	
나의 목표	이것이 내가 영원히 바꾸고 싶은 것이다.
해야 할 일	내 목표를 위해 필요한 것을 나열하고, 작고 쉬운 것부터 시작하자. 언제, 어디서
접근방식	내 목표를 어떤 식으로 변화시킬 것인가? 급격히, 천천히 등등
나의 계획	이것이 내가 이 새로운 습관을 만들고 내 목표를 실현하는 방법이다.

9장.

심상훈련과 상담

1. 심상과 수행향상

1.1 심상의 이해

심상은 실제 감각이 없는 상태에서 다양한 지각의 결합을 경험하는 것을 의미한다(Moran, 2004, p.133). 시각 이미지를 보거나, 움직임을 이미지로 느끼거나, 냄새, 맛, 소리와 같은 감각적 측면을 실제 자극 없이 경험하는 것을 포함한다. 스포츠 맥락에서 심상은 기억 정보에서 생성된 경험의 창조 또는 재창조이며, 준-감각적, 준-인지적, 그리고 준-정동적 특징을 갖는다(Morris, Hutchison, & Steggles, 2005, p.19). 또한 이미지 제작자의 의지적 통제하에 있으며, 실제 경험과 일반적으로 연관된 실제 자극전구 물질이 없는 경우에 발생할 수 있다. 선수와 코치 사이에서 심상훈련은 수행향상을 위해 가장 많이 행하는 정신 전략이다(장덕선, 2014; 장덕선, 김용승, 유진, 안현숙, 2005; 유진, 장덕선, 1998). 연구에 따르면, 캐나다 올림픽 선수의 99%가 훈련 준비 전략으로 이미지를 사용한다고 보고되었다(Orlick & Partington, 1988). 또한, 높은 수준의 선수나 경험이 많은 선수는 일반적으로 낮은 수준의 선수나 경험이 적은 선수보다 심상 전략을 더 많이 사용한다(Cumming & Hall, 2002a; 2002b; Salmon, Strauss, & Smith, 1994).

운동 이미지는 어떤 동작이나 행동을 실제와 유사하게 정신적으로 경험하거나 상상하는 능력을 의미하며, 신체적 움직임 없이도 정신적으로 특정 운동을 시뮬레이션하는 과정이다(Guillot & Collet, 2008). 운동 이미지는 시각적, 운동감각적, 청각적 정보를 활용하여 운동을 정신적으로 상상하는 능력을 강조한다. 선수의 세밀한 상상훈련은 자발적인 조절을 유도하고, 이는 효과적인 훈련으로 이어진다. 운동을 상상하고 반복하면서 운동 패턴을 익히고, 이를 실제 경기상황에 적용할 수 있다. 또한 운동 이미지를 통해 성공적인 수행을 상상하면 자신에 대한 확신이 강화되어 경기력에 긍정적인 영향을 줄 수 있으며, 경기 전이나 중에 긴장과 스트레스를 감소시키고 안정성을 유지할 수 있도록 돕는다.

- 심상훈련의 효과
  - √ 운동 패턴 습득: 운동을 상상하고 반복하면서 운동 패턴을 익히고, 이를 실제 경기상황에 적용할 수 있다.
  - √ 자신감 강화: 성공적인 수행을 상상하면 자신에 대한 확신이 강화되어 경기력에 긍정적인 영향을 줄 수 있다.
  - √ 스트레스 감소: 경기 전이나 중에 긴장과 스트레스를 감소시키고 안정성을 유지할 수 있도록 돕는다.
  - √ 기술 숙련: 정신적으로 기술을 반복하여 실제 수행에서 더 정확하고 효율적으로 수행할 수 있도록 돕는다.
  - √ 새로운 기술습득: 실제 수행 전에 정신적으로 시뮬레이션하여 새로운 기술을 더 쉽고 빠르게 습득할 수 있도록 돕는다.
  - √ 의사결정 향상: 경기상황을 정신적으로 시뮬레이션하여 더 빠르고 정확하게 의사결정을 내릴 수 있도록 돕는다.
  - √ 경쟁 압박감 감소: 스트레스를 관리하고 자신감을 높여 경쟁 압박감을 감소시키는 데 도움이 된다.
- 심상의 종류
  - √ 기술적 이미지: 기술의 완벽한 실행에 중점을 둔다.
  - √ 전술적 이미지: 게임 전략과 의사결정에 중점을 둔다.
  - √ 정서적 이미지: 자신감과 동기를 높이는 데 중점을 둔다.

1.2 스포츠와 심상훈련

스포츠 심상훈련은 다양한 감각을 활용하여 실제와 유사한 정신적 경험을 만들어내는 과정이 포함되어 있다. 심상훈련의 목표는 정신적 강화와 더불어 경기 전략을 시뮬레이션하고 문제해결 능력을 향상시키고, 부상으로 인한 훈련 공백기간 동안 운동 감각을 유지하고 회복을 돕는다. 심상 개입은 선수들의 심상 능력을 평가하고, 개인의 목표와 요구에 맞는 전략을 개발하여 효과적인 심상훈련을 지원하는 과정을 말한다. 구체적인 심상개입 방법은 다음과 같다.

1) 선수의 이미지 능력 평가

- 선수가 심상을 얼마나 효과적으로 활용할 수 있는지 다양한 평가 도구를 통해 측정한다.

- 시각, 청각, 운동 감각 등 다양한 감각을 활용한 심상 능력과 심상 조절 능력을 평가한다.
- 평가 결과를 바탕으로 선수의 강점과 약점을 파악하고, 개인에게 맞는 심상훈련 프로그램을 설계한다.

2) 선수의 목표와 요구에 맞는 이미지 전략 개발

- 선수의 개인적인 목표와 필요를 고려하여 맞춤형 심상훈련 프로그램을 개발한다.
- 기술 향상, 정신력 강화, 경기 전략 개발, 부상회복 등 다양한 목표에 따라 심상훈련 내용을 구성한다.
- 선수가 훈련과 경기상황에서 효과적으로 심상을 활용할 수 있도록 구체적인 전략을 제시한다.

3) 심상 기술 연습 방법 교육

- 선수에게 효과적으로 심상을 사용하는 다양한 방법을 교육한다.
- 다감각적 심상, 내적/외적 심상, 심상 조절 등 심상 기술의 원리와 연습 방법을 설명한다.
- 선수가 실제 상황에서 심상 기술을 적용할 수 있도록 다양한 연습 기회를 제공한다.

4) 심상 사용 모니터링 및 피드백 제공

- 선수의 심상훈련 과정을 지속적으로 모니터링하고 피드백을 제공한다.
- 선수가 심상훈련을 통해 목표를 달성하고 있는지 평가하고, 필요에 따라 훈련 내용을 수정한다.
- 선수가 심상훈련에 대한 동기를 유지하고 지속적으로 발전할 수 있도록 격려하고 지원한다.
- 심상훈련 개입은 선수들이 자신의 심상능력을 최대한 활용하여 경기력을 향상시키고 목표를 달성하는 데 중요한 역할을 한다.

참고 효과적인 심상훈련 전략

심상훈련의 일상화	• 일상적인 환경에서 운동을 상상하도록 권장한다. • 일상생활 속의 이미지 훈련을 통해 운동을 더 자연스럽게 내면화하고, 이를 실제 수행으로 이어지게 한다. • 일상생활에서 운동 이미지를 상상할 수 있도록 일정 시간을 할애하고, 이를 하루의 루틴에 통합하는 방법을 습득시킨다.
감각적 질 향상	• 운동의 감각적인 요소를 강화시키기 위해 다양한 감각을 포함시켜 운동 이미지를 상상하도록 한다. • 시각, 청각, 그리고 촉각 등 오감을 이용한 감각을 동원하여 풍부한 운동 이미지를 형성할 수 있다. • 다양한 감각 운동 이미지 훈련을 진행한 후 실제 훈련 및 경기상황에 적용하여 오감이 활성화되어 있도록 한다.
운동 이미지 훈련의 개별화	• 각 선수의 개인적인 성격, 강점, 약점 등을 고려하여 운동 이미지 훈련을 개별화시킨다. • 각 선수가 자신에게 맞는 이미지를 사용하여 훈련하면 수행향상에 도움이 된다. • 개별상담을 통해 각자에게 적합한 이미지 훈련전략을 개발하고, 이를 통해 개인 운동기술과 심리요인을 향상시키도록 한다.
운동 이미지와 실제 수행의 연결	• 운동 이미지 훈련을 실제 기술이나 동작에 직접 연결시킨다. • 훈련 중에 실제 운동 실행을 상상하고, 이 운동 이미지를 실제 행동에 연결하도록 한다. • 훈련 중에 실제 운동 실행 장면을 적극 상상하도록 유도하고, 상상된 이미지와 실제 행동 사이의 일관성을 강조한다.

2. 심상의 이론

2.1 심리생리적 정보처리이론

1) 주요 특징 및 핵심 내용

심리생리적 정보처리이론((Psychophysiological Information Processing Theory)은 정신연습의 효과를 인간의 정보처리 과정과 생리적 반응과의 관계를 통해 설명하는 이론이다(Lang, 1979). 이 이론에 따르면 정신연습은 실제 운동수행과 유사한 정보처리 과정을 활성화시키고, 이는 생리적 반응을 유발하여 운동기술 향상에 도움을 준다고 주장한다. 즉, 심리적인 정보(마음속에서의 상상, 시뮬레이션)와 생리적인 반응(생체 신호, 생리적 반응) 간의 연결이 강할수록 보다 효과적이다.

(1) 주요 특징

- 정보처리 과정: 심리생리적 정보처리이론은 정신연습이 인간의 정보처리 과정을 활성화한다. 이 과정은 인지적 과정(정보의 인식, 부호화, 저장, 인출), 운동 계획(운동동작의 순서, 타이밍, 강도, 방향 등의 결정), 생리적 반응(심박수, 근육긴장도, 호흡변화 등의 조절) 등이 복합적으로 작용하는 과정이다.
- 생리적 반응: 심리생리적 정보처리이론은 정신연습이 실제 운동수행과 유사한 생리적 반응을 유발한다. 이 반응은 심박수, 근육긴장도, 호흡변화 등을 포함하며, 이는 신경계와 근골격계의 활동을 조절하고, 운동동작의 정확성과 유연성을 증진시킨다.
- 운동기술 향상: 심리생리적 정보처리이론은 정신연습이 정보처리 과정과 생리적 반응을 최적화하여 운동기술 향상에 도움을 준다. 이는 정신연습이 실제행동과 결과에 대한 표상을 강화하고, 운동동작의 자동화와 안정화를 촉진하며, 운동 불안과 스트레스를 감소시키는 효과를 가진다고 설명한다.

(2) 핵심 내용

- 정신적 과정과 생리적 반응의 통합: 상상, 시뮬레이션과 같은 정신적 과정은 심박수, 근육수축과 같은 생리적 반응과 밀접하게 연결되어 있다. 예를 들어, 역도선수가 금메달을 목에 걸고 있는 모습을 생생하게 상상하면 심박수가 증가하고 근육이 긴장되는 것을 느낄 수 있다. 즉, 우리의 생각과 감정은 단순히 정신적인 영역에만 국한되는 것이 아니라, 몸의 변화에도 직접적인 영향을 미치고 있다는 것을 의미한다.
- 중추신경계와 자율신경계의 상호작용: 정신적 과정은 중추신경계를 통해 생리적 반응을 조절한다. 예를 들어, 목표달성을 위한 전략을 세우는 과정은 대뇌피질에서 활성화를 유발하고, 이는 시상하부를 통해 교감신경계와 부신수질축을 활성화하여 심박수 증가, 근육긴장, 호흡변화 등을 유발한다. 반대로, 생리적 반응은 자율신경계를 통해 정신적 과정에 영향을 미친다. 예를 들어, 심박수 증가와 근육긴장은 편도체와 해마의 활성화를 유발하여 감정과 기억에 영향을 미치고, 이는 다시 운동동작과 행동에 영향을 미칠 수 있다.

(3) 수행에 미치는 영향

- 행동 선행 및 향상: 선수들은 특정 행동을 상상함으로써 중추신경계를 활성화시키고, 이를 통해 행동의 선행과 향상을 이룰 수 있다.
- 생리적 반응 제어: 상상이나 시뮬레이션을 통해 선수는 생리적 반응을 제어하고 긴장을 완화하며, 이는 수행에 긍정적 영향을 미칠 수 있다.
- 자기모니터링 및 피드백: 선수는 상황을 상상하면서 자기모니터링을 하고 피드백을 받음으로써 실제 수행을 향상시킬 수 있다.

참고 심리생리적 정보처리 반응과 연구결과

중추신경계	자율신경계	예시
뇌와 척추신경으로 구성	교감신경계와 부교감신경계로 구성	•스트레스 상황에서 교감신경계가 활성화되면 심박수 증가, 호흡 곤란, 근육긴장 등의 생리적 반응이 나타난다. 이러한 반응은 스트레스에 대한 인지와 해석을 더욱 부정적으로 만들고, 스트레스 해소를 더욱 어렵게 만들 수 있다. •반면, 명상이나 요가와 같은 이완 활동은 부교감신경계를 활성화하여 심박수 감소, 호흡 안정, 근육이완 등의 생리적 반응을 가져온다. 이러한 반응은 스트레스 감소, 불안 완화, 정신적 안정에 도움을 준다.
의식적인 운동 조절	의식적인 조절 불가능	
사고, 감정 처리	심박수, 호흡, 소화, 체온 등 생리적 기능 조절	

심리생리적 정보처리이론을 지지하는 연구결과

- Lang(1979): 공포증 환자의 연구에서 심상하는 동안 생리적 반응이 크게 나타날수록 더 큰 행동변화가 수반된다는 것을 발견했다. 이는 심상이 실제 상황과 유사한 감정과 행동을 유발한다는 것을 보여준다.
- Heker & Kaczor(1988): 친숙한 운동 불안 장면을 상상하는 동안 심박수가 다른 장면을 상상하는 것보다 의의 있게 더 증가된다는 것을 발견했다. 이는 심상이 운동수행과 관련된 생리적 반응을 활성화시킨다는 것을 보여준다.
- Suinn(1983): 상상운동행동 시연(VMBR) 모델을 제시하며 심상이 시각, 청각, 촉각, 근운동감각, 정서적 단서를 포함하는 경험의 전체적인 재통합에 관련된다는 것을 주장했다. 이는 심상이 다양한 정보처리 과정을 통합적으로 활용한다는 것을 보여준다.

2) 심리생리적 정보처리 심상훈련 가이드라인과 전략

심리생리적 정보처리이론의 특징과 핵심 내용을 바탕으로 심상훈련 전략 및 가이드라인을 통해 선수들은 심리생리적 정보처리이론에 기반한 효과적인 심상훈련을 수행하고, 경기력을 향상시킬 수 있다. 〈사례 1〉의 심리생리적 정보처리 심상훈련 프로그램: 역도 올림픽 금메달을 향한 도전을 통하여 어떻게 활용 가능한지 확인해 보자.

(1) 심상훈련 가이드라인

훈련 환경 조성	조용하고 편안한 환경에서 훈련을 진행하여 심상에 집중할 수 있도록 한다. 필요에 따라 음악, 조명, 아로마 등을 활용하여 심상 효과를 높일 수 있다.
훈련 전 준비	심상훈련 목표를 명확히 설정하고, 훈련 내용을 미리 계획한다. 실제 운동 상황과 유사한 복장이나 장비를 착용하여 심상 몰입도를 높일 수 있다.
훈련 중 실행	다양한 감각을 활용하여 최대한 생생하게 상상한다. 내적 및 외적 심상을 번갈아 사용하며 실제 운동수행과 유사한 감각과 느낌을 경험하게 한다. 심상 중 생리적 변화를 관찰하고 필요에 따라 호흡 조절, 근육 이완 등을 통해 생리적 반응을 조절한다.
훈련 후 평가 및 기록	심상훈련 후 자신의 심상 경험, 생리적 반응, 감정 등을 기록한다. 기록 내용을 분석하여 심상훈련의 효과를 평가하고 개선점을 파악한다.
지속적인 훈련	정기적이고 꾸준한 심상훈련을 통해 심상능력을 향상시킨다. 실제 운동 훈련과 심상훈련을 병행하여 시너지 효과를 높인다.

(2) 심상훈련 전략

다감각적 심상 강화	단순히 시각적 이미지뿐 아니라 청각, 촉각, 후각, 미각 등 모든 감각을 활용하여 실제와 최대한 유사한 심상 생성 예) 골프스윙 시 클럽이 잔디를 스치는 소리, 손에 전해지는 클럽의 진동, 공이 날아가는 궤적 등을 생생하게 상상한다.
생리적 반응과의 연계	심상훈련 중 심박수, 호흡, 근긴장도 등 생리적 변화를 관찰하고 조절하는 연습 병행 예) 경기 전 긴장감을 느끼는 선수는 심상훈련을 통해 심박수를 안정시키고 근육 이완을 유도하는 연습을 한다.
개인 맞춤형 시나리오 개발	선수의 목표, 경험, 선호도 등을 고려하여 개인에게 최적화된 심상 시나리오 구성 예) 특정 기술 향상이 필요한 선수는 해당 기술을 반복적으로 상상하는 시나리오를 개발하고, 경기 전 불안감을 느끼는 선수는 성공적인 경기 수행을 상상하는 시나리오를 구성한다.
피드백 & 자기 모니터링 강화	심상훈련 후 자신의 심상 경험과 생리적 반응을 기록하고 분석 이를 통해 심상훈련의 효과를 평가하고 개선점을 파악하여 훈련 내용을 수정한다.

2.2 상징학습이론

1) 주요 특징 및 핵심 내용

상징학습이론(Symbolic Learning Theory)은 정신연습의 효과를 인지적 관점에서 설명하는 이론으로, 상징지각 가설이라고도 불린다. 이 이론에 따르면 정신연습 참여자들은 과제의 상징적 구성요소를 인지적으로 계획하고 준비하기 때문에 실제 수행(외현적 운동)에 도움을 받는다는 것이다. 따라서 상징적 리허설은 인지 요인이 우세한 기술 학습을 촉진시킬 수 있다는 주장이다. 또한 상징학습은 학습과 기억의 핵심 요소로서 기호와 부호를 강조한다. 이 이론은 인간이 상징 체계를 사용하여 정보를 저장하고 전달한다고 주장하며, 특히 언어가 상징학습에서 중요한 역할을 한다고 강조한다. 상징학습이론은 스포츠 심상훈련에 효과적으로 적용될 수 있는 이론적 기반을 제공한다. 다양한 전략과 가이드라인을 통해 선수들이 상징적 학습을 활용하여 수행을 개선하도록 돕는다. 언어, 기호, 모델링 등의 다양한 수단을 활용하여 선수들이 상징학습을 효과적으로 적용할 수 있도록 지원하는 것이 중요하다.

참고 **상징학습이론을 지지하는 연구결과**

- Sackett(1934, 1935) & Perry(1939): 미로 추적과 같은 상징적 요소가 높은 과제에서 심상연습이 언어 또는 외현적 시연보다 더 큰 수행 효과를 끌어낸다는 것을 발견했다.
- Ryan & Simons(1981): 상징적 요소가 높은 과제에서 정신연습 집단과 신체연습 집단이 모두 똑같이 향상되었으며, 두 집단 모두 통제 집단보다 의의 있게 향상된 것을 발견했다.
- Feltz & Landers(1983) & Oslin(1985): 메타분석 결과 상징과제에 관한 정신연습의 효과 크기가 운동과 근력 과제의 정신연습 효과 크기보다 크다는 것을 발견했다.

(1) 주요 특징

- 중추신경계에서의 프로그램화: 상징학습이론은 정신연습 과정에서 모든 운동의 실행이 중추신경계에 프로그램화된다고 주장한다. 즉, 정신연습은 실제 운동을 하기 전에 뇌에서 운동 계획을 세우는 과정이라고 볼 수 있다.
- 인지 요인의 중요성: 상징학습이론은 정신연습의 효과가 과제의 인지적 요소에 의해 영향을 받는다고 강조한다. 따라서 과제에 인지적 요소가 많을수록 정신연습의 효과가 더 크다는 것을 의미한다.
- 초기 학습 단계에서의 효과: 상징학습이론은 정신연습이 특히 기술 학습의 초기 단계에서 효과적이라고 주장한다. 이는 초기 단계에서는 운동기술에 대한 인지적 이해가 중요하기 때문이다.

(2) 핵심 내용

- 정보저장 및 전달: 인간은 언어를 사용하여 사물, 개념, 사건에 대한 정보를 효과적으로 처리하고 전달하며 기억에 저장한다.
- 추상적 사고 및 문제해결: 상징을 사용하여 추상적 개념을 이해할 수 있으며, 이를 통해 논리적 사고와 문제해결에 기여한다.
- 행동 유도 및 조절: 상징은 외부 내부 반응 간에 매개체 역할을 하여 행동을 유도하거나 조절한다.
- 사회적 상호작용: 상징학습이론은 사회적 상호작용이 학습에 중요한 역할을 한다고 간주한다. 다른 사람과의 의사소통 및 상호작용은 새로운 기호 및 상징을 배우고 이해하는 데 도움이 되기 때문이다.

2) 상징학습 심상훈련 가이드라인과 전략

상징학습이론의 특징과 핵심 내용을 바탕으로 심상훈련 전략 및 가이드라인을 통해 선수들은 상징학습이론에 기반한 효과적인 심상훈련을 수행하고, 경기력을 향상시킬 수 있다. 체조선수의 종목별 〈사례 2〉, 〈사례 2-1〉, 〈사례 2-2〉의 프로그램을 통하여 상징학습이론에 근거한 심상훈련을 어떻게 활용 가능한지 확인해 보자.

(1) 심상훈련 가이드라인

상징 체계 구축	선수와 코치가 함께 기술, 전략, 목표 등을 상징화할 수 있는 체계를 구축한다. 상징 체계는 선수들이 쉽게 이해하고 기억할 수 있도록 단순하고 명확해야 한다.
언어적 표현의 명확성	코치는 선수들에게 기술이나 전략을 설명할 때 명확하고 구체적인 언어를 사용한다. 상징적인 언어를 사용할 때에는 선수들이 오해하지 않도록 충분히 설명하고 이해를 확인한다.
모델링 활용	성공적인 선수나 팀의 경기 영상을 활용하여 선수들이 상징적 학습을 할 수 있도록 돕는다. 모델링 영상을 분석하고, 핵심 동작이나 전략을 상징적인 언어로 설명한다.
피드백 구체성 및 상징성	피드백을 제공할 때, 선수의 행동과 연관된 구체적인 상징적 이미지나 비유를 활용한다. 피드백은 긍정적인 강화와 함께 개선점을 제시하여 선수가 스스로 발전할 수 있도록 돕는다.
자기 주도적 학습 환경 조성	선수들이 스스로 상징 체계를 활용하여 학습하고 발전할 수 있도록 자기 주도적인 학습 환경을 조성한다. 선수들에게 자기 모니터링 도구를 제공하고, 스스로 목표를 설정하고 평가할 수 있도록 돕는다.
지속적인 상징학습	상징학습은 단기간에 이루어지는 것이 아니라, 지속적인 노력과 반복을 통해 효과를 볼 수 있다. 선수들은 꾸준히 상징학습을 통해 자신의 기술과 전략을 발전시켜야 한다.

(2) 심상훈련 전략

기술 및 전략의 상징화	복잡한 기술이나 전략을 단순화된 상징이나 기호로 표현하여 선수의 이해와 기억을 돕는다. 예) 특정 전술을 화살표나 도형으로 표현하거나, 기술의 핵심 동작을 특정 단어나 이미지로 상징화한다.
모델링과 상징학습 연계	성공적인 선수나 팀의 경기 영상을 분석하고, 핵심 동작이나 전략을 상징적인 언어 또는 기호로 설명한다. 선수가 모델의 행동을 단순히 모방하는 것을 넘어, 상징적 의미를 이해하고 자신의 상황에 적용할 수 있도록 돕는다.
언어적 표현과 심상 결합	기술이나 전략을 설명할 때 상징적인 언어와 함께 구체적인 심상 요소를 제시한다. 예) "마치 표범처럼 빠르게 움직여"라는 언어적 표현과 함께 표범의 움직임을 상상하도록 유도한다.
피드백의 상징적 연결	피드백을 제공할 때, 선수의 행동과 연관된 상징적인 이미지나 비유를 활용한다. 예) "당신의 스윙은 마치 뻣뻣한 막대와 같았어요. 좀 더 유연한 활처럼 스윙해야 해요"와 같이 피드백을 제공한다.
자기 모니터링 및 상징적 행동 계획	선수가 자신의 행동을 스스로 평가하고 개선할 수 있도록 상징적인 체크리스트나 자기 평가 도구를 제공한다. 선수가 특정 상황에서 어떤 상징적인 행동을 할지 미리 계획하고, 실제 상황에서 이를 적용하도록 돕는다.

사례 1 심리생리적 정보처리 심상훈련 프로그램: 역도 올림픽 금메달을 향한 도전

목표: 올림픽 역도 경기에서 금메달 획득

프로그램 안내: 안녕하세요, 역도선수 여러분! 오늘은 심리생리적 정보처리이론을 기반으로 여러분의 심리적, 기술적 능력을 향상시키는 심상훈련 프로그램을 소개합니다. 이 프로그램은 정보 입력, 정보 해석, 반응 결정, 반응 실행의 네 단계로 구성되어 있으며, 각 단계에서 선수 여러분의 인지, 감정, 행동에 영향을 미치는 다양한 심리적, 생리적 요인을 고려합니다.

준비물: 편안한 공간, 편안한 옷, 물 한 잔

1. 준비 단계

- 편안한 자세와 긍정적 사고: 조용한 공간에서 편안하게 앉거나 누워 눈을 감고 심호흡을 통해 마음과 몸을 편안하게 합니다. 긍정적인 사고방식을 유지하며 목표달성에 대한 자신감을 높입니다.
- 오늘 훈련 목표설정: 달성하고 싶은 목표를 구체적으로 생각해 봅니다.(예: 스내치 120kg 성공, 클린 앤 저크 150kg 완벽 수행)

정보 입력 단계	오감 정보	• 시각: 밝은 경기장, 관중들, 금메달, 완벽한 역도복, 코치와 전략 협의, 집중력 높이는 마음챙김, 바벨 잡는 순간, 성공적 리프팅 후 힘찬 포즈 • 청각: 코치 지시, 성공적인 리프팅 후 칭찬, 바벨과 플랫폼 충돌 소리 • 촉각: 바벨 감촉, 성공적인 리프팅 후 짜릿함, 땀으로 젖은 손바닥 • 미각: 물 한 잔의 상큼한 맛, 성공적인 리프팅 후 느끼는 달콤한 땀 맛 • 후각: 체육관 땀 냄새, 관중들의 열기와 함성, 냄새와 어우러진 자신만의 향
	생리적 정보	• 심박수: 리프팅 시작 전 약간 증가, 동작 시작과 함께 증가, 성공 후 감소 • 근육긴장: 준비 단계에서 증가, 동작수행 중 최적 긴장 유지, 성공 후 완화 • 호흡: 리프팅 시작 전 심호흡, 동작수행 중 조절, 성공 후 정상 호흡으로 회복
	운동 감각 정보	• 근육 감각: 각 근 그룹 활성화 및 협응, 리프팅 동작에 따른 근수축과 이완, 리프팅 정확도 증대 • 균형 및 동작감각: 바벨 잡고 리프팅 과정에서 중심 유지, 안정적 리프팅과 리프팅 동작정확성, 유연성, 리듬, 타이밍 조절 • 힘 감각: 리프팅에 필요한 적절하고 폭발적인 힘과 지구력 조절, 강력한 리프팅
정보해석단계		• 리프팅 과정 예상: 각 리프팅 동작의 시작부터 끝까지 예상되는 상황을 구체적으로 상상 • 체력, 기술, 동작 난이도 분석: 자신의 체력 수준, 기술 숙련도, 각 리프팅 동작의 난이도를 객관적으로 분석 • 목표달성 전략: 자신의 강점과 약점, 동작 난이도, 경기상황 등을 고려하여 목표달성을 위한 최적의 전략 선택 • 실수 가능성 고려 및 대비전략수립: 리프팅 과정에서 발생 가능한 실수 유형을 예상하고 각 상황에 맞는 대처전략수립
2. 시각화 연습단계		
반응 결정단계		• 자신감 확립: 과거 성공 경험 상기, 강점 강조, 긍정적 암시 반복 • 긍정적 사고방식 강화: 목표에 대한 명확한 비전, 긍정적 사고 유지, 부정적 생각 차단 • 성공적인 리프팅 시나리오 구축: 리프팅 과정 생생하게 상상, 감각 정보 활용, 긍정적 감정 강조 • 집중력 향상: 호흡조절, 외부 요소 차단, 긍정적인 이미지 유지 • 리프팅에 대한 확신: 완벽한 준비에 대한 확신, 자신의 능력에 대한 신뢰, 긍정적 마인드 유지
반응 실행 단계	자동화 동작수행	• 훈련을 통한 자연스러운 움직임: 과거 훈련경험을 바탕으로 각 리프팅 동작을 자연스럽게 수행하는 모습을 생생하게 상상 • 완벽한 동작 연마: 리프팅 시작부터 끝까지 완벽한 동작을 상상하며, 각 단계별 핵심 기술을 집중적으로 연마 • 최적의 기술 구현: 자신의 강점을 최대한 활용하고 약점을 보완하는 최적의 기술을 상상하며 동작에 반영
	최고기술 선보이기	• 자신감 넘치는 리프팅: 자신감 넘치는 태도로 리프팅에 임하며 성공적인 결과를 확신 • 집중력 유지: 외부 요소에 방해받지 않고 리프팅에 집중하며 최고의 결과를 도출 • 긍정적 사고 유지: "나는 할 수 있다", "나는 최고다"와 같은 긍정적인 암시를 반복하며 자신감을 높임
	완벽한 리프팅	• 정확하고 강력한 리프팅: 정확한 동작과 강력한 힘을 발휘하여 리프팅을 성공적으로 완료 • 목표달성: 설정한 목표를 달성하며 성공적인 리프팅의 기쁨을 만끽 • 승리의 감정: 경쟁에서 승리하고 금메달을 목에 걸고 있는 모습을 상상하며 벅찬 감정을 느낌
3. 훈련 상황		
정보 피드백 단계		• 동작분석: 성공 및 실패 요인 파악 • 개선점 도출: 다음 동작 향상을 위한 전략수립 • 성공적인 리프팅 후 긍정적인 피드백 제공, 실패 시 개선점 파악 및 전략 수정
마무리 단계		• 성공적 동작 이미지 각인: 자신감과 긍정적 에너지 유지 • 다음 훈련 계획 수립: 목표설정, 전략 개발, 꾸준한 성장 노력

사례 2 상징학습 심상훈련 프로그램: 체조선수를 위한 상징학습 기반 심상훈련

목 표: 상징학습이론을 활용하여 체조선수의 심리적, 기술적 능력 향상

준비물: 편안한 공간, 편안한 옷, 물 한 잔

훈련 소개	안녕하세요, 체조선수 여러분! 오늘은 상징학습이론을 기반으로 정보저장 및 전달, 추상적 사고 및 문제해결, 행동 유도 및 조절의 세 가지 특징을 활용하여 여러분의 심리적, 기술적 능력을 향상시키는 심상훈련 프로그램을 소개합니다. 이 프로그램은 생생한 시각, 청각, 촉각, 운동 감각, 생리적 반응을 통해 몰입감을 높이고 효과적인 훈련경험을 제공합니다.
1. 준비 단계	• 조용하고 편안한 공간을 마련합니다. • 편안한 옷을 입고, 편안한 자세로 앉거나 눕습니다. • 깊은 호흡을 통해 마음과 몸을 편안하게 합니다.
2. 정보저장 및 전달	• 완벽한 기술동작을 보여주는 자신의 영상을 상상하고, 영상 속 동작의 각 단계를 키워드, 이미지, 그림 등으로 표현하는 모습을 상상합니다. • 코치나 동료에게 기술동작을 설명할 때 사용할 핵심 단어, 이미지, 비유 등을 미리 준비하고 상상합니다. • 실제 훈련에서 코치나 동료에게 기술동작을 설명하고 피드백 받는 모습을 상상하며, 효과적인 의사소통 방법을 익힙니다.
3. 추상적 사고 및 문제해결	• 복잡한 기술동작을 단순한 상징으로 표현하고, 상징을 활용하여 동작의 핵심 요소와 주요 동작들을 분석하는 모습을 상상합니다. • 기술동작수행 과정에서 발생할 수 있는 오류를 미리 예상하고, 각 오류에 대한 해결책을 상징으로 표현하여 상상합니다. • 실제 훈련에서 기술동작 오류를 분석하고, 상상했던 해결책을 적용하여 문제를 해결하는 모습을 상상하며, 문제해결 능력을 향상시킵니다.
4. 행동유도 및 조절	• 목표기술 달성을 위한 구체적인 계획을 세우고, 계획을 단계별 목표, 훈련 일정, 평가방법 등으로 상징화하여 상상합니다. • 훈련과정에서 어려움을 겪거나 집중력이 떨어질 때 사용할 긍정적 이미지, 혼잣말, 격려의 상징을 미리 준비하고 상상합니다. • 실제 훈련에서 목표를 향해 집중하고, 어려움을 극복하며, 목표 기술을 성공적으로 완료하는 모습을 상상하며, 끈기와 자신감을 키웁니다.

사례 2-1 체조 종목별 심상훈련의 예시: 안마

1. 준비 단계		• 조용하고 편안한 공간을 마련합니다. • 편안한 옷을 입고, 편안한 자세로 앉거나 눕습니다. • 깊은 호흡을 통해 마음과 몸을 편안하게 합니다.
2. 정보저장 및 전달	핵심 요소 및 주요 동작 상징화	• 각 동작의 핵심 요소(예: 힘, 유연성, 정확성)를 이미지, 키워드 또는 감각으로 표현합니다. • 주요 동작(예: 스윙, 회전, 착지)을 단계별로 나누어 시각화하고 각 단계의 특징을 상징화합니다. • 각 동작의 각도, 리듬, 타이밍을 시각적 이미지, 청각적 소리, 촉각적 감각으로 연결하여 상상합니다.
	완벽한 동작 영상 상상	• 자신이 완벽한 안마 동작을 수행하는 영상을 생생하게 상상합니다. • 각 단계의 동작, 각도, 리듬, 타이밍을 정확하게 시각화하고 몸으로 느껴봅니다. • 동작수행 과정에서 느끼는 자신감, 즐거움, 성취감을 상상합니다.
	동료 설명 및 피드백 상상	• 동료에게 안마 동작을 설명하는 모습을 상상하며, 핵심 요소, 주요 동작, 각도, 리듬 등을 명확하게 전달하는 것을 목표로 합니다. • 동료로부터 받는 피드백을 긍정적으로 받아들이고 동작 개선에 활용하는 모습을 상상합니다. • 효과적인 의사소통을 위한 다양한 방법(예: 시각 자료 활용, 비유 사용)을 상상하며 연습합니다.
3. 추상적 사고 및 문제해결	동작분석	• 각 동작의 난이도, 위험 요소, 오류 가능성을 분석하고 상징화합니다. • 오류 발생 시 나타나는 신체적 감각, 심리적 상태를 상상하고 기록합니다. • 동작의 성공 여부를 판단하는 핵심 요소를 상징화하고 평가기준을 정립합니다.
	문제해결	• 오류 발생 시 해결책을 상징화하고 실제 동작에 적용하는 모습을 상상합니다. • 다양한 해결책을 비교 분석하고 가장 효과적인 방법을 선택하는 과정을 상상합니다. • 문제해결 과정에서 겪는 어려움을 극복하고 자신감을 키우는 모습을 상상합니다.
	동작 변형 및 창작	• 다양한 동작 변형과 조합을 상징화하여 상상하고 새로운 안마 동작을 창작하는 과정을 상상합니다. • 창작 동작의 난이도, 안전성, 효과성을 평가하고 개선하는 모습을 상상합니다. • 창작 동작을 다른 선수들과 공유하고 피드백을 받는 모습을 상상하며 창의력을 발휘합니다.
4. 행동 유도 및 조절	목표설정	• 목표 동작을 구체적으로 설정하고 달성 가능한 단계별 목표로 나누어 상징화합니다. • 목표달성을 위한 계획을 세우고, 계획을 상징화하여 시각적으로 확인할 수 있도록 합니다. • 목표달성 과정에서 겪는 어려움을 극복하고 목표를 향해 꾸준히 노력하는 모습을 상상합니다.
	집중력 유지	• 동작수행 과정에서 집중력을 유지하고 방해 요소를 차단하는 방법을 상상합니다. • 호흡과 심박수를 조절하여 최적의 상태를 유지하는 모습을 상상합니다. • 긍정적인 혼잣말을 통해 자신감을 유지하고 동기부여를 높이는 모습을 상상합니다.
	성취감 상상	• 성공적인 동작수행 후의 벅찬 기쁨과 성취감을 생생하게 상상합니다. • 목표달성을 축하하는 모습을 상상하며 긍정적인 감정을 강화합니다.

사례 2-2 체조 종목별 심상훈련의 예시

마루 운동		
1. 준비 단계	• 조용하고 편안한 공간을 마련합니다. • 편안한 옷을 입고, 편안한 자세로 앉거나 눕습니다. • 깊은 호흡을 통해 마음과 몸을 편안하게 합니다.	
2. 정보저장 및 전달	• 각 동작의 핵심 요소, 주요 동작, 연결, 착지 등을 키워드, 이미지, 그림으로 표현합니다.	"Tsukahara" 동작 - "회전"(번개 이미지), "점프"(수직 상승 이미지), "착지"(안정적인 낙하 이미지)
	• 코치 또는 동료에게 기술을 명확하고 효과적으로 설명하는 모습을 상상합니다.	"Yurchenko" 동작 설명 - "회전", "점프", "착지" 강조, 시범 동작 보여주며 각 단계 자세하게 설명
3. 추상적 사고 및 문제해결	• 동작의 난이도, 위험 요소, 오류 가능성 등을 상징화하여 분석합니다.	"Vault" 동작 - "난이도 높음"(붉은색 이미지), "위험 요소: 뒤로 넘어질 가능성"(넘어지는 이미지)
	• 오류 발생 시 해결책을 상징화하여 상상하고 실제 동작에 적용합니다.	"Handspring" 동작 - "착지 시 다리가 구부러지는 오류", "발목보호 장비 착용", "적절한 발목각도 유지"(보호장비 이미지, 올바른 각도 이미지)
4. 행동 유도 및 조절	• 목표 기술을 달성하기 위한 계획을 세우고, 계획을 상징으로 표현합니다.	"Triple backflip" 동작달성 계획 - "3개월 내 완벽하게 수행", "매주 3번 훈련", "각 훈련 30분"(달력 이미지, 훈련 이미지, 시간 이미지)
	• 상징을 통해 자신을 격려하고, 목표를 향해 집중합니다.	어려움을 겪을 때 - "나는 할 수 있다", "포기하지 않겠다"(긍정적 혼잣말 이미지)
철봉		
1. 준비 단계	• 조용하고 편안한 공간을 마련합니다. • 편안한 옷을 입고, 편안한 자세로 앉거나 눕습니다. • 깊은 호흡을 통해 마음과 몸을 편안하게 합니다.	
2. 정보저장 및 전달	• 각 동작의 핵심 요소, 주요 동작, 연결, 착지 등을 키워드, 이미지, 그림으로 표현합니다.	"Giant swing" 동작 - "회전"(번개 이미지), "잡기"(손 이미지), "착지"(안정적인 낙하 이미지)
	• 코치 또는 동료에게 기술을 명확하고 효과적으로 설명하는 모습을 상상합니다.	"Tkatchev" 동작 설명 - "회전", "잡기", "착지" 강조, 시범 동작 보여주며 각 단계 자세하게 설명
3. 추상적 사고 및 문제해결	• 동작의 난이도, 위험 요소, 오류 가능성 등을 상징화하여 분석합니다.	"Kip" 동작 - "난이도: 중간", "위험 요소: 팔이 풀릴 가능성"(팔이 풀리는 이미지)
	• 오류 발생 시 해결책을 상징화하여 상상하고 실제 동작에 적용합니다.	"Cast" 동작 - "몸이 뒤로 넘어지는 오류", "코어 근육 강화", "균형 유지 연습"(강화된 근육 이미지, 균형 이미지)
4. 행동 유도 및 조절	• 목표 기술을 달성하기 위한 계획을 세우고, 계획을 상징으로 표현합니다.	"Kolman" 동작 달성 계획 - "6개월 안에 완벽하게 수행", "매주 2번 훈련", "각 훈련 45분"(달력 이미지, 훈련 이미지, 시간 이미지)
	• 상징을 통해 자신을 격려하고, 목표를 향해 집중합니다.	"어려움을 겪을 때" - "나는 할 수 있다", "포기하지 않겠다"(긍정적 혼잣말 이미지)

2.3 모델링이론

1) 주요 특징 및 핵심 내용

정신연습은 과제의 초기단계에서 조직을 형성하고 계획을 세우는 역할을 하기 때문에 초보자에게 도움을 주고, 효과적인 심상 리허설을 하기 위해서는 학습자가 과제에 대한 정확한 내적 표상을 가지고 있어야 한다. 모델링이론(Modelling Theory)은 이러한 과제의 조직이나 내적 표상은 경험이나 모델링을 통해서 얻을 수 있다고 주장한다. 모델링은 관찰자들이 타인이 표현하는 행동을 보고 그것을 재생하는 과정으로, 이것은 다양한 기술행동, 태도, 가치를 배우려는 사람을 위한 학습방법 중 가장 효율적인 방식의 하나이다(Weiss, 1983). 인간행동 변화는 실질적 경험과 대리적 또는 상상적인 경험을 통하여 개인의 자신감 수준을 수정함으로써 스스로의 노력으로 성취할 수 있다(Bandura, 1977).

모델링이론은 정신연습의 효과를 설명하는 중요한 이론으로 모델의 행동을 관찰하고 상상하는 과정을 통해 이루어지며, 운동기술 학습을 위한 효과적인 방법으로 활용될 수 있다. 모델링을 통해 얻은 상징적 표상은 정신연습에서 중요한 역할을 하며, 실제 운동수행능력을 향상시키는 데 도움을 줄 수 있다.

(1) 주요 특징

- 관찰 학습: 타인의 행동을 관찰함으로써 학습이 이루어지며, 이는 실제 경험보다 효율적이고 빠른 학습을 가능하게 한다.
- 인지적 과정: 모델링이론은 관찰된 행동을 인지적으로 처리하고 이해하는 과정이 학습에 중요한 역할을 한다.

- 상징적 표상: 관찰된 행동을 상징적 표상으로 내면화하는 과정이 중요하며, 이는 정신연습에서 핵심적인 역할을 수행한다.

(2) 핵심 내용

- 정신연습과의 연관성: 모델 관찰 및 상상은 실제 운동수행과 유사한 신경 메커니즘을 활성화하고, 운동기술에 대한 인지적 이해를 높인다. 모델링은 정신연습에 필요한 정확한 내적 표상을 형성하는 데 도움을 준다.
- 학습 효율성 증대: 모델링은 다양한 기술 행동, 태도, 가치를 배우는 데 효과적인 학습 방법이다.
- 실질적 경험과 대리적, 상상적 경험: 대리적 경험을 통해 개인의 자신감 수준을 수정하고, 스스로의 노력으로 성취를 이룰 수 있다.
- 다양한 활용: 코치나 선생님의 모델 역할, 우수 선수의 경기 관람, 운동기술 시범 영상 시청 등 다양한 형태로 모델링이 활용될 수 있다.

참고 1 모델링이론을 지지하는 연구결과

- Bandura(1969): 사회학습이론을 제시하며 모델링이 다양한 기술 행동, 태도, 가치를 배우는 데 효과적인 방법임을 증명했다.
- Carroll & Bandura(1982): 모델링을 통해 얻은 개념적 표상이 후속 운동 실행의 정확성을 높이는 데 도움이 된다는 것을 발견했다.
- Shea(1977): 모델링을 통해 얻은 상징적 표상이 운동기술 학습에 효과적인 것으로 나타났다.

2) 모델링이론 기반 심상훈련 가이드라인 및 전략

모델링이론의 주요 특징과 핵심 내용을 통해 선수들은 모델링이론에 기반한 효과적인 심상훈련을 수행하고, 경기력을 향상시킬 수 있다. 〈사례 3〉의 수영선수를 위한 모델링 기반 심상 스크립트는 어떻게 활용 가능한지 확인해 보자.

(1) 심상훈련 가이드라인

관찰 학습 강화	선수들이 성공적인 모델의 행동을 주의 깊게 관찰하고 분석하도록 유도한다. 모델의 기술적 움직임분만 아니라 전략, 태도, 정신력 등 다양한 측면을 관찰하도록 지도한다.
상징적 표상 구축	관찰된 모델의 행동을 상징적인 이미지, 언어, 기호 등으로 표현하여 선수의 내적 표상을 명확하게 한다. 예) 특정 기술의 핵심 동작을 이미지나 키워드로 표현하거나, 전략적 움직임을 화살표나 도형으로 나타낸다.
모델링과 심상훈련 연계	모델의 행동을 관찰한 후, 이를 바탕으로 심상훈련을 진행한다. 선수가 모델의 움직임을 상상하면서 자신의 신체 감각과 연결하도록 지도한다.
자기효능감 강화	성공적인 모델의 행동을 관찰하고 상상함으로써 선수의 자기효능감을 높인다. 선수가 모델처럼 성공할 수 있다는 믿음을 심어주고, 자신의 잠재력을 최대한 발휘하도록 격려한다.
다양한 모델 활용	다양한 수준과 스타일의 모델을 활용하여 선수의 학습 효과를 극대화한다. 선수의 현재 수준과 목표에 맞는 모델을 선택하고, 모델의 강점과 약점을 분석하여 학습에 활용한다.

(2) 심상훈련 전략

모델 선정	선수의 수준, 목표, 특성에 맞는 모델을 신중하게 선정한다. 모델은 기술적으로 우수할 뿐만 아니라, 선수의 롤모델이 될 수 있는 인성을 갖춘 사람이어야 한다.
관찰 환경 조성	선수가 모델의 행동을 집중적으로 관찰할 수 있는 환경을 조성한다. 모델의 움직임을 다양한 각도에서 보여주거나, 슬로우 모션, 반복 재생 등을 활용하여 관찰 효과를 높인다.
관찰 포인트 제시	선수가 모델의 행동 중 어떤 부분을 집중적으로 관찰해야 하는지 명확하게 제시한다. 예) 기술의 핵심 동작, 전략적 움직임, 심리적 태도 등 관찰 포인트를 구체적으로 안내한다.
심상훈련 연계	선수가 모델의 행동을 관찰한 후, 즉시 심상훈련을 진행하도록 지도한다. 선수가 모델의 움직임을 상상하면서 자신의 신체 감각과 연결하고, 실제 운동수행에 적용하도록 돕는다.
피드백 제공	선수의 심상훈련 과정을 관찰하고, 모델의 행동과 비교하여 피드백을 제공한다. 피드백은 구체적이고 긍정적인 방향으로 제공하여 선수의 동기부여를 유지한다.
자기 주도적 학습 유도	선수가 스스로 모델을 선정하고, 관찰하고, 심상훈련을 계획하고 실행할 수 있도록 지도한다. 선수에게 자기 평가 도구를 제공하고, 스스로 학습 과정을 점검하고 개선하도록 돕는다.

사례 3 수영선수를 위한 모델링 기반 심상 스크립트

목　표: 모델링이론의 주요 특징을 이해하고 내면화하기

훈련 소개: 안녕하세요, 여러분. 오늘은 모델링이론 기반 심상 스크립트를 통해 모델링이론의 주요 특징을 이해하고 내면화하는 데 도움을 드리겠습니다. 이 스크립트는 관찰 학습, 인지적 과정, 상징적 표상의 세 가지 주요 특징을 다루며, 생생한 시각, 청각, 촉각, 운동 감각, 생리적 반응을 활용하여 몰입감을 높이고 효과적인 학습 경험을 제공합니다. 이 심상 스크립트를 통해 수영선수는 멘토의 성공적인 경험을 자신의 목표달성에 대한 긍정적인 확신으로 연결하고, 이를 통해 최고의 경기력 발휘를 위한 훈련 동기부여를 얻을 수 있습니다.

1. 준비 단계		• 조용하고 편안한 공간을 마련합니다. • 편안한 옷을 입고, 편안한 자세로 앉거나 눕습니다. • 깊은 호흡을 통해 마음과 몸을 편안하게 합니다.
2. 인지적 표상 단계	관찰 학습	• 자신이 존경하는 멘토 또는 최고의 수영선수가 완벽한 자세와 기술로 수영하는 모습을 생생하게 상상합니다. • 멘토의 스트로크, 턴 동작, 스타트 및 결승 순간의 모습을 자세하게 관찰합니다. • 멘토의 성공적인 경기 영상을 시청하며 긍정적인 에너지를 받아들입니다.
	인지적 과정	• 관찰한 멘토의 행동을 분석하고 자신의 수영 기술과 비교합니다. • 멘토의 기술을 자신의 몸에 적용하는 방법을 구체적으로 상상합니다. • 멘토의 성공적인 전략과 사고방식을 자신의 경기에 적용하는 방법을 생각합니다.
	상징적 표상	• 멘토의 완벽한 자세와 기술을 이미지로 기억하고 상상합니다. • 멘토의 성공적인 경기 영상을 보고 자신이 똑같이 성공하는 모습을 상상합니다. • 멘토의 긍정적인 에너지와 자신감을 자신의 몸에 내면화하는 상상을 합니다.
3. 생리적 반응 단계		• 멘토의 행동을 관찰하며 실제 수영하는 것처럼 심장박동과 호흡촉진, 근육긴장 등의 생리적 반응을 상상합니다. • 멘토와 함께 경쟁하는 듯한 몰입감을 느끼며 최고의 경기력 발휘를 상상합니다.
4. 개인적 의미 단계		• 자신의 목표, 가치관, 경험 등을 반영하여 스크립트를 개인화합니다. • "나는 멘토처럼 뛰어난 수영선수가 될 수 있다. 나는 오늘 개인 최고 기록을 경신할 것이다."와 같은 긍정적인 혼잣말을 반복합니다. • 멘토의 성공적인 경험을 자신의 목표달성에 대한 긍정적 확신으로 연결합니다.
5. 마무리 단계		• 훈련 후에는 충분한 휴식을 취합니다. • 훈련 내용과 느낀 점을 기록합니다. • 꾸준히 훈련하며 몰입감을 높이고 효과를 극대화합니다.
※ 훈련 팁		• 훈련 전후에 충분한 스트레칭과 준비운동을 합니다. • 긍정적이고 자신감 있는 태도를 유지합니다. • 필요에 따라 전문가의 도움을 받습니다. • 훈련 효과를 높이기 위해 긍정적인 이미지와 혼잣말을 꾸준히 실천합니다.
※ 주의 사항		• 과도한 훈련은 오히려 역효과를 불러올 수 있습니다. • 자신의 몸 상태를 고려하여 훈련 강도를 조절합니다. • 심상훈련은 실제 훈련을 대체할 수 없습니다.
※ 기대효과		• 집중력 향상 / 자신감 강화 / 긍정적 사고방식 강화 / 생리적 반응 조절 / 경기력 향상

2.4 삼중부호이론

1) 주요 특징 및 핵심 내용

Ahsen(1984)은 심상에 의미를 포함시켜 삼중부호이론(Triple-Code Theory)을 제안하였다. 심상의 삼중부호(ISM)의 첫째 부분은 심상 그 자체로서 심상은 중추적으로 각성된 감각이라고 정의하였다. 심상은 외부감각의 속성과 더불어 내부에서 동시에 발생하여 외현적인 행동을 위해 상호작용 한다(Ahsen, 1984). 두 번째 부분은 신체적 반응이다. Lang, Öhman, & Brennan(1977)이 제시하고 있듯이, 심상의 활동은 신체의 심리생리적 변화를 가져온다. 심상의 세 번째 측면은 다른 모델에서 가장 무시되어 논의되고 있는 것으로, 심상의 의미(meaning)이다. Ahsen에 따르면 모든 심상은 개인에 따라 중요성과 의미가 다르며 모든 개인은 심상과정에 자신만의 독특한 역사를 지니고 있고, 그래서 동일한 심상지시는 두 사람에게 동일한 심상 경험을 결코 일으킬 수 없다. 삼중부호이론은 정신연습의 효과를 설명하는 중요한 이론이며, 운동기술 학습과 향상을 위한 효과적인 방법으로 활용될 수 있다. 정신연습은 인지적 표상, 생리적 반응, 개인적 의미를 모두 고려하여 설계되어야 운동수행능력을 향상시키는 데 도움을 줄 수 있다.

참고 2 **삼중부호이론을 지지하는 연구결과**

- Ahsen(1984): 심상 과정에서 개인적 의미가 중요한 역할을 한다는 것을 주장하였다.
- Hecker & Kaczor(1988): 심상 과정에서 생리적 반응이 중요한 역할을 한다는 것을 발견하였다.
- Suinn(1983): 개인의 목표와 가치관이 정신연습의 효과에 영향을 미친다는 것을 발견하였다.

(1) 주요 내용

- 삼중부호(ISM) 모델:
  √ I(이미지, Imagery): 심상 자체로, 중추적으로 각성된 감각 경험을 의미한다. 외부와 내부 감각이 동시에 발생하여 행동에 영향을 준다.
  √ S(신체적 반응, Somatic Response): 심상 활동은 심리생리적 변화를 유발하며, 실제 운동수행과 유사한 생리적 반응이 나타난다.
  √ M(의미, Meaning): 심상은 개인에 따라 중요성과 의미가 다르며, 독특한 경험의 역사를 반영한다. 동일한 심상 지시도 개인에 따라 다른 경험을 유발한다.
- 정신연습과의 연관성: 세 가지 요소를 모두 고려하여 설계된 정신연습은 스포츠 및 운동 분야에서 기술 학습 및 향상에 활용된다.
- 삼중부호 모델 적용 시 고려 사항:
  √ 심상 각본의 완전한 기술(I 요소): 선수들이 심상 경험을 최대한 생생하게 할 수 있도록 한다.
  √ 심리생리적 측정 및 반응 계획(S 요소): 심리생리적 변화를 측정하고 분석한다.
  √ 개인적 의미 평가(M 요소): 선수 각자의 심상 경험을 평가하여 개인적 의미를 파악한다.
  √ 삼중부호이론의 활용: 개인 맞춤형 정신연습 프로그램 개발, 운동 불안 및 스트레스관리, 재활 프로그램 개발

(2) 핵심 내용

- 인지적 표상: 정신연습 과정에서 오감 및 운동 감각 등 다양한 인지적 표상이 활성화된다.
- 생리적 반응: 정신연습은 실제 운동수행과 유사한 생리적 반응을 유발한다.
- 개인적 의미: 개인의 경험, 가치관, 목표 등이 정신연습의 효과에 중요한 영향을 미친다.
- 정신적 과정과 생리적 반응의 통합: 심상, 시뮬레이션과 같은 정신 과정은 심박수, 근육수축과 같은 생리적 반응과 밀접하게 연결되어 있다.
- 중추신경계와 자율신경계의 상호작용: 정신적 과정은 중추신경계를 통해 생리적 반응을 조절하고, 생리적 반응은 자율신경계를 통해 정신적 과정에 영향을 미친다.
- 수행에 미치는 영향: 행동 선행 및 향상: 상상을 통해 중추신경계를 활성화하여 행동을 선행 및 향상시킬 수 있다.
- 생리적 반응 제어: 상상을 통해 생리적 반응을 제어하고 긴장을 완화하여 수행에 긍정적 영향을 미칠 수 있다.
- 자기 모니터링 및 피드백: 상상을 통해 자기 모니터링 및 피드백을 통해 실제 수행을 향상시킬 수 있다.

2) 가이드라인과 전략

삼중부호이론은 심상훈련의 효과를 설명하는 이론으로, 인지적 표상, 생리적 반응, 개인적 의미 세 가지 요소를 통합적으로 고려합니다. 이를 바탕으로 가이드라인과 전략을 바탕으로, 〈사례 4〉 수영 자유형 선수를 위한 삼중부호이론 기반 심상훈련의 예시를 활용해 보자.

(1) 심상훈련 가이드라인

다감각적 심상 환경 조성	시각, 청각, 촉각, 후각, 미각 등 다양한 감각을 활용하여 실제와 유사한 심상 환경을 조성합니다. 선수가 심상에 몰입할 수 있도록 조용하고 편안한 환경을 조성합니다.
개인 맞춤형 심상 각본 개발	선수의 경험, 가치관, 목표 등을 고려하여 개인에게 의미 있는 심상 각본을 개발합니다. 심상 각본은 구체적이고 자세하게 작성하여 선수가 생생하게 상상할 수 있도록 합니다.
심리생리적 반응 측정 및 활용	심상훈련 중 심박수, 근전도, 뇌파 등 생리적 지표를 측정하고 분석합니다. 측정 결과를 바탕으로 심상훈련의 효과를 평가하고, 훈련 내용을 수정합니다.
개인적 의미 평가 및 반영	선수 각자의 심상 경험을 스포츠심리학자나 코치가 평가하여 개인적 의미를 파악합니다. 개별 선수의 경험과 가치관을 고려하여 심상훈련 프로그램을 맞춤 설정합니다.
지속적인 심상훈련	정기적이고 꾸준한 심상훈련을 통해 심상능력을 향상시킵니다. 실제 운동 훈련과 심상훈련을 병행하여 시너지 효과를 높입니다.

(2) 심상훈련 전략

심상 각본의 완전한 기술(I 요소 강화)	선수들이 심상 경험을 최대한 생생하게 할 수 있도록 구체적이고 자세한 심상 각본을 개발합니다. 다양한 감각적 정보를 포함하여 실제와 유사한 심상 환경을 조성합니다.
심리생리적 측정 및 반응 계획(S 요소 평가)	심상 대본에 자극 계획과 함께 반응 계획을 포함시켜 심리생리적 변화를 측정하고 분석합니다. 심박수, 근전도, 뇌파 등 생리적 지표를 활용하여 심상훈련의 효과를 객관적으로 평가합니다.
개인적 의미 평가(M 요소 측정)	선수 각자의 심상 경험을 스포츠심리학자나 코치가 평가하여 개인적 의미를 파악합니다. 개별 선수의 경험과 가치관을 고려하여 심상훈련 프로그램을 맞춤 설정합니다.
개인 맞춤형 정신연습 프로그램 개발	선수의 개별적인 특성과 목표를 고려하여 맞춤형 심상훈련 프로그램을 개발합니다. 선수의 경험, 가치관, 목표 등을 반영하여 개인에게 의미 있는 심상훈련을 제공합니다.
운동 불안 및 스트레스관리	심상훈련을 통해 불안이나 스트레스 상황을 미리 경험하고 대처방안을 연습합니다. 개인에게 맞는 심상 기법을 활용하여 심리적 안정감을 유지하고 경기력을 향상시킵니다.
재활 프로그램 개발	부상 후 재활 과정에서 심상훈련을 활용하여 운동 감각을 유지하고 회복을 돕습니다. 심상훈련을 통해 부상 부위의 움직임을 상상하고, 긍정적인 심리 상태를 유지합니다.

사례 4 수영 자유형 결선을 위한 삼중부호이론 기반 심상훈련 예시

목　　표: 100m 자유형 결승에서 개인 최고 기록 경신

훈련 소개: 안녕하세요, 여러분. 오늘은 삼중부호이론 기반 심상훈련 원고를 소개하려 합니다. 이 훈련은 시각, 청각, 촉각, 후각, 미각, 운동 감각 등 다양한 인지적 표상, 생리적 반응, 개인적 의미를 활용하여 100m 자유형 결승에서 개인 최고 기록을 경신하는 목표를 달성하도록 도와줍니다.

1. 준비 단계		• 조용하고 편안한 공간을 마련합니다. • 편안한 옷을 입고, 편안한 자세로 앉거나 눕습니다. • 깊은 호흡을 통해 마음과 몸을 편안하게 합니다.
2. 인지적 표상 단계	시각	• 깨끗하고 투명한 수영장, 선명한 레이닝 라인, 응원하는 관중, 밝은 태양, 맑은 하늘을 생생하게 상상합니다. • 완벽한 자세와 기술로 물살을 가르는 모습, 자신감 넘치는 표정, 결승선을 향해 질주하는 모습을 자세히 상상합니다.
	청각	• 물살을 가르는 소리, 코치의 지시, 응원 함성, 자신의 심장 박동 소리, 숨을 내쉬는 소리, 결승선을 통과하는 순간의 타이머 소리 등을 생생하게 상상합니다.
	촉각	• 물의 부드러운 감촉, 근육의 탄력, 햇살의 따스함, 결승선을 터치하는 순간의 감동을 생생하게 느껴봅니다.
	후각	• 풀장에서 나는 풀 냄새, 햇살에 덴 흙냄새, 관중들의 함성과 함께 섞인 흥분된 분위기를 상상합니다.
	미각	• 경기 전 마시는 에너지 음료의 달콤함, 경기 후 느끼는 시원한 물맛을 상상합니다.
	운동 감각	• 물을 힘차게 밀어내는 팔, 다리의 움직임, 스타트부터 결승까지 완벽한 스트로크와 턴 동작을 수행하는 자신을 상상합니다.
3. 생리적 반응 단계		• 심장 박동 증가, 호흡 촉진, 근육긴장 등 실제 수영과 유사한 생리적 반응을 상상합니다. • 이러한 생리적 반응을 통해 경기 몰입감을 높이고 최고의 경기력 발휘를 상상합니다.
4. 개인적 의미 단계		• 자신의 경험, 가치관, 목표 등을 반영하여 스크립트를 개인화합니다. • "나는 최고의 수영선수이다. 나는 오늘 개인 최고 기록을 경신할 것이다."와 같은 긍정적인 혼잣말을 반복합니다. • 목표달성에 대한 긍정적 확신을 강화하고 자신감을 높입니다.
5. 마무리 단계		• 훈련 후에는 충분한 휴식을 취합니다. • 훈련 내용과 느낀 점을 기록합니다. • 꾸준히 훈련하며 몰입감을 높이고 효과를 극대화합니다.
※ 훈련 팁		• 훈련 전후에 충분한 스트레칭과 준비운동을 합니다. • 긍정적이고 자신감 있는 태도를 유지합니다. • 필요에 따라 전문가의 도움을 받습니다. • 훈련 효과를 높이기 위해 긍정적인 이미지와 혼잣말을 꾸준히 실천합니다.

3. 심상의 종류

심상은 개인이 경험한 것을 기반으로 마음속에서 만들어내는 이미지를 의미한다. 스포츠 분야에서 심상은 선수가 기술을 향상시키고 경기력을 극대화하는 데 중요한 역할을 한다. 심상은 크게 내적심상과 외적심상으로 나눌 수 있다. 내적심상은 개인이 자신의 시각, 청각, 촉각 등의 감각을 내면적으로 활용하여 마음속에서 경험을 상상하거나 재현하는 것을 의미한다. 외적심상은 외부 환경이나 타인의 동작을 관찰하고, 이를 자신의 경험에 적용하거나 흉내 내어 학습하는 것을 의미한다. 모델의 동작이나 특정 상황에서의 경험을 학습의 대상으로 삼게 된다. 〈사례 5〉는 마라톤선수의 내적심상과 외적심상의 활용의 예이다. 〈사례 6〉과 〈사례 7〉은 불안조절을 위한 내적심상과 외적심상의 활용 방법이다.

- 내적심상의 효과
  - √ 기술습득 및 개선: 선수는 자신의 움직임, 감각, 감정을 생생하게 상상하며 기술을 습득하고 개선할 수 있다.
  - √ 심리적 준비: 경기상황을 미리 상상하고 대비함으로써 경기 중 발생할 수 있는 긴장감, 불안감 등을 효과적으로 관리할 수 있다.
  - √ 집중력 향상: 경기 중 집중해야 할 요소들을 미리 상상하고 집중력을 유지하는 방법을 훈련할 수 있다.
  - √ 자신감 향상: 성공적인 경기상황을 상상하며 자신감을 높이고 긍정적인 사고방식을 유지할 수 있다.
- 외적심상의 효과
  - √ 새로운 기술습득: 모범 선수의 동작을 관찰하고 따라 하며 새로운 기술을 효율적으로 습득할 수 있다.
  - √ 전략수립: 경기상황, 상대 선수, 경기 환경 등을 객관적으로 분석하고 자신에게 맞는 전략을 수립할 수 있다.
  - √ 실력 향상: 다양한 상황을 상상하고 대비함으로써 실제 경기에서 예상치 못한 상황에 유연하게 대처할 수 있다.
  - √ 동기부여: 다른 선수들의 성공적인 경험을 관찰하며 동기부여를 얻고 목표를 향한 의지를 강화할 수 있다.

TIP **내적심상과 외적심상의 활용 비교**

요소	내적심상	외적심상
기반	개인의 내부 경험, 감정	외부 환경, 타인의 경험
활용 방식	상상, 재현	관찰, 흉내 내기
효과	기술 향상, 감정 조절, 집중력 향상	새로운 기술습득, 기존 기술 개선

- 내적과 외적심상의 활용
  - √ 상황에 따른 활용: 기술습득에는 내적심상, 전략수립에는 외적심상이 더 효과적일 수 있다.
  - √ 개인 맞춤형 활용: 개인의 특성과 상황에 맞춰 적절한 심상 활용 방법을 찾는 것이 중요하다.
  - √ 조합 활용: 두 가지 심상을 함께 활용하여 시너지 효과를 얻을 수 있다.
- 주의 사항
  - √ 개인차: 개개인의 특성과 상황에 따라 내적과 외적심상의 효과가 다를 수 있다.
  - √ 균형: 두 가지 심상을 균형 있게 활용하는 것이 중요하다.
  - √ 훈련: 효과적인 활용을 위해 훈련이 필요하다.

사례 5 마라톤선수의 내적심상과 외적심상의 활용

요소	내적심상	외적심상
달리기 경로와 환경	마음속에서 달리는 동안 특정 구간, 지형, 경로 상상	실제 경기에서 달리는 동안의 경로와 주변환경 이미지화
체력 상태와 감정	마음속으로 뛰는 동안의 체력상태를 미리 상상하며 감정 예측	경기 도중 어떤 순간에 지칠 것을 상상하며 감정에 대비
도전적인 순간	도전적인 순간, 오르막길이나 스퍼트 상황을 미리 상상하여 심리적 대비	현실에서 뛰는 중에 마주치게 될 도전적인 순간을 이미지화하고 대비
경기 중의 환경	경기 동안의 분위기, 관중의 소리, 경기 특유의 느낌 등 상상	실제로 경기 중에 경주하는 모습, 관중의 응원 소리, 경기 분위기 등을 상상
다양한 조건의 대비	다양한 날씨나 지형에서 경주하는 모습을 상상하여 대비	비 오거나 바람이 강한 상황을 이미지화하고 대비
경쟁자들의 동작	다른 선수들의 동작, 전략, 속도 등을 외부에서 받은 정보를 기반으로 상상	경기 전 상대선수의 동작, 전략, 속도 등을 이미지화하고 대비

사례 6 운동선수의 불안조절을 위한 내적심상훈련

1. 준비	• 편안한 환경 조성: 조용하고 방해받지 않는 공간을 마련합니다. 편안한 옷을 입고, 밝기와 온도를 조절하여 최적의 환경을 조성합니다.
	• 필요한 준비물: 편안한 옷, 조용한 공간, 타이머, 운동수행에 필요한 장비를 선택합니다.
	• 마음과 몸의 준비: 심호흡을 통해 마음을 진정시키고, 긴장을 풀어줍니다. 편안한 자세로 앉거나 누워서 훈련에 집중할 수 있는 상태를 만듭니다.
2. 내적심상	• 자신감 있는 운동 상상: 가장 자신 있는 운동 종목이나 기술을 떠올립니다. 성공적인 경험이나 최고의 순간을 기억하며 자신감을 높입니다.
	• 생생한 감각 활용: 시각, 청각, 촉각, 후각, 미각 등 모든 감각을 활용하여 상상을 더욱 생생하게 만듭니다. 움직임, 소리, 감촉, 경기장 분위기 등을 생생하게 상상합니다.
	• 긍정적 사고방식 유지: 부정적인 생각이나 감정이 떠오르면 긍정적인 생각으로 바꿔줍니다. 자신에 대한 믿음과 성공적인 결과에 대한 확신을 강화합니다. • 부정적 생각이나 감정이 떠오르면 긍정적 생각으로 바꿔줍니다. 자신에 대한 믿음과 성공적인 결과에 대한 확신을 강화합니다.
	• 세부적인 상상: 자신의 움직임, 기술, 전략 등을 세부적으로 상상합니다. 성공적인 결과를 이끌어내는 구체적인 과정을 생생하게 떠올립니다.
	• 몰입감 높이기: 상상 속에서 자신이 실제로 운동하는 것처럼 몰입감을 높입니다. 감정을 표현하고, 경기상황에 적극적으로 반응하며 훈련의 효과를 극대화합니다.
3. 훈련예시 (배드민턴선수)	• 자신감 있는 경기 상상: 자신이 가장 자신 있는 경기를 떠올립니다. 랠리를 이어나가고, 득점하는 순간을 생생하게 상상합니다.
	• 기술적인 완벽함 추구: 정확한 샷, 빠른 발놀림, 뛰어난 전략 등 자신의 기술을 완벽하게 구사하는 모습을 상상합니다.
	• 승리의 순간 경험: 경기에서 승리하고 기뻐하는 자신의 모습을 상상합니다. 관중들의 함성과 축하를 받으며 긍정적인 감정을 느낍니다.
	• 압박감 극복: 경기 중 압박감을 느끼는 상황을 상상하고, 이를 극복하는 자신을 상상합니다. 집중력을 유지하고, 긍정적인 마인드셋으로 경기를 이어나가는 모습을 떠올립니다.
	• 다양한 상황 대비: 예상치 못한 상황 발생 시 대처하는 방법을 상상합니다. 유연하게 전략을 조정하고, 어려움을 극복하는 자신감을 키웁니다.
4. 훈련 후	• 느낀 점 기록: 훈련 후 느낀 감정, 생각, 긍정적인 변화 등을 기록하여 훈련 효과를 평가하고, 다음 훈련에 참고합니다.
	• 꾸준한 연습: 매일 꾸준히 훈련하는 것이 중요합니다. 훈련 빈도와 시간을 점진적으로 늘려 효과를 극대화합니다.
	• 목표설정: 훈련 목표를 설정하고, 목표달성을 위한 계획을 세웁니다. 훈련과정을 통해 목표달성에 대한 자신감을 높입니다.
5. 추가 팁	• 음악 활용: 훈련에 도움이 되는 음악을 들으면 집중력을 높이고 몰입감을 향상시킬 수 있습니다.
	• 가이드 스크립트 활용: 훈련 스크립트를 활용하면 상상 과정을 더욱 쉽게 이끌어갈 수 있습니다.

사례 7 **사격선수의 결선 동점 극복을 위한 심상 스크립트: "마지막 실탄의 정확한 날갯짓"**

목표	• 결선 사격에서 동점 상황으로 인한 긴장감을 완화합니다. • 집중력과 자신감을 높여 최상의 성과를 이끌어냅니다. • 내적심상과 외적심상을 결합하여 긍정적인 경험을 강화합니다.	준비물	• 조용한 공간 • 편안한 옷 • 편안한 자세(앉거나 누워서)
1. 환경 조성	• 조용하고 방해받지 않는 공간을 마련합니다. • 편안한 옷을 입고, 밝기와 온도를 조절하여 최적의 환경을 조성합니다. • 편안한 자세로 앉거나 누워서 훈련에 집중할 수 있는 상태를 만듭니다.		
2. 깊은 호흡	• 숨을 깊게 들이마시면서 복부까지 숨을 들이쉬세요. 천천히 1, 2, 3까지 세면서 숨을 들이마시고, 그 후에 1, 2, 3을 세면서 숨을 내쉬세요. • 이것을 몇 번 반복하여 마음을 진정시키고 몸의 긴장을 풀어줍니다.		
3. 내적심상	• 결선 상황 상상: 마음속에서 결선 상황을 생생하게 상상합니다. 사격장으로 이동하고, 타깃 앞에 섰을 때의 감정과 상황을 떠올립니다. • 정밀한 조준과 조절된 호흡: 결선에서 동점이라는 긴장 속에서도 내적으로는 정밀한 조준과 안정된 호흡을 상상합니다. 타깃에 정확하게 조준하고 마지막 순간에 완벽한 호흡을 고르는 모습을 상상합니다. • 마지막 실탄의 비결: 마지막 실탄을 조준하는 당신의 내적심상에서, 실탄이 타깃에 정확하게 명중하는 모습을 생생하게 상상합니다. 당신의 실력과 집중력이 마지막 실탄으로 발휘되는 모습을 그려보세요.		
4. 외적심상	• 관중의 환호와 응원 소리 상상: 외부에서 들리는 소리에 집중합니다. 사격장의 관중이 당신을 응원하며 환호하는 모습을 생생하게 상상합니다. 이들의 응원이 당신에게 힘을 준다고 느껴보세요. • 팀 동료의 격려와 지원 상상: 팀 동료들이 당신을 격려하고 지원하는 모습을 떠올립니다. 그들의 긍정적인 에너지와 지지가 당신을 감싸는 느낌을 생각해 보세요. • 시상식 상상: 시상식에서 당신이 상징적인 순간을 경험하는 모습을 생각합니다. 금메달이 당신의 가슴에 걸리며, 성취감과 자부심이 가득한 순간을 상상합니다.		
5. 심상 결합	• 마지막으로, 내적심상과 외적심상을 결합하여 상상합니다. 내적으로는 정밀한 조준과 조절된 호흡, 외적으로는 관중의 응원과 팀 동료들의 지지를 받으며 마지막 실탄을 발사하는 모습을 선명하게 상상합니다.		
6. 긍정 감정 유지	• 천천히 눈을 뜨기 전까지 이 긍정적 감정과 경험을 유지합니다. 이를 통해 현실에서도 긍정적 마음가짐을 유지할 수 있습니다.		

4. 심상능력

심상능력(imagery ability)은 개인이 자신의 감각을 활용하여 경험을 상상하거나 재현하는 능력을 의미한다. 시각, 청각, 촉각, 운동 감각 등을 포함하며, 스포츠 분야에서 기술 향상, 경기력 극대화, 심리적 안정 등에 중요한 역할을 한다. 심상능력은 크게 선명성(vividness)과 조절력(controllability)이라는 두 가지 핵심 요소로 구성된다. 선명성은 이미지가 얼마나 생생하고 세밀하게 떠오르는지를 나타낸다. 높은 선명성을 가진 선수는 다음과 같은 특징을 보인다. 조절력은 의도적으로 이미지를 조절하고 변형시키는 능력이다. 선명성과 조절력은 서로 상호 보완적 관계를 가진다. 높은 선명성은 이미지 조절을 용이하게 하고, 효과적인 이미지 조절은 더욱 생생하고 사실적인 이미지를 만들어낼 수 있도록 도와준다.

표 1. 선명성과 조절력의 특징

구분	내용
선명성의 특징	• 세부적인 이미지: 선수는 자신의 움직임, 감각, 감정뿐만 아니라 주변 환경까지 생생하게 상상할 수 있다. • 몰입감: 선수는 마치 실제 경험하는 것처럼 이미지에 몰입할 수 있다. • 정확성: 선수는 실제 경험과 일치하는 정확한 이미지를 만들어낼 수 있다. • 상황: 골프 경기에서 퍼터 사용 • 심상능력 활용: 선수는 눈을 감고, 자신의 손으로 퍼터를 잡고 공을 넣는 상황을 생생하게 상상한다. 손의 감각, 퍼터의 무게 등을 생생하게 떠올리며 이미지를 만들어낸다.
조절력의 특징	• 원하는 이미지 선택: 선수는 특정 기술이나 상황에 대한 이미지를 선택적으로 상상할 수 있다. • 이미지 변형: 선수는 이미지의 속도, 각도, 환경 등을 원하는 대로 변형할 수 있다. • 주의집중: 선수는 이미지를 통해 집중력을 유지하고 주의 분산을 방지할 수 있다. • 상황: 테니스 경기에서 포어핸드 스윙 • 심상능력 활용: 선수는 영상에서 모델 선수의 포어핸드 스윙을 관찰하고, 그 스윙을 따라가면서 스윙의 속도와 각도를 조절하며 훈련한다.
선명성과 조절력의 혜택	• 기술습득 및 개선: 선수는 생생하고 정확한 이미지를 통해 새로운 기술을 빠르게 습득하고 기존 기술을 개선할 수 있다. • 전략수립: 선수는 다양한 상황에 대한 이미지를 통해 경기 전략을 효과적으로 수립할 수 있다. • 긴장 관리: 선수는 긍정적이고 자신감 있는 이미지를 통해 경기 중 긴장을 효과적으로 관리할 수 있다. • 동기부여: 선수는 성공적인 경기상황의 이미지를 통해 동기를 부여하고 목표를 향한 의지를 강화할 수 있다.
선명성과 조절력 향상 방법	• 반복적인 연습: 특정 상황에 대한 이미지를 반복적으로 상상하고 연습한다. • 세부적인 이미지 생성: 이미지를 생생하게 만들기 위해 세부적인 요소들을 추가한다. • 감각 활용: 시각, 청각, 촉각, 운동적 감각 등을 이미지 생성에 활용한다. • 조절력 훈련: 이미지를 의도적으로 조절하고 변형시키는 훈련을 한다. • 전문가 도움: 심상능력 훈련 전문가의 도움을 받는 것도 효과적이다.

• 선명성과 조절력 검사

선명성과 조절력은 심상능력의 핵심 요소이며, 스포츠 선수들에게 다양한 이점을 제공한다. 선수들은 자신의 상상력을 훈련하고 활용하는 방법을 배우는 것이 경기력 향상에 도움이 될 수 있다. 선명성 측정도구는 Marks(1973)의 Vividness of Movement Imagery Questionnaire(VMIQ)가 대표적이다. VMIQ는 운동 이미지에 대한 생생함 수준을 측정한다. 선명성 검사지 활용은 특정 운동(예: 테니스 스윙)을 마음속에서 생생하게 상상하는 정도를 체크한다. 점수가 높을수록 선명성이 좋은 것이다.

표 2. 선명성 질문지

움직임 이미지의 선명성 질문지(VMIQ)	
다음 질문들은 테니스를 할 때 자신의 움직임을 얼마나 생생하게 떠올릴 수 있는지를 평가하기 위한 것으로, 각 항목에 대한 평가는 1부터 7까지의 점수로 표현됩니다.	
손의 움직임	얼마나 생생하게 손의 움직임을 떠올릴 수 있나요? (전혀 생생하지 않음) 1 2 3 4 5 6 7 (매우 생생함)
얼굴의 표정	얼마나 생생하게 얼굴의 표정을 떠올릴 수 있나요? (전혀 생생하지 않음) 1 2 3 4 5 6 7 (매우 생생함)
목의 움직임	얼마나 생생하게 목의 움직임을 떠올릴 수 있나요? (전혀 생생하지 않음) 1 2 3 4 5 6 7 (매우 생생함)
다리의 움직임	얼마나 생생하게 다리의 움직임을 떠올릴 수 있나요? (전혀 생생하지 않음) 1 2 3 4 5 6 7 (매우 생생함)
전체적인 움직임	얼마나 생생하게 전체적인 움직임을 떠올릴 수 있나요? (전혀 생생하지 않음) 1 2 3 4 5 6 7 (매우 생생함)
운동 중의 감각	얼마나 생생하게 운동 중의 감각을 떠올릴 수 있나요? (전혀 생생하지 않음) 1 2 3 4 5 6 7 (매우 생생함)
운동 중의 몸의 무게감	얼마나 생생하게 운동 중 몸의 무게감을 떠올릴 수 있나요? (전혀 생생하지 않음) 1 2 3 4 5 6 7 (매우 생생함)
운동 중의 균형감	얼마나 생생하게 운동 중의 균형감을 떠올릴 수 있나요? (전혀 생생하지 않음) 1 2 3 4 5 6 7 (매우 생생함)
운동 중의 힘	얼마나 생생하게 운동 중의 힘을 떠올릴 수 있나요? (전혀 생생하지 않음) 1 2 3 4 5 6 7 (매우 생생함)
운동 중의 빠른 움직임	얼마나 생생하게 운동 중의 빠른 움직임을 떠올릴 수 있나요? (전혀 생생하지 않음) 1 2 3 4 5 6 7 (매우 생생함)

아래의 질문을 통해 개인의 스포츠 상황에 대한 선명도 능력과 그것을 조절하는 능력을 평가할 수 있다. 각 문항은 5점 척도로 평가된다. 검사 결과는 개인의 선명성과 조절력 수준을 파악하고, 이를 향상시키기 위한 훈련 계획을 세우는 데 활용될 수 있다. 1점은 '전혀 생생하지 않거나 조절되지 않음', 5점은 '매우 생생하고 조절 가능함'을 의미한다.

표 3. 선명성과 조절력 평가 질문지

선명성과 조절력 검사지	
다음 질문은 자신의 움직임을 얼마나 선명하고 조절 가능한지를 평가하기 위한 것으로, 각 항목에 대한 평가는 1부터 7까지의 점수로 표현됩니다.	
• 선명성 평가	
경기상황의 상세한 묘사	스포츠 경기를 상상할 때, 경기장, 선수들, 관중, 경기 중의 상황 등이 얼마나 선명하게 떠오르나요? (전혀 생생하지 않음) 1 2 3 4 5 (매우 생생함)
선수들의 행동과 움직임	상상 속의 선수들은 어떤 동작과 움직임을 보이나요? 세부적인 플레이나 전략이 명확하게 떠오르나요? (전혀 생생하지 않음) 1 2 3 4 5 (매우 생생함)
경기의 결과와 감정	경기가 진행되는 동안 어떤 결과가 나오는지 상상할 때, 선수들의 감정과 상황이 얼마나 선명하게 느껴지나요? (전혀 생생하지 않음) 1 2 3 4 5 (매우 생생함)
• 조절력 평가	
의도적인 조절 능력	경기상황에서 발생하는 이미지를 원하는 때 의도적으로 멈출 수 있나요? 또는 특정 부분을 다시 상상하거나 수정할 수 있나요? (전혀 조절되지 않음) 1 2 3 4 5 (매우 잘 조절됨)
경기의 시간과 공간 조절	경기 시간이나 경기장의 크기 등을 자유롭게 조절할 수 있나요? (전혀 조절되지 않음) 1 2 3 4 5 (매우 잘 조절됨)
감정의 조절과 대처	상상 속에서 흥분이나 긴장 등의 감정이 높아질 때, 이를 조절하거나 대처할 수 있는 능력이 어떤가요? (전혀 조절되지 않음) 1 2 3 4 5 (매우 잘 조절됨)
현실과의 균형	경기상황을 상상하는 데 너무 많은 시간을 쏟아부으면서 현실 생활에 영향을 주지 않도록 어떻게 조절하고 있나요? (전혀 조절되지 않음) 1 2 3 4 5 (매우 잘 조절됨)

5. 심상훈련 프로그램 진행 시 유의 사항

운동선수들에게 이미지 트레이닝을 실행할 때는 신체적, 정신적 수행향상을 목표로 하기 때문에 몇 가지 중요하게 고려할 사항이 있다. 심상훈련은 실제 경기에 대비하여 시합 상황을 시뮬레이션하고, 경기력 향상과 집중력 강화, 불안 감소에 도움을 줄 수 있는 강력한 심리기법이기 때문이다. 다음은 운동선수를 위한 심상훈련 프로그램 실행 시의 주요 유의 사항이다.

- 선수 개별 맞춤형 계획: 모든 운동선수는 각자의 목표와 경기상황이 다르다. 선수의 경기 종목, 경기 스타일, 목표에 맞는 맞춤형 심상훈련 프로그램을 설계해야 한다.
  예) 필드하키선수는 경기 중 특정 위치에서의 움직임과 패스를 상상하고, 골프선수는 퍼팅 시의 집중력과 기술을 상상하는 등 종목에 따라 훈련의 내용이 달라져야 한다.
- 구체적인 장면과 감각 동원: 훈련 시 상상하는 이미지는 가능한 한 실제 경기상황과 동일하게 만들어야 한다. 시각 이미지만이 아니라 청각, 촉각, 심지어 경기장의 냄새나 공기까지 상상하도록 지도하는 것이 중요하다.
  예) 경기장에서의 소리(관중의 환호, 심판의 휘슬), 경기 중의 신체 감각(공과의 접촉, 바람의 느낌) 등을 상세하게 그려내는 것이 효과적이다.
- 긍정적이고 성공적인 시나리오: 심상훈련에서는 실패나 실수를 상상하기보다 성공적인 상황과 결과를 이미지화하는 것이 중요하다. 부정적인 심상은 불안감을 높이고 경기력에 부정적 영향을 미칠 수 있다.
  예) 선수에게 최고의 경기력을 발휘하는 장면을 반복해서 상상하게 하며, 성공적인 플레이와 긍정적인 감정을 느끼도록 해야 한다.
- 정기적인 훈련과 꾸준한 반복: 심상훈련은 한두 번으로는 큰 효과를 보기 어렵다. 정기적인 심상훈련을 통해 훈련 효과가 누적되고, 경기 중 실제로 그 이미지를 떠올리기 쉽다.
  예) 경기 전, 훈련 후, 휴식 시간 등 일정한 주기를 정해 꾸준히 훈련해야 한다.
- 경기 전 심리적 준비로 이완과 집중 훈련: 심상훈련을 시작하기 전에 선수의 심리적 상태가 준비되어야 한다. 마음이 산란한 상태에서는 효과적인 심상훈련이 어렵기 때문에 이완훈련이나 호흡 훈련을 통해 마음을 가라앉힌 후에 시작하는 것이 좋다.
  예) 명상이나 심호흡을 통해 선수의 마음을 차분하게 만든 후, 심상훈련에 집중하게 한다.
- 실제 경기상황이 반영된 현실적인 상상: 실제 경기 중 발생할 수 있는 모든 변수를 심상훈련에 포함시키는 것이 중요하다. 예상치 못한 상황이나 어려운 경기 흐름도 상상하고, 그 상황에서 어떻게 대처할지 연습해야 한다.
  예) 상대 팀의 강력한 방어나 날씨 변화, 심판의 결정 등을 포함시켜 다양한 상황에 대처할 수 있도록 돕는다. 〈부록 9-1〉의 패배가 잦은 유도선수의 이미지 트레이닝 루틴 훈련을 참고할여 실행해본다.
- 신체 움직임과 연계된 심상훈련: 심상훈련 중에는 단순히 마음속으로만 이미지를 떠올리는 것보다 실제 신체 움직임과 연계된 심상을 떠올리도록 해야 한다. 신체의 미세한 움직임을 상상하고 이를 실제 행동으로 연계시키면 경기 중의 집중력과 동작의 일관성을 높일 수 있다.
  예) 핸드볼선수가 자유투를 상상할 때 실제로 프리드로 자세를 취하면서 상상하게 하면 훈련의 효과가 극대화된다.
- 경험 많은 전문가의 지도와 피드백: 심상훈련은 전문가의 지도를 받으면 더 효과적이다. 전문가가 선수의 심리적 상태와 목표에 맞는 적절한 심상훈련을 설계하고, 필요할 때 피드백을 제공하며, 훈련과정을 조절할 수 있다.
  예) 특정 상황에서 훈련의 방향을 수정하거나 보완할 수 있도록 피드백을 지속적으로 받는 것이 중요하다.
- 훈련 후 자기 점검과 피드백: 심상훈련이 끝난 후에는 선수 스스로 훈련의 효과를 점검하는 과정이 필요하다. 자신이 상상한 이미지가 얼마나 구체적이었는지, 경기에서 필요로 하는 부분을 충분히 상상했는지 등을 평가하고 피드백을 받아야 한다. 이를 통해 심상훈련의 질을 점점 개선할 수 있다.

평가문항

1. 심상훈련의 효과로 다음 중 가장 적절한 것은 무엇인가?
   ㉠ 운동 패턴 습득 ㉡ 자신감 강화
   ㉢ 스트레스 감소 ㉣ 기술 숙련
   ㉤ 모두 맞음

2. 심상훈련의 종류로 다음 중 아닌 것은 무엇인가?
   ㉠ 기술적 이미지 ㉡ 전술적 이미지
   ㉢ 정서적 이미지 ㉣ 신체적 이미지

3. 효과적인 심상훈련 전략으로 다음 중 포함되지 않는 것은 무엇인가?
   ㉠ 일상생활 속 이미지 훈련
   ㉡ 감각적 질 향상
   ㉢ 운동 이미지와 실제 수행의 연결
   ㉣ 이미지 속 내면의 목소리 활용

4. 심리생리적 정보처리이론의 핵심 내용으로 다음 중 아닌 것은 무엇인가?
   ㉠ 정신적 과정과 생리적 반응의 통합
   ㉡ 중추신경계와 자율신경계의 상호작용
   ㉢ 인지적 과정과 운동 계획의 분리
   ㉣ 정보처리 과정의 최적화

5. 스포츠 심상훈련 전략에서 다음 중 포함되지 않는 것은 무엇인가?
   ㉠ 정신적 과정 강화
   ㉡ 생리적 반응 제어
   ㉢ 상상과 행동의 통합
   ㉣ 감정 조절
   ㉤ 영양 관리

6. 심상훈련은 실제 경험과 동일한 신체적, 정신적 효과를 가져올 수 있다. (O / X)

7. 운동 초보자보다 경험이 많은 선수가 심상훈련을 통해 더 큰 효과를 얻는 경향이 있다. (O / X)

8. 심상훈련은 스트레스와 불안을 증가시킬 수 있다. (O / X)

9. 심상훈련은 단순히 이미지를 상상하는 것만으로는 효과가 없으며, 구체적이고 생생하게 상상하는 것이 중요하다. (O) / (X)

10. 심상훈련은 선수가 경기상황에서 ( ) 행동이나 결과를 생생하게 상상하도록 유도하는 과정이다.

11. 심상훈련을 통해 선수는 생리적 반응을 ( )하고 긴장을 ( )할 수 있다.

12. 효과적인 심상훈련 전략은 ( )( )( )( ) 단계로 구성된다.

13. 심리생리적 정보처리이론은 정신적 과정과 생리적 반응의 ( )을 강조한다.

14. 스포츠 심상훈련 전략은 정신적 과정 강화, 생리적 반응 제어, 상상과 행동의 통합, ( ) 등을 포함한다.

15. 심상훈련은 실제 운동을 하지 않고 상상만으로 운동기술을 습득하거나 향상시키는 훈련 방법이다. 다음 중 심상훈련의 효과로 잘못된 것은 무엇인가?
    ㉠ 스트레스 감소
    ㉡ 집중력 향상
    ㉢ 객관적인 기술 평가 어려움
    ㉣ 운동 목표달성

16. 심상훈련 프로그램은 개인의 목표와 상황에 맞춰 구성된다. 다음 중 프로그램 구성 시 고려해야 하는 요소는 무엇인가?
    ㉠ 프로그램 기간 ㉡ 참여자 나이
    ㉢ 운동 종목 ㉣ 모두 맞음

17. 심상훈련 시 집중하기 어려울 때 다음 중 도움이 되는 방법은 무엇인가?
    ㉠ 조용한 환경 조성
    ㉡ 편안한 자세 유지
    ㉢ 긍정적인 혼잣말
    ㉣ 모두 맞음

18. 심상훈련을 통해 감정을 조절하는 방법을 익힐 수 있다. 다음 중 감정 조절에 도움이 되는 심상훈련 기법은 무엇인가?
    ㉠ 안전한 장소 상상
    ㉡ 긍정적 이미지 상상
    ㉢ 스트레스 유발 상황 상상
    ㉣ 모두 맞음

19. 심상훈련은 꾸준히 연습해야 효과를 볼 수 있다. 다음 중 꾸준한 연습을 위한 구체적인 방법은 무엇인가?
    ㉠ 일상생활에서 심상훈련 활용
    ㉡ 훈련 기록 및 평가
    ㉢ 전문가 도움 활용
    ㉣ 모두 맞음

20. 심상훈련은 누구나 쉽게 효과를 볼 수 있는 훈련 방법이다. (O / X)

21. 심상훈련은 운동선수뿐만 아니라 일반인에게도 도움이 되는 훈련 방법이다. (O / X)

22. 심상훈련을 통해 실제 운동 능력을 향상시킬 수 있다. (O / X)

23. 심상훈련은 과학적으로 입증된 효과가 있는 훈련 방법이다. (O / X)

24. 심상훈련은 ( )( ) 능력을 향상시키는 데 도움이 된다.

25. 심상훈련 시 ( )( )를 통해 집중력을 유지할 수 있다.

26. 심상훈련을 통해 ( )( )를 조절하는 방법을 익힐 수 있다.

27. 심상훈련은 ( )( ) 목표달성에 도움이 될 수 있다.

28. 심상훈련을 통해 ( )( )를 높일 수 있다.

모범답안 및 해설

1. ⓜ 심상훈련은 실제 경험과 동일한 신체적, 정신적 효과를 가져올 수 있으며, 운동 패턴 습득, 자신감 강화, 스트레스 감소, 기술 숙련 등 다양한 효과를 제공한다.

2. ⓔ 기술적 이미지, 전술적 이미지, 정서적 이미지 등 다양한 유형의 심상훈련이 존재하며, 신체적 이미지는 특정 운동 시 느끼는 신체적 감각을 상상하는 것을 의미한다.

3. ⓔ 효과적인 심상훈련 전략에는 이미지 훈련, 감각적 질 향상, 운동 이미지와 실제 수행의 연결 등이 포함되며, 이미지 속 내면의 목소리를 활용하는 것은 일반적인 전략에 포함되지 않는다.

4. ⓒ 심리생리적 정보처리이론은 정신적 과정과 생리적 반응의 통합, 중추신경계와 자율신경계의 상호작용, 정보처리 과정의 최적화 등을 주요 내용으로 다루며, 인지적 과정과 운동 계획은 서로 연관되어 작동한다.

5. ⓜ 스포츠 심상훈련 전략은 정신적 과정 강화, 생리적 반응 제어, 상상과 행동의 통합, 감정 조절 등을 포함하며, 영양 관리와 같은 요소는 일반적으로 포함되지 않는다.

6. (O) 심상훈련은 실제 경험과 유사한 신체적, 정신적 반응을 유발하여 실제 경험과 동일한 효과를 가져올 수 있다.

7. (O) 경험이 많은 선수는 이미 다양한 상황을 경험했기 때문에 상상력이 풍부하고 구체적인 이미지를 만들 수 있으며, 이는 심상훈련 효과를 높이는 데 도움이 된다.

8. (X) 심상훈련은 스트레스를 관리하고 불안을 완화하는 데 효과적이며, 스트레스를 증가시키는 효과는 없다.

9. (O) 단순히 이미지를 상상하는 것만으로는 효과가 미미하며, 구체적이고 생생하게 상상하는 것이 중요하다.

10. (성공적인) 심상훈련은 원하는 경기상황에서 성공적인 행동이나 결과를 생생하게 상상하는 과정이다.

11. (조절)(완화) 심상훈련을 통해 선수는 경기 중에 나타나는 생리적 반응을 조절하고 긴장을 완화할 수 있다.

12. (정보 입력)(정보 해석)(반응 결정)(반응 실행) 효과적인 심상훈련 전략은 정보 입력, 정보 해석, 반응 결정, 반응 실행 단계로 구성된다.

13. (통합) 심리생리적 정보처리이론은 정신적 과정과 생리적 반응의 통합을 강조한다.

14. (감정 조절) 스포츠 심상훈련 전략은 정신적 과정 강화, 생리적 반응 제어, 상상과 행동의 통합, 감정 조절 등을 포함한다.

15. ⓒ 심상훈련은 개인의 상상력에 의존하기 때문에 훈련과정이나 결과를 객관적으로 평가하기 어렵다. 훈련자의 주관적인 보고나 외부로부터 관찰 가능한 행동변화 등을 통해 효과를 추정할 수 있지만, 정확한 측정이 어려운 한계가 있다.

16. ⓔ 심상훈련 프로그램은 개인의 목표와 상황에 맞춰 구성해야 효과를 극대화할 수 있다.
   - 프로그램 기간: 훈련 목표달성에 필요한 시간을 고려하여 설정해야 한다.
   - 참여자 나이: 나이에 따라 상상력과 집중력 수준이 다르기 때문에 적절한 훈련 내용과 강도를 구성해야 한다.
   - 운동 종목: 훈련하려는 운동 종목에 맞는 상상훈련 기법을 활용해야 한다.

17. ⓔ 심상훈련 시 집중하기 어려울 때 다음과 같은 방법을 시도하면 도움이 된다.
   - 조용한 환경 조성: 주변 소음을 최소화하고 집중하기 좋은 환경을 조성한다.
   - 편안한 자세 유지: 편안하고 안정적인 자세를 유지하면 집중력이 향상된다.
   - 긍정적인 혼잣말: 자신을 믿고 긍정적인 생각을 하도록 노력한다.

18. ⓔ 심상훈련을 통해 다음과 같은 방법으로 감정을 조절하는 방법을 익힐 수 있다.
   - 안전한 장소 상상: 자신에게 안전하고 편안한 장소를 상상하여 스트레스를 해소하고 긍정적인 감정을 유발한다.
   - 긍정적 이미지 상상: 자신이 목표를 달성하는 모습이나 긍정적인 경험을 상상하여 자신감을 높이고 긍정적인 감정을 유지한다.
   - 스트레스 유발 상황 상상: 스트레스 유발 상황을 상상하고 그 상황에 대한 대처방법을 훈련하여 스트레스에 대한 적응력을 향상시킨다.

19. ⓔ 심상훈련을 꾸준히 연습하기 위한 구체적인 방법은 다음과 같다.
   - 일상생활에서 심상훈련 활용: 일상생활 속에서 짧은 시간 동안 틈틈이 심상훈련을 연습한다.
   - 훈련 기록 및 평가: 훈련 내용과 느낀 점을 기록하고 정기적으로 평가하여 훈련 효과를 확인하고 개선한다.
   - 전문가 도움 활용: 심상훈련 전문가의 도움을 받아 자신에게 맞는 훈련 프로그램을 구성하고 지도받는다.

20. (X) 심상훈련은 개인의 집중력, 상상력, 훈련 꾸준함 등에 따라 효과가 달라질 수 있다. 누구나 쉽게 효과를 보는 것은 아니며, 개인의 노력과 훈련 환경에 따라 효과가 다르다.

21. (O) 심상훈련은 스트레스 해소, 집중력 향상, 감정 조절, 자신감 향상 등 다양한 효과가 있으며, 운동선수뿐만 아니라 일반인에게도 도움이 되는 훈련 방법이다.

22. (X) 심상훈련은 실제 운동과는 다르기 때문에 직접적으로 운동 능력을 향상시키는 것은 어렵다. 하지만, 운동기술습득, 운동 목표달성, 운동 전/후 집중력 향상 등에는 도움이 될 수 있다.

23. (O) 다양한 연구를 통해 심상훈련의 효과가 입증되었다. 예를 들어, 심상훈련을 통해 스트레스 수준 감소, 통증 감소, 운동 능력 향상, 학습 성과 향상 등의 효과가 나타났다.

24. (선명도)(조절력) 심상훈련은 상상력을 활용하여 다양한 상상을 만들고 조작하는 과정이다. 따라서 훈련을 통해 상상력의 선명도와 조절력을 향상시킬 수 있다.

25. (호흡)(자세) 심상훈련 시 깊고 느린 호흡을 하고 편안한 자세를 유지하면 집중력을 유지하는 데 도움이 된다.

26. (스트레스)(감정) 심상훈련을 통해 스트레스 유발 상황에 대한 대처방법을 익히고 긍정적인 감정을 유지하는 방법을 연습할 수 있다.

27. (운동)(개인) 심상훈련은 운동선수들이 운동기술을 익히고 향상시키는 데 도움이 될 수 있으며, 일반인들에게는 개인적인 목표달성에 도움이 될 수 있다.

28. (자신감)(집중력) 심상훈련을 통해 목표를 달성하는 모습을 상상하고 긍정적인 혼잣말을 하면 자신감을 높일 수 있으며, 호흡과 자세를 조절하여 집중력을 향상시킬 수 있다.

현장실습

1. 심리생리적 정보처리이론에 기반한 심상훈련을 진행해 보세요.

   가. 앞에서의 〈사례 1〉 심리생리적 정보처리 심상훈련 프로그램: 역도 올림픽 금메달을 향한 도전을 활용하여 간단한 심상훈련 스크립트를 만듭니다.

   나. 목표 및 대상 학생에게 약 10분간의 심상훈련을 실행합니다.

   다. 심리생리적 정보처리이론의 이해 및 심상훈련 실습 평가 워크시트를 작성하게 합니다.

<table>
<tr><th colspan="3">심리생리적 정보처리 심상훈련 절차(예시)</th></tr>
<tr><td rowspan="3">준비 단계</td><td>프로그램 안내</td><td></td></tr>
<tr><td>오늘의 목표</td><td></td></tr>
<tr><td>이완훈련</td><td></td></tr>
<tr><td rowspan="3">정보입력 단계</td><td>오감정보</td><td></td></tr>
<tr><td>생리적 정보</td><td></td></tr>
<tr><td>운동감각정보</td><td></td></tr>
<tr><td rowspan="4">정보해석 단계</td><td>동작과정 상상</td><td></td></tr>
<tr><td>동작 난이도 분석</td><td></td></tr>
<tr><td>목표달성 전략</td><td></td></tr>
<tr><td>실수 대처전략</td><td></td></tr>
<tr><td rowspan="3">반응결정 단계</td><td>과거 성공 경험</td><td></td></tr>
<tr><td>성공적 수행 시나리오</td><td></td></tr>
<tr><td>수행 성공의 확신</td><td></td></tr>
<tr><td rowspan="3">반응실행 단계</td><td>자동화 동작수행</td><td></td></tr>
<tr><td>최고 수행 경험</td><td></td></tr>
<tr><td>완벽한 동작</td><td></td></tr>
<tr><td rowspan="2">정보피드백</td><td>동작분석</td><td></td></tr>
<tr><td>개선점 도출</td><td></td></tr>
<tr><td rowspan="2">마무리</td><td>성공 확신</td><td></td></tr>
<tr><td>다음 훈련계획</td><td></td></tr>
<tr><td rowspan="4">심상훈련 효과 증진을 위한 팁</td><td>구체적이고 생생한 상상</td><td>마치 실제로 일어나는 것처럼 모든 감각을 활용하여 상상하십시오.</td></tr>
<tr><td>긍정적/자신감 있는 태도</td><td>스스로를 믿고 목표달성이 가능하다는 확신을 갖는 것이 중요합니다.</td></tr>
<tr><td>반복적 연습</td><td>처음에는 목표달성이 어려울 수 있지만, 꾸준히 연습하면 점차적으로 상상력이 풍부해지고 효과를 볼 수 있을 것입니다.</td></tr>
<tr><td>실제 연습과 연계</td><td>상상훈련에서 느꼈던 감각과 자신감을 실제 연습에 반영하여 목표달성에 활용하십시오.</td></tr>
<tr><td rowspan="3">주의 사항</td><td colspan="2">심상훈련은 개인의 정신 상태 및 상황에 따라 효과가 다를 수 있습니다.</td></tr>
<tr><td colspan="2">심상훈련 중에 불편함이나 스트레스를 느낀다면 즉시 중단하고 전문가와 상담하는 것이 좋습니다.</td></tr>
<tr><td colspan="2">심상훈련은 실제 연습을 대체할 수 없습니다. 심상훈련과 실제 연습을 병행하여 최상의 효과를 얻을 수 있습니다.</td></tr>
<tr><td rowspan="3">평가 및 활용</td><td colspan="2">학생들의 심상훈련 실습 과정을 관찰하고 평가합니다.</td></tr>
<tr><td colspan="2">심상훈련을 통해 얻은 경험과 성과를 학생들과 함께 공유하고 토론합니다.</td></tr>
<tr><td colspan="2">심상훈련을 지속적으로 활용할 수 있도록 학생들에게 지지와 격려를 제공합니다.</td></tr>
</table>

심리생리적 정보처리이론의 이해 및 심상훈련 실습 평가 워크시트	
이름:	날짜:
1. 심리생리적 정보처리이론에 대한 이해도	응답내용

1) 심리생리적 정보처리이론은 무엇을 설명하는 이론인가요?

2) 아래의 심리생리적 정보처리이론의 주요 특징은 무엇인가요?
- 정보처리 과정:
- 생리적 반응:
- 운동기술 향상:

3) 심리생리적 정보처리이론은 스포츠 외에 어떤 분야에 적용될 수 있나요? 예시를 들어 설명해 주세요.

2. 심상훈련경험

1) 이전에 심상훈련을 해본 적이 있나요? 있다면 어떤 상황에서 어떤 목표를 위해 심상훈련을 했나요?

2) 오늘 진행한 심상훈련에서 어떤 경험을 했나요?

3) 가장 기억에 남는 부분은 무엇인가요?

4) 어려웠던 부분은 무엇인가요?

5) 다음에 심상훈련을 할 때 어떻게 개선할 수 있을 것 같나요?

6) 심상훈련을 통해 얻은 성과나 효과는 무엇이라고 생각하나요?
- 구체적인 예시를 들어 설명해 주세요.
- 앞으로 어떤 목표를 위해 심상훈련을 활용하고 싶나요?

3. 심상훈련에 대한 평가

1) 오늘 진행한 심상훈련에 대한 만족도: (매우 불만족) 1 2 3 4 5 (매우 만족)

2) 심상훈련의 효과에 대한 기대: (전혀 기대하지 않는다) 1 2 3 4 5 (매우 기대한다)

3) 앞으로 심상훈련을 지속적으로 활용할 의향이 있나요?
있다면 어떤 상황에서 활용하고 싶나요?

4. 추가 의견

1) 심리생리적 정보처리이론, 심상훈련, 워크시트에 대한 추가적인 의견이나 질문이 있다면 자유롭게 작성해 주세요.

참고:

- 이 워크시트는 학생들의 심리생리적 정보처리이론 이해도와 심상훈련경험을 평가하기 위한 기본 도구입니다.
- 평가기준은 상황에 따라 변경될 수 있습니다.
- 학생들의 답변을 바탕으로 개별적인 피드백을 제공하는 것이 중요합니다.

10장.

혼잣말과 상담

1. 혼잣말의 심리적 기능

선수들은 연습 시와 비교하여 경쟁상황에서 혼잣말을 더 많이 사용하며, 연습과 시합에서 심리기술 향상 및 정신적 준비와 관련된 동기부여 혼잣말을 가장 많이 사용한다. Hardy, Hall, Gibbs, & Greenslade(2005)은 혼잣말과 자기효능감 사이의 중요한 긍정적 관계를 연구했으며, Hatzigeorgiadis, Zourbanos, Goltsios, & Theodorakis(2008)은 동기부여 혼잣말을 사용하면 자기효능감과 수행이 증가한다고 보고하였다.

혼잣말은 단순히 긴장의 완화나 활동의 표현적 부산물에 그치는 것이 아니라 문제해결을 위해 다음 단계를 계획하고 모색하는 중요한 기능을 담당한다(Vygotsky, 1962). 그러므로 혼잣말의 목적은 다른 사람과의 의사소통이 아니라 자기-조절, 자신의 사고과정들과 행동들을 주도해 가는 것을 목적으로 하는 자기 자신과의 의사소통인 것이다(손복영, 2009에서 재인용). Hackfort & Schwenkmezger(1993)는 혼잣말을 "개인이 감정과 지각을 해석하고 평가와 확신을 조절 및 변화시키며 수단과 강화를 제공해 주는 자신과의 대화"라고 정의하였다(윤기운, 2005에서 재인용).

Vygotsky(1978)는 혼잣말의 인지적 기능을 강조한다. 외현적으로는 외적 언어의 형태를 띠고 있으나 내면적으로는 내적언어, 즉 언어적 사고의 작용을 하는 것이 바로 혼잣말이기 때문이다. 혼잣말의 기능은 타인과의 의사소통에 목적이 있는 것이 아니라 자신의 사고과정을 돕기 위해 자기조절을 위한 목적으로 사용된다. 따라서 Vygotsky의 자기조절적 사고는 개인의 정신 내에 본래적으로 주어져 있는 것이 아니라 사회적 상호작용을 통해 자연스럽게 발달하는 자발적 혼잣말에 초점을 두고 있다. 사회적 상호작용을 통한 교육적 노력과 함께 고등한 형태의 사고는 점진적인 과정을 거쳐 이루어진다. 자기조절의 과정에서 어린 유아는 성인이나 또래에 의해 자신의 활동을 전적으로 통제받게 되지만 차츰 타인 조절상태에 대해 어린이가 머뭇거리면서 자발적으로 자신의 활동을 주도하려는 행동을 보이기 시작한다. 이때 어린이는 자신이 주도하는 속에서 성인이나 또래의 도움을 받게 되면 보다 쉽게 문제를 해결할 수 있게 된다. 그 후 타인에 의해 통제되는 타인조절(other-regulation)이 줄어들고 타인조절에서 자기조절로의 발달적 이행이 시작된다(Brown & Ferra, 1985; 양옥승, 1997에서 재인용).

전통적 행동주의자들은 자기지향적 언어를 자신의 행동을 조절하게 하는 인간만이 가진 독특한 능력이며, 자기 지향적 언어를 사용하는 것이 행동에 변화를 가져오고, 그 변화를 다른 과제나 상황으로 일반화시킬 수 있다고 주장한다. 자기감독, 자기평가, 자기결정 등의 기능을 하는 자기조절과정에 있어서 유도된 자기 지향적 언어는 변별적 자극과 조건화된 강화물을 제공함으로써 행동을 촉발하거나 저지하는 것으로 본다. 그러나 인지적 행동주의자들은 자기 지향적 언어를 통한 자기교시는 행동을 촉발/저지할 뿐만 아니라 그 행동을 지지하고 유지할 수 있도록 돕고, 혼잣말을 어떠한 활동의 결과가 지연되거나 눈에 보이지 않을 때 인간의 행위를 중재하고 유지시켜 주는 인간의 인지과정의 일부분으로 본다(손복영, 2009).

선수들이 훈련이나 시합 중에 혼잣말을 하는 경우는 흔하다. 입만 달싹이거나 혹은 크게 소리를 지르기도 한다. 또는 마음속으로 소리 없이 스스로에게 말하기도 한다. 이러한 혼잣말에 대하여 보다 구체적인 정의를 보면 '혼잣말은 감정과 지각을 해석하고, 평가와 신념을 조절 및 변경하며, 스스로에게 지시와 강화를 제공한다'고 하였다(Hackfort & Schwenkmezger, 1993, p.355). 혼잣말은 자동적으로 또는 생각 멈추기 기법과 같이 보다 계획적인 방식으로 발생시킬 수 있다(Hardy, Jones, Pasini, & Barkoukis, 2009). 혼잣말은 얼마나 자주 사용할 것인가의 빈도 차원, 자유롭게 선택할 수 있는 자기결정 차원, 작거나(은밀한 셀프 토크), 크거나(노골적인 셀프 토크) 등 언어화할 수 있는 공개성 차원이 있다. 혼잣말은 긍정적(예: "잘했어!")이거나 부정적(예: "이 바보야!") 내용일 수 있다. 또한, 혼잣말은 자신에게 동기를 부여하거나 부여하지 않는 동기부여적 차원도 포함된다.

Hardy, Gammage, & Hall(2001)은 이러한 혼잣말은 인지적(cognitive) 및 동기부여적 차원으로 분류하였다. 인지적이라는 용어는 이후 지시적(혹은 교육적; instructional)이라는 용어로 대체되었다(e.g., Hatzigeorgiadis, Theodorakis, & Zourbanos, 2004; Hardy, 2006). Hardy(2006, p.84)는 위에서 언급한 차원을 기반으로 혼잣말의 구체적 정의를 다음과 같이 제안했다. (a) 자기 자신에게 하는 말 또는 진술, (b) 본질적으로 다차원적임, (c) 사용된 진술 내용과 연관된 해석적 요소를 가짐, (d) 다소 역동적이며, (e) 선수에게 지시적 및 동기부여적 두 가지 이상의 기능을 수행한다.

혼잣말 연구는 이론에 근거하지 않는다는 비판을 받아왔으나 Hardy(2006)는 혼잣말과 관련된 많은 적용 가능한 이론으로 Bandura의 자기효능감이론(1997)을 제안하였다. 이는 혼잣말이 교육적 기능과 동기부여 기능 모두에 적용될 수 있기 때문이다. 사회인지이론의 일부인 자기효능감이론과 더불어 Hardy et al.(1996)이 제안한 혼잣말이 수행과 어떻게 관련되는지와 최고의 수행을 위한 심리적 준비 모델, 혼잣말의 틀(Hardy et al., 2009)에 대하여 살펴보았다.

2. 혼잣말의 이론적 관점

2.1 사회인지이론

사회인지이론에서 개인은 환경에 대한 수동적 반응자가 아니라 능동적인 주체로 간주한다(Bandura, 2001). 이 이론에 따르면 사람들은 자신의 기능에 영향을 미치기 위해 사전숙고, 자기성찰, 자기조절을 사용하며, 이를 사회인지 기능의 주체적 관점이라 하였다. 〈그림 1〉에서 볼 수 있듯이 이 이론의 가정은 주체적 행동(예: 노력), 개인적 요인(예: 효능감), 외부 환경(예: 피드백)이 모두 동기와 행동의 상호작용 결정 요인으로 작용한다(Bandura, 1986). 예를 들어 코치의 긍정적 피드백은 선수로 하여금 자신을 더 믿게 만들고(효능감 상승), 이는 선수의 노력에 영향을 미칠 수 있다. 그 노력은 코치에 의해 확인되고 이것은 선수의 반응에 영향을 미친다(Feltz et al., 2008). 자기효능감은 사회인지이론에서 설명하는 개인적 요인의 일부이며, 지각된 자기효능감은 사람들의 행동을 결정하는 데 중추적 역할을 하는 핵심 행위 요인으로 간주된다(Bandura, 1997).

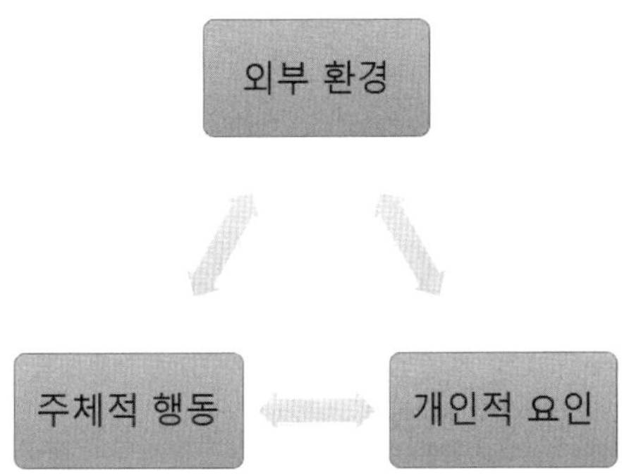

그림 1. 삼원 상호 인과관계에서 결정요인 분류 간의 관계(Bandura, 1986)

2.2 자기효능감이론

혼잣말과 밀접히 관련된 심리적 요인은 자기효능감이다. 지각된 자기효능감은 주어진 과업을 달성하는 데 필요한 행동과정을 조직하고 실행할 수 있는 자신의 능력에 대한 믿음을 말한다(Bandura, 1997, p.3). 자기효능감은 자신의 능력에 대한 개인의 판단이며, 지금 당장 할 수 있다고 생각하는 것이다(Feltz, Short, & Sullivan, 2008). Weinberg & Gould(2007)는 자기효능감은 상황에 따른 자신감의 변화라고 설명했지만, 자기효능감과 자신감(Vealey, 1986)은 단순히 동일시할 수는 없다. 자기효능감은 자신감이 반드시 필요 없는 상황-특성적인 것이다.

참고 Bandura(2006)의 자기효능감, 자존감, 통제 소재 및 결과 기대의 구분

☞ 자존감은 자신의 가치에 대한 판단
☞ 자기효능감은 능력에 대한 판단
☞ 통제 소재는 능력에 대한 판단이 아니라 결과가 자신의 행동에 의해 결정되는지 또는 자신의 통제 밖의 행동에 의해 결정되는지에 대한 믿음
☞ 결과 기대는 수행을 실행할 수 있는 능력(효능감)에 대한 판단이 아니라 수행에서 오는 결과에 대한 판단

Bandura(1997)는 사회인지이론의 틀 내에서 자기평가정보와 사람들의 후속 사고 패턴, 감정, 동기 및 행동이 자기효능감의 인지 메커니즘을 통해 매개된다고 하였다. Feltz et al.(2008)에 따르면 그러한 동기부여 된 행동과 사고 패턴은 스포츠 수행에 중요한 공헌을 한다. 자기효능감이론의 핵심 구성요소는 자신의 능력에 대한 믿음이며, 이는 수준, 강도 및 일반화라는 세 가지 차원에 따라 달라진다(Bandura, 1997).

예시 1 자기효능감의 세 가지 차원: 수준, 강도 및 일반화

- 수준: 난이도에 따라 선수들이 기대하는 수행을 말한다.
  ☞ 예) 다른 골프선수들에 비해 자신이 얼마나 많은 퍼팅을 할 수 있는지 판단할 수 있다.(예: 10개 중 1개에서 10개 중 10개까지)
- 강도: 완전히 불확실한 수준에서 완전히 확실한 수준에 이르기까지 다양한 수준의 수행을 할 수 있다는 확신을 의미한다.
  ☞ 예) 2명의 골프선수가 10번 중 7번의 퍼팅을 성공할 수 있다고 믿지만 한 선수는 다른 선수보다 이러한 믿음이 더 강할 수 있다.
- 일반화: 스포츠 수행과 관련된 연구는 거의 없었지만(Feltz et al., 2008), 그러나 이후 많은 연구가 이루어짐.
  ☞ 예) 한 스포츠에서 다른 스포츠로 또는 스포츠 맥락 내의 경쟁상황이 비스포츠 맥락(예: 비즈니스)의 경쟁상황으로 일반화될 가능성이 있다.

자기효능감 신념을 생성하는 네 가지 기본 정보원은 수행 성취, 대리 경험, 언어 설득 및 생리적 상태이다(Bandura, 1997). 혼잣말과 관련된 자원은 언어적 설득이다. 여기에 더하여 Feltz & Chase(1998)는 좀 더 확장된 모델을 〈그림 2〉와 같이 제시하였다. Hardy(2006)는 혼잣말이 언어적 설득의 자기 전달 유형으로서 자기효능감에 영향을 미칠 수 있다고 주장했다. 노력, 끈기 및 수행은 이러한 자기효능감 증가를 통해 영향을 받을 수 있다. 언어적 설득이 효능의 제한된 원천이기는 하나 설득력 있는 진술은 유용한 보조 효능 원천이 될 수 있다(Bandura, 1997). 즉, 중요한 타인에 대한 신뢰가 높을 때 설득의 효과가 더 크다고 주장했다. 또한 사람들은 관련 활동에 대한 지식, 기술 및 경험을 보유한 사람(자기)이 자신의 능력을 평가하는 것을 더 신뢰한다. 엘리트 운동선수들이 자신의 활동에 대한 훌륭한 지식, 기술 및 경험을 보유하고 있기 때문에 혼잣말의 혜택을 받을 가능성이 더 높을 것이다.

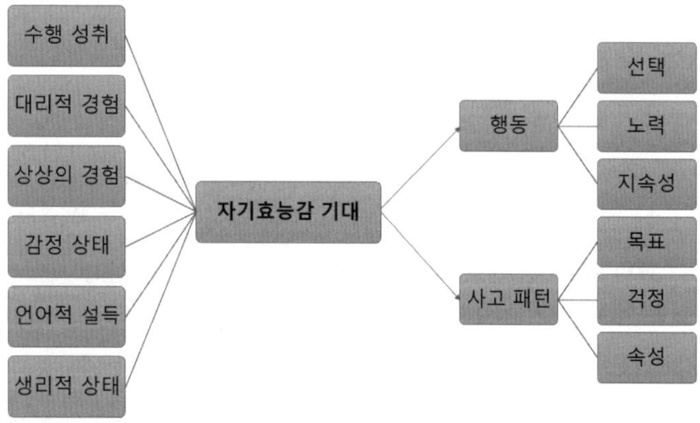

그림 2. 효능 정보 출처, 효능 판단 및 결과 간의 관계(Feltz & Chase, 1998)

3. 혼잣말의 스포츠심리학적 관점

3.1 최고수행을 위한 심리적 준비 모델

운동선수는 복잡한 사회 및 조직 환경에서 활동하는 복잡한 인간이다. 이것을 바탕으로 Hardy, Jones, & Perrett (1996)은 복잡한 관계를 설명하기 위해 최고수행 달성을 위한 통합적인 심리적 준비 모델을 제시하였다. 〈그림 3〉에서 보듯이 이 모델은 다섯 가지 요소로 구성되었다. (1) 동기 및 성격(기초)과 같은 기본 속성, (2) 최고수행을 촉진하는 심리기술(왼쪽), (3) 부정적인 스트레스 요인 대처를 위한 역경대처전략(오른쪽), (4) 과제 특성별 이상적 수행상태(삼각형의 상단), (5) 선수가 활동하는 사회적, 신체적, 심리적, 조직적 환경(서클 내 영역). 이 모델에는 심리기술과 대처전략 모두에 혼잣말을 포함함으로써 최고수행의 도달을 위한 잠재적 자원으로 혼잣말을 강조하고 있다.

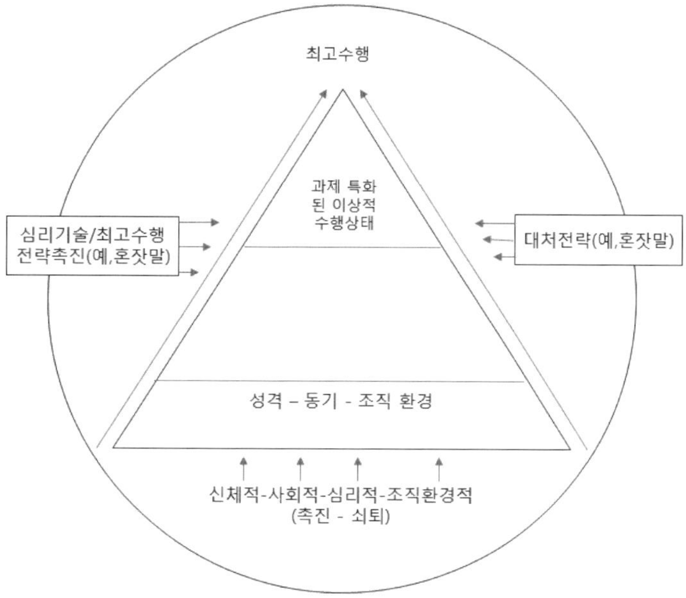

그림 3. 최고수행을 위한 심리적 준비 모델(Hardy et al., 1996, p.240)

3.2 혼잣말의 프레임워크

Hardy et al.(2009)은 혼잣말과 수행 관계를 설명하기 위한 틀을 〈그림 4〉와 같이 제안하였다. 혼잣말의 일반적인 선행요인은 개인적(예: 셀프 토크에 대한 믿음)과 상황적(예: 과제 난이도)이라는 두 가지가 잠재적으로 존재한다. 혼잣말의 사용은 수행 지향적 결과(예: 근력 증가)를 생성하기 위한 것으로 혼잣말이 경기력에 영향을 미칠 수 있는 네 가지 가능한 기본 메커니즘(인지적, 동기적, 행동적, 정서적)을 포함시켰다.

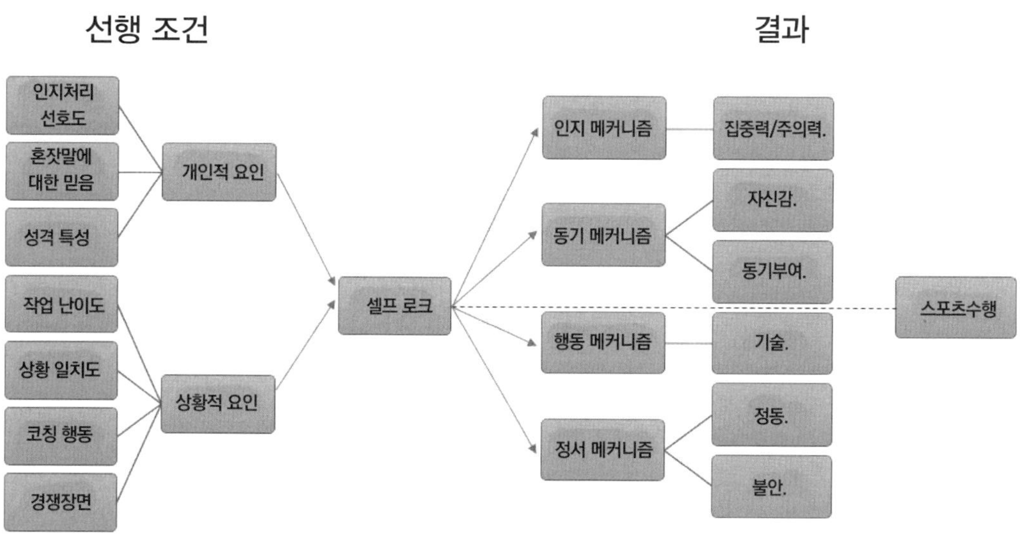

그림 4. 혼잣말의 프레임워크(Hardy et al., 2009)

3.3 스포츠와 혼잣말의 기능

스포츠 수행과정에서 사용하는 혼잣말(self-talk)은 습관화되어 버릇처럼 무의식적으로 내뱉기도 한다. 〈표 1〉은 스포츠 상황의 혼잣말을 분류한 것이다. 선수들의 혼잣말 내용은 일반적으로 긍정적이고 축약되며 은밀하게 표현된다. 또한 남자 선수가 여자 선수보다 훨씬 더 부정적이고 덜 은밀하며 노골적인 혼잣말을 사용한다. 그러나 혼잣말은 보다 전략적이고 의도적으로 활용하는 심리기술 혹은 인지적 전략 차원을 포함하고 있다. 선수들이 흔히 사용되고 있는 인지적 전략들 중 가장 간단한 전략인 혼잣말은 훈련이나 경기 전과 중, 후에 동작이나 기술의 성패와 관련해서 감정, 느낌을 스스로에게 하는 내적 혹은 외적 대화이다.

표 1. 스포츠 상황의 혼잣말 분류

전략적 혼잣말	유기적 혼잣말	즉흥적 혼잣말	목표지향적 혼잣말
특정반응 유발과 메커니즘에 따른 행동목표를 위해 미리 정해진 혼잣말, 단서를 사용하여 수행능력 또는 자기조절 목표향상	자신에게 하는 내재된 생각과 자기진술, 여기에는 통제되지 않고 통제된 상태 멘트 포함	누가 시키지 않아도 자연스럽게 떠오르는 통제되지 않은 말, 현재 상황의 당면한 활동과 연결	과제를 진전시키기 위해 도구적으로 사용되는 통제된 말
한 포인트를 실점한 테니스선수가 집중력 유지를 위해	축구 골키퍼는 슛을 막은 후	경쟁자에게 추월당한 사이클리스트	농구 선수가 자유투를 던지기 전
"다음 포인트에 집중해!"	"'잘 막았다'라고 생각하고 이제 자기 자리로 돌아가자."	"안 돼, 그는 나보다 너무 빨라. 오늘은 이길 수 없을 거야."	"리듬에 집중해."

혼잣말의 두 가지 주요 기능은 교육(지시) 및 동기적 역할이다. 지시적 혼잣말은 선수가 개별 기술을 배우고 실행하는 데 도움이 되는 인지 특성 혼잣말과 선수가 전반적으로 수행에 집중하고 전략을 수행하도록 돕는 일반적인 혼잣말(Hardy, Gammage & Hall, 2001). 동기적 혼잣말은 동기 숙달, 각성 및 욕구의 세 가지로 세분화된다. 동기 숙달 혼잣말은 선수가 자신의 상황을 성공적으로 숙련시키는 데 필요한 정신적 준비, 집중, 자신감 및 어려움 대처의 네 가지 주제로 구성된다(Hardy et al., 2009). 동기적 각성 혼잣말은 선수가 각성수준을 제어하지 못할 때 긴장을 풀고 휴식을 취하는 데 도움이 된다. 동기적 혼잣말은 추진력과 노력 수준을 유지 또는 증가시키고 목표달성을 추구하는 역할을 한다.

혼잣말과 수행의 관계는 첫째, 주의의 변화와 적절한 주의집중에 기여함으로써 수행향상을 돕고, 둘째, 혼잣말은 불필요한 정보를 줄일 수 있기 때문에 수행향상이 가능하며, 셋째, 긍정적 혼잣말을 사용할수록 언어적 설득으로 작용하여 목표를 성취할 수 있는 자기효능감을 강화시켜 수행이 향상된다. 윤기운(2007)은 스포츠 상황에서 사용하는 혼잣말을 아래와 같이 지도적, 동기적, 긍정적으로 분류하여 제시하였다.

심리 훈련에 도움을 주는 혼잣말의 종류

지도적 혼잣말	동기적 혼잣말	긍정적 혼잣말
"떨어뜨릴 목표위치를 정하고"	"모두 성공해야지"	"좋아, 바로 그거야"
"손목과 어깨의 힘을 빼고"	"멋지게 해 내야지"	"오케이"
"여유를 가지고 스윙 속도를 적당히"	"욕심내지 말고"	"좋다, 해보자"
"체중을 왼발에 많이 두고"	"나는 잘 할 수 있어"	"잘 되겠지"
"하체를 단단히 고정하고"	"잘 좀 해보자"	"느낌이 좋은데"

3.4 자발적 혼잣말와 감정

자발적 혼잣말는 과거의 성과를 평가하고 설명하거나(예: '이건 어리석은 실수였어') 미래의 결과를 예측하는 것(예: '나는 이길 거야')이 주를 이룬다. 이는 자발적 혼잣말가 종종 감정적으로 충전되어 있으며(Latinjak, Ragan, & Zourba-nos, 2014), 따라서 감정을 표현한다는 사실을 지적합니다(Van Raalte et al., 2016). 자발적 혼잣말는 그 자체로 존재하기보다는 오히려 기본적인 심리과정(예: 감정)을 반영한다. 특히 스포츠 수행과 관련하여 자발적 혼잣말는 그 자체로 어떤 기능을 하는 것이 아니라 하나의 과정을 드러낼 뿐이다. 자발적 혼잣말와 감정 사이의 내재적 관계는 자발적 혼잣말가 정서적 경험의 근간이 되는 핵심 정서와 매우 유사하다(Russell, 1980). 자발적 혼잣말은 긍정과 부정적 인식, 시간적 관점으로 나타난다. 자발적 혼잣말은 감정과 관계되

예시 2 자발적 혼잣말

긍정적(예: "기분이 좋아.")	운동적(예: "지난 시합에서 수비 실책이 많았다.")
중립적(예: "공이 아웃되었어.")	현재 관련(예: "나는 오늘 잘하고 있다.")
부정적(예: "오늘은 내가 형편없어.")	예상적(예: "나는 질 것이다.")

는데 선수들은 화가 났을 때 회고적 진술을 더 많이 사용하고 불안할 때는 기대적 자발적 혼잣말을 더 많이 사용한다(Latinjak, Hatzigeorgiadis, & Zourba-nos, 2017).

참고 혼잣말 기능 질문지(윤기운, 2007)

문항을 잘 읽고 자신의 생각에 해당되는 숫자에 ○표 하시오.	1전혀 아니다	2아니다	3보통	4그렇다	5매우 그렇다	점수산출(문항 합계/문항 수)
1. 잘못된 동작을 반복하지 않게 된다.	1	2	3	4	5	
2. 동작수행에 중요한 포인트를 잊지 않게 된다.	1	2	3	4	5	
3. 동작의 올바른 순서를 정확히 기억하게 된다.	1	2	3	4	5	수행향상(/5) =
4. 잘못된 동작을 새로운 동작으로 쉽게 바꿀 수 있다.	1	2	3	4	5	
5. 주어진 상황에 정신이 집중된다.	1	2	3	4	5	
6. 주의가 산만해지는 것을 막는다.	1	2	3	4	5	
7. 마음의 여유가 생긴다.	1	2	3	4	5	정서안정(/3) =
8. 걱정이나 불안한 마음이 수그러든다.	1	2	3	4	5	
9. 짜증 나고 답답한 마음이 일시적으로 안정된다.	1	2	3	4	5	
10. 흥분하거나 흔들리지 않게 된다.	1	2	3	4	5	불안완화(/3) =
11. 조급한 마음이 사라진다.	1	2	3	4	5	
12. 현재의 어려움을 잘 참고 견디게 한다.	1	2	3	4	5	
13. 의지를 강하게 해준다.	1	2	3	4	5	
14. 보다 신중하게 임하게 된다.	1	2	3	4	5	동기강화(/3) =
15. 의욕과 활기가 넘친다.	1	2	3	4	5	
16. 잘될 거라는 믿음이 커진다.	1	2	3	4	5	
17. 순간적인 위기를 잘 넘길 수 있다.	1	2	3	4	5	
18. 주어진 찬스를 잘 살릴 수 있다.	1	2	3	4	5	자신감(/4) =
19. 승리를 다짐할 수 있다.	1	2	3	4	5	
20. 실수를 덜 하게 된다.	1	2	3	4	5	

4. 혼잣말의 심리상담과정

혼잣말은 여러 의미를 가진 개념으로서 인지 심리학과 밀접한 관계를 갖는다. 혼잣말은 인지적 자기조절(Van Raalte, Vincent, & Brewer, 2016)에 따라 자발적이고 합리적인 사고 과정(Latinjak et al., 2014)과 긴밀하고 불가분의 관계가 있다. 혼잣말은 또한 자기 언어화의 내용이 당면한 작업과 관련이 없을 때 정신 산만을 겪는다(Latinjak, 2018a, 2018b). 그러나 혼잣말은 발달심리학에서도 중요한 주제이다. 예를 들어, Vygotsky(2012)는 아동의 언어적 사고 형성을 위한 언어의 내면화 과정에서 종종 사적 또는 내적 언어로 언급되는 혼잣말의 역할에 세심한 주의를 기울였다. 게다가, 임상 심리학자들은 반복적으로 고객의 혼잣말에 초점을 맞추었다. 예를 들어, 자멸적인 혼잣말은 종종 기분, 불안, 섭식 장애로 나타난다(Wright, Basco, & Thase, 2006). 마지막으로 혼잣말은 행동변화를 위한 중요한 메커니즘으로 확인되었기 때문에 인지행동치료(CBT) 및 합리적 정서행동치료(REBT)와 같은 다양한 심리치료 접근에도 중요하다(Michie, Ashford, Yardley, Johnston, & Conner, 2016).

참고문헌 Latinjak(2020)은 스포츠심리학 저널에 게재된 스포츠심리학 리뷰에 대한 체계적 검토를 통해 스포츠 및 운동심리학은 심리적 과정, 심리적 기술 및 심리적 개입이라는 세 개의 주제개념의 바탕 각각에는 혼잣말이 중요한 위치에 있는 것을 확인하였다〈그림 5〉. 또한 이들 세 가지 역할에는 항상 환경적 요인이 기여하고 있는 것으로 나타났다.

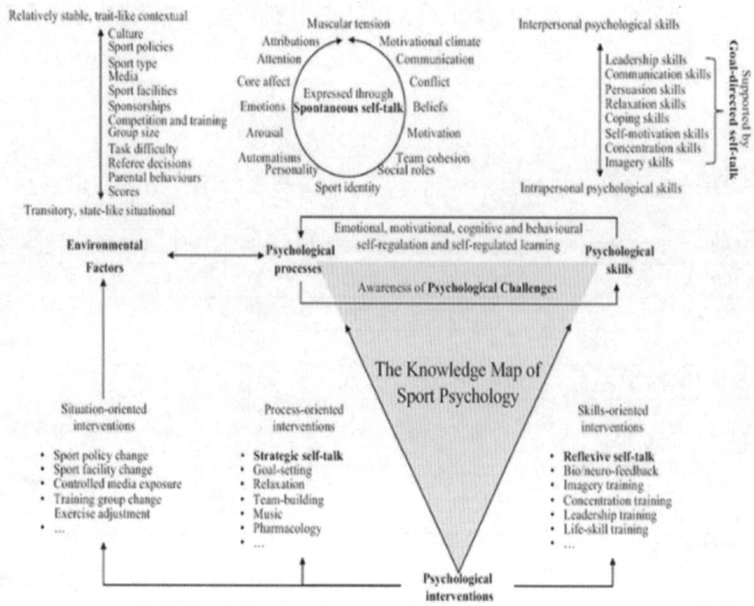

그림 5. 혼잣말 개념이 강조된 심리적 개념의 예가 포함된 스포츠심리학 지식 지도(The Knowledge Map of Sport Psychology)

4.1 환경적 요인

환경적 요인은 일시적인 상황 요인일 수도 있고 비교적 안정적인 맥락적 요인일 수도 있다. 이 환경적 요인은 미디어, 종교 또는 스포츠 정책과 같은 문화적 변수부터 훈련(예: 운동의 난이도) 및 경쟁(예: 경기 중 점수)과 관련된 과제 특성에 이르기까지 다양하다. 여기에는 더위나 스포츠 용품과 같은 물리적 조건과 코치, 동료, 부모와 같은 타인의 행동이 포함되며, 일반적으로 스포츠심리학에서 혼잣말은 환경적 요인으로 간주되지는 않는다. 그러나 타인에게 들리는 혼잣말은 자기표현의 효과를 가져와 타인에게 영향을 미칠 수 있다(Van Raalte, 2010). 예를 들어, 감정 표현의 혼잣말이 상대 선수에게도 영향을 미치기도 한다(Fritsch & Latinjak, 2019). 개인의 혼잣말이 다른 선수에게 영향을 미치는 경우, 혼잣말은 다른 선수의 심리적 과정에 영향을 미치는 환경적 요인으로 볼 수 있다.

4.2 심리적 과정과 자발적인 혼잣말

심리적 과정은 삶의 경험에서 피할 수 없는 구성요소인 개인 내적 및 대인관계적 과정으로 생각할 수 있다(Dohme, Backhouse, Piggott, & Morgan, 2017). 심리적 과정은 몇 초(예: 감정 폭발)에서 수십 년(예: 자신의 정체성)에 이르는 특정 기간 동안의 개인 또는 집단의 상태를 설명하며, 신체적 감각, 팀 응집력 또는 성격과 같은 요인들은 우리 존재의 일부이다. 이러한 사건은 스포츠심리학에 대한 우리의 태도나 예방하려는 의도와 상관없이 일상적인 스포츠 연습의 일부이다. 심리적 과정은 변화하고 형성될 수 있지만, 우리의 삶이 끝날 때까지 결코 사라지지 않는다. 선수들은 분노와 같은 특정 감정을 피하려고 노력할 수 있지만, 모든 감정의 발생을 막으려는 것은 헛된 노력이다.

혼잣말은 의도하지 않고 자연스럽게 발생하며 감정(*나는 최악이야*), 신념(*나는 성공할 수 없어*) 또는 속성(*나는 운이 나쁜 사람이야*)과 같은 다른 심리적 과정에 영향을 미치는 경우 심리적 과정이 될 수 있다. 심리적 과정과 관련된 이러한 혼잣말을 자발적 혼잣말이라고 한다(그림 1.1). 득점을 한 후에는 잘했다고 말하거나 실수를 한 후에는 스스로를 모욕함으로써 좌절감을 표현할 수 있다. 이러한 발언은 스포츠 연습의 일부이며 이를 피하기 위해 노력하는 것은 당연한 일이다.

심리적 과정은 상호작용을 하며 환경적 요인에 의해 형성된다(Dohme et al., 2017). 경쟁은 불안을 유발할 수 있는 반면, 불안은 자발적인 혼잣말(난 할 수 없어)과 관련 있다(Latinjak, Masó Calmeiro & Hatzigeorgiadis, 2019). 또한 과제 중심의 동기적 환경은 불안을 흥분으로 바꾸어 자발적 혼잣말(나는 정말 해보고 싶다; Zourbanos et al., 2016)로 내용을 변화시킨다. 반대로 심리적 과정은 환경적 변수를 형성하기도 한다. 예를 들어, 좌절감과 부정적인 자발적 혼잣말(나는 이 운동이 싫어)은 트레이너와 동료의 지지를 덜 받으며, 자발적 혼잣말과 관련하여 다른 심리적 과정과 유사함에도 불구하고 이를 동등한 것으로 간주하는 것은 오해의 소지가 있다. 이를 설명하기 위해 다른 모든 심리적 과정은 자발적 혼잣말과 독립적으로 경험할 수 있지만 자발적 혼잣말은 다른 심리적 과정 없이는 결코 나타나지 않는다. 화났다고 말하지 않고 화를 낼 수는 있지만, 화 같은 감정을 느끼지 않고 화났다고 말할 수는 없다. 따라서 자발적 혼잣말은 태도, 감정 또는 동기부여와 같은 심리적 과정이 의식 속에서 드러나는 표현이라고 할 수 있다. 예를 들어, 부정적인 성과에 대한 믿음은 무의식적으로 성장하다가 자발적으로 언어화되어(나는 오늘 너무 형편없이 게임하고 있어) 의식에 접근할 수 있게 된다. 선수는 자신의 심리적 과정을 수동적으로 관찰하는 존재가 아니기 때문에 이러한 자의식은 스포츠에서 핵심적인 요소이다. 선수는 심리기술을 연습함으로써 자신의 심리적 과정을 적극적으로 바꾸거나(예: 분쟁을 해결함으로써), 표현 방식을 수정하려고 시도한다(예: 아무 일도 없었던 것처럼 행동함으로써).

4.3 심리적 기술과 목표 지향적 혼잣말

심리적 기술은 선수들이 심리적 과정을 조절하는 데 사용된다(Vealey, 1988). 스포츠 및 운동심리학 지식 지도에서 이 클러스터로 분류된 개념은 개인이 자신 또는 자신이 속한 집단에 속한 다른 사람을 조절하는 능력을 의미한다. 심리적 과정과는 달리 심리적 기술은 오히려 의식적으로 사용되며 노력과 의도에 의해 경험되며, 심리적 기술은 여러 가지 면에서 신체적 기술과 유사하다(Baumeister, Tice, & Vohs, 2018). 이러한 기술은 성숙을 통해 발달하며 특별한 도전을 위해 훈련할 수 있다. 대인관계 심리적 기술의 예로는 다른 사람들이 공동의 목표를 추구하도록 안내하는 리더십 기술, 갈등을 중재하는 의사소통 기술, 타인의 자기효능감을 높이는 설득 기술 등이 있으며, 이를 소홀히 하면 신체적 저항과 마찬가지로 심리적 기술도 약화될 수 있다. 개인 내 심리적 기술 측면에서 선수는 일련의 기술동작을 시각화하는 이미지 기술, 산만함에도 집중력을 유지하는 집중력 기술, 경기의 중요한 순간에 침착함을 유지하는 이완 기술 등을 가질 수 있다. 스포츠 및 운동심리학 지식 지도의 심리적 기술 클러스터와 잘 어울리는 일종의 혼잣말도 있다. 자기조절 목적으로 사용되는 혼잣말을 목표 지향적 혼잣말이라 한다. 목표 지향적 혼잣말은 문제를 해결하거나 과제를 발전시키기 위해 의도적으로 사용하는 언어적 표현으로 설명된다(Latinjak et al., 2014). 흥미롭게도 목표 지향적 혼잣말은 다른 심리적 기술과는 다르게 작동하는 경우가 많다. 대부분의 심리적 기술은 자기 통제와 관련된 심리적 과정을 수행하려는 시도이다. 예를 들어, 집중 기술은 주의력 조절을 목표로 한다. 목표 지향적 혼잣말은 자발적인 혼잣말을 바꾸는 데 사용되지 않는다. 대신, 목표 지향적 혼잣말은 자발적 혼잣말을 통해 표현될 수도 있고 표현되지 않을 수도 있는 모든 심리적 과정을 통제하는 데 사용된다. 목표 지향적 혼잣말은 무엇보다도 평가를 조절하고, 기술적 실행을 통제하고, 전략적 결정을 내리고, 정신 생리적 각성을 조절하고, 기능적 감정을 이끌어내고, 노력을 늘리고, 일탈의 유혹에 저항하고, 자신감을 강화하고, 목표를 재설정하는 데 사용될 수 있다(Latinjak et al., 2019). 따라서 목표 지향적 혼잣말은 리더십 기술, 이완 기술, 집중력 기술 등 모든 유형의 심리적 기술을 지원하는 메커니즘으로 이해해야 한다.

스포츠심리학자들은 심리적 기술이 성공적인 운동능력의 핵심이기 때문에 목표 지향적 혼잣말을 포함한 심리적 기술의 사용을 연구하는 데 전념하였다(Birrer & Morgan, 2010). 일반적으로 심리적 기술 사용의 질을 적절히 테스트하려면 최소한 두 가지 보완적인 질문이 필요하다. 첫째, 심리적 기술이 관련 심리적 문제를 처리할 수 있을 만큼 충분히 강했는가? 둘째, 이러한 심리적 도전에 대처하기 위해 어떤 심리적 기술을 사용했는가? 첫 번째 질문에 대한 정당성은 직관적으로 보이지만 두 번째 질문에 대한 정당성은 약간의 정교함이 필요하다. 목표 지향적 혼잣말을 포함한 일부 심리적 기술을 사용하는 방식은 일시적으로 효과적일지라도 장기적으로는 해로울 수 있다. 예를 들어, "걱정하지 마, 그는 자신이 스토킹하는 것이 무엇인지 전혀 모른다."와 같은 자기 진술은 코치의 비판에 대한 인식된 의미를 줄여 좌절감을 효과적으로 처리하는 데 도움이 될 수 있다. 그러나 코치의 지적을 무시하는 것은 장기적으로 학습에 해로울 수 있으며 트레이너와 선수 간의 관계에 심각한 영향을 미칠 수 있다. 선수의 심리적 기술이 심리적 도전에 대처할 만큼 충분히 강하지 않거나 선택한 심리적 기술이 잠재적으로 장기적으로 부정적인 영향을 미칠 수 있는 것으로 판명되면 선수는 심리적 개입의 형태로 외부의 도움을 받을 수 있다. 물론 심리적 개입은 적절하게 사용되는 강력한 기술을 강화하여 향후 예상되는 더 큰 심리적 도전에 대비할 수 있도록 선수를 준비시킬 수도 있다.

4.4 심리적 개입

스포츠 및 운동심리학 지식 지도에서 심리적 개입은 상황지향적, 과정지향적, 기술지향적 개입(interventions)이 있다.

첫번째 개입인 상황지향적 개입은 불쾌하거나 해로운 심리적 과정을 예방하거나 조절하기 위한 목적으로 심리적 도전에 관여하지 않는 시설, 미디어 노출의 통제와 같이 제3자의 일련의 행동이 포함된다. 또한 이러한 행동은 즐겁고 기능적인 심리과정을 촉진하고 개인 또는 그룹이 심리적 성장과 자율성을 달성하도록 도와준다. 심리개입은 물론 스포츠심리학자뿐만 아니라 코치 및 스태프, 부모 또는 다른 선수들도 실행할 수 있다. 심리개입은 운동 경험과 웰빙을 개선하는 데 사용되는 광범위한 전략적 방안을 다루는 치료기법(예: REBT)으로서 표적개입(Harackiewicz & Priniski, 2018 참조) 또는 치료적 개입으로 설명된다. 가장 반복적으로 사용되는 표적개입에는 혼잣말, 목표설정, 이완, 마음챙김, 심상 및 바이오피드백 훈련이 포함된다(Birrer & Morgan, 2010). 치료적 기법은 일반적으로 광범위한 행동을 포함하므로 최종 효과는 환경 요인, 심리적 과정 및 심리적 기술의 변화의 결합으로만 설명할 수 있다. 이러한 맥락에서 혼잣말은 주요 치료 기법으로 다루어진다. 예를 들어, 유기적(생물학적) 혼잣말의 변화는 CBT의 변화 메커니즘으로 확인되었다(Michie et al., 2016). 치료적 기법에 비해 표적 개입은 더 적은 행동으로 구성되며 그 효과는 일반적으로 스포츠 및 운동심리학 지식 지도의 다른 세 가지 클러스터 중 주로 하나의 변화로 설명할 수 있다(그림 1.1). 첫 번째 표적개입은 심리적 도전을 촉발하는 환경적 요인을 변화시키는 것을 목표로 한다. 이 그룹에는 혼잣말이 포함되어 있지 않지만 코치를 위한 자율성 지원훈련과 같은 일부 개입은 자발적인 혼잣말에 결과 변수로 영향을 미칠 수 있다(Marjanović, Comoutos, & Papaioannou, 2019; Oliver, Markland, Hardy, & Petherick, 2008).

4.5 지식맵에서 혼잣말 찾기

두 번째 표적개입 그룹은 심리적 과정을 변화시키는 것을 목표로 한다. 예를 들어, 목표설정 개입은 스포츠 연습과 경쟁을 위해 구체적이고 측정 가능하며 수용 가능하고 현실적이며 시간 기반 목표를 설정하는 것을 목표로 한다(Locke & Latham, 2002). 이러한 맥락에서 선수들이 전략적으로 단서를 반복하는 가장 인기 있는 혼잣말 개입은 주로 주의력 및 자발적 사고와 같은 심리적 과정, 불안 및 자신감과 같은 정서적 과정, 노력 및 끈기와 같은 동기부여 과정을 변화시키는 데 중점을 둔다(Galanis, Hatzigeorgiadis, Zourbanos & Theodorakis, 2016). 이러한 전략적 혼잣말 개입은 새로운 스포츠 기술의 학습을 촉진하는 데에도 사용되었다(Ziegler, 1987). 전략적 혼잣말 개입은 종종(어느 정도 오류를 범하며) 심리적 기술훈련의 일부로 다루지만, 심리적 기술에 미치는 영향에 대한 응용 연구에서는 검증되지 않았다. 메타인지, 자기조절 또는 정신적 강인함의 변화를 포함하여 전략적 혼잣말 개입의 장기적인 효과를 다룬 연구는 아직 없다. 대신 대부분의 연구는 단기적인 인지, 정서, 동기부여 및 행동 결과에 초점을 맞추고 있다. 그러나 전략적 혼잣말 개입은 선수가 혼잣말 단서에 자율적으로 반응하고 이를 목표 지향적 혼잣말의 영역에 통합한다면 이론적으로 자기조절에 장기적인 영향을 미칠 수 있다(Latinjak & Hatzigeorgiadis, 2019). 전략적 혼잣말 개입은 주로 개인 또는 집단이 심리적 기술을 강화하여 심리적 문제를 예방하거나 숙련되도록 돕는 것을 목표로 하는 세 번째 표적개입 집단이다. 심리적 기술이 강해지고 이러한 기술을 더 잘 사용하면 결과적으로 더 효과적인 자기조절이 가능해져 더 즐겁고 건설적인 심리적 과정을 경험할 수 있다(MacIntyre et al., 2014).

세번째 개입은 혼잣말과 관련하여, 반성적 혼잣말 개입은 선수의 메타인지적 지식과 심리적 기술을 향상시키기 위해 목표 지향적 혼잣말에 대한 성찰적 과정을 포함시킨다. 지금까지의 연구에 따르면 반성적 혼잣말 개입은 심리적 문제에 대한 인식을 촉진하고 문제와 관련된 심리적 기술에 대한 민감성을 향상시킴으로써 자기조절에 도움이 되는 것으로 나타났다(Latinjak, Font-Lladó, Zourbanos & Hatzigeorgiadis, 2016).

요약하면, 대부분의 심리적 과정은 자발적인 혼잣말을 통해 표현될 수 있으며, 따라서 알아차림에 더 쉽게 접근할 수 있다. 개인이 원치 않는 불쾌하고 해로운 상태와 갈망하는 쾌적하고 기능적인 상태를 포함하여 심리적 어려움을 인식하게 되면 목표 지향적 혼잣말를 사용하여 다양한 심리적 기술과 자기조절 전략을 지원할 수 있다. 목표 지향적 혼잣말가 잘못된 전략을 지원하거나 지원되는 기술이 너무 약하거나 단순히 미래의 주요 도전에 대비하기 위해 개인을 준비하는 경우, 혼잣말 개입을 할 수 있다. 전략적 혼잣말 개입은 단서 단어의 반복을 통해 심리적 과정을 직접적으로 변화시키는 것을 목표로 하며, 성찰적 혼잣말 개입은 메타인지 지식을 생성하는 과정을 통해 목표 지향적 혼잣말을 강화함으로써 심리적 과정에 직접적으로 영향을 미치는 것을 목표로 한다. 스포츠 및 운동심리학의 지식 지도를 만드는 것은 우리 분야의 수많은 개념, 즉 인간 경험의 방대한 복잡성을 이해하기 위해 단순화할 목적으로 만들어진 개념을 전략적으로 조정하는 데 도움이 되었으며, 이는 상대적으로 제한된 우리의 지적 능력을 분명히 보여준다. 그러나 혼잣말 지도 위에 올려놓으려고 시도하면서 단순화하려는 과정에서 서로 다른 심리적 경험을 동일한 개념으로 혼합했다는 사실이다. 혼잣말의 모든 측면은 자기 자신에게 말하는 행위라는 공통점을 공유하지만 근본적으로 다른 심리적 경험에 뿌리를 두고 있다.

5. 선수들을 위한 10회기 혼잣말 프로그램

다음의 10회기 혼잣말 프로그램은 선수뿐만 아니라 생활체육인과 일반인을 대상으로, 스스로에게 보내는 대화를 통해 집중력을 높이고 동기를 강화하며, 부정적인 감정을 해소하는 것을 목표로 한다. 그러나 혼잣말의 내용이 부정적이거나 비판적일 경우, 경기력에 악영향을 미칠 수 있기 때문에 이를 올바르게 사용하는 방법을 배우는 것도 중요하다. 스포츠심리상담사 또는 자격 있는 전문가가 매주 30~50분간 진행하는 이 10회기 프로그램은, 참가자들이 자신의 생각을 관리하고 긍정적인 변화를 이끌어낼 수 있도록 체계적으로 설계되었다.

5.1 혼잣말 프로그램 개요

- 대 상: 선수, 생활체육인, 일반인
- 목 표: 집중력과 동기부여, 부정적 감정 해소
- 진행자: 스포츠심리상담사, 기타 자격이 있는 진행자
- 회 기: 매주, 회기당 30~50분, 10회기
- 유의 사항: 각 회기는 선수들의 특성(성숙수준, 경기력 등)과 상황(훈련시간, 장소 등)에 따라 조절될 수 있다. 프로그램은 지속적으로 선수들의 피드백을 수렴하여 조정되어야 한다. 프로그램에서 사용되는 녹음기는 선수들의 음성을 피드백으로 활용하고, 음성 기록을 통해 개별적인 발전을 추적하는 데 사용될 수 있다.

표 2. 선수들을 위한 혼잣말 훈련 10회기 프로그램

회기	주제	세부내용	소요시간	준비물
1	사전조사 및 개인 목표설정	- 개별 선수들의 강점, 약점, 목표 등에 대한 사전조사 실시 - 개별 선수들이 시합에서 달성하고자 하는 개인 목표설정	30분	각종 질문지, 녹음기, 필기도구
2	집중력 향상과 주의집중 연습	- 선수들에게 주의집중을 높일 수 있는 기술과 연습 방법 소개 - 간단한 집중 연습 실시	40분	녹음기, 명상 음악
3	긍정적 동기부여와 목표설정	- 긍정적 동기부여를 위한 효과적인 목표설정 방법 설명 - 각 선수가 긍정적으로 목표에 접근하는 방법 연습	35분	녹음기, 목표시트
4	부정적 감정 인식과 해소 방법	- 선수들이 부정적 감정을 어떻게 경험하는지 인식 - 부정적 감정을 해소하기 위한 기술과 전략 소개	40분	녹음기, 부정적 감정 시트
5	혼잣말의 힘과 긍정적 혼잣말	- 혼잣말이 집중력과 성과에 미치는 영향 설명 - 긍정적 혼잣말 연습 및 효과적인 혼잣말 적용 방법 학습	35분	녹음기, 긍정적 혼잣말
6	목표 지속과 동기부여 유지	- 목표에 지속적으로 집중하는 방법과 동기부여를 유지하는 전략 소개 - 선수들이 목표를 향해 계속해서 나아가는 방법 학습	40분	녹음기, 목표 지속 시트
7	시합에 대한 전반적 마음가짐(마인드셋)	- 시합 전략과 마인드셋 조절의 중요성 강조 - 선수들이 전반적인 시합에서 나아가야 하는 마인드셋 연습	35분	녹음기, 전략 시트
8	스트레스관리와 감정의 통제	- 경기 중 발생할 수 있는 스트레스 상황 인식 - 감정을 통제하고 스트레스를 관리하는 기술 학습	40분	녹음기, 감정 통제 시트
9	성과 평가와 성공 경험 공유	- 선수들이 개인적 성과를 평가하고 성공 경험을 공유하는 시간 제공 - 성과에 대한 긍정적 피드백과 다음 목표설정	35분	녹음기, 성과 평가 시트
10	프로그램 평가 및 향후 계획 수립	- 선수들의 프로그램 참여에 대한 피드백 수집 - 향후 발전을 위한 계획 수립	30분	녹음기, 평가 설문지

5.2 회기별 활동 내용

1) 1회기: 사전조사 및 개인 목표설정

- 활동 내용: 프로그램에 대한 개요, 목적, 목표, 자기소개 등을 실시한다.
- 진행 꿀팁: 필요시 선수들의 심리측정을 위한 사전 질문지 측정
  - √ 예) 혼잣말만을 측정할 수 있는 혼잣말 기능 질문지(윤기운, 2007)나 심리기술 능력을 측정할 수 있는 심리기술 질문지(김병현, 1999; 허정훈, 2003)를 사용할 수 있다〈부록 10-1〉과〈부록 10-2〉.
  - √ 배경조사에서 불필요한 것은 건너뛰거나 사전에 삭제한다.
  - √ 사전조사 후 토론, 예를 들어 5, 6, 7번 문항에 대한 의견교환 및 프로그램 진행 시 요구사항 등을 수렴한다.

〈워크시트 1〉	1회기 인구학적 배경조사			
날짜	20 년 월 일 요일		날씨	
1. 개인정보	이름		성별	남( ) 여( )
	생년월일		주 소속 팀/클럽	
2. 체력 및 건강 정보	신장(cm)		체중(kg)	
	혈액형		3개월 내 부상부위	
	3개월 이상 재활 이력	있음( ) 없음( )	건강 상태	상( ) 중( ) 하( )
3. 스포츠 경력 및 경기력	주요 종목(세부 종목)		경력	
	최근 대회 성적		국가대표경력	유( ) 무( )
4. 교육 및 직업 정보	최종 학력		전공 분야	
	현재 직업/학업 상태		은퇴 예정	( )년 이후
5. 선호하는 훈련 및 활동 환경	훈련 시간 선호도	오전( ) 오후( ) 저녁( )	선호하는 시합 날씨	
	훈련 환경 선호도	실내( ) 실외( )	선호하는 음악 장르	
6. 프로그램 목표 및 기대	최근 성취한 목표		현재 선수로서의 목표	
	얻고자 하는 것		기대하는 것	
7. 질문지 측정	혼잣말 질문지		심리기술질문지	
8. 기타 사항	취미 활동		강조하고 싶은 특이 사항	

2) 2회기: 집중력 향상과 주의집중 연습

- 활동 내용: 마음의 목소리 인식: 경기 중에 머릿속에서 나오는 음성을 인식하고, 그 목소리를 긍정적이고 집중력을 높이는 방향으로 유도하는 기술 소개 〈워크시트 2〉
  - √ 간단한 집중 연습 실시: 호흡, 숫자 찾기, 명상 등 〈워크시트 3〉
  - √ 상황 대처 빠른 집중 토론 〈워크시트 4〉
- 진행 꿀팁: 시간에 따라 워크시트 선택 시행
  - √ 활동내용 중 필요한 문항 선택해서 선수들끼리 토론 시간 마련

〈워크시트 2〉	마음의 목소리 인식하기	
날짜	월 일 요일 시 분	이름
1. 마음의 목소리 인식	• 나만의 목표를 세우고 경기 중 나오는 음성을 인식해 보세요. • 이 목소리가 긍정적이고 집중력을 높일 수 있도록 유도해 봅시다.	내 목표: 인식된 목소리: 인식된 목소리를 긍정적인 방향으로 바꾸는 문장:
2. 목표 초점 설정	• 다음 경기에서 목표로 삼을 수 있는 구체적이고 명확한 목표를 설정해 보세요. • 이 목표가 주의를 집중하는 데 도움이 될 것입니다.	경기 목표: • 목표에 도달했을 때 느끼는 감정:
3. 초점을 잃었을 때 복구전략	• 경기 도중에 초점을 잃었을 때 빠르게 복구하는 방법을 생각해 봅시다.	• 복구 전략: 이 복구 전략을 언제 어떻게 사용할 것인가에 대한 예시:
이 워크시트를 활용하여 주의집중을 높이는 기술과 연습 방법을 실제 경기상황에 적용하는 데 도움이 되도록 합니다.		

(1) 집중력 게임: 시합 상황에서의 빠른 대응 가이드라인

- 게임의 목적: 이 게임은 실제 시합에서 나타날 수 있는 상황에 대한 팀의 대응 능력을 향상시키며, 팀원들 간의 의사소통과 협력을 강화하는 데에 도움이 된다.
  √ 먼저 빠르게 대응하고 집중력을 향상시키는 데에 도움이 되는 게임이다.
- 주제 선정: 팀원들은 시합 중 나타날 수 있는 다양한 상황에 대해 주제를 정한다. 예를 들어, "긴장된 상황에서의 대처" 또는 "상대방의 예상치 못한 움직임에 대응" 등이 될 수 있다.
  √ 상황 제시: 한 명의 팀원이 특정 시합 상황을 제시하고, 나머지 팀원들은 그 상황에 빠르게 대응하는 행동을 고민한다.
  √ 새로운 상황 제시: 다른 팀원이 다른 시합 상황을 제시하고, 반복하여 게임을 진행한다.
  √ 빠른 응답: 팀원들은 주어진 시간 동안 해당 상황에 대한 빠른 응답을 종이에 적거나 소리로 말한다.
- 토론 및 피드백: 각 팀원은 자신이 선택한 응답을 설명하고, 다른 팀원들은 어떻게 다르게 대응했는지에 대한 토론을 한다.
- 평가 및 피드백: 게임이 끝난 후 팀은 어떤 행동이 가장 효과적이었는지, 어떤 부분에서 개선이 필요한지를 피드백한다.

〈워크시트 3〉	명상을 통한 간단한 집중 연습		
날짜	년 월 일 요일 시 분	이름	

5분 명상 스크립트

편안한 자세를 취하세요. 손을 펴서 무릎 위에 놓아두세요. 눈을 감고 깊게 숨을 들이마셨다가 천천히 내쉬세요. 몸에서 불필요한 긴장을 풀어내고, 마음을 안정시키기 위해 천천히 몸의 각 부분을 살펴봅니다.

이제 숨을 깊게 들이마시고, 천천히 내쉬며 몸의 긴장을 느낄 수 있도록 허리와 어깨를 흔들어봅니다. 몸과 마음을 이곳으로 초점을 맞추세요.

이제 주의를 숨에 맞추어 보겠습니다. 들이마셨을 때 공기가 어떻게 들어오고, 내쉴 때 어떻게 나가는지 느껴보세요. 숨이 흐르는 것을 그저 주의 깊게 관찰합니다.(짧은 침묵)
이제 마음의 안정을 위해 몸 전체에 주의를 기울입니다. 어깨에서 발끝까지 마음이 흘러가도록 허락하세요. 긴장을 풀어내고, 편안함을 느끼며 마음에 여유를 주는 것에 집중합니다.(짧은 침묵)
이제 마음을 자연의 소리로 안정시킵니다. 바람 소리, 새의 지저귐, 먼 거리에서 들리는 소리를 상상해 보세요. 자연의 소리에 귀를 기울이며 마음을 평온하게 유지하세요.(짧은 침묵)
이제 다시 숨에 집중합니다. 들이마셨을 때의 신선한 공기와, 내쉴 때 몸을 떠나가는 불필요한 것들을 느껴보세요. 숨이 몸을 통과하는 감각을 이해하면서, 마음을 조용하게 유지하세요.(짧은 침묵)

이제 천천히 눈을 열고 주변을 자세히 살펴보세요. 이 평온한 상태에서 나오되, 마음의 평정과 안정을 유지하며 일상으로 돌아갑니다. 이 순간에 감사함을 느끼며, 새로운 에너지를 충전해서 다가오는 도전에 대비하세요.

〈워크시트 4〉	상황 대처 빠른 집중 토론		
날짜	년 월 일 요일 시 분	이름	
목적	워크시트를 활용하여 팀원들은 다양한 상황에 대한 긍정 및 부정적 대처방법을 고민하고, 소통하고, 협력하게 됩니다.		
1. 상황 제시	1)	2)	3) 4)
1-1. 상황선택			

2. 긍정적 대처방법(팀 A): 1) 대처방법: 2) 대처방법: 3) 대처방법:	3. 부정적 대처방법(팀 B): 1) 대처방법: 2) 대처방법: 3) 대처방법:
4. 토론 시간 긍정적 대처방법 토론 시간: _____ 분	부정적 대처방법 토론 시간: _____ 분
5. 팀 A 발표 및 토론 내용:	6. 팀 B의 발표 및 토론 내용:
7. 팀 A의 토론에서 합의된 대처방법:	8. 팀 A의 토론에서 합의된 대처방법:
1-2. 상황선택	

<table>
<tr><th colspan="2">〈워크시트 4〉</th><th colspan="2">상황 대처 빠른 집중 토론</th></tr>
<tr><td colspan="2">2. 긍정적 대처방법(팀 A):
1) 대처방법:
2) 대처방법:
3) 대처방법:</td><td colspan="2">3. 부정적 대처방법(팀 B):
1) 대처방법:
2) 대처방법:
3) 대처방법:</td></tr>
<tr><td colspan="2">4. 토론 시간
긍정적 대처방법 토론 시간: _____ 분</td><td colspan="2">부정적 대처방법 토론 시간: _____ 분</td></tr>
<tr><td colspan="2">5. 팀 A의 발표 및 토론 내용:</td><td colspan="2">6. 팀 B의 발표 및 토론 내용:</td></tr>
<tr><td colspan="2">7. 팀 A의 토론에서 합의된 대처방법:</td><td colspan="2">8. 팀 A의 토론에서 합의된 대처방법:</td></tr>
<tr><td rowspan="4">10. 평가 및 피드백:</td><td rowspan="2">어떤 대처방법이 가장 효과적이었는가?</td><td colspan="2">1-1. 상황:</td></tr>
<tr><td colspan="2">1-2. 상황:</td></tr>
<tr><td rowspan="2">개선이 필요한 부분</td><td colspan="2">1-1. 상황:</td></tr>
<tr><td colspan="2">1-2. 상황:</td></tr>
</table>

3) 3회기: 긍정적 동기부여와 목표설정

- 활동 내용: 긍정적 동기부여를 위한 효과적인 목표설정 〈워크시트 5〉
- 진행 꿀팁:

 √ 목표의 명확성: 목표를 명확하고 구체적으로 정의한다.

 √ 도전적인 목표: 목표가 적절한 도전을 제공하도록 선택한다.

 √ 의미 있는 목표: 목표가 선수 개인에게 중요하고 의미 있는 가치를 제공하는지 확인한다.

 √ 시간 경계: 목표달성을 위한 명확한 기간을 설정한다.

<table>
<tr><th colspan="2">〈워크시트 5〉</th><th colspan="3">긍정적 동기부여를 위한 목표설정</th></tr>
<tr><td colspan="2">날짜</td><td>년 월 일 요일 시 분</td><td>이름</td><td></td></tr>
<tr><td>1</td><td colspan="2">목표 선정: 내가 달성하고 싶은 목표는?</td><td colspan="2"></td></tr>
<tr><td>2</td><td colspan="2">목표 명확화: 목표를 명확하게 적어봅시다.
어떻게 측정할 수 있을까요?</td><td colspan="2"></td></tr>
<tr><td>3</td><td colspan="2">도전적인 목표로 변환: 목표가 충분히 도전적인가요?
도전적이지 않다면 어떻게 수정할 수 있을까요?</td><td colspan="2"></td></tr>
<tr><td>4</td><td colspan="2">의미 부여: 이 목표가 나에게 왜 중요한가요?
어떤 가치를 제공하나요?</td><td colspan="2"></td></tr>
<tr><td>5</td><td colspan="2">시간 경계 설정: 목표를 달성하는 데 필요한 시간은?
명확한 기간은 얼마인가요?</td><td colspan="2"></td></tr>
</table>

4) 4회기: 부정적 감정 인식과 해소 방법

- 활동 내용: 부정적 감정 인식과 해소 방법

 √ 〈워크시트 6〉을 활용하여 선수들은 자신의 부정적 감정을 인식하고, 효과적인 해소 기술과 전략을 연습함으로써 경기 중 부정적 감정에 대응하는 능력을 향상시킬 수 있다.

- 진행 꿀팁: 참여자 수준과 주어진 질문에 맞추어 질문의 내용과 길이는 적절히 조절한다.

 √ 호흡기법은 프로그램 내에 제시된 명상 혹은 이완, 호흡 스크립트 활용 가능

〈워크시트 6〉	부정적 감정 인식과 해소 연습	
날짜	년 월 일 요일 시 분	이름
1	감정 식별: 현재 느끼고 있는 부정적인 감정은 무엇인가요?	
2	체감 부위: 이 감정이 어디에서 느껴지나요?(목, 가슴, 배, 등, 다리…)	
3	상황 인식: 부정적인 감정이 시작된 상황을 기억해 봅시다.	
4	감정과의 연관성: 이 감정이 어떻게 발생했고, 다른 감정과 어떤 연관성이 있나요?	
5	호흡 기법: 깊고 천천히 호흡을 하여 감정을 안정화시키는 기술을 연습합니다.	
6	긍정적 혼잣말: 자신에게 긍정적으로 말하는 방법을 찾아봅니다.	
	부정적 혼잣말 기록	긍정적 대화로 변경
7	모든 감정은 일시적: 모든 감정은 일시적이며, 그 감정이 지나갈 것임을 이해합니다.	
8	심리적 거리 두기: 감정에 대한 심리적 거리를 두어 객관적으로 상황을 바라봅니다.	
	의식적 인지: "지금 나는 어떤 감정을 느끼고 있는가?"	
	감정원인과 결과분석: "이 감정은 어디서 왔고, 어떤 결과가 발생할 수 있나?"	
	객관적 시선 채택: "만약 다른 사람이 나와 같은 상황에 처했다면, 어떻게 생각할까?"	
	긍정적인 관점 강조: "이 상황에서 어떤 긍정적인 측면을 찾을 수 있을까?"	
	시간과 거리를 두기: "이 감정이 안정되려면 몇 시간이나 있어야 안정이 되는가?"	

5) 5회기: 혼잣말의 힘과 긍정적 혼잣말

- 활동 내용: 혼잣말의 힘과 긍정적 혼잣말
  √ 〈워크시트 7〉을 활용하여 선수들은 긍정적인 혼잣말과 혼잣말를 연습한다.
- 진행 꿀팁: 혼잣말을 사용하는 선수의 사례를 보여준다.

〈워크시트 7〉		혼잣말의 힘과 긍정적 혼잣말 연습	
날짜		년 월 일 요일 시 분	이름
1	자기에 대한 확신 강화	어떤 혼잣말이 나의 자신감과 확신을 향상시킬 수 있을까요?	
2	목표달성에 대한 동기부여	혼잣말을 통해 어떻게 목표에 도달할 수 있는 동기부여를 얻을 수 있나요?	
3	부정적 감정 극복	어떤 긍정적 혼잣말이 부정적 감정을 극복하는 데에 도움이 될까요?	
4	긍정적 혼잣말 선택	긍정적 혼잣말를 위해 어떤 문구나 단어를 선택할 수 있을까요?	
5	상황에 맞는 적용 방법	어떤 상황에서 긍정적 혼잣말를 적용할 수 있는지 생각해 봅니다.	
6	자주 사용할 문구	자주 사용할 수 있는 긍정적인 혼잣말 문구를 선정합니다.	

- 활동 내용: 어떤 상황에서 긍정적 혼잣말를 적용할 수 있는지 생각해 본다.
  √ 〈워크시트 8〉을 이용하여 일상 상황, 훈련 상황, 시합 상황에서 적용할 수 있는 혼잣말를 만들어본다.
  √ 각 상황에 적절한 긍정적 혼잣말를 찾아내고, 그것을 자주 반복함으로써 선수들은 어려운 순간에도 긍정적인 마음가짐을 유지할 수 있을 것이다.

〈워크시트 8〉		상황에 맞는 혼잣말 적용	
날짜		년 월 일 요일 시 분	이름
1	일상 상황	힘들거나 스트레스가 있는 상황에서 〈예시〉 *"나는 어렵고 힘든 상황에도 극복할 수 있는 힘을 갖고 있다."*	
		나의 혼잣말〉	
2	훈련 상황	어려운 훈련이나 운동 중에 〈예시〉 "내 노력과 훈련은 나를 더 강하고 뛰어나게 만들고 있다."	
		나의 혼잣말〉	
3	시합 상황	시합에서 어려움에 부딪혔을 때 〈예시〉 "이 상황은 내 성장과 경험에 기여하는 것이다. 어떤 일이든 극복할 수 있다."	
		나의 혼잣말〉	
4	자신에 대한 확신 강화 상황: 자신감이 흔들릴 때 〈예시〉 "나는 자신감을 갖고 있으며, 내 능력을 믿을 수 있다."		
	나의 혼잣말〉		
	목표달성에 대한 동기부여 상황: 목표 도달하기 어려울 때 〈예시〉 "내 목표는 어렵지만, 내 노력과 헌신은 결국에는 성취로 이어질 것이다."		
	나의 혼잣말〉		
	부정적 감정 극복 상황: 부정적인 감정이 나타날 때 〈예시〉 "이 감정은 일시적이며, 나는 이를 극복할 수 있다. 긍정적으로 생각하자."		
	나의 혼잣말〉		

6) 6회기: 목표 지속과 동기부여 유지

- 활동 내용: 목표 지속과 동기부여 유지를 위한 혼잣말 프로그램

  √ 워크시트를 활용하여 선수들은 목표에 집중하고 지속적으로 나아갈 수 있는 전략을 학습한다〈워크시트 9〉.
- 진행 꿀팁: 필요하다면 SMART 목표설정을 소개한다.

〈워크시트 9〉		목표에 지속적으로 집중하는 방법과 동기부여 유지하기	
날짜		년 월 일 요일 시 분	이름
1	긍정적 혼잣말 훈련	목표에 집중하기 위해 어떤 긍정적인 혼잣말을 사용할 것인가?	
2	작은 성취에 대한 보상 시스템 구축	목표를 작은 부분으로 나누고, 각 성취에 대해 어떤 보상을 줄 것인가?	
3	자기모니터링과 수행 피드백	목표에 대한 진행상황을 기록하고, 주기적인 성과 피드백을 받을 방법을 정하세요.	
4	목표에 도달했을 때의 축하 방법	목표를 달성했을 때 어떻게 자신을 축하할 것인가요?	
5	어려운 순간을 극복하는 긍정적 혼잣말	어려운 순간에 어떤 긍정적 혼잣말을 사용하여 동기부여를 유지할 것인가요?	

7) 7회기: 전반적인 시합에 대한 마음가짐(마인드셋)

- 활동 내용: 시합에 대한 전반적인 마음가짐 조절을 위한 혼잣말 훈련

  √ 〈워크시트 10〉을 활용하여 선수들은 시합 전반에 대한 긍정 마인드셋을 구축/유지하는 방법을 학습할 수 있다.
- 진행 꿀팁: 필요하다면 참여자 수준에 맞추어 예시를 바꾸어서 제시한다.

〈워크시트 10〉		전반적인 시합 마인드셋 향상	
날짜		년 월 일 요일 시 분	이름
1	시합 전략수립: 자신만의 시합 전략을 어떻게 수립할 것인가?	*예시: "시합 전략은 나의 강점에 맞게 조정되어야 합니다. 상황에 따라 탄력적으로 대처할 수 있는 전략을 수립합니다."*	
2	목표설정과 마인드셋 일치: 목표를 달성하기 위한 마인드셋을 어떻게 설정할 것인가?	*예시: "목표는 나의 최선을 다해 경기에 참여하고, 배울 수 있는 모든 것을 배우는 것입니다. 이 목표에 따라 긍정적인 마인드셋을 유지하겠습니다."*	
3	자기능력에 대한 자신감 강화: 자신의 능력에 대한 자신감을 어떻게 향상시킬 것인가?	*예시: "내 능력은 충분하다. 훈련에서 나온 실력을 발휘할 때다. 나는 이를 잘할 수 있다."*	
4	실패에 대한 긍정적 혼잣말: 실패를 긍정적으로 받아들이고 이를 통한 성장을 어떻게 이끌어낼 것인가?	*예시: "실패는 성장의 기회다. 실패를 통해 더 나은 선수로 성장할 수 있다."*	
5	경쟁자에 대한 긍정적 마인드셋: 라이벌과의 경쟁에서 긍정적인 마인드셋을 유지하는 방법은 무엇인가?	*예시: "경쟁자는 나의 동료이자 나를 더 나은 선수로 만들어주는 존재다. 서로를 격려하고 경쟁하며 성장하자."*	

8) 8회기: 스트레스관리와 감정의 통제

- 활동 내용: 스트레스관리와 감정의 통제를 위한 혼잣말 훈련
  √ 〈워크시트 11〉로 선수들은 경기 중 발생하는 스트레스 상황의 인식과 효과적인 스트레스관리기술을 학습할 수 있다.
- 진행 꿀팁: 경우에 따라서는 예시를 변경하거나 삭제할 수 있다.

〈워크시트 11〉		전반적인 시합 마음가짐(마인드셋) 향상	
일시		년 월 일 요일 시 분	이름
1	경기 중 발생할 수 있는 스트레스 상황 인식	경기 중 어떤 상황에서 스트레스를 느낄 것으로 예상되나요?	
	예) "경기 중 상대 팀이 갑자기 역전할 때나, 예상치 못한 상황에서 스트레스를 느낄 것으로 예상됩니다."		
2	스트레스 상황에 대한 긍정적인 시각 찾기	각 스트레스 상황에 긍정적으로 바라볼 수 있는 시각은 무엇인가?	
	예) "상대 팀의 역전은 도전의 기회일 수 있습니다. 이런 상황에서 나는 더 나은 플레이를 할 수 있다."		
3	감정 통제를 위한 기술 학습	스트레스 상황에서 감정을 통제하고 관리하기 위해 어떤 기술을 사용할 것인가?	
	예) "스트레스를 느낄 때 깊게 숨을 들이마시고, 느리게 내쉬는 등의 호흡 기술을 사용해 감정을 통제할 것입니다."		
4	긍정적인 혼잣말 연습	스트레스를 감정 통제로 이끄는 긍정적인 혼잣말는 무엇인가?	
	예) "스트레스를 느낄 때 '나는 이 상황을 극복할 수 있다'라는 긍정적인 혼잣말를 반복적으로 연습하겠습니다."		
5	스트레스관리 계획 수립	스트레스 상황에 대비하여 어떤 계획을 세울 것인가?	
	예) "스트레스를 느낄 때마다 혼잣말를 사용하고, 필요하면 짧은 휴식을 취하면서 감정을 다스릴 계획을 세웠습니다."		

9) 9회기: 성과 평가와 성공 경험 공유

- 활동 내용: 선수들이 개인적 성과를 평가하고 성공 경험을 공유하는 시간 제공
  √ 〈워크시트 12〉를 통해 선수들은 개인 성과를 평가하고 공유하며, 피드백을 통해 성장하는 기회를 가질 수 있을 것이다.
- 진행 꿀팁: 선수들이 자신의 성과를 정기적으로 평가하고, 이를 다른 선수들과 공유함으로써 자신의 성장을 확인하고 다양한 경험 공유

〈워크시트 12〉		성과 평가와 성공 경험 공유	
일시		년 월 일 요일 시 분	이름
1	개인 성과 평가	최근의 훈련과 경기에서 자신의 성과를 어떻게 평가하나요?	
	예) "최근의 훈련에서 나는 어떤 부분에서 성장했는지 살펴보고, 어떤 부분을 더 발전시켜야 할지 평가하겠습니다."		
2	성공 경험 공유	가장 기억에 남는 성공 경험을 다른 선수들과 공유하세요.	
	예) "가장 기억에 남는 성공 경험을 다른 선수들과 공유하여, 서로의 성공에서 영감을 받고 실력 향상에 도움을 주고받겠습니다."		
3	긍정적 피드백 수용	다른 선수들로부터 받은 긍정적인 피드백을 어떻게 받아들이나요?	
	예) "다른 선수들로부터 받은 긍정적 피드백을 진지하게 받아들이고, 나의 강점을 더욱 키우기 위해 노력하겠습니다."		
4	다음 목표설정	현재 성과를 고려하여 다음 단계의 목표를 어떻게 설정할 것인가?	
	예) "현재 성과를 고려하여 다음 주 목표를 설정하고, 이를 통해 나의 능력을 더욱 향상시킬 계획을 세우겠습니다."		
5	향후 성장 계획 수립	목표를 달성하기 위한 성장 계획을 어떻게 수립할 것인가요?	
	예) "목표를 달성하기 위한 성장 계획을 세워, 지속적인 향상을 위해 노력하고 학습하겠습니다."		

10) 10회기: 프로그램 평가 및 향후 계획 수립

• 활동 내용: 프로그램 평가 및 향후 계획 수립

√ 〈워크시트 13〉을 사용하여 선수들의 진정한 의견을 수렴하고, 프로그램의 강점과 개선점 파악, 향후 프로그램 개선하는 기반을 마련한다.

• 진행 꿀팁: 사전평가에서 조사된 질문지를 사후평가에서도 진행한다.

√ 1회기 때와 마찬가지로 평가에 대한 피드백 토론 시간을 갖고 추후 지원계획도 소개한다.

〈워크시트 13〉	프로그램 평가 및 향후 계획 수립		
일시	년 월 일 요일 시 분	이름	

1	프로그램의 강점 도출	프로그램에서 특히 좋았던 부분은 무엇인가?
	예) "프로그램에서의 마인드셋 향상에 도움이 되었던 훈련 세션은 무엇인가요?"	
2	프로그램의 개선점 도출	프로그램에서 개선이 필요한 부분은 무엇인가?
	예) "좀 더 세부적인 개별 코칭이 필요한 순간들이 있었습니다. 이 부분을 강화하면 좋을 것 같습니다."	
3	다음 회기의 목표설정	향후 발전을 위해 필요한 회기의 주제가 필요하다면 무엇인가?
	예) "다음 회기에는 각 선수의 개인적 목표를 더욱 고려하여 프로그램을 설계하고, 그 목표를 달성할 수 있도록 지원하겠습니다."	
4	프로그램 참여 의향 표명	향후 프로그램에 참여할 의향이 있는지 확인하세요.
	예) "향후 프로그램에 참여할 의향이 있는지 확인하고, 참여 의사가 있는 선수들에게는 구체적인 일정과 내용을 안내하겠습니다."	

평 가 문 항

1. 다음 중 혼잣말의 기능이 아닌 것은 무엇인가?
   ㉠ 문제해결을 위한 다음 단계를 계획하고 모색하는 중요한 기능
   ㉡ 다른 사람과의 의사소통
   ㉢ 자신의 사고과정들과 행동들을 주도하는 자기-조절
   ㉣ 감정과 지각을 해석하고 평가하며 수단과 강화를 제공하는 것

2. 혼잣말의 빈도 차원에 따른 분류는 무엇인가?
   ㉠ 지시적, 동기적, 긍정적
   ㉡ 긍정적, 부정적, 자기효능감
   ㉢ 자주 사용하는 빈도, 드물게 사용하는 빈도
   ㉣ 개인적, 상황적

3. 혼잣말의 내용과 관련된 차원은 무엇인가?
   ㉠ 지시적, 동기적, 긍정적
   ㉡ 긍정적, 부정적, 자기효능감
   ㉢ 자주 사용하는 빈도, 드물게 사용하는 빈도
   ㉣ 개인적, 상황적

4. 혼잣말의 기능에 따른 분류는 무엇인가?
   ㉠ 지시적, 동기적, 긍정적
   ㉡ 긍정적, 부정적, 자기효능감
   ㉢ 자주 사용하는 빈도, 드물게 사용하는 빈도
   ㉣ 개인적, 상황적

5. 혼잣말과 자기효능감의 관계는 무엇인가?
   ㉠ 혼잣말은 자기효능감에 영향을 미치지 않는다.
   ㉡ 혼잣말은 자기효능감을 감소시킬 수 있다.
   ㉢ 혼잣말은 자기효능감을 증가시킬 수 있다.
   ㉣ 혼잣말과 자기효능감은 서로 영향을 주지 않는다.

6. 혼잣말과 수행의 관계는 무엇인가?
   ㉠ 혼잣말은 수행에 영향을 미치지 않는다.
   ㉡ 혼잣말은 수행을 악화시킬 수 있다.
   ㉢ 혼잣말은 수행을 향상시킬 수 있다.
   ㉣ 혼잣말과 수행은 서로 관련이 없다.

7. 혼잣말은 항상 무의식적으로 이루어지는 것은 아니다. (O / X)

8. 혼잣말은 스포츠 선수만 사용하는 것이 아니다. (O / X)

9. 혼잣말은 항상 긍정적인 내용으로 이루어진다. (O / X)

10. 혼잣말은 개인의 성격과 관련이 없다. (O / X)

11. 혼잣말을 훈련에 활용하면 부상위험이 증가한다. (O / X)

12. 혼잣말은 개인의 (　　)(　　)에 따라 다르게 나타날 수 있다.

13. 혼잣말은 (　　)(　　)(　　) 기능을 통해 수행에 영향을 미칠 수 있다.

14. 혼잣말은 (　　)(　　)(　　) 차원으로 분류될 수 있다.

15. 혼잣말은 (　　)(　　) 이론과 밀접하게 관련이 있다.

16. 혼잣말은 스포츠 선수의 (　　)(　　)을 향상시키는 데 도움이 될 수 있다.

모범답안 및 해설

1. ㉡ 혼잣말은 내면적인 사고 과정을 표현하는 것이며, 직접적으로 다른 사람과 소통하는 기능은 하지 않는다. 다른 사람과 의사소통을 위해서는 말을 하고, 표정과 몸짓을 사용하며, 상호작용을 통해 정보를 전달하고 받아야 한다.

2. ㉢ 혼잣말의 빈도는 개인마다 다르며, 상황에 따라 증가하거나 감소할 수 있다. 따라서 빈도를 기준으로 혼잣말을 분류할 때는 "자주 사용하는 빈도"와 "드물게 사용하는 빈도"로 분류하는 것이 가장 적절하다. 예를 들어, 스트레스를 받거나 혼자일 때, 혹은 복잡한 문제를 해결하려고 할 때는 더 자주 혼잣말을 할 수 있다.

3. ㉠ 혼잣말의 내용은 크게 "지시적", "동기적", "긍정적" 혼잣말로 분류된다.
   - 지시적 혼잣말: 무엇을 해야 하는지 스스로에게 지시하거나 일정을 상기시키는 혼잣말이다. 예를 들어, "지금 뭐 해야 할까?", "이거 꼭 해내야지." 등이 있다.
   - 동기적 혼잣말: 스스로를 격려하거나 용기를 북돋아주는 혼잣말이다. 예를 들어, "나는 할 수 있어!", "힘내!" 등이 있다.
   - 긍정적 혼잣말: 자신이나 주변 환경에 대한 긍정적인 생각을 표현하는 혼잣말이다. 예를 들어, "오늘 날씨가 너무 좋아!", "나는 행복하다." 등이 있다.

4. ㉣ 혼잣말의 기능은 개인의 특성과 상황에 따라 다르게 나타날 수 있다. 따라서 혼잣말을 기능에 따라 분류할 때는 개인적 혼잣말과 상황적 혼잣말로 구분하는 것이 가장 적절하다.
   - 개인적 혼잣말은 개인의 성격, 가치관, 태도 등에 따라 영향을 받는 혼잣말이다. 예를 들어, 내성적인 사람은 외향적인 사람보다 더 자주 혼잣말을 할 수 있으며, 낙관적인 사람은 비관적인 사람보다 더 긍정적인 혼잣말을 할 가능성이 높다.
   - 상황적 혼잣말은 개인이 처한 상황에 따라 내용과 기능이 달라질 수 있다. 예를 들어, 스트레스를 받는 상황에서는 문제해결을 위한 전략적 혼잣말을 하거나 감정을 조절하기 위한 혼잣말을 할 수 있다. 반면에, 편안하고 여유로운 상황에서는 긍정적인 혼잣말이나 혼잣말를 하는 경향이 있다.

5. ㉢ 긍정적이고 지지적인 혼잣말은 자신감을 높이고 어려운 과제에 대한 도전 의지를 강화하여 자기효능감을 증가시키는 데 도움이 될 수 있다. 반면에 부정적이고 비판적인 혼잣말은 자기 의심과 불안감을 증가시켜 자기효능감을 감소시킬 수 있다.

6. ㉢ 전략적 혼잣말은 목표설정, 계획 수립, 문제해결, 과제 진행상황 모니터링 등을 통해 수행을 향상시키는 데 도움이 될 수 있다. 또한, 긍정적이고 동기부여적인 혼잣말은 집중력을 높이고 지구력을 향상시키는 데 효과적이다.

7. (O) 혼잣말은 의식적으로 또는 무의식적으로 이루어질 수 있다. 일상생활에서 자연스럽게 하는 혼잣말은 무의식적인 경우가 많지만, 문제해결이나 계획 수립을 위해 집중적으로 하는 혼잣말은 의식적인 경우가 많다.

8. (O) 혼잣말은 모든 사람이 하는 행위이며, 스포츠 선수뿐만 아니라 학생, 직장인, 일반인 등 다양한 사람들이 혼잣말을 한다. 각자의 상황에 맞는 혼잣말을 통해 문제해결, 계획 수립, 동기부여, 감정 조절 등을 목표로 한다.

9. (X) 혼잣말의 내용은 긍정적일 수도 있고 부정적일 수도 있다. 긍정적인 혼잣말은 자신감을 높이고 목표달성을 위한 동기를 부여하는 데 도움이 되지만, 부정적인 혼잣말은 불안, 스트레스, 우울감을 증가시킬 수 있다.

10. (X) 혼잣말의 빈도, 내용, 방식은 개인의 성격과 관련이 있다. 외향적인 사람은 내향적인 사람보다 혼잣말을 더 자주 하는 경향이 있으며, 긍정적인 성격을 가진 사람은 부정적인 성격을 가진 사람보다 긍정적인 혼잣말을 더 자주 하는 경향이 있다.

11. (X) 혼잣말을 훈련에 활용하면 오히려 부상위험을 감소시키고 수행을 향상시키는 데 도움이 될 수 있다. 긍정적이고 지시적인 혼잣말을 통해 집중력을 높이고, 기술을 연마하며, 자신감을 유지할 수 있다. 다만, 부정적인 혼잣말은 불안감을 증가시키고 집중력을 저하시켜 부상위험을 높일 수 있으므로 주의해야 한다.

12. (개인적 특성)(상황적 요인) 혼잣말은 개인의 성격, 성장 환경, 문화적 배경, 상황 등에 따라 다르게 나타날 수 있다. 예를 들어, 외향적인 사람은 내향적인 사람보다 혼잣말을 더 자주 하는 경향이 있으며, 스트레스가 많은 상황에서는 혼잣말 빈도가 증가하는 경향이 있다.

13. (인지적)(동기적)(행동적)(정서적) 혼잣말은 인지적 기능, 동기적 기능, 행동적 기능, 정서적 기능을 통해 수행에 영향을 미칠 수 있다. 예를 들어, 지시적 혼잣말은 인지적 기능을 향상시키고, 긍정적 혼잣말은 동기부여를 높이며, 명확한 목표설정을 위한 혼잣말은 행동적 변화를 유도하며, 감정 조절 훈련을 위한 혼잣말은 정서적 안정을 가져다줄 수 있다.

14. (빈도)(내용)(기능)(차원) 빈도 차원은 개인이 얼마나 자주 혼잣말을 하는지를 나타내며, 내용 차원은 혼잣말의 내용을 지시적, 동기적, 긍정적 혼잣말을 나타낸다. 혼잣말의 내용은 긍정적일 수도 있고 부정적일 수도 있다. 긍정적인 혼잣말은 자신감을 높이고 목표달성을 위한 동기를 부여하는 데 도움이 되지만, 부정적인 혼잣말은 불안, 스트레스, 우울감을 증가시킬 수 있다.

15. (사회인지이론)(자기효능감이론) 혼잣말은 사회인지이론과 자기효능감이론과 밀접하게 관련이 있다. 사회인지이론은 개인이 주변 사람들을 관찰하고 모방함으로써 학습한다고 주장하며, 혼잣말은 이러한 학습 과정에서 중요한 역할을 한다. 자기효능감이론은 개인이 자신의 능력에 대한 믿음을 바탕으로 행동한다고 주장하며, 긍정적이고 지지적인 혼잣말은 자기효능감을 높여 목표달성을 위한 동기를 부여하는 데 도움이 된다.

16. (최고수행)(정서 조절) 혼잣말은 스포츠 선수의 최고수행과 정서 조절을 향상시키는 데 도움이 될 수 있다. 명확하고 긍정적인 혼잣말을 통해 집중력을 높이고, 기술을 연마하며, 자신감을 유지할 수 있다. 또한, 스트레스를 관리하고 부정적인 감정을 조절하는 데 도움이 되어 최고의 경기력을 발휘할 수 있도록 한다.

현장실습

1. 부정적인 혼잣말을 자주 하는 선수를 위한 혼잣말 프로그램 실행을 위해 혼잣말에 대한 선행조사를 하는 것이다. 목표와 대상을 고려하여 다음 워크시트 양식을 기술하시오.

가. 프로그램 목표

- 부정적인 혼잣말을 인지하고 인식하는 능력 향상
- 긍정적이고 격려적인 혼잣말 사용 촉진
- 스트레스관리 및 감정 조절 능력 강화
- 자기효능감 및 자신감 증진
- 경기력 향상 및 목표달성 돕기

나. 프로그램 대상

- 부정적인 혼잣말이 자신의 스포츠 활동에 부정적인 영향을 미친다고 인식하는 선수
- 긍정적이고 효과적인 혼잣말을 통해 자신의 수행을 향상시키고 싶어 하는 선수
- 스트레스관리 및 감정 조절 능력을 향상시키고 싶어 하는 선수
- 자신감 및 자기효능감을 증진시키고 싶어 하는 선수
- 스포츠 경기 및 훈련에서의 집중력을 높이고 최적의 수행을 원하는 선수

1) 최근의 혼잣말 추적 워크시트

날짜	시간	상황	혼잣말 내용	유형(긍정적/부정적)	감정

2) 자기효능감 및 자신감 증진 워크시트

과거 성공 경험	그때의 강점	그때의 목표	그때의 목표달성 전략	그때 한 긍정적 혼잣말

3) 긍정적 혼잣말 워크시트

상황	긍정적 혼잣말 예시	내 긍정적 혼잣말
경기 시작 전	"나는 잘할 수 있다!"	
실수했을 때	"괜찮아, 다시 해봐!"	
어려운 상황에 놓였을 때	"나는 포기하지 않을 거야!"	
목표를 달성했을 때	"나는 정말 잘했다!"	

4) 스트레스관리 및 감정 조절 워크시트

스트레스 상황	감정	긍정적 혼잣말	스트레스관리 전략

11장.

수용전념과 상담

1. 불안에 대한 접근법

1.1 불안에 대한 접근법의 특징

과거의 연구는 불안을 해소하기 위해 그 원인을 찾아 제거하는 접근법이 주로 사용되었다. 인지행동치료(Cognitive-Behavioral Therapy; CBT)는 1960년대에 발달하기 시작한 심리치료법으로, 부정적인 사고방식과 행동이 감정과 행동에 미치는 영향에 초점을 맞추고 이를 변화시킴으로써 심리적 어려움을 해결하는 데 중점을 두고 있다. Lazarus & Folkman(1984)의 스트레스와 대처 이론에서는 스트레스의 원인을 파악하고 그에 대한 대처전략을 모색하는 틀을 제안하였다. 이 이론은 주관적 평가와 대처전략의 선택에 따라 스트레스와 대처가 다르다고 주장하며, 이는 개인의 경험과 주관적 평가에 중점을 둔 특징을 가지고 있다.

또 다른 관점에서는 불안을 완전히 회피하거나 억누르려는 시도가 있었다. 이러한 접근은 주로 피드백과 불안상황에서의 회피행동에 초점을 맞추었다. Bandura의 자기효능감이론은 자기 능력을 높이고 불안을 회피하는 효과적인 방법으로 간주되었다(Bandura, 1977). 이와 더불어, Beck의 인지-행동치료법에서는 부정적인 사고 패턴을 식별하고 이를 수정하여 불안을 완화하고자 하는 방법이 제안되었다(Beck, 1976).

불안을 해소하기 위한 상담이론 중 CBT는 불안의 원인을 부정적인 사고에 찾아내고, 이를 긍정적이고 현실적인 사고로 변화시킴으로써 불안을 해소하려는 노력을 기술했다. CBT는 부정적인 사고와 행동패턴을 식별하고 수정하여 개인의 감정과 행동을 개선하는 데 중점을 둔다. 특히, 불안의 원인을 찾아내고 이를 다루는 데 효과적으로 사용되었다.

CBT는 이론적으로 Lazarus & Folkman (1984)이 제안한 스트레스와 대처 이론의 개념과 일치하면서도, 불안의 원인을 찾아내고 이를 수정하여 대처하는 방법을 강조한다. 특히, CBT는 부정적인 사고와 행동패턴을 식별하고 수정하여 개인의 감정과 행동을 개선하는 데 중점을 둔다. 이는 Lazarus & Folkman (1984)이 주장한 대처전략을 개선하고 적응하는 것과 맞닿아 있다. 이러한 관점에서 CBT는 불안과 관련된 다양한 장애 및 문제에 대해 효과적으로 사용되어 왔으며, 불안의 원인을 식별하고 수정함으로써 개인의 삶의 질을 향상시키는 데 기여해 왔다. CBT의 핵심 원리는 다음과 같다.

- 인지(cognitive): 개인의 사고방식을 이해하고, 부정적이거나 비합리적인 생각을 식별한다. 불안을 일으키는 부정적인 사고 패턴을 수정하여 긍정적이고 현실적인 사고로 변화시킨다.
- 행동(behavioral): 부정적인 행동패턴을 인식하고, 이를 긍정적이고 건강한 행동으로 대체하는 전략을 개발한다. 이는 불안을 유발하는 특정 행동을 줄이고 대신 건강한 대처전략을 촉진시킨다.
- 대처(coping): 불안에 대처하는 적절한 전략을 개발하고 강화한다. 사람이 불안을 느낄 때 어떻게 대처할지에 대한 기술을 향상시키는 데 중점을 둔다.
- 노출요법(exposure therapy): 불안을 일으키는 상황이나 물체에 직면하여 그 상황에 적응하도록 하는 노출 훈련을 통해 불안에 대한 경험을 적절히 다루는 방법이다. Foa & Kozak(1986)에 의해 제안되었다.

그러나 CBT는 개인의 생각과 행동패턴을 변화시키는 것을 목표로 매우 효과적이며 널리 사용되지만, 몇 가지 한계에 직면하기도 하였다. CBT는 주로 생각과 행동에 초점을 맞추기 때문에, 개인의 깊은 감정이나 정서적 경험을 다루는 데에는 한계가 있다. 부정적인 사고방식만을 강조함으로써 현실적인 어려움에 대한 인식의 부족을 야기하고, 행동변화의 중요성을 강조하면서 현재 경험의 수용을 소홀히 여길 수 있다. 또한 일부 연구에서는 CBT의 효과가 일시적일 수 있으며, 특히 만성적인 문제나 복잡한 정신건강 문제에 대해 수용전념치료보다 덜 효과적일 수 있다는 지적이 있다.

이러한 한계점을 극복하기 위해 1980년대에 수용전념치료(Acceptance Commitment Therapy; ACT)가 등장하였다. ACT는 CBT의 한계를 극복하고자 하는 새로운 심리치료 접근법으로 다음과 같은 새로운 원칙에 기반을 두고 있다.

- 수용: ACT는 부정적인 감정이나 생각을 억제하거나 변화시키려는 대신, 그것들을 인정하고 받아들이는 것을 강조한다. 이는 내면의 고통을 알고, 정서적 유연성을 향상시키는 데 도움을 줄 수 있다.
- 현재에 집중: ACT는 '여기, 지금'에 초점을 맞추고, 현재의 경험을 완전히 수용하며 살아갈 것을 강조한다.

• 가치기반행동: ACT는 개인의 삶에서 중요한 가치를 명확하게 하도록 돕고, 이 핵심 가치와 일치하는 방향으로 행동하도록 격려함으로써 보다 의미 있는 삶을 살 수 있도록 지원한다.

1.2 공통점과 차이점

ACT는 CBT와는 달리, 내면의 경험을 '수정'하려는 시도를 최소화하며, 개인의 복잡한 감정과 생각을 보다 포괄적으로 다루고자 한다. 이런 접근은 특히 정체성 문제, 만성적인 불안이나 우울증 등 장기적이고 깊은 문제를 가진 환자들에게 유용하다. 예를 들어 불안장애를 가진 사람의 경우 CBT는 불안을 유발하는 부정적인 사고방식을 식별하고, 현실적이고 건강한 사고방식으로 바꾸도록 돕는 반면에, ACT는 불안감을 있는 그대로 수용하도록 돕고, 불안에도 불구하고 가치 있는 삶을 위한 행동을 선택하도록 돕는다. 결론적으로, 수용전념치료는 인지행동치료의 한계를 인식하고, 더 깊은 수준의 정서적 고통과 내면의 갈등을 다루는 데에 집중하고자 하는 심리치료의 한 방향성을 제시하고 있다. 두 접근법의 차이는 〈표 1〉과 같다.

표 1. CBT와 ACT의 차이점

기준	CBT: 인지행동치료	ACT: 수용전념치료
초점	부정적인 사고와 행동패턴을 변화시키는 데 초점	현재의 경험을 수용하고 가치 있는 행동을 약속하는 데 초점
핵심 개념	인지 재구성, 노출 및 반응 예방	마음챙김, 가치 있는 행동, 역설적 행동변화
치료과정	과거 경험 탐구 및 현재 사고와 행동패턴 분석	현재 경험에 대한 마음챙김 연습 및 가치 있는 행동 약속
기술	인지 재구성, 노출 및 반응 예방, 문제해결 훈련	마음챙김 명상, 역할극, 가치 명확화 연습
적용 대상	불안, 우울, 공황 장애, 강박 장애 등 다양한 심리적 어려움	불안, 우울, 만성 통증, 물질 남용 등 다양한 심리적 어려움

CBT와 ACT는 서로 다른 접근방식을 갖고 있지만, 두 가지 모두 인지와 행동의 상호작용이 정서와 행동에 미치는 영향에 초점을 맞추고 있다. 이들 접근법의 공통점들은 CBT와 ACT가 상호 보완적인 관계에 있을 수 있음을 시사하며, 때로는 이 두 방법을 통합하여 사용함으로써 더 큰 치료적 효과를 얻을 수 있다. 몇 가지 중요한 공통점은 다음과 같다.

• 목표 지향적 접근: 두 치료법 모두 명확하게 정의된 치료목표를 가지고 있으며, 이러한 목표를 달성하기 위해 구조화된 세션을 제공한다.
• 행동의 변화 강조: CBT와 ACT 모두 환자의 행동변화를 중요하게 다룬다. CBT는 부적응적인 생각과 행동패턴을 변경하려고 시도하는 반면, ACT는 가치에 부합하는 행동으로의 전환을 촉진한다.
• 경험적 검증: 두 방법 모두 과학적 연구에 의해 그 효과가 검증되었다. 연구결과들은 두 치료법이 다양한 정신건강 문제, 특히 불안과 우울증 치료에 효과적임을 보여준다.
• 실습과 숙제의 중요성: 치료 세션 중에 배운 기술을 일상생활에 적용하기 위해 환자에게 숙제를 주는 것이 일반적이다. 이는 학습된 기술의 효과를 극대화하고 자기주도적인 치료과정을 촉진하는 데 중요한 역할을 한다.
• 인식의 역할: 두 치료법 모두 환자가 자신의 생각, 감정, 행동패턴을 인식하고 이해하는 것을 중요하게 여긴다. CBT는 부정적 생각 패턴을 식별하고 변화시키는 것에 중점을 두는 반면, ACT는 생각과 감정을 수용하는 방식으로 인식의 중요성을 강조한다.

1.3 CBT에서 ACT가 출현하게 된 주요 배경

1) 인지과학의 발전

인지과학의 발전으로 인해 인간의 사고방식과 행동이 감정에 미치는 영향에 대한 이해가 높아졌다. CBT는 이러한 이해를 바탕으로 부정적인 사고방식을 변화시킴으로써 심리적 어려움을 해결하는 데 효과적인 것으로 입증되었다. 하지만 인지과학의 발전은 인간의 사고가 감정에 미치는 영향뿐만 아니라, 현재 경험 자체가 감정에 미치는 영향에 대한 이해도 제시했다. 이러한 이해는 ACT의 핵심 개념인 현재 경험의 수용에 영향을 미쳤다.

2) 선불교 철학의 영향

불교 철학의 무상, 고, 무아의 사상은 ACT의 핵심 개념인 현재 경험의 수용과 가치 명확화에 영향을 미쳤다. 무상은 모든 것은 변화한다는 것을 의미하며, 고는 모든 존재는 고통을 경험한다는 것을 의미한다. 무아는 모든 존재는 서로 연결되어 있다는 것을 의미한다. 이러한 불교 철학의 사상은 ACT의 인간관에 대한 이해를 형성하는 데 중요한 역할을 했다.

3) 행동치료의 발전

행동치료의 발전으로 인해 행동변화를 통한 심리적 어려움 해결에 대한 효과가 입증되었다. CBT는 행동치료의 원리를 활용하여 부정적인 사고방식과 행동변화를 통해 심리적 어려움을 해결하는 데 효과적인 것으로 입증되었다. 하지만 행동치료의 발전은 행동변화뿐만 아니라, 가치관과 목표에 따른 행동의 중요성을 강조했다. 이러한 이해는 ACT의 행동 약속 설정 개념에 영향을 미쳤다.

4) 인간중심치료의 등장

인간중심치료의 등장으로 인해 개인의 가치관과 목표를 존중하는 치료법에 대한 관심이 높아졌다. CBT는 개인의 사고방식과 행동변화를 통해 심리적 어려움을 해결하는 데 효과적인 것으로 입증되었다. 하지만 CBT는 개인의 가치관이나 목표에 대한 구체적인 지침을 제공하지 못했다. ACT는 인간중심치료의 원리를 바탕으로 개인의 삶에서 중요한 가치를 명확하게 하도록 돕고, 이 가치에 따라 행동하도록 격려한다. 또한, ACT는 개인이 가치 있는 삶을 위한 행동을 선택하고 이를 실천하기 위한 구체적인 계획을 세우도록 돕는다. 이러한 방식으로 ACT는 개인의 가치관과 목표를 존중하면서 심리적 어려움을 해결하도록 돕는다.

5) 제3세대 행동치료의 등장

제3세대 행동치료는 인간의 언어와 인지과정에 초점을 맞추고, 이를 통해 심리적 어려움을 해결하는 데 중점을 둔다. ACT는 제3세대 행동치료의 원리를 바탕으로 개인이 현재 경험을 수용하고 가치 있는 삶을 위한 행동을 선택하도록 돕는 데 중점을 두고 있다. 제3세대 행동치료는 다음과 같은 특징을 가지고 있다.

- 기능적 분석: 행동의 기능을 분석하여 문제 행동의 유지 요인 파악
- 언어적 중재: 언어를 통해 문제 행동의 변화에 중점
- 관계 중심: 개인과 환경과의 관계를 고려하여 치료 진행
- 경험 중심: 개인의 경험을 존중하고 이를 바탕으로 치료 진행

ACT는 제3세대 행동치료의 특징을 바탕으로 개인이 현재 경험을 수용하고 가치 있는 삶을 위한 행동을 선택하도록 돕는 데 효과적인 것으로 입증되었다. 결론적으로 CBT에서 ACT가 출현한 것은 심리 치료 분야의 중요한 발전이었으며, 이는 더욱 효과적이고 포괄적인 심리치료법 개발에 기여했다. ACT는 CBT의 장점을 유지하면서 현재 경험의 수용, 가치 명확화, 행동 약속 설정 등을 통해 더욱 포괄적이고 효과적인 심리치료법을 제공하고 있다.

2. 수용전념치료의 이론적 근거

2.1 관계 틀 이론과 기능적 맥락주의

수용전념치료(Acceptance Commitment Therapy; ACT)는 행동치료의 제3 물결로서, 인간의 심리적 고통은 매우 보편적인 현상으로 인간은 누구나 고통을 경험하며 이는 정상적임을 가정하고 있다. 반면에 이러한 심리적 고통을 비정상적이라 생각하고 그 고통을 없애고 피하려고 하는 것이 더 큰 고통을 야기한다고 하였다. 따라서 자신의 심리적 고통을 삶의 일부

로 수용하고, 고통과 함께하면서, 진정으로 원하는 가치를 선택해 가는 것이 ACT의 진정한 치료 방향이다(Hayes, Strosahl & Wilson, 1999). 수용전념치료(ACT)는 두 가지 주요 이론적 틀, 즉 관계 틀 이론(RFT)과 기능적 맥락주의에 근거를 두고 있다. 이 두 이론은 ACT의 핵심 개념과 치료적 접근방식을 형성하는 데 중요한 역할을 한다.

1) 관계 틀 이론

관계 틀 이론(Relational Frame Theory; RFT)은 언어와 인지의 기본적인 작동 원리를 설명하는 행동주의 이론이다. 이 이론은 개인이 언어를 통해 사물 간의 관계를 어떻게 학습하고 이해하는지를 다루며, 이러한 언어적 관계가 행동과 감정에 영향을 미친다고 본다. RFT는 언어가 개인의 경험을 어떻게 형성하고, 때로는 제한하기도 한다는 관점을 제공한다. RFT는 특히 심리치료 분야에서의 행동치료와 관련하여 중요한 개념으로 활용되고 있다.

2) 기능적 맥락주의

기능적 맥락주의(Functional Contextualism; FC)는 행동과 그 행동이 일어나는 맥락 간의 관계에 중점을 둔다. 철학적 입장은, 즉 행동은 특정 맥락에서 특정한 기능을 수행하며, 행동의 의미는 상황에 따라 달라진다고 본다. 행동을 이해하고 변화시키기 위해서는 그 맥락을 고려해야 하며, 이는 행동의 기능적인 측면에 집중하게 한다.

ACT는 이 두 이론을 통합하여 개인이 어려움에 직면했을 때 그것을 받아들이고, 동시에 자신의 가치에 따라 행동할 수 있도록 격려한다. ACT의 접근방식에서는 다음과 같은 중요한 요소들이 강조된다.

- 언어의 영향력 인식: RFT를 바탕으로, ACT는 언어가 우리의 생각과 감정에 어떻게 영향을 미치는지를 이해하고, 때로는 제한적인 언어적 패턴을 넘어서는 방법을 모색한다.
- 현재 순간에의 집중과 수용: 현재의 경험을 있는 그대로 받아들이고, 피하려 하지 않는 태도를 촉진한다.
- 가치기반행동: 개인의 핵심 가치에 기초하여 의미 있는 행동을 선택하고 그에 따라 행동하도록 한다.

결론적으로, ACT는 RFT와 기능적 맥락주의의 원칙을 결합하여 행동치료에서 언어와 행동의 상호작용에 대한 이해를 높이고, 이를 통해 개인이 자신의 가치와 일치하는 삶을 살도록 돕는 심리치료방법이다. 이 과정에서 언어와 맥락의 깊은 이해가 중심적인 역할을 하며, 심리적 유연성과 개인의 삶의 질 향상에 기여한다. 이러한 결합은 행동과 언어의 유연한 이해를 강조하며, 메타포는 이러한 이해를 더욱 풍부하게 나타내는 데에 기여할 수 있다.

2.2 ACT와 메타포

메타포(metaphor)란 수사법 가운데 비유법의 하나로, 행동, 개념, 물체 등이 지닌 특성을 그것과는 다르거나 상관없는 말로 대체하여, 간접적이며 암시적으로 나타내는 것을 말한다. 메타포의 사전적 의미는 '은유', '비유', '상징'으로 표현되며, 우리가 잘 알지 못하는 현상이나 대상을 우리가 잘 알고 있는 현상이나 대상에적용시킴으로써 쉽게 이해하고자 하는 것을 말한다(한은미, 이경화, 2014). 즉, 한 사물의 양상이 다른 하나의 사물로 넘어가져서 두 번째의 사물이 첫 번째의 사물처럼 서술되는 것을 말한다.

메타포는 이질적인 것의 동일화가 이루어지는 까닭으로 매우 강렬한 비유의 효과를 지니고 있으며, 은유가 성립되기 위해서는 우선 비교되는 두 대상이 서로 다른 범주에 속해 있지 않으면 안 된다는 것이다(문채이, 2017). 또한, 그 비교에 어느 정도 연상적인 타당도와 설득력, 그리고 의외성의 긴장감이 있어야 한다. 따라서 메타포는 경험에 의해 만들어지고, 생각의 전반적인 틀을 형성한다는 점에서 한 사람의 현재와 미래 행동에 강력한 영향력을 발휘할 수 있다(류수민, 박철훈, 김진수, 김용준, 2015).

은유에 대해서 임지룡(2008)은 익숙하고 구체적인 것에서 새로운 목표 영역을 개념화하는 인지 전략이라 설명하였고, 박영순(1997)은 은유가 두 사물 간의 유사성이 있을 때 기존의 단어를 새로운 상황이나 의미로 쓰인 언어단위로 설명하며, 언어의 창조적인 면을 가장 잘 나타내는 언어표현이라(김미성, 2018) 하였다. 은유의 문장구조는 'A는 B와 같다'가 아닌, '~같다'는 비교를 직접적으로 명시하지 않는 'A는 B다'의 형태를 취하고 있으며, A는 주개념을 B는 부개념으로 개인에 따라 다양하고 다르게 나타날 것이다(박병기, 2004).

메타포의 사용은 ACT에서 중요한 역할을 한다. 메타포는 복잡한 개념이나 심리적 과정을 이해하기 쉬운 방식으로 전달하며, 이는 치료과정에서 강력한 도구로 작용한다. 메타포를 통해 내담자는 자신의 생각과 감정을 새로운 시각에서 바라보고, 그것에 대한 이해를 넓힐 수 있다. 〈부록 11-1〉은 은유를 이해하기 위한 내용이다(손정락, 2015).

메타포는 사람들 간에 감정적인 공감 형성에 효과적이다. 비유나 은유를 통해 상대방의 감정이나 경험을 더 깊이 이해하고자 할 때 사용된다. 메타포는 언어의 유연성을 강조하고 특정 상황에서의 적절한 행동을 유도하는 데에 활용된다. 특히 트라우마나 어려운 감정에 대처할 때, 메타포를 통해 새로운 시각을 찾아낼 수 있다. ACT에서 중요하게 여기는 가치중심 행동을 위해 메타포는 가치를 강조하고 행동에 의미를 부여하는 데에 도움이 될 수 있다. 메타포를 통해 특정 행동이 어떻게 가치 있는 방향으로 이끌어지는지를 설명할 수 있다.

예시 1 버스 기사와 승객 메타포

여러분은 운전사라고 합시다. 이 버스에는 승객이 많이 탔습니다. 여기서 승객들은 생각, 감정, 신체적 상태, 기억, 그리고 내적경험의 다른 측면들입니다. 그들 중 어떤 자는 무시무시하게 생겼습니다. 여러분이 운전을 하고 있는데, 승객들이 운전사인 여러분에게 '이렇게 해라, 어디로 가야 한다, 왼쪽으로 돌려라, 오른쪽으로 가야 한다'는 등, 여러분을 위협하기 시작한다. 그들이 말하는 바대로 하지 않으면 버스 뒤에서 앞으로 나오려고 한다. 이 승객들을 다루는 방법은 여러 가지가 있을 것입니다.

우리는 승객들이 떠들어대도 우리가 가야 할 길을 향해 운전을 하는 운전사입니다. 그러므로 승객들이 아무리 소란스럽게 굴더라도 그것을 다루느라 운전을 멈추는 일 없이, 승객들이 떠들게 놔두고, 운전을 잘하면 될 것입니다. 중요한 것은 운전을 제대로 해서 목적지까지 무사히 가는 것이기 때문입니다.

〈예시 1〉의 버스 기사와 승객의 메타포는 수용전념치료(ACT)에서 불안을 느끼는 선수들에게 특히 유익한 도구로 사용된다. 이 메타포를 통해 선수들은 자신의 내면적인 경험들, 즉 불안한 생각이나 감정이라는 '승객들'을 어떻게 다루어야 하는지를 배울 수 있다.

- 승객의 존재 수용하기: 선수는 자신이 운전하는 버스에 승객으로 타고 있는 각종 생각과 감정을 인정하고 받아들인다. 이 '승객들'은 때때로 요구가 많고, 불안하거나 부정적일 수 있다. 선수는 이들 승객이 소란을 피울 수 있음을 인지하되, 이를 무시하거나 퇴출시키려 하지 않는다.
- 운전사의 역할 유지하기: 선수는 자신이 버스의 운전사라는 점을 상기한다. 즉, 불안감이나 부정적인 감정이 버스를 운전하려 하더라도 실제로 운전대를 잡고 있는 것은 선수 자신이다. 이는 선수가 자신의 행동과 경기 중의 선택에 대한 최종적인 통제권을 갖고 있음을 의미한다.
- 목적지에 집중하기: 버스가 어디로 가야 하는지, 즉 선수의 최종 목표가 무엇인지에 초점을 맞춘다. 선수는 경기에서의 결과, 기술 개발, 개인의 성장 등의 목적지로 설정할 수 있다. 승객들이 떠드는 소리에도 불구하고, 선수는 이 목표를 향해 계속해서 나아가야 한다.
- 승객들과의 적절한 거리 유지: 선수는 승객들이 내는 소음에 일정 부분 귀를 기울일 수 있지만, 그 요구에 굴복하거나 그들의 지시대로 행동하지 않아야 한다. 불안감이나 부정적 생각이 큰 소리로 외치더라도, 선수는 이를 자신의 운전에 영향을 주지 않도록 관리해야 한다.
- 지속적인 운전과 자기관리: 선수는 승객들이 떠들어대는 동안에도 주행을 계속하며, 자신의 역할에 충실해야 한다. 이는 실제 생활에서 선수가 불안을 느끼거나 부정적인 생각이 들 때도 자신의 훈련과 경기에 집중할 수 있음을 의미한다.

이 메타포는 불안한 선수들이 자신의 생각과 감정이 자신을 지배하지 않도록 돕고, 이를 관리하면서도 자신의 목표를 향해 나아갈 수 있게 한다. 결국, 중요한 것은 승객들의 요구에 휘둘리지 않고, 안정적으로 목적지에 도달하는 것이다. 이러한 방식으로, ACT는 선수들이 자신의 내면적인 도전을 극복하고 경기력을 향상시킬 수 있도록 도움을 줄 수 있다.

2.3 ACT의 6개 핵심 치료과정

ACT의 목표는 심리적 유연성을 기르는 것이다. 핵심 치료과정은 수용, 인지적 탈융합, 맥락으로서의 자기, 현재에 존재하기, 전념행동, 그리고 가치에 바탕을 두고 이루어진다. 본 장에서 ACT를 소개하는 이유는 극도의 불안과 긴장이 수반되는 스포츠 환경에서 시합이라는 경쟁으로 인하여 선수들이 겪는 고통을 완화해 주고, 보다 유연한 사고로 삶을 살아가도록 도움을 주고자 하는 것이다.

ACT는 선수들이 경쟁상황에서 힘들고 고통스러울 때 타인의 기대나 그에 도달하지 못한 자신을 비난하는 것이 아니라, 자신의 불완전함을 자각하고 수용할 수 있도록 도울 것이다. 패배나 순위로 인해 위축된 자신을 비난하지 않고 있는 그대로의 모습으로 받아들일 수 있는 인지적 탈융합을 배울 것이다.

실패가 고정된 것이 아닌 환경의 변화에 따라 바뀔 수 있다는 맥락으로서의 자기를 통해 타인의 평가로 본 자신이 아니라 있는 그대로의 자기 모습을 비판단적으로 받아들일 수 있을 것이다. 또한 고통스럽지만 현재에 존재하는 자신에 집중하여 훈련할 수 있도록 하며, 선수로서의 승리 지향적 가치뿐 아니라 한 인간으로서 존재 이유를 느낄 수 있도록 가치를 탐색하고 원하는 가치를 향해 전념할 수 있는 행동을 도출하도록 도와줄 것이다. ACT는 불편한 감정, 생각, 경험을 있는 그대로 받아들이고, 가치 있는 삶을 살아가는 것을 목표로 하는 심리치료법이다. ACT의 6개 핵심 치료과정은 다음 〈표 2〉와 같다.

표 2. ACT의 6개 핵심 치료과정

핵심 요소	개념 설명
수용 acceptance	현재의 감정, 생각, 느낌을 거부하지 않고 받아들이는 과정. 이를 통해 감정과의 조화를 이루고 불필요한 감정의 싸움에서 벗어날 수 있음.
인지적 탈융합 cognitive defusion	생각과 감정에 과도하게 사로잡히지 않고, 이를 객관적으로 관찰하는 기술. 감정이나 생각에 과도하게 고정되어 있는 상태를 완화함.
맥락으로서의 자기 self-as-context	자기를 고정된 개체로 보는 대신, 현재의 경험과 상황에 대한 관찰자로서 자기를 바라보는 기술임.
현재 순간에 접촉하기 contact with the present moment	현재 순간에 집중하고, 현재의 경험에 주의를 기울이는 기술. 현재의 순간을 인식하고 살아가는 것을 강조함.
가치 values	개인이 중요하게 생각하는 가치와 목표를 찾아내고, 이를 기반으로 행동하는 것을 강조. 개인의 가치를 향한 의도적이고 의미 있는 행동을 유도함.
전념행동 committed action	가치중심의 행동을 의도적으로 추구하고, 의미 있는 삶을 살아가기 위한 행동을 취함. 목표에 따라 의도적이고 일관된 행동을 유도함.

ACT의 6개 핵심 치료과정은 스포츠 상황에서도 효과적으로 적용될 수 있다. 스포츠 선수들은 경기 중 다양한 불편한 감정, 생각, 경험을 경험할 수 있다〈표 3〉. 이러한 불편한 감정, 생각, 경험은 경기력에 부정적인 영향을 미칠 수 있다.

표 3. ACT의 핵심 치료과정의 스포츠 적용의 예

치료과정	스포츠 상황	선수의 예
수용	경기 중 실수, 실패, 부상 등의 불편한 감정, 생각, 경험을 있는 그대로 받아들이고, 경기에 집중한다.	경기 중 실수로 실망감을 느끼는 선수는 실망감을 있는 그대로 받아들일 수 있다. 실망감을 없애려고 노력하거나, 실망감에 사로잡히지 않고, 경기에 집중할 수 있다.
인지적 탈융합	경기 중 불안, 두려움 등의 부정적인 생각들에 집착하지 않고, 관찰한다.	경기 중 실패에 대한 두려움을 느끼는 선수는 실패에 대한 두려움을 관찰할 수 있다. 실패에 대한 두려움에 사로잡히지 않고, 경기에 집중할 수 있다.
맥락으로서의 자기	경기 중 불편한 감정, 생각, 경험에 의해 정체성을 잃지 않고, 경기에 집중한다.	자신을 "팀의 승리를 위해 노력하는 선수"로 인식할 경우 패배하더라도, 최선을 다한 자신에게 만족할 수 있다.
현재와 접촉하기	경기 중 현재 순간에 주의를 집중하고, 있는 그대로 받아들이며, 경기에 집중한다.	경기 중 심리적 부담감에 시달리는 선수는 현재 순간에 주의를 집중할 수 있다. 지나간 실수 걱정에 집중하지 않고, 경기에 필요한 것에 집중할 수 있다.
가치	경기에서 승리, 기록 경신, 팀 동료와의 협력 등의 가치를 발견하고, 그 가치에 따라 행동한다.	승리를 가치로 여기는 선수는 경기에서 승리하기 위해 노력할 가능성이 높다. 또한, 승리하지 못한다고 해도, 승리하는 것 못지않게 중요한 가치가 있다는 것을 기억하고, 좌절하지 않고, 다음 경기에 대비할 수 있다.
헌신	경기 중 불편한 감정, 생각, 경험에도 불구하고, 가치에 따라 행동한다.	경기 중 부상을 당한 선수는 부상을 자신의 정체성으로 받아들이지 않고, 더 넓은 맥락 안에서 인식할 수 있다. 부상으로 인해 경기에 출전하지 못할 수도 있지만, 그럼에도 불구하고 자신은 소중한 사람이라는 것을 기억할 수 있다.

3. 심리적 유연성

3.1 심리적 유연성과 심리적 경직성

ACT의 6개 핵심 치료과정은 선수들의 경기력 향상과 심리적 건강 증진에 도움이 될 수 있는 효과적인 심리치료법이다. ACT는 선수들이 불편한 감정, 생각, 경험을 있는 그대로 받아들이고, 가치 있는 삶을 살아가는 데 도움을 줄 수 있다.

ACT는 불편한 감정, 생각, 경험을 있는 그대로 받아들이고, 가치 있는 삶을 살아가는 것을 목표로 하는 심리치료법이다. ACT의 궁극적인 치료목표는 심리적 유연성(psychological flexibility)이다. 반면, 심리적 경직성(psychological rigidity)은 불편한 감정, 생각, 경험을 피하거나 없애려는 경향을 말한다. 심리적 유연성과 심리적 경직성의 차이는 다음 〈표 4〉와 같다. 〈표 5〉는 유연성과 상반되는 경직성에 대한 정의와 스포츠 상황의 예이다. 이러한 경직성 요인들은 선수들의 수행에 부정적인 영향을 미칠 수 있다.

표 4. 심리적 유연성과 심리적 경직성의 차이

특성	심리적 유연성	심리적 경직성
불편한 감정, 생각, 경험에 대한 태도	있는 그대로 받아들이기	피하거나 없애기
가치 있는 삶과의 관계	가치 있는 삶을 추구하기	가치 있는 삶을 방해받기
행동의 유연성	변화하는 상황에 적응하기	변화하는 상황에 적응하지 못하기

표 5. 심리적 경직성의 정의와 스포츠 상황의 예

심리적 경직성 요인	정의와 스포츠 상황
경험회피 experiential avoidance	과거의 불쾌한 경험을 피하려는 경향. 예) 과거에 상대적으로 낮은 성적을 거둔 선수가 도전적인 훈련이나 경기를 회피하여 성장의 기회를 놓치는 경우.
인지적 융합 cognitive defusion	생각과 감정에 과도하게 사로잡히는 경향. 예) 승리에 대한 강한 욕망으로 스트레스를 받는 선수가, 승리하지 못할 경우 자신을 완전히 실패자로 여기는 것.
제한된 자기인식 restricted self-concept	자기를 고정된 이미지에 강하게 제한하는 경향. 예) "나는 빠른 선수가 아니라서 스프린트 경기에서는 항상 밀리는구나."라고 자기를 고정적으로 정의하는 선수.
개념화된 자기에 대한 집착 conceptualized self-attachment	특정한 자기 정체성에 과도하게 집착하는 경향. 예) 특정한 업적에 대한 집착으로 선수가 자신의 가치를 측정하고, 그에 실패할 경우 자존감 하락.
가치명료화 접촉 결여 lack of values clarity & contact	개인의 가치와 목표를 명확하게 이해하고 실천하지 않는 경향. 예) 선수가 왜 훈련을 하는지 목적을 명확히 이해하지 못하고, 그로 인해 훈련 동기부여가 부족한 경우.
무활동과 충동과 회피 지속 inaction, impulsivity, & avoidance persistence	행동의 무력감, 충동적 행동, 문제해결 회피의 경향. 예) 어려운 상황에서 무력감을 느낀 선수가 훈련이나 경기에서 중요한 순간에 도망가거나, 충동적으로 잘못된 행동을 하는 경우.

ACT의 궁극적인 목적은 개인의 심리적 경직성을 심리적 유연성으로 변화시키는 것이다. 심리적 유연성은 〈그림 1〉에서 보듯이 선수들이 끊임없이 변화하는 스포츠 환경에 적응하고 가치 있는 방향으로 행동하도록 돕는다. 스포츠 상황에서 심리적 유연성은 선수의 수행향상, 부상예방, 장기적인 스포츠 참여에 중요한 역할을 한다.

- 수행향상
  - √ 압박 상황 관리: 경기 중 발생하는 압박, 불안, 스트레스 등의 부정적인 감정을 효과적으로 관리하여 최상의 실력을 발휘할 수 있도록 한다.
  - √ 집중력 유지: 방해 요소나 실수에 흔들리지 않고 경기상황에 집중력을 유지하여 최적의 플레이를 할 수 있도록 한다.
  - √ 회복능력 향상: 실수나 패배를 극복하고 다음 경기에 다시 집중할 수 있도록 정신적 회복능력을 향상시킨다.
- 부상예방
  - √ 과도한 노력 방지: 부상위험을 높일 수 있는 과도한 노력이나 위험한 플레이를 방지하여 건강을 유지하도록 한다.
  - √ 통증 관리: 통증으로 인한 불안이나 좌절감을 효과적으로 관리하여 통증에 대한 인지적 재구성을 통해 최선을 다할 수 있도록 한다.

√ 재활 과정 참여: 부상 후 재활 과정에 적극적으로 참여하고 꾸준히 노력할 수 있도록 동기부여와 긍정적인 태도를 유지하도록 한다.

- 장기 스포츠 참여

√ 스포츠에 대한 즐거움 유지: 스포츠 과정에서 발생하는 어려움에도 불구하고 스포츠에 대한 즐거움과 열정을 유지하도록 한다.

√ 건강한 삶의 방식 유지: 규칙적인 운동 습관, 건강한 식습관, 충분한 수면 등 건강한 삶의 방식을 유지하도록 동기를 부여한다.

√ 균형 잡힌 삶 추구: 스포츠뿐만 아니라 학업, 가족, 사회생활 등 삶의 다른 영역에서도 균형을 유지하도록 돕는다.

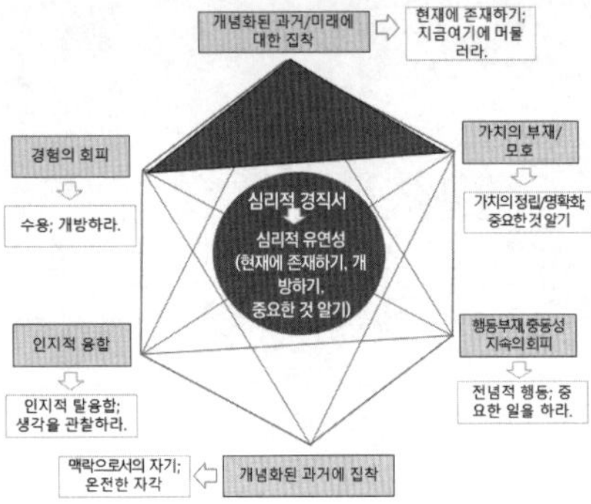

그림 1. 수용전념치료의 모델: 심리적 경직성에서 유연성으로의 변화 모델

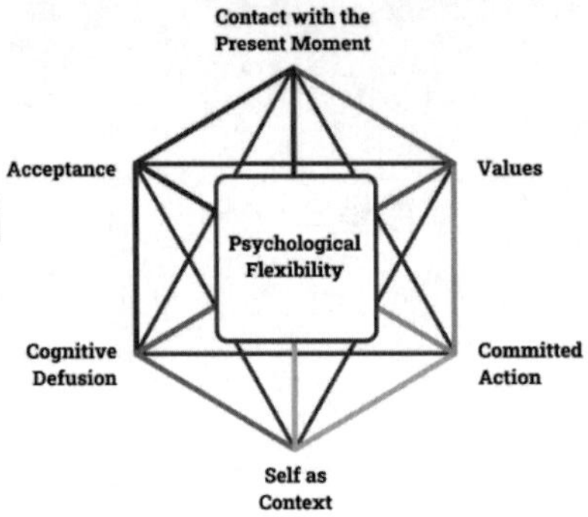

그림 2. 6개 핵심 심리적 유연성

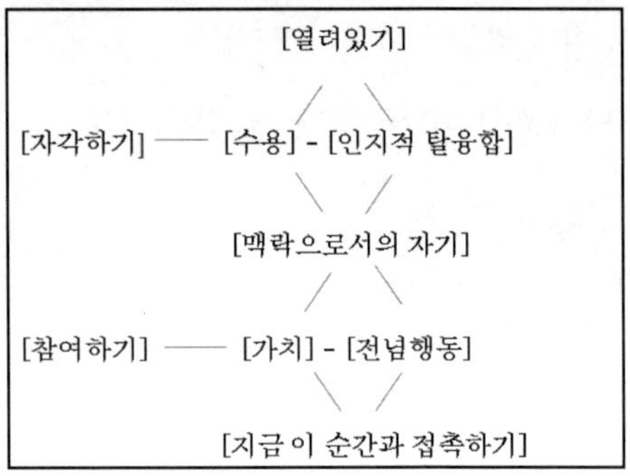

그림 3. 6개 핵심 치료과정의 상호 연결의 개념도

3.2 6개 핵심 치료과정의 상호 연결

〈그림 3〉은 ACT의 여섯 가지 핵심 치료과정을 세 가지 기능 단위로 묶고(Harris, 2009), 각 치료과정이 어떻게 다른 과정들과 연결되어 있으며, 이들이 어떻게 〈그림 2〉의 ACT의 주요 목표인 심리적 유연성을 증진시키는지를 보여준다. 각 과정은 중첩되고 상호 의존적 방식으로 구성되어 있어, 각각이 전체 치료목표에 기여하는 방식을 이해할 수 있도록 돕는다.

- 열려 있기: 탈융합과 수용은 모두 생각과 느낌을 분리하고, 이를 있는 그대로 관찰하여 여지를 만들고, 생각과 느낌이 자유롭게 오갈 수 있도록 하는 것이다. 그래서 개방적이 되는 것이다.

  √ 개요: 이 영역은 개인이 자신의 내면적 경험(생각, 감정 등)을 개방적이고 수용적인 태도로 받아들이는 것을 포함하고 있다.

  √ 구성요소: 수용과 인지적 탈융합이 이 카테고리에 속한다. 이 두 과정은 개인이 부정적인 내적경험을 피하지 않고, 그것을 건강한 방식으로 받아들이도록 격려한다.

- 자각하기: 맥락적 자기(즉, 관찰하는 자기)와 현재에 접촉하기는 지금 여기에서 경험의 언어적이고 비언어적인 측면과 접촉하는 것을 포함한다. 지금 여기에 머물면서 온전한 자각을 유지하는 것이다.

  √ 개요: 이 영역은 개인이 현재의 순간과 그 안에서 자신의 내적경험을 인식하는 능력을 강조한다.

  √ 구성요소: 맥락으로서의 자기와 지금 이 순간과 접촉하기가 여기에 해당된다. 이 과정들은 자기 자신을 맥락의 일부로서 인식하고 현재 순간에 더욱 집중하게 함으로써, 현실의 경험을 더 깊게 이해하고 감각할 수 있도록 돕는다.

- 참여하기: 가치와 전념행동은 삶의 질을 향상시키는 행동을 촉진하기 위해 언어를 효과적으로 사용하는 것과 관련되어 있다. 자신에게 중요한 것을 알고, 중요한 일을 행하는 것이다.

  √ 개요: 이 영역은 개인이 자신의 깊은 가치에 기초하여 의미 있는 행동을 선택하고 이행하는 것을 강조한다.

  √ 구성요소: 가치와 전념행동이 이 부분을 구성한다. 이 두 과정은 개인이 자신의 중요한 가치를 명확히 하고, 이를 바탕으로 일관된 행동을 취하도록 격려한다.

따라서 심리적 유연성은 '현재에 존재하기, 개방하기, 중요한 일을 하기'로 삼각형으로도 요약하여 설명할 수 있다. 〈그림 2〉에서 볼 수 있듯이, 각 치료과정은 서로를 지지하고 강화해 준다. 예를 들어, '수용'은 '인지적 탈융합'과 함께 열려 있기를 형성하며, 이 두 과정은 '맥락으로서의 자기'에도 영향을 미친다. '맥락으로서의 자기'는 다시 '가치'와 '전념행동'과 연결되어, 참여하기 영역을 강화해 준다. 모든 과정은 '지금 이 순간과 접촉하기'로 집약되며, 이는 ACT의 핵심 목표인 현재 순간에 더욱 몰입하고, 내적경험을 통해 심리적 유연성을 증진시키는 데 기여한다. 이 구조는 ACT가 어떻게 개인이 자신의 생각과 감정을 건강하게 관리하고, 자신의 삶에서 의미와 목적을 발견하며, 최종적으로 더 나은 삶의 질을 추구하는지를 명확하게 보여주는 것이다.

4. ACT를 통한 시합 상황별 스포츠 불안

4.1 ACT의 불안 대처전략

ACT는 불편한 감정, 생각, 경험을 수용하고, 가치 있는 행동을 통해 삶의 의미와 목적을 찾는 것을 목표로 하는 심리치료법이다. ACT를 통한 불안관리는 다음과 같은 장점을 가지고 있다.

첫째, 불안을 피하거나 없애려고 하는 대신, 수용하고 받아들이는 방법을 익히게 된다. 불안은 경기에 대한 흥분이나 긴장으로 인해 발생할 수 있으며, 이는 경기에 집중하는 데 도움이 될 수도 있다. 따라서 선수들은 불안을 피하거나 없애려고 노력하기보다는, 그것을 있는 그대로 받아들이고, 경기에 집중하는 연습을 해야 한다. ACT를 통해 선수들은 불안이 불편한 감정이지만, 그것이 나쁜 감정은 아니라는 것을 이해하고, 불안을 수용하고 받아들이는 방법을 익힐 수 있다(Hayes et al., 2011).

둘째, 불안을 유발하는 부정적인 생각이나 감정에 집착하지 않고, 그것을 하나의 생각이나 감정으로 인식하는 방법을 익히게 된다. 불안을 유발하는 부정적인 생각이나 감정에 집착하게 되면, 불안이 더욱 심해질 수 있다. ACT를 통해 선수들은 불안을 유발하는 부정적인 생각이나 감정에 집착하지 않고, 그것을 하나의 생각이나 감정으로 인식하는 방법을 익힐 수 있다(Luoma et al., 2007).

셋째, 자신을 단순히 "불안한 선수"로 인식하지 않고, "가족과 친구들이 응원하는 선수"나 "팀의 승리를 위해 노력하는 선수"로 인식하는 방법을 익히게 된다. 자신을 단순히 "불안한 선수"로 인식하면, 불안이 자신의 전체 모습이라는 인상을 줄 수 있다. ACT를 통해 선수들은 자신을 더 넓은 맥락에서 인식하고, 불안이 자신의 일부라는 것을 이해하는 방법을 익힐 수 있다(Zettle & Raines, 2012).

넷째, 현재 순간에 주의를 집중하고, 있는 그대로 받아들이는 방법을 익히게 된다. 경기 중에 불안을 느끼면, 선수들은 과거의 실수나 미래의 결과에 집중하게 될 수 있다. ACT를 통해 선수들은 현재 순간에 주의를 집중하고, 있는 그대로 받아들이는 방법을 익힐 수 있다(Hayes et al., 2011).

다섯째, 자신의 가치를 발견하고, 그 가치를 실현하기 위해 행동하는 방법을 익히게 된다. 자신의 가치를 발견하고, 그 가치를 실현하기 위해 노력하면, 선수들은 불안을 더 긍정적으로 받아들일 수 있다. ACT를 통해 선수들은 자신의 가치를 발견하고, 그 가치를 실현하기 위해 행동하는 방법을 익힐 수 있다(Zettle & Raines, 2012).

이러한 장점을 통해, 선수들은 불안을 더 효과적으로 관리하고, 경기에 집중할 수 있는 능력을 향상시킬 수 있다. ACT의 6가지 핵심 치료과정은 열려 있기, 자각하기, 참여하기, 지금 이 순간과 접촉하기와 밀접하게 연결되어 있다.

- 열려 있기는 수용과 관련된다. 자신의 내면 상태를 판단하지 않고 있는 그대로 받아들이는 태도를 갖는 것이 중요하다.
- 자각하기는 현재 이 순간과 접촉과 관련된다. 과거에 대한 후회나 미래에 대한 걱정에 머무르지 않고, 현재에 집중하고 현재의 경험을 있는 그대로 받아들이는 것이 중요하다.
- 참여하기는 전념행동과 관련된다. 자신의 가치에 따라 행동하고, 삶의 목표를 향해 꾸준히 노력하는 것이 중요하다.

- 지금 이 순간과 접촉하기는 현재 이 순간과 접촉과 관련된다. 과거에 대한 후회나 미래에 대한 걱정에 머무르지 않고, 현재에 집중하고 현재의 경험을 있는 그대로 받아들이는 것이 중요하다.

시합 불안은 선수들에게 흔히 발생하는 문제로, 시합 전, 중, 후에 걸쳐 나타날 수 있다. 불안은 집중력 저하, 실수 증가, 수행 감소 등 부정적인 영향을 미칠 수 있으며, 선수의 경기력을 저해하는 주요 요인 중 하나이다. ACT는 심리적 유연성을 키우는 데 효과적인 치료법으로, 선수들이 시합 불안을 효과적으로 관리하고 최상의 경기력을 발휘하도록 돕는다.

ACT 기반 심리적 유연성 프로그램은 다양한 형태로 진행될 수 있다. 첫째, 개인상담을 통해 ACT 기반 심리적 유연성 기술을 익히고 적용할 수 있도록 돕는다. 둘째, 집단상담을 통해 다른 선수들과 함께 ACT 기반 심리적 유연성 기술을 배우고 경험을 공유할 수 있도록 한다. 셋째, 온라인 프로그램을 통해 언제 어디서든 ACT 기반 심리적 유연성 기술을 익힐 수 있다. 그러나 ACT 기반 심리적 유연성 프로그램을 실행하기 위해서는 다음의 요소들에 대한 사전 준비가 요구된다.

- 심리적 유연성에 대한 교육: ACT의 핵심 개념과 원리를 이해하고 숙련되게 적용하기 위해서는 상당한 교육이 필요하다.
- 명상 및 이완기법: 명상, 심호흡, 근육이완 등의 이완기법을 훈련한다.
- 인지적 탈융합 연습: 부정적인 생각을 단순히 사고방식으로 인식하는 연습을 한다.
- 가치 명확히 하기 및 약속적인 행동: 자신에게 중요한 가치관과 목표를 명확하게 설정하고, 가치에 따라 행동하도록 훈련한다.
- 마음챙김 연습: 일상생활 속에서도 주변 환경에 대한 주의를 집중하고 현재에 집중하는 습관을 기른다.

ACT 기반 심리적 유연성은 선수들이 시합 불안을 효과적으로 관리하고 최상의 수행을 발휘하도록 돕는 효과적인 전략이다. 스포츠심리학자, 코치, 선수들은 ACT 기반 프로그램을 통해 선수들의 심리적 유연성을 키우고, 시합 불안을 극복하도록 돕는 것이 중요하다. ACT 기반 심리적 유연성을 활용한 시합 전, 중, 후 불안 대처전략을 살펴보자.

4.2 시합 상황별 ACT: 불안 대처전략 프로그램의 예

스포츠 현장에서 선수의 불안은 경기력에 직접적인 영향을 미친다. ACT는 불안을 없애려 하기보다, 불안을 경험하면서도 선수 자신의 가치에 기반한 행동에 전념하도록 돕는 심리적 유연성을 길러준다. 프로그램은 시합 전, 중, 후, 그리고 신체적/심리적 경직에 대한 극복전략으로 구분하여 각 1회기만을 예시로 제시하였다. 모든 종목의 선수들에게 적용할 수 있다.

1) 시합 전 불안 대처전략 프로그램

표 6. 시합 전 불안 대처전략을 위한 프로그램: 1회기

내용	세부 내용	목표	시간
도입: 불안이라는 파도, 어떻게 마주할 것인가?	* 은유: 불안을 파도에 비유하여 수용의 중요성 강조 * 수용전념치료(ACT) 핵심 개념 소개 * 프로그램 목표 제시	* 선수들의 이해도 증진 * 프로그램 참여 동기부여	5분
현재에 집중하기	* 명상(5분): 호흡에 집중하며 내면 관찰 * 마음챙김 연습(10분): 일상생활 속 마음챙김 실천 및 실제 상황 가정 연습	* 현재에 집중하는 능력 향상 * 불안 감소	15분
인지적 탈융합	* 생각 관찰(5분): 부정적 생각을 객관적으로 관찰 * 사고와 나 분리(10분): 생각과 자신을 분리하여 인식	* 부정적 생각에 휘둘리지 않는 능력 향상 * 심리적 유연성 증진	15분
가치 명확히 하기 및 약속 행동	* 가치 탐색(10분): 자신에게 중요한 가치관과 목표 탐색 * 약속 행동(10분): 가치에 따른 행동계획 수립 및 실천 다짐	* 자신의 가치에 기반한 목표설정 * 목표달성을 위한 실천력 강화	20분
마무리	* 내용 요약 및 꾸준한 연습 강조 * 격려 및 자신감 고취 * 질의응답	* 프로그램 내용 정리 * 지속적인 실천 동기부여	5분

가. 목표: 선수들이 시합 전 불안을 효과적으로 관리하고, 자신의 가치에 기반한 최상의 경기력을 발휘하도록 돕는다.

나. 프로그램 내용 및 활용 스크립트

(1) 도입(5분): 불안이라는 파도, 어떻게 마주할 것인가?

- 은유: "우리 마음은 마치 바다와 같습니다. 잔잔할 때도 있지만, 때로는 거센 파도가 몰아치기도 하죠. 시합 전 불안은 마치 거대한 파도와 같습니다. 파도를 없애려 애쓰기보다는, 파도를 어떻게 타고 넘어설지 배우는 것이 중요합니다."
- 소개: 수용전념치료(ACT)의 핵심 개념 소개(현재에 집중, 인지적 탈융합, 가치 명확히 하기, 약속적인 행동)
- 목표 제시: 오늘 우리는 불안이라는 파도를 효과적으로 타고 넘어설 수 있는 방법을 배우고, 여러분 각자의 가치에 기반하여 최고의 경기력을 발휘하는 방법을 익힐 것입니다.

(2) 현재에 집중하기(15분): 지금, 여기, 나에게 집중하기

- 명상(5분)
  √ 편안한 자세로 앉아 눈을 감고, 호흡에 집중합니다.
  √ 들이쉬는 숨과 내쉬는 숨을 느끼며, 떠오르는 생각이나 감정을 판단 없이 알아차립니다.
  √ 잠시 동안 침묵하며 자신의 내면을 관찰합니다.
- 마음챙김 연습(10분)
  √ 일상생활 속에서 마음챙김을 실천하는 방법 소개(예: 식사, 걷기, 운동 시 감각에 집중하기)
  √ 실제 상황을 가정하여 마음챙김 연습(예: 시합 전 대기실에서 마음챙김 연습하기)
  √ "지금 이 순간, 내가 느끼는 감각은 무엇인가?", "지금 내 몸은 어떤 상태인가?"와 같은 질문을 통해 현재에 집중하도록 유도합니다.

(3) 인지적 탈융합(15분): 생각과 나를 분리하기

- 생각 관찰(5분)
  √ 불안을 유발하는 부정적인 생각을 떠올리고, 그 생각을 마치 구름처럼 관찰합니다.
  √ "나는 ~해야 해." "나는 ~할 수 없어."와 같은 생각들을 있는 그대로 바라봅니다.
- 사고와 나 분리(10분)
  √ 부정적인 생각이 나의 일부가 아니라는 것을 깨닫는 연습을 합니다.
  √ "나는 불안하다." 대신 "나는 불안이라는 생각을 하고 있다."라고 표현하도록 연습합니다.
  √ "생각은 생각일 뿐, 사실이 아니다."라는 것을 인지하도록 교육합니다.

(4) 가치 명확히 하기 및 약속적인 행동(20분): 나침반을 따라 나아가기

- 가치 탐색(10분)
  √ 자신에게 중요한 가치관과 목표를 생각해 봅니다.
  √ "나에게 가장 중요한 것은 무엇인가?", "나는 어떤 선수로 기억되고 싶은가?"와 같은 질문을 통해 가치를 탐색합니다.
  √ 스포츠 선수로서 중요한 가치들에 대한 예시를 제시하고, 선수들이 자신의 가치를 찾는 것을 돕습니다.
- 약속적인 행동(10분)
  √ 자신의 가치에 따라 행동하고, 목표를 향해 나아가는 계획을 세웁니다.
  √ "나의 가치를 실현하기 위해 오늘 당장 할 수 있는 일은 무엇인가?", "어떤 어려움이 있어도 나의 가치를 따라 행동할 것인가?"와 같은 질문을 통해 실천을 다짐합니다.
  √ 목표달성을 위한 구체적인 행동 계획을 세우고, 꾸준히 실천하도록 격려합니다.

(5) 마무리(5분): 내면의 힘을 믿고 나아가기

- 요약: 오늘 배운 내용을 요약하고, 앞으로 꾸준히 연습할 것을 강조합니다.
- 격려: 선수들의 노력과 잠재력을 격려하고, 자신감을 북돋아줍니다.
- 질의응답: 궁금한 점이나 어려운 점에 대해 질문하고 답변하는 시간을 갖습니다.

* 참고:
  - 프로그램 진행 시 선수들의 참여를 적극적으로 유도하고, 편안한 분위기를 조성합니다.
  - 선수들의 수준과 특성에 맞춰 내용을 조절하고, 다양한 예시와 워크시트를 활용합니다.
  - 수용전념치료(ACT)에 대한 추가적인 자료를 제공하여 선수들이 지속적으로 학습할 수 있도록 돕습니다.

2) 시합 중 불안 대처전략 프로그램

표 7. 시합 중 불안 대처전략을 위한 프로그램: 1회기

내용	세부 내용	목표	시간
도입: 불안이라는 안개, 어떻게 마주할 것인가?	* 은유: 불안을 파도에 비유하여 수용의 중요성 강조 * 수용전념치료(ACT) 핵심 개념 소개 * 프로그램 목표 제시	* 선수들의 이해도 증진 * 프로그램 참여 동기부여	5분
현재에 집중하기	* 명상(5분): 호흡에 집중하며 내면 관찰 * 마음챙김 연습(10분): 일상생활 속 마음챙김 실천 및 실제 상황 가정 연습	* 현재에 집중하는 능력 향상 * 불안 감소	15분
인지적 탈융합	* 생각 관찰(5분): 부정적 생각을 객관적으로 관찰 * 사고와 나 분리(10분): 생각과 자신을 분리하여 인식	* 부정적인 생각에 휘둘리지 않는 능력 향상 * 심리적 유연성 증진	15분
가치 명확히 하기 및 약속적인 행동	* 가치 탐색(10분): 자신에게 중요한 가치관과 목표 탐색 * 약속적인 행동(10분): 가치에 따른 행동 계획 수립 및 실천 다짐	* 자신의 가치에 기반한 목표설정 * 목표달성을 위한 실천력 강화	20분
마무리	* 내용 요약 및 꾸준한 연습 강조 * 격려 및 자신감 고취 * 질의응답	* 프로그램 내용 정리 * 지속적인 실천 동기부여	5분

가. 목표: 시합 중 발생하는 불안을 효과적으로 관리하고, 현재에 집중하여 최상의 경기력을 발휘하도록 돕는다.

나. 프로그램 내용 및 활용 스크립트

(1) 도입(5분): 불안이라는 안개, 어떻게 걷어낼 것인가?

- 은유: "시합 중 불안은 마치 시야를 흐리게 하는 안개와 같습니다. 안개를 없애려 애쓰기보다는, 안개 속에서도 길을 잃지 않고 목표를 향해 나아가는 방법을 배우는 것이 중요합니다."
- 소개: 수용전념치료(ACT)의 핵심 개념 소개(현재에 집중, 집중력 유지, 긍정적인 태도 유지, 압박감 극복)
- 목표 제시: 오늘 우리는 시합 중 발생하는 불안이라는 안개를 걷어내고, 여러분 각자의 목표를 향해 나아가는 방법을 익힐 것입니다.

(2) 현재에 집중하기(15분): 지금 이 순간에 모든 것을 걸어라.

- 마음챙김 연습(5분)
  √ 경기 중에도 현재의 순간에 집중하고 주변 환경에 대한 주의를 유지하는 연습을 합니다.
  √ 실제 경기상황을 가정하여 마음챙김 연습(예: 서브를 넣기 전, 골을 넣기 전)
  √ "지금 내 몸은 어떤 상태인가?", "지금 내 감정은 어떠한가?"와 같은 질문을 통해 현재에 집중하도록 유도합니다.
- 호흡에 집중(10분)
  √ 깊은 호흡을 통해 마음을 진정시키고 집중력을 유지하는 연습을 합니다.
  √ 복식호흡법을 익히고, 실제 경기상황에서 활용하는 연습을 합니다.
  √ "숨을 들이쉬고 내쉴 때 어떤 느낌이 드는가?"와 같은 질문을 통해 호흡에 집중하도록 유도합니다.

(3) 집중력 유지(20분): 흔들리지 않는 집중력, 승리를 향한 발걸음

- 시각적 집중(5분)

√ 경기장, 공, 상대 선수 등 경기상황에 필요한 시각적 정보에 집중하는 연습을 합니다.

√ 특정 사물이나 움직임에 집중하는 연습을 통해 시각적 집중력을 향상시킵니다.

- 청각적 집중(5분)

√ 코치의 지시, 관중의 응원 소리 등 경기상황에 필요한 청각적 정보에 집중하는 연습을 합니다.

√ 특정 소리에 집중하는 연습을 통해 청각적 집중력을 향상시킵니다.

- 촉각적 집중(10분)

√ 라켓, 공, 심판의 손 등 경기상황에 필요한 촉각적 정보에 집중하는 연습을 합니다.

√ 특정 물건을 만지거나 움직임을 느끼는 연습을 통해 촉각적 집중력을 향상시킵니다.

(4) 긍정적인 태도 유지 및 압박감 극복(15분): 긍정의 힘, 압박을 넘어 성장으로

- 긍정적인 혼잣말(5분)

√ "나는 잘하고 있다." "다음 점수는 내가 낼 것이다."와 같은 긍정적인 혼잣말를 연습합니다.

√ 자신에게 힘을 주는 긍정적인 문구를 찾아 반복하는 연습을 합니다.

- 실수에 대한 용인 및 압박감 극복(10분)

√ 실수는 누구나 하는 것이라는 점을 인정하고, 실수를 통해 배우는 기회로 여기는 연습을 합니다.

√ 압박감을 단순히 부정적인 경험으로 인식하는 대신, 성장의 기회로 받아들이는 연습을 합니다.

√ "실패는 성공의 어머니", "압박감은 나를 더 강하게 만든다."와 같은 생각을 통해 긍정적인 태도를 유지합니다.

(5) 마무리(5분): 내 안의 힘을 믿고, 승리를 향해 나아가자!

- 요약: 오늘 배운 내용을 요약하고, 앞으로 꾸준히 연습할 것을 강조합니다.
- 격려: 선수들의 노력과 잠재력을 격려하고, 자신감을 북돋아줍니다.
- 질의응답: 궁금한 점이나 어려운 점에 대해 질문하고 답변하는 시간을 갖습니다.

* 참고
  - 프로그램 진행 시 선수들의 참여를 적극적으로 유도하고, 편안한 분위기를 조성합니다.
  - 선수들의 수준과 특성에 맞춰 내용을 조절하고, 다양한 예시와 워크시트를 활용합니다.
  - 수용전념치료(ACT)에 대한 추가적인 자료를 제공하여 선수들이 지속적으로 학습할 수 있도록 돕습니다.

3) 시합 후 불안 대처전략 프로그램

표 8. 시합 후 불안 대처전략을 위한 프로그램: 1회기

내용	세부 내용	목표	시간
도입: 결과라는 거울, 어떻게 바라볼 것인가?	* 은유: 결과를 거울에 비유하여 객관적 성찰의 중요성 강조 * 수용전념치료(ACT) 핵심 개념 소개 * 프로그램 목표 제시	* 선수들의 이해도 증진 * 프로그램 참여 동기부여	5분
긍정적인 면에 초점	* 수행 분석(5분): 잘한 부분과 개선할 부분 분석 * 수행에 대한 감사(10분): 참여 기회에 감사하고 자부심 느끼기	* 긍정적인 경험과 성장에 집중 * 긍정적 마음가짐 유지	15분
패배 수용 및 수행 만족	* 패배 원인 분석 및 성장의 기회로 삼기(10분): 패배 원인 분석 및 다음 경기 대비 * 가치에 부합하는 행동 평가 및 노력에 대한 자긍심(10분): 가치에 따른 행동 평가 및 노력 자긍심	* 패배를 성장의 발판으로 삼기 * 자신의 가치에 따른 만족감 증진	20분
비판적 피드백 활용 및 사회적 지지 활용	* 피드백에 대한 열린 마음 및 개선점 파악(10분): 비판적 피드백 수용 및 개선점 파악 * 소통 및 지지와 격려(5분): 주변 사람들과 소통 및 지지 확보	* 비판을 성장의 거름으로 활용 * 사회적 지지를 통해 안정감 확보	15분
마무리	* 내용 요약 및 꾸준한 연습 강조 * 격려 및 긍정적인 마음가짐 심어주기 * 질의응답	* 프로그램 내용 정리 * 지속적인 실천 동기부여	5분

가. 목표: 시합 후 발생하는 불안을 효과적으로 관리하고, 긍정적인 마음가짐으로 다음 경기를 준비하도록 돕는다.

나. 프로그램 내용 및 활용 스크립트

(1) 도입(5분): 결과라는 거울, 어떻게 바라볼 것인가?

- 은유: "시합 결과는 마치 거울과 같습니다. 때로는 만족스러운 모습이 비치기도 하고, 때로는 그렇지 않을 수도 있죠. 중요한 것은 거울에 비친 모습을 통해 자신을 객관적으로 바라보고, 더 나은 방향으로 나아가는 것입니다."
- 소개: 수용전념치료(ACT)의 핵심 개념 소개(긍정적인 면에 초점, 패배 수용, 수행 만족, 비판적 피드백 활용, 사회적 지지 활용)
- 소목표 제시: 오늘 우리는 시합 후 발생하는 불안을 효과적으로 관리하고, 결과를 통해 배우고 성장하는 방법을 익힐 것입니다.

(2) 긍정적인 면에 초점(15분): 긍정의 씨앗, 성장의 열매

- 수행 분석(5분)
  √ 경기에서 잘한 부분과 개선해야 할 부분을 객관적으로 분석합니다.
  √ 긍정적인 측면과 발전 가능성에 초점을 맞춰 분석하도록 유도합니다.
- 수행에 대한 감사(10분)
  √ 경기에 참여할 수 있었던 기회에 감사하는 마음을 갖습니다.
  √ 자신의 노력과 성장에 대한 자부심을 느끼도록 격려합니다.
  √ "오늘 경기에서 어떤 긍정적인 경험을 했는가?", "어떤 부분에서 성장했다고 느끼는가?"와 같은 질문을 통해 긍정적인 면에 집중하도록 유도합니다.

(3) 패배 수용 및 수행 만족(20분): 실패는 성공의 어머니, 만족은 성장의 원동력

- 패배 원인 분석 및 성장의 기회로 삼기(10분)
  √ 패배의 원인을 객관적으로 분석하고, 다음 경기에 어떻게 대비해야 할지 생각합니다.
  √ 패배를 통해 배우고 성장할 수 있는 기회로 삼도록 격려합니다.
  √ "패배를 통해 무엇을 배웠는가?", "다음 경기에서 어떻게 개선할 수 있을까?"와 같은 질문을 통해 성장의 발판으로 삼도록 유도합니다.
- 가치에 부합하는 행동 평가 및 노력에 대한 자긍심(10분)
  √ 경기에서 자신의 가치에 따라 행동했는지 평가합니다.
  √ 최선을 다해 노력했다는 자긍심을 가지고 만족합니다.
  √ "나는 나의 가치를 따라 행동했는가?", "나는 최선을 다했는가?"와 같은 질문을 통해 수행 만족도를 높이도록 유도합니다.

(4) 비판적 피드백 활용 및 사회적 지지 활용(15분): 비판은 성장의 거름, 지지는 마음의 버팀목

- 피드백에 대한 열린 마음 및 개선점 파악(10분)
  √ 비판적 피드백을 열린 마음으로 받아들이고, 자신의 부족한 부분을 파악하고 개선합니다.
  √ 피드백을 통해 성장할 수 있다는 긍정적인 태도를 갖도록 격려합니다.
  √ "어떤 피드백을 받았는가?", "피드백을 통해 어떻게 개선할 수 있을까?"와 같은 질문을 통해 피드백을 긍정적으로 활용하도록 유도합니다.
- 소통 및 지지와 격려(5분)
  √ 가족, 친구, 코치 등 주변 사람들에게 자신의 감정과 경험을 솔직하게 이야기합니다.
  √ 주변 사람들의 지지와 격려를 통해 위안을 얻고 용기를 얻습니다.
  √ "누구에게 나의 감정을 이야기하고 싶은가?", "어떤 지지와 격려를 받고 싶은가?"와 같은 질문을 통해 사회적 지지를 적극적으로 활용하도록 유도합니다.

(5) 마무리(5분): 결과는 과거, 성장은 미래!

• 요약: 오늘 배운 내용을 요약하고, 앞으로 꾸준히 연습할 것을 강조합니다.
• 격려: 선수들의 노력과 잠재력을 격려하고, 다음 경기를 위한 긍정적인 마음가짐을 심어줍니다.
• 질의응답: 궁금한 점이나 어려운 점에 대해 질문하고 답변하는 시간을 갖습니다.

* 참고
• 프로그램 진행 시 선수들의 참여를 적극적으로 유도하고, 편안한 분위기를 조성합니다.
• 선수들의 수준과 특성에 맞춰 내용을 조절하고, 다양한 예시와 워크시트를 활용합니다.
• 수용전념치료(ACT)에 대한 추가적인 자료를 제공하여 선수들이 지속적으로 학습할 수 있도록 돕습니다.

4) 신체적/심리적 경직과 불안 극복 전략 프로그램

표 9. 신체적/심리적 경직과 불안 극복 전략을 위한 프로그램: 1회기

내용	세부 내용	목표	시간
도입: 경직과 불안이라는 족쇄, 어떻게 풀어낼 것인가?	* 은유: 경직과 불안을 족쇄에 비유하여 수용의 중요성 강조 * 수용전념치료(ACT) 핵심 개념 소개 * 프로그램 목표 제시	* 선수들의 이해도 증진 * 프로그램 참여 동기부여	5분
현재의 감정과 감각에 집중하기	* 신체 스캔(7분): 몸의 감각을 있는 그대로 관찰 * 명상(8분): 호흡에 집중하며 생각과 감정을 관찰	* 현재 감각/감정에 집중 능력 향상 * 신체적/심리적 경직 완화	15분
부정적인 생각에 융합하지 않기	* 사실과 판단 구분(7분): 부정적 생각이 사실인지 판단인지 구분 * 생각 관찰(8분): 부정적인 생각을 객관적으로 관찰	* 부정적 생각에 휘둘리지 않는 능력 향상 * 심리적 유연성 증진	15분
가치 있는 방향으로 행동하기 및 행동에 집중하고 결과에 대한 걱정 놓아버리기	* 가치 명확히 하기 및 가치에 맞는 행동(10분): 중요한 가치를 명확히 하고 가치에 맞는 행동 실천 * 통제 가능한 부분에 집중 및 과정에 집중하기(10분): 통제 가능한 부분에 집중하고 경기 과정에 전념	* 자신의 가치에 기반한 행동 실천 * 결과에 대한 걱정 감소 및 과정에 집중	20분
자기자비심 연습 및 전문가의 도움 받기	* 실패에 대한 수용 및 긍정적인 혼잣말(3분): 실패를 수용하고 긍정적인 혼잣말 * 전문가 도움 받기(2분): 필요시 전문가의 도움을 받는 중요성 강조	* 자기자비심 증진 및 전문가 도움 필요성 인식	5분
마무리	* 내용 요약 및 꾸준한 연습 강조 * 격려 및 자신감 고취 * 질의응답	* 프로그램 내용 정리 * 지속적인 실천 동기부여	5분

가. 목표: 시합 전후 발생하는 신체적/심리적 경직과 불안을 효과적으로 관리하고, 최상의 수행을 발휘하도록 돕는다.
나. 프로그램 내용 및 활용 스크립트
(1) 도입(5분): 경직과 불안이라는 족쇄, 어떻게 풀어낼 것인가
• 은유: "신체적/심리적 경직과 불안은 마치 우리를 옭아매는 족쇄와 같습니다. 족쇄를 끊어내려 발버둥치기보다는, 족쇄를 있는 그대로 받아들이고, 족쇄를 찬 상태에서도 자유롭게 움직이는 방법을 배우는 것이 중요합니다."
• 소개: 수용전념치료(ACT)의 핵심 개념 소개(현재의 감정과 감각에 집중, 부정적인 생각에 융합하지 않기, 가치 있는 방향으로 행동, 행동에 집중하고 결과에 대한 걱정 놓아버리기, 자기자비심 연습, 전문가의 도움 받기)
• 목표 제시: 오늘 우리는 신체적/심리적 경직과 불안이라는 족쇄를 풀어내고, 여러분 각자의 가치에 기반하여 최고의 경기력을 발휘하는 방법을 익힐 것입니다.
(2) 현재의 감정과 감각에 집중하기(15분): 지금, 여기, 내 몸과 마음을 느껴라
• 신체 스캔(7분)
√ 편안한 자세로 앉거나 누워 눈을 감고, 현재 자신의 몸에서 느껴지는 모든 감각에 집중합니다.
√ 긴장감, 압박감, 심장 박동 등 어떤 감각도 밀어내거나 무시하지 않고 있는 그대로 관찰합니다.
√ "지금 내 몸은 어떤 느낌인가?", "어떤 감각이 느껴지는가?"와 같은 질문을 통해 현재의 감각에 집중하도록 유도합니다.
• 명상(8분)
√ 호흡에 집중하는 명상을 통해 현재의 순간에 집중하고, 불안한 생각과 감정을 관찰합니다.
√ 생각과 감정은 단순히 지나가는 현상이며, 나 자신의 정체성이 아니라는 것을 자각합니다.

√ "지금 내 호흡은 어떤 느낌인가?", "어떤 생각이 떠오르는가?"와 같은 질문을 통해 현재의 순간에 집중하도록 유도합니다.

(3) 부정적인 생각에 융합하지 않기(15분): 생각과 나를 분리하는 연습

- 사실과 판단 구분(7분)
  √ 시합에 대한 부정적인 생각이 떠올랐을 때, 그것이 사실인지 단순히 내 판단인지 구분해 봅니다.
  √ "나는 이번 경기에서 꼭 이겨야 한다"와 같은 생각은 사실이 아니라, 내가 스스로 만들어낸 판단이라는 것을 인지합니다.
- 생각 관찰(8분)
  √ 부정적인 생각이 떠올랐을 때, 그것을 단순히 관찰합니다.
  √ 마치 구름이 하늘을 지나가는 것을 보는 것처럼, 생각과 감정이 지나가는 것을 있는 그대로 바라봅니다.
  √ "지금 어떤 생각이 떠오르는가?", "그 생각은 사실인가?"와 같은 질문을 통해 생각을 객관적으로 바라보도록 유도합니다.

(4) 가치 있는 방향으로 행동하기 및 행동에 집중하고 결과에 대한 걱정 놓아버리기(20분): 나침반을 따라, 과정에 집중하라

- 가치 명확히 하기 및 가치에 맞는 행동(10분)
  √ 자신에게 중요한 가치가 무엇인지 명확히 하고, 현재의 상황에서 내가 할 수 있는 가장 가치 있는 행동은 무엇인지 생각해 보고 실천합니다.
  √ "나에게 중요한 가치는 무엇인가?", "지금 내가 할 수 있는 가장 가치 있는 행동은 무엇인가?"와 같은 질문을 통해 가치에 기반한 행동을 실천하도록 유도합니다.
- 통제 가능한 부분에 집중 및 과정에 집중하기(10분)
  √ 자신이 직접 컨트롤할 수 있는 부분에 집중하고, 컨트롤할 수 없는 부분은 걱정하지 않습니다.
  √ 경기 결과보다는 경기 과정에 집중하고, 현재의 순간에 최선을 다하는 데 전념합니다.
  √ "내가 통제할 수 있는 것은 무엇인가?", "지금 내가 집중해야 할 것은 무엇인가?"와 같은 질문을 통해 과정에 집중하도록 유도합니다.

(5) 자기자비심 연습 및 전문가의 도움 받기(5분): 나를 사랑하고, 필요할 땐 도움을 청하라

- 실패에 대한 수용 및 긍정적인 혼잣말(3분)
  √ 모든 사람이 실수를 한다는 것을 인정하고, 자신을 너무 가혹하게 대하지 않습니다.
  √ 자신을 격려하고 응원하는 긍정적인 혼잣말를 합니다.
  √ "나는 괜찮다." "나는 최선을 다했다."와 같은 긍정적인 혼잣말를 연습합니다.
- 전문가의 도움 받기(2분)
  √ 불안이 심각하거나 스스로 극복하기 어려울 경우, 전문가의 도움을 받는 것이 중요함을 강조합니다.
  √ 심리상담사나 스포츠심리학자는 ACT 기반의 치료를 통해 불안을 극복하고 수행향상에 도움을 줄 수 있다는 것을 설명합니다.

(6) 마무리(5분): 족쇄를 풀고, 자유롭게 날아오르자

- 요약: 오늘 배운 내용을 요약하고, 앞으로 꾸준히 연습할 것을 강조합니다.
- 격려: 선수들의 노력과 잠재력을 격려하고, 자신감을 북돋아줍니다.
- 질의응답: 궁금한 점이나 어려운 점에 대해 질문하고 답변하는 시간을 갖습니다.

* 참고
- 프로그램 진행 시 선수들의 참여를 적극적으로 유도하고, 편안한 분위기를 조성합니다.
- 선수들의 수준과 특성에 맞춰 내용을 조절하고, 다양한 예시와 워크시트를 활용합니다.
- 수용전념치료(ACT)에 대한 추가적인 자료를 제공하여 선수들이 지속적으로 학습할 수 있도록 돕습니다.

5. 선수들을 위한 8회기 ACT 프로그램의 예시

ACT는 선수들이 느끼는 모든 생각과 감정을 그대로 받아들이는 '수용'의 힘을 배우고, 그러한 감정들과 거리를 두는 '인지 거리 두기' 기술을 익히도록 돕는다. 이를 통해 불안이나 압박감이 있더라도 선수로서 진정으로 추구하는 가치(예: 최선을 다하는 것, 팀에 기여하는 것, 즐기는 것)에 기반하여 현재 순간에 집중하고 행동할 수 있도록 심리적 유연성을 길러주는 8회기의 프로그램을 예시로 구성하였다. 〈부록 11-3〉의 심리적 유연성 질문지(한우리, 2022)를 활용할 수 있다. 이를 위하여 프로그램 준비 단계〈표 10〉, 실행과정에서 유념해야 할 사항〈표 11〉, 프로그램 평가와 모니터링 내용〈표 12〉, 진행 시 유의 사항을 기술하였다. 주제는 팀 스포츠를 위한 ACT 기반 팀응집 프로그램으로 총 8회기이다〈표 13〉.

5.1 프로그램 준비 단계

표 10. ACT 기반 팀응집 프로그램의 준비 단계

팀 진단 및 목표설정	• 팀 진단: 팀 구성원의 심리적 유연성, 자기효능감, 팀 응집력 수준을 사전 설문조사, 인터뷰, 관찰 등을 통해 평가한다. • 목표설정: 팀 전체와 협의하여 응집력 향상, 갈등 해소, 경기력 증진 등의 구체적인 목표를 설정한다.
프로그램 설계	• ACT의 6가지 핵심 전략(수용, 탈융합, 현재에 집중, 자기로서의 맥락, 가치 명료화, 가치기반행동)을 팀스포츠에 맞게 조정하여 프로그램을 설계한다. • 회기별 목표와 활동 계획을 수립하고, 메타포와 실습 활동을 팀 활동과 통합한다.
참여동기 강화	• 선수들과 코칭스태프에게 프로그램의 목적과 기대 효과를 설명한다. • 선수들이 프로그램에 적극적으로 참여하도록 동기부여 전략(팀 목표와 개인 목표 연결)을 사용한다.
환경 조성	• 프로그램 진행을 위한 물리적 공간(운동장, 회의실 등)과 심리적 안전감을 보장하는 환경을 마련한다. • 비판이나 평가 없이 자유롭게 의견을 공유할 수 있는 팀 분위기를 조성한다.

5.2 실행 과정의 주요 사항

표 11. ACT 기반 팀응집 프로그램 실행 과정의 주요 사항

회기별 구조 유지	• 각 회기는 명확한 시작(목표설정), 중간 활동(메타포 및 실습), 종료(리뷰와 피드백)로 구성한다. • 팀 상황에 맞게 유연하게 조정하되, ACT의 기본 원칙은 유지한다.
체험적 학습 강조	• 각 회기에서는 메타포, 게임, 롤플레잉 등의 체험 활동을 포함해 선수들이 ACT 원리를 몸소 경험하도록 유도한다. ☞ 예) "손에 든 물건 놓기" 메타포를 통해 스트레스와 갈등을 내려놓는 연습.
팀 내 소통과 피드백 강화	• 회기마다 선수와 코칭스태프 간 상호 피드백을 통해 팀 내 커뮤니케이션을 강화한다. • 긍정적 피드백뿐 아니라, 개선이 필요한 점도 함께 논의하여 팀의 문제해결 능력을 높인다.
가치 명료화와 행동 실천 연계	• 선수 개개인의 가치와 팀의 공동 가치를 명확히 정리하고, 이를 경기 및 훈련에서 실천하도록 유도한다. ☞ 예) 팀원들이 합의한 가치를 바탕으로 구체적 행동 목표를 설정한다(예: 경기 중 협력 강조).
심리적 유연성 훈련	• 스트레스 상황에서 유연하게 대처하도록 돕는 ACT 기법을 훈련한다. ☞ 예) 경기 중 실수 후에도 현재 순간에 집중하는 "등대와 파도" 메타포 활용.
팀 응집력 강화 활동	• 팀 구성원 간의 신뢰와 협력을 높이는 활동을 포함한다. ☞ 예) "퍼즐 조각 맞추기"를 통해 팀 내 각자의 역할과 기여도를 강조.

5.3 모니터링과 평가

표 12. ACT 기반 팀응집 프로그램의 모니터링과 평가

중간 피드백	• 프로그램 진행 중 팀원들의 경험과 효과를 평가하여 필요한 조정을 한다. • 익명 피드백 설문 또는 개별 인터뷰를 통해 진행 상태를 점검한다.
성과 측정	• 프로그램 전후 심리적 유연성, 팀 응집력, 자기효능감 변화 데이터를 수집한다. • 정성적 평가(인터뷰, 관찰)와 정량적 평가(설문조사, 경기력 데이터)를 결합해 분석한다.
결과 공유 및 차후 계획	• 프로그램 종료 후 성과와 개선점을 공유하며, 향후 적용 방안과 발전 방향을 논의한다. ☞ 예) 정기적인 ACT 기반 심리훈련 세션 또는 개별 맞춤형 훈련 추가.

표 13. 팀 스포츠선수의 팀 응집력을 위한 ACT 프로그램과 메타포

회기	6개 핵심 요인	주제	내용	메타포	세부 활동
1	수용(acceptance)	팀 내 갈등과 감정 수용	팀원 간 갈등과 불편한 감정을 수용하고 협력의 중요성 인식	"손에 든 물건 놓기"	- 팀원 간 감정 공유 - 불편한 감정을 수용하는 방법 논의 - 팀원들과 공감훈련
2	인지적 탈융합 (defusion)	생각과 팀 응집 분리	부정적인 생각과 자신 또는 팀에 대한 판단 분리	"생각은 구름과 같다"	- 부정적인 팀 관련 생각을 관찰하는 연습 - 팀 관련 부정적 판단을 적고 이를 객관적으로 탐색
3	현재에 집중 (present moment)	지금 여기에 집중하기	팀원들과 함께 현재 순간에 집중하여 효율적인 소통 학습	"등대와 파도"	- 현재 팀 활동에 집중하는 연습 - 팀원들과 짧은 마음챙김 명상 진행 - 경기 중 순간 집중훈련
4	자기로서의 맥락 (self-as-context)	나와 팀원 간 관계의 맥락 이해	개인의 역할과 팀원들과의 관계를 폭넓게 이해	"숲과 나무"	- 자신의 역할을 팀 전체 맥락에서 탐구 - 팀원들 간 역할공유 및 협력관계 강화
5	가치 명료화 (values clarification)	팀의 가치 재정립	팀이 추구하는 가치와 목표를 명확히 하고 공감대 형성	"나침반과 지도"	- 팀이 추구하는 공통된 목표와 가치를 명료화 - 팀원들과 함께 가치와 목표를 시각적으로 표현
6	가치기반행동 (committed action)	팀 가치에 기반한 행동 계획 수립	팀의 가치를 기반으로 행동 목표를 설정하고 실천 방법 논의	"한 방향으로 노 젓기"	- 팀 가치 실현을 위한 행동 계획 작성 - 각 팀원의 역할과 목표 실천 계획 공유
7	통합 및 실행 (integration)	팀 응집력 강화 및 행동 점검	팀 응집력 강화를 위한 행동 실행 및 성과 점검	"퍼즐 조각 맞추기"	- 팀원들과 팀 응집력 평가 - 수행한 행동 점검 및 보완점 논의
8	프로그램 마무리	팀으로서의 성장과 미래 계획	팀으로서의 성장 경험을 정리하고 향후 응집 유지 방안 논의	"다 같이 등산하기"	- 프로그램 성과 평가 - 지속 가능한 팀 응집력 강화 방안 작성 - 팀원 간 감사와 응원 메시지 작성

세부 활동의 메타포 내용 및 활용 방법

	메타포	내용	활용 방법
1	손에 든 물건 놓기	불편한 감정이나 갈등을 계속 억누르면 부담이 커집니다. 감정을 수용하고 내려놓는 법을 배웁니다.	팀원 간 감정을 종이에 적고 내려놓는 연습을 통해 감정 수용의 중요성을 체험.
2	생각은 구름과 같다	부정적인 생각은 지나가는 구름처럼 일시적이며, 이를 관찰하고 놓아 보낼 수 있습니다.	팀에 대한 부정적 사고를 떠올리고, 그것이 구름처럼 흘러가도록 상상하며 객관적으로 관찰.
3	등대와 파도	파도(감정)는 끊임없이 움직이지만 등대처럼 현재 순간에 고요히 집중할 수 있습니다.	현재 팀 활동에 몰입하고 방해되는 생각이나 감정을 등대와 파도의 이미지로 다루는 연습.
4	숲과 나무	개별 나무는 자기 자신, 숲은 팀 전체를 상징. 자신이 팀 전체의 일부로서 중요한 역할을 한다는 점을 인식.	자신의 역할을 팀 전체의 맥락에서 탐구하며 팀원들과 역할 공유 및 협력 관계 강화.
5	나침반과 지도	나침반은 방향을 제시하고, 지도는 구체적인 경로를 보여줍니다. 팀의 가치와 목표가 나침반과 지도처럼 팀의 방향성을 결정합니다.	팀원들과 함께 팀의 가치와 목표를 정의하고, 이를 시각적으로 표현해 공감대 형성.
6	한 방향으로 노 젓기	같은 배를 탄 팀원들이 공통의 목표와 가치에 따라 한 방향으로 노를 저어야만 팀의 성공에 도달할 수 있습니다.	팀 가치 실현을 위한 각자의 행동 목표를 설정하고 발표. 팀원 간 협력을 통해 목표 실천 시뮬레이션.
7	퍼즐 조각 맞추기	각 구성원의 고유한 역할이 퍼즐의 조각처럼 조화를 이루어야 팀이 완전해집니다.	각 팀원의 기여를 퍼즐 조각으로 비유해 시각적으로 표현하고, 실행 결과를 점검하며 협력의 중요성 재확인.
8	다 같이 등산하기	등산은 협력과 팀워크의 상징. 각자가 서로를 지원하며 정상에 도달하면 성취감으로 보상받을 수 있습니다.	프로그램을 통해 배운 점과 성과를 공유하며 감사와 응원의 메시지 작성. 팀 응집력 유지 방안 논의.

5.4 주요 유의 사항

- 심리적 안전 보장: 프로그램 중 갈등 상황이 발생할 경우, 중립적이고 안전한 환경에서 문제를 다룬다.
- 개인의 속도 존중: 팀 구성원마다 심리적 변화 속도가 다르다는 점을 고려하며, 억지로 결과를 강요하지 않는다.
- 장기적인 접근: ACT의 효과는 시간이 지남에 따라 누적될 수 있으므로, 단발성 프로그램이 아닌 지속적 훈련으로 확장한다.

평가문항

1. 불안에 대한 과거의 접근방식 중 부정적인 사고 패턴을 식별하고 수정하여 불안을 완화하는 방법을 제시한 치료법은 무엇인가?
   ㉠ 인지행동치료(CBT)　　㉡ 수용전념치료(ACT)
   ㉢ 정신분석치료　　㉣ 체계적 둔감화요법

2. ACT의 핵심 원리 중 언어적 관계 틀을 통해 언어가 괴로움을 지배하거나 촉진시키는 맥락을 규명하고자 하는 것은 무엇인가?
   ㉠ 관계 틀 이론　　㉡ 기능적 맥락주의
   ㉢ 메타포　　㉣ 수용

3. 심리적 유연성의 특징 중 변화하는 상황에 적응하는 것을 의미하는 것은 무엇인가?
   ㉠ 열려 있기　　㉡ 자각하기
   ㉢ 참여하기　　㉣ 지금 이 순간과 접촉하기

4. 메타포의 특징 중 은유가 성립되기 위해서는 두 대상이 서로 다른 범주에 속해 있지 않아야 한다는 것을 의미하는 것은 무엇인가?
   ㉠ 이질적인 것의 동일화　　㉡ 강렬한 비유의 효과
   ㉢ 연상적인 타당도와 설득력　　㉣ 의외성의 긴장감

5. 불안은 스트레스에 대한 정상적인 반응이며, 모든 사람이 경험하는 감정이다. (O / X)

6. ACT는 불안을 완전히 없애는 것을 목표로 하는 치료법이다. (O / X)

7. 심리적 경직성은 불편한 감정, 생각, 경험을 피하거나 없애려는 경향을 의미한다. (O / X)

8. 메타포는 경험에 의해 만들어지고, 생각의 전반적인 틀을 형성하지 않는다. (O / X)

9. 불안에 대한 과거의 접근방식은 주로 불안의 (　　)를 찾아 제거하는 데 초점을 맞추었다.

10. CBT는 부정적인 사고와 행동패턴을 식별하고 수정하여 개인의 감정과 행동을 (　　)하는 데 중점을 둔다.

11. ACT는 개인이 어려움에 직면했을 때 그에 대항하지 않고 (　　)하며, 가치 있는 행동을 통해 의미 있는 삶을 살도록 돕는다.

12. 심리적 유연성은 불편한 감정, 생각, 경험을 있는 그대로 받아들이고, (　　) 있는 삶을 추구하는 것을 의미한다.

모범답안 및 해설

1. ㉠ CBT는 부정적인 사고 패턴을 식별하고 수정하여 불안을 완화하는 데 초점을 맞춘 치료법이다. CBT는 단기간 내에 증상 개선을 기대할 수 있으며, 비교적 구체적이고 실용적인 전략을 제공한다.

2. ㉠ ACT는 언어적 관계 틀을 통해 언어가 괴로움을 지배하거나 촉진시키는 맥락을 규명하는 ACT의 핵심 원리이다. 관계 틀 이론에 따르면, 우리는 언어를 통해 세상을 이해하고 해석하며, 이러한 해석은 우리의 감정과 행동에 영향을 미친다. ACT는 언어적 관계 틀을 통해 개인이 불안에 대한 부정적인 사고방식을 유지하는 방식을 파악하고, 이를 바꾸도록 돕는다.

3. ㉣ 심리적 유연성의 특징 중 변화하는 상황에 적응하는 것을 의미하는 것은 지금 이 순간과 접촉하는 것이다. 지금 이 순간과 접촉하기는 과거의 후회나 미래에 대한 걱정에 사로잡히지 않고, 현재 이 순간에 집중하는 것을 의미한다. 현재 이 순간에 집중함으로써, 개인은 불편한 감정이나 생각에 휩쓸리지 않고, 가치 있는 행동을 할 수 있다.

4. ㉢ 메타포의 특징 중 은유가 성립되기 위해서는 두 대상이 서로 다른 범주에 속해 있지 않아야 한다는 것을 의미하는 것은 연상적인 타당도와 설득력이다. 연상적인 타당도와 설득력은 메타포의 특징 중 하나로 메타포가 사용되는 맥락에서 두 대상이 서로 연결되고 의미를 이루는 것을 의미한다.

5. (O) 스트레스 상황에 직면했을 때 불안을 경험하는 것은 정상적인 반응이다. 불안은 위험을 감지하고 대처하도록 돕는 중요한 역할을 한다.

6. (X) ACT는 불안을 완전히 없애는 것을 목표로 하는 것이 아니라, 불안과 공존하면서 가치 있는 삶을 살아가는 데 초점을 맞춘다. ACT는 불안을 받아들이고, 현재 이 순간에 집중하며, 가치 있는 행동을 하도록 격려한다.

7. (O) 심리적 경직성은 불편한 감정, 생각, 경험을 유지하거나 변화시키려는 노력을 의미한다. 이러한 노력은 오히려 불안을 심화시키고 스트레스를 증가시킬 수 있다.

8. (X) 메타포는 경험에 의해 만들어지고, 생각의 전반적인 틀을 형성하는 데 중요한 역할을 한다. 메타포는 복잡한 개념이나 감정을 단순하고 이해하기 쉬운 형태로 전달하는 데 사용되어, 개인의 이해를 돕고 치료과정에 참여를 유도하는 데 도움이 될 수 있다.

9. (원인) 과거의 접근방식은 불안의 원인을 찾아 제거하는 데 초점을 맞추었다. 이러한 접근방식에는 정신분석치료와 행동치료가 포함된다.

10. (개선) CBT는 부정적인 사고와 행동패턴을 식별하고 수정하여 개인의 감정과 행동을 개선하는 데 중점을 둔다. CBT는 단기간 내에 증상 개선을 기대할 수 있으며, 비교적 구체적이고 실용적인 전략을 제공한다.

11. (수용) ACT는 개인이 어려움에 직면했을 때 그에 대항하지 않고 수용하여, 가치 있는 행동을 통해 의미 있는 삶을 살도록 돕는다. ACT는 불안을 없애는 것이 아니라, 불안과 공존하면서 가치 있는 삶을 살아가는 데 초점을 맞춘다.

12. (가치) 심리적 유연성은 불편한 감정, 생각, 경험을 있는 그대로 받아들이고, 가치 있는 삶을 추구하는 것을 의미한다. 심리적 유연성은 불안을 관리하고 극복하는 데 중요한 역할을 한다.

현장실습

1. ACT의 6가지 핵심 치료과정을 통해 현재의 나를 돌아보기 위한 실습을 해봅니다. 〈부록 11-2〉 메타포의 예를 참고하여 적용해보세요.

단계	설명	현재 나의 모습(예시)	현재의 나	ACT적 적용
수용 (Acceptance)	모든 감정과 생각은 허용된다.	나는 내 감정과 생각을 있는 그대로 받아들인다.	나는 어떤 감정과 생각을 받아들이는 데 어려움을 겪는가?	
인지적 탈융합 (Cognitive Defusion)	생각과 감정은 나의 정체성이 아니다.	나는 생각과 감정을 관찰하고, 그것에 휘둘리지 않는다.	나는 어떤 생각과 감정에 쉽게 휘둘리는가?	
현재에 집중하기 (Present Moment Focus)	과거나 미래에 생각이 빠지지 않고 현재에 집중한다.	나는 지금 이 순간에 집중하고, 주변의 아름다움을 느낀다.	나는 어떤 상황에서 과거나 미래에 대한 생각에 사로잡히는가?	
맥락적 자기 (Self as Context)	나는 개인적인 경험과 기억의 집합이 아니라, 끊임없이 변화하고 성장하는 존재이다.	나는 나만의 가치관과 믿음을 가지고 있으며, 그것에 따라 행동한다.	나는 어떤 가치관과 믿음을 가지고 있는가?	
가치 (Values)	내가 진정으로 중요하게 생각하는 것을 명확하게 인지한다.	나는 내 가치에 따라 행동하고, 의미 있고 만족스러운 삶을 살아간다.	나는 어떤 것이 나에게 중요한가?	
전념행동 (Committed Action)	가치에 따라 행동하고, 어려움에도 포기하지 않는다.	나는 단기적인 쾌락보다는 장기적인 목표를 위해 노력한다.	나는 어떤 목표를 위해 노력하고 있는가?	

- 활용 방법:
  - √ 위 표를 빈칸 채우기 연습으로 활용하여, 학생이나 참여자들이 스스로를 돌아보고, ACT 개념을 이해하도록 도와준다.
  - √ 이 표를 통해 자신의 강점과 약점을 파악하고, 더 나은 삶을 위한 목표를 설정한다.
  - √ 각 단계별 질문을 토론 주제로 활용하여, 학생들 간의 소통과 공감을 촉진한다.
  - √ 학생들의 개인적인 경험과 예시를 공유하도록 하여, ACT 개념을 실생활에 적용하도록 돕는다.

- 참고:
  - √ 학생들의 연령과 이해 수준에 따라 활용 방법을 조절할 수 있다.
  - √ ACT 전문가의 도움을 받아 보다 체계적이고 심층적인 학습이 가능하다.

2. ACT: 괴물과의 줄다리기에서 벗어나, 삶의 방향대로 나아가기를 연습해 봅니다. 괴물과 함께 춤을 추기 위한 과정을 살펴보면서 내 안에서 괴물과 줄다리기가 무엇인지 알아보세요. 이 실습을 하기 전에 부록의 심리적 유연성 질문지를 실습 전/후로 측정해 본다.

"나와 괴물 사이에 밑바닥을 알 수 없는 깊은 구덩이가 있다. 구덩이를 가운데 두고 괴물과 나는 줄다리기 중이다. 만약 괴물과의 줄다리기에서 진다면 나는 이 구덩이 속으로 떨어질 것이다. 그래서 구덩이에 떨어지지 않기 위해 나는 잡아당기고 또 잡아당긴다. 그런데 내가 힘껏 당길수록 괴물도 힘껏 당긴다. 내가 구덩이 끝으로 점점 더 가까워져 간다."

출처: 원불교신문(2025). https://www.wonnews.co.kr/news/articleView.html?idxno=203660

가. 괴물과의 만남: 불안과 스트레스의 등장

시합을 앞둔 선수라면 누구나 불안과 스트레스를 느끼는 것은 당연하다. 마치 거대한 괴물이 나타나 우리를 위협하는 것처럼, 불안과 스트레스는 우리의 마음을 사로잡고, 우리의 능력을 저하시키려 한다.

나. 괴물과의 줄다리기: 흔히 사용하는 전략

많은 사람들은 괴물과 맞서 싸우려고 한다. 우리는 괴물을 물리치기 위해 온 힘을 다하고, 괴물이 우리에게 영향을 미치지 않도록 노력한다. 하지만 괴물과의 싸움은 결국 지칠 뿐이다. 괴물은 우리보다 훨씬 강력하고, 우리는 혼자서는 괴물을 이길 수 없다.

다. ACT: 괴물과의 춤, 새로운 관계 형성

ACT(수용전념치료)는 괴물과 싸우는 것이 아니라, 괴물과 함께 춤을 추는 방법을 제시한다. ACT는 우리가 괴물을 받아들이고, 괴물과 공존하는 방법을 배우도록 도와준다. 괴물을 없애려고 하지 않고, 괴물과의 관계를 새롭게 형성하는 것이 중요하다.

라. 6가지 핵심 동작: 괴물과의 춤을 위한 전략

ACT는 6가지 핵심 동작을 통해 괴물과의 춤을 배우도록 도와준다.

1) 수용(acceptance): 괴물은 우리의 일부라는 것을 받아들인다. 괴물을 없애려고 하지 않고, 괴물과 함께 살아갈 수 있는 방법을 찾는다. 2) 인지적 탈융합(cognitive defusion): 괴물의 속삭임에 휘둘리지 않는다. 괴물의 생각과 감정을 단순히 관찰하고, 그것에 휩쓸리지 않도록 한다. 3) 현재에 집중하기(present moment focus): 과거의 후회나 미래에 대한 불안에 빠지지 않는다. 현재의 순간에 집중하고, 현재의 순간을 최대한 살아간다. 4) 맥락적 자기(self as context): 우리는 단순히 개인적인 경험과 기억의 집합이 아니라, 끊임없이 변화하고 성장하는 존재라는 것을 인식한다. 5) 가치(values): 우리에게 진정으로 중요한 가치를 명확하게 인지한다. 우리의 가치에 따라 행동하고, 우리의 가치를 실현할 수 있는 기회를 찾는다. 6) 전념행동(committed action): 우리의 가치에 따라 행동한다. 어려움과 실패에 직면하더라도 포기하지 않고 꾸준히 노력한다.

마. 괴물과의 춤을 통해 얻는 것: 심리적 유연성 향상

괴물과의 춤을 통해 우리는 심리적 유연성을 키울 수 있다. 심리적 유연성은 삶의 어려움에 직면했을 때 굴하지 않고, 탄력적으로 대처하는 능력이다. 괴물과의 춤을 통해 우리는 괴물을 두려워하지 않고, 괴물과 함께 살아갈 수 있는 방법을 배우게 된다.

바. 괴물과의 춤을 위한 실천: 삶의 방향대로 나아가기

마음챙김 명상: 현재의 순간에 집중하고, 괴물의 속삭임에 휘둘리지 않도록 한다.

혼잣말 관찰: 괴물의 속삭임을 단순히 관찰하고, 그것에 휩쓸리지 않도록 한다.

가치 명확히 하기: 우리에게 진정으로 중요한 가치를 명확하게 인지한다.

가치 일치 행동: 우리의 가치에 따라 행동하고, 우리의 가치를 실천한다.

사. 위의 내용을 나에게 적용해 보자.

<table>
<tr><td>내 안의 괴물은 무엇인가?</td><td colspan="2"></td></tr>
<tr><td>괴물을 물리치기 위해 써왔던 전략은?</td><td colspan="2"></td></tr>
<tr><td>괴물과 어떠한 새로운 관계를 형성할 수 있는가?</td><td colspan="2"></td></tr>
<tr><td rowspan="6">괴물과 함께 춤을 추기(살아가기) 위한 전략은?</td><td>수용</td><td></td></tr>
<tr><td>인지적 탈융합</td><td></td></tr>
<tr><td>현재에 집중하기</td><td></td></tr>
<tr><td>맥락적 자기</td><td></td></tr>
<tr><td>가치</td><td></td></tr>
<tr><td>전념행동</td><td></td></tr>
<tr><td>심리적으로 유연해졌는가?</td><td colspan="2">심리적 유연성 질문지 사전, 사후 비교</td></tr>
<tr><td>괴물과 춤을 위해 실천할 것은?</td><td colspan="2"></td></tr>
</table>

12장.

명상과 마음챙김

1. 마음챙김과 스포츠심리상담

1.1 마음챙김의 이해

마음챙김의 가장 중요한 뿌리는 불교에서 찾을 수 있다. 특히, 불교의 팔정도(八正道)에 포함된 정념(正念, Sati)이 마음챙김의 핵심적인 부분을 이룬다. 정념은 "현재 순간에 주의를 기울이는 것"을 의미하며, 불교에서는 이를 통해 '깨달음(선정, samadhi)'과 '지혜(반야, prajna)'를 얻을 수 있다고 가르친다. 불교의 마음챙김은 단순히 정신적인 기술을 넘어서, 인간의 고통을 이해하고 해소하는 데 중요한 역할을 한다. 특히 불교의 한 수행법으로, 주로 중국 선불교에서 하는 선은 "직접적인 체험을 통해 깨달음을 얻는 것"을 목표로 '좌선(앉아서 명상)'을 한다. 선에서 강조하는 명상은 집중적이고 통찰적인 성격을 가진다〈표 1〉.

표 1. 불교의 참선, 위빠사나 명상, 마음챙김의 차이점

구분	불교의 참선	위빠사나 명상	마음챙김
기원	선불교(Zen Buddhism)에서 유래	불교의 통찰 명상	불교의 전통에서 유래, 심리학에 적용
목표	깨달음(Satori), 자아의 본성 직시	고통의 원인을 이해하고 고통을 해결하는 통찰	현재 순간에 집중, 심리적 안정을 얻음
주요 기법	좌선(Zazen)을 통한 무념무상	호흡, 신체감각 등 다양한 경험의 비판단적 관찰	호흡에 집중, 생각과 감정의 비판단적 인식
실천적 특징	앉아서 집중(좌선), 스승과 제자의 관계 중요(선문답)	자기 자신과 세상의 본질에 대한 통찰을 얻는 과정	호흡, 생각, 감정 등을 현재 순간에 집중하여 인식

위빠사나는 통찰 명상이라고도 하며, 불교에서 중요한 명상법 중 하나이다. '위빠사나'라는 말은 '있는 그대로 보는 것' 혹은 '통찰'을 의미한다. 위빠사나는 마음의 본질과 현실의 진리를 직관적으로 깨닫기 위한 방법으로, 고통의 원인과 그 해결을 실천적으로 탐구하는 명상법이다. 위빠사나는 고대 인도에서 석가모니에 의해 시작된 것으로 알려져 있으며 시간이 지나면서 불교의 다양한 전통에서 다양한 방식으로 발전하였다. 싯다르타는 위빠사나를 해탈의 길로 삼았으며, 그의 제자들은 이 명상을 통해 깨달음을 얻고 해탈을 추구하였다.

위빠사나의 목표는 무상(無常, impermanence), 고(苦, suffering), 무아(無我, non-self)라는 불교의 중요한 교리를 깨닫는 것이다. 즉, 모든 현상은 변한다는 점, 모든 존재는 고통을 동반한다는 점, 그리고 고정된 자아는 존재하지 않는다는 점을 직관적으로 깨닫는 것이 목적이다. 위빠사나 명상은 현재 순간에 대한 깊은 관찰을 통해 무상의 진리를 깨닫고, 고통의 원인을 파악하여 그것을 제거하는 목표를 갖는다. 위빠사나 명상은 자기인식과 객관적인 관찰을 통해, 마음의 변화와 집착의 감소를 이루려는 접근법이다.

참고 1 삼법인(三法印)의 가르침(출처: 불교신문 http://www.ibulgyo.com)

제행무상(諸行無常)	• 무상(anicca, 아니짜): 모든 현상은 변한다는 진리이다. 무상은 우리가 경험하는 모든 것이 지속되지 않으며, 끊임없이 변한다는 사실을 깨닫는 것이다. 예를 들어, 기쁨이나 슬픔과 같은 감정은 변화하고 사라진다는 사실을 인식한다.
일체개고(一切皆苦)	• 고(dukkha, 두까): 고통, 불만족, 괴로움은 존재의 본질적인 특성이라는 진리이다. 인간은 태어남, 늙음, 병듦, 죽음에서 비롯되는 고통을 포함하여, 세상의 모든 현상에서 불만족을 경험하게 된다.
제법무아(諸法無我)	• 무아(anatta, 아나타): 자아는 고정된 실체가 아니라 변화하는 존재라는 진리이다. 자아라는 개념은 집착에서 비롯된 착각일 뿐이며, 이는 실체가 없는 무상한 존재에 불과하다는 것을 이해하는 것이다.

마음챙김(mindfulness)은 빨리(Pali)어로 sati이며 "기억, 재인, 주목, 의식" 등을 뜻한다. Sati란 대상에 깊이 들어가서 대상을 파지하고, 대상을 확립함으로써 마음을 보호하기 때문에 대상을 챙기는 심리 현상으로서 마음을 챙긴다기보다는 마음이 대상을 챙기는 것을 말한다. 명상이 심리학자들의 관심을 촉발하게 된 계기는 1970년대 초반 미국 하버드 의과대학의 순환기 내과 교수인 Benson(1975)이 이완반응(relaxation response)이란 이름으로 집중(samatha) 명상을 임상에 처음 활용하면서부터이다. 이후 명상에 관한 수많은 연구가 이어졌고, 1977년 미국 심리학회(American Psychological Association; APA)

에서 명상의 임상적 효과에 관한 연구를 요청하면서 심리치료의 맥락에서 명상에 관한 연구들이 진행되었다. 이때의 연구 주제들은 집중명상과 Benson의 이완반응 프로그램 대부분이었다.

마음챙김 명상법이 본격적으로 임상에 도입된 것은 1980년 미국 매사추세츠 대학교 메디컬센터의 행동 의학교수 Kabat-Zinn에 의해서이다. Kabat-Zinn은 이 의료원에서 스트레스 완화 프로그램에 마음챙김 명상(mindfulness meditation)을 도입하여 체계적으로 실천할 수 있도록 마음챙김 기반 스트레스 감소(Mindfulness-Based Stress Reduction; MBSR) 프로그램을 소개하였다(장현갑, 2000). 위빠사나 명상이 서구 사회에서 마음챙김 명상(Mindfulness Meditation)으로 널리 퍼지면서 위빠사나는 정신건강과 웰빙을 위한 중요한 훈련법으로 자리 잡았다. 위빠사나에서 발전한 명상은 주로 현재 순간에 대한 주의집중과 비판단적인 인식을 강조한다. 이는 호흡, 신체감각, 생각 등을 관찰하며, 무심(無心) 상태로 모든 경험을 있는 그대로 받아들이는 훈련이다. 마음챙김 명상은 인식과 감정에 대해 비판하거나 평가하지 않고, 단순히 관찰하고 수용하는 방식으로 일상생활 속에서 자각을 기르고, 스트레스, 불안, 우울증 등 다양한 정신적 문제의 개선에 효과가 입증되었다.

1.2 명상의 두 흐름; 사마타와 위빠사나

1) 집중명상

집중명상인 사마타(사마타, Samatha)는 '고요함, 평온함'을 의미하며, 마음을 하나의 대상에 집중시켜 정신적 안정과 평온을 얻기 위한 수행법이다. 사마타는 정정 또는 사마디(삼매)로도 불리며, 빠알리어에서 √śam(to be quiet)에서 파생된 말로, 고요함과 평온을 얻기 위한 명상법이다. 사마타는 40가지 명상 주제를 포함하고 있으며, 요가나 단전호흡 등도 포함될 수 있다. 초기 불교에서 부처님은 사마타 명상을 통해 정신적 평온과 안정을 이루었으며, 이후 통찰 명상(위빠사나)으로 깨달음을 얻었다. 선정(Samadhi)은 마음의 집중과 내적 평화를 추구하는 정신적 상태로, 통찰 명상으로 이어지는 중요한 준비 단계이다. 집중명상은 호흡 명상을 포함하여, 호흡에 집중하여 숨을 들이쉬고 내쉬는 과정을 의식적으로 주의하며 마음을 고요하게 만든다. 이는 집중력과 정신적 안정을 기르는 중요한 기법으로, 통찰 명상으로 나아가기 위한 기초 단계로 여겨진다.

2) 통찰 명상

위빠사나(Vipassana)는 인도의 가장 오래된 명상법 중 하나로, 2,500년 전에 고따마 붓다에 의해 발견되었다. 위빠사나는 '사물의 본성을 꿰뚫어 보는 지혜'를 얻기 위한 명상법으로, 빠알리어로 vi(꿰뚫다/분리하다/특별하다)와 passana(본다/통찰하다)의 결합이다. 이 명상법은 대상의 본질을 꿰뚫어 보고, 정신과 물질(오온)로 분리하여 무상(無常), 고(苦), 무아(無我/空) 등의 특성을 관찰하는 과정이다〈부록 12-1 참조〉.

위빠사나는 자기성찰을 통해 자신을 정화하는 과정이며, 수행자는 먼저 자연적인 호흡에 집중하여 마음을 정리한다. 집중된 마음으로 수행자는 몸과 마음의 변화하는 특성을 관찰하고, 무상, 고, 무아의 보편적인 진리를 직접 경험한다. 이 과정은 고통을 치유하는 방법이며, 특정 종교나 교파와는 관련이 없다. 위빠사나는 누구나 수행할 수 있으며, 고통을 극복하고 무상, 고, 무아의 법칙을 깨닫는 것을 목표로 한다. 이 명상법의 대표적인 기법은 호흡 관찰, 신체 감각 관찰, 그리고 생각과 감정의 관찰이다. 이를 통해 수행자는 고통의 원인인 집착과 욕망을 극복하고, 마음의 변화를 비판단적으로 관찰하여 내면의 평화를 찾는다(Bodhi, 2013; Goenka & Hart, 1997).

- 집중호흡 명상(anapanasati, 아나파나사티): 위빠사나 명상의 초기 단계에서는 호흡(anapana)에 집중하여 마음을 차분히 가라앉힌다. 호흡에 대한 집중을 통해 마음의 혼란을 잠재운 후, 신체, 감정, 생각을 관찰하는 단계로 나아간다. 이를 위해 호흡의 들어오고 나가는 과정을 집중하여 관찰하고, 이를 통해 집중력을 향상시킨다. 이후 호흡에 대한 인식이 깊어지면, 몸의 감각과 생각에 대한 관찰로 나아간다.
- 마음챙김(mindfulness, 마인드풀니스) 훈련: 마음챙김은 위빠사나 명상의 핵심 원리로, 현재 순간에 집중하여 마음과 몸의 상태를 비판단적으로 인식하는 훈련이다. 수행자는 몸의 감각, 호흡, 떠오르는 생각과 감정을 있는 그대로 관찰

하며, 이를 통해 고통을 초래하는 집착과 반응을 줄인다. 현재 순간에 대한 깊은 인식을 통해 자연스럽게 무상과 고통에 대한 통찰을 얻는다.

- 신체 감각의 관찰: 위빠사나 명상에서 중요한 기법은 신체 감각(body scan, 바디 스캔)을 관찰하는 것이다. 수행자는 몸을 부위별로 스캔하며 각 부위에서 발생하는 감각을 비판단적으로 관찰한다. 이를 통해 감각의 변화무쌍한 속성을 체험하며, 일시적이고 변하는 본질을 깨닫게 된다. "발끝에서부터 머리끝까지" 신체의 각 부위를 순차적으로 스캔하면서 그 부위에서 일어나는 감각을 비판단적으로 관찰한다.
- 생각과 감정의 관찰: 위빠사나 명상에서 중요한 대상은 생각과 감정이다. 이들은 변화하는 현상으로, 고정되지 않으며 자주 떠오르고 사라진다. 명상자는 자신의 생각과 감정을 객관적으로 관찰하며, 그것들이 무상하고 고통스럽고 무아임을 깨닫는다. 수행자는 떠오르는 생각이나 감정을 그 자체로 관찰하고, 그것에 대해 반응하거나 집착하지 않는다. 예를 들어, 분노가 일어날 때 그 감정을 있는 그대로 관찰하면서, 그것이 일시적이고 변화하는 본질을 이해한다.

3) 자비명상

자비명상(metta bhavana, 메타 바바나)은 사랑과 자애의 감정을 증진시키는 명상법으로, 자신과 다른 사람들에게 자애롭고 친절한 마음을 기르는 명상법이다. 이 명상법은 부처님이 가르친 사성제와 팔정도의 가르침 중 하나로, 내적 평화와 정서적 안정을 통해 타인과의 관계에서 자비로운 마음을 발휘하고, 사회적 조화를 이루는 것을 목표로 한다. 자비는 마음의 본성으로, 사람 간의 관계에서 갈등을 해소하고 내적 평화를 찾는 중요한 덕목이다. 자비명상은 위빠사나 명상에서 고통을 줄이고 마음의 균형을 유지하는 데 중요한 역할을 한다(Bhikkhu, 1996; Clough, 1995).

자비명상의 목표는 내면의 자애로운 마음을 키우고 이를 통해 타인에게 사랑과 친절을 베푸는 것이다. 이는 자비의 마음이 단지 타인을 향한 감정이 아니라, 자신을 포함한 모든 존재에 대한 마음의 태도를 변화시키는 데 초점을 맞춘다. 자비 명상에서 핵심 기법은 "내가 행복하길, 내가 건강하길"과 같은 문구를 반복하며, 자기 자신에게 자애로운 마음을 먼저 기르는 것이다. 이 과정에서 수행자는 자신의 내면에서 자애와 사랑을 키우고, 그 후 이를 점차적으로 타인에게 확장한다. 이러한 기법은 자기애와 타인에 대한 사랑을 깊이 인식하게 도와주며, 그 결과 내면의 평화를 이루고, 타인과의 관계에서도 자비로운 태도를 갖게 한다.

- 기법의 단계:
  - √ 자기 자신을 위한 기도: "내가 행복하길, 내가 건강하길, 내가 안전하길"과 같은 문구를 반복하며 자신을 위한 자애의 마음을 기른다.

참고 2 불교의 고귀한 진리인 사성제와 수행 방법인 팔정도(출처: 법보신문 https://www.beopbo.com)

사성제 (四聖諦)	고(dukkha, 두카)	• 모든 존재는 고통을 내포하고 있다. 이 고통은 신체적, 정신적, 존재의 불완전함에서 비롯된다.
	집(tanha, 탄하)	• 고통의 원인은 갈망, 집착이다. 사람은 자신의 욕망과 집착으로 인해 고통을 반복한다.
	멸(nirvana, 니르바나)	• 고통을 없앨 수 있는 해탈의 상태이다. 이는 갈망과 집착에서 벗어나 완전한 자유를 얻은 상태이다.
	도(magga, 마가)	• 고통을 제거하는 길, 즉 팔정도(Eightfold Path, 팔정도)이다.
팔정도 (八正道)	正見(정견, 올바른 이해)	• 고통(苦), 고통의 원인(集), 고통의 소멸(滅)을 위한 길(道)을 올바르게 이해하는 것. 불교의 사성제(四聖諦)를 깊이 이해하는 것이 중요하다.
	正思惟(정사유, 올바른 사고)	• 악한 생각(탐욕, 분노, 무지)을 버리고, 자비와 무상, 무아를 생각하며, 바른 마음을 유지하는 것.
	正語(정어, 올바른 말)	• 거짓말, 비방, 허풍 등을 피하고, 진실하고 유익한 말을 사용하는 것.
	正業(정업, 올바른 행동)	• 살생, 도둑질, 부정한 행위 등을 피하고, 도덕적이고 선한 행동을 실천하는 것.
	正命(정명, 올바른 생활)	• 정직한 직업을 가지고, 윤리적이고 비폭력적인 방식으로 생계를 유지하는 것. 사람들에게 해를 끼치지 않고 생활하는 것.
	正精進(정정진, 올바른 노력)	• 악한 행동을 버리고, 선한 행동을 늘려 가며, 정화된 마음을 유지하기 위한 지속적인 노력.
	正念(정념, 올바른 집중)	• 현재 순간에 집중하며, 자기인식과 명상을 통해 마음을 고요하고 명확하게 유지하는 것.
	正定(정정, 올바른 명상)	• 심리적 집중과 명상을 통해 내면의 평화와 정신적 안정을 얻는 것. 깊은 명상 상태에 들어가 마음을 집중시키고 깨달음에 이르는 통찰을 얻는 것.

√ 가족과 친구를 위한 기도: 사랑하는 사람들에게 자애의 마음을 확장하며, "네가 행복하길, 네가 건강하길" 같은 문구를 반복한다.

√ 중립적인 사람을 위한 기도: 알지 못하는 사람들 혹은 무관심한 사람들에게도 자애의 마음을 확장한다.

√ 어려운 사람을 위한 기도: 갈등이 있거나 부정적인 감정을 가진 사람들에게 자애로운 마음을 기르며, 그들에게도 "네가 행복하길, 네가 건강하길"을 기도한다.

√ 모든 존재를 위한 기도: 마지막으로 세상 모든 존재, 특히 고통받고 있는 이들에 대한 자애의 마음을 확장한다.

1.3 심리기술과 마음챙김

1) 심리기술훈련과 마음챙김

최고의 선수들은 경기장 안팎에서 최고수행을 위한 다양한 도전에 직면한다. 스포츠심리학자들은 선수들이 이러한 도전에 대처하는 데 도움이 되는 기술을 가르친다. 지난 30년 동안 사용된 기술은 주로 인지행동 이론의 영향을 받은 심리기술훈련(Psychological Skills Training; PST)에서 비롯되었다. 스포츠 현장에서 심리적 측면은 선수들의 성장과 수행향상을 위한 심리기술훈련을 통하여 수행과의 관계를 입증해 왔다.

PST 관련 연구들은 인지, 정서, 신체감각과 같은 내적 상태를 조절할 수 있는 능력을 향상시킴으로써 최적수행을 달성할 수 있다는 입장이다. 그러나 부정적인 사고나 감정을 감소시키고 자신감을 향상한 변화에도 수행결과의 증가에 대한 경험적 비일관성이 제기되고 있다. PST가 불안과 집중력, 자신감과 같은 변인을 운동수행에 관련지어 이론화하는 데 크게 이바지한 것은 사실이다.

그러나 내적 통제를 기반으로 하는 PST는 최적 수행에서 요구하는 과제 중심적 활동보다는 지나치게 자기중심적 활동을 증가시킴으로써 선수들이 기술과 능력에 몰입할 수 있는 역량을 오히려 감소시킬 수 있다. 이러한 주장은 그동안의 스포츠심리학의 이론과 경험에 대한 도전이기도 하다. 이에 반하여 마음챙김은 내적 상태의 조절과 변화보다 현재 순간의 자각과 수용으로 과제 관련 행동을 선택해서 집중할 것을 요구하고 있다.

현대 심리학 연구의 중심에 있는 마음챙김 접근이 이론과 실제에서 더욱 빠르게 발달하고 있다. 기존의 심리기술훈련과는 달리 최근의 인지적 접근은 불유쾌한 사고와 정서를 감소시키려고 인위적 노력을 하는 대신 행동의 효율성을 높이며, 가치와 목표를 추구한다(Hayes, Strosahl, Bunting, Twohig, & Wilson, 1999). 즉, 수행향상을 위해 부정적 상태를 감소시키는 데 중점을 두고 인지적, 정서적 경험의 조절이나 제거, 변화를 유도하는 심리기술훈련보다 비판단적이고 현재의 존재를 중시하는 메타 인지적 접근으로 마음챙김(mindfulness)과 수용(acceptance)을 강조하는 중재전략이 크게 지지되기 시작하였다(Gardner & Moore, 2012).

즉, 수용과 마음챙김이 선수들의 행복 well-being 뿐만 아니라, 수행향상에도 이로우며(Gardner & Moore, 2004; Kee & Wang, 2008), 현재 순간에 집중하는 것이 스포츠 최고수행(peak performance)의 심리적 본질과 부합하고(Jackson & Csikszentmihalyi, 1999), 마음챙김을 더 잘하는 선수들은 몰입(flow)상태를 더 잘 경험하며(Kee & Wang, 2008), 마음챙김 점수가 높은 선수집단이 수행전략의 하위요인인 주의통제, 정서통제, 목표설정, 혼잣말에서 높은 정신기술 점수를 나타내고 있다(Thomas, Murphy, & Hardy, 1999). 국내에서도 엘리트 기계체조선수에게 마음챙김 기반 심리기술훈련을 실시한 후 질적 분석을 한 결과 선수들의 수용을 통한 수행과 주의향상, 자기이해를 통한 새로운 관점생성과 우선순위 집중, 직면하기, 그리고 삶의 마음챙김 적용으로 개인성장과 생활기술이 향상되었음이 확인되었다(육영숙, 2017).

수용중심의 심리학은 인간의 감각, 감정, 생각, 기억 등을 조절하거나 제어하려 노력하지 않고, 있는 그대로 수용한다는 점에서 기존의 조절중심의 심리학과는 구별된다. 이러한 수용중심의 심리학 분야의 하나인 마음챙김은 심리적인 조절과 제거 대신 내적 감정을 수용함으로써 현재의 단서에 집중하는 것을 목표로 한다.

현대 심리학적 맥락에서 마음챙김은 기본적으로 의식의 질과 관련되는 속성으로, "판단하지 않고 현재 순간의 경험에 온전히 머무는 것"(Kabat-Zinn, 2003), "현재 사건과 경험에 수용적으로 주의를 기울이거나 자각하는 것"(Brown & Ryan, 2003) 등으로 정의한다. 그러나 마음챙김의 정의는 정확하게 통일되지 않고 있으며, 연구자들의 해석에 따라 다르게 정의되고 있다. 최근 스포츠심리학에서 마음챙김 기반 개입에 관한 관심이 높아지고 있다. 이들은 PST의 한계를 인식하고 마음챙김 기반 중재가 PST를 수정하는 방법에 대한 이론적 모형을 제시하고 있다. 또한, 운동선수가 혜택을 받을 수 있는 형태와 메커니즘에 관해서도 설명하고 있다.

표 2. 내적 통제에 기반한 PST의 한계와 마음챙김

내적 통제의 한계		마음챙김의 장점	
과도한 자기 집중	• 내적 통제 방식은 자신의 감정, 생각 등 내면에 지나치게 집중하도록 유도한다. 이는 외부 환경이나 경기상황에 대한 집중력 저하, 실제 경기에 필요한 기술과 능력에 대한 몰입을 방해할 수 있다.	현재 순간에 집중	• 마음챙김은 선수들이 현재 순간에 일어나는 일에 집중하도록 돕는다. 이는 과거의 후회나 미래에 대한 불안에서 벗어나 경기에 집중할 수 있도록 한다.
기술 몰입 저해	• 과도한 자기 집중은 선수 자신의 기술이나 능력에 대한 의심을 증폭, 결과적으로 경기력 저하로 이어질 수 있다.	수용과 선택	• 마음챙김은 감정과 생각을 있는 그대로 수용하고, 현재 상황에 가장 적절한 행동을 선택할 수 있도록 돕는다.
부정적 사고의 억제 어려움	• 부정적인 생각을 완전히 억누르려는 노력은 오히려 역효과를 불러일으킬 수 있다.	과제 중심적 접근	• 마음챙김은 선수들이 자신의 내면보다는 경기상황이나 과제에 집중하도록 유도한다. 이는 기술습득과 경기력 향상에 더욱 효과적일 수 있다.
인위적 변화 시도	• PST는 선수들의 생각과 감정을 인위적으로 변화시키려는 경향이 있어, 오히려 자연스러운 반응을 저해할 수 있다.	자기인식 증진	• 마음챙김은 선수들이 자신의 강점과 약점을 더 잘 이해하고, 자신에게 맞는 전략을 개발할 수 있도록 돕는다.

2) 마음챙김의 인지치료적 개입

Mindfulness는 고대 불교 전통에서 유래한 개념이지만, 현대 심리학에서는 그 중요성이 증가하고 있으며, 특히 스포츠심리학에서도 중요한 심리적 기술로 자리 잡고 있다. 마음챙김은 단순히 내적 상태를 조절하려는 노력보다 현재 순간에 대한 비판단적 자각을 통해 수행향상에 기여하는 점에서 기존의 PST와 차별화된다. 마음챙김은 선수들이 감정적 반응을 수용하면서도 수행에 대한 주의력을 높일 수 있도록 도와준다.

마음챙김은 현재 순간에 대한 비판단적인 주의집중이라는 간단하면서도 심오한 개념이다. 이는 단순히 생각을 멈추거나 감정을 무시하는 것이 아니라, 자신의 내면과 외부 환경을 있는 그대로 관찰하고 수용하는 것을 의미한다.

다양한 학자들이 마음챙김을 각자의 관점에서 정의하고 있지만 공통점은 현재 순간에 대한 주의집중과 비판단적인 태도이며, 차이점은 마음챙김의 범위와 강조하는 측면에 있다. 마음챙김이 스포츠심리학에서 효과적으로 적용될 수 있는 이유는 그 자체가 다차원적이고 복합적인 심리적 과정이기 때문이다. Shapiro, Carlson, Astin, & Freedman(2006)는 마음챙김의 효과를 세 가지 핵심 요소로 설명하고 있다. 이 요소들은 순환적으로 작용하며, 하나가 변하면 다른 두 요소도 연쇄적으로 변화를 일으킨다.

☞ 의도(intent): 마음챙김의 첫 번째 요소는 의도이며, 이는 특정한 행동적 목표를 지향하면서도 현재 순간에 집중하는 것이다. 스포츠에서는 경기 중의 심리적 목표를 설정하고, 그 목표에 온전히 집중하는 데 중요한 역할을 한다.

☞ 주의(attention): 두 번째 요소는 주의이다. 마음챙김 훈련은 주의 분산을 방지하고, 특정한 목표나 과제에 대한 집중력을 유지하는 데 필수적이다. 이는 선수들이 경기 중 격렬한 환경 속에서도 현재의 순간에 집중할 수 있도록 돕는다.

☞ 태도(attitude): 마음챙김에서 태도는 비판단적/수용적 태도를 의미한다. 선수들이 불안이나 실수 같은 내적경험에 대해 저항하기보다, 이를 수용하고 성장의 기회로 여기게 한다. 이러한 태도는 심리적 웰빙을 증진시킬 뿐만 아니라, 회복력과 스트레스관리에도 중요한 영향을 미친다.

Segal, Williams, & Teasdale(2012)은 마음챙김을 "생각과 감정으로부터 자신을 분리하여, 그것들과 일정한 거리를 두는 능력"이라고 정의하며, 이를 통해 메타-인지적 통찰(meta-cognitive insight)을 얻을 수 있다고 설명한다. 또한 Bishop(2002)은 마음챙김을 "현 순간에 온전히 집중하고, 그 순간을 있는 그대로 인식하고 받아들이는 것"으로 설명한다. 이와 같은 정의는 마음챙김이 단순히 대상을 피상적으로 알아차리는 것이 아니라, 의도적이고 분석적인 방식으로 깊이 있게 관찰하는 과정임을 강조한다.

마음챙김을 통해 사람들은 자신의 내면에서 일어나는 감정, 사고, 신체적 감각 등을 객관적으로 관찰하고, 비판단적이고 개방적인 태도로 받아들임으로써 정신적 회복과 치유를 촉진할 수 있다. 이 과정은 또한 인지적 통찰을 증가시키고, 주의 조절 능력을 향상시켜 개인의 감정과 행동을 보다 효과적으로 다룰 수 있게 한다.

마음챙김은 임상 심리학과 행동의학에서도 매우 중요한 역할을 하고 있다. 마음챙김은 인지행동적 관점에서 볼 때 메타인지 조절(meta-cognitive regulation)의 핵심적 요소로 간주될 수 있다. 메타인지 조절이란, 자신의 생각과 감정, 그리고 행동을 객관적으로 관찰하고 조절하는 능력을 의미한다. 스포츠 상황에서 메타인지 조절은 선수들이 경기 중 발생하는 다양한 변수에 효과적으로 대처하고, 최고의 성과를 내기 위해 필수적인 요소이다〈표 3〉. 마음챙김은 메타인지 조절 능력을 향상시키는 데 매우 효과적인 도구이다. 마음챙김을 통해 선수들은 현재 순간에 집중하고, 자신의 생각과 감정을 비판 없이 관찰하며, 필요한 조절을 할 수 있게 된다. 즉, 마음챙김은 자기 자신에 대한 자각을 촉진하고, 현재 경험에 대한 비판단적 태도를 유지하며, 인지적 왜곡(cognitive distortions)과 정서적 반응(emotional reactions)을 억제하기보다는 이를 수용하게 만든다. 이 접근은 인지행동치료(Cognitive Behavioral Therapy; CBT)에서 발전된 수용전념치료(Acceptance and Commitment Therapy; ACT)와 밀접하게 연관된다.

ACT는 심리적 유연성(psychological flexibility) 증진에 초점을 맞추며, 이는 마음챙김을 핵심으로 한다. 심리적 유연성이란, 내적경험(생각, 감정, 신체적 감각 등)을 비판단적이고 수용적인 태도로 인식하며, 행동적 가치에 따라 적응적으로 반응하는 능력을 의미한다. 이러한 관점은 스포츠심리학에서도 중요한 의미를 갖는다(11장 참조). 운동선수들이 직면하는 스트레스와 불안 같은 내적경험을 단순히 제거하려는 시도가 아니라, 이를 수용하고 과제를 향한 행동적 집중을 유지하는 데 도움을 주기 때문이다.

표 3. 테니스선수의 메타인지 조절의 예

상황	중요한 경기에서 세트를 내주고 심리적으로 위축된 상황
메타인지 조절	• 선수는 자신의 부정적인 생각을 인지하고, *"지금까지 잘 해왔던 것들을 떠올리자."* 라고 스스로에게 말하며 자신감을 회복하려고 노력한다. 이어서 다음 게임에서 집중력을 높여 승리를 거머쥐려고 한다.
메타인지 조절 과정	• 자신의 생각과 감정 인지: 현재 자신의 생각과 감정이 무엇인지 정확하게 파악한다. • 비판적 평가: 자신의 생각과 감정이 합리적인지, 현재 상황에 도움이 되는지 평가한다. • 대체적인 생각: 부정적인 생각을 긍정적인 생각으로 바꾸거나, 더 현실적인 생각으로 대체한다. • 행동 조절: 새로운 생각을 바탕으로 행동을 조절한다.
마음챙김 메타인지 조절 향상 방법	• 호흡 관찰: 호흡에 집중하여 현재 순간에 머무르고, 불안한 감정을 진정시킨다. • 몸 스캔: 몸의 각 부분을 의식적으로 스캔하여 긴장을 풀고, 몸과 마음의 연결을 강화한다. • 긍정적인 혼잣말: 부정적인 생각 대신 긍정적인 혼잣말을 통해 자신감을 높인다. • 시각화: 성공적인 플레이를 상상하며 자신감을 높이고, 목표를 설정한다.

3) 스포츠심리기술의 마음챙김 역할

스포츠심리학에서 마음챙김 개입은 단순히 스트레스를 완화하는 것을 넘어, 운동선수들이 최상의 심리적, 신체적 상태를 유지하며 경기력을 극대화할 수 있도록 돕는 강력한 도구이다. 마음챙김의 원리와 기법은 다양한 스포츠 환경에 적용 가능하며, 지속적인 훈련과 피드백을 통해 선수들에게 장기적인 성과와 심리적 건강을 제공한다.

마음챙김의 원리와 기법은 다양한 스포츠 환경에 적용 가능하며, 지속적인 훈련과 피드백을 통해 선수들에게 장기적인 성과와 심리적 건강을 제공한다. 우선, 마음챙김은 정서적 조절을 통한 심리적 안정을 증진시킨다. Brown & Ryan(2003)의 연구에 따르면, 마음챙김은 자아존중감(self-esteem)과 정서적 웰빙(emotional well-being)과 강한 양의 상관관계를 보인다. 이는 운동선수들이 경기 중 직면하는 부정적인 감정(예: 불안, 좌절, 분노 등)을 효과적으로 다루는 데 기여할 수 있음을 시사한다. 또한 마음챙김은 선수의 전반적인 심리적 건강을 증진시키고 탈진(burnout) 예방에 도움을 준다. 특히, 운동선수들이 경쟁과 훈련 사이에서 더 나은 균형을 유지하도록 돕는다.

마음챙김은 주의집중력을 높이는 데 중요한 역할을 한다. 연구에 따르면, 마음챙김 훈련을 받은 참가자들이 주의집중과 인지적 유연성을 향상시킨다고 보고되었다(Zeidan, Johnson, Diamond, & David, 2010). 이는 경기 중 방해 요소가 많을 때,

선수들이 집중력을 지속적으로 유지하는 데 도움이 된다. 특히, 비판단적 태도를 통해 심리적 방해 요소에 대해 수동적이지 않고 능동적으로 대처하는 전략을 취할 수 있게 되어 선수들이 압박감을 받는 상황에서도 현재에 몰입하도록 돕는다. 이는 집중력을 강화하고, 경기 중 발생하는 실수를 빠르게 극복하게 한다. 스포츠 환경에서의 높은 기대와 경쟁 압력은 선수들에게 스트레스와 불안을 유발할 수 있다. 마음챙김은 이러한 감정을 수용적으로 바라보도록 하여 심리적 부담을 감소시켜 결과적으로 수행능력을 향상시킨다〈부록 12-2 참조〉.

마음챙김은 감정 조절과 심리적 회복탄력성(psychological resilience)을 강화시킨다. Zhong, Jiang, Wang, & Liu, (2025)은 마음챙김이 스트레스 상황에서 회복탄력성을 강화시키며, 운동선수들이 경기에서 실패한 후에도 빠르게 회복하고, 그 경험을 성장의 기회로 삼을 수 있도록 도와준다고 주장했다. 즉, 마음챙김 훈련을 받은 선수는 감정적 반응을 인식하고 조절하는 능력이 향상되며, 부상이나 실패와 같은 도전에 대해 더 빠르게 회복한다.

참고 3 스포츠 상황에서 마음챙김 개입의 주요 구성요소

현재 순간에 대한 주의집중	선수들이 지금 이 순간에 온전히 몰입하도록 돕는다. → 경기 전, 경기 중, 경기 후의 다양한 순간에서 적용 가능하다.
비판단적 수용	생각과 감정을 판단하지 않고 수용하는 태도를 기른다. → 실수나 부정적 경험에 대해 자신을 비난하지 않도록 한다.
감각적 자각 강화	신체적 감각(호흡, 근육의 긴장 등)에 대한 집중을 통해 내적 상태를 명확히 인식하게 한다. → 경기 중 신체적 움직임에 대한 세밀한 조절로 이어진다.

2. 명상과 심리훈련

2.1 위빠사나 명상의 오온

위빠사나 명상은 주로 호흡이나 몸의 감각에 집중하여 바로 지금 일어나는 일을 관찰하면서 수행한다. 명상하는 동안 발생하는 모든 생각, 감정, 감각을 비판적으로 분석하거나 판단하지 않고 그저 관찰자의 입장에서 바라보는 것이다. 즉, 오온(伍蘊)을 관찰하는 것이 중요한 역할을 한다. 한자인 오온을 번역하면 '다섯 가지 구성요소'라는 뜻이다. 오온을 원어인 빨리어와 한자로 나열해 보면, Rūpa(色, 색) · Vedanā(受, 수) · Saññā(想, 상) · Saṅkhārā(行, 행) · Viññāṇa(識, 식) 등의 다섯 가지를 일컫는다. 즉, 위빠사나 명상은 고대 인도에서부터 전해 내려오는 명상법으로, 색수상행식을 통하여 몸과 마음의 작용을 관찰하고 통찰을 얻는 것을 목표로 한다.

오온은 몸(rūpa), 느낌(vedanā), 인식(saṃjñā), 형성(saṅkhāra), 식(viññāṇa)의 다섯 가지 요소이다. 이들은 모두 무상(anicca), 고(dukkha), 무아(anatta)의 특성을 가지고 있다. 무상(無常, Anicca)은 모든 현상은 일시적이며 변화무쌍하다는 인식이며, 고(苦, Dukkha)는 존재의 본질적인 불만족스러움이나 고통을 말한다. 무아(無我, Anatta)는 고정되어 있거나 독립적인 '나'라는 실체가 없음을 깨닫는 것이다.

참고 4 오온의 구성요소

몸	Rūpa, रूप, 루파, 色, 색	물질적 요소	몸의 형상, 감각기관, 내장기관. 몸은 무상하여 변하고, 고통스럽고, 자아와는 다르다.
느낌	Vedanā, वेद, 베단나, 受, 수	감각의 느낌	쾌감, 불쾌감, 중립감. 느낌은 무상하여 변하고, 고통스럽고, 자아와는 다르다.
인식	Saṃjñā, संज्ञ, 상냐, 想, 상	대상 인식 기능	대상을 구분하고, 이름 붙이고, 분류하는 기능. 인식은 무상하여 변하고, 고통스럽고, 자아와는 다르다.
형성	Saṅkhārā, संस, 상카라, 行, 행	마음의 작용	생각, 감정, 욕망, 집착. 형성은 무상하여 변하고, 고통스럽고, 자아와는 다르다.
식	Viññāṇa, विज्ञान, 빈냐나, 識, 식	의식 작용	대상을 인식하고, 생각하고, 느끼는 기능. 식은 무상하여 변하고, 고통스럽고, 자아와는 다르다.

• 무상, 고, 무아의 특성과 오온의 관계, 그리고 스포츠 상황에 투영하여 이해해 보자.

√ 오온에서의 무상: 오온은 몸, 느낌, 인식, 형성, 식 등 다섯 가지의 변화무상을 의미한다. 몸과 감각은 항상 변화하고 움직이지만, 이러한 변화는 일시적이며 불변적이지 않다. 즉, 모든 것은 무상(무변)한 성격을 가지고 있다. 따라서 스포츠에서의 무상은 선수는 경기 중에 자신의 몸 상태와 느낌, 경기상황을 인식하는 것이다. 그러나 이러한 변화는 일시적이며, 선수는 그 변화에 미소(微小)하게 변화하면서도(극히 짧은 시간 동안에 필요한 만큼의 에너지를 일으켜 변화하는 것) 자신의 목표를 향해 집중할 수 있다. 이를 통해 스포츠에서의 무상한 마음가짐이 강조된다.

√ 오온에서의 고(고통): 감정과 감각에서 나타난다. 불교에서는 모든 존재가 고통을 경험한다고 설명하며, 이를 극복함으로써 깨달음을 얻을 수 있다고 말한다. 스포츠에서의 고는 선수들이 경기 중에 경험하는 다양한 감정과 감각을 말한다. 이는 경기의 역경, 힘든 훈련, 부상 등으로 나타날 수 있다. 그러나 이러한 고통은 선수의 성장과 발전에 기여할 수 있다. 고난을 극복하고 이를 통해 성장함으로써 선수는 불교의 고를 스포츠에서 경험하게 된다.

√ 오온에서의 무아: 모든 것이 무자아 하다는 불교의 관점에서, 모든 것은 지나가는 일시적인 현상일 뿐 실재하지 않는다고 설명한다. 스포츠에서의 무아는 선수들이 경험하는 승리와 패배, 힘든 훈련과 즐거운 순간 등 다양한 경험들은 모두 일시적이라는 것이다. 선수들은 이러한 것들이 지나가는 현상으로 받아들일 수 있어야 한다. 스포츠에서의 무아의 마음가짐은 선수에게 안정감과 균형을 제공할 수 있다.

참고 5 **오온(五蘊, skhandha)의 이해**

인간의 구성요소는 육신과 정신으로 이루어져 있다.

먼저, 형상적인 몸Rūpa(色, 색)이 있어야 한다. Rūpa(色)는 감각기관과 내부기관·뇌 등을 포함한 인간의 물리적인 육체 전반을 말한다. 눈에 보이고 손으로도 만질 수 있는 모습들이다. 그러나 이 몸은 병들고 늙고 언젠가 죽게 된다. 즉 Rūpa는 영원하지 않다.

오온에서 Rūpa 외에 나머지 네 가지는 인간의 정신적 영역들이다.

- Vedanā(受, 수)는 육체가 외부세계의 감각대상과 관련 의식과 접촉할 때 좋거나 싫거나 좋거나 싫지도 않은 아주 드라이한 정서적 경험의 무더기를 말한다. 이것이 있어야 세상 만물이 나의 세계로 들어오게 된다.
- Saṃjñā(想, 상)는 육체의 감각기관으로 받아들인 물질적이고 정신적인 대상의 경험을 오랜 시간 반복적으로 저장해 놓았다가, 각각을 다른 사물들과 구분되게 이미지화하고 인식하는 정신작용을 말한다. 예를 들어, 핸드폰에 대한 과거의 경험적 데이터가 누적돼 이미지화하기 때문에 기능과 모양이 전혀 달라도 어떤 핸드폰이라도 핸드폰이라고 간주하는 것이다.
- Saṅkhārā(行, 행)는 인간의 의지적 정신작용을 말한다. 일체유심조라 하여 마음이 모든 것을 만든다고 할 때, 모든 것을 만들게 촉발시키는 의지 형성과 의지 활동이 바로 이것이다.
- Viññāṇa(識, 식)는 '인간의 의식, 구별하여 아는 판별작용'을 말한다.

인간은 이렇게 육체와 네 가지 정신작용으로 살아가는 존재이다. 그러나 몸이 영원하지 않듯이 네 가지 정신작용도 끊임없이 변한다. 태어난 것은 반드시 죽게 되어 있고 만난 것은 반드시 헤어지게 되어 있듯이, 인간의 오온도 인연에 따라 잠시 모였을 뿐 반드시 흩어진다. 흩어진다는 것은 영원하지 않다는 것이고, 영원하지 않다는 것은 변한다는 것이고, 변한다는 것은 실체가 없다는 것이다. 이처럼 인간(오온)은 꿈이나 물거품·구름처럼 짧게 존재하나 영원하지는 않으니 허망한 이것에 오래 집착할 필요가 없으며, 허망한 곳에서 발생하는 온갖 고통도 오래가지 않는다. 이 도리를 확연히 비추어 본다면 온갖 고통의 굴레에서 벗어날 수 있다는 것이다.

(출처: 불교신문 https://www.ibulgyo.com/news/articleView.html?idxno=212357)

2.2 오온(五蘊)의 스포츠 적용

위빠사나 명상에서 육신의 영역인 몸과 정신의 영역인 느낌, 인식, 형성, 식을 관찰하는 것은, 자신의 경험을 더욱 명확하고 비판적으로 이해하며, 고통과 집착에서 벗어나는 데 중요한 역할을 한다. 그러기 위해서는 위빠사나 관찰 방법을 정확히 알아야 한다. 위빠사나 관찰 방법은 다음과 같다.

예시 1 **위빠사나 관찰 방법**

- *어떠한 현상이건 일어나도록 하지 말고 사라지도록 하지 말라.*
- *일어나는 대로 사라지는 대로 놓치지 말고 움켜쥐지 말고, 단지 있는 그대로 정확하게 알기만 하라.*
- *일어나도록 원하면 탐심이고 사라지도록 바라면 성냄이고 '일어나고 사라짐'을 모르면 어리석음이다.*
- *지금 어떤 마음으로 수행하고 있는지 잘 살펴보라. 바라는 마음도 없고, 원하는 마음도 없고, 조급한 마음도 없고, 걱정하는 마음도 없고, 두려워하는 마음도 없고, 성급한 마음도 없고, 단지 현재의 현상에 마음만 있도록 해야 한다.*
- *평정한 마음으로 방일하지 말고 위빠사나 수행 방법을 잘 기억하여 정진하라.*

1) 몸(Rūpa, 色)의 관찰

몸은 인간 존재의 물리적인 부분을 의미한다. 신체의 형태나 감각기관, 뇌와 같은 물질적 요소를 포함한다. 위빠사나 명상에서는 신체의 감각을 주의 깊게 관찰하는 것이 매우 중요하다. 신체의 변화를 관찰함으로써, 몸의 무상(모든 신체적인 감각이나 상태가 일시적이고 변한다는 것)을 깨닫고, 이로 인해 집착을 줄이는 데 도움을 줄 수 있다. 스포츠에서 몸은 가장 중요한 요소이며, 경기에 참여하는 동안 선수의 신체 상태는 중요한 영향을 미친다. 그러나 몸은 무상하며, 끊임없이 변화한다. 훈련 중에 몸의 피로, 근육의 긴장, 통증 등의 신체적 경험을 관찰함으로써, 선수는 자신이 경험하는 신체적 감각을 받아들이고, 그 감각이 일시적임을 인식할 수 있다. 이를 통해 몸의 한계를 받아들이고 스트레스를 줄이는 데 도움을 준다. 〈예시 2〉는 관찰법과 스포츠에 활용하는 방법이다.

- 몸의 감각을 주의 깊게 관찰: 편안한 자세로 앉거나 누워서 몸의 각 부위에 집중한다. 예를 들어, 손끝, 발끝, 얼굴, 가슴 등의 감각을 차례차례로 관찰한다. 온도, 압력, 진동, 근육의 긴장감 등 세부적인 감각을 인식한다.
- 통증과 불편함 관찰: 몸에 통증이나 불편함이 있을 때, 그것을 회피하거나 판단하지 않고 그대로 관찰한다. 통증은 무상하다는 사실을 인식하며, 그것이 변화할 것임을 받아들인다.
- 호흡과 몸의 움직임: 호흡이 들어오고 나가는 과정을 관찰하며, 이를 통해 몸의 리듬과 상태를 인식한다.

예시 2 오온의 구성요소와 스포츠 상황의 응용

몸(색) 물질적 요소		몸의 형상, 감각기관, 내장기관. 몸은 무상하여 변하고, 고통스럽고, 자아와는 다르다.
		활용: 경기 중 피로, 근육 통증, 긴장 등을 객관적으로 받아들이는 훈련을 통해 불필요한 스트레스나 긴장을 덜어낼 수 있다. • 몸의 감각 관찰: 경기 중이나 훈련 중, 신체의 감각을 섬세하게 관찰한다. 예를 들어, 발바닥이 지면에 닿는 감각, 호흡의 리듬, 근육의 긴장을 인식하며 그 변화를 받아들인다. • 통증의 수용: 부상이나 근육통이 있을 때, 그 감각을 피하지 않고 그대로 관찰하며, 이 감각이 변할 것임을 인식한다.
정신	느낌(수) 감각의 느낌	쾌감, 불쾌감, 중립감. 느낌은 무상하여 변하고, 고통스럽고, 자아와는 다르다.
		활용: 경기에 대한 불안, 초조, 스트레스 등을 있는 그대로 관찰함으로써, 감정에 휘둘리지 않고 침착한 상태를 유지할 수 있다. • 감정 관찰: 경기가 진행되면서 발생하는 감정적인 변화–예를 들어, 좌절, 불안, 긴장–를 판단하지 않고 그냥 관찰한다. 이를 통해 감정에 의해 휘둘리지 않고, 객관적으로 상황을 바라볼 수 있다. • 중립적 감각: 경기 중 부정적 느낌이 일어날 때, 그 느낌을 지나치게 확대나 축소하지 않고, 그냥 있는 그대로 받아들인다.
	인식(상) 대상의 인식 기능	대상을 구분하고, 이름 붙이고, 분류하는 기능. 인식은 무상하여 변하고, 고통스럽고, 자아와는 다르다.
		활용: 왜곡된 인식을 수정하고, 상황을 있는 그대로 파악하여 경기 중 불필요한 걱정이나 판단을 줄이는 데 도움이 된다. • 인지 왜곡 인식: 경기 중, 혹은 훈련 중 불안하거나 긴장될 때, 이러한 감정이 왜곡된 인식을 만들어낼 수 있음을 자각하고, 왜곡된 인식을 그대로 받아들이되, 그것이 일시적임을 명확히 한다. • 객관적 인식: 경기상황에서 무언가 잘못될 것 같은 인식이 일어날 때, 그 인식을 관찰하고 그것이 현실을 반영하지 않음을 깨닫는다.
	형성(행) 마음의 작용	생각, 감정, 욕망, 집착. 형성은 무상하여 변하고, 고통스럽고, 자아와는 다르다.
		활용: 경기 중 집착을 내려놓고 자유로운 마음 상태를 유지함으로써 자신의 능력을 최대한 발휘할 수 있다. • 집착 내려놓기: 결과에 과도한 집착이 있을 때, 그것이 일시적 현상임을 깨닫고, 자신에게 지나치게 많은 압박을 주지 않는다. • 감정과 의도의 관찰: 경기에 대한 긴장, 불안, 실망 등을 의도적으로 관찰하며, 그것에 지나치게 반응하지 않도록 훈련한다.
	식(식) 의식 작용	대상을 인식하고, 생각하고, 느끼는 기능. 식은 무상하여 변하고, 고통스럽고, 자아와는 다르다.
		활용: 사고의 흐름을 차단하거나 불필요한 생각을 억제하고, 현재 상황에만 집중할 수 있도록 돕는다. • 의식의 흐름 관찰: 경기 중 자꾸 떠오르는 생각이나 감정들을 그대로 관찰한다. 예를 들어, 실패나 실수에 대한 생각을 평가하지 않고, 그 생각을 그냥 지나가게 한다. • 자기인식: 경기 중 느끼는 감정이나 상태를 의식적으로 관찰하고, 그것을 비판적으로 분석하거나 판단하지 않는다.

2) 느낌(Vedanā, 受)의 관찰

느낌은 감각을 통해 발생하는 쾌, 불쾌, 중립적인 경험을 의미한다. 스포츠에서 느낌은 매우 중요하다. 경기 중, 선수는 종종 피로와 스트레스, 그리고 때로는 즐거움과 만족을 경험하게 된다. 이러한 느낌을 분별없이, 판단 없이 관찰하는 능력은 선수에게 중요한 자산이 될 수 있다. 느낌을 인정하고, 그에 대한 반응을 조절하는 능력은 경기에서 냉정을 유지하게 도와준다.

느낌(Vedanā)은 외부 자극을 받은 후 발생하는 감각적 경험을 말한다. 느낌은 크게 쾌감, 불쾌감, 중립감으로 나뉘며, 이는 신체와 마음에 의해 경험된다. 위빠사나 명상에서는 이러한 느낌을 판단하지 않고 있는 그대로 관찰하는 것이 중요하다. 감정이나 느낌에 휘둘리지 않고 객관적인 인식을 갖는 훈련을 통해, 내면의 평화를 얻을 수 있다.

- 쾌감, 불쾌감, 중립감을 있는 그대로 관찰: 어떤 자극에 반응하여 기쁨, 분노, 슬픔, 불안 등이 일어날 때, 그것을 비판 없이 받아들인다. 예를 들어, 훈련 중 피로로 인한 불쾌감을 경험할 때, 그 느낌을 그냥 지나가는 하나의 경험으로 관찰한다.
- 감정의 변화 추적: 감정이 일어났다가 사라지는 과정을 지켜본다. 감정이 고정된 것이 아니라 일시적인 현상임을 깨닫는다.

3) 인식(Saññā, 想)의 관찰

인식은 우리가 외부 세계를 인식하고 해석하는 과정으로 대상을 분별하고 구분하는 정신적 과정이다. 위빠사나 명상에서는 그 인식을 왜곡 없이 그대로 관찰하는 것이 핵심이다. 우리가 상황을 인식할 때 주관적 판단이 개입되어 왜곡이 발생할 수 있다. 스포츠에서, 선수는 끊임없이 상황을 인식하고, 타인의 움직임이나 경기 흐름을 파악해야 한다. 인식은 변화무상하며, 때로는 왜곡되기도 한다. 예를 들어, 경기 중에는 불안감이 인식의 왜곡을 일으켜 지나치게 과대평가하거나 과소평가할 수 있다. 위빠사나 명상에서는 이러한 인식을 무상한 것으로 받아들이고, 고정된 개념을 버리는 훈련을 한다.

- 객관적 인식의 훈련: 경기 중 상대방 움직임이나 상황에 대한 해석이 일어날 때, 그것을 판단하거나 해석하지 않고, 그냥 있는 그대로 받아들인다. 예를 들어, 상대의 빠른 속도나 상황에 대한 불안감을 느낄 때, 그것을 왜곡된 해석 없이 그대로 관찰한다.
- 인식의 변화 추적: 상황을 어떻게 해석하고 있는지, 그 인식이 일시적으로 변화하는지, 그 변화를 추적한다.

4) 형성(Saṅkhārā, 行)의 관찰

형성은 마음의 작용을 뜻한다. 이에는 의도, 생각, 감정, 욕망, 집착 등이 포함된다. 스포츠에서 형성은 선수의 목표, 동기, 집착, 감정이 포함된다. 그러나 형성 또한 무상하며, 끊임없이 변한다. 이 과정에서 자기 자신에 대한 집착이나 부정적인 사고가 발생할 수 있다. 위빠사나 명상은 이러한 마음의 작용을 비판 없이 관찰하고, 집착을 내려놓는 훈련을 통해 스포츠 수행에서 더 자유롭게 대응할 수 있도록 한다.

- 생각의 흐름 관찰: 경기 중 떠오르는 생각이나 감정이 일어날 때, 그것을 인식하고 내려놓는다. 예를 들어, 경기 중 실수에 대한 자책감이나 상대방에 대한 불만 등이 일어날 때, 그것을 그대로 관찰하고 집착하지 않도록 한다.
- 욕망과 의도의 관찰: 승리의 욕망, 기록을 세우고자 하는 의도 등이 떠오를 때, 그것을 있는 그대로 받아들이며 지나가는 마음의 작용임을 깨닫는다.

5) 식(Viññāṇa, 識)의 관찰

식은 의식이나 판별작용의 활동을 의미하며, 대상을 인식하고, 사고를 일으키는 역할을 한다. 우리는 계속해서 주변 환경과 자신의 내면을 인식하고 해석한다. 식은 모든 감각적 경험이 의식 속에서 판별되는 과정에 해당하며, 마음의 흐름을 관리하는 중요한 역할을 한다. 이 의식의 흐름을 관찰하고, 부정적인 사고나 잡념이 끼어들지 않도록 관리하는 것이 핵심이다. 스포츠에서 선수는 자신의 의식을 상황에 맞게 조절해야 한다. 경기가 진행되면 마음의 흐름이 방해받을 수 있는데, 이를 제어하기 위해 식의 흐름을 관찰하고, 불필요한 사고를 내려놓는 훈련을 한다. 이러한 연습을 통해, 선수는 더 명확하고 선명한 마음 상태를 유지하며 경기에서 집중할 수 있다.

- 의식의 흐름 인식: 경기 중에 떠오르는 생각이나 느낌을 계속해서 추적하고, 그 흐름을 비판 없이 관찰한다. 예를 들어, 경기를 하면서 일어나는 초조한 생각이나 불안을 그대로 인식하며 지나가도록 한다.
- 판별작용 관찰: 상황을 어떻게 해석하고, 그 해석이 어떤 감정을 불러일으키는지 관찰한다.

2.3 경기상황별 오온의 활용

위빠사나 명상은 스포츠 수행에 있어 정신적, 신체적 안정을 유지하고, 경기에 집중할 수 있도록 돕는다. 오온을 관찰하는 훈련을 통해, 선수는 자신의 감정과 신체적 감각을 객관적으로 인식하고, 현재 순간에 집중할 수 있는 능력을 키운다. 이를 통해 경기 중 발생하는 스트레스와 부정적인 감정을 효과적으로 다루며, 최상의 수행을 발휘할 수 있게 된다.

- 집중력 향상: 경기 중 집중력을 유지하고 방해 요소를 차단하는 데 도움이 되는 명상 기법을 연습한다.
  예) 호흡에 집중하는 명상, 바디스캔 명상 등을 활용할 수 있다.
- 압박 관리: 압박 상황에서 침착함을 유지하고 최고수행을 발휘할 수 있도록 돕는 명상 기법을 연습한다.
  예) 자비 명상, 긍정적 사고 명상 등을 활용할 수 있다.
- 자신감 향상: 자신의 강점과 약점을 객관적으로 인식하고, 스스로를 믿는 마음을 함양하는 데 도움이 되는 명상 기법을 연습한다.
  예) 감사 명상, 성취 경험 상기 명상 등을 활용할 수 있다.
- 회복 탄력성 강화: 실패와 어려움을 극복하고 좌절감을 극복하는 데 도움이 되는 명상 기법을 연습한다.
  예) 실패 분석 명상, 용서 명상 등을 활용할 수 있다.
- 팀워크 향상: 팀원들과의 소통을 개선하고 협력적인 관계를 형성하는 데 도움이 되는 명상 기법을 연습한다.
  예) 공감 명상, 마음 듣기 명상 등을 활용할 수 있다.

위빠사나 명상을 통하여 스포츠수행향상을 위한 심리기술훈련을 시도할 수 있다. 다음 내용은 훈련과 시합 상황에서 요구되는 심리기술과 이를 향상시키기 위한 명상 방법이다.

- 경기 전 명상: 경기 전에는 몸과 마음을 안정시키는 것이 중요하다. 위빠사나 명상은 선수에게 현재의 신체 상태와 감정을 있는 그대로 인식하고, 경기 중 겪을 수 있는 스트레스와 압박에 미리 대비하게 해준다.
  √ 호흡 집중: 5분간 호흡에 집중하며 몸과 마음을 가라앉힌다. 경기 전 긴장감을 줄이고, 몸의 감각을 인식하여 긴장을 풀도록 한다.
  √ 자기인식: 경기 중 발생할 수 있는 감정 반응(예: 불안, 초조)을 인식하고, 그것이 지나가는 현상일 뿐임을 깨닫는다.
- 경기 중 명상: 경기 중 위빠사나 명상을 실천하면, 집중력을 유지하고 외부의 방해 요소를 차단할 수 있다. 특히, 경기에서 발생할 수 있는 부정적인 감정이나 스트레스를 효과적으로 다룰 수 있다.

TIP 위빠사나를 수행하는 태도에 대해 열한 가지 설명

① 아무것도 기대하지 마라.
② 긴장하지 마라.
③ 인내하라.
④ 어떤 것에도 집착하거나 거부하지 말고, 떠오르면 떠오르게 놔둬라.
⑤ 놓아버려라. 느긋하게 일어나는 온갖 변화와 흘러가는 법을 배워라.
⑥ 일어나는 모든 일을 다 수용하라.
⑦ 자신에게 관대하라.
⑧ 자기 자신을 탐구하라.
⑨ 모든 문제를 도전 과제로 간주하라.
⑩ 심사숙고하지 마라.
⑪ 차이에 머무르지 마라.
Gunaratana(2007, p.60-64, 박미옥, 2014에서 재인용).

√ 감각 관찰: 경기가 진행되는 동안, 신체의 움직임이나 감각을 관찰한다. 예를 들어, 공이 손에 닿는 감각, 발이 땅에 닿는 느낌 등을 주의 깊게 인식한다.

√ 의식의 흐름: 경기 중 떠오르는 생각을 그대로 관찰하고, 그 생각이 경기 수행에 방해가 되지 않도록 한다.

• 경기 후 명상: 경기 후, 승리든 패배든 감정적인 안정이 필요하다. 위빠사나 명상을 통해 자신의 감정 상태를 객관적으로 바라보며, 경기 후 회복할 수 있다.

√ 회복과 관찰: 경기 후, 느낀 감정들을 있는 그대로 관찰하며, 그것들이 일시적임을 인식한다. 결과에 대한 집착을 내려놓고, 자신이 경험한 감정과 신체 상태를 평가 없이 받아들인다.

3. 위빠사나 명상을 활용한 심리기술훈련

3.1 집중력 부족 선수의 위빠사나 명상의 예

위빠사나 명상은 집중을 통해 마음을 한 곳에 머물게 하는 명상 단계, 현실을 있는 그대로 관찰하는 단계, 현실의 무상, 고, 무아성을 꿰뚫어 보는 통찰 단계로 이루어진다. 호흡관찰은 호흡의 들어오고 나가는 것을 섬세하게 관찰하며 마음을 집중한다. 신체감각 관찰은 몸의 온도, 움직임, 자세 등을 섬세하게 관찰하며 마음을 집중한다. 마음현상 관찰은 생각, 감정, 느낌 등을 있는 그대로 관찰하며 마음을 집중하는 것이다. 마지막으로 법(실제) 관찰은 무상, 고, 무아의 법을 관찰하며 현실의 본질을 통찰하는 과정으로 이루어진다.

다음은 여러 가지 이유로 훈련에 불참하고, 운동에 집중하지 못하는 선수를 위한 위빠사나 명상 수행법이다. 몸, 감각, 마음 관찰의 단계를 통하여 운동하기 싫은 마음에 대한 판단과 평가 없이 자신을 바라보게 하는 시간을 갖게 해본다.

예시 3 몸, 감각, 마음 관찰

몸 관찰	• 먼저, 편안한 자세로 앉아서, 자신의 몸을 관찰한다. 몸의 각 부분에 주의를 기울여서, 그 느낌을 있는 그대로 받아들인다. 몸이 움직일 때, 그 움직임을 관찰한다. 몸에 통증이나 불편함이 있으면, 그 느낌을 관찰한다.
감각 관찰	• 자신의 감각을 관찰한다. 시각, 청각, 후각, 미각, 촉각의 모든 감각에 주의를 기울여서, 그 느낌을 있는 그대로 받아들인다. 어떤 감각이 일어나든, 그것을 판단하거나 평가하지 않는다.
마음 관찰	• 자신의 마음을 관찰한다. 생각, 감정, 욕망, 기억, 상상 등의 모든 마음의 작용에 주의를 기울여서, 그 느낌을 있는 그대로 받아들인다. 어떤 마음의 작용이 일어나든, 그것을 판단하거나 평가하지 않는다.

이러한 관찰을 하면서, 운동이 싫은 자신의 마음 상태를 있는 그대로 받아들인다. 운동이 싫은 이유는 무엇인지, 그 이유에 대한 생각이나 감정을 판단하거나 평가하지 않고, 있는 그대로 관찰한다.

운동이 싫은 마음 상태를 있는 그대로 관찰함으로써, 그 마음 상태에 대한 이해가 깊어지고, 그것을 받아들이는 마음이 생긴다. 그러면, 운동에 대한 부정적인 감정이 줄어들고, 운동을 하는 것이 더 쉬워질 수 있다.

운동이 싫은 선수를 위해 훈련이나 시합 현장에서 위빠사나 명상 수행을 할 수도 있다. 3단계의 관찰과정과 동일하게 운동 전, 중, 후에 다음 명상을 진행해 본다. 위빠사나 명상은 지속적인 수행을 통해 효과를 볼 수 있다. 하루에 10분에서 30분 정도, 매일 꾸준히 수행하는 것이 좋다.

예시 4 3단계 관찰 과정

운동 시작 전에	• 운동을 시작하기 전에, 잠시 시간을 내서 위빠사나 명상을 한다. 몸, 감각, 마음의 모든 작용을 있는 그대로 관찰한다. 이때, 운동을 싫어하는 마음 상태도 있는 그대로 관찰한다.
운동을 하면서	• 운동을 하면서도, 위빠사나 명상을 계속한다. 몸의 움직임, 감각, 마음의 작용을 있는 그대로 관찰한다. 운동이 힘들거나 지루할 때도, 그 느낌을 있는 그대로 받아들인다.
운동을 마친 후에	• 운동을 마친 후에, 다시 위빠사나 명상을 한다. 운동을 하면서 일어났던 몸, 감각, 마음의 작용을 있는 그대로 관찰한다. 이때, 운동이 싫었던 마음 상태도 있는 그대로 관찰한다.

3.2 위빠사나 명상을 활용한 심리기술 프로그램의 예

- 프로그램 개요
  √ 대상: 심리기술 향상을 원하는 누구나
  √ 목표: 위빠사나 명상을 통해 심리기술을 향상시킨다.
  √ 기간: 10회기(회기당 60분)
  √ 방법: 강의, 토론, 실습, 역할극 등
- 프로그램 진행 시 유의 사항
  √ 프로그램 참가자는 위빠사나 명상에 대한 기본적인 이해가 필요하다.
  √ 프로그램 진행자는 참가자의 수준과 상황에 맞는 프로그램을 진행해야 한다.
  √ 프로그램 참가자는 꾸준한 실천을 통해 위빠사나 명상을 통한 심리기술 향상을 기대할 수 있다.

표 4. 위빠사나 명상을 활용한 심리기술 프로그램: 10회기

회기	주제	목적	내용
1	자기소개 및 프로그램 소개	프로그램 이해	프로그램의 목적과 목표, 진행 방식에 대한 이해
2	위빠사나 명상의 개념과 원리	위빠사나 명상의 이해	위빠사나 명상과 마음챙김의 개념, 원리, 중요성에 대한 이해
3	위빠사나 명상 실습	위빠사나 명상의 경험	호흡 명상, 몸 탐색 명상, 감각 명상 등 다양한 위빠사나 명상 기법 실습
4	마음챙김의 중요성	위빠사나 명상의 경험	무드라 호흡, 순련 호흡, 차크라 호흡의 개념, 중요성, 습관화 방법에 대한 이해
5	스트레스 대처	스트레스관리와 몸 탐색	스트레스의 개념, 원인, 종류, 대처 방법의 이해
6	감정 조절	감정 관리와 감각명상	감정의 개념, 유형, 조절 방법에 대한 이해
7	사고의 긍정화	사고 관리와 무드라호흡	사고의 개념, 유형, 긍정화 방법에 대한 이해
8	자기효능감 향상	자기효능감과 차크라 명상	자기효능감의 개념, 중요성, 향상 방법 이해
9	실전 적용 연습	실전 적용 연습	위빠사나 명상을 기반으로 한 심리기술을 실전에서 적용하는 연습
10	마무리	프로그램 종합	프로그램의 종합 및 향후 계획에 대한 공유

4. 마음챙김 명상 기법

4.1 명상의 준비운동

명상은 마음이 방황할 때마다 호흡에 집중하고, 다시 호흡으로 돌아오는 방식으로 마음챙김을 창출하는 데 사용된다. 또한, 마음에 떠오르는 생각, 감정, 판단, 감각에 대한 인식을 높이는 데도 사용될 수 있다. 명상은 내면의 반성/조사/인식하는 것이며, 기술이 아니라 삶의 방식이고, 건강한 시각을 얻기 위해 마음을 인식하는 훈련이다. 그리고 생각을 판단 없이 관찰하여 이해를 높이는 것이다. 이러한 명상의 실천을 위한 다양한 실천기법 등이 소개되어 있다. 명상에 앞서 간단한 요가 동작을 통하여 몸과 마음의 준비를 할 수 있다. 〈그림 1〉은 선수들의 유연성, 강인함, 정신집중, 회복을 위한 요가동작의 예이다.

또한 본격적인 명상수련에 앞서 마음을 헐겁게 하고 자비롭게 할 수 있는 용서명상과 자비명상을 통해 무거운 마음을 가볍게 하면서 다소 홀가분한 기분으로 다음 명상을 진행할 수 있다(김열권, 2015, p.2-3). 아래의 〈예시 5〉에 제시된 용서명상과 자비명상은 명상을 촉진시키기 위해 명상 시작 전에 혹은 명상을 마친 후 마음을 정리하기 위하여 소리 내어 읽거나 녹음을 통해 사용할 수도 있다.

그림 1. 명상을 위한 요가 준비운동

예시 5 용서명상

용 서 명 상	
만일 내가 다른 사람에게 몸으로, 입으로, 생각으로, 잘못을 행했다면, 내가 평화롭고 행복하게 살 수 있도록 용서받기를 원합니다. 누군가가 나에게 몸으로, 입으로, 생각으로, 잘못을 행했다면, 그들이 평화롭고 행복하게 살 수 있도록 나는 용서합니다.	
메타(자비관) 수행	
내가 안락하고 행복하고 평화롭기를 기원합니다. 내가 안락하고 행복하고 평화롭기를 기원하는 것처럼, 모든 존재들이 안락하고 행복하고 평화롭기를 기원합니다. 내가 악의에서 벗어나기를 기원합니다.	내가 악의에서 벗어나기를 기원하는 것처럼, 모든 존재들이 악의에서 벗어나기를 기원합니다. 내가 정신적, 육체적인 고통에서 벗어나기를 기원합니다. 내가 정신적, 육체적인 고통에서 벗어나기를 기원하는 것처럼, 모든 존재들이 정신적이거나 육체적인 고통에서 벗어나기를 기원합니다. 내가 평화롭고 행복하게 살기를 기원합니다. 내가 평화롭고 행복하게 살기를 기원하는 것처럼, 모든 존재들이 평화롭고 행복하게 살기를 기원합니다.
미운 분에게	
이 사람도 나와 똑같이 삶에서 고통을 겪어 알고 있다. 이 사람도 나와 똑같이 슬픔과 외로움과 좌절을 겪어 알고 있다. 이 사람도 나와 똑같이 행복을 찾고 있다. 이 사람도 나와 똑같이 무언가 배우려 하고 있다. 이 사람도 나와 똑같이 무한한 본성이 있다.	

4.2 호흡 명상

들숨 날숨을 알아차리는 명상은 테크닉 자체에 집중하기보다 피부와 공기가 만나는 일련의 느낌을 지속적으로 알아차리면 된다. 핵심은 그저 '자연스러운 호흡을 의도적 개입 없이 알아차림 하는 것'이다. 호흡을 알아차림 할 때 주의할 점은 너무 과도한 의지를 갖고 집중하면 호흡이 짧아지면서 상기(上氣)돼 머리 쪽으로 열이 올라온다. 이때 두통이 생기거나 몸이 불편할 정도로 더워지는 반면 손발과 배는 차가워지면서 불편해질 수 있다. 이런 현상이 나타나면 호흡 명상의 균형이 깨진 것이므로, 잠시 명상을 중지하고 일상적인 호흡을 회복한 다음 다시 자연스러운 호흡을 알아차림 하면 된다.

또 의식이 숨을 따라 몸속으로 들어가지도, 몸 밖으로 나가지도 말아야 한다. 오직 피부와 공기가 만나는 지점을 자연스럽게 알아차리면 된다. 피부와 공기가 만나는 지점에 과도하게 집중하면 피부가 딱딱해지거나 마비가 오는 것처럼 얼얼해지고 경직될 수 있다. 그럴 땐 피부와 공기가 만나는 지점을 살짝 벗어난 허공에 집중하는 느낌으로 명상을 하면 위에 언급한 불편한 느낌이 자연스럽게 사라질 것이다.

숨이 들어오고 나감을 알아차린다는 건 '숨이 들어오네', '숨이 나가네' 하는 식으로 생각하라는 의미가 아니다. 그저 피부와 공기가 닿는 느낌만 알아차리는 것을 뜻하므로, 생각으로 호흡을 알아차리지 않도록 한다.

예시 6 호흡 알아차림

준비 자세	• *가능하면 명상에 방해가 적은 시간과 공간을 선택한다.* • *좌선을 추천하지만 불편하다면 의자에 앉아도 된다.* • *가슴을 편안히 열고 팔은 자연스럽게 늘어뜨린다.* • *손등은 치골 앞에 떨구거나 무릎 위에 둬도 좋다.*
호흡 알아차림	• 눈은 가볍게 감아 집중력을 높인다. • 의식을 코 부근에 집중한 채로 자연스럽게 숨을 들이쉬고 내쉬기를 수차례 반복한다. • 마음이 조금 안정되는 느낌이 들 때까지 자연스럽게 숨을 쉰다. • 들숨에서 숨이 들어오는 과정을 피부와 공기가 맞닿는 느낌을 통해 알아차린다. • 숨이 길게 들어오면 길게 들어온다고 알아차리고, 길게 나가면 길게 나간다고 알아차린다. • 숨이 고요해지면 호흡이 들고 나는 것을 알아차리기 어려울 정도로 미세해질 것이다. • 호흡을 느끼기 위해 억지로 숨을 길거나 짧게 쉬려고 하지 않는다. • 그저 공기와 피부가 만나서 호흡을 알아차렸던 부위에 집중하면 된다.

예시 7 짧은 호흡 명상 실습

준비 자세	• *편안한 자리를 찾습니다.* • *호흡에 집중합니다.* • *호흡을 어디에서 가장 많이 느끼나요? 배에서? 코에서? 호흡은 어떤 느낌인가요?* • *들이마실 때는 차갑고 내쉴 때는 따뜻한가요?* • *들숨과 날숨에 주의를 기울이며 그냥 알아차립니다.*	• 타이머를 준비한 후 1분, 2분, 3분 호흡 명상을 위한 가이드라인을 따라 합니다.
1분 명상 실습 방법	• 편안한 자세로 앉습니다. • 눈을 감습니다. • 천천히 깊게 코로 숨을 들이쉬고 내쉬면서 호흡에 집중합니다. • 의식에 생각이 떠오르면, 그것을 판단하지 말고 매달리지도 마세요. • 각 생각이 흐르는 강물처럼 지나가도록 내버려 둡니다. • 모든 신체 감각과 느낌도 생각처럼 다루세요. • 그것을 인지하고 흘려보낸 뒤 다시 호흡에 집중합니다.	• 이 연습은 마음을 차분하게 하고 내면의 고요를 찾는 데 도움을 줄 것입니다.
2분 명상 실습 방법	• 편안한 자리 찾기: 편안한 자세로 앉습니다. • 호흡에 집중하기: 당신의 호흡이 어디에서 가장 느껴지나요? 배에서 느껴지나요? 코에서 느껴지나요? • 호흡의 느낌은 어떤가요?: 숨을 들이쉴 때 더 차갑고, 내쉴 때 더 따뜻하게 느껴지나요? • 들숨과 날숨에 주의를 집중하면서 단순히 느껴보세요.	• 2분 후 시간이 끝나면, 깊게 숨을 들이마시며 배를 확장시키고, 천천히 길게 내쉬면서 배를 수축시킵니다.
3분 명상 실습 방법	• 앉거나 누워서 편안히 자리 잡으세요. • 눈을 감으세요. • 호흡을 조절하려고 하지 말고 자연스럽게 호흡하세요. • 호흡이 들어오고 나가는 대로 두세요. • 손을 가슴과 배에 올려놓으세요. • 호흡의 감각에 집중하세요. • 복부, 가슴, 어깨의 상승과 하강, 그리고 콧구멍을 통한 공기의 흐름에 주의를 기울이세요. • 생각이 흩어지면, 다시 호흡에 집중하세요. • 3분 동안 계속하세요.	• 점차 시간을 늘려가세요.
마무리	• *무슨 일이 일어났는지 알아차리세요.* • *당신의 마음이 숨에 집중하지 않고 떠났을 때는 얼마나 시간이 걸렸나요?* • *구체적으로 무언가를 생각하지 않았음에도 불구하고 마음이 바빴나요? 생각에 휘말렸나요?* • *마음이 떠나는 것은 정상입니다. 어쩌면 어제 일어난 일이나 오늘 해야 할 일로 떠났을 수도 있습니다.* • *마음이 떠날 때, 숨에 다시 집중하고, 꾸준히 연습하면 점점 더 쉬워집니다.*	• 비록 짧은 명상이지만 호흡을 통해 현재 순간에 더 집중하도록 도와주며 마음의 고요를 경험하게 할 것이다.

예시 8 규칙적인 호흡법

• *이 연습은 호흡을 규칙적으로 조절하여 마음을 진정시키고, 집중력을 높이는 데 도움을 줍니다.*

• 숨을 들이마실 때 5까지 세세요.

• 숨을 멈추고 5초 동안 호흡을 유지하세요.

• 천천히 숨을 내쉬면서 7초 동안 세세요.

• 공기가 빠져나간 상태에서 5초 동안 숨을 멈추세요.

4) 무드라 호흡

무드라는 손을 이용한 작은 동작으로 명상과 요가에서 미세한 몸의 에너지 흐름을 안내하고, 마음을 집중시키며 내면으로 들어가는 데 도움을 준다. 요가에서 손가락은 단순한 신체 부위가 아니라, 몸 안의 미세한 에너지 흐름을 조절하는 중요한 도구이다. 각 손가락은 특정한 에너지와 연결되어 있으며, 손가락을 다양한 방식으로 모아 무드라를 만들면 신체와 정신의 균형을 이룰 수 있다고 믿는다. 각 손가락이 상징하는 의미는 다음 〈표 5〉와 같다.

표 5. 무드라 호흡에 사용되는 손가락의 상징적 의미

손가락	상징	의미
엄지	불의 원소	의지력, 열정, 리더십
검지	에테르(공기)의 원소	지혜, 명상, 집중력
중지	공기의 원소	균형, 조화, 정의
약지	흙의 원소	인내, 안정, 감정
새끼	물의 원소	소통, 창의성, 직관
무드라	**동작과 의미**	**관련 요가명상**
	☞ Anjali(Prayer): 기도 • 손바닥을 가슴 중앙에 맞대는 '기도의 손' 자세를 취한다. • 두뇌의 좌우 반구를 연결하고, 더 높은 힘과의 연결 촉진 • 존경, 감사, 신성과의 연결 상징	☞ 요가와 명상에서 흔히 시작과 끝에 사용, 균형과 마음챙김 촉진 • 옴(OM): 우주적인 소리로, 모든 존재의 근원과 연결된다는 의미 • 나마스떼(Namaste): "내 안의 신은 당신 안의 신과 만난다."는 의미로, 존경과 겸손을 표현하는 인사
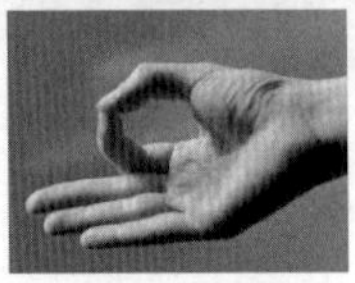	☞ Gyan(Knowledge): 지식 • 엄지와 검지를 붙이고 나머지 손가락은 펼쳐둔다. • 마음의 진정, 집중력 향상, 기억력을 선명하게 함	☞ 무드라 동작을 한 후 사분호흡 연습하기 • "코로 숨을 들이마시고, 코로 내쉬세요. • 입으로 숨을 들이마시고, 입으로 내쉬세요. • 코로 숨을 들이마시고, 입으로 내쉬세요. • 입으로 숨을 들이마시고, 코로 내쉬세요. 반복하세요."
	☞ Kal(Kail): 칼리 • 손을 맞잡고 손가락을 교차시킨 후, 검지손가락을 뻗는다. • 긴장을 풀고, 에너지를 활성화시키며, 마음을 맑게 하는 데 도움	☞ 사자의 호흡(Lion's Breath) • "코로 깊게 들이마십니다. • 입을 크게 열고 혀를 쭉 내밀어, 혀끝을 아래로 내려 턱 쪽으로 향하게 하세요. • 눈을 크게 뜨고, 목 앞부분의 근육을 수축시킵니다. • 그 후, 입으로 숨을 천천히 내쉬면서 '어흥' 소리를 내며 호흡합니다."
	☞ Apan(Apana): 아파나 • 중지와 약지가 엄지손가락에 닿고, 검지와 새끼손가락은 뻗는다. • 소화를 돕고, 독소를 제거하며, 복부 팽만감을 완화하는 데 효과적임	☞ 불의 호흡(Fire Breath) – 초보자에게는 적합하지 않음 • "코로 숨을 들이마시고, 숨을 내쉴 때 배를 강하게 펌프처럼 밀어 넣습니다. • 들숨은 자연스럽게 이루어집니다. • 이 호흡은 에너지를 활성화하고, 몸을 정화하는 데 효과적입니다."
	☞ Dhyana(Meditation): 명상 • 두 손을 위로 향하게 하여 무릎 위에 놓고, 오른손을 위로 하고 엄지손가락 끝을 맞대어 삼각형 모양을 만든다. • 집중을 돕고, 몸의 좌우 균형을 맞추며, 마음을 진정시키는 데 효과적임	☞ 빛의 기도(Prayer of Light) 반복 • "편안하게 앉습니다. 눈을 감습니다. • 자신의 웰빙과 무조건적인 사랑의 감정을 자신에게 향하도록 마음을 집중합니다. • 사랑과 친절을 자신에게 충분히 보내고 기쁨을 느끼기 시작하면, 가까운 친구나 가족에게 그 사랑을 보냅니다. • 중립적인 사람에게 사랑과 친절을 보냅니다. • 좋아하지 않는 사람에게 사랑과 친절을 보냅니다. • 그 사랑을 점차 우주로까지 확장해 보냅니다."
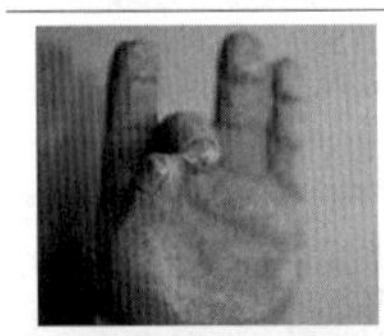	☞ Shoonya(Shuni): 슈니 • 중지의 끝을 엄지손가락 끝에 맞대고, 나머지 손가락은 똑바로 폄 • 인내심, 집중력, 경계심을 증진시키는 데 유용함	☞ 응시 명상(Gazing Meditation) • "외부 물체, 일반적으로 촛불, 이미지 또는 상징에 시선을 고정합니다. • 처음에는 눈을 뜨고 응시하다가, 눈을 감습니다. • 눈을 감은 상태에서도, 마음의 눈으로 그 물체의 이미지를 떠올리며 유지합니다."
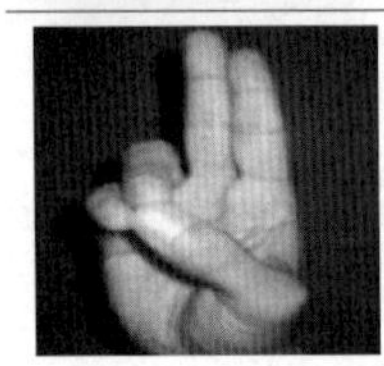	☞ Pran(Prana): 프라나 • 새끼손가락과 약지손가락을 엄지손가락 끝에 맞대고 검지와 중지는 편다. • 피로감과 긴장을 줄여주며, 근본적인 에너지 센터인 뿌리 차크라를 활성화시켜 몸과 마음을 지지하고 안정감 제공함	☞ 뿌리 차크라에 집중하기(Root Chakra Focus) • "편안하게 앉으세요. 고르고 꾸준한 호흡을 합니다. • 눈을 감고 뿌리 차크라(Muladhara)에 집중하며 '람(Lam)'을 주문처럼 반복합니다."

5) 차크라 명상

우리 문화 속 기(氣)와 단전(丹田)에 해당하는 개념으로 인도의 프라나(Prana · 生氣)와 차크라(Chakra · 輪)가 있다. 차크라는 기본적으로 '바퀴(Wheel)'라는 뜻이다. 척추를 따라 위치하면서 신체에서 에너지가 모이는 중심점들을 말하며 7개가 있다고 보는 것이 통설이다. 이를 우리말로 번역할 경우 '단전' 정도로 이해하면 될 것이다.

고대인들은 인간을 구성하는 것이 정신과 물질이라고 이해했다. 이 정신과 물질이 유기적으로 잘 연결되고 원활하게 소통될 때 건강한 육체와 정신을 갖게 된다고 받아들였다. 정신과 물질은 서로 너무나 이질적인 존재들이기에 직접 상호작용을 하기 어려워 이들을 중간에서 매개하는 것이 필요하다. 이를 우리 문화에서는 기(氣), 인도에서는 프라나(Prana)라고 불렀다. 기와 프라나는 에너지 형태지만 신체의 특정한 위치에 모이면 고유한 정신적, 육체적 기능을 발현한다. 차크라는 프라나가 모인 특정한 위치로서 에너지 중심점을 의미하고 고유한 정신적, 육체적 기능의 발현처 역할을 한다.

차크라는 척추뼈의 가장 밑 꼬리뼈 부근의 1번 차크라부터 정수리의 7번 차크라까지 수직으로 위치해 있다. 각각의 차크라는 육체적 기능과 정신적 기능을 발현하는데, 차크라의 균형이 맞을 때는 순기능을 발현하고 차크라의 균형이 깨질 때는 역기능을 발현한다. 각 차크라의 위치와 역할을 간단히 설명하면 아래와 같다〈표 6〉.

표 6. 차크라의 이해

차크라	원어	위치	색상	주요 의미	관련 요소	소리	신체적 영향
근본	Muladhara 물라다라	척추의 맨 아래, 엉덩이 부근	빨간색/흙(약지)	안정, 생명력, 안전, 생존	물질적 안정, 재정, 생명력	람(LAM)	하체, 발, 다리, 척추, 배설기관에 영향
배꼽	Svadhisthana 스바디스타나	배꼽 아래, 두 번째 척추뼈 부근	주황색/물(새끼)	감정, 창의력, 관계, 성적 에너지	감정, 창의성, 관계	밤(VAM)	하복부, 생식기, 비뇨기계에 영향
태양 신경총	Manipura 마니푸라	배꼽 위, 가슴 아래	노란색/불(엄지)	자아, 개인적 힘, 자신감	자기 존중, 자아 인식	람(RAM)	위장, 간, 췌장, 소화기 계통에 영향
심장	Anahata 아나하타	가슴 중앙	초록색/공기(검지)	사랑, 관계, 치유	사랑, 연민, 공감	얌(YAM)	심장, 폐, 혈액순환에 영향
목	Vishuddha 비슈드하	목, 아랫목	파란색/소리(중지)	의사소통, 진실, 표현	말, 소통, 자기표현	함(HAM)	목, 기도, 구강, 이마에 영향
이마	Ajna 아즈나	이마의 중앙, 두 눈 사이	남색/빛	직관, 통찰, 지혜	직관, 지혜, 정신적 통찰	아옴(AUM)	뇌, 눈, 신경계에 영향
정수리	Sahasrara 사하스라라	머리 꼭대기	보라색/사고	영성, 우주와의 연결	조화, 통합	옴(OM)	뇌, 신경계, 전체적인 에너지에 영향

6) 차크라 명상과 함께 하는 무드라와 만트라

• 편안한 자세에서 앉아 깊게 호흡을 시작합니다.
• 마음을 차분하게 가라앉히고, 몸과 마음을 준비합니다.
• 각 차크라의 효과를 극대화시켜 주는 무드라(손동작)를 취합니다〈표 7〉.
• 차크라 명상

√ 제1번 차크라에서 시작하여 제7번 차크라까지 각 차크라에 집중하며, 해당 색을 상상하면서 만트라(진언眞言: 참된 말, 진실한 말, 진리의 말소리)를 합니다.
√ 각 차크라가 활성화될 때마다 빛과 소리가 그곳에서 퍼져나가는 모습을 시각화합니다.
√ 각 차크라의 소리를 발음하면서, 그 차크라의 에너지가 몸 안에서 순환하며 활발하게 움직이는 느낌을 느껴봅니다.
√ 명상 중에는 자신의 호흡에 집중하면서 차크라가 차례차례 활성화되고 균형을 이루는 느낌을 경험합니다.
√ 각 차크라의 에너지가 점점 조화를 이루며, 몸과 마음이 안정감을 느낍니다.
√ 마지막에는 모든 차크라가 조화를 이루며 빛이 몸 전체를 감싸는 모습을 상상하고, 영적 연결감을 느낍니다.
√ 마음이 평온하고 균형 잡힌 상태를 경험하며 명상을 마칩니다.

표 7. 차트라 명상: 무드라와 만트라의 활용

명칭/위치	차크라	무드라		만트라와 함께 하는 차크라 명상
제7번 Sahasrara 정수리 차크라		Hakini Mudra		• '옴(OM: O-O-M-M-M-M~)'을 깊고 천천히 소리 내면서, 보라색 빛이 머리 꼭대기에서 퍼져나가는 모습을 시각화합니다. • 영적인 깨달음과 우주와의 연결감을 느끼면서, 모든 것이 하나임을 인식하는 시간을 가집니다.
제6번 Ajna 이마 차크라		Kalesvara Mudra	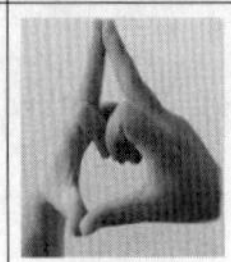	• '아옴(AUM: A-A-U-U-U-M~)'을 깊고 천천히 소리 내면서, 남색의 빛이 이마에서 퍼져나가는 모습을 시각화합니다. • 자신의 직관과 통찰력이 강해지고, 지혜의 에너지가 이마 차크라에서 흘러나오는 느낌을 경험하세요.
제5번 Vishuddha 목 차크라		Akash Mudra	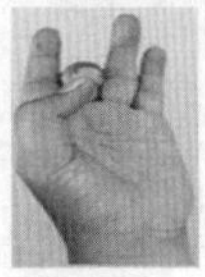	• '함(HAM: H-A-A-A-A-M~)' 소리를 천천히 길게 내면서, 파란색 빛이 목 부위에서 퍼져나가는 모습을 상상합니다. • 자유롭게 의사소통하고 진실을 표현하는 에너지가 목을 통해 흐르는 것을 느껴보세요.
제4번 Anahata 심장 차크라		Padma Mudra	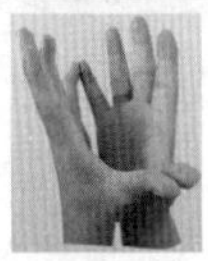	• '얌(YAM: Y-A-A-A-A-M~)' 소리를 천천히 길게 내면서, 초록색 빛이 가슴에서 퍼져나가는 모습을 상상하세요. • 자신과 타인에 대한 사랑이 흐르는 에너지를 느끼고, 치유의 에너지가 가슴을 가득 채우는 것을 상상하세요.
제3번 Manipura 태양 신경총 차크라		Surya Mudra	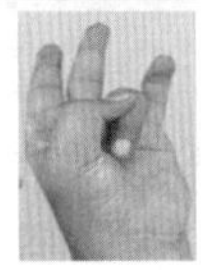	• '람(RAM: R-A-A-A-A-M~)' 소리를 천천히 길게 내면서, 노란색 빛이 복부와 가슴 위로 퍼져나가는 모습을 상상합니다. • 자신감을 높이고, 개인적인 힘을 회복하는 느낌을 받아보세요.
제2번 Svadhisthana 배꼽 차크라		Shakti Mudra	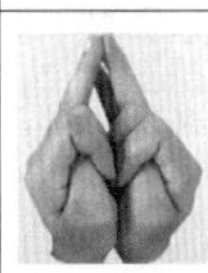	• '밤(VAM: V-A-A-A-A-M~)' 소리를 천천히 길게 내면서, 주황색 빛이 배꼽 부근에서 퍼져나가는 모습을 시각화합니다. • 감정의 흐름을 느끼며, 창의력이 열리는 순간을 상상하세요.
제1번 Muladhara 루트 차크라		Prithvi Mudra	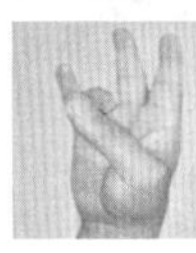	• '람(LAM: L-A-A-A-A-M~)' 소리를 천천히 길게 내면서, 척추 밑에서부터 빨간색 빛이 퍼져나가는 것을 시각화합니다. • 자신이 지구와 연결되는 느낌을 강화하며, 깊은 숨을 들이쉬고 내쉬면서 차크라의 에너지가 안정감을 주고 있다는 것을 느껴봅니다.

https://7pranayama.com/balancing-chakras-with-yoga-mudras/#google_vignette

4.3 걷기 명상

1) 걷기 명상의 효과

왜 걷기 명상(walking meditation; Cankama 깐까마)을 시도해야 할까? 현대인은 대부분의 시간을 다음 활동에 대해 걱정하며 여기에서 저기로 바쁘게 움직인다. 지금 내가 무엇을 하고 있는지 제대로 알아차리지 못한 채 살아가다 보면, 우리의 삶을 온전히 경험하지 못하게 된다. 마음챙김(mindfulness) 연습이 이런 문제를 도와줄 수 있다. 마음챙김은 우리가 현재 순간에서 느끼고 경험하는 것을 조율하도록 도와주며, 생각, 감정, 신체 감각을 주의 깊게 살피되, 그것들을 좋다거나 나쁘다고 판단하지 않고 관찰하는 능력을 말한다.

마음챙김을 기르는 기본적인 방법 중 하나가 바로 걷기 명상(mindful walking)이다. 걷기 명상은 팔리어의 "깐까마"로부터 왔으며, 똑바른 길을 이리저리 왔다 갔다 한다는 뜻이 담겨 있다. 이는 걷는 동안의 신체적인 경험에 집중하며, 걸음의 세부적인 요소를 주의 깊게 살피는 것을 포함하고 있다. 연습을 통해 일상적으로 무감각으로 행하던 활동을 더 큰 집중력과 인식을 키울 기회로 바꿀 수 있다. 이 습관은 다른 평범한 활동에서도 적용할 수 있다.

걷기 명상이 효과적인 이유는 내면의 감각과 외부 환경에 대한 인식을 증가시키며, 우리가 무의식적으로 지나치기 쉬운 경험들을 놓치지 않도록 도와주기 때문이다. 걷는 과정에 더 많은 주의를 기울이면 우리의 신체에 대한 감사와 즐거움을 높일 수 있다. 또한 정신적, 신체적 상태에 대한 인식을 높임으로써 걷기 명상은 우리의 생각, 감정, 행동을 보다 잘 통제할 수 있도록 도와준다. 걸음에 대한 마음챙김을 통해 부정적인 생각이나 감정에 휘말릴 때도 그 생각과 감정에 휘둘리지 않고 보다 더 건설적으로 대처할 수 있게 된다.

2) 걷기 명상의 기본

예시 9 기본 걷기 명상의 가이드라인

소요 시간	하루 10분씩, 최소 일주일 동안 실천하세요. 걷기 명상은 각 발걸음에 대해 의식적으로 집중하는 연습입니다. 마음챙김은 꾸준히 연습할수록 더욱 향상됩니다.
장소	비교적 조용하고 방해받지 않을 곳, 가능하면 관찰되지 않는 곳이 좋습니다. 실내나 자연에서 모두 가능합니다. 이 명상은 특정 목적지에 도달하는 것이 아니라, 의도적으로 걸으며 자기 경로를 반복하는 데 목적이 있습니다.
이동	선택한 경로를 따라 발걸음을 전진합니다. 정해진 거리에 도달하면 잠시 멈추어 숨을 고르세요. 준비가 되면 반대 방향으로 돌아 같은 경로를 다시 걸으세요. 이 과정을 반복합니다.
속도 조절	자연스럽고 느린 속도로 움직이세요. 작은 동작으로 진행하는 것이 좋습니다. 중요한 것은 과장되지 않고 자연스럽게 느껴지는 속도입니다.
손과 팔 자세	손을 몸 앞이나 뒤에서 가볍게 맞잡거나, 팔을 옆으로 늘어뜨리세요.
마음이 방황할 때 대처하기	마음이 방황한다고 느껴지면, 다시 발걸음으로 돌아오세요. 마음이 딴생각에 빠지는 것은 자연스러운 일입니다. 이를 알아차리면, 부드럽게 다시 감각에 주의를 돌리세요.
일상으로 확장하기	느리고 형식적인 명상은 익숙해지는 데 시간이 걸릴 수 있습니다. 하지만 짧게라도 자주 연습하면 점점 자연스러워질 것입니다. 또한, 이와 같은 마음챙김은 걷는 속도나 활동에 상관없이 일상 모든 움직임에 적용할 수 있습니다. 시간이 지날수록, 우리 삶의 매 순간에서 현재에 존재하는 느낌을 경험하는 능력을 키울 수 있습니다.
주의집중	움직일 때 다음 중 한 가지 이상에 주의를 기울여 보세요. 숨이 몸 안으로 들어오고 나가는 감각 발, 다리, 팔의 움직임 몸이 땅이나 바닥과 닿는 느낌 목과 어깨 위에 균형을 잡은 머리 주변의 소리나 몸의 움직임으로 나는 소리 눈앞의 시각적 풍경

3) 마음챙김 걷기 명상

예시 10 마음챙김 걷기 명상

- 이 명상에서는 평소 무의식적으로 하던 움직임을 매우 천천히, 의도적으로 실행하며 주의를 기울입니다.
- 발걸음의 각 단계에 집중하세요.
- 천천히 걸으며, 발의 움직임에 의식을 집중합니다. 다음 동작에 집중해 보세요:
- 오른발을 들어 올립니다.
- 발을 들어 올리면서 움직임의 느낌을 주의 깊게 관찰합니다.
- 발을 몸 앞쪽으로 살짝 움직이며 이동합니다.
- 천천히 앞으로 나아가며 균형과 움직임을 느껴보세요.
- 발을 내딛습니다.
- 발뒤꿈치부터 땅에 닿게 한 후, 발바닥, 그리고 발가락 순서로 내려놓습니다.
- 발이 땅에 닿는 느낌을 세세히 인지하며, 마음속으로 "나는 지금 여기에 있다."라고 반복합니다.
- 앞발에 몸무게를 실으며 뒷발의 발뒤꿈치가 들리고, 발가락이 여전히 바닥에 닿아 있는 상태를 유지합니다.
- 왼발로 동일한 과정을 반복합니다.
- 오른발과 동일한 방법으로 왼발을 들어 올리고, 앞으로 움직인 뒤, 땅에 내려놓으며 같은 문구를 반복합니다.
- 뒤쪽 발에 주목하세요.
- 뒤에 남아 있던 발이 앞으로 흔들려 내려오고 땅에 닿는 순간을 관찰합니다.
- 발뒤꿈치가 닿은 후 몸의 무게가 해당 발로 이동하는 것을 느낍니다.
- 몸의 전체적인 움직임을 느껴보세요.
- 모든 움직임의 세부적인 부분을 의식하며 발걸음마다 신체와 마음의 연결을 인지합니다.

이 명상은 단순한 움직임을 통해 마음챙김을 연습하는 좋은 방법입니다. 걸을 때마다 이 순간에 존재한다는 사실을 기억하세요.

4) 지혜를 계발하는 의미의 걷기 명상법

평소 속도보다 느리게 걸어야 한다. 그래야 다리를 들어 올리고 내리는 일련의 과정을 온전히 알아차릴 수 있기 때문이다. 먼 거리를 걷기보다는 20~30m의 짧은 구간을 아주 천천히 걷는다. 명상에서 말하는 지혜는 '현상의 속성을 있는 그대로 아는 것'이다. 걷기 명상은 우리가 너무나 당연시해 왔던 걸음마저도 어떤 고정된 상태가 아닌 끊임없이 변화하는 상태임을 알아차리는 과정이다. 매 걸음이 비슷해 보이지만 사실 다르다는 것을 경험한다면 익숙함 속에서 새로움을 찾아낼 수 있을 것이다.

예시 11 지혜 계발을 위한 걷기 명상법

1. 소음이 적고 한적한 복도·마당·공터 등에 편안한 자세로 선다. 마당이나 공터는 20~30m의 직선을 그어두면 좋다. 선을 따라 걷기 때문에 몸이 흔들리지 않고 집중력을 높일 수 있다.
2. 먼저, 서 있기 명상으로 시작한다. 차분하게 서서 시선을 마루에 고정시킨다. 편안하게 서되 경직되지 않게 한다.
3. 한 발을 내 딛으려는 의도를 알아차린다.
4. 한 다리를 들어 올린다. 마음속으로 '올림'이라고 이름을 붙인다.
5. 다리를 뻗는다. 마음속으로 '뻗음'이라고 이름 붙인다.
6. 다리를 내린다. 마음속으로 '내림'이라고 이름을 붙인다.
7. 발이 땅에 닿는 느낌을 알아차린다. 마음속으로 '닿음'이라고 이름 붙인다.
8. 위 1~6의 과정을 다른 쪽 다리로도 반복한다.

4.4 마음챙김의 보조 명상

1) 응시(gazing)하기

예시 12 오온의 구성요소와 스포츠 상황의 응용

- 편안하게 앉아 눈길을 고정할 하나의 물체(예: 촛불, 폭포, 기호 등)를 바라보세요.
- 가능한 한 오래 눈을 깜박이지 마세요.
- 눈이 불편해질 때까지 집중한 후, 눈을 감으세요.
- 물체의 잔상을 몇 분간 마음속에 떠올리세요.
- 눈을 뜨고 다시 시작하세요.

이 연습은 집중력과 마음챙김을 향상시키는 데 도움이 되는 주의집중 명상 형태입니다.

2) (행복)은 나에게서 시작된다

- 행복(혹은 "평화" 대신에 원하는 단어 – 사랑, 희망, 용기, 강함, 건강 등; "행복은 나에게서 시작된다.")을 말하며, 손가락 하나씩을 엄지손톱으로 터치하세요.

예시 13 (   )은 나에게서 시작된다.

- 시작하기 전에 3번 깊게 숨을 들이쉬세요.
- 첫 번째 단어(행복은)를 말하면서 엄지손톱을 검지에 터치하세요.
- 엄지손톱을 중지에 옮기고, "나에게서"를 말하세요.
- 엄지손톱을 약지에 옮기고, "시작"을 말하세요.
- 엄지손톱을 새끼손가락에 옮기고, "된다"를 말하세요.
- 최소 5번 반복하세요.

이 명상은 몸과 마음을 동시에 집중하게 해주는 간단한 마음챙김 연습입니다.

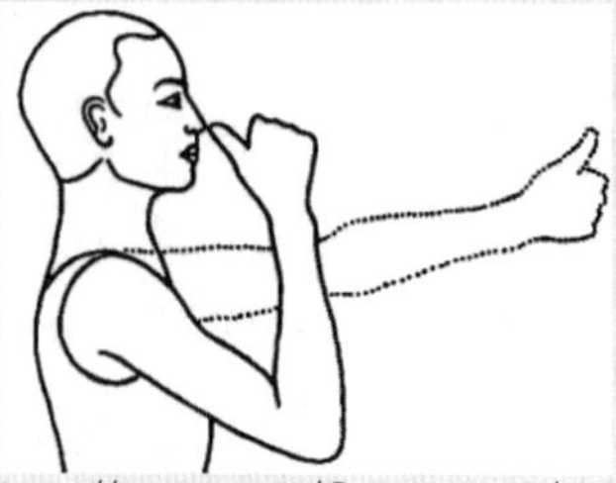

https://brunch.co.kr/@ohpleasegod/307

3) 산만한 정신 잡기 촛불 명상

- 가부좌하고 앉거나 의자에 척추를 세우고 이완된 자세로 바르게 앉는다.
- 촛불 명상을 통해 깊은 이완과 행복감을 경험할 수 있을 것이다.

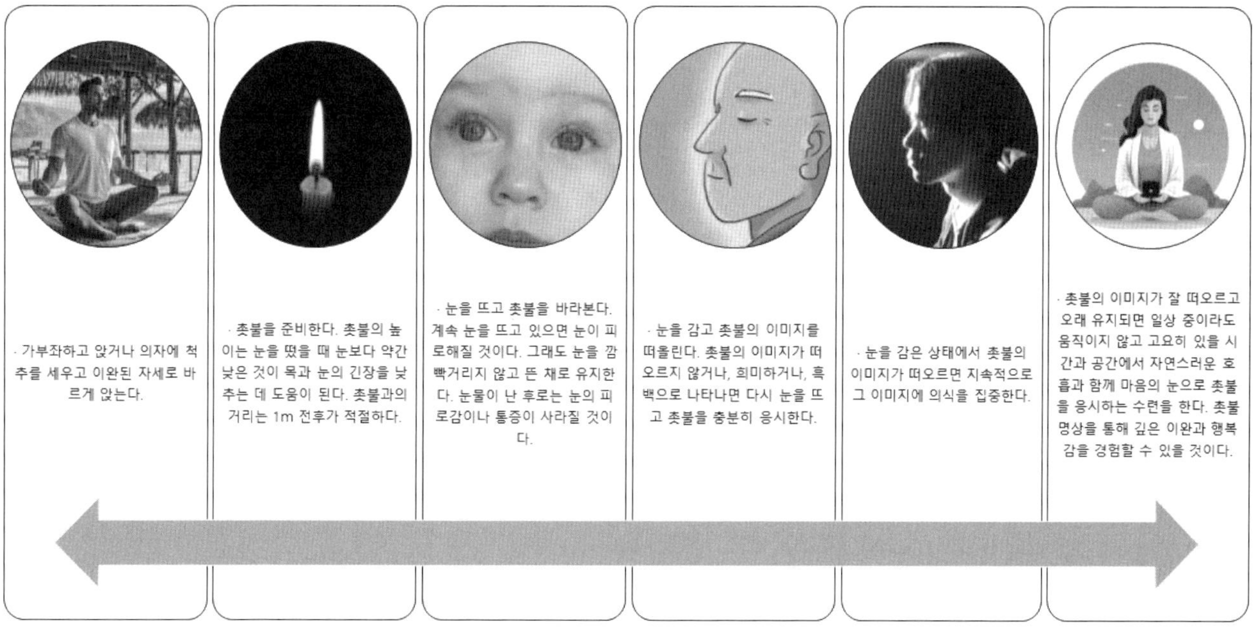

그림 2. 촛불 명상의 6 단계 과정

4) 마음챙김 바디스캔

예시 14 마음챙김 바디스캔(Mindfulness Bodyscan)

- 앉거나 서거나 눕고 눈을 감고 시작하세요.
- 몸이 닿고 있는 표면을 느껴보세요.
- 앉아 있다면, 아래에 있는 의자나 발이 닿고 있는 바닥 등을 느껴보세요.
- 코로 깊게 숨을 들이쉬고, 내쉬면서 몸이 이완되는 느낌을 인식하세요.
- 몸의 각 부분에서 느껴지는 감각에 집중하세요.
- 발끝부터 시작해 척추를 거쳐 머리 꼭대기까지, 떠오르는 느낌을 기록하세요.
- 몸의 어느 부분이 긴장되어 있다면, 그 부분에 집중하여 호흡을 해보세요.
- 그 부위로 숨을 들이쉬고, 내쉬면서 긴장을 풀어보세요.
- 온몸을 느껴보세요. 준비가 되면 눈을 떠서 마무리하세요.

이 연습은 몸의 감각에 집중하고, 긴장을 풀며 현재에 몰입하는 데 도움이 됩니다.

https://www.govanhillbaths.com/card4/

5. 통합 마음챙김 명상 심리훈련 프로그램

5.1 프로그램의 구성 의도

이 프로그램은 무상, 고, 무아의 관점에서 오온을 관찰하는 위빠사나 명상을 기반으로 훈련이 하기 싫은 선수의 동기부여를 제공하기 위한 것이다. 프로그램의 진행 일정을 탄력적으로 운영할 수 있다. 각 회기의 수행 내용을 마친 후에는 상담을 통해 선수의 훈련에 대한 생각과 느낌을 확인하고, 필요한 경우 조언을 제공한다. 프로그램은 10주 동안 진행되지만, 선수의 특성과 상황에 따라 조정할 수 있다. 예를 들어, 선수가 훈련을 하기 싫은 이유가 명확하지 않은 경우, 1회기의 수행 시간을 늘려서 선수의 이야기를 충분히 듣는 시간을 가질 수 있다.

또한, 선수가 훈련에 대한 동기부여가 높아진 경우, 5회기의 수행 시간을 줄여서 프로그램의 진행 속도를 높일 수 있다. 예를 들어 시간이 촉박한 경우에는 매일 실시해서 5일을 진행한다. 시간이 부족한 경우에는 주 1회씩 5주를 실시한다. 시간이 여유가 있다면 매주 1회기씩 10회기를 실시한다. 시간이 충분하다면 매일 일정 시간 실시할 수 있다. 프로그램을 통해 선수는 다음과 같은 효과를 얻을 수 있다.

- 훈련을 하기 싫은 마음 상태를 있는 그대로 관찰하고 받아들일 수 있게 된다.
- 훈련의 고통을 있는 그대로 관찰하고 변화시킬 수 있게 된다.
- 훈련에 흥미를 느끼고 동기부여를 높일 수 있게 된다.

5.2 동기부여를 위한 10주 위빠사나 명상 프로그램

- 대상: 선수 등 누구나
- 문제: 훈련이 하기 싫어서 운동을 중단하고 싶어요.
- 목표: 동기를 부여해서 운동에 흥미를 갖기
- 내용: 위빠사나 명상으로 내면 보기
- 회기: 5회기 10회 수행, 회기별 20~30분

표 8. 선수의 동기부여를 위한 10주 위빠사나 명상 프로그램

회기	날짜	수행 내용	상담 내용
1	1주	앉아서 호흡 명상	• 훈련을 하기 싫은 마음 상태를 있는 그대로 관찰하는 연습
			• 훈련을 하기 싫은 이유를 구체적으로 파악하기
2	2-3	걷기 명상	• 훈련을 하는 동안 몸의 움직임, 감각, 생각을 있는 그대로 관찰하는 연습
			• 훈련의 고통을 있는 그대로 받아들이는 연습
3	4-5	무드라 호흡 명상	• 훈련을 하기 싫은 마음 상태가 무상, 고, 무아의 특성을 가지고 있음을 이해시키기
			• 훈련을 하기 싫은 마음 상태가 변화할 수 있음을 이해시키기
4	6-7	순련 호흡 명상	• 훈련의 고통이 무상, 고, 무아의 특성을 가지고 있음을 이해시키기
			• 훈련의 고통을 변화시킬 수 있음을 이해시키기
5	8-10	차크라 호흡 명상	• 훈련에 흥미를 느낄 수 있는 방법에 대해 이야기하기
			• 훈련을 통해 얻을 수 있는 이점에 대해 이야기하기

- 프로그램 진행 시 활용 팁
  √ 선수의 개별 특성을 반영한다.
  √ 선수의 특성과 상황에 따라 상담 내용을 조정한다.
  √ 선수가 훈련에 흥미를 느낄 수 있도록 긍정적인 피드백을 제공한다.
  √ 선수가 훈련을 통해 목표를 달성할 수 있도록 격려한다.
  √ 프로그램의 진행 및 상담을 위한 대략적인 스크립트를 준비한다.

5.3 구체적인 활동 내용의 예시

1) 1회기: 호흡 명상의 활동 예시

훈련을 하기 싫은 마음 상태를 있는 그대로 관찰하는 연습을 통해, 선수는 훈련에 대한 태도를 보다 건강하게 만들 수 있다. 이러한 연습을 꾸준히 하다 보면, 훈련을 하기 싫은 마음 상태에 대한 이해가 깊어지고, 집착과 판단이 줄어들 것이다. 이러한 변화는 훈련에 대한 태도와 수행에 긍정적인 영향을 미칠 것이다.

예시 15 **1회기: 훈련하기 싫은 마음 상태를 있는 그대로 관찰하는 연습을 위한 시나리오**

- 훈련하기 싫은 마음 상태를 있는 그대로 관찰하는 연습
  - √ 편안한 자세로 앉습니다.
  - √ 코끝으로 들이마시는 호흡과 코끝으로 내쉬는 호흡에 집중합니다.
  - √ 호흡을 관찰하면서, 훈련을 하기 싫은 마음 상태를 있는 그대로 받아들입니다.
  - √ 훈련을 하기 싫은 마음 상태는 단순히 마음속에 떠오르는 현상에 불과함을 알아차립니다.
  - √ 훈련을 하기 싫은 마음 상태에 집착하거나 판단하지 않습니다.
- 그래도 훈련하기 싫은 마음 상태가 지속될 때
  - √ 훈련을 하기 싫은 마음 상태가 들지 않더라도, 굳이 억지로 만들어내지 않아도 됩니다.
  - √ 훈련을 하기 싫은 마음 상태에 집착하거나 판단하지 않도록 노력합니다.
  - √ 훈련을 하기 싫은 마음 상태가 무상하고 고통스러운 현상임을 알아차립니다.

2) 현상을 설명하기 위한 관찰과 상담 예시

위의 관찰 연습 후에 무상, 고, 무아와 오온을 연결하여 상담 시 활용한다면 훈련하기 싫은 마음 관찰을 이해함으로써 선수는 스포츠 경기에서의 승패와 부상, 실패에 대한 태도를 변화시킬 수 있을 것이다. 핸드볼, 수영, 육상선수의 예를 살펴보자.

예시 16 **3회기. 훈련을 하기 싫은 마음 상태를 있는 그대로 관찰하는 연습 후에 무상, 고, 무아와 오온을 연결한 시나리오**

- 스포츠 경기에서의 승패는 무상한 현상이며, 고통의 원인이 될 수 있다.
- 스포츠 경기에서의 부상과 실수는 고통의 원인이 될 수 있다.
- 스포츠 경기에서의 실패는 무아의 현상이며, 실패를 통해 배우고 성장할 수 있다.

• 핸드볼 경기를 하고 있는 중학생 선수의 슛이 막혔다. 선수는 슛이 막힌 후, 실망하고 좌절한다. 선수는 '왜 내 슛이 막혔지?', '팀원들에게 미안해'라고 생각한다. 이 상황에서 무상, 고, 무아와 오온의 설명을 다음과 같이 이야기할 수 있다.

> *"핸드볼 경기 중 슛이 막힌 것은 무상한 현상입니다. 모든 현상은 변하고 사라지듯이, 슛이 막힌 것도 언젠가는 사라질 것입니다. 또한, 슛이 막힌 것은 고통스러운 현상입니다. 슛이 막히면 실망하고 좌절하는 감정을 느낄 수 있습니다. 또한, 슛이 막힌 것은 실체가 없는 현상입니다. 슛이 막힌 것은 단순히 상대방 선수의 방어에 의해 슛이 막힌 것에 불과합니다. 또한, 슛이 막힌 것은 조건에 의해 생겨나고 사라지는 현상입니다. 슛이 막힌 것은 선수의 잘못이 아니라, 다양한 조건이 겹쳐서 일어난 일입니다."*

• 수영 경기에서 입상에 실패한 선수

수영 경기에서 중학생 선수가 패했다. 선수는 패배한 후, 슬픔과 분노를 느낍니다. 선수는 '왜 내가 졌지?', '다음에는 꼭 이겨야지'라고 생각한다. 이 상황에서 무상, 고, 무아와 오온의 설명을 다음과 같이 할 수 있다.

> *"수영 경기에서 패배한 것은 무상한 현상입니다. 모든 현상은 변하고 사라지듯이, 패배도 언젠가는 사라질 것입니다. 또한, 패배는 고통스러운 현상입니다. 패배를 하면 슬픔과 분노, 자책 등의 감정을 느낄 수 있습니다. 또한, 패배는 실체가 없는 현상입니다. 패배는 단순히 승리하지 못한 것에 불과합니다. 또한, 패배는 조건에 의해 생겨나고 사라지는 현상입니다. 패배한 것은 선수의 잘못이 아니라, 다양한 조건이 겹쳐서 일어난 일입니다."*

• 육상 경기에서 꼴찌 한 선수

육상 경기에서 중학생 선수가 꼴찌를 했다. 선수는 꼴찌를 한 후, 슬픔과 분노를 느낀다. 선수는 '왜 내가 꼴찌를 했

지?', '다음에는 꼭 1등을 해야지'라고 생각한다. 이 상황에서 무상, 고, 무아와 오온을 다음과 같이 설명할 수 있다.

> *"육상 경기에서 꼴찌를 한 것은 무상한 현상입니다. 모든 현상은 변하고 사라지듯이, 꼴찌를 한 것도 언젠가는 사라질 것입니다. 또한, 꼴찌를 한 것은 고통스러운 현상입니다. 꼴찌를 하면 슬픔과 분노, 자책 등의 감정을 느낄 수 있습니다. 또한, 꼴찌를 한 것은 실체가 없는 현상입니다. 꼴찌를 한 것은 단순히 다른 선수보다 느리게 달린 것에 불과합니다. 또한, 꼴찌를 한 것은 조건에 의해 생겨나고 사라지는 현상입니다. 꼴찌를 한 것은 선수의 잘못이 아니라, 다양한 조건이 겹쳐서 일어난 일입니다."*

예시 17 다른 종목의 예: 다음과 같은 상황에 처한 선수가 있을 수 있다.

- 배구 경기 중 서브를 실수한 선수
- 야구 경기 중 삼진을 당한 선수
- 펜싱 경기 중 실점한 선수
- 태권도 경기 중 패배한 선수
- 체조 경기 중 실수한 선수
- 스케이트 경기 중 넘어져 부상당한 선수

3) 위빠사나 명상 후의 상담과정 예시

- 다음 2회기의 수행을 통해 선수는 다음과 같은 것들을 이해할 수 있다.
  - √ 훈련을 하는 동안 일어나는 모든 현상은 무상, 고, 무아의 특성을 가지고 있다.
  - √ 몸의 움직임, 감각, 생각은 실체가 없는 현상이며, 조건에 의해 생겨나고 사라지는 현상이다.
  - √ 몸의 움직임, 감각, 생각에 집착하거나 판단하지 않고, 있는 그대로 받아들이는 태도가 중요하다.
- 이러한 이해를 통해 선수는 훈련에 대한 태도를 변화시킬 수 있다.
  - √ 훈련에서 일어나는 실수와 부상에 대한 집착과 불안을 줄일 수 있다.
  - √ 훈련의 결과에 대한 걱정과 욕심을 줄일 수 있다.
  - √ 훈련에 대한 즐거움과 흥미를 높일 수 있다.

- 1회기: 훈련을 하기 싫은 마음 상태를 있는 그대로 관찰하기

상담자: 1회기의 수행을 잘 마무리하셨습니다. 오늘은 훈련을 하기 싫은 마음 상태를 있는 그대로 관찰하는 연습을 통해 무상, 고, 무아와 오온을 연결하여 상담을 진행해 보도록 하겠습니다.
선수: 네, 알겠습니다.
상담자: 훈련을 하기 싫은 마음 상태는 무상한 현상입니다. 모든 현상은 변하고 사라지듯이, 훈련을 하기 싫은 마음 상태도 언젠가는 사라질 것입니다. 또한, 훈련을 하기 싫은 마음 상태는 고통스러운 현상입니다. 훈련을 하기 싫으면 몸과 마음이 무겁고, 괴롭고 힘든 감정을 느낄 수 있습니다. 또한, 훈련을 하기 싫은 마음 상태는 실체가 없는 현상입니다. 훈련을 하기 싫은 마음 상태는 단순히 마음속에 떠오르는 현상에 불과합니다. 또한, 훈련을 하기 싫은 마음 상태는 조건에 의해 생겨나고 사라지는 현상입니다. 훈련을 하기 싫은 마음 상태는 선수의 잘못이 아니라, 다양한 조건이 겹쳐서 일어난 일입니다.
선수: 네, 이해했습니다.
상담자: 스포츠 경기에서 패배하는 것도 무상한 현상입니다. 모든 현상은 변하고 사라지듯이, 패배도 언젠가는 사라질 것입니다. 또한, 패배는 고통스러운 현상입니다. 패배를 하면 슬픔과 분노, 자책 등의 감정을 느낄 수 있습니다. 또한, 패배는 실체가 없는 현상입니다. 패배는 단순히 승리하지 못한 것에 불과합니다. 또한, 패배는 조건에 의해 생겨나고 사라지는 현상입니다. 패배한 것은 선수의 잘못이 아니라, 다양한 조건이 겹쳐서 일어난 일입니다.
선수: 그렇군요. 훈련을 하기 싫은 마음 상태와 패배는 모두 무상, 고, 무아의 특성을 가지고 있네요.
상담자: 네, 그렇습니다. 훈련을 하기 싫은 마음 상태와 패배는 모두 무상, 고, 무아의 특성을 가지고 있습니다. 이러한 이해를 통해 선수는 훈련을 하기 싫은 마음 상태와 패배에 대한 태도를 변화시킬 수 있습니다.
선수: 어떻게 변화시킬 수 있을까요?
상담자: 훈련을 하기 싫은 마음 상태를 있는 그대로 관찰함으로써, 그 마음 상태가 무상하고 고통스러운 현상임을 알게 됩니다. 또한, 패배를 있는 그대로 관찰함으로써, 그 패배가 무상하고 고통스러운 현상임을 알게 됩니다. 이러한 이해를 통해 선수는 훈련을 하기 싫은 마음 상태와 패배에 집착하지 않고, 받아들이는 태도를 갖게 됩니다.
선수: 그런가요? 그러면 훈련을 하기 싫은 마음 상태를 받아들이게 되면, 훈련에 대한 동기부여가 떨어지지 않을까요?
상담자: 그렇지는 않습니다. 훈련을 하기 싫은 마음 상태를 받아들이는 것은 훈련에 대한 동기부여가 떨어지는 것이 아니라, 훈련에 대한 동기부여를 보다 건강하게 만드는 것입니다. 훈련을 하기 싫은 마음 상태를 받아들이게 되면, 선수는 훈련을 하기 싫은 마음 상태를 있는 그대로 인정하고, 그 마음을 변화시키기 위해 노력하게 됩니다. 이러한 노력을 통해 선수는 훈련에 대한 동기부여를 보다 건강하게 만들 수 있습니다.

• 2회기: 훈련을 하는 동안 몸의 움직임, 감각, 생각을 있는 그대로 관찰하기

상담자: 지난 1회기에서 훈련을 하기 싫은 마음 상태를 있는 그대로 관찰하는 연습을 통해 무상, 고, 무아의 개념을 이해하셨습니다. 오늘은 훈련을 하는 동안 몸의 움직임, 감각, 생각을 있는 그대로 관찰하는 연습을 통해 무상, 고, 무아와 오온을 연결하여 상담을 진행해 보도록 하겠습니다.
선수: 네, 알겠습니다.
상담자: 훈련을 하는 동안 몸의 움직임, 감각, 생각은 모두 무상한 현상입니다. 모든 현상은 변하고 사라지듯이, 몸의 움직임, 감각, 생각도 언젠가는 사라질 것입니다. 또한, 몸의 움직임, 감각, 생각은 고통스러운 현상일 수도 있습니다. 훈련을 하다 보면, 몸이 아프거나, 지치거나, 실수를 하거나, 승패에 대한 걱정 등으로 인해 고통을 느낄 수 있습니다. 또한, 몸의 움직임, 감각, 생각은 실체가 없는 현상입니다. 몸의 움직임은 단순히 근육과 뼈가 움직이는 것에 불과하고, 감각은 단순히 신체의 변화를 인식하는 것에 불과하고, 생각은 단순히 마음속에서 일어나는 현상에 불과합니다. 또한, 몸의 움직임, 감각, 생각은 조건에 의해 생겨나고 사라지는 현상입니다. 몸의 움직임은 훈련 방법과 컨디션에 의해, 감각은 훈련의 강도와 환경에 의해, 생각은 훈련의 목표와 동기에 의해 생겨나고 사라집니다.
선수: 네, 이해했습니다.
상담자: 훈련을 하는 동안 몸의 움직임, 감각, 생각을 있는 그대로 관찰하는 연습을 다시 한번 해보겠습니다.
• 편안한 자세로 앉습니다. • 코끝으로 들이마시는 호흡과 코끝으로 내쉬는 호흡에 집중합니다. • 호흡을 관찰하면서, 몸의 움직임, 감각, 생각을 있는 그대로 받아들입니다. • 몸의 움직임은 단순히 근육과 뼈가 움직이는 것임을, 감각은 단순히 신체의 변화를 인식하는 것임을, 생각은 단순히 마음속에서 일어나는 현상임을 알아차립니다. • 몸의 움직임, 감각, 생각에 집착하거나 판단하지 않습니다.
상담사: 매일 몇 분만이라도 이 연습을 반복합니다.
선수: 알겠습니다. 연습해 보겠습니다.
상담자: 훈련을 하는 동안 이 연습을 하다 보면, 몸의 움직임, 감각, 생각에 대한 이해가 깊어질 것입니다. 또한, 몸의 움직임, 감각, 생각에 대한 집착과 판단이 줄어들 것입니다. 이러한 변화는 훈련에 대한 태도와 수행에 긍정적인 영향을 미칠 것입니다.
선수: 기대가 됩니다. 앞으로도 열심히 연습하겠습니다.
상담자: 훌륭합니다. 앞으로도 꾸준히 연습하고 노력하신다면, 분명히 좋은 결과를 얻으실 수 있을 것입니다.

6. 마음챙김에 기반한 심리기술훈련

6.1 선수의 요구 탐색을 위한 개인상담

프로그램의 효과는 참여자의 개인차에 따라 달라질 수 있다. 따라서 프로그램의 효과를 높이기 위해서는 프로그램 진행자의 전문성과 프로그램 참여자의 적극적인 참여와 프로그램의 지속적인 효과를 유지하기 위해서는 실천이 요구된다. 프로그램 진행자는 이러한 한계를 인지하고 마음챙김에 기반한 심리기술훈련 프로그램의 효과를 높이기 위해서는 첫째, 참여자의 개인차를 고려한 프로그램의 개발 및 운영을 해야 한다. 둘째, 프로그램의 효과를 측정하고, 그 결과를 프로그램에 반영해야 한다. 그리고 무엇보다도 참여자들의 지속적인 실천을 독려하기 위해 참여자들에게 적합한 명료한 내용의 프로그램이 필요하다. 〈부록 12-3〉의 마음챙김 스포츠 심리기술 척도(오원석, 2022)를 이용하여 현재와 프로그램 종료 후의 마음챙김 상태를 비교할 수 있다.

마음챙김 수련 혹은 훈련의 특성은 수련이 진행되는 과정에서 참여자와 피드백이 이루어지는 것이다. 예를 들어 호흡 명상을 진행한 후 그 호흡이 각자의 리듬이나 컨디션에 따라 어떻게 이루어지고 경험되었는지를 묻고 답하기도 한다. 과정에서 정서와 느낌, 마음 상태에 대한 문답이 오가는 것이다. 이를 위해 〈부록 12-5〉 글쓰기 프롬프트를 활용할 수 있다. 따라서 진행자는 개인 및 집단상담을 위한 기술과 준비가 요구된다.

프로그램이 의도한 대로 명료하게 진행되기 위해서는 상담의 기술이 요구된다. 우선 선수들의 개별적 특성과 맞춤형 요구 사항을 파악하기 위해서는 개별상담을 실시한다. 개별상담은 각 선수의 성격과 상황에 따라 조정될 수 있다. 상담자는 선수의 심리적 상태를 면밀히 파악하고, 선수에게 맞는 맞춤형 상담을 진행해야 한다. 상담사는 선수의 관심사와 목표를 고려하여, 프로그램 내용을 수정하거나 가감할 수 있다.

예시 18 선수의 요구 탐색을 위한 맞춤형 개인상담

선수의 심리상태 파악	• 상담을 시작하기 전에, 선수의 심리상태를 파악하는 것이 중요하다. 선수의 스트레스 수준, 불안 수준, 자신감 수준 등을 파악하여, 선수의 요구에 맞는 프로그램을 진행할 수 있다.
선수의 관심사와 목표 고려	• 선수의 관심사와 목표를 고려하여, 프로그램을 진행하는 것도 효과적이다. 예를 들어, 선수가 경기에서 실수를 두려워한다면, 실수에 대한 마음가짐을 바꾸는 데 초점을 맞춘 프로그램을 진행할 수 있다.
선수의 참여 유도	• 선수의 참여를 유도하기 위해, 다양한 활동과 실습을 통해 내용을 익힐 수 있도록 한다. 예를 들어, 선수가 호흡 명상을 어려워한다면, 다양한 호흡 명상 기법을 소개하고, 선수가 선택할 수 있도록 한다.
사후 관리	• 프로그램 종료 후에도 선수의 심리기술 향상을 지원할 수 있는 방안을 마련한다. 예를 들어, 선수가 마음챙김 기법을 실천할 수 있도록 일기 쓰기, 앱을 활용한 이완기법 사용 등 다양한 방법을 안내할 수 있다.
결론	• 마음챙김을 통해 심리기술을 강화하기 위한 개별상담은 선수의 심리적 안정성과 회복력을 향상시키고, 경기력 향상에 도움을 줄 수 있다. 이러한 상담 계획은 선수의 경기력 수준과 상황에 따라 조정될 수 있다. • 특히, 선수의 이해도를 확인하기 위한 질문을 통해 선수의 심리적 상태를 파악하고, 실습을 통해 선수가 마음챙김을 경험하고, 습득할 수 있도록 하는 것이 중요하다.

6.2 선수의 요구 탐색을 위한 집단상담

집단상담은 개인상담에 비해 비용과 시간을 절감해 준다. 참여자들은 서로의 경험과 감정을 공유하면서 서로의 영향으로 변화할 수 있는 가능성을 제공한다. 그 과정에서 참여자들이 자신의 잠재력을 발견하고, 보다 성숙한 인간으로 성장할 수 있다. 상담자는 전문적인 지식과 기술을 바탕으로 집단상담을 진행해야 한다. 다음은 집단상담과정에서 고려해야 할 사항이다.

예시 19 선수의 요구 탐색을 위한 집단상담

안전한 분위기 조성	• 선수들이 편안하게 자신의 생각과 감정을 표현할 수 있는 안전한 분위기를 조성한다. • 상담자는 선수들의 비밀을 지키고, 선수들을 비난하거나 평가하지 않도록 한다.
개인차 존중	• 선수들은 각자 다른 경험과 배경을 가지고 있다. 따라서 상담자는 선수들의 개인적 차이를 존중하고, 선수들이 자신의 속도에 맞게 상담을 받을 수 있도록 한다.
상담자의 역할수행	• 상담자는 선수들의 이야기에 경청하고, 공감하는 자세를 유지해야 한다. • 상담자는 선수들이 상담의 목표를 달성할 수 있도록 돕는 역할을 한다.
집단상담의 효과	• 사회적 지지를 받을 수 있다. 집단상담을 통해 선수들은 서로의 경험을 공유하고, 서로를 격려할 수 있다. 이는 선수들의 심리적 안정성과 회복력을 향상시키는 데 도움이 된다. • 자신의 생각과 감정을 이해하고, 표현할 수 있다. 집단상담을 통해 선수들은 자신의 생각과 감정을 있는 그대로 바라보고, 표현하는 방법을 배울 수 있다. 이는 선수들의 스트레스와 불안을 효과적으로 관리하는 데 도움이 된다. • 새로운 기술과 정보를 습득할 수 있다. 집단상담을 통해 선수들은 스트레스와 불안 관리, 자신감 향상, 긍정적인 사고 등과 관련된 새로운 기술과 정보를 습득할 수 있다. 이는 선수들의 경기력 향상에 도움이 된다.

6.3 Mindfulness 기반 자신감 향상 프로그램

• 프로그램의 주요 내용

√ 마음챙김: 마음챙김은 현재 순간에 집중하고, 판단 없이 수용함으로써, 자신의 감정과 생각을 있는 그대로 바라보는 능력이다. 마음챙김을 통해 선수들은 자신의 감정과 생각을 있는 그대로 인정하고, 이를 통해 자신감을 향상시킬 수 있다.

√ 자신감 향상: 자신감은 자신의 능력과 가능성에 대한 긍정적인 신념이다. 자신감이 높은 선수들은 경기에 대한 자신감이 높아, 실수를 극복하고 좋은 성과를 낼 수 있다. 이 프로그램에서는 다음과 같은 방법을 통해 선수들의 자신감을 향상시킬 수 있다.

√ 선수들의 강점과 약점을 이해하고, 이를 통해 자신감을 향상시키는 방법을 익히도록 한다.

√ 구체적인 목표설정과 이를 달성하기 위한 계획 수립을 통해, 자신감을 가지고 목표달성을 할 수 있도록 한다.

√ 긍정적인 사고의 중요성과, 긍정적인 사고를 습관화하는 방법을 익히도록 한다.

√ 실전에서 마음챙김과 긍정적인 사고를 적용하는 방법을 익히도록 한다.

- 프로그램 진행 시 유의 사항

√ 선수들의 이야기를 경청하고, 공감하는 자세를 유지한다.

√ 선수들의 수준과 상황에 맞는 프로그램을 진행한다.

√ 선수들의 참여를 유도하고, 실습을 통해 내용을 익힐 수 있도록 한다.

√ 프로그램 종료 후에도 선수들의 자신감 향상을 지원할 수 있는 방안을 마련한다.

- 프로그램의 기대 효과

√ 자신의 감정과 생각을 있는 그대로 인정하고, 이를 통해 자신감을 향상시킬 수 있다.

√ 자신의 강점과 약점을 이해하고, 이를 통해 자신감을 향상시킬 수 있다.

√ 구체적인 목표를 설정하고, 이를 달성하기 위한 계획을 수립하여, 자신감을 가지고 목표를 달성할 수 있다.

√ 긍정적인 사고의 중요성을 이해하고, 긍정적 사고를 습관화하여, 자신감을 향상시킬 수 있다.

√ 실전에서 마음챙김과 긍정적인 사고를 적용하여, 자신감을 가지고 경기에 임할 수 있다.

1) 여자 권총 사격선수를 위한 Mindfulness 자신감 향상 프로그램

- 대상: 대학 진학을 앞둔 여자 권총 사격선수 10명
- 목표: 선수들의 자신감을 향상시켜, 대학 진학 후에도 지속적으로 경기력을 향상시킬 수 있도록 한다.
- 기간: 10회기(1회기 90분)
- 방법: 강의, 토론, 실습, 역할극, 그룹 워크 등
- 내용: 주제별 목적과 내용

표 9. Mindfulness 기반 자신감 향상 프로그램

회차	주제	목적	내용
1	자기소개 및 프로그램 소개	프로그램 이해	프로그램의 목적과 목표, 진행 방식에 대한 이해
2	마음챙김의 개념과 원리	마음챙김의 이해	마음챙김의 개념, 원리, 중요성에 대한 이해
3	호흡 명상	마음챙김의 경험	호흡 명상을 통한 마음챙김의 경험
4	자신의 강점과 약점 이해	자신감 향상	자신의 강점과 약점을 이해하고, 이를 통해 자신감을 향상시키는 방법에 대한 이해
5	목표설정	자신감 향상	구체적인 목표설정과 이를 달성하기 위한 계획 수립
6	긍정적인 사고	자신감 향상	긍정적인 사고의 중요성과, 긍정적인 사고를 습관화하는 방법에 대한 이해
7	실전 적용	자신감 향상	실전에서 마음챙김과 긍정적인 사고를 적용하는 방법에 대한 이해
8	자기평가	자신감 향상	프로그램 동안의 학습 내용을 바탕으로 자신감을 향상시킨 정도에 대한 자기평가
9	향후 계획	자신감 향상	향후 자신감을 향상시키기 위한 계획 수립
10	마무리	프로그램 종합	프로그램의 종합 및 향후 계획에 대한 공유

2) 결선 사격을 위한 Mindfulness 자신감 향상 프로그램

- 대상: 대학입시를 위해 전국시합에서 1위를 해야만 하는 여학생
- 문제: 결선 사격의 자신감 결여
- 프로그램 목표

√ 자신감 증진을 통한 안정된 마인드셋 구축

√ 전체 대회 기간 동안의 안정성과 집중력 유지

√ 결선 사격에서 최상수행을 달성하기 위한 마음의 통제 강화

표 10. 결선 사격을 위한 Mindfulness 자신감 향상 프로그램

회기	주제	세부 내용
1	프로그램 소개 및 목표설정	Mindfulness의 개념과 효과 소개 개인 목표설정 및 기대치 도출
2	호흡과 몸 감각에 집중하는 기본적인 마음챙김	깊고 안정적인 호흡 연습 몸의 감각에 집중하는 Body Scan 수행
3	마음챙김과 집중력 강화	숨쉬기를 활용한 마음챙김의 심화 목표에 집중하는 연습과 경쟁상황에서의 집중 향상
4	자신감과 긍정적인 마인드 구축	자기에 대한 긍정적인 자기 이미지 강화 과거 성공 경험에 대한 회상과 긍정적 감정 강화
5	경쟁상황에서의 마음의 통제와 긴장 해소	경쟁상황에서의 긴장 감소를 위한 마음챙김 기법 소개 경쟁상황 시 긴장 해소를 위한 숨쉬기와 몸 감각에 집중하는 연습
6	결선 사격을 위한 마음의 특별한 준비	결선 사격을 위한 마음의 특별한 마음챙김 기법 소개 사격 전 마음의 안정성을 유지하는 방법
7	대회 기간 중의 마음챙김 유지	대회 기간 동안의 긴장과 스트레스관리를 위한 마음챙김 연습 대회 전과 후의 숨쉬기 연습과 긴장 해소를 위한 기법 소개
8	대회 후 마무리와 성과 평가	대회 후의 성과 평가와 자기에 대한 긍정적인 피드백 Mindfulness를 통한 성취감과 만족도 도출

평 가 문 항

1. 마음챙김 명상의 핵심은 무엇인가?
   ㉠ 현재 순간에 대한 판단 없는 주의
   ㉡ 과거와 미래에 대한 걱정
   ㉢ 특정 대상에 대한 집중
   ㉣ 사고와 감정에 대한 조절

2. 마음챙김의 인지치료적 개입에서 가장 중요한 요소는 무엇인가?
   ㉠ 의도적인 주의
   ㉡ 비판적인 사고
   ㉢ 감정 조절
   ㉣ 과거의 경험 탐색

3. 마음챙김 주의와 일반적인 주의의 차이점은 무엇인가?
   ㉠ 마음챙김 주의는 특정 대상에 집중하는 반면, 일반적인 주의는 여러 대상에 분산된다.
   ㉡ 마음챙김 주의는 비판적인 사고를 포함하는 반면, 일반적인 주의는 비판적인 사고를 포함하지 않는다.
   ㉢ 마음챙김 주의는 현재 순간에 집중하는 반면, 일반적인 주의는 과거와 미래를 포함한다.
   ㉣ 마음챙김 주의는 선택적인 반면, 일반적인 주의는 선택적이지 않다.

4. 마음챙김 기반 심리치료 프로그램의 대표적인 예는 무엇인가?
   ㉠ 인지행동치료
   ㉡ 정신분석치료
   ㉢ 마음챙김에 근거한 스트레스 감소 프로그램(MBSR)
   ㉣ 약물 치료

5. 마음챙김 명상의 효과로 알려진 것은 무엇인가?
   ㉠ 스트레스 감소
   ㉡ 불안 증상 완화
   ㉢ 우울 증상 개선
   ㉣ 인지 기능 향상

6. 마음챙김의 개념적 정의에서 강조되는 요소는 무엇인가?
   ㉠ 현재 경험에 대한 부정적인 평가
   ㉡ 과거와 미래에 대한 걱정
   ㉢ 현재 경험에 대한 자각과 주의집중
   ㉣ 사고와 감정에 대한 억압

7. 마음챙김 명상의 기원은 무엇인가?
   ㉠ 현대 심리학
   ㉡ 불교
   ㉢ 인지행동치료
   ㉣ 정신분석치료

8. 마음챙김 명상의 특징이 아닌 것은 무엇인가?
   ㉠ 현재 순간에 집중하는 것
   ㉡ 판단하지 않고 관찰하는 것
   ㉢ 특정 대상에 집중하는 것
   ㉣ 현재 경험을 있는 그대로 받아들이는 것

9. 마음챙김 명상은 스트레스 감소에 효과가 없는 것으로 알려져 있다. (O / X)

10. 마음챙김은 인간에게 내재된 보편적 능력이다. (O / X)

11. 마음챙김 명상은 불교에서 유래한 개념이다. (O / X)

12. 마음챙김 주의는 과거와 미래에 대한 걱정을 포함한다. (O / X)

13. 마음챙김 기반 심리치료 프로그램은 다양한 심리 장애 치료에 효과를 보이는 것으로 알려져 있다. (O / X)

14. 마음챙김 명상은 현재 순간의 경험에 (   ) 판단적인 주의를 기울이는 것이다.

15. 마음챙김은 사고와 감정에 대한 (   )(   )을 포함한다.

16. 마음챙김 주의는 특정 대상에 대한 (   ) 이 아닌 현재 순간에 일어나는 모든 경험에 대한 주의이다.

17. 마음챙김 명상은 스트레스, 불안, 우울 증상 (   )에 효과적인 것으로 알려져 있다.

18. 마음챙김은 인간에게 내재된 (   ) 능력이다.

19. 다음 중 위빠사나 명상의 목적은 무엇인가?
   ㉠ 깨달음을 얻는 것
   ㉡ 고통을 없애는 것
   ㉢ 마음을 조절하는 것
   ㉣ 생각을 없애는 것

20. 위빠사나 명상 프로그램에서 훈련을 하기 싫은 선수에게 제공하는 팁으로 옳지 않은 것은 무엇인가?
   ㉠ 선수의 개별 특성을 반영하여 상담 내용을 조정한다.
   ㉡ 선수가 훈련에 흥미를 느낄 수 있도록 긍정적인 피드백을 제공한다.
   ㉢ 선수가 훈련을 통해 목표를 달성할 수 있도록 격려한다.
   ㉣ 팀에 집중하여 진행한다.

21. 위빠사나 명상은 무상, 고, 무아의 특성을 관찰하는 명상이다. (O / X)

22. 위빠사나 명상 프로그램은 훈련을 하기 싫은 선수의 동기부여를 높이는 데 효과적이다. (O / X)

23. 위빠사나 명상 프로그램은 (   )(   )(   )의 개념을 활용하여 선수의 심리기술을 향상시킨다.

모범답안 및 해설

1. ㉠ 마음챙김 명상의 핵심은 현재 순간에 일어나는 모든 경험에 대해 판단 없이 주의를 기울이는 것이다. 과거에 대한 후회나 미래에 대한 걱정 없이, 현재 이 순간에 있는 그대로의 경험을 있는 그대로 관찰하는 것이 중요하다.

2. ㉠ 마음챙김의 인지치료적 개입에서 가장 중요한 요소는 의도적인 주의이다. 무의식적으로 일어나는 자동적인 사고와 감정에 휩쓸리지 않고, 의도적으로 현재 순간에 집중하는 훈련을 통해 부정적인 사고와 감정 패턴을 변화시키는 데 효과적이다.

3. ㉢ 마음챙김 주의는 현재 순간에 일어나는 모든 경험에 대해 판단 없이 주의를 기울이는 반면, 일반적인 주의는 과거의 경험이나 미래에 대한 걱정 등 현재와 관련 없는 사고에 쉽게 끌려가는 경향이 있다.

4. ㉢ 마음챙김에 근거한 스트레스 감소 프로그램(MBSR)은 스트레스관리 및 정신건강 증진을 위한 대표적인 마음챙김 기반 심리치료 프로그램이다. 8주 동안 매주 2시간씩 진행되는 프로그램으로, 마음챙김 명상, 요가, 몸 스캔 등의 다양한 기법을 통해 현재 순간에 대한 자각과 주의를 훈련한다.

5. ㉣ 마음챙김 명상은 스트레스 감소, 불안 증상 완화, 우울 증상 개선 외에도 집중력, 기억력, 사고력 등 인지 기능 향상에도 효과적인 것으로 알려져 있다.

6. ㉢ 마음챙김은 단순히 현재 순간에 머무는 것이 아니라, 현재 순간에 일어나는 모든 경험에 대해 판단 없이 자각하고 주의를 집중하는 것을 의미한다. 이러한 과정을 통해 자신의 사고와 감정 패턴을 더 깊이 이해하고 변화시킬 수 있다.

7. ㉡ 마음챙김 명상은 불교에서 유래한 개념으로, 수천 년 동안 불교 수행의 핵심 요소로 활용되어 왔다. 현재에는 불교를 넘어 다양한 분야에서 스트레스관리, 정신건강 증진, 인지 능력 향상 등을 위한 도구로 활용되고 있다.

8. ㉢ 마음챙김 명상은 특정 대상에 집중하는 것이 아니라, 현재 순간에 일어나는 모든 경험을 있는 그대로 관찰하는 데 초점을 맞춘다. 이는 사고, 감정, 감각 등 내적경험뿐만 아니라, 주변 환경에서 일어나는 소리, 냄새, 시각 등 외부 경험도 포함한다.

9. (O) 마음챙김 명상은 스트레스 감소에 매우 효과적인 것으로 입증되었다. 연구결과에 따르면, 마음챙김 명상을 통해 스트레스 호르몬 수치가 감소하고, 스트레스에 대한 인지적 반응이 개선되며, 스트레스로 인한 신체적 증상이 완화되는 것으로 나타났다.

10. (O) 마음챙김은 누구나 훈련을 통해 익힐 수 있는 보편적인 능력이다. 선천적으로 마음챙김 능력이 뛰어난 사람도 있지만, 누구나 의도적인 노력을 통해 현재 순간에 대한 자각과 주의를 기울이는 능력을 키울 수 있다.

11. (O) 마음챙김 명상은 불교에서 유래한 개념으로, 수천 년 동안 불교 수행의 핵심 요소로 활용되어 왔다. "사티(Sati)"라고 불리는 마음챙김은 불교의 팔정도 중 하나로, 현재 순간에 일어나는 모든 경험에 대해 판단 없이 관찰하는 것을 의미한다.

12. (X) 마음챙김 주의는 과거와 미래에 대한 걱정을 포함하지 않는다. 과거에 대한 후회나 미래에 대한 걱정은 현재 순간에 대한 집중을 방해하는 요소이다. 마음챙김 명상을 통해 과거와 미래에 대한執着을 놓고 현재 순간에 머무는 훈련을 한다.

13. (O) 마음챙김 기반 심리치료 프로그램은 스트레스, 불안, 우울, 외상 후 스트레스 장애(PTSD) 등 다양한 심리 장애 치료에 효과적인 것으로 알려져 있다. 연구결과에 따르면, 마음챙김 기반 심리치료 프로그램은 증상 개선, 재발 방지, 삶의 질 향상에 긍정적인 효과를 보이는 것으로 나타났다.

14. (판단 없는) 마음챙김 명상은 현재 순간에 일어나는 모든 경험에 대해 판단 없이 주의를 기울이는 것이 중요하다. 과거에 대한 후회나 미래에 대한 걱정 없이, 현재 이 순간에 있는 그대로의 경험을 있는 그대로 관찰하는 것이 중요하다.

15. (자각)(수용) 마음챙김은 단순히 사고와 감정을 억누르는 것이 아니라, 자신의 사고와 감정을 자각하고 수용하는 것을 의미한다. 자신의 생각과 감정을 있는 그대로 관찰하고, 그것에 대한 판단을 하지 않고 있는 그대로 받아들이는 훈련을 통해 부정적인 사고와 감정 패턴을 변화시킬 수 있다.

16. (집중) 마음챙김 주의는 특정 대상에 집중하는 것이 아니라, 현재 순간에 일어나는 모든 경험에 대한 주의이다. 즉, 자신의 호흡, 몸의 감각, 주변 환경 등 모든 경험에 대해 판단 없이 주의를 기울이는 것이 중요하다.

17. (감소) 마음챙김 명상은 스트레스, 불안, 우울 증상 감소에 효과적인 것으로 알려져 있다. 연구결과에 따르면, 마음챙김 명상을 통해 스트레스 호르몬 수치를 낮추고, 부정적인 사고와 감정을 줄이고, 현재 순간에 대한 자각과 수용을 높일 수 있으며, 이는 스트레스, 불안, 우울 증상 완화에 도움이 된다.

18. (보편적) 마음챙김은 인간에게 내재된 보편적 능력이다. 누구나 의도적인 노력을 통해 마음챙김 능력을 함양하고 발전시킬 수 있다. 다만, 마음챙김 능력을 향상시키기 위해서는 꾸준한 연습과 노력이 필요하다.

19. ㉣ 위빠사나 명상의 목적은 깨달음을 얻는 것, 고통을 없애는 것, 마음을 조절하는 것 등 다양하게 정의될 수 있다. 중요한 것은 각자가 위빠사나 명상을 통해 무엇을 얻고 싶은지 명확하게 설정하고, 꾸준히 실천하는 것이다.

20. ㉣ 위빠사나 명상 프로그램은 훈련을 하기 싫은 선수에게 다음과 같은 팁을 제공한다.
    - 선수의 개별 특성을 반영하여 상담 내용을 조정한다.
    - 선수가 훈련에 흥미를 느낄 수 있도록 긍정적인 피드백을 제공한다.
    - 선수가 훈련을 통해 목표를 달성할 수 있도록 격려한다. 이 외에도 다양한 방법으로 선수의 동기부여를 높일 수 있다.

21. (O) 위빠사나 명상은 무상, 고, 무아의 특성을 관찰하는 명상이다. 즉, 모든 현상은 변하고 사라지며, 고통스럽고, 실체가 없다는 것을 관찰하는 명상이다.

22. (O) 위빠사나 명상 프로그램은 훈련을 하기 싫은 선수의 동기부여를 높이는 데 효과적인 것으로 나타났다. 프로그램을 통해 선수들은 훈련에 대한 태도를 변화시키고, 훈련에 대한 흥미와 동기를 높일 수 있다.

23. (무상)(고)(무아) 위빠사나 명상 프로그램은 무상, 고, 무아의 개념을 통해 선수들이 자신의 생각과 감정을 있는 그대로 관찰하고, 집착하지 않고 받아들이도록 돕는다. 이러한 과정을 통해 선수들은 자신의 심리상태를 조절하고, 스트레스를 관리하며, 긍정적인 사고방식을 유지하는 능력을 향상시킬 수 있다.

현장실습

1. 다음 내용을 바탕으로 장애인 선수를 대상으로 실습을 해보세요. 꼭 장애인 선수가 아니어도 좋습니다. 자신 혹은 타인, 팀을 대상으로 호흡 명상을 실시한 후 명상 후기를 작성해 봅니다〈부록 12-4〉의 명상 준비를 위한 요가 동작을 선택하여 몸과 마음의 유연성을 준비시킨다.

10분 위빠사나 호흡 명상(장애인 선수를 위한 안내)
목적: 이 10분 안내 위빠사나 호흡 명상은 장애인 선수들이 스트레스관리, 집중력 향상, 전반적인 웰빙 증진을 돕도록 특별히 설계되었습니다.
준비:
• **편안한 자세 찾기:** 방해받지 않고 앉거나 누울 수 있는 조용하고 편안한 공간을 선택합니다. 다리를 꼬아서 앉기 어려우면 의자를 사용하거나 필요에 따라 자세를 바꾸세요 • **헐렁한 옷 입기:** 움직임과 호흡을 방해하지 않는 편안한 옷을 입으세요. • **주변 환경 조절:** 방 온도가 편안하고 조명이 어둡거나 간접적인지 확인하세요. 도움이 된다면 명상 쿠션이나 담요를 사용하면 됩니다.
안내 명상:
1. 현재에 집중하기(1분)
• **호흡에 집중하기:** 눈을 부드럽게 감고 자연스러운 호흡에 집중하십시오. 들숨을 쉬고 내쉬면서 가슴과 복부의 움직임을 관찰하십시오. • **몸의 감각 인지하기:** 몸의 감각에 주의하십시오. 의자에 몸을 누르는 압력이나 피부에 닿는 공기의 느낌과 같은 감각입니다. • **생각 버리기:** 생각이 떠오르면 판단하지 않고 부드럽게 인정하고 다시 호흡에 집중하십시오.
2. 호흡 관찰하기(3분)
• **들숨에 집중하기:** 들숨을 쉬면서 코끝으로 들어오는 공기의 느낌을 관찰하십시오. 공기의 차가움이나 따뜻함과 가슴과 복부의 팽창을 느껴보십시오. • **날숨에 집중하기:** 내쉬면서 코끝으로 나가는 공기의 느낌을 관찰하십시오. 공기의 부드러움과 가슴과 복부의 수축을 느껴보십시오. • **중립적인 태도 유지하기:** 호흡을 좋거나 나쁘다고 판단하거나 꼬집지 마십시오. 단순히 호기심과 수용으로 관찰하십시오.
3. 인식 확장하기(2분)
• **인식을 전신으로 확장하기:** 점차적으로 인식을 전신으로 확장하십시오. 머리, 목, 어깨, 팔, 손, 등, 다리, 발의 감각을 느껴보십시오. • **판단 없이 관찰하기:** 몸의 감각을 판단하거나 꼬집지 않고 계속 관찰하십시오. 집착하지 않고 감각이 오고 가는 것을 허용하십시오. • **호흡에 집중 유지하기:** 주의가 방황하면 부드럽게 호흡으로 다시 돌려보십시오.
4. 인식을 호흡으로 되돌리기(2분)
• **집중을 호흡으로 되돌리기:** 주의를 다시 코끝에서 호흡하는 감각으로 집중하십시오. 가슴과 복부의 움직임을 관찰하십시오. • **명상력으로 호흡 관찰하기:** 여전히 명상력으로 호흡을 관찰하십시오. 집착하거나 판단하지 않고 관찰하십시오. • **현재 순간 감사하기:** 이 명상을 통해 얻은 평화와 평온함을 잠시 감상하십시오.
5. 몸으로 돌아오기(1분)
• **인식을 부드럽게 몸으로 되돌리기:** 의자에 몸을 누르는 압력이나 피부에 닿는 공기의 느낌과 같은 몸의 감각을 느껴보십시오. • **손가락과 발가락 꼼지락대기:** 손가락과 발가락을 부드럽게 꼼지락대면서 팔다리 끝부분에 더 많은 인식을 가져오십시오. • **눈 천천히 뜨기:** 준비가 되면 천천히 눈을 뜨고 주변 환경에 적응하는 데 몇 분 정도 소요하십시오.

위빠사나 호흡 명상 후기 작성 워크시트(장애인 선수용)	
날짜: 202 년 월 일	
시간:	
장소:	
오늘 명상에 대한 질문:	
• 오늘 명상에 얼마나 집중할 수 있었습니까?	그 이유는 무엇입니까?
√ 매우 집중할 수 있었습니다. √ 어느 정도 집중할 수 있었습니다. √ 집중하기 어려웠습니다. √ 전혀 집중할 수 없었습니다.	
• 오늘 명상 중에 어떤 생각이나 감정이 있었습니까? √ (구체적인 생각이나 감정을 기록하십시오.)	
• 오늘 명상 중에 신체적 감각이 어땠습니까? √ (구체적인 신체적 감각을 기록하십시오.)	
• 오늘 명상 후 어떻게 느껴집니까? √ (평온함, 스트레스 감소, 집중력 향상 등 구체적인 감정을 기록하십시오.)	
오늘 명상에서 얻은 통찰력:	
• 오늘 명상에서 무엇을 배웠습니까?	
• 오늘 명상에서 얻은 통찰력을 앞으로 어떻게 활용할 수 있습니까?	
다음 명상을 위한 목표:	
• 다음 명상에서 어떤 것을 집중하고 싶습니까?	
• 다음 명상에서 달성하고 싶은 목표는 무엇입니까?	
추가적인 의견:	
• 오늘 명상에 대해 더 하고 싶은 이야기가 있습니까?	
• 다음 명상을 개선하기 위해 무엇을 바랄 수 있습니까?	
기타:	
• 오늘 명상 중에 어려움을 겪은 부분이 있습니까?	
• 오늘 명상을 도와준 사람이나 물건이 있습니까?	

참고:

• 이 워크시트는 위빠사나 호흡 명상 후 느낀 점과 생각을 기록하는 데 도움이 되도록 설계되었습니다.
• 모든 질문에 답변할 필요는 없습니다.
• 솔직하고 자유롭게 자신의 경험을 기록하십시오.
• 이 워크시트는 개인적인 성장과 발전을 위해 사용할 수 있습니다.

장애인 선수를 위한 추가 팁:

• 신체적 제약이 있는 경우 자세를 조절하십시오.
• 통증을 느낀다면 자세를 바꾸거나 명상을 중단하십시오.
• 명상하는 동안 필요한 경우 휴식을 취하십시오.
• 명상하는 동안 자신에게 친절하고 인내심을 가지십시오.
• 명상의 긍정적인 효과에 집중하십시오.

위빠사나 호흡 명상은 장애인 선수들에게 많은 이점을 제공할 수 있습니다.
스트레스를 줄이고, 집중력을 향상시키고, 통증 관리에 도움이 될 수 있습니다.
위에 제시된 팁을 사용하면 자신의 필요에 맞는 명상 실천을 개발할 수 있습니다.

여러분의 명상 여정을 응원합니다!

13장.

e스포츠심리기술과 상담

1. e스포츠와 심리

1.1 e스포츠의 성장과 특성

Electronic sports, 즉 esports(e스포츠)는 전자게임을 기반으로 한 전자경기로서 '스포츠'와 '게임'의 두 가지 성격을 지니고 있다(Pedraza-Ramirez, Musculus, Rabb, & Laborde, 2020). e스포츠는 기존 스포츠와는 다른 경쟁적 특성을 가지고 있다. 즉, 빠른 속도의 의사결정, 순발력 및 뛰어난 반응 속도를 요구하는데, 이는 선수들이 게임 내에서 즉각적이고 정확한 판단을 내리고 실행해야 한다는 독특한 특성을 나타낸다.

코로나19 이후 비대면 경쟁상황에 최적화된 e스포츠는 2021년 국제올림픽위원회(IOC)의 향후 '5년간 올림픽 로드맵' 발표에 '올림픽 어젠다(Olympic Agenda) 2020+5'를 만장일치로 승인하면서 e스포츠의 수용, 가상 스포츠 개발 장려, 비디오게임 커뮤니티와 협력 추진 등 권고안의 발표로 e스포츠가 코로나19와 같은 현 시기에 충분히 가치 있음을 내세워 스포츠로의 가치를 만들어가야 하는 시기임을 강조하였다(IOC, 2021).

비대면 경쟁상황에 최적화된 e스포츠의 지속적인 성장으로 2023년 항저우 아시안게임의 정식종목 채택과 2028년 LA 하계 올림픽에서 e스포츠의 정식종목 채택에 대한 기대도 증가하고 있다. e스포츠는 2022년 2월 11일 대한장애인체육회에서 대한장애인 e스포츠 연맹을 준가맹 단체로 승인하며, 비장애인과 장애인을 아우르는 체육 분야의 정식종목으로 자리매김 중이다. 2023년 항저우 아시안 게임에 e스포츠가 정식종목으로 채택되며, 총 8개의 모바일과 PC 및 콘솔 게임이 선정되었다. 종목은 크게 전략적 팀 경기, 축구, 스포츠의 사격과 같은 슈팅, 격투, 카드 등 다양하다. esports는 전 세계적으로 빠르게 성장하는 인기 있는 스포츠로서 다양한 종류의 게임이 있다〈표 1〉.

표 1. e스포츠 중 가장 인기 있는 5개 게임의 특징

게임명	특징
도타 2 (Dota 2)	• Dota 2는 Valve에서 개발 및 배포한 무료 온라인 멀티 플레이어 전략 전쟁(Multiplayer Online Battle Arena; MOBA) 장르의 게임 • 두 팀이 5명의 영웅으로 구성된 팀을 조종하여 서로의 기지 파괴가 목표 • 복잡한 전략과 높은 수준의 플레이 숙련도 요구 • 세계 최대 규모의 전자 스포츠 대회인 The International의 상금은 수천만 달러에 달함
리그 오브 레전드 (League of Legends; LoL)	• LoL은 Riot Games에서 개발 및 배포한 무료 온라인 멀티 플레이어 전략 전쟁 게임 • 두 팀이 5명의 챔피언으로 구성된 팀을 조종하여 상대 팀의 넥서스 파괴가 목표 • 빠른 속도와 다양한 챔피언으로 인해 전 세계적으로 많은 인기를 얻음 • LoL 월드 챔피언십은 매년 수백만 명의 시청자가 시청하는 전 세계 최대 규모의 e스포츠 대회 중 하나
카운터 스트라이크: 글로벌 오펜시브 (Counter-Strike: Global Offensive, CS: GO)	• CS: GO는 Valve에서 개발 및 배포한 1인칭 슈팅 게임 • 테러리스트와 반테러리스트 팀으로 나뉘어 각 팀의 목표달성이 게임의 목표 • 현실적인 그래픽과 긴장감 넘치는 플레이 방식으로 유명 • CS: GO 메이저 토너먼트는 전 세계적으로 수백만 명의 시청자가 시청하는 인기 있는 전자 스포츠 대회
오버워치 (Overwatch)	• 오버워치는 Blizzard Entertainment에서 개발 및 배포한 팀 기반 슈팅 게임 • 각 팀은 독특한 능력을 가진 영웅으로 구성되어 다양한 전략을 사용하여 목표달성 • 화려한 그래픽과 다양한 캐릭터로 인해 많은 사랑을 받고 있음 • 오버워치 리그(OWL)는 전 세계 최고의 오버워치 선수들이 참가하는 연간 프로 전자 스포츠 리그
레인보우 식스 시즈 (Rainbow Six Siege)	• 전술적인 FPS 게임 • 공격 팀과 방어 팀으로 나뉘어 각자의 목표를 달성하기 위해 전략적인 플레이 요구 • 현실적인 시뮬레이션과 높은 전략성으로 유명함 • 전 세계적으로 많은 팬을 가진 인기 전자 스포츠 게임임

1.2 e스포츠의 심리적 도전

게임에서 가상 성취와 현실 성취 사이는 상호작용이 가능할 것인가? e스포츠 선수들은 온라인 가상의 경기 환경에서 상대와의 경쟁이 이루어지기 때문에 현실과 가상 경계를 오가는 과정에서 발생하는 심리적 스트레스와 현실에서의 일상생활을 조절하는 데에 어려움을 겪는다는 가상 성취가 게임에서의 동기부여와 참여를 향상시킬 수 있으며, 이는 결과적으로 현실 세계 작업에서의 노력 증가와 수행향상으로 이어질 수 있다고 가정했다. 가설 검증을 위해 참가자가 일정

기간 동안 가상 게임을 플레이하는 실험을 수행하였다. 이 게임은 참가자들에게 경험치 포인트 획득, 새로운 레벨 잠금 해제, 가상 아이템 획득과 같은 가상 성취를 획득할 수 있는 기회를 제공하도록 설계되었다. 게임을 플레이한 후 참가자들은 퍼즐 풀기 및 사소한 질문에 답하기와 같은 일련의 현실 세계 작업을 완료했다.

분석결과 게임에서 더 많은 가상 성취를 획득한 참가자들이 현실 세계 작업에서 더 큰 동기부여와 참여를 보였다. 또한 이 참가자들은 가상 성취를 덜 획득한 참가자들에 비해 현실 세계 작업에서 더 나은 성과를 보여주었다. 결론적으로 가상 성취가 현실 세계 작업에서의 동기부여와 성과에 긍정적인 영향을 미칠 수 있음을 시사한다. 이는 가상 성취가 교육, 훈련 및 재활 설정에서 현실 세계 작업에서의 동기부여와 참여를 촉진하는 데 사용될 수 있다는 것이다.

이러한 e스포츠의 특성으로 선수들은 다양한 심리적 도전에 직면한다. 대회에서의 압박과 스트레스; e스포츠 대회는 높은 수준의 경쟁과 압박이 따르는데, 이는 선수들에게 높은 수준의 스트레스를 초래할 수 있다. 김민정(2023)은 e스포츠 선수의 스트레스를 경험을 조사하였다.

- 소셜 스트레스와 커뮤니케이션 도전: e스포츠는 종종 팀 협력이 필요하며, 온라인에서의 소셜 상호작용이 필수적이다. 이로 인해 선수들은 팀 내에서의 커뮤니케이션 도전과 소셜 스트레스를 경험할 수 있다. 연구에 따르면, 팀원 간의 갈등이나 의사소통 부재가 선수들의 퍼포먼스에 영향을 미칠 수 있음을 보여주고 있다.
- 온라인 플랫폼에서의 소통과 경쟁: e스포츠는 대부분 온라인 플랫폼에서 이루어지기 때문에 선수들은 팀원끼리 혹은 상대 팀과의 소통에서 심리적 도전을 경험한다. 온라인 플랫폼에서의 상호작용이 선수들의 의사소통 능력 및 갈등 관리 기술에 영향을 미치는 것을 발견하였다.

√ 실시간 방송과 공개적 경쟁; 많은 e스포츠 선수들은 자신의 게임 플레이를 실시간으로 방송하며, 이는 공개적인 경쟁과 직면하게 한다. 이러한 과정에서 선수들은 자신의 능력을 지속적으로 증명해야 하는 압박 경험.

√ 실시간 방송이 선수의 자아 표현과 관객과의 상호작용에 어떻게 작용하는지 영향 연구.

√ 게임 내에서의 가상 성취동기; e스포츠 선수들은 게임 내에서 가상의 성취를 이루는 것에 대한 동기를 가지고 있다. 이로 인해 선수들은 현실에서의 성취와 병행하여 게임 내에서의 목표달성을 통해 자신에게 동기부여.

e스포츠 현장은 이미 기존의 스포츠심리상담의 응용과 e스포츠의 종목 특성이 고려된 e스포츠 선수들을 위한 심리상담의 필요성과 적용이 이루어지고 있다. 그러나 e스포츠 선수들의 경기와 심리적 특이성에 대한 이해와 효과적인 상담을 위해서는 선행연구의 고찰을 통해 직면한 도전을 탐구하고, 선수들이 이들 도전을 어떻게 극복하고 향상시킬 수 있는지를 알아보고자 한다.

e스포츠는 전통적인 체육활동과는 다르게 온라인을 통해 이루어지는 전략적인 경기로, 고유한 특징을 가지고 있다. Sjöblom, & Hamari(2017)의 연구에 따르면 e스포츠는 팀 협력, 높은 리플레이 가용성, 그리고 온라인 플랫폼을 통한 경기 관람이라는 특징을 지니고 있다. 이 연구자들은 전통 스포츠와 e스포츠 선수의 심리적 개입의 타당성을 입증하기 위해 e스포츠 선수의 스트레스와 대처전략과 정신적 강인함에 대한 연구를 진행하였다. 대상은 엘리트 esports 선수들로 5개 주요 e스포츠 게임(Dota 2, 리그 오브 레전드(LoL), 카운터 스트라이크: 글로벌 오펜시브, 오버워치, 식스 시즈) 중 하나에서 상위 40%에 랭크된 316명의 선수였다. 참여자들은 운동 동기와 정신적 강인성 질문시, 스트레스 평가 척도 및 간략 대처 양식 검사지에 응답하였다. 결과는 정신적 강인함이 인지된 통제력과 관련이 있으며, 스트레스 강도와 관련이 있었다. 또한 정신적 강인함은 문제 중심 대처 방식과 감정 중심 대처 방식을 더 많이 선택하고 회피 대처 방식을 덜 선택하고 있었다. 결론적으로 정신적 강인함과 스트레스 대처 과정 사이에 우수한 전통 스포츠 선수와 엘리트 esports 선수 간에 서로 중첩되는 부분이 있음을 시사한다. 저자들은 이러한 결과에 따라 esports 선수들도 전통 스포츠 선수들을 위해 설계된 스포츠심리학 개입을 통해 이익을 얻을 수 있다고 제안하였다.

1.3 e스포츠의 경쟁과 상담

e스포츠는 빠른 상황 판단 능력과 뛰어난 동체 시력으로 마우스나 키보드를 빠르고 정확하게 조작하는 능력이 필요하고 '순간'에 의해 승부가 결정되는 고도의 집중력을 요구하는 종목이다(Adamus, 2012; Hemphil, 2005; Pedraza-Ramirez et al., 2020; Taylor, 2012). 이에 스포츠의 다른 종목과 같이 심리적 영향을 많이 받는다.

e스포츠 종목은 팀의 전략과 승리의 결과에 따라 같은 팀원들에 대한 분노와 원망의 마음을 갖기도 하며, 경기중에 생긴 분노가 팀 분위기에 악영향을 주면서 팀 전체에 심리적 붕괴를 가져올 수도 있다. 의견 교환 과정인 피드백 시간에 비판적 대화나 실수에 대한 비난과 질책 등으로 선수들에게 부정적인 심리적 영향을 미친다. 특히 팀 경기로 이루어지는 치열한 경쟁과 예측이 어려운 빠른 경기 전개에서의 실수는 심리적 긴장을 유발하여, 경기의 승패에 영향을 미친다.

따라서 e스포츠 역시 스포츠의 조건인 불확실성과 규칙성, 전문성, 경쟁적인 상황과 평등성, 기록 추구성 등으로 생각과 감정조절의 훈련이 필요한 종목으로, 경기력의 향상을 위하여 기술과 관련된 신체 훈련뿐만 아니라 선수들의 잠재력을 발휘하고 능력을 최대치로 올리는 데 도움을 주는 심리적 훈련의 필요성이 제기되고 있다(김민정, 2022; Collins, 2017; Smith, Birch, & Bright, 2019).

실제 e스포츠 선수 생활 중 신체 · 심리 등의 문제를 가장 어렵다고 하였다. e스포츠는 일반적인 스포츠와 비교하여 예측이 어려운 빠른 흐름의 전개와 전략 수정의 상황 등 고도의 집중력이 요구되는 정신 스포츠(mental sports)로, 그에 필요한 최소한의 신체활동을 하지만 집중적인 체력과 에너지가 요구되어, 프로선수의 심리상태는 상담과 코칭을 통해 관리되는 것이 필요하다(김민정, 2022; Smith, Birch, & Bright, 2019).

e스포츠 프로선수는 개인 성취감과 기술 향상이 동기로써 경기력에 영향을 미친다. 이에 e스포츠 선수들이 최고의 경기력을 달성하기 위하여 목표설정, 이미지트레이닝, 동기부여, 불안관리와 의사소통이 중요하며, 이는 e스포츠 선수의 정신력과 관계가 있다고 하였다. 따라서 선행연구에서는 e스포츠 선수들의 심리적 이해와 이를 효과적으로 현장에 적용할 수 있는 심리기술훈련 프로그램이 필요하다고 하였다(Himmelstein, Liu, & Shapiro, 2017).

1.4 e스포츠 선수들의 상담 효과

상담은 e스포츠 선수의 심리적 도전에 대응하고 선수의 경기력과 복지를 향상시키는 데 중요한 도구로 작용한다. 선행연구들은 e스포츠 선수들에게 상담이 어떻게 도움이 될 수 있는지, 상담의 필요성과 목표를 다루고 있다.

e스포츠 선수들은 경기 중 높은 압박과 스트레스, 그리고 온라인 플랫폼에서의 소통과 경쟁에서의 도전 등 다양한 심리적 어려움에 직면한다. 상담은 이러한 도전에 대응하여 선수의 심리적인 안녕과 성과 향상을 지원할 수 있다. Anderson & Glass(2011)는 e스포츠 선수들이 경기에서 경쟁적인 압박을 어떻게 경험하고 있는지를 조사하고, 상담이 이를 완화하는 데 어떤 역할을 할 수 있는지에 대해 논의하였다. Anderson & Glass(2011)의 연구는 e스포츠 선수들이 경기에서 경쟁적인 압박을 어떻게 경험하고 있는지에 대한 중요한 통찰을 제공하고 있다. 이들은 경기상황에서 선수들이 느끼는 압박과 이에 따른 심리적인 영향을 탐구하면서, 상담이 이러한 압박을 어떻게 완화할 수 있는지에 대한 관점을 제시하였다.

1) 경기에서의 경쟁적인 압박 경험

- 심리적 스트레스 증가: e스포츠 선수들은 경기 중에 상대와의 경쟁, 승패에 따른 결과에 대한 압박을 강하게 느낄 수 있다. 경기의 결과가 개인이나 팀의 평판, 승격 또는 강등에 직결되기 때문에 선수들은 승리에 대한 강한 욕구와 패배로 인한 부정적인 영향을 경험할 수 있다.
- 시간과 퍼포먼스 압박: 경기 중에는 실시간으로 의사결정을 내리고 효과적으로 플레이해야 하는 압박이 높다. 이는 선수들에게 정확한 판단과 순발력이 필요하며, 부정적인 결과에 대한 두려움이 스트레스를 유발할 수 있다.

2) 상담의 압박 완화 역할

- 자기효능감 강화: Anderson & Glass(2011)는 선수들에게 경쟁적인 압박 상황에서 자기효능감을 강화하는 데 상담이 도움이 될 수 있다고 제안하고 있다. 상담을 통해 선수들은 자신의 능력을 높이고, 어려운 상황에서도 효과적으로 대처할 수 있는 자신감을 키울 수 있다.
- 스트레스관리 전략 제시: 상담은 선수들에게 스트레스관리 전략을 제시하여 압박을 완화할 수 있다. 이는 심리학적인 기술들과 마음챙김(mindfulness) 기법을 통해 선수들이 경기상황에서 냉정하게 자신을 관리하고 스트레스를 효과적으로 다룰 수 있도록 돕는 것을 의미한다.
- 목표설정과 전략수립: 선수들에게 명확한 목표를 설정하고 전략을 수립하는 과정을 상담을 통해 도모할 수 있다. 이는 선수들이 경기에서 집중력을 유지하고 압박을 완화하기 위한 명확한 방향을 가지게 돕는 역할을 한다.

Anderson & Glass(2011)의 연구는 e스포츠 선수들이 경기에서 경쟁적인 압박을 어떻게 경험하고 있는지를 깊이 이해하고, 상담이 이를 어떻게 완화할 수 있는지에 대한 통찰을 제공하고 있다. 선수들에게는 자기효능감 강화와 스트레스관리 전략의 제시, 목표설정과 전략수립 등이 상담을 통해 제공될 수 있어, 이는 선수의 경기 퍼포먼스와 심리적 안녕을 지원하는 중요한 요소로 작용할 것이다.

1.5 e스포츠 선수의 스트레스

e스포츠 상황에서 겪는 선수들의 스트레스는 경기 전이나 경기 중에 느끼는 긴장과 불안, 선수 자신과의 갈등, 팀원 등 대인관계에서의 갈등 등 심리와 관련된 문제들이 수없이 많다(김민정, 2022; Smith, Birch, & Bright, 2019). e스포츠 선수들은 프로 토너먼트에서 경쟁할 때와 같은 다양한 심리적 스트레스 요인을 접하며, 이는 프로선수들이 경험하는 정신적 압박과 동등한 수준의 스트레스와 동일하다고 하였다(Polman et al., 2012; Smith, Birch, & Bright, 2019; Taylor, 2012). 중요한 것은 확인된 스트레스를 바탕으로 이를 극복하고, 경기력을 극대화하는 데 필요한 정신적 전략을 현장에 적용할 수 있는 맞춤형 'e스포츠 특성적' 심리기술훈련과 상담의 실현이다.

Smith et al.(2019)의 연구에 따르면, 엘리트 e스포츠 선수들의 주요 스트레스의 환경적인 요인으로는 고도의 집중력과 빠른 상황 판단, 온라인에서 순위로 무작위 그룹화되는 경쟁적 상황을 스트레스로 여기며, 팀 경기에서는 예측이 어려운 빠른 전개의 게임 상황에서 팀원 간의 부족한 소통, 공격적이고 비판적인 부정적 커뮤니케이션이 팀워크와 경기력에 부정적 영향을 주는 스트레스 요인으로 도출되어, 효과적인 의사소통의 필요성을 언급하였다(Himmelstein, Liu, Shapiro, 2017; Smith et al., 2019).

일반적으로 전통 스포츠에서 스트레스에 대처하는 운동선수의 능력은 경기력에 중요한 영향을 미친다(Lazarus, 2000; Polman, 2012). 상위 40% e스포츠 선수의 스트레스와 대처 그리고 정신적 강인함(mental toughness)의 영향을 살펴본 선행연구에서 인지된 통제와 스트레스의 강도가 정신적 강인함과 관계가 있음을 제시하였다. 즉, e스포츠 선수의 정신적 강인함은 보다 문제 중심적이고 감정 중심적인 대처전략과 덜 회피적인 대처전략과 관련이 있으며(Poulus, Coulter, Trotter, & Polman, 2020), e스포츠 선수가 경험한 스트레스 대처전략은 감정중심 대처, 문제중심 대처, 회피, 접근 및 평가 대처전략으로 도출되었다(Smith et al., 2019).

국내에서는 김민정(2022)이 'e스포츠 선수의 스트레스 대처를 위한 심리기술훈련(eSport Psychology Skills Training; ePST) 및 상담 적용의 개발 및 적용'의 연구에 기존의 스포츠심리학에서 스포츠 선수들에게 적용하였던 심리기술훈련을 '리그 오브 레전드'의 e스포츠 현장에 맞게 응용하여 실시하였다. 먼저 개방형 설문을 통하여 국내 e스포츠 선수의 스트레스 요인과 스트레스 대처유형을 확인하였다. 그 결과 리그 오브 레전드 e스포츠 종목 선수의 스트레스 요인은 '대인관계, 경기력 및 승패, 훈련환경, 능력요인, 부정적 피드백, 부정적 인식' 등으로 나타났고, 스트레스 대처유형은 정서중심, 문제중심, 의미중심 대처로 확인되었다. 〈부록 13-3〉 스포츠대처기술 질문지 요인과 비교해 보자. 이러한 스트레스 요인은 이후 e스포츠들과의 상담에 효과적으로 임할 수 있는 근거가 될 수 있다.

2. e스포츠 선수와 상담의 효과

2.1 e스포츠 선수와 상담

e스포츠 선수를 상담할 때 주요 목표는 선수의 경기력 향상과 더불어 심리적 안녕을 도모하는 데 있다. Himmelstein et al.(2017)은 e스포츠 선수들을 대상으로 상담이 목표달성과 선수의 복지에 어떤 영향을 미치는지를 연구하였다. 분석 결과 상담은 선수들의 수행향상과 동시에 심리적 안녕을 도모하여 전반적인 선수의 복지를 향상시킬 수 있는 유용한 도구임을 입증하였다. 따라서 e스포츠 선수를 위한 상담의 목표는 선수의 수행향상, 스트레스관리, 소통 능력 향상 등으로 제안하였다.

• 상담이 목표달성에 미치는 영향

√ 경기력 향상: 상담을 받은 e스포츠 선수들은 목표달성에서 긍정적인 영향을 경험했다. 상담은 선수들에게 명확한 목표를 설정하고 이를 달성하기 위한 전략을 수립하는 데 도움을 주었다. 이를 통해 선수들은 자신의 수행을 향상시키는 데 더욱 효과적으로 노력할 수 있었다.

√ 자아효능감 강화: 상담을 통해 선수들은 자기 능력에 대한 자아효능감을 높일 수 있었다. 목표를 달성하고 성과를 향상시킴으로써 선수들은 자신에 대한 확신을 가지게 되었고, 이는 향후의 경기에도 긍정적인 영향을 미쳤다.

• 선수의 복지에 미치는 영향

√ 스트레스 감소와 정서적 안녕감: 상담을 받은 e스포츠 선수들은 경기 중 발생하는 스트레스를 감소시키고 정서적인 안녕감을 증진시킬 수 있었다. 상담은 선수들에게 스트레스관리 기술을 제공하고, 어려운 상황에서도 감정을 조절하는 방법을 학습하는 데 도움이 되었다.

√ 좋은 사회적 관계 형성: 상담은 선수들 간의 소통을 개선하고, 팀 내에서의 협력을 촉진함으로써 사회적인 안녕을 증진시킬 수 있었다. 상담을 통해 선수들은 자신의 감정을 표현하고 이해하는 능력을 향상시켰으며, 이는 팀 내 분위기의 개선과 긍정적인 사회적 상호작용을 이끌어냈다.

√ 자기관리 능력 강화: 상담은 선수들이 자신의 심리적 상태를 관리하고 개선하는 데 도움이 되었다. 선수들은 상담을 통해 스스로에 대한 이해를 깊게 하고, 어려운 순간에도 효과적으로 대처할 수 있는 자기관리 능력을 키울 수 있었다.

• 상담을 통한 소통 능력 향상

e스포츠에서 팀 내 소통은 매우 중요하다. 상담은 선수들 간의 소통 능력을 향상시키는 데 기여할 수 있다. e스포츠 팀 멤버들 간의 상호작용과 소통은 크게 다음 세 가지 영역으로 이루어지는 것으로 나타났다.

√ 기술적 상호작용: 팀플레이와 관련된 의사소통으로, 게임 전략, 팀워크, 기술 연습 등과 관련된 내용을 포함하고 있다. 특히 기술적 상호작용은 팀의 경기력 향상에 가장 큰 영향을 미치는 것으로 나타났다.

√ 심리적 상호작용: 선수의 심리적 상태와 관련된 의사소통으로, 스트레스관리, 멘탈 트레이닝, 동기부여 등과 관련된 내용을 포함한다. 또한, 심리적 상호작용은 선수의 심리적 건강 증진에 유의한 영향을 미치는 것으로 나타났다.

√ 사회적 상호작용: 선수 간의 관계 형성과 관련된 의사소통으로 사적인 대화, 유머, 놀이 등과 관련 내용을 포함한다. 이러한 사회적 상호작용은 팀의 분위기 조성과 선수 간의 관계 형성에 유의한 영향을 미치는 것으로 나타났다.

결과적으로 e스포츠 선수들을 대상으로 한 상담의 필요성과 목표설정의 중요성을 강조하고 있다. 상담을 통해 선수들의 심리적 도전에 효과적으로 대응하고 수행을 향상시킬 수 있는 다양한 전략들이 제안되기 때문이다.

2.2 e스포츠심리상담사의 준비

정영수(2021)는 e스포츠의 산업 성장과 더불어 미래 e스포츠 선수들을 올바르게 양성하기 위해서, 스포츠심리학자들의 관심과 다양한 연구 진행의 필요성을 언급하였다. 일찍이 Martens(1979)는 스포츠심리학자의 역할을 스포츠와 운동 현장에서 선수, 코치, 운동참여자와 직접적으로 접촉할 것을 역설하였다. 최근 융·복합적 사고와 환경에 익숙한 젊은 세대들은 다양한 e스포츠 종목의 필요한 기술과 기능을 끊임없이 연마하고 있다. 그들은 다양한 e스포츠의 전문가로 활약하기 위하여 e스포츠를 확장하고 흡수할 수 있는 학문을 배우고 응용하고 싶어 한다. 또한 그들은 e스포츠 문화를 이해하면서 e스포츠를 학문으로 성장시킬 수 있는 교육자도 절실히 원하고 있다.

바람직한 스포츠심리상담사는 선수 각자의 요구에 부합하는 융통성과 풍부한 지식, 친밀감을 갖추고, 지속적인 정신훈련의 제공과 선수와의 개별적 접촉을 허용하고, 시즌 전·중·후를 통한 용이한 접근을 할 수 있어야 한다(Partington & Orlick, 1991).

선행연구에 따르면, 스포츠심리상담사들이 주로 제공한 내용은 심상훈련, 수행향상법, 감정조절 방법, 자신감과 성취동기, 정신력 강화, 목표설정, 스트레스관리, 불안조절, 심리평가, 집중훈련 등의 심리기술훈련이 많은 비중을 차지하였다. 또한 개인적 문제나 스폰서/에이전트 압력도 도출되었다. 1984년 캐나다 선수에게 가장 많이 제공된 심리기법도 경쟁계획, 모니터링과 평가, 집중과 재집중, 활성화와 불안조절, 이미지트레이닝, 목표설정, 대인관계 의사소통 등이었다(Partington & Orlick, 1991). e스포츠에서 우승하는 선수와 팀의 마음가짐에 대한 또 다른 연구에서는 성과 향상의 최대 50%가 정신적인 준비와 선수의 정신 상태와 연결되어 있음을 시사한다고 하였다(Andrejkovics, 2016).

이처럼 스포츠는 역동적 상황에서 시시각각 빠르게 변하는 경기의 흐름에서 한순간의 판단과 행동은 선수의 가치와 승패를 결정짓기 때문에, 특히 올림픽과 같은 국제대회에서는 기량의 격차는 크지 않지만, 경기 당일 컨디션과 심리적 준비가 순위에 많은 영향을 미친다. 선수들의 체격이나 운동능력은 상향평준화 되고 있지만 기술과 체력에서의 심리적 측면의 중요성은 지속되어 언급되고 있다(Vealey, 1994; Wiliams & Krane, 2001).

이에 따라 종목에 대한 이해도 역시 스포츠심리상담사가 갖춰야 할 자질 중 하나이다. 종목에 대한 이해도가 없다면 선수들과의 소통에 있어 라포 형성에 제한점으로 작용할 수 있다. 종목에 대한 이해도는 상담과 교육을 진행하면서 이론적 내용을 각 종목에 맞춤형으로 제시함으로써 선수들의 빠른 이해를 도우며, 그들만의 문화와 특성에 대한 이해와 공감은 선수들과 친밀감을 형성할 수 있는 강력한 요인으로 작용한다(김민정, 2022). 이에 e스포츠의 심리상담을 위해서 역시 다양한 종목의 e스포츠의 선수들에 대한 이해와 용어 등의 종목의 이해로 현장의 요구와 서로 맞춰가는 상담이 되어야 한다.

최근 e스포츠 선수들 역시 경기력 향상을 위해 상담을 통한 심리기술훈련과 집중력은 높이고 긴장을 낮추어, 자신에게 적합한 적절한 각성수준을 유지하는 데 필요한 정보 등 스포츠 현장에서 발생하는 심리적 문제들을 해결하기 위해 스포츠심리상담사의 도움을 받는 경우가 확대되고 있다. 더하여 은퇴 이후의 진로 등에 심리상담의 필요성을 인지하여, 스포츠심리학이라는 분야에 대한 관심과 실제 상담을 통한 긍정적 변화를 경험하고 있다(김민정, 2022).

e스포츠 역시 다른 스포츠 종목과 같이 종목의 특성과 선수에 대한 정확한 이해가 선행되어야 제대로 효과를 낼 수 있다. 이에 따라 e스포츠 선수들을 상담하는 스포츠심리상담사 역시 인간심리와 행동에 대해 편견 없이 탐구하고 관찰해야 하며, 특히 e스포츠 선수들이 사용하는 언어와 문화, 그리고 각 종목의 용어들의 쓰임에 대한 상담사의 관심과 공부가 필요한 분야이다.

3. e스포츠심리훈련의 확장

1) 장애인 e스포츠와 적

현대사회 스포츠의 개념을 연구한 Suites(1978; 2007)는 특정한 구성요소를 충족할 때 스포츠로 개념화될 수 있다고 주장하였다. 이 구성요소는 다음과 같다:

- 규칙성(regularity): 스포츠는 명확한 규칙이 존재하고, 그 규칙을 통해 일관된 방식으로 진행되어야 한다.

• 신체성(physical skill): 스포츠는 신체적 기술을 필요로 하며, 신체활동이 중심이 된다.
• 기술(skills): 단순히 신체활동을 넘어서, 기술적 요소가 요구된다. 이는 스포츠의 심화와 전문성을 나타낸다.
• 안정성(stability): 지속성과 안정성을 통해 한 사회나 공동체에서 꾸준히 유지될 수 있어야 한다.
• 폭넓은 지지자들(wide following): 대중적이거나 사회적으로 폭넓은 관심과 지지를 받아야 한다.

이러한 정의는 스포츠가 단순한 게임 이상의 요소를 갖추고 있어야 하며, 이러한 요건들이 모여야 진정한 의미에서의 스포츠로 볼 수 있다는 점을 강조하고 있다. 각 게임의 장르에 따라 가상현실에서 주어진 정교한 규칙을 통하여 몰입감을 경험하고, 이를 통한 신체활동이 가능한 e스포츠는 신체적 · 정신적 장애가 있는 장애인 선수들에게도 주어진 조건하에 장애 등급과 종목별로 게임을 매개로 스포츠에 참여할 수 있는 기회를 가질 수 있다.

• 장애인 e스포츠의 역할
 √ 사회적 포용성 증진: 장애인 e스포츠는 장애인들이 사회 활동에 참여할 수 있는 새로운 기회를 제공한다. 이들은 팀 플레이와 경쟁을 통해 타인과 상호작용을 하고 협력하는 경험을 쌓을 수 있으며, 이를 통해 사회적 소속감을 느낄 수 있다.
 √ 자기표현 및 자존감 향상: e스포츠에서의 경쟁과 성취를 통해 장애인들은 자기표현의 기회를 얻고, 자존감을 높일 수 있다. 경기를 통해 자신의 능력을 입증하고 인정받음으로써 장애가 개인의 잠재력을 제한하지 않는다는 것을 경험하게 된다.
 √ 기술적 혁신 촉진: 장애인 e스포츠를 위한 기술 개발은 일반 게임 산업에도 긍정적인 영향을 미친다. 접근성 기술의 발전은 모든 사람에게 보다 편리한 인터페이스와 혁신적인 경험을 제공할 수 있기 때문에, e스포츠와 게임 산업 전반의 기술 진보를 유도한다.
 √ 사회적 인식 개선: 장애인 e스포츠의 활성화는 장애인에 대한 사회적 인식을 개선하는 데 기여할 수 있다. 장애인 선수들이 경기를 통해 보여주는 능력과 성취는 대중에게 긍정적인 메시지를 전달하며, 장애인에 대한 편견을 줄이고 이해를 높이는 계기가 된다.
• 장애인 e스포츠의 구체적 적용 방안
 √ 맞춤형 컨트롤러 및 접근성 장비 개발: 장애인 선수들이 게임을 쉽게 조작할 수 있도록 상지 장애를 위한 맞춤형 컨트롤러, 시각 장애인을 위한 음성 인식 및 화면 확대 장치, 청각 장애인을 위한 시각적 효과 강화 장비 등이 개발되고 있다.
 √ 장애인 전용 e스포츠 리그 및 토너먼트: 장애 유형에 따른 맞춤형 리그와 토너먼트를 개최하여 공정한 경쟁 환경을 제공한다. 예를 들어, 상지 장애 선수들만을 위한 리그나 혼합 장애 유형 리그 등을 통해 다양한 장애인들이 동등한 조건에서 경쟁할 수 있도록 한다.
 √ 접근성 지원 소프트웨어 및 게임 설계: 청각, 시각, 운동 능력의 다양성을 고려한 맞춤형 소프트웨어와 게임이 필요하다. 예를 들어, 자막 기능, 음성 명령, 화면 조정 및 색상 대비 강화 옵션 등을 통해 다양한 장애인이 게임의 핵심 요소를 경험할 수 있다.
 √ 장애인 e스포츠 전문 교육 및 훈련 프로그램 제공: e스포츠에서 경쟁력을 높이기 위해 장애인들을 대상으로 한 전문적인 교육과 훈련 프로그램이 필요하다. 장애인들이 자신에게 맞는 방식으로 게임을 연습하고, 전략과 기술을 익힐 수 있는 환경을 제공함으로써 실력을 높일 수 있다.

장애인 e스포츠는 사회적 포용과 기술 혁신을 동시에 추구하며, 장애인들의 삶의 질을 향상시키는 중요한 수단으로 작용할 수 있다. 이를 위해 사회적, 기술적 지원이 함께 이루어져야 하며, 게임 산업의 모든 분야가 장애인 접근성을 위한 혁신에 기여해야 할 것이다.

2) 한국 장애인 e스포츠의 현황

'이스포츠 진흥에 관한 법률'에 따르면, e스포츠는 게임물을 매개로 하여 사람과 사람 간에 기록 또는 승부를 겨루는 경기 및 부대 활동을 의미한다. 한국e스포츠협회에서는 e스포츠에 대해 보다 자세하게 정의하고 있는데, e스포츠란 실제 세계와 유사하게 구축한 가상적 전자적인 환경에서 정신적, 신체적인 능력을 활용하여 경쟁과 유희성 등을 바탕으로 승부를 겨루는 여가활동의 총칭으로 정의하고 있다.

장애인 e스포츠에 대한 정의는 위와 같은 일반적인 e스포츠의 정의에 장애 유형과 등급 등의 내용을 바탕으로 장애 유형별 종목이 선정되어 추가되어 사용된다. 한국콘텐츠진흥원(2011)은 장애인 e스포츠는 신체적, 정신적으로 주어진 조건 하에 장애인들이 등급별, 종목별로 컴퓨터 및 기타 장비 등을 이용하여 게임을 매개로 승부를 겨루는 스포츠로 정의하고 있다. 따라서 이를 요약하면, 장애인 e스포츠는 게임을 매개로 하는 장애인들의 스포츠 활동으로 정의될 수 있을 것이다.

한국e스포츠협회와 대한장애인 e스포츠연맹은 2021년과 2022년 인정단체에서 준가맹단체로 승격되었으며, 장애인들은 e스포츠를 통해 신체적 제한이 가상 세계에서는 캐릭터와 몰입되어 스트레스 해소와 활력의 경험 및 소통의 경험 증가 등 긍정적인 정서 경험을 통해 지속적인 관심으로 제도권 내에서의 안정화된 지원이 예상된다. 장애인 e스포츠는 일반 e스포츠와는 달리 신체적, 정신적 장애 정도에 따라 수행 능력에 차이가 있을 수밖에 없을 것이다. 따라서 같은 게임을 매개로 한 활동이라 할지라도 장애의 차이에 따라 다양한 방식으로 운영될 수 있을 것이다. 장애인복지법에서는 장애의 정도에 따른 등급을 제시하고 있으며, 장애인 e스포츠 분야에서도 장애인들을 위한 등급 분류가 실시되어 운영되고 있다.

장애인들의 e스포츠 참여는 다양한 긍정적 효과를 시사하는데, 예를 들면, 한국교육학술정보원(2016)에 따르면, 장애인들의 e스포츠 경기 참가는 정보화 능력 개발을 위한 기회의 제공뿐 아니라 사회성 증진, 자아효능감 상승 및 장애극복 의지 향상 등에도 긍정적인 영향을 미칠 수 있다. e스포츠는 시 · 공간적 제약에서 벗어나 쉽게 접할 수 있는 '가상 세계'에서 신체, 정신적으로 어려움이 있는 장애인들이 일반적인 스포츠처럼 특정한 장소와 장비가 없어도 컴퓨터와 인터넷만으로 쉽게 참여할 수 있는 특징을 가지고 있다. 따라서 신체 제약성의 극복과 함께 네트워크를 기반으로 한 참여 활동의 확장과 개방성으로 인해 장애인들의 e스포츠 활동은 정신적, 신체적 능력 향상과 사회성 증진을 위한 효과적인 매개체가 될 수 있을 것이다.

현재 장애인 e스포츠는 총 6종목으로 운영되고 있으며, 일반 e스포츠 리그에서 보기 어려운 '혼성'경기를 통한 여성 선수도 존재하는 것은 장애인 선수들에게 폭넓은 참여 기회의 확장을 제공하는 계기가 될 수도 있음을 시사한다. 장애인 e스포츠 종목은 장애 유형과 등급, 성별 및 연령에 따라 다음의 〈표 2〉와 같이 구성되어 있다.

표 2. 대한장애인 e스포츠연맹의 2023 경기종목 선정 및 경기규정 개편 (출처: 대한장애인 e스포츠연맹, 2023)

장애 유형	등급	성별	세부 종목	구분		
			개인전	초등부	중등부	고등부
지체·청각장애/ 지적(발달)장애	Open	혼성	리그 오브 레전드	x	○	○
			피파 온라인4	○	○	○
			카트라이더 드리프트	○	○	○
			닌텐도 Wii 테니스	○	○	○
			닌텐도 Wii 볼링	○	○	○
지체청각 지적발달	Open	혼성	리그 오브 레전드(단체전 5:5)	x	통합	
			카트라이더 드리프트(단체전 2:2)	통합		

또한 서울을 포함한 15개 지역에 장애인 e스포츠 선수와 17개 연맹을 보유하고 있다. 2021년 7월에는 제1회 장애인 e스포츠 한.일전을 개최하여, 일본과 총 3경기를 가져 2승 1무로 한국 선수들이 우승하는 쾌거를 이루었다.

3) 디지털 생태계의 확장과 e스포츠

(1) 메타버스와 e스포츠

메타버스(metaverse)란 초월과 가상을 의미하는 메타(meta)와 우주 · 세계를 의미하는 유니버스(universe)의 합성어로, 현실세계와 같이 사회, 문화, 경제적 활동이 가능한 3차원 가상 세계 공간이다(한송이, 김태종, 2021). 메타버스는 가상의 공간에서 현실과 유사한 형태로 구현된 온라인 세계에서 자신의 정체성을 반영한 아바타를 이용하여 타인과 소통하는 기술적 개념으로, 가상과 현실이 상호작용을 하는 과정에서 다양한 가치를 창출해 낸다. 게임과 같은 e스포츠에서 선수들과 유저들에게 중요한 점은 캐릭터와 혼연일체가 되기 위한 몰입이다. 이에 메타버스의 가상현실은 이러한 몰입감에 도움이 될 것이다.

메타버스는 소비자와 브랜드 모두에게 더 풍부한 참여 기회를 제공한다. 10~20대를 뜻하는 MZ세대 소비자는 TV보다 게임과 가상 세계에 더 많은 시간을 보내고, 엔터테인먼트에 적극 참여한다. 즉, 그들은 원한다면 언제 어디서든 시청(watch)하고, 스스로 원하는 콘텐츠를 생산(create)하며, 다양한 게임을 플레이(play)하고, 원하는 것을 창조하여 주체적으로 소비(consume)하는 데 익숙하다. 또한 보다 창의적인 참여 스타일을 원하여, 소셜 미디어 플랫폼에서 주당 13시간, 온라인 게임 플랫폼에서 주당 12시간을 소비한다(Newzoo, 2023).

언제 어디서나 쉽게 접속이 가능한 가상 세계인 '메타버스'는 직접적인 대면이 아니지만, 그들의 세계(verse)에서 소통하고 교감하는 문화에 친숙하여 소비자와 브랜드에 풍부한 참여의 기회와 '몰입'의 경험을 제공한다. 이를 스포츠에 활용하게 된다면, e스포츠뿐만이 아니라 게임의 '놀이(play)'가 신체적인 움직임이라는 휴먼 무브먼트(human movement)에서 인터넷이라는 온라인 기반의 네트워크로 재매개된(remediation) 새로운 '게임'이자 '스포츠' 나아가 '교육'에까지 확장될 수 있다.

게임의 메커니즘은 정서 및 사고 발달에 도움이 된다. 최근 게이미피케이션(gamification)이라는 새로운 용어는 영어 'Game'과 '~화하기'의 명사형을 의미하는 영어인 '~fication'의 합성어로 게임이 아닌 분야에서도 특정 행동의 관심 유도를 위하여 게임의 요소를 접목시켜 특정 행동에 대한 보상 방법을 활용하여 사용자로 하여금 챌린지 참여, 콘텐츠 읽기 등의 참여를 수행하게 한다(네이버 MZ 미디어 트렌드 사전, 2023). 이는 향후 게임적 요소가 e스포츠뿐만이 아니라 교육이나 생활체육에 참여하는 생활체육인들에게도 적용되어 공간과 시간의 제약 없이 소비자의 니즈에 맞게 다양한 방식으로의 응용과 활용이 가능할 것이다.

메타버스와 e스포츠의 융합과 확장은 최근 디지털 미디어와 기술 발전의 중요한 흐름으로 자리 잡고 있다. 메타버스는 현실과 가상 세계가 연결된 공간으로, 가상현실(VR), 증강현실(AR), 3D 그래픽 기술 등을 통해 몰입감 있는 경험을 제공하는 가상 세계를 의미한다. e스포츠는 이러한 가상공간 내에서의 게임 플레이가 현실 세계에서의 스포츠처럼 경쟁과 관람의 형태로 확장된 것이다. 이 둘의 융합과 확장은 e스포츠를 새로운 차원으로 진화시키고, 다양한 기회를 창출하고 있다.

- 메타버스에서의 e스포츠 경험: 메타버스는 기존의 e스포츠 관람을 더욱 몰입감 있게 만들어준다. 관객들은 가상 경기장에 아바타 형태로 참석해 실제 경기장에서처럼 선수들과 상호작용을 하거나, 경기장을 누비며 다양한 시점에서 경기를 즐길 수 있다. 예를 들어, Facebook의 Horizon Worlds와 같은 메타버스 플랫폼이나 VR Chat을 통해, 관객들은 현실감 있는 관람 환경을 경험하고 경기의 현장감을 더욱 크게 느낄 수 있다.
- e스포츠 경기의 메타버스 내 확장성: 메타버스 내에서의 e스포츠 경기는 기존 경기 형태를 넘어, 사용자들이 경기를 직접 체험하거나, 자신만의 경기 환경을 창출하는 데도 응용될 수 있다. 예를 들어, 플레이어는 기존의 e스포츠 게임을 넘어, 메타버스 내에서 자신만의 경기 규칙을 만들어 새로운 게임 스타일을 창조하거나, 현실에서는 불가능했던 방식으로 경기를 변형시킬 수 있다. 이는 e스포츠를 단순한 경기 관람이 아닌 참여형 경험으로 전환시키고 있다.
- 경제적 기회와 NFT 도입: 메타버스 내에서 NFT(Non fungible Token; 대체 불가능 토큰)는 e스포츠 자산(스킨, 아이템 등)을 소유하고 거래하는 방식으로 새롭게 도입되고 있다. 이 NFT들은 경기 중 수집하거나 제작할 수 있으며, 관객과 플레이어는 이러한 가상 자산을 통해 경기 중 수익을 창출할 수 있다. 예를 들어, 특정 게임 내에서의 희귀 아이템을 NFT화 하

여 실제 가치로 판매하는 방식이 있으며, 이는 e스포츠 경기의 수익 창출 구조에 중요한 변화를 가져오고 있다.

- 교육과 훈련 측면에서의 융합: 메타버스는 e스포츠 교육과 훈련 측면에서도 유망한 도구로 평가받고 있다. 메타버스 플랫폼에서 제공하는 몰입형 환경은 선수들이 실제 경기와 같은 환경에서 전략 훈련을 하거나, 시뮬레이션을 통해 특정 기술을 반복 연습할 수 있는 기회를 제공한다. 이는 기존 훈련 방식보다 더 현실감 있고, 신속하게 피드백을 제공하는 시스템을 구현할 수 있다.

메타버스와 e스포츠의 융합은 e스포츠의 관람, 참여, 경제적 가치, 교육 방식에 큰 변화를 불러일으키며, 새로운 디지털 생태계를 창출하고 있다. 앞으로도 이러한 기술적 융합이 가속화됨에 따라 메타버스는 e스포츠를 더욱 다채롭고 참여적인 형태로 확장시킬 가능성이 크다.

(2) AI와 e스포츠

인공지능(AI; artificial intelligence/人工智能)과 e스포츠의 융합 확장은 e스포츠 산업의 혁신과 성장을 이끄는 주요 요소가 되고 있다. AI는 경기의 분석과 예측, 훈련 지원, 경기 경험의 개선에 중요한 역할을 하며, e스포츠와 결합하면서 새로운 가능성을 창출하고 있다. 예를 들어 우리나라에서 세계 최초 e스포츠 생성형 AI 모델 'LoLGPT'를 공개했다. 이 모델은 프로선수와 상위 레벨 유저들의 3억 개에 달하는 경기 데이터를 학습해 리그 오브 레전드(LoL) 대한 이해도가 인간 전문가 수준을 넘어설 것으로 기대하고 있다(https://www.ariai.io/).

AI와 e스포츠의 융합은 경기의 기술적 발전뿐만 아니라 경기의 공정성, 관람의 몰입감, 그리고 훈련 효율성 등을 크게 향상시키고 있다. 앞으로 AI 기술이 더 발전함에 따라 e스포츠의 경기 운영과 시청 경험이 더욱 진화할 가능성이 크다.

- 경기 데이터 분석 및 예측: AI는 경기 데이터를 실시간으로 분석해 e스포츠 선수들에게 중요한 통찰을 제공한다. IBM의 Watson AI는 도타 2 경기에서 실시간으로 데이터를 분석하고 팀 전략을 제안하며 경기 예측을 수행했다. 이처럼 AI는 경기 중 수집되는 다양한 데이터를 학습하고 이를 바탕으로 상대 전략을 예측해, 팀의 승률을 높이는 데 기여한다.
- 맞춤형 훈련 지원: AI는 선수들의 플레이 스타일과 약점을 파악해 맞춤형 훈련을 제공하며, 이로 인해 선수가 실력을 향상하는 데 도움을 준다. 예를 들어, AI는 시뮬레이션을 통해 선수들이 다양한 상황에 대비할 수 있도록 지원하며, 특정 기술 연습에서 최적의 피드백을 제공한다(YanRu, 2021).
- 경기 관람 경험 향상: AI는 관람객들이 경기의 흐름을 보다 깊이 이해할 수 있도록 돕는다. AI 기반의 해설 프로그램은 경기 중 주요 순간을 실시간으로 분석해, 관람객이 전략적 요소를 쉽게 파악할 수 있도록 지원한다. 특히 AI 챗봇과 가상 해설자는 초보자부터 전문가까지 관람 경험을 높이는 데 효과적이다.
- 부정행위 감지와 공정성 유지: AI는 e스포츠 경기에서 부정행위를 실시간으로 모니터링하여 경기의 공정성을 보장한다. AI 알고리즘은 경기 중 비정상적인 행동패턴을 분석해, 부정행위의 가능성을 탐지하고 경기 환경의 신뢰도를 높인다.
- 가상 캐릭터와의 상호작용: AI는 가상 캐릭터가 인간 선수와 비슷한 행동을 하도록 학습시키며, 이를 통해 선수들은 더욱 도전적인 환경에서 경기를 경험할 수 있다. 딥마인드의 AlphaStar는 스타크래프트 II에서 인간 선수와 경쟁하며 AI의 잠재력을 입증한 대표적인 사례이다(Vinyals et al., 2019).

최근에는 경기 전 EEG의 패턴을 활용하여 경쟁적 e스포츠 경기의 약 80%의 예측 정확도를 달성하는 연구가 제시되기도 하였다〈그림 1〉. 뇌파의 신경 진동 패턴을 사용하여 뇌 상태를 최적화함으로써 개별 선수의 정신 조절의 가능성을 통하여 수행향상을 위해 할 수 있다는 것이다. 즉, 전투비디오게임 경기 직전에 선수들의 EEG를 측정하고, EEG α(알파), γ(감마)를 수집하였다. 결과적으로 승리한 선수들은 두 라운드 선승제 시스템의 1라운드 경기가 시작할 때는 전략적 결정과 관련된 좌측 전두엽 감마 파워가 증가하였으며, 경기 마지막 3라운드에서는 감정조절과 관련된 좌측 전두엽 알파 파워가 증가되었다.

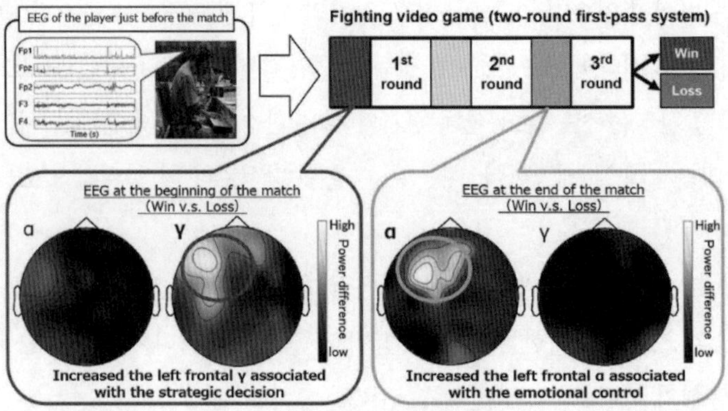

그림 1. EEG를 활용한 경기결과 예측
https://www.unite.ai/ko/unveiling-neural-patterns-a-breakthrough-in-predicting-esports-match-outcomes/

4. e스포츠 선수의 심리기술훈련 프로그램(ePST)과 상담 적용

상담에서는 내담자와의 신뢰관계인 친밀감(rapport) 형성이 중요하다. 다음은 e스포츠 선수를 대상으로 스포츠심리기술훈련(ePST) 및 상담 프로그램을 개발하여 적용한 김민정(2022)의 연구 사례이다. 이 연구에는 Hill(2014)의 인간중심상담인 탐색, 통찰, 실행의 3단계를 바탕으로 선수들과 라포를 형성하면서 진행하였다. 여기에 기존의 스포츠심리기술에서 강조한 현장성, 흥미, 창의성, 지속적인 효과를 위해 현장중심의 실증적인 상담을 진행하였다.

4.1 탐색단계

탐색과정(exploration stage)은 상담기술의 뼈대로 상담과 통찰 그리고 실행의 단계를 위해서 내담자가 자신의 문제를 이해하고 삶에 변화를 주기 위한 단계이다. 이 과정에서 상담자는 협력자이자 동시에 촉진자로 도움을 줄 수 있는 역할을 하였다(Hill, 2014). 탐색단계의 구성은 내담자들이 알고 있던 부분들을 통한 '자기이해의 확대'와 내담자가 실제로 행동하고 있던 '심리기술들의 개념 및 생각'을 활성화 및 촉진하기 위하여, 공감적이고 협력적인 태도로 내담자에게 필요한 회기가 될 수 있도록 하였다. 결과적으로 탐색에서는 내담자만의 심리 강점과 보완점을 확인한 후, 자신만의 강점을 통하여 긍정적인 심리작용을 할 수 있었다.

탐색단계에서 내담자들은 게임 내에서 캐릭터와 일치되어 경기를 진행해야 하는 만큼 자신의 선호 캐릭터를 선정하여 그 이유를 확인하였다. 〈그림 2〉에서 보듯이 이 과정은 온라인 게임 속의 캐릭터와 일체감을 느끼며 게임을 진행해야 하는 e스포츠의 특성에 기반하여, 내담자의 내면화 작업을 위한 탐색 작업의 하나이다. 이 과정을 통해 선호 캐릭터의 선택 사유 및 다양한 특성을 지닌 캐릭터 중 내담자가 선택한 게임 캐릭터를 통하여 내담자를 탐색하는 작업을 진행하여 '자기이해의 확대'와 내담자만의 심리 강점을 활성화하고 촉진한다.

e스포츠 내의 다양한 게임 캐릭터 역시 태어난 출생지, 역경, 극복 과정 등의 서사가 있다. 각 캐릭터는 역경을 극복하는 과정에서 취득하고 연마한 주력 기술 등이 존재한다. 내담자 A선수는 내면화를 통한 탐색과정에서 자신에 대한 이해를 캐릭터에 확대하여 적용하였다. 즉, 내담자만의 고유한 강점(이미지트레이닝, 긍정적 자화 등)을 게임 캐릭터의 궁극기와 같은 'QWER'에 비유 및 적용하여 자신만의 캐릭터를 만든 것이다. 이것이 탐색을 통한 자기이해의 확대를 의미한다.

4.2 통찰단계

통찰단계(insight stage)는 〈그림 3〉과 같이 단계별 목표설정, 이미지트레이닝, 혼잣말, 호흡 이완 및 에너지 활성화 등의 심리기술훈련을 하는 단계이다. 이 과정에서 내담자들의 목표를 탐색하고 이를 이루기 위한 사고, 감정, 행동패턴에 대해 더 깊이 인식하고 이해하게 되었다. 이러한 통찰을 바탕으로 행동변화의 준비를 하고 나아가 문제를 해결하거나 개

그림 2. 탐색단계: 챔피언 선정과 캐릭터 만들기 및 심리장점 찾기

선하기 위한 적극적인 변화 준비 단계로 넘어갈 수 있다. 통찰단계의 구성은 공감적이고 협력적인 태도로 내담자에게 유익하고 필요한 회기가 될 수 있도록 하였다. 이 단계에서 통찰을 얻는 것은 치료과정에서 중요한 전환점이 될 수 있으며, 이를 통해 개인은 자신의 문제에 대해 더 깊은 이해를 갖고, 변화를 위한 새로운 전략을 개발할 수 있다.

- 단계별 목표설정: 리그 오브 레전드의 게임 목적과 승패 여부는 상대 팀의 '넥서스(Nexus)'를 파괴하는 것으로, 넥서스는 각 팀이 지켜야 할 최종 목표이며, 넥서스에 도달하기 위해서는 '포탑'과 '억제기'를 순차적으로 파괴해야 한다. 기존 스포츠심리학에서 목표설정으로 자주 사용하고 있는 야구의 오타니 쇼헤이 선수의 '만다라트를 통한 목표설정'을 리그 오브 레전드 종목의 '미니맵'에서 아이디어를 얻어 '미니 만다라트 형식'으로 만들어 단계별 목표설정 과정을 시행하였다. 포탑과 억제기의 순차적 파괴 후 넥서스 도달까지는 다양한 방법이 존재한다. 이에 기반하여 최종적인 장기 목표는 '넥서스'로 설정하고, 목표 도달을 위한 단기, 중기 목표는 수정 가능함도 안내하였다. 스포츠심리학에서의 목표설정은 목표를 단기, 중기, 장기로 분류하여, 구체적인 목표(specific), 통제할 수 있는 목표(under your control), 기록하는 목표(ink it, don't think it), 긍정적인 방향의 설정(positive)의 방법을 통해 내적동기를 높이고, 측정 가능하며 행동실천 전략을 포함하며, 현실적으로 달성할 수 있는 목표를 설정한다. 구체적으로 내담자(선수들)의 목표설정 도움과 목표달성의 성공 경험 증대를 위하여 '달력'을 활용한 주별, 월별 체크리스트를 통하여 목표실행 점검과 방향성을 확보하고, 목표실천에 동기를 부여하였다. 내담자들은 개인 최종 목표를 '넥서스'로 비유하고 단기, 중기, 장기 목표를 세분화하여 순차적으로 미는 '포탑'으로 구성하여 '나만의 넥서스'라는 최종 목표를 설정하였다.
- 이미지 트레이닝: 리그 오브 레전드의 '와드'에 착안하여, 주요 기능인 '상대의 위치 및 은신을 감지하는 효과'를 내담자(선수들)가 이미지트레이닝이 가능한 상황 4가지인 밴픽(Ban & Pick) 시간과 경기 시작 1분 5초 후 미니언 생성 시간, 정글 오브젝트 생성 전, 집 귀환 시간들을 탐색하여, 원활한 경기수행을 위한 상황을 선명하게 그릴 수 있도록 적용하였다. 이미지트레이닝은 마음의 눈으로 보는 것으로 성공적인 기술을 수행하는 데 기여하는 모든 감각정보와 수정 행동을 마음속에서 재연하는 것이다. 숙련된 선수들은 소리, 냄새, 맛 등을 이 과정에 통합시키며, 구체적일

수록 더 효과적이다(장덕선, 2005). 또한 각성조절, 자신감, 통제 활성화와 같은 기술을 포함하여 신체 및 심리적 기술을 향상시키는 데 사용할 수 있으며, 스트레스가 많은 상황에서 성공적인 수행을 시각화하면 자신감 향상에 도움이 된다(Weinberg & Gould, 2014). 이에 따라 경기 수행에 대한 정신적 리허설과 성공적 수행 장면의 선명도와 조절력 향상에 도움이 될 수 있도록 내담자(선수)가 좋아하는 향기와 선호하는 음악을 '나만의 플레이 리스트'로 활용하여 '마음을 생생하게 밝혀주는 오감을 활용한 이미지 트레이닝'이 될 수 있도록 하였다.

- 혼잣말: 정적이고 동기유발적인 '혼잣말'은 노력을 지속하거나 불안조절을 위하여 사용될 수 있다. 리그 오브 레전드의 각 캐릭터는 게임 상황 내에서 혼잣말을 한다. 이를 바탕으로 게임 내 챔피언들의 상황별 혼잣말을 파악하고, 경기력 향상에 효과적인 '긍정적 자기 암시의 혼잣말'을 만들어 실제 훈련 및 시합 상황에 적용하도록 하였다. 또한 '나의 뇌구조' 그리기를 통하여 내담자(선수들)가 무의식적으로 사용하는 '자동적 사고'와 '부정적 혼잣말'을 탐색하여 긍정적 혼잣말로 수정하였다. 구체적 상황은 실제 훈련 및 시합 상황을 세분화하여 적용하였다. 시합 상황은 시합 전, 시합 중 '경기가 잘 풀리지 않을 때, 경기가 잘 풀리지 않는 상황, 막상막하의 경우, 경기 중 실수를 했을 때, 자신의 판단이 맞지 않을 때, 경기 중 위기 상황일 때, 에너지를 보충하고 정비하는 귀환 타이밍인 경우' 등 세부적인 상황을 통하여 각 상황에서의 혼잣말을 파악하여 긍정적 자기암시의 언어로 수정 변경하였다.
- 호흡 이완 및 에너지 활성화: 리그 오브 레전드는 5판 3승제로 진행되어, 경기 후반이나 이전 경기의 승패에 영향을 비교적 많이 받는 종목으로, 경기 후반의 집중력 또는 이전 경기결과의 영향이 다음 경기에 미치기도 한다. 따라서 이전 경기결과 후 심리적 관리 및 집중 · 재집중이 중요하다. 이에 리그 오브 레전드의 소환사 스펠 아이템인 '정화와 은폐'의 기능과 시야를 차단하는 '부시(Brush)'의 역할에 착안하여 경기 중 예상하지 못한 스트레스 상황과 경기 흐름의 상황에서 신체와 심리적 긴장을 이완시키고, 이전 경기의 영향을 잊고 새로운 경기에 재집중할 수 있도록 적용 가능한 이완 호흡과 에너지 상승전략을 위한 에너지 활성화 호흡 등을 개발하여 적용하였다. 구체적으로 자신만의 적절한 호흡을 적용할 수 있는 상황을 탐색하여 이완 호흡은 혼잣말과 함께 병행하여 실천할 수 있도록 하였으며, 들숨 3초 날숨 5초로 호흡할 수 있도록 하였다. 또한 호흡법의 적용을 어려워하는 내담자(선수)에게는 자신에게 이완 및 에너지 활성화가 되는 '음악'을 활용하여 비교적 빠르고 효과적으로 적용할 수 있도록 하였다.

그림 3. 통찰단계: 목표설정, 이미지트레이닝, 혼잣말, 호흡 이완 및 에너지 활성화

4.3 실행단계

실행단계(action stage)는 탐색과 통찰단계를 지나 실제로 변화를 위한 구체적인 행동을 취하기 시작하는 시점이다. 이 단계의 성공 여부가 전체 변화 프로젝트의 성공 여부에 큰 영향을 미친다. 이 단계에서 선수들은 자신의 심리 강점을 바탕으로 습득한 심리기술 방법을 구체적인 '행동'으로 실천하였다. 〈그림 4-1〉, 〈그림 4-2〉는 스노우볼 굴리기와 루틴 만들기, 그리고 팀 커뮤니케이션 스킬 및 공동체의식을 함양하는 내용이다. 또한 행동이 목표달성에 어느 정도 기여했는지를 양적과 질적으로 평가한 결과 대부분의 영역에서 향상된 것을 알 수 있었다.

'스노우볼'은 리그 오브 레전드에서 '이익'이 되는 상황 전략을 모아서 빠르게 굴려 챔피언을 성장시키는 전략이다. 이에 착안하여 개인 탐색과 통찰 단계를 통해 익힌 다양한 심리기술 방법 중 자신의 '심리적 강점'을 기준으로 내담자에게 맞는 '루틴'을 설정하여 실행할 수 있도록 적용하였다. 이전 단계에서 탐색하고 학습한 '심리 강점', '혼잣말'과 '이미지트레이닝' 등의 심리기술이 포함된 내담자에게 맞는 루틴을 개발하였다. 큰 맥락에서 게임 전, 후 실제 경기상황에서 사용할 수 있는 4단계 상황을 탐색하여 내담자만의 '4컷 미니루틴 만들기'를 적용하였다.

- 팀 커뮤니케이션 스킬 및 공동체의식 함양: 리그 오브 레전드는 5개의 포지션이 존재하는 팀 경기이다. 이 단계에서는 팀의 공동목표 도달에 도움을 주는 과정을 개발하고, 팀 동료를 이해하는 '역지사지'와 '내가 만약?'의 활동을 통하여 상대방의 포지션을 경험하고, 포지션별 역할과 애로 사항을 확인하여 상대에 대한 이해를 가져볼 수 있도록 구성하였다. 또한 '링겔만 효과'에 대한 교육을 통하여 공동체의식 함양에 필요한 팀원 개개인의 최선의 노력과 공동목표설정 및 도달에 필요한 활동들을 탐색하여 실행할 수 있도록 하였다. '내가 만약?'이라는 주제의 활동은 팀 공동목표달성을 위한 팀 구호 만들기와 경기 중 불리한 흐름의 상황에서 팀 분위기에 활력을 주기 위한 동기부여의 언어를 만들어 효과적인 커뮤니케이션 스킬을 익히게 하였다.

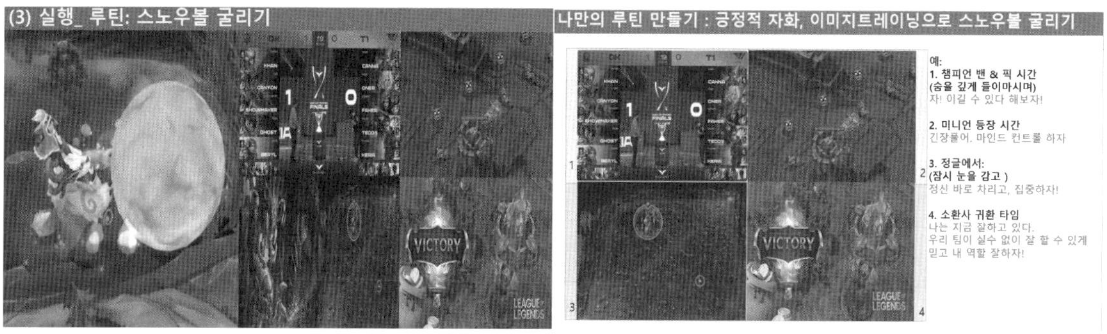

그림 4-1. 실행단계: 스노우볼 굴리기와 루틴 만들기

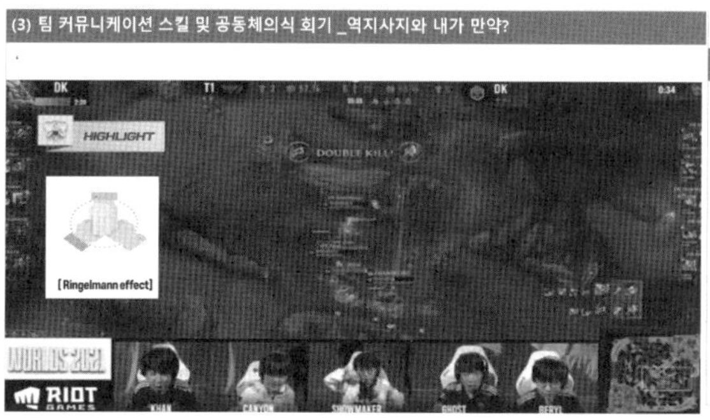

상담회기 만족도 평균 및 분석

단계	주제	활동명	예비실험	ePST & C 본 프로그램
탐색	탐색	캐릭터 탐색 밴 &픽 타임	4.3	4.7
통찰	목표설정	나만의 넥서스 만들기	4.4	4.7
	이미지트레이닝	마음 속 와드 설치하기	4.4	4.6
	자화	'아펠리오스 네 신념을 믿어' 와 '나의 뇌구조'	4.8	4.6
	이완 및 에너지활성화	'나만의 부시를 찾아서' 와 '소환사 스펠 정화'	4.7	4.9
실행	루틴	스노우볼 굴리기	4.5	4.7
	팀 커뮤니케이션 스킬	'역지사지와 내가 만약	4.6	4.7
	회기 종료 및 평가	상담회기 종료	4.75	4.9
평가			4.56	4.7

그림 4-2. 실행단계: 팀 커뮤니케이션 스킬 및 상담회기 만족도 평가

4.4 프로그램 후기

리그오브레전드 e스포츠 종목의 심리기술훈련 및 상담 프로그램을 통해 내담자인 선수들은 자신을 돌이켜 보고, 경기 결과의 승패 또한 '과정'의 하나로 생각하고, 긍정적이고 유연한 사고를 하는 계기가 되었다. 또한, 루틴과 이미지트레이

닝, 혼잣말의 수정을 통하여 구체적인 상황에 따른 자신의 감정을 지각함으로써 상담의 긍정적 효과를 야기하였다. 마지막으로 스트레스 대처에 대한 방법을 배우고 이를 실제로 현장에 적용함으로써 적절한 스트레스관리 및 대처에 도움을 받게 된 것으로 나타났다.

무엇보다 내담자였던 e스포츠 선수들이 '스포츠심리상담'에 적극적이고 자발적인 참여가 결과적으로 긍정적 도움으로 이끌었다고 할 수 있다. 더하여 상담사의 이스포츠에 대한 이해와 어린 선수들의 발달수준에 따른 지속적인 자기 탐색과 프로그램 내용에 음악이나 영상 등의 보조자료 활용이 집중도와 흥미를 일으켜 효과적인 상담 결과를 초래했을 것이다. 이와 같은 상담의 긍정적 결과를 바탕으로 e스포츠 선수의 스트레스 대처에 대한 도움과 탐색을 통하여 알게 된 내담자들의 강점을 기반으로 어린 10대임에도 뜨거운 열정으로 자신의 꿈을 위해 매진하는 선수들의 전인격적 성장과 미래를 위한 초석이 될 수 있는 e스포츠 종목에 대한 지속적인 관심과 연구가 필요하다.

5. 종목 특성을 반영한 수용전념치료(ACT)의 적용

5.1 종목별 특성과 ACT 적용

e스포츠 종목의 경기 진행 방식을 반영하여, 수용전념치료(ACT)의 6가지 핵심 요소(수용, 인지적 탈융합, 현재에 집중, 맥락으로서의 자기, 가치, 전념)를 상담과정에 적용할 수 있다(11장. 수용전념치료와 상담 참고). 불안, 주의 산만, 자신감 부족을 보이는 Dota 2, League of Legends(LoL), Counter-Strike: Global Offensive(CS), Overwatch, Rainbow Six Siege, StarCraft II의 선수에게 적용할 수 있는 내용을 알아본다.

표 3. ACT 6가지 핵심 요소의 적용

act 핵심 요인	주제	상황	기법
수용(acceptance)	불안에 대한 수용	경기 중 중요한 순간에서 불안감이 느껴질 때	선수가 불안을 피하거나 억제하는 대신, 불안을 자연스럽게 경험하고 받아들이도록 유도한다. 예) *"이 순간의 불안을 느껴보세요. 불안은 실력을 증명하는 중요한 신호일 수 있습니다."*라는 방식으로 안내한다. 이는 긴박한 상황에서 집중력 유지를 돕는 데 유용하다.
인지적 탈융합 (cognitive Defusion)	주의 산만에 대한 대응	다른 팀원의 실수나 예기치 못한 이벤트로 집중력이 흐트러질 때	*"나는 이 상황에서 혼란스럽다."*라는 생각을 *"혼란스러운 생각이 떠오르고 있다."*로 인식하게 하여 생각에서 거리를 두도록 돕는다. 예) LoL에서 팀원이 실수를 하면, *"우리 팀이 망했어."*라는 생각은 그냥 흘려보내도록 하고, 다시 자신의 역할에 집중하도록 한다.
현재 순간에 대한 인식 (contact with the Present)	불안과 주의 산만에 대한 통제	게임 중 중요한 결정을 내려야 할 때	호흡에 집중하거나 순간에 몰입하게 하여 현재에 대한 인식을 높인다. CS나 Rainbow Six Siege와 같이 빠른 판단이 중요한 종목에서는, 현재 상황에만 집중하게 유도한다. 예) *"다음 행동은 무엇인가?"*라는 질문에만 집중하게 한다.
맥락으로서의 자기: 자기 개념의 확장 (self-as-Context)	자신감 부족 극복	자신감이 부족하여 실력 발휘에 방해가 될 때	*"나는 나 자신 이상의 존재다."*라는 생각을 심어주며, 자신을 특정한 감정이나 경험이 아닌 전체적인 자신으로 인식하게 돕는다. 예) StarCraft II와 같이 자신과의 싸움이 중요한 종목에서는, 일시적인 감정에 치우치지 않고 장기적인 성장 가능성에 집중하게 한다.
가치 명확화 (values Clarification)	불안과 자신감 부족 극복	목표나 방향을 잊고 불안에 빠지거나 동기부여가 떨어질 때	선수의 중요한 가치를 상기시키며, 이를 통해 동기를 강화한다. 예) Overwatch처럼 팀워크가 중요한 게임에서는 *"팀과의 협력과 성장을 가장 중요한 가치로 여기자."*라는 식으로 팀의 성공을 위한 가치를 떠올리게 한다. 이는 개인의 불안과 자신감 부족을 줄이는 데 효과적이다.
전념행동 (committed Action)	목표달성을 위한 실천	경기 후 다음 훈련이나 대회 준비 시	명확한 목표를 설정하고, 이를 달성하기 위해 필요한 행동을 계획하게 한다. 예) Dota 2와 같이 전략과 전술이 중요한 종목에서는 *"다음 경기에서 어떤 전략을 사용할 것인가?"*와 같은 질문을 통해 구체적인 실행 계획을 수립하게 한다. 이는 행동을 통해 불안과 자신감 부족을 극복하게 도와준다.

• e스포츠 선수를 위한 메타포(은유)

e스포츠 선수의 불안과 관련된 인지적 탈융합을 돕기 위해 활용할 수 있는 몇 가지 메타포를 소개한다. 인지적 탈융합은 불안과 같은 부정적 감정에 사로잡히기보다는, 그것들을 있는 그대로 바라보고 생각과 감정에서 거리를 두는 방법이다. 메타포들을 통해 선수는 불안한 생각과 감정에서 벗어나, 단순히 그 존재를 인식하고 흘려보낼 수 있다. 이러한 메타

포는 선수들이 불안을 다루는 데 있어 새로운 관점을 가지도록 돕는 데 유용하다. 또한 각 메타포는 상황에 맞게 변형할 수 있으며, 선수의 경험과 선호도에 따라 선택할 수 있다〈예시 1〉.

√ '구름과 하늘' 메타포: 불안을 구름에 비유하고, 선수의 마음을 하늘에 비유한다. 구름(불안)은 하늘(마음) 위로 떠다니며, 시간이 지나면 흩어지거나 사라질 수 있다. 하늘은 언제나 그 자리에 있지만, 구름은 변하고 사라지며, 하늘을 더럽히지 않는다.

√ '움직이는 기차' 메타포: 불안한 생각을 기차에 올라타고 지나가는 풍경에 비유한다. 기차는 끊임없이 움직이며, 창문 너머의 풍경도 계속 바뀐다. 선수는 기차에 앉아 있는 승객처럼, 그저 불안한 생각을 바라볼 뿐, 그 생각에 휩싸일 필요는 없다.

√ '흐르는 강물' 메타포: 불안한 생각을 강물에 떠내려가는 나뭇잎이나 부유물로 비유한다. 강물은 계속 흘러가며, 그 위에 떠 있는 낙엽이나 부유물도 마찬가지로 흘러가게 된다. 선수는 강가에 서서 이 부유물을 바라보는 관찰자일 뿐이다.

√ '거품을 부는 비눗방울' 메타포: 불안한 생각을 비눗방울에 비유하여, 비눗방울이 터지는 것처럼 생각도 일시적이고, 결국에는 사라진다는 인식을 심어준다.

√ '스크린 위의 텍스트' 메타포: 불안한 생각을 컴퓨터 스크린에 나타나는 텍스트로 비유한다. 우리는 스크린 위에 나타나는 텍스트를 읽고 의미를 부여할 수도 있지만, 텍스트 자체는 우리와 직접적인 관계가 없다.

예시 1 e스포츠 선수를 위한 메타포 활용

구름과 하늘	선수가 불안을 느낄 때, 불안은 일시적인 구름일 뿐이며, 그 구름이 지나갈 때까지 기다리면 된다고 생각하도록 안내한다. 이는 불안을 무조건 없애려 하기보다는, 불안을 있는 그대로 받아들이고 흘려보내는 태도를 가지게 한다.
움직이는 기차	선수가 경기 중 불안한 생각이 들 때, 그 생각을 마치 기차 안에서 밖을 바라보듯 지켜보라고 안내한다. 이렇게 하면 불안한 생각을 멀리서 바라보며, 자신과 생각 사이에 거리를 둘 수 있다.
흐르는 강물	불안이 들 때, 불안한 생각을 강물 위에 떠내려가는 부유물로 보고 흘려보내도록 한다. 불안에 휩쓸리는 대신, 그저 흘러가는 과정을 지켜보며 마음의 평온을 유지하는 데 도움을 준다.
거품을 부는 비눗방울	불안한 생각이 들 때, 그 생각을 비눗방울처럼 머릿속에 그려보고 방울이 터지는 모습을 상상하게 한다. 이렇게 하면 불안한 생각이 일시적이고 덧없다는 것을 느끼게 되어, 생각에 휩싸이는 것을 줄일 수 있다.
스크린 위의 텍스트	선수가 불안한 생각에 빠질 때, 그 생각을 컴퓨터 스크린에 뜬 텍스트처럼 바라보도록 한다. 이는 불안을 객관적으로 바라보는 연습을 통해 불안과 거리를 두는 데 도움을 준다.

5.2 e스포츠 선수를 위한 ACT 상담과정

• e스포츠 선수를 위한 ACT 상담과정

ACT 상담은 화를 부정하지 않고 이를 수용하며 내담자의 가치를 향해 나아갈 수 있도록 돕는 데 중점을 둔다. 상담 진행 시 내담자의 감정적 수용 능력을 키우는 동시에, 실생활에 적용 가능한 도구를 제공함으로써 장기적인 효과를 도모해야 한다. 다음은 경기 중 실수에 대하여 '화'를 내는 선수에 대하여 그 화를 수용할 수 있도록 하는 상담과정의 예이다. e스포츠 선수를 위한 ACT 상담과정에서 선수의 감정을 수용하고 다루는 과정을 효과적으로 진행하기 위해 고려해야 할 주요 사항은 다음과 같다:

• 상담 준비 단계

√ 내담자 이해: 상담 전, 내담자의 경기 스타일, 대회 기록, 성격적 특징, 팀 내 역할 등을 파악해 문제를 구체적으로 이해한다.

√ 안전한 상담환경: 내담자가 자유롭게 감정을 표현할 수 있도록 신뢰감을 조성한다.

√ 목표 명확화: 상담목표를 '화에 대한 수용과 집중력 향상'으로 명확히 설정한다.

• ACT 적용을 위한 상담 진행 과정 중의 고려 사항

표 4. ACT의 핵심 원리 적용과정의 주의점

상담 중 고려 사항		상담기술의 적용	상담의 예
경청과 공감		내담자 이야기를 끊지 않고 끝까지 경청하며, 감정을 진정성 있게 공감	"실수 후 화가 나는 감정이 당연하다는 것을 이해해요. 많은 선수들이 비슷한 경험을 하죠."
ACT의 핵심 원리 적용	현재 순간에 머무르기	내담자가 실수 후 감정을 과거에 매이지 않고 현재에 집중	호흡조절이나 감각 집중 훈련(손바닥에 집중하기 등)을 안내
	경험 수용	화를 '문제'로 보지 않고, 정상적인 감정으로 받아들일 수 있도록 안내	"화는 잘못된 것이 아니며, 당신의 열정이 반영된 감정일 수도 있습니다."
	인지적 탈융합	화를 단순히 떠오르는 생각과 느낌으로 분리하여 바라봄	"'나는 화가 난 사람'이 아니라, '나는 화를 경험하고 있는 사람'이라고 생각해 보세요."
	개인의 가치와 행동 연결	화를 경기력 향상이라는 개인적 가치와 연결시키는 프레임 제시	"이 화는 당신이 경기에서 잘하고 싶은 마음에서 오는 것입니다. 이 에너지를 경기에 더 집중하는 데 쓸 수 있습니다."
실습과 피드백		내담자가 상담실 밖에서도 연습할 수 있는 구체적인 방법 제공	화가 날 때 3번 깊게 숨 쉰 후, "나는 지금 화를 느낀다."고 스스로 인정하기. 화를 적어보고 그 감정이 지나가도록 기다리기. 상담 중 실습 기술에 대해 피드백을 제공하고, 필요시 수정하기.
후속 관리		일지 작성 유도	내담자에게 화를 느낀 순간과 이를 다룬 방법을 기록하도록 권장.
		진척도 점검	정기적으로 내담자가 화를 수용하는 데 얼마나 익숙해졌는지 평가.
		추가 지원 제공	화 외에 내담자가 겪는 다른 심리적 어려움을 논의할 수 있는 여지 제공.

• 주의 사항

√ 부정적 감정의 무효화 금지: 화를 없애야 한다는 메시지를 주지 않고, 정상적인 감정으로 인정하도록 유도한다.

예) "화는 우리가 인간이기 때문에 느끼는 자연스러운 감정입니다."

√ 내담자의 준비도 고려: 화를 수용하는 데 어려움을 느낄 수 있음을 인정하고, 내담자의 속도를 존중한다.

√ 지나친 조언 피하기: 내담자 스스로 해결책을 발견하도록 질문과 탐구 중심으로 접근한다.

예) "당신이 생각하는 가장 도움이 될 만한 방법은 무엇인가요?"

√ 다양한 표현방식 허용: 내담자가 말로 감정을 표현하기 어렵다면, 그림이나 메모 등 다른 방식을 시도하게 한다.

예시 2 **e스포츠 선수를 위한 수용에 대한 전반적인 상담 사례**(상: 상담자, 내: 내담자 선수)

상: 안녕하세요, 저는 김 상담사입니다. 오늘은 어떤 고민으로 오셨나요?

내: 저는 e스포츠 프로게이머입니다. 저는 경기 중 실수를 하면 너무 화가 나고, 그게 싫어서 경기에 집중을 못 하게 됩니다.

상: 실수를 하면 화가 나는 것은 자연스러운 감정입니다. 하지만 그 화가 경기에 집중하는 것을 방해한다면 문제가 될 수 있습니다.

내: 네, 맞습니다. 그래서 어떻게 하면 화를 더 잘 다스릴 수 있을지 고민하고 있습니다.

상: 수용전념치료이론을 통해 화를 수용하는 방법을 배울 수 있습니다. 수용전념치료 이론은 부정적 감정을 피하거나 회피하지 않고, 있는 그대로 인정하고 받아들이는 것을 강조하는 치료법입니다.

내: 화를 인정하고 받아들인다는 게 쉽지 않을 것 같은데요.

상: 네, 쉽지 않을 수 있습니다. 하지만 화를 수용하고 받아들이는 연습을 통해, 화가 우리 삶을 통제하지 못하게 할 수 있습니다.

내: 그럼, 어떻게 화를 수용하고 받아들여야 할까요?

상: 먼저, 화를 피하거나 회피하지 않도록 노력합니다. 화가 나면, 화를 참거나 외면하지 말고, 화가 난다는 사실을 인정하고 받아들입니다. 다음으로, 화를 수용하기 위해 노력합니다. 화를 수용한다는 것은 화를 좋아한다는 것이 아니라, 화가 있다는 사실을 인정하고 받아들이는 것입니다. 마지막으로, 화를 가치 있는 삶을 위해 사용합니다. 화를 전환하여, 가치 있는 삶을 위해 노력합니다.

내: 알겠습니다. 화를 수용하기 위해 노력하겠습니다.

상: 화를 수용하기 위해서는 시간이 걸릴 수 있습니다. 하지만 꾸준히 노력한다면, 화를 더 잘 다스릴 수 있을 것입니다.

내: 감사합니다. 도움이 많이 되었습니다.

• 위의 사례처럼 상담자는 내담자 선수의 고민을 이해하고, 수용전념치료이론을 통해 화를 수용하는 방법을 안내할 수 있다. 선수는 화를 수용하기 위해 노력하겠다고 다짐한다면 상담은 의도한 목표를 달성한 것이다.

6. e스포츠 선수를 위한 심리훈련 프로그램

다음은 e스포츠 선수를 위한 일반적인 심리훈련과 LoL 선수를 위한 구체적인 심리훈련 상담 프로그램의 예이다(상담 프로그램 개발은 7장 참고). 상담에 비하여 다소 구조화되어 있으며, 개인이나 집단을 대상으로 진행할 수 있다. 주제, 종목 및 경기력, 팀 구성원에 따라 회기와 내용을 구성할 수 있다. 주별 내용을 바탕으로 실천 내용을 세부적으로 구성해야 한다. 다음의 예를 참고하여 e스포츠 종목과 선수에게 적합한 프로그램을 제작하고 실행해 본다. 프로그램 실행을 위한 전반적인 고려 사항은 다음과 같다.

- 제시된 프로그램은 예시이며, 실제 프로그램 운영 시에는 선수들의 요구 및 상황에 따라 내용을 조정할 수 있다.
- 각 회차의 세부 내용은 심리상담 전문가의 판단에 따라 변경될 수 있다.
- 프로그램 운영 과정에서 선수들의 피드백을 지속적으로 수렴하고 개선해야 한다.
- 프로그램 운영에 참여할 심리상담 전문가는 LoL 선수의 특성 및 요구를 이해하고 있는 전문가가 바람직하다.
- 프로그램 운영 과정에서 선수들의 개인정보 보호에 유의해야 한다.
- 프로그램의 효과를 검증하기 위해서는 보다 구체적인 실험설계를 통해 그 효과를 입증하고, 필요하면 개선해야 한다.

6.1 e스포츠 선수를 위한 8주 심리훈련 프로그램

이 프로그램은 선수들에게 심리적 압박감을 효과적으로 해소하는 기술과 도구를 제공하여 대회에서 최상의 수행을 할 수 있도록 도움을 주기 위한 것이다. 참여 대상의 속성에 따라 프로그램 내용을 조정하여 실시할 수 있다. 다음은 프로그램 진행 시 고려할 내용이며, 8주 프로그램은 〈표 5〉에 제시하였다.

- 프로그램 준비 및 기획
  - √ 참여자 평가: 첫 회기 전, 선수들의 심리적 상태와 스트레스 대처능력을 파악하기 위한 설문조사 및 면담〈부록 13-3〉 스포츠대처기술 질문지(신동성 등, 2003) 등 활용.
  - √ 훈련 환경 조성: 선수들이 편안하고 집중할 수 있는 환경을 조성. 심리적 안전감을 느낄 수 있도록 훈련장소 설계함.
- 훈련 세션 운영
  - √ 실습 강화: 이론적 교육은 최소화하고, 실습 및 시뮬레이션 위주로 진행함.
  - √ 개별화된 접근: 회기별로 선수 개개인의 필요에 맞는 맞춤형 피드백 제공함.
- 성과 평가 및 피드백 제공
  - √ 중간 평가: 4주 차 종료 후 중간 점검을 통해 선수들의 진행과정을 평가하고 조정된 프로그램 제공함.
  - √ 종합 평가: 마지막 8주 차에서 개인 및 팀의 심리적 발전 평가 및 피드백 제공함.
  - √ 사후 관리: 프로그램 종료 후에도 선수들이 스스로 심리훈련을 지속할 수 있도록 지원 자료 제공함.
- 팁
  - √ 참여동기 유발: 프로그램 초기에 심리훈련이 수행 성공에 어떻게 기여하는지 구체적으로 설명하고, 초기 세션에서 선수들의 목표와 기대를 공유하고 이를 반영하여 세션을 맞춤화함.
  - √ 훈련 도구 활용: 가능하다면 실제 대회와 유사한 환경을 조성하여 압박감에 익숙해지도록 함.
  - √ 시각적 자료: 경기 영상, 성공 사례 등을 활용하여 긍정적인 이미지를 심어줌.
  - √ 자기 반영 기회 제공: 매 회기 종료 시 선수들에게 스스로 느낀 점과 배운 점을 기록하도록 하여 프로그램에 대한 심리적 인식을 높이고, 훈련 중 느낀 어려움과 성취감을 함께 논의하는 시간을 마련함.
  - √ 팀워크 강화: 동료들과 함께 협력과 공유를 촉진하는 그룹 활동을 포함하여 팀원 간 피드백 세션 진행
  - √ 트렌드 반영: 최신 e스포츠 및 스포츠심리학 트렌드와 사례를 프로그램에 통합하여 실용성과 흥미를 더함.

• 주의 사항

√ 압박감 과도 유발 방지: 초기에는 심리적 압박감을 가볍게 다루고, 점진적으로 강도를 높여 선수들이 적응할 시간을 제공하고, 훈련과정 중 선수들의 스트레스 수준을 지속적으로 모니터링하여 과부하를 방지할 것.

√ 개별 선수의 차이 존중: 각 선수의 심리적 상태, 성격, 경기 스타일에 따라 훈련 방식을 유연하게 조정하고, 민감한 주제(예: 실패 경험, 불안감)에 대해 조심스럽게 접근할 것.

√ 실패에 대한 부정적 감정 관리: 실패를 논의할 때는 부정적 감정보다는 학습과 성장에 초점을 맞춰 긍정적인 분위기를 유지할 것.

√ 프로그램 지속성 확보: 프로그램 종료 후에도 선수들이 심리적 관리를 지속할 수 있도록 구체적인 실행 계획과 자원을 제공하고, 팀 차원에서 지속적인 심리지원 문화를 조성하도록 유도할 것.

표 5. e스포츠 대회의 심리적 압박감 해소를 위한 8회기 프로그램

회기	주제	내용	준비물	소요 시간
1	대회 압박 이해 및 평가	• 대회 압박의 원인 파악 • 압박 상황에서의 감정 인식 • 압박에 대한 긍정적인 시각 강화	편안한 의자, 화이트보드	60분
2	스트레스관리 기술습득	• 근육이완 및 숨쉬기 연습 • 마음챙김 및 명상 • 피드백 및 정신건강 자기관리	요가 매트, 차분한 음악	45분
3	경기 시나리오 시뮬레이션	• 다양한 게임 상황 가정 및 대응 훈련 • 예상치 못한 상황 대처 연습 • 팀원과의 협업 강화 훈련	게임 콘솔, 화면	90분
4	자아효능감 향상	• 과거 성공 경험 공유 및 분석 • 긍정적 혼잣말 습관 형성 • 피드백을 통한 성장 마인드셋 구축	경기 영상, 토론 장소	60분
5	목표설정 및 집중력 향상	• 목표의 중요성 이해 및 세부 목표설정 • 집중력 강화를 위한 주의집중 훈련 • 게임 내 집중력 유지 전략 개발	목표 시트, 펜	75분
6	실패와 자기 향상	• 실패 경험에 대한 긍정적 시각 확립 • 실패를 통한 학습과 성장 인식 • 자기 향상을 위한 개선 계획 수립	피드백 자료, 토론 공간	50분
7	스포츠심리 지속적인 발전	• 최신 스포츠심리 이론 및 트렌드 소개 • 개별 선수에 맞는 심리적 지원 방안 모색 • 팀 내 스포츠심리 문화 구축	연구 자료, 토론 공간	45분
8	종합 평가 및 개선방안 도출	• 개인 및 팀 전반적인 심리적 성장 평가 • 개선할 점 도출 및 향후 계획 수립 • 지속적인 심리 훈련 계획 수립	평가 양식, 토론 공간	60분

6.2 엘리트 LoL 선수를 위한 12회기 심리훈련 프로그램

본 프로그램은 엘리트 LoL 선수들의 심리적 강인함을 강화하고, 경쟁 및 방송 환경에서 자신감을 유지하며 뛰어난 수행성과를 낼 수 있도록 돕는 데 중점을 두었다. 구체적으로 실시간 방송 및 공개적 경쟁상황에서 선수들이 심리를 관리할 수 있도록 하기 위함이다. 다음은 프로그램 진행과정에서 유의해야 할 내용들이며, 12회기 프로그램은 〈표 6〉에 제시하였다.

• 프로그램 준비 및 기획

√ 목표설정: 심리적 도전 과제(실시간 방송, 경쟁상황 등)를 구체적으로 파악하고, 이를 해결하기 위한 장단기 목표 명확히 설정

√ 선수 평가: 선수들의 심리상태, 스트레스 요인, 자존감 수준, 대처능력을 파악하기 위해 초기 심리평가와 인터뷰 진행. 〈부록 13-1〉 스포츠 수행전략 2(TOPS 2)검사지(김병준, 최마리, 2017) 활용.

√ 자료 준비: 심리평가도구, 실습 자료, 시뮬레이션 영상 및 피드백 시스템 체계적 준비

• 훈련 세션 진행

√ 이론과 실습의 균형: 각 회기에서 이론적 배경 설명 후 바로 실습으로 연결하여 실제 적용 가능성을 높임

√ 점진적 훈련: 초기에는 심리적 기초 역량(이완기법, 자아 표현)부터 시작하고, 이후 압박감 관리, 회복탄력성 강화, 실시간 방송 대처 등 고난이도 훈련으로 발전

√ 개인화 접근: 선수의 개별 필요와 상황에 맞춰 훈련 내용 조정. 예를 들어, 특정 선수가 불안감이 높다면 이완기법과 스트레스관리에 더 많은 시간 할애

√ 시뮬레이션 활용: 실시간 방송 및 경쟁상황을 재현하여 스트레스관리, 자아 표현, 대처 기술을 실습하며 피드백 제공

• 성과 측정 및 피드백

√ 성과 평가: 중간 및 최종 단계에서 심리적 변화와 훈련 효과를 평가(심리평가도구, 스트레스 수준 기록 등)

√ 구체적 피드백 제공: 선수들이 각 세션 후 스스로 개선점을 파악할 수 있도록 상세하고 긍정적인 피드백 제공

√ 맞춤형 발전 계획: 프로그램 종료 후에도 지속적인 심리지원과 발전을 위한 개인별 계획을 제공

• 진행 팁

√ 참여동기부여: 프로그램의 실질적 효과와 선수의 커리어 발전 가능성을 지속적으로 강조하고, 팀 내에서 긍정적인 경쟁을 유도하여 참가자들이 적극적으로 참여하도록 유도

√ 안전한 환경 조성: 심리적 안전감을 확보하기 위해 모든 훈련과 토론은 비밀 보장 원칙하에 진행하고, 스트레스 유발 상황을 시뮬레이션할 때, 선수들의 불안을 지나치게 자극하지 않도록 조절

√ 현실적인 적용 강조: 실습과 훈련 내용이 실제 경기나 방송 상황에서 어떻게 적용될 수 있는지 구체적으로 연결하고, 선수들이 느낀 현실적 문제를 해결하는 데 초점을 맞춘 맞춤형 전략 개발

√ 팀워크 강화: 그룹 활동과 팀 차원의 토론을 통해 서로의 경험과 전략을 공유하고, 긍정적인 상호 피드백을 통해 팀 내 심리적 유대감을 강화

√ 전문가 협력: 필요시 외부 심리 전문가나 스트레스관리 전문가의 도움을 받아 심화된 지원 제공

• 주의 사항

√ 선수 개인차 존중: 선수마다 심리적 특성과 요구가 다르므로 획일적인 접근을 피하고, 개별화된 지원을 제공하되 민감한 주제(예: 실패 경험, 온라인 비난)에 접근할 때 선수의 심리적 반응 주의 깊게 관찰

√ 과도한 스트레스 방지: 훈련과정에서 스트레스 유발 상황을 지나치게 과도하게 설정하지 않도록 주의하고, 선수들이 피로감을 느끼거나 부정적인 감정을 과도하게 경험하지 않도록 세션 간 적절한 휴식 제공

√ 피드백 전달 방식: 비판적인 피드백보다는 개선 가능성과 성과를 강조하는 긍정적 피드백을 전달하고, 선수의 자존감을 손상시키지 않도록 신중히 표현

√ 지속 가능한 지원: 프로그램 종료 후에도 정기적인 상담과 지원이 이어질 수 있는 구조를 마련하고, 선수들이 스스로 심리적 관리를 지속할 수 있도록 관련 자료와 도구 제공

표 6. 실시간 방송 및 공개적 경쟁의 심리 관리를 위한 12회기 프로그램

회기	주제	내용	준비물	소요 시간
1	프로그램 소개 및 선수 평가	* 프로그램 목표 및 내용 소개 * 선수 개별 인터뷰 및 심리평가 * 개인별 상담목표설정	* 프로그램 안내 자료 * 심리평가도구	60분
2	실시간 방송 및 공개적 경쟁 심리 이해	* 실시간 방송 및 공개경쟁 시 발생하는 심리적 어려움 분석 * 공개적 상황에서의 자아 표현 및 관객과의 상호작용 심리 * 긍정적 이미지 구축 및 브랜드 관리 전략	* 실시간 방송 관련 자료 * 관객과의 상호작용 사례	60분
3	자아 표현 및 관객과의 상호작용 전략 훈련	* 효과적인 자아 표현 전략 및 기법 교육 * 긍정적이고 매력적인 이미지 구축 방법 * 관객과의 소통 및 상호작용 능력 향상 훈련 * 실시간 방송 시뮬레이션 및 피드백 제공	* 자아 표현 훈련 자료 * 관객과의 상호작용 시뮬레이션 영상 * 피드백 제공 시스템	60분
4	압박감 및 불안감 관리 전략	* 압박감 및 불안감의 원인 분석 * 심호흡, 명상, 근육이완 등 이완기법 실습 * 마인드풀니스 훈련 및 응용 * 인지행동치료 기법 활용(부정적 사고 패턴 변화, 스트레스 유발 상황 대처 훈련 등)	* 이완기법 음악 또는 영상 * 마인드풀니스 훈련 자료 * 인지행동치료 관련 자료 * 스트레스관리 워크시트	60분
5	실수에 대한 긍정적 인식 형성 및 회복탄력성 향상	* 실수에 대한 부정적 인식의 영향 이해 * 성장을 위한 기회로서 실수를 인식하는 방법 * 회복탄력성 향상 훈련 * 실패 경험을 극복하고 성장하는 사례연구	* 실수에 대한 인식변화 자료 * 회복탄력성 향상 훈련 프로그램 * 실패 경험 사례	60분
6	자신감과 자존감 유지 전략	* 자신감과 자존감의 중요성 이해 * 자신감 및 자존감 향상을 위한 전략 * 긍정적 사고 패턴 유지 * 자기 격려 및 긍정적 혼잣말 * 자신감 있는 행동 및 의사 표현 연습	* 자신감 및 자존감 향상 자료 * 긍정적 사고 패턴 훈련 자료 * 자기 격려 훈련 자료 * 자신감 있는 행동 연습 프로그램	60분
7	온라인 댓글 및 비난 관리	* 온라인 댓글 및 비난에 대한 심리적 반응 이해 * 건설적인 비판과 공격적인 비난 구분 * 공격적인 댓글 및 비난에 대한 대처 방법 * 긍정적 온라인 커뮤니티 구축 전략	* 온라인 댓글 및 비난 관련 자료 * 건설적 비판과 공격적인 비난 구분 자료 * 대처 방법 훈련 자료 * 긍정적 온라인 커뮤니티 구축 전략 자료	60분
8	실시간 방송 및 공개적 경쟁 심리 관리 실습	* 실제 실시간 방송 상황 시뮬레이션 * 압박감 및 불안감 관리 전략 연습 * 실수 상황 대처 및 회복탄력성 발휘 * 자신감 있는 자아 표현 및 관객과의 상호작용	* 실시간 방송 시뮬레이션 환경 * 스트레스관리 전략 체크리스트 * 피드백 제공 시스템	60분
9	스트레스관리 효과 측정 및 개선	* 스트레스관리전략 실천 후 개별 스트레스 변화 측정 * 스트레스관리전략의 효과 및 개선점 논의 * 개인별 맞춤형 스트레스관리 계획 수립 * 지속적인 스트레스관리를 위한 전략 모색	* 스트레스 평가도구 * 스트레스관리 계획서 양식 * 스트레스관리 전략 효과 분석 자료	60분
10	대회 스트레스 예방 및 대처전략	* 대회 전, 중, 후 스트레스 예방 및 대처전략 * 대회 스케줄 및 준비 과정 관리 * 충분한 휴식 및 수면의 중요성 강조 * 건강한 식습관 및 운동 습관 유지 * 스트레스관리 전문가와의 상담 및 지원 활용	* 대회 스케줄 및 준비 계획서 양식 * 건강한 식습관 및 운동 습관 관련 자료 * 스트레스관리 전문가 정보	60분
11	프로그램 요약 및 향후 계획	* 프로그램 내용 및 효과 요약 * 선수 개별 피드백 및 향후 상담 계획 * 엘리트 LoL 선수로서의 지속적인 발전을 위한 전략 * 지속적인 심리지원 및 상담 프로그램 운영 계획	* 프로그램 요약 자료 * 피드백 설문조사 * 향후 상담 계획서	60분
12	개인별 맞춤형 심리상담 및 계획 수립	* 선수 개인의 특성 및 요구에 맞춘 심리상담 제공 * 개인별 심리상담 계획 수립 및 실행 * 지속적인 상담 및 지원 제공	* 개인별 심리상담 자료 * 심리상담 계획서 양식 * 상담 및 지원 자료	60분

평 가 문 항

1. e스포츠에서 선수들의 순간 판단 능력과 빠른 조작 능력, 집중력을 위해 가장 중요한 심리적 요소는 무엇인가?
   ㉠ 자신감
   ㉡ 불안조절
   ㉢ 목표설정
   ㉣ 집중력

2. e스포츠 선수들이 경기력 향상을 위해 필요한 심리 훈련 중 가장 효과적인 것은 무엇인가?
   ㉠ 이미지 트레이닝
   ㉡ 동기부여
   ㉢ 불안관리
   ㉣ 호흡법

3. e스포츠 선수들이 경험하는 주요 스트레스 요인 중 가장 큰 영향을 미치는 요인은 무엇인가?
   ㉠ 대인관계
   ㉡ 경기력 및 승패
   ㉢ 훈련 환경
   ㉣ 경기력 및 승패

4. e스포츠심리상담의 가장 중요한 목적은 무엇인가?
   ㉠ 선수들의 스트레스 해소
   ㉡ 경기력 향상
   ㉢ 인간적 성장 촉진
   ㉣ 경기력 향상과 선수들의 삶의 질 향상

5. e스포츠심리상담사의 자격을 갖추기 위해 가장 필수적인 역량은 무엇인가?
   ㉠ 인간심리 및 행동에 대한 이해
   ㉡ e스포츠 종목에 대한 이해
   ㉢ 상담기술
   ㉣ 인간심리 및 행동에 대한 이해, e스포츠 종목에 대한 이해, 상담기술

6. e스포츠심리상담의 중요성을 높이는 가장 큰 요인은 무엇인가?
   ㉠ e스포츠의 산업 성장
   ㉡ e스포츠 선수들의 심리적 어려움 증가
   ㉢ e스포츠의 정식 스포츠로서의 인정 확대
   ㉣ e스포츠 선수들의 심리적 어려움 증가

7. 장애인 e스포츠 선수의 종목이 아닌 것은 무엇인가?
   ㉠ 리그오브레전드
   ㉡ 카트라이더 드리프트
   ㉢ 닌텐도 Wii 볼링
   ㉣ 피파온라인 4
   ㉤ 배틀그라운드

8. e스포츠는 전통 스포츠와 마찬가지로 선수들의 심리적 요인이 경기결과에 영향을 미치는 스포츠이다. (O / X)

9. e스포츠 선수들은 일반 스포츠 선수들보다 낮은 수준의 집중력이 요구된다. (O / X)

10. e스포츠심리상담은 선수들의 개인적인 문제해결에만 초점을 맞춘다. (O / X)

11. 리그 오브 레전드 e스포츠 선수들을 대상으로 진행된 심리기술훈련 및 상담 프로그램은 긍정적인 결과를 보여주었다. (O / X)

12. e스포츠는 빠른 상황 판단 능력과 뛰어난 동체 시력, 마우스나 키보드를 빠르고 정확하게 조작하는 능력이 필요한 (　) 스포츠이다.

13. e스포츠 선수들은 경기력 향상을 위해 (　) 훈련을 통해 심리적 능력을 향상시켜야 한다.

14. e스포츠심리상담은 선수들의 스트레스 해소, (　), 인간적 성장 촉진을 목적으로 한다.

15. 리그 오브 레전드 e스포츠 선수들을 대상으로 진행된 심리기술훈련 및 상담 프로그램의 주요 결과는 (　), (　), (　)이었다.

모범답안 및 해설

1. ㉣ e스포츠는 빠르게 변화하는 상황 속에서 신속하고 정확한 판단과 조작이 요구되는 경쟁이다. 이러한 상황에서 선수들의 집중력은 경기결과를 결정하는 가장 중요한 요소 중 하나이다. 높은 집중력을 유지하는 선수는 경기 중 방해 요소에도 흔들리지 않고 최상의 퍼포먼스를 발휘할 수 있다.

2. ㉠ 이미지 트레이닝은 선수들이 경기상황을 생생하게 상상하고 자신이 원하는 결과를 달성하는 모습을 반복적으로 연습하는 심리 훈련이다. 이 훈련을 통해 선수들은 자신감을 향상시키고, 압박 상황에서도 침착하게 대처하는 능력을 키울 수 있으며, 경기 중 발생할 수 있는 다양한 상황에 대한 대비를 할 수 있다. 실제 연구결과에서도 이미지 트레이닝이 e스포츠 선수들의 경기력 향상에 긍정적인 영향을 미치는 것으로 나타났다.

3. ㉡ e스포츠는 승패가 명확하게 드러나는 경쟁 스포츠이다. 따라서 선수들은 경기 중 끊임없는 승패에 대한 압박감과 스트레스를 경험하게 된다. 특히, 중요한 경기나 대회에서 패배했을 때는 더욱 심각한 스트레스를 느끼게 된다. 이러한 스트레스는 선수들의 집중력을 저하시키고, 실력 발휘를 방해하며, 심리적 건강에도 악영향을 미칠 수 있다.

4. ㉣ e스포츠심리상담은 선수들의 심리적 문제를 해결하고, 스트레스를 관리하며, 경기력을 향상시키는 데 도움을 목적으로 한다. 또한, 선수들이 긍정적인 사고방식을 유지하고, 삶의 질을 향상시킬 수 있도록 지원한다. 즉, e스포츠심리상담은 선수들이 단순히 경기에서만 좋은 결과를 얻을 수 있도록 돕는 것이 아니라, 건강하고 행복한 삶을 살아갈 수 있도록 돕는 것을 목표로 한다.

5. ㉣ e스포츠심리상담사는 선수들의 심리적 문제를 정확하게 이해하고, 이에 적합한 상담을 제공할 수 있는 역량을 갖추어야 한다. 또한, e스포츠의 특성과 선수들이 경험하는 스트레스 요인에 대한 이해도 필요하다. 이러한 전문성을 바탕으로 선수들에게 효과적인 상담을 제공하고, 경기력 향상과 삶의 질 향상을 도울 수 있다.

6. ㉣ e스포츠는 점점 더 인기를 얻고 있는 경쟁 스포츠이다. 따라서 선수들은 승패에 대한 압박감, 훈련 스트레스, 대인관계 문제 등 다양한 심리적 어려움을 겪을 가능성이 높다. 이러한 심리적 어려움은 선수들의 경기력 저하, 부상, 심리적 건강 문제 등으로 이어질 수 있다.

7. ③ 리그 오브 레전드(LoL), 카트라이더 드리프트, 피파 온라인 4, 배틀 그라운드는 e스포츠 대회에서 정식종목으로 채택된 게임이며, 장애인 선수들도 참여할 수 있는 종목으로 지원이 가능하고 실제로 참여하는 경우가 있다.
닌텐도 Wii 볼링은 장애인 체육 프로그램에서 자주 사용되는 게임이지만, 일반적으로 e스포츠 대회에서 정식종목으로 채택되지 않았다. Wii 스포츠 시리즈는 스포츠 시뮬레이션에 가깝고, 실제 e스포츠보다는 레크리에이션과 재활 목적으로 사용되는 경우가 많아 경쟁적인 e스포츠 종목으로는 인정되지 않는다.

8. (O) e스포츠는 전통 스포츠와 마찬가지로 선수들의 빠른 판단력, 집중력, 전략적 사고력, 팀워크 등 다양한 심리적 요소가 경기결과에 영향을 미치는 스포츠이다. 압박 상황에서도 침착하게 대처하고, 자신의 최고의 퍼포먼스를 발휘할 수 있는 선수가 승리하는 경우가 많다.

9. (X) e스포츠는 빠르게 변화하는 상황 속에서 신속하고 정확한 판단과 조작이 요구되는 경쟁 스포츠이다. 따라서 선수들은 높은 수준의 집중력을 유지해야 한다. 실제로 연구결과에서도 e스포츠 선수들의 집중력이 경기력과 밀접한 관련이 있다는 것을 알 수 있다.

10. (X) e스포츠심리상담은 선수들의 개인적인 문제해결뿐만 아니라, 경기력 향상, 스트레스관리, 팀워크 강화, 정신건강 증진 등 다양한 목적으로 활용된다. 선수들이 자신의 강점과 약점을 이해하고, 긍정적인 사고방식을 유지하며, 압박 상황에서도 최상의 퍼포먼스를 발휘할 수 있도록 돕는 것을 목표로 한다.

11. (O) 리그 오브 레전드 e스포츠 선수들을 대상으로 진행된 심리기술훈련 및 상담 프로그램 연구결과에서 선수들의 자기이해 확대, 심리적 강점 강화, 스트레스관리 능력 향상 등 긍정적인 효과가 나타났다. 이러한 결과는 e스포츠심리기술훈련 및 상담 프로그램이 선수들의 경기력 향상과 정신건강 증진에 효과적으로 기여할 수 있다는 것을 보여준다.

12. (고도의 집중력을 요구하는) e스포츠는 빠르게 변화하는 상황 속에서 신속하고 정확한 판단과 조작이 요구되는 경쟁 스포츠이다. 따라서 선수들은 높은 수준의 집중력을 유지해야 한다. 압박 상황에서도 흔들리지 않고 자신의 최고의 퍼포먼스를 발휘할 수 있는 선수가 승리하는 경우가 많다.

13. (심리기술) e스포츠 선수들은 경기력 향상을 위해 이미지 트레이닝, 목표설정, 스트레스관리, 팀워크 강화 등 다양한 심리기술훈련을 통해 심리적 능력을 향상시켜야 한다. 이러한 훈련을 통해 선수들은 자신감을 높이고, 집중력을 유지하며, 압박 상황에서도 침착하게 대처할 수 있다.

14. (경기력 향상) e스포츠심리상담은 선수들의 스트레스 해소, 정신건강 증진, 팀워크 강화 등 다양한 목적으로 활용된다. 하지만 가장 중요한 목적은 경기력 향상이다. 선수들이 자신의 강점과 약점을 이해하고, 긍정적인 사고방식을 유지하며, 압박 상황에서도 최상의 퍼포먼스를 발휘할 수 있도록 돕는 것을 목표로 한다.

15. (선수들의 자기이해 확대)(심리적 강점 강화)(스트레스관리 능력 향상) 리그 오브 레전드 e스포츠 선수들을 대상으로 진행된 심리기술훈련 및 상담 프로그램 연구결과에서 다음과 같은 긍정적인 효과가 나타났다.
- 선수들의 자기이해 확대: 선수들은 자신의 강점과 약점을 더 잘 이해하고, 이를 바탕으로 자신의 경기력을 향상시킬 수 있는 방안을 모색할 수 있었다.
- 심리적 강점 강화: 선수들은 자신감, 집중력, 스트레스관리 능력 등을 향상시킬 수 있었다.
- 스트레스관리 능력 향상: 선수들은 경기 중 발생하는 스트레스를 효과적으로 관리하고, 압박 상황에서도 침착하게 대처하는 능력을 키울 수 있었다.

현장실습

1. 다음 프로그램을 숙지하고 e스포츠 선수에게 적용한 후 1주일 동안의 훈련일지 작성을 통하여 집중력 훈련을 실시하시오.

가. e스포츠 종목별 10분 집중력 훈련

- 목표: e스포츠 선수들의 경기력 향상을 위해 다양한 집중력 훈련 프로그램을 제공하여 집중력을 강화하고 압박 상황에서도 침착하게 대처할 수 있는 능력을 키우는 것
- 대상: e스포츠 선수(모든 연령대)
- 프로그램 시간: 10분
- 훈련 방법: 각 e스포츠 종목별 특성에 맞는 다양한 훈련 방법 활용
- 실행방법:
  ☞ 훈련 전후 집중력 수준을 측정하는 심리검사를 추가할 수 있다〈부록 참조〉.
  ☞ 훈련 일지를 작성하면서 스스로의 문제점을 파악하고 개선할 수 있는 기회를 얻을 수 있다.
  ☞ 훈련 일지는 선수의 성장 과정을 기록하는 소중한 자료가 될 수 있다.
  ☞ 훈련 일지를 작성하면서 자신의 생각과 감정을 솔직하게 표현한다.
  ☞ 훈련 일지를 통해 훈련의 효과를 확인하고 개선할 수 있는 방안을 모색해 본다.
  ☞ 긍정적인 마음가짐으로 훈련에 임하도록 한다.
- 주의 사항:
  ☞ 선수들의 개인적 특성과 수준에 맞춰 훈련 강도를 조절한다.
  ☞ 훈련 중 지루하거나 압박감을 느낀다면 잠시 쉬면서 마음을 편안하게 한다.
  ☞ 꾸준히 훈련하는 것이 중요하다.

나. e스포츠 종목별 10분 집중력 훈련을 위한 프로그램

다음에 제시된 심리훈련 내용을 잘 숙지한 후 제공된 훈련일지를 사용하여 1주 동안 훈련을 기록하고 평가하십시오. 꾸준히 노력하면 집중력과 압박 상황 대처능력을 향상시키고 경기력을 향상시킬 수 있을 것이다.

e스포츠심리훈련 프로그램
1. 준비운동(2분)
경부 스트레칭: 목, 어깨, 등을 풀어주는 스트레칭을 통해 긴장을 풀고 집중력을 높인다. 심호흡: 깊은 심호흡을 통해 마음을 안정시키고 집중력을 높인다.
2. 집중력 훈련(6분) 종목별 훈련 프로그램:
1) 리그 오브 레전드(LoL)
미니맵 주시 훈련: 1분 동안 미니맵만 보고 게임 상황을 파악한다. 챔피언 스킬 연습: 2분 동안 특정 챔피언의 스킬을 정확하게 사용한다. 상황 판단 훈련: 3분 동안 가상의 게임 상황을 제시하고 최적의 행동을 선택한다.
2) 도타 2(Dota 2)
마법 시전 훈련: 1분 동안 마법 시전 시간을 정확하게 맞춘다. 영웅 조작 훈련: 2분 동안 특정 영웅을 정확하게 조작한다. 팀 전략수립 훈련: 3분 동안 가상의 게임 상황을 제시하고 팀 전략을 수립한다.
3) 카운터스트라이크: 글로벌 오펜시브(CS:GO)
사격 훈련: 1분 동안 정확하게 사격하는 훈련을 한다. 음향 인지 훈련: 2분 동안 게임 내 음향을 듣고 적의 위치를 파악한다. 전략적 사고 훈련: 3분 동안 가상의 게임 상황을 제시하고 전략적 사고를 한다.
4) 오버워치(Overwatch)
영웅 능력 활용 훈련: 1분 동안 특정 영웅의 능력을 효과적으로 활용해 본다. 팀워크 연습: 2분 동안 팀원들과 협동하여 목표를 달성하는 훈련을 한다. 상황 분석 훈련: 3분 동안 가상의 게임 상황을 분석하고 최적의 행동을 선택해 본다.
5) 스타크래프트 2(StarCraft 2)
단축키 연습: 1분 동안 단축키를 빠르고 정확하게 사용하는 훈련을 한다. 경제 관리 훈련: 2분 동안 경제를 효율적으로 관리하는 훈련을 한다. 전략수립 훈련: 3분 동안 가상의 게임 상황을 제시하고 전략을 수립해 본다.
3. 마무리 운동(2분)
눈 쉬기: 먼 곳을 바라보며 눈을 쉬게 한다. 긍정적 시각화: 경기에서 성공하는 모습을 상상하고 긍정적인 에너지를 얻는다.

다. e스포츠 종목별 10분 집중력 훈련을 위한 워크시트

e스포츠심리훈련 기록지

• 개인정보

☞ 이름:

☞ 팀:

☞ 세부 종목:

☞ 심리훈련 기간: 20 년 월 일~20 년 월 일(1주)

• 훈련 목표

☞ 집중력 향상:

☞ 압박 상황 대처능력 강화:

☞ 경기력 향상:

훈련일시	훈련 내용 기록			훈련 전후 감정 상태		
	훈련 내용	소요 시간	느낀 점	훈련 전 감정 상태	훈련 후 감정 상태	느낀 점

훈련 일시	훈련 중 발생한 어려움 및 해결 방법		훈련 목표설정 및 달성 여부		훈련에 대한 만족도	
	어려움	해결 방법	달성 여부	달성하지 못한 이유	만족도(1~5점)	만족하지 못한 이유

• 기타

☞ 훈련 중 느낀 점:

☞ 훈련 후 느낀 점:

☞ 개선점:

14장.

스포츠심리상담과 의사소통

1. 스포츠심리상담과 의사소통의 기본

1.1 스포츠심리상담에서 의사소통의 중요성

스포츠심리상담에서 의사소통은 상담의 성공 여부를 좌우하는 중요한 요소이다. 의사소통은 상담자가 선수의 감정과 생각을 이해하고 신뢰관계를 형성하는 기본적인 수단이다. Weinberg & Gould(2019)에 따르면, 효과적인 의사소통을 통해 상담자는 선수의 내면적 문제를 더욱 깊이 이해하고 공감할 수 있으며, 이는 상담관계를 강화시켜 준다. 또한, 의사소통 과정에서 상담자는 선수의 비언어적 신호와 정서적 반응을 통해 그들의 숨은 감정을 파악할 수 있어 상담의 깊이를 더할 수 있다.

의사소통의 중요성은 특히 선수와 코치의 관계에서도 두드러진다. 선수와 코치 간의 상호 신뢰와 이해가 성과에 큰 영향을 미친다고 주장하며, 의사소통의 빈도와 질이 코치와 선수 간의 신뢰 형성에 중요한 역할을 한다(Martens, 2004). 이는 결과적으로 선수의 경기력과 심리적 안정성에 긍정적인 영향을 미치게 된다.

효과적인 의사소통은 선수들의 심리적 안정감과 수행향상에 중대한 영향을 미친다. Hargie(2011)의 연구에 따르면, 상담자가 선수와의 대화에서 경청과 공감을 효과적으로 활용할 때, 선수는 자신을 더 편안하게 드러내며 심리적 부담을 덜어낼 수 있다. 이는 특히 스트레스 상황에서 선수들이 심리적 압박을 극복하고 자신감을 회복하는 데 큰 도움이 된다.

Andersen(2000)은 의사소통을 통한 긍정적 피드백이 선수의 자기효능감을 높이고, 수행향상에 긍정적 영향을 준다고 강조하였다. 예를 들어, 피드백을 통해 선수는 자신의 강점과 개선할 부분을 명확히 인식할 수 있으며, 이는 수행목표를 명확히 세우고 달성하는 데 필수적인 역할을 한다. 따라서 효과적인 의사소통은 심리적 안정과 경기력 증진을 동시에 도모할 수 있는 중요한 도구이다.

스포츠심리상담에서의 의사소통 기술은 상담의 핵심 도구로서 다양한 심리 기법과 상호작용을 하며 활용된다. 예를 들어, Hargie(2011)는 의사소통이 심리적 문제해결 과정에서 선수와 상담자 간의 정서적 유대감을 강화하는 역할을 한다고 하였다. 이는 선수들이 심리적 부담을 해소하고 문제를 해결하는 데 효과적으로 작용한다.

또한, 상담자는 선수와의 의사소통을 통해 심리적 기법을 적절히 전달할 수 있다. Anshel(2011)은 혼잣말(self-talk)과 시각화(visualization)와 같은 기법들이 효과적으로 전달될 때, 선수는 더욱 자발적이고 긍정적인 변화를 경험한다고 하였다. 상담자의 의사소통 기술은 이러한 심리 기법들이 단순한 훈련이 아닌 선수의 경기력과 삶에 실질적인 변화를 가져올 수 있도록 돕는 중요한 촉매제 역할을 한다.

1.2 스포츠심리상담에서 의사소통 기본원리

스포츠심리상담에서 효과적인 의사소통이 이루어지려면 무엇보다 먼저 신뢰 형성과 친밀감 구축이 필수적이다. Weinberg & Gould(2019)는 상담과정에서 신뢰가 중요하게 여겨지는 이유는, 신뢰가 구축될 때 선수는 자신의 고민을 더 솔직하게 표현하며 상담자의 조언을 수용할 가능성이 높아지기 때문이라고 하였다. 특히, 상담자가 신뢰를 쌓고 라포를 형성하는 과정에서 선수의 감정과 상태에 대한 이해와 공감이 중요하며, 이는 상담관계의 질을 향상시키는 핵심 요소로 작용한다. 친밀감은 상담자와 내담자가 서로 심리적 유대감을 느끼게 하는 관계적 요소로, 초기 상담에서 특히 중요한 역할을 한다. Hargie(2011)는 라포 형성의 기초가 상담자의 진실된 관심과 경청에 있다고 설명하며, 이러한 환경에서 내담자는 자신의 감정을 자유롭게 표현할 수 있는 심리적 안정감을 얻게 된다. 신뢰와 라포의 형성은 상담 전반에 걸쳐 지속적이고 일관된 지원의 기반이 된다.

상담자가 선수에게 공감과 무조건적인 긍정적 존중을 보이는 것은 효과적인 의사소통을 위한 필수적인 기본원리이다. 공감은 상담자가 내담자의 감정에 깊이 이해하고 이를 반영하는 과정으로, 이를 통해 상담자는 내담자가 느끼는 어려움을 진심으로 수용하고 있음을 표현하게 된다. 공감적 접근이 선수에게 자기표현의 자유를 주고 상담에 대한 신뢰감을 형성해 주고, 특히 내담자가 부정적인 감정이나 실패 경험을 다룰 때 공감이 큰 도움이 된다(Anshel, 2016). 무조건적 긍정적 존중은 상담자가 내담자의 가치와 선택을 있는 그대로 존중하는 태도를 말한다. 이는 내담자가 스스로의 가치를 인정하고, 자신의 문제해결을 위한 자율성을 확보하게 한다. Anshel(2011)은 무조건적 존중이 상담관계에서 긍정적 자아개념을 형성하는 데 도움을 준다고 설명하며, 이를 통해 상담자는 내담자가 자발적인 변화를 이끌어낼 수 있도록 지지할 수 있다.

마지막으로 비언어적 의사소통의 역할과 중요성이다. 비언어적 의사소통은 선수의 감정과 생각을 이해하고 의사소통의 진정성을 전달하는 데 중요한 역할을 한다. 비언어적 신호는 표정, 자세, 눈맞춤, 목소리 톤 등을 포함하며, 이는 종종 언어적 표현보다 더 많은 의미를 전달한다. 상담자가 사용하는 비언어적 신호가 선수에게 안정감을 주고 상담환경을 긍정적으로 만들 수 있다(Hargie, 2011). 예를 들어, 눈맞춤과 고개 끄덕임은 선수에게 상담자가 집중하고 있음을 보여주며, 이를 통해 심리적 유대감을 강화할 수 있다. Martens(2004) 또한 상담 상황에서의 비언어적 의사소통이 선수의 신뢰 형성과 직결된다고 말하며, 언어적 표현과 일치하는 비언어적 행동을 통해 상담자가 진심으로 공감하고 있음을 전달할 수 있다고 강조하였다. 비언어적 의사소통은 상담의 효과를 높이는 중요한 요소로서, 이를 통해 상담자는 언어적으로 표현하기 어려운 선수의 감정 상태를 더욱 깊이 이해할 수 있다.

이처럼, 스포츠심리상담에서 신뢰 구축과 공감, 비언어적 소통은 의사소통의 기본원리로 작용하여 선수와 상담자 간의 심리적 안전망을 형성하고, 이를 통해 상담의 긍정적 수행을 유도할 수 있다.

1.3 문제인식과 목표설정을 위한 상담

상담과정에서 문제인식과 목표설정은 핵심 단계이다. 이를 효과적으로 수행하기 위해서는 상담 계획 수립과 전개, 피드백 제공, 그리고 감정 관리와 갈등 해결 기술이 중요한 역할을 한다.

- 상담 계획 수립 및 전개
  - √ 문제인식과 목표설정은 상담 계획의 핵심 부분이다. 상담사는 고객과 함께 현재의 어려움을 정확히 이해하고, 그에 기반하여 목표를 설정한다. 상담 계획은 이 목표에 도달하기 위한 구체적인 전략을 제시하고, 전략을 통해 세션의 효과를 극대화하는 것이다(Prochaska & DiClemente, 1983).
- 효과적인 피드백 제공
  - √ 목표설정 후 상담사는 고객 선수에게 피드백을 제공하며 상담과정을 공유하고 조절한다. 피드백은 고객이 원하는 목표에 도달하고 있는지를 확인하고, 필요시 조정이 필요한지를 평가하는 데 도움을 준다. 피드백은 상호적이고 신뢰성 있는 대화를 유지하는 데 중요하며, 이는 목표달성에 기여한다(Lambert & Barley, 2001).
- 감정 관리와 갈등 해결 기술
  - √ 문제인식과 목표는 종종 감정적인 부담과 갈등을 동반한다. 상담사는 고객의 감정을 존중하고 이를 관리하는 기술을 보유해야 한다. 갈등이 발생할 경우, 상담사는 객관적이며 적절한 갈등 해결 전략을 사용하여 상황을 해결하고, 고객 선수가 목표에 집중할 수 있도록 조력 활동을 해야 한다(Egan, 2013).

예시 1 **Greenberg(2015)가 제안하는 감정 상태에 따른 적절한 의사소통 전략**

• 고객이 긍정적인 감정을 표현할 때, 상담사는 격려와 인정 표현
"이번 주 당신이 이룬 성과를 보니 정말로 기뻐요. 노력한 만큼 경기력 향상을 거두다니 정말 대단하군요!"
• 고객이 부정적인 감정을 표현했을 때, 이해와 공감을 통해 지지하는 의사소통
"당신이 혼란스럽고 힘들게 느끼고 있군요. 제가 항상 여기 있어 도움이 되고 싶어요."
• 의사소통 중 갈등 표현에는 비폭력적 의사소통과 질문 기술을 활용하여 상황 해결
"저도 당신의 의견을 정말로 이해하고 싶어요. 어떤 부분에서 어려움을 느끼고 있는지 더 자세히 알려주실 수 있을까요?"

1.4 심리적 연대감 구축

스포츠에서 선수들과의 강력한 심리적 연대감은 선수들의 수행향상과 팀의 효율성을 높일 수 있는 핵심 요소이다. 이를 위해 상담사는 다양한 방법으로 선수들과의 관계를 강화하고자 노력해야 한다.

- 감정의 이해와 공감
  √ 상담사는 선수들의 감정을 민감하게 인식하고, 그에 대한 공감을 표현함으로써 강한 심리적 연대감을 형성할 수 있다. 예를 들어, 선수가 중요한 경기에서 실패로 인해 실망감을 느끼고 있을 때, 상담사는 다음과 같이 응답해 준다. *"네가 어떻게 느끼고 있는지 이해해. 함께 그 감정을 이겨내기 위해 어떻게 도움을 줄 수 있을까?"*
- 성격 및 특성 고려
  √ 각 선수는 독특한 성격과 특성을 가지고 있으며, 이를 이해하고 고려하는 것이 선수와의 상호작용에서 매우 중요하다. 선수들의 성격 특성을 고려하여 접근방식을 조절하면 효과적인 관계가 형성된다. 예를 들어, 외향적이고 활발한 선수에게는 긍정적인 강조와 칭찬을 통해 응원하고, 내성적이고 조용한 선수에게는 세심한 지원과 이해를 표현하여 연대감을 높일 수 있다.
- 팀 내 갈등 관리를 통한 연대감 강화
  √ 집단상담을 통한 팀 내 갈등 관리는 선수들 간의 소통을 원활하게 하고 팀의 통일된 목표를 강조함으로써 연대감을 강화할 수 있다. 집단상담에서 각 선수들의 의견을 듣고 팀 전체의 이해관계를 강화하여 상호작용과 공감을 강조하면 팀 내 갈등을 긍정적으로 해결할 수 있다(Yalom & Leszcz, 2005). *"이 갈등을 통해 어떤 문제가 발생했는지 이해하고, 함께 해결책을 찾아보자. 팀이 하나로 더 강력해질 거야."*

이와 더불어 경쟁적 스포츠 상황에서 효과적인 의사소통을 위한 실천 방법으로 상대방의 입장에서 의사소통을 해야 상대방과의 이해와 공감을 증진시킬 수 있다. 예를 들어 코치가 시합 전략을 설명하기 위해 선수 소집할 때 코치는 선수들에게 명확하고 간결한 설명을 제공하고, 선수들의 질문에 답변하여 의사소통을 효과적으로 진행한다. 경기 중에 선수들은 서로의 위치를 확인하기 위해 몸짓과 눈빛으로 의사소통한다. 이를 통해 부딪치거나 충돌하는 것을 방지하고, 경기를 보다 효율적으로 진행할 수 있다. 경기가 끝난 후에, 선수들은 서로의 경기력에 대한 피드백을 제공한다. 이를 통해 선수들은 자신의 경기력을 개선하고, 더 나은 성과를 달성할 수 있다.

표 1. 디지털 상담 사례

상담 방법	특성	사례	장점	문제점
텍스트 기반 상담	비동기적 텍스트 채팅 익명성 보장	- BetterHelp, Talkspace 등 온라인 텍스트 상담 플랫폼	- 편리한 액세스 - 익명성	- 비언어적 표현 한계 보완을 위해 음성 또는 화상 상담과 조합 가능
화상 통화 기반 상담	영상 통화를 통한 상담 표정 및 몸짓 인식 가능	- Zoom, VSee 등을 활용한 비대면 화상 상담	- 가장 가까운 대면 경험 - 실시간 비언어적 피드백	- 기술 안정성 향상 및 일정 제약 완화를 통한 개선
모바일 앱 기반 상담	언제 어디서든 상담 가능 모바일 애플리케이션을 통한 다양한 기능 활용	- BetterHelp 앱을 통한 이동 중 상담	- 이동 중 이용 가능 - 다양한 기능 활용	- 화면 크기 제약 등 기술적 한계 개선을 통한 향상
가상현실(VR) 상담	가상현실 환경에서의 상담 현실적인 상황 모방	- VR을 사용한 감정 치료 상담	- 현실감 있는 체험 - 특수한 치료 활용 가능	- 기술 요구 사항 및 비용 감소를 통한 보완
인공지능(AI) 상담	대화형 AI를 활용한 상담	- Woebot, Replika 등의 AI 상담 앱	- 신속한 응답 - 연중무휴 서비스	- 실제 상담사와의 연계를 통한 고도의 지원
게임 기반 상담	게임 형식의 감정 관리	- SPARX 등의 게임을 통한 감정 관리 상담	- 게임을 통한 감정 표현 및 참여동기부여	- 다양한 게임과 상황에 대한 연구 및 개발로 선택 폭 확장

관련 사이트: https://zoom.us/, https://vsee.com/, https://www.betterhelp.com/, https://woebothealth.com/, https://replika.ai/, https://www.talkspace.com/, https://landing.sparx.org.nz/

1.5 의사소통의 방해요인과 개선방안

경쟁적 스포츠 상황에서의 의사소통은 다양한 역할을 한다. 우선 팀워크를 강화한다. 경쟁적 스포츠 상황에서는 지도자와 개인 혹은 팀원들 간의 소통이 필수적이다. 효과적인 의사소통을 통해 서로의 생각과 감정을 교환하고 협력할 수 있다. 스포츠심리상담은 상담사, 코치 및 선수 고객(기타 관계자 등) 간의 의사소통을 기반으로 이루어진다. 선수들은 코치의 지시를 이해하고, 이를 실행하기 위해 서로 협력할 수 있다. 또한, 경기 중 발생하는 상황을 효율적으로 처리하기 위해 정보를 공유하고, 조율할 수 있다. 지도자와 팀원은 선수들의 동기를 부여하고, 긍정적인 분위기를 조성할 수 있다. 그러나 이러한 과정에서 다양한 소통의 방해요인에 직면할 수 있기 때문에 이에 대한 자각과 개선방안이 요구된다.

의사소통의 방해요인은 상담의 성공을 저해하는 작용을 한다. 스포츠심리상담에서의 의사소통 방해요인은 크게 내적 요인과 외적 요인으로 구분할 수 있다. 내적 요인은 상담자와 고객의 특성이나 태도에서 비롯되는 방해요인이다. 외적 요인은 상담 상황 자체에서 비롯되는 방해요인이다.

예시 2 의사소통의 방해요인

내적	상담자의 전문성 부족	상담자가 스포츠심리학에 대한 전문지식/기술이 부족할 경우, 선수의 문제를 정확하게 이해하거나 적절한 개입 제공이 어려울 수 있다.
	상담자의 선입견/편견	상담자가 선수에 대한 선입견이나 편견을 가지고 있을 경우, 내담자의 말을 있는 그대로 받아들이지 못하고 왜곡된 이해를 할 수 있다.
	상담자의 자기보호태도	상담자가 선수의 문제에 대해 위협을 느끼거나 부담을 느끼는 경우, 내담자의 감정을 무시하거나 방어적 태도를 취할 수 있다.
	선수의 심리적 방어	선수가 자신의 문제를 직면하거나 해결하기를 어려워하는 경우, 상담자의 질문이나 개입을 회피/거부하는 등의 방어적 태도를 취할 수 있다.
	선수의 언어 능력	선수의 언어 표현 능력이 부족할 경우, 상담자의 질문을 이해하거나 자신의 생각이나 감정을 표현하는 데 어려움을 겪을 수 있다.
	문화적 차이	상담자와 고객의 문화적 차이가 클 경우, 서로의 언어, 가치관, 사고방식에 대한 이해가 부족하여 의사소통이 원활하지 않을 수 있다.
외적	상담 시간의 부족	상담 시간이 충분하지 않을 경우, 선수의 문제를 충분히 이해하거나 개입을 제공하기 어려워 의사소통이 원활하지 않을 수 있다.
	상담 장소의 부적절	상담 장소가 선수에게 불편하거나 위협적인 환경일 경우, 선수는 상담에 집중하기 어려워 의사소통이 원활하지 않을 수 있다.
	상담자의 다른 역할	상담자가 선수의 감독자/코치 등 다른 역할을 가지고 있을 경우, 상담자와 선수 간의 관계가 복잡해져 의사소통이 원활하지 않을 수 있다.

의사소통 방해요인은 상담의 성공을 저해할 수 있으므로, 상담자와 코치 및 선수 모두가 이를 인식하고 예방하기 위한 노력을 통해 의사소통 방해요인을 예방할 수 있다. 상담자는 스포츠심리학에 대한 전문지식과 기술을 습득하여 선수의 문제를 정확하게 이해하고 적절한 개입을 제공할 수 있도록 한다. 내담자 역시 상담 효과를 위해 책임 있는 노력을 함으로써 의사소통 방해요인을 예방할 수 있다.

예시 3 의사소통의 개선방안

상담사 요인	내담자 요인
• 스포츠 종목에 대한 전문지식을 습득하여 선수를 깊이 이해하도록 노력한다. • 선수에 대한 선입견이나 편견을 가지지 않도록 노력한다. • 선수의 감정을 수용하고 이해하려는 태도를 유지한다. • 선수의 심리적 방어를 이해하고 적절히 대처한다. • 선수의 언어 능력과 문화적 배경을 고려하여 의사소통한다. • 상담 시간을 충분히 확보하고, 선수가 편안하게 상담에 임할 수 있는 분위기를 조성한다. • 상담자의 다른 역할을 명확히 하고, 상담자-내담자 관계를 유지한다.	• 상담에 적극적으로 참여하고, 자신의 생각이나 감정을 솔직하게 표현한다. • 상담자의 질문이나 개입에 대해 열린 마음으로 받아들인다. • 상담자가 자신의 문제를 이해하고 도와주기 위해 노력한다는 것을 믿고, 상담에 협조한다.

2. 의사소통의 핵심

1) 경청의 기술: 공감적 경청과 반영적 경청

상담사가 선수나 고객의 이야기를 정확하게 이해하고 공감하는 것은 신뢰를 증진시키는 데 중요한 역할을 한다. 효과적인 청취 기술이 클라이언트에게 존중받고 이해받음을 느끼게 하며 상담과정에서 긍정적인 영향을 미치기 때문이다(Escarti & Guzman, 1999). 경청은 상담에서 의사소통의 핵심 요소로, 특히 공감적 경청과 반영적 경청이 중요한 역할을 한다. 공감적 경청은 상담자가 선수의 말에 진심으로 공감하며 귀를 기울이는 기술이다. 또한 상담자가 선수의 감정과 생각에 깊이 공감하며 듣는 것으로, 이를 통해 선수는 자신의 감정을 안전하게 표현할 수 있는 공간을 경험하게 된다. Andersen(2009)은 공감적 경청이 내담자에게 자신이 이해받고 있다는 느낌을 주며, 자신의 감정을 표현할 수 있는 안전한 공간을 제공하여 상담에 대한 신뢰감을 높인다. 공감적 경청을 통해 상담자는 선수의 감정적 고통에 대해 진심 어린 이해를 표현하며, 선수는 자신이 수용되고 있다고 느껴 감정을 더욱 솔직하게 털어놓을 수 있다.

반영적 경청은 내담자의 말을 반영하여 다시 전달함으로써, 상담자가 그들의 감정을 이해하고 있음을 확인시키는 방식이다. 반영적 경청은 상담자가 선수의 말을 요약하거나 재진술함으로써 선수의 감정과 경험을 검증하는 과정을 포함하며, 이는 선수의 자기이해를 높이고 상담의 깊이를 더하는 데 유용하다(Hargie, 2011). 반영적 경청이 선수에게 상담자가 자신의 감정을 깊이 이해하고 있음을 확인시켜 주며, 이를 통해 선수는 자신의 경험을 재검토하고 명확하게 이해할 수 있게 된다. 결과적으로 반영적 경청은 선수에게 자기이해를 높이는 기회를 제공하며, 상담의 깊이를 더하는 데 유용한 도구이다.

예시 4 스포츠 상황의 경청 기술의 적용

공감적 경청	• 예) 한 농구선수가 경기에서의 실수로 인해 자신을 비난하며 좌절감을 느낄 때, 상담자가 선수의 말에 공감하면서 *"많이 힘드셨겠네요. 그동안 열심히 준비해 왔는데 실수로 인해 그렇게 느끼는 것이 충분히 이해가 돼요."*라고 응답하면, 선수는 자신의 감정을 수용받고 이해받고 있다고 느끼게 된다.
반영적 경청	• 예) 한 테니스선수가 *"최근 경기에서 자꾸 자신감이 떨어져서 경기를 망친 것 같아요."*라고 말했을 때, 상담자가 *"말씀하신 것처럼, 최근에 자신감이 많이 떨어지신 것 같네요. 그래서 경기에서도 제 실력을 충분히 발휘하지 못하셨다고 느끼고 계시군요."*라고 요약하며 반영할 수 있다.

2) 언어적 의사소통: 명료하고 일관된 표현 기법

상담사의 언어는 상담사가 고객과 소통하는 주요 수단 중 하나이다. 상담사는 긍정적이고 이해력 있는 언어를 사용하여 고객에게 안전하고 지지받는 느낌을 주어야 한다(Rogers, 1957). 스포츠심리상담사의 언어적 의사소통은 자신의 생각과 조언을 지도자, 선수 등에게 명확하고 일관되게 전달하는 데 중요한 역할을 한다. 명료하고 일관된 표현은 내담자가 혼란 없이 상담자의 메시지를 정확히 이해하게 하며, 이를 통해 상담의 효과성을 높일 수 있다. Weinberg & Gould(2019)는 상담자가 감정적 언어와 모호한 표현을 피하고, 명확한 언어를 통해 선수와의 소통에서 신뢰를 유지하는 것이 중요하다고 하였다. 특히 목표설정과 피드백 제공 시에는 명확한 언어를 사용하는 것이 선수에게 긍정적 동기부여와 방향성을 줄 수 있다.

Hargie(2011) 또한 일관성의 중요성을 강조하며, 상담자가 일관된 메시지를 전달할 때 선수는 상담자의 말을 신뢰하고 더욱 안정감을 느낄 수 있다고 하였다. 일관성은 또한 상담자의 진정성과 신뢰를 전달하는 데 중요한 역할을 한다. 예를 들어, 동일한 문제에 대해 다른 관점을 제시할 때는 일관성 있게 설명하며, 모순 없는 태도를 유지하는 것이 바람직하다. 일관된 피드백은 상담자가 원하는 목표와 방향을 명확히 설정하고 유지하게 하여 선수에게 안정감을 주고 상담에 대한 신뢰를 형성하는 데 도움을 준다.

3) 비언어적 의사소통: 표정, 몸짓, 눈맞춤의 중요성

언어 외에도 다양한 수단으로도 많은 의사소통이 이루어진다. 신체 언어, 표정, 몸짓 등의 비언어적인 요소들이 때로는 상호작용에서 중요한 역할을 한다. 이러한 비언어적 의사소통 기술은 고객과의 관계를 보다 풍부하고 돈독하게 만들어줄 수 있다(Gordon & Druckman, 2018). 비언어적 의사소통은 상담자가 내담자에게 진정성과 공감을 전달하는 중요한 수단이다. 표정, 몸짓, 눈맞춤은 언어적 표현 이상으로 감정과 관심을 전달할 수 있으며, 특히 선수의 심리적 안정감을 강화하고 상담에 대한 신뢰를 구축하는 데 큰 도움이 된다. 상담자가 긍정적인 표정과 자세를 유지할 때 내담자는 상담환경에서 편안함을 느낄 수 있다(Hargie, 2011). 수용적인 표정은 선수로 하여금 상담자가 자신의 어려움을 이해하고 수용해 줄 것이라는 신뢰감을 형성하게 한다. 이를 통해 선수는 자신을 더욱 개방적으로 표현할 수 있게 된다. 이는 상담을 진행하는 데 있어 중요한 요소가 된다.

비언어적 의사소통의 일환으로 눈맞춤을 통해 상담자가 내담자의 감정에 집중하고 있음을 보여줄 수 있다. 눈맞춤은 상담자가 내담자의 감정에 주의를 깊이 기울이고 있음을 보여주는 가장 강력한 비언어적 요소 중 하나이다. 또한, 몸짓이나 자세 역시 상담자가 내담자에게 보내는 무언의 메시지로, 상담자에게 마음을 여는 데 도움을 준다. Anshel(2011)에 따르면, 상담자가 선수와 눈맞춤을 유지하면서 진지하게 이야기를 들을 때, 선수는 자신의 감정을 안전하게 표현할 수 있는 공간이 제공된다고 느끼게 된다. 예를 들어, 선수가 자신의 불안감을 털어놓을 때 상담자가 꾸준히 눈을 맞추고 고개를 끄덕이면, 선수는 상담자가 자신에게 집중하고 있으며, 자신이 존중받고 있다는 인상을 받게 된다.

상담자의 몸짓과 자세 역시 중요한 비언어적 요소이다. 신체 언어 중 표정과 몸짓의 해석은 중요하다. 이는 상대의 감정과 의도를 더 잘 이해하고 효과적인 소통에 도움이 된다. 표정 해석은 눈, 입, 이마 등 얼굴 부분의 움직임을 통해 감정을 파악한다. 몸짓은 자세, 손의 움직임, 근육긴장 등을 통해 심리적 상태를 읽어낸다(Ekman & Friesen, 1971). 예를 들어, 한 농구 선수가 경기 중 긴장과 불안을 느낀다고 털어놓을 때, 상담자가 앞으로 몸을 기울이고 선수에게 집중하는 자세를 취하면, 이는 선수에게 "내가 너의 말에 온전히 집중하고 있다."는 메시지를 전달해 준다. 또한, 팔짱을 끼거나 뒤로 기댄 자세는 상담자와 선수 사이에 거리를 느끼게 할 수 있으므로, 이러한 자세는 피하는 것이 좋다. 열린 자세와 따뜻한 몸짓은 선수가 자신의 감정을 자유롭게 표현할 수 있도록 돕는 역할을 한다.

음성의 톤과 강도는 감정과의 연결 형성에 큰 역할을 한다. 이는 상담사나 코치가 전달하는 메시지의 의도를 강조하고 고객과 선수의 감정 상태에 민감하게 대응할 수 있게 한다. 긍정적인 톤과 강도는 신뢰를 증진시키고, 안전한 환경을 제공하는 반면 부정적인 톤이나 강도는 불안을 유발시킬 수 있다(Mehrabian, & Wiener,1967). 상담과정에서 상담사는 의사소통 전략을 통해 고객과의 상호작용을 개선하고, 표현되지 않은 감정이나 의도를 파악할 수 있어야 한다. 경청의 기술을 활성화하면 고객의 이야기에 집중하고 공감할 수 있다. 비언어적 신호에 주의를 기울이며, 표정과 몸짓을 적극적으로 활용하면 고객의 감정을 깊이 읽어낼 수 있다(Egan, 2013).

예시 5 **스포츠 상황의 의사소통 핵심 요소의 활용**

명료성	• 예) 한 테니스선수가 경기 중 집중력 문제를 겪고 있다고 가정해 보자. 상담자는 *"집중력을 높이기 위해 앞으로 모든 경기에서 실수 없이 최선을 다해 보세요."* 와 같은 모호한 지침을 줄 수 있다. 그러나 이는 선수에게 혼란을 줄 수 있고, 달성하기 어렵게 느껴질 수 있다. • 대신, 상담자는 보다 구체적이고 명확한 언어로 *"다음 경기에선 매 포인트마다 두 번 깊게 호흡하고, 공을 치기 전 다음 샷에만 집중해 보세요."*라고 말할 수 있다. 이런 명확한 목표설정은 선수에게 실행 가능한 방법을 제시함으로써 동기부여와 자신감을 높이는 데 도움이 된다. • 이는 Weinberg & Gould(2019)가 설명한 바와 같이, 명확한 언어적 표현을 통해 선수의 집중력 향상을 도울 수 있는 구체적 방안이 된다.
일관적 피드백	• 예) 상담자가 축구선수에게 경기 중 끈기와 집중력을 높여야 한다고 조언했다고 가정해 보자. 그런데 이후 상담에서 상담자가 선수의 경기 방식을 *"너무 공격적이다."*라고 지적하고, *"더 전략적으로 생각해 보라."*고 말했다면, 선수는 상담자가 원하는 행동 방향을 명확히 이해하지 못할 수 있다. • 대신 상담자는 선수에게 처음에 제시한 *"끈기와 집중력 유지"*라는 목표에 맞춰 *"수비 상황에서도 집중력을 잃지 않고, 공이 자기 위치에 올 때까지 인내심을 발휘해 보세요."*와 같은 일관된 피드백을 줄 수 있다.
비언어적	• 예) 한 선수가 부진한 경기 이후 좌절감을 느끼고 있다고 가정해 보자. 상담자가 차분하고 따뜻한 미소와 부드러운 표정을 통해 선수를 맞이한다면, 선수는 자신의 감정을 표현할 때 심리적 안정감을 느낄 수 있다.

3. 스포츠심리상담을 위한 의사소통 기술

1) 경청하기

경청은 선수의 말을 주의 깊게 듣고, 이해하는 기술이다. 스포츠심리상담에서 경청은 매우 중요하다. 왜냐하면, 문제를 파악하고, 문제를 해결하기 위해서는 선수의 생각과 감정을 정확하게 이해해야 하기 때문이다. 선수의 말에 경청을 잘하기 위해서는 다음과 같은 노력이 필요하다.

- 말에 집중하기: 선수가 하는 말에 집중하고, 내담자의 감정을 이해하려고 노력한다.
- 말을 왜곡하지 않기: 선수의 말을 상담사의 생각이나 감정으로 왜곡하지 않는다.
- 말에 공감하기: 선수의 말에 공감하고, 그들의 입장에서 생각해 보려고 노력한다.

2) 질문하기

질문하기는 선수들의 생각과 감정을 더 자세히 이해하기 위해 하는 기술이다. 스포츠심리상담에서 질문하기는 경청과 함께 매우 중요한 기술이다. 왜냐하면, 선수의 말만으로는 생각과 감정을 완전히 이해하기 어렵기 때문이다. 적절한 질문은 상대의 생각과 감정을 탐색하고, 문제를 파악하고, 문제를 해결하는 데 도움이 된다. 따라서 질문하기의 기술을 적극적으로 활용해야 한다.

- 열린 질문을 하기: 생각과 감정을 자유롭게 표현할 수 있도록 열린 질문을 한다.
- 명확한 질문을 하기: 이해하기 어려운 질문을 하지 않는다.
- 내담자의 말을 경청하면서 질문하기: 선수들의 말을 경청하면서 질문을 한다.

3) 공감하기

공감하기는 선수의 생각과 감정에 공감하고, 이해한다는 것을 표현하는 기술이다. 스포츠심리상담에서 공감하기는 선수가 상담사에게 신뢰를 갖고, 상담과정에 적극적으로 참여하는 데 도움이 된다. 스포츠심리상담사는 공감하기의 기술을 숙달하여 내담자가 상담과정에서 안전함을 느끼고, 자신의 문제를 솔직하게 표현하도록 한다. 선수들이 문제를 해결하기 위해 다음의 공감하기의 기술을 평소 생활에도 적극적으로 활용해 본다.

4) 피드백 제공하기

피드백 제공하기는 선수들의 생각과 감정을 이해하고, 도움이 되는 정보를 제공하는 기술이다. 스포츠심리상담에서 피드백 제공하기는 선수 자신의 문제를 파악하고, 문제를 해결하도록 돕는 데 도움이 된다. 상담자는 피드백 제공하기의 기술을 숙달하기 위해서는 다음과 같은 노력이 필요하다.

- 내담자의 말을 정확하게 이해하기: 선수들의 말을 정확하게 이해한 후 피드백을 제공한다.
- 선수들에게 도움이 되는 피드백을 제공하기: 문제해결에 도움이 되는 피드백을 제공한다.
- 선수의 입장에서 피드백을 제공하기: 선수들이 보는 시각으로 피드백을 제공한다.
- 스포츠심리상담에서 피드백 제공 시 주의할 사항
  - 비난이나 공격이 아닌, 건설적인 피드백을 제공한다.
  - 감정을 존중하고, 선수가 받아들일 수 있는 피드백을 제공한다.
  - 피드백의 주체는 선수임을 분명히 한다.

경기 중에 실수나 불안감으로 자신을 자책하거나, 의기소침해 있을 때: 스포츠심리상담사는 선수의 말을 경청하여 선수의 생각과 감정을 이해하고, 선수의 자존감을 회복하도록 도움을 주어야 한다. 또한 경청과 공감을 통하여 선수의 불안감을 이해하고, 선수가 경기에 집중할 수 있도록 도움을 주어야 한다. 이때, 공감하는 표현을 사용하고, 공감하는 태도를 보여주고, 적절한 피드백을 제공할 수 있어야 한다. 다음 〈표 2〉는 이러한 상황에서 적절히 사용할 수 있는 의사소통으로서의 질문 기술이다.

표 2. 스포츠심리상담을 위한 의사소통 기술

기술	선수	의사소통의 예
경청하기	경기 중 실수한 선수	"경기 중 실수를 해서 속상했겠어요. 어떤 일이 있었는지 말씀해 주세요."
	시합 불안감을 가진 선수	"경기에 대한 불안감이 크시군요. 어떤 게 불안하신지 말씀해 주세요."
질문하기	경기 중 실수한 선수	"실수를 한 이유가 무엇이라고 생각하세요?" "실수를 하고 나서 어떤 생각이 드셨나요?" "실수를 하고 나서 어떤 감정을 느끼셨나요?"
	경쟁 불안감을 가진 선수	"시합에 대한 불안감이 어떤 형태로 나타나시나요?" "불안감이 심할 때 어떤 행동을 하시나요?" "불안감을 줄이기 위해 어떤 노력을 하고 계신가요?"
공감하기	경기 중 실수한 선수	"경기 중 실수를 해서 속상하셨겠어요." "실수를 하고 나서 자책하시는 것 같아요."
	경쟁 불안감을 가진 선수	"경기에 대한 불안감이 크시군요." "불안감 때문에 경기에 집중하기 어려우셨겠어요."
	공감 기술을 잘하기 위한 노력	"그렇군요", "알겠습니다", "그런 기분이셨겠군요." 눈맞춤, 고개 끄덕이기, 긍정적으로 말하기
피드백	경기 중 실수한 선수	"실수는 누구나 할 수 있는 일이에요. 실수를 통해 배울 점이 있다고 생각해요." "실수한 이후에 어떻게 대처했나요? … 다음에도 그런 식으로 대처하면 될 것 같아요."
	경쟁 불안감을 가진 선수	"경기에 대한 불안감을 완전히 없애기는 어렵지만, 불안감을 조절하는 방법을 배울 수 있어요." "불안감을 느낄 때는 심호흡을 하거나, 자신감을 북돋워 주는 말을 해보는 것도 도움이 될 거예요."

4. 스포츠 현장에서의 원활한 의사소통 전략

4.1 코치와 스포츠심리상담사의 의사소통

1) 코치와의 협력적 의사소통

코치와의 협력적 의사소통은 선수의 발전을 지원하는 데 필수적이다. 상담자와 코치는 정기적인 회의를 통해 선수의 진행상황과 필요를 논의하고 서로의 역할을 존중하며 협력해야 한다. Hargie(2011)는 열린 대화가 선수의 심리적 안정을 증진하고, 스트레스 감소와 자아존중감을 높이는 데 기여한다고 하였다. 상담자는 선수의 심리적 요구에 대한 정보를 제공하고, 코치는 기술적, 전술적 발전을 상담자에게 피드백할 수 있어야 한다. 예를 들어, 상담자가 *"우리는 선수의 필요를 모두 충족시키기 위해 협력해야 합니다."*라고 말할 때, 이는 코치에게 상호 지원의 중요성을 강조하며, 선수의 발전에 대한 공동의 목표를 강화하는 데 도움이 된다.

연구에 따르면, 효과적인 협력적 의사소통은 선수의 경기력을 향상시키고, 팀의 일체감을 높이는 데 중요한 역할을 한다(Smith & Smoll, 2014). 또한, 코치와 상담자가 서로의 전문성을 인정하고 협력할 때, 선수는 더 많은 지원을 받고 자신감을 느낄 수 있다(Fletcher & Arnold, 2011). 이러한 상호작용은 선수에게 심리적 안정감을 제공하고, 긍정적인 상담환경을 조성하는 데 필수적이다.

표 3. 코치와 스포츠심리상담사 간의 영향 요인

영향 요소	코치와 스포츠심리상담사 간 협력 영향
심리적 안정성 제고	선수들의 감정과 스트레스관리를 지원하며, 경기 중 안정된 심리적 상태를 유지하는 데 도움을 준다.
동기부여 촉진	공동으로 설정한 목표와 계획은 선수들에게 동기부여를 부여하며, 개개인의 성장과 팀의 성과에 도움을 준다.
훈련 및 경기 수행향상	함께 전략을 계획하고 실행함으로써, 선수들은 개개인의 능력을 향상시키고 팀의 전체 수행을 향상시킨다.
의사소통 능력 강화	원활한 협력은 팀 내 의사소통 강화에 기여하며, 선수들은 팀원들과의 원활한 소통 능력을 강화한다.
자기이해와 성장 기회 제공	선수들에게 자기이해와 개인적 성장 기회를 제공하며, 심리적 강화를 통해 도전에 대처하는 능력을 향상시킨다.
자기효능감 강화	선수들의 자기효능감을 향상시켜 어려운 상황에서도 자신에 대한 믿음을 높이고 긍정적으로 대처할 수 있는 능력을 강조한다.
전략적 목표달성과 적응력 향상	팀과 개인의 목표를 효과적으로 달성하고, 변화에 대한 적응력을 향상시키는 데 도움을 준다.
팀 내 문제 및 갈등 해결	선수들에게 팀 내 문제 및 갈등을 해결하는 데 적극적으로 참여하는 코치와 스포츠심리상담사는 팀 내 조직력을 향상시키고 선수들의 팀원 간 유대감을 강화한다.

2) 코칭 철학과 심리상담의 연계성

코칭 철학과 심리상담은 서로를 보완하는 관계로, 코치는 선수의 개인적 특성과 필요를 이해해야 하며, 상담자는 코칭 철학을 통해 선수가 더 나은 수행을 할 수 있도록 지원해야 한다. Weinberg & Gould(2019)는 코치와 상담자가 공유하는 철학이 선수의 성장을 돕는다고 하였다. 코치가 *"우리의 목표는 당신의 성공을 돕는 것입니다."*라는 메시지를 전달할 때, 선수는 자신의 발전을 위해 상담과 코칭이 어떻게 연계되는지를 이해하게 된다.

이러한 접근은 선수에게 자신이 지원받고 있다는 느낌을 주며, 수행향상으로 이어진다. 연구에 따르면, 코칭 철학이 명확할수록 선수는 그 철학에 따라 행동할 가능성이 높아지며, 상담자는 이러한 철학을 이해하고 선수에게 적절한 심리적 지원을 제공함으로써 선수의 전인적 발전을 도울 수 있다(Gould & Damarjian, 1998). 이는 코치와 상담자 간의 긴밀한 협력이 필요함을 나타내며, 각자의 전문성이 통합될 때 선수에게 최상의 결과를 가져올 수 있다.

3) 긍정적 피드백과 코칭 언어의 중요성

긍정적 피드백은 선수의 동기를 높이고 경기력을 강화하는 데 중요한 역할을 한다. 코치와 상담자는 선수의 성취를 축하하고 긍정적인 언어를 사용해야 한다. Anshel(2011)은 긍정적 피드백이 선수의 자부심을 높이는 데 기여한다고 주장하며, 긍정적인 언어가 선수에게 자신감을 주는 핵심 요소라고 강조한다. 예를 들어, 코치가 *"당신은 이번 훈련을 정말 멋지게 소화해 냈어!"*라고 말하면, 이는 선수에게 큰 격려가 되어 동기부여를 강화해 준다.

이와 관련하여, Peifer et al.(2020)은 긍정적 피드백이 선수의 동기와 자기효능감에 미치는 영향을 분석하였고, 긍정적인 언어가 선수의 수행향상에 중요한 역할을 한다고 결론지었다. 상담자는 코치와 협력하여 "당신의 노력과 성취는 우리가 기대한 것 이상입니다."라는 피드백을 통해 선수의 노력을 인정하고, 긍정적인 혼잣말를 유도할 수 있다. 이러한 긍정적 피드백과 코칭 언어는 선수의 심리적 안정과 수행향상에 중대한 영향을 미치는 요소이다.

4) 의사소통 전략

- 개방적인 의사소통 문화 구축
  √ 코치와 상담사는 서로에게 열린 마음으로 의견을 나누며, 선수들의 동기부여와 심리적 안정을 촉진한다(Musheke & Phiri, 2021)에 따르면, 서로에게 진솔한 피드백을 주고받음으로써 팀 내 신뢰를 증진시키는 것이 중요하다. 정기적인 미팅을 통해 의견을 교환하는 것은 팀 내 열린 의사소통을 유지하는 데 중요하다.
- 팀과 선수 개별 발전을 위한 공동 목표 수립
  √ 코치와 상담사는 팀 전체와 개별 선수의 목표를 협의하여 성공적인 시즌을 위한 계획을 세우는 것이 중요하다. 목표를 공유하고 달성하기 위한 계획을 세우면 팀 내 협업이 강화되고, 선수들은 더 나은 결과를 이끌어낼 수 있다(van Mierlo.& van Hooft, 2025). 시즌 전 목표를 공동으로 논의하고, 팀이 달성하고자 하는 목표를 명확히 한다. 개별 선수의 강점과 약점을 고려하여 개별 발전 목표를 수립하고, 이를 팀 목표와 조화롭게 조정한다. 목표를 달성하기 위한 단계적인 계획을 세우고, 코치와 스포츠상담사가 각자의 전문성을 활용하여 선수들에게 최적화된 지도를 제공한다(Otte, Millar, & Klatt, 2019).
- 문제 발생 시의 공동 대응 전략
  √ 문제 발생 시 빠르게 의사소통 채널을 열어, 코치와 스포츠상담사가 함께 문제 상황을 파악하고 해결책을 찾는다(Nicholls, 2021). 또한 상호 간의 역할을 명확히 하여, 각자의 전문성을 활용하여 문제를 해결하고 선수들에게 효과적인 지원을 제공한다. 문제가 해결된 후에는 회고를 통해 유사한 상황에 대비하는 방법을 도출하고, 향후 발생을 방지하는 계획을 수립한다.

예시 6 코치와 상담사 간 의사소통 전략

정보 요약 연습	선수의 심리상태를 짧고 구체적으로 요약하여 코치에게 전달하는 연습을 한다. 예) *"현재 선수는 경기 전 긴장감이 높아 심리적 지원이 필요합니다."*와 같이 전달한다.
긍정적 제안 연습	*"최근 선수의 스트레스가 높아졌으니, 훈련 후 심리적 지원 시간을 갖는 것이 좋을 것 같습니다."*와 같은 제안을 통해 협력적 피드백을 주는 연습을 한다.
공통 목표 논의	역할극을 통해 코치와 상담사가 선수의 목표와 훈련 방향에 대해 합의점을 찾고, 이를 선수와 공유하는 방안을 연습한다.

5) 갈등 및 해결 방안

- 의사소통 스타일과 갈등: 의사소통이 잘못되면 팀의 목표달성에 어려움을 겪을 수 있다. 코치와 스포츠심리상담사는 상호 의사소통 스타일을 파악하고 이에 따라 효과적인 의사소통 전략을 도출해야 한다. 필요시 소통 훈련을 통해 스타일을 유연하게 조절한다.
- 역할 및 책임의 갈등: 역할 및 책임에 대한 불명확성이 코치와 상담사 간의 갈등을 야기할 수 있다(Carr, 2012). 팀 역할 이론에 따르면 효과적인 협업은 각자의 역할과 책임이 명확히 정의되어 있어야 한다. 따라서 코치와 상담사는 역할과 책임을 상호 간에 명확히 정의하고, 필요에 따라 정기적인 회의를 통해 역할 분담을 검토하여 혼동을 방지해야 한다.
- 목표 및 우선순위의 갈등: 목표와 우선순위의 불일치가 팀 내 갈등을 유발할 수 있다(Lenberg et al., 2019). 다시 말해 공동 목표설정은 팀의 수행에 긍정적인 영향을 미칠 수 있다. 코치와 상담사는 팀 목표와 우선순위를 명확히 설정하고, 정기적인 회의를 통해 팀의 목표를 함께 검토하며 일관된 방향을 유지해야 한다.
- 성격 및 가치관의 갈등: 가치관과 성격 이론에 따르면 각 개인의 가치와 성격은 팀 내 협업에 영향을 미친다(Carr, 2012). 코치와 상담사는 상호 간의 이해를 향상시키기 위해 상호의 가치 및 성격을 존중하고, 팀의 공동 가치를 강조해야 한다.
- 자원 및 시간의 갈등: 리더십 및 자원관리 이론에 따르면 자원의 효과적인 할당과 팀 내 시간관리가 중요하다(Bower, 2018). 코치와 상담사는 자원과 시간을 효과적으로 계획하고, 필요에 따라 협력하여 갈등을 예방한다. 여기에는 전문성 및 지식의 불일치로 인하여 갈등이 유발되기도 한다(Carr, 2012). 따라서 코치와 상담사는 지속적인 교육 및 훈련을 통해 전문성을 강화하고, 서로의 지식을 공유하여 협업한다.
- 감정적인 갈등: 정서 지능 이론에 따르면 감정적인 이해가 협업과 의사소통에 긍정적인 영향을 미친다. 코치와 상담사는 개방적인 감정 표현을 장려하고, 감정적인 부분에 대해 서로 솔직하게 의견을 나누며 갈등을 해소하도록 한다.
- 팀 내 갈등의 영향: 팀 내 갈등 관리 이론에 따르면 팀이 갈등을 효과적으로 관리할수록 팀 성과가 향상될 수 있다. 팀 회의를 통해 팀 내 갈등을 공유하고, 팀원들과 협력하여 갈등을 해결하는 방안을 모색해야 한다.

4.2 선수와 상담사 간 의사소통

- 신뢰 구축을 위한 공감적 경청: 상담사는 선수의 감정과 생각을 무조건적으로 받아들이고, 공감하는 태도로 경청하여 신뢰를 형성해야 한다. 경청을 통해 선수는 자신의 감정과 경험이 존중받고 있음을 느끼게 된다.
- 감정 표현 촉진: 선수에게 감정을 솔직하게 표현하도록 유도하며, 이를 안전한 환경에서 나눌 수 있게 도와준다.
- 긍정적 피드백 제공: 선수의 발전과 성취를 구체적으로 칭찬하여 자기효능감을 높이고 지속적인 동기를 부여한다.

예시 7 선수와 상담사 간 의사소통 전략

역할극 연습	파트너와 상담자-선수 역할을 맡아 경청과 공감을 연습한다. 파트너가 심리적 어려움을 이야기할 때 끼어들지 않고 끝까지 듣고, *예) "그 부분이 정말 어려웠겠네요."*와 같이 공감적 피드백을 제공한다.
감정 탐색 연습	*"훈련 중에 어떤 감정을 느끼나요?", "현재 가장 걱정되는 부분이 무엇인가요?"* 등의 질문을 통해 선수의 감정을 탐색하는 연습을 한다.
긍정 피드백	파트너가 이야기한 노력에 대해 *"최근 훈련에서 정말 많은 성장을 이루신 것 같아요."*와 같은 구체적인 피드백을 주어 긍정적 자아 개념을 강화하는 연습을 한다.

4.3 팀 관계자와 상담사 간 의사소통

- 선수 심리상태에 대한 보고와 조율: 선수의 심리적 상태가 경기 준비나 팀 활동에 미칠 영향을 팀 관계자에게 주기적으로 보고하여 선수의 심리적 필요가 충족되도록 돕는다.
- 팀 운영과 선수 관리에 대한 제안: 선수의 심리적 안정에 도움이 될 수 있는 팀 운영 방안을 제안하며, 예를 들어 스트레스관리 세션 도입이나 휴식 관리 방법 등을 논의한다.
- 일관성 있는 지원 체계 구축: 팀 관계자들과 협력하여 선수들에게 일관된 지원과 관리 체계를 마련함으로써 심리적 안전감을 제공할 수 있는 환경을 조성한다.

예시 8 팀 관계자와 상담사 간 의사소통 전략

심리상태 보고 연습	예를 들어, *"현재 선수는 경기 압박으로 인해 불안이 증가하고 있으며, 정기적인 스트레스관리 프로그램이 도움이 될 것입니다."*와 같은 방식으로 선수의 상태를 보고하는 연습을 한다.
지원 방안 제안	팀 관계자 역할을 맡은 파트너에게 *"최근 선수들이 피로가 쌓이고 있어 주기적으로 휴식 시간을 배치하는 것이 필요할 것 같습니다."*와 같은 제안을 통해 협력적인 팀 운영 방안을 논의한다.
일관된 지원 체계 연습	팀 관계자들과의 연습에서 선수 관리 체계를 일관성 있게 유지하는 방법을 논의하고 이를 통해 선수들이 심리적 안정감을 느낄 수 있도록 돕는 방안을 실습한다.

4.4 선수와 코치 간 의사소통 지원

- 목표설정과 동기부여 촉진: 상담사는 코치와 함께 선수의 목표설정을 돕고, 코치가 이를 기반으로 구체적이고 긍정적인 피드백을 줄 수 있도록 지원한다.
- 코치의 피드백 방식 지도: 코치가 선수에게 건설적이고 긍정적인 피드백을 제공하도록 조언하여 선수의 성취 욕구와 자아존중감을 높일 수 있도록 돕는다.
- 스트레스관리법 소개: 상담사는 코치에게 선수의 스트레스관리 방법을 알려주어, 코치가 훈련 중 선수의 심리적 필요를 파악하고 대응할 수 있도록 지원한다.

예시 9 선수와 코치 간 의사소통 지원전략

목표설정 및 피드백 연습	상담사 역할을 맡은 파트너가 코치에게 목표설정과 동기부여 방법에 대해 가이드라인을 제공하는 연습을 한다. 예를 들어, *"선수에게 '다음 목표를 무엇으로 설정할까요?'*와 같은 질문을 통해 동기를 높일 수 있습니다."와 같이 구체적인 지침을 제공한다.
피드백 방식 조언 연습	*"훈련 중 선수에게는 긍정적인 점을 우선적으로 언급해 주는 것이 좋습니다."*와 같이 피드백 전달 방법에 대한 조언을 하여, 코치가 선수에게 동기부여를 줄 수 있도록 실습한다.
스트레스관리 기법 공유	코치에게 선수의 스트레스 상황을 설명하고, 심리적 지원을 위한 구체적인 조언을 제공한다. 예를 들어, *"훈련 전 긴장을 풀 수 있도록 심호흡을 하도록 지시해 주세요."*와 같은 조언을 하고 실습한다.

4.5 팀과의 상담 및 의사소통

- 팀 응집력 강화를 위한 그룹 의사소통 전략

팀의 응집력은 수행에 긍정적인 영향을 미치며, 이를 강화하기 위한 그룹 의사소통 전략이 필수적이다. 상담자는 팀 빌딩 활동을 통해 팀원 간의 신뢰를 쌓고, 공동의 목표를 설정하도록 도와야 한다. Andersen(2000)은 팀 응집력이 경기력에 미치는 영향을 강조하며, 팀원들이 서로 협력하여 목표를 달성하는 것이 중요하다고 설명한다. 예를 들어, 상담자가 *"함께 협력하여 목표를 달성하는 것이 중요합니다."*라는 메시지를 전달함으로써 팀의 결속력을 강화할 수 있다.

한 연구에 따르면, 팀의 응집력이 높은 경우 수행이 개선되고, 선수들은 보다 높은 수준의 동기부여와 만족감을 경험하게 된다(Carron, Colman, Wheeler, & Stevens, 2002).. 이러한 관점에서 팀원 간의 원활한 의사소통은 팀의 목표달성을 위한 필수요소로 작용하며, 긍정적인 대화가 이루어질 때 팀의 응집력은 더욱 강화된다(Beal, Cohen, Burke & McLendon, 2003). 팀 빌딩 활동에서의 열린 대화와 상호작용은 팀원 간의 신뢰와 친밀감을 높이는 데 기여한다.

예시 10 팀 응집력 강화를 위한 그룹 의사소통 전략

협동 과제수행	팀원 간의 신뢰를 높이기 위해 문제해결을 위한 협력 과제를 수행한다. 예) 작은 그룹으로 나누어 제한 시간 안에 문제를 해결하도록 하고, 이후 결과를 함께 평가하며 피드백을 나눈다. 이를 통해 팀 내 의사소통과 협력의 중요성을 깨닫게 한다.
목표 공유와 토론	상담자가 팀원들과 함께 협력과 수행향상을 이끌어낼 목표를 설정하는 과정을 돕는다. 예) 각 팀원이 원하는 팀의 목표를 공유하고 토론하여 공통의 목표를 설정한다. 이를 통해 팀원들이 목표에 대한 동기부여와 참여감을 느낄 수 있다.

• 역할 분담과 팀 내 역할 충돌 해결하기

팀 내에서의 역할 분담은 효과적인 협업의 기초이다. 상담자는 각 팀원의 역할을 명확히 하고, 역할 충돌이 발생할 경우 이를 조정하는 기술을 활용해야 한다. *"각자의 역할을 이해하고 존중하는 것이 팀의 성공에 기여합니다."*라는 접근은 역할 분담의 중요성을 강조한다. 명확한 역할 정의는 팀 내 혼란을 줄이고, 각 팀원이 자신의 책임을 이해하는 데 도움이 되기 때문이다(Zaccaro, Rittman, & Marks, 2001).

역할 충돌이 발생할 경우, 상담자는 중재자로서의 역할을 수행할 수 있다. 예를 들어, 팀원이 서로의 의견 차이로 갈등을 겪을 때, 상담자는 *"각자의 역할을 존중하며 함께 해결해 나갑시다."*라는 메시지를 통해 갈등을 완화하고 협력적인 분위기를 조성할 수 있다. 역할 충돌 해결을 위한 효과적인 의사소통은 팀의 협력과 경기력을 극대화하는 데 필수적이다.

예시 11 팀 응집력 강화를 위한 그룹 의사소통 전략

역할 분담 활동	팀 내 각자의 역할을 명확히 하고, 팀원들이 이를 이해하고 존중하는 훈련을 진행한다. 예) 각 팀원들이 맡고 있는 역할과 책임을 정의하고, 이를 팀원들 앞에서 발표하며 책임감을 다짐하는 시간을 갖는다.
갈등 상황 시뮬레이션	역할 충돌이 발생했을 때 갈등을 해결하는 의사소통 기술을 훈련한다. 예) 충돌이 일어나는 상황을 설정하고, 팀원들이 해결 방안을 제시하도록 하여 협력적인 대화를 연습한다.

• 팀 목표설정과 공동 수행향상을 위한 의사소통 기법

팀의 방향성을 제시하며, 팀 수행향상을 위해 효과적인 의사소통이 필요하다. 팀원들의 의견을 반영하여 팀의 목표와 방향성을 확립한다. 상담자는 팀원과 함께 SMART 목표(구체적, 측정 가능, 달성 가능, 관련성 있는, 시간 기반)를 설정하고, 이를 달성하기 위한 전략을 논의해야 한다. Weinberg & Gould(2019)는 공동 목표설정이 팀의 수행에 긍정적인 영향을 미친다고 설명한다. *"팀의 목표는 무엇이며, 이를 어떻게 달성할 수 있을까요?"*라는 질문이 도움이 될 수 있다.

이 과정에서 팀원들의 의견을 적극적으로 반영하고, 각자의 역할과 책임을 명확히 하여 목표달성을 위한 공통된 이해를 확립하는 것이 중요하다. 연구에 따르면, 공동 목표설정이 이루어질 때 팀원 간의 협력이 강화되고, 이는 팀 전체의 수행에 긍정적인 영향을 미친다(Klein, Shepherd, & Platt, 2009). 따라서 목표설정 과정에서의 열린 의사소통은 팀의 단합과 경기력 향상에 기여하는 핵심 요소이다.

예시 12 팀 방향성과 목표 공유를 위한 의사소통 전략

목표설정 워크숍	SMART 목표설정법을 활용하여 팀 전체 목표를 작성하고, 각자의 역할과 목표를 상호 보완하도록 구체적인 행동 계획을 세운다.
팀 목표 선언과 공유	설정한 목표를 팀원 앞에서 발표하고, 서로 응원하며 목표 실현을 위한 다짐을 공유한다. 이를 통해 목표달성에 대한 공동의 책임감을 고취시킨다.

• 팀 회복탄력성을 높이는 의사소통 기술

팀의 회복탄력성을 높이기 위해서는 긍정적 의사소통 기술이 필요하다. 상담자는 팀원 간의 지원을 촉진하고, 어려운 상황에서 서로 격려할 수 있는 환경을 조성해야 한다. Anshel(2011)은 긍정적인 의사소통이 팀의 회복탄력성을 강화한다고 하였다. *"어려운 상황에서도 서로를 지지하며 함께 극복해 나갑시다."*라는 메시지는 팀의 회복탄력성을 높이는 데 기여한다.

회복탄력성을 향상시키기 위한 구체적인 기술로는 정기적인 피드백 세션을 통해 팀원들이 서로의 경험을 공유하고, 어려움을 나누는 과정이 포함된다. 팀원 간의 긍정적인 피드백과 지원이 팀의 회복탄력성을 높이는 데 기여하며(Spreitzer & Mishra, 2002), 이는 팀이 위기 상황에서도 잘 대처할 수 있는 능력을 강화하는 데 중요3한 역할을 한다. 따라서 상담자는 긍정적인 의사소통 환경을 조성하고, 팀원 간의 지지를 통해 회복탄력성을 증진시킬 수 있는 방안을 마련해야 한다. 이러한 전략들을 통해 상담자는 팀과의 의사소통을 개선하고, 팀의 응집력을 높이며, 긍정적인 수행향상을 이끌어낼 수 있는 환경을 조성할 수 있다.

예시 13 팀 회복탄력성 향상을 위한 의사소통 전략

격려와 지원 연습	어려운 상황에 처한 팀원을 격려하고 지지하는 의사소통 방식에 대해 연습한다. 예) 각자가 고난을 겪었던 경험을 공유하고, 그때 받았던 격려에 대해 이야기하면서 긍정적인 소통을 강화한다.
피드백 교환 세션	훈련 또는 경기 후에 서로의 노력에 대한 피드백을 주고받는 시간을 갖는다. 예) 각 팀원이 특정 상황에서 보여준 행동에 대해 칭찬하고, 함께 발전할 점을 제안하는 방식으로 진행한다.

5. 경기상황에 따른 의사소통

5.1 시합 전 선수와의 긍정적인 대화

시합 전 선수와의 대화 내용은 경기력에 큰 영향을 미칠 수 있다. 선수의 동기와 자신감을 높이고, 목표설정과 집중력을 강화하기 위한 대화를 통해 선수가 최상의 컨디션으로 경기에 임할 수 있도록 도울 수 있다.

• 동기와 자신감 부여

시합 전에는 선수에게 기대와 열정을 표현하고, 선수가 가진 능력과 가능성을 믿어 준다는 메시지를 전달함으로써 동기와 자신감을 높일 수 있다. 선수의 개인적 성취 및 강점을 강조한다. 선수가 잘하는 부분과 발전 가능성이 있는 부분을 구체적으로 언급하여 자신의 능력을 믿을 수 있도록 도와준다. 또한 목표를 달성할 수 있다는 믿음을 심어주기 위해 긍정적인 언어를 사용한다. 선수가 목표달성을 위해 노력하고 있다는 것을 인정하고, 격려한다.

"지난 경기에서 정말 좋은 플레이를 했어. 상대 팀의 수비수들을 뚫고 돌파하는 모습이 정말 인상적이었어."
"네가 가진 능력과 체력은 정말 뛰어나. 경기 막판까지도 힘을 잃지 않고 기량을 펼칠 수 있는 것은 네가 가진 강점 중 하나야."
"오늘 경기에서 득점왕을 차지하는 것이 너의 목표지? 스스로의 능력만 믿으면 충분히 달성할 수 있을 거야."
"우리 팀은 이번 대회에서 우승을 목표로 하고 있어. 너의 활약이 팀 우승에 큰 도움이 될 거야."

• 목표설정 및 집중력 강화

시합 전 선수와 함께 목표를 설정하고, 달성하기 위한 계획을 세우는 것은 선수의 집중력 강화에 도움이 된다. 선수가 시합에서 이루고 싶은 목표를 명확하게 정의하고, 목표를 달성하기 위한 구체적인 계획을 세우도록 도와준다. 또한 선수가 개인적으로 이루고 싶은 목표와 팀이 이루고 싶은 목표를 명확하게 정의하고, 이들 목표를 모두 달성하기 위해 노력할 수 있도록 격려해 준다.

> *"오늘 경기에서 이루고 싶은 목표는 뭐지? 득점 몇 점? 어시스트를 몇 개?*
> *아니면 상대 팀의 주요 선수를 봉쇄하는 것? 목표를 명확하게 정의하고, 목표를 달성하기 위해 최선을 다하자."*
> *"우리 팀은 이번 대회에서 4강 진출이 목표야. 팀의 목표를 달성하기 위해 모두가 힘을 합쳐야 할 거야."*
> *"오늘 경기는 우리 팀에게 중요한 경기야. 하지만, 결과에 연연하지 말고, 경기에 집중하자.*
> *최선을 다한 만큼 좋은 결과가 있을 거야."*
> *"우리 팀은 실력 있는 선수들이 모인 팀이야. 경기에 임하는 자세만 좋다면, 충분히 잘 수 있을 거야."*

• 유대감과 상호이해를 위한 감정교류

시합 전에 선수들 간의 감정을 교류함으로써 팀원 간의 긴밀한 유대와 상호이해를 도울 수 있다. 또한, 긴장감 해소를 위한 유머와 긍정의 에너지를 전달함으로써 선수들이 경기에 집중할 수 있도록 돕는다. 팀원 간의 친밀함과 상호이해를 위해 감정을 솔직하게 표현하고, 서로의 감정을 공감하는 것이 중요하다. 팀원 간의 신뢰 구축을 위해 자신의 생각과 감정을 솔직하게 표현하고, 또한 경청함으로써 팀원 간의 신뢰가 구축된다. 그리고 팀원 간의 융합을 강화하기 위해서는 감정을 적극적으로 표현하는 것이 중요하다. 선수들의 기쁨, 슬픔, 분노, 행복 등 다양한 감정 공유는 팀원 간의 유대감을 강화시킨다.

> *"오늘 경기에 출전하지 못하게 되어서 정말 아쉬워. 하지만, 팀이 승리할 수 있도록 응원할게."*
> *"너의 활약을 보면 정말 존경스러워. 너는 우리 팀의 자랑이야."*
> *"오늘 이겨서 정말 기뻐. 우리 팀 모두 정말 고생했어."*
> *"오늘 패배해서 정말 아쉽지만, 다음 경기에서는 더 좋은 결과를 얻기 위해 노력하자."*

• 긴장 상황에서의 유머 활용 전략

경기에 대한 긴장감은 선수의 경기력에 부정적인 영향을 미칠 수 있다. 긴장감을 해소하기 위해 유머와 긍정적인 에너지를 전달하는 것이 중요하다. 적절한 유머 사용은 선수들의 긴장을 풀어주고, 분위기를 전환하고, 긍정적인 에너지를 불어넣는 데 도움이 된다. 더불어 긍정의 에너지는 팀원 간의 유대감을 강화하고, 경기에 대한 긍정적인 마음가짐을 형성해 준다. 팀원들에게 긍정의 메시지를 전달하고, 팀의 분위기를 밝게 조성함으로써 선수들의 경기력을 향상시킬 수 있다.

> *"오늘 경기는 정말 중요한 경기지만, 너무 긴장하지 말고 즐기자. 우리가 즐기면 상대 팀은 긴장할 거야."*
> *"오늘 경기에서 상대 팀의 골키퍼가 정말 잘하는 것 같아. 하지만, 우리 팀 선수들은 더 잘할 수 있어."*
> *"오늘 경기에서 우리는 반드시 승리할 거야. 우리 팀은 실력도 있고, 팀워크도 좋으니까."*
> *"우리 팀은 어떤 어려움도 극복할 수 있는 팀이야. 오늘 경기도 최선을 다해 보자."*

5.2 게임 중 상담사와의 의사소통 전략

• 긴박한 상황에서도 팀 내 의사소통 유지

√ 어떠한 상황에서도 팀 내 의사소통을 유지하고 선수들에게 긍정적인 에너지를 전달한다. 예를 들어, 게임 중 선수가 실수로 팀에 손해를 입힌 경우, *"우리는 함께 하는 팀이야. 실수는 나도 가끔 하는 거니까 크게 상관하지 마. 다음에는 더 잘할 수 있을 거야."*와 같이 긍정적인 말을 통해 팀원 간의 의사소통을 유지한다.

• 팀원 간 상호 지원을 위한 효과적인 의사소통 방법

√ 게임 중 팀원 간 갈등이 발생한 경우, 각 팀원에게 개별적으로 듣고 이해하며 중재하는 방식으로 상호 지원을 유도한다. 또한 주장 및 리더와의 강화된 의사소통을 통해 팀의 방향성을 더욱 명확하게 한다. 게임 시작 전에 지도자는 주장과 면담하여 전략을 논의하고, 게임 중에도 지속적으로 의사소통을 통해 팀을 이끌어간다.

• 부상 발생 시 선수와의 민감하면서도 지지적인 대화

√ 부상이 발생한 선수와의 대화는 정서적 지원을 제공하고, 선수의 감정을 공감해 준다. 지도자나 상담사는 *"너의 감정을 이해해. 지금은 힘들겠지만, 우리는 함께 이겨낼 거야. 부상회복에 필요한 모든 지원을 해줄 거니까 걱정하지 마."*와 같이 지지적 메시지를 전달한다. 부상으로 인한 심리적 스트레스를 해소하고, 회복을 위한 긍정적인 마인드셋(마음가짐)을 선수에게 부여해 준다. *"이 부상은 너의 성장과 강인함을 위한 기회일 수 있어. 회복에는 시간이 걸리겠지만, 함께 노력하면 더 강해질 수 있을 거야."*와 같이 긍정적인 마인드셋을 강조한다.

• 경기 중 어려움을 겪을 때의 멘탈 관리

√ 경기 중에 스코어가 불리할 때 팀원들 간의 의사소통을 유지하고 긍정적인 에너지를 고취시킨다. 예를 들어, 지도자는 *"지금은 힘들겠지만, 모두가 함께 노력하면 우리가 역전할 수 있어. 서로에게 힘을 실어주고 다 함께 힘을 모아보자."*와 같이 긍정적인 메시지로 팀의 의지를 높여준다. 예상치 못한 어려움에 대비하고, 팀원들을 진정시키며 적절한 대처 방법을 모색한다. 예기치 못한 기술적 문제로 인해 어려움을 겪는 경우, *"우리는 예상치 못한 상황에 대비해야 해. 지금은 차분하게 문제를 해결해 보자. 함께 힘을 모아 어려움을 극복할 수 있어."*와 같이 팀을 안정시키고 대처 방법을 제시한다.

5.3 후반전 및 경기 종료 시 의사소통

• 승패에 대한 의사소통: 경기 후 선수들 간의 의사소통은 팀의 수행향상에 결정적인 역할을 한다. 승리에 대한 긍정적인 피드백은 선수들 간의 동기부여를 증진시키고, 팀 내 협력 관계를 강화해 준다.

"오늘의 승리는 팀 전체의 단결 덕분이었어! 이런 모습을 유지하면 더 좋은 성적을 거둘 수 있을 거야."
"각자가 기여한 바가 큰데, 이제는 다음 경기에서도 같이 노력해서 이길 수 있을 거야."
"우리는 오늘 승리로 인해 더 강해진 팀이 되었어. 계속해서 함께 노력하자!"

• 긍정적인 경험으로의 전환을 위한 토론과 피드백: 패배한 경험을 긍정적인 학습으로 전환하기 위해서는 팀원들과의 토론이 필요하다. 피드백 세션에서 오류를 도출하고, 긍정적인 변화를 위한 피드백을 이끌어낸다(Tannenbaum & Cerasoli, 2013).

"우리가 오늘 경기에서 놓친 부분은 무엇이라고 생각해? 다음에는 이런 오류를 피할 수 있도록 어떤 계획을 세울까?"
"패배는 성장의 기회야. 각자가 느낀 바를 공유하고, 다음에는 더 나은 결과를 얻을 수 있도록 계획을 세워보자."
"오늘은 패배했지만, 이겨서 좋은 점도 있고, 패배로 배울 점도 있어. 함께 토론하면서 팀 전체가 성장할 수 있을 거야."

• 다음 경기에 대한 목표설정 및 계획 수립: 향후 시합에 대비하기 위해 목표를 설정하고 계획을 수립하는 과정이 필요하다. 이를 통해 목표달성을 위한 전략과 훈련 계획을 도출한다(Jeong, Healy, & McEwan, 2023).

"다음 경기에서는 상대 팀의 수비 전략을 파악하고 우리의 전술을 더 강화해 보자. 이를 위해 어떤 훈련을 진행할까?"
"목표는 다음 경기에서 높은 수준의 협동과 전략적인 플레이를 보여주는 것이다. 훈련 일정을 조정해서 이에 집중하자."
"우리는 다음 경기에서 특정 포지션에서 높은 수행성과를 내기로 했어. 각자가 그 목표를 어떻게 달성할지 계획을 세우자."

• 과거 시합이 주는 교훈은 팀의 발전에 중요한 정보를 제공한다. 경기 분석을 통해 팀은 자체 전략과 수행을 평가하고 개선 방향을 도출할 수 있다.

"우리는 지난 경기에서 이긴 상대 팀의 전술을 분석해 봤는데, 이를 우리 전략에 어떻게 적용할 수 있을까요?"
"과거 경기에서 힘들게 배운 교훈을 고려해서, 다음 경기에서는 상대 팀의 강점에 대비한 특별한 전략을 도입해 보자."
"우리가 지난 경기에서 실패한 부분을 다시 한번 돌아보고, 개선 계획을 세워보자. 특히 상대 팀이 우리를 압도한 부분에 중점을 두어야 해."

5.4 마무리: 의사소통의 지속적인 향상

• 경기 후의 피드백과 학습: 경기 후의 피드백은 팀의 지속적인 성장과 발전을 위한 중요한 단계이다. 선수들 간의 개방적인 토론과 피드백은 오류를 극복하고 성공을 확장하는 데 기여한다. 피드백 세션에서 선수들은 자신의 역할과 팀의 전체적인 경기력 향상 방안에 대해 논의할 수 있다.

> *"경기에서 각자가 느낀 부분에 대해 토론해 보자. 자신의 강점과 약점을 공유하면서 다음 경기에 어떻게 더 나은 수행을 할 수 있을지 고민해 보자."*
> *"피드백 세션에서는 서로에게 솔직하게 의견을 나누고, 오늘의 경기에서 발견한 부분에 대해 토론해 보자. 다음에는 이를 개선할 수 있는 방법을 찾아봐야 해."*
> *"각자가 경기에서 어떤 부분에서 더 노력이 필요했는지 자세히 듣고, 그에 대한 피드백을 서로 나눠보자. 함께 발전해 나가는 것이 중요해."*

• 의사소통에서의 성공과 도전에 대한 지속적인 개선 계획: 선수들 간의 강력한 소통 네트워크를 구축하고 유지하는 것은 팀의 통일된 목표를 달성하는 데 중요하다. 도전적인 상황에서의 의사소통 향상을 위한 특별한 훈련과 계획이 필요한 것이다(Miaoudakis, Petroulakis, Kastanis, & Askoxylakis, 2014).

> *"우리의 의사소통에서 잘한 부분을 인정하고, 그 성공을 유지하기 위해 어떤 습관을 강화할 수 있을지 계획을 세우자."*
> *"도전적인 순간에서도 서로가 의견을 나눌 수 있는 방법을 찾아보자. 각자의 관점을 존중하면서 팀의 목표를 달성하기 위해 노력해야 해."*
> *"익숙한 상황뿐만 아니라 도전적인 상황에서도 효과적으로 의사소통할 수 있는 방법을 찾아보자. 특별한 훈련과 시나리오 연습이 필요할 것이다."*

• 팀 내 의사소통을 강화하기 위한 교육 및 훈련 프로그램: 팀 내 의사소통 문화를 강화하기 위해서는 교육과 훈련이 필수적이다. 팀 구성원들이 적절한 의사소통 기술을 습득하고 문제를 해결하는 방법을 익히는 것은 팀 내 의사소통을 향상시키고 수행에 긍정적인 영향을 미칠 수 있기 때문이다(Byrd, Maurice, Charalambous, Garcia, & Searle, 2022).

> *"의사소통 교육 프로그램을 도입하여 팀 구성원들이 효과적인 대화와 리더십 기술을 개발하도록 지원하자."*
> *"문제해결 및 갈등 관리 훈련을 실시하여 팀 구성원들이 도전적인 상황에서도 효과적으로 소통할 수 있도록 돕자."*
> *"상호 의사소통 능력을 향상시키기 위한 팀 빌딩 워크숍을 개최하여, 팀 구성원 간의 신뢰와 협력을 증진시키자."*

스포츠 팀에서는 리더십과 팀 문화가 의사소통의 지속적인 발전에 결정적인 역할을 한다. 강력한 리더는 팀 내 목표를 명확히 하고 의사소통을 촉진시키며, 팀 구성원 간에 존중과 열린 의사소통을 장려함으로써 지속적인 의사소통 발전에 기여한다. 팀 문화가 강화되면 의사소통이 효율적으로 이루어질 수 있다(Salsabila, Febriantina, Danisworo, Fauzia, & Albana, 2025).

6. 의사소통의 윤리적 고려 사항

상담자의 윤리적 고려 사항은 상담의 질을 결정하는 핵심 요소이다. 스포츠심리상담에서 의사소통은 상담자의 윤리적 책임을 요구한다. 윤리적 고려 사항은 상담관계의 질을 높이며, 상담자가 선수의 심리적 안정과 신뢰를 확보하는 데 필수적이다. 따라서 상담자는 관계의 경계를 유지하고, 비밀유지와 선수의 심리적 안전을 보장하며, 전문성을 지속적으로 개발해야 한다. 이러한 윤리적 고려 사항은 신뢰할 수 있는 상담자로서의 이미지를 구축하고, 선수와 팀이 높은 경기력 발휘에 중요한 역할을 한다. 여기서는 의사소통에 대한 윤리적 고려 사항으로서 윤리와 경계 설정, 비밀유지와 심리적 안전, 전문성 유지와 상담자의 책임감을 다룬다.

6.1 상담관계에서의 윤리와 경계 설정

1) 윤리적 경계 설정 방법

상담자가 선수와의 관계에서 윤리적인 경계를 명확히 설정하는 것은 상담의 신뢰성을 유지하는 데 중요하다. 다음은 상담자가 고려해야 할 주요 경계 설정 방법이다.

• 관계의 명확한 정의: 상담자는 자신이 심리적 지원 제공자라는 점을 분명히 하고, 선수와의 관계가 상담을 위한 것임을 강조해야 한다. 개인적 친분을 쌓거나, 업무 외적인 상황에서 친밀해지려는 시도는 상담관계의 경계를 모호하게 만들 수 있다.
• 역할의 명확화: 상담자는 선수에게 자신의 역할이 팀이나 코치의 요구가 아닌 선수 개인의 복지와 성장을 우선으로 둔 것임을 알리고, 선수에게 긍정적인 영향을 주기 위해 노력한다.
• 자기노출(self-disclosure): 상담자는 자신의 경험이나 의견을 공유할 때 선수에게 도움이 되는지 신중히 고려해야 한다. 과도한 자기노출은 선수에게 부정적인 영향을 줄 수 있으며, 상담의 초점이 흐려질 수 있다.

2) 경계 설정 시뮬레이션 실습

상담자가 선수와의 적절한 경계를 설정하는 방법을 연습한다. 목표: 실제 상황에서 발생할 수 있는 경계 모호한 상황을 설정하여, 상담자가 어떻게 윤리적으로 대응할 수 있는지 연습한다. 특정 상담 상황을 설정하고, 예를 들어 선수가 개인적인 문제를 지나치게 공유하려 하거나 사적인 도움을 요청하는 경우, 상담자가 이를 어떻게 대응할지 시뮬레이션한다.

예시 14 경계 설정 실습 시나리오

상황 설정	상담자는 한 선수를 만나서 상담을 진행하고 있다. 선수가 최근 심리적인 문제나 개인적인 어려움을 겪고 있으며, 상담 중 자신이 겪은 경험을 지나치게 개인적인 수준으로 이야기하거나, 사적인 도움을 요청하는 상황이 발생한다. 이 상황에서 상담자는 어떻게 반응할지를 연습한다.	
역할극	상담자 역할	상담자는 선수와의 관계에서 **심리적 지원 제공자**로서 역할을 유지해야 한다. 선수에게 직업적인 경계와 상담의 목적을 분명히 설명하고, 개인적인 친분을 쌓지 않도록 해야 한다.
	선수 역할	선수가 상담 중 개인적인 문제를 지나치게 공유하려 하거나, 업무 외적인 상황에서 사적인 도움을 요청한다. 예를 들어, "저는 이제 축구에 집중하고 싶어요, 하지만 집에서는 부모님 문제 때문에 너무 힘들어요. 그래서 집에 갈 때마다 우울해져요."라고 말하거나 "오늘은 좀 기분이 안 좋아서 훈련을 빼고 싶어요." 같은 요청을 한다.
상담자의 대응 연습	관계의 명확한 정의	상담자는 자신의 역할이 선수의 **개인적 복지와 심리적 성장**을 돕는 것임을 다시 한번 강조한다. 예를 들어, "저는 당신이 운동 능력을 향상시키는 것뿐만 아니라, 심리적인 건강을 유지할 수 있도록 돕는 역할을 합니다. 그럼에도 불구하고, 개인적인 문제는 제가 도와줄 수 있는 범위가 아닌 점을 이해해주세요."
	역할의 명확화	상담자는 "저는 당신의 감정이나 생각을 이해하고 돕기 위해 여기 있지만, 선수가 자신의 문제를 스스로 해결할 수 있도록 돕는 것이 제 역할입니다. 필요한 경우, 다른 전문가의 도움을 받는 것도 좋은 방법이 될 수 있습니다."라고 말할 수 있다.
	자기노출 자제	상담자가 자신의 경험이나 감정을 공유할 때는 신중을 기해야 한다. "저도 그런 경험이 있지만, 오늘 우리가 다루고자 하는 것은 당신의 문제입니다. 제 경험보다는 당신이 현재 느끼고 있는 감정과 상황을 집중적으로 이야기해 봅시다."라는 식으로 자기노출을 제한할 수 있다.
상담자의 반응 예시	선수가 개인적인 문제를 이야기하려고 할 때: "그 부분에 대해 더 이야기하고 싶다면, 우리는 개인상담을 통해 더 깊게 이야기할 수 있습니다. 오늘은 훈련과 관련된 심리적 접근을 하는 것이 좋겠습니다." 선수가 업무 외적인 도움을 요청할 때: "저는 훈련이나 심리적인 상태에 대한 지원을 제공하는 역할입니다. 개인적인 문제나 생활적인 지원이 필요하다면 다른 전문가나 지원 시스템을 소개해 드릴 수 있습니다."	

3) 실습 후 피드백

역할극 이후 다른 상담자들과 함께 피드백을 주고받으며, 경계 설정의 중요성을 다시 강조한다.

• 피드백의 중요성:
  √ 피드백은 경계 설정의 중요성을 강조하고, 상담자가 자신의 역할을 유지하는 방법을 명확히 이해하는 데 큰 도움이 된다.
  √ 피드백을 통해 다른 상담자들이 어떤 방식으로 경계를 설정했는지 보고, 자신의 스타일을 개선하는 기회로 삼을 수 있다.
• 실습 시 고려할 점
  √ 상담자의 자기인식: 상담자는 자신의 감정이나 역할에 대한 인식을 통해 경계를 설정해야 한다. 상담자가 자신의 감정을 조절하고, 업무 외적인 관심을 피하는 것이 중요하다.
  √ 상담자의 언어 사용: 경계를 설정할 때 사용되는 언어는 부드럽고, 공감적이어야 하면서도 분명히 경계를 유지하

는 것이 중요하다. 예를 들어, "당신의 문제를 이해하지만, 이는 제가 도와줄 수 있는 부분이 아니에요."라는 방식으로 말할 수 있다.

√ 일관성 유지: 상담자는 일관된 경계를 유지해야 하며, 한번 설정된 경계를 계속해서 준수해야 한다. 만약 경계를 허물면, 상담관계가 모호해지고 신뢰가 감소할 수 있다.

• 실습의 효과

√ 이 실습을 통해 상담자는 상담관계에서의 윤리적인 경계를 명확히 설정하는 방법을 배우고, 이를 실제 상담 상황에 적용할 수 있게 된다. 또한, 다양한 상황에서 경계를 유지하는 것이 얼마나 중요한지 이해하게 되어, 상담의 신뢰성을 더욱 강화할 수 있다.

예시 15 경계 설정과 피드백 구조

피드백 구조	내용	피드백 질문 예시
성공적인 경계 설정	상담자가 경계를 명확히 설정하고, 역할과 상담의 목적을 분명히 전달했을 때 이를 긍정적으로 평가한다.	"상담자가 경계를 잘 설정했다고 느끼시나요? 그 이유는 무엇인가요?"
경계 설정이 모호한 경우	만약 상담자가 경계가 흐려져 친분을 쌓거나 개인적인 문제에 대해 너무 많은 정보나 도움을 제공했을 경우, 이를 피드백하면서 상담자의 역할을 강조한다.	"상담자가 경계를 유지하기 위해 더 효과적으로 할 수 있었던 방법은 무엇일까요?" "선수의 요구에 대해 상담자는 어떻게 반응하는 것이 더 적절했을까요?"

6.2 비밀유지와 선수의 심리적 안전 확보

1) 비밀유지와 심리적 안전성 확보 방법

• 상담자는 선수의 비밀을 엄격히 유지하여 선수의 심리적 안전을 보장해야 한다. 비밀유지와 안전은 선수와의 신뢰를 쌓고 상담의 효과를 극대화하는 데 필수적이다. 실습을 통해 이러한 중요성을 이해하고, 예외 상황에서 어떻게 대처할지를 연습할 수 있다.

• 비밀유지: 상담자가 선수에게 약속한 비밀은 철저히 지켜져야 한다. 단, 법적으로 요구되거나 선수나 타인의 안전이 위협받을 경우에 한해 제한적으로 공유할 수 있다. 이러한 예외 상황은 선수와의 초기 상담에서 미리 설명해 신뢰를 형성한다.

• 안전한 환경 조성: 상담자는 선수에게 안전하고 편안한 상담환경을 제공해야 한다. 선수의 감정적 안정과 이야기를 자유롭게 할 수 있도록 환경을 조성하고, 이에 대한 약속을 통해 신뢰를 형성한다.

2) 비밀유지와 예외 상황 대응 연습

이 연습의 목표는 상담자가 비밀유지의 중요성을 이해하고 예외 상황에서 어떻게 대처할지 연습하는 것이다. 예를 들어, 선수가 자해나 폭력에 대한 언급을 했을 때 상담자가 어떤 윤리적 책임을 따라야 할지 시뮬레이션하고 대응 방법을 연습한다. 상담자와 선수들이 서로 의견을 공유하며, 비밀유지와 예외 상황에 대한 대응 전략을 논의한다.

3) 실습 후 피드백

• 피드백의 중요성:

√ 피드백은 상담자가 비밀유지의 중요성을 인식하고, 윤리적인 책임을 다하면서도 선수와의 신뢰관계를 잘 유지했는지 점검하는 기회가 된다.

√ 피드백을 통해 다른 상담자들과 다양한 접근법을 공유하고, 각자의 스타일을 개선하는 데 도움이 된다.

• 실습 시 고려할 점

예시 16 비밀유지와 예외 상황 대응 연습

상황 설정		상담자가 한 선수와 상담을 진행하는 중, 선수가 자해나 폭력적인 상황을 언급하거나 자신이나 타인의 안전이 위협받는 상황에 대한 이야기를 꺼내는 상황이 발생한다. 이때 상담자는 어떻게 비밀유지의 예외를 적용하고, 어떻게 안전한 환경을 제공하며, 법적 및 윤리적 책임을 따를지 연습한다.
역할극	상담자 역할	• 상담자는 선수의 비밀을 철저히 지키는 역할을 하며, 예외적인 상황에서 윤리적인 책임을 다해야 한다. • 예) 선수가 자해를 암시하거나 타인에게 폭력을 가할 수 있다고 말할 때, 상담자는 어떻게 반응해야 하는지 연습한다.
	선수 역할	• 선수는 상담 중 자해, 폭력, 또는 자기 파괴적인 행동에 대해 언급하는 인물로 연기한다. • 예) "저는 가끔 너무 힘들어서 자해를 하고 싶을 때가 있어요."라든지, "상대방과 싸울 때마다 제 감정을 통제할 수 없어요."와 같은 발언을 한다.
상담자의 대응 연습	비밀유지의 원칙	• 상담자는 비밀유지가 중요하다는 점을 선수에게 분명히 설명하고, 상담의 초기에 이 원칙을 명확히 전달해야 한다. • 예) 상담자는 초기 상담 시 이렇게 말할 수 있다: "우리 상담에서 나누는 모든 내용은 원칙적으로 비밀로 유지됩니다. 그러나 만약 당신이나 다른 사람이 심각한 위험에 처해 있다면, 그 경우에는 적절한 조치를 취해야 할 수 있습니다. 그 부분에 대해서는 제가 설명드리고 동의를 받겠습니다."
	예외 상황 설명	• 상담자는 예외 상황에 대해 선수가 사전 이해할 수 있도록 해야 한다. 예를 들어, 자해나 타인에게 해를 끼칠 가능성이 있는 내용이 언급될 때, 상담자는 그 즉시 안전한 환경을 조성하면서 법적 책임을 다해야 한다. • 예) "만약에 제가 듣고 있는 내용이 당신이나 다른 사람에게 심각한 위험을 끼칠 가능성이 있다면, 저는 이를 혼자 처리하지 않고 다른 전문가에게 전달해야 할 의무가 있습니다. 이 부분에 대해서는 여러분이 더 이상 위험에 처하지 않도록 돕기 위한 조치입니다."
	안전한 환경 조성	• 상담자는 편안하고 안전한 환경을 만들어, 선수가 자유롭게 감정을 표현할 수 있도록 한다. 이때 선수가 느낄 수 있는 불안감을 최소화해야 한다. • 예) "제가 여기서 당신의 말을 듣고 있으며, 우리는 함께 안전하게 이야기할 수 있습니다. 이곳은 당신이 느끼는 감정을 자유롭게 표현할 수 있는 장소입니다."
	윤리적 책임을 다하는 대응	• 만약 선수가 자해나 폭력적인 행동을 언급했다면, 상담자는 즉시 적절한 조치를 취할 필요가 있다. 법적 및 윤리적 책임을 다하기 위해서는 선수에게 예외 상황을 설명하고, 필요한 경우 다른 전문가나 기관에 알리는 것이 필요하다. • 예) "당신이 지금 이야기한 내용이 매우 심각하고, 당신이나 다른 사람이 위험에 처할 가능성이 있습니다. 이런 상황에서는 제가 법적으로 해야 하는 조치가 있어, 이를 적절한 기관에 전달해야 할 수 있습니다. 이런 점을 이해해 주시면 감사하겠습니다."

√ 상담자의 자기인식: 상담자는 자신의 역할을 인식하고, 비밀유지와 예외 상황을 정확히 구분해야 한다. 자칫 실수로 선수의 감정을 상하게 할 수 있기 때문에 신중하게 대처해야 한다.

√ 상담의 투명성 유지: 상담자는 선수와의 관계에서 투명성을 유지하고, 비밀유지 원칙을 처음부터 명확히 해두는 것이 중요하다.

√ 예외 상황에 대한 준비: 예외적인 상황에서 상담자가 어떻게 법적, 윤리적 책임을 다할지 미리 준비하는 것이 중요하다. 예를 들어, 자해나 폭력적인 상황에서 바로 필요한 전문가나 기관에 알리는 절차를 숙지해 두어야 한다.

• 실습의 효과

√ 이 실습을 통해 상담자는 비밀유지의 윤리적 중요성을 깊이 이해하고, 예외적인 상황에 대한 적절한 대처 방법을 배운다.

√ 또한, 선수의 심리적 안전을 보장하기 위한 환경을 만들고, 신뢰를 형성하는 방법을 배우게 된다.

√ 이를 통해 상담자는 신뢰할 수 있는 상담관계를 형성하고, 선수의 안전을 우선시하는 접근을 익힐 수 있다.

예시 17 비밀유지의 피드백 예시

피드백 구조	내용	피드백 질문 예시
비밀유지	상담자가 비밀을 유지하기 위한 초기 설명과 예외 상황에 대한 안내를 잘 했는지 평가한다.	"상담자는 비밀유지에 대한 중요성을 선수에게 충분히 설명했나요?" "예외적인 상황에 대해 상담자가 명확하게 안내했나요?" "선수에게 예외 상황에 대해 알리면서 신뢰를 유지했나요?"
예외 상황 대응	상담자가 선수가 언급한 자해나 폭력적인 상황에 대해 어떻게 윤리적 책임을 다했는지 평가한다.	"상담자는 위험을 인지하고 적절하게 대응했나요?" "상담자는 예외 상황에 대해 어떻게 신속하게 알리고 조치를 취할 수 있었나요?" "상담자가 선수에게 신뢰감을 주면서도 필요한 조치를 취할 수 있었나요?"
안전한 환경	상담자가 선수의 심리적 안전을 확보하기 위해 어떠한 환경을 조성했는지 피드백을 준다.	"상담자는 선수가 편안하게 이야기할 수 있도록 환경을 조성했나요?" "상담자는 선수가 표현하는 감정에 대해 공감하고 안전하게 대처했나요?"

6.3 전문성 유지와 상담자의 책임감

1) 상담자의 전문성과 책임감 인식방법

- 상담자는 높은 수준의 전문성을 유지하고, 상담자로서의 책임을 다해야 한다. 이는 선수를 지원하는 데 있어 필수적인 요소로, 상담자가 신뢰할 수 있는 전문가로서 인식되도록 한다.
- 지속적인 교육과 전문성 개발: 상담자는 최신 심리학 이론과 상담기술을 지속적으로 학습하고, 이를 선수와의 상담에 반영해야 한다. 이를 통해 선수들에게 신뢰감을 줄 수 있다.
- 윤리적 책임과 직무 성실성: 상담자는 선수의 복지와 성장을 최우선으로 삼고, 선수의 의지에 반하는 강압적인 접근을 지양해야 한다. 또한 상담을 지속할지 중단할지에 대한 판단은 선수의 상황을 고려해 책임감 있게 결정한다.

2) 전문성 유지 및 책임감에 대한 역할극

이 역할극의 목표는 상담자가 전문성을 유지하기 위해 어떤 방법을 적용하는지 이해하고, 책임감 있게 선수의 복지와 성장을 지원하는 방법을 연습한다. 또한 지속적인 교육과 전문성 개발의 중요성을 인식하고, 이를 선수와의 상담에 어떻게 적용할 수 있는지 실습한다. 역할극의 내용은 상담자가 실력을 지속적으로 개발하기 위해 어떤 교육을 받고 있는지, 이를 선수와의 상담에서 어떻게 적용할지 시뮬레이션하고 구체적인 방법을 논의하는 것이다. 토론을 통하여 참여자들은 서로의 학습 방법과 책임 의식을 공유하고, 전문성을 유지하기 위해 각자 노력할 수 있는 방안을 공유한다.

3) 실습 후 피드백

- 피드백의 중요성

예시 18 전문성 유지의 실습 시나리오

<table>
<tr><td>상황 설정</td><td colspan="2">• 상담자가 최근에 참여한 교육 과정에서 배운 최신 심리학 이론이나 상담기법을 실제 상담 상황에 적용하는 연습을 한다. 선수가 어려운 상황에 처해 있고, 상담자는 최신 기술을 어떻게 활용할 수 있을지 고민한다.
• 예1) 선수: 최근 경기에서 심리적으로 무너지거나 자아존중감에 문제가 생겨 상담을 요청했다. 상담자는 이 문제를 해결하기 위해, 자신이 학습한 인지행동치료(CBT) 기법을 사용해 선수의 사고 패턴을 점검하고, 새로운 시각을 제공해야 한다.
• 예2) 상담자: 지속적인 교육과 전문성 개발을 통해 자신이 배운 최신 이론을 어떻게 선수에게 맞춰 적용할지를 고민하며, 책임감을 가지고 상담을 진행한다.</td></tr>
<tr><td rowspan="2">역할극</td><td>상담자 역할</td><td>• 상담자는 최신 심리학 이론이나 상담기술을 바탕으로 선수를 돕기 위한 구체적인 방법을 적용하고, 선수의 복지와 성장을 최우선으로 고려해야 한다.
• 예를 들어, 상담자가 최신 교육에서 배운 인지행동치료(CBT)나 마음챙김 훈련(MBSR)을 활용하는 방법을 연습한다.</td></tr>
<tr><td>선수 역할</td><td>• 선수는 최근 경기에 대한 부담과 개인적인 문제로 인해 불안이나 우울 증상을 겪고 있으며, 이 문제를 상담자에게 해결하려고 한다. 선수가 자신의 감정과 상황을 솔직하게 이야기하면서, 상담자는 이를 어떻게 윤리적이고 전문적으로 대응할지를 연습한다.</td></tr>
<tr><td rowspan="3">상담자의 대응 연습</td><td>지속적인 교육과 전문성 개발</td><td>• 상담자는 지속적인 학습을 통해 최신 심리학 이론과 기법을 숙지해야 한다. 예를 들어, 인지행동치료나 자기결정이론(Self-Determination Theory) 등을 배우고 이를 상담에 적용하는 방법을 고민한다.
• 실제 적용: 상담자는 선수에게 불안감이나 우울감을 다루기 위한 인지행동기법을 적용하여, 선수의 사고 패턴을 재구성하도록 돕는다. 예를 들어, "선수님은 자신을 너무 부정적으로 보고 있는 것 같아요. 그 생각이 정말 사실인가요?"라는 질문을 던지며, 사고와 감정의 연결을 이해하도록 돕는다.</td></tr>
<tr><td>윤리적 책임과 직무 성실성</td><td>• 상담자는 윤리적 책임을 다하기 위해, 선수의 의지에 반하지 않도록 신중하게 접근해야 한다. 예를 들어, 선수가 상담을 원하지 않거나 중단을 원할 경우, 상담자는 그 결정을 존중하고, 그 이유를 신중히 파악해야 한다.
• 실제 적용: 상담자는 선수에게 "이 상담이 선수님에게 도움이 되기를 바랍니다. 하지만, 만약 이 과정이 더 이상 필요하지 않다고 느껴지면 언제든지 이야기해 주세요."라고 말하며 선수의 자율성을 존중한다.
• 또한, 강압적이지 않게 상담을 진행해야 한다. "저는 선수님이 이 문제를 어떻게 해결하고 싶은지 듣고 싶습니다. 만약 제가 제시하는 방법이 도움이 되지 않는다면, 언제든지 다른 접근을 찾아보겠습니다."라고 말할 수 있다.</td></tr>
<tr><td>책임감 있는 상담 진행</td><td>• 상담자는 선수의 상황을 고려하여, 상담의 지속 여부를 책임감 있게 결정해야 한다. 예를 들어, 선수가 극단적인 감정을 표현하거나 자해 위험을 언급했을 때, 상담자는 적절한 조치를 취해야 한다. 만약 상황이 심각하다면, 전문가와의 협업이나 외부 기관에의 연락이 필요할 수 있다.
• 실제 적용: "선수님, 말씀하신 감정은 매우 중요하고, 저는 그 문제를 진지하게 받아들입니다. 이 문제에 대해 더 깊이 논의하기 위해 다른 전문가와 함께하는 것도 좋은 방법이 될 수 있습니다."라고 말하며, 선수에게 최선의 지원을 제공한다.</td></tr>
</table>

√ 피드백을 통해 상담자는 자신의 전문성과 윤리적 책임에 대해 스스로 점검할 수 있고, 실제 상담에서 어떻게 행동할지를 연습할 수 있다.

√ 피드백을 통해 다른 상담자들의 접근법을 배우고, 전문성을 유지하기 위한 노력에 대해 다양한 의견을 나눌 수 있다.

• 실습 시 고려할 점

√ 상담자의 자기인식: 상담자는 자신이 지속적으로 학습하고 있다는 점을 인식해야 한다. 최신 이론이나 기법을 적극적으로 적용하고, 그에 대한 효과를 반영해야 한다.

√ 상담자와 선수 간의 신뢰: 전문성은 선수와의 신뢰관계를 구축하는 중요한 요소이다. 전문적인 태도와 책임감 있는 대응을 통해 상담자는 신뢰를 얻을 수 있다.

√ 상담자의 지속적인 교육: 상담자는 지속적인 교육을 통해 최신 기법을 배우고, 이를 실제 상담에 적용하는 데 집중해야 한다.

• 실습의 효과

√ 이 실습을 통해 상담자는 전문성을 유지하고 책임감 있는 상담자로서의 역할을 충분히 이해하게 된다. 또한, 지속적인 교육과 학습을 통해 선수의 복지와 성장을 최우선으로 고려하는 방법을 연습하게 된다. 윤리적 책임을 다하며 선수와 신뢰를 쌓는 방법을 배우는 것이 실습의 핵심이다.

예시 19 전문성 유지를 위한 피드백

피드백 구조	내용	피드백 질문 예시
전문성 유지	상담자가 최신 심리학 이론이나 기법을 잘 적용했는지 평가한다.	"상담자는 최신 이론이나 기법을 어떻게 적용했나요?" "상담자가 선수를 돕기 위한 기술을 적절히 사용했나요?"
윤리적 책임과 직무 성실성	상담자가 선수의 복지를 최우선으로 고려하면서, 강압적이지 않게 상담을 진행했는지 점검한다.	"상담자가 선수의 의지에 반하지 않게 상담을 진행했나요?" "상담자는 윤리적 책임을 다하기 위해 어떤 조치를 취했나요?"
책임감 있는 상담 진행	상담자가 책임감 있게 상담을 지속할지 중단할지 결정을 내렸는지 평가한다.	"상담자가 선수의 상태를 고려하여 상담을 지속할지 중단할지 어떻게 결정했나요?" "상담자는 필요한 경우 전문가와 협업하는 등 적절한 조치를 취했나요?"

7. 코치를 위한 의사소통 역량강화 프로그램

7.1 경쟁상황을 위한 의사소통 강화 프로그램

다음 프로그램은 경쟁스포츠 상황에서 의사소통의 중요한 역할을 담당하고 있는 지도자를 위한 의사소통 역량강화를 위한 프로그램의 한 예이다. 팀의 상황을 고려하여 회기와 내용에 따라 세부 활동을 보다 구체화해서 프로그램을 진행할 수 있다. 이 프로그램의 목표는 코치의 특별한 상황을 고려하여 게임 상황, 팀 내 소통, 갈등 해결, 경기 후 피드백 등의 주제에 중점을 두고 있다.

• 목적: 참여자들은 실전에서 발생할 수 있는 다양한 상황에 대비하여 의사소통 역량을 향상시키게 될 것이다.

• 대상: 코치 및 의사소통 역량을 강화하고자 하는 자

• 회기: 8회기, 회기당 60~90분, 8주 진행

• 진행: 세부 활동은 시간과 대상의 수준에 따라 선택 시행

예시 20 코치를 위한 의사소통 역량강화 프로그램

회기	주제	내용	소요 시간	준비물
1	스포츠 의사소통 기본 원칙	• 스포츠에서의 의사소통의 중요성과 기본 원칙 소개 • 게임 상황에서의 의사소통의 특별한 고려 사항 • 팀원과의 효과적인 의사소통 연습	60분	프레젠테이션, 토론
2	정서지능과 팀 동료들과의 상호작용	• 감정지능의 개념과 스포츠 상황에서의 중요성 이해 • 감정을 활용한 팀 동료와의 효과적인 의사소통 전략 • 감정의 이해와 공감능력 향상을 위한 팀 연습	60분	케이스 스터디, 토론
3	효과적인 질문 기술 및 게임 전략	• 게임 전략에 관한 효과적인 질문 기술 학습 • 팀원들과의 게임 상황에서의 의사소통을 위한 질문 • 질문을 통한 효과적인 전략 소통 기술 연습	75분	롤 플레이, 그룹 토론
4	비언어적 의사소통 기법 및 몸짓 활용	• 몸짓과 표정의 의미 해석과 스포츠에서의 활용 • 강화된 비언어적 의사소통을 위한 개인 연습 • 비언어적 의사소통 기술을 활용한 팀 연습	75분	비디오 시청, 실습
5	갈등 관리 및 경기상황에서의 해결 전략	• 게임 중 발생 가능한 갈등 상황 파악 • 갈등 상황에서의 효과적인 해결 전략 학습 • 팀 간 갈등을 해결하기 위한 그룹 활동	60분	케이스 스터디, 롤 플레이
6	팀 내 의사소통 강화 및 협업	• 게임 전략에 따른 팀 내 의사소통의 중요성 • 협업과 팀워크를 위한 전략 및 도구 소개 • 게임 전략에 따른 의사소통 문제해결을 위한 활동	75분	그룹 논의, 시나리오 연습
7	실전 시나리오 연습과 팀 피드백	• 실제 경기상황에서의 의사소통 도전과제 모의 훈련 • 경기 후 팀원 간의 피드백 및 개선방안 논의 • 개인 및 팀의 의사소통 역량 향상을 위한 계획 수립	90분	실전 시나리오, 피드백
8	종합 실습 및 평가	• 의사소통 능력 종합 평가 및 팀 경기 평가 • 개인 및 팀의 의사소통 역량 향상을 위한 계획 수정 • 프로그램 종료와 차후 지속적인 의사소통 향상 방안	75분	종합 시나리오, 평가지표

7.2 1회기 세부 프로그램의 예

- 회기 주제: 공기권총 결선 사격 상황을 위한 의사소통 프로그램(60분)
- 참여 대상: 지도자 및 공기권총 사격선수
- 준비물: 프레젠테이션 도구 및 〈부록 14-1〉의 팀 커뮤니케이션 질문지(최현혁 등, 2018)
- 프로그램 목표: 이 프로그램은 결선 사격이라는 고도의 집중력과 심리적 압박이 요구되는 상황에서 선수와 코치 간의 효과적인 의사소통을 연습하는 것을 목표로 한다. 결선 사격에서는 경기상황이 매우 긴장되고, 심리적 요인이 큰 영향을 미치기 때문에 적절한 의사소통이 중요하다. 선수는 코치의 피드백을 통해 집중력을 유지하고, 자신감을 얻으며, 신속한 결정을 내려야 한다.

1) 결선 사격 상황에서의 의사소통의 중요성(15분)

예시 21 결선 사격 상황의 의사소통 전략

<table>
<tr><th>분류</th><th colspan="2">의사소통 전략</th></tr>
<tr><td>목표</td><td colspan="2">• 결선 사격 상황에서 의사소통의 중요성과 이를 통해 심리적 안정을 유지하는 방법을 이해한다.
• 선수와 코치 간의 효과적인 의사소통이 기록에 미치는 영향을 학습한다.</td></tr>
<tr><td rowspan="2">내용</td><td>결선 사격의 특수성</td><td>• 결선 사격은 일반적인 경기보다 더욱 긴장감이 높고, 선수가 실수 후 다시 집중력을 회복하는 것이 중요하다. 이때 효과적인 의사소통은 선수의 심리적 안정과 집중력 유지에 큰 영향을 미친다.
• 심리적 압박: 결선에서는 작은 실수가 성패를 좌우할 수 있기 때문에, 코치의 피드백은 매우 신속하고 긍정적이어야 한다.
• 적절한 피드백: 선수는 경기 중간에 부정적인 감정이 들 수 있는데, 이때 긍정적인 의사소통과 집중력 향상에 도움이 되는 피드백이 중요하다.</td></tr>
<tr><td>의사소통의 기본 원칙 적용</td><td>• 간결함: 경기 중에는 간결하고 직관적인 의사소통이 중요하다. 예를 들어, "좋아, 다시 집중하자!"와 같은 짧은 격려의 말이 선수에게 큰 도움이 될 수 있다.
• 타이밍: 피드백의 타이밍이 중요하다. 예를 들어, 경기 중후반에 들어서 실수했을 때, 즉각적이고 긍정적인 피드백이 선수의 집중력을 회복시키는 데 큰 도움이 된다.
• 정서적 지원: 사격에서의 성공은 정서적 안정에 의존하기 때문에, 코치는 선수에게 신뢰와 심리적 지원을 제공해야 한다.</td></tr>
<tr><td>활동</td><td colspan="2">• 프레젠테이션: 결선 사격에서 의사소통의 중요성과 코치가 어떻게 선수에게 적절한 피드백을 제공해야 하는지에 대해 간단한 슬라이드와 예시를 통해 설명한다.
• 질의응답: 참가자들이 결선 사격에서의 경험을 공유하고, 의사소통의 중요성에 대해 의견을 나눈다.</td></tr>
</table>

2) 결선 사격 중 피드백의 타이밍과 방법(20분)

예시 22 결선 사격 상황의 피드백 타이밍 전략

<table>
<tr><td>목표</td><td colspan="2">• 결선 사격 중, 선수에게 적절한 타이밍에 효과적인 피드백을 주는 방법을 실습한다.
• 심리적 지원을 통해 선수가 최상의 성과를 낼 수 있도록 돕는 방법을 배운다.</td></tr>
<tr><td rowspan="2">내용</td><td>피드백 타이밍</td><td>• 즉각적인 피드백: 사격 후 즉시 피드백을 제공하는 것이 중요하다. 예를 들어, "좋았어, 이제 한 발 한 발에 집중하자."와 같이 간결하고 격려적인 메시지를 전달한다.
• 중간 피드백: 경기 중간에 선수의 심리적 상태나 경기 흐름에 맞춰 심리적 안정을 위한 피드백을 제공한다. 예를 들어, "여유를 가지며 차분하게, 네가 할 수 있다는 걸 기억해!"와 같이 신뢰를 주는 피드백이 필요하다.
• 경기 후 피드백: 결선 사격이 끝난 후, 승패를 떠나 선수의 정서 회복을 위해 긍정적이고 성장적 피드백을 제공한다.</td></tr>
<tr><td>비언어적 의사소통</td><td>• 손 신호와 시선 교환: 결선에서는 소리로 의사소통하기 어려운 상황이 많을 수 있으므로, 코치가 비언어적 신호를 활용해 간결하고 빠르게 의사소통을 할 수 있어야 한다.
• 몸짓과 표정: 코치가 손짓, 미소, 고개 끄덕임 등으로 심리적 안정을 전달할 수 있다.</td></tr>
<tr><td rowspan="3">활동</td><td>롤 플레잉</td><td>• 참가자들이 선수 역할과 코치 역할을 번갈아 하며, 결선 사격 상황을 설정하여 의사소통을 연습한다. 예를 들어, 긴박한 상황에서 실수를 한 선수에게 빠르게 격려의 메시지를 전달하는 상황을 연습한다.</td></tr>
<tr><td>비언어적 의사소통 훈련</td><td>• 선수와 코치 간 손 신호나 시선 교환 등 비언어적 의사소통을 훈련합니다. 예를 들어, 긴장감을 해소할 수 있는 몸짓 집중을 유도하는 표정 등을 실습한다.</td></tr>
<tr><td>심리적 지원 피드백 실습</td><td>• 경기 중 선수의 심리적 상태를 고려한 피드백을 실습한다. 예를 들어, "너무 초조해하지 말고, 한 발 한 발에 집중해 봐."와 같은 피드백을 상황에 맞게 연습한다.</td></tr>
</table>

3) 결선 사격 실전 의사소통 시뮬레이션(20분)

예시 23 결선 사격 상황의 의사소통 시뮬레이션 전략

목표	• 결선 사격에서 실제 경기에 가까운 환경을 설정하여, 실시간 의사소통을 연습한다. • 경기 중간에 발생할 수 있는 다양한 상황에 대해 피드백을 주고받으며 실습한다.	
내용	실전 시뮬레이션	• 참가자들을 선수와 코치 역할로 나누어, 실제 결선 사격 환경을 재현한다. 경기 중 점수 차나 선수의 심리적 상태에 맞춰 적절한 의사소통을 해야 한다. • 상황 1: 실수 후 집중력을 회복하는 피드백(예: 선수가 실수 후 긴장) • 상황 2: 경기 후 후회하지 않도록 긍정적인 피드백 제공(예: 경기가 끝난 후 선수가 긴장감을 풀도록 돕기) • 상황 3: 경기 중 승패가 달린 중요한 순간에서의 의사소통(예: 선수가 마지막 점수에서 실패 후, 그전의 성과를 강조하며 격려)
	피드백	• 실시간으로 진행한 시뮬레이션 후, 참가자들은 서로 피드백을 주고받으며 의사소통 방식을 평가한다. 코치의 피드백이 선수에게 어떤 영향을 미쳤는지, 선수가 어떻게 반응했는지에 대해 논의한다.

4) 마무리(5분)

예시 24 결선 사격 상황의 의사소통 마무리

목표	프로그램의 핵심 포인트를 다시 한번 정리하고, 참가자들이 얻은 통찰을 공유한다.	
내용	핵심 정리	결선 사격 상황에서 의사소통은 빠르고 신속, 긍정적이며 간결해야 한다. 비언어적 의사소통은 효과적인 심리적 안정을 위한 중요한 도구가 된다. 적절한 타이밍에 피드백을 주는 것이 선수의 집중력과 멘탈 회복에 큰 영향을 미친다.
	Q&A 세션	참가자들이 프로그램 중 겪었던 어려움이나 궁금한 점을 묻고 답할 수 있도록 시간을 제공한다.
결과평가	실습 평가: 참가자들은 각 상황에서 효과적인 피드백을 주고받으며, 의사소통 방식에 대해 서로 피드백을 주고받는다. 설문조사: 프로그램 후, 설문을 통해 의사소통의 개선점과 프로그램에 대한 피드백을 수집, 향후 프로그램에 반영한다.	

평 가 문 항

1. 의사소통의 가장 중요한 요소는 무엇인가?
   ㉠ 메시지
   ㉡ 송신자
   ㉢ 수신자
   ㉣ 채널
   ㉤ 피드백

2. 스포츠 상황에서 의사소통이 중요한 이유는 무엇인가?
   ㉠ 팀워크를 강화하기 위해
   ㉡ 전략을 전달하기 위해
   ㉢ 정보를 공유하기 위해
   ㉣ 감정을 표현하기 위해
   ㉤ 모두 위의 이유

3. 스포츠심리상담에서 의사소통 방해요인을 예방하기 위해 상담자가 할 수 있는 일은 무엇인가?
   ㉠ 스포츠심리학에 대한 전문지식을 습득한다.
   ㉡ 선수와의 문화적 차이를 이해한다.
   ㉢ 상담 시간을 충분히 확보한다.
   ㉣ 상담 장소를 편안하게 조성한다.
   ㉤ 모두 위의 방법을 활용한다.

4. 스포츠심리상담에서 신뢰 구축을 위한 의사소통 기술로 가장 중요한 것은 무엇인가?
   ㉠ 경청
   ㉡ 질문하기
   ㉢ 공감하기
   ㉣ 비언어적 의사소통
   ㉤ 모두 위의 기술

5. 스포츠 상황에서 경청의 중요성을 보여주는 예시는 무엇인가?
   ㉠ 코치가 선수에게 지시를 명확하게 전달할 때
   ㉡ 선수들이 경기 중 서로의 위치를 확인할 때
   ㉢ 경기 후 선수들이 서로의 경기력에 대한 피드백을 제공할 때
   ㉣ 모두 위의 예시

6. 스포츠심리상담에서 질문을 효과적으로 활용하기 위한 방법은 무엇인가?
   ㉠ 열린 질문을 사용한다.
   ㉡ 명확한 질문을 사용한다.
   ㉢ 선수의 말을 경청하면서 질문한다.
   ㉣ 모두 위의 방법을 활용한다.

7. 스포츠심리상담에서 공감을 효과적으로 표현하기 위한 방법은 무엇인가?
   ㉠ 공감하는 표현을 사용한다.
   ㉡ 선수의 감정을 이해하려고 노력한다.
   ㉢ 선수의 말에 귀 기울인다.
   ㉣ 모두 위의 방법을 활용한다.

8. 스포츠심리상담 상황에서 효과적인 의사소통을 위해 상담자가 유의해야 할 점은 무엇인가?
   ㉠ 상담자의 전문성을 과시한다.
   ㉡ 선수의 의견을 무시한다.
   ㉢ 상담 시간을 초과한다.
   ㉣ 상담 장소를 불편하게 조성한다.
   ㉤ ㉠, ㉡, ㉢, ㉣ 모두 피해야 한다.

9. 스포츠 상황에서 의사소통은 선수 간의 갈등을 심화시킬 수 있다. (O / X)

10. 스포츠심리상담에서 상담자와 선수 간의 신뢰는 의사소통의 필수적인 요소이다. (O / X)

11. 스포츠 상황에서 효과적인 의사소통을 위해서는 언어적 의사소통만 고려하면 된다. (O / X)

12. 스포츠심리상담에서 선수의 문화적 배경을 고려한 의사소통은 중요하지 않다. (O / X)

13. 의사소통은 서로의 (　)(　)(　)를 전달하고 이해하는 과정이다.

14. 스포츠 상황에서 효과적인 의사소통은 팀워크를 (　)하고, 선수들의 동기를 (　)한다.

15. 스포츠심리상담에서 상담자는 선수의 말을 (　)하고, (　) 표현해야 한다.

모범답안 및 해설

1. ⓜ 의사소통은 메시지가 성공적으로 전달되었는지 확인하고 오해를 방지하기 위해 피드백이 필수적이다. 메시지, 송신자, 수신자, 채널 또한 중요하지만, 피드백 없이는 의사소통 과정이 완료되지 않는다.

2. ⓜ 스포츠 상황에서 의사소통은 팀워크 강화, 전략 전달, 정보 공유, 감정 표현 등 다양한 역할을 수행한다. 효과적인 의사소통 없이는 팀의 성공을 기대하기 어렵다.

3. ⓜ 스포츠심리상담에서 의사소통 장애를 예방하기 위해서는 상담자의 전문지식, 문화적 이해, 충분한 시간, 편안한 환경 조성 등 다양한 요소를 고려해야 한다.

4. ⓜ 스포츠심리상담에서 신뢰 구축을 위해서는 경청, 질문하기, 공감하기, 비언어적 의사소통 등 모든 기술이 중요하다. 이러한 기술들을 조합하여 선수와의 진정한 소통을 이루어야 한다.

5. ㉣ 스포츠 상황에서 경청은 코치의 지시 전달, 선수 간의 위치 확인, 경기 후 피드백 제공 등 다양한 장면에서 중요한 역할을 한다. 서로의 말을 경청하고 이해하는 것은 효과적인 팀워크와 성공적인 경기 수행에 필수적이다.

6. ㉣ 스포츠심리상담에서 질문을 효과적으로 활용하기 위해서는 열린 질문 사용, 명확한 질문 사용, 선수의 말 경청 후 질문 등 다양한 방법을 고려해야 한다. 상황에 맞는 질문을 통해 선수의 생각과 감정을 탐색하고 문제해결을 도와야 한다.

7. ㉣ 스포츠심리상담에서 공감을 효과적으로 표현하기 위해서는 공감하는 표현 사용, 선수의 감정 이해 노력, 말에 귀 기울이는 태도 등 다양한 방법을 활용해야 한다. 선수의 입장에서 생각하고 공감하는 마음으로 소통할 때 신뢰 구축과 문제해결에 도움이 된다.

8. ⓜ ㉠, ㉡, ㉢, ㉣ 모두 피해야 한다. 스포츠심리상담에서 효과적인 의사소통을 위해 상담자는 전문성 과시, 선수 의견 무시, 상담 시간 초과, 불편한 환경 조성 등을 피해야 한다. 선수를 존중하고 안전하고 편안한 환경을 조성하며, 능동적이고 열린 자세로 소통해야 한다.

9. (O) 스포츠 상황에서 의사소통이 잘못되거나 부족하면 오해, 혼란, 불만 등을 야기하여 선수 간의 갈등을 심화시킬 수 있다. 명확하고 투명한 의사소통을 통해 갈등을 예방하고 해결하는 것이 중요하다.

10. (O) 스포츠심리상담에서 상담자와 선수 간의 신뢰는 열린 소통과 효과적인 문제해결을 위해 필수적이다. 선수가 상담자를 신뢰할 때 자신의 생각과 감정을 솔직하게 털어놓고 도움을 받을 수 있다.

11. (X) 스포츠 상황에서 효과적인 의사소통을 위해서는 언어적 의사소통뿐만 아니라 비언어적 의사소통도 중요하다. 눈빛, 표정, 몸짓, 자세 등의 비언어적 신호는 의도와 감정을 전달하는 데 중요한 역할을 한다.

12. (X) 스포츠심리상담에서 선수의 문화적 배경을 고려한 의사소통은 상호이해를 돕고 효과적인 문제해결을 위해 중요하다. 상담자가 선수의 문화적 가치관, 신념, 관습을 이해하면 선수의 말과 행동을 더 정확하게 이해하고 적절하게 대응할 수 있다.

13. (정보)(감정)(생각) 의사소통은 단순히 말을 나누는 것이 아니라, 서로의 정보, 감정, 생각을 전달하고 이해하는 과정이다. 효과적인 의사소통을 위해서는 이러한 요소들을 명확하게 표현해야 한다.

14. (강화)(부여) 스포츠 상황에서 효과적인 의사소통은 팀원들 간의 이해와 협력을 증진시켜 팀워크를 강화하고, 선수들의 목표달성에 대한 동기를 부여한다. 명확하고 적절한 의사소통을 통해 팀원들이 하나의 목표를 향해 나아갈 수 있도록 돕는다.

15. (경청)(공감) 스포츠심리상담에서 상담자는 선수의 말을 주의 깊게 경청하고, 공감하는 마음으로 소통해야 한다. 선수의 입장에서 생각하고 감정을 이해하려 노력하며, 진심어린 태도로 문제해결을 도와야 한다.

현 장 실 습

1. 배드민턴 선수와 코치의 효과적인 언어와 비언어 의사소통을 위한 다양한 문제와 상황이다. 원활한 의사소통을 위해 김 코치는 어떻게 해야 할까요? 각 문제에 대한 해결 방안 및 평가기준을 제시하고 연습해 보세요.

전반적인 상황: 배드민턴 팀의 코치인 김 씨는 다가오는 중요한 대회를 앞두고 선수들과의 효과적인 의사소통을 위해 노력하고 있다. 김 코치는 선수들에게 전략을 명확하게 전달하고, 팀워크를 강화하며, 선수들의 동기를 부여하고 싶다.

문제 1	상황	☞ 김 코치는 선수들에게 다가오는 경기의 전략을 설명하려 한다. 하지만 선수들은 이전 경기에서 패배한 경험으로 인해 불안하고 우울한 감정을 가지고 있다.	
	과제: 선수들의 불안감 해소와 긍정적 태도 유지를 위해	• 어떤 언어적 의사소통 방식을 사용해야 할까요?	
		• 어떤 비언어적 의사소통 방식을 사용해야 할까요?	
		• 각 의사소통 방식을 사용했을 때 기대되는 선수들의 반응은 무엇일까요?	
		• 각 의사소통 방식의 효과를 어떻게 평가할 수 있을까요?	
문제 2	상황	☞ 배드민턴은 파트너 간의 협력이 중요한 종목이다. 김 코치는 선수들 간의 의사소통을 활성화하고 팀워크를 강화하기 위해 노력하고 있다.	
	과제: 선수들 간의 의사소통 활성화와 팀워크를 강화하기 위해	• 어떤 언어적 의사소통 방식을 사용해야 할까요?	
		• 어떤 비언어적 의사소통 방식을 사용해야 할까요?	
		• 각 의사소통 방식을 사용했을 때 기대되는 선수들의 반응은 무엇일까요?	
		• 각 의사소통 방식의 효과를 어떻게 평가할 수 있을까요?	

의사소통 실습 모범답안(예시)

문제 1의 상황: 김 코치는 선수들에게 다가오는 경기의 전략을 설명하려 한다. 하지만 선수들은 이전 경기에서 패배한 경험으로 인해 불안하고 우울한 감정을 가지고 있다.

√ 언어적 의사소통 방식:

- 긍정적인 언어 사용: "지난 경기는 아쉽지만, 우리는 충분히 잘했습니다." "다음 경기에서는 분명히 승리할 수 있다." 등 긍정적인 메시지를 전달하여 선수들의 사기를 높인다.
- 구체적인 칭찬: "이전 경기에서 잘했던 부분을 칭찬하고, 특히 어떤 선수가 어떤 플레이를 잘했는지 구체적으로 언급한다."
- 공감 표현: "이전 경기에서 패배한 후 실망스럽고 아쉬웠을 거라고 생각한다." 등 선수들의 감정을 이해하고 공감하는 태도를 보여준다.
- 협력 강조: "우리는 하나의 팀이다. 서로 협력하여 다음 경기에서 승리합시다." 등 팀워크를 강조하여 선수들의 동기부여를 한다.
- 유머 활용: 적절한 유머를 활용(인터넷 검색)하여 분위기를 밝게 하고 긴장을 풀어준다.

√ 비언어적 의사소통 방식:

- 긍정적인 표정 유지: 미소를 지으며 긍정적인 에너지를 전달한다.
- 눈 마주치기: 선수들과 눈을 마주치며 진심으로 소통하는 태도를 보여준다.
- 적절한 제스처 활용: 격려하는 제스처와 손짓을 활용하여 메시지를 명확하게 전달한다.
- 열정적인 태도: 선수들과 함께 훈련하고 경기를 응원하며 열정적인 태도를 보여준다.
- 긍정적인 분위기 조성: 밝고 긍정적인 분위기를 조성하여 선수들이 편안하게 소통할 수 있도록 한다.

√ 예상되는 선수들의 반응:

- 선수들은 긍정적인 메시지와 칭찬에 감사하며 사기가 높아질 것이다.
- 코치의 공감과 이해에 위로를 받고 다시금 노력할 용기를 얻을 것이다.
- 팀워크를 강조하는 메시지에 동기를 부여받고 협력적인 태도를 보일 것이다.
- 긍정적인 분위기 속에서 불안감을 떨쳐내고 자신감을 회복할 것이다.

√ 각 의사소통 방식의 효과를 평가하기 위한 기준:

- 선수들의 사기와 집중력 향상, 긍정적인 태도 유지, 팀워크 강화, 선수들의 만족도

문제 2의 상황: 배드민턴은 파트너 간의 협력이 중요한 종목이다. 김 코치는 선수들 간의 의사소통을 활성화하고 팀워크를 강화하기 위해 노력하고 있다.

√ 언어적 의사소통 방식:

- 파트너 칭찬 및 격려: 파트너의 장점과 노력을 칭찬하고 격려하여 상호 존중과 신뢰를 구축한다.
- 공동 목표설정: 선수들과 함께 공동 목표를 설정하고 달성하기 위한 계획을 세운다.
- 적극적인 소통 유도: 선수들이 서로 자유롭게 의견을 나누고 소통할 수 있도록 환경을 조성하고 유도한다.
- 문제해결을 위한 협력 강조: 문제 발생 시 서로 협력하여 해결하도록 격려하고 지원한다.
- 유머 활용: 긍정적이고 즐거운 분위기를 조성하기 위해 유머를 적절하게 활용한다.

√ 비언어적 의사소통 방식:

- 눈 마주치기: 선수들이 서로 눈을 마주치고 대화하도록 유도한다.
- 적절한 제스처 활용: 격려하는 제스처, 손짓 등을 활용하여 상호 협력을 강조한다.
- 긍정적인 분위기 조성: 밝고 긍정적인 분위기를 조성하여 선수들이 편안하게 소통할 수 있도록 한다.
- 함께 훈련 및 경기 참여: 코치가 선수들과 함께 훈련 및 경기에 참여하여 팀워크를 강화한다.
- 공동의 성공 기념: 경기에서 승리하거나 목표를 달성했을 때 함께 기념하고 축하한다.

√ 예상되는 선수들의 반응:

- 파트너에 대한 긍정적인 평가와 존중감이 높아질 것이다.
- 공동의 목표를 달성하기 위해 서로 협력하고 노력할 것이다.
- 의사소통이 활발해지고 팀워크가 강화될 것이다.
- 훈련과 경기가 더욱 즐겁고 긍정적인 경험이 될 것이다.

√ 각 의사소통 방식의 효과를 평가하기 위한 기준:

- 선수들 간의 의사소통 빈도 및 긍정적인 상호작용 증가, 공동 목표설정 참여 빈도 및 적극성, 문제해결을 위한 협력 능력 향상, 팀워크 강화, 수행능력 향상

부록

〈부록 1-1〉 한국스포츠심리학회 스포츠심리상담사 규정

스포츠심리상담사 윤리 규정

제정: 2011년 12월 1일

개정: 2024년 2월 14일

한국스포츠심리학회 스포츠심리상담사는 상담에 참여하는 사람들에게 인간으로서의 존엄성을 높이고자 노력하고, 심리사회적 성장과 발전을 지지하며, 직면한 어려움을 해결하는 데 스포츠심리상담사로서의 책임을 다한다. 이를 위해 다음과 같은 윤리 규정을 숙지하고 준수한다.

제1장 일반 원칙

제1조(전문성)

1. 스포츠심리상담사는 자신의 전문성 영역과 한계 영역을 명확하게 인식한다.
2. 스포츠심리상담사는 교육, 연수, 수련, 경험 등에 의해 충분히 자격을 인정받은 지식과 기법만을 제공한다.
3. 스포츠심리상담사는 자신의 활동 분야에 있어서 측정, 처치, 상담, 교육, 연구 등에 임할 때, 해당 분야의 최근 연구 동향과 정보를 숙지한다.
4. 스포츠심리상담사는 전문가로서의 능력을 유지하고 개발시키기 위해 정기적 또는 비정기적으로 교육 및 지도감독을 받을 책무가 있다.

제2조(정직성)

1. 스포츠심리상담사는 연구, 교육, 상담, 현장 적용에 있어서 성실 · 정직 · 공정해야 한다.
2. 스포츠심리상담사는 자격과 경력, 서비스 제공, 연구수행 등에서 정직해야 한다.
3. 스포츠심리상담사는 자격 규정에 명시된 것 이상으로 자신의 자격을 과장하지 않는다.

제3조(책무성)

1. 스포츠심리상담사는 비윤리적 행동을 하는 회원으로부터 공공의 안녕과 학회(KSSP)를 보호할 의무가 있다.
2. 스포츠심리상담사는 윤리기준을 준수하며 자신의 행동에 대한 책임을 진다.
3. 스포츠심리상담사는 비윤리적 행동의 예방과 종결을 위해 필요한 경우, 연구윤리위원회에 의뢰한다.
4. 자격을 갖춘 스포츠심리상담사는 본 학회가 제정한 연구윤리규정에 서약한 것으로 간주한다.

제4조(인권 존중)

1. 스포츠심리상담사는 내담자를 포함한 고객의 사생활, 비밀, 자유의지에 대한 권리를 존중한다.
2. 스포츠심리상담사는 연령, 성별, 국적, 종교, 장애, 언어, 사회경제적 지위 등 개인차를 존중한다.
3. 스포츠심리상담사는 상담과정 또는 종료 후에 고객을 부당하게 이용하거나 속이는 행위 등 윤리 규정을 위반하는 행동을 해서는 안 된다.

제5조(사회적 책임)

1. 스포츠심리상담사는 자신이 속한 사회에 대한 전문적, 학술적 책임을 인식한다.
2. 스포츠심리상담사는 공공의 복리를 위해 지식을 현장에 적용하고, 윤리적 사항을 고려하여 다양한 방법으로 널리 알린다.

3. 스포츠심리상담사는 연구할 때에도 공공의 복리를 증진시키고, 연구 참여자의 권리를 보호한다.

제2장 일반 윤리

제6조(권력 남용과 위협)

1. 스포츠심리상담사는 내담자와 주요 타자(지도자, 부모, 고용인 등), 수련생을 대상으로 권력을 남용하지 않는다.
2. 스포츠심리상담사는 내담자와 주요 타자, 수련생 등으로부터 좋은 평가나 소감(증언)을 요구하지 않는다.

제7조(의뢰와 위임)

1. 스포츠심리상담사는 내담자의 이익을 최우선에 두고 상담을 진행하고 필요한 경우, 다른 전문가에게 의뢰한다.
2. 스포츠심리상담사가 타인에게 역할을 위임할 때에는 전문성이 있는 사람에게만 위임하여야 하며 타인의 전문성을 확인한다.
3. 스포츠심리상담사는 자신과 고객의 신변의 변화 혹은 이동이나 재정적 문제 등으로 상담기간 중에 상담이 중단될 경우, 이에 대한 적절한 조치를 취한다.

제8조(상담 비용)

1. 스포츠심리상담사는 내담자와 상담에 공식적으로 동의하기 전에 상담 비용에 대해 합의한다.
2. 스포츠심리상담사는 상담 비용 문제에 있어 고객에게 지나친 요구를 하지 않는다.
3. 스포츠심리상담사는 상담 비용을 고객의 실정에 맞게 책정한다.
4. 스포츠심리상담사는 상담 비용에 대해 가능한 조기에 협의하며 제반 문제로 상담이 제한될 경우, 가능한 한 빨리 내담자에게 알린다.
5. 스포츠심리상담사는 미래에 예상되는 업적(예, 메달획득, 입상)을 기준으로 상담 비용을 청구하지 않으며, 상담 비용 대신 상담 체험 소감(증언: '나로 인해 메달을 땄다' 등)을 부탁하지 않는다. 단, 협회 및 공식기관으로부터 진행되는 상담인 경우에는 상담 비용이나 포상금 지급 등이 계약에 포함될 수 있다.

제9조(금품 수령 제한)

1. 스포츠심리상담사는 상담에 대한 대가로 상담료 이외의 금품을 받지 않는다.
2. 스포츠심리상담사는 감사의 표시로 기념품을 받을 때, 그 물품이 제공한 서비스에 비추어 적당하며 제공한 서비스에 대한 보상이 아님을 확인한다.
3. 스포츠심리상담사는 계약 이외의 상금이나 보상을 받아서는 안 된다. 단, 협회 및 공식 기관으로부터 진행되는 상담인 경우에는 계약 조건에 따라 예외가 있을 수 있다.

제10조(부적절한 관계)

1. 스포츠심리상담사는 알고 지내는 사람(가까운 친구, 친인척, 제자, 후배 등)과의 전문적인 상담관계를 진행하지 않는다.
2. 스포츠심리상담사는 상담을 받는 내담자나 슈퍼비전을 받는 수련생과 이성 관계로 만나지 않는다.
3. 스포츠심리상담사는 미성년자 내담자의 가족과는 개인적, 금전적 또는 다른 관계로 만나지 않는다.
4. 스포츠심리상담사는 특별한 경우를 제외하고는 내담자와 상담실 밖에서의 사적인 관계를 유지하지 않는다.

제11조(비밀 보장)

1. 스포츠심리상담사는 상담과정에서 얻은 사생활과 비밀유지에 대한 개인의 권리를 최대한 존중하고 상담과정에서 생성된 정보의 관리에 있어 개인정보 보호와 관련된 법을 준수한다.
2. 스포츠심리상담사는 비밀 보장에 제한이 있거나, 상담과정에서 얻은 정보를 이용할 경우, 미리 내담자와 상의한다.
3. 스포츠심리상담사는 상담에 참여한 내담자, 선수, 지도자, 학생, 수련생, 고용인, 연구 참여자 등에 대한 개인정보는 동의 없이 미디어 등을 통해 공개하지 않는다.
4. 스포츠심리상담사는 지도감독자 및 사례연구에 참여한 모든 이들에게 내담자의 사생활과 비밀이 보호되도록 안내한다.

5. 상담자는 상담 시작 전이나 상담과정 중 내담자에게 비밀보장의 한계를 수시로 알리고 비밀 보장이 불이행되는 상황에 대해 주지시킨다.

6. 비밀 보장의 한계 및 제외

1) 스포츠심리상담사는 아래와 같은 경우에는 신중한 판단 이후, 내담자에 대한 정보를 관련 전문가, 기관 혹은 사회에 알릴 수 있다.

(1) 내담자 자신이나 타인 혹은 사회의 안전을 위협하는 경우

(2) 내담자가 감염성이 있는 치명적인 질병이 있다는 확실한 정보가 있는 경우. 이 경우, 스포츠심리상담사는 내담자가 감염 우려가 있는 대상자에게 이를 알렸는지 혹은 스스로 알릴 의도가 있는지를 확인한다.

(3) 내담자가 심각한 학대를 당하고 있는 경우

(4) 법적으로 정보의 공개가 요구되는 경우. 이 경우, 스포츠심리상담사는 내담자의 권익이 침해되지 않도록 공개 여부 및 범위를 법원과 조율한다.

2) 비밀 보장의 예외 및 한계에 관한 타당성이 의심될 때, 스포츠심리상담사는 동료 전문가나 우리 학회 연구윤리위원회의 자문을 구한다.

제12조(심리 검사 및 기법의 활용과 적용)

1. 스포츠심리상담사는 심리검사 및 기법을 실시할 경우, 충분한 전문적 지식습득 후에 실시한다.
2. 스포츠심리상담사는 자신의 심리검사 및 기법을 잘못 적용하거나 잘못 해석한 사례를 발견하면 합당한 조치를 취한다.
3. 스포츠심리상담사는 검사 결과에 대한 해석 및 권유의 근거에 대한 서비스 참여자들의 알 권리를 존중한다.

제13조(집단상담 및 교육)

1. 집단상담 및 교육에서 스포츠심리상담사는 비밀 보호의 중요성을 설명하고, 집단 구성원들에게 비밀보호가 완벽하게는 보장될 수 없음을 알린다.
2. 집단상담 및 교육에서 한 팀 구성원에 대한 정보는 허락 없이 다른 구성원에게 공개될 수 없다. 스포츠심리상담사는 각 팀 구성원의 사생활에 대한 권리를 보호한다.
3. 집단상담 및 교육의 과정에서 필요에 따라 팀 관리자 및 담당자가 참여할 수 있음을 알린다. 그러나 스포츠심리상담사는 내담자의 이익을 위해 최선을 다한다.

제14조(상담 기록)

1. 스포츠심리상담사는 서비스 수행 촉진, 책무성 확보, 기관이나 법적 의무 완수 등의 목적을 위해 상담이나 연구 결과를 기록하고 관리한다.
2. 스포츠심리상담사는 교육이나 연구 또는 출판을 목적으로 얻어진 상담 자료를 사용할 때에는 내담자의 동의를 구해야 하며, 각 개인의 익명성이 보장되도록 자료 변형 및 신상 정보의 삭제와 같은 적절한 조치를 취한다.
3. 스포츠심리상담사는 내담자의 기록이 전자 정보 형태로 보존되어 제3자가 내담자의 동의 없이 접근할 수 있을 때, 적절한 방법을 통해 내담자의 신상이 드러나지 않도록 조치를 취한다.

제15조(상담 동의서)

1. 스포츠심리상담사는 내담자에게 상담 진행에 대한 설명을 충분히 한 다음, 동의서를 받는다. 내담자가 직접 동의서를 작성할 능력이나 상황이 되지 않을 경우, 법적으로 위임받은 사람으로부터 받는다.
2. 스포츠심리상담사는 상담에 필요한 녹음, 녹화 및 기록에 관해 내담자의 동의를 구한다.
3. 스포츠심리상담사는 심리기술훈련 등의 목적으로(전기 · 전자 등) 장비를 사용할 경우, 혹시 있을 수 있는 위험성과 대비책을 상담 이전에 내담자에게 알리고 사용 동의를 얻는다.

제16조(상담 연구 수행)

1. 스포츠심리상담사는 연구 참여자로부터 연구 참여에 대한 동의서를 받을 때는 연구의 목적, 연구 참여를 중도에 포기할 권리, 연구 참여에 따른 위험과 부작용 등에 관한 내용을 설명한다.
2. 스포츠심리상담사는 연구 참여자의 권익과 복지를 지키기 위해 적절한 조치를 취한다.
3. 스포츠심리상담사는 연구 자료를 수집하는 과정에서 연구 참여자의 권리를 방해하거나 침해할 우려가 있을 경우에는 설계상 허용되는 범위 안에서 연구 참여자의 협조를 구한다.

제17조(홍보)

1. 스포츠심리상담사는 전문가로서의 자신의 자격과 스포츠심리지원 서비스에 대해 대중에게 홍보하거나 설명할 수 있으나, 그 내용은 정확해야 하며 오해를 일으킬 수 있거나 과장되거나 거짓된 내용이어서는 안 된다.
2. 스포츠심리상담사는 출판사(인), 언론사(인) 혹은 후원사(인) 등이 상담의 실제나 활동과 관련된 잘못된 홍보를 하는 경우, 이를 시정하고 방지하도록 노력한다.
3. 스포츠심리상담사는 상담자로서의 품위가 훼손되지 않도록 책임의식을 가지고 홍보에 임한다.
4. 스포츠심리상담사는 홍보활동을 위하여 내담자에게 소감문이나 사진 촬영 등을 요구하지 않는다.

제18조(윤리 문제해결)

1. 스포츠심리상담사는 본 윤리 규정 및 스포츠심리상담사 자격 규정을 숙지해야 할 의무가 있다. 윤리적 기준에 대해 모르고 있거나, 잘못 이해하고 있다는 사실이 비윤리적 행위에 대한 근거가 되지는 못한다.
2. 스포츠심리상담사는 윤리 규정의 시행 과정을 돕고, 윤리 규정을 위반한 것으로 지목된 사람들에 대한 연구윤리위원회의 조사, 요청, 제재에 협력한다.
3. 우리 학회 회원을 포함한 누구나 스포츠심리상담사의 윤리 규정을 위반했다고 여겨지는 사람들에 대해 연구윤리위원회에 조사를 의뢰할 수 있다. 이때는 정황 증거와 물적 증거를 제출해야 한다.
4. 연구윤리위원장은 확인된 신고 내용을 검토한 후 즉시 회장에게 보고하고, 사안의 중대성에 따라 연구윤리위원회를 소집하여 그 내용을 조사해야 하며, 필요시에는 소송도 진행할 수 있다.
5. 스포츠심리상담사가 윤리 규정을 위반하여 학문적 또는 사회적 물의를 일으켰을 때, 연구윤리위원장은 즉각 연구윤리위원회를 소집하여 조사하고, 해당 사항에 대한 징계 여부를 결정한다.
6. 연구윤리위원회는 정확한 사실에 입각하여 조사해야 하며, 조사가 진행되는 동안 당사자는 학회에서 요청하는 제반 절차와 관련 사항에 대해 협력해야 한다.
7. 징계에는 경고, 자격정지(1년, 무기한 등), 자격박탈로 구분한다.
8. 연구윤리위원장은 징계 결과를 당사자에게 통보한다. 자격관리위원회는 징계 사항을 당사자의 기록카드에 기재하여 보관한다.

부칙

1. (시행일) 이 규정은 공표한 날부터 시행한다.

〈부록 1-2〉 공감적 이해 척도

공감적 이해 척도

다음 문항을 주의 깊게 읽고 당신의 느낌을 잘 나타낸 것에 O표 해주십시오.

문항	전혀 그렇지 않다	대체로 그렇지 않다	별로 그렇지 않다	약간 그렇다	대체로 그렇다	매우 그렇다
1. 상담자는 나를 공감적으로 이해하려고 애쓴다.	1	2	3	4	5	6
2. 상담자는 나의 말 내용은 이해하나 나의 느낌과 감정은 이해하지 못한다.	1	2	3	4	5	6
3. 상담자는 나의 경험이 내게 어떤 의미를 지니는지 알고 싶어 한다.	1	2	3	4	5	6
4. 상담자는 거의 항상 나의 의도를 정확히 알아준다.	1	2	3	4	5	6
5. 상담자는 때때로 내가 어떤 일에 대하여 실제로 느끼는 것보다 더 강한 느낌과 관심을 가지고 있으리라고 속단해 버린다.	1	2	3	4	5	6
6. 상담자는 가끔 자기가 그렇게 느끼고 있기 때문에 나도 그렇게 느끼리라고 생각한다.	1	2	3	4	5	6
7. 상담자는 나를 이해한다.	1	2	3	4	5	6
8. 나의 어떤 말과 행동에 대해서 상담자가 갖는 선입관 때문에 나를 올바로 이해하지 못한다.	1	2	3	4	5	6
9. 상담자는 나의 말을 별 관심 없이 객관적인 입장에서 이해한다.	1	2	3	4	5	6
10. 나의 경험들이 나에게 어떤 느낌을 주는지 상담자는 정확히 알고 있다.	1	2	3	4	5	6
11. 우리가 얘기하고 있는 내용에 대해 내가 얼마나 강렬하게 느끼는지 상담자는 알지 못한다.	1	2	3	4	5	6
12. 나를 알고 이해하려는 것보다 상담자 자신을 알리는 데 더 큰 관심을 가진다.	1	2	3	4	5	6
13. 상담자는 내가 말하는 모든 것을 대개는 이해한다.	1	2	3	4	5	6
14. 내가 의도하는 바를 분명히 말하지 않은 경우에도 상담자는 나를 이해한다.	1	2	3	4	5	6
15. 나의 입장에서가 아니고 상담자 자신의 입장에서 나를 이해하려고 노력한다.	1	2	3	4	5	6
16. 상담자는 괴로워하지도 부담스러워하지도 않으면서, 나의 가장 고통스러운 느낌들을 깊고도 충분히 알아차린다.	1	2	3	4	5	6

인지 차원: 8문항			
공감 차원: 8문항			

〈부록 2-1〉 스포츠심리학 관련 저널 및 국제학술대회 Sports Psychology Journals & Conference

Journals	Conference
Journal of Applied Psychology Journal of Sport and Exercise Psychology Behavior Research Methods Psychology of Sport and Exercise Journal of Clinical Psychology Journal of Social and Clinical Psychology Applied Psychology-International Review Journal of Applied Sport Psychology (The) Sport Psychologist Sociology of Sport Journal International Journal of Sport Psychology Journal of Motor Behavior Motor Control Journal of Imagery Research in Sport and Physical Activity International Review of Sport and Exercise Psychology	AASP ISSP NASPSPA ECSS

〈부록 2-2〉 스포츠심리학: 지식과 기술 체크리스트

1. 전문적 지식:

이 자기평가 체크리스트는 미국심리학회의 '스포츠심리학 숙련도'에 기반을 두고 있으며, 전문가들이 자신의 역량을 반성하고 추가 학습 및 발전이 필요한 영역을 식별하는 데 도움을 주기 위해 설계되었습니다. 해당되는 항목에 체크하시면 됩니다.

항목	해당 없음	강점	약점	학습 우선순위
• 스포츠심리학의 사회적, 역사적, 문화적, 발달적 기초에 대한 이론과 연구 지식				
• 실제 스포츠심리학의 원칙과 실천에 관한 지식, 성능 향상 및 참여 만족도를 높이기 위한 특정 기술과 기법을 포함				
• 운동선수와 관련된 임상 및 상담 문제				
• 스포츠 컨설팅과 관련된 조직적 및 시스템적 측면				
• 스포츠 참여와 관련된 발달적 및 사회적 문제에 대한 이해				
• 운동생리학, 운동학습, 스포츠의학과 같은 스포츠 및 운동의 생물행동학적 기초 지식				

2. 스포츠심리학: 개인 및 그룹에 대한 지식:

스포츠심리학 전문가들이 다양한 연령대와 수준의 운동선수 및 스포츠 조직에 대한 자신의 지식을 평가해 주십시오.

항목	해당 없음	강점	약점	학습 우선순위
• 청소년/주니어 스포츠 참가자 및 조직				
• 고등학교 운동선수 및 운동부서				
• 대학교 운동선수 및 운동부서				
• 프로 운동선수, 팀, 리그				
• 마스터즈/시니어 스포츠 참가자 및 조직				
• 부상을 입은 운동선수들				
• 엘리트 운동선수 및 스포츠 조직(예: 올림픽 운동선수 및 국가대표 조직)				
• 여가 스포츠 참가자				
• 영구적 장애를 가진 운동선수				
• 스포츠에 직접 참여하지 않지만 관련된 사람들(가족, 코치, 관리자, 심판)				

3. 기술:

스포츠심리기술 부분의 자가 평가 체크리스트로 스포츠심리학 전문가들이 자신의 기술을 다음과 같은 구체적인 영역에 대해 평가하도록 구성되어 있습니다. 해당란에 체크해 주세요.

항목	해당 없음	강점	약점	학습 우선순위
• 운동선수를 위한 심리기술훈련				
• 운동선수를 위한 목표설정 및 수행 프로파일링				
• 운동선수를 위한 시각화 및 수행 계획 수립				
• 운동선수의 자신감 향상				
• 운동선수를 위한 인지-행동 자기조절 기법				
• 운동선수를 위한 집중력 및 주의력 관리 전략				
• 운동선수를 위한 평정심 및 정서 관리 훈련				
• 스포츠에서의 귀인 해석 및 자기평가				
• 운동선수를 위한 식이장애 및 체중 관리 개입				
• 운동선수를 위한 약물 남용 개입				
• 운동수행을 위한 수행향상 보조제ergogenic aids 사용과 관련된 문제 다루기				
• 운동선수를 위한 슬픔, 우울, 상실 및 자살 상담				
• 과훈련 및 탈진(번아웃) 상담				
• 스포츠 상담에서의 성적 정체성 문제				
• 스포츠에서의 공격성 및 폭력 상담				
• 운동선수의 부상 및 재활				
• 스포츠에서의 커리어(직업) 전환 및 정체성 확립 문제				
• 팀 응집력 훈련				
• 팀 빌딩				
• 리더십 훈련				
• 스포츠 조직 및 시스템을 위한 상담기술				
• 스포츠 및 스포츠맨십에서의 도덕 및 인성 발달				
• 스포츠에서의 인지 및 감정 발달 문제 및 재능 발달				
• 운동선수를 위한 동기부여 상담				
• 스포츠에서 자신감, 자긍심, 유능성 발달				
• 청소년 스포츠 참여와 관련된 부모와 가족의 요구를 다룰 중재 전략				

3장. 상담사 발달과 전문성

〈부록 3-1〉 스포츠심리상담사 상담역량 검사지

스포츠심리상담사 상담역량 검사지

다음 문항은 스포츠심리상담사들이 선수들을 상담하는 과정에서 나타날 수 있는 내용입니다. 잘 읽고 여러분의 경험과 일치하는 숫자에 0표 해주십시오. 여기에는 옳고 그른 답은 없습니다. 솔직한 응답이 최선입니다.

문항	전혀 아니다	아니다	보통이다	다소 그렇다	매우 그렇다
1. 비밀보장 문제가 발생하면 선수들의 소속기관과 협의해야 된다는 것을 안다.	1	2	3	4	5
2. 스포츠 문화의 특성에 적합한 상담이론과 기술을 사용할 수 있다.					
3. 상담에 대한 선수들의 저항에 효과적으로 반응할 수 있다.					
4. 선수들의 상황에 적합한 심리평가 도구를 선택할 수 있다.					
5. 선수들에게 영향을 주는 사회정치적 요인들이 있다는 것을 안다.					
6. 선수들의 감정과 사고를 알아차릴 수 있다.					
7. 문제해결을 위한 프로그램을 계획하여 실행할 수 있다.					
8. 선수들의 심리검사 결과를 정확히 분석할 수 있다.					
9. 선수들의 운동환경에 대한 가치를 인식하고 있다.					
10. 상담자의 경험과 가치관이 선수들의 심리에 영향을 준다는 것을 안다.					
11. 상담진행 과정에서 나타나는 선수들의 단계적 반응을 이해할 수 있다.					
12. 심리검사 결과를 선수들이 이해하기 쉽게 전달할 수 있다.					
13. 종목에 따라 독특한 문화가 있다는 것을 안다.					
14. 선수들의 핵심 메시지를 쉽게 알아차릴 수 있다.					
15. 선수들에게 상담의 전체과정을 구조화하여 설명할 수 있다.					
16. 심리검사의 시행 절차 및 주의할 점을 알고 있다.					

요인	문항	합계	평균	순위	학습우선순위	참고
운동환경의 이해	1+5+9+13					
상담의 민감성	2+6+10+14					
과정인식과 해결	3+7+11+15					
심리검사의 활용	4+8+12+16					

〈부록 4-1〉 스포츠 인지행동치료 사례개념화 워크시트

<table>
<tr><th colspan="6">스포츠 인지행동 사례개념화 워크시트</th></tr>
<tr><td>이름</td><td></td><td>연령</td><td></td><td>상담일정</td><td></td></tr>
<tr><td>성별</td><td>남자 여자</td><td>소속</td><td></td><td>지도자</td><td></td></tr>
<tr><td colspan="6">어린 시절 요약</td></tr>
<tr><td>성격 특성</td><td colspan="5"></td></tr>
<tr><td>개인적 관심사</td><td colspan="5"></td></tr>
<tr><td>대인관계 특성</td><td colspan="5"></td></tr>
<tr><td>기타</td><td colspan="5"></td></tr>
<tr><td colspan="6">문제 리스트</td></tr>
<tr><td colspan="3">1.</td><td colspan="3">5.</td></tr>
<tr><td colspan="3">2.</td><td colspan="3">6.</td></tr>
<tr><td colspan="3">3.</td><td colspan="3">7.</td></tr>
<tr><td colspan="3">4.</td><td colspan="3">8.</td></tr>
<tr><td>관련된 평가 데이터
(예: 성격, 심리기술, 대인관계, 지도자)</td><td colspan="5"></td></tr>
<tr><td>선행사건/촉진 요인</td><td colspan="5"></td></tr>
<tr><td>발달적 고려 사항</td><td colspan="5"></td></tr>
<tr><td>문화적 고려 사항</td><td colspan="5"></td></tr>
<tr><td>방어 및 탄력성 요소/자산</td><td colspan="5"></td></tr>
<tr><td>위험요소</td><td colspan="5"></td></tr>
<tr><td>변화에 대한 준비</td><td colspan="5"></td></tr>
<tr><td rowspan="4">변화에 대한 장애물</td><td>개인</td><td colspan="4"></td></tr>
<tr><td>학교</td><td colspan="4"></td></tr>
<tr><td>패밀리</td><td colspan="4"></td></tr>
<tr><td>체계</td><td colspan="4"></td></tr>
<tr><td>작업 가설의 기원</td><td colspan="5"></td></tr>
<tr><td>관련 핵심 신념</td><td colspan="5"></td></tr>
<tr><td>진단적 인상/교육 분류</td><td colspan="5"></td></tr>
<tr><td>기타 코멘트/참고 사항</td><td colspan="5"></td></tr>
<tr><td rowspan="5">고려해야 할 목표</td><td colspan="5">1.</td></tr>
<tr><td colspan="5">2.</td></tr>
<tr><td colspan="5">3.</td></tr>
<tr><td colspan="5">4.</td></tr>
<tr><td colspan="5">5.</td></tr>
<tr><td>상담사 이름/서명</td><td colspan="2"></td><td>날짜</td><td colspan="2"></td></tr>
</table>

〈부록 4-2〉 심리기술 평가를 위한 사례개념화 워크시트

<table>
<tr><th colspan="7">심리기술 평가를 위한 사례개념화 워크시트</th></tr>
<tr><td>이름</td><td colspan="2"></td><td>연령</td><td></td><td>상담일정</td><td></td></tr>
<tr><td>성별</td><td colspan="2">남자 여자</td><td>소속</td><td></td><td>지도자</td><td></td></tr>
<tr><td colspan="2">구성요소</td><td colspan="3">내용</td><td>현재 상태(1-10)</td><td>요구 정도(1-10)</td></tr>
<tr><td rowspan="4">훈련에 임하는 자세</td><td>생각</td><td colspan="3"></td><td></td><td></td></tr>
<tr><td>행동</td><td colspan="3"></td><td></td><td></td></tr>
<tr><td>기분</td><td colspan="3"></td><td></td><td></td></tr>
<tr><td>신체</td><td colspan="3"></td><td></td><td></td></tr>
<tr><td rowspan="4">시합에 임하는 자세</td><td>생각</td><td colspan="3"></td><td></td><td></td></tr>
<tr><td>행동</td><td colspan="3"></td><td></td><td></td></tr>
<tr><td>기분</td><td colspan="3"></td><td></td><td></td></tr>
<tr><td>신체</td><td colspan="3"></td><td></td><td></td></tr>
<tr><td rowspan="2">목표</td><td>단기</td><td colspan="3"></td><td></td><td></td></tr>
<tr><td>장기</td><td colspan="3"></td><td></td><td></td></tr>
<tr><td rowspan="6">심리평가</td><td>성격</td><td colspan="3"></td><td></td><td></td></tr>
<tr><td>목표성향</td><td colspan="3"></td><td></td><td></td></tr>
<tr><td>동기</td><td colspan="3"></td><td></td><td></td></tr>
<tr><td>심리기술</td><td colspan="3"></td><td></td><td></td></tr>
<tr><td>대처전략</td><td colspan="3"></td><td></td><td></td></tr>
<tr><td>자기관리</td><td colspan="3"></td><td></td><td></td></tr>
<tr><td rowspan="3">강점</td><td>심리적</td><td colspan="3"></td><td></td><td></td></tr>
<tr><td>신체적</td><td colspan="3"></td><td></td><td></td></tr>
<tr><td>기술적</td><td colspan="3"></td><td></td><td></td></tr>
<tr><td rowspan="3">약점</td><td>심리적</td><td colspan="3"></td><td></td><td></td></tr>
<tr><td>신체적</td><td colspan="3"></td><td></td><td></td></tr>
<tr><td>기술적</td><td colspan="3"></td><td></td><td></td></tr>
<tr><td rowspan="3">대인관계</td><td>동료선수</td><td colspan="3"></td><td></td><td></td></tr>
<tr><td>지도자</td><td colspan="3"></td><td></td><td></td></tr>
<tr><td>주변인</td><td colspan="3"></td><td></td><td></td></tr>
<tr><td rowspan="3">경기력 향상 방해요인</td><td>개인</td><td colspan="3"></td><td></td><td></td></tr>
<tr><td>소속팀</td><td colspan="3"></td><td></td><td></td></tr>
<tr><td>사람</td><td colspan="3"></td><td></td><td></td></tr>
<tr><td colspan="2">상담사 이름/서명</td><td colspan="3"></td><td>날짜</td><td></td></tr>
</table>

5장. 스포츠심리상담과 슈퍼비전

〈부록 5-1〉 정신역동치료 슈퍼비전 양식

<table>
<tr><td>– 세션 번호</td><td></td><td>날짜</td><td></td><td>슈퍼바이저</td><td colspan="2"></td><td>슈퍼바이지</td><td></td></tr>
<tr><td>– 내담자 정보</td><td>이름</td><td colspan="2"></td><td>연령</td><td></td><td>성별</td><td></td><td>소속</td></tr>
</table>

구분	항목	내용	기록
주요 문제와 치료목표	주요 문제나 진단	주 호소 문제	
		주요 증상 및 문제 영역	
	현재 치료 단계	현재 치료 단계와 목표	
세션 개요	세션에서 다룬 주요 내용	( ) 세션	
정신역동치료 핵심 요소	내담자의 주요 무의식적 갈등	무의식적으로 존재하는 심리적 갈등이 행동과 감정에 미치는 영향	
	방어기제 및 그 표현 방식	불안이나 갈등을 회피하기 위한 내담자의 심리적 전략(억압, 부인, 투사 등)	
	전이와 역전이 현상	치료자가 느낀 전이와 역전이가 치료 관계에 미치는 영향과 이것을 다룬 방법	
	정신역동적 패턴과 내적 갈등	반복되는 심리적 갈등과 그로 인한 행동 및 정서적 반응이 내담자의 삶에 주는 영향	
세션의 강점과 도전 과제	강점	세션에서 사용된 기법(해석, 저항 탐색, 꿈 분석의 효과 및 내담자 반응)	
	도전 과제	치료과정에서 발생한 어려움이나 내담자가 직면한 문제	
슈퍼바이저의 피드백	피드백 요약	슈퍼바이저가 제공한 피드백의 주요 내용	
	개선방안	피드백을 바탕으로 다음 세션 접근에서 개선할 방법	
자기성찰 및 학습	슈퍼바이지의 자기성찰	세션에 대한 슈퍼바이지의 자기평가 및 개선할 점	
	학습 목표	슈퍼비전을 통해 배우고자 하는 특정 영역이나 기술	
다음 세션 계획	목표	다음 세션에서 다룰 주요 목표	
	구체적인 전략	다음 세션에서 사용할 구체적인 정신역동 치료전략이나 접근	

〈부록 5-2〉 인간중심치료 슈퍼비전 양식

– 세션 번호		날짜		슈퍼바이저			슈퍼바이지		
– 내담자 정보	이름			연령		성별		소속	

구분	항목	내용	기록
주요 문제와 치료목표	주요 문제나 진단	주 호소 문제	
		주요 증상 및 문제 영역	
	현재 치료 단계	현재 치료 단계와 목표	
세션 개요	세션에서 다룬 주요 내용	( ) 세션	
인간중심치료 핵심 요소	진정성	내담자와의 상호작용에서 치료자가 진정성을 발휘한 방식과 그 효과	
	무조건적인 긍정적 존중	내담자에게 무조건적인 긍정적 존중을 표현한 방식과 그 결과	
	공감적 이해	내담자의 감정과 경험을 공감적으로 이해하고 반영한 방식과 그 효과	
	내담자 중심의 태도	내담자의 자율성과 자기 탐색을 촉진하기 위해 치료자가 취한 태도 및 접근	
세션의 강점과 도전 과제	강점	세션에서 성공적으로 발휘된 인간중심치료의 핵심 요소나 긍정적인 변화	
	도전 과제	치료과정에서 발생한 어려움이나 내담자가 직면한 문제	
슈퍼바이저의 피드백	피드백 요약	슈퍼바이저가 제공한 피드백의 주요 내용	
	개선방안	피드백을 바탕으로 다음 세션에서 접근을 개선할 방법	
자기성찰 및 학습	슈퍼바이지의 자기성찰	세션에 대한 슈퍼바이지의 자기평가 및 개선할 점	
	학습 목표	슈퍼비전을 통해 배우고자 하는 특정 영역이나 기술	
다음 세션 계획	목표	다음 세션에서 다룰 주요 목표	
	구체적인 전략	다음 세션에서 사용할 구체적인 인간중심치료 전략이나 접근	

〈부록 5-3〉 인지행동치료(CBT) 슈퍼비전 양식

– 세션 번호		날짜		슈퍼바이저			슈퍼바이지	
– 내담자 정보	이름		연령		성별		소속	

구분	항목	내용	기록
주요 문제와 치료목표	주요 문제나 진단	주 호소 문제	
		주요 증상 및 문제 영역	
	현재 치료 단계	현재 치료 단계와 목표	
세션 개요	세션에서 다룬 주요 내용	( ) 세션	
CBT 핵심 요소 적용	문제 평가 및 개념화	내담자의 문제를 평가하고 인지적 모델을 기반으로 개념화한 방식	
	자동적 사고 및 신념 파악	내담자의 자동적 사고와 핵심 신념을 식별한 과정과 그 결과	
	인지적 재구조화	비합리적 또는 왜곡된 사고를 도전하고, 대안을 탐색하는 방법과 그 효과	
	행동적 개입	행동활성화, 노출치료, 행동실험 등 행동기법을 적용한 방법과 그 결과	
	과제 설정 및 점검	내담자에게 할당한 과제와 그 수행 결과에 대한 피드백	
세션의 강점과 도전 과제	강점	세션에서 성공적으로 적용된 CBT 기법이나 긍정적인 변화	
	도전 과제	치료과정에서 발생한 어려움이나 내담자가 직면한 문제	
슈퍼바이저의 피드백	피드백 요약	슈퍼바이저가 제공한 피드백의 주요 내용	
	개선방안	피드백을 바탕으로 다음 세션에서 접근을 개선할 방법	
자기성찰 및 학습	슈퍼바이지의 자기성찰	세션에 대한 슈퍼바이지의 자기평가 및 개선할 점	
	학습 목표	슈퍼비전을 통해 배우고자 하는 특정 영역이나 기술	
다음 세션 계획	목표	다음 세션에서 다룰 주요 목표	
	구체적인 전략	다음 세션에서 사용할 구체적인 CBT 전략이나 기법	

〈부록 5-4〉 수용전념치료(ACT) 슈퍼비전 양식

– 세션 번호		날짜		슈퍼바이저			슈퍼바이지	
– 내담자 정보	이름			연령		성별		소속	

구분	항목	내용	기록
주요 문제와 치료목표	주요 문제나 진단	주 호소 문제	
		주요 증상 및 문제 영역	
	현재 치료 단계	현재 치료 단계와 목표	
세션 개요	세션에서 다룬 주요 내용	(　) 세션	
ACT 핵심 전략 적용	수용	내담자의 불편한 감정과 생각을 수용하도록 도운 방법과 내담자 반응	
	인지적 탈융합	내담자가 생각이나 감정에 덜 휘둘리도록 한 기법과 그 결과	
	맥락적 자기	내담자가 자신의 정체성을 넓은 맥락에서 바라보도록 도운 방식과 효과	
	현재에 집중	내담자가 현재 순간에 집중하도록 도운 방법과 결과	
	가치	내담자가 중요하게 여기는 가치를 명확히 하고 그에 따른 행동을 유도한 방법과 결과	
	전념행동	내담자가 가치에 기반한 행동을 실천하도록 격려한 방식과 진행상황	
세션의 강점과 도전 과제	강점	세션에서 성공적으로 적용된 ACT 전략이나 긍정적인 변화	
	도전 과제	치료과정에서 발생한 어려움이나 내담자가 직면한 문제	
슈퍼바이저의 피드백	피드백 요약	슈퍼바이저가 제공한 피드백의 주요 내용	
	개선방안	피드백을 바탕으로 다음 세션에서 접근을 개선할 방법	
자기성찰 및 학습	슈퍼바이지의 자기성찰	세션에 대한 슈퍼바이지의 자기평가 및 개선할 점	
	학습 목표	슈퍼비전을 통해 배우고자 하는 특정 영역이나 기술	
다음 세션 계획	목표	다음 세션에서 다룰 주요 목표	
	구체적인 전략	다음 세션에서 사용할 구체적인 ACT 전략이나 기법	

〈부록 6-1〉 학술지 논문 투고 및 심사 과정

1. 논문 투고 과정

학술지에 논문을 투고(submission)하는 첫 단계는 연구의 성공을 위해 매우 중요하다.

- 학술지 선정: 연구자는 자신의 논문 주제가 해당 학술지의 연구 범위(scope)와 맞는지 확인하고, 영향력 지수(impact factor) 등을 고려하여 투고할 저널을 선택한다. JSEP(*Journal of Sport and Exercise Psychology*)와 같은 유명 저널들은 높은 학문적 기준을 요구한다.
- 논문 작성: 선정된 저널의 '저자 안내(instructions for authors)' 지침을 철저히 따른다. APA(American Psychological Association) 7판과 같은 특정 스타일 가이드라인에 맞춰 논문을 작성하며, 초록(abstract)과 키워드(keywords)를 포함한다.
- 온라인 투고: 논문은 학술지 웹사이트의 투고 시스템을 통해 제출한다. 이중맹검 심사(double-blind peer review)를 위해 논문 본문에는 저자 정보를 제거한다.
- 예비 심사: 투고된 논문은 편집장에 의해 예비 심사를 받는다. 논문이 저널의 주제, 형식, 윤리 규정(표절)을 준수하는지 검토하며, 기준에 미달하면 즉시 게재 불가(desk rejection)

2. 동료 심사 및 수정(peer review & revision)

예비 심사를 통과한 논문은 이제 해당 분야의 전문가들로부터 심도 깊은 평가를 받는다. 이 과정은 논문의 학문적 가치를 최종적으로 검증하는 핵심 단계이다.

2. 동료 심사

논문이 편집장으로부터 심사위원에게 배정되면, 2~3명의 익명 심사위원(reviewers)이 논문을 평가한다. 심사위원들은 다음 사항들을 중점적으로 검토한다.

- 독창성(originality) 및 학문적 기여: 이 논문이 해당 분야에 얼마나 새로운 지식을 제공하는가?
- 연구 방법론: 연구 설계가 타당하며, 데이터 수집 및 분석 방법이 신뢰할 수 있는가?
- 결과의 타당성 및 논리: 제시된 결과가 결론을 충분히 뒷받침하는가? 논리적 비약은 없는가?
- 작성 및 명확성: 논문이 명료하고 간결하게 작성되었는가? 인용 및 참고문헌은 정확한가?

심사위원들은 이 평가를 바탕으로 상세한 심사 보고서를 작성하여 편집장에게 제출한다. 이 보고서에는 논문의 강점과 약점에 대한 구체적인 의견, 그리고 수정 또는 보완이 필요한 부분이 포함된다.

2. 심사 결과 및 수정

심사 보고서가 모두 취합되면, 편집장은 심사위원들의 의견을 종합하여 최종 판정을 내린다. 이때의 판정은 보통 네 가지 중 하나이다.

- 게재 승인(accept): 논문의 완성도가 매우 높아 수정 없이 바로 게재가 가능하다. 매우 드문 경우이다.
- 소폭 수정 후 게재(minor revisions): 사소한 문법적 오류나 설명 보충 등 작은 수정만으로 게재가 가능하다.
- 대폭 수정 후 재심사(major revisions): 연구 방법, 데이터 분석, 논의 등 논문의 핵심적인 부분에 큰 수정이 필요하다. 수정 후 다시 심사 과정을 거쳐 야 한다.
- 게재 불가(reject): 논문이 저널의 학문적 기준에 미치지 못한다.

3. 논문 수정 및 재제출 과정

심사 권고를 받은 논문은 게재를 위한 마지막 관문을 통과하기 위해 수정 과정을 거친다. 이 과정은 단순히 오류를 고치는 것을 넘어, 논문의 학문적 완성도를 크게 높이는 기회이다.

1) 심사 보고서 분석

저자는 심사위원들로부터 받은 심사 보고서(reviewer reports)를 면밀히 분석한다. 보고서에는 논문의 강점과 약점, 그리고 수정 또는 보완해야 할 구체적인 항목들이 명시되어 있다. 저자는 논문에 대한 모든 피드백을 수용하고, 어떤 부분을 어떻게 수정할지 전략을 세운다.

2) 논문 수정

분석을 마친 저자는 심사위원의 의견을 반영하여 논문을 수정한다. 이 과정에서 가장 좋은 방법은 '추적 변경(track changes)' 기능을 사용하여 수정된 부분을 명확하게 표시하는 것이다. 이는 편집장과 심사위원이 수정 내용을 한눈에 파악하는 데 도움을 준다.

3) 답변서(response to reviewers) 작성

논문 수정과 함께, 저자는 답변서를 작성한다. 이는 논문 수정 과정에서 가장 중요한 부분이다. 답변서는 다음과 같은 요건을 갖추어야 한다.

항목별 답변: 심사위원의 모든 코멘트에 대해 번호를 붙이거나 순서대로 답변한다.

- 구체적인 설명: 각 코멘트에 대해 논문의 어떤 부분을 어떻게 수정했는지 구체적으로 설명한다.
- 논리적 근거: 심사위원의 제안을 반영하지 않은 부분이 있다면, 그 이유를 학문적 근거를 들어 논리적으로 설명한다.

4. 논문 재제출 및 재심사 과정

논문 수정이 완료되면, 저자는 수정본과 답변서를 함께 제출하여 최종 심사를 기다린다. 이 단계는 논문의 게재 여부를 결정하는 중요한 절차이다.

1) 재제출 서류 준비

저자는 다음과 같은 서류들을 준비하여 편집장에게 다시 제출한다.

수정된 논문 최종본: 심사위원의 피드백이 완벽하게 반영된 최종본 논문 파일이다.

- 수정 사항 추적본: 논문의 어떤 부분이 수정되었는지 명확하게 표시된 파일이다. 일반적으로 Microsoft Word의 '추적 변경(track changes)' 기능을 사용하여 수정 내역을 한눈에 보여준다.
- 답변서(response to reviewers): 심사위원의 각 코멘트에 대해 어떻게 수정하고 반영했는지 구체적으로 설명한 문서이다. 이 답변서는 저자의 성실성을 보여주는 중요한 서류이다.

2) 재심사 절차 진행

제출된 서류는 논문의 수정 정도에 따라 다른 절차를 거친다.

- 소폭 수정(minor revisions)'의 경우: 편집장은 저자가 심사위원의 작은 피드백을 잘 반영했는지 직접 검토하여 최종 게재 결정을 내린다. 이 경우, 심사위원에게 다시 논문을 보내는 경우는 드물다.
- 대폭 수정(major revisions)'의 경우: 논문의 핵심적인 부분이 수정되었으므로, 편집장은 원래 심사를 담당했던 심사위원들에게 다시 논문을 보내 재심사를 요청한다. 심사위원들은 수정된 논문과 저자의 답변서를 검토하며, 다음 사항들을 다시 평가한다.
- 피드백 반영 여부: 저자가 제기된 문제들을 충분히 이해하고 해결했는가?

  논문 질 향상: 수정 과정을 통해 논문의 학문적 질이 얼마나 향상되었는가?

  새로운 문제점: 수정 과정에서 새로운 문제점이 발생하지는 않았는가?

이러한 재심사 과정을 거쳐 논문이 최종적으로 게재 기준에 부합한다고 판단되면, 편집장은 최종 게재 승인(accept)을 결정한다.

5. 최종 게재 결정 및 출판

수정 및 재심사 과정을 성공적으로 마친 논문은 이제 출판을 향한 마지막 단계에 들어선다. 이 단계는 논문을 공식적인 학술 기록으로 만드는 과정이다.

1) 최종 게재 결정

재심사 과정이 끝난 논문은 편집장의 최종 검토를 거쳐 최종 게재 승인(accept)을 받는다. 이 단계에서 저자는 더 이상 논문 내용에 대한 큰 수정 요구를 받지 않는다.

2) 교정 및 편집

게재가 확정된 논문은 학술지 편집팀에게 인계된다. 편집팀은 논문의 문법, 철자, 구두점, 서식 등 사소한 오류들을 수정하는 교정(copyediting) 작업을 진행한다. 이는 논문의 가독성을 높이고 학술지의 통일된 품질을 유지하기 위한 과정이다. 교정이 완료된 교정쇄(proof)는 저자에게 보내지며, 저자는 최종적으로 오류를 확인하고 승인한다.

3) 출판

교정 확인이 끝나면, 논문에는 고유한 식별자인 DOI(Digital Object Identifier)가 부여된다. 이 DOI는 논문이 온라인에서 영구적으로 식별되도록 돕는다. 이후 논문은 온라인 선출판(ahead of print) 상태로 먼저 공개되어 전 세계 독자들이 즉시 접근할 수 있게 된다. 최종적으로, 논문은 학술지의 특정 호(volume and issue)에 정식으로 포함되어 공식적으로 출판된다.

6. 출판 비용

논문 출판 비용(publication costs)은 학술지가 어떤 출판 모델을 채택하고 있는지에 따라 크게 달라진다.

- 전통적인 구독 모델(subscription model): 이 모델은 일반적으로 무료로 논문을 투고하고 게재할 수 있다. 대신, 독자들이 논문을 읽으려면 학술지 구독료를 지불해야 한다. 저자는 비용 부담이 없지만, 독자의 접근성이 제한적이라는 단점이 있다.
- 오픈 액세스 모델(open access model): 이 모델은 논문이 게재되면 누구나 무료로 접근할 수 있다. 대신, 논문 출판과 관련된 비용을 저자가 부담해야 하며, 이를 논문 처리 비용(article processing charge, APC)이라고 한다. APC는 저널의 명성과 영향력에 따라 수십만 원에서 수백만 원에 이를 수 있다. 이 모델은 독자의 접근성이 높다는 장점이 있지만, 저자에게 경제적 부담을 준다는 단점이 있다.

〈부록 6-2〉 학술지와 영향력 지수

1. 영향력 지수와 학술적 위상 고려

논문을 투고할 학술지를 선택할 때, 영향력 지수(impact factor)는 해당 저널의 학문적 위상을 가늠하는 중요한 지표다. 이 지수는 특정 저널에 게재된 논문들이 지난 2년간 다른 학술지에 얼마나 많이 인용되었는지를 평균적으로 보여준다.

- 높은 영향력 지수: 영향력 지수가 높은 저널은 해당 분야에서 가장 권위 있는 저널로 인정받는다. 논문 게재가 매우 까다롭지만, 일단 게재되면 논문의 학문적 파급력과 인지도가 크게 높아지는 장점이 있다. 이는 연구자의 경력 관리에도 긍정적인 영향을 미친다.
- 낮은 영향력 지수: 영향력 지수가 낮은 저널이라고 해서 논문의 질이 낮다는 의미는 아니다. 특정 전문 분야에 특화된 저널이거나, 신생 저널일 수 있다. 투고 난이도가 상대적으로 낮아 게재 가능성이 높지만, 논문의 인용 횟수나 파급력이 상대적으로 낮을 수 있다.

따라서 연구자는 자신의 연구 성과와 목표에 맞는 저널의 영향력 지수를 고려하여 투고할 학술지를 선택한다.

2. 스포츠심리학 학술지 영향력 지수(Impact Factor)

중요: 영향력 지수는 매년 변동된다. 아래 제시된 수치들은 특정 시점의 예시이며, 가장 최신 정보는 해당 저널의 공식 웹사이트나 JCR(Journal Citation Reports), Scopus와 같은 학술 데이터베이스에서 직접 확인해야 가장 정확하다.

학술지명(Journal)	영향력 등급(Tier)	예시 영향력 지수(IF)	특징
Journal of Sport and Exercise Psychology(JSEP)	1(최상위권)	5.0 이상	스포츠심리학 분야 최고 권위의 학술지로, 이론적, 방법론적 연구를 중시한다.
Psychology of Sport and Exercise	1(최상위권)	4.0~5.0	유럽 스포츠심리학 분야를 대표하며, 폭넓은 주제의 연구를 다룬다.
Journal of Health Psychology	1(최상위권)	4.0~5.0	건강 심리학 분야 최상위 저널로, 운동이 심리적 건강에 미치는 영향 등 스포츠심리학 연구를 많이 게재한다.
Journal of Applied Sport Psychology	2(상위권)	2.5~3.5	스포츠심리학 이론을 실제 현장에 적용한 응용 연구를 주로 다룬다.
Sport, Exercise, and Performance Psychology	2(상위권)	2.0~3.0	미국심리학회(APA)가 발행하며, 퍼포먼스 향상 관련 연구를 다룬다.
The Sport Psychologist	3(중위권)	1.5~2.5	스포츠심리상담사들을 위한 저널로, 이론보다는 현장 적용 사례와 실용적 지식을 중점적으로 다룬다.
International Journal of Sport and Exercise Psychology	3(중위권)	1.5~2.0	다양한 문화적 배경을 가진 국제적 연구를 다룬다.

7장. 상담 프로그램 개발

〈부록 7-1〉 스포츠심리상담 프로그램 개발 및 실행을 위한 부록 샘플

스포츠심리상담 프로그램 개발 및 실행 시 상황별 보조 자료 양식

스포츠심리상담 프로그램을 개발할 때 포함될 수 있는 부록은 실제 상담 세션에서 사용될 자료, 평가도구, 그리고 프로그램의 운영을 돕는 서식 등을 포함할 수 있다. 이것은 프로그램의 체계성과 효과적인 운영을 지원하며, 상담자의 업무를 수월하게 하고 내담자의 참여를 돕는다. 아래의 예시를 참고하여 각 상황에 맞는 양식지를 개발할 수 있다.

1. 상담 동의서(consent form)

- 상담 진행 전에 내담자에게 상담의 목적, 절차, 비밀유지 등에 대해 설명하고 동의를 받는 문서이다. 제공된 상담동의서는 기록경기 선수들의 경기 전후 심리상태를 고려하여, 경기력 향상과 심리적 안정을 도울 수 있도록 설계되었다.

2. 상담 세션 기록지(session log)

- 상담자가 매 세션마다 내담자의 상태, 대화 내용, 주요 이슈 및 진전을 기록하는 양식이다.
  예를 들어 상담 일시, 주요 상담 내용, 내담자의 반응, 적용한 심리 기법, 차기 목표 등을 기록할 수 있다.

3. 자기 보고서(self-report form)

- 내담자가 상담 외의 시간에도 자신의 심리상태나 경기 중 경험을 기록할 수 있도록 돕는 양식이다. 이 자기 보고서를 통하여 기록경기 선수가 경기 전, 중, 후의 심리상태를 스스로 점검하고, 이후 상담 세션에서 이를 바탕으로 구체적인 피드백을 받을 수 있다.

4. 피드백 및 평가 양식(feedback and evaluation form)

- 상담 프로그램 종료 시 내담자가 상담의 만족도와 효과에 대해 평가할 수 있는 기록지이다. 스포츠심리상담 피드백 및 평가 양식은 상담이 선수의 심리상태와 경기력 또는 수행에 실질적인 도움을 주었는지 평가하고, 다음 세션에서 더욱 효과적인 상담을 위한 방향 설정에 활용될 수 있다.

1. 상담 동의서(consent form)

기록경기 선수 스포츠심리상담 동의서

A. 상담 목적

본 상담은 기록경기 선수로서의 경기 수행능력 향상, 심리적 부담 완화, 그리고 경기 전후의 스트레스관리 및 집중력 증진을 목표로 합니다. 또한, 경기 중 발생할 수 있는 불안, 긴장, 자신감 부족 등의 심리적 요소를 다루고, 긍정적인 경기 경험을 돕기 위해 설계되었습니다.

B. 상담 절차

상담은 주 1회 1시간 동안 진행되며, 필요에 따라 조정될 수 있습니다. 상담과정에서 다양한 심리 기법(목표설정, 시각화 훈련, 불안관리, 루틴 개발 등)이 사용됩니다. 상담 내용은 귀하의 경기 전, 경기 중, 경기 후의 심리상태에 초점을 맞추며, 수행향상을 위한 전략도 함께 논의됩니다.

C. 비밀유지

상담에서 논의된 모든 내용은 비밀로 유지되며, 법적 요구가 있을 때나 귀하의 생명 또는 타인의 안전을 위협하는 경우를 제외하고는 제3자에게 제공되지 않습니다.

D. 상담 기록

상담의 원활한 진행을 위해 상담 세션마다 기록이 작성됩니다. 이 기록은 상담 효과를 추적하고, 상담목표에 도달할 수 있도록 관리하는 데 사용되며, 외부로 제공되지 않습니다.

E. 상담 참여

귀하는 자발적으로 이 상담에 참여하며, 언제든지 상담을 중단하거나 변화를 요구할 권리가 있습니다. 상담과정에서 불편함을 느낄 경우, 상담자에게 알려 상담 방식을 조정할 수 있으며, 필요시 상담자를 교체할 권리가 있습니다.

F. 상담목표

상담의 주요 목표는 귀하의 심리적 안정과 경기력 최적화입니다. 세부 목표는 경기 전 집중력 향상, 경기 중 스트레스와 긴장 관리, 경기 후 피로 회복 및 심리적 조정입니다. 개인차가 있을 수 있으므로, 상담목표달성에 필요한 시간은 각기 다를 수 있습니다.

G. 상담 효과 및 한계

상담은 귀하의 경기력 및 심리적 상태를 개선하기 위한 강력한 도구이지만, 상담의 효과는 각 개인에 따라 다르게 나타날 수 있습니다. 상담만으로 모든 문제를 해결하거나, 즉각적인 수행향상을 기대하기는 어렵습니다.

H. 비용 및 취소 정책

상담 비용은 세션당 (   )원이며, 각 세션 (전/후) 결제됩니다.

상담 예약을 취소하려면 최소 24시간 전에 통보해 주셔야 하며, 사전 통보 없이 예약을 취소할 경우, 상담 비용의 50%가 부과될 수 있습니다.

- 상담료는 한국스포츠심리학회의 스포츠심리상담 비용 참조 또는 기준으로 할 수 있음.
- 상담의 형태에 따라 달라질 수 있음: 참여인원, 개인 및 집단, 장소, 대면 및 비대면 등

I. 동의

상기 내용을 충분히 이해하였으며, 본 상담에 자발적으로 참여할 것에 동의합니다. 또한, 상담의 목적, 절차, 비밀유지에 대해 충분한 설명을 들었으며, 상담을 진행하는 데 필요한 협조를 할 것임을 동의합니다.

선수 이름: 서　명: 날　짜:	e-mail 또는 연락처:	상담자 이름: 서　명: 날　짜:	e-mail 또는 연락처:

2. 상담 세션 기록지(session log)

기록경기 선수 상담 세션 기록지		
선수 이름:		상담자 이름:
상담 일시:		세션 번호:
현재 심리상태 평가	경기 전 심리상태 (긴장, 불안, 자신감, 기대 등)	
	경기 중 심리상태 (집중력, 경기 흐름에 대한 인식, 압박감, 불안 등)	
	경기 후 심리상태 (만족감, 피로도, 성취감, 실망감 등)	
	기록 (선수가 표현한 상태)	
세션 목표	이번 세션에서 다루고자 하는 구체적인 목표 (예: 경기 전 긴장 완화, 시각화 훈련, 경기 중 집중력 유지 전략)	
	세션 목표 내용	
주요 논의 내용	이번 세션에서 논의된 선수의 주요 고민 및 이슈:	
	경기 준비 과정 (예: 체력 관리, 기술훈련, 심리적 준비 상태 등)	
	심리적 장애물 (예: 불안, 집중력 문제, 경기 압박감 등)	
	경기 중 경험 (예: 경기 내 긴장, 예기치 못한 상황, 경기 흐름의 방해 요소 등)	
	주요 논의 내용:	
적용된 심리 기법	이번 세션에서 적용된 심리적 기법: (예: 호흡 조절, 이미지 트레이닝, 긍정적 혼잣말, 목표설정 등)	
	적용된 기법	
선수의 반응 및 피드백	선수가 심리 기법에 대한 반응 및 세션에 대한 피드백: (예: 기법에 대한 수용성, 적용 시 느낀 변화, 개선된 부분 및 추가 필요 사항 등)	
	선수의 반응:	
성과 및 진전 사항	단기 성과: 이번 세션에서 선수의 즉각적인 성과나 변화를 기록	
	장기 성과: 지속적인 변화를 추적하기 위한 항목	
다음 세션 계획	다음 세션에서 다룰 계획과 목표설정 (예: 경기 후 회복 전략, 경기 전 긴장 관리 심화 훈련, 자기효능감 증진 훈련 등)	
추가 메모 및 코멘트	기타 중요한 메모 또는 특별한 사항 (예: 경기 일정, 선수의 상태 변화에 대한 추가 코멘트, 외부 변수 등)	
서명란	상담자 서명	
	선수 서명	

3. 자기 보고서(self-report form)

기록경기 선수 자기 보고서	
선수 이름:	경기/훈련 날짜:
작성 날짜:	경기/훈련 종류:
가) 경기/훈련 전 심리상태	
• 경기 또는 훈련 전 느낀 심리상태를 기록해 주세요.	긴장감: 1 2 3 4 5 6 7 8 9 10 (1: 매우 낮음, 10: 매우 높음) 불안감: 1 2 3 4 5 6 7 8 9 10 (1: 전혀 없음, 10: 매우 높음) 자신감: 1 2 3 4 5 6 7 8 9 10 (1: 매우 낮음, 10: 매우 높음) 집중력: 1 2 3 4 5 6 7 8 9 10 (1: 전혀 없음, 10: 매우 높음)
• 경기/훈련 전 주요 생각 및 감정	(예: "경기에 대한 기대가 컸다.", "긴장해서 집중이 어려웠다.")
나) 경기/훈련 중 심리상태	
• 경기 또는 훈련 중 느낀 심리상태와 경험을 기록해 주세요.	(1: 전혀 유지 못 함, 10: 완벽하게 유지) 집중 유지: 1 2 3 4 5 6 7 8 9 10 경기 중 스트레스: 1 2 3 4 5 6 7 8 9 10 자신감 변화: 1 2 3 4 5 6 7 8 9 10
• 경기/훈련 중 겪은 주요 상황 및 심리 변화	(예: "초반엔 집중했지만 후반에 흐트러졌다.", "중간에 실수 후 자신감이 급격히 떨어졌다.")
다) 경기/훈련 후 심리상태	
• 경기 또는 훈련 후 느낀 심리상태를 기록해 주세요.	만족감: 1 2 3 4 5 6 7 8 9 10 (1: 전혀 없음, 10: 매우 높음)
	피로도: 1 2 3 4 5 6 7 8 9 10 (1: 전혀 없음, 10: 매우 높음)
	성취감: 1 2 3 4 5 6 7 8 9 10 (1: 전혀 없음, 10: 매우 높음)
• 경기/훈련 후 느낀 감정 및 회고	(예: "결과에 만족하지 않았지만 최선을 다했다.", "다음 경기에 더 나은 성과를 기대한다.")
라) 적용한 심리 기법	
• 상담에서 배운 심리 기법을 경기/훈련 중 적용한 경우 기록해 주세요.	적용한 기법: (예: 호흡조절, 이미지 트레이닝, 긍정적 혼잣말)
	적용 결과: (전혀 도움 안 됨 1 2 3 4 5 6 7 8 9 10 매우 도움 됨)
• 기법 적용에 대한 구체적인 경험	(예: "경기 전 이미지 트레이닝으로 긴장을 다소 해소했지만, 경기 중 실수를 겪으면서 불안이 올라갔다.")
마) 다음 목표설정	
• 다음 경기 또는 훈련에서 달성하고 싶은 목표를 설정해 주세요.	단기목표 (예: "경기 중 집중력 유지", "경기 전 긴장 완화")
	장기목표 (예: "기록 단축", "경기 중 불안관리 향상")
바) 기타 메모 및 주의 사항	
• 경기 외 심리상태나 기타 필요한 사항을 자유롭게 기록해 주세요.	(예: "개인적인 스트레스 요인", "경기 일정에 따른 준비상태")
* 서명란	선수 서명:

4. 피드백 및 평가 양식(feedback and evaluation form)

기록경기 선수 스포츠심리상담 피드백 및 평가 양식	
선수 이름:	작성 날짜:
상담자 이름:	상담 세션 번호:
A. 상담목표달성 평가	
• 상담목표달성 여부	이번 상담 세션에서 설정된 목표를 어느 정도 달성했다고 생각하시나요? 1 2 3 4 5 6 7 8 9 10 (1: 전혀 달성 못 함, 10: 완벽하게 달성)
• 구체적인 목표달성 내용	(예: "긴장 완화 목표는 달성했으나 경기 중 집중력이 흐트러짐.")
B. 상담 세션 내용에 대한 만족도	
• 상담에서 다룬 내용의 유용성	1 2 3 4 5 6 7 8 9 10 (1: 전혀 유용하지 않음, 10: 매우 유용함)
• 상담자가 제공한 정보와 기법의 적절성	1 2 3 4 5 6 7 8 9 10 (1: 전혀 적절하지 않음, 10: 매우 적절함)
• 상담 중 느낀 편안함과 신뢰감	1 2 3 4 5 6 7 8 9 10 (1: 전혀 편안하지 않음, 10: 매우 편안함)
• 상담 내용에 대한 구체적인 피드백	(예: "호흡조절기법이 경기 전에 도움.", "상담자가 경청을 잘해서 편안함.")
C. 심리 기법 적용 평가	
• 상담에서 배운 심리기법을 경기/훈련 중 적용	1 2 3 4 5 6 7 8 9 10 (1: 전혀 적용 못 함, 10: 완벽하게 적용)
• 기법 적용의 실질적 효과	1 2 3 4 5 6 7 8 9 10 (1: 전혀 효과 없음, 10: 매우 효과적)
• 기법 적용에 대한 구체적 경험 및 개선 사항	(예: "호흡조절이 도움이 되었지만 이미지 트레이닝은 집중에 어려움이 있었음.")
D. 경기/훈련 전후 심리상태 변화	
• 경기 전 심리상태의 개선 여부	1 2 3 4 5 6 7 8 9 10 (1: 전혀 개선되지 않음, 10: 매우 개선됨)
• 경기 중 심리상태의 변화	1 2 3 4 5 6 7 8 9 10 (1: 전혀 변화 없음, 10: 매우 큰 변화)
• 경기 후 심리상태의 개선 여부	1 2 3 4 5 6 7 8 9 10 (1: 전혀 개선되지 않음, 10: 매우 개선됨)
• 경기 전후의 심리 변화에 대한 구체적 설명	(예: "경기 전에 긴장이 줄었지만, 경기 중 집중력 문제가 있었음.", "경기 후 피로감이 적었음.")
E. 상담 전반에 대한 평가	
• 상담과정 전반에 대한 만족도	1 2 3 4 5 6 7 8 9 10 (1: 전혀 만족하지 않음, 10: 매우 만족)
• 추가로 개선이 필요한 사항이 있는지	(예: "상담 시간이 조금 더 길었으면 좋겠음.", "기법 적용 방법에 대한 구체적 설명이 더 필요함.")
F. 다음 세션을 위한 제안 사항	
• 다음 상담에서 다루고 싶은 주제나 목표	(예: "경기 중 집중력 유지 훈련", "자신감 강화 기법")
* 기타 추가 요청 사항	(예: "경기 일정에 맞춘 추가 상담 세션 요청", "훈련 중 발생한 심리적 어려움 논의")
서명란	선수 서명: 상담자 서명:

8장. 목표설정과 상담

〈부록 8-1〉 목표설정 하기

목표설정하기			
이름		날짜	
지시문	여러분의 경험을 바탕으로 선수(인간)로서의 최종목표, 올해의 목표 등 단계적인 목표를 설정하라.		
1. 꿈의 목표(장기간)	선수(인간)로서 최종적으로 이루고 싶은 꿈은 무엇인가?		
	SMART 평가:		
2. 꿈의 목표(올해)	올해의 목표는 무엇인가? 올 한 해 최선의 노력을 했을 때 달성 가능한 목표는 무엇인가?		
	SMART 평가:		
3. 현실적인 수행 목표 (올해)	올해 이룰 수 있는 현실적인 목표가 무엇인가? (현재의 능력에 기초하여, 현실적으로 도전 가능한 목표는?)		
	SMART 평가:		
4. 이번 달 목표	다음 달에 성취 가능하다고 느끼는 개인적인 목표를 세워라. 목표 날짜를 지정하고 특별한 동기와 함께 집중한다.		
	SMART 평가:		
5. 다음 과제 또는 연습 목표	오늘 연습(수업)이 끝날 때 달성 가능하다고 느껴지는 목표를 설정하라. 목표의 날짜는 지정하고 특별한 동기와 함께 집중하라.		
	SMART 평가:		

〈부록 8-2〉 과제-자아 질문지(TEOSQ)

〈실습〉 스포츠 과제-자아목표성향질문지(TEOSQ) 참고: 비교 기준

성향	중학 선수(남)	중학 선수(여)	미국 13세 테니스선수	국가대표 수영/골프선수
과제(task) 성향	4.01	4.01	4.11	2.86
자아(ego) 성향	3.59	3.48	2.88	4.00

언제 가장 잘했다는 생각이 드는가?	전혀 아니다	아닌 것 같다	보통이다	그런 것 같다	아주 많이 그렇다
1. 나 혼자만이 어떤 플레이나 운동기술을 할 수 있을 때 가장 잘했다는 느낌이 든다.	1	2	3	4	5
2. 새로운 기술을 배우고 더 많이 연습할 때 가장 잘했다는 느낌이 든다.	1	2	3	4	5
3. 내 동료보다 더 잘할 때 가장 잘했다는 느낌이 든다.	1	2	3	4	5
4. 남들이 나만큼 못할 때 가장 잘했다는 느낌이 든다.	1	2	3	4	5
5. 재미있는 무엇인가를 배울 때 가장 잘했다는 느낌이 든다.	1	2	3	4	5
6. 다른 애들은 실수를 하지만, 나는 그렇지 않을 때 가장 잘했다는 느낌이 든다.	1	2	3	4	5
7. 땀 흘려 노력해서 새로운 기술을 배울 때 가장 잘했다는 느낌이 든다.	1	2	3	4	5
8. 정말로 열심히 연습할 때 가장 잘했다는 느낌이 든다.	1	2	3	4	5
9. 나 혼자서 득점을 거의 다 할 때 가장 잘했다는 느낌이 든다.	1	2	3	4	5
10. 무엇인가를 배우고 좀 더 많이 연습을 할 때 가장 잘했다는 느낌이 든다.	1	2	3	4	5
11. 내가 일등을 하거나 제일 잘할 때 가장 잘했다는 느낌이 든다.	1	2	3	4	5
12. 배운 운동기술을 제대로 했다고 여겨질 때 가장 잘했다는 느낌이 든다.	1	2	3	4	5
13. 최선을 다할 때 가장 잘했다는 느낌이 든다.	1	2	3	4	5

채점표: 문항	문항 점수	평균
과제성향(7문항): (2+5+7+8+10+12+13)/7		
자기성향(6문항): (1+3+4+6+9+11)/6		

9장. 심상훈련과 상담

〈부록 9-1〉 패배가 잦은 유도선수의 이미지 트레이닝 루틴 훈련

극복과 성장을 위한 이미지 트레이닝 루틴
목표:
패배를 딛고 일어서는 탄력, 승리를 향한 자신감을 키우는 이미지 트레이닝 루틴 ☞ 조용한 장소에서 편안하게 앉거나 누워 눈을 감습니다. ☞ 깊게 숨을 들이마시고, 천천히 내쉬며 몸과 마음을 편안하게 만듭니다. ☞ 이 과정을 5-10분 정도 반복합니다.
1. 패배 직후:
• 자기 긍정적 상상:
☞ 최근 패배 경험을 떠올리고, 긍정적인 측면을 찾아 상상합니다. ☞ 패배에도 불구하고 잘 해낸 부분을 칭찬하고, 다음에는 더 잘할 수 있다는 자신감을 심어줍니다. ☞ 긍정적인 감정을 느끼며 웃는 자신의 모습을 생생하게 상상합니다.
2. 패배 경험 분석:
• 반복된 패배 상황에 대한 대응 연습:
☞ 이전 패배 상황을 떠올리고, 당시 느꼈던 감정과 대응 방식을 분석합니다. ☞ 건강하지 못한 대응 방식을 사용했다면, 더 나은 대처 방법을 상상합니다. ☞ 긍정적 마인드셋을 유지하며 건강하게 대처하는 자신의 모습을 생생하게 상상합니다.
3. 자신감 회복 및 강화:
• 자기효능감 강화:
☞ 과거 성공 경험을 떠올리고, 자신감과 기쁨을 되새깁니다. ☞ 향후 경기에서 성공하는 자신의 모습을 생생하게 상상합니다. ☞ 목표를 달성하고 성공하는 순간의 감정을 느껴봅니다. ☞ 자신에 대한 긍정적인 확신을 반복적으로 되뇝니다.
4. 향후 경기 준비:
전략적인 대응과 학습:
☞ 패배했던 상황을 떠올리고, 다양한 전략을 시도하며 학습하는 모습을 상상합니다. ☞ 실수를 통해 배우고 성장하는 과정을 긍정적으로 생각합니다. ☞ 다음 경기에서 더 나은 결과를 얻기 위한 구체적인 계획을 세웁니다.
긍정적 경기 전망과 목표설정:
☞ 향후 경기에서 성공하는 자신의 모습을 생생하게 상상합니다. ☞ 구체적인 목표를 설정하고, 목표를 달성하기 위한 계획을 세웁니다. ☞ 긍정적인 마음으로 자신감을 가지고 경기에 임하는 모습을 상상합니다.
팁:
☞ 이미지 트레이닝은 매일 꾸준히 하는 것이 중요합니다. ☞ 아침이나 잠들기 전에 하는 것이 효과적입니다. ☞ 자신에게 맞는 시간과 장소를 선택하여 집중력을 높이는 것이 좋습니다. ☞ 이미지 트레이닝과 함께 실제 훈련, 명상, 심리상담 등을 병행하면 더욱 효과적입니다. ☞ 자신의 상황과 필요에 맞춰 이미지 트레이닝 루틴을 조정하고 개선하는 것이 중요합니다.
참고:
☞ 각 단계는 시간제한 없이 개인의 상황에 맞게 조절할 수 있습니다. ☞ 상상 과정에 집중하고, 생생하게 이미지를 만들어내는 것이 중요합니나.
이 이미지 트레이닝 루틴을 통해 패배 경험을 극복하고, 긍정적 마인드셋을 구축하며, 향후 경기에서 성공을 위한 자신감과 내면 강점을 키울 수 있기를 바랍니다.

이기고 있는 상황에서 할 수 있는 이미지 트레이닝
목표:
☞ 이기고 있는 상황을 유지하고, 최선을 다해 경기를 끝까지 완수하도록 동기를 부여합니다. ☞ 집중력을 높이고, 긍정적인 마인드셋을 유지하도록 도와줍니다.
시작 전:
☞ 편안한 자세로 앉거나 누워 안정된 상태에서 시작합니다. ☞ 깊게 숨을 들이마시고, 천천히 내쉬며 몸과 마음을 편안하게 만듭니다.
1. 현재 상황 인지:
☞ 지금 이 순간 이기고 있는 상황을 명확하게 인지합니다. ☞ 이 상황을 이뤄낸 자신의 노력과 능력을 인정하고 칭찬합니다. ☞ 예시: "나는 지금 이기고 있다. 이는 내가 열심히 노력한 결과이다."
2. 긍정적 마인드 유지:
☞ 긍정적인 생각과 확신을 반복적으로 되뇌며, 자신감을 유지합니다. ☞ 현재 상황에 만족하지 않고, 더 나은 결과를 얻기 위해 최선을 다하겠다는 의지를 다집니다. ☞ 예시: "나는 여기서 멈추지 않고, 끝까지 최선을 다할 것이다."
3. 집중력 강화:
☞ 주의 분산 요소를 차단하고, 경기에 집중하는 모습을 상상합니다. ☞ 현재 상황에 대한 객관적 분석과 전략적 판단을 통해 경기를 조율하는 자신을 상상합니다. ☞ 예시: "나는 주변에 흔들리지 않고, 경기에 집중할 것이다."
4. 최선의 노력:
☞ 현재 상황에서 최선을 다하는 자신을 상상합니다. ☞ 자신의 잠재력을 발휘하고, 모든 능력을 다해 경기에 임하는 모습을 생생하게 떠올립니다. ☞ 예시: "나는 지금 내가 가진 모든 것을 발휘하여 최선을 다할 것이다."
5. 성공적인 마무리:
☞ 경기를 성공적으로 마무리하는 자신을 상상합니다. ☞ 목표를 달성하고 승리를 쟁취하는 순간의 감정을 생생하게 느껴봅니다. ☞ 예시: "나는 이 경기를 승리로 이끌고, 목표를 달성할 것이다."
마무리:
☞ 천천히 눈을 뜨고 주변을 둘러봅니다. ☞ 긍정적이고 자신감 넘치는 느낌을 유지하며, 경기에 다시 집중합니다.
팁:
☞ 이미지 트레이닝은 매일 꾸준히 하는 것이 중요합니다. ☞ 아침이나 잠들기 전에 하는 것이 효과적입니다. ☞ 자신에게 맞는 시간과 장소를 선택하여 집중력을 높이는 것이 좋습니다.
참고:
☞ 각 단계는 시간제한 없이 개인의 상황에 맞게 조절할 수 있습니다. ☞ 상상 과정에 집중하고, 생생하게 이미지를 만들어내는 것이 중요합니다.
이미지 트레이닝의 추가적인 예시
☞ 상대방의 플레이를 예측하고, 이에 대한 대응 전략을 상상합니다. ☞ 경기에서 예상치 못한 상황이 발생했을 때 이에 유연하게 대처하는 자신을 상상합니다. ☞ 팀 동료들과 협력하여 승리를 이끌어내는 모습을 상상합니다. ☞ 경기 후 팬들의 응원과 축하를 받는 모습을 상상합니다.
이러한 이미지 트레이닝을 통해 자신감을 높이고, 긍정적인 마인드셋을 유지하며, 경기에서 최선을 다할 수 있도록 도움을 받을 수 있습니다.

결승전에서 지고 있는 유도선수를 위한 코치의 말과 전략 1

결승전에서 지고 있는 상황은 선수에게 큰 부담과 압박감을 줄 수 있다. 코치는 이러한 상황에서 선수의 멘탈을 회복하고, 긍정적인 마음으로 경기에 다시 집중할 수 있도록 도와야 합니다.

1. 긍정적인 격려:

☞ "지금까지 잘 해왔어. 아직 경기는 끝나지 않았으니 포기하지 마."
☞ "네 능력을 믿어. 너는 할 수 있어."
☞ "지금 이 순간에 집중하고, 최선을 다해 싸워봐."

2. 구체적인 조언:

☞ "상대 선수의 약점을 공략해 보자."
☞ "지금까지 사용하던 전략을 바꿔보는 것도 좋은 방법일 수 있어."
☞ "호흡을 조절하고, 침착하게 경기에 임하도록 해."

3. 선수의 감정에 공감:

☞ "지금 힘들겠지만, 너는 혼자가 아니야."
☞ "나는 너를 믿고 응원하고 있어."
☞ "네 감정을 표현하는 것을 두려워하지 마."

4. 전략적인 조정:

☞ 선수와 함께 현재 상황을 분석하고, 적절한 전략을 조정합니다.
☞ 상대 선수의 플레이 패턴을 분석하고, 이에 대한 대응 전략을 세웁니다.
☞ 선수의 체력과 정신 상태를 고려하여 전략을 조정합니다.

5. 마지막 순간까지 격려:

☞ 경기가 끝날 때까지 선수를 격려하고 응원합니다.
☞ 선수의 노력을 인정하고 칭찬합니다.
☞ 승패에 관계없이 선수에게 긍정적인 피드백을 제공합니다.

다음은 결승전에서 지고 있는 유도선수를 위한 추가적인 전략입니다.

☞ 선수가 좋아하는 음악을 들려주거나, 격려하는 영상을 보여주는 등 긍정적인 분위기를 조성합니다.
☞ 선수가 이전에 승리했던 경기를 떠올리도록 도와주어 자신감을 회복하도록 합니다.
☞ 심호흡이나 명상 등을 통해 선수가 마음을 편안하게 하는 데 도움을 줍니다.

결승전에서 지고 있는 상황은 쉽지 않지만, 코치의 긍정적인 격려와 전략적인 조언을 통해 선수는 다시 일어나 싸울 수 있습니다.

참고:

☞ 선수마다 성격과 상황이 다르므로, 코치는 선수의 특성을 고려하여 적절한 격려와 전략을 제공해야 합니다.
☞ 코치는 선수와의 신뢰관계를 구축하고, 선수가 편안하게 자신의 감정을 표현할 수 있도록 해야 합니다.
☞ 코치는 긍정적이고 침착한 태도를 유지하여 선수에게 긍정적인 영향을 주어야 합니다.

결승전에서 지고 있는 유도선수를 위한 코치의 격려와 전략 2

1. 긍정적인 격려와 마음 다잡기

☞ **현재 상황 인정:** "지금은 힘든 상황이지만, 아직 끝나지 않았다. 너는 여전히 승리할 수 있다."

☞ **긍정적 강조:** "네가 지금까지 보여준 노력과 실력을 믿는다. 너는 할 수 있다."

☞ **마음 다잡기:** "지금 포기하지 않고 마지막 순간까지 최선을 다하자."

2. 구체적인 전략 제시

☞ **상대 분석:** "상대의 강점과 약점을 분석하고, 이에 맞는 전략을 세우자."

☞ **기술 개선:** "지금까지 상대에게 효과적이지 않았던 기술을 개선하고, 새로운 기술을 시도해 보자."

☞ **체력 관리:** "남은 경기 시간을 고려하여 체력을 효율적으로 관리하자."

3. 정신적 집중력 향상

☞ **긍정적 이미지:** "승리하는 자신을 상상하고, 그 이미지를 떠올리며 집중력을 유지하자."

☞ **호흡조절:** "심호흡을 통해 긴장을 풀고, 마음을 차분하게 유지하자."

☞ **긍정적 혼잣말:** "나는 할 수 있다, 나는 이길 수 있다."라고 자신에게 반복적으로 말하자.

4. 팀워크 강조

☞ **팀원들의 응원:** "팀원들의 응원을 생각하며 힘을 얻자. 우리는 함께한다."

☞ **공동 목표:** "우리 팀의 목표를 위해 함께 노력하고 협력하자."

☞ **긍정적 분위기 조성:** "팀원들과 긍정적인 분위기를 조성하며 서로에게 힘을 주자."

5. 마지막 격려

☞ **최선을 다하는 것에 집중:** "결과에 너무 얽매이지 말고, 마지막 순간까지 최선을 다하는 데 집중하자."

☞ **자신감 유지:** "너는 할 수 있다. 나는 너를 믿는다."

☞ **승리 다짐:** "마지막 순간까지 포기하지 않고 승리를 향해 나아가자."

참고:

☞ 코치는 선수의 성격과 상황에 맞춰 격려와 전략을 조절해야 합니다.
☞ 선수가 긍정적인 마음과 자신감을 유지할 수 있도록 돕는 것이 중요합니다.
☞ 코치와 선수의 긍정적인 관계는 선수의 퍼포먼스 향상에 큰 도움이 될 수 있습니다.

이 외에도 코치는 다음과 같은 방법으로 선수를 도울 수 있습니다.

☞ **영상 분석:** 선수의 경기 영상을 함께 분석하며 개선점을 찾아보는 것도 좋은 방법입니다.
☞ **멘탈 트레이닝:** 심리상담 전문가의 도움을 받아 선수의 정신적 강인함을 키울 수 있습니다.
☞ **휴식과 회복:** 경기 전후 충분한 휴식과 회복 시간을 확보하도록 도와야 합니다.

결승전은 선수에게 큰 부담과 스트레스를 줄 수 있습니다. 코치는 선수를 격려하고 지지하며 최선을 다할 수 있도록 돕는 중요한 역할을 합니다.

10장. 혼잣말과 상담

〈부록 10-1〉 심리기술 질문지

■ 다음은 여러분들이 평소 훈련과 시합 때에 느끼는 생각과 행동에 관한 질문입니다. 잘 읽고 답변해 주시면 감사하겠습니다. 솔직한 답변이 무엇보다도 중요합니다.

N	질문: 나는 ______________ .	전혀 아니다	아닌 편이다	그저 그렇다	그런 편이다	아주 그렇다
1.	내 능력을 믿는다.	1	2	3	4	5
2.	나의 플레이에 지장을 줄 정도로 긴장한다.	1	2	3	4	5
3.	평소 훈련할 때 목표를 설정한다.	1	2	3	4	5
4.	시합에서 집중이 제대로 안 된다.	1	2	3	4	5
5.	시합에 대해 너무 걱정하는 편이다.	1	2	3	4	5
6.	나의 동작을 쉽게 상상할 수 있다.	1	2	3	4	5
7.	세부적인 목표를 세운다.	1	2	3	4	5
8.	팀 동료들과 지내는 것이 즐겁다.	1	2	3	4	5
9.	내 실력에 자신이 있다.	1	2	3	4	5
10.	목표를 세우고 달성하는 편이다.	1	2	3	4	5
11.	부상에도 불구하고 해내려고 애쓴다.	1	2	3	4	5
12.	시합할 때 가끔 딴생각이 든다.	1	2	3	4	5
13.	시합 상황이 불리하면 흔들린다.	1	2	3	4	5
14.	아파도 이겨낸다.	1	2	3	4	5
15.	우리 팀 선수들은 서로 사기를 올려준다고 생각한다.	1	2	3	4	5
16.	운동할 때 한 곳에 집중이 안 된다.	1	2	3	4	5
17.	시합 전 마음이 긴장된다.	1	2	3	4	5
18.	쓰러져도 끝까지 한다.	1	2	3	4	5
19.	집중이 쉽게 무너진다.	1	2	3	4	5
20.	성공적인 경기 장면을 자주 상상해 본다.	1	2	3	4	5
21.	계획을 세워 운동한다.	1	2	3	4	5
22.	우리 팀은 실수를 해도 서로 격려한다.	1	2	3	4	5
23.	나는 자신 있게 시합에 임한다.	1	2	3	4	5
24.	내 기술이 성공한 장면을 선명하게 떠올릴 수 있다.	1	2	3	4	5
25.	힘들어도 잘 해낸다.	1	2	3	4	5
26.	시합 전 멋진 플레이를 연상한다.	1	2	3	4	5
27.	이를 악물고 해내는 편이다.	1	2	3	4	5
28.	우리 팀은 서로 믿고 의지한다.	1	2	3	4	5

심리기술 알아보기(채점 방법 및 프로파일)

요인	문항 / 문항 수	나의 평균	우수선수	일반선수	전체
극복 의지	11 + 14 + 18 + 27/4		3.48	3.28	3.38
팀 단합	8 + 15 + 22 + 28/4		3.75	3.54	3.65
목표설정	3 + 7 + 10 + 21/4		3.38	2.92	3.16
자신감	1 + 9 + 23 + 25/4		3.51	3.24	3.38
집중력 (역채점)	4 + 12 + 16 + 19/4		3.49	3.32	3.41
불안조절력(역채점)	2 + 5 + 13 + 17/4		3.16	3.00	3.08
심상능력	6 + 20 + 24 + 26/4		3.88	3.85	3.87
	합계		24.65	23.15	23.93
전체 평균			3.52	3.31	3.42

심리기술 검사 해석 기준			
상	3.71 이상	매우 좋다! 이 점수는 심리기술, 즉 정신력이 뛰어남을 의미한다.	각각의 심리기술을 살펴보고 보다 향상하도록 끊임없이 정신상태를 점검하자.
중	3.70–3.36	중간지점에 위치해 있다. 심리기술은 운동기술과 같이 훈련에 의해 향상될 수 있다.	신체기술을 연습하듯이, 심리기술도 규칙적으로 훈련해야 한다는 것을 기억하라. 좀 더 노력하라. 안 되는 부분은 심리상담사에게 도움을 요청하라.
하	3.35 이하	정신력을 운에 맡기고 있다. 심리적인 면을 통제할 필요가 있다. 모든 일이 잘 풀리고 있을 때는 문제가 없지만, 잘 안 될 때는 분명 해를 끼칠 것이다.	심리훈련을 하는 데 시간과 노력을 투자한다면 분명 득을 볼 것이다. 또한 스포츠심리상담을 받도록 해보자.

나의 심리기술 유형 나타내기

20							
15							
10							
5							
	극복 의지	팀 단합	목표설정	자신감	집중력	불안조절력	심상능력

〈부록 10-2〉 양궁/사격 심리기술(PS) 질문지

다음의 문항은 양궁, 사격 종목 선수들이 훈련 시, 시합 전, 시합 중에 경험한 내용들을 기술한 것입니다. 문항을 잘 읽고 귀하의 생각을 '전혀 그렇지 않다' 1점부터 '아주 그렇다' 7점까지의 점수를 한 문항도 남기지 말고 표기해 주시기 바랍니다. 한 문항에 오랫동안 생각하지 마시고 떠오르는 대로 표기해 주시기 바랍니다.

문 항	전혀 그렇지 않다	그렇지 않다	조금 그렇지 않다	보통 이다	조금 그렇다	그렇다	아주 그렇다
1. 나는 슈팅 동작을 머릿속으로 그릴 때 근육에서 오는 감을 느낀다.	1	2	3	4	5	6	7
2. 나는 시합 중 '이번 발이 빠지면 어떻게 하나'라는 생각이 떠오른다.	1	2	3	4	5	6	7
3. 나는 훈련 시에도 시합과 같이 훈련을 한다.	1	2	3	4	5	6	7
4. 나는 시합 중 큰 실수를 하였을 때 재빨리 차분하게 슈팅감을 찾는다.	1	2	3	4	5	6	7
5. 나는 시합에서 슈팅 리듬을 잘 유지할 것 같다.	1	2	3	4	5	6	7
6. 나는 슈팅 기술을 상상할 때 슈팅 감각을 쉽게 느낀다.	1	2	3	4	5	6	7
7. 나는 시합 중에도 시합의 결과에 대하여 걱정이 된다.	1	2	3	4	5	6	7
8. 나는 훈련이 빨리 끝났으면 하고 은근히 바란다.	1	2	3	4	5	6	7
9. 나는 시합 중 라이벌 선수에게 근소한 차이로 쫓기고 있을 때에도 차분한 마음을 유지한다.	1	2	3	4	5	6	7
10. 나는 시합에서 내 실력을 제대로 발휘할 것 같다.	1	2	3	4	5	6	7
11. 나는 나의 슈팅 동작을 머릿속에서 생생하게 그릴 수 있다.	1	2	3	4	5	6	7
12. 나는 시합 전에 시합이 생각대로 안 풀릴까 봐 걱정이 된다.	1	2	3	4	5	6	7
13. 나는 코치의 지시에 앞서서 자발적으로 훈련을 한다.	1	2	3	4	5	6	7
14. 나는 시합 중 어려운 상황에서도 당황하지 않는다.	1	2	3	4	5	6	7
15. 나는 시합을 잘 풀어갈 수 있다는 느낌이 든다.	1	2	3	4	5	6	7
16. 나는 시합 전에 시합을 어떻게 운영할 것인가를 완벽하게 떠올릴 수 있다.	1	2	3	4	5	6	7
17. 나는 시합을 앞두고 주위 사람이 나의 경기결과에 실망할까 봐 걱정이 된다.	1	2	3	4	5	6	7
18. 나는 훈련 시간이 기다려진다.	1	2	3	4	5	6	7
19. 나는 시합 중에 조급한 마음이 생기더라도 차분하게 시합을 한다.	1	2	3	4	5	6	7
20. 나는 시합에서 좋은 기록을 낼 수 있다는 느낌이 온다.	1	2	3	4	5	6	7
21. 나는 평상시 슈팅의 전 과정이 매끄럽게 연결되는 모습을 완벽하게 그릴 수 있다.	1	2	3	4	5	6	7
22. 나는 시합 중에 지면 어떻게 하나, 라는 생각이 떠오른다.	1	2	3	4	5	6	7
23. 나는 훈련 시간에 진지하게 훈련을 한다.	1	2	3	4	5	6	7
24. 나는 시합 중에 오는 위기 상황을 잘 극복하는 편이다.	1	2	3	4	5	6	7
25. 나는 시합에서 슈팅 타임이 잘 맞을 것 같은 느낌이 든다.	1	2	3	4	5	6	7

요인	문항 번호	합계	평균	순위	비고
심상조절	1, 6, 11, 16, 21				
주의집중/불안	2, 7, 12, 17, 22				
성취동기	3, 8(R), 13, 18, 23				
각성조절	4, 9, 14, 19, 24				
자신감	5, 10, 15, 20, 25				

(R) 역채점

11장. 수용전념과 상담

〈부록 11-1〉 메타포의 이해: 수사법의 유형과 예

수사법	정의	예(Kittay, 1987에서)	ACT 예
직유	"한 가지를 다른 것과 비교하는 것"(온라인 Oxford 영어 사전)	"늑대는 개와 같다."(문자적 직유) 대 "인간은 늑대와 같다."(비유적 직유)(p.18)	불안과 싸우는 것은 모래 늪과 싸우는 것과 같다.(Stewart & Barnes-Holms, 2001)
유추	"어떤 속성이나 상황에 의해 어떤 대상으로 향한 관계가 또 다른 대상과 그것과 관련된 어떤 속성이나 상황에 존재하고 있는 관계와 대응된다는 사실"을 가리킴.(온라인 Oxford 영어 사전)	"오른발과 왼발이 신체의 나머지의 짐을 균등하게 실어 날라야 하기 때문에 오른발과 왼발은 균등하게 강하다는 것과 같이 […] 오른손과 왼손도 균등하게 훈련 받으면 균등하게 짝지어질 수 있다."(p.276)	"사물"이 묘사되고, 접근되고, 조작되거나 "매입"될 수 있는 것과 같이 생각과 느낌도 그럴 수 있다.
은유	이름 또는 묘사 단어 또는 구를 문자 그대로 적용될 수 있는 것과는[…] 다른 대상 또는 행동으로 전환시키는 것		
관습적	은유적 근원이 눈에 띄지 않고 넘어감.(Kittay, 1987)	"네 혀를 붙잡아둬(hold your tongue, 입 닥치고 잠자코 있어)."(p.51)	토착어 담론에서 만연됨; ACT는 은유적 혹은 단어 근원(어원)을 강조함.(예, "책임감"에 대한 토론)
개념적	개념은 동일한 주제에 관계된 다양한 표현에 적용된다.(Lackoff & Johnson, 1980)	"사랑은 체력이야."(p.90)	인간의 정서, 행동 및 인지는 중첩되고, 내력적이고, 계속 진행 중인 사건이다.(Hayes, Wilson, & Strosehl, 1999, pp.18-26)
창의적	유사성은 생성되는 것이지 이미 존재하고 있는 것이 아니다.(Black, 1962).	"정원은 빈민가의 꽃이었다."(p.17)	감정, 생각 및 충동은 한 사람의 마음속에 평행트랙 위를 달리는 기차의 화물이다.(Hayes & Smith, 2005, p.66)
우화	"확장된 은유"(온라인 Oxford 영어 사전)	플라톤의 동굴우화	동굴 안 인간의 스토리(Hayes et al., 1999, pp.101-102)
금언	"일반 진실은 과학이나 경험으로부터 나온다."는 표현(온라인 Oxford 영어 사전)		당신이 그것을 기꺼이 갖고 싶지않다면, 그렇게 하는 거예요.(Hayes et al., 1999, p.121)

〈부록 11-2〉 메타포의 예

수용전념치료의 핵심적인 6개 요인에 따른 메타포의 예

☞ 수용(acceptance) – 비치볼 메타포

수용은 불쾌한 감정이나 생각을 억누르지 않고 그대로 두는 것을 의미합니다. 이것은 커다란 비치볼을 물속에 눌러두려고 애쓰는 것과 같습니다. 비치볼은 억누르려고 할수록 더 세게 튀어오릅니다. 차라리 비치볼을 물 위에 떠 있게 내버려 두는 것이 덜 힘들고 자연스럽습니다. 즉, 불쾌한 생각이나 감정이 떠오를 때, 그것을 억누르지 말고 그저 존재하도록 두는 것입니다.

☞ 인지적 탈융합(cognitive defusion) – 나쁜 컵 메타포

생각이나 감정을 있는 그대로 보지 않고, 그들로부터 거리를 두어 바라보는 것이 중요합니다. 예를 들어, "나쁜 컵" 메타포에서는 "좋은"이나 "나쁜"이라는 평가가 컵의 본질이 아니라는 것을 이해하게 합니다. 평가나 생각이 사실 그 자체가 아니라는 인식을 돕고, 그 생각과 감정에서 벗어나 더 객관적으로 바라볼 수 있도록 합니다.

☞ 맥락으로서 자기(self-as-context) – 체스판 메타포

사람은 자신의 생각이나 감정이 아니라, 그 모든 것을 바라보고 지켜보는 존재입니다. 체스판 메타포는 체스 말(생각, 감정, 기억)들이 싸우는 과정에서 내가 검은 말도, 흰 말도 아닌 그 체스판 자체라는 것을 깨닫게 합니다. 생각이나 감정에 휘둘리지 않고, 그저 그것들을 지켜보는 자신을 인식하는 것입니다.

☞ 현재에 머무르기(being present) – 바람을 느끼기 메타포

지금 이 순간에 집중하는 것을 도와줍니다. 예를 들어, 바람이 얼굴에 닿는 느낌을 온전히 느껴보는 것입니다. 바람이 차갑고 상쾌한지, 피부에 어떻게 닿는지를 느끼며 현재에 머무르도록 하는 것입니다. 이는 우리가 과거나 미래가 아닌 현재에 주의를 기울이게 하여, 실제로 일어나는 경험에 집중하게 돕습니다.

☞ 가치관(values) – 나침반 메타포

가치관은 삶의 방향을 제시하는 나침반과 같습니다. 나침반은 특정 목적지에 도달하게 하는 도구가 아니지만, 가야 할 방향을 알려줍니다. 가치관도 마찬가지로, 우리가 무엇을 소중하게 여기고, 어떤 방향으로 나아가고 싶은지를 알려주는 역할을 합니다. 가치는 목적지가 아니라, 우리가 따르고 싶은 방향성을 나타냅니다.

☞ 전념 행동(committed action) – 과녁 메타포

자신의 가치관에 따라 사는 것이 과녁을 맞히는 것과 같다고 할 수 있습니다. 과녁을 향해 다트를 던지는 행동처럼, 자신의 가치에 따라 구체적인 목표를 세우고 지속적으로 실천하는 것이 중요합니다. 헌신적 행동은 가끔 빗나갈 수 있지만, 목표를 향해 다시 다트를 던지는 시도를 멈추지 않는 것을 의미합니다.

〈부록 11-3〉 심리적 유연성 질문지(psychological flexibility questionnaire)

질문지명	요인명	문항	Cronbach's α	전체 α
심리적 유연성 질문지: PFQ	개방성	1*, 2*, 4*, 5*, 9*, 11*, 12*	.85	.87
	알아차림	3, 14, 15, 16	.72	
	자발성	6, 7, 8, 10, 13, 17, 18	.87	

* 역채점

심리적 유연성 질문지

다음 문항들은 여러분들이 일상생활에서 다양하게 경험할 수 있는 것들입니다.
각 문항을 읽고 자신의 경험이나 행동과 일치한다고 생각되는 번호에 표시해 주시기 바랍니다.

문 항	전혀 그렇지 않다	약간 그렇다	보통 이다	다소 그렇다	항상 그렇다
1. 나는 충동적이고 습관적으로 반응하는 경향이 있다.	1	2	3	4	5
2. 나는 대부분의 시간을 현재보다 과거나 미래에 대한 생각으로 보낸다.	1	2	3	4	5
3. 나는 나를 괴롭히는 생각으로부터 쉽게 빠져나올 수 있다.	1	2	3	4	5
4. 나는 내가 무엇을 원하는지 모른 채 상황에 이끌려 살아가고 있다.	1	2	3	4	5
5. 나는 '~해야 한다' 혹은 '~해서는 안 된다'는 생각에 갇혀 있다.	1	2	3	4	5
6. 나는 고통스러운 상황에서도 자율적으로 행동을 선택해 나갈 수 있다.	1	2	3	4	5
7. 나는 내 인생에서 중요한 것이 무엇인지를 분명하게 인식하고 있다.	1	2	3	4	5
8. 나는 있는 그대로의 나를 수용한다.	1	2	3	4	5
9. 나는 부정적인 평가에 예민하게 반응한다.	1	2	3	4	5
10. 나는 내 가치를 실현하는 삶을 살아가고 있다.	1	2	3	4	5
11. 나는 괴로운 생각이 떠오르면 그러한 생각을 곱씹는다.	1	2	3	4	5
12. 나는 직접 상황에 부딪혀 보지 않고 예상되는 생각만으로 두려움을 느낄 때가 있다.	1	2	3	4	5
13. 나는 지금 내 눈앞의 일에 주의를 집중할 수 있다.	1	2	3	4	5
14. 나는 매 순간 감정의 변화를 잘 알아차린다.	1	2	3	4	5
15. 나는 주변 상황의 변화를 잘 알아차린다.	1	2	3	4	5
16. 나는 현재 일어나는 나의 감정이나 생각을 잘 알아차린다.	1	2	3	4	5
17. 나는 삶의 방향을 정하고 그에 따라 행동하려고 노력한다.	1	2	3	4	5
18. 나는 목표를 달성하기 위해 다양한 행동방식을 취할 수 있다.	1	2	3	4	5

요인명	문항	평균	평균점 잇기	비고
개방성	1*+2*+4*+5*+9*+11*+12* / 7		1 2 3 4 5	
알아차림	3+14+15+16 / 4		1 2 3 4 5	
자발성	6+7+8+10+13+17+18 / 7		1 2 3 4 5	

* 역채점: 1 2 3 4 5 → 5 4 3 2 1

12장. 명상과 마음챙김

〈부록 12-1〉 위빠사나 명상을 활용한 심리기술훈련

(1) 위빠사나 명상을 활용한 심리기술 향상 프로그램

• 대상: 심리기술 향상을 원하는 누구나
• 목표: 위빠사나 명상을 통해 심리기술을 향상시킨다.
• 기간: 10회기(1회기 60분)
• 방법: 강의, 토론, 실습, 역할극 등

회기	주제	목적	내용
1	자기소개 및 프로그램 소개	프로그램 이해	프로그램의 목적과 목표, 진행 방식에 대한 이해
2	위빠사나 명상의 개념과 원리	위빠사나 명상의 이해	위빠사나 명상과 마음챙김의 개념, 원리, 중요성에 대한 이해
3	위빠사나 명상 실습	위빠사나 명상의 경험	호흡 명상, 몸 탐색 명상, 감각 명상 등 다양한 위빠사나 명상 기법 실습
4	마음챙김의 중요성	위빠사나 명상의 경험	무드라 호흡, 순련 호흡, 차크라 호흡의 개념, 중요성, 습관화 방법에 대한 이해
5	스트레스 대처	스트레스관리와 몸 탐색	스트레스의 개념, 원인, 종류, 대처 방법의 이해
6	감정 조절	감정 관리와 감각 명상	감정의 개념, 유형, 조절 방법에 대한 이해
7	사고의 긍정화	사고 관리와 무드라 호흡	사고의 개념, 유형, 긍정화 방법에 대한 이해
8	자기효능감 향상	자기효능감과 차크라명상	자기효능감의 개념, 중요성, 향상 방법 이해
9	실전 적용 연습	실전 적용 연습	위빠사나 명상을 기반으로 한 심리기술을 실전에서 적용하는 연습
10	마무리	프로그램 종합	프로그램의 종합 및 향후 계획에 대한 공유

• 프로그램 진행 시 유의 사항
√ 프로그램 참가자는 위빠사나 명상에 대한 기본적인 이해가 필요하다.
√ 프로그램 진행자는 참가자의 수준과 상황에 맞는 프로그램을 진행해야 한다.
√ 프로그램 참가자는 꾸준한 실천을 통해 위빠사나 명상을 통한 심리기술 향상을 기대할 수 있다.

〈부록 12-2〉 마음챙김을 활용한 심리기술훈련

(2) 마음챙김에 기반한 심리기술훈련 프로그램

다음 프로그램은 운동선수, 학생, 생활체육 참여자 등 다양한 분야의 사람들을 위한 마음챙김 프로그램이다.

• 프로그램의 목표
√ 마음챙김을 통해 심리적 안정성과 회복력을 향상시킨다.
√ 스트레스와 불안을 효과적으로 관리한다.
√ 집중력과 주의력을 향상시킨다.
√ 자신감을 향상시킨다.
√ 긍정적인 사고와 원활한 의사소통, 협업 능력을 향상시킨다.

• 프로그램의 진행

√ 각 회기별로 60분씩 개인 또는 소그룹으로 진행 가능하다.

√ 상담 진행 시 참가자들은 서로의 이야기를 경청하고, 공감하는 자세를 유지하도록 한다.

√ 진행자는 참여자의 수준과 상황에 맞는 프로그램을 진행한다.

√ 또한 참여자의 적극적 참여를 유도하고, 실습을 통해 내용을 익힐 수 있도록 한다.

√ 프로그램 종료 후에도 선수의 심리기술 향상을 지원할 수 있는 방안을 마련한다.

• 기대효과

1) 심리적 안정성과 회복력을 향상시켜, 스트레스와 불안을 효과적으로 관리할 수 있다.

2) 집중력과 주의력을 향상시켜, 경기상황을 잘 파악하고, 실수를 줄일 수 있다.

3) 자신감을 향상시켜, 경기에 대한 긍정적인 태도를 유지하고, 좋은 성과를 낼 수 있다.

4) 긍정적 사고와 원활한 의사소통, 협업 능력 향상으로 개인과 조직의 역량을 강화시킬 수 있다는 기대효과를 갖는다.

이러한 기대효과를 위해 본 프로그램의 구성은 〈표 1〉과 같이 마음챙김의 개념과 원리를 이해하고 실천을 위하여 난이도를 조절하여 순차적으로 10회기를 구성하였다. 각각의 회기는 〈표 2〉에서 보듯이 1-3주 단위를 유사주제로 묶어 상호 호환될 수 있도록 하였다.

〈표 1〉 마음챙김 심리기술훈련 프로그램

회기	주제	내용
1	마음챙김의 기초	마음챙김의 개념과 원리 이해, 호흡 명상
2	몸 탐색 명상	몸 탐색 명상, 마음챙김 일기 쓰기
3	마음챙김 명상 심화	마음챙김 명상 연습, 마음챙김 일기 쓰기
4	스트레스와 불안관리	스트레스와 불안의 원인 파악, 스트레스와 불안관리 방법 익히기
5	집중력 향상	마음챙김 명상, 집중력 향상 훈련
6	자신감 향상	자신의 강점과 약점 파악, 자신의 잠재력 믿기, 경기상황 시각화
7	긍정적인 사고	긍정적인 사고의 중요성 이해, 긍정적인 사고 훈련
8	원활한 의사소통	원활한 의사소통의 중요성 이해, 원활한 의사소통 훈련
9	협업 능력 향상	협업 능력의 중요성 이해, 협업 능력 훈련
10	프로그램 종합 및 향후 계획	프로그램 동안 배운 내용 종합, 향후 심리기술 향상을 위한 계획 수립

〈표 2〉 마음챙김 심리기술 단위별 훈련 프로그램

회기	주제	진행 방법
1-3회기	사전조사 및 마음챙김의 기초	마음챙김의 개념과 원리를 이해한다. 호흡 명상, 몸 탐색 명상을 통해 마음챙김을 경험한다. 마음챙김 일기를 통해 자신의 경험을 기록하고, 반성한다.
4-6회기	심리기술 향상	스트레스와 불안을 관리하는 다양한 방법을 익힌다. 집중력과 주의력을 이해하고 마음챙김을 통해 경험한다. 자신의 잠재력을 믿는 마음가짐을 기른다. 경기상황을 시각화하여, 실전에서 좋은 성과를 낼 수 있도록 준비한다.
7-9회기	의사소통과 팀워크	긍정적 사고, 원활한 의사소통, 협업 능력 등을 통해 다양한 심리기술을 응용하도록 익힌다. 심리기술 실습을 통해 자신의 심리기술을 향상시킨다.
10회기	프로그램 종합 및 향후 계획	프로그램 동안 배운 내용을 종합한다. 향후 심리기술 향상을 위한 계획을 수립한다.

〈부록 12-3〉 스포츠 마음챙김의 측정

질문지명	마음챙김스포츠심리기술척도(Mindfulness Sport Psychological Skills Scale; MSPSS)
질문지 개발 목적	MSPSS는 경쟁상황에서의 불안, 집중력 저하, 그에 따라 스트레스를 겪고 있는 선수들을 대상으로 수용 기반 마음챙김의 측정을 통하여 지금 이 순간에 대해 측정하여, 마음챙김을 위해 필요한 부분을 보완할 목적으로 개발됨.
MSPSS의 요인	10개 요인: 주의집중, 알아차림, 현재 자각, 개방성, 자기관용, 탈중심적 주의, 비판단, 수용, 재집중, 기술 등으로 탐색됨.
타당도 검증	위의 10요인 주의집중과 재집중이 하나의 요인으로, 비판단과 수용이 하나의 요인으로 묶여 총 8요인 32문항으로 타당화가 검증됨. 따라서 현장에서 사용할 경우 10요인으로 사용 가능함.
척도	6점 리커트 척도
역채점 및 해석	현재자각, 탈중심적주의, 비판단, 수용요인의 문항은 역채점하여 점수가 높으면 마음챙김의 정도가 강하고, 점수가 낮으면 마음챙김 정도가 낮은 것으로 해석

요인	번호	문항	
주의집중	1	나는 훈련이나 시합 시 장시간 주의를 기울이는 편이다.	1---2---3---4---5---6
	2	나는 훈련이나 시합 시 어떤 과제를 해결할 때, 그 과제에만 주의를 집중(몰두)하는 편이다.	1---2---3---4---5---6
	3	나는 훈련이나 시합 시 집중을 잘한다는 얘길 주변 사람들(예: 동료, 선생님)에게서 종종 듣는다.	1---2---3---4---5---6
알아차림	4	나는 훈련이나 시합 시 나타나는 내 느낌들을 알아차릴 수 있다.	1---2---3---4---5---6
	5	나는 훈련이나 시합 시 나타나는 내 감정들을 알아차릴 수 있다.	1---2---3---4---5---6
	6	나는 훈련이나 시합 시 떠오르는 내 생각들을 알아차릴 수 있다.	1---2---3---4---5---6
	7	나는 훈련이나 시합 시 불쑥 떠오르는 과거의 기억들을 알아차릴 수 있다.	1---2---3---4---5---6
현재자각*	9*	나는 훈련이나 시합 시 때때로 일어나는 내 느낌이나 감정이 무엇인지 구별할 수 없다.	1---2---3---4---5---6
	10*	나는 훈련이나 시합 시 서운하거나 화나는 감정을 느껴도, 어느 정도 시간이 지나기 전까지는 그것을 알아차리지 못한다.	1---2---3---4---5---6
	11*	나는 훈련이나 시합 시 순간순간 내가 바라는 것이 무엇인지 알 수 없는 때가 많다.	1---2---3---4---5---6
개방성	12	나는 훈련이나 시합 시 새로운 경험을 통해 무언가를 배운다고 생각한다.	1---2---3---4---5---6
	13	나는 훈련이나 시합 시 나 자신과 나의 삶에서 자극을 줄 만한 새로운 경험을 하는 것이 중요하다고 생각한다.	1---2---3---4---5---6
	14	나는 훈련이나 시합 시 어떤 것이든지 간에 알고자 하고, 경험하고자 한다.	1---2---3---4---5---6
	15	나는 훈련이나 시합 시 싫건 좋건 어떤 경험이든지, 내가 경험한 것은 그대로 받아들인다(수용한다).	1---2---3---4---5---6
자기관용	16	나는 훈련이나 시합 시 지금 이 순간(현재) 나의 모습에 만족한다.	1---2---3---4---5---6
	17	나는 훈련이나 시합 시 내 자신을 대견하다고 생각한다.	1---2---3---4---5---6
	18	나는 훈련이나 시합 시 내가 좋은 점을 많이 가지고 있다고 생각한다.	1---2---3---4---5---6
	19	나는 훈련이나 시합 시 선수로서의 지금의 내 모습이 좋다.	1---2---3---4---5---6
탈중심적주의*	20*	나는 훈련이나 시합 시 실망하면 그 타격이 너무 커서 그것을 떨쳐버릴 수가 없다.	1---2---3---4---5---6
	21*	나는 훈련이나 시합 시 닥칠지도 모르는 패배의 결과에 대해서 걱정에 빠져 있는 경우가 많다.	1---2---3---4---5---6
	22*	나는 훈련이나 시합 시 고민을 털어버리지 못하고 계속 집착한다.	1---2---3---4---5---6
	23*	나는 훈련이나 시합 시 결과에 대한 걱정 혹은 과거의 일에 몰두해 있는 때가 많다.	1---2---3---4---5---6
비판단*	24*	실수를 저지른 나에게 화내고 있음을 알아차리고, 화내는 나 자신을 비난한다.	1---2---3---4---5---6
	25*	훈련 및 시합에 집중하지 못하는 나를 알아차리고, 산만한 나를 비난한다.	1---2---3---4---5---6
수용*	28*	나는 훈련이나 시합 시 내 경험이 "가치가 있는지, 없는지" 평가하는 경향이 있다.	1---2---3---4---5---6
	29*	나는 훈련이나 시합 시 내가 생각하는 그런 방식으로 생각해서는 안 된다고 나 스스로 다짐을 하곤 한다.	1---2---3---4---5---6
재집중	30	내 몸이 아프다는 것을 알아차려도 나는 재빨리 내가 해야 할 일에 집중한다.	1---2---3---4---5---6
	31	내가 얼마나 피곤한지 알아차려도 나는 내가 집중할 것에 재빨리 주의를 가져올 수 있다.	1---2---3---4---5---6
	32	이기고 있어 정말 짜릿하다는 것을 알아차려도 내가 해야 될 것에 집중을 유지할 수 있다.	1---2---3---4---5---6
기술	33	나는 훈련이나 시합 시 내 감정을 말로 잘 설명할 수 있다.	1---2---3---4---5---6
	34	나는 훈련이나 시합 시 내 신념, 의견, 예상, 기대를 말로 잘 표현한다.	1---2---3---4---5---6
	35	나는 훈련이나 시합 시 느낌, 냄새, 소리에 대한 경험을 말로 잘 표현한다.	1---2---3---4---5---6

* 역채점 요인: 현재자각(9,10,11), 탈중심적주의(20,21,22,23), 비판단(24,25), 수용(28,29)

〈부록 12-4〉 명상 준비를 위한 요가 동작: 유연성을 위한 요가자세

〈부록 12-5〉 글쓰기 프롬프트

글쓰기 진행 방법
• 글쓰기는 아침, 낮, 또는 밤에 할 수 있습니다. 자신에게 가장 잘 맞는 시간을 찾아보세요. • 문항은 대상과 주어진 시간에 따라 선택해서 사용할 수 있습니다. • 저널을 시작할 때, 페이지 상단에 프롬프트를 적고, 15분(혹은 문항 수에 따라 적정시간 선정) 타이머를 설정한 후, 문법 등을 신경 쓰지 않고 자유롭게 작성하세요. • 시간이 다 되면 깊게 숨을 들이쉬고, 모든 것을 내려놓으세요. • 기분이 어떤지 느껴보세요. • 더 쓸 기분이 드나요, 아니면 마무리된 느낌이 드나요? • 자신의 감정에 따라 글을 써보세요. 아마 글을 다시 읽고 싶거나, 잊어버리거나, 찢어버리고 싶을 수도 있습니다.

프롬프트	답변
• 가장 좋아하는 휴가나 꿈의 휴가에 대해 써보세요.	•
• 누군가의 손을 처음 잡았을 때에 대해 써보세요.	•
• 마지막으로 나를 웃게 만든 사람/물건에 대해 써보세요.	•
• 14살의 나에게 편지를 써보세요.	•
• 그때 내가 지금의 나를 알았다면…	•
• 은행 계좌에 10억 달러가 있다면, 어떻게 그 돈을 벌었을까요?	•
• 맹인이 사랑에 빠진다면, 그의 감정은 어떻게 될까요?	•
• 어울리지 않는 친구에 대해 써보세요.	•
• 무엇이 당신을 웃게 하나요? 무엇이 당신을 행복하게 하나요?	•
• 쇼핑 리스트와 돈 쓰는 방법에 대해 써보세요.	•
• 나에게 영향을 준 선생님에 대해 써보세요.	•
• 한 시간 정도 밖에서 앉아 보세요. 들리는 소리들을 기록해 보세요.	•
• 거울이 말을 한다면? 거울이 뭐라고 말할까요?	•
• 어둠 속에서 벗어나 빛을 보는 순간에 대해 써보세요.	•
• 해가 뜨고, 해가 지고, 그 과정에서 영감을 얻을 수 있는 글을 써보세요.	•
• 보이지 않는 것들에서 영감을 얻어 시를 쓰거나 저널을 써보세요.	•
• 웃게 만드는 것들에 대해 시를 써보세요.	•
• 가장 좋아하는 계절에 대해 써보세요.	•
• 시간을 멈추고 싶었던 순간에 대해 써보세요.	•
• 누군가와 무엇인가를 나눈 경험에 대해 써보세요.	•
• 선인장의 관점에서 글을 써보세요. 사막에서 사는 느낌이나 가시가 있는 성격이 어떤지에 대해 상상해보세요.	•
• 나쁜 상황 속에서 일어난 좋은 일에 대해 써보세요.	•
• 무지개의 끝에는 무엇이 있을까요?	•
• 잡지에서 눈에 띄는 단어들을 잘라서 시나 이야기 시작에 활용해 보세요.	•
• 잡지에서 눈에 띄는 단어와 그림을 잘라서 콜라주를 만들어 보세요.	•
• 첫 키스에 대해 써보세요.	•
• 몇 분간 심호흡을 하며 마음을 가라앉히고, 그 후 떠오르는 첫 번째 생각들을 적어보세요.	•
• 구름을 바라보며 그 구름 속에서 무엇을 상상하는지 써보세요.	•
• 5분 타이머를 설정하고, 그냥 쓰기를 해보세요. 의미가 없어도, 완벽하지 않아도 괜찮습니다.	•

프롬프트	답변
• 상상 속의 여행을 떠나며 겪을 일들을 써보세요.	•
• 나 자신에게 약속하고 싶은 것에 대해 써보세요.	•
• 현재 순간을 사는 것에 대해 써보세요.	•
• 포기하지 않는 것에 대해 써보세요.	•
• 내 신념에 대한 개인적인 신조를 써보세요.	•
• 우연히 일어난 긍정적인 일에 대해 써보세요.	•
• 누군가가 나를 용서했거나 내가 누군가를 용서한 경험에 대해 써보세요.	•
• 작고 사소하게 여겨질 수 있는 친절한 행동에 대해 써보세요.	•
• 인생에서 상황이 전환된 순간에 대해 써보세요.	•
• 카메라를 들고 산책하며 찍은 사진 중 하나에 대한 이야기를 써보세요.	•
• 오늘의 좋은 일 다섯 가지를 적어보세요.	•
• 행복을 느끼게 하는 것들을 20가지 적어보세요.	•
• 새롭게 배우고 싶은 기술과 그것을 배우는 방법에 대해 써보세요.	•
• 달성하고 싶은 장기 목표에 대해 써보세요.	•
• 오늘 하루 집중하고 싶은 긍정적인 단어에 대해 써보세요(예: 기쁨, 감사, 사랑, 용기 등).	•
• 오늘의 성취와 승리들을 적어보세요, 크고 작은 것들 모두 적고 하나하나 기념해 보세요.	•
• 걱정을 풀어내는 글쓰기를 해보세요. 머릿속의 생각들을 모두 적고, 글을 다 쓴 후 그 생각들을 잠시 일지에 두고 다시 생각할 때 더 명확해질 수 있도록 하세요.	•
• 조용히 몇 분간 앉아 호흡하고 몸의 소리에 집중해 보세요. 몸은 무엇을 말하고 있나요?	•
• 누군가의 삶에 긍정적인 영향을 준 이야기를 써보세요.	•
• 웃음이 멈추지 않았던 친구에 대해 써보세요.	•
• 내가 받은 가장 좋은 조언은 무엇인가요?	•
• 내가 방문한 가장 평화로운 장소에 대해 써보세요.	•
• 친구가 어려움에 처했을 때 내가 할 말을 써보세요.	•
• 내가 감사하는 것에 대해 써보세요.	•
• 과거의 도전이 어떻게 선물로 변했는지 써보세요.	•
• 내가 원하는 것이 무엇이든 보장된다면 무엇을 요청할까요?	•
• 내가 행복해지는 20가지를 다시 적어보세요.	•
• 가고 싶은 여행지와 그 이유에 대해 써보세요.	•
• 행복한 것을 그려보고 그에 대한 이야기를 써보세요.	•
• 미래의 나에게 편지를 써보세요.	•
• 내 삶에 영향을 미친 것들, 사람들, 기회들에 대해 써보세요.	•
• 오늘의 놀라운 일에 대해 써보세요.	•

〈부록 13-1〉 스포츠 수행전략 2(TOPS 2)검사지

스포츠 수행전략 2(TOPS 2)검사지

다음은 '스포츠 수행전략'에 관한 질문입니다. 평소 훈련과 시합 때 귀하가 느끼는
생각과 행동의 정도를 나의 마음가짐과 일치하는 곳에 "V"표로 빠짐없이 표시하여 주시기 바랍니다.

문 항	전혀 안 그렇다	거의 안 그렇다	가끔 그렇다	자주 그렇다	항상 그렇다
1. 시합에서 최선을 다할 수 있도록 긍정적인 혼잣말을 한다.	1	2	3	4	5
2. 혼잣말을 효과적으로 잘한다.	1	2	3	4	5
3. 시합에 도움이 되는 말을 자신에게 한다.	1	2	3	4	5
4. 시합에 도움이 되는 특정 단어나 말을 한다.	1	2	3	4	5
5. 시합 때 부담이 크면 감정 조절이 잘 안 된다.	1	2	3	4	5
6. 시합 때 감정 조절이 잘 되지 않아 힘들다.	1	2	3	4	5
7. 실수를 하면 감정 조절이 어려워진다.	1	2	3	4	5
8. 감정 때문에 실력 발휘를 못 한다.	1	2	3	4	5
9. 내 몸이 기술을 잘 수행할 것으로 믿는다.	1	2	3	4	5
10. 자동적으로 기술이 나올 만큼 충분히 준비되어 있다.	1	2	3	4	5
11. 부분 동작에 신경 쓰지 않아도 전체 동작이 자연스럽게 된다.	1	2	3	4	5
12. 시합에 대한 개인 목표를 세운다.	1	2	3	4	5
13. 매우 세부적인 목표를 세운다.	1	2	3	4	5
14. 시합목표를 달성했는지 평가한다.	1	2	3	4	5
15. 시합에 대한 결과목표를 세운다.	1	2	3	4	5
16. 시합을 하기 전에 동작을 머릿속으로 미리 연습해 본다.	1	2	3	4	5
17. 시합을 하기 전에 시합 절차(루틴)를 상상해 본다.	1	2	3	4	5
18. 시합의 느낌을 머릿속으로 상상한다.	1	2	3	4	5
19. 내가 원하는 시합 상황을 머릿속으로 떠올려 본다.	1	2	3	4	5
20. 시합을 더 잘하도록 긴장을 잘 풀 수 있다.	1	2	3	4	5
21. 어려운 상황에서 긴장 풀기로 대처한다.	1	2	3	4	5
22. 평정심을 잃을 것 같으면 긴장 풀기를 한다.	1	2	3	4	5
23. 시합을 위해 나 자신을 침착하고 편안하게 만든다.	1	2	3	4	5
24. 내가 잘못하는 것(실수)이 떠오른다.	1	2	3	4	5
25. 내가 실수하는 장면이 떠오른다.	1	2	3	4	5
26. 시각적인 방해요인의 영향을 받는다.	1	2	3	4	5
27. 시합 환경 조건들에 의해 영향을 받는다.	1	2	3	4	5
28. 잠을 잘 못 자면 시합 때 영향을 받는다.	1	2	3	4	5

하위변인	문항 번호	문항 수
혼잣말	1,2,3,4	4문항
감정 조절	5,6,7,8	4문항
자동적 수행	9,10,11	3문항
목표설정	12,13,14,15	4문항
심상	16,17,18,19	4문항
긴장 풀기	20,21,22,23	4문항
부정적 생각	24,25	2문항
주의산만	26,27,28	3문항
합계	총 28문항	

〈부록 13-2〉 운동 스트레스 검사지

e스포츠 운동 스트레스 검사지

아래 문항들은 e스포츠 선수의 '운동 스트레스'에 대한 질문입니다.
귀하가 생각하는 정도를 해당 칸에 "V"표로 빠짐없이 표시하여 주시기 바랍니다.

문 항	전혀 안 그렇다	거의 안 그렇다	가끔 그렇다	자주 그렇다	항상 그렇다
1. 코치나 감독이 욕할 때 스트레스를 받는다.	1	2	3	4	5
2. 코치나 감독이 무시할 때 스트레스를 받는다.	1	2	3	4	5
3. 코치나 감독이 때릴 때 스트레스를 받는다.	1	2	3	4	5
4. 코치나 감독이 차별 대우를 할 때 스트레스를 받는다.	1	2	3	4	5
5. 코치나 감독이 잔소리할 때 스트레스를 받는다.	1	2	3	4	5
6. 코치나 감독이 이유 없이 화를 낼 때 스트레스를 받는다.	1	2	3	4	5
7. 진로문제로 부모님과 다툴 때 스트레스를 받는다.	1	2	3	4	5
8. 주위의 지나친 기대 때문에 스트레스를 받는다.	1	2	3	4	5
9. 진로에 대한 고민 때문에 스트레스를 받는다.	1	2	3	4	5
10. 진로가 결정되지 않아서 스트레스를 받는다.	1	2	3	4	5
11. 프로팀에(프로팀에 계속 남아 있지) 못갈 것 같아서 스트레스를 받는다.	1	2	3	4	5
12. 선수로 성공할 수 없을 것 같아서 스트레스를 받는다.	1	2	3	4	5
13. 컨디션이 나쁘거나 슬럼프에 빠졌을 때 스트레스를 받는다.	1	2	3	4	5
14. 게임에 대한 자신감을 잃었을 때 스트레스를 받는다.	1	2	3	4	5
15. 부상을 당했을 때 스트레스를 받는다.	1	2	3	4	5
16. 시합에서 실수를 했을 때 스트레스를 받는다.	1	2	3	4	5
17. 시합을 잘 못했을 때 스트레스를 받는다.	1	2	3	4	5
18. 게임이 내 맘대로 잘 되지 않아서 스트레스를 받는다.	1	2	3	4	5
19. 장기간의 합숙 때문에 스트레스를 받는다.	1	2	3	4	5
20. 휴가나 외출, 외박이 짧아서 스트레스를 받는다.	1	2	3	4	5
21. 단체생활로 인해 개인행동이 제한될 때 스트레스를 받는다.	1	2	3	4	5
22. 솔로랭크 순위를 올리기 위해 새벽 늦게까지 게임을 할 때 스트레스를 받는다.	1	2	3	4	5
23. 여가 시간을 누리지 못해서 스트레스를 받는다.	1	2	3	4	5

하위변인	문항 번호	문항 수
지도력 불만	1,2,3,4,5,6	6문항
진로 고민	9,10,11,12	4문항
기능 및 경기내용 불만	13,14,15,16,17,18	6문항
개인 시간 제약	19,20,21,22,23	5문항
합계	총 23문항	

〈부록 13-3〉 스포츠대처기술 질문지

스포츠대처기술 검사지(ACSI-28)

다음은 '스포츠 대처'에 관한 질문입니다. 귀하가 생각하는 정도를 해당 칸에 "V"표로 빠짐없이 표시하여 주시기 바랍니다.

문 항	전혀 안 그렇다	가끔 그렇다	자주 그렇다	항상 그렇다
1. 나는 하루 또는 일주일 단위로 해야 할 것을 제시해 주는 아주 구체적인 목표를 내 스스로 정한다.	1	2	3	4
2. 나는 내가 갖고 있는 재능과 기술을 최대한 발휘할 수 있다.	1	2	3	4
3. 내가 저지른 실수를 어떻게 고칠 것인가에 대해 코치나 감독이 이야기하면, 나는 그것을 사적인 일로 받아들이고 화내는 경향이 있다.(R)	1	2	3	4
4. 시합을 하고 있을 때 나는 주의집중을 잘할 수 있고 주의가 흐트러지지 않도록 할 수 있다.	1	2	3	4
5. 시합에서 상황이 아무리 불리해지더라도 나는 긍정적이고 열성적으로 한다.	1	2	3	4
6. 나는 긴장 압박이 되면 생각이 더 뚜렷해져서 시합을 더 잘하는 경향이 있다.	1	2	3	4
7. 다른 사람이 나의 운동대처기술에 대해 어떻게 생각할 것인가에 대하여 상당히 걱정한다.(R)	1	2	3	4
8. 내 목표를 달성하기 위해 나는 충분한 계획을 세우는 경향이 있다.	1	2	3	4
9. 나는 시합을 잘할 것이라는 자신감이 있다.	1	2	3	4
10. 나는 코치나 지도자가 질책을 하면 받아들이기보다는 화가 먼저 치밀어 오른다.(R)	1	2	3	4
11. 나는 내 주의를 흐트러뜨리는 잡생각에 구애하지 않고 집중할 수 있다.	1	2	3	4
12. 시합을 어떻게 할 것인가 걱정하기 때문에 내 스스로 많은 압박을 받는다.(R)	1	2	3	4
13. 나는 연습할 때마다 내 스스로의 대처기술목표를 설정한다.	1	2	3	4
14. 연습이나 경기 때 누가 시키지 않아도 내 스스로 100% 최선을 다한다.	1	2	3	4
15. 코치가 나에게 큰소리치거나 질책을 해도 나는 기분 상하지 않고 나의 잘못을 수정한다.	1	2	3	4
16. 시합에서 예상하지 못한 상황이 일어나도 나는 아주 잘 처리한다.	1	2	3	4
17. 상황이 나에게 불리하게 되더라도 나는 침착하라고 스스로에게 말을 하며, 이것은 실제로 나를 침착하게 해준다.	1	2	3	4
18. 시합 중에 압박감이 커지면 커질수록 나는 이를 더욱더 즐긴다.	1	2	3	4
19. 시합을 하는 도중에 나는 실수하거나 제대로 못 할까 바 걱정한다.(R)	1	2	3	4
20. 나는 시합 전에 미리 준비된 시합전략을 가지고 있다.	1	2	3	4
21. 너무 긴장하고 있다고 느낄 때 나는 신속히 몸의 긴장을 풀고 침착하게 할 수 있다.	1	2	3	4
22. 압박받는 상황을 나는 도전이라고 생각하고 기꺼이 받아들인다.	1	2	3	4
23. 내가 실패하거나 시합이 잘 풀리지 않을 경우 발생될 일을 생각하고 상상한다.(R)	1	2	3	4
24. 상황이 어떻게 변하더라도 나는 정서적 안정을 유지한다.	1	2	3	4
25. 나는 어떤 사물이나 사람에게 쉽게 내 주의를 집중시킬 수 있다.	1	2	3	4
26. 내 목표달성에 실패를 하면 나는 더욱더 열심히 한다.	1	2	3	4
27. 나는 지도자의 충고나 지도를 주의 깊게 받아들여 내 기술을 향상시킨다.	1	2	3	4
28. 긴장과 압박받는 상황에서는 주의집중이 더 잘되기 때문에 실수를 더 적게 한다.	1	2	3	4

* (R) 표시 문항은 역으로 채점한다.

하위변인	문항 번호	문항 수
역경에 대한 대처	26, 27, 25, 28	각 4문항
압박감 해소	7*, 17, 20, 23*	
목표설정	10*, 9, 12*,11	
집중력	16, 15, 24, 22	
시합 걱정의 자유	14, 6, 19*, 8	
자신감과 성취동기	8, 4, 3*, 13	
자기코칭 행동	1, 2, 5, 21	
합계	총 28문항	

*역채점 문항

14장. 스포츠심리상담과 의사소통

〈부록 14-1〉 팀 커뮤니케이션 질문지

팀 커뮤니케이션 검사지

다음은 '팀 커뮤니케이션'에 관한 질문입니다. 귀하가 생각하는 정도를 해당 칸에 "V"표로 빠짐없이 표시하여 주시기 바랍니다.

문 항	전혀 안 그렇다	대체로 아니다	그렇지 않다	보통 이다	그렇다	대체로 그렇다	매우 그렇다
1. 별명이나 애칭을 부른다.	1	2	3	4	5	6	7
2. 화가 나면 소리를 지른다.	1	2	3	4	5	6	7
3. 시합 또는 연습 중 발생하는 모든 문제를 다 얘기한다.	1	2	3	4	5	6	7
4. 서로를 신뢰한다.	1	2	3	4	5	6	7
5. 의견이 불일치하거나 대립이 있을 경우 직접적으로 대화하려고 노력한다.	1	2	3	4	5	6	7
6. 우리의 감정이나 느끼는 바를 솔직하게 말한다.	1	2	3	4	5	6	7
7. 선수들끼리만 아는 용어를 사용한다.	1	2	3	4	5	6	7
8. 의견이 다를 경우 서로 의논하지 않는다.	1	2	3	4	5	6	7
9. 선수들만 아는 제스처(몸짓/행동)를 사용한다.	1	2	3	4	5	6	7
10. 화/분노를 몸짓을 통해 전한다.	1	2	3	4	5	6	7
11. 서로서로 생각을 공유한다.	1	2	3	4	5	6	7
12. 화가 나서 이성을 잃고 성질부리는 것을 보인다.	1	2	3	4	5	6	7
13. 느끼는 감정에 대해서 얘기하지 못할 이유가 없다.	1	2	3	4	5	6	7
14. 반드시 모든 선수들이 함께 하도록 노력한다.	1	2	3	4	5	6	7
15. 의견이 다를 경우 서로 타협한다.	1	2	3	4	5	6	7

하위변인	문항 번호	문항 수
수용	4, 6, 11, 14	4문항
특수성	1, 7, 9	3문항
긍정갈등	3, 5, 13, 15	4문항
부정갈등	2, 8, 10, 12	4문항
합계	총 15문항	

참고문헌

제1부 스포츠심리상담의 이론

1장. 스포츠심리상담사 되기

국민체육진흥공단 (2024). 국민체육진흥공단(2024). https://www.kspo.or.kr/kspo/main/main.do

김건태·민가경 영상: 로이터. https://www.youtube.com/watch?v=hFkTjm-WEh8(서울=연합뉴스)

김병준 (2001). 한국판 신체적 자기개념 측정도구 개발. 한국스포츠심리학회지, 12(2), 69-90.

대한체육회 공식 블로그. https://blog.naver.com/sports_7330/222514384745

스포츠심리상담사 윤리 규정. https://kssp21.or.kr/homepage/custom/rules1

스포츠심리상담사. https://kssp21.or.kr/board/societyNotice

윤지현 (2022). 화상상담 회기와 대면상담 회기 간 즉시적 평가, 공감, 실제관계의 차이. 국내 석사학위논문. 중앙대학교 대학원. 서울.

장덕선 (1998). 스포츠카운슬링. 1998 한국스포츠심리학회 동계 워크샵 자료.

캐나다스포츠심리학회(CSPA). https://appliedsportpsych.org/certification/. https://www.cspa-acps.com/professional-standards

한국스포츠심리학회 스포츠심리상담사 자격 규정. https://kssp21.or.kr/homepage/custom/Qualification

한국스포츠심리학회. https://kssp21.or.kr/

Andersen, M. B., Williams, J. M., Aldridge, T., & Taylor, J. (1997). Tracking the training and careers of graduates of advanced degree programs in sport psychology, 1989 to 1994. The Sport Psychologist, 11(3), 326-344.

APA (2003). Proficiency in sport psychology. American Psychologist, 58(3), 218-227.

Bandura A. (1997). Self-Efficacy: The Exercise of Control. New York: W.H. Freeman.

Bar-Eli, E., Tenenbaum, G., Pie, R., Btesh, A., & Almog, M. (2007). Goal setting in competitive sport: A review and synthesis. Journal of Sport Psychology, 29(2), 197-225.

Bar-Eli, M., Dreshman, R., Blumenstein, B., & Weinstein, Y. (2002). The effect of mental training with biofeedback on the performance of young swimmers. Applied psychology, 51(4), 567-581.

Blumenstein, B., & Hung, E. T. M. (2016). Biofeedback in sport. In Routledge international handbook of sport psychology (pp. 429-438). Routledge.

Bühlmayer, L., Birrer, D., Röthlin, P., Faude, O., & Donath, L. (2017). Effects of mindfulness practice on performance-relevant parameters and performance outcomes in sports: A meta-analytical review. Sports medicine, 47, 2309-2321.

Burton, D. (1989). The effects of goal setting on performance: A meta-analysis. Psychological Bulletin, 106(3), 252-269.

Cacioppo, J.T., Tassinary, L.G. & Berntson, G.G. (2016). Strong inference in psychophysiological science. In Cacioppo, J. T., Tassinary, L. G., & Berntson, G. G. (eds.). Handbook of Psychophysiology, 4th edition. (pp 13-15) Cambridge, UK: Cambridge University Press.

Camacho, T. C., Roberts, R. E., Lazarus, N. B., Kaplan, G. A., & Cohen, R. D. (1991). Physical activity and depression: evidence from the Alameda County Study. American Journal of Epidemiology, 134(2), 220-231.

Canadian Centre for Mental Health and Sport. https:// www.ccmhs-ccsms.ca/

Carron, A. V., & Eys, M. A. (2012). Group dynamics in sport. Routledge.

Carron, A. V., Colman, A. M., Wheeler, P., & Stevens, J. (2002). Cohesion and performance in sport groups: A meta-analysis. Journal of Sport Psychology, 14(2), 142-151.

Carron, A. V., Widmeyer, W. N., & Brawley, L. R. (1985). The development of an instrument to assess cohesion in sport teams: The Group Environment Questionnaire. Journal of Sport Psychology, 7(3), 244-266.

Cheng, M. Y., Huang, C. J., Chang, Y. K., Koester, D., Schack, T., & Hung, T. M. (2015). Sensorimotor rhythm neurofeedback enhances golf putting performance. Journal of Sport and Exercise Psychology, 37(6), 626-636.

Davis, P. A., & Sime, W. E. (2005). Toward a psychophysiology of performance: Sport psychology principles dealing with anxiety. International Journal of Stress Management, 12(4), 363.

Davis, S. F., Huss, M. T., & Becker, A. H. (1995). Norman Triplett and the dawning of sport psychology. The Sport Psychologist, 9(4), 366-375.

Evans, L., Jones, L., & Mullen, R. (2004). An imagery intervention during the competitive season with an elite rugby union player. The Sport Psychologist, 18(3), 252-271.

Feltz, D. L. (1984). The self-efficacy effect in sport. Journal of Sport Psychology, 6(1), 112-125.

Feltz, D. L., & Lirgg, C. D. (1998). Perceived team and player efficacy in hockey. Journal of applied psychology, 83(4), 557.

Filaire, E., Alix, D., Ferrand, C., & Verger, M. (2009). Psychophysiological stress in tennis players during the first single match of a tournament. Psychoneuroendocrinology, 34(1), 150-157.

Fitzpatrick, S. J., Monda, S. J., & Wooding, C. B. (2016). Great expectations: Career planning and training experiences of graduate students in sport and exercise psychology. Journal of Applied Sport Psychology, 28(1), 14-27.

Gardner, F. L., & Moore, Z. E. (2007). The psychology of enhancing human performance: The Mindfulness-Acceptance-Commitment (MAC) approach. Springer Publishing Co.

Gardner, M. J., & Moore, M. J. (2004). Mindfulness and sport: An overview and an introduction to the special issue. Journal of Sport Psychology, 16(2), 112-129.

Gardner, M. J., & Moore, M. J. (2012). Mindfulness in sport: An emerging area of research and practice. In Routledge handbook of sport psychology (pp. 354-368). Routledge.

Gevirtz, R. N. (2007). Psychophysiological perspectives on stress-related and anxiety disorders. In P. M. Lehrer, R. L. Woolfolk, & W. E. Sime (Eds.), Principles and practice of stress management (3rd ed., pp. 209-226). The Guilford Press.

Gill, D. G., & Williams, J. M. (2008). Applied sport psychology: Personal growth and performance enhancement (6th ed.). Human Kinetics.

Gould, D., & Tuffey, S. (1996). Zones of optimal functioning research: A review and critique. Anxiety, Stress, and Coping, 9(1), 53-68.

Gruzelier, J., Egner, T., & Vernon, D. (2006). Validating the efficacy of neurofeedback for optimising performance. Progress in brain research, 159, 421-431.

Hammond, D. C. (2011). What is neurofeedback: An update. Journal of neurotherapy, 15(4), 305-336.

Hanin, Y. L. (1997). Emotions and athletic performance: Individual zones of optimal functioning model. European Yearbook of Sport Psychology, 1, 29-72.

Hanin, Y. L. (2003). Performance Related Emotional States in Sport: A Qualitative Analysis. Forum Qualitative Sozialforschung Forum: Qualitative Social Research, 4(1). https://doi.org/10.17169/fqs-4.1.747

Hayes, S. C., Strosahl, K., & Wilson, K. G. (1999). Acceptance and commitment therapy: An experiential approach to behavior change. New York: Guilford Press.

https://www.qualitative-research.net/index.php/fqs/article/view/747/1618

Hutchinson, J. C., Sherman, T., Martinovic, N., & Tenenbaum, G. (2008). The effect of manipulated self-efficacy on perceived and sustained effort. Journal of Applied Sport Psychology, 20(4), 457-472.

IOC. (2021). Mental health in elite toolkit. https://olympics.com/ioc/news/ioc-expands-mental-health-support-for-athletes

Jimenez Morgan, S., & Molina Mora, J. A. (2017). Effect of heart rate variability biofeedback on sport performance, a systematic review. Applied psychophysiology and biofeedback, 42(3), 235-245.

Jones, G., & Swain, M. (1995). An attributional analysis of anxiety and self-confidence in sport. Journal of Sport Psychology, 7(2), 113-129.

Jones, J. G., & Hardy, L. (Eds.). (1990). Stress and performance in sport. John Wiley & Sons.

Kabat-Zinn, J. (1994). Mindfulness for everyday life. Piatkus Books.

Kabat-Zinn, J. (2017). Too early to tell: the potential impact and challenges—ethical and otherwise—inherent in the mainstreaming of dharma in an increasingly dystopian world. Mindfulness, 8(5), 1125-1135.

Kabat-Zinn, J., Beall, B., & Rippe, J. (1985, June). A systematic mental training program based on mindfulness meditation to optimize performance in collegiate and Olympic rowers. In Poster presented at the World Congress in Sport Psychology, Copenhagen, Denmark.

Kaufman, K. A., Glass, C. R., & Pineau, T. R. (2018). Mindful sport performance enhancement: Mental training for athletes and coaches. American Psychological Association.

Kaufman, K. A., Glass, G. V., & Arnkoff, F. N. (2009). Mindfulness-based stress reduction (MBSR) for sport and exercise psychology: A review of the literature and directions for future research. Journal of Sport Psychology, 21(2), 246-269.

Kyllo, L. S., & Landers, D. M. (1995). Goal setting and performance: A meta-analysis. Journal of Sport Psychology, 17(2), 113-130.

Landers, D. M., & Arent, S. M. (2010). Arousal-performance relationship: A review of research and theory. Journal of Sport Psychology, 32(1), 1-26.

Lundqvist, A., Ståhl, C., Kenttä, G., & Thulin, I. (2018). Effects of mindfulness-based stress reduction on stress, anxiety, and depression: A systematic review and meta-analysis. Journal of Psychosomatic Research, 104, 9-22.

MacDonald, A., Oprescu, M., & Kean, M. (2018). Mindfulness-based interventions for anxiety: A meta-analysis. Journal of Clinical Psychology, 74(4), 409-422.

Mammen, G., & Faulkner, G. (2013). Exercise and depression: A meta-analysis of randomized controlled trials. Journal of Affective Disorders, 149(1), 36-44.

Martens, R., Sharman, A., Weinberg, R. S., & Brown, B. A. (1990). A multidimensional approach to anxiety and sport performance. Journal of Sport Psychology, 12(1), 59-72.

Martindale, A., & Collins, D. (2010). But why does what works work? A response to Fifer, Henschen, Gould, and Ravizza, 2008. The Sport Psychologist, 24(1), 113-116.

Mirifar, A., Beckmann, J., & Ehrlenspiel, F. (2017). Neurofeedback as supplementary training for optimizing athletes' performance: A systematic review with implications for future research. Neuroscience & Biobehavioral Reviews, 75, 419-432.

Moore, B. (2009). Emotional intelligence for school administrators: A priority for school reform?. American Secondary Education, 20-28.

Moritz, S. E., Feltz, D. L., Fahrbach, K. C., & Mack, D. J. (2000). The relation of self-efficacy measures to sport performance: A meta-analytic review, Research Quarterly for Exercise and Sport, vol. 71, no. 3, pp. 280-94. Available from: ProQuest Health & Medical Complete; ProQuest Medical Library; ProQuest Nursing & Allied Health Source.

Murphy, M., & Murphy, P. (2013). The role of sport psychologists in elite sport settings: A review of the literature. Journal of Sport Science & Medicine, 12(3), 237-248.

Myers, N. D., Feltz, D. L., & Short, S. E. (2004). Collective Efficacy and Team Performance: A Longitudinal Study of Collegiate Football Teams. Group Dynamics: Theory, Research, and Practice, 8(2), 126-138.

NCPP(2025). https://coach.ca/new-coaching/about-nccp

Nideffer, R. E., & Segal, R. A. (2001). Attention and performance XIX: The psychology of attention. MIT Press.

Nideffer, R. E., & Singer, W. (1976). Attention and performance V. Academic Press.

Nideffer, R. M. (1976). Test of attentional and interpersonal style. Journal of Personality and Social Psychology, 34(3), 394-404.

Post, P., Muncie, S., & Simpson, D. (2012). The effects of imagery training on swimming performance: An applied investigation. Journal of Applied Sport Psychology, 24(3), 323-337.

Rebar, A. L., Stanton, R., Geard, D., Short, C., Duncan, M. J., & Vandelanotte, C. (2015). A meta-meta-analysis of the effect of physical activity on depression and anxiety in non-clinical adult populations. Health Psychology Review, 9(3), 366-378.

Ridley, T. V., Kelly, I. W., & Mollen, E. J. (2011). Micro-skills training for sport psychologists: A meta-analysis of experimental studies. The Sport Psychologist, 25(4), 447-469.

Rosenbaum, S., Tiedemann, A., Sherrington, C., Curtis, V., & Ward, T. (2014). Physical activity interventions for schizophrenia: A systematic review and meta-analysis. BMC Psychiatry, 14(1), 204.

Rumbold, J. L., Fletcher, D., & Daniels, K. (2012). A systematic review of stress management interventions with sport performers. Sport, Exercise, and Performance Psychology, 1(3), 173-193.

Santorelli, S. F. (1999). Heal thy self: Lessons on mindfulness in medicine, 45-50. New York: Bell Tower, NY.

Schinke, M. E., Stambulova, V., Si, D., & Moore, S. M. (2017). Physical activity and mental health: An update and synthesis. Sports Medicine, 47(10), 1899-1927.

Schwartz, M. S., & Andrasik, F. (2017). Biofeedback: A practitioner's guide. Guilford Publications.

Shirazipour, C. H., Evans, M. B., Caddick, N., Smith, B., Aiken, A. B., Ginis, K. A. M., & Latimer-Cheung, A. E. (2017). Quality participation experiences in the physical activity domain: Perspectives of veterans with a physical disability. Psychology of Sport and Exercise, 29, 40-50.

Spence, D. W., & Spence, K. W. (1966). The motivational effects of competition and task mastery. Journal of Abnormal and Social Psychology, 71(3), 239-248.

Syrjä, P., & Hanin, Y. L. (1997). Measurement of emotion in sport: a comparison of individualized and normative scales. In Ronnie Lidor & Michael Bar-Eli (Eds.), ISSP IX World Congress of Sport Psychology. Proceedings, Part 2 (pp.682-684). Netanya, Israel: Wingate Institute.

Vealey, R. S., & Chase, M. A. (2008). Self-confidence in sport. In T. S. Horn (Ed.), Advances in sport psychology (3rd ed., pp. Human Kinetics.

Vernon, M. (2005). Fifty Years of Research on the Intelligence of Deaf and Hard-of-Hearing Children: A Review of Literature and Discussion of Implications. Journal of Deaf Studies and Deaf Education, 10(3), 225-231.

Vidic, Z., Martin, M. S., & Oxhandler, R. (2018). Mindfulness meditation intervention with male collegiate soccer players: effect on stress and various aspects of life. Sport J, 1.

Weinberg, R. S. (2000). Goals and achievement in sport and exercise. Human Kinetics.

Weinberg, R. S. (2004). The role of goals in sport and exercise. In K. R. LeUnig & J. M. Williams (Eds.), Handbook of sport and exercise psychology (pp. 41-64). Human Kinetics.

Weinberg, R. S., & Gould, D. (2015). Foundations of Sport and Exercise Psychology. Human Kinetics.

Wulf, G. (2013). Motor control and learning (4th ed.). Human Kinetics.

Wylleman, P., Harwood, C. G., Elbe, A. M., Reints, A., & De Caluwe, D. (2009). A perspective on education and professional development in applied sport psychology. Psychology of Sport and Exercise, 10(4), 435-446.

Xiang, M. Q., Hou, X. H., Liao, B. G., Liao, J. W., & Hu, M. (2018). The effect of neurofeedback training for sport performance in athletes: A meta-analysis. Psychology of Sport and Exercise, 36, 114-122.

Zhang, C. Q., Si, G., Duan, Y., Lyu, Y., Keatley, D. A., & Chan, D. K. (2016). The effects of mindfulness training on beginners' skill acquisition in dart throwing: A randomized controlled trial. Psychology of Sport and Exercise, 22, 279-285.

2장. 스포츠심리상담의 이해

김영석 (1993). 상담과정의 역동성. 서울: 학지사.

김춘경, 이수연, 이윤주, 정종진, 최웅용(2016). 상담학 사전(SET). 서울: 학지사.

원호택, 김용철, 최현정, 김현숙, 김병호, 김성호, 박지혜, 김미경, 김정현(2003). 인지행동치료. 서울: 학지사.

응용스포츠심리학회. https://appliedsportpsych.org/certification/

이장호 (1995). 상담심리학. 서울: 박영사.

이형득 (2001). 상담기술. 서울: 학지사.

장덕선, 이에리사, 정구인 (2005). 스포츠 카운슬링. 서울: 태근문화사.

박찬훈 (2021). 상담윤리 자기 효능감 척도의 타당성 탐색. 국내석사학위논문 서울대학교 대학원, 서울.

Andersen, M. B. (2013). Psychodynamic psychotherapy: A clinical model. Washington, DC: American Psychological Association.

APA (2002). https://www.apa.org/ethics/code

Apitzsch, H. (1995). Ego defense mechanisms in sports psychology. In R. N. Singer, M. L. Hausenblas, & C. K. D. (Eds.), Handbook of sport psychology (2nd ed., pp. 361-377). Washington, DC: American Psychological Association.

Association for Applied Sport Psychology (AASP). (2007). https://appliedsportpsych.org/

Beck, A. T. (1985). Cognitive therapy for depression and anxiety. New York: Guilford Press.

Bennett, G., & Pravitz, D. (1987). Time management: A skill for athletes. The Sport Psychologist, 1(1), 32-41.

Carkhuff, R. R. (2000a). The art of helping. Alexandria, VA: American Counseling Association.

Carkhuff, R. R. (2000b). Helping for real: Key components of effective helping (2nd ed.). Alexandria, VA: American Counseling Association.

Corey, G. (2015). Theory and practice of counseling and psychotherapy (9th ed.). Belmont, CA: Brooks/Cole.

Egan, G. (1976). The skilled helper: A systematic approach to effective counseling. Monterey, CA: Brooks/Cole.

Elliott, R., Bohart, G. T., Watson, J. C., & Greenberg, L. S. (2011). What is the role of empathy in psychotherapy? A synthesis. Psychotherapy: Theory, Research & Practice, 48(3), 259-271.

Etzel, S. J., Yura, M. C., Perna, L. M., & Vosloo, S. (2014). Ethical issues in sport psychology. In J. M. Williams & D. C. Landers (Eds.), Applied sport psychology: A comprehensive guide to theory, practice, and research (6th ed., pp. 185-207). Champaign, IL: Human Kinetics.

Gazda, G. R. (1998). Principles and techniques of counseling and psychotherapy (5th ed.). Belmont, CA: Wadsworth.

Gazda, G. R., Asbury, F. W., Balzer, W. J., Childers, C. R., & Phelps, S. K. (1998). Principles and techniques of counseling and psychotherapy (5th ed.). Belmont, CA: Wadsworth.

Gould, D., Ecklund, P. C., & Jackson, M. (1992). Effects of mental imagery training on simulated golf performance. Journal of Sport Psychology, 4(1), 74-85.

Hardy, L., & Nelson, T. (1988). Psychological preparation for sport. Champaign, IL: Human Kinetics.

Lesyk, J. J. (2005). Ohio Center for Sport Psychology.

Johnson, M. L. (2018). Psychodynamic approaches to sport counseling. In R. N. Singer, M. L. Hausenblas, & C. K. D. (Eds.), Handbook of sport psychology (4th ed., pp. 493-510). Cham, Switzerland: Springer.

Kaplan, D. S., & Gladding, S. E. (2011). Essentials of counseling and psychotherapy (4th ed.). Belmont, CA: Brooks/Cole.

Knauss, L. K. (2001). Ethical issues in psychological assessment in school settings. Journal of Personality Assessment, 77(2), 231-241.

Means, G., & Thorne, B. (2007). Person-centered therapy. In S. J. Corey (Ed.), Theory and practice of counseling and psychotherapy (8th ed., pp. 149-196). Belmont, CA: Brooks/Cole.

Ogilvie, B. C., & Howe, M. (1986). Enhancing the transition to retirement for athletes: A counseling perspective. Journal of Sport Psychology, 8(2), 228-242.

Ogilvie, B. C., & Tutko, T. C. (1966). Problem athletes and how to handle them. Washington, DC: Washington Psychological Association.

Orlick, T. (1980). Psyching yourself up: A mental training program for athletes. Champaign, IL: Human Kinetics.

Orlick, T. (1986). Life beyond the game: A guide to personal growth for athletes. Reston, VA: The American Alliance for Health, Physical Education, Recreation and Dance.

Rogers, C. R. (1977). Carl Rogers' six conditions for creating therapeutic change. Psychotherapy: Theory, Research & Practice, 14(3), 157-163.

Rosen, L. D., & Lipkins, A. D. (2016). Applied sport psychology: A comprehensive guide to practice (5th ed.). Champaign, IL: Human Kinetics.

Seiler, R. (1992). Performance enhancement a psychological approach. Sport Science Review, 1(2), 29-45.

Smith, M. D. (2016). Psychodynamic psychotherapy: The unconscious and the well-lived life. New York: Guilford Press.

Vealey, R. S. (1988). Future directions in psychological skills training. The sport psychologist, 2(4), 318-336.

Vealey, R. S. (1994). Content analysis of applied sport psychology articles published in The Sport Psychologist, 1987-1992. The Sport Psychologist, 8(2), 147-169.

Weinberg, R. S., & Gould, D. (1995). Foundations of sport and exercise psychology. Champaign, IL: Human Kinetics.

Welfel, E. R., & Patterson, M. J. (2005). Interpersonal process-based therapy: A relational approach to the treatment of depression. Mahwah, NJ: Lawrence Erlbaum Associates.

3장. 상담사 발달과 전문성

김계현 (1992). 상담교육방법으로서의 개인 슈퍼비젼 모델에 관한 복수 사례연구. 한국심리학회지: 상담 및 심리치료, 4(1), 19-53.

이형득 (2001). 상담기술. 서울: 학지사.

장덕선 (2014). 스포츠심리상담사의 상담역량 검사지 개발. 한국체육학회지, 53(4), 225-237.

Aoyagi, M. (2014). Theoretical orientation to performance excellence (TOPE): A framework for sport counseling. In M. Aoyagi & M. Burke (Eds.), Sport counseling: Contemporary perspectives and applications (pp. 28-47). Human Kinetics.

Brewer, J., Van Raalte, J. L., & Linder, S. E. (1993). Athletes as role models: The impact of identification and role enactment on adolescents. Journal of Sport Psychology, 15(3), 237-251.

Brunner, J. (2004). Going beyond the one world view: Education for global citizenship. The Educational Forum, 68(3), 213-225.

Chandler, T. A., Sexton, T. L., & McCullough, M. P. (2016). The role of personal qualities in the development of sport and exercise psychology practitioners. International Journal of Sport Psychology, 47(2), 301-320.

Erikson, E. H. (1956). Identity and the life cycle. Psychological review, 63(1), 1-21.

Fleming, M. (1953). Training in psychotherapy. New York: International Universities Press.

Good, G. D., Rutenberg, M. S., Duda, J. L., & Felker, R. C. (1993). A developmental model of athlete identity. Journal of Sport Psychology, 15(3), 266-283.

Hall, R. (1968). Professionalism and bureaucracy: An American experience. Social Forces, 47(1), 1-14.

Hogan, R. A. (1964). Issues and approaches in supervision. Psychotherapy: Theory, Research & Practice, 1(3), 139.

Holt, L., & Strean, P. (2001). Making sense of experience: A four-stage model of reflective practice for beginning counsellors. Counselling Psychology Quarterly, 16(2), 119-130.

Horton, S. P., & Mack, D. J. (2000). The relationship between athletic identity and psychological well-being. Journal of Sport Psychology, 22(1), 102-116.

Hurst, S. M., Hale, B. D., & Smith, A. M. (2000). The relationship between athletic identity, coping, and psychological distress in injured athletes. Journal of Sport Behavior, 23(4), 431-442.

Lafferty, G. (2013). Using fiction to teach counseling skills. Journal of Counseling & Development, 91(4), 446-452.

Lafferty, G. (2017). The power of fiction: Using literature to enhance counselor training and practice. Journal of Counseling & Development, 95(2), 222-230.

Loganbill, T., Hardy, M. E., & Delworth, D. K. (1982). The counseling supervision system: An evolving perspective. In D. K. Delworth, C. E. Braswell, & G. E. Groom (Eds.), The supervision of helpers (pp. 3-22). San Francisco: Jossey-Bass.

McEwan, V., Murray, J., Carr, A., & Jago, M. (2019). Novice counselors' development of expertise: A grounded theory study. Journal of Counseling Psychology, 66(3), 425-439.

Poczwardowski, A., & Sherman, M. D. (2011). Applying sport psychology to sport coaching. In D. Magyar (Ed.), Sport coaching: Theory and practice (pp. 221-243). Human Kinetics.

Poczwardowski, A., Sherman, M. D., & Ravizza, R. (2004). Applications of theoretical orientation to performance excellence (TOPE) in sport counseling. In M. Aoyagi & M. Burke (Eds.), Sport counseling: Contemporary perspectives and applications (pp. 48-67). Human Kinetics.

Ravizza, K. (2012). Dr. Ken Ravizza. Expert approaches to sport psychology: Applied theories of performance excellence, 201-215.

Rønnestad, B. H., & Skovholt, M. (2013). The developmental journey of becoming a professional counselor: A narrative approach. Journal of Counseling Psychology, 60(4), 599-611.

Tod, A., & Holloway, E. (2011). Novice counselor development: A review of the literature. Journal of Counseling Psychology, 58(3), 398-415.

Tod, D. A., Eubank, M. R., & Hutter, R. I. (2017). The importance of individuality in sport psychology practice. In A. J. Mačak & I. S. Hendl (Eds.), Sport psychology: An introduction (3rd ed., pp. 419-433). Champaign, IL: Human Kinetics.

Tod, D. A., Hutter, R. I., & Eubank, M. R. (2020). The gravitational pull of identity in sport psychology practice. Journal of Sport Psychology, 42(4), 425-436.

Tudor, K., & Worrall, L. (2004). Supervision in sport psychology: A guide for practitioners. Routledge.

Waumsley, R., Hemmings, R., & Payne, A. (2010). Sport psychology: An introduction and practical resource. Routledge.

Werthner, D. E., & Orlick, T. D. (1986). The construct of athletic identity and its relationship to sport participation and sport enjoyment. Journal of Sport Psychology, 8(2), 117-134.

4장. 사례개념화와 상담

김수현 (2006). 인지행동치료 사례개념화와 적용. 서울: 학지사.

손현동 (2007). 학교상담 슈퍼비전에서의 사례개념화 능력. 학교상담연구, 15(1), 71-92.

이명우 (2004). 상담사례개념화 교육 프로그램 개발 연구. 미간행 박사학위논문. 연세대학교 대학원.

이윤주 (2001). 상담사례개념화 요소목록 개발 및 타당성 검증 연구. 국내박사학위논문 서울대학교 대학원. 서울.

이윤주 (2007). 사례개념화의 이론적 기반: 이론과 실제 적용. 상담과 치료, 10(1), 71-92.

강형철, 장덕선 (2013). 사격선수를 위한 심리기술훈련 프로그램 적용 및 자기주도 훈련의 효과검증. 한국스포츠학회지, 11(1), 57-71.

김병준, 장덕선 (2004). 시합회상법을 이용한 국가대표 사격선수의 심리문제 진단과 심리훈련 설계. 한국스포츠심리학회지, 15(2), 93-114.

김병현, 신정택, 최진철 (2008). 인문사회 : 시합시 반사적 사격행위를 위한 훈련방법 개발. 체육과학연구 19(3), 84-95.

김기찬, 강형철 (2014). 양궁선수의 수행력 향상을 위한 심리지원 방법과 심리적 효과 규명. 대한운동심리학회지, 23(4), 571-586.

장덕선, 김병준, 구해모, 신동성 (2004). 단일 사례 사격선수의 집중루틴 훈련의 효과. 한국스포츠심리학회지, 15(1), 79-96.

Beck, A. T. (1979). Cognitive therapy for depression and anxiety. New York: Guilford Press.

Beck, A. T. (2011). Cognitive behavior therapy: Basics and beyond (2nd ed.). New York: Guilford Press.

Carlson, J., Sperry, L., & Lewis, M. D. (2005). Case formulation in clinical practice: A framework for case conceptualization and treatment planning (2nd ed.). American Psychological Association.

Cox, R. H. (2012). Sport psychology: Concepte and applications. (7th ed.). McGraw-Hill.

Ellis, A. (1962). Reason and emotion in psychotherapy. New York: Lyle Stuart.

Freud, S. (1923). The ego and the id. New York: W.W. Norton & Company.

Greenberger, M., & Padesky, C. (1995). Cognitive-behavioral treatment of anxiety disorders. New York: Guilford Press.

Holloway, E. L., & Wolcott, G. L. (1980). Case formulation. In A. E. Worell & J. L. Braverman (Eds.), Psychodiagnosis: Clinical assessment (pp. 283-311). New York: Plenum Press.

Loganbill, T. C., Jr., & Stoltenberg, C. D. (1983). Clinical case formulation: An individualized approach (2nd ed.). San Francisco: Jossey-Bass.

Murdock, M. C. (1991). Choral achievement. Music Educators Journal, 77(8), 6-6.

Nezu, A., Nezu, J. W., Friedman, S. K., & Haynes, S. C. (1997). Case formulation and treatment planning in cognitive-behavioral therapy. In P. C. Kendall & D. H. Hollin (Eds.), Handbook of cognitive-behavioral therapy (2nd ed., pp. 169-204). Guilford Press.

Perry S, Cooper AM, Michels R. (1987). The psychodynamic formulation: its purpose, structure, and clinical application. Am J Psychiatry. May;144(5):543-50. doi: 10.1176/ajp.144.5.543. PMID: 3578562.

Persons, J. B. (1992). Cognitive-behavioral therapy: A practical guide. New York: Guilford Press.

Persons, J. B., & Tompkins, M. A. (1997). Case formulation and cognitive-behavioral therapy for anxiety disorders. In P. R. Crits-Christoph & L. G. Weinrach (Eds.), Cognitive-behavioral therapy for anxiety disorders (pp. 283-311). Washington, DC: American Psychological Association.

Suinn, R. M., (2009). 성공을 위한 심리기술 훈련 스포츠수행 향상을 위한 정신훈련 매뉴얼(고의석 역). 대경북스.

Sacco, W. S., & Beck, A. T. (1995). Case formulation in cognitive-behavioral therapy. In A. T. Beck, S. J. Freeman, & A. M. Dattilo (Eds.), Cognitive therapy for personality disorders (pp. 45-66). New York: Guilford Press.

Skinner, B. F. (1953). Some contributions of an experimental analysis of behavior to psychology as a whole. American Psychologist, 8(2), 69-78.

Sperry, L. (2010). Case formulation and treatment planning in cognitive-behavioral therapy. In P. J. Crits-Christoph, D. H. Hollin, & M. A. Neavins (Eds.), Handbook of cognitive-behavioral therapy (pp. 357-384). American Psychological Association.

Sperry, L., & Sperry, J. (2012). Case formulation in cognitive-behavioral therapy (2nd ed.). New York: Guilford Press.

Sperry, L., & Sperry, J. (2016). Case formulation in cognitive-behavioral therapy: Applying the model to complex cases (3rd ed.). New York: Guilford Press.

Watson, J. B. (1913). Psychology as the behaviorist views it. Psychological Review, 20(2), 158-177.

Orlick, T. (1986). Life beyond the game: A guide to personal growth for athletes. Reston, VA: The American Alliance for Health, Physical Education, Recreation and Dance.

5장. 스포츠심리상담과 슈퍼비전

금선미, 손자영 (2017). 상담사 슈퍼비전에서의 자기개방과 슈퍼비전 만족도의 관계 연구. 한국상담심리학회지, 32(1), 71-83.

손승희 (2005). 개인상담 슈퍼비전에서 슈퍼바이지의 수치심과 자기개방의 관계. 한국상담심리학회지, 20(4), 1457-1474.

영국 스포츠심리학회 (2020). https://www.basesconference.co.uk/imgs/accreditation_guidelines_nov_2020678.pdf

유영권 (2007). 집단상담 슈퍼비전의 효과성 연구: 효과 요인과 만족도 분석을 중심으로. 상담학연구, 34(2), 339-364.

이현우, 허정훈, 고경훈 (2015). 대학야구팀 심리지원과 슈퍼비전 사례. 코칭능력개발지 17(3), 37-46.

장덕선 (2014). 스포츠심리상담 슈퍼비전 모델 개발: 한국 스포츠심리상담 현장의 요구와 특성을 반영하여. 한국스포츠심리학회지, 25(1), 1-17.

APPIC (2002). https://www.appic.org/

Andersen, B. (1994). Ethical issues in supervision. In M. J. Petitpas, A. J. Cole, & R. W. Watson (Eds.), Making sense of supervision: Practical guidelines for sport psychology (pp. 127-149). Champaign, IL: Human Kinetics.

Andersen, B., & Williams-Rice, D. (1996). A developmental model for supervision in sport psychology. In J. M. Williams & W. N. Noland (Eds.), Preparing for the future of sport psychology (pp. 301-319). Morgantown, WV: Fitness Information Technology.

Andersen, B., Antonucci, D., Bird, A., & Sharpe, M. (1994). Supervision skills. In M. J. Petitpas, A. J. Cole, & R. W. Watson (Eds.), Making sense of supervision: Practical guidelines for sport psychology (pp. 87-105). Champaign, IL: Human Kinetics.

Andersen, B., Van Raalte, J. L., & Harris, P. R. (2000). Dimensions of supervision: Using models, relationships, and self-awareness. In J. L. Van Raalte & B. Andersen (Eds.), Supervision in sport psychology: Theory, research, and practice (pp. 23-46). Morgantown, WV: Fitness Information Technology.

Barney, R. E., Rink, J., & Stoll, L. (1996). A model for supervision in sport psychology. The Sport Psychologist, 10(2), 115-134.

Bernard J. M. (1979). Supervisor training: A discrimination model.Counselor Education and Supervision, 19(1), 60-68.

Bernard, J. M., & Goodyear, M. (2009). Handbook of psychotherapy supervision (2nd ed.). San Francisco, CA: Jossey-Bass.

Bernard, J. M., & Goodyear, R. K. (2008). Fundamentals of clinical supervision (4th ed.). Belmont, CA: Brooks/Cole Cengage Learning.

Binder, A., & Strupp, H. H. (1997). The supervisor's contribution to the therapeutic relationship. In J. D. Safran & M. N. Diamond (Eds.), The future of psychotherapy: A critical appraisal of current approaches (pp. 357-384). New York: Basic Books.

Borders, L. D., & Leddick, P. R. (1987). Developmental supervision: A framework for conceptualizing the supervision relationship. Professional School Counseling, 20(3), 237-245.

Bordin, E. S. (1983). Working alliance issues in psychotherapy. Journal of Clinical Psychology, 39(4), 665-679.

Bradley, C. L., & Gould, R. L. (2001). Cognitive-behavioral therapy: For beginners (2nd ed.). New York: Guilford Press.

Corey, G., Corey, M. S., & Corey, C. C. (2019). Issues and ethics in the helping professions (11th ed.). Cengage Learning.

Falender, C. A., & Shafranske, E. P. (2004). Clinical supervision: A competency-based approach.

Fleming, M. (1953). Training in psychotherapy. New York: International Universities Press.

Getzel, J., & Salmon, V. (1985). The use of group supervision in counselor training. The Counseling Psychologist, 13(2), 189-197.

Gibbs, G. (1988). Learning by doing: A guide to teaching and training methods. Cheltenham: Open University Press.

Gladding, S. (2008). Group counseling: A practical approach (4th ed.). Boston: Wadsworth Cengage Learning.

Hayman, G. (2008). Psychodynamic supervision: An essential guide for mental health professionals. Hove, UK: Routledge.

Haynes, R. S., Corey, M. S., & Moulton, S. D. (2006). Professional issues in counseling. Pearson Prentice Hall.

Holloway, E. L. (1995). Clinical supervision in counseling (2nd ed.). San Francisco, CA: Jossey-Bass.

Kahn, J. A., & Hessling, R. L. (2001). Self-disclosure and interpersonal relationships. New York: Guilford Press.

Kess, J. D., & Leech, N. L. (2002). Counseling: Principles and applications. Wadsworth Thomson.

Knowles, M. S., Duncan, M., & Cahill, J. (2007). The role of supervision in the development of sport counseling competencies. Journal of Sport Psychology, 19(3), 329-344.

Knox, S. (2015). Supervision: A guide for mental health professionals (5th ed.). London: Routledge.

Loganbill, T., Hardy, M. E., & Delworth, D. K. (1982). The counseling supervision system: An evolving perspective. In D. K. Delworth, C. E. Braswell, & G. E. Groom (Eds.), The supervision of helpers (pp. 3-22). San Francisco: Jossey-Bass.

Petitpas, M. J., Cole, A. J., & Watson, R. W. (1994). The state of supervision in AASP. In M. J. Petitpas, A. J. Cole, & R. W. Watson (Eds.), Making sense of supervision: Practical guidelines for sport psychology (pp. 3-14). Champaign, IL: Human Kinetics.

Patterson, C. H. (1983). Supervision in counseling: II. Contemporary models of supervision: A client-centered approach to supervision. Counseling Psychologist, 11(1), 21-25.

Reed, B. G. (1990). Group supervision: An essential ingredient in counselor training. The Counseling Psychologist, 18(3), 391-399.

Rogers, C. R. (1942). Counseling and psychotherapy. Boston, MA: Houghton Mifflin.

Rogers, C. R. (1957). The conditions of therapeutic change. American Psychologist, 12(3), 177-183.

Rowell, J. C. (2013). Group supervision: A developmental and experiential approach. Routledge.

Russell, R. K., & Petrie, T. A. (1994). Issues in training effective supervisors. Applied & Preventive Psychology, 3(1), 27-42.

Silva, J. M., Magyar, T. M., & Kozub, R. (2011). The role of supervision in the development of sport psychology graduate students' professional competencies. Journal of Clinical Sport Psychology, 10(2), 112-129.

Stoltenberg, C. (1981). Approaching supervision from a developmental perspective: The counselor complexity model. Journal of Counseling Psychology, 28(1), 59-65.

Tod, D. (2007). The role of supervision in the professional development of sport psychologists. In J. M. Williams & W. N. Noland (Eds.), Preparing for the future of sport psychology (pp. 283-300). Morgantown, WV: Fitness Information Technology.

Tod, D., & Bond, C. M. (2010). Sport psychology supervision: A developmental model. Champaign, IL: Human Kinetics.

Tod, D., & Mahoney, M. J. (2009). The role of supervision in the development of sport psychologists' professional competencies. Journal of Sport Psychology, 21(4), 446-463.

Tod, D., Magyar, T. M., & Kozub, R. (2007). The role of supervision in the development of sport psychology graduate students' professional competencies. Journal of Clinical Sport Psychology, 10(2), 112-129.

Van Raalte, J. L., & Andersen, B. (2000). Supervision models and related issues. In J. L. Van Raalte & B. Andersen (Eds.), Supervision in sport psychology: Theory, research, and practice (pp. 3-22). Morgantown, WV: Fitness Information Technology.

Watson, R. W., Petitpas, M. J., & Van Raalte, J. L. (2004). A survey of supervision practices among AASP members. Journal of Sport Psychology, 16(2), 127-142.

6장. 심리평가의 응용

김춘경, 이수연, 이윤주, 정종진, 최웅용 (2016). 상담학 사전(SET). 서울: 학지사.

심리학용어사전 (2014). https://terms.naver.com/entry.naver?docId=2094304&cid=41991&categoryId=41991

박관희 (2016). 측정도구 개발의 절차적 제언 - 심리상담학과 예배학을 중심으로 -. 신학과 실천, 52, 293-317.

Campbell, D. T. & Stanley, J. C. (1963). Experimental and Quasi-Experimental Designs for Research on Teaching. In: Gage, N.L., Ed., Handbook of research on teaching, Rand McNally, Chicago, IL, 171-246.

Lane, A. M. & Terry, P. C.(2003). User Guide for the Brunel Mood Scale (BRUMS).

Likert, R. (1932). The likert-type scale. Archives of Psychology, 140(55), 1-55.

McNair, D., Lorr, M., & Droppleman, L. (1971). Manual for the Profile of Mood States. San Diego: Educational and Industrial Testing Service.

Osgood, C. E. (1952). The nature and measurement of meaning. Psychological Review, 59(3), 199-237.

Osgood, C. E. (1960). The semantic differential method of meaning measurement. In G. A. Miller (Ed.), Methods in memory and language research (pp. 469-522). Oxford University Press.

Osgood, C. E. (1964). Semantic differential technique in the measurement of meaning and attitude. In S. H. Britt, C. J. Cristopher, & E. H. Larrence (Eds.), Psychological measurement (pp. 47-63). Holt, Rinehart and Winston.

Osgood, C. E., Saporta, D., & Nunnally, J. C. (1956). Attitudes and opinion measurement. Washington, DC: National Education Association.

Terry, P. C., Lane, A. M., Lane, H. J., & Keohane, L. (1999). Development and validation of a mood measure for adolescents. Journal of Sports Sciences, 17, 861-872.

7장. 상담 프로그램 개발

허정훈 (2003). 운동선수 자기관리 검사지(ASMQ) 개발. 한국스포츠심리학회지, 14(2), 95-109.

Bandura, A. (1997). Self-efficacy: The exercise of control. Englewood Cliffs, NJ: Prentice Hall.

Brown, D. R., & Smith, R. E. (2020). Needs assessment and program development. In M. A. Hoye, N. J. Smith, & M. J. Nicholson (Eds.), Psychological intervention for athletes: A practical guide (3rd ed., pp. 15-32). Routledge.

Cox, R. (2011). Developing and evaluating sport psychology interventions. In D. Smith, M. Hagger, & J. H. Van der Kamp (Eds.), Routledge handbook of sport and exercise psychology (2nd ed., pp. 1-26). Routledge.

Csikszentmihalyi, M. (1990). Flow: The Psychology of Optimal Experience. Harper & Row.

Fredrickson, B. L. (2001). The positive psychology of positive emotions. American Psychologist, 56(3), 211-229.

Garcia, J. A., & Martinez, J. F. (2019). The role of motivation in adherence to sport psychology interventions: A systematic review and meta-analysis. Journal of Sport Psychology, 41(1), 1-20.

Garcia-Martinez, J. A., & Fernandez-Feito, M. J. (2017). The role of motivation in adherence to sport psychology interventions: A systematic review and meta-analysis. Journal of Sport Psychology, 39(2), 227-247.

Gould, D., & Carson, A. (2008). Nurturing excellence: Developing mental toughness in athletes. Human Kinetics.

Hoye, M. A., Smith, N. J., & Nicholson, M. J. (2009). Psychological intervention for athletes: A practical guide. Routledge.

Johnson, D. R., Smith, R. E., & Hanton, S. (2017). Psychological interventions for stress management and coping in sport. In D. Smith, M. Hagger, & J. H. Van der Kamp (Eds.), Routledge handbook of sport and exercise psychology (2nd ed., pp. 414-431). Routledge.

Jowett, M., & Cockerill, I. (2003). Building the winning team: A guide to team dynamics and sports psychology. Routledge.

Lazarus, R. S., & Folkman, S. (1984). Stress, appraisal, and coping. New York: Springer Publishing Company.

Locke, E. A., & Latham, G. P. (1990). A theory of goal setting and task performance. Englewood Cliffs, NJ: Prentice Hall

Maher, C. A. (2020). Developing and sustaining sport psychology programs: A resource guide for practitioners. Routledge.

Maher, M. (2019). Mental training for athletes: A guide to peak performance. Human Kinetics.

Murphy, M. (2017). Mental health and well-being in sport and exercise (2nd ed.). Routledge.

Weinberg, R. S., & Gould, D. (2015). Foundations of Sport and Exercise Psychology. Human Kinetics.

Williams, M. A., & Krane, J. V. (2015). Sport psychology: A cognitive-behavioral perspective (3rd ed.). Human Kinetics.

제 2부. 스포츠심리상담의 현장적용

8장. 목표설정과 상담

Doran, G. T. (1981). There's a S.M.A.R.T. Way to Write Management's Goals and Objectives. Management Review, 70, 35-36.

Duda, J. L. (1989). The relationship between task and ego orientation and the perceived purpose of sport among high school athletes. Journal of Sport & Exercise Psychology, 11, 318-335.

Frese, M., & Zapf, D. (1994). Action patterns and leadership in organizations. European Journal of Work and Organizational Psychology, 7(3), 282-301.

Hardy , L. , Jones , J. G. and Gould , D. (1996). Understanding psychological preparation for sport: Theory and practice of elite performers, Chichester : John Wiley .

Johnson, M. A., & Sherman, D. K. (1990). Constructing and maintaining positive self-images. In M. A. Pyszczynski & D. S. Greenberg (Eds.), Perceiving ourselves and others: Social cognitive processes (pp. 303-333). Erlbaum.

Lally, P., van Jaarsveld, C. H. M., Potts, H. M., & Wardle, J. (2010). How habits are formed: Making change happen. Journal of Health Psychology, 15(3), 249-269.

Locke, E. A., & Latham, G. P. (1984). Goal setting: A motivational technique that works! Englewood Cliffs, NJ: Prentice Hall

Locke E.A., Latham G.P. (1990). A theory of goal setting and task performance. Englewood Cliffs, NJ: Prentice-Hall.

Locke E.A., Latham G.P. (2002). Building a practically useful theory of goal setting and task motivation: A 35-year odyssey. American Psychologist, 57, 705-717.

Marten, D. (1976). The importance of goal setting. In J. Smith (Ed.), Sport psychology: Theory and application (pp. 123-134). McGraw-Hill.

Nicholls, J. G. (1984). Achievement motivation: Conceptions of ability, subjective experience, task choice, and performance. Psychological Review, 91(3), 328-346.

Oyserman, D., Bybee, D., & Terry, J. (2006). Possible selves: A developmental view. Psychological Review, 113(1), 1-24.

Ruvolo, A. P., & Markus, H. R. (1992). Possible selves: The role of efficacy beliefs in personal change. Journal of Personality and Social Psychology, 62(4), 883-896.

Taylor, F. X., Bandura, A., & Jourdain, D. (1998). Motivation and volition through goal setting: A social cognitive approach. In A. Bandura (Ed.), Social cognitive theory: An explanation of human agency (pp. 413-442). Prentice Hall.

Weinberg, R. S., & Gould, D. (2015). Foundations of Sport and Exercise Psychology. Human Kinetics.

9장. 심상훈련과 상담

장덕선 (2014). 스포츠심리상담 슈퍼비전 모델 개발: 한국 스포츠심리상담 현장의 요구와 특성을 반영하여. 한국스포츠심리학회지, 25(1), 1-17.

장덕선, 김용승, 유진, 안현숙 (2005). 우수 사격선수를 위한 정신훈련 지침서. 서울 : 국민체육진흥공단 체육과학연구원, 연구보고서.

장덕선 (1998). 스포츠카운슬링. 1998 한국스포츠심리학회 동계 웍크샵 자료.

유진, 장덕선 (1998). Sport psychology and psychological skills perceived by coaches and athletes in Korea : An exploratory study. 서울국제스포츠과학 학술대회 논문집.

장덕선 (2005). 아테네 올림픽 사격선수의 인지행동전략. 한국체육학회지, 44(4), 271-284.

Ahsen, A. (1984). A tripartite model of imagery: Meaning, form, and function. In A. A. Sheikh & J. Antrobus (Eds.), Imagery: Current theory, research, and application (pp. 27-47). New York: Plenum Press.

Bandura, A. (1969). Principles of behavior modification. New York: Holt, Rinehart & Winston.

Bandura, A. (1977). Social learning theory. Englewood Cliffs, NJ: Prentice Hall.

Carroll, M., & Bandura, A. (1982). Observational learning of motor skills. Psychological Review, 89(3), 325-349.

Cumming, D., & Hall, C. R. (2002a). The use of imagery by elite and novice golfers. Journal of Sport Sciences, 20(1), 71-78.

Cumming, D., & Hall, C. R. (2002b). The use of imagery by elite and novice tennis players. Journal of Sports Sciences, 20(3), 251-258.

Feltz, D. L., & Landers, D. M. (1983). The effects of mental practice on motor skill performance: A meta-analysis. Journal of Sport Psychology, 5(1), 5-25.

Guillot, A., & Collet, C. (2008). Construction of the Motor Imagery Integrative Model in Sport: A review and theoretical investigation of motor imagery use. International Review of Sport and Exercise Psychology, 1(1), 31-44.

Heker, J., & Kaczor, L. (1988). Anxiety and imagery in motor performance: A review. In H. M. Weinberg & A. J. Gould (Eds.), Advances in sport psychology (pp. 363-386). Champaign, IL: Human Kinetics.

Lang, P. J. (1979). A bioinformational theory of emotional arousal. Psychological Review, 85(2), 126-146.

Lang, P. J., Öhman, A., & Brennan, T. (1977). Propositions and procedures for measuring emotional responses to pictures. Journal of Abnormal Psychology, 85(3), 249-263.

Marks, D. F. (1973). Vividness and storage of visual imagery. Memory & Cognition, 1(3), 225-231.

Moran, J. (2004). The art of imagery. Human Kinetics.

Morris, G. S., Hutchison, B., & Steggles, N. (2005). The role of imagery in sport. Psychology of Sport and Exercise, 6(1), 13-44.

Orlick, T., & Partington, J. (1988). Mental training for coaches and athletes. Human Kinetics.

Oslin, R. E. (1985). The effects of mental practice on motor performance: A meta-analysis. In J. D. Singer, N. L. Jack, & C. K. Wittmer (Eds.), Memory and cognitive processes: The power of mental practice (pp. 193-222). Lawrence Erlbaum Associates.

Ryan, J., & Simons, J. (1981). What is learned from verbal instructions?. Cognitive Psychology, 13(3), 288-316.

Sackett, R. S. (1934). The influence of symbolic rehearsal upon retention. Journal of Experimental Psychology, 18(2), 125-136.

Sackett, R. S. (1935). The influence of verbalization upon retention. Journal of Experimental Psychology, 19(1), 1-30.

Salmon, P., Strauss, B., & Smith, N. (1994). Visual imagery use by elite and non-elite basketball players. Research Quarterly for Exercise and Sport, 65(2), 127-132.

Shea, J. (1977). The role of symbolic imagery in motor skill acquisition. Journal of Motor Behavior, 9(4), 277-286.

Suinn, R. M. (1983). Visual-motor behavior rehearsal: A cognitive-behavioral treatment for anxiety disorders. Professional Psychology: Research and Practice, 14(3), 357-363.

Weiss, H. M. (1983). Multimodal treatment of anxiety and depression. Behavior Therapy, 14(2), 205-221.

10장. 혼잣말과 상담

손복영 (2009). 혼잣말의 자기조절기능에 관한 이론적 고찰. 영유아교육. 보육연구, 2(2), 25-42.

양옥승 (1997). 사회적 인지발달: 이론과 연구 (개정판). 서울: 학지사.

윤기운 (2007). 혼잣말이 스포츠 선수의 인지, 정서 및 행동에 미치는 영향. 한국운동심리학회지, 18(2), 265-276.

윤기운 (2005). 운동수행에서 혼잣말(self-talk) 사용에 관한 탐색적 분석. 한국체육학회지, 44(3), 261-275.

김병현 (1999). 사격·양궁 선수의 심리적 기술 검사지 개발. 체육과학연구 10(2), 55-69.

허정훈 (2003). 운동선수 자기관리 검사지(ASMQ) 개발. 한국스포츠심리학회지, 14(2), 95-109.

Bandura, A. (1997). Self-Efficacy: The Exercise of Control. New York: Freeman.

Bandura, A. (1986). Social foundations of thought and action: A social cognitive theory. Englewood Cliffs, NJ: Prentice Hall.

Bandura, A. (2001). Social cognitive theory: An enduring framework for understanding human agency. Personality and Social Psychology Bulletin, 27(2), 167-180.

Bandura, A. (2006). Guide for constructing self-efficacy scales. In F. P. Bombini (Ed.), Advances in sport psychology (pp. 323-337). Morgantown, WV: Fitness Information Technology.

Baumeister, R. F., Tice, D. M., & Vohs, K. D. (2018). The strength of will: Resisting temptation, mobilizing effort, and sticking to goals. Guilford Press.

Berk, R. A. (1992). Children's self-talk: Monitoring, self-instruction, and self-reinforcement. In F. J. Monks, D. P. Helm, J. J. Comer.

Birrer, D. R., & Morgan, G. A. B. (2010). Applied sport psychology. Human Kinetics.

Brown, R., & Ferra, R. (1985). Social interaction and learning in early childhood. In J. V. Wertsch (Ed.), Culture, communication, and cognition: Vygotskian perspectives (pp. 35-75). Cambridge, UK: Cambridge University Press.

Dohme, F., Backhouse, S. H., Piggott, D., & Morgan, G. A. B. (2017). Psychological processes in sport and exercise: A contemporary introduction. Human Kinetics.

Feltz, D. L., & Chase, R. B. (1998). The self-efficacy construct in sport and exercise psychology. In M. H. & T. S. Horn (Eds.), Exercise and sport psychology (pp. 77-115). Champaign, IL: Human Kinetics.

Feltz, D. L., Short, C. E., & Sullivan, P. (2008). Self-efficacy in sport and exercise. Human Kinetics.

Fritsch, J., & Latinjak, A. T. (2019). The effects of self-talk on emotion in sport: A narrative review. Psychology of Sport and Exercise, 58, 124-138.

Galanis, A., Hatzigeorgiadis, A., Zourbanos, S., & Theodorakis, G. (2016). The effects of self-talk interventions on psychological processes and performance outcomes in sport: A meta-analysis. Journal of Sport Sciences, 34(12), 1183-1199.

Hackfort, I., & Schwenkmezger, T. (1993). Self-talk as a strategy for learning and problem-solving. In M. Boekaerts & G. R. Pintrich (Eds.), Handbook of self-regulation in learning (pp. 289-311). San Diego, CA: Academic Press.

Harackiewicz, J. M., & Priniski, M. D. (2018). The intrinsic motivation intervention: A meta-analysis of effects on young people's academic achievement and cognitive development. Psychological Science in the Public Interest, 19(1), 54-87.

Hardy, J., Gammage, K., & Hall, C. (2001). A descriptive study of athlete self-talk. The Sport Psychologist, 15(3), 306-318.

Hardy, J., Hall, C. R., & Hardy, L. (2005). Quantifying athlete self-talk. Journal of Sports Sciences, 23(9), 905-917.

Hardy, J., Hall, C. R., Gibbs, C., & Greenslade, C. (2005). Self-Talk and Gross Motor Skill Performance: An Experimental Approach? Athletic Insight: The Online Journal of Sport Psychology, 7(2). 1-13.

Hardy, L. (2006). Self-talk in sport. In T. S. Horn (Ed.), Advances in sport psychology (pp. 205-239). Champaign, IL: Human Kinetics.

Hardy, L., Jones, G., & Perrett, C. (1996). The role of self-talk in performance: A cognitive-motivational perspective. Journal of Sport Psychology, 18(3), 296-310.

Hardy, L., Jones, G., Pasini, A., & Barkoukis, V. (2009). The self-talk frame: A revised model for understanding self-talk in sport. Journal of Sport Psychology, 31(2), 225-242.

Hatzigeorgiadis, A., Theodorakis, Y., & Zourbanos, N. (2004). Self-talk in the swimming pool: The effects of self-talk on thought content and performance on water-polo tasks. Journal of Applied Sport Psychology, 16(2), 138-150.

Hatzigeorgiadis, A., Zourbanos, N., Goltsios, C., & Theodorakis, Y. (2008). Investigating the functions of self-talk: The effects of motivational self-talk on self-efficacy and performance in young tennis players. The Sport Psychologist, 22(4), 458-471.

Latinjak, A. T. (2018a). Athletes' self-reports on mind wandering while practicing sports: An exploratory two-study project. Journal of Clinical Sport Psychology, 12(3), 432-447.

Latinjak, A. T. (2018b). Goal-directed, spontaneous, and stimulus-independent thoughts and mindwandering in a competitive context. The Sport Psychologist, 32(1), 51-59. https://doi.org/10.1123/tsp.2016-0044Latinjak, Hatzigeorgiadis, & Zourbanos).

Latinjak, A. T. (2020). Locating Self-talk in the Knowledge Map of Sport and Exercise Psychology, Self-talk in Sport(pp.1-10). NY: Routledge.

Latinjak, A. T., Ragan, M., & Zourba-nos, S. (2014). Self-talk and athletes' emotional experiences: A systematic review and meta-analysis. Journal of Sport Psychology, 36(2), 184-202.

Latinjak, M., Font-Lladó, N., Zourbanos, S., & Hatzigeorgiadis, A. (2016). The effects of reflective self-talk interventions on self-awareness and self-regulation in sport: A meta-analysis. Psychology of Sport and Exercise, 33, 114-125.

Latinjak, M., Hatzigeorgiadis, A., & Zourba-nos, S. (2017). Self-talk and emotional regulation in sport: A narrative review. Psychology of Sport and Exercise, 50, 103-114.

Latinjak, M., Masó, N., Calmeiro, M. A., & Hatzigeorgiadis, A. (2019). The role of self-talk in sport psychology: A narrative review. Psychology of Sport and Exercise, 62, 135-145.

Locke, E. A., & Latham, G. P. (2002). A theory of goal setting and task motivation. Psychological Review, 89(4), 319-336.

MacIntyre, P. D., & Mercer, S. (2014). Introducing positive psychology to SLA. Studies in second language learning and teaching, 4(2), 153-172.

Marjanović, M., Comoutos, D., & Papaioannou, A. (2019). The effects of autonomy support training on coaches' self-talk, perceived autonomy, and motivational climate. Journal of Sport Psychology, 41(4), 349-362.

Michie, S., Ashford, S., Yardley, K., Johnston, R., & Conner, M. (2016). Making psychological interventions work at scale: Behaviour change mapping as a tool to identify and design effective interventions. Journal of Health Psychology, 21(4), 573-585.

Oliver, J. L., Markland, D., Hardy, J., & Petherick, M. (2008). The use of self-talk by coaches: A narrative review. Journal of Sport Sciences, 26(11), 1201-1213

Russell, J. A. (1980). A circumplex model of affect. Journal of Personality and Social Psychology, 39(6), 1161-1178.

Van Raalte, R. L. (2010). Self-talk: A cognitive-behavioral perspective for practitioners. Routledge.

Van Raalte, R. L., Vincent, J. P., & Brewer, B. W. (2016). Self-talk and self-regulation: A meta-analysis. Personality and Social Psychology Bulletin, 42(4), 596-612.

Vealey, R. S. (1986). Conceptualization of sport-confidence and competitive orientation: Preliminary investigation and instrument development. Journal of Sport Psychology, 8(3), 221-246.

Vealey, R. S. (1988). Mental techniques in sport and exercise. In M. H. Weinberg & D. H. Gould (Eds.), Themes in sport psychology (pp. 357-377). Human Kinetics.

Vygotsky, L. S. (1962). Thought and language. (E. Hanfmann & G. Vakar, Eds.). MIT Press. in Books.

Vygotsky, L. S. (1978). Mind in society: The development of higher psychological process. Cambridge, MA: Routledge.

Vygotsky, L. S. (2012). Thought and Language revised and expanded edition. The MIT Press Cambridge, Massachusetts London, England.

Weinberg, R. S., & Gould, D. (2007). Foundations of sports psychology. Champaign, IL: Human Kinetics.

Wright, J. H., Basco, M. R., & Thase, B. A. (2006). Cognitive-behavioral therapy for depression and anxiety: Principles and practice. Guilford Press.

Ziegler, M. (1987). The effectiveness of self-talk on motor learning: A meta-analysis. Psychological Bulletin, 102(3), 327-342.

Zourbanos, N., Haznadar, A., Papaioannou, A., Tzioumakis, Y., Krommidas, C., & Hatzigeorgiadis, A. (2016). The relationships between athletes' perceptions of coach-created motivational climate, self-talk, and self-efficacy in youth soccer. Journal of Applied Sport Psychology, 28(1), 97-112.

11장. 수용전념과 상담

김미성 (2018). 문학 작품에서의 은유 표현 연구: 은유 분석 이론과 분석 방법을 중심으로. 한국문학연구, 63(1), 1-35.

류수민, 박철훈, 김진수, 김용준 (2015). 은유적 사고의 개념적 구조 및 측정 연구. 한국인지심리학회지, 30(4), 599-620.

문채이 (2017). 은유의 인지적 기능: 범주화와 추론의 관점에서. 한국어문학연구, 61(2), 37-60.

박병기 (2004). 은유 분석: 문학텍스트와 인지심리학적 접근. 서울대학교 출판부.

박영순 (1997). 은유와 개념화: 인지언어학적 접근. 문학과 지성, 25, 31-68.

임지룡 (2008). 인지언어학: 언어와 사고의 새로운 지평. 사상의 샘.

손정락 (2015). 수용전념치료 (ACT)에서 관계 틀 관점으로 은유를 이해하고, 활용하고, 창조하기. 한국심리학회지 건강 20.2: 371-389.

한우리 (2022). 사격선수를 위한 ACT 기반 심리기술훈련의 효과: ACT 과정변인과 심리요인의 관계. 국내 박사학위논문. 한국체육대학교 일반대학원. 서울
한은미, 이경화 (2014). 개념적 메타포를 통해 본 유아교사의 유아에 대한 신념. 생태유아교육연구, 13(4), 1-22.
한우리 (2022). 사격선수를 위한 ACT 기반 심리기술훈련의 효과: ACT 과정변인과 심리요인의 관계. 국내 박사학위논문. 한국체육대학교 일반대학원. 서울.
Bandura, A. (1977). Self-efficacy: Toward a unifying theory of behavioral change. Psychological Review, 84(2), 191-215.
Beck, A. T. (1976). Cognitive therapy for depression and anxiety. New York: Harper & Row.
Foa, E. B., & Kozak, M. J. (1986). Exposure therapy for anxiety and phobias: A review. Psychological Bulletin, 100(2), 239-263.
Harris, R. (2009). ACT Made Simple: An Easy-To-Read Primer on Acceptance and Commitment Therapy. Oakland, CA: New Harbinger.
Hayes, S. C., Luoma, J., Bond, F. W., & Masland, R. L. (2011). Acceptance and commitment therapy: Model and methods. New York: Guilford Press.
Hayes, S. C., Strosahl, K., & Wilson, K. G. (1999). Acceptance and commitment therapy: An experiential approach to behavior change. New York: Guilford Press.
Lazarus, R. S., & Folkman, S. (1984). Stress, appraisal, and coping. New York: Springer Publishing Company.
Luoma, J., Bond, F. W., Hayes, S. C., & Bodie, G. (2007). Acceptance and commitment therapy for athletes: A meta-analysis. Behavior Therapy, 38(3), 366-380.
Terence. (1970). Heautontimorumenos. Harvard University Press.
Zettle, R. D., & Raines, S. D. (2012). Acceptance and commitment therapy for athletes: A practical guide. New York: Routledge.

12장. 명상과 마음챙김

김열권 (2015). 마하 위빠사나 명상원 (위빠사나 붓다선원) 위빠사나수행자료. 위빠사나붓다선원 http://cafe.daum.net/bulwon/, 마하위빠사나명상원http://cafe.naver.com/panna48
장현갑 (2000). 명상을 통한 자기 치유. 인문연구. 39, 255-283.
박미옥 (2014). 마음챙김(mindfulness)의 교육적 의미와 적용에 관한 연구. 국내박사학위논문 동국대학교, 서울.
육영숙 (2017). 기계체조 선수의 마음챙김 기반 심리훈련(MBPST)의 효과. 한국스포츠심리학회지, 28(3), 35-49.
오원석 (2022). 마음챙김 스포츠 심리기술 척도의 타당도 검증. 한국사회체육학회지, 89. 163-175.
불교신문 (2024). http://www.ibulgyo.com
불교신문 (2024). https://www.ibulgyo.com/news/articleView.html?idxno=212357)
법보신문 (2024). https://www.beopbo.com)
원불교신문 (2025). https://www.wonnews.co.kr/news/articleView.html?idxno=203660
Bhikkhu, T. (1996). the WINGS to AWAKENING. Massachusetts: Dhamma Dana Publications.
Bodhi, B. (2013). What does mindfulness really mean? A canonical perspective. In Mindfulness (pp. 19-39). Routledge.
Brown, K. W., & Ryan, R. M. (2003). The benefits of being present: mindfulness and its role in psychological well-being. Journal of Personality and Social Psychology, 84(4), 822-848.
Bishop, S. R. (2002). What do we really know about Mindfulness-Based Stress Reduction? Psychosomatic Medicine, 64(1), 71-83. https://doi.org/10.1097/00006842-200201000-00010
Clough, B. (1995). Lovingkindness: The Revolutionary Art of Happiness.
Gardner, F. L., & Moore, Z. E. (2004). A mindfulness-acceptance-commitment-based approach to athletic performance enhancement: Theoretical considerations. Behavior Therapy, 35(4), 707-723.
Gardner, F. L., & Moore, Z. E. (2012). Mindfulness and acceptance models in sport psychology: A decade of basic and applied scientific advancements. Canadian Psychology/Psychologie Canadienne, 53(4), 309.
Goenka, S. N., & Hart, W. (1997). The art of living: Vipassana Meditation (p. 171). Dhammagire, India: Vipassana Research Institute.
Hayes, S. C., Strosahl, K. D., Bunting, K., Twohig, M., & Wilson, K. G. (1999). What is acceptance and commitment therapy?. In A practical guide to acceptance and commitment therapy (pp. 3-29). Boston, MA: Springer US.
Jackson, S. A., & Csikszentmihalyi, M. (1999). Flow in sports. Human Kinetics.
Kabat-Zinn, J. (2003). Mindfulness-based interventions in context: Past, present, and future. Clinical Psychology: Science and Practice, 10(2), 144-156.
Kee, Y. H., & Wang, C. J. (2008). Relationships between mindfulness, flow dispositions and mental skills adoption: A cluster analytic approach. Psychology of Sport and Exercise, 9(4), 393-411.
Segal, Z., Williams, M., & Teasdale, J. (2012). Mindfulness-based cognitive therapy for depression. Guilford press.
Shapiro, S. L., Carlson, L. E., Astin, J. A., & Freedman, B. S. (2006). Mechanisms of mindfulness. Journal of Clinical Psychology, 62(3), 373-386.
Thomas, P. R., Murphy, S. M., & Hardy, L. E. W. (1999). Test of performance strategies: Development and preliminary validation of a comprehensive measure of athletes' psychological skills. Journal of Sports Sciences, 17(9), 697-711.
Zeidan, F., Johnson, S. K., Diamond, B. J., David, Z., & Goolkasian, P. (2010). Mindfulness meditation improves cognition: Evidence of brief mental training. Consciousness and Cognition, 19(2), 597-605.
Zhong, Z., Jiang, H., Wang, H., & Liu, Y. (2025). The Association Between Mindfulness and Athletes' Distress Tolerance: The Mediating Roles of Cognitive Reappraisal and Mental Toughness. Behavioral Sciences, 15(3), 298.

13장. e스포츠심리기술

김민정 (2022). e스포츠 선수의 스트레스 대처를 위한 심리기술훈련(ePST) 및 상담의 적용. 미간행 박사학위논문. 한국체육대학교 대학원.
김병준, 최마리 (2017). 스포츠 수행전략검사 2(TOPS 2) 한국판의 신뢰도와 타당도. 한국스포츠심리학회지, 28(2), 13-27.
대한장애인 e스포츠연맹 (2023). http://ke-sa.org/notice/?mod=document&uid=324
신동성, 구해모, 김병현, 김용승, 장덕선, 유진 (2003). 스포츠심리검사 및 자료관리를 위한 전산프로그램 개발. 체육과학연구원 연구결과보고서.
손정락 (2015). 수용전념치료 (ACT)에서 관계 틀 관점으로 은유를 이해하고, 활용하고, 창조하기. 한국심리학회지 건강 20.2: 371-389.

정영수 (2021). e스포츠에서 심리 연구의 접근 가능성. 한국스포츠학회, 19(2), 269-282.

장덕선 (2005). 아테네 올림픽 사격선수의 인지행동전략. 한국체육학회지, 44(4), 271-284.

한국콘텐츠진흥원 (2011). https://www.kocca.kr/kocca/bbs/view/B0000138/1314612.do?menuNo=204768

한송이, 김태종 (2021). 메타버스 뉴스 빅데이터 분석: 토픽 모델링 분석을 중심으로. 디지털콘텐츠학회논문지, 22(7), 1091-1099.

Adamus, T. (2012). Playing computer games as electronic sport: In search of a theoretical framework for a new research field. In Computer games and new media cultures: A handbook of digital games studies (pp. 477-490). Dordrecht: Springer Netherlands.

Andrejkovics, Z. (2016). The Invisible Game: Mindset of a Winning Team (eSports & Competitive Gaming, Dota 2, League of Legends, CS: GO). CreateSpace.

Collins, T. J. (2017). Psychological skills training manual for eSports athletes. unpublished masters degree, Bowling Green State University.

Hemphill, D. (2005). Cybersport. Journal of the Philosophy of Sport, 32(2), 195-207.

Hill, C. E. (2014). Helping skills: Facilitating exploration, insight, and action (4th ed.). Washington, DC: American Psychological Association.

Himmelstein, D., Liu, Y., & Shapiro, J. L. (2017). An exploration of mental skills among competitive league of legend players. International Journal of Gaming and Computer-Mediated Simulations, 9(2), 1-21.

International Olympic Committee (IOC). (2021). Olympic Agenda 2020+5. https://olympics.com/ioc/olympic-agenda-2020-plus-5

Lazarus, R. S. (2000). Toward better research on stress and coping. American Psychologist, 55, 665-673.

Martens, R. (1979). About smocks and jocks. Journal of Sport and Exercise Psychology, 1(2), 94-99.

Newzoo(2023). https://newzoo.com/resources/trend-reports/a-new-era-of-engagement-in-media-entertainment-industry-report

Partington, J., & Orlick, T. (1991). An analysis of Olympic sport psychology consultants' best-ever consulting experiences. The Sport Psychologist, 5(2), 183-193.

Pedraza-Ramirez, I., Musculus, L., Raab, M., & Laborde, S. (2020). Setting the scientific stage for esports psychology: A systematic review. International Review of Sport and Exercise Psychology, 13(1), 319-352.

Polman, R. (2012). Chapter 13-Elite Athletes' Experiences of Coping with Stress: Chapter taken from Coping and Emotion in Sport. Routledge Online Studies on the Olympic and Paralympic Games, 1(53), 284-301.

Poulus, D., Coulter, T. J., Trotter, M. G., & Polman, R. (2020). Stress and coping in esports and the influence of mental toughness. Frontiers in Psychology, 11, 628-639.

Sjöblom, M., & Hamari, J. (2017). Why do people watch others play video games? An empirical study on the motivations of Twitch users. Computers in human behavior, 75, 985-996.

Smith, M. J., Birch, P. D., & Bright, D. (2019). Identifying stressors and coping strategies of elite esports competitors. International Journal of Gaming and Computer-Mediated Simulations, 11(2), 22-39.

Suits, B. (2007). The elements of sport. Ethics in Sport, 2, 9-19.

Suits, B. H. (1978). The grasshopper: Games, life and utopia. Toronto: University of Toronto Press.

Taylor, T. (2012). Raising the Stakes: E-Sports and the Professionalization of Computer Gaming. Cambridge: MIT Press.

Vealey, R. S. (1994). Current status and prominent issues in sport psychology interventions. Medicine & Science in Sports & Exercise, 26(4), 495-502.

Vinyals, O., Babuschkin, I., Chung, J., Mathieu, M., Jaderberg, M., Czarnecki, W. M., ... & Silver, D. (2019). Alphastar: Mastering the real-time strategy game starcraft ii. DeepMind blog, 2, 20.

Weinberg, R. S., & Gould, D. (2014). Foundations of sport and exercise psychology 6th Edition. Human kinetics.

Williams, J. M., & Krane, V. (2001). Psychological characteristics of peak performance. In J. M. Williams (Ed.), Applied sport psychology: Personal Growth to Peak Performance (4th ed., pp. 137-147). Mountain View, CA: Mayfield.

YanRu, L. (2021). An artificial intelligence and machine vision based evaluation of physical education teaching. Journal of Intelligent & Fuzzy Systems, 40(2), 3559-3569.

14장. 스포츠심리상담과 의사소통

최현혁, 조승관, 김영숙 (2018). 팀 스포츠 커뮤니케이션 척도의 타당성 검증. 한국웰니스학회지, 13(1), 179-191.

Andersen, M. B. (2000). Doing Sport Psychology. Human Kinetics.

Anshel, M. H. (2011). Sport psychology: From theory to practice (5th ed.). Pearson Benjamin Cummings.

Beal, D. J., Cohen, R. R., Burke, M. J., & McLendon, C. L. (2003). Cohesion and Performance in Groups: A Meta-Analytic Clarification of Construct Relations. Journal of Applied Psychology, 88(6), 989-1004.

Bower, J. (2018). Resource Allocation Theory. In: Augier, M., Teece, D.J. (eds) The Palgrave Encyclopedia of Strategic Management. Palgrave Macmillan, London.

Byrd, M., Maurice, S., Charalambous, C., Garcia, S., & Searle, M. (2022). Bridging the gap and finding purpose: An approach for debriefing in applied sport, exercise, and performance psychology. Journal of Sport pSychology in action, 13(2), 129-138.

Carr, J. (2012). The role of the sport and performance psychologist with the coach and team. In Oxford Handbook of Sport and Performance Psychology (pp. 676-691). Oxford University Press.

Carron, A. V., Colman, M. M., Wheeler, J., & Stevens, D. (2002). Cohesion and performance in sport: A meta analysis. Journal of sport and exercise psychology, 24(2), 168-188.

Egan, G. (2013). The Skilled Helper: A problem-management and opportunity-development approach to helping (10th ed.). Cengage Learning / Brooks/Cole.

Ekman, P., & Friesen, W. V. (1971). Constants across cultures in the face and emotion. Journal of Personality and Social Psychology, 17(2), 124-129.

Escarti, A., & Guzman, J. F. (1999). Effects of feedback on self-efficacy, performance, and choice in an athletic task. Journal of Applied Sport Psychology, 11(1), 83-96.

Gordon, R. A., & Druckman, D. (2018). Nonverbal behaviour as communication: Approaches, issues, and research. In The handbook of communication skills (pp. 81-134). Routledge.

Gould, D., & Damarjian, N. (1998). Insights into effective sport psychology consulting. The Psychotherapy Patient, 10(3-4), 111-130.

Greenberg, L. S. (2015). Emotion-focused therapy: Coaching clients to work through their feelings (2nd ed.). American Psychological Association.

Hargie, O. (2011). Skilled interpersonal communication: Research, theory and practice (5th ed.).

Routledge/Taylor & Francis Group. Klein, J. T., Shepherd, S. V., & Platt, M. L. (2009). Social attention and the brain. Current Biology, 19(20), R958-R962.

Jeong, Y. H., Healy, L. C., & McEwan, D. (2023). The application of goal setting theory to goal setting interventions in sport: A systematic review. International review of sport and exercise psychology, 16(1), 474-499.

Lambert, M. J., & Barley, D. E. (2001). Research summary on the therapeutic relationship and psychotherapy outcome. Psychotherapy: Theory, research, practice, training, 38(4), 357-361.

Lenberg, P., Feldt, R., & Wallgren Tengberg, L. G. (2019). Misaligned values in software engineering organizations. Journal of Software: Evolution and Process, 31(3), e2148.

Martens, R. (2004). Successful Coaching (3rd ed.). Human Kinetics.

Mehrabian, A., & Wiener, M. (1967). Decoding of inconsistent communications. Journal of Personality and Social Psychology, 6(1), 109-114,

Miaoudakis, A. I., Petroulakis, N. E., Kastanis, D., & Askoxylakis, I. G. (2014,). Communications in emergency and crisis situations. In International Conference on Distributed, Ambient, and Pervasive Interactions (pp. 555-565). Cham: Springer International Publishing.

Musheke, M. M., & Phiri, J. (2021). The effects of effective communication on organizational performance based on the systems theory. Open Journal of Business and Management, 9(2), 659-671.

Nicholls, A. R. (2021). Psychology in sports coaching: Theory and practice. Routledge.

Otte, F. W., Millar, S. K., & Klatt, S. (2019). Skill training periodization in "specialist" sports coaching—an introduction of the "PoST" framework for skill development. Frontiers in sports and active living, 1, 61.

Peifer, C., Schönfeld, P., Wolters, G., Aust, F., & Margraf, J. (2020). Well done! Effects of positive feedback on perceived self-efficacy, flow and performance in a mental arithmetic task. Frontiers in psychology, 11, 1008.

Prochaska, J. O., & DiClemente, C. C. (1983). Stages and processes of self-change of smoking: Toward an integrative model of change. Journal of Consulting and Clinical Psychology, 51(3), 390-395.

Rogers, C. R. (1957). The necessary and sufficient conditions of therapeutic personality change. Journal of Consulting Psychology, 21(2), 95-103.

Salsabila, A. F., Febriantina, S., Danisworo, H., Fauzia, M., & Albana, M. A. (2025). The role of effective communication in leadership: A literature review. Klabat Journal of Management, 6(1), 40-49.

Smith, R. E., & Smoll, F. L. (2014). Psychological interventions in youth sports. In J. L. Van Raalte & B. W. Brewer (Eds.), Exploring sport and exercise psychology (3rd ed., pp. 353-378). American Psychological Association.

Spreitzer, G. M., & Mishra, A. K. (2002). To stay or to go: Voluntary survivor turnover following an organizational downsizing. Journal of Organizational Behavior: The International Journal of Industrial, Occupational and Organizational Psychology and Behavior, 23(6), 707-729.

Tannenbaum, S. I., & Cerasoli, C. P. (2013). Do team and individual debriefs enhance performance? A meta-analysis. Human factors, 55(1), 231-245.

Van Mierlo, H., & Van Hooft, E. A. (2025). Dual pathways to high performance: Team achievement goals, cooperation, and competition in elite sports teams. Journal of Applied Sport Psychology, 37(2), 207-228.

Varra, A. A., Drossel, C., & Hayes, S. C. (2009). The use of metaphor to establish acceptance and mindfulness. In F. Didonna (Ed.), Clinical handbook of mindfulness (pp. 111-123). Springer Science + Business Media.

Weinberg, R. S., & Gould, D. (2019). Foundations of Sport and Exercise Psychology (7th ed.). Human Kinetics.

Yalom, I. D., & Leszcz, M. (2005). The theory and practice of group psychotherapy (5th ed.). Basic Books/Hachette Book Group.

Zaccaro, S. J., Rittman, A. L., & Marks, M. A. (2001). Team leadership. The leadership quarterly, 12(4), 451-483.

색인

저자 약력

현) 한국체육대학교 명예교수
전) 한국체육대학교 체육학과 교수
국민체육진흥공단 체육과학연구원 선임연구원(현, 한국스포츠과학원)
중앙대학교 bk21 계약교수
사격선수(10M 공기권총, 여자 25M 권총)

중앙대학교 대학원 이학박사, 스포츠심리학 전공
한국체육대학교 대학원 체육학 석사, 스포츠심리학 전공
군산대학교 체육학과 학사
원광디지털대학교 요가명상학과 학사
국민대학교 체육학과 박사후(Postdoc) 연구원
1급 스포츠심리상담사(한국스포츠심리학회)

한국스포츠심리학회 부회장, 윤리위원장, 편집위원장
태릉선수촌 국가대표 스포츠심리상담사
대한체육회 선수분과위원, 스포츠혁신위 인권교육소위원
대한근대5종연맹 이사, 서울특별시근대5종연맹 부회장
대한육상연맹 이사
대한스켈레톤봅슬레이경기연맹 스포츠공정위원
대한카바디협회 이사

스포츠 현장의 숨겨진 힘,
스포츠심리상담

초판인쇄 2025년 09월 19일
초판발행 2025년 09월 19일

지 은 이 장덕선
펴 낸 이 채종준
펴 낸 곳 한국학술정보(주)
주 소 경기도 파주시 회동길 230(문발동)
전 화 031-908-3181(대표)
팩 스 031-908-3189
투고문의 ksibook1@kstudy.com
등 록 제일산-115호(2000. 6. 19)

ISBN 979-11-7457-184-7 93690

이 저서는 2021년 대한민국 교육부와 한국연구재단의 지원을 받아 수행된 연구임(NRF-2021S1A6A4048429)